MACHT DES WORTES

BENEDIKTINISCHES MÖNCHTUM
IM SPIEGEL EUROPAS

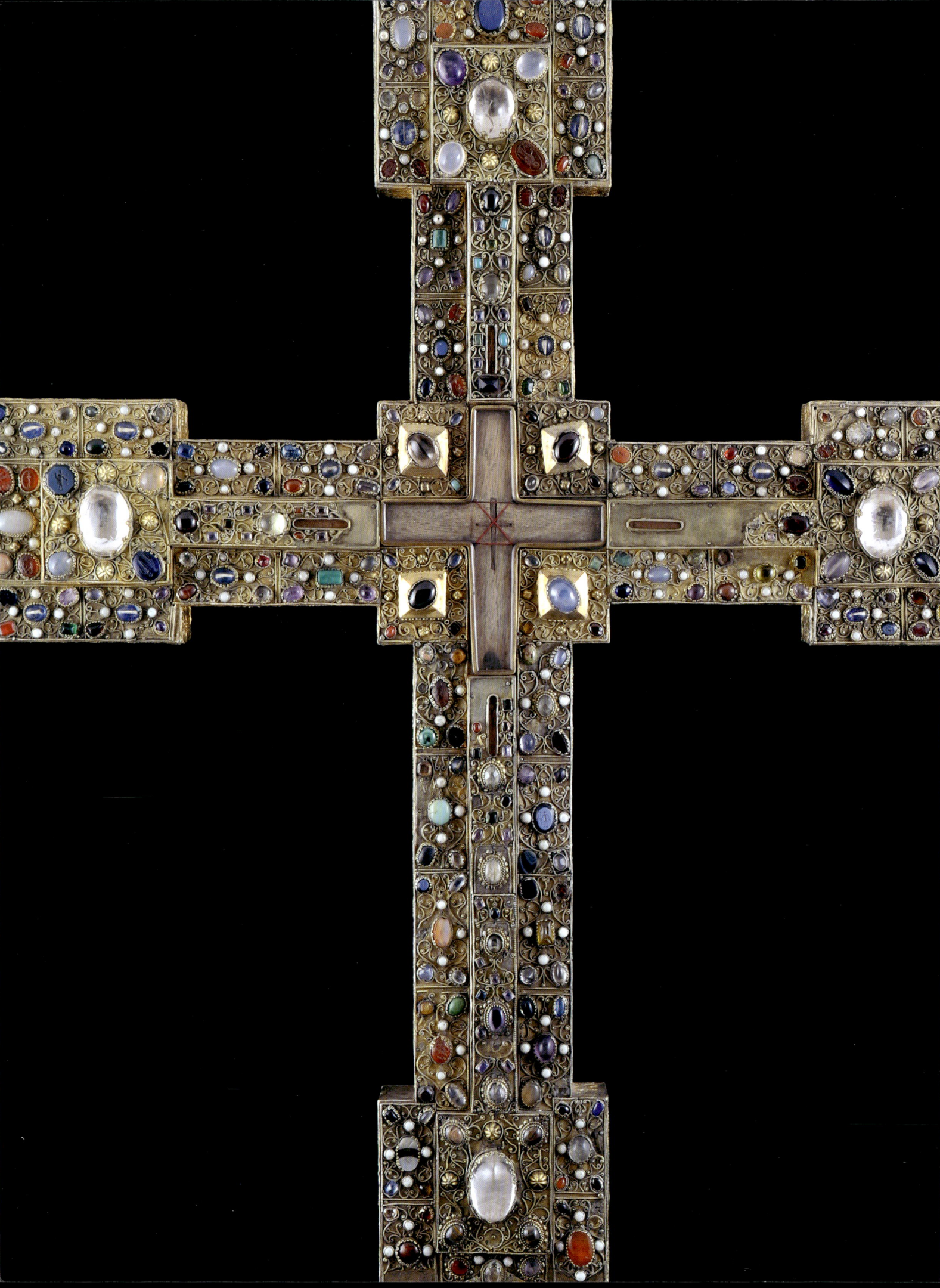

MACHT DES WORTES

Benediktinisches Mönchtum im Spiegel Europas

herausgegeben von

Gerfried Sitar OSB
Martin Kroker

unter Mitarbeit von

Holger Kempkens

SCHNELL ✝ STEINER

Die Publikation erscheint anlässlich der Ausstellung
„Macht des Wortes. Benediktinisches Mönchtum im Spiegel Europas"

in der Benediktinerabtei St. Paul im Lavanttal, Kärnten
26. April – 8. November 2009

im LWL-Landesmuseum für Klosterkultur, Stiftung Kloster Dalheim
ab Frühjahr 2011

Abbildung vordere Umschlagseite: Detail aus dem Ramsey-Psalter
Frontispiz: Adelheid-Kreuz, Oberrhein, Ende 11. Jahrhundert

Bibliografische Informationen der Deutschen Bibliothek.
Die Deutsche Bibliothek verzeichnet diese Publikation
in der Deutschen Nationalbibliografie; detaillierte bibliografische Daten
sind im Internet über http://dnb.ddb.de abrufbar.

1. Auflage 2009
© 2009 Verlag Schnell & Steiner GmbH
Leibnizstraße 13
93055 Regensburg

Satzherstellung: Florian Knörl, Erhardi Druck GmbH, Regensburg
Umschlaggestaltung: Anna Braungart, Tübingen
Druck: Erhardi Druck GmbH, Regensburg
ISBN 978-3-7954-2125-0

Weitere Informationen zum Verlagsprogramm erhalten Sie unter:
www.schnell-und-steiner.de

INHALTSVERZEICHNIS

Grußworte

    Abtprimas Notker Wolf OSB 8

    Heinz Fischer, Bundespräsident der Republik Österreich 9

„Höre, mein Sohn…" – Benedikt und die Benediktregel

    DAS LEBEN DES HEILIGEN BENEDIKT
    Burkhard Ellegast OSB II

    DIE REGEL – LEBENSPROGRAMM UND GLAUBENSFIBEL
    Mirko Breitenstein 23

    BENEDIKTINISCHE SPIRITUALITÄT UND LEBENSKULTUR
    Siegfried Stattmann OSB 31

„Es ist bekannt, dass es vier Arten von Mönchen gibt" – Benedikt und seine Regel im Kontext des frühen Mönchtums

    AD COENOBITARUM FORTISSIMUM GENUS DISPONENDUM
    Die Arten der Mönche nach BR 1
    Thomas Petutschnig OSB 35

    DER URSPRUNG DES MÖNCHTUMS AM BEISPIEL DER SYRISCHEN MÖNCHSKOLONIEN
    Gerfried Sitar OSB 41

    VERBREITUNG DES WORTES: COLUMBAN DER JÜNGERE UND GALLUS
    Michael Richter 55

    DAS VERMÄCHTNIS DES COLUMBAN –
    FRÜHE GLAUBENSBOTEN IN DER PERIPHERIE DES FRANKENREICHES
    Niklot Krohn 63

    VERBREITUNG DES WORTES: WILLIBRORD UND BONIFATIUS
    Lutz E. von Padberg 73

    DER SIEGESZUG DER BENEDIKTREGEL – BENEDIKT VON ANIANE
    Walter Kettemann 83

„Die Werkstatt aber … ist die Abgeschlossenheit … und das ständige Beharren in der Gemeinschaft" – Das Leben im Kloster

    DER EINTRITT INS KLOSTER
    Mirko Breitenstein 91

    DIE ÄMTER IM KLOSTER
    Anselm Kassin OSB 99

    ÄBTE UND ÄBTISSINNEN ALS VORSTEHER DES KLOSTERS
    Franz J. Felten 105

    DER WEIBLICHE ZWEIG DES BENEDIKTINERORDENS
    Katrinette Bodarwé III

„Das Oratorium sei, was sein Name besagt…" – *Architektur und Aufbau der Klöster die Reformen von Cluny und Hirsau*

FRÜHE KLOSTERBAUTEN IN ITALIEN (4.–10. JAHRHUNDERT)
Jens Reiche 121

DER ST. GALLER KLOSTERPLAN – EIN MATERIALISIERTER DISKURS
Barbara Schedl 135

FRÜHE KLÖSTER IM DEUTSCHEN SPRACHRAUM
Alfons Zettler 149

DIE KAROLINGISCHE KLOSTERKIRCHE ZU CORVEY
Uwe Lobbedey 161

DIE REFORMEN VON CLUNY UND HIRSAU
Franz Neiske (für Cluny) und Maria Hillebrandt (für Hirsau) 171

DIE ARCHITEKTUR DER REFORMZWEIGE CLUNY UND HIRSAU
Matthias Untermann 183

ST. BLASIEN – SEINE FRÜHZEIT UND DAS AUFBLÜHEN IN DER JUNGCLUNIAZENSISCHEN KLOSTERREFORM
Stefan Weinfurter 195

ORA – „Sieben Mal am Tag singe ich Dir mein Lob" – *Die Struktur des Tages*

SIEBEN MAL AM TAG SINGE ICH DIR MEIN LOB – DAS MONASTISCHE STUNDENBUCH
Bruno Rader OSB 203

LABORA – „Müßiggang ist ein Feind der Seele" – *Arbeiten im Kloster*

BENEDIKTINISCHE KLOSTERÖKONOMIE: AGRARWIRTSCHAFT UND GEWERBLICHE WIRTSCHAFTSFORMEN
Werner Rösener 209

LEGE – „…erhalte jeder ein Buch aus der Bibliothek, das er ganz lesen soll." – *Studium, Macht des Wissens*

GESCHICHTE ALS LITURGIE – MITTELALTERLICHE ANTIKENREZEPTION UND DIE ROLLE DES BENEDIKTINISCHEN MÖNCHTUMS
Jürgen Strothmann 219

KLOSTERBIBLIOTHEKEN
Ernst Tremp 227

DIE KLOSTERSCHULE
Rudolf Freisitzer 235

LITERATUR UND DICHTUNG DER BENEDIKTINER
Stephan Müller 243

„Wir wollen also eine Schule für den Dienst des Herrn einrichten." – *Das Skriptorium*

EIN KLOSTER OHNE BÜCHER…
Vera Trost 251

„Im Angesicht der der Engel will ich Dir lobsingen" – *Das gesungene Wort: die Musik*

GREGORIANIK: ER-LESENE GESÄNGE
Michael Hermes OSB 263

Liturgie – Die Feier des Gottesdienstes

DIE LITURGIE ALS ZENTRALER BESTANDTEIL KLÖSTERLICHEN LEBENS
Heinrich Ferenczy OSB 273

UT IN OMNIBUS GLORIFICETUR DEUS
Zur Bedeutung der Benediktiner für die Entwicklung der europäischen Paramentik
Gudrun Sporbeck 281

SCHÄTZE UND SCHATZKUNST DER BENEDIKTINER IM MITTELALTER
Melanie Prange 291

BENEDIKTINISCHE BUCHMALEREI: DIE MACHT DER BILDER
Thomas Labusiak 303

Benediktinisches Mönchtum in Zeiten des Umbruchs und der Erneuerung

ZWISCHEN BEHARRUNG UND REFORM – ENTWICKLUNGSTENDENZEN IM SPÄTEN MITTELALTER
Gudrun Gleba 317

KLOSTERREFORM UND SCHRIFTKULTUR – SÜDDEUTSCHE BENEDIKTINERKONVENTE IM 15. JAHRHUNDERT
Peter Rückert 327

SPÄTMITTELALTERLICHE KIRCHENAUSSTATTUNGEN DES BENEDIKTINERORDENS IM DEUTSCHSPRACHIGEN RAUM
Holger Kempkens 341

JOHANN VON LANGEN. DER IBURGER BENEDIKTINERMÖNCH ALS GOLDSCHMIED UND RELIQUIENSAMMLER
Reinhard Karrenbrock 363

Neue Blüte in der Barockzeit

DIE GEISTLICHE SCHATZKAMMER
vorgestellt an Beispielen aus dem deutschsprachigen Raum
Holger Kempkens 373

DIE KUNST- UND WUNDERKAMMER
Klaudius Wintz OSB 385

‚PALÄSTE‘ DES GLAUBENS – ZUR REPRÄSENTATION DER BAROCKEN KLOSTERKULTUR
Werner Telesko 395

Untergang und Erbe – Säkularisation und Wiederbesiedelung

UNTERGANG UND ERBE – SÄKULARISATION UND WIEDERBESIEDLUNG
Gerfried Sitar OSB 405

Ausblick – Gegenwart und Zukunft der Klöster

LEBEN IM KLOSTER HEUTE
Maximilian Tuschel OSB 413

IN DER SPANNUNG VON BESTÄNDIGKEIT UND AUFBRUCH
Benediktinisches Leben im 21. Jahrhundert
Dominicus Meier OSB 417

Grußwort des Abtprimas des Benediktinerordens

Europa ist geprägt durch das Christentum, es wurde geformt durch Mönche. Ohne arrogant sein zu wollen: Auf diesem Boden haben sich Wissenschaft und Technik entwickelt wie sonst nirgendwo auf der Welt. Das gilt auch für die Kunst. Wenngleich in anderen Kulturkreisen großartige Werke zu besichtigen sind, dort ist die Kunst statisch geblieben. Kunstepochen wie die Romanik, Gotik, Renaissance und der Barock wurden möglich durch das Ja des Christentums zur Geschichtlichkeit des Menschen. Die Mönche haben diese Tradition später an die weltlichen Menschen weitergegeben. Auch die moderne Kunst lebt zu einem guten Teil von der Auseinandersetzung mit dem Christentum und dem Transzendenten überhaupt. Der Blick in die Vergangenheit führt uns über die Gegenwart hinaus in die Zukunft.

Möge die Doppelausstellung im Stift St. Paul und in Bleiburg anregen, die Macht des Wortes und die Macht des Bildes aus reicher Tradition heraus in die Zukunft wirken zu lassen.

Dr. Notker Wolf OSB,
Abtprimas des Benediktinerordens

Grußwort des Bundespräsidenten der Republik Österreich

Das historische Wissen darüber, was in Österreich in den Bereichen Kunst und Kultur in herausragender Weise geleistet wurde, ist wichtig für die Beschäftigung mit Gegenwart und Zukunft.

Das Stift St. Paul im Kärntner Lavanttal ist für solche Betrachtungen ein überaus interessanter und faszinierender Stützpunkt, war es doch durch die Jahrhunderte hindurch ein dynamisches Zentrum nicht nur der künstlerischen, sondern auch der kulturellen Entwicklung.

In der langen Geschichte des Klosters gab es immer wieder bedeutende Persönlichkeiten, die als Äbte und Mönche prägende Spuren hinterlassen haben. So konnten sich die Benediktiner, und mit ihnen auch die Mönche von St. Paul, als Schulorden profilieren und wichtige Erfahrungen für die Schaffung eines höheren Bildungsniveaus sammeln, was auch für die Einführung der allgemeinen Schulpflicht in Österreich Vorbildwirkung bieten konnte.

Das Kloster wurde 1787 unter Josef II. aufgehoben und 1809 von Mönchen aus St. Blasien im Schwarzwald wiederbesiedelt. Diesem Umstand verdankt St. Paul heute eine der bedeutendsten klösterlichen Kunstsammlungen Europas.

Ich begrüße es daher, dass es durch verschiedene Initiativen möglich wurde, eine neue Form der Zugänglichkeit und Offenheit des Kulturzentrums St. Paul zu schaffen. So wurden nicht nur Originale der großen Weltkunst von Leonardo da Vinci, Peter Breughel, Albrecht Dürer, Hans Holbein, Peter Paul Rubens und Anthonys van Dyck in neuer Weise öffentlich zugänglich gemacht, sondern auch Raritäten der Gold- und Silberschmiedekunst. Neben bedeutenden Werken früher sakraler Kunst des europäischen Mittelalters darf die großartige Sammlung der Entwicklung der Schreibkunst nicht übersehen werden. Sie umfasst Dokumente und Bücher vom 4. bis zum 18. Jahrhundert sowie wertvolle, reich bebilderte Handschriften von Dichtungen des späten Mittelalters.

Das Stift St. Paul eröffnet somit eine faszinierende Welt, die ohne Zweifel die Neugier verschiedener Generationen von Besucherinnen und Besuchern an der geschichtlichen Entwicklung Europas, aber auch an Kunst und Kultur wecken wird.

In diesem Sinne möchte ich dem Stift St. Paul zu diesem schönen und informativ gestalteten zweibändigen Katalog sehr herzlich gratulieren und wünsche allen Leserinnen und Lesern viele interessante Erkenntnisse sowie eine große Erlebnisfreude an den kulturellen Schätzen unseres Landes!

Der Bundespräsident
Dr. Heinz Fischer

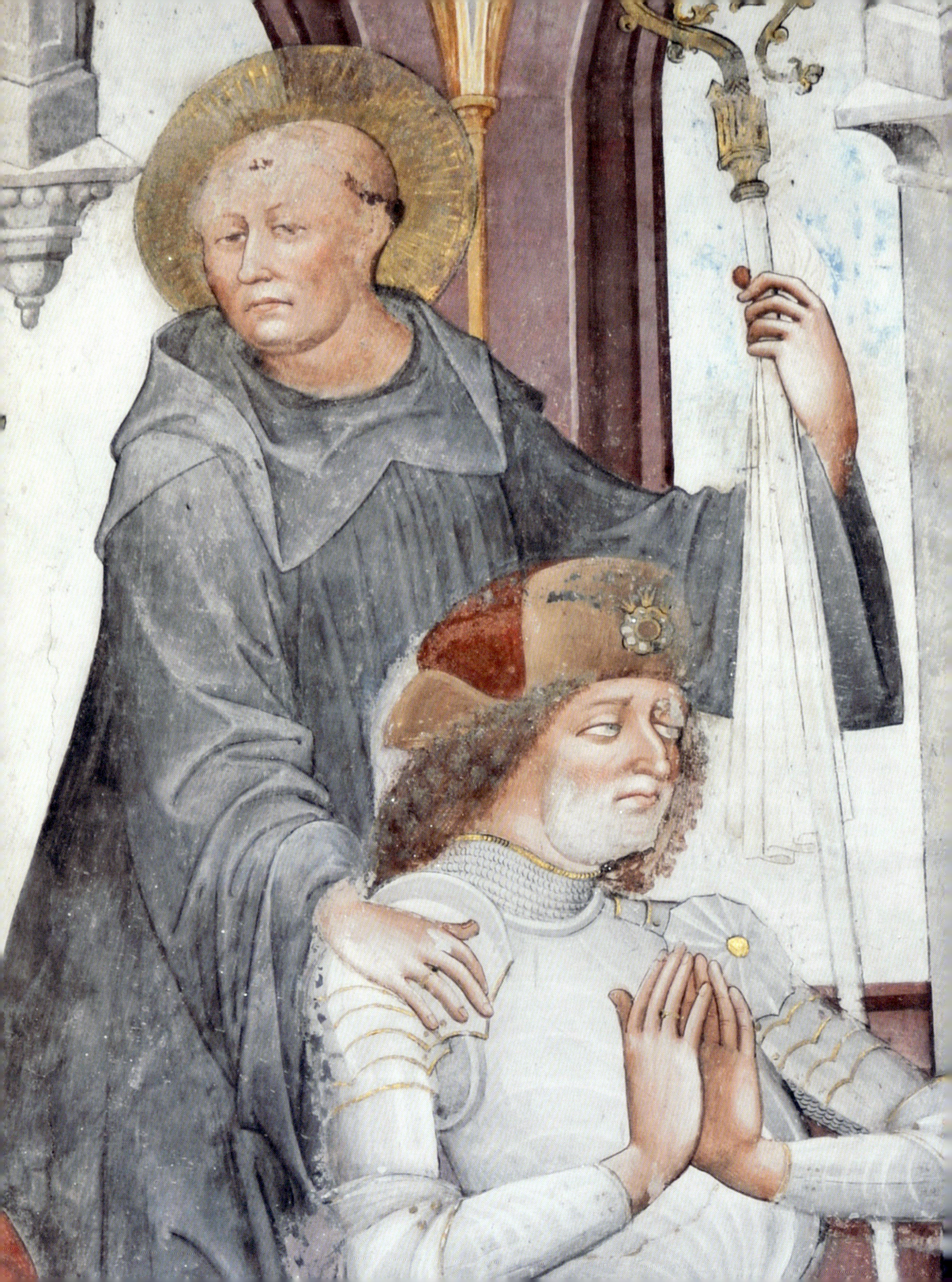

DAS LEBEN DES HEILIGEN BENEDIKT

Burkhard Ellegast OSB

E s gibt viele künstlerische Darstellungen des hl. Benedikt, die ihn in verschiedenen Situationen zeigen, wie sie uns im Legendenkranz um den Heiligen überliefert sind und die im zweiten Buch der Dialoge von Papst Gregor dem Großen (590–604) aufgezeichnet sind.[1] Wenn es um Benedikt selbst geht, gibt die häufigste Darstellungsart den Heiligen wieder, wie er einen Becher in der Hand hält, über dem sich eine Schlange krümmt. Man wollte ihn vergiften, er aber machte das Zeichen des Kreuzes über den Becher und dieser zerbrach, so weiß die Legende zu berichten.

Benedikt von Nursia wird uns von zwei – wenn auch sehr unterschiedlichen – Quellen nahegebracht, durch die Dialoge Gregors des Großen, in denen legendenhafte Szenen aus dem Leben des Heiligen überliefert sind, die oft lebendiger umschreiben, was den Heiligen wirklich ausmachte, und durch die Regel, die auf den hl. Benedikt selbst zurückgeht und die seine persönliche Handschrift erkennen lässt.[2]

In der Benediktuskapelle des Stiftes Melk ist ein hl. Benedikt dargestellt, wie er die Regel verfasst. Der Maler Peter Bischof hat für dieses Bild zwei Entwürfe gemacht (1990): einen traditionellen, wie Benedikt den Becher mit der Schlange hält, und einen zweiten, der ihn beim Schreiben der Regel zeigt. Dazu vermerkte der Maler folgende Gedanken: „Ich glaube, in unserer Zeit, in der jeder versucht, seine Individualität zu leben, dabei vielfach die Grenzen des anderen verletzt und überschreitet, ein Chaos der gegenseitigen Grenzüberschreitungen, Verletzungen der Umwelt, des Lebens, der Humanität – wird das Leben nach einer Regel die einzige Überlebenschance sein".[3]

Beide Quellen, Legenden und Regel, sind wesentlich, um dem Heiligen gerecht zu werden. Durch die Unterschiedlichkeit der beiden Zugänge bedarf es einer Deutung der uns überlieferten Berichte.

Die Wurzeln für den hl. Benedikt

Benedikt lebte, nachdem er Rom in den Wirren der Völkerwanderung verlassen hatte, in einer Höhle bei Subiaco als Einsiedler.[4] Drei Jahre war er frei für seinen Gott und für sich selbst. Nach Rom war er zum Studium gekommen, er hatte dort sittlichen Verfall, Brutalität und Sinnlosigkeit des Lebens erlebt. Das römische Weltreich war auseinander gebrochen, Germanen waren brutale Sieger, die erst allmählich für kulturelle Entwicklungen zugänglich wurden. In dieser Situation hatte Benedikt keine Zukunft gesehen und sich zurückgezogen.

Diese drei Jahre der Verborgenheit, der Verhaltenheit, des Reifens und des Seins mit seinem Gott waren für den Heiligen Voraussetzung dafür, was später werden sollte. In diesen Jahren wurden ihm jene Quellen bewusst, aus denen heraus er ein christliches Leben für möglich hielt.

Benedikt beginnt seine Regel mit dem Wort: „Höre" und führt es gleich tiefer „neige das Ohr deines Herzens".[5] Er hörte mit dem Ohr seines Herzens auf seinen Gott, auf die Worte der Heiligen Schriften, der Kirchenlehrer und Mönchsväter.

Die Heilige Schrift in ihrem Gesamtumfang ist Urquelle Benedikts. Sie ist der feste Boden seines geistlichen Lebens.[6]

Im Prolog der Regel schreibt Benedikt: „Öffnen wir unsere Augen dem göttlichen Licht und hören wir mit aufgeschrecktem Ohr, wozu uns die Stimme Gottes täglich mahnt und aufruft: „Heute, wenn ihr seine Stimme hört, verhärtet eure Herzen nicht".[7] Das göttliche Licht, die Stimme Gottes gilt es wahrzunehmen, mit dem Ohr des Herzens aufzunehmen. Damit ist die Heilige Schrift gemeint, die es zu lesen

1 Hl. Benedikt, Meister Thomas von Villach, 1492/93. Stiftskirche St. Paul, Nordquerhaus

(lectio, legere), einzuüben und zu lernen (meditatio, meditari) gilt.

Benedikt zitiert vornehmlich die Psalmen, das Matthäus-Evangelium und die Paulus-Briefe. Er schreibt im Prolog, die Mönche sollten ihren Weg „per ducatum evangelii", unter der Führung des Evangeliums, gehen.[8] Bei seinen Zitaten ist immer die ganze Heilige Schrift gemeint. Christian Schütz schreibt zum geistlichen Profil Benedikts, „dass die Bibel das Wort Gottes schlechthin und gewissermaßen die eigentliche oder Urregel des klösterlichen Lebens darstellt".[9]

Die Person Jesu Christi ist die eigentliche Triebfeder für den hl. Benedikt.

Das Evangelium erhält in Jesus Christus personale Züge, die Christozentrik der Regel ist unübersehbar.[10] Wenn es um Christus und um den einzelnen Mönch geht, stehen in Benedikts Regel an den Stellen, die sicher von Benedikt selbst stammen, die Worte *amor* bzw. *amare*: „Der Liebe zu Christus nichts vorziehen" und „Christus […] überhaupt nichts vorziehen".[11] Und dieser Christus ist der gegenwärtige österliche Christus und der wiederkommende Herr. In der Regel kommt bisweilen auch das Wort *caritas* für Liebe vor, die von Gott geschenkte Liebe, amor meint mehr die Liebe, die vom Menschen ganz emotional kommt, dieses Wort weist auf die Intensität der Liebe hin. Christus ist in den Augen Benedikts nicht nur eine Person, sondern ein Programm, ein Programm in Person. Wenn Benedikt Christus sagt, sind das ganze Geheimnis Gottes, sein trinitarisches Leben und der Vater wie der Geist mitgedacht.[12]

Benedikt ist weiter wesentlich von der kirchlichen, patristischen und monastischen Literatur seiner Zeit geprägt.[13]

Der hl. Benedikt steht völlig in der kirchlichen Tradition, aus der heraus und in der er seine Regel schreibt.

Die stark spürbare Wertschätzung der Taufspiritualität lässt das deutlich werden, ebenso werden altkirchliche Bußpraxis und -verständnis spürbar. Kirchliche Strukturen sind fraglos anerkannt, römische, liturgische Texte werden verwendet.

a) Die patristische Literatur der Ost- und Westkirche findet in der Regel ihre Reflexe. Die großen Mönchs-

väter (*patres*) Antonius, Makarius, Schenute, Martin von Tours, auch Pachomius, Horsiese, Basilius, Augustinus, Cäsarius von Arles haben durch ihre Schriften auf das Mönchtum großen Einfluss gehabt. Besonders natürlich verwendet Benedikt Texte aus den monastischen Schriften.

b) Spezifisch monastische Literatur: Es gibt e i n Mönchtum, das an verschiedenen Orten spezifische Ausbildungen erfuhr. Es entstand eine Reihe von Regeln, die in verschiedenen Klöstern gelebt wurden, die ganz stark von den genannten Mönchsvätern geprägt waren.

Unter diesen Regeln gibt es die so genannte „Regula magistri", die Benedikt gekannt und weitgehend benutzt hat. Benedikt hat viel aus der monastischen Literatur entnommen, hat aber seiner Regel doch sehr deutlich seinen Stempel aufgeprägt. Er hatte die große Gabe der *discretio*, des geistlichen Trennungs- und Unterscheidungsvermögens. Diese *discretio* hat die Regel zu dem gemacht, was sie ist.

Benedikt selbst wollte in seiner Regel nur einen Anfang für klösterliches Leben skizzieren.[14] Im Kapitel 73 der Regel verweist er aber auf weitere Wege zur Vollkommenheit, nennt die Schriften des Alten und Neuen Testamentes, die Werke der heiligen katholischen Väter, die Unterredungen der Väter, deren Einrichtungen und Lebensbeschreibungen, die auf Johannes Cassianus von Marseille zurückgehen.

Der Weg des hl. Benedikt

Über das Leben Benedikts sind wir auf Legenden angewiesen, die aber zusammen mit der Regel, die er geschrieben hat, ein lebendiges Bild des Heiligen ergeben. Legenden bedürfen der Deutung.[15] Die folgende Deutung geht davon aus, dass Benedikt nicht von Anfang an der große Mönchsvater und Heilige, sondern auf seiner Gottsuche bis zu seinem Tode unterwegs war.

Benedikt war als Mensch auf der Suche nach einem Sinn in seinem Leben.

In Norcia geboren war er zum Studium nach Rom gekommen. In dieser Stadt fand er nicht, was er suchte: Stattdessen traf er auf dekadente Römer, brutale Germanen, das Durcheinander der Völkerwanderung. Er zog sich zurück und ging in die Einsamkeit der Wälder von Subiaco. Dort lebte er nur für sich und seinen Gott, war ganz frei für seinen Gott. Wir haben allen Grund anzunehmen, dass er bei die-

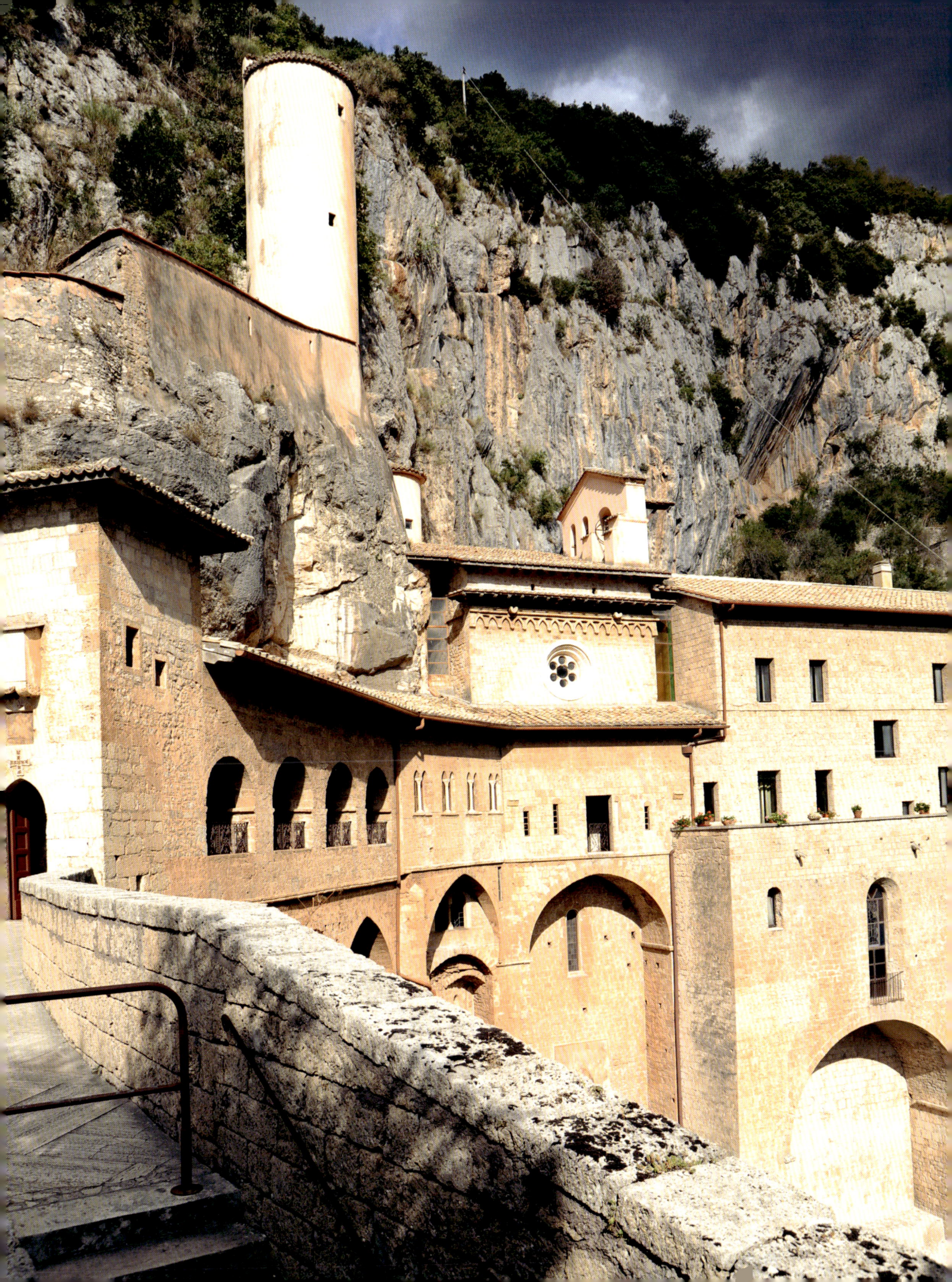

sem Leben glücklich war. Drei Jahre verbrachte er dort, völlig allein und verborgen, durfte nur Kontakt mit einem Mönch gehabt haben.[16] Ob es der Wille Gottes war, dass er so sein Leben vollenden sollte?

Nach etwa drei Jahren trat die Welt allmählich immer mehr an Benedikt heran. Zu Ostern kam ein Priester zu ihm und machte ihm bewusst, dass Ostern sei, das Fest der Auferstehung des Herrn: „Da darfst du nicht fasten; denn dazu bin ich gesandt, dass wir gemeinsam die Gaben des allmächtigen Herrn genießen".[17]

Hirten, die in der Nähe ihr Vieh weideten, entdeckten den Einsiedler, und sie fragten ihn, wie sehr er ihnen bei ihren Problemen helfen könnte.[18] Immer mehr wurde der Einsiedler gefordert und war bereit, für Menschen da zu sein.

In der Nähe der Höhle Benedikts befand sich zu Vicovaro ein Kloster, dessen Abt verstorben war. Die Mönche wollten den berühmt gewordenen Mann zum Abt haben. Benedikt lehnte zunächst ab und gab zu bedenken, dass sie in ihrer Lebensweise überhaupt nicht zusammenpassten. Letztlich aber sagte er auf ihr Drängen doch zu und wurde ihr Abt. Bald stellte sich heraus, dass der gewissenhafte Benedikt einer ungehorsamen Herde vorstand. Die Situation eskalierte und die Mönche wollten Benedikt nur mehr loswerden. Die Legende weiß zu berichten, dass man ihm in einem Glas vergifteten Wein reichte; das Glas zerbrach, als der Heilige nach seiner Gewohnheit den Trank segnete.[19]

Die Welt war an ihn herangetreten, und Benedikt musste erkennen, dass Gottes Wille ihn bei den Menschen haben wollte. In diesem Zusammenhang galt es weiter zu lernen. Er hatte als gewissenhafter Mensch sein Maß den anderen angelegt. Das konnte nicht gut gehen. Benedikt musste begreifen, dass er in diesem Kloster nicht bleiben konnte.

Benedikt kehrte wieder in seine Höhle zurück und wohnte bei sich selbst, das heißt mit seinem Gott.[20] Doch es kamen immer mehr Menschen zu ihm. Die Legende weiß zu berichten, er hätte zwölf Klöster mit je zwölf Mönchen errichtet. Einige Männer behielt er bei sich und führte mit ihnen ein klösterliches Leben. Erstmals brachten vornehme Römer ihre Söhne zu ihm: Maurus und Placidus. So lebte Benedikt in einer kleinen klösterlichen Gemeinschaft als ihr Abt.[21]

Verschiedene Legenden lassen erkennen, wie Benedikt nun schon ganz anders mit seinen Brüdern umging: Ein Gote sollte mit einem Sichelmesser am Seeufer das Dornengestrüpp aushauen. Bei dieser Ar-

beit fiel das Eisen vom Holzstiel ins Wasser. Benedikt wurde gerufen: Kein Vorwurf wegen der Unachtsamkeit, sondern typisch Legende, hielt Benedikt den Holzstiel ins Wasser, das Eisen kam sofort aus der Tiefe hervor und fügte sich an den Stiel. Der Heilige gab dem Goten das Werkzeug zurück und sagte: „Geh wieder an deine Arbeit und sei nicht traurig".[22]

Der sehr junge Placidus hatte den Auftrag erhalten, Wasser aus dem nahe gelegenen See zu holen. Aus Unachtsamkeit ließ er das Gefäß ins Wasser fallen und fiel selbst hinterdrein. Benedikt sah den Unfall und schickte Maurus, den Knaben herauszuholen: kein Vorwurf, keine Strafe, sondern einfach Hilfe. Da gab es einen, der ungeschickt war, einen der etwas tat und einen, der etwas gesehen hatte.[23] Benedikt lernt immer mehr, dass es verschiedene Fähigkeiten und Eigenarten gibt, in denen es gilt, miteinander einen Weg zu suchen.

Bald gab es Probleme mit der aufblühenden klösterlichen Gemeinschaft: Eifersucht und Neid geistlicher Nachbarschaft ließen Benedikt erkennen, dass er an einen anderen Ort siedeln sollte.[24]

Von der Höhle über die ebene Erde führte Benedikts Weg nun hinauf auf den Berg, Gott näher. 529 n. Chr. gilt als Gründungsjahr von Montecassino. Anstelle eines Apollo-Tempels entstand ein Kloster.[25] In Montecassino schrieb Benedikt seine Regel, die uns erhalten ist.

Diese Regel lässt sehr deutlich erkennen, wie sehr Benedikt gelernt hat. Seine Erfahrungen in den verschiedenen Stationen seines Lebens finden in dieser Regel ihren Niederschlag.

a) Die Bestimmungen Benedikts in seiner Regel über den Abt zeigen seine Wandlung: Benedikt blieb der gewissenhafte Mensch, der er war. Die Regel aber lässt deutlich werden, dass Benedikt viel Menschenkenntnis zugewachsen ist und vor allem sein Glaube stärker wurde. Nicht mehr Strenge und Härte bestimmen die Regel: Barmherzigkeit soll dem Abt über strenges Gericht gehen, „er hasse die Fehler, er liebe die Brüder. Muss er aber zurechtweisen, handle er klug und gehe nicht zu weit; sonst könnte das Gefäß zerbrechen, wenn er den Rost allzu heftig auskratzen will. Stets rechne er mit seiner eigenen Gebrechlichkeit. Er denke daran, dass man das geknickte Rohr nicht zerbrechen darf […] er suche mehr geliebt als gefürchtet zu werden".[26] „In seinen Befehlen sei er vorausschauend und besonnen. Bei geistlichen wie bei weltlichen Aufträgen unterscheide er genau und halte Maß".[27] Maßvolle Unterscheidung, die Mutter aller Tugenden, soll er

|

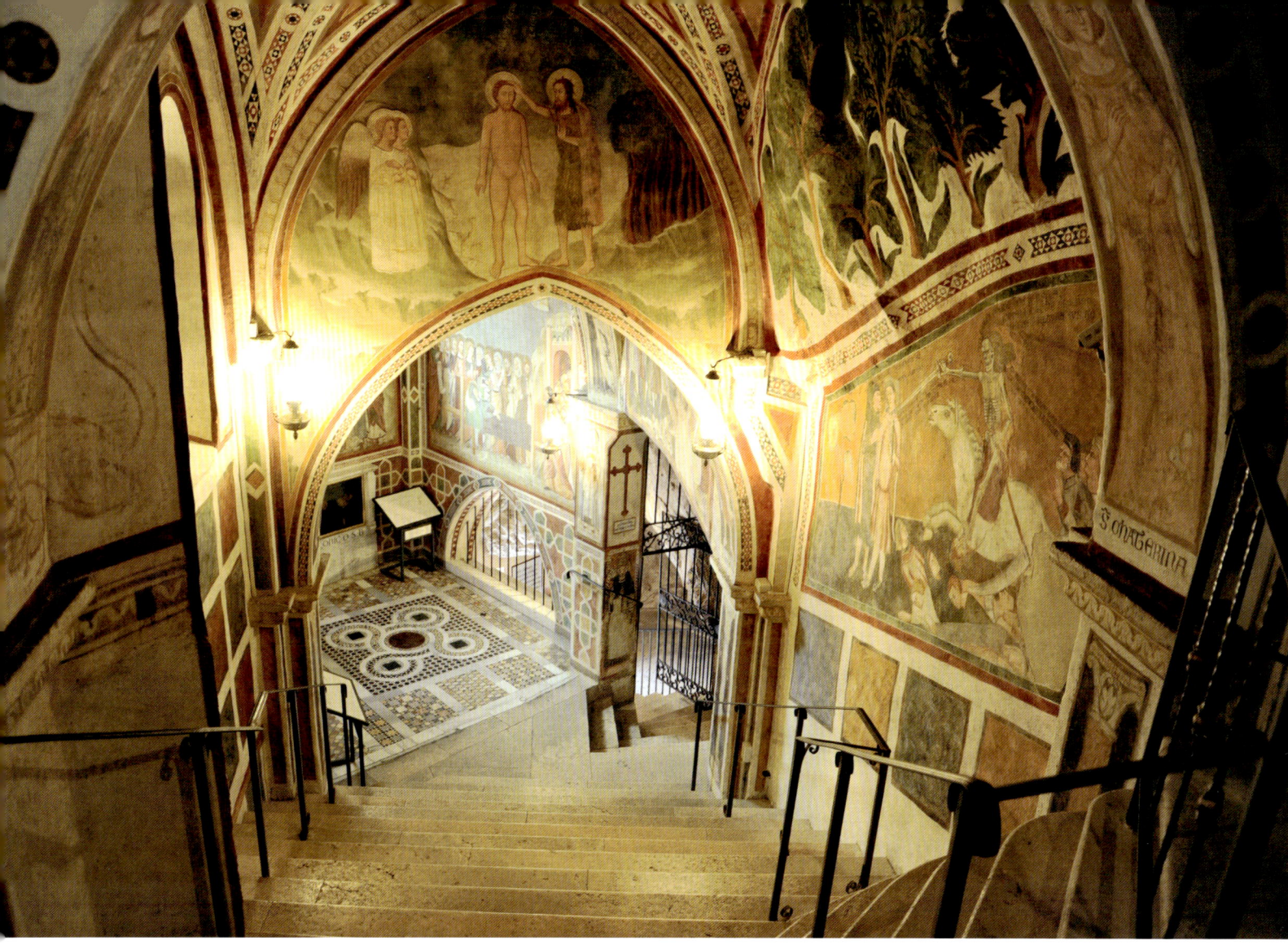

3 Kloster Sacro Speco mit Freskenschmuck aus dem 13. Jahrhundert

üben, es geht um die *discretio*, die Fähigkeit zu unterscheiden und zu entscheiden: „So halte er in allem Maß, damit die Starken finden, wonach sie verlangen, und die Schwachen nicht davonlaufen".[28]

Unterschiedliche Menschen kommen ins Kloster. Der Abt soll sich seiner schweren Aufgabe bewusst sein: „Menschen zu führen und der Eigenart vieler zu dienen [...] nach der Eigenart und Fassungskraft jedes Einzelnen soll er sich auf alle einstellen und auf sie eingehen".[29]

b) Benedikt weiß auch, dass man von anderen Menschen lernen kann.

Im Kapitel über die Einberufung der Brüder zum Rat sieht man, wie sehr Benedikt auf alle Menschen hört.[30] Benedikt sieht eine Versammlung aller Brüder zur Beratung vor und zusätzlich für weniger wichtige Angelegenheiten einen Rat der Senioren. Die letzte Entscheidung habe der Abt zu fällen, aber er solle alle um Rat fragen: „Dass aber alle zur Beratung zu rufen seien, haben wir deshalb gesagt, weil der Herr oft einem Jüngeren offenbart, was das Bessere ist".[31] Benedikt begründet seine Ansicht mit dem Wirken des Gottesgeistes, obwohl es schon natürlich so ist, dass jüngere Menschen noch beweglicher sind und offen für Änderungen.

Im Kapitel über die Aufnahme fremder Mönche sieht man wiederum, wie offen Benedikt selbst für Anregungen anderer ist.[32] An sich liebt Benedikt Gyrovagen nicht, die von Kloster zu Kloster streunen. Wenn jedoch einer mit der Lebensweise, die er antrifft, zufrieden ist, nehme man ihn auf und er bleibe, solange er will. Wenn er in Demut und Liebe begründete Kritik äußert oder auf etwas aufmerksam macht, soll der Abt klug überlegen, ob ihn der Herr nicht vielleicht gerade deshalb geschickt hat. Wenn sich ein solcher Mönch in die Gemeinschaft einbringt, soll man ihm ein Bleiben sogar nahe legen.

Benedikt geht auch auf Dinge ein, die er selbst nicht für vernünftig hält, die aber von den Brüdern gewünscht werden. Er selbst ist der Meinung, dass seine Vertretung im Kloster durch Dekane geschehen soll, die über zehn Mönche vom Abt eingesetzt werden. Die Mönche wollten jedoch bei Abwesenheit des Abtes einen einzigen Stellvertreter wissen. Benedikt kann sich für dieses System überhaupt nicht erwärmen. Er schreibt ein eigenes Kapitel über die Bestellung eines Priors,[33] aus dem sehr klar hervorgeht, dass er für diese Lösung nicht sehr viele Sympathien hegt. Wenn es aber die örtlichen Verhältnisse erfordern, die Gemeinschaft begründet und demütig die Bitte vorträgt und der Abt es für gut befindet,[34] dann soll er – und nicht klosterfremde Personen – einen Prior einsetzen. Man spürt in diesem sehr emotional geschriebenen Kapitel, wie schwer sich Benedikt tut. Aber auch da ist er bereit, sich auf Neues einzulassen.

c) Benedikt gründet sein Kloster als Schule, in der es zu lernen gilt.

Im Prolog der Regel lesen wir: „Wir wollen also eine Schule für den Dienst des Herrn einrichten. Bei dieser Gründung hoffen wir, nichts Hartes und nichts Schweres festzulegen. Sollte es jedoch aus wohl überlegtem Grund etwas strenger zugehen, um Fehler zu bessern und die Liebe zu wahren, dann lass dich nicht sofort von Angst verwirren und fliehe nicht vom Weg des Heils, er kann am Anfang nicht anders sein als eng. Wer aber im klösterlichen Leben und im Glauben fortschreitet, dem wird das Herz weit, und er läuft in unsagbarem Glück der Liebe den Weg der Gebote Gottes".[35]

Was Benedikt selbst erfahren musste, stellt er auch seinen Jüngern vor Augen: Eine Schule ist eine Institution, in der es zu lernen gilt. Wie Benedikts eigene Erfahrung zeigt, war er selbst bei all seiner Größe und Heiligkeit sein ganzes Leben lang unterwegs. Man spürt aus seinen Formulierungen sehr deutlich, dass dieses Unterwegs-Sein Dynamik erfordert. Das Wort „currere" (laufen) verwendet Benedikt häufig (in der Regel sechs Mal). Eigene Erfahrungen zeigen immer wieder, dass dieser Weg nicht nur am Anfang schwer ist, sondern dass es immer wieder Zeiten gibt, in denen der Weg hart und schwer wird. Wenn man genauer hinsieht, sind es Zeiten, in denen man langsamer wird oder gar stehen bleibt. Wenn die Dynamik nachlässt, wird der Weg zum Heil immer schwieriger.

Benedikt lernt bis in sein hohes Alter

Benedikt hatte eine Schwester, Scholastika, die ihn einmal im Jahr besuchte.[36] Sie trafen einander in einem Anwesen, das in der Nähe des Klosters lag. Bei ihrem letzten Besuch spürte sie, dass sie nicht mehr

lange zu leben habe. Sie waren, wie immer, den ganzen Tag beisammen, verbrachten den Tag im Lobe Gottes und im geistlichen Gespräch und hielten bei Einbruch der Dunkelheit miteinander Mahl. Es wurde spät, die Schwester bat ihn, er möge sie diese Nacht nicht allein lassen, damit sie bis zum Morgen über die Freuden des ewigen Lebens reden konnten. Benedikt erklärte ihr aber sehr deutlich, er könne auf keinen Fall außerhalb des Klosters bleiben. Da zeigt sich wieder die Gewissenhaftigkeit des Heiligen, die im ersten Kloster, in dem er Abt gewesen war, zum Bruch geführt hatte, weil er anderen sein Maß aufgelegt hatte. Obwohl er zwischenzeitlich viel gelernt hatte, glaubte er jetzt, da es um seine persönliche Angelegenheit ging, nicht nachgeben zu dürfen.

Scholastika wusste sich zu helfen. Sie flehte zu Gott und aus heiterem Himmel kam ein fürchterliches Gewitter, das ein Weggehen Benedikts unmöglich machte. Benedikt war über seine Schwester erbost und hielt ihr vor, was sie getan habe. Doch sie erwiderte: „Sieh, ich habe dich gebeten und du hast mich nicht erhört; da habe ich meinen Herrn gebeten und er hat mich erhört, geh nur, wenn du kannst".[37]

Benedikt hatte für sein Kloster eine Ordnung erlassen, die wichtig war, er musste aber lernen, dass es Situationen gibt, wo die Liebe wichtiger ist als die noch so wichtige Ordnung.

Benedikt vor seinem Heimgang

Knapp vor seinem Tod stieg Benedikt eines Nachts auf den Turm des Klosters, stand am Fenster und betete.[38] Als er mitten in dunkler Nacht hinausschaute, sah er plötzlich von oben her ein Licht, das alle Finsternis vertrieb, es wurde heller als am Tag: „Die ganze Welt wurde ihm vor Augen geführt, wie in einem einzigen Sonnenstrahl gesammelt".[39]

Benedikt hatte auf seinem Weg immer wieder Gotteserfahrungen sammeln dürfen, sein Gott hatte ihn von Stufe zu Stufe höher geführt, er hat bis ins hohe Alter gelernt, bis knapp vor seinem Tod. Wie immer man dieses Turmerlebnis deuten will, es handelte sich um eine ganz tiefe Gotteserfahrung. Sein Leben lang war er auf seiner Gottsuche unterwegs. Im Prolog seiner Regel schreibt Benedikt: „Gürten wir uns also mit Glauben und Treue im Guten und gehen wir unter der Führung des Evangeliums seine Wege, damit wir ihn schauen dürfen, der uns in sein Reich gerufen hat".[40] Im lateinischen Text steht „pergamus". Man dürfte eigentlich nicht übersetzten

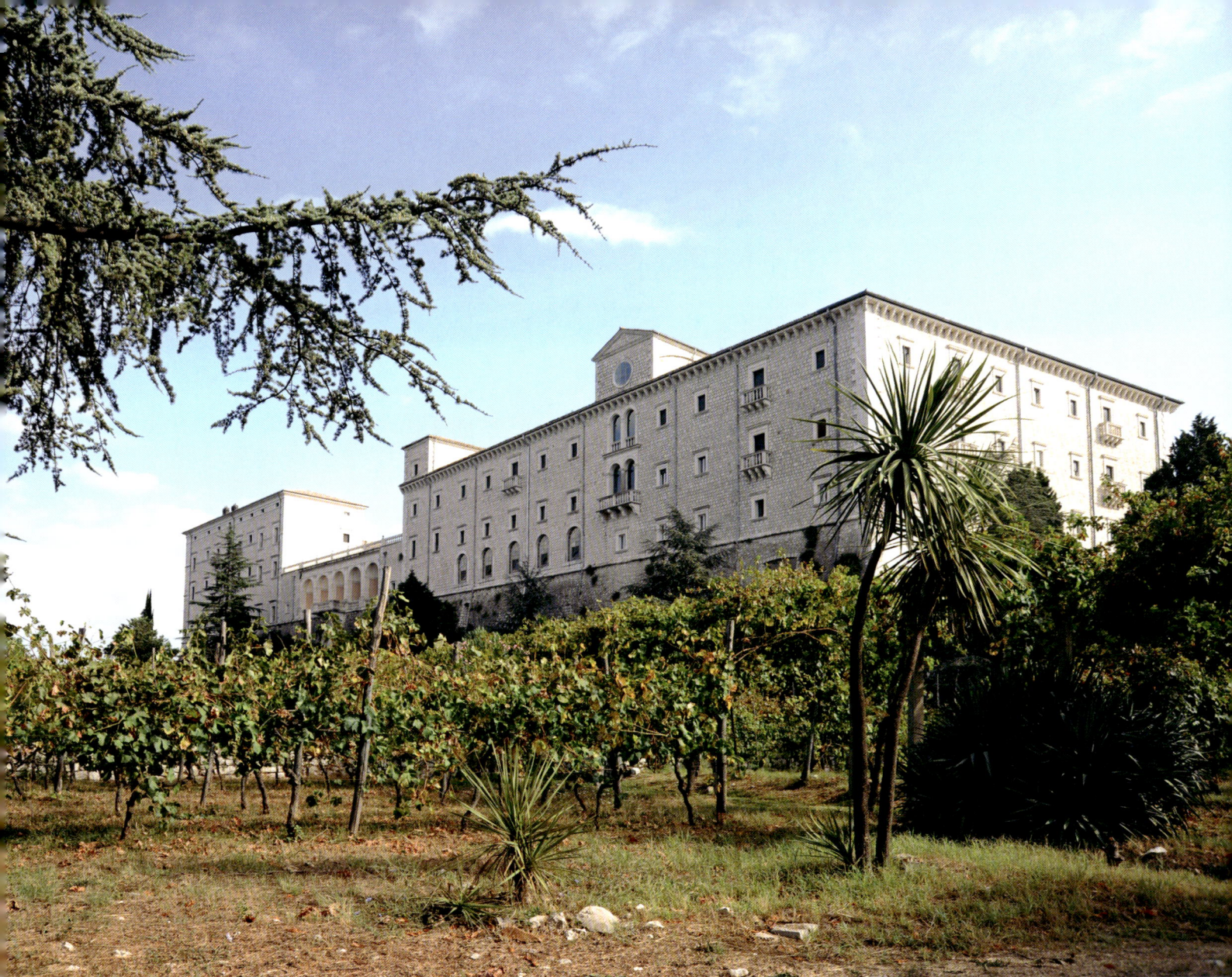

„gehen wir [...] seine Wege", sondern müsste sagen „gehen wir [...] seine Wege bis zum Ende".

Für Benedikt war diese Gottsuche auch das wichtigste Kriterium bei der Aufnahme von Brüdern ins Kloster: „Man achte genau darauf, ob der Novize wirklich Gott sucht".[41] Dieses Unterwegs-Sein, das Lernen, das Fortschreiten führt weiter und schenkt letztlich wirklich den Menschen Freiheit.

Grundzüge benediktinischer Spiritualität

Regel und Legenden lassen erkennen, wo Benedikts Schwerpunkte lagen, wie er in seiner Gottsuche Wege suchte und fand. Er hatte nach den drei Jahren in Subiaco erkannt, dass ein Leben in der besonderen Nachfolge Christi am besten in einer Gemeinschaft lebbar ist, in deren eigentlicher Mitte Gott steht.

Die klösterliche Gemeinschaft

In den Dialogen Gregors des Großen wird die Gründungslegende von Terracina geschildert.[42] Benedikt schickt Mönche mit dem Abt und einem Stellvertreter aus. Sie sollten für die Klostergründung alles vorbereiten. Er werde an einem bestimmten Tag kommen und zeigen, wie sie alles einrichten sollten. Diese gingen und erfüllten seinen Auftrag. In der Nacht vor dem festgesetzten Tag hatten der Abt und sein Stellvertreter einen Traum, in dem Benedikt ihnen genau zeigte, wie alles zu errichten sei. Die beiden erzählten einander den Traum, warteten jedoch auf das Kommen Benedikts. Als dieser nicht kam, eilten sie zu ihm und machten ihm Vorhaltungen. Er aber sagte zu ihnen, er habe ihnen doch im Traum alles gezeigt und erklärt. Sie sollten nun zurückgehen und das Kloster bauen.

4 Kloster Montecassino, die Wiege des Benediktinerordens

Diese Legende zeigt sehr deutlich, wie Gemeinschaft funktioniert. Alle wissen, worum es geht: der feste Ort, die bestimmten Brüder, sie sollen selbst miteinander das Kloster bauen.

Benedikt lässt keinen Zweifel, dass die erste Art der Mönche die der Koenobiten ist, das heißt, dass die Mönche in einer klösterlichen Gemeinschaft (coenobium) leben, die Regel befolgen und dem Abt dienen.[43]

Benedikt kennt verschiedene Mönchsformen: die Einsiedler, deren Lebensart nicht jedermanns Sache ist, die Sarrabeiten, die nur dem Namen nach Mönche sind, sich jedoch an keine Regel gebunden fühlen, und die Gyrovagen, Wandermönche, die keinen festen Ort haben (s. Beitrag Petutschnig). Benedikt will der stärksten mönchischen Lebensform, den Koenobiten, eine Ordnung geben.[44]

a) Benedikt legt größten Wert auf die Einzelpersönlichkeiten in seiner Gemeinschaft.

Der Abt solle der Eigenart vieler dienen, sich auf die Eigenart und Fassungskraft seiner Brüder einstellen und auf sie eingehen.[45] Jeder soll als der ganz bestimmte Mensch, der er ist, seinen Platz in der Gemeinschaft als ganzer Mensch mit Leib und Seele haben und soll sich mit seinen Fähigkeiten einbringen.[46] So kann sich der Abt am guten Wachsen seiner Herde freuen.

b) Diese unterschiedlichen Menschen bilden eine Gemeinschaft. Die Brüder beten und essen gemeinsam, und schlafen in einem gemeinsamen Schlafraum. Wenn es wichtige Entscheidungen zu fällen gibt, sollen alle ihren Rat einbringen,[47] bei allem Geschehen im Kloster steht die Urgemeinde in Jerusalem als großes Vorbild vor Augen. Sie hatten alles gemeinsam und waren ein Herz und eine Seele. Alles im Kloster soll gemeinschaftsbezogen sein.[48]

Wenn einzelne Brüder durch ihr Verhalten diese Gemeinschaft stören, muss es Konsequenzen geben: Ein räudiges Schaf soll nicht die ganze Herde anstecken.[49]

Damit ist eines der drei benediktinischen Gelübde umschrieben:[50] *stabilitas loci et in congregatione*, Beständigkeit des Ortes und in der Gemeinschaft. Das ist der feste Boden, auf dem die Mönche stehen, ihr Zuhause, etwas Festes, Bleibendes, Tragendes. Die Einzelpersönlichkeiten in der Gemeinschaft bauen ihr Kloster, das heißt, sie versuchen, mit ihren Gegebenheiten und Möglichkeiten ihren Dienst zu erfüllen.

Das Miteinander von Einzelpersönlichkeiten, das kreative bewegende Moment im Kloster

Die Legende um Maurus und Placidus klang schon an:[51] Da gibt es einen, der sieht etwas, einen, der tut etwas, und einen, der ungeschickt ist. Im konkreten Menschen ist es nicht immer so klar: Einmal sieht er vernünftige Dinge, bisweilen tut er auch Gutes, dann steht er wieder völlig daneben. Beim Miteinander wird vieles möglich.

Das zweite Gelübde der Benediktiner ist die *conversatio morum*,[52] gewöhnlich als klösterlicher Lebenswandel übersetzt, meint aber auch ein ständiges Arbeiten an sich selbst.

In einer Gemeinschaft kann nicht jeder so agieren, wie er will. Er muss Rücksicht nehmen, Geduld üben, demütig sein, auch Widerwärtigkeiten ertragen, er darf Eifersucht und Neid nicht aufkommen lassen, er muss immer mehr der Mensch werden, der er ist und der doch den anderen sieht, der ebenso er selbst sein soll.

Die Regel bietet viele Anregungen, wie diese Arbeit an sich selbst in der Gemeinschaft vor sich gehen kann. Kapitel 4: Die Werkzeuge der geistlichen Kunst, Kapitel 7: Die Demut, Kapitel 34: Zuteilung des Notwendigen, Kapitel 57: Mönche als Arbeiter, Kapitel 63: Die Rangordnung in der Gemeinschaft u.a.

Von der Arbeit des Einzelnen hängt es ab, welche Möglichkeiten des Wirkens gegeben sind, wie kreativ und fruchtbar dieses Wirken sein kann. Die Wirkkraft einer Gemeinschaft hängt von den Stärken ihrer Glieder ab.

Eine Gemeinschaft kann nur funktionieren, wenn es eine Leitung gibt.

Eine Legende um Benedikt erzählt, dass ein Einsiedler namens Martinus in einer Höhle lebte. Er befestigte eine Kette, die er um seinen Fuß gelegt hatte, an einen Felsen, damit er nur so weit gehen konnte, wie die Kette reichte. Als Benedikt das hörte, ließ er ihm durch einen Schüler ausrichten: „Wenn du ein Diener Gottes bist, soll dich nicht eine Kette aus Eisen halten, sondern die Kette Christi". Martin löste sofort die Fesseln, ging aber von selbst keinen Schritt weiter, als es zuvor durch die Fessel möglich war.[53]

Die Legende will deutlich machen, dass der Mensch nicht durch auferlegte Fesseln, sondern frei jenen Weg gehen soll, der für ihn richtig ist. In Benedikts Regel ist viel von Gehorsam die Rede, von Leitung und Führung durch den Abt. Dem Abt aber ist aufgetragen,

DIE REGEL — LEBENSPROGRAMM UND GLAUBENSFIBEL

Mirko Breitenstein

Einer der einflussreichsten Autoren des frühen Mittelalters, Papst Gregor der Große (590–604), verwies im zweiten Buch seiner Dialoge über Leben und Wunder der italischen Väter nur kurz auf die vom hl. Benedikt verfasste Regel. Sie sei ebenso maßvoll im Inhalt wie klar in der Darstellung; wer das Wesen des Heiligen kennenlernen wolle, der müsse diese Regel lesen: „Der heilige Mann konnte nicht anders lehren als er lebte." Diese knappe Auskunft ist zugleich der früheste bisher bekannte Hinweis auf den unter dem Namen Benedikts von Nursia überlieferten Text. Sekundäre Zeugnisse bestätigen jedoch, dass diese wirkmächtigste aller Klosterregeln an der Wende vom 6. zum 7. Jahrhundert tatsächlich bereits vorlag.

Wie der Text zu Gregor nach Rom kam, ist nicht mit Sicherheit zu klären. Der benediktinischen Tradition zufolge seien Mönche vom Monte Cassino, auf dem Benedikt seine Regel verfasst haben soll, im Jahre 577 vor der Zerstörung des Klosters durch die Langobarden nach Rom geflohen und hätten das Urexemplar des Textes auf diese Weise gerettet. Doch schon die Frage, ob der Papst die von ihm gepriesene Regel wirklich kannte, lässt sich nicht beantworten, da Gregor an keiner Stelle seines Werkes aus ihr zitiert. Sicher ist hingegen, dass Einfluss und Ansehen der *Regula Benedicti* zunächst weder vom Monte Cassino noch von Rom ausgingen. Zum bedeutendsten Zentrum ihrer Verbreitung hatte sich vielmehr schon zur Mitte des 7. Jahrhunderts das um 590 vom hl. Columban († 615) gegründete Kloster Luxeuil in den Vogesen entwickelt. Ihren Siegeszug trat die Benediktregel dabei jedoch noch nicht als ein selbständiger Text an, sondern vielmehr in Kombination mit anderen monastischen Normtexten, als sogenannte Mischregel. Hierbei handelt es sich um Kompilationen verschiedener Regeln zu einem neuen Ganzen, dem jedoch oftmals nur lokal und zeitlich begrenzte Geltung beschieden war. In Lu-

xeuil galt eine solche benediktinisch-columbanische Mischregel mit Sicherheit seit dem dritten Abt Waldebert († ca. 670). Von hier breitete sie sich im 7. und 8. Jahrhundert – unter tatkräftiger Mitwirkung der fränkischen Aristokratie – im gesamten Merowingerreich aus, wobei Klöster, die entweder selbst von diesem Zentrum des irofränkischen Mönchtums aus gegründet wurden oder aber in denen Mönche von dort lebten, als wichtige Vermittler fungierten. Zwar lässt sich die Kenntnis der *Regula Benedicti* am Beginn des 7. Jahrhunderts auch für den südgallischen Raum – und damit unabhängig vom irofränkischen Einfluss – nachweisen, allerdings blieb sie hier wohl ohne nachhaltige Wirkung. Doch fand die Regel Benedikts nicht nur in Verbindung mit derjenigen Columbans Verbreitung: Die zur Mitte des 7. Jahrhunderts entstandene Jungfrauenregel (*Regula ad virgines*) des Donatus von Besançon († vor 660) beispielsweise basierte auf der älteren Jungfrauenregel des Caesarius von Arles († 542), der Regel Columbans und, hauptsächlich, der *Regula Benedicti*. Und auch die wohl vom erwähnten Waldebert verfasste *Regula cuiusdam ad virgines* enthält Übernahmen aus der Regel Benedikts.

Neben dieser in den fränkischen Territorien tradierten Überlieferungsfamilie ist eine weitere, italische, nachweisbar, deren Frühgeschichte jedoch kaum zu erhellen ist; historisch fassbar wird sie erst im 8. Jahrhundert. So berichtet Paulus Diakonus († ca. 799) – selbst Mönch auf dem Monte Cassino – innerhalb seiner Geschichte der Langobarden von einem nun tatsächlich belegbaren päpstlichen Engagement für ein Mönchtum benediktinischer Prägung: Die drei aufeinanderfolgenden Päpste Gregor II. (715 – 731), Gregor III. (731 – 741) und Zacharias (741 – 752) initiierten und unterstützten die Bemühungen des Eremiten Petronax († 749/50) zur Wiederbegründung Monte Cassinos. In diesem Zusammenhang habe Papst Zacharias auch

1 Benedikt übergibt seinen Mönchen die Ordensregel, Buchmalerei, Augsburg (?), 1. Viertel 17. Jahrhundert. (Kat. Nr. 3.13)

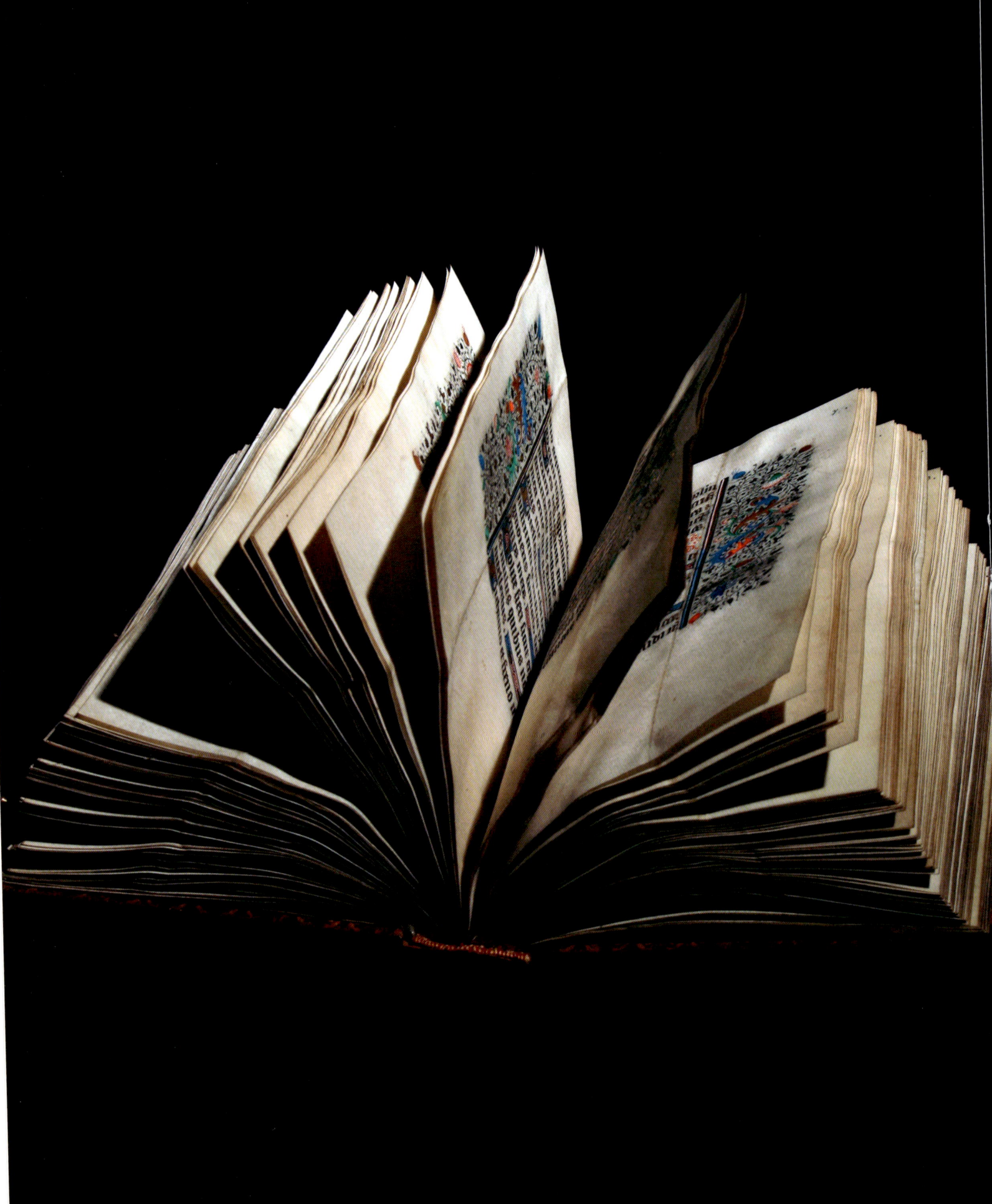

BENEDIKTINISCHE SPIRITUALITÄT UND LEBENSKULTUR

Siegfried Stattmann OSB

Es gibt verschiedene Zugangsmöglichkeiten, um ein anspruchsvolles Thema richtig zu beleuchten und darzustellen. Aus Gesprächen weiß ich, dass heute viele – vor allem Jugendliche – das Internet als Nachschlags- und Informationsquelle nutzen, weil dieses moderne zeitgemäße Medium eine unglaubliche Fülle und große Vielfalt an Wissen und Erfahrung anbietet. So stellte ich mich zunächst selber einmal diesem Experiment und machte die erstaunliche Entdeckung, dass z.B. alleine bei der Eingabe des Wortes „Spiritualität" in eine der bekannten Suchmaschinen im Internet mir weit über drei Millionen aktuelle Einträge angeboten wurden.

Leichter wurde es, als ich den Begriff näher und konkreter beschrieb. Unter „Benediktinischer Spiritualität" nannte man mir dann nur mehr über 5000. Aber wer schafft das schon und hat die Zeit, alle Einträge zu lesen, sie noch dazu richtig einzuordnen, um dann eine klare umfassende Darstellung anbieten zu können? Außerdem, wer garantiert, dass auf dieser Plattform wirklich alles eingegeben ist, was es zu diesem Thema zu sagen gibt? Und vor allem interessiert vermutlich den Leser, welche persönliche Erfahrungen der mitbringt, dem das Thema gestellt worden ist.

In den 35 Jahren meines Ordenslebens habe ich sehr viele und verschiedenste Persönlichkeiten des Benediktinerordens und auch unterschiedlichste Benediktinergemeinschaften kennengelernt und dabei erlebt, wie differenziert und lebendig „benediktinische Spiritualität und Lebenskultur" sich gemeinsam artikulieren können, oft durch die unterschiedlichsten Traditionen und Gepflogenheiten geprägt, durch kulturelle und nationale Eigenheiten beeinflusst, gelenkt und geformt, gewachsen und gereift. Viel über das Wesen, die Entfaltung und Verwirklichung benediktinischer Spiritualität konnte ich im Laufe der Jahre in einschlägiger Literatur lesen, weshalb meine Darstellung zu dem mir gestellten Thema nicht nur auf der bescheidenen eigenen Lebenserfahrung durch all die Jahre im Benediktinerorden fußt.

In neuerer Zeit leitet man den Begriff „Spiritualität" vom französischen „spiritualité" ab und verwendet und ersetzt ihn für die meist schon sehr strapazierten und abgenützten Worte wie Frömmigkeit, lebendiger Glaube, Religiosität, innere Verbundenheit mit Gott (lateinisch Spiritus = Geist, neutestamentlich Heiliger Geist).

„Benediktinische Spiritualität" lässt sich so als das beschreiben, wonach Menschen bzw. ganze Gemeinschaften ihr Leben ausrichten, nämlich nach den Weisungen des hl. Benedikt von Nursia (um 480 – um 560). Aus eigener freier Entscheidung formen Menschen durch bewusste Beobachtung konkreter Regeln ihr Leben, unterstellen sich einer verantwortlichen geistlichen Führung und suchen auf diese Weise, zur Fülle des Lebens zu gelangen. Auf diesem Weg zeichnen sie Spuren einer ganz eigenen Lebenskultur.

Wie kaum ein anderer geistlicher Orden schafften es die Benediktiner, in den vergangenen eineinhalb Jahrtausenden, durch die Konkretheit ihres Lebens, ihre praktische Ausrichtung und ihr zweckfreies Dasein auf der Grundlage eines gemeinsamen Lebens, immer wieder ganz starke spirituelle Impulse den Menschen ihrer Zeit zu vermitteln, und sie prägten damit wesentlich auch die Entwicklung Europas und weit darüber hinaus.

Getragen wird die Spiritualität der Benediktiner von der Botschaft Jesu Christi (vgl. BR Prol. 21). Das Evangelium gibt die Hilfe, sich „mit Glauben zu umgürten und in Treue das Gute zu tun". Grundlage allen Lebens und damit auch benediktinischer Spiritualität ist die Haltung des Hörens (vgl. BR Prol. 1), das nicht nur ein individuelles Hören, sondern immer auch ein gemeinsames Hören sein muss (vgl. BR 5,10 ff.). Die Bereitschaft hören zu wollen ist eine wesentliche Voraussetzung für einen möglichen Zugang zu einem neuen Lebensverständnis nach der Auffassung und Erfahrung des hl. Benedikt und dieses Hören soll nicht nur mit den leiblichen Ohren geschehen, sondern vor

1 Französisches Stundenbuch, 15. Jahrhundert. Benediktinerstift St. Paul

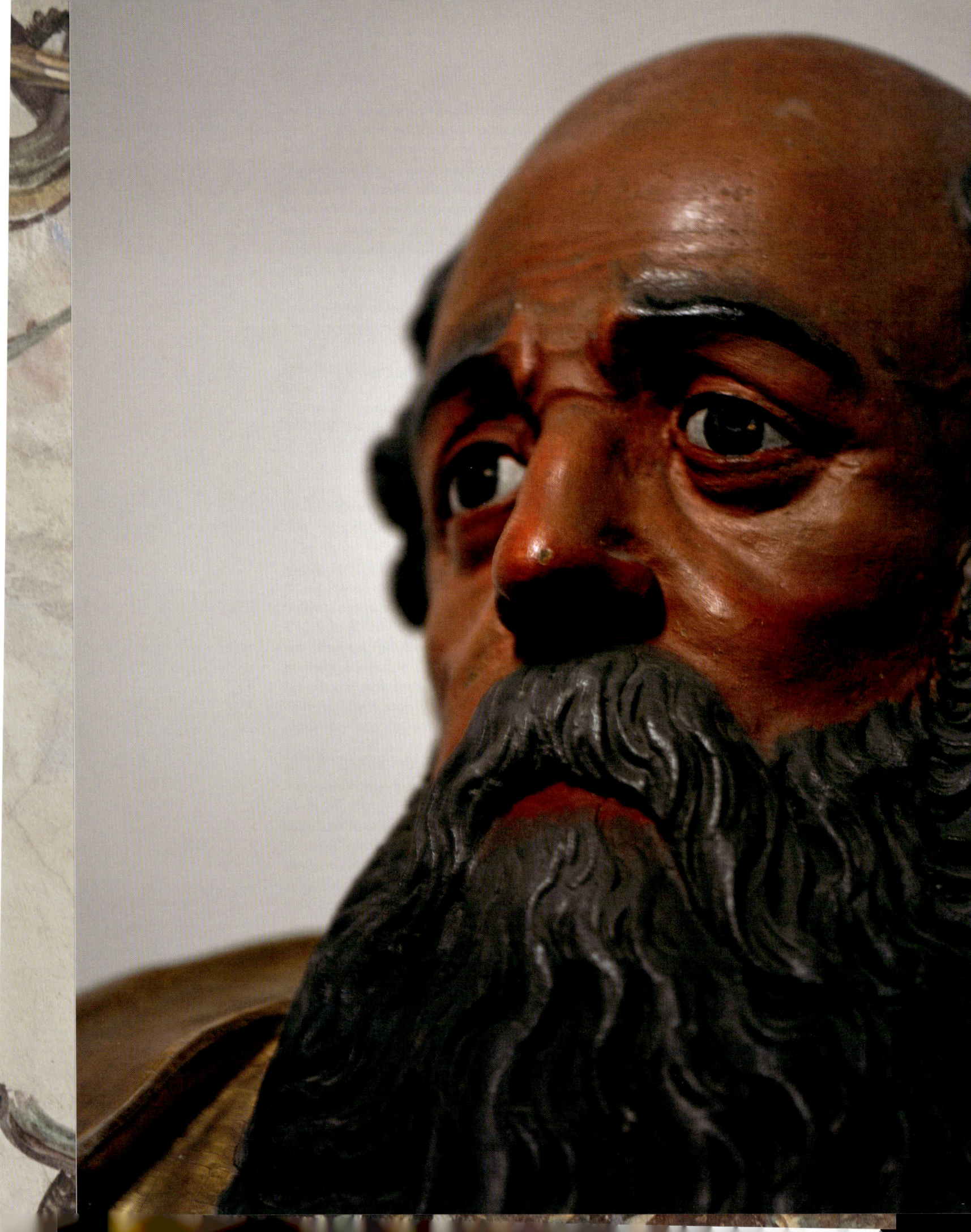

DER URSPRUNG DES MÖNCHTUMS AM BEISPIEL DER SYRISCHEN MÖNCHSKOLONIEN

Gerfried Sitar OSB

Theodoret von Cyrus (ca. 393 – ca. 454 n. Chr.), eine der leuchtenden Gestalten der Patristik, schreibt im Prolog seiner Mönchsgeschichte: „Schön ist es, die Kämpfe der trefflichsten Männer und Tugendstreiter zu sehen und mit dem Blicke des Auges daraus Nutzen zu ziehen."[1]

Der Begriff ‚Mönch' hat seinen Wortstamm im Griechischen, wo ‚monos' soviel bedeutet wie ‚alleine'.[2] Daraus leitet sich der Terminus ‚monachoí' ab, der zunächst spezifisch die allein lebenden Asketen bezeichnete.[3] Ähnlich wie Benedikt von Nursia es später tat[4], legte Theodoret großen Wert auf das Hören, das er als Grundlage der mönchischen Berufung betrachtete. Aus dem Hören und dem Befolgen des Gehörten leitet er die Tugend[5], die Maxime des monastischen Daseins, ab, deretwegen sich im Mönch Kämpfe abspielen, die nicht sichtbar sind.[6]

Theodoret versucht, mit seiner Geschichte des Mönchtums das Heldentum jener großen Gestalten hervorzustreichen und ihre Größe zu betonen, während sich die „moderne Literatur" immer mehr des „kleinen Mannes" und des „gewöhnlichen Menschen" annimmt. Das Geheimnis dieses Großen war für das Altertum der Inbegriff des göttlichen Wirkens und der göttlichen Gegenwart.[7] Der so mit allen Tugenden begnadete Mensch wird zu einer Art Mittler zwischen der Gottheit und dem Menschen, zugleich zum Ratgeber, zu dem die Scharen von weit zusammenströmten. Das Mönchtum an sich wurzelt im Evangelium und in der idealen Erfüllung des mönchischen Strebens und ist in der totalen Hingabe an Gott in der Christusnachfolge begründet.[8] Das Hauptaugenmerk dieser Lebensform lag in der Loslösung vom Rest der Gesellschaft, in der Feier des Gotteslobes, in der Übernahme des freiwilligen Zölibats und nicht zuletzt in der Reduktion der Bedürfnisse (Nahrung) und in der Abkehr vom Materiellen.[9]

Der Idealtypus dieses von Theodoret beschriebenen Begnadeten zeichnet sich durch Demut, durch Stetigkeit des Charakters und durch Sanftmut aus. Vor allem aber ist es die Askese, die ein wesentliches Merkmal des mönchischen Lebens wird. Der Asket ernährt sich nur von Wasser und Brot, verabscheut Wein und edle Speisen.[10]

Entscheidende Bausteine für das asketische Leben lieferte auch die Philosophie der Stoa. So ist der Begriff der Askese in all ihren Schulen von tragender Bedeutung. Gewiss ist diese stoische Askese innerweltlich, individualistisch. Sie wird als eine Übung verstanden, durch die der Mensch zu seiner urpersönlichen Freiheit finden kann. Sie ist gewissermaßen der Weg, der den Menschen in Einklang mit der Natur versetzt – vor allem aber wurzelt darin das Verständnis, sich über die Scheingüter und Scheinübel der Welt hinwegzusetzen.[11]

In der Auseinandersetzung des Christentums mit diesem Gedankengut steckt ein wichtiger Ansatz für das Keimen und Aufblühen einer eigenständigen christlichen Askese.[12]

Und diese nun erfährt im Leben jüdischer Propheten, christlicher Einsiedler und buddhistischer Mönche ihre Manifestation: möglichste Einschränkung natürlicher Bedürfnisse wie Speise, Trank und Schlaf, eine totale Absage an alle Bequemlichkeiten einer auch nur einigermaßen „gemütlichen" Lebensführung.[13]

Mit dem Idealmönchtum verbunden steht aber auch ein gewisses Maß an mythischer Vorstellung, die die Mönchsväter in einer eigenen Aura erscheinen lässt. Die Weisheit dieser ersten Mönche zeigt sich vor allem darin, dass sie prophetische Gaben besitzen, wie z.B. der hl. Benedikt weiß, dass seine Mönche in seiner Abwesenheit das Fasten gebrochen haben. Die Mönche Tibets könnten „Fern-Sehen" und Mönche

1 Hl. Hieronymus, Michael Hönel, 1628. Benediktinerstift St. Paul, Filialkirche St. Josef

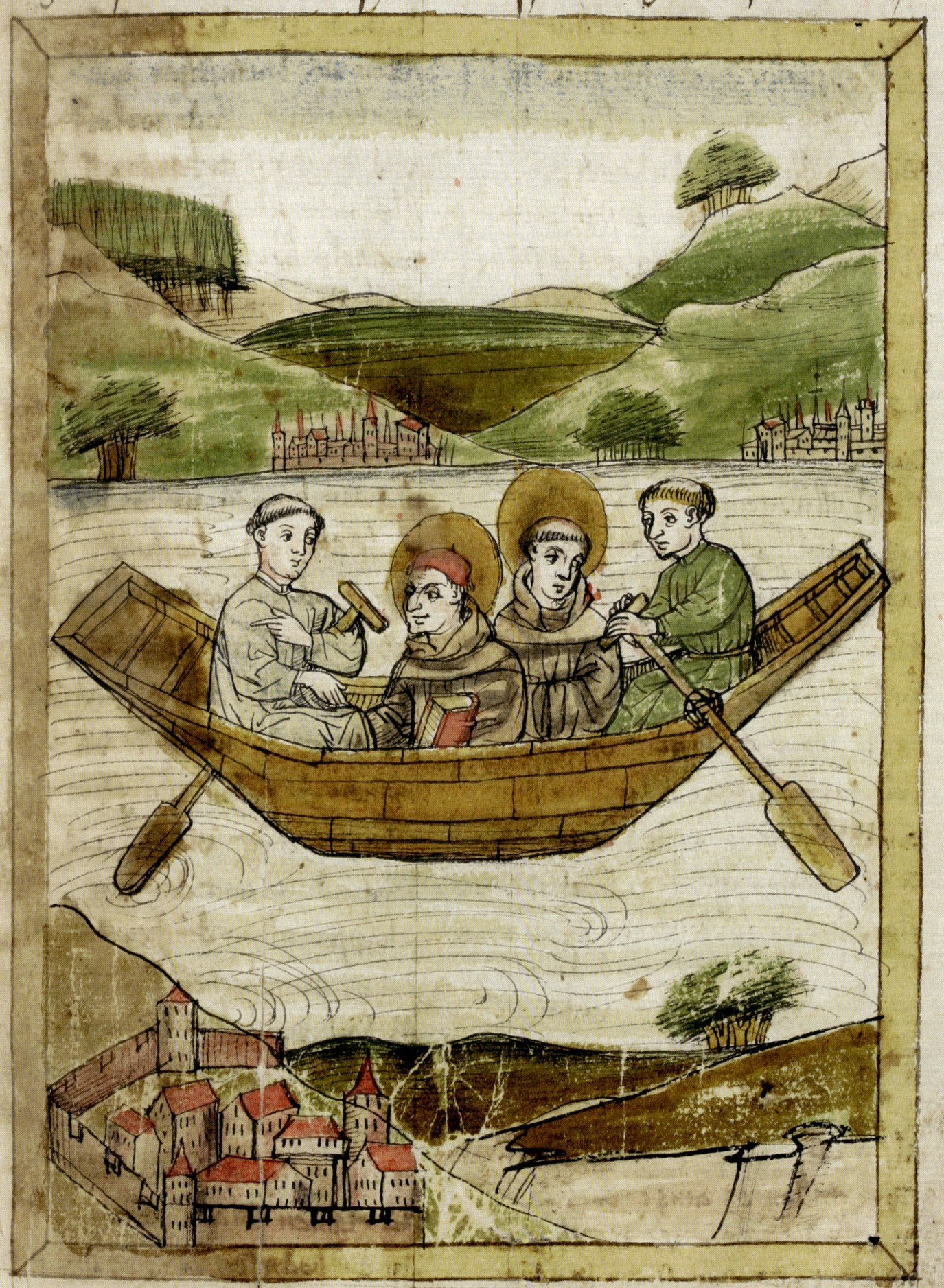

DAS VERMÄCHTNIS DES COLUMBAN – FRÜHE GLAUBENSBOTEN IN DER PERIPHERIE DES FRANKENREICHES

Niklot Krohn

Dass die unmittelbare missionsgeschichtliche Bedeutung des irischen Mönchtums für die östliche, alamannisch besiedelte Peripherie des Frankenreiches in der Vergangenheit erheblich überschätzt wurde, ist eine der wichtigsten Erkenntnisse für die Erforschung des frühmittelalterlichen Christentums;[1] weder Columban noch Gallus spielten – selbst den Aussagen ihrer Hagiographen zufolge – für die eigentliche ‚Bekehrung‘ der Bevölkerung in der *Alamannia* eine größere Rolle. Denn die Beiden haben das rechtsrheinische Kerngebiet des alamannischen Siedlungsgebietes auf ihren Reisen faktisch nie betreten, sondern hielten sich stets links des Rheins, vornehmlich im nördlichen Bodenseeraum auf (vgl. Beitrag Richter), das mit den Überresten der alten römischen Kastellstädte noch sehr stark spätantik und damit auch christlich geprägt gewesen ist.[2] Erst die bonifatianische Mönchsbewegung wagte quasi den ‚Schritt über den Rhein‘ bzw. über die ehemaligen spätrömischen Reichsgrenzen in die Peripherie des Frankenreiches (vgl. Beitrag von Padberg). Was die übrigen sog. ‚Alamannenmissionare‘ wie Fridolin, Trudpert oder Landelin anbelangt, deren Viten ausnahmslos um die Jahrtausendwende entstanden sind, so hält deren vermeintlich irische Herkunft einer genaueren Prüfung ebenso wenig stand wie ihre allzu nebulöse und legendenhafte Existenz, die sich nicht selten jeder historischen Nachweisbarkeit entzieht.[3] Auffällig bleibt auch, dass keine rechtsrheinische Klostergründung unmittelbar durch irische Mönche stattgefunden hat. Diese erfolgen fast ausschließlich erst im fortgeschrittenen 8. Jahrhundert im alamannisch-bajuwarischen Raum und somit auch viel zu spät, als dass sie noch als ‚Missionsstützpunkte‘ im engeren Sinne nützlich gewesen wären (vgl. Beitrag Zettler). Eine Vielzahl von archäologisch geborgenen Objekten mit Kreuzzeichen und christlichen bzw. bi-

blischen Darstellungen oder mit christlichem Symbolgehalt, die als Kleidungsbestandteile und Beigaben in die Gräber alamannisch-bajuwarischer Bestattungsplätze gelangen, sowie die Gründung früher Kirchen belegen gleichwohl zweifelsfrei, dass das Christentum insbesondere im 7. Jahrhundert – und vereinzelt auch schon gegen Ende des 6. Jahrhunderts – in den östlichen Gebieten des Merowingerreiches schon weit verbreitet gewesen ist.[4] Selten gelingt es jedoch, mit archäologischen Mitteln und auf direktem Wege auch die eigentlichen Glaubensboten und den Übermittlungsvorgang der christlichen Botschaft festzustellen. Eine Auswahl der markantesten Beispiele hierfür soll in den nachfolgenden Ausführungen vorgestellt werden.

St. Martin in Kirchdorf – Eigenkirche und ‚Missionsstützpunkt‘

Der nur wenige Kilometer östlich der Schwarzwaldgrenze gelegene, heute zur Gemeinde Brigachtal gehörende Ort Kirchdorf (Schwarzwald-Baar-Kreis) darf als Musterbeispiel frühmittelalterlicher Villikationsverhältnisse im alamannischen Raum gelten, der auch Aufschlüsse über die Entwicklung und Vermittlung des frühmittelalterlichen Christentums liefert. Zwar wird der Ort selbst erst um 1200 in Urkunden des Klosters St. Gallen erwähnt und die Existenz der dortigen, ortsnamengebenden Martinskirche ist schriftlich sogar erst mit der ersten Nennung der Pfarrei im Jahre 1259 überliefert. Die Geschichte Kirchdorfs hängt jedoch eng mit dem benachbarten Ort Klengen zusammen, unter dessen Namen die unmittelbare Umgebung während des frühen Mittelalters zusammengefasst worden ist.[5] In den frühmittelalterlichen Urkunden des Klosters St. Gallen ist

1 Abendstimmung im Montecassino

Klengen in einer auffälligen Zahl von nicht weniger als sechs Nennungen verzeichnet und zwar fünfmal als *donatio* und zweimal als *actum*-Ort (793 zugleich als *actum*-Ort). Während sich die beiden Quellen des 8. Jahrhunderts (764 und 793) auf private Schenkungen an den St. Gallener Konvent beziehen, lässt sich aus den Urkunden des 9. Jahrhunderts eindeutig entnehmen, dass in Klengen zeitweilig Königsbesitz existierte. Besonders interessant ist die Rolle, welche der königliche Ministeriale und Hofkapellan Ruotbert für diese Besitzverhältnisse spielt. In einer in Pavia ausgestellten Schenkungsurkunde Kaiser Karls III., des Dicken, (876–887) aus dem Jahr 881 wird an diesen Krongut in Klengen vergabt. Knapp sieben Jahre später, wenige Tage nach dem Tod Karls III., bestätigt dessen Nachfolger Arnulf von Kärnten (887–899) dem *presbiter* Ruotbert am 28. Januar 888 den Besitz der ihm von Karl geschenkten Güter sowie den Besitz der *capellam in villa Chneinga in honore sancti Martini constructam*. Zugleich wird Ruotbert das Recht zugesprochen, diese Martinskirche mitsamt ihrem Zubehör an ein Kloster seiner Wahl zu tradieren, das nach seinem Tod die Güter zu gleichem Recht besitzen solle. Auf diesem Weg erlangte die Benediktinerabtei St. Gallen nach dem Tod Ruotberts die Grundherrschaft über die Mark Klengen, welche bis in das 13. Jahrhundert hinein bestand. Da aus der Gemarkung Klengen bisher keine weitere Martinskirche bekannt ist und es bei der heutigen Kirche des Ortes Klengen keine Hinweise auf einen frühmittelalterlichen Vorgängerbau gibt, dürfte es sich bei der in den karolingischen Urkunden erwähnten Martinskirche um das Gotteshaus von Kirchdorf handeln, das während des gesamten Mittelalters hindurch als sogenannte ,Urpfarrkirche' eine zentrale Rolle für die Verwaltung und Seelsorge der umliegenden, zur Mark Klengen gehörenden Orte im Brigachtal besaß.

Der archäologische Befund, welcher zuerst 1978 durch Sondagegrabungen im Vorfeld eines ursprünglich geplanten, jedoch nicht realisierten Umbauprojektes und schließlich im Rahmen einer grundlegenden Sanierung der Kirche in den Jahren 1980–1982 aufgedeckt worden ist, belegt, dass die Ursprünge der Kirchdorfer Martinskirche sogar bis weit vor die urkundlichen Überlieferungen zurückreichen. Neben einem ca. 9,50 x 5,50 m großen Holzpfostenbau (Kirchdorf I), der ausweislich der dazugehörigen Gräber noch im letzten Viertel des 6. Jahrhunderts bzw. um 600 errichtet worden ist und damit – vorbehaltlich einer christlichen Nutzung – zu den ältesten Sakralbauten rechts des Rheins gehört, sind für das hier behandelte Thema vor allem die Befunde des Nachfolgebaus (Kirchdorf II) von besonderem Interesse, bei dem es sich um einen gleichlangen, mit 6,50 m nur wenig breiteren, steinernen Rechtecksaalbau handelte. Die überaus dichte Belegung von beigabenführenden Steinplatten- und Steinkistengräbern innerhalb sowie außerhalb dieses wohl als Eigenkirche anzusprechenden Gebäudes, die den Grabbeigaben zufolge in das 7. Jahrhundert datiert, ist durch jüngere Bestattungen sehr stark im Befund beeinträchtigt worden. Eine Ausnahme bildet eine östlich der Kirche in deutlichem Abstand zu den übrigen Gräbern gelegene und durch ihre Tiefe von mehr als 2,50 m weitgehend ungestört erhalten gebliebene Bestattung eines Mannes (Grab 19), der, wie sich den Bodenverfärbungen entnehmen lässt, in einen Leichensack eingenäht und in einem auf Kanthölzern abgestellten Sarg oder einer hölzernen Bahre zur letzten Ruhe gebettet worden ist (Abb. 2).

Die spärliche, rechts oberhalb neben dem linken Kniegelenk des Verstorbenen gelegene Beigabenausstattung des Toten bestand im Wesentlichen aus einem Gürtel, dessen lediglich in mehreren Fragmenten erhalten gebliebene und in ihren Abmessungen daher leider nicht mehr bestimmbare, rechteckige Schnalle aus dem basalen Schaufelbereich eines Damhirschgeweihs (*Dama Dama L.*) gefertigt worden war.[6] An diesem Gürtel befand sich eine mit Bronzenieten versehene, selbst jedoch nicht mehr erhaltene Scheide, in welcher ein 13 cm langes, dolchartiges Messer steckte. Neben dem zur Seite geneigten Schädel des Verstorbenen befand sich schließlich eine runde, im Durchmesser 1,8 cm große Manschette aus einem längsrechteckigen, 2,6 cm breiten Eisenblech, in der ein im Querschnitt vierkantiger, beidseitig angespitzter Dorn aus geschmiedetem Eisen steckte. Analog zu ähnlichen Funden können beide Eisenobjekte als Bestandteile einer sog. Stabdornvorrichtung gedeutet werden, mit welcher das Ende eines Holzstabes vor Abnutzung geschützt und ein sicheres Aufsetzen gewährleistet wird, womit sie ein Beleg für das ehemalige Vorhandensein eines wohl im Stile eines Gehstocks gehaltenen Stabes sind.

Eine nähere zeitliche Bestimmung des Grabes anhand der Objekte gestaltet sich aufgrund ihres schlechten Erhaltungszustandes oder ihrer unspezifischen Form als schwierig; einzig die mit drei Durchlochungen versehenen Bronzenieten der Messerscheide können für eine allgemeine Datierung in das 7. Jahrhundert genutzt und mit dem Entstehungs- und Nutzungszeitraum des steinernen Rechtecksaals (Kirchdorf II) in zeitlichen Einklang gebracht werden.

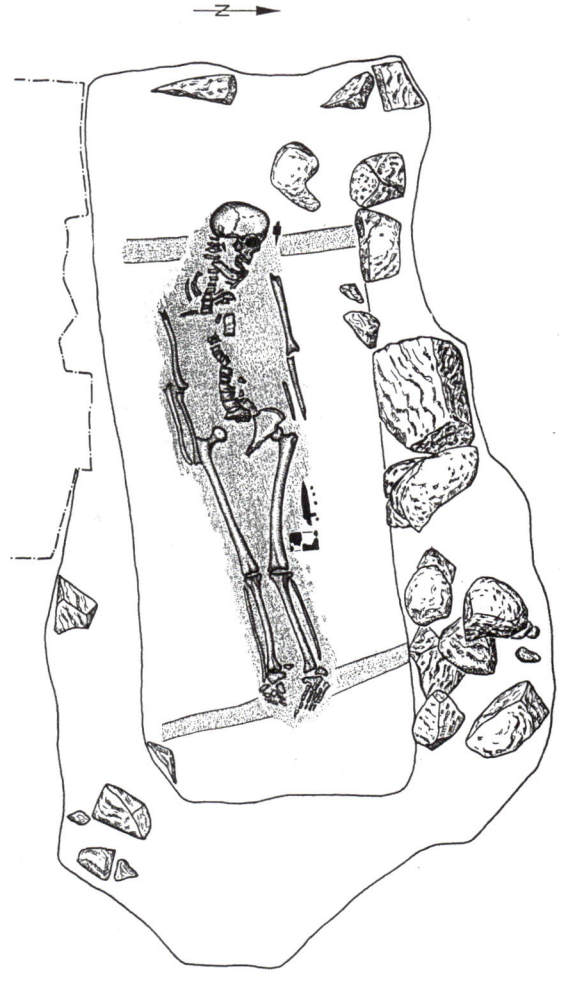

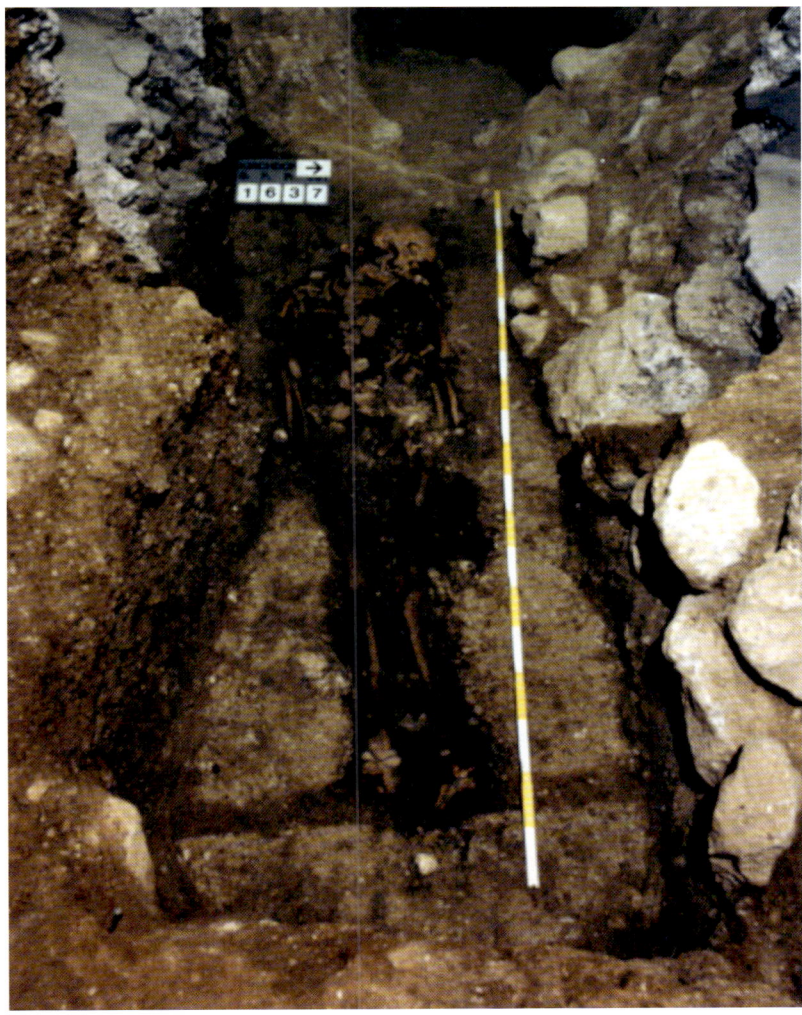

‚Klerikergräber' im alamannisch-bajuwarischen Raum

So unscheinbar der geschilderte Grabbefund von Kirchdorf im Vergleich zu den mit kostbaren Beigaben versehenen, spektakulären Bestattungen zunächst auch wirken mag, welche in den Kirchen des 7. Jahrhunderts nicht selten anzutreffen sind,[7] seine Beigaben liefern einen wichtigen und in dieser Form nur selten dokumentierten Beweis für die Präsenz eines frühen, geistlichen Glaubensboten im Kernland der *Alamannia*. An erster Stelle steht die leider nur fragmentarisch erhaltene Gürtelschnalle aus Geweih, die zur Gruppe der rechteckigen Knochen- bzw. Beinschnallen zählt. Gürtelbeschläge dieser Art, die seit den ausführlichen und grundlegenden Untersuchungen von Joachim Werner immer wieder Gegenstand einer Reihe von Aufsätzen waren,[8] sind in Form und Dekor aufs Engste mit den sog. ‚burgundischen'

Buntmetallschnallen des von Rudolf Moosbrugger-Leu definierten Typs D verwandt.[9] Sie besitzen wie diese vornehmlich christliche bzw. biblische Bildmotive und vereinzelt lateinische Inschriften[10] und sind in manchen Fällen mit einem über den Schnallenbügel verschließbaren Fach zur Unterbringung kleiner, als Reliquien gedeuteter Objekte versehen.[11] Eines der schönsten Exemplare stammt aus Grab 9 von St. Ulrich und Afra in Augsburg, dessen aus einer Walrippe (!) gefertigte Beschlagplatte mit der Darstellung des ‚Jonaswunders' versehen ist, das über die ‚Wiedergeburt' des Jonas durch das Entkommen aus dem Rachen des hier als Ungeheuer dargestellten Wals auch als symbolische Anspielung auf die Auferstehung zu verstehen ist (Abb. 3).

Ähnlich wie die vergleichbaren Buntmetallschnallen datieren auch die meisten Exemplare aus Knochen, Geweih oder Elfenbein in das 7. Jahrhundert und weisen auch einen parallelen Verbreitungsschwerpunkt

2 Grab 19 in Umzeichnung und Befund. Brigachtal-Kirchdorf, St. Martin

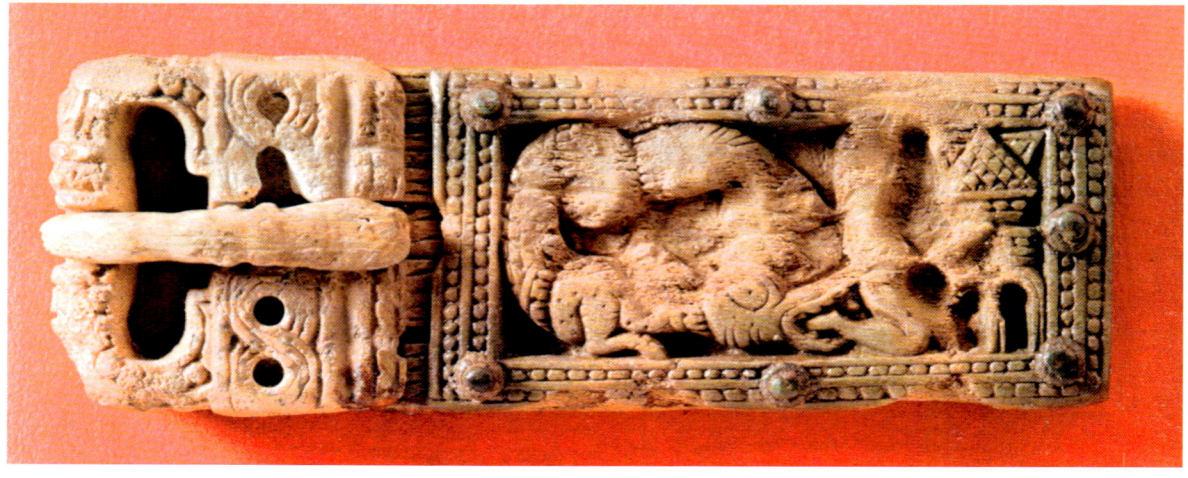

auf (Abb. 4), dessen Kernraum sich zwischen dem Oberlauf der Saône und der Aare sowie dem Rhein-knie bei Basel bzw. Kaiseraugst befindet, auf dessen spätantik-frühmittelalterlichen Bestattungsplatz allein drei dieser Schnallen gefunden worden sind. Im Gegensatz zu ihren Pendants aus Buntmetall setzt sich das Vorkommen der Knochenschnallen aber perlschnurartig über den Rhein bis in den alamannisch-bajuwarischen Raum fort und ist sowohl links wie rechts des Rheins vornehmlich auf Männergräber beschränkt. Da diese Bestattungen auffallend häufig in Kirchen gefunden wurden, die zudem vergleichsweise schlichte Beigabeninventare aufweisen, in denen nahezu regelhaft Messer und – wie in Kirchdorf – mitunter auch Beschläge von Stäben vertreten sind, werden die Knochenschnallen im Allgemeinen als Kleidungsbestandteile merowingerzeitlicher Kleriker angesprochen, für deren Herkunft – insbesondere im Hinblick auf den Verbreitungsschwerpunkt der Knochenschnallen im burgundischen Raum – eine Zugehörigkeit zum Umfeld der Luxeuil-Bewegung vermutet wird.[12] Trotz aller Kritik an dieser Deutung, die das zahlenmäßig nicht minder große Vorkommen von Beinschnallen in zeitgleichen Frauengräbern betont hat[13] oder die Schnallenträger aufgrund der Hinweise auf die Beigabe von Stäben als Bestattungen von Pilgern zu erklären sucht,[14] dürfte eine solche Zuweisung kaum mehr in Frage stehen. Insbesondere die Vergesellschaftung mit Stäben, deren spazierstockartige, mit einem gekrümmten Ende versehene Gestalt im Gegensatz zu den zumeist nur indirekt mittels Beschlägen überlieferten Belegen mit den Exemplaren aus St. Ulrich und Afra in Augsburg (Gräber 1 und 8) illustriert werden kann,[15] liefert ein stichhaltiges Indiz für die ehemalige geistliche Stellung der solchermaßen ausgestatteten Toten. Denn nahezu identische, wohl erst nachträglich mit kostbaren Beschlägen und Edelsteinapplikationen versehene ‚Krummstäbe' sind mit dem Bischofstab des hl. Caesarius von Arles (470/471–542)[16] und dem Abtstab des hl. Germanus von Moutier-Grandval/Münster-Granfelden (612–667/675)[17] auch als Reliquien überliefert, die wohl kaum als einfache Pilgerstöcke, sondern vielmehr als *baculus,*[18] als geistliches, im Stile des Hirtenstabes gehaltenes Würdezeichen, gedient haben dürften. Mit dem Germanusstab lässt sich auch der Bogen zur columbanischen Gründung von Luxueil schlagen, denn der Konvent von *Grandisvallis*/Moutier-Grandval (Kt. Bern, Schweiz) wurde als deren Filialkloster gegründet und der in den Auseinandersetzungen mit Herzog Adalricus/Eticho um 675–677 getötete und als Märtyrer verehrte Germanus war um 640 sein erster Abt. Unklar muss leider bleiben, ob auch der nicht erhalten gebliebene, aber indirekt durch seine metallenen Endbeschläge belegte Stab aus Kirchdorf eine vergleichbare Form besaß und vielleicht sogar dekorativ verziert war. Denn unter den Kleinfunden der Ausgrabungen von Kirchdorf befindet sich auch ein silbernes, mit Tierstil- und Maskendekor versehenes Pressblech (Kat.-Nr. 4.10), das aufgrund seiner Abmessungen durchaus als Stockbeschlag gedient haben könnte, sich dem Klerikergrab aber nicht zweifelsfrei zuweisen lässt.

Einen aufschlussreichen Anhaltspunkt für die Bestimmung eines Grabes als Bestattung eines merowingerzeitlichen Geistlichen liefern aber auch die in der Beigabenkombination nach Art des Kirchdorfer Grabes vertretenen Messer. Anlässlich der Bearbeitung des mit dem Kirchdorfer Befund direkt vergleichbaren, mit einem Eschenholzstab und einer Knochenschnalle versehenen Klerikergrabes aus der St. Verenakirche von Zurzach (Kt. Aargau) hat Max

Martin die entsprechenden Beispiele erstmals zusammengestellt.[19] In den meisten Fällen handelt es sich auch hier wiederum um Kirchengräber, denen außer Kirchdorf Grab 19 auch das Martin seinerzeit noch ebenfalls unbekannte und mit einer Schnalle aus Rothirschgeweih versehene Grab I/1 der Martinskirche von Gruibingen (Kr. Göppingen) anzugliedern ist.[20] In dem in unmittelbarer Nachbarschaft zur Bestattung mit der Jonasschnalle angetroffenen Grab 8 von St. Ulrich und Afra in Augsburg war das Messer zudem mit einem Stichel aus Eisen und in dem Klerikergrab von Saint-Quentin (Dép. Aisne, Frankreich) mit einem aus Eibenholz vergesellschaftet.[21] Seit der Antike wurden derartige Stichel bzw. Griffel sowohl als *stilus* zum Schreiben auf Wachstafeln verwendet als auch zum Vorzeichnen bzw. Einritzen von Hilfslinien für das Schreiben auf Pergament.[22] Da das Schreiben ein wichtiges Betätigungsfeld im klerikalen, vornehmlich monastischen Milieu gewesen ist, können derartige Stichel und die dazugehörigen Messer sicherlich zu Recht als Bestandteile eines Schreibbestecks angesprochen werden wie auch schriftliche, allerdings aus dem Hohen Mittelalter stammende Quellen belegen.[23] In seiner Schrift *de utensilibus* berichtet der geistliche Schreiber Alexander Neckam († 1215) ausführlich über die Bestandteile des Schreibgeräts, zu denen auch ein Messer gehört, und auch die 1259 gesammelten *Statuta antiqua cartusiensium* nennen *utensilia cellae*, die jeder Kartäuser erhalten soll, unter denen sich auch ein für die eigentliche Schreibarbeit erforderliches *scalpellum* befindet.[24] Sie dienten als Federmesser (*scalpum librarium*) zum Anspitzen des Schreibkiels[25] ebenso wie als Radiermesser (*rasoria*), und zwar nicht nur für Korrekturen während des Schreibens und zum Beseitigen von Unebenheiten auf dem Pergament, sondern auch zur großflächigen Tilgung von Texten (*rasa folia codicum*) für den systematischen Wiedergebrauch älterer Pergamente (*Palimpsest*). Auf mittelalterlichen Bildquellen sind häufig auch Schreiber geistlichen Standes dargestellt, die das Pergament während des Schreibvorgangs mit einem Messer in der linken Hand auf

4 Verbreitung der Knochenschnallen (roter Fundpunkt: Brigachtal-Kirchdorf, Grab 19). Man beachte das gehäufte Auftreten im Rheinknie (nach Quast 1999, 108, Abb. 63 mit Ergänzungen durch Rettner 1998 sowie Nachtrag Kirchdorf durch den Verf.)

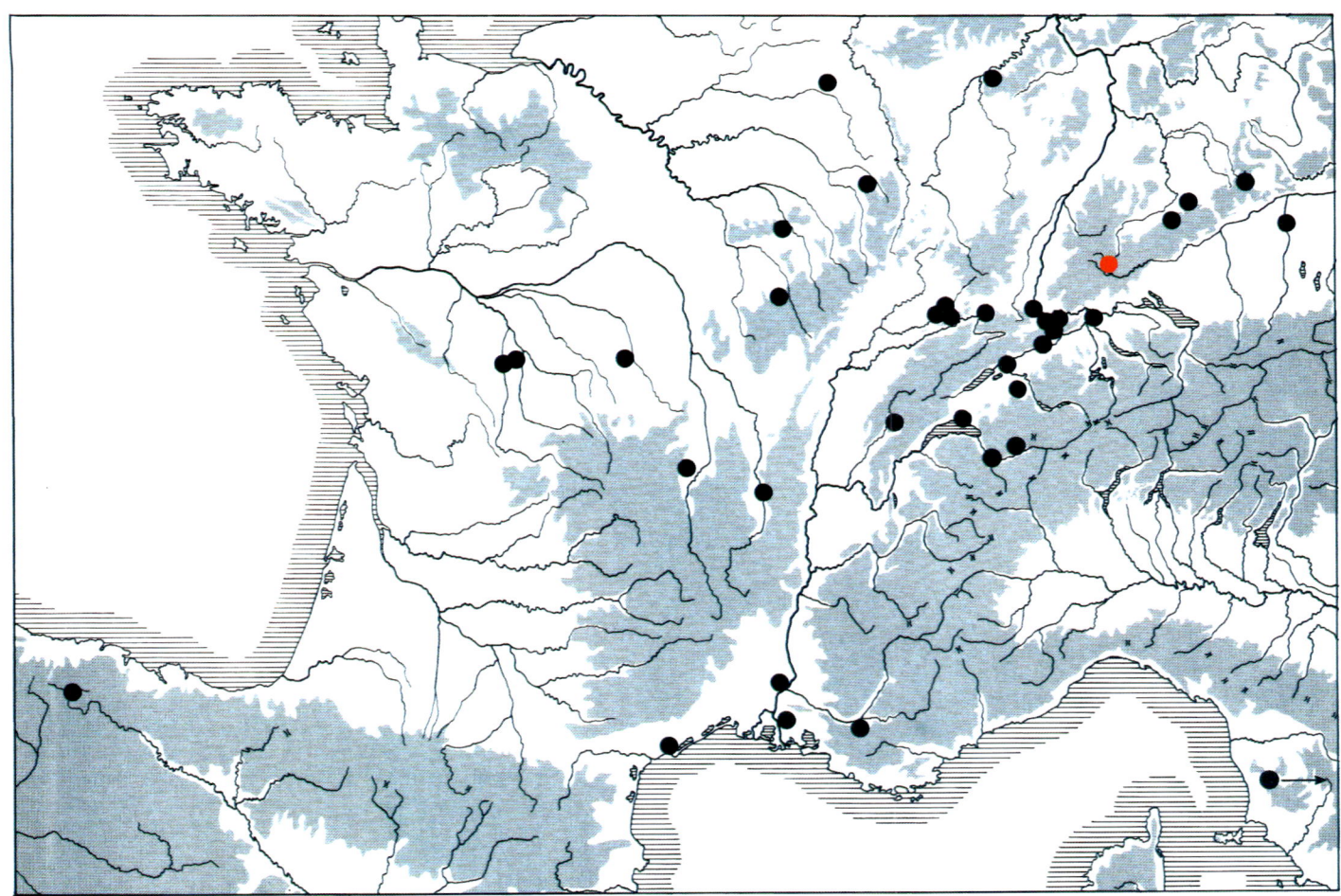

der Schreibunterlage fixieren, um ein Verwischen der noch nassen Tinte zu verhindern; allerdings ist die Spitze der dargestellten, als *lunellarium* bezeichneten Messer zumeist zum Messerrücken hin nach hinten gekrümmt.

Aufgrund ihrer Größe dürften die aus den Gräbern überlieferten ,Klerikermesser' kaum ausschließlich als Hilfsmittel zum Schreiben verwendet worden sein, denn hierzu wären kleine und schmalere Exemplare genauso gut geeignet gewesen. Als offenbar unverzichtbarer Bestandteil klerikaler Kleidung dienten sie wohl eher als ,Vielzweckinstrument',[26] das, auch wenn es für den eigentlichen Kampf unbrauchbar war, dem Träger im Notfall auch zur Verteidigung dienen konnte. Durch eine häufig zitierte Stelle in der ,*Fränkischen Geschichte*' des Gregor von Tours ist überliefert, dass derartige Messer sogar für hinterlistige Mordabsichten missbraucht wurden.[27] Auch in verschiedenen Briefen des 8. Jahrhunderts ist bisweilen von solchen *cultelli* die Rede, die unter Priestern als Geschenke überreicht wurden.[28] Offenbar gehörten sie bis in die Karolingerzeit weiterhin zur üblichen Kleidung des Klerus, so dass sie, wie etwa das sog. ,Messer des heiligen Petrus' im Domschatz zu Bamberg,[29] auch als Reliquie verehrt wurden.

Von Priestern und ,Entwicklungshelfern' – das Aufgabenspektrum der frühen geistlichen Glaubensboten

Da es der Forschung in den letzten Jahren über die Identifizierung merowingerzeitlicher Klerikergräber gelungen ist, die Präsenz früher geistlicher Glaubensboten während und unmittelbar nach dem Wirken Columbans und seines Schülers Gallus auch mit archäologischen Mitteln belegen zu können, stellt sich an dieser Stelle die Frage, welches Aufgabenspektrum diese Personengruppe an seinen Entsendungsorten im Innern der alamannisch-bajuwarischen Siedlungsgebiete des fränkischen Reiches besessen hat. In der Tat ist deren genaues Tätigkeitsfeld im Einzelnen noch wenig erforscht und die Archäologie selbst liefert hierzu eigentlich kaum konkrete Anhaltspunkte.

Die Vertreter, welche an den alten, als ,Missionsstandorte' wirksamen städtischen Zentren der Spätantike bestattet wurden, dürften zu Lebzeiten möglicherweise an der Aufbauarbeit zur Schaffung und zum Ausbau einer kirchlichen Struktur beteiligt gewesen sein. Eine solche Möglichkeit erscheint insbesondere für die Gräber von St. Ulrich und Afra in Augsburg sehr wahrscheinlich,[30] das sich als Hauptort der ehemaligen römischen Provinz Raetien zu einem der wichtigsten Bischofssitze des bajuwarischen Siedlungsgebietes konsolidiert hatte,[31] und auch für die Klerikergräber in der Nähe der beiden aufeinanderfolgenden Bistümer Kaiseraugst und Basel wäre ein solches Betätigungsfeld nicht ganz ausgeschlossen.[32] Im ländlichen Raum des alamannisch-bajuwarischen Siedlungsgebietes, wo es in den wenigsten Fällen bereits reguläre Priester gab, dürften die ,Missionare' – wie z.B. der in Kirchdorf bestattete Geistliche – im System des Eigenkirchenwesens vor der institutionellen Entwicklung der Pfarreistrukturen möglicherweise auch die Predigt und seelsorgerische Pflichten übernommen haben. Nicht selten mussten die frühmittelalterlichen Kleriker für diese Aufgabe von einem Gotteshaus zum anderen ziehen, denn noch bis weit in die Karolingerzeit hinein verfügte der ländliche Raum im Einflussbereich des Bistums Konstanz über kein fertig ausgebildetes Pfarreinetz. Stattdessen waren Wanderpriester mit ihrem eigenen, für den Gottesdienst erforderlichen Mobiliar unterwegs, zu dem neben dem Messgeschirr in der Regel auch eine *altaria portatilia* zählte, was etwa mit dem kunstvoll gestalteten, sog. ,Adelhausener Tragaltar' aus dem 9. Jahrhundert belegt ist.[33]

Die durch Griffel und Messer belegte Schreibkundigkeit in einer überwiegend illiteraten frühmittelalterlichen Gesellschaft dürfte die Kleriker bei den Grund- und Eigenkirchenherren zudem auch sicher zu begehrten Spezialisten für schriftlich fixierte Herrschafts- und Rechtshandlungen gemacht haben, wie sie für den alamannischen Raum in späterer Zeit durch das Urkundenwesen der Abtei St. Gallen dokumentiert wird. Nicht ohne Grund taucht Kirchdorf als Zentralort der St. Gallener Grundherrschaft in diesen Quellen mehrfach als Ausstellungsort für die Gebietsübertragungen und Schenkungen des 8. Jahrhunderts auf.

Trotz aller bedeutsamen Qualifikationen bleibt insbesondere der eigentliche Sozialstatus der hier vorgestellten Vertreter des merowingischen Klerus unklar. Wie der schon erwähnte hl. Caesarius von Arles, dessen Knochenschnalle mit der Darstellung der schlafenden Wächter am Heiligen Grab ebenfalls als Reliquie verehrt wird,[34] dürften manche der hier vorgestellten Gürtelträger im monastischen *cursus honorum* bis in höchste geistliche Positionen aufgestiegen sein, weshalb Joachim Werner für die in St. Ulrich und Afra in Augsburg bestatteten Vertreter auch die Möglichkeit in Erwägung zog, dass einige zu den frühen, schriftlich nicht überlieferten Augsburger Bi-

Benedikt und seine Regel im Kontext des frühen Mönchtums

schöfen des 7. Jahrhunderts gezählt haben könnten.[35] Andere Vertreter des ‚burgundischen Mönchtums' dagegen erlangten kaum je einen besseren Rang als den eines Halbfreien. Für den Befund von Kirchdorf bleibt auffällig, dass das Klerikergrab deutlich abseits der eigentlichen Bestattungsgemeinschaft und außerhalb des Kirchengebäudes angelegt worden ist – falls der erste steinerne Sakralbau überhaupt schon die Funktion eines Gotteshauses nach heutigem Verständnis besessen hat und nicht nur eine private Grabkapelle für den Memorial- und Ahnenkult gewesen ist.[36] Wurde der Geistliche auf diesem Weg durch die kircheninterne ‚Lagehierarchie' ausgegrenzt oder wurde ihm im Gegenteil sogar ein besonderer Respekt zuteil,[37] der sich durch die separate Lage und vielleicht auch über eine heute in Vergessenheit geratene, separate Memorialverehrung ausdrückte?

Die hier vorgestellten, der Luxeuil-Bewegung angehörigen Kleriker dürften sich in den wenigsten Fällen nur an jenem Ort aufgehalten haben, wo sie zu Grabe getragen wurden, sondern werden Zeit ihres Lebens wohl an verschiedenen Wirkungsstätten tätig gewesen sein, weshalb manche von ihnen, wie in St. Ulrich und Afra Grab 1, auch mit Reitstiefeln und Sporen bestattet wurden.[38] Aus diesem Grund ist es nicht verwunderlich, dass manches der in den Grabinventaren vertretene Messer mehr als nur zum Anspitzen eines Griffels taugte, wie insbesondere der Sax aus dem mit der ‚Jonasschnalle' versehenen Grab 9 von St. Ulrich und Afra in Augsburg belegt, das zudem noch mit einer axtartigen Waffe versehen war, weshalb der ebenfalls mit einem Reitsporn ausgestattete Tote von Joachim Werner auch als „adeliger Laie" angesprochen wurde.[39] Mit einer derartigen Ausstattung waren die christlichen Sendboten für die nicht immer friedlichen Bedingungen an ihr Wirkungsfeld außerhalb der schützenden Mauern eines Klosters angepasst. Ob sie, wie insbesondere für die Träger von Knochenschnallen vermutet, jeweils tatsächlich direkt aus Burgund stammten[40] oder aber mit dieser markanten Gürtelform lediglich ihre Zugehörigkeit zu den Klöstern und kirchlichen Einrichtungen, die mit Luxeuil verbunden gewesen sind, zum Ausdruck brachten, bleibt letztlich so lange ungeklärt, bis moderne naturwissenschaftliche Methoden an den Skeletten der Gürtelträger durchgeführt werden[41] – was im Hinblick auf weitere Forschungen zur Entwicklung und Verbreitung des frühmittelalterlichen Christentums sicherlich ein lohnendes Unterfangen wäre.

Wie dem auch sei, nach dem Urteil der *Regula Benedicti* (I,10–11) handelt es sich bei den hier behandelten frühen Glaubensboten streng genommen um *Gyrovagen*, die ihr Leben lang landauf und landab zogen (vgl. Beitrag Petutschnig). Damit leisteten sie allerdings einen effizienten Beitrag zur Durchdringung und Entwicklung einer zwar bereits vorchristianisierten, jedoch kirchlich noch überwiegend unstrukturierten Gesellschaft, deren Religion daher auch als „vorinstitutionelles Christentum" bezeichnet werden kann.[42]

Laikale Eliten als Vermittler des Christentums

Über den in den Viten von Columban und Gallus dokumentierten und vielleicht auch mit dem Befund von Kirchdorf belegten Kontakt zu den merowingischen Eliten besaßen die in vorinstitutioneller Zeit in der Peripherie des Frankenreiches tätigen monastischen Kräfte einen wirkungsvollen Einfluss auf die religiöse Gesinnung und Kultur der herrschenden und führenden sozialen Kreise, durch deren Vorbild das Christentum auf kürzestem Weg bis in die untersten Schichten der Bevölkerung gelangte. Neben dem – durch die Mönche angeregten? – Bau von Kirchen,[43] deren Funktion als allgemein zugängliche Gottesdiensträume für die Anfänge freilich umstritten ist,[44] liefert auch hier wiederum das durch die Grabbeigaben überlieferte Sachgut einen Einblick, welche Wirkung die Vermittlungsarbeit im Verlauf des 7. Jahrhunderts für das Einfließen christlichen Kultur- und Gedankenguts besaß. In einer weitgehend schriftlosen Gesellschaft dürften hierbei insbesondere Gegenstände mit lateinischen Inschriften auf den unmittelbaren Einfluss monastischer Kräfte zurückgehen.

Eine Schlüsselposition unter diesen Objekten nimmt etwa die vielteilige Gürtelgarnitur aus Grab 75 des Bestattungsplatzes von Donzdorf (Kr. Göppingen) ein,[45] der weniger als 15 km vom Fundort eines Klerikergrabes in der Martinskirche von Gruibingen entfernt lag. Auf der Hauptriemenzunge dieser im letzten Viertel des 7. Jahrhunderts entstandenen Garnitur lässt sich um das tauschierte, aus traditionellem Tierstil und abstrahierter Weinrankenornamentik bestehende Dekor herum deutlich die lateinische Botschaft „Gaudeat quiem ere, qui cinser[it]" lesen (Abb. 5), die nach der populärsten Übersetzung (Erfreuen soll sich der Ruhe der Herr der [sich] [mit diesem Riemen] gegürtet haben wird) als christlich geprägte, bereits auf die paradiesische Ruhe der Auferstehung anspielende Wunschformel gedeutet wird.[46]

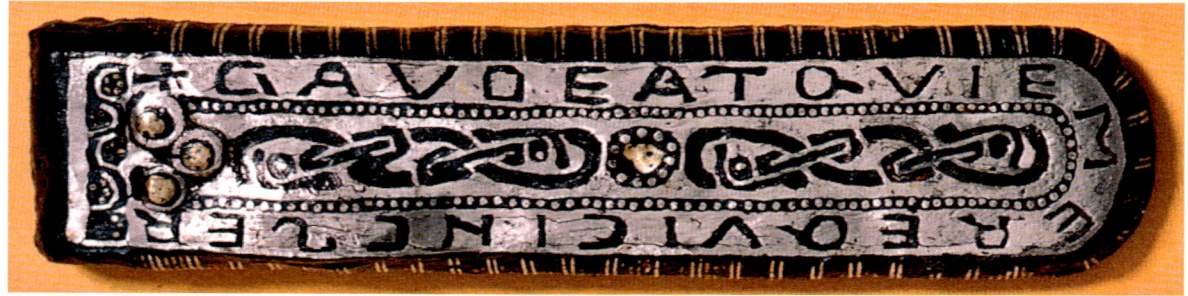

Der Gürtel war bereits seit der Spätantike ein als Rangabzeichen fungierendes Kleidungsstück von großer symbolischer Bedeutung, und in dieser Weise wird man wohl letztlich auch die Knochenschnallen der frühmittelalterlichen Kleriker betrachten müssen.[47] In einer Zeit, die sich von numinosen Mächten umgeben sah, galt die nur wenigen verständliche lateinische Schrift als ebenso magisch und apotropäisch wirksam wie die Darstellung biblischer Szenen und christlicher Heilszeichen und verbreitete christliches Gedankengut auf ebenso plakative Weise.[48] In dieser doppelten Funktion kaum zu überbieten ist die lateinische Inschrift auf der silbernen Randeinfassung eines Gürtelbeschlages aus Grab 3 von Weilstetten, Stadt Balingen (Zollernalbkreis), die in leicht verstümmelter Form Ps 91,11 (Vulgata) wiedergibt[49]: „[Quoniam ang]elis suis mandavit de te, ut custodiant te in o[m]nibus vi[is tuis]" (Denn er hat seinen Engeln befohlen über dir, dass sie dich behüten auf allen deinen Wegen). Die Magie der Schrift – die Macht des geschriebenen Wortes – wird auf diesem Wege im wahrsten Sinne augenfällig.

Eine noch viel unmittelbarere Form der Vermittlung christlicher Inhalte bezeugen möglicherweise auch die Bestattungen von solchen Angehörigen der merowingischen Elite, die mit einer Leier – dem typischen Saiteninstrument des frühen Mittelalters – bestattet worden sind. Der mit einem solchen Musikinstrument ursprünglich ausgestattete, zu Beginn des 7. Jahrhunderts beigesetzte Mann von Schlotheim in Thüringen (Kat.-Nr. 4.25) war ausweislich seiner martialischen Waffenausstattung sicher kein Priester und Heiliger, zu welchem er aufgrund seines angeblich als Reliquie entwendeten Schädels deklariert wurde – sein Beigabeninventar lässt jeden der hier vorgestellten, für einen merowingerzeitlichen Kleriker üblichen Bestandteile vermissen. Gleichwohl könnte er zu Lebzeiten durchaus eine aktive Rolle als laikaler ‚Glaubensbote' gespielt haben, der zu gesellschaftlichen Anlässen vielleicht nicht nur germanische Heldensagen, sondern auch biblische Geschichten zum Vortrag brachte. Musik und Gesang besaßen sowohl in der Liturgie als auch im christlichen Privatleben sowie im Totenkult bereits eine lange, bis auf die Antike zurückreichende Tradition und wurden während der Merowingerzeit möglicherweise als ‚laikale Missionsform' wiederbelebt.[50] Das Bildprogramm auf der Vorderseite der erst vor kurzem entdeckten Leier aus einem Kriegergrab von Trossingen, Kr. Tuttlingen, scheint hierfür einen deutlichen Beleg zu liefern,[51] denn es weckt in der Tat unmittelbare Assoziationen zum im Alten Testament überlieferten Kampf der Israeliten gegen das Heer der Philister, über das sich ‚zünftige' Heldenepen in biblischem Gewand und damit auch die Botschaft vom ‚stärkeren Gott' vermitteln ließen.

Resümee

Die hier vorgestellten, archäologisch nachgewiesenen, frühen Glaubensboten der vorinstitutionellen Phase des frühmittelalterlichen Christentums waren zugegebenermaßen noch weit von den Zielsetzungen und Idealen des benediktinischen Mönchtums der Folgezeit mit seinen klösterlichen Lebensformen entfernt. Durch die rastlose und vielfältige Tätigkeit dieser monastischen Sonderform des Frühen Mittelalters zeigte die „Macht des Wortes" jedoch bereits in weiten Kreisen der Bevölkerung und insbesondere bei den gesellschaftlichen Eliten eine deutliche Wirkung, weshalb das 7. Jahrhundert auch in der Peripherie des Frankenreiches entgegen älterer Ansichten bereits als christianisiert bezeichnet werden darf. Nicht der eigentliche Gründer des wirkungsmächtigen Vogesenklosters Luxeuil, wohl aber die der columbanischen Klosterinstitution entwachsenen und in deren Regeln geschulten Nachfahren sorgten somit für die infrastrukturelle Festigung der Kirche in den rechtsrheinischen, alamannisch-bajuwarischen Gebieten. Sie trugen damit zur Umsetzung des Vermächtnisses der

Benedikt und seine Regel im Kontext des frühen Mönchtums

irischen Mönche bei, worauf die Arbeit der nächsten, benediktinischen Mönchsgeneration in einer christlich bereits tief durchdrungenen Gesellschaft aufbauen konnte.

1 Müller 1982, 337f. Zur Forschungsgeschichte vgl. Häussling 1973, 82f. mit ausführlicher Literaturzusammenstellung ebd. Anm. 35.

2 Vgl. hierzu die Itinerar-Karte Columbans bei Riché 1981, 60 Abb. 3,1.

3 Müller 1982, 336f. Zu den bekanntesten ‚Alemannenmissionaren‘, ihrer Herkunft und ihrem Wirken zuletzt zusammenfassend: Semmler 1999, 43–45.

4 Müller/Knaut 1987.

5 Für die nachfolgenden Ausführungen vgl. Krohn 2002.

6 Bestimmung durch Dr. Walter Igel, Museum für Naturkunde Freiburg i. Br., dem ich an dieser Stelle für diese bisher noch unveröffentlicht gebliebene Auskunft herzlich danke.

7 Vgl. hierzu beispielhaft Grab 10 der in unmittelbarer Nachbarschaft zum benediktinischen Reichskloster Schuttern gelegenen Kirche St. Peter von Lahr-Burgheim im Ortenaukreis, dessen Ausstattung zu den reichsten, in Kirchengräbern rechts des Rheins gefundenen Grabinventaren zählt: Krohn/Bohnert 2006, 100–112.

8 Werner 1977; von Reitzenstein 1991; Quast 1994a, 600–634; Quast 1999; Schellhas 1997; Rettner 1998.

9 Moosbrugger-Leu 1967, 145–146; Martin 1971, 33 mit 37 Abb. 6. Zum Vorkommen der Schnallentypen des Typs D aus Bein oder Metall mit christlich-figürlichem Dekor in Südgallien vgl. Stutz 1998, 153 mit Formenspektrum 152 Abb. 13,6–14 u. Verbreitungskarte 154 Abb. 14.

10 Moosbrugger-Leu 1967, 29 Abb. 4,1 u. 140–152; Quast 1994a, 616; Quast 1994b 283; Werner 1977, 298; Werner 1990, 280.

11 Werner, 1977, 281–281; Quast 1944a, 612 Abb. 16; Quast 1999, 107–108, Abb. 61.

12 Quast 1994a, 637–639 (Lit.).

13 Zu Knochenschnallen als Bestandteil der burgundischen Frauenkleidung: Martin 1991, 41–42 mit Abb. 7 (Kaiseraugst Frauengrab 108).

14 Rettner 1998.

15 Werner 1977, Taf. 22; 150 mit 147 Abb. 3,1a–b; Taf. 24,1a–b u. Taf. 25,1a–b (Grab 1). Ebd., 15 mit 14, Abb. 7 Nr. 4; 170, Nr. 4 mit Abb. 7 Nr. 4 (Grab 8).

16 Benoit 1945, 53–54; Werner 1977, 150 mit Anm. 5; Martin 1988, 164 mit Anm. 16; Quast 1994a, 618 mit Anm. 119. Zur Person: BBKL Bd. 1, 1990, Sp. 842–843 (Friedrich Wilhelm Bautz).

17 Stékoffer 1996. Zur Person: BBKL Bd. 14, 1998, Sp. 1030–1031 (Ekkart Sauser).

18 Vgl. Krohn 2008.

19 Martin 1988, 161–164.

20 Werner 1977, 298, Nr. 18; Quast 1994a, 640, Nr. 1, mit 641, Abb. 24,1 Nr. 1 (Grabungsbefund) u. 628 mit 629, Abb. 22,1a–c.

21 Werner 1977, 148, Nr. 4 u. 151 mit 149, Abb. 4,1; France-Lanord 1961, 418–419, Taf. 53,4; Werner 1977, 314–315, Taf. 102, 4.

22 Wattenbach 1958, 215–222.

23 Zum Messer als Schreibgerät, bevorzugt im klösterlichen Milieu, vgl. Wattenbach 1958, 227–231.

24 Statuta antiqua Cartusiensium II,16 § 7: „ad scribendum vero scriptorium, pennas, cretam, punices duos, cornua duo, scalpellum unum; ad radenda pergamena novavulas sive rasoria duo, punctorium unum, subulam unam et plimbam et regulam, postem ad regulandum, tabulas, graphium". Vgl. Wattenbach 1958, 207.

25 Vgl. Merten 1987, 315.

26 Zum Vielzweckcharakter dolchähnlicher Messer vgl. Quast 1994a, 618.

27 Greg. Tur., Hist. Franc. 8,29. MGH SS rer. Merov. I 1 [ed B. Krusch].

28 Vgl. Haseloff 1951, 100; Martin 1988, 164.

29 Haseloff 1951.

30 Werner 1977.

31 Brühl 1990, 193–218 (Nr. 9) bes. 208–211.

32 Zur frühen Kirchengeschichte des Bistums Basel vgl. ausführlich Kat. Basel 2006 (Lit.).

33 Elbern 1954.

34 Quast 1994a, 610 Abb. 15.

35 Werner 1977, 173.

36 Krohn 2002a (Lit.).

37 Vgl. Krohn 2007, 11.

38 Werner 1977, Taf. 25,3; Bakker 1985, 298, Abb. 245.

39 Werner 1977, 182. Vgl. auch Quast 1994a, 616.

40 Vgl. Werner 1977, 328; Quast 1994a, 619 u. 634; Quast 1994b, 286; Quast 1999, 109.

41 Schweissing 2009.

42 Vgl. Krohn 2002b; Krohn 2007, 12–13.

43 Böhme 1996.

44 Krohn 2007, 11.

45 Neuffer 1972, Taf. 42; Christlein 1979, Taf. 100.

46 Müller/Knaut 1987, 29; Düwel 1997, 496, Abb. 577.

47 Vgl. Werner 1977, 304.

48 Düwel 1997, 495–498.

49 Christlein 1979, 121, Abb. 98; Müller/Knaut 1987, 29; Düwel 1997, 496.

50 Quasten 1930.

51 Theune-Großkopf 2005; Theune-Großkopf 2006; Theune-Großkopf 2008.

Literatur:

Quasten 1930. – Benoit 1945. – Haseloff 1951. – Elbern 1954. – Wattenbach 1958. – France-Lanord 1961. – Moosbrugger-Leu 1967. – Martin 1971. – Häußling 1973. – Jäschke 1974. – Werner 1977. – Riché 1981. – Müller 1982. – Müller/Knaut 1987. – Martin 1988. – Werner 1990. – Eckert 1991. – Martin 1991. – Reitzenstein 1991. – Quast 1994a. – Quast 1994b. – Stékoffer 1996. – Düwel 1997. – Schellhas 1997. – Rettner 1998. – Semmler 1999. – Krohn 2002b. – Theune-Großkopf 2005. – Krohn/Bohnert 2006. – Theune-Großkopf 2006. – Krohn 2007. – Krohn 2008. – Theune-Großkopf 2008.

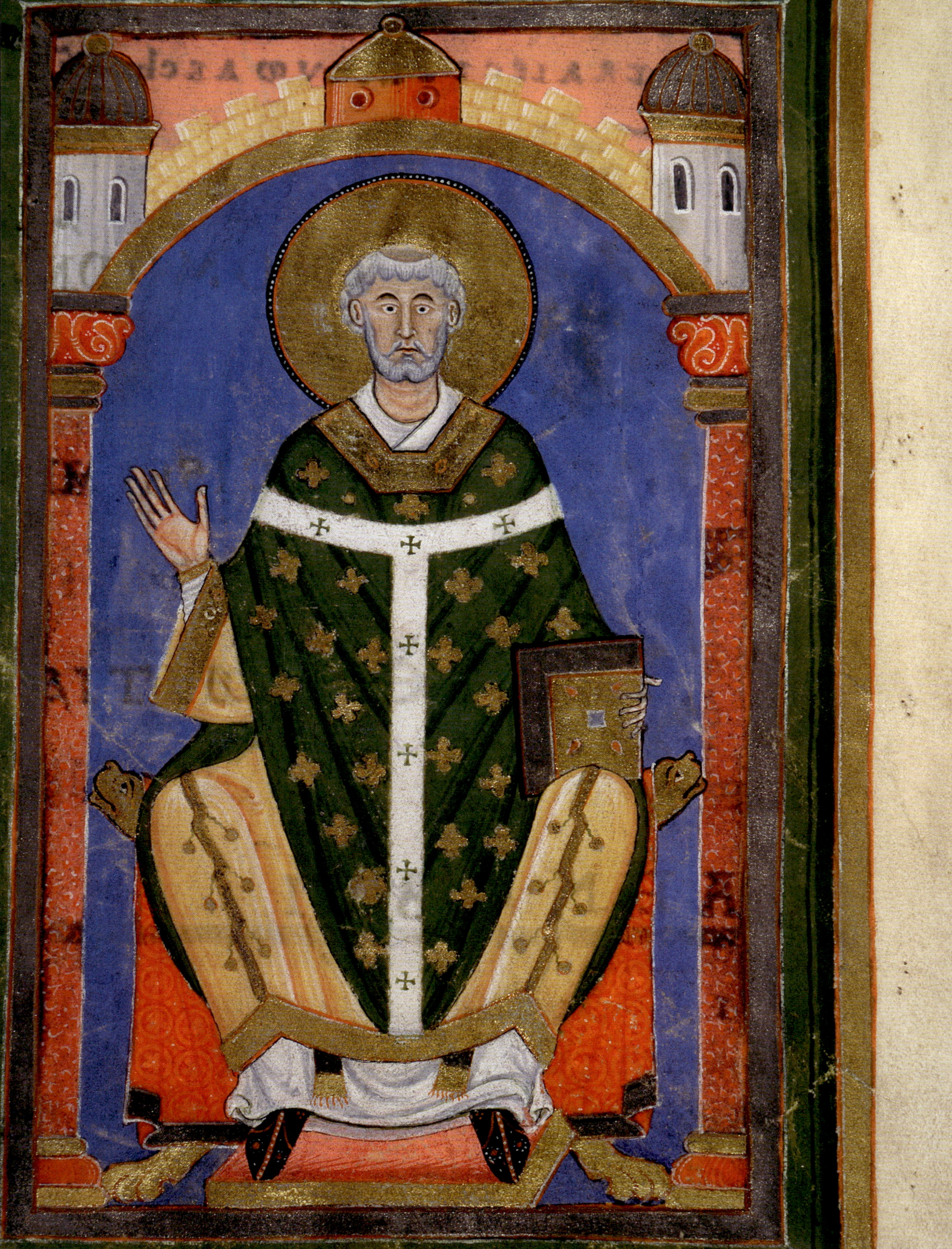

VERBREITUNG DES WORTES: WILLIBRORD UND BONIFATIUS

Lutz E. von Padberg

Die Gelegenheit war günstig. Der angelsächsische Missionar Willibrord (658–739) bekam die seltene Möglichkeit, vor Radbod (685–719), dem Herrscher über den noch nicht von den Franken eroberten Teil Frieslands, das Evangelium zu verkünden. Wie ist es zu dieser Aufsehen erregenden Situation gekommen? Willibrord, seit 695 Erzbischof der Friesen, war ein mutiger Mann mit der Bereitschaft, Grenzen zu überschreiten. Irgendwann vor 714 entschloss er sich zu einer gewagten Missionsexpedition. Mit einigen Gefährten verließ Willibrord den fränkischen Schutzraum und reiste nach Dänemark. Bei dem Herrscher Ongendus konnte er mit seiner Botschaft nichts ausrichten. Auf dem Rückweg verschlug ihn ein Sturm auf die zum Herrschaftsbereich Radbods gehörende Insel Fositesland (vermutlich Helgoland). Willibrord nutzte die Gelegenheit zur Mission und taufte drei Menschen in einer dem Gott Fosite geweihten Quelle. Das war mehr als kühn, denn auf dieses Sakrileg stand die Todesstrafe. Willibrord und seine Begleiter wurden inhaftiert und an den Hof Radbods gebracht. Man warf das Los über sie, und einer aus der Gruppe musste den Frevel mit seinem Leben bezahlen. Willibrord aber wurde vor Radbod gebracht und gefragt, warum er den Gott Fosite beleidigt habe. Der Angelsachse verteidigte sich mit einer furiosen Predigt:

„Es ist nicht ein Gott, den du verehrst, sondern der Teufel, der dich mit verderblichem Irrglauben geblendet hat, um deine Seele, König, dem ewigen Feuer zu übergeben. Es gibt nämlich nur einen einzigen Gott, und das ist der, welcher Himmel und Erde und alles, was darin ist, erschaffen hat. Und wer diesen in wahrem Glauben verehrt, der wird das ewige Leben haben. Als dessen Diener beschwöre ich dich heute, dass du dich von der Torheit des alten Irrglaubens, welchem schon deine Vorfahren anhingen, endlich abwendest und im Glauben an den einzigen und allmächtigen Gott, unseren Herrn Jesus Christus, im Wasser des Lebens taufen lässt, dich reinigst von allen deinen Sünden und, nachdem du jegliche Art von Ungerechtigkeit abgelegt hast, dann als Wiedergeborener ein neues Leben in Nüchternheit, Gerechtigkeit und Heiligkeit führst. Wenn du dies tust, dann wirst du mit Gott und seinen Heiligen ewigen Ruhm ernten. Wenn du aber mich verachtest, obwohl ich dir den Weg zum Heil zeige, dann sei versichert, dass du ewige Verdammnis und das Feuer der Hölle zusammen mit dem Teufel, dem du dienst, erleiden wirst!" (Vita Willibrordi c. 11)

Einladend war diese Predigt nicht gerade, und Radbod ließ sich davon auch nicht beeindrucken. Imponiert hat ihm wohl Willibrords Mut, denn er durfte unbehelligt ziehen. Allerdings wollte Radbod es sich auch nicht mit dem mächtigen Frankenherrscher Pippin dem Mittleren (679–714) verderben. Warum aber hat Willibrord in dieser Mischung von Drohung und Einladung gepredigt? Wahrscheinlich wusste er, dass ihm nur diese eine Gelegenheit blieb, und suchte deshalb sein Heil im Angriff. Diese konfrontative Predigtmethode war bei der Erstbegegnung von Heiden und Christen im Frühmittelalter durchaus üblich. Verurteilung des paganen Kultes nach dem dämonologischen Erklärungsmuster, verderbliche Folgen des Götzendienstes, Gott als allmächtiger Schöpfer, zweipoliger Bekehrungsaufruf, Taufaufforderung, neuer Wandel als Wiedergeborener, Verheißung ewigen Lohnes und Gerichtsandrohung, das sind die Elemente dieser Missionspredigt. Ihre brisante Eindeutigkeit gewinnt sie durch den antithetischen Aufbau, der etwa in den Gegensatzpaaren Irrglaube und Glaube, Ungerechtigkeit und Gerechtigkeit, Satan und Gott, Hölle und Himmel zum Ausdruck kommt. Für Missionare wie Willibrord war

1 Willibrord, Erzbischof der Friesen. Codex mit seiner Vita, 1105. Forschungsbibliothek Gotha, Mem. I. 70, Bl. 2r

2 Radbod verweigert die Taufe durch Erzbischof Wulfram von Sens, Kupferstich von Matthäus Merian d. Ä., 1630

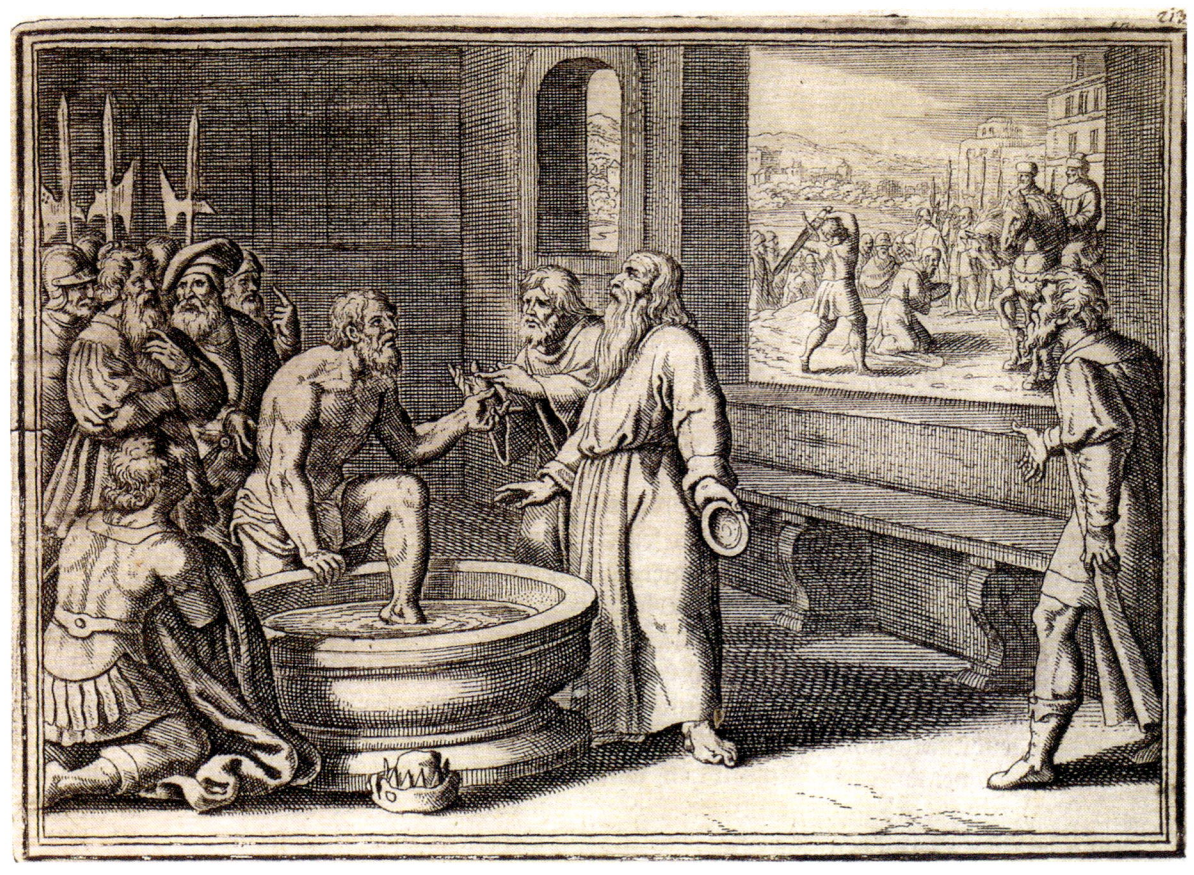

2 Radbod verweigert die Taufe durch Erzbischof Wulfram von Sens, Kupferstich von Matthäus Merian d. Ä., 1630

die pagane Religion Teufelsdienst, deshalb konnte die Einladung zum Glaubenswechsel nur in aller Deutlichkeit ausgesprochen werden. So jedenfalls haben sie sich für die Verbreitung des Wortes eingesetzt.

Eine spätere Erzählung zeigt übrigens, mit welchen Hindernissen die Missionare dabei zu kämpfen hatten. Selbst bei einladender Evangeliumsverkündigung wäre es für einen Heiden wie Radbod schwer gewesen, sich von den alten Göttern und der damit verbundenen Tradition zu lösen. Das zeigt ein legendärer Bericht über den Versuch der Bekehrung Radbods aus der dem frühen 9. Jahrhundert entstammenden Vita Vulframni. Sie schildert in überaus anschaulicher Weise, in welch ungeheuren Loyalitätskonflikt der eigenen Sippe gegenüber ein heidnischer Herrscher durch die Taufe geraten konnte. Radbod, so erzählt der anonyme Verfasser, hatte sich endlich zum Religionswechsel entschieden und schon einen Fuß in das Taufbecken gesetzt (Abb. 2), als er von Erzbischof Wulfram von Sens († vor 704) auf Nachfrage erfuhr, dass seine Vorfahren sich in der höllischen Verdammnis befänden. Nach dieser Auskunft sagte Radbod, „er könne nicht die Gemeinschaft sei-

ner ihm vorangegangenen Friesenfürsten entbehren und mit einer kleinen Schar armer Leute in jenem Himmelreich sitzen" und verweigerte deshalb die Taufe (Vita Vulframni c. 9). Diese erfundene Szene ist zweifelsohne ein Echo auf tatsächliche Missionserfahrungen. Sie zeigt den Konflikt zwischen den kollektiven Verpflichtungen der archaischen Gedächtniskultur und dem individuellen Anspruch des Christentums. Ihn aufzulösen war eine der großen Herausforderungen von Missionaren wie Willibrord und Bonifatius (672/675–754).

Willibrords Predigt vor Radbod aus der Zeit vor 714 ist ein eindrucksvolles Zeugnis, aber ist sie so auch tatsächlich gehalten worden? Alkuin (um 740–804) hat den Text erst um 790 in der Lebensbeschreibung seines Landsmannes aufgeschrieben. Natürlich hat damals niemand mitstenographiert, und es ist unwahrscheinlich, dass mündliche Überlieferung die Ansprache über fast achtzig Jahre unverändert konserviert haben sollte. Denkbar ist es durchaus, dazu war das Ereignis zu prominent. Wie dem auch sei, Alkuin war der Meinung, als idealtypische Verdichtung eines christlichen Missionsappells müsse so gepredigt werden, was Willibrord vermutlich auch getan haben wird.

Benedikt und seine Regel im Kontext des frühen Mönchtums

Das lenkt die Aufmerksamkeit auf das Problem der lückenhaften Überlieferung. Predigten zur Verbreitung des biblischen Wortes sind eine ganz spezielle Quellengattung. Natürlich hat es sie gegeben, auch wenn aus dem 7./8. Jahrhundert kaum welche überliefert sind und man daraus den Schluss ziehen könnte, sie hätten, wenn überhaupt vorhanden, kaum Bedeutung gehabt. Das wird nicht zutreffen, denn auch im Frühmittelalter war die Predigt das vornehmste Mittel zur Glaubensausbreitung. Wenn sie allerdings mitgeteilt werden, so scheint das meist in stereotypen Wendungen oder rekonstruierten Reden zu geschehen. Überraschend ist das jedoch nicht. Denn Predigten sind schon deshalb eine äußerst schwierige Quelle, weil es sie streng genommen nur in indirekter Form geben kann. Selbst wenn ein Missionar sie wortwörtlich aufgeschrieben haben sollte – was er im Frühmittelalter sicher nicht getan hat –, wird er seinen Text bei der Verkündigung kaum stur abgelesen haben. Als öffentliche Rede ist sie daher in ihrem mündlichen Charakter immer singulär. So betrachtet sind aufgezeichnete Predigten geronnene Erinnerung, deren ursprüngliche Situation nicht mehr erreichbar ist. Außerdem waren die Verfasser des literarischen Echos auf tatsächlich gehaltene Predigten ebenso Kleriker wie ihre Adressaten. Die aber wussten von Berufs wegen, was und wie zu predigen war. Deshalb wird in den Quellen auch zu Willibrord und Bonifatius meist nur die bloße Tatsache des Predigens mitgeteilt, allenfalls erweitert um den formelhaften Hinweis, es sei das Evangelium erklärt oder Christus und das Reich Gottes verkündigt worden. Kurzum, wie genau die Verbreitung des Wortes vonstatten ging, lässt sich nur erschließen.

Bei der Missionspredigt ging es zunächst einmal darum, den polytheistischen Zuhörern die Zuständigkeit und vor allem die Nützlichkeit des Christengottes für sie begreiflich zu machen. In einem zweiten Schritt waren ihnen dann die Kernaussagen des christlichen Glaubens, repräsentiert durch Glaubensbekenntnis und Vaterunser, zu erläutern, um sie zum Empfang der Taufe vorzubereiten. Die eigentliche Unterweisung in den dogmatischen und ethischen Grundlagen des Christentums kam erst danach, oft genug leider nur in sehr rudimentärer oder gesetzlich-zwanghafter Form.

Die Missionare werden sich bei der Verbreitung des Wortes um Kürze und eine einfache, bilderreiche Sprache bemüht haben. Eine große Herausforderung dabei war die erforderliche Übersetzung der in den drei heiligen Sprachen Hebräisch, Griechisch und Lateinisch vorliegenden biblischen Texte in die Volkssprachen. Die anfängliche Scheu vor der Übertragung dieser Sakralsprachen war bald der Einsicht gewichen, dass der Grundbestand an Glaubenswissen den Leuten in ihrer Sprache vermittelt werden müsse. Es war also unerlässlich, sich um die Verwendung der Volkssprachen zu bemühen. Eine hübsche Episode verdeutlicht das. 721 war Bonifatius zu Besuch im Kloster Pfalzel an der Mosel. Bei Tisch wurde Gregor (um 707–775/776), ein junger Mann aus fränkischem Adel, gewürdigt, die Lesung aus der Hl. Schrift vorzunehmen. Er machte das recht ordentlich und bekam Lob vom Ehrengast. Als Bonifatius ihn dann fragte, ob er denn auch verstanden habe, was er in lateinischer Sprache vorgetragen hatte, war Gregor verwirrt und fing an, den Text erneut vorzulesen. Bonifatius unterbrach ihn und forderte, er solle das Gelesene in die Volkssprache übertragen. Das konnte Gregor nicht, und so zeigte der Angelsachse der Klostergemeinschaft höchstpersönlich, wie man einen biblischen Text so erklären musste, dass er von den einfachen Leuten auch verstanden werden konnte. Hier wird ein Grundprinzip der Missionsarbeit deutlich: Die Botschaft des Evangeliums konnte nicht in vorgestanzten lateinischen Formeln verkündigt werden, sie musste ins Friesische, Fränkische oder Sächsische übersetzt werden.

Willibrord, geb. 658 in Northumbria, gest. am 7. November 739, angelsächsischer Missionar, Erzbischof der Friesen in Utrecht. In den Klöstern Ripon und Rathmelsigi ausgebildet, missionierte Willibrord seit 690 in Friesland. Als Gefolgsmann Pippins bat er 692 in Rom um Beauftragung und wurde 695 von Papst Sergius I. zum Erzbischof geweiht (Abb. 1). Willibrord wirkte auch bei den Hedenen und in Thüringen. Als Abt baute er das 698 gegründete Kloster Echternach zu einem bedeutenden Skriptorium aus. Willibrord war mehrfach der Erste: als herausragender angelsächsische Missionar auf dem Kontinent, in der engen Verbindung mit den fränkischen Herrschern, als päpstlich autorisierter Erzbischof und als Vertreter angelsächsischer Kultur. Die von seinem Verwandten Alkuin um 790 verfasste Vita vermittelt einen lebendigen Eindruck seiner Wirksamkeit.
Alkuin über Willibrords Lebensziel: „Es erschien ihm zu gering, nur für sich selbst in heiligem Wandel sich abzumühen, wenn er nicht auch Anderen durch die Predigt der wahren Lehre Nutzen brächte" (Vita Willibrordi c. 5).

Wenn auch für die Messfeier selbst die lateinische Liturgiesprache galt, so wurden daher doch mehr und mehr kirchliche Gebrauchstexte übertragen. Dabei hatte man vor allem mit fehlenden Entsprechungen selbst für die geläufigsten Glaubensaussagen in den autochthonen Sprachen zu kämpfen. Früh setzte beispielsweise die Arbeit an den Psalmen ein, von denen Handschriften mit Linearübersetzung aus karolingischer Zeit vorliegen. Für die Predigt wurden Bibeltexte mit volkssprachlichen Glossen benutzt. Daneben besaßen die angelsächsischen Glaubensboten mit Glossaren versehene kleine Missionshandbücher, die ihnen die Arbeit erleichterten. Soviel jedenfalls bekannt ist, hatten Willibrord und Bonifatius aufgrund ihrer Kenntnisse der lateinischen wie der germanischen Sprachen keine Kommunikationsprobleme.

Willibrord: ein Stratege als Missionar

Willibrord hat zwölf Jahre in der Missionsschule des irischen Klosters Rathmelsigi (wohl Clonmelsh, County Carlow) studiert. Unter der Leitung von Abt Ecgberct (639–729) war dort das Konzept einer universalmissionarisch motivierten Heidenmission entwickelt worden. Ziel war es, gemäß dem Missionsbefehl des auferstandenen Christus das Evangelium den paganen Völkern außerhalb christlicher Herrschaftsgebiete zu verkünden. Mehrere Versuche, etwa bei den Friesen, scheiterten jedoch, ebenso Willibrords Vorstoß nach Dänemark. Deshalb traf man in Rathmelsigi eine Grundsatzentscheidung und vollzog einen Kurswechsel. Man hatte eingesehen, dass erfolgreiche Mission nur mit Rückendeckung der Franken möglich sei und stellte sich fortan in den Dienst der imperial ausgerichteten fränkischen Reichsmission. Willibrord war der Erste, der diese Strategie konsequent und erfolgreich umsetzte.

Nach seiner Ankunft 690 auf dem Kontinent begab er sich deshalb sofort zu Pippin und ließ sich von ihm mit der Friesenmission beauftragen. Der Herrscher gewährte ihm natürlich jede Unterstützung, denn er konnte das Christentum zur Stabilisierung des eroberten Gebietes nutzen. Macht und Mission verbanden sich zu gegenseitigem Nutzen. Willibrord wollte jedoch nicht nur von der politischen Vormacht gedeckt sein, ihm lag auch an einer päpstlichen Missionsvollmacht. Deshalb reiste er in Absprache mit Pippin 691/692 nach Rom zu Papst Sergius I. (687–701), der ihn zur Verkündigung des Evangeliums zu den Friesen schickte. Diese doppelte Rückversicherung bedeutete

für die Mission auf dem Kontinent einen programmatischen Neuansatz: Anders als die irofränkischen Wandermissionare lehnte Willibrord sich einerseits an die Staatsgewalt an und richtete andererseits seine gesamte Arbeit auf Rom aus. Mit dieser Strategie akzeptierte er allerdings, dass die Mission gleichsam zu einer kirchlichen Begleiterscheinung der Herrschaftsrepräsentanz der Franken wurde. Die heidnischen Nachbarvölker verstanden sie deshalb zwar als fränkisch, zumal dann, wenn die Missionare den Militärs folgten, aber Willibrord nahm das um der Möglichkeit zur Evangeliumsverkündigung willen in Kauf. In dieser Methode lag die Zukunft.

Auf dieser Basis arbeitete Willibrord in Friesland, wobei Erfolg oder Misserfolg von der jeweiligen politischen Konstellation abhängig waren. Nach Alkuins Bericht in der Vita Willibrordi streute er eifrig „den Samen des Lebens aus [...]. Wie viel Frucht er aber mit Gottes Gnade in jenen Gegenden zeitigte, davon zeugen heutigen Tages die Gemeinden in den Städten, Dörfern und Burgen, welche er zur Erkenntnis der Wahrheit und zur Verehrung des einen allmächtigen Gottes durch seine Ermahnung geführt hat. Dies bezeugen auch die Kirchen, welche er in den einzelnen Orten erbaut hat, und die Konvente von Dienern Gottes, welche er an einigen Orten versammelt hat" (c. 8). 734 zog sich Willibrord als alter Mann in das ihm von den Franken übereignete Kloster Echternach zurück, wo er am 7. November 739 gestorben ist. Der Angelsachse war der Prototyp einer neuen Missionarsgeneration.

Bonifatius: ein Prediger des Evangeliums

Ein kompetenter Vertreter dieses Neuansatzes in der Verbreitung des Wortes war auch der Angelsachse Wynfreth, seit seiner Ernennung zum Heidenmissionar durch Papst Gregor II. (715–731) am 15. Mai 719 Bonifatius genannt. Wie kaum ein anderer repräsentierte er den Übergang von der Phase der Mission in einer religionsgeographisch noch zersplitterten Zeit zu jener der Christianisierung, welche die Kirche zu dem Fundament eines einheitlichen Europa werden lassen sollte. Als Missionar, Klostergründer, Bildungsvermittler und Kirchenorganisator gehört Bonifatius zu den wichtigsten Persönlichkeiten der ersten Hälfte des 8. Jahrhunderts.

Bonifatius hat rund 35 Jahre in den Klöstern Exeter und Nursling verbracht. In dieser langen Lebensspanne hat er sich all das angeeignet, was ihm später bei seinen Aktivitäten auf dem Kontinent von Nutzen

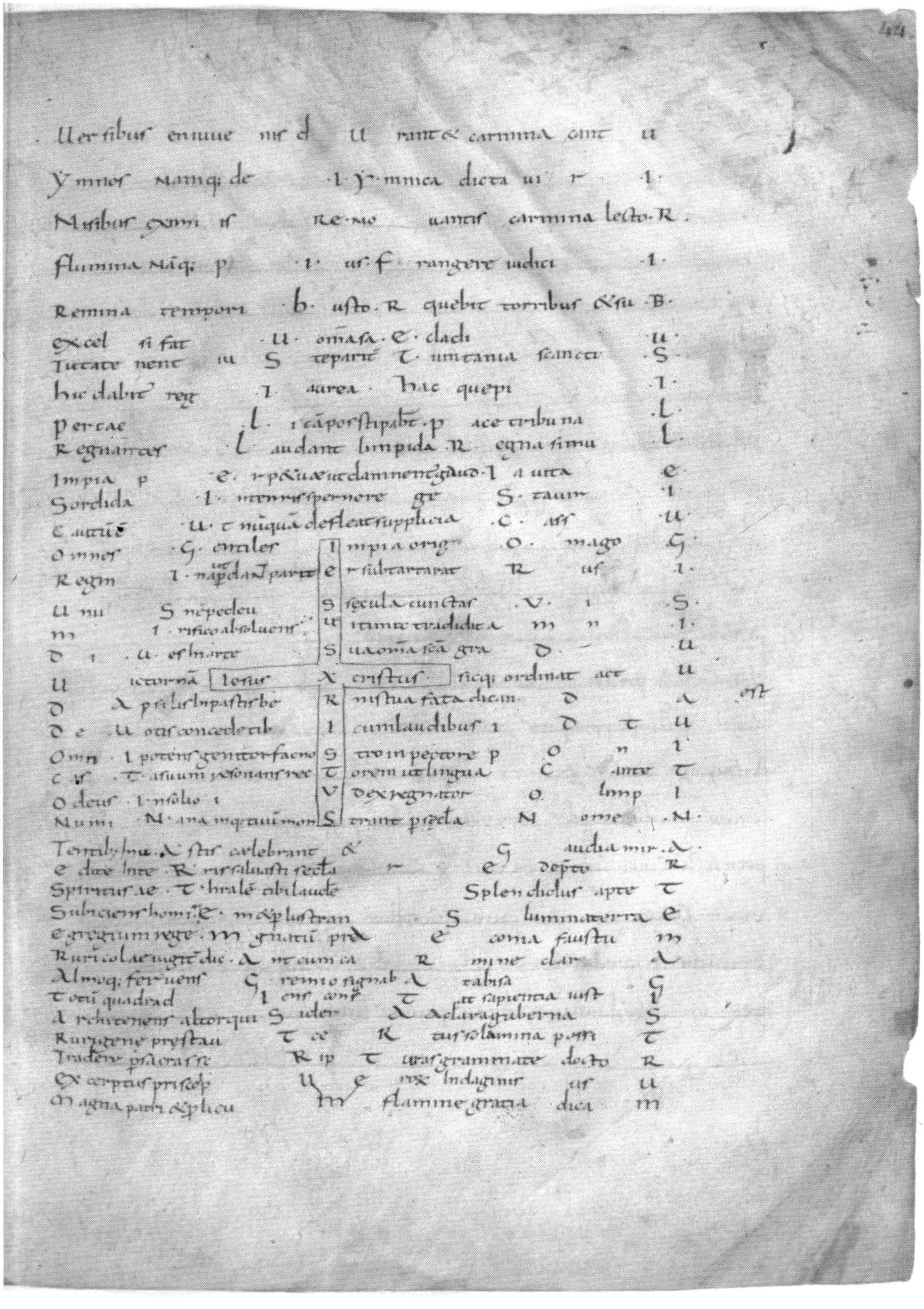

sein konnte: umfassende Vertrautheit mit den biblischen Schriften und den Werken der sie auslegenden Kirchenväter, seelsorgerliche Fähigkeiten, Verkündigung des Evangeliums in der Predigt, Gelehrsamkeit auf den verschiedensten Feldern, gehorsame Verankerung im benediktinischen Mönchtum, Kenntnisse des Kirchenrechts, das Wissen um die Notwendigkeit einer festgefügten kirchlichen Ordnung und Struktur, Sicherheit auf dem diplomatischen Parkett und nicht zuletzt das lebendige Bewusstsein des christlichen Absolutheitsanspruches, bestimmt von der universalkirchlichen Verbundenheit mit den römischen Päpsten als den Leitern der Christenheit.

Bevor Bonifatius 718 endgültig auf den Kontinent wechselte, hat er sich während seiner Klosterkarriere vor allem auf das Studium der Bibel konzentriert, die er zu großen Teilen auswendig gelernt und sich mit Hilfe einschlägiger exegetischer Kommentare erschlossen hat. Seine späteren Briefe zeigen, wie gut ihm das gelungen ist und wie sehr die Bibel ihm Kraftquelle für ein entsagungsvolles Leben außerhalb des Schutzraumes der Klöster und Grundlage für seine missionarische und reformerische Arbeit gewesen ist. Immer wieder zitiert er sie, teils aus dem Gedächtnis, teils aus den ihm während seines Reisedaseins zur Verfügung stehenden Handschriften. Den hohen Stellenwert der Bibel für Bonifatius verdeutlicht auch eine von ihm verfasste Grammatik. Auf ihrer Titelseite findet sich ein kunstvolles Figurengedicht in Ellipsenform (Abb. 3), dessen Mitte ein zweimal mit der Inschrift „Jesus Christus" versehenes Kreuz bildet. Die beiden Hälften der Ellipse, so erläutert Bonifatius, sollten das Alte und

das Neue Testament darstellen, die beide dem Kreuz Christi zustreben. Dabei wird das Alte Testament durch fehlerhafte Verse symbolisiert, das Neue Testament indes durch korrekte Hexameter. „So strebte auch innerhalb des Alten Testamentes alles, weil halbvoll und unvollkommen, nach der Erfüllung des Gesetzes, nämlich zu dem gekreuzigten Christus. Nach dem Kreuz aber fließen in diesem Viereck tadellose Hexameter: So ist durch Christi Gnade nach Empfang der Sündenvergebung alles in den richtigen Stand gebracht und vollendet." Dementsprechend schärft er Sigbercht, dem die Grammatik gewidmet ist, ein: „Du sollst wissen, dass Du die einzelnen Bestimmungen des Alten und des Neuen Testamentes dann in der den Kirchensatzungen entsprechenden Weise verstanden hast, wenn Du in der Mitte mit geistigen Augen betrachtend den Christus am Kreuz erblicken kannst, der das Bauwerk der bösen Begierde zerstört und den Tempel der gütigen Liebe erbaut" (Bonifatii Ars Grammatica). Der theologische Ansatz des Bonifatius entsprach demnach jenem irisch-angelsächsisch geprägten Bildungsmönchtum, das im Kloster eben nicht nur eremitisches Leben in liturgisch gestaltetem Lobpreis und Gebet suchte, sondern durchaus zur Förderung der Vernunftkultur bereit war. Das Kloster sollte sich der Wissenschaft öffnen, freilich nicht zum Selbstzweck, sondern um dadurch zur Verbreitung des Wortes und zur rechten Glaubenslehre des Volkes bereit zu sein.

Das, davon war schon der junge Bonifatius überzeugt, könne nur durch intensives Bibelstudium erreicht werden. So ermahnte er in dem ersten von ihm erhaltenen Brief 716/717 den Jüngling Nithard, auf

Bonifatius (Wynfreth), geb. 672/675 in Wessex, gest. 5. Juni 754 bei Dokkum, aus niederem Adel stammend, als Kind dem Kloster Exeter übergeben, erwarb er sich als Prediger, Lehrer und Kirchendiplomat einen hohen Ruf. 718 verließ Bonifatius endgültig seine Heimat und wurde in Rom von Papst Gregor II. mit der Germanenmission beauftragt. Nach der Bischofsweihe am 30. November 722 in Rom 723–732 Missionsarbeit in Hessen und Thüringen. 732 von Gregor III. zum Erzbischof ohne eigenen Metropolitansitz und 737/738 bei der 3. Romreise zum Legaten für Germanien erhoben, reorganisierte Bonifatius 738/39 die Kirche in Bayern, gründete 741/42 die Bistümer Würzburg, Büraburg und Erfurt (bald zugunsten von Eichstätt aufgegeben). Er bemühte sich zusammen mit Karlmann und Pippin um die Reform der fränkischen Kirche mit dem Ziel einer engen Bindung an Rom. Der Idealplan konnte wegen Widerstands des um seinen Einfluss bangenden fränkischen Episkopats und des vorsichtigen Taktierens Pippins nach Karlmanns Abdankung 747 kaum durchgesetzt werden. 744, inzwischen mit dem Bistum Mainz betraut, Gründung des Klosters Fulda. Bonifatius verlor an Einfluss, als Pippin in direkte Verhandlungen mit Rom eintrat und mit einheimischen Kirchenmännern vorsichtig die Reform förderte. 753/54 auf Missions- und Visitationsreise in Friesland, wurde er am 5. Juni 754 bei Dokkum von friesischen Räubern erschlagen (Abb. 4). Sein Schüler und Nachfolger Lul sammelte den Briefwechsel des Bonifatius und veranlasste die Abfassung einer Vita.
Das Lebensziel des Bonifatius: „Wir wollen nicht stumme Hunde sein, nicht schweigende Späher, nicht Mietlinge, die vor dem Wolf fliehen, sondern besorgte Hirten, die über die Herde Christi wachen, die dem Großen und dem Kleinen, dem Reichen und dem Armen, jedem Stand und Alter, ob gelegen oder ungelegen, jeden Rat Gottes verkünden" (Bonifatii Epistolae Nr. 78, S. 251 und 253).

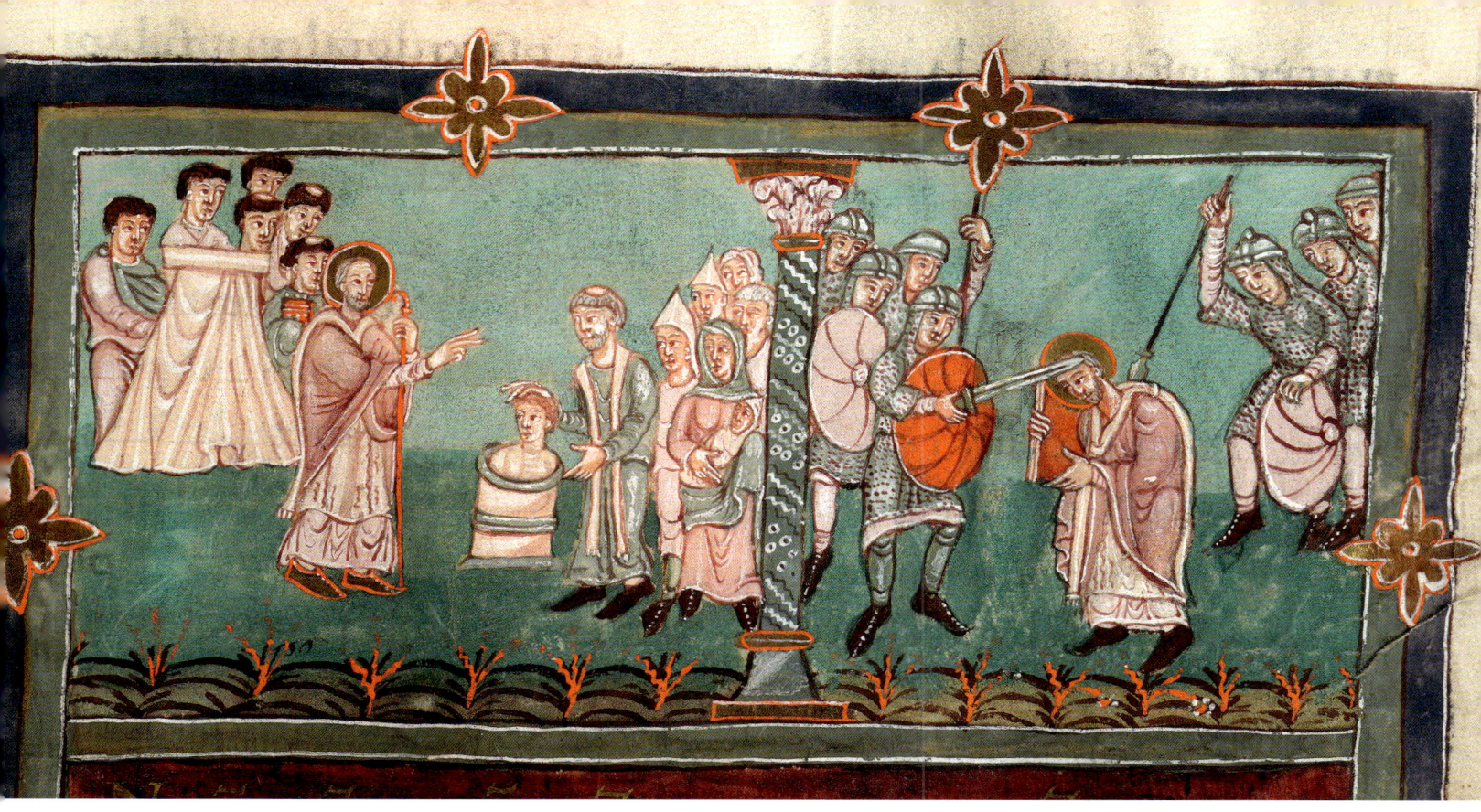

„den wässrigen Kot und feuchten Staub irdischer Lust" zu verzichten und „unter gänzlicher Abschaffung aller unnützen Hindernisse anderer Dinge danach zu trachten, die Beschäftigung mit der heiligen Schrift angestrengten Geistes zu betreiben." Die Kenntnis der heiligen Schriften zu vertiefen sei stets sein eigenes Streben gewesen: „Diese habe ich von Jugend an geliebt und gesucht und bin ein Liebhaber ihrer Schönheit geworden" (Bonifatii Epistolae Nr. 9, S. 27). Diese Überzeugung hat Bonifatius auch während seiner Missionsarbeit auf dem Kontinent nicht aufgegeben. Die Bibel und die ihr Verständnis fördernden wissenschaftlichen Werke blieben die Grundlage sowohl seiner theologischen Arbeit wie auch seiner Verkündigung.

Wie aber hat Bonifatius für die Verbreitung des Wortes gesorgt? Ähnlich wie bei Willibrord ist auch von ihm aus den bekannten Gründen keine einzige Missionsansprache überliefert.

Sein Hagiograph Willibald hat nur allgemeine Floskeln zu bieten. Danach soll Bonifatius „von so großer Begierde nach den heiligen Schriften entbrannt" gewesen sein, dass „er sich öfters mit aller Anstrengung auf die Nachahmung und das Hören derselben verlegte, und was zur Lehre der Völker geschrieben war, das setzte er selbst ihnen mit wunderbarer Beredsamkeit und durch Hinzufügung passender Gleichnisse in kräftiger Predigt auseinander. Dabei wohnte ihm solche feine Mäßigung inne, dass seinem harten Tadel nicht die Milde und seiner Milde nicht die Kraft der Ermahnung fehlten; denn wenn ihn auch kräftiger Eifer aufflammen ließ, so besänftigte doch wieder die Milde seiner Liebe" (Vita Bonifatii c. 3, S. 470).

Mit solchem Lobpreis lässt sich nicht viel anfangen. Weiterhelfen kann hier eine Sammlung von 15 Predigten, die bereits in der ältesten, vermutlich aus der zweiten Hälfte des 9. Jahrhunderts stammenden Handschrift als *Sermones sancti Bonifacii martiris* bezeichnet worden sind. Zwar ist die Echtheit dieser Texte umstritten, sie scheinen jedoch vor der zweiten Hälfte des 9. Jahrhunderts entstanden zu sein und einige werden schon vor 800 existiert haben, so dass eine Zuweisung an Bonifatius nicht vollkommen auszuschließen ist. Auf jeden Fall geben sie Aufschluss darüber, wie das Wort an der Schwelle zwischen Mission und Christianisierung verbreitet worden ist. Ihre relativ breite handschriftliche Überlieferung zeigt übrigens, dass sie wie eine Art Musterpredigten von verschiedenen Klerikern eingesetzt worden sind. Die Ansprachen sind nicht an Heiden, sondern an schon getaufte Christen gerichtet, greifen aber noch Themen aus der Missionsphase auf. Einige Hinweise lassen erkennen, worauf die Schwerpunkte bei der Erziehung des Volkes gelegt worden sind.

Die Predigt *De origine humanae conditionis* berichtet über den „Ursprung des menschlichen Zustandes, um daraus die überaus große Barmherzigkeit unseres

4 Bonifatius bei der Taufe eines Heiden (li.) und seine Ermordung (re.). Fuldaer Sakramentar, um 975. Niedersächsische Staats- und Universitätsbibliothek Göttingen Cod. theol. 231, fol. 87r

Schöpfers gegen uns zu erkennen." Neben dem Schöpfungsgedanken hebt sie die Bedeutung des Weihnachtsfestes hervor, weil es daran erinnere, dass „Gott durch die Barmherzigkeit des Herrn zu den Menschen herabstieg, damit die Menschen durch Gehorsam zu Gott hinaufsteigen könnten." Dann werden die „Knechte des Teufels" den „Söhnen der Liebe Gottes und Erben der ewigen Glückseligkeit" gegenübergestellt und ihnen wird für ein rechtschaffenes Leben im Gehorsam Gottes Geboten gegenüber ewiger Lohn verheißen (Sermo Nr. 2, Sp.845C–847D). Andere Predigten stellen gute und böse Werke nach den einschlägigen neutestamentlichen Katalogen zusammen. So sieht der sechste Sermo *De capitalibus peccatis et praecipuis Dei praeceptis* den Sinn der Predigt des Glaubens darin, „dass wir unterscheiden zwischen dem Guten und Bösen, zwischen Frommen und dem Gottlosen, zwischen der Gerechtigkeit und der Ungerechtigkeit, das heißt, zwischen den Hauptsünden und den hauptsächlichsten und vorzüglichsten Lehren und Geboten Gottes." Dementsprechend werden ausführlich „die Werke des Satans, welchen die Christen in der Taufe entsagt haben", den „Werken der Barmherzigkeit" gegenübergestellt (Sermo Nr. 6, Sp. 855D-856C). Eine vergleichbare Tendenz hat der zehnte Sermon *De Incarnatione Filii Dei et humani generis reparatione*, der nach der Schilderung des Leidensweges Christi zur Reinigung „von allem Unrat des Fleisches und des Geistes" aufruft, „damit wir bei der künftigen Auferstehung zur Herrlichkeit und nicht zur Strafe zu gehen verdienen" (Sermo Nr. 10, Sp. 862A-863C). Die häufig variierte Konfrontation der bösen und guten Werke ist auch das Thema der Predigt *De abrenuntiatione in baptismate*, welche die Abschwörung der Werke des Teufels in der Taufe betont, diese erneut aufzählt und dann daran erinnert, dass die Neuchristen versprochen hätten, „zu glauben an einen allmächtigen Gott in der vollkommenen Dreifaltigkeit." Das verpflichte sie zur Einhaltung der Gebote Gottes, die ebenfalls aufgelistet werden, zum Kirchenbesuch und der Heiligung des Sonntages sowie zum Glauben „an die Ankunft Christi, an die Auferstehung des Fleisches und an das Gericht über alle Menschen." Nur so könnten sie „in dieser Welt mit Zuversicht zu dem Altar des Herrn herantreten und in der künftigen glücklich zur ewigen Glückseligkeit gelangen" (Sermo Nr. 15, Sp. 870A–872A).

Die reinen Unterweisungspredigten für getaufte Christen stellen mehr ethische Aspekte in den Vordergrund und betonen dogmatische Lehrpunkte und kanonische Ordnung. So beschreibt der Sermon *De fide recta* die Inhalte des Glaubensbekenntnisses und hebt hervor, dass es „für jeden Menschen, besonders aber für die Prediger des christlichen Volkes und die Lehrer der Kirche Gottes nötig sei, den katholischen und apostolischen Glauben zu lernen" (Sermo Nr. 1, Sp. 843C–845D). Die ethischen Pflichten der Gläubigen werden in drei Predigten (Nr. 3, 9 und 11) mit zahlreichen Bibelzitaten herausgearbeitet, wobei der Sermo *De gemina iustitiae operatione* sogar die Kleriker besonders anspricht. „Die Priester aber und die Kleriker der ganzen heiligen Kirche, die im Dienste Gottes stehen müssen, sollen Tag und Nacht in jeder Weise und an jedem Ort untadelhaft vor den Laien leben, damit recht viele durch ihr gutes Beispiel belehrt werden" (Sermo Nr. 3, Sp. 847D–850B). Damit wird das Ziel dieser Predigten deutlich, nämlich die Getauften zu einem Leben in der Nachfolge Christi zu erziehen. Dementsprechend legt die vierte Rede die acht Seligpreisungen aus und die fünfte, die aus einer Aneinanderreihung von Bibelzitaten besteht, spricht ausführlich vom Glauben und von den Werken der Liebe. Vor allem sollen die Gläubigen das Vaterunser „im Gedächtnis behalten, denn darin ist kurz alles Notwendige des gegenwärtigen und zukünftigen Lebens vollkommen enthalten und Christus hat es gelehrt." Das gelte auch für das Glaubensbekenntnis, „denn es steht geschrieben: Ohne Glauben ist es unmöglich, Gott zu gefallen" (Sermo Nr. 5, Sp. 852B–855A). Der siebente Sermo redet *De fide et caritate*, „weil die Erkenntnis der Gottheit und die Wissenschaft der Wahrheit durch den katholischen Glauben erlernt werden muss" (Sermo Nr. 7, Sp. 856D–857A). In der achten Predigt wird die Bedeutung der Buße betont, „damit das Böse, welches wir nach der Abwaschung durch die Taufe verüben, durch das Heilmittel der Buße getilgt werde" (Sermo Nr. 8, Sp. 858A–860A). Weiterhin gehören zu der Sammlung zwei Sermones (Nr. 12 und 13), die die Fastengebote einschärfen.

Bei einem relativ breiten inhaltlichen Spektrum ist das Ziel der Predigten offenkundig: die Erziehung des Volkes zu wachsender Sicherheit in dogmatischem Grundwissen, ethischen Anforderungen und Leitlinien der Heilsgeschichte. Betont wird außerdem die Bedeutung von Beichte und Buße als unentbehrliche Hilfsmittel zur Erlangung des ewigen Heils. Die immer wieder gleiche Behandlung bestimmter Themen in den Bußbüchern der Zeit zeigen, wie schwierig es gewesen sein muss, das Volk zur Änderung alter, vorchristlicher Gewohnheiten zu bringen. Die ständig wiederholte Forderung, der durch die Taufe vollzogene Religionswechsel müsse sich in guten Werken niederschlagen, und deren detaillierte Aufzählung belegen neben der Einschärfung kanonischer Vorschriften die herausragende Funktion der Kirche als Ordnungsmacht, wobei die Interessen von Klerikern und Herrschern weitgehend deckungsgleich waren.

Willibrord und Bonifatius waren beide Pioniere der Mission, der eine bei der Glaubensverkündigung und dem Aufbau einer Diözese in Friesland, der andere als Prediger und Reformer beim Aufbau einer nach Rom orientierten fränkischen Landeskirche. Ihre Motivation war die praktische Umsetzung des Missionsbefehls Christi. Buchstäblich wollten die beiden Angelsachsen vor allem die ihnen stammesverwandten Völker durch die Verbreitung des Wortes zu Jüngern machen, indem sie diese tauften und sie lehrten, alles zu bewahren, was Christus ihnen geboten hatte (Mt 28,19). Dazu waren sie ausgebildet, das war ihr Lebensziel.

Willibrord aus der Missionsschule von Rathmelsigi war der erste erfolgreiche angelsächsische Missionar auf dem Kontinent, der erste Vertreter einer engen Zusammenarbeit mit den Frankenherrschern, der erste Erzbischof römischer Prägung und der erste Protagonist angelsächsischer Kultur und Gelehrsamkeit auf dem Kontinent. Bonifatius war einer der erfolgreichsten Kirchenmänner seiner Zeit. Seine missionarische Verkündigung des Evangeliums hat zahlreiche Menschen erreicht und durch die Taufe in die Kirche eingegliedert. Seine Reformvorstellungen hat er auf Synoden im Frankenreich festgeschrieben. Sie standen zwar zunächst nur auf dem Papier, bildeten aber eine ausbaufähige Grundlage für die weitere Entwicklung.

Männer wie Willibrord und Bonifatius haben durch die Verbreitung des Evangeliums mit die Weichen für die christliche Fundamentierung des mittelalterlichen Europa gestellt. Das haben sie freilich nicht allein leisten können. Es war auch das Verdienst vieler Kleriker und Laien, die sich ebenso eingesetzt, aber kein Echo in den Quellen gefunden haben. Sie vertrauten auf die Macht des Wortes, wohl wissend, dass der Glaube entscheidend war und dass die Christianisierung des Volkes immer ein Prozess ohne Ende sein würde.

Quellen:

Bonifatii Ars Grammatica – Bonifatii epistolae – Sermones Bonifacii – Vita Bonifatii – Vita Vulframni – Vita Willibrordi

Literatur:

Schieffer 1954. – Kiesel/Schröder 1989. – Angenendt 1990, 13-34. – Schäferdieck 1994, 487-510. – Padberg 2003a. – Padberg 2003b. – Meens 2005, 44-59. – Padberg 2006. – Felten/Jarnut/Padberg 2007.

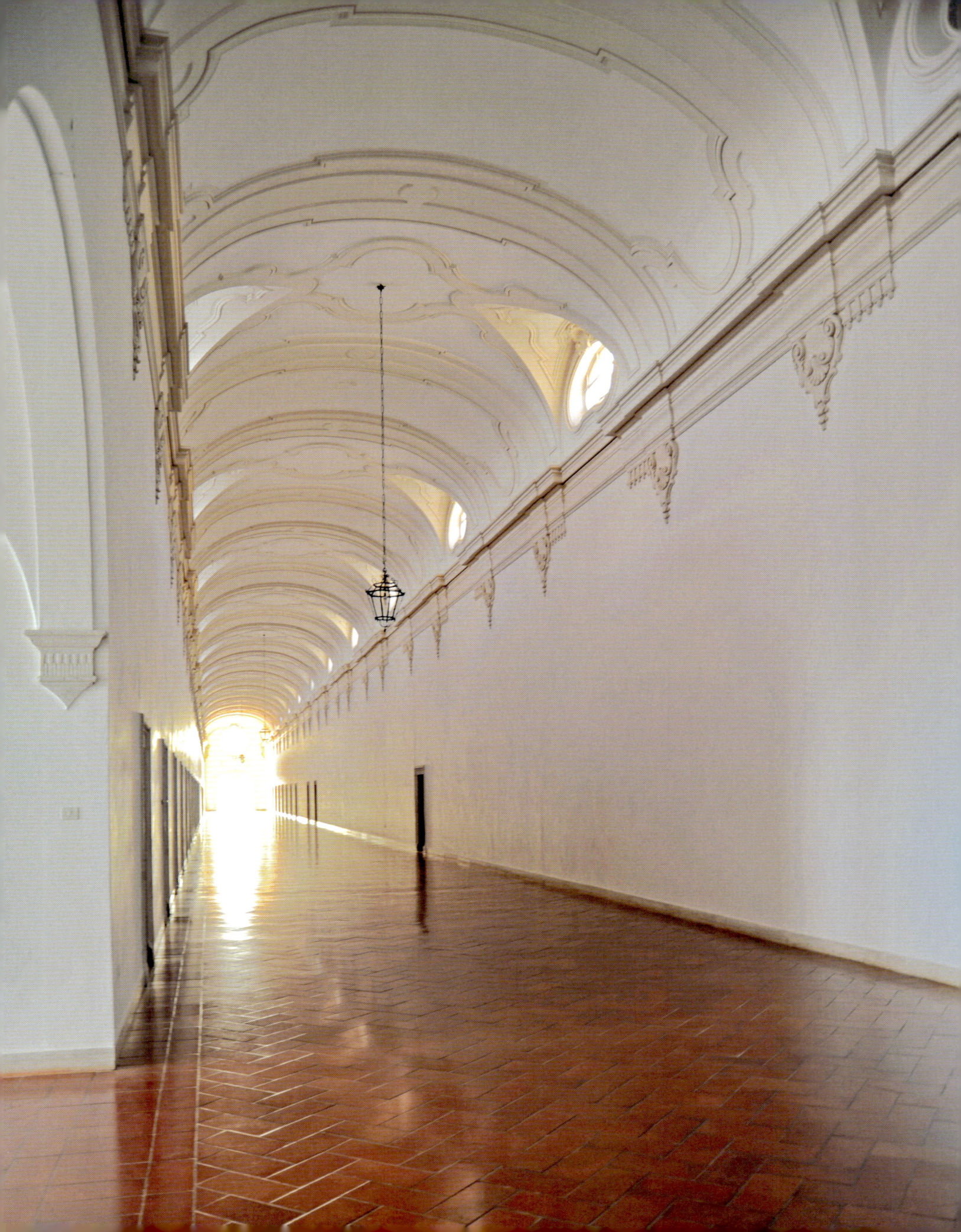

DER SIEGESZUG DER BENEDIKTREGEL — BENEDIKT VON ANIANE

Walter Kettemann

Im Laufe des 8. Jahrhunderts werden grundlegende Veränderungen für die inneren und äußeren Rahmenbedingungen des gemeinschaftlichen Lebens – der *vita communis* – geistlicher und klösterlicher Gemeinschaften im fränkischen Reich sichtbar, die in verschiedenen reichsrechtlichen Regelungen des frühen 9. Jahrhunderts kulminierten. Die wichtigsten Merkmale und zugleich Ergebnisse dieses sich über ein knappes Jahrhundert erstreckenden Wandels sind der „Siegeszug" der Regel Benedikts von Nursia, sodann die theoretisch und auch weitgehend praktisch vollzogene Trennung von zwei Ständen geistlicher Gemeinschaften (Mönche und Kanoniker/Kanonissen) und die grundsätzliche Einbeziehung aller geistlichen Gemeinschaften in das unter Pippin III. (741–768) und Karl dem Großen (768–814) ausgebaute System der karolingischen Reichskirche. Indem die *Regula Benedicti* schließlich an die Stelle der zahlreichen, sich voneinander zumindest teilweise unterscheidenden ortstypischen Regeln trat, die gemäß Geschichte und Gewohnheit des Ortes und gegebenenfalls in Abhängigkeit von zwischenklösterlichen Beziehungen unterschiedliche monastische Traditionen in sich vereinigten, endete ein Zeitalter: jenes der sogenannten Mischregeln (*regulae mixtae*). Bis dahin konnte die Identität einer Gemeinschaft ihren Ausdruck auch und gerade in der jeweils besonderen Satzung finden, die das gemeinsame, Gott gewidmete Leben vor Ort regelte. Fortan jedoch, und zwar über mehrere Jahrhunderte hinweg bis ins hohe Mittelalter hinein, als unter veränderten kirchengeschichtlichen, spirituellen und sozialen Bedingungen insbesondere Dominicus (1170–1221) und Franz von Assisi (1181–1226) neue Basistexte schufen, bildete die *Regula Benedicti* die Grundlage monastischer Existenz schlechthin. Freilich: Die Regel allein konnte die von maßgeblichen Kreisen in Mönchtum und Politik um 800 angestrebte Vereinheitlichung des klösterlichen Lebens nicht bewerkstelligen. Ergänzend sollte deshalb zur Regel eine einheitliche Gewohnheit (*consuetudo*) der Festlegung beziehungsweise Auslegung all dessen hinzutreten, was Benedikts Text für die Lebenspraxis des Einzelnen wie der Gemeinschaft nicht oder nicht eindeutig bestimmte. Die Ausgangsbedingungen für die Durchsetzung der einen Regel einerseits und der einen Consuetudo andererseits waren jedoch denkbar verschieden, und diese Verschiedenheit der Bedingungen beeinflusste die Nachhaltigkeit des erstrebten Erfolgs: Im ersteren Falle war es ausschlaggebend, vor dem Hintergrund eines vorhandenen überindividuellen Erinnerungswissens, das über mehrere Generationen hinweg gestaltet, erweitert und durch Aktualisierungen immer wieder konkretisiert worden war, für einen vorfindlichen Text, die *Regula Benedicti,* dessen autoritativen Charakter darzutun und seine Richtigkeit (*rectitudo*) nachzuweisen. Im zweiten Falle, der Consuetudo, bestand die Möglichkeit des bestätigenden Rückbezugs auf das geschriebene Wort im Kontext eines breiten und weithin akzeptierten Erinnerungswissens nicht im selben Maße. Deshalb waren für alle über die Regel hinausgehenden Festlegungen zur inneren und äußeren Verfasstheit der Gemeinschaften die zeitgeschichtlichen Momente, die einer Akzeptanz im Wege stehen, sie befördern oder gar sie erzwingen konnten, von umso größerer Bedeutung. Die Herstellung eines „monastischen Konsenses" (Karl Suso Frank) jenseits der Regel kam – im Gegensatz zur langfristigen Einbeziehung großer Teile des Mönchtums in die Reichskirche – nicht umfassend und dauerhaft zustande; ein Teil der jüngeren Forschung hat deshalb versucht, die Consuetudo einzelner Gemeinschaften, sofern sie in den überlieferten Quellen zu fassen ist, in lebenspraktisch-formaler und rechtlicher Hinsicht als Differenzierungskriterium für das – nach der erfolgten allgemeinen Durchsetzung der Benediktregel nun „benediktinische" – Mönchtum auszuwerten. Doch damit ist unsere Epoche bereits überschritten.

Phasen der Ausbreitung der Regula Benedicti

Die Erfolgsgeschichte der *Regula Benedicti* ist aufs Engste mit dem zweiten Buch der *Dialogi* Papst Gregors des Großen (590–604), das vom Leben eines idealen Klostergründers Benedikt (von Nursia) berichtet, verflochten. Nach intensiven Forschungen der vergangenen 20 Jahre wird man diese ‚Biographie' nicht mehr als ein Werk des großen Papstes ansprechen, sondern eher als eine zunächst nur mündliche Überlieferung, die eventuell tatsächlich auf Gespräche mit Gregor zurückgeht, aber erst nachträglich in eine bestimmte schriftliche Form gebracht wurde. Wichtig für die Zukunft der Benediktregel wurden die *Dialogi* in zweierlei Hinsicht: Zum einen erhielt der Autor der Regel ein persönliches Gesicht, eine persönliche Geschichte, zum anderen wurde diese Geschichte und damit auch die Regel in eine enge Beziehung zum kirchlichen Rom gebracht. Spuren der Kenntnis des zweiten Buches der *Dialogi* scheinen erstmals im ersten Viertel des 7. Jahrhunderts auf. In etwa dieselbe Zeit gehört die älteste Erwähnung der *Regula Benedicti* im Brief eines Abtes Venerandus.

Über das gesamte 7. Jahrhundert hinweg stammt die Überlieferung zur Regel von Gebieten außerhalb Italiens, nämlich aus dem Frankenreich und aus England. In Italien werden Regel und Benedikttradition erst im 8. Jahrhundert greifbar. In England war es der mehrfach nach Rom gereiste Benedict Biscop (628–690), der sich in der zweiten Jahrhunderthälfte für die Ordnung seiner eigenen Klöster von der *Regula Benedicti* inspirieren ließ.

Für die Rezeption und Ausbreitung der *Regula Benedicti* im merowingischen und karolingischen Frankenreich können drei Phasen unterschieden werden. Die frühesten Hinweise auf das Vorhandensein der Regel im Frankenreich und damit der Beginn einer ersten Phase beziehen sich auf das zweite Viertel des 7. Jahrhunderts: Um 625 macht der Abt Venerandus eines Klosters Altaripa, das am wahrscheinlichsten im Haut-Languedoc des südlichen Frankreich zu suchen sein dürfte, seinen Diözesanbischof Constantius von Albi mit der in seinem Kloster befolgten Regel eines

„römischen Abtes Benedikt" (*Benedictus abbas Romensis*) bekannt. Nicht allzu lange Zeit später treten Teile der Benediktregel in Columbans (543–615) Gründung Luxeuil unter Abt Waldebert (629–670) zu den Vorschriften Columbans hinzu und finden bis zum Beginn des 8. Jahrhunderts zunehmende Verbreitung in weiteren fränkischen Klöstern. Hinsichtlich des Auftauchens der Regel im Frankenreich sind nach wie vor wichtige Fragen offen: Auf welchem Wege gelangte der Regeltext ins Frankenreich? Bestand zwischen den beiden Orten mit den ältesten Nachweisen der *Regula Benedicti*, Altaripa im Süden und Luxeuil im westlichen Vogesenvorland eine Verbindung? Oder handelte es sich um zwei voneinander unabhängige Zentren der Rezeption? Von einem ‚Zentrum' der Rezeption darf man nicht nur im Falle des Klosters Luxeuil sprechen, für das Beziehungen zu anderen Klöstern und in die merowingische Aristokratie hinein bekannt sind; ein solches Zentrum kann mit einem gewissen Maß an Wahrscheinlichkeit auch Altaripa gewesen sein. Bisher nicht beachtete Indizien aus der Lebensbeschreibung Benedikts von Aniane (750–821; Kap. 34) in Verbindung mit einer Urkunde Ludwigs des Frommen (BM² 684) gestatten zumindest die Annahme, dass der frühe Venerandusbrief von um 625 nicht bloß ein erstes singuläres Zeugnis für die Kenntnis der Regel in dem ansonsten unbekannten Altaripa ist, sondern dass die benediktinische Tradition des Ortes weit über 150 Jahre Bestand gehabt haben könnte, so dass gegen Ende des 8. Jahrhunderts Benedikt von Aniane mit der Neubegründung von Bellecelle bei Castres dieselbe eventuell bewusst wieder aufgreifen konnte.

Eine zweite Phase der Verbreitung der *Regula Benedicti* reicht vom beginnenden 8. Jahrhundert bis in die Anfangszeit der Herrschaft Karls des Großen und brachte sowohl eine räumliche als auch zeitliche Verdichtung aktualisierender Bezugnahmen auf den Benedikt der *Dialogi* Gregors des Großen mit sich. Herausragendes Charakteristikum ist eine Intensivierung der römischen Aspekte der Benedikttradition, wodurch das Ansehen und damit der normative Rang der *Regula Benedicti* stiegen. Sie erschien immer mehr als ‚*römische*' Regel, die Orientierung an ihr wurde zunehmend wahrgenommen als gleichsam selbstverständliche monastische Entsprechung zur kirchlichen Romorientierung insbesondere im Bereich der Liturgie seit Pippin III. (741/751–768). Von Seiten des Papsttums seit Papst Gregor II. (715–731), der bewusst an seinen großen Vorgänger Gregor I. anknüpfte, wurde dieser Prozess aktiv gefördert. Als wichtigstes

Benedikt und seine Regel im Kontext des frühen Mönchtums

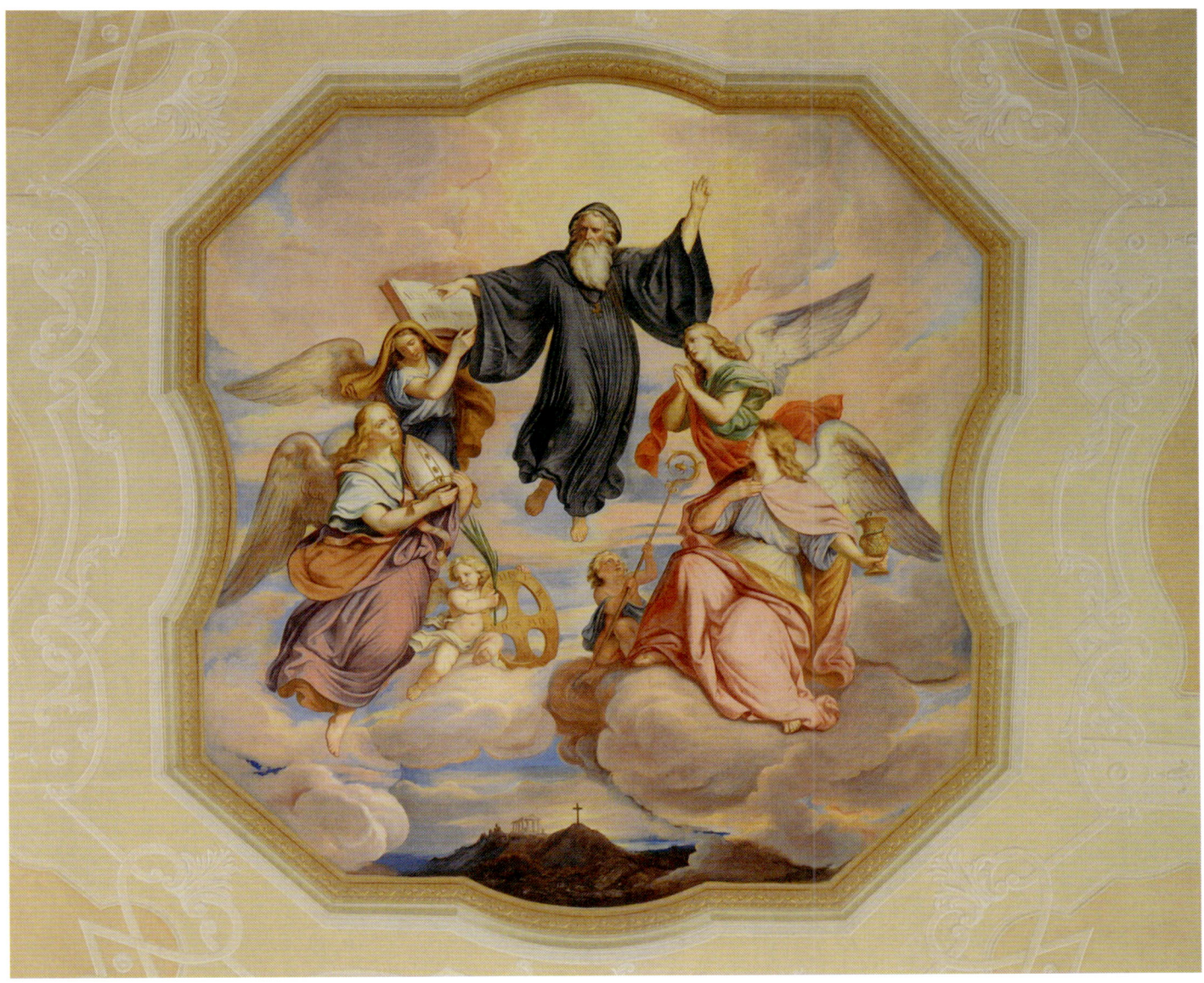

Element erwies sich die monastische Neubegründung des Klosters Montecassino um 718. Gregor II. hatte dem aus Brescia gekommenen Petronax den Weg auf Benedikts Berg gewiesen. Der Mönchsgemeinschaft an der Grabstätte Benedikts und ihrer Lebensweise wuchs durch aktives Zutun des Papsttums und des beneventanischen Herzogtums eine Vorbildfunktion zu, die durch Aufenthalte zahlreicher prominenter Angelsachsen und Franken ins nördlichere Europa ausstrahlte. Unter anderem weilten zwischen 729 und 739 Willibald, der spätere Bischof von Erfurt und Eichstätt, 747/748 im Auftrag des Bonifatius der erste Abt Fuldas, Sturmi (ca. 700–779), in den siebziger Jahren Adalhard von Corbie (750–826), ein Jahrzehnt später Liudger (742–809), der spätere Bischof von

Münster, auf dem Montecassino, bevor Karl der Große selbst 787 das Kloster besuchte. Seit der Mitte des Jahrhunderts ist zudem die verstärkte Ausbreitung eines Reliquienkultes um Benedikt zu beobachten. Auch für dieses Phänomen steht Montecassino im Zentrum, seit man sich dort – wiederum mit päpstlicher Unterstützung – um die Rückführung der Gebeine Benedikts aus Saint-Benoît-sur-Loire (Fleury) bemühte, das bereits seit der zweiten Hälfte des 7. Jahrhunderts den Besitz der sterblichen Überreste des Mönchsvaters behauptete. Ins nahe Brescia gelegene Leno brachten 758 zuziehende Mönche aus Montecassino eine Reliquie Benedikts, Papst Hadrian I. (772–795) vermittelte eine Armreliquie ins bayerische Benediktbeuern. Die (Wieder-)Begründung von

2 Der hl. Benedikt in der Eingangshalle des Stiftes Melk, Deckengemälde von Franz Rosenstingl, um 1730, erneuert 1852 von Friedrich Schilcher

Montecassino führte zu einer neuen Dynamik in der Rezeption der *Regula Benedicti* und verschaffte dem Text eine „mythische Autorität" (Pius Engelbert), insbesondere durch die römisch-päpstlichen Bezüge. Letztere waren im Jahrhundert zuvor mit Gregor dem Großen und der Wahrnehmung Benedikts als römischem Abt zwar ebenfalls bekannt, wurden bei weitem jedoch nicht in demselben Maße zur Geltung gebracht wie im 8. Jahrhundert.

Den Übergang zur dritten und schließlich entscheidenden Phase, die ihren Höhepunkt und Abschluss mit den großen Aachener Reichsversammlungen der Jahre 816, 817 sowie 818/819 fand, wird man am ehesten in den 80er Jahren des 8. Jahrhunderts suchen. Karls Aufenthalt in Montecassino 787, die bald sich anschließende, von ihm erbetene Übersendung einer Abschrift des angeblichen Autographs der Benediktregel nach Aachen, der spätestens seit 789 feststellbare veränderte Ton synodaler und herrscherlicher Anweisungen zur unbedingten Einhaltung der Maßgaben der Regel und schließlich der Beginn des öffentlichen Auftretens des Abtes Benedikt von Aniane sind äußere Anhaltspunkte, die einen erneuten Wandel im Hinblick auf die Stellung zur Benediktregel und zu ihrem Geltungsanspruch anzeigen. Das qualitativ Neue war nun zum einen die Konsequenz, mit der das Ziel verfolgt wurde, überall die *Regula Benedicti* in Gänze an die Stelle der älteren ortstypischen Mischregeln zu setzen. Zum anderen gewann – nicht zuletzt im Hinblick auf die politisch-gesellschaftlichen Ressourcen und Funktionen des Mönchtums – das herrscherliche Interesse an einer Vereinheitlichung der monastischen Lebenspraxis im Rahmen der politisch-kirchlichen Reorganisation und Reform im Karlsreich dominierende Bedeutung. Reform und Neuausrichtung der *vita communis* geistlicher Gemeinschaften fanden ihren rechtlich-politischen Niederschlag in der Kapitulariengesetzgebung und – insbesondere durch die Verleihung von Königsschutz, Immunität und Abtwahlrechten – in der herrscherlichen Privilegierungspolitik gegenüber geistlichen Gemeinschaften bereits unter Karl dem Großen, dann jedoch vor allem in den ersten Herrschaftsjahren seines Sohnes Ludwigs des Frommen (814–840). Die Synoden der Jahre 816 und 817 verpflichteten das Mönchtum definitiv auf die *Regula Benedicti* und eine ergänzende *consuetudo*, für Kanoniker und Kanonissen wurden jeweils eigene Satzungen erlassen, eine *Institutio canonicorum* und eine *Institutio sanctimonialium*. Die Durchführung dieser Maßnahmen sollte im unmittelbaren Anschluss

durch kaiserliche Beauftragte vor Ort sichergestellt bzw. überprüft werden. Während der sich über mehrere Jahrzehnte erstreckenden monastischen Reformen, die trotz aller rechtlichen Aspekte vor allem als ein religiös-geistlicher und politisch-gesellschaftlicher Prozess aufgefasst werden müssen, zeigten sich indes starke Widerstände, welche zwar die Durchsetzung der *una regula* nicht verhindern konnten, wohl aber die Herstellung einer einheitlichen *consuetudo* in der Praxis scheitern ließen. Diese Widerstände kamen aus drei Richtungen: erstens aus geistlichen Gemeinschaften selbst, vor allem aus solchen, die sich als monastisch verstanden und durch die Maßnahmen zur Vereinheitlichung der *vita communis* die spezifisch eigene Identität gefährdet sahen; zweitens aus Teilen des Adels, der hinter der monastischen Reform auch den königlichen Zugriff auf eigene Rechte fürchtete. Drittens schließlich ist eine durchaus machtpolitische Dimension zu nennen: Mit Benedikt von Aniane war der *spiritus rector* wesentlicher Teile der Aachener Reformgesetzgebung von 816 bis 819 und zugleich der führende Vertreter und Propagator monastischer Reformen mit dem Ziel der *una regula* und der *una consuetudo* eine eminent politische und – soviel lassen die Quellen erkennen – eine umstrittene Persönlichkeit, die als Vertreterin einer Partei wahrgenommen wurde und eigene Überzeugungen und Interessen mit Hilfe eines Netzwerkes Gleichgesinnter zur Geltung bringen konnte. Ohne die Ausschaltung des ehemaligen Beraterkreises Karls des Großen um Adalhard von Corbie wären Regierungsprogramm und Politik Ludwigs des Frommen wohl kaum in der Weise umgesetzt worden, wie es bis 819 unter maßgeblichem Einfluss Benedikts dann geschah.

Von Witiza zu Benedikt – Aristokratischer Lebensentwurf zwischen Kloster und Welt

Wohl keine zweite der prägenden Gestalten des frühmittelalterlichen Mönchtums hat im Laufe der Zeit solch verschiedenartige Würdigungen erfahren wie Benedikt von Aniane. Seine große Bedeutung für die grundlegenden Weichenstellungen, die für die Geschichte des christlichen Mönchtums um 800 vorgenommen wurden, blieb dabei immer weitestgehend anerkannt. Die Bewertungen differierten jedoch stark hinsichtlich der Beurteilung seiner Persönlichkeit insgesamt und der Motivationen seines Handelns in einzelnen Fragen. Die Bandbreite der Urteile reicht

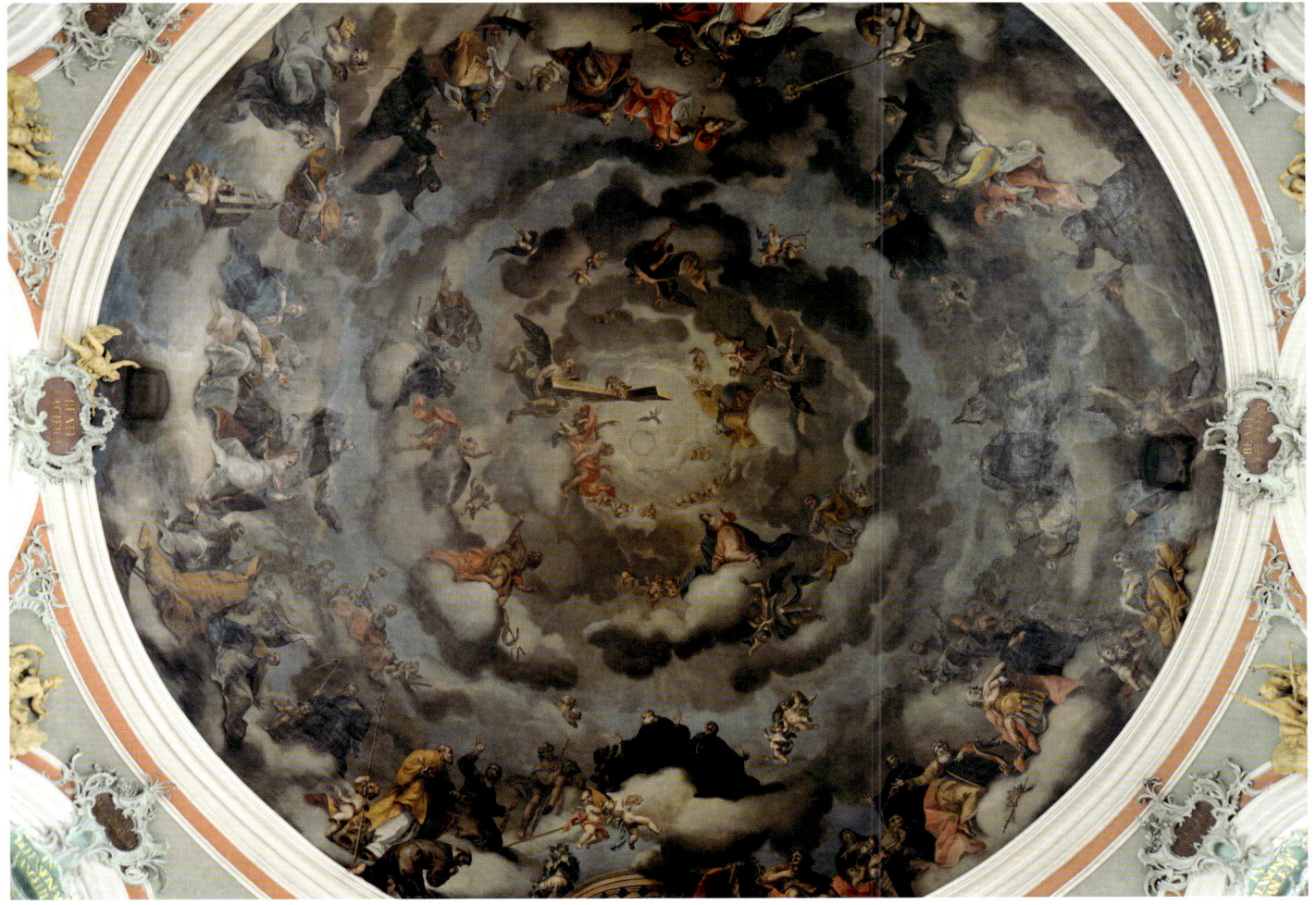

von Albert Haucks negativer Einschätzung Benedikts als eines engstirnigen Mönchs („Er wollte nichts sein als ein Mönch, und er war nichts als ein Mönch", Kirchengeschichte 2 1912, 608) über zahlreiche Nuancierungen bis hin zur Vorstellung Benedikts als eines politisch denkenden und handelnden Abtes, welcher der „Idee von der Einheit des corpus Christi, das im Frankenreich Gestalt gewonnen hat" alles unterordnete, auch die monastische Reform (Engelbert 1990, 77). Das Grundproblem, vor das sich jede Gesamtwürdigung Benedikts gestellt sieht, besteht vor allem darin, die vielfältigen politischen Aspekte und Ambitionen seines Lebens in angemessener Weise zu seiner enormen und zeitraubenden Leistung in der Erforschung und Kommentierung monastischer Traditionen und seinem großen Engagement für die von ihm für richtig gehaltene benediktinische Lebensweise in Bezug zu setzen. Das inzwischen gegenüber älteren Darstellungen erheblich ausgewogenere Bild des Anianenser Abtes verdankt wesentliche Impulse den

zahlreichen Arbeiten Josef Semmlers, der politische Dimensionen auch der Tätigkeit Benedikts gerade im Hinblick auf die frühe Privilegierungspolitik Ludwigs des Frommen deutlich gemacht hat.

Abschließend sei schlaglichtartig Benedikts Wirken von seiner bisher immer spirituell interpretierten Conversio her knapp beleuchtet.

Benedikt von Aniane wurde um 750 als Sohn des karolingischen Grafen von Maguelonne im heutigen Bas-Languedoc geboren, erhielt den westgotischen Königsnamen Witiza, wurde am Hof König Pippins erzogen und trat anschließend in dessen Dienste. Fast alle biographischen Informationen über Benedikt, sein Wirken im aquitanischen Interregnum Ludwigs des Frommen sowie wichtige Informationen über seine Tätigkeit auf Reichsebene ab 814 stammen von einem Schüler. Der Mönch und spätere Leiter der Klosterschule von Aniane, Ardo (ca. 780–843), hat im Auftrag der Mönche von Benedikts nahe Aachen gelegenem Kloster Inden ein gutes Jahr nach Benedikts

3 Hauptkuppel in der Klosterkirche von St. Gallen, Johann Christian Wentzinger, um 1760

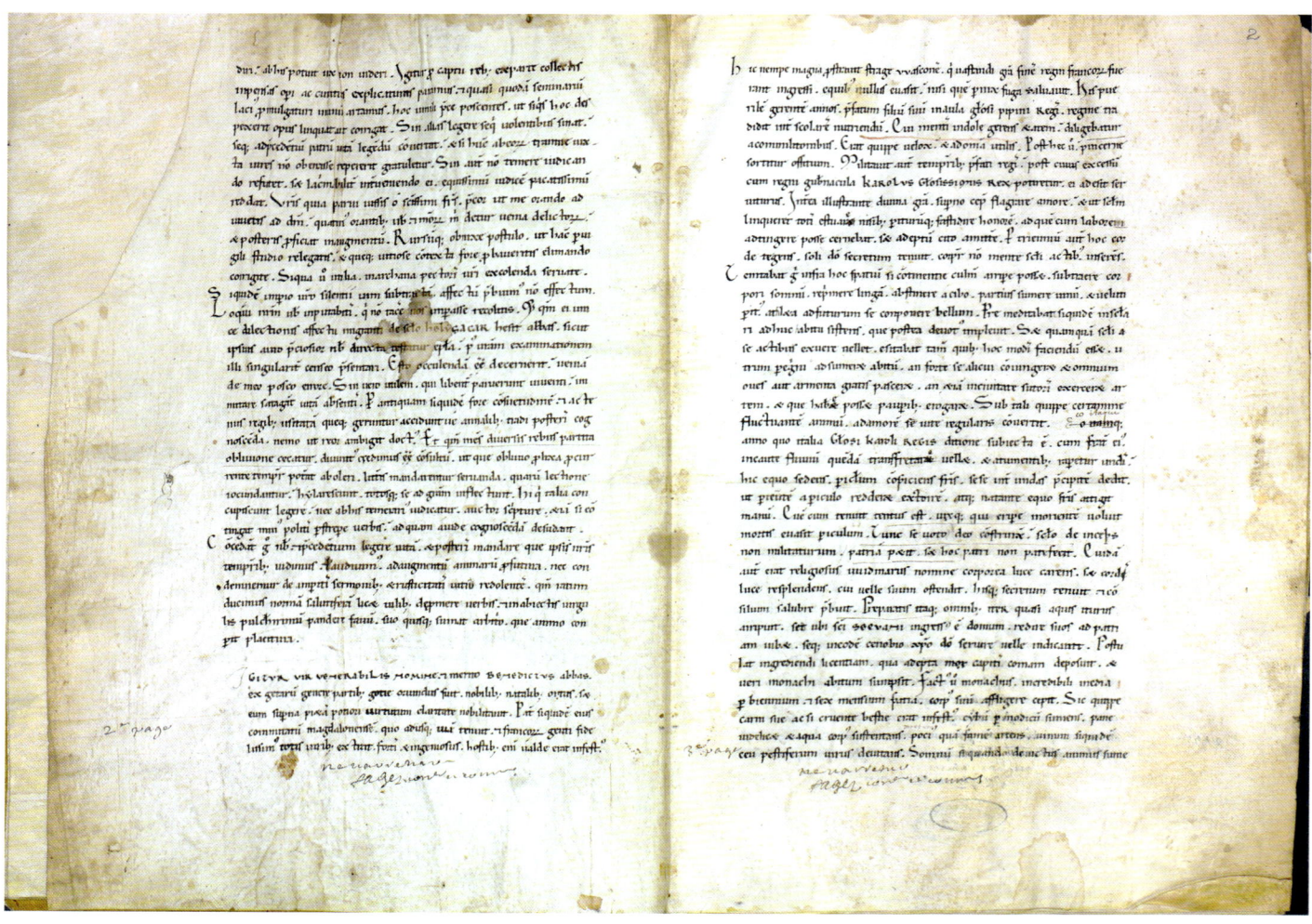

4 Doppelseite aus Ardos Vita des Benedikt von Aniane. Kartular des Klosters Aniane, Abtei Aniane, um 1131/45. Montpellier, Departement de l'Hérault, Archives départementales 1H1 (Kat.-Nr. 4.34)

Tod am 11. Februar 821 eine Biographie des Abtes verfasst (Abb. 4; Kat.-Nr. 4.34). Wie er in der Einleitung selbst sagt, geht es ihm vor allem darum, Benedikt „in seinen Taten als Mönch" wiedererstehen zu lassen. Das muss man berücksichtigen und ebenso den Sachverhalt, dass es sich bei dem Text dennoch zugleich um eine nicht nur monastische, sondern auch politische Rechtfertigung der Handlungsweisen Benedikts handelt. Der Autor berichtet grundsätzlich zuverlässig, kaschiert jedoch des Öfteren auf verschiedene Weise, wie es gewesen ist, ohne explizit Unwahres sagen zu müssen. Das ist gleich zu Beginn bei der Frage nach den Ursachen für die Conversio des Grafensohnes der Fall. Der Text liest sich auf der expliziten Ebene als Bericht über die lange währenden inneren Kämpfe eines jungen Mannes, der unter dem Eindruck eines tragischen Unfalls des Bruders während Karls Krieg gegen den Langobardenkönig Desiderius (757–774) endgültig beschließt, Mönch zu werden. Implizit jedoch – aufgrund bestimmter For-

mulierungen, Datierungen und dessen, was nicht gesagt ist – werden wichtige politische Dimensionen der Conversio deutlich: Benedikt, dessen damaliger Name Witiza konsequent unterschlagen wird, befand sich wohl bereits seit dem Tod von Karls Bruder, König Karlmann (768–771), in politischer Distanz zu Karl, lebte möglicherweise im langobardischen Exil und sah sich durch die Niederlage des Desiderius und das Ende des Langobardenreiches der Notwendigkeit gegenüber, nun grundsätzlich neu beginnen zu müssen. In dieser Situation wird ein blinder und eventuell bereits älterer Mönch namens Widmarus für die Umstände des Klostereintritts zum Ratgeber. Dem offensichtlich noch im gräflichen Amt befindlichen Vater wird eine Reise nach Aachen vorgetäuscht, um dann im burgundischen Saint-Seine einzutreten. Als nach dem Tod des dortigen Abtes Benedikt dessen Nachfolger werden soll, lehnt er mit Blick auf die Lebensweise der Sequanus-Gemeinschaft jedoch ab. In Saint-Seine hatte er aber immerhin nach einer rigori-

Benedikt und seine Regel im Kontext des frühen Mönchtums

stischen Phase der Orientierung an Basilius und Pachomius zur *Regula Benedicti* gefunden. Bemerkenswert wird jetzt, dass Benedikt unmittelbar nach Aniane zurückkehren kann, um eigenen Besitz und solchen des Vaters, vor dem der Klostereintritt einst verborgen werden musste, zur Gründung einer ersten eigenen Mönchsgemeinschaft zu nutzen. Und wieder tritt jener Widmarus auf, der nun zum Mitbegründer des Kloster Aniane wird. Wer war dieser Widmarus? Weitere Überlieferungen fehlen, allein die Namengleichheit verleitet zu der Frage nach einer möglichen Identität mit jenem Abt Widmarus, der von 742 bis in die 760er Jahre hinein als Leiter von Centula/Saint-Riquier und in der Umgebung König Pippins belegt ist und damit auch ein Verbindungsglied zu Benedikts Geschichte vor seiner Conversio sein könnte. Wie dem auch sei, zwei explizite Aussagen des Biographen Ardo sind geeignet, eine politische Interpretation der Conversio und auch der monastischen Motivationen Benedikts zu stützen. In jenem Jahr, „als Karl sich der Steuerruder des Reiches bemächtigte" – gemeint ist wohl nicht 768, als Pippin starb und die Brüder Karl und Karlmann gemeinsam die Nachfolge antraten, sondern das Jahr 771, als Karl durch den Tod des Bruders als Sieger aus dem innerfränkischen Machtkampf hervorging –, in jenem Jahr also empfand Witiza einen Widerwillen gegen die Karriere, die er mit einigem Aufwand hätte verwirklichen können (Kap. 1). Als er dann 814 nach dem Herrschaftsantritt Kaiser Ludwigs in dessen Umgebung gerufen wurde, so konstatiert der Biograph, war er wieder in jenem ‚hektischen Treiben', auf das er einst verzichtet hatte, und mithin in einer Position, wo viele „ihn wegen der Regierung des Reiches [und] der Verwaltung der Provinzen […] um Rat fragten" (Kap. 35).

Eine Deutung der Conversio vor dem Hintergrund politischer Entwicklungen sowie im Hinblick auf zeitgenössische ständisch-aristokratische Lebensentwürfe bedeutet nicht, spezifisch religiöse Motivationen auszuschließen oder beiseite zu schieben. Allerdings kann ein bewusst nicht monastischer Blick auf die Lebensgeschichte Benedikts von Aniane durchaus zum Verständnis einer wichtigen Bedingung während der letzten Etappe des ‚Siegeszugs' der *Regula Benedicti* beitragen: Die systematische Sammlung und vergleichende Erschließung der monastischen Tradition im Hinblick auf die Regel Benedikts von Nursia, wie Benedikt sie während seiner Anianenser Zeit betrieb und die – wenn man den Forschungen Pierre Bonnerues folgt – damals in mehrere Textcorpora eingingen,

bevor sie in Aachen zur Grundlage von Benedikts Hauptwerken, dem *Codex* und der *Concordia regularum*, wurden, war innovativ und für die Durchsetzung der Regel als alleiniger Norm mit entscheidend. Das setzte die Kenntnis der Diskussionen innerhalb des Mönchtums voraus, aber auch eine solche der politischen Rahmenbedingungen und Interessen. Durch die komparatistische Arbeit des jüngeren Benedikt war die *rectitudo* der Anordnungen des älteren Benedikt darstellbar und damit deren autoritativer Geltungsanspruch zu begründen. Dafür stellte Benedikt sich ganz in den Dienst jener *Regula*, deren weiter steigende Bedeutung er offensichtlich gut erkannte. Dieses Engagement brachte kein Zweiter, auch wenn sein Wirken sich bereits in Aquitanien nicht nur darauf beschränkte. Indem er – um mit den Worten seines Biographen (Kap. 18) zu sprechen – „sein ganzes Herz der Erforschung der Regel des heiligen Benedikt" hingab, fand er zugleich einen seiner aristokratischen Herkunft und seinen Ansprüchen entsprechenden neuen Lebensweg, zu dem ihn die politischen Entwicklungen der frühen 70er Jahre gezwungen hatten. Er bereiste „Klöster, frug, was er nicht wusste, Sachkundige", sammelte die Regeln aller Heiligen, die er nur finden konnte. Er unterrichtete sich auch über „[…] die vernünftigen Consuetudines der Klöster und gab diese seinen Mönchen zur Beachtung weiter". „Er unterrichtete Kantoren, lehrte die Lektoren, hatte Grammatiker und Fachleute für die Hl. Schrift". „Deshalb ist er allen bekannt geworden, und der Ruf seiner Heiligkeit drang an die Ohren des Königs und des Kaisers".

Die Möglichkeiten, die der Grafensohn als Witiza verloren hatte, gewann er als Benedikt mit dem Ausbau seines eigenen Großklosters und der von ihm für aussichtsreich und richtig erkannten Sache zurück.

Quellen:

Vita Benedicti Anianensis: Vita abbatis Benedicti 1887. – Kettemann 2000. – Vie de Benoît d'Aniane 2001. – Benedict of Aniane 2008.

Literatur:

Hauck 1912. – Hallinger 1950/1951. – Semmler 1959. – Hanslik 1960. – Prinz 1965. – Semmler 1965. – Vogüé/Neufville 1971/1972. – Combelles 1972. – Wollasch 1973. – Semmler 1982. – Wollasch 1982. – Semmler 1983. – Engelbert 1986. – Clark 1987. – Frank 1989. – Angenendt 1990. – Frank 1990. – Vogüé 1990. – Hemmerle 1991. – Schilp 1998. – Bonnerue 1999. – Kettemann 2000. – Fried 2004.
http://www.rotula.de/aniane

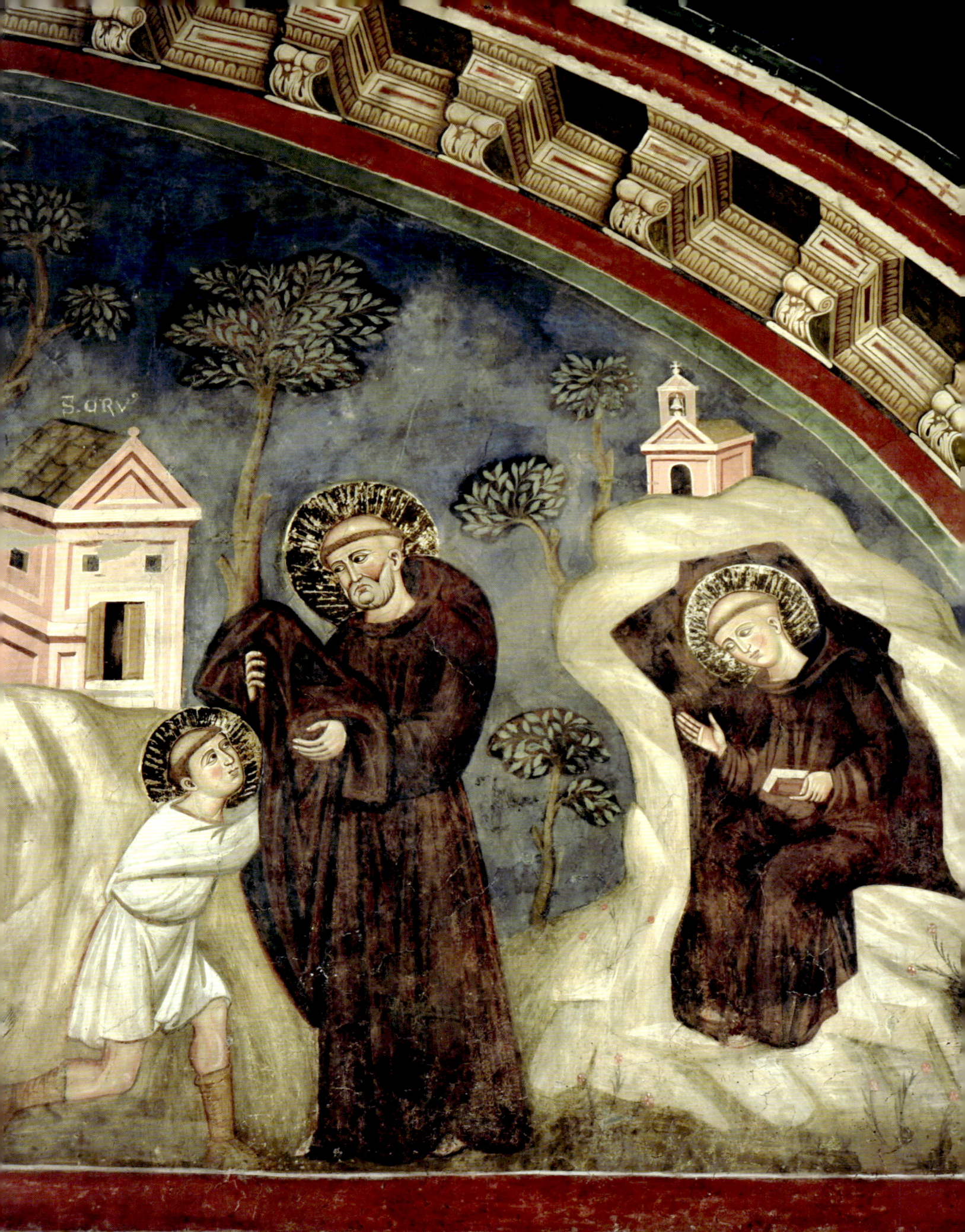

DER EINTRITT INS KLOSTER

Mirko Breitenstein

Der Habit macht nicht den Mönch, „Habitus non facit monachum", lautete ein von Papst Innocenz III. (1198-1216) an der Wende vom 12. zum 13. Jahrhundert formuliertes Diktum, das nachfolgend in das allgemeine Kirchenrecht einfloss und heutigentags zumindest noch sprichwörtlichen Charakter für sich beanspruchen kann. War diese Aussage auch ursprünglich darauf bezogen, den Wert des monastischen Gelübdes gegenüber der Bedeutung des Gewandes zu betonen, so verweist sie implizit zugleich darauf, dass in ein Kloster einzutreten nicht heißt, allein durch diesen Schritt Mönch zu sein. Symbolisch hoch verdichtet markierte die Aufnahme in die klösterliche Gemeinschaft zwar fraglos den Beginn eines „neuen Lebens"; dieses musste jedoch zunächst erlernt werden – und zwar im Kloster. Die Aneignung eines ganz spezifischen Wissens war die unerlässliche Voraussetzung dafür, dass Klöster die ihnen zugewiesenen gesellschaftlichen Funktionen in einem hinreichenden Maß erfüllen konnten. Diesem Zweck dient eine verbindliche Probezeit – das Noviziat –, die es einerseits dem Eintrittswilligen erlaubte, die angestrebte Lebensform durch Teilnahme kennen zu lernen und die es andererseits der klösterlichen Gemeinschaft ermöglichte zu prüfen, ob ein Kandidat tatsächlich geeignet war beizutreten.

Wird die Kirche in ihrer Gesamtheit als der Leib Christi verstanden, so stellen Klöster einen besonderen Teil desselben dar. Um einem solchen Anspruch gerecht zu werden, erkannte man es bereits zu Zeiten des alten Mönchtums im 4. Jahrhundert als notwendig, die Auswahl dieses besonderen Teiles mit aller Sorgfalt zu treffen. Ganz in dieser Tradition stehen auch die entsprechenden Ausführungen der wohl im 6. Jahrhundert entstandenen Benediktregel.

Die Regel kennt wie auch die vorausgehende monastische Tradition drei Wege, auf denen der Eintritt in ein benediktinisches Kloster vonstatten gehen kann: die Konversion, gemeint ist der freiwillige Eintritt eines erwachsenen Laien oder Weltpriesters (cap. 58,60), die Oblation, hierunter versteht man die rituelle Übergabe von Kindern an Klöster durch ihre Eltern oder Vormünder (cap. 59), sowie den Transitus, das ist der Übertritt eines Mönches aus einem anderen Kloster (cap. 61). Während die Oblation im frühen und mit Abstrichen auch im hohen Mittelalter das quantitativ überwiegende Prinzip der monastischen Rekrutierung darstellte, wurde im Zuge eines vieldimensionalen gesellschaftlichen, kulturellen und religiösen Wandels die selbstbewusste und selbstbestimmte Entscheidung für die klösterliche Lebensform nicht nur als der ethisch bessere Weg ins Kloster angesehen, sondern schließlich durch das Konzil von Trient 1563 auch zum einzig möglichen erklärt. Etwas anders stellt sich diese Entwicklung oftmals für Frauenklöster dar; die Aufnahme selbst sehr junger Mädchen blieb hier vielfach bis ins 16. Jahrhundert hinein die Regel und nicht die Ausnahme.

Zu den vordringlichsten Aufgaben der klösterlichen Gemeinschaft zählte es sicherzustellen, dass die Motive und Voraussetzungen für einen Eintritt bei jeder der drei genannten Zugangsweisen den von der Regel geforderten entsprachen. Für diejenigen, die sich aus freien Stücken für den Eintritt in ein Kloster benediktinischer Prägung entschieden hatten, erklärte die Regel einzig deren Bereitschaft zu Gehorsam und Demut zur Bedingung für eine Aufnahme; geprüft werden sollte auf diese Weise, „ob einer wirklich Gott sucht, ob er Eifer hat für den Gottesdienst" (cap. 58,7).

Ausdrücklich erwähnt wird, dass auch Unfreien das Recht zum Eintritt zustehen solle (cap. 2,18–20). Darüber hinausgehende Beschränkungen der Aufnahme, wie sie dennoch zu allen Zeiten festgesetzt

1 Einkleidung eines Mönchs, Fresko aus dem 13. Jahrhundert, Kloster Sacro Speco

wurden, waren hingegen nicht von der Regel festgelegt, sondern von den jeweiligen lokalen Umständen abhängig oder wurden im Falle der Zugehörigkeit des einzelnen Klosters zu einem Verband durch diesen gesetzt. Die Fähigkeit zum Lesen wurde bei Eintritt in das Kloster zwar vorausgesetzt (cap. 58,20), allerdings sollten entsprechende Defizite der Aspiranten kein Grund sein, ihnen die Aufnahme zu verweigern.

Der hinter der Oblation stehende Grundgedanke ist der des Opfers: Zusammen mit den eucharistischen Gaben Brot und Wein wurde das Kind als ein Geschenk dem Altar dargebracht, dem es künftig dienen sollte. Wichtig war dabei die besitzrechtliche Lösung des Oblaten aus dem Familienverbund, um auf diesem Wege die Möglichkeit der Restituierung von Eigentum auszuschließen, wodurch ihm jede Aussicht auf ein Leben außerhalb des Klosters verschlossen bleiben sollte. Die Frage, wie verbindlich diese Entscheidung tatsächlich ist, war über die Jahrhunderte hinweg Gegenstand umfangreicher Kontroversen. Im speziellen Fall der Benediktregel muss man aber unterstellen, dass sowohl das Opfer des Kindes als auch die Besitzlosigkeitserklärung durch Eltern oder Vormund unwiderruflich geschehen sollten, den Oblaten folglich kein Recht eingeräumt wurde, bei Erreichen der Volljährigkeit über ihre Zukunft im oder außerhalb des Klosters selbst und frei entscheiden zu können.

Im Falle des Mönches, der sein bisheriges Kloster verlassen hatte und nun um dauerhafte Aufnahme in den Konvent bat, bestimmte die Benediktregel, dass ihm solches dann zugestanden werden sollte, wenn er „zufrieden mit dem ist, was er antrifft", und bereit ist, sich dem Gesetz der neuen benediktinischen Regel zu unterwerfen (cap. 61,2–3). Wurde der Aufnahmewunsch vom Mönch eines benachbarten Klosters vorgebracht, so hatte dieser zusätzlich ein Empfehlungsschreiben seines vorherigen Abtes vorzulegen, um so Zwietracht unter den Klöstern zu vermeiden.

Wie in der älteren Regeltradition üblich, schrieb auch die Benediktregel vor, dass eintrittswillige Laien zunächst einige Tage vor der Pforte auszuharren hatten, bevor ihnen der Zutritt zum Kloster gestattet wurde. Auf diese Weise sollte – entsprechend der in die Regel eingeflossenen Aufforderung des Paulus: „Prüft die Geister, ob sie aus Gott sind" (1 Joh 4,1) – die Entschlossenheit zur Konversion auf eine Probe gestellt werden. Zugleich aber demonstrierte ein solches Vorgehen denen, die Einlass begehrten, auch ganz direkt die Weltabgewandtheit des Ortes und der

Gemeinschaft, der sie beitreten wollten. War diese erste Probe bestanden, erhielten die Aspiranten jedoch zunächst noch keine Erlaubnis, den für die Mönche reservierten Klausurbereich zu betreten, sondern wurden die erste Zeit im Gästebereich untergebracht (cap. 58,1–4). Hier verblieben die Neulinge zunächst, bevor sie dann in die bereits innerhalb der Klausur befindlichen, aber räumlich separierten Zellen der Novizen wechseln durften, wo ihre eigentliche Unterweisung stattfand; hier sollten sie „lernen, essen und schlafen" (cap. 58,5). Diese Räumlichkeiten waren exklusiv für sie reserviert; keinem einfachen Mönch war es erlaubt, sie zu betreten. Ursprünglich trugen die Novizen während ihrer Probezeit ihre weltliche Kleidung, doch änderte sich diese Praxis spätestens im 11. Jahrhundert. Seit dieser Zeit gab es in vielen benediktinischen Gemeinschaften einen eigenen Habit für Novizen, der sich von dem der Mönche erkennbar unterschied. Diese Differenz der Kleidung sollte der Gefahr vorbeugen, den Novizen allein durch das bloße Tragen eines regulären Mönchsgewandes und ohne ein ausdrückliches und förmliches Gelübde der Gemeinschaft verbindlich einzugliedern.

Die Dauer der Probezeit, der sich ein jeder Aufnahmewillige zu unterziehen hatte, wurde durch die Benediktsregel auf ein Jahr festgesetzt. In dieser Zeit hatten die Probanden die Ernsthaftigkeit ihres Eintrittswunsches unter Beweis zu stellen und sich mit dem Leben im Kloster vertraut zu machen. Hauptinhalte dieses Noviziates waren die Beschäftigung mit der Regel und das Erlernen der Liturgie. Bereits der Prolog der Benediktregel beginnt mit einer entsprechenden Aufforderung an den, der das Leben der Mönche erlernen möchte: „Höre, mein Sohn, auf die Weisungen des Meisters, neige das Ohr deines Herzens, nimm die Mahnung des gütigen Vaters willig an und erfülle sie durch die Tat!" (Prolog 1) Die Weisungen des Meisters zu befolgen, heißt nichts anderes, als die Regel zu befolgen. Sich mit ihr zu beschäftigen, war den Novizen während ihrer Probezeit vor allem aufgetragen. Dreimal sollte sie ihnen während ihres Probejahres vorgelesen werden: nach zwei, acht und zwölf Monaten (cap. 58,8–13), wobei eine solche Lesung stets auch mit einer Auslegung des Textes verbunden war. Die Probezeit des benediktinischen Novizen war somit zunächst durch eine regelmäßige Beschäftigung mit der Regel strukturiert. Der Erwerb intellektueller Qualifikationen zählte hingegen weder in den Bestimmungen der Regel noch in der benediktinischen Praxis zu den Aufgaben des Noviziates –

„Die Werkstatt aber … ist die Abgeschlossenheit des Klosters und das ständige Beharren in der Gemeinschaft"

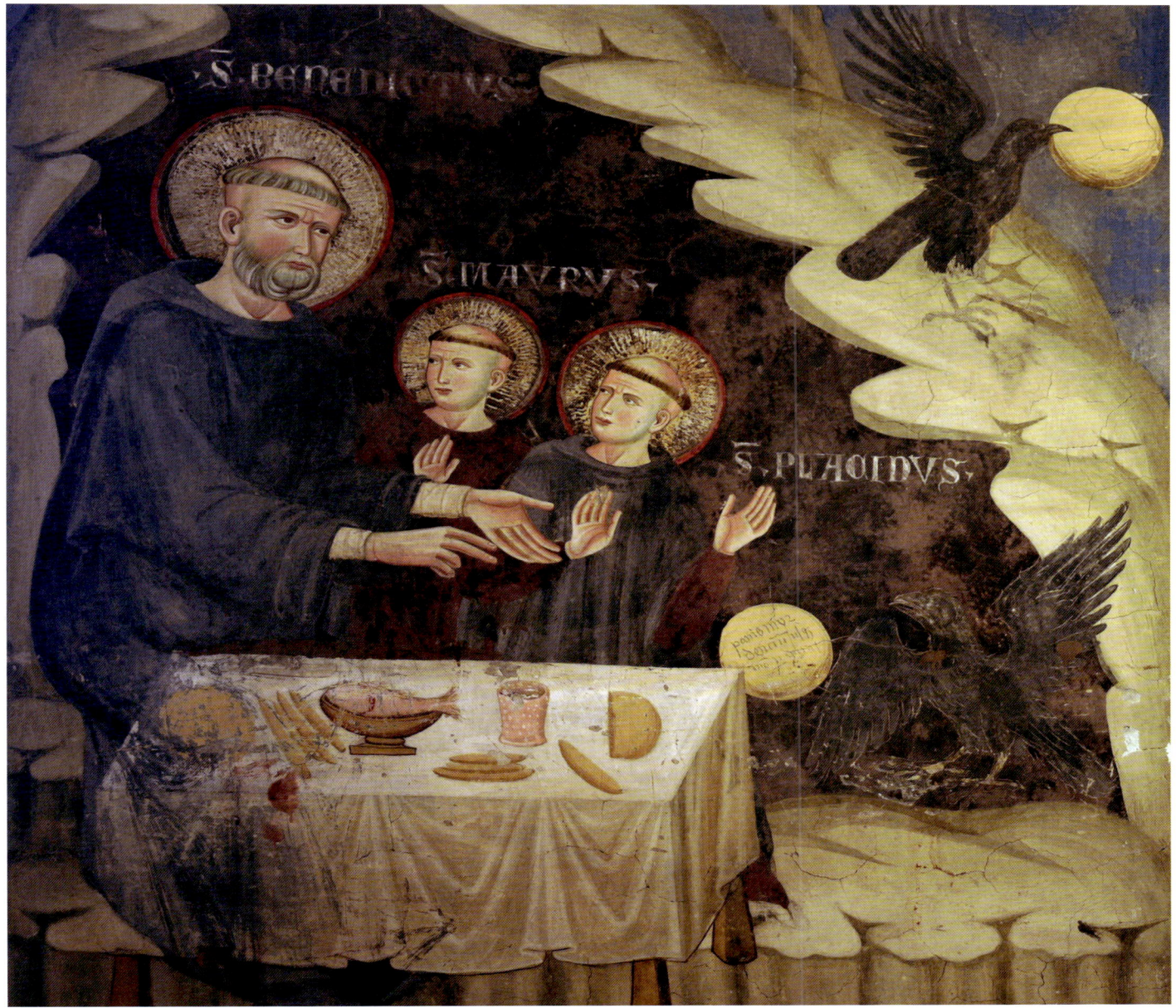

auch nicht das Erlernen von Lesen oder Schreiben. Ziel des Noviziates waren einzig die Kenntnis der Regel und die Befähigung zur Teilnahme am klösterlichen Alltag.

Nach jeder der drei erwähnten Lesungen wurde der Proband ausdrücklich darauf hingewiesen, dass es ihm freistehe, das Kloster wieder zu verlassen. Dieses Recht ist zentral für die Bewertung des benediktinischen Noviziates: Der auf die Regel bezogene ausdrückliche Hinweis an den Novizen, dass diese das Gesetz sei, dem zu dienen seine Aufgabe im Kloster ist, verweist auf ihren zentralen Stellenwert für das klösterliche Leben. Die unbedingte Bereitschaft zur

Beachtung der Regel wird daher auch zum entscheidenden Kriterium für den Verbleib des Novizen im Kloster. Erkannte der Novize während der Probezeit, dass er dem klösterlichen Leben nicht gewachsen war, konnte er die Gemeinschaft ohne Konsequenzen wieder verlassen. Im Gegenzug stand es auch der Kommunität frei, den Novizen fortzuschicken, wenn sich herausstellte, dass er für das Leben im Kloster nicht geeignet war.

Doch ist ein regelkonformes Noviziat nicht darauf beschränkt, den Probanden an drei Terminen den normativen Basistext zu erläutern: Während ihrer gesamten Probezeit sollten die Novizen in alle Bereiche

2 Benedikt mit seinen Schülern Maurus und Placidus, Fresko aus dem 13. Jahrhundert, Kloster Sacro Speco, Subiaco

des klösterlichen Alltags eingeführt werden, wofür ein Mönch gesondert verantwortlich war: „Ein erfahrener Bruder werde für sie bestimmt, der geeignet ist, Menschen zu gewinnen, und der sich ihrer mit aller Sorgfalt annimmt" (cap. 58.6). Dieser Novizenmeister war für die Dauer der Probezeit zentrale Bezugsperson der Neulinge.

Den förmlichen Abschluss des hier nur knapp beschriebenen mehrgliedrigen Aufnahmeverfahrens markiert die Profess – das Ablegen des Gelübdes, mit dem sich der Profitent dauerhaft an die Gemeinschaft band. Diese sollte in Form eines feierlichen Ritus im Beisein der gesamten Klostergemeinschaft stattfinden, die sich zu diesem Zweck im Oratorium versammelte (cap. 58,17). Die Zeremonie begann mit einem vor Gott und den Heiligen des Klosters abgelegten Versprechen des Novizen, in dem er sich zum beständigen Verbleib im Kloster (*stabilitas loci*), zum klösterlichen Lebenswandel (*conversatio morum*) und zum unbedingten Gehorsam (*oboedientia*) verpflichtete. Zur Beglaubigung wie auch als manifestes Symbol dieses Gelübdes hat der Novize eine Urkunde zu verfassen, die auf den Namen des Klosterheiligen ebenso wie auf den des Abtes ausgestellt ist. Üblicherweise verfasst der Novize diese eigenhändig; nur dann, wenn er des Schreibens nicht mächtig ist, wird diese Aufgabe von einem anderen übernommen, auch in diesem Fall jedoch hat er sie selbst zu signieren. Das Dokument soll anschließend im Archiv des Klosters verwahrt werden, was sicher nicht zuletzt dazu beigetragen hat, dass entsprechende Quellen – wie beispielsweise das Professbuch der Abtei Sankt Gallen – bereits aus dem 9. Jahrhundert überliefert sind. Die Benediktregel selbst enthält noch keine ausdrückliche Formel, die vom Profitenten bei der Profess zu sprechen war, doch entsprachen die Inhalte dieses Gelübdes wohl dem bereits erwähnten Versprechen des Novizen. Noch im Oratorium findet der Kleiderwechsel des Professen statt. Die weltliche Kleidung des neuen Bruders wird in der Kleiderkammer aufbewahrt, um sie ihm für den Fall, dass er sein Gelübde bricht und das Kloster verlässt, wiedergeben zu können. Spätestens zum Zeitpunkt der Profess musste sich der Novize seines privaten Besitzes vollständig entäußert haben. Zwar zählten Armut und Keuschheit nicht zu den Inhalten des monastischen Gelübdes, als evangelische Räte jedoch stellten sie auch für Benediktiner wesentliche Prinzipien des klösterlichen Lebens dar. Vom Tag der Profess an soll der Neuling zur Gemeinschaft gezählt werden, wie in der Regel ausdrücklich angemerkt wird. Dieser Hinweis ist deshalb wichtig, weil dieser Zeitpunkt ausschlaggebend für die Positionierung des neuen Mönches innerhalb der Hierarchie des Klosters war. Zwar kennt die Regel auch das Prinzip der Seniorität, d.h. eine Bevorzugung der nach Lebensalter Älteren vor den Jüngeren – insofern der Eintritt in das Kloster aber als Beginn eines neuen Lebens angesehen wurde, dominierte doch die monastische Anciennität, d.h. die Bestimmung der mönchischen Rangfolge nach ihrem Professalter, die Binnenstruktur der klösterlichen Gemeinschaft. Eine solche Profess musste auch von Mönchen abgelegt werden, die aus einem anderen Kloster übergetreten waren. Während die Frage, ob solche Personen ein erneutes Noviziat zu absolvieren hatten, ganz verschieden beantwortet wurde, war die Verpflichtung zum Ablegen des Gelübdes unbestritten, da dieses nicht zuletzt die Gehorsamspflicht gegenüber dem Abt begründete.

Die Präsenz von Kindern im Kloster der Benediktregel ist durch zahlreiche Hinweise im Text belegt (cap. 31,9; 37; 39,10; 45,3; 63,9, 18f.; 70,4). Diese Kinder kamen auf dem Weg der oben genannten Oblation in den Konvent. Zentraler Aspekt der entsprechenden Ausführungen innerhalb des Kapitels zur Oblation ist neben dem des Opfers der bereits angesprochene rechtliche Gesichtspunkt, wodurch die lebenslange Bindung des Kindes an das Kloster garantiert werden sollte. Alle Verbindungen des Oblaten zur Welt außerhalb des Klosters sollten hierfür getrennt werden. Mit dem Alltag der Kinder, ihrer Erziehung oder Ausbildung beschäftigt sich die Regel hingegen nicht, doch kann aus den genannten Hinweisen geschlossen werden, dass Oblaten durchaus am Tagesablauf der Mönche teilnehmen sollten.

Soweit die Bestimmungen und Implikationen der Regel. An diesem normativen Grundtext orientieren sich benediktinische Gemeinschaften seit mehr als 1500 Jahren, wobei es im Laufe dieses langen Zeitraums immer wieder auch zu Abweichungen oder auch Neuausrichtungen kam. Dies hing sicher nicht zuletzt mit der relativen Kürze der in der Regel enthaltenen Ausführungen zu Eintritt und Noviziat zusammen, weshalb Fragen offen blieben und den Entscheidungen des Abtes oder auch des Klosterverbandes anheimgestellt waren. Dieser Umstand hat wesentlich dazu beigetragen, dass bereits im 9. Jahrhundert umfangreiche Kommentare zur Benediktregel entstanden, in denen die knappen Bestimmungen derselben ausführlich erklärt wurden. Eine Sonderrolle unter diesen Versuchen, die ja ursprünglich für ein einziges Kloster verfasste Regel den Erfordernis-

„Die Werkstatt aber … ist die Abgeschlossenheit des Klosters und das ständige Beharren in der Gemeinschaft"

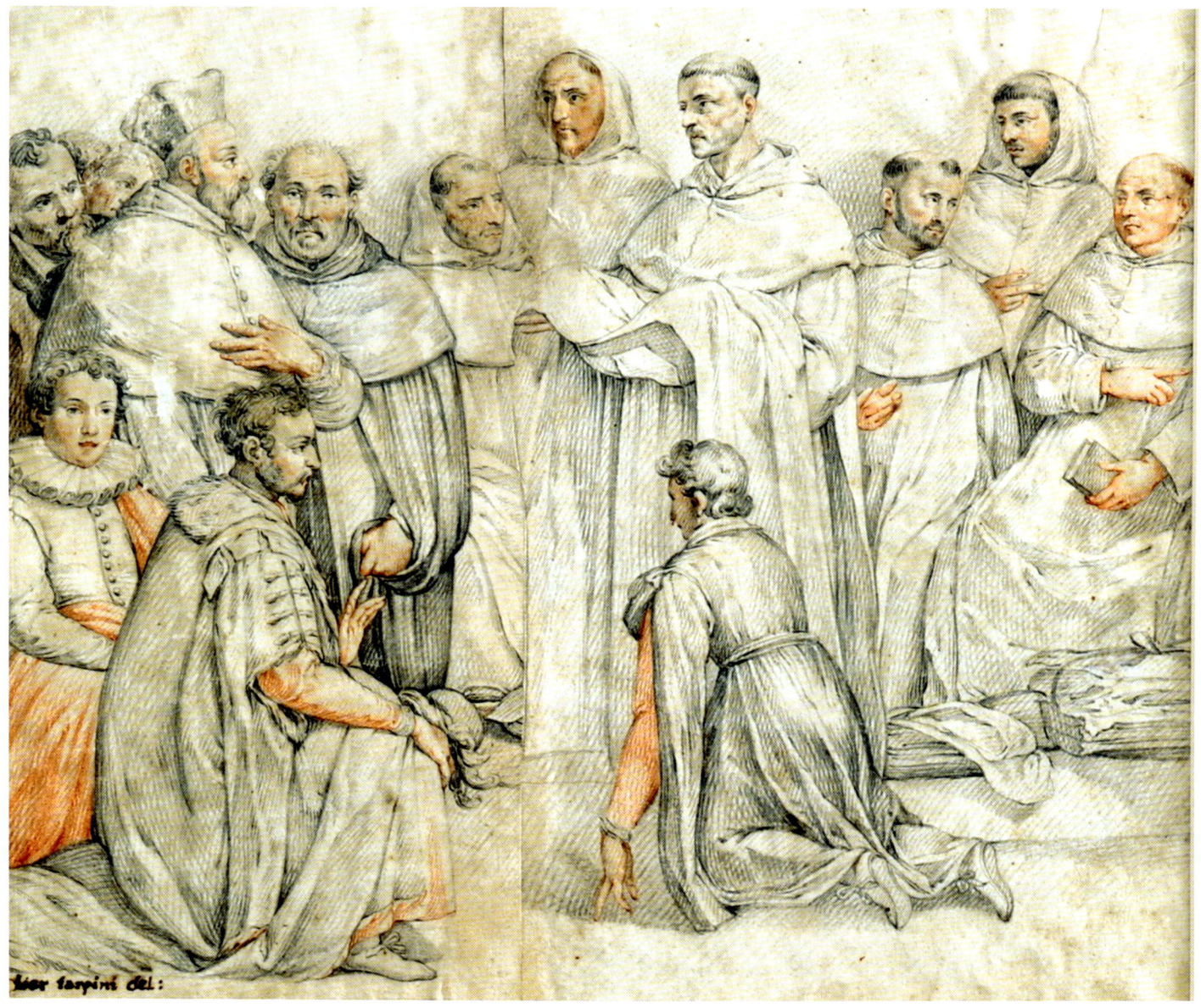

3 Einkleidung, Giuseppe Cesari, um 1600 (Kat.-Nr. 5.14)

sen der sich wandelnden Zeiten anzupassen, kommt dabei fraglos dem unter Vorsitz des fränkischen Kaisers Ludwig dem Frommen abgehaltenen Konzil von Aachen im Jahre 816 zu. Zu den auf dieser Reichssynode gefassten Beschlüssen zählen als einer der wichtigsten und für viele weitere Dekrete grundlegender die Vereinheitlichung des fränkischen Mönchtums unter der Benediktregel, die so durch kaiserliche Autorität zum verbindlichen normativen Grundtext aller Klöster im Karolingerreich werden sollte. Mithin wurden auch die beschriebenen Verfahren der Aufnahme in ein Kloster allgemein verpflichtend. Zur Klärung solcher Fragen, auf die von der Regel keine oder zumindest keine klaren Antworten gegeben wurden, sollten fürderhin für alle Klöster einheitliche Consuetudines (Bräuche, Gewohnheiten) gelten. Dies betraf auch Aspekte des Klostereintrittes.

Zu diesen ungeklärten Streitfragen zählte offensichtlich die Frage des Eigentums, das die Novizen – sofern sie es nicht mildtätigen Zwecken zugeführt hatten – mit dem Ablegen der Profess dem Kloster übertragen sollten. Eine solche – wohlgemerkt regelkonforme – Praxis sollte nunmehr unterbunden werden, da offensichtlich eine Entwicklung eingetreten war, in deren Verlauf viele Äbte Novizen nur noch wegen ihres Besitzes ins Kloster zu ziehen versuchten und alle vorangegangenen Versuche der Beilegung dieses Missstandes gescheitert waren. Ein weiterer

Punkt, an dem sich das Konzil zum Eingreifen genötigt sah und auf diese Weise eine für große Teile Westeuropas verbindliche Regelung schuf, war die Frage der Tonsurierung und Einkleidung der Novizen. Benedikt von Aniane, Ludwigs des Frommen wichtigster Berater bei der Reform des Mönchtums, drängte darauf und ließ entsprechende Bestimmungen in den Beschlüssen des Konzils festschreiben, dass beide Akte erst mit der Profess nach einem vollen Jahr Probezeit erfolgen sollten und nicht bereits mit dem Wechsel der Aspiranten aus dem Gästebereich in die Novizenzellen, wie es offensichtlich der Tradition in vielen Klöstern entsprach. Jede Tonsurierung der Novizen oder ihre Einkleidung in den Habit der Mönche vor dem Ablauf der Probezeit – dessen waren sich die Reformer bewusst – hätte ihre Rückkehr in die Welt unmöglich gemacht und damit ihr in der Regel verbrieftes Recht, das Noviziat wieder zu verlassen, beschnitten. Eine ausdrückliche Professformel enthielten indes auch die Beschlüsse des Aachener Konzils noch nicht; allerdings begann sich zur gleichen Zeit und wohl wesentlich durch die Einflussnahme Benedikts von Aniane die noch heute übliche dreigliedrige Formel durchzusetzen, mit der der Profitent nicht mehr nur, wie bis dahin vielfach üblich, Ortsbeständigkeit und Gehorsam gelobte, sondern mit der er sich ebenso zu einem klösterlichen Lebenswandel verpflichtete. Die im 9. Jahrhundert entstandenen Kommentare zur Benediktregel enthalten bereits die triadische Formel.

Mit diesen karolingischen Reformen, in deren Folge das fränkische Mönchtum unter der Benediktregel vereinheitlicht wurde, war der Grund für ein rund 300 Jahre währendes benediktinisches Zeitalter in weiten Teilen Europas gelegt. Die Bestimmungen der Regel wurden in Verbindung mit den Aachener Consuetudines somit zu allgemeinen Prinzipien auch der Rekrutierung neuer Mönche in allen Klöstern des Frankenreiches und seiner Nachfolger.

Der Niedergang der karolingischen Herrschaft trug jedoch spätestens seit der zweiten Hälfte des 9. Jahrhunderts zu einer spürbaren Abkehr nicht weniger Klöster vom Anianischen Reformprogramm bei. In Ermangelung einer Zentralgewalt, die ebenso wie der Reformkreis um Ludwig den Frommen für die Bewahrung und Fortentwicklung des in Aachen Beschlossenen hätte sorgen können, waren Klöster, wollten sie die Programmatik der Benediktregel verwirklichen, nun in erster Linie auf sich selbst gestellt. Das prominenteste und auch erfolgreichste Kloster ist zweifellos mit der 909/10 in Burgund gegründeten Abtei Cluny benannt, die bis zum Aufkommen der Zisterzienser an der Wende vom 11. zum 12. Jahrhundert das benediktinische Mönchtum wesentlich prägte. Hinsichtlich der Praxis des Klostereintrittes brachte die Zeit nach dem Aachener Konzil kaum substanzielle Veränderungen oder gar Neuerungen mit sich, wenn auch im Detail eine große Varianz an Riten und Verfahren festzustellen ist. Diese hat ihren Grund zuallererst im benediktinischen Prinzip der Autonomie eines jeden Klosters, das einem eigenen Abt unterstellt war. Doch selbst abhängige Priorate, wie sie innerhalb des cluniazensischen Klosterverbandes zahlenmäßig dominierten, waren hinsichtlich der lokalen Gebräuche gewöhnlich eigenständig.

Das benediktinische Gebot der Ortsbeständigkeit – des lebenslangen Verbleibens in einem Kloster – setzte voraus, dass die Probezeit der Aspiranten auch innerhalb der Kommunität erfolgte. Jede Form einer Zentralisierung der Ausbildung, bei der Novizen ihre Unterweisung nicht in dem Haus erhalten hätten, in dem zu bleiben sie in der Profess gelobten, hätte einem wirklichen gegenseitigen Kennenlernen, wie die Regel es vorschrieb, entgegengestanden. Die lebenslange Bindung an ein Haus mit seinen speziellen Traditionen erfordert auch eine Einführung in diese Traditionen. Zwar gab es auch bei den Benediktinern und Zisterziensern im 17. und 18. Jahrhundert vereinzelt Versuche, auf Provinzebene spezielle Noviziatsklöster einzurichten, doch waren derartige Einrichtungen eher die Ausnahme, so dass noch heute in der Regel jeder Abtei die Verantwortung für den eigenen Nachwuchs auferlegt ist. Allerdings beschränkten einige benediktinische Zweigorden wie Silvestriner oder Olivetaner die Suprematie des Abtes hinsichtlich der Zulassung von Novizen zugunsten eines Entscheidungsvorbehaltes von Generalkapitel oder Ordensoberem.

Abweichungen von den Vorgaben der Benediktregel gab es zumeist hinsichtlich der Dauer des Noviziates. Häufig wurde – trotz der schon erwähnten Maßregeln durch das Aachener Konzil – die Probezeit in geradezu extremer Weise verkürzt und der Novize bereits nach wenigen Tagen oder Wochen zur Profess zugelassen. Eine im Sinne der Regelbeachtung restaurative Epoche begann hier erst zu Beginn des 12. Jahrhunderts mit den Zisterziensern, die sich von Anbeginn um eine Einhaltung der Jahresfrist bemühten. Zuwiderhandlungen wurden ausweislich der Quellen konsequent geahndet und die entsprechenden Tatbestände als strafbewehrt in das Eigenrecht des Ordens aufgenommen. In anderer Hinsicht wiederum wichen die Weißen Benediktiner deutlich von den traditionellen Prinzipien der Nachwuchsrekrutierung ab: Durch Festlegung eines Mindestalters schlossen sie für die eigene Gemeinschaft die Möglichkeit aus, Kinder als Oblaten aufzunehmen. Beides wurde schließlich durch das Konzil von Trient im 16. Jahrhundert für allgemein verbindlich und alle geistlichen Ordensgemeinschaften bindend erklärt, wodurch die zuvor deutlich verschiedenen Bestimmungen selbst innerhalb der benediktinischen Ordensfamilie harmonisiert wurden. Niemand, so beschloss das Konzil, durfte künftig seine Profess vor dem 16. Lebensjahr ablegen; zugleich wurde auch die einjährige Mindestdauer der Probezeit erneut als unverzichtbar für ein regelkonformes und nun auch kanonisch korrektes Noviziat bestimmt, wobei es den geistlichen Instituten stets freistand, diese Anforderungen zu verschärfen.

Wenig Resonanz fand die Bestimmung des Aachener Konzils, wonach der Besitz der Kandidaten nicht in das Eigentum der Klöster übergehen sollte. Statt dessen war die Aufnahme oftmals sowohl im Falle des Eintrittes Erwachsener als auch bei Oblationen mit hohen finanziellen Aufwendungen verbunden. Nicht selten wurden bereits lange vor einem Klostereintritt entsprechende Verträge abgeschlossen, die eine spätere Aufnahme explizit mit einer materiellen Gegenleistung verbanden. Diese geschah in solchen Fällen oftmals auch in Form einer *professio in extremis*; gemeint ist ein Ablegen der klösterlichen Gelübde ohne eine vorangehende Probezeit, zu dem man sich entschloss, wenn man glaubte, dass nur noch sehr wenig Lebenszeit verbliebe. Bei dieser speziellen Art des Klostereintrittes war das Bestreben der Aspiranten nicht darauf gerichtet, in der Gemeinschaft zu leben, sondern nur in ihr zu sterben, um sich auf diesem Wege des unumschränkten Gebetsgedenkens der Mönche zu versichern. Solche und andere Praktiken wurden jedoch nur in den seltensten Fällen durch verbindlich kodifizierte Regularien legitimiert; häufig handelte es sich schlicht um informelle und von den Gegebenheiten des einzelnen Hauses abhängige Gewohnheiten.

Dieses ist sicherlich einer der auffälligsten Befunde in einer Geschichte von Klostereintritt und Noviziat: Es zeigt, wie wenig Aufmerksamkeit dem Problemkomplex der Integration des Nachwuchses von den Gemeinschaften im Rahmen ihrer Rechtssatzung gewidmet wurde. Zwar war man sich zu allen Zeiten der Notwendigkeit einer Erprobungs- und Formierungsphase neuer Mitglieder durchaus bewusst, doch wurde zugleich fast völlig auf die Etablierung eines geregelten Verfahrensablaufes verzichtet. Dies ist wohl in erster Linie mit der dezentralen Organisation der Probezeit zu erklären. Die Unterweisung der Neueintretenden orientierte sich in erster Linie an den konkreten Umständen und muss als ein informeller Prozess verstanden werden, dessen wesentliches Prinzip die Partizipation der Novizen am klösterlichen Alltag darstellte. Nicht der Habit machte den Mönch – Mönch zu werden hieß, ein neues Leben zu erlernen.

Literatur:

Herwegen 1912. – Rothenhäusler 1912. – Hermanns 1947, 1–110. – Dammertz 1963. – Semmler 1963, 15–82. – DIP 1980, Bd. 6, Sp. 442–463, Artikel Noviziato (Leclercq/Boni/Hostie). – Lahaye-Geusen 1991. – Lutterbach 1995. – Jong de Mayke 1996. – Cariboni 2002, 293–318. – Schlotheuber 2004. – Breitenstein 2008.

...o :⁊ erexit corde leticia.
idno :⁊ exterminini mon
eis psalmus Lauid.

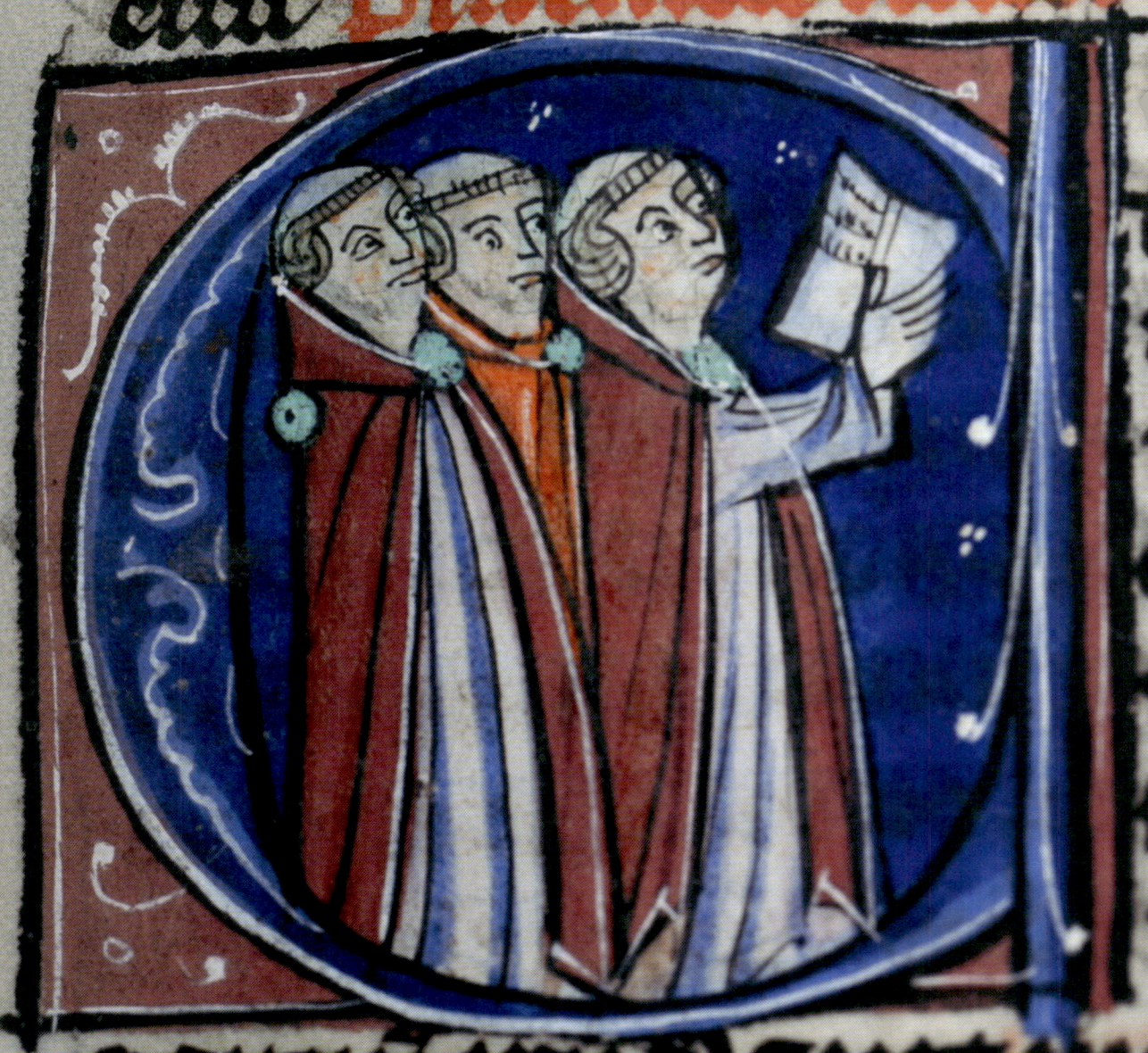

getali talelautt iu
cor atauco inie sue tiut
tel V idient onis tm
ta ma. Iubilate deo

DIE ÄMTER IM KLOSTER

Anselm Kassin OSB

Einleitung

Das monastische Ideal des Zusammenlebens orientiert sich an der christlichen Urgemeinde zu Jerusalem. Dieses Bild hat auch der hl. Benedikt vor Augen, wenn er über das Zusammenleben im Kloster spricht. Benedikt ist in seiner von ihm verfassten Regel kein Utopist, er ist vielmehr von einem gewissen Realitätssinn geleitet, der die menschliche Schwachheit mit einkalkuliert. Durch Unzulänglichkeiten der konkreten Gemeinde in Korinth, sieht sich der Apostel Paulus veranlasst, in einem Brief an eben diese Gemeinde das Bild von dem einen Leib mit den vielen Gliedern zu zeichnen. Er entwirft damit eine Gemeindetheologie, die auch für die klösterliche Gemeinschaft von Relevanz ist. Kein Körper und keine Körperschaft funktioniert ohne Haupt, aber ebenso wenig ohne die vielfältigen und voneinander unterschiedlichen Glieder.

Grundlage der Dienstämter in einem Benediktinerkloster ist die von Benedikt verfasste Regel. Der hl. Benedikt ordnet darin die Ämter des Klosters, und was noch viel wichtiger ist, er beschreibt, in welchem Geiste sie ausgeübt werden sollen. „Pars pro toto" entfaltet er sein Amtsverständnis für alle Offizialen im Kloster am Dienst des Abtes, dem er zwei Kapitel seiner Regel widmet. Damit wird schon deutlich sichtbar, dass es ihm hier nicht nur um das äbtliche Amt geht, sondern um jedweden Dienst im Kloster, um das klösterliche Amt an sich. Als Basis dieser Ausführungen dient somit einerseits die Regula selbst, die bis heute die maßgebliche Grundlage des Zusammenlebens der Konvente bildet, wie auch die einschlägigen Kapitel der Satzungen der Österreichischen Benediktinerkongregation Grundlage des Gesagten bilden, auf die daher in weiterer Folge nicht mehr ausdrücklich Bezug genommen wird.

Der Abt

Benedikt tituliert den Abt im 63. Kapitel seiner Regel mit „Herr", ein Prädikat, das eigentlich Christus gebührt. Es wird im Weiteren auch deutlich warum: Er sieht im Abt den Stellvertreter Christi im Kloster. „Er muss aber daran denken und sich so verhalten, dass er solcher Ehre würdig ist." (BR 63,14) Richtschnur für sein Handeln ist damit das Beispiel Jesu selbst. Es gibt in der Regel viele Bilder für den Abt, auf die hier nicht näher eingegangen werden kann. Aufgabe des Abtes ist es, authentischer Interpret der Regel zu sein und diese auch den Mönchen verbindlich auszulegen. Als höherer Ordensoberer (*superior maior*) kommt ihm die kanonische Vollmacht zu, das Kloster in weltlichen und geistlichen Belangen zu leiten. Sichtbarer Ausdruck dieser Jurisdiktionsvollmacht ist der ihm zustehende Gebrauch der Pontifikalien (Mitra, Stab, Ring und Brustkreuz). Der Abt hat die Aufgabe, das Kloster nach außen zu vertreten und wichtige Rechtsgeschäfte zu unterzeichnen, er ist Letztverantwortlicher in allen Belangen der Abtei.

Der Abt wird vom Kapitel gewählt, also von der Versammlung aller feierlichen ewigen Professen des Klosters mit absoluter Mehrheit. Voraussetzungen sind: Mönch der Österreichischen Kongregation, ein Mindestalter von dreißig Jahren, mindestens zehn Professjahre und die Priesterweihe. In allen anderen Fällen ist eine Wahlbitte möglich, die neben der Zulassung durch den Abtpräses auch eine Zweidrittel-Mehrheit erfordert. Der Abt wird normalerweise bis zur Vollendung des 70. Lebensjahres gewählt. Es ist aber auch möglich, ihn auf eine Amtszeit von zwölf Jahren zu wählen, dies bedarf aber einer vorhergehenden Abstimmung im Kapitel. Kandidaten, die das 64. Lebensjahr bereits vollendet haben, werden automatisch für sechs Jahre gewählt. Eine Wiederwahl ist möglich.

1 Initiale mit Mönchen aus einer Bibel, Nordfrankreich, 2. Hälfte 13. Jahrhundert. Benediktinerstift St. Paul, Cod. 29/1, fol. 234r

sistenten – jeweils zwei Äbten und zwei Mönchen – besteht, für eine Amtsdauer von sechs Jahren. Gemeinsam bilden sie das Kongregationspräsidium.

Der vom Generalkapitel aus dem Kreis der regierenden oder ehemaligen Äbte gewählte Abtspräses ist oberster Leiter der Kongregation. Er vertritt diese in allen Kongregationsbelangen nach innen und nach außen. Der Abtspräses ist auch gleichzeitig Oberer des Kollegs St. Benedikt in Salzburg. Zu den wichtigsten Aufgaben des Präses zählen auf Kongregationsebene die Einberufung und der Vorsitz des Generalkapitels, der Äbtekonferenz und des Kongregationspräsidiums. Er schreibt die Visitationen der einzelnen Klöster aus und nimmt zusammen mit zwei Mitgliedern seines Rates diese auch vor. Ein weiterer Schwerpunkt seines Dienstes ist der Vorsitz bei der Wahl der Klostervorsteher und aller Vorgänge, die in diesem Zusammenhang stehen, wie die Bestätigung des Gewählten, die Zulassung von postulierten Kandidaten, die Annahme des Amtsverzichtes eines Abtes bzw. die Einleitung eines Verfahrens zum Amtsverzicht eines Klostervorstehers. Was einzelne Mönche angeht, so ist er zuständig für alle Belange, die den Austritt, den Übertritt und die Exklaustration betreffen. Er ernennt den Rektor des Kollegs St. Benedikt, den Kongregationssekretär, den Kongregationsökonomen und den Spiritual des Kollegs St. Benedikt jeweils mit Zustimmung seines Rates. Bei der Gründung bzw. Aufhebung von Klöstern kommt ihm ebenso eine entscheidende Rolle zu.

Das Kongregationspräsidium unterstützt den Abtspräses bei seinen Aufgaben. Der Präses bedarf bei einigen seiner Aufgaben der Zustimmung seines Rates, in anderen Fällen hat er seinen Rat anzuhören und dann seine Entscheidung zu treffen.

Die Äbtekonferenz tritt nach Bedarf, mindestens jedoch zwei Mal im Jahr, zusammen und berät Angelegenheiten, die alle Klöster der Kongregation betreffen und nicht dem Generalkapitel oder dem Kongregationspräsidium vorbehalten sind. Sie setzt sich aus den regierenden Klostervorstehern (Äbten, Konventualprioren und Administratoren) zusammen. Sie approbiert die Rahmenordnung des Kollegs St. Benedikt.

Das Kolleg St. Benedikt in Salzburg ist die Priesterausbildungsstätte der Österreichischen Benediktinerkongregation. Es hat die Aufgabe, die Ordensmänner (vornehmlich) der österreichischen Klöster, die sich auf das Priesteramt vorbereiten, in benediktinischer und priesterlicher Spiritualität zu formen.

Einen wichtigen Dienst an den Klöstern hat der Wirtschaftsrat der Kongregation zu leisten. Er besteht aus einem Vorsitzenden, der Abt ist, und einem sachkundigen Mönch der Kongregation. Beide werden vom Generalkapitel für sechs Jahre gewählt. Hinzu kommt noch der Kongregationsökonom, der das Vermögen der ÖBK verwaltet. Im Bedarfsfall kann vom Kongregationspräsidium noch ein Fachmann als Sachverständiger bestellt werden. Der Wirtschaftsrat der Kongregation ist Servicestelle in allen Fragen der Wirtschaftsplanung und der Wirtschaftführung der einzelnen Klöster, die sich auf Wunsch an diesen wenden können. Er steht also als Controlling-Instrument zur Verfügung, das wirtschaftliche Prozesse begleitet. Seine eigentliche Aufgabe ist allerdings im Revisionsbereich angesiedelt, im Bereich Prüfung und Kontrolle. Der Wirtschaftsrat ist in die klösterlichen Visitationen im Vorfeld eingebunden, wo er für die ökonomischen Belange zuständig ist. Des Weiteren haben die Klöster dem Wirtschaftsrat der Kongregation die Bilanzen jährlich zur Prüfung vorzulegen und einen Fragebogen zu beantworten.

Die Kongregation verfügt noch über eine Reihe von Kommissionen, die sich mit Fachfragen beschäftigen. Herausgehoben seien hier die Monastische Kommission und die Liturgische Kommission. Sie erstellen in Zusammenarbeit mit anderen Institutionen Gutachten, Expertisen und Anregungen und leisten so ihren Beitrag im Diskurs ihres Faches.

Die Benediktinische Konföderation und ihre Ämter

Die Gremien und Organe der Benediktinischen Konföderation sind ähnliche wie die einer Kongregation. Die Föderation ist der Zusammenschluss aller Monastischen Kongregationen und jener Klöster, die keiner Kongregation angehören, unter einem Dachverband. Die Benediktinische Konföderation umfasst 20 Kongregationen, in denen rund 340 selbständige Klöster zusammengefasst sind, mit etwa 8 000 Mönchen. Hinzu kommen noch die Nonnenabteien und die Schwesterngemeinschaften, die der Konföderation angeschlossen sind. Diese sind in 61 Kongregationen und Föderationen organisiert und repräsentieren ungefähr 16 000 Nonnen und Schwestern.

An der Spitze steht der Abtprimas, der vom Äbtekongress auf acht Jahre gewählt wird und jeweils auf weitere vier Jahre im Amt bestätigt werden kann. Er ist Abt der Primatialabtei Sant` Anselmo, der auch eine Hochschule und ein Kolleg, das Päpstliche Ateneo Sant` Anselmo und das Collegio Sant` Anselmo,

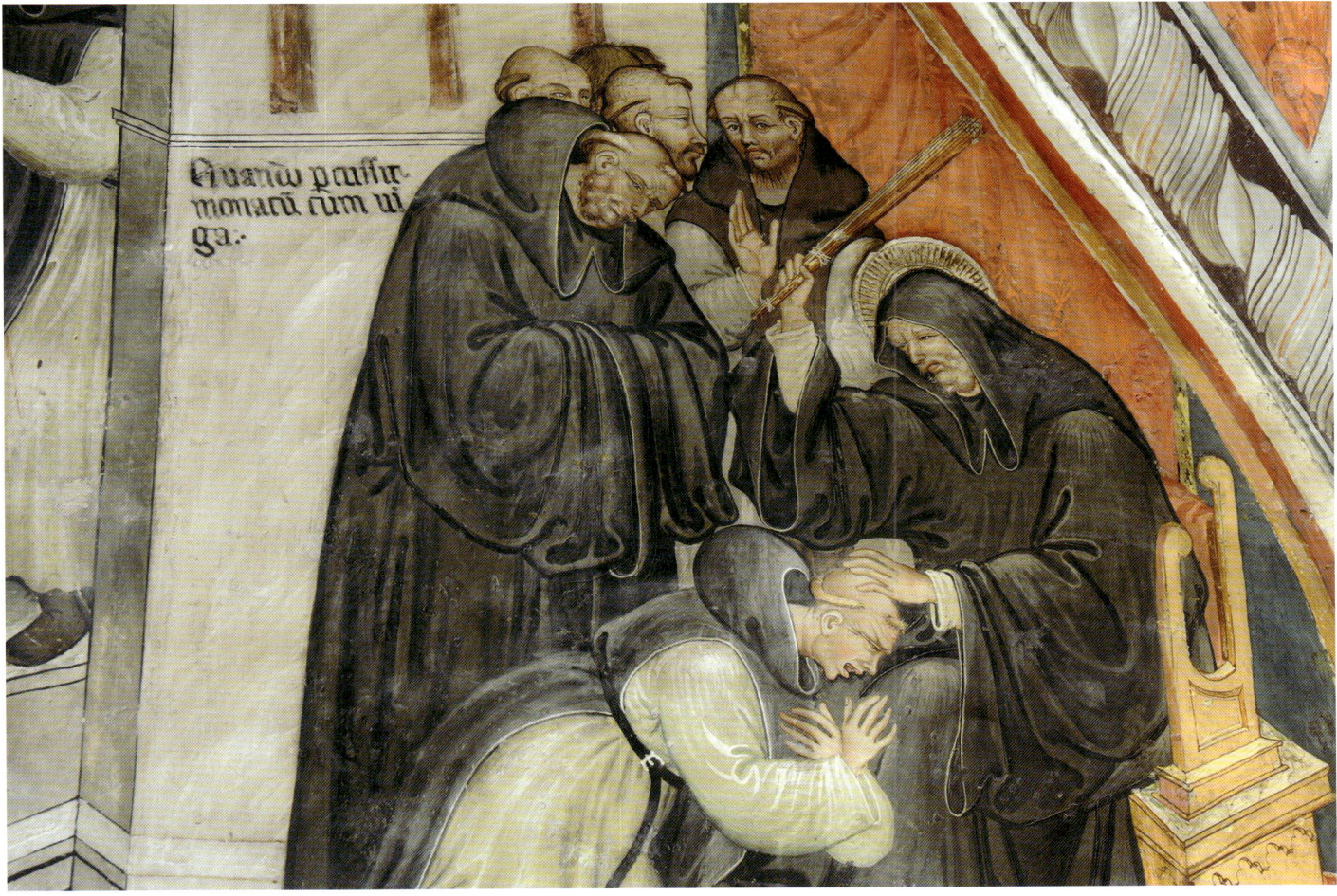

Euardo paffir
monacú cum ui
ga.

Abschließende Bemerkungen

2   Benedikt bestraft
einen herumstreunenden
Mönch. Fresko aus dem
13. Jahrhundert, Kloster
Sacro Speco, Subiaco

angeschlossen sind. Der Abtprimas ist Großkanzler der Hochschule.

Der Abtprimas übernimmt für jene Klöster, die keiner Kongregation angehören, damit unmittelbar der Konföderation unterstehen, jurisdiktionelle Funktionen, vergleichbar eines Abtspräses. Er vertritt die Konföderation nach außen und gegenüber dem Hl. Stuhl. Der Abtprimas ist aber nicht mit einem Generaloberen vergleichbar, da ihm dazu die notwendige Jurisdiktion nicht gegeben ist. Er ist somit eher als oberster Repräsentant der benediktinischen Gemeinschaften weltweit zu sehen.

Alle vier Jahre kommen die regierenden Äbte (Konventualprioren und Administratoren) zum Äbtekongress nach Rom zusammen, um gemeinsam aktuelle Themen zu beraten und vor allem, um den Abtsprimas zu wählen. Einmal im Jahr tagt die Präsidessynode, die sich aus den Präsides der 20 Kongregationen zusammensetzt. Die Präsidessynode wählt drei Mitglieder aus ihrer Mitte, die den Rat des Abtsprimas bilden. Dieser ist für dringliche Fragen der Konföderation zuständig.

Es ist oft für Außenstehende nicht ganz einsichtig und klar, wie das organisatorische „Innenleben" eines Klosters, das nach der Benediktusregel lebt, aussieht. Es sollte hier ein kleiner Einblick gegeben werden, wie unsere Klöster, speziell in Österreich, heute organisiert sind und wie Ämter und Räte zusammenspielen und Entscheidungen gefunden werden. Naturgemäß treten dann der theologische Aspekt der Ämterverfassung und die historischen Veränderungen etwas in den Hintergrund und können nicht so stark beleuchtet werden. In nicht wenigen Klöstern werden mittlerweile Kurse angeboten, wie die Benediktusregel für das Management von Wirtschaftsunternehmungen fruchtbar gemacht werden kann. Die Ausgewogenheit zwischen klösterlichem „Management-Board" und kollegialen Elementen von Entscheidungsprozessen scheint gerade heute wieder jene Wertschätzung zu erfahren, die sie bereits vor rund 1 500 Jahren gehabt hat.

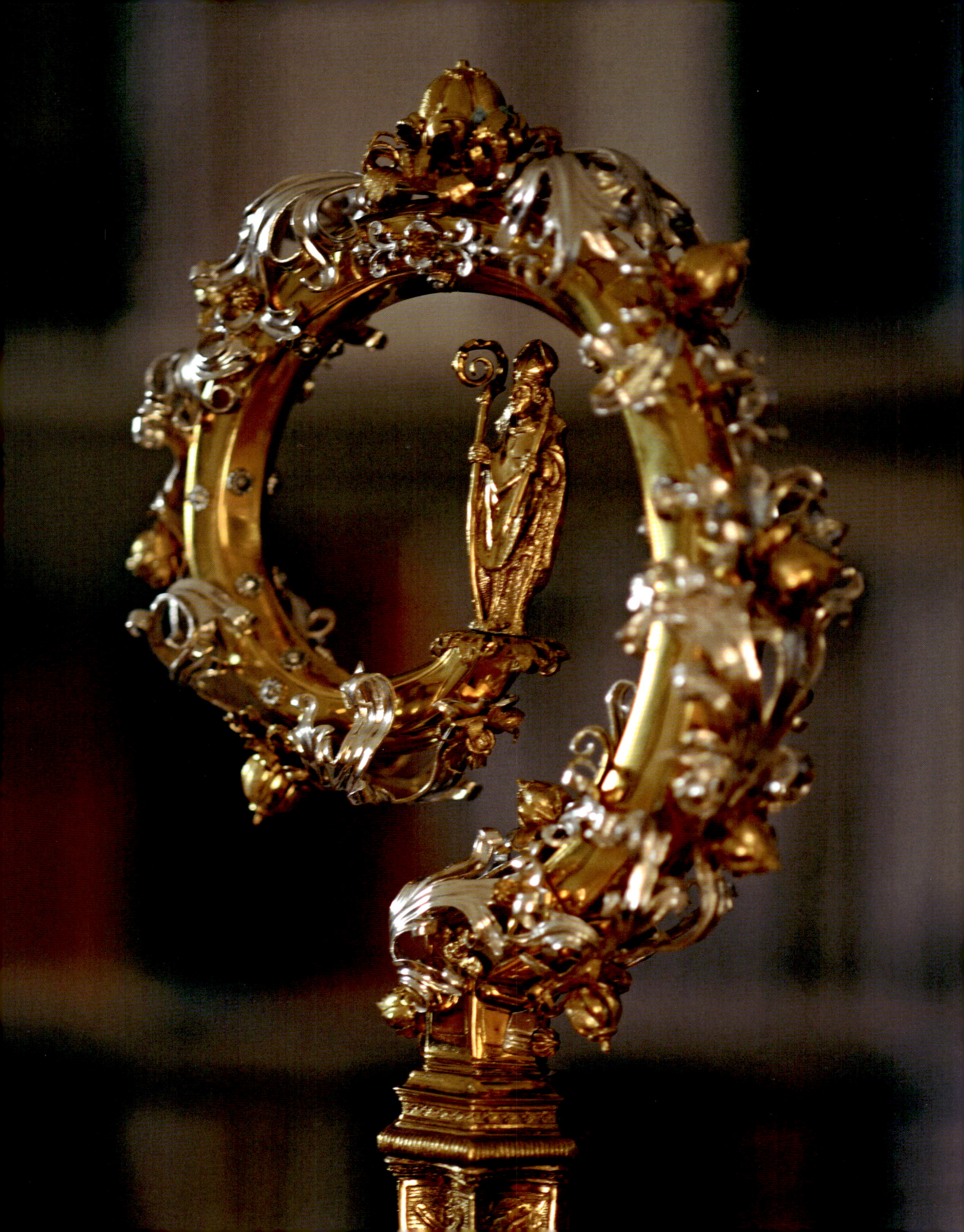

ÄBTE UND ÄBTISSINNEN ALS VORSTEHER DES KLOSTERS

Franz J. Felten

Macht des Wortes – Benediktiner prägen Europa. Auf kaum einen Gegenstand dürfte dieses Motto besser zutreffen als auf die Vorstellungen von Wesen und Aufgaben des Vorstehers, der Vorsteherin einer monastischen Gemeinschaft, die in der Regel Benedikts ihren klassischen Ausdruck finden. Der Mönchsvater von Nursia steht nicht am Beginn des abendländischen Mönchtums; sein Regeltext aber, in den eigene Erfahrungen und reiche ältere Traditionen einflossen, entwickelte auf der Basis der Regel des unbekannten ‚Magister' ein Modell der Beziehungen zwischen Gott, Abt und Mönchen sowie der monastischen Gemeinschaft zur Welt, das bis heute prägende Kraft besitzt – weit über das Mönchtum hinaus.

Diese Bedeutung verdankt die Regel nicht allein ihren herausragenden Qualitäten, sondern auch dem Wirken von Päpsten, Herrschern, Klostergründern und Mönchen. Die *Dialoge* Papst Gregors des Großen schufen das Bild des hl. Benedikt und stärkten das Ansehen seiner seit dem 8. Jahrhundert als „römisch" angesehenen Regel. Karl der Große und Ludwig der Fromme im Zusammenwirken mit Benedikt von Aniane erklärten sie zur verbindlichen monastischen Richtschnur. Die von Gorze und Cluny ausgehenden Erneuerungsbewegungen beriefen sich ebenso auf sie wie Reformmönche in England, Deutschland und Italien im 10. und 11. Jahrhundert. Selbst die Gründer von Cîteaux, die sich 1098 in ihrem „Neuen Kloster" programmatisch vom „alten" Benediktinertum cluniazensischer Prägung absetzten, wollten nur die Rückkehr zur genauen Beobachtung der alten Regel. Die institutionellen Vorkehrungen freilich, die diese auf Dauer sichern sollten, führten zum ersten Orden der westlichen Kirche und heftiger Polemik um die rechte Lebensform. Um dieselbe Zeit bevorzugten die vom Ideal der *vita apostolica* inspirierten Regularkanoniker die Augustinusregel(n), die auch Dominikus für seinen Predigerorden wählte, während Franz von Assisi seinen Brüdern eine eigene Regel gab; sie alle verzichteten programmatisch auf den Titel des Abts, zugunsten von Praepositus, Magister oder gar Guardian und Minister.

Die neuen Lebensformen ließen die traditionellen Benediktiner „alt" aussehen, zumal ihr monastisches Leben Anlass zur Kritik gab und ihnen die „modernen" übergreifenden Institutionen fehlten, die das selbständige Einzelkloster stützen und kontrollieren konnten. So kam es vor allem seit Beginn des 13. Jahrhunderts zu Reformeingriffen von außen, von Päpsten, Bischöfen und Landesherren, aber auch zur Erneuerung aus den eigenen Reihen, im 14. Jahrhundert ausgehend von Subiaco und St. Justina in Italien, im 15. Jahrhundert von St. Matthias in Trier und Melk, Tegernsee und Bursfelde in Deutschland, Valladolid in Spanien, die zu locker oder straff organisierten Reformverbänden führten.

Immer wieder in „Blüte", „Verfall" und „Erneuerung" zeigt sich die herausragende Bedeutung des Klosterleiters, auch gegen widrige Umstände und Trends der Zeit. Nicht anders in der bewegten Geschichte der Neuzeit, nach den großen Verlusten in der Reformation, in den neuen Reformkongregationen, in den prosperierenden süddeutschen Barockabteien und nach den Klosteraufhebungen infolge von Aufklärung, Französischer Revolution und Säkularisation. Das von tatkräftigen Äbten mit Hilfe großzügiger Mäzene im Rückgriff auf das benediktinische Ideal erneuerte Mönchtum (Metten, Solesmes, Beuron, Maredsous, Maria Laach) strahlte weltweit aus und führte sogar mit kräftiger päpstlicher Nachhilfe 1893 zum Zusammenschluss in einer „Benediktinischen Konföderation" mit einem Abtprimas an der Spitze, ohne den Charakter des selbständigen Einzelklosters zu verändern.

1 Spätgotischer Abtstab aus St. Blasien mit Darstellung des Hl. Blasius, oberrheinisch, um 1535/40 (Kat.-Nr. 8.16)

Die politischen und gesellschaftlichen Veränderungen des 20. Jahrhunderts und entsprechende Entwicklungen in der Kirche machten vor den Toren der Klöster nicht Halt. Kontrovers wie vielleicht nie zuvor wurden im Umfeld des II. Vatikanischen Konzils im Sinne einer „zeitgemäßen Erneuerung" die klösterlichen Strukturen, die Rolle des Abtes und der Mönche diskutiert – und damit auch die altehrwürdige Regel und ihre Interpretation, bis hin zu Vorstellungen kollegialer Leitung (wenigstens bei Männern), anstelle des von Benedikt geprägten „monarchischen" Abbatiats.

Nicht zufällig eröffnet cap. 2 „Qualis debeat esse abbas" den eigentlichen Regeltext mit den programmatischen Sätzen: „Ein Abt der würdig ist, ein Kloster zu leiten, muss immer den Titel bedenken, mit dem er angeredet wird, und muss der Bezeichnung ‚Oberer' (*nomen maioris*) durch seine Taten gerecht werden. Der Glaube sieht in ihm ja den Stellvertreter Christi im Kloster". Noch prononcierter formuliert cap. 63 über die Rangordnung im Kloster: „Der Abt wird ‚Herr' und ‚Abt' genannt, weil der Glaube in ihm den Stellvertreter Christi sieht. Das maßt er sich nicht an; vielmehr ehrt und liebt man Christus in ihm." Diese Kernsätze sind eingebettet in eine wahre Flut von Ermahnungen („Abtsspiegel"), die den Abt davor warnen, seine Macht (*potestas*) frei zu gebrauchen. „Er muss vielmehr bedenken, dass er vor Gott über alle Entscheidungen und Handlungen Rechenschaft ablegen muss" (cap. 63,3).

Damit sind Programm und Problematik des Amtes umrissen. Der Abt ist Vater seiner geistlichen Söhne, die beim Eintritt „ihrem Eigenwillen entsagen (ja, ihn hassen: cap. 3,8) und die starken und herrlichen Waffen des Gehorsams ergreifen"(Prol. 3). Er ist ihr Hirte, Arzt, Seelsorger, was Aspekte des Amtes anspricht, bei denen die Fürsorge im Fokus steht. Er ist geistlicher Lehrer im doppelten Sinn, durch Lehre und Beispiel, der seine Lehre und Autorität, wo nötig, mit harten Strafen durchsetzen muss.

Diese moralisch-spirituellen Anforderungen schränken die Leitungsgewalt des Abtes über Personen und Güter des Klosters, gegebenenfalls auch der Priorate nicht ein. Auch dem schlechten Abt, der nicht handelt, wie er befiehlt, ist zu gehorchen.

Benedikt sieht die Gefahren, die in der Kombination der nahezu uneingeschränkten Macht des Abtes mit dem letztlich bedingungslosen Gehorsam des Mönchs (cap. 68: Wenn einem Bruder Unmögliches aufgetragen wird) liegen. Er erinnert den Abt daran, dass er die Sorge für kranke Seelen, nicht eine Tyrannis über gesunde übernommen habe; er solle wissen, dass

er mehr zum Helfen als zum Befehlen da sei. Auch außerhalb des Abtsspiegels spart Benedikt nicht mit immer neuen Ermahnungen, verantwortungsvoll mit der Macht umzugehen, schränkt sie aber nur religiös und moralisch, nicht institutionell ein. Der Verzicht auf detaillierte Festlegungen stärkt die mehrfach betonte Regelungskompetenz des Abtes.

Selbstverständlich vertritt er sein Kloster nach außen, auch wenn später Privilegien von Königen und Päpsten an Abt und Konvent gerichtet werden, und hat im Innern die volle Leitungsgewalt. Er besetzt nach freiem Ermessen die Ämter im Kloster, deren Inhaber nur nach seinen Anweisungen handeln dürfen. Das heute präferierte selbstverantwortliche Handeln lehnt die Regel ab: Ohne Befehl des Abtes tue er nichts, heißt es beim Zellerar. Auf den Praepositus möchte Benedikt am liebsten verzichten, um Konkurrenz zu vermeiden. Der Abt ordnet den Tageslauf und das liturgische Leben in seinem Kloster, er entscheidet darüber, welcher Mönch wegen seiner (vom Abt festgestellten) Verdienste in der durch das Professalter festgelegten Rangordnung des Konvents aufrücken kann oder zurückgestuft wird, wer zum Diakon oder Priester geweiht werden soll. Er allein darf über seine Mönche richten und ihnen auch für geringfügige Fehler harte und demütigende Strafen auferlegen. Selbst asketische Leistungen sind nur verdienstvoll, wenn sie der Abt zuvor erlaubt hat. Denn was ohne Erlaubnis des geistlichen Vaters geschieht, gilt als Anmaßung und eitle Ruhmsucht, nicht als Verdienst: „ergo cum voluntate abbatis omnia agenda sunt" (cap. 49). Heiligen, wie Jutta von Sponheim beispielsweise, kommt im Gewissenskonflikt auch schon mal ein Wunder zu Hilfe. Grundsätzlich aber gilt: Mönche dürfen weder über ihren eigenen Körper noch ihren eigenen Willen verfügen (cap. 33).

Regelungs-, Befehls- und Strafkompetenz des Abtes treten in der Regel Benedikts sogar deutlicher hervor als in der des Magisters. Wie dieser sichert Benedikt dem in allem gehorsamen Mönch im Gegenzug das Seelenheil zu. Entsprechend groß ist die immer wieder unterstrichene Verantwortung des Abtes, muss er doch einst vor Gott nicht nur für sich, sondern auch für jeden seiner Mönche Rechenschaft ablegen.

Diese Rechenschaftspflicht (vor Gott, nicht wie später vor dem Konvent oder Visitatoren) und die persönliche Qualität des Abtes, seine Tugenden, sind die einzigen „Sicherungen" gegen Missbrauch der umfassenden Leitungsgewalt, die vom allgemeinen Kirchenrecht bis in die jüngste Zeit als *potestas dominativa* neben der *potestas iurisdictionis* begrifflich gefasst

„Die Werkstatt aber … ist die Abgeschlossenheit des Klosters und das ständige Beharren in der Gemeinschaft"

wurde. Entsprechend wurde der in der Regel spirituell überhöhte Gehorsam des Mönchs juristisch begriffen, mit weitreichenden Folgen. In einer Zeit, in der die funktionale Komponente des Gehorsams betont und seine Formen und Grenzen diskutiert wurden (Humbert von Romanis), betonte Thomas von Aquin die Totalität des Gehorsamsversprechens. Kein Wunder, dass die Brüder im gemeinsamen Leben in der Profess den Verkauf ihrer Freiheit und den Kauf von Fesseln und Kerkern sahen.

Benedikt räumt dem Rat der Brüder, anders als der Magister, zwar ein eigenes Kapitel ein, stärkt aber darin die Position des Abtes über seine Vorlage hinaus: Der Abt bestimmt, wen er um Rat fragt und worüber beraten wird; er ist an den Rat der Mönche nicht gebunden, sondern tut, was er für richtig hält, und jeder muss seine Entscheidung gehorsam und ohne Kritik annehmen. Auch hier gilt: Der Abt soll alles umsichtig und gerecht anordnen, aber der Mönch muss auch Befehlen gehorchen, die er für schwer oder gar unmöglich hält; nicht einmal im Herzen darf er murren.

Monastische Texte vor und nach Benedikt, auch Konzilsbeschlüsse, unterstreichen diese Grundsätze des Klosters *sub regula vel abbate*. Für den irischen Mönchsvater Columban setzt monastische *perfectio* prompten und uneingeschränkten Gehorsam des Mönchs ohne eigenes Urteil voraus. Regelkommentare der Karolingerzeit halten daran fest, dass Beschlüsse des Abtes nicht zu diskutieren, sondern auszuführen sind, auch wenn in Dokumenten der Verwaltungspraxis Abt und Konvent zusammen handeln, ja von Konsens der Brüder die Rede ist. Aussagen über die Praxis und Sätze, die Hildemars Regelkommentar Abt und Mönchen in den Mund legt, zeigen, wie hierarchisch auch die Beratung geprägt ist. Umso mehr wird von einem Fuldaer Mönch der musterhafte Abt Eigil – im Gegensatz zu dem als wildes Einhorn dargestellten Ratgar – dafür gelobt, dass er gerne den Rat der Brüder hörte, sich nicht für erhabener und klüger als die anderen hielt und nicht in törichter Anmaßung glaubte, er bedürfe nicht der Hilfe anderer. So befragte er die Mönche, wo der Neubau des Klosters errichtet werden sollte, und der Bau der Michaelskirche erfolgte *cum consilio et fratrum consensu*. Auch in den Geschichten der Äbte von Saint-Wandrille ist schon im 9. Jahrhundert das Einholen des Konsenses der Brüder ein Qualitätsmerkmal des guten Abtes im Gegensatz zum „Tyrannen", während die Sankt Galler darauf offenbar weniger Wert legen.

In der Folge wurden die Schattenseiten des monarchischen Abbatiats besonders deutlich bei der Inanspruchnahme der Ressourcen für klosterfremde Zwecke (Laienäbte, politische und wirtschaftliche Leistungen der Äbte, später auch Kommendataräbte). Im 12. Jahrhundert mahnte Bernhard von Clairvaux, der Abt soll Bruder und Schwester, ja Mutter seiner Mönche sein und danach streben, von ihnen geliebt zu werden. Gleichzeitig aber hält er am unbedingten Gehorsam der Mönche fest, es sei denn die Befehle des Abtes bezweckten erkennbar Böses. Der Abt stehe zwar nicht über der Regel, da er selbst auf sie Profess abgelegt habe, aber auch dem schlechten Abt sei zu gehorchen wie Gott, gebe es doch keine Gewalt (*potestas*) außer von Gott. Mönche, die unter Berufung auf das Ratskapitel der Regel einen Vertrag angefochten hatten, der ohne ihren Rat, ohne den Konsens des Kapitels abgeschlossen worden war, galten ihm als ungehorsame Rebellen.

Dabei hatten schon ältere Regeln (Regula patrum, Ferreolus, Aurelian) und auch Kaiser Justinian dem Konvent Mitsprache oder zumindest Widerspruchsrecht bei der Verfügung über das gemeinsame Vermögen eingeräumt (Caesarius auch den Nonnen gegen den bischöflichen Klosterherrn, auch gegen Veränderungen der Lebensweise durch die Äbtissin). Davon ist bei Benedikt keine Rede. Wenn seit dem 8. Jahrhundert Urkundenformulare, Urkunden und Konzilsakten, in denen von *consilium* oder gar *consensus* der Brüder (aller?) zu Vermögensübertragungen die Rede ist, wird (noch) nicht klar, ob die Zustimmung für die Rechtsgültigkeit des Geschäfts nötig war. Im 12. Jahrhundert erklären Papsturkunden für einzelne Klöster, dass die Belastung und Vergabe von Klostergütern nicht ohne den Willen von Äbten und Brüdern, ohne Konsens des Kapitels oder zumindest der „verständigeren Brüder" erfolgen dürfe. Papst Alexander III. kritisierte Veräußerungen ohne *consilium* oder *consensus fratrum* und verbot sie dem Abt von Cluny unter Androhung von Strafen. 1178 erklärte er eine Veräußerung des Abtes von Lorsch ohne Zustimmung des Konvents für ungültig. Wenig später wurden Wertgrenzen festgesetzt, bis zu denen der Abt alleine verfügen kann. Diese Grundsätze gingen ins allgemeine Kirchenrecht ein – bis heute, und seit dem 13. Jahrhundert wurde die rechtsverbindliche Mitwirkung der Konvente sinnfällig durch Konventssiegel neben dem des Abtes gemacht, wogegen sich die Zisterzienser lange wehrten.

Wie aber wurde der Konsens erreicht? Schon Hildemar wusste im 9. Jahrhundert von Prälaten, die gezielt Mönche zur Beratung aussuchten, von denen sie sicher sein konnten, dass sie ihnen nicht widersprächen. Noch Mitte des 12. Jahrhunderts war Wibald von Stablo, ähnlich wie Bernhard von Clairvaux, der Meinung, es sei Pflicht der Mönche, ihrem Abt ohne Zögern zuzustimmen. Ein Abt von Glastonbury postierte Bogenschützen auf der Empore, um seine Mönche zur Annahme der neuen Liturgie zu zwingen. In Canterbury wurde demonstrativ ein Klosterbruder am Tor gepfählt, um den Konvent zum Gehorsam zu bringen. Ein Abt von Bury St. Edmunds herrschte seine Mönche an, als sie ihn wegen eigenmächtiger Besitzvergabe kritisierten: „Bin ich nicht der Abt? Ist es nicht meine Sache, über die Güter des mir anvertrauten Klosters zu verfügen?"

So verwundert es nicht, immer wieder von heftigen Konflikten zwischen Mönchen und Äbten zu lesen, die sich am Umgang mit Klostergut entzündeten. Aber auch asketische (Reform)Forderungen provozierten passiven und aktiven Widerstand, bis hin zur Ermordung des Abtes. Ein Abt des 15. Jahrhunderts, der die Reform des Klosters Amorbach gegen den Widerstand der Mönche durchsetzen wollte, feierte die Hl. Messe mit der Rüstung unter dem Messgewand, nachdem der Prior schon getötet worden war. Ähnlich schützte sich ein Reformer, als er sich ins Nonnenkloster Ichtershausen begab. Unabhängig von der rabiaten Form des Widerstands ist bei der Frage nach der Berechtigung des wohlfeilen Verdikts der Reformunwilligkeit zu bedenken, dass Mönche und Nonnen einen Rechtsanspruch auf die Lebensform hatten (zumindest zu haben glaubten), auf die sie Profess abgelegt hatten und die nicht ohne ihre Zustimmung verändert werden sollte.

Früh auch wurde präzisiert, was als „wichtige Dinge" (praecipua) im Gesamtkonvent zu beraten wären. Schon die Kommentare der Karolingerzeit zählten dazu die Aufnahme von Novizen, Ausschluss aus dem Konvent, Weggabe von Dingen auch geringen Wertes, Tauschgeschäfte mittleren Wertes. Unterstützt durch Päpste und Konzilien festigte sich im Laufe des Mittelalters das Mitspracherecht des Konvents. Auch die Nonnen von Marienberg bei Boppard sollten nach den Reformstatuten von 1437 bei der Aufnahme von Novizen (consilio) und der Zulassung zur Profess (conventus expresso consensu), bei der Wahl von Priorin und Zellerarin (eligantur per magistram et conventum seu maiorem [nicht: saniorem!] partem), bei der Vergabe von Klostergut (consensu expresso conventus sui et superiorum auctoritate) mitreden. Trithemius fügt noch den Erlass von Statuten, die über die Regel hinausgehen, die Versetzung von Mönchen in andere Klöster und die Aufnahme in die Bruderschaft oder als Präbendare hinzu.

Seit dem 13. Jahrhundert ist auch das Prinzip, dass der Abt nicht nur vor Gott Rechenschaft über seine Amtsführung ablegen muss, sondern auch vor dem Konvent oder den von ihm bestimmten Vertretern, im Kirchenrecht und in Statuten verankert. Benedikt XII. unterstreicht diese Form der Kontrolle des Abtes insbesondere bei den Benediktinern, während er bei den Zisterziensern die äußere Kontrolle durch Visitation betont.

Die Gesetzgeber aller Ebenen waren freilich auch stets darauf bedacht, bei aller Kontrolle die Autorität des Klosterleiters zu wahren, vor allem durch Betonung des Gehorsams, des Verbots von „Verschwörungen", durch strenge Regeln bei Visitationen – wie umgekehrt schon Karl der Große die Prälaten aufforderte, ihren Untergebenen cum summa veneratione vorzustehen und sie nicht potentativa dominatione vel tyrannide zu bedrücken. So scheint schon in den normativen Texten immer wieder die vom Ideal der Regel abweichende Realität auf, erst recht in erzählenden Texten. Menschliche Schwächen auf beiden Seiten, aber auch strukturelle Gegebenheiten, die Verflechtungen von Abt und Konventualen mit der Welt, dem politischen, sozialen und kirchlichen Umfeld, relativieren die ideale Konzeption des der Welt entrückten Klosters sub regula et abbate. Nicht erst im hohen und späten Mittelalter konnten Mönche und Nonnen (Äbte freilich auch!) auf die Hilfe ihrer (oft) reichen und mächtigen Verwandtschaft hoffen. Schon im frühen 5. Jahrhundert drohten zwei südfranzösische Mönche ihrem Abt mit ihren Brüdern draußen in der Welt.

Strukturell war schon die Verwaltung der Klostergüter, mehr noch Forderungen der Politik im Großen wie im Kleinen geeignet, den Abt von seinem Konvent räumlich und emotional zu entfernen. Die Distanz dokumentierte sich auch im Kloster selbst. Schon bei der Benediktion werden die Disziplinar- und Leitungsgewalt des Abtes und sein herausragender Rang öffentlich durch Überreichung des Abtsstabs sichtbar gemacht, stets Zeichen des Hirten, aber auch des Richters. Im Alltag zeigt sich der Vorrang durch den hervorgehobenen Platz im gemeinsamen Speisesaal, im Chor, im Kapitel, durch Worte und Gesten der Reverenz. Der Rangunterschied wird durch die Pontifikalien gesteigert, die nichts mit der Kernfunktion des Abtes zu tun haben, im Alltag wiederum, bei aller Betonung der vita communis, durch die eigene Küche, den eigenen Speiseraum, zu dem vornehme Gäste und einzelne Mönche eingeladen werden können, durch die eigene Wohnung, wie heute noch an prachtvollen Beispielen zu sehen.

Auch außerhalb des Klosters präsentiert sich der Abt als „Herr", wie wir schon aus der Polemik Bernhards von Clairvaux gegen das Auftreten der berittenen Äbte von Cluny mit großem Gefolge erfahren. Wie er kritisiert Gilbert von Tournai den Pomp der Pferde. Symbolkräftig nutzen dagegen Anhänger der *vita apostolica* Esel, wie einst Jesus selbst – und Norbert von Xanten, als er barfuß in seine Metropole einritt. Später nahmen seine alten Anhänger ihm übel, dass er ein beschuhter Reiter stolzer Rosse geworden war und sich auch äußerlich in die Reihen der Reichsprälaten eingereiht hatte.

Dies gilt auch für zahlreiche Äbtissinnen, während ihre nach der Regel im Prinzip gleichen Rechte als Klosterleiterin im Laufe der Zeit immer stärker eingeschränkt wurden. Der Ausschluss der Frauen vom geistlichen Amt verwehrte ihnen wesentliche Teile der geistlichen Leitung und der Jurisdiktionsgewalt eines Abtes, vor allem seit Äbte (wie viele ihrer Mönche) in der Regel Priester waren und die Gregorianische Kirchenreform den Unterschied zwischen Klerus und Laien betonte. Berühmte Ausnahmen wie die Äbtissin von Las Huelgas, gegen die schon Innozenz III. vorging, deren Vorrechte, symbolisiert in den Pontifikalien, aber erst 1873 als ‚unzeitgemäß' aufgehoben wurden, die von Caserano in Süditalien oder von Herford, die als „Monstrum Westphaliae" geschmäht wurde, bestätigen die Regel. Gleichzeitig leitete man aus der im hohen Mittelalter verschärften Lehre von der natürlichen bzw. gottgewollten Unterlegenheit des sog. schwachen Geschlechts eine besondere Schutzbedürftigkeit ab, symbolisiert in der Klausur, aber auch eine juristisch gefasste Unterwerfung (Thomas) bzw. Unfähigkeit zur Ausübung von Hausherrschaft ab, die es angeblich nötig machten, dass Frauen (von Männern) geführt würden (Franz von Sales). Nur in Ausnahmefällen konnten Frauenklöster eigene klosterübergreifende Strukturen aufbauen. Schon um 1200 beschnitt der Abt von Cîteaux die Rechte der Äbtissin von Tart über ihre Tochterklöster. 1260 setzten die Kartäuser Vikare als Leiter ihrer (wenigen) Frauenklöster ein. Eine strikte Klausur, wie sie schon Caesarius, später vor allem die Re-formorden forderten, Papst Bonifaz VIII. und das Konzil von Trient für Nonnen allgemein verbindlich machten, schränkt eine Klosterleiterin drastisch ein und verschärft die Abhängigkeit von männlicher Hilfe. Seit jeher standen Äbtissinnen unter weit strengerer Kontrolle von Vateräbten, Ordensoberen oder, wie insbesondere nach dem Konzil von Trient, von Bischöfen als Äbten und, im Alltag, von geistlichen Leitern. Welche Spielräume sich in der Realität ergaben, wenn Äbtissinnen ihr soziales Kapital einsetzen konnten, steht auf einem anderen Blatt. Aufs Ganze gesehen hat das Kirchen- und Ordensrecht in den letzten Jahrzehnten die Stellung der weiblichen Klosteroberen gestärkt; seit einigen Jahren dürfen auch Äbtissinnen an den zisterziensischen Generalkapiteln teilnehmen. Jedoch bewahrt der Codex Iuris Canonici von 1983 noch manche Spuren der Ungleichbehandlung – und nach dem Pontificale Romanum von 1970 werden (wie im 10. Jahrhundert) der Äbtissin bei der Weihe, im Unterschied zum Abt, nicht Ring und Stab überreicht (anders in den deutschsprachigen Bistümern).

Schaut man auf die klösterlichen Grundstrukturen, so hält das Recht auch in demokratischen und nachkonziliaren Zeiten, in denen viel von Brüderlichkeit, ja sogar von kollegialer Leitung die Rede war, an den Grundsätzen der Benediktsregel fest: Herrschaft des Abtes und Gehorsam der Mönche. Unverändert gilt, dass der Abt die volle Leitungsgewalt im Kloster hat und nicht an das Votum seiner Räte gebunden ist; diese können selbst bei Einstimmigkeit ihn nicht zum Vollzug ihres Beschlusses zwingen.

Literatur:

Hofmeister 1928. – Hilpisch 1956. – Hegglin 1961. – Vogüé 1961. – Lesage 1968, 456–472. – Metz 1962, 59–113. – Salomon 1962. – Hofmeister 1964. – Wollasch 1973. – Friedlander 1982. – Felten 1988. – Schreiner 1988. – Friedlander 1994, 239–247. – Klueting 1994, 219–238. – Krailsheimer 1994, 257–270. – L'Hermite-Leclercq 1994, 165–185. – Religieuses dans le cloitre 1994. – Fürstenberg 1995. – Melville 1996. – Commentaire de la Règle de saint Benoît 1998–2002. – Primetshofer 2003. – Melville 2005, 181–204. – Melville 2005a, 19–44.

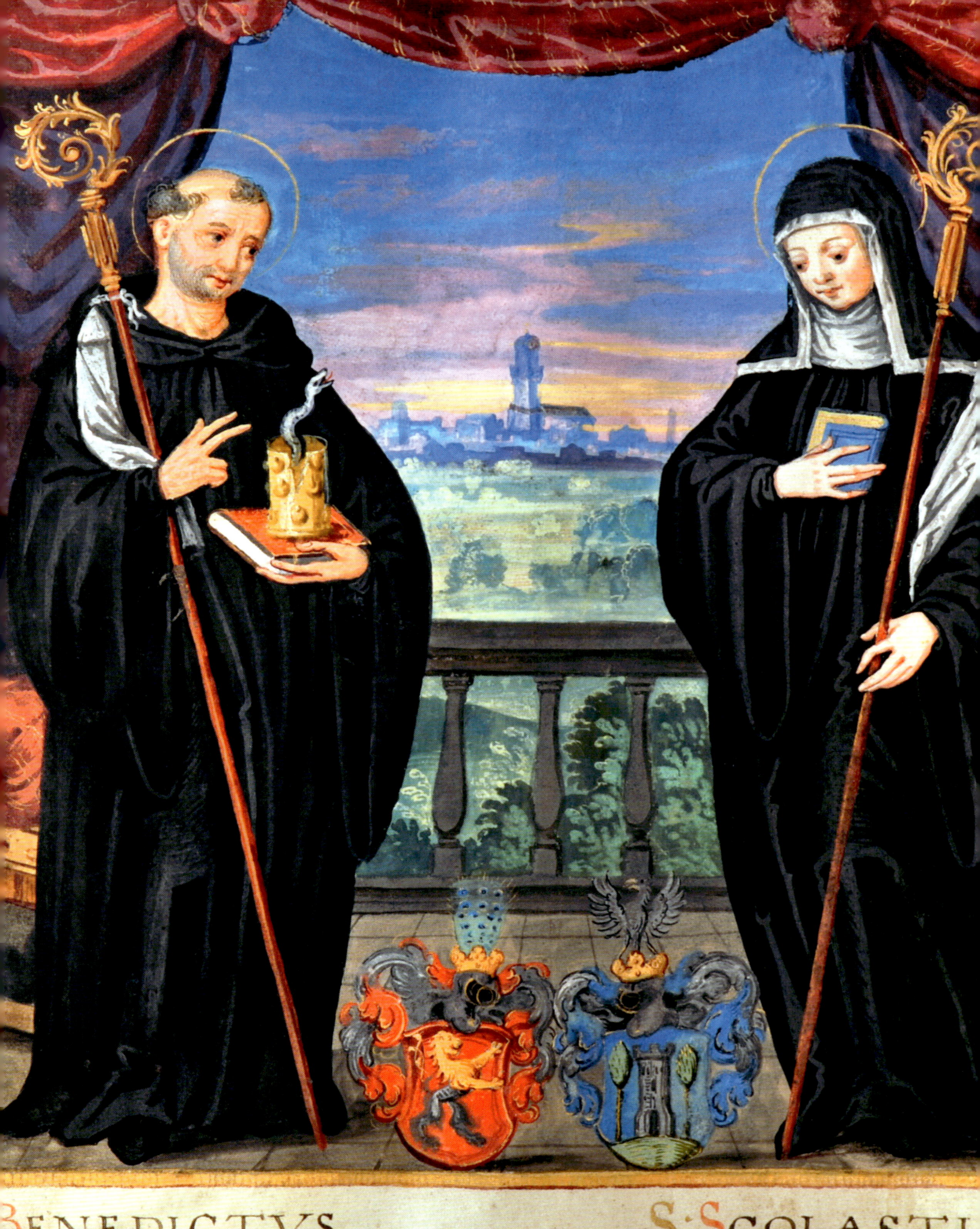

BENEDICTVS   S:SCOLASTI

DER WEIBLICHE ZWEIG DES BENEDIKTINERORDENS

Katrinette Bodarwé

Entstehung und mittelalterliche Geschichte

> Benedikt gründete keinen Orden, sondern schrieb eine Regel für sein Männerkloster.

Einen weiblichen Zweig des Benediktinerordens gibt es nicht, denn Benedikt von Nursia selber hatte nie daran gedacht, eine Regel für Frauen zu schreiben. Wie viele andere frühmittelalterliche Klostergründer auch hat Benedikt seine Regel ausschließlich für seine eigene Mönchsgemeinschaft entwickelt. Lange bevor sich von dem Heiligen Stuhl sanktionierte Orden bildeten, konnte jeder Gründer einer religiösen Gemeinschaft selbständig entscheiden, wie die in seinem Kloster zusammenkommenden Menschen leben sollten. Eine allgemein gültige Regel gab es noch nicht.

Scholastika, die Schwester Benedikts, die gerne als erste Benediktinerin bezeichnet wird (Abb. 1), verdeutlicht das Problem: Die Vita Benedicti berichtet davon, wie Scholastika von Kindheit an Gott geweiht war und ihren Bruder jährlich für geistige Gespräche und gemeinsame Gebete besuchte (Abb. 2). Über die Art, wie sie ihr Gott geweihtes Leben führte, wissen wir aber nichts – einer klösterlichen Gemeinschaft scheint sie nicht angehört zu haben. Wie sie suchten in der Spätantike und im frühen Mittelalter viele Frauen ein gottgefälliges Leben als *deo sacrata*, als Gottgeweihte, inmitten ihrer angestammten Umgebung. Sie nahmen den Schleier vom Bischof, lebten aber bei ihrer Familie oder in eigenen Häusern.

Andere bildeten als *sancti moniales*, als Dienerinnen des Heiligen, eine klösterliche Gemeinschaft und formulierten sich eigene Regeln. Eine der wichtigsten Versuche war die Klostergründung der Geschwister Caesaria († um 529) und Caesarius, Bischof von Arles († 542). Caesarius sah es als Notwendigkeit an, eine eigene Frauenregel zu schaffen: „Weil es zwischen den Frauenklöstern und denen der Mönche viele Unterschiede zu geben scheint, haben wir ein paar Dinge aus den vielen ausgewählt, nach denen die Älteren mit den Jüngeren regelmäßig leben sollen und geistlich zu erreichen versuchen, was sie als besonders passend für ihr Geschlecht ansehen."

Um der Schwester eine asketische Abgeschiedenheit innerhalb der sicheren Stadtmauern zu ermöglichen, „erfanden" die Geschwister die strikte Klausur. Die Frauen verblieben ihr gesamtes Leben innerhalb des ummauerten Klosters. Obwohl die Idee der Klausurierung zeitgenössische Nachahmer fand, so zum Beispiel in der Klostergründung der Königin Radegunde in Poitiers, so blieb die Vorstellung den frühmittelalterlichen Sanktimonialen doch weitestgehend fremd. Ihre Wirkung sollte sie erst viel später entfalten.

Die Ausbreitung der Frauenklöster-Idee in Europa fand also weder nach den Vorstellungen Benedikts noch nach den Ideen des Caesarius statt: Sie war weiterhin von einer Vielschichtigkeit der Formen geprägt. Eine größere Anzahl von Gründungen lässt sich erstmals um 600 im Frankenreich beobachten. Ursache waren angelsächsische und irische Missionare wie Columban, die auf ihren Reisen durch das Frankenreich auch zahlreiche junge Frauen wie z.B. Burgundofara für ein gottgeweihtes Leben in einer klösterlichen Gemeinschaft gewinnen konnten. So entstanden im Zentrum der fränkischen Macht, in der Ile-de-France, wichtige Frauenklöster wie Faremoutiers, Jouarre, Soissons und Chelles. Sie erlangten schon bald Ruhm durch ihren hohen Bildungsstandard und ihre Handschriftenproduktion. In ihren Konventen wurden angelsächsische Nonnen unterrichtet, die zur Entwicklung der Klosterkultur

1 Benedikt und Scholastika vor der Stadt Augsburg, Buchmalerei, Augsburg (?), 1. Viertel 17. Jahrhundert (Kat. Nr. 3.12)

in England beitrugen. Dort waren viele angelsächsische Gemeinschaften wie z.B. Whitby als Doppelklöster mit Mönchen und Nonnen unter der Leitung einer Äbtissin organisiert. Hilda, Äbtissin von Whitby, die 664 in ihrem Konvent eine Synode zur Klärung des Ostertermins organisierte, ist ein Beispiel dafür, welch wichtige Impulse diese Gemeinschaften für die religiöse und kulturelle Entwicklung Englands gaben.

Die angelsächsischen Klöster wurden nun ihrerseits wieder Basis für eine neue Missionswelle auf dem Kontinent, die mit dem Namen des hl. Bonifatius verbunden ist. Viele Äbtissinnen und Sanktimonialen unterstützten Bonifatius materiell und ideell, Lioba († um 728) und Thekla († um 790) begleiteten ihn auch auf den Kontinent, wo sie u.a. in Tauberbischofsheim und Kitzingen Frauenkonvente begründeten und Mädchen unterrichteten. Standen die frühen fränkischen Gründungen (Poitiers, Chelles) wie viele angelsächsische Gemeinschaften in engem Kontakt mit den Königshäusern, so war auch Lioba eng mit Karl dem Großen und seiner Frau Hildegard befreundet und sah den Einfluss auf Politik und Königsfamilie als Teil ihrer christlichen Berufung. Ihre größte Bedeutung entfalteten die religiösen Frauengemeinschaften aber in dem von Karl dem Großen (768-814) seit 772 mit Gewalt christianisierten Sachsen. Beginnend mit dem um 800 entstandenen Kloster Herford kam es dort unterstützt vom ottonischen Königshaus in dichter Folge zur Gründung von über 60 Frauengemeinschaften, die zur inneren Christianisierung und zum kirchenorganisatorischen Ausbau Sachsens beitrugen. Aus der asketischen Abgeschiedenheit der ersten Gemeinschaften war in der frühmittelalterlichen Realität eine Verknüpfung von weltlicher Gestaltung und Gebetshilfe im Rahmen eines gottzentrierten Lebens geworden.

Den Anteil der Benediktregel in dieser erfolgreichen Ausbreitung der Frauenkloster-Idee zu beschreiben, ist kaum möglich. Keuschheit, Gehorsam gegenüber der Äbtissin, aktiver Dienst an Gott durch Gebete und Lektüre waren zwar feste Bestandteile der klösterlichen Idee, deren Umsetzung konnte aber jede Klostergründerin mit einer neu entworfenen oder kombinierten Regel frei bestimmen. Dabei war die Regula Benedicti aufgrund ihrer Übersichtlichkeit und Mäßigung, vor allem aber auch aufgrund der Wertschätzung, die Papst Gregor der Große Benedikt in seinen Schriften hatte zukommen lassen, eine beliebte Vorlage. Als „römische Regel" war sie in England und im Frankenreich schon seit dem 7. Jahrhundert bekannt. Doch weder die Rezeption der Regel als Text, noch eine Verehrung des hl. Benedikt

können alleine eine benediktinische Orientierung bezeugen. Bei vielen frühen Gemeinschaften wie z.B. Nonnberg in Salzburg ist es daher unsicher, wann sie genau die Regel übernommen haben.

Erst durch den Normierungsdrang der karolingischen Gesetzgebung, die das Recht und die Schrift, die Gebete wie die Lektüre vereinheitlichen wollte, erhielt die Benediktregel den Status als einzig richtige Klosterregel (s. Beitrag Kettemann). Denn den karolingischen Reformern erschien eine wirksame Gebetsleistung nur aus einer richtigen Lebenshaltung und einer korrekt absolvierten Liturgie her möglich. Benedikt von Aniane († 821), selber Abt und Vertrauter von Ludwig dem Frommen, wählte nach einem Studium aller bisher bekannten Regeln die Benediktregel als ab jetzt einzig gültige monastische Organisationsform. Diese Entscheidung wurde von Ludwig dem Frommen (814-840) 816, 817 und 818/819 gesetzlich sanktioniert. In der Durchführung hat die Reform ihre Ziele allerdings kaum erreicht, die bisherige Regelvielfalt wurde meist nur vordergründig durch die Benediktregel abgelöst, die Unterschiede wurden jetzt in der Auslegung der Regel und den jeweiligen Gebräuchen, den sogenannten Consuetudines sichtbar. Dokumentiert ist ein solcher Wechsel zur Benediktregel z.B. für Remiremont.

Auf der Grundlage dieser karolingischen Gesetzgebung kam es vom 9. bis 11. Jahrhundert immer wieder zu Auseinandersetzungen um die Lebensformen von Frauengemeinschaften, die sich nun zwischen der Befolgung der *Institutio Sanctimonialium* und der Benediktregel entscheiden mussten. Einfluss auf die Entscheidung nahmen die Gründerfamilien, politische Mächte und die Bischöfe, oft führten diese Veränderungen wie in Vilich und im Niedermünster zu Regensburg zu einer Zerschlagung des bisherigen Konventes. Viele dieser Gemeinschaften bekannten sich zwar zur Benediktregel, zeigten aber im Detail eher stiftische Verhaltensformen. Mit der erfolgreichen Ausdifferenzierung entstanden jetzt erstmals Klöster, die eindeutig als benediktinische Gemeinschaften gegründet wurden, wie z.B. St. Walburg in Eichstätt (1035) oder Kaufungen, die Gründung der heiligen Kunigunde (1017).

Das 11. bis 13. Jahrhundert war eine Zeit der großen religiösen Bewegung, die zur Entstehung neuer Lebensformen und Ordensgemeinschaften führte und auch die Benediktinerinnen erfasste. Sie kündigte sich mit den Reformbewegungen von Gorze, Cluny und Hirsau an, die sich auch der Frauenklöster annahmen. Marcigny, Admont und St. Georg im Schwarzwald

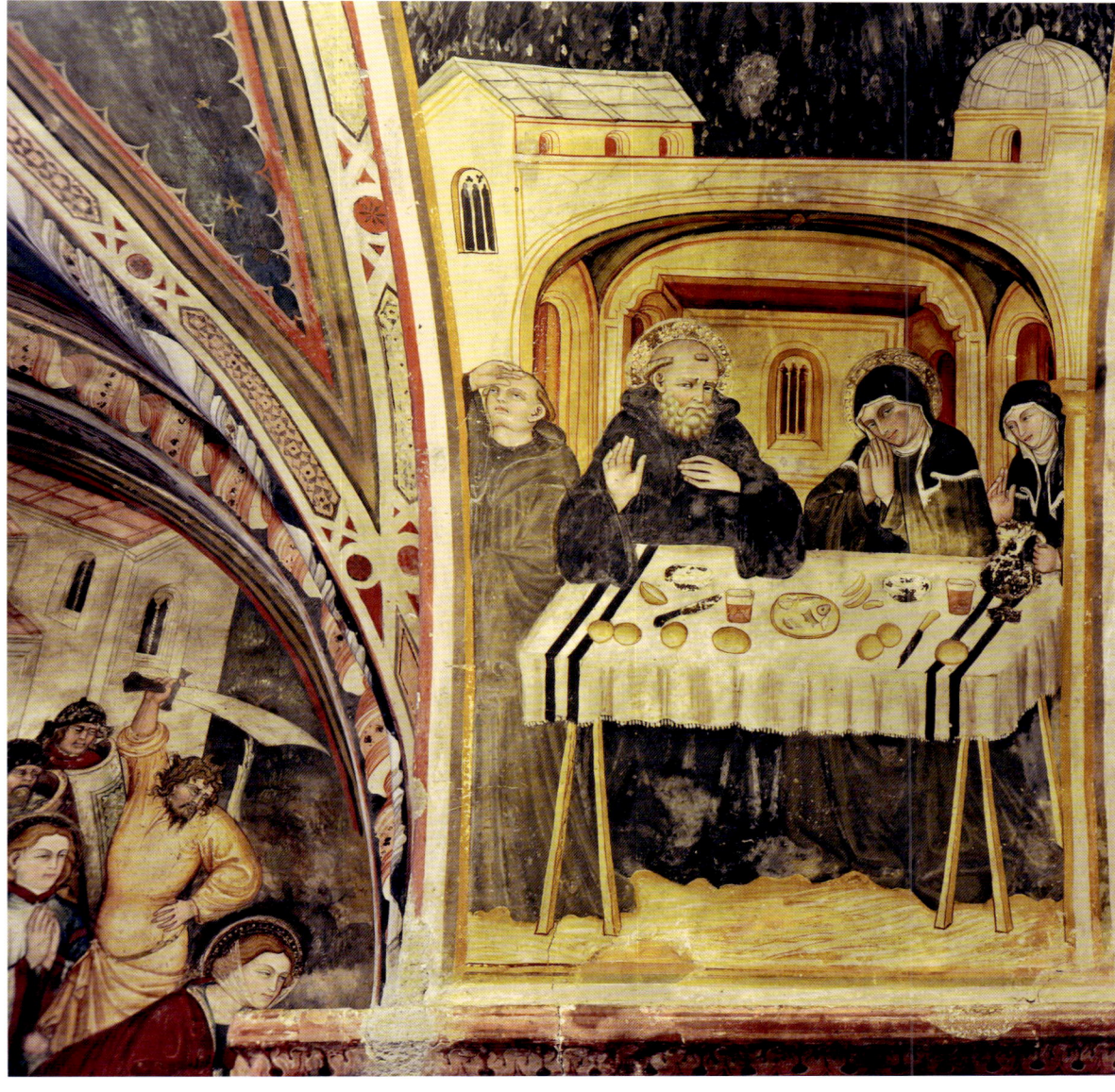

waren z.B. Gemeinschaften, von denen die Reform weiterer Kommunitäten vorangetrieben wurde. Zahlreiche Frauen, die sich jetzt dem religiösen Leben zuwenden wollten, fanden aber in den alten Klöstern keine Aufnahme mehr und sammelten sich daher gerne in der Nähe von Männerklöstern. So entstanden z.B. bei St. Peter in Salzburg, Fulda, St. Gallen oder Schönau neue Doppelklöster – die Koexistenz von Männer- und Frauengemeinschaft war jedoch in den meisten Fällen nicht dauerhaft. Ein Beispiel dafür ist der Benediktinerinnenkonvent, der nach 1042 in Isny entstand, aber schon um 1189 nach Rohrdorf verlegt worden ist. Auch die Gemeinschaft Hildegards auf dem Rupertsberg bei Bingen erwuchs aus einer solchen Sammlung am Kloster Disibodenberg. Insgesamt

entstanden aus den Doppelklöstern und aus selbständigen Gründungen im 12. Jahrhundert rund 100 neue Benediktinerinnenklöster in Deutschland. Auch in Frankreich breitete sich die Benediktregel weiter aus. Zählte man im 10. Jahrhundert nur zehn Neugründungen, so waren es im 12. Jahrhundert über 40 Abteien und eine große Anzahl von Prioraten.

In England war die Benediktregel erst im 10. Jahrhundert mit königlicher Unterstützung als zentrale Klosterregel anerkannt worden. Die weitere Entfaltung wurde aber durch die Däneneinfälle aufgehalten, erst um 1100 entstanden wieder neue Klöster, im 13. Jahrhundert zählte man zwölf Abteien und etwa 70 Priorate. Weitere Benediktinerinnenkonvente wurden nun auch in Spanien (San Petro de las Puellas in

Barcelona, San Juan de las Abdessas) und in Böhmen (Georgskloster in Prag, Abb. 5) errichtet. Im 12. Jahrhundert kam es auch zu ersten Gründungen in Skandinavien und Polen. So gab es um 1200 in ganz Europa benediktinisch orientierte Frauenklöster; die meisten und auch bedeutendsten in Deutschland und Frankreich. Doch war dies zugleich die letzte große Gründungswelle von benediktinischen Frauenklöstern, weil sich die neuen Klöster von einer radikalen Forderung nach Armut getragen nun eher als Zisterzienserinnen und Dominikanerinnen organisierten oder sich an den Franziskanern orientierten.

Während die neuen Observanzen zu einer enormen Zahl von Neugründungen im 13. und 14. Jahrhundert führten, verloren die benediktinischen Frauengemeinschaften ihre religiöse Attraktivität. Aufgrund wirtschaftlicher Probleme und der verstärkten Begrenzung auf adlige Mitglieder sank die Zahl der Konventsmitglieder; in Frankreich und England wurden viele Klöster durch Pest und 100-jährigen Krieg aufgerieben. Dennoch kam es im Spätmittelalter zu einer erneuten Blüte des benediktinischen Klosterlebens, an dem die Frauengemeinschaften großen Anteil hatten (vgl. Beitrag Gleba). Süddeutschland und Italien wurden z.B. im 15. Jahrhundert von St. Justina in Padua, von Melk in Österreich und Kastl in der Oberpfalz von Reformideen erfasst. Die bedeutendste Reformbewegung ging jedoch von dem norddeutschen Kloster Bursfelde aus. Sie wirkte um 1500 auf etwa 66 Klöster, die Statuten für die Nonnenklöster waren denen der Mönchsklöster nachgebildet. Es gab jetzt eine Altersbeschränkung, eine bessere Ausbildung der Nonnen; bei den Handarbeiten wurde insbesondere das Schreiben und Illuminieren von Handschriften empfohlen und die Klausur eingeführt. Doch nicht alle Reformversuche verliefen harmonisch, insbesondere wenn sie von außen den Gemeinschaften aufoktruiert wurden: Der seit 1452 als Apostolischer Legat und Visitator tätige Kardinal Nikolaus von Kues (1401-1464) stieß z.B. in dem in Brixen liegenden Kloster Sonnenburg und im Kloster Urspring in Württemberg auf großen, teils bewaffneten Widerstand.

In Frankreich ging die Erneuerungswelle 1468 von St. Paul zu Beauvais aus, auch im Orden von Fontevrault erstarkte wieder das religiöse Leben. Von Chelles aus wurden z.B. die alten Abteien Montmartre, Houarre, Faremoutiers, St. Peter in Reims und Val-de-Grâce reformiert. In Spanien war die Mehrzahl der Klöster an die Kongregation der Claustrales angeschlossen, andere an die Kongregation von St. Justina. Deren zentralistischer Aufbau, der Einzelklöstern nur eine zeitlich beschränkte Leitung überließ, wurde von Papst Gregor XIII. (1572-1585) 1583 für alle Klöster Italiens verordnet.

So fanden sich also gegen Ende des Mittelalters die meisten benediktinischen Frauengemeinschaften in einer Blütezeit, viele Klosterfrauen waren wieder in Latein geschult und theologisch gebildet, wie sie es zu Beginn des Mittelalters gewesen waren. Gleich den Mönchen blickten sie auf eine fast tausendjährige erfolgreiche Geschichte zurück. Dennoch gestaltete sich das Leben in den Frauengemeinschaften deutlich anders als in den männlichen Gemeinschaften. Die geschlechtsspezifischen Unterschiede waren trotz der gemeinsamen Grundlage deutlich spürbar.

Das Problem mit der Regel: weil Frauen nicht Männer sind

Nachdem schon Caesarius von Arles angemerkt hatte, dass eine Männerregel für eine Frauengemeinschaft unpassend sei, galt dies auch für die Benediktregel. Heloise, Äbtissin von Paraclet, beschwerte sich quasi stellvertretend für alle benediktinisch orientierten Gemeinschaften bei Abaelard über diesen Zustand: „Arbeite für uns eine Regel aus und schick sie uns zu, eine Regel, die auf die besonderen Erfordernisse der Frauen Rücksicht nimmt und von Grund auf Einrichtung und Ausgestaltung unseres weiblichen Ordenslebens schildert! Soweit ich feststellen konnte, haben die heiligen Kirchenväter diese Aufgabe übersehen. [...] Jedenfalls in der abendländischen Kirche verpflichten sich Männer wie Frauen gleichmäßig auf die Regel des seligen Benedikt, und dabei kann doch gar kein Zweifel sein, Benedikt hat bei der Abfassung seiner Regel nur an Männer gedacht, und sie kann auch nur von Männern eingehalten werden, ob es sich um die Bestimmungen für die Oberen handelt oder um die für die Unteren. Um von den anderen Paragraphen der Regel für jetzt zu schweigen: [...] Was sollen Frauen mit den Vorschriften über Hemden und überhaupt Leibwäsche aus Wolle? Sie können doch wegen der monatlichen Reinigung wollene Wäsche gar nicht brauchen. [...] Der Abt soll das Evangelium selber verlesen und danach den Hymnus anstimmen. Soll diese Bestimmung auch für die Frauen gelten?"

Seit dem 10. Jahrhundert sind daher lateinische und volkssprachliche Versionen überliefert, die sich um eine Anpassung der Benediktregel für Frauen bemühen. Darüber hinaus mussten die Frauengemeinschaften durch die in den Consuetudines festgehaltenen, ergänzenden Details ihre Lebensweise an die allgemeinen Rollenbeschränkungen des Mittelalters anpassen. Deutlich wird das z.B. an dem Gelöbnis der Äbtissin und des Konventes des Klosters Lippoldsberg, die sich um 1100 den Reformgewohnheiten von Hirsau anschlossen:

„Wir Schwestern geloben durch das Versprechen die Klausur, so wie sie bisher von den Schaffhausener Sanktimonialen gehalten wird, und dass wir innerhalb der Klausur die Regel und Gewohnheiten der Hirsauer Mönche nachahmen und beachten; [...] Weil wir Frauen aber, die wir wegen unserer Sünden eingekerkert werden, die Handarbeit, die der hl. Benedikt in der Regel für Männer vorschreibt, nicht ausführen können, versprechen wir, das wir das, was der hl. Hieronymus den Sanktimonialen über die Handarbeit vorschrieb, freiwillig, so weit wir es vermögen, halten. Wir geloben auch, Kleidung nach Art der Mönche zu tragen, ohne Kapuze, dafür das quadratische Tuch und immer das wollene Gewand. Auf die Schlüssel unserer Klausurgebäude sollen aber jene Personen aufpassen, die hierzu auf den gemeinsamen Beschluss der Väter und der Versammlung hin gewählt werden. Selbst der Vater [= Probst] soll diese Gebäude niemals betreten, nur dann, wenn Kranke zu besuchen oder Gäste nach gemeinsamen Beschluss hineinzuführen sind. [...] Und falls eine Unterhandlung zum gemeinsamen Nutzen ist, soll dies außen vor dem Fenster des Kapitelsaals in aller Kürze geschehen. Was aber zur Nahrung gehört, soll nur durch das Fenster der Küche hineingebracht werden. Wir geben unsere Zustimmung niemals einer Äbtissin, wenn diese nicht geschworen hat, das Folgende zu erfüllen: [ich] gelobe die übliche Klausur und den Gehorsam gegenüber dem Vater, und das Kloster nicht ohne sehr wichtigen Grund und nicht ohne Vollmacht zu verlassen, [...] nichts als mein Eigentum mir anzumaßen, immer alles mit Ratschlag zu tun, niemals die vorgenannte Klausur zu verlassen, und ein Mann, selbst der Vater soll nicht ohne große Notwendigkeit und immer nur mit Vollmacht ein- und ausgehen.“

Was hier im Detail gefordert wurde, fand keine Grundlage bei den Vorstellungen Benedikts von Nursia. Besonders auffällig ist für uns heute die Betonung der Klausur, der völligen Abschließung der Nonnen von der Welt. Im frühen Mittelalter galt in der Regel für die Nonnengemeinschaften wie für das Kloster des Benedikt lediglich die passive Klausur, also das Verbot für Fremde, die Klausurräume zu betreten.

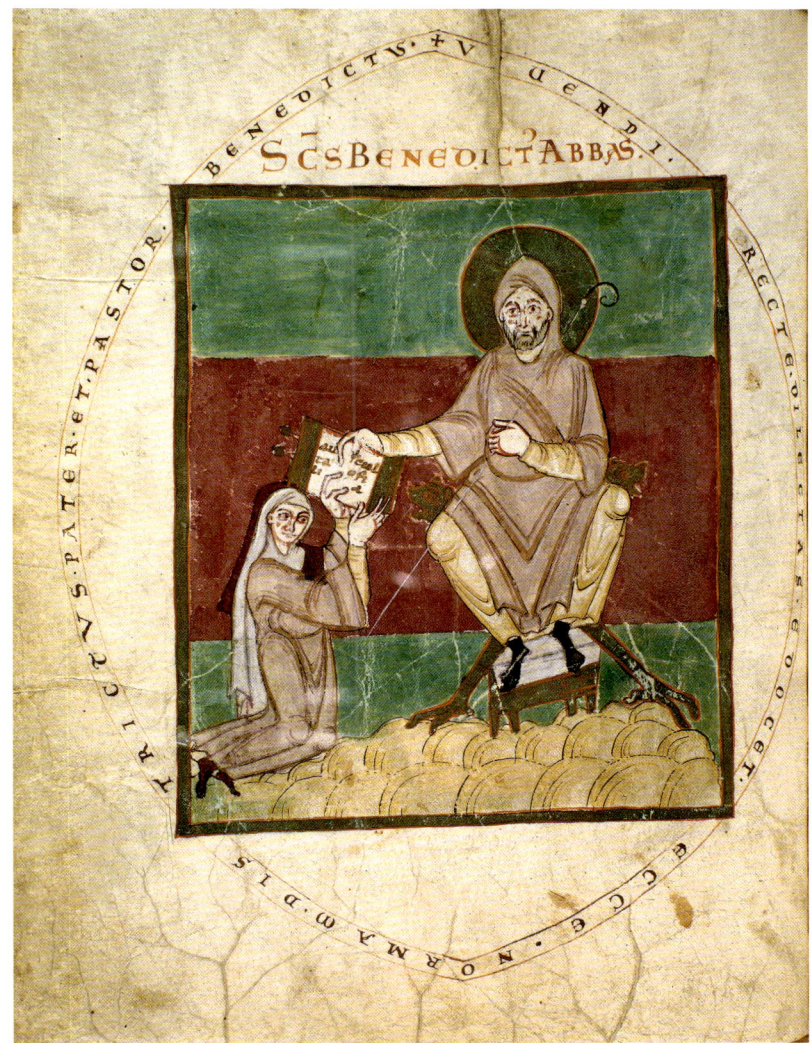

Nonnen wie Äbtissinnen begaben sich auf Pilgerfahrten, besuchten Synoden und betreuten die Güter des Klosters. Aber seit dem 12. Jahrhundert wurde die von Caesarius formulierte aktive Klausur zu einem konstituierenden Kriterium für weibliche Gemeinschaften – unabhängig von der Observanz. Immer wieder versuchten Benediktinerinnen wie Hildegard von Bingen und Heloisa, Gegenentwürfe zu einer strikten Klausurierung zu entwickeln, und verwiesen dazu auf die Gleichheit der Geschlechter hinsichtlich der monastischen Berufung. Doch konnte sich diese Sicht nicht durchsetzen. Im Gegenteil, gerade in Reformkreisen wurde Klausurierung zum Kriterium eines „guten“ Frauenklosters schlechthin. Papst Bonifatius VIII. (1294–1303) befahl 1298 in der Konstitution „Periculoso“ die Klausur für alle Frauengemeinschaften, was in Italien wie in Spanien noch weitaus strenger als in Deutschland durchgesetzt wurde. Die

3   Benedikt übergibt einer Äbtissin die Regel, so wie sie ihr bei der Äbtissinnenweihe überreicht wird; Illustration aus dem Konventsbuch des Niedermünsters in Regensburg, 1040–1044. Staatsbibliothek zu Berlin – Preußischer Kulturbesitz, Ms. theol. lat. qu. 199, fol. 67v

Reformstatuten der Bursfelder Kongregation sahen z.B. vor, dass die Tür zu den Räumen der Nonnen mit zwei Schlössern gesichert wurde und Besuche im Sprechzimmer nur hinter Gittern empfangen wurden. Allerdings durften Äbtissin und Amtsträgerinnen im Interesse der Kongregation z.B. zu Generalkapiteln reisen.

Zu Beginn der Neuzeit erneuerte das Konzil von Trient, verstärkt durch zwei Bullen Papst Pius' V. (1566–1572) von 1566 und 1572, die Forderung nach einer strengen Klausur: Türen und Fenster sollten zugemauert werden, ein Verlassen der Klausur war nur noch mit Erlaubnis des Bischofs möglich. Die Folgen dieser Beschlüsse sind noch wenig erforscht, Einzelstudien belegen aber große Auseinandersetzungen zwischen Kirchenhierarchie und Ordensvertreterinnen um die Durchsetzung und das Verschwinden der geistlichen Frauen aus der öffentlichen Wahrnehmung.

War die Idee der aktiven Klausur entstanden, um den Gott geweihten Frauen eine der Einsamkeit der Mönche vergleichbare Askese in sicherem Stadtraum zu ermöglichen, so war sie nun zu einer von der Kirchenhierarchie allen auferlegte erzwungene Begrenzung geworden, die sich nicht aus der Regula Benedicti herleitet. Wenn überhaupt eine Begründung geboten wurde, wurde auf das Geschlecht der Frau allgemein verwiesen, ihre Schwäche und ihre Gefährdung – die geschlechtsspezifische „Gefährlichkeit" der Frau musste unter männliche Aufsicht gebracht werden.

Ähnliche Probleme warf das Amt der Äbtissin auf. Der Titel der *abbatissa* war seit dem 6. Jahrhundert in Parallele zum Amt des Abtes für die Leiterin einer religiösen Frauengemeinschaft verwendet worden. Sie wurde damit quasi zu einer weiblichen Vaterfigur mit rechtlichen, kirchlichen und liturgischen Vollmachten, über die Frauen in der Regel nicht verfügten. Dieser „Konstruktionsfehler" führte zu einer steten Notwendigkeit, die Rolle der Äbtissin neu zu definieren und zu begrenzen.

Die Äbtissin hatte im Mittelalter nicht nur die höchste Gewalt über die Nonnen ihrer Gemeinschaft und die Diener und Hörigen der Klosterbesitzungen, sondern in quasi-bischöflicher Funktion auch über die ihr zugeordneten Kleriker. Sie war für das irdische wie das jenseitige Heil der ihr Anvertrauten verantwortlich – ohne jedoch priesterliche Funktionen auszuüben zu dürfen. Sie durfte die Ihren segnen, aber nur so wie eine Mutter ihre Kinder, sie durfte die tägliche Beichte abnehmen, aber ohne das Sakrament der Buße auszuteilen. Zudem hatte sie als Landesherrin

rechtliche, oft sogar staatliche Funktionen zu übernehmen, die Reisen zu Hof- oder Fürstentagen oder zu entfernten Besitzungen, zu Gerichtstagen und Lehensvergaben bedingten und die Führung eines Siegels erforderten. Manche Fürstäbtissinnen wie die von Regensburg und Frauenwörth hatten sogar einen Platz im Reichstag.

Äbtissinnen hatten also eine Machtstellung, die sonst nur Regentschaft führende Witwen auf Zeit übernahmen, und griffen auch in kirchenpolitische Entscheidungen ein. Daher verwundert es wenig, dass sowohl weltliche wie kirchliche Mächte immer wieder versuchten, die Möglichkeiten der Äbtissinnen und ihre Freizügigkeit rechtlich zu beschränken und sie durch die Beiordnung von Pröbsten, Väteräbten oder Visitatoren unter männliche Kontrolle zu bringen.

Sowohl die Klausur, die die Erwirtschaftung von Einkünften stark beschränkte, wie die oft beschnittenen Möglichkeiten der Äbtissin, Besitzungen und Einkünfte zu beaufsichtigen, führten in vielen Frauengemeinschaften zu wirtschaftlichen Problemen. Zwar wurde in fast allen Frauenkonventen das *opus feminile*, die Textilherstellung, als Beschäftigung, als künstlerischer Ausdruck oder als Erwerbszweig gepflegt, aber damit konnte sich kein Konvent ernähren – auch angesichts der Konkurrenz der zünftigen Handwerker. Nur durch Grundbesitz und entsprechenden Zehnten, Einkünften und Renten waren die Gemeinschaften dauerhaft finanziell abgesichert. Selbst die Frauenklöster der Armutsbewegung mussten sich aufgrund der ihnen aufgelegten Klausur durch solche Einkünfte ernähren.

Als Grundbesitzerinnen traten die Benediktinerinnen aber in Herrschaftskonkurrenz zu anderen weltlichen und kirchlichen Besitzern, zu Adligen, Städten, Klöstern und Bistümern. Oft genug konnten sie aufgrund von Klausur und Amtsbeschränkungen ihre Interessen nicht offensiv verteidigen. Unter dem Vorwurf religiöser Missstände wurden daher immer wieder Frauenkonvente aufgelöst, um ihren Besitz einer „besseren" Verwendung zuzuführen. Frauenkonvente brauchten daher mächtige Gönner, eine Königs- oder Adelsfamilie, einen Männerkonvent oder ein Bistum, das sie verteidigte und den Bestand dauerhaft sicherte.

Eng verbunden mit der wirtschaftlichen und rechtlichen Betreuung war die Frage der seelsorglichen Betreuung. Zwar konnten die Frauengemeinschaften ihren Gebetsdienst selbständig ausüben, mit der zunehmenden Bedeutung der Messfeier waren sie

„Die Werkstatt aber ... ist die Abgeschlossenheit des Klosters und das ständige Beharren in der Gemeinschaft"

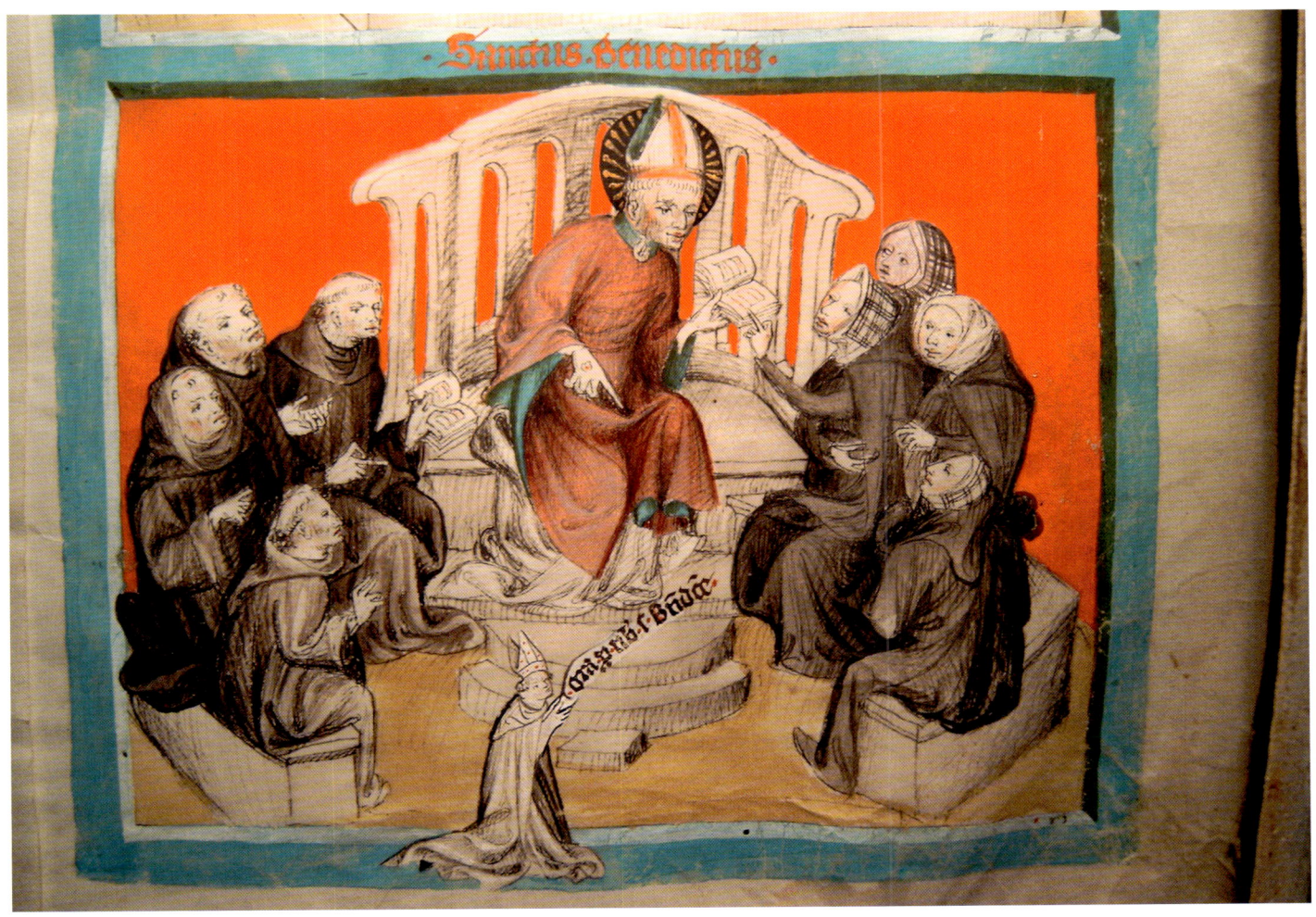

jedoch auf Kleriker angewiesen, die diese Messen lasen und die Sakramente austeilten. Die Organisation dieser Dienste erwies sich oft als Problem für die Frauengemeinschaften, denn viele Männerorden und -kongregationen sahen darin eine zu vermeidende Belastung. Als langfristige Lösung hatte man im Frühmittelalter das bereits erwähnte Konzept des Doppelklosters entwickelt. Stand im Frühmittelalter eine Äbtissin an der Spitze der Gemeinschaft, so unterstand sie im Hochmittelalter einem Abt, unter dessen Führung die Frauen von einer Magistra oder Domina organisiert wurden. Robert von Arbrissel wählte 1100 für seine Gründung Fontevrault in Frankreich jedoch bewusst die Leitung einer Äbtissin, weil er die Mönche damit zur Demut verhelfen wollte. Seit dem 13. Jahrhundert lösten sich die meisten Doppelklöster auf. Das Problem der geistlichen Versorgung blieb weiterhin oft genug ungelöst, bot aber andererseits vielen Frauengemeinschaften die Möglichkeit, eine Betreuung auch in anderen Ordensgemeinschaften

zu suchen. Die Äbtissin Herrad von Hohenburg gründete z.B. eine eigene Klerikergemeinschaft in Truttenhausen, die die Betreuung ihres Konventes auf Dauer sichern sollte.

Diese angesprochenen Probleme führten dazu, dass sich die Lebensweisen der benediktinisch orientierten Frauengemeinschaften oft weit von denen benediktinischer Mönche entfernten. Die individuell gefundenen Lösungen hatten die Ausprägung sehr unterschiedlicher Lebensweisen zur Folge, die oft zwischen benediktinischer Verfassung und stiftischer Offenheit changierten. Gegen Ende des Mittelalters ließen sich zahlreiche Benediktinerinnenkonvente in Kanonissenstifte umwandeln, so z.B. Maubeuge, Bourbourg, Baume-les-Dames, Remiremont, Mons in Belgien, Hohenburg, Othmarsheim im Elsass, Kaufungen in Hessen. Andere Klöster gaben sich einfach eine Ordnung, die völlig der Observanz eines Kanonissenstifts entsprach, so z.B. die Fürstabtei Rynsburg.

4 Benedikt unterweist die Mönche und Nonnen des Doppelklosters auf dem Petersberg in Salzburg, Miniatur im Registerbuch des Abtes Otto II. (1375–1414). Stiftsarchiv der Erzabtei St. Peter, Salzburg, Hs. A 7, fol. 1r

Neuzeitliche Entwicklung der Benediktinerinnenklöster

Die gute Entwicklung der Nonnenklöster bis zum Beginn des 16. Jahrhunderts endete abrupt mit der Reformation und den Zerstörungen und Plünderungen des Bauernkrieges in Süd- und Mitteldeutschland. Wie viele Mönche verließen auch zahlreiche Frauen ihre Klöster, um gemäß des neuen Glaubensverständnisses zu leben. Ein Teil der Konvente wurde zwangsweise aufgelöst, ein weiterer Teil blieb trotz aller Reformationsversuche katholisch oder wurde nach zwischenzeitlichen protestantischen Einflüssen rekatholisiert. Schließlich hat eine größere Gruppe von Frauenkonventen, vor allem im norddeutschen Raum, zwar die Lebensform beibehalten, aber die Konfession gewechselt. Über 80 benediktinische Frauengemeinschaften sind im deutschsprachigen Raum in dieser Zeit untergegangen. Noch schwerwiegendere Folgen hatte die Reformation allerdings in anderen europäischen Ländern: in Dänemark, Norwegen, Schweden und auf Island gingen alle benediktinischen Gemeinschaften unter, vereinzelte Klöster auch in Holland und in der Schweiz. In England hatte es 1500 noch 84 Benediktinerinnenklöster gegeben, 1539 waren sie alle aufgehoben.

Andererseits entfaltete sich – besonders in Frankreich – das monastische Leben der verbliebenen Benediktinerinnen erneut zu einer Blüte in Folge des Konzils von Trient (1542–1545) und der dort entwickelten Reformideen. Während neu entstehende Frauenkongregationen wie z.B. die Englischen Fräulein sich das aktive Apostolat, die Erziehung und Krankenfürsorge zur Lebensaufgabe machten, stand bei den neuen benediktinischen Gemeinschaften mehr die Kontemplation, die Betrachtung des Leidens Christi und die Verehrung des hl. Altarsakramentes im Zentrum der Lebensform, wie z.B. bei den von Mechtilde de Bar († 1698) begründeten Benediktinerinnen vom Heiligsten Sakrament. Während in Deutschland im 30-jährigen Krieg weitere Klöster zerstört wurden, zeigten Reformbemühungen und verstärkte Organisation in Kongregationen in Italien, Spanien und Portugal ihre Wirkung. Auch in Polen kam es zu einem Aufschwung benediktinischen Lebens, der durch die spätere Teilung des Landes vernichtet werden sollte.

Spätestens mit der Aufklärung im 18. Jahrhundert entstand jedoch ein Klima großer Klosterfeindlichkeit. Schließlich brachten die Französische Revolution und die Säkularisation die europäische Klosterepoche zum Ende: In Frankreich wurden die Klöster zerstört; in Deutschland wurden durch den Reichsdeputationshauptschluss 1803 alleine 38 Benediktinerinnengemeinschaften den Fürsten als Entschädigung überlassen. In Österreich war es schon vorher zu Aufhebungen gekommen, nun griffen sie auch auf Polen, auf Italien, Spanien und Portugal über. Zu Beginn des 19. Jahrhunderts waren in ganz Europa nur wenige Gemeinschaften erhalten geblieben. Auch wenn König Ludwig I. von Bayern einige alte Gemeinschaften wie Frauenwörth im Chiemsee und St. Walburg in Eichstätt wieder herstellen ließ, mussten die noch existenten Klöster ihren Nutzen durch die Einrichtung von Schulen belegen und weitere Beschränkungen hinnehmen. Von Beuron und Solesmes aus kam es zu benediktinischen Bewegungen, die auch zur Neugründung einiger Frauengemeinschaften führte. Ein Wiedererstarken gelang den Klöstern der Ewigen Anbetung und den Nonnen von Kalvaria. Ein neues Konzept bildeten die Schwesterngenossenschaften auf der Grundlage der Benediktregel, die wie z.B. die Liobaschwestern keine feierlichen Gelübde mehr ablegen, keine Klausur einhalten und sich karitativen und missionarischen Aufgaben widmen.

Bis heute ist die Organisation der Benediktinerinnen freier als die der Mönche, sie sind nicht einheitlich zusammengeschlossen. Neben den Schwesterngenossenschaften gibt es direkt dem Apostolischen Stuhl oder Bischöfen unterstehende Konvente und solche, die einer Benediktinerkongregation zugeordnet sind. Dem Benediktinerorden an sich gehören sie aber nicht an, die Benediktinerinnen bilden in Deutschland nur eine freie Vereinigung. Viele der Gemeinschaften wie z.B. Frauenchiemsee haben sich über tausend Jahre durch wechselnde historische Gegebenheiten und Anforderungen retten können und stehen heute in der Tradition, Gott und den Menschen zu dienen, immer noch mitten im Leben.

Europäische Bedeutung der Benediktinerinnen

Den Anteil der Frauenklöster im Allgemeinen und der Benediktinerinnen im Speziellen an der religiösen und kulturellen Entwicklung Europas festzuhalten, ist bisher kaum möglich. Eine unbeabsichtigte Folge der Reformen des Konzils von Trient war die Marginalisierung der Frauenkonvente, deren historische, kulturelle und spirituelle Errungenschaften in der Gesellschaft immer weniger präsent waren. Frauenklöster galten Ende des 18. Jahrhunderts nur noch als Versorgungsstätten für nicht verheiratbare Frauen, ihre Überlieferung erschien nicht interessant und aufbewahrenswert. Schon in der Reformation, besonders aber in der Säkularisation wurden daher Bibliotheken und Archive von Frauengemeinschaften deutlich eher zerstört als die von Mönchsklöstern. Die Geschichtswissenschaft folgte lange dem vorgegebenen Blickwinkel und strafte die Quellenbestände der Frauenklöster mit Desinteresse. Erst in den letzten Jahrzehnten hat eine verstärkte Bearbeitung der Geschichte der religiösen Frauengemeinschaften begonnen und sichtbar gemacht, dass sie an der kulturellen Blüte der Klöster in Mittelalter und früher Neuzeit teil hatten: Schreibschulen und Buchmalerei fanden sich z.B. in Chelles oder Admont; Textilarbeiten wie z.B. in Lüne oder Wienhausen, früher als Klosterarbeiten belächelt, werden heute als eigene Traditionsüberlieferung wahrgenommen; eigenständige liturgische und musikalische Überlieferungen sind z.B. in Essen und Nonnberg überliefert; Autorinnen wie Hrotsvit von Gandersheim und Hildegard von Bingen erfahren neue Aufmerksamkeit; die karitativen und erzieherischen Leistungen der Schwestern werden wieder stärker gewürdigt. Denn die Kenntnisse des Lesens und Schreibens, die Beherrschung der lateinischen Sprache und die Auseinandersetzung mit theologischen Studien waren auch in Frauenkommunitäten weithin üblich – sie waren die unumgängliche Grundlage für ein Gott geweihtes Leben.

Seit der Spätantike zeigten Frauen den Wunsch nach einer selbstverständlichen Teilhabe an den religiösen Bewegungen der Zeit, ob an dem Asketentum der Antike, an der Erneuerungsbewegung des Benediktinertums oder an der religiösen Armutsbewegung. Die unterschiedlichen gesellschaftlichen Vorgaben über die Frauen und Männern zugestandenen Rollenmodelle führten aber zur Entwicklung eigener Lebensformen und spiritueller Inhalte. Doch bis heute werden die klösterlich lebenden Frauen nur als bloßes Anhängsel einer männlich dominierten Bewegung wahrgenommen. Es bleibt daher eine drin-

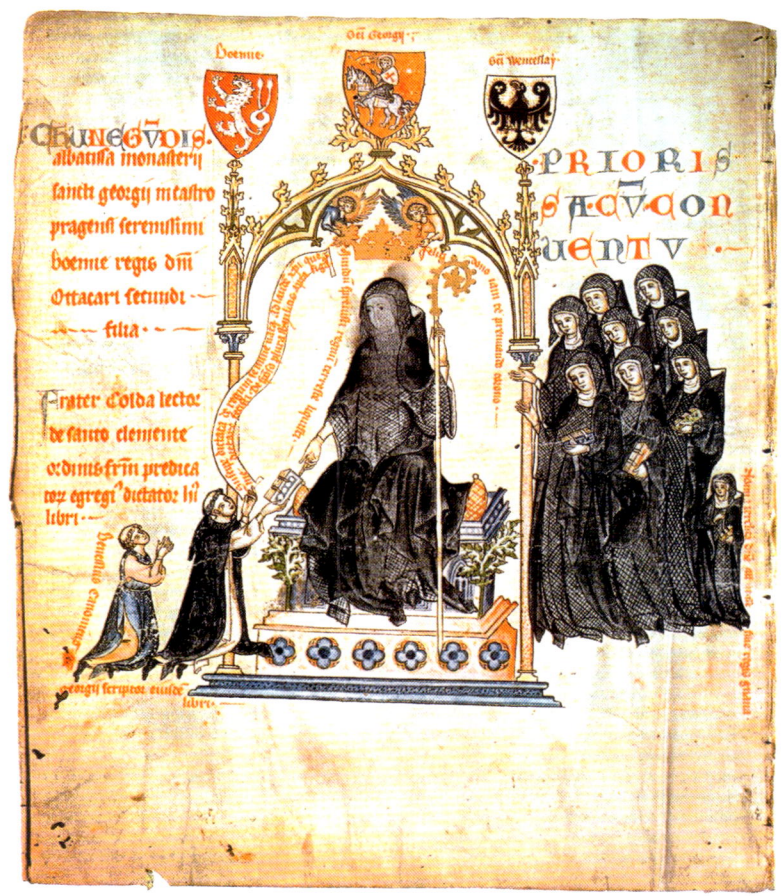

gende Aufgabe für die Zukunft, die Geschichte des Mönchtums zu einer Geschichte des Klosterwesens umzuschreiben, die die sich ergänzenden Rollen von Männern und Frauen gleichermaßen berücksichtigt.

5 Buchwidmung an Äbtissin Kunigunde aus St. Georg in Prag, rechts ist ihr Konvent abgebildet, ca. 1310–1320. Prag, Národní knihovna, Ms. XIV A17, fol. 1v

Literatur:

Kainz 1938. – Hilpisch 1951. – Schmitz 1956. – Parisse 1983. – Tropper 1991. – Tropper 1994, 219–232. – McNamara 1996. – Occhipinti 1997. – Rohtert 1997. – Venarde 1997. – Schmidt-Sommer 1998. – Muschiol 1999. – Fössel/Hettinger 2000. – Muessig 2000. – Faust 2001. – Marcel 2003. – Muschiol 2003. – Büll/Jürgensmeier/Schwerdtfeger 2004. – Winston-Allen 2004. – Kat. Essen/Bonn 2005.

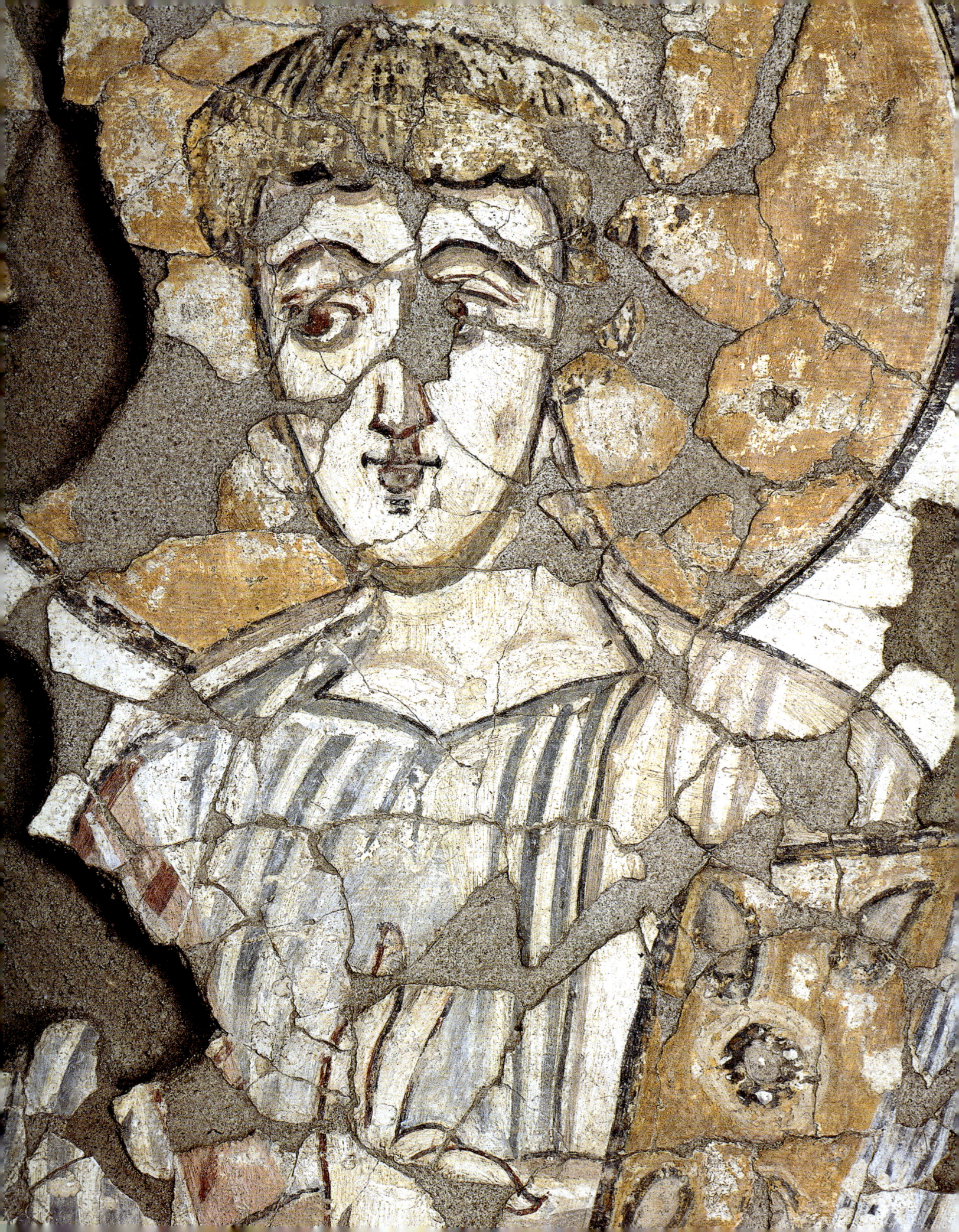

FRÜHE KLOSTERBAUTEN IN ITALIEN (4.–10. JAHRHUNDERT)

Jens Reiche

Aus den ersten Jahrhunderten des italienischen Mönchtums bis etwa 700 sind nur spärliche bauliche Überreste verblieben. Trotzdem sollen hier der besseren Verständlichkeit halber auch die Anfänge der monastischen Bewegung kurz geschildert werden.

Der Beginn des organisierten Mönchtums in Italien stand unter östlichem Einfluss. 372 weilte die römische Witwe Melania senior in Palästina, um dort das mönchische Leben kennen zu lernen. Als sich zwischen 381 und 384 der hl. Hieronymus in Rom aufhielt, existierten in der Ewigen Stadt bereits zahlreiche Klöster, ohne dass aber über zu befolgende Regeln oder Baulichkeiten irgendwelche gültigen Übereinkünfte bestanden hätten. Um dem abzuhelfen, übersetzte Hieronymus die Regel des hl. Pacomios ins Lateinische. Einige Jahrzehnte später entstand in Süditalien im Umkreis des aus Afrika gekommenen hl. Augustinus die erste originär italienische Regel mit dem Titel *De ordine monasterii*.

Neben den Klöstern in Rom selbst florierten in Italien besonders die Inselklöster, weil sie den Vorstellungen von asketischer Weltflucht am besten entsprachen. Wichtig waren die Klöster auf den Inseln des toskanischen Archipels, Capraia, Gorgona und Montecristo, aber auch auf Gallinara bei Albenga in Ligurien, wo schon um 360 der hl. Martin Zuflucht gefunden hatte. Aber Mönche schlossen sich auch überall sonst auf der Halbinsel zu einem gemeinsamen Leben zusammen. Während jedoch die kleinteilige Diözesanstruktur Süditaliens die Entstehung kleinerer städtischer und vorstädtischer Klöster begünstigte, die unter direkter Kontrolle des jeweiligen Bischofs standen, gelang es den oberitalienischen Klöstern oft, größere Autonomie zu erreichen. Zusätzlich entstanden im Norden an den Dekanatspfarrkirchen (Pieven) klosterähnliche Kanonikerkongregationen. Unter den bischöflichen Vorstadtkirchen spätantiker Zeit erlangte das schon im späten 4. Jahrhundert vor den Toren von Verona durch den gleichnamigen Bischof gegründete S. Zeno später große Bedeutung. Außerhalb von Ravenna vollendete Bischof Johannes II. ein bereits von seinem Vorgänger Ursicinus gegründetes Kloster, S. Apollinare in Classe (Abb. 2), das er nach dem Zeugnis von Agnellus' *Liber pontificalis* völlig neu erbauen und mit Mosaiken ausstatten ließ. Die 549 geweihte Kirche sollte als bischöfliche Grablege dienen. Als einzige italienische Klosterkirche der Spätantike ist S. Apollinare fast unversehrt überkommen. Sie ist eine Säulenbasilika von etwa 56 m Länge, der ein Atrium vorgelagert war. Die großen Rundbogenfenster am Obergaden und in den Seitenschiffen werden außen von Blendarkaden überfangen. In die Fensteröffnungen waren breite, mehrfach unterteilte Holzrahmen eingelassen, die Transennen. Als Stützen der Schiffsarkatur wurden 24 kostbare Marmorsäulen mit neu angefertigten Kompositkapitellen verwendet, die sich an Konstantinopolitaner Vorbildern orientieren. Die Hauptapsis von S. Apollinare ist außen polygonal ummantelt und wird von zwei Nebenräumen begleitet. Erhalten hat sich auch das von Johannes gestiftete Mosaik in der Hauptapsis, das eine allegorisch verschlüsselte Darstellung der Verklärung Christi zeigt (die Apostel sind hier als Lämmer dargestellt), in die auch der Kirchenpatron, der hl. Apollinaris, eingefügt ist.

Im historischen Rückblick ist die Leistung des hl. Benedikt (um 480 – kurz nach 549) bahnbrechend gewesen, da ihm die bis heute gültige Mönchsregel zu verdanken ist. Die Benediktregel ist jedoch weder die erste Mönchsregel gewesen, noch strebte Benedikt von vornherein eine Vereinheitlichung des mönchischen Lebens an. Benedikt war zudem einer der erfolgreichsten Klostergründer seiner Zeit, der bereits

1 Jugendlicher Heiliger aus dem Vestibül des Audienzsaals von San Vincenzo al Volturno. Fresko um 820

zwölf Klöster mit jeweils zwölf Mönchen gegründet hatte, bevor er sich nach Differenzen mit dem lokalen Klerus zu einer weiteren Neugründung entschloss: Montecassino. Als Jahr der Gründung dieses Klosters gilt traditionell 529. Über die Gebäude des Gründungsklosters ist fast nichts bekannt, doch scheint es, als sei 1953 die erste Kirche freigelegt worden, ein Saal von nur acht Metern im Quadrat mit Apsis. In seiner Mitte ist der hl. Benedikt beigesetzt worden.

Es ist umstritten, wie stark die Klöster unter der langobardischen Landnahme von 568 zu leiden hatten. Zumindest Montecassino wurde 577 durch Herzog Zotto von Benevent zerstört. Gerade dadurch aber wurde die Ausbreitung der benediktinischen Regel begünstigt, denn Papst Gregor gewährte den Mönchen in S. Pancrazio in Laterano Zuflucht. Die Langobarden gehörten anfangs noch der arianischen Richtung des Christentums an und konvertierten erst seit der Regierung König Ariberts I. (653–660) langsam zum athanasianisch geprägten Katholizismus. Aber nichtsdestoweniger wurde schon die erste wichtige Neugründung der langobardischen Zeit, Bobbio, das irische Mönche unter der Führung des hl. Kolumban 612 besiedelten, von König Agilulf mit weitgehenden Rechten und Einkünften ausgestattet. Als erstes Kloster überhaupt wurde Bobbio ausdrücklich

der Oberaufsicht des zuständigen Ortsbischofs von Tortona entzogen und erhielt damit die Exemtion. Alle diese Rechte mussten jedoch von jedem König aufs Neue bestätigt werden, ein Umstand, der im 10. Jahrhundert die Mönche von Bobbio zu zahlreichen Fälschungen von Königsurkunden und Bullen des 7. Jahrhunderts veranlassen sollte, bis sie schließlich 1014 beim Papst die Erhebung zum eigenständigen Bistum erreichen konnten. Für Bobbio ist durch die ausnahmsweise überlieferten Güterverzeichnisse bekannt, welch enorme wirtschaftliche Bedeutung ein großes Kloster erreichen konnte. Die sogenannten *Abbreviationes*, ein in zwei Redaktionen von 862 und 883 überliefertes Urbar, listen für das Kloster selbst sechs mehrstöckige und dreißig niedrigere Häuser auf. Nach Orten geordnet werden aber auch alle weiteren Besitzungen mit ihrer landwirtschaftlichen Produktion verzeichnet. So erfährt man, dass die klostereigenen Güter jährlich insgesamt 1074 Amphoren Wein produzierten, und in ihren Wäldern 2900 Schweine weiden konnten.

Fast jeder der späteren Langobardenkönige gründete mehrere wichtige Klöster. Liutprand (712–744) rief das Kloster Berceto auf der Passhöhe der Pilgerstraße nach Rom ins Leben, dessen erster Abt 718 der hl. Moderamnus von Rennes wurde. Ein noch be-

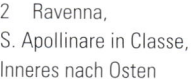

2   Ravenna,
S. Apollinare in Classe,
Inneres nach Osten

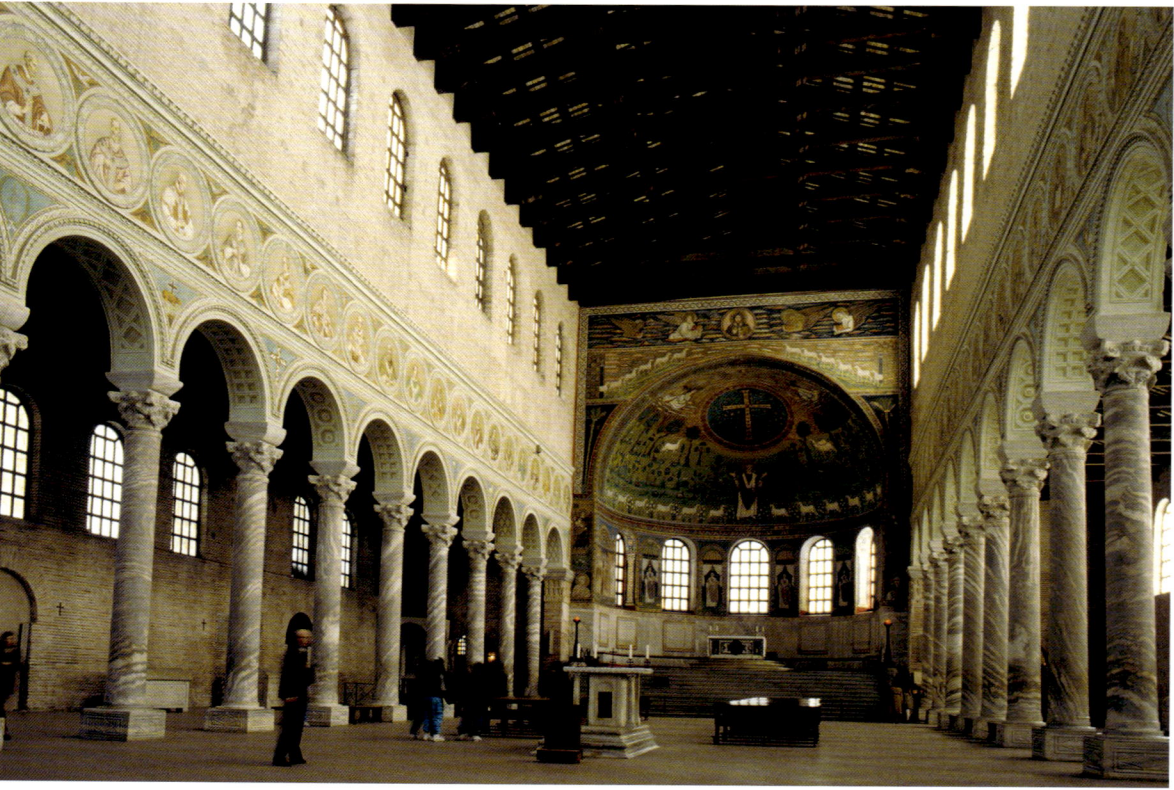

deutenderes Kloster war S. Pietro in Ciel d'Oro in Pavia, ebenfalls eine Gründung Liutprands. Astulf (749–756) vermachte dem von Anselm kurz zuvor gegründeten Nonantola 752 umfangreiche Rechte und Besitzungen, deren Ausdehnung auf über 400 km² geschätzt wird. 756 erhielt das Kloster aus Rom den Leib des hl. Silvester. Desiderius (758–774) gründete noch vor seiner Königserhebung das Kloster Leno bei Brescia und besetzte es mit zwölf Mönchen aus Montecassino.

In Mittelitalien förderten die Herzöge von Spoleto das 705 wiedergegründete Farfa, das ursprünglich ein syrisches Kloster des 6. oder sogar schon des späten 4. Jahrhunderts gewesen war. Die Klosterkirche des frühen 8. Jahrhunderts ist ein einfacher Saal gewesen, von der ein kleiner Abschnitt einer Außenmauer verblieben ist. Fast komplett ist dagegen die Kirche von S. Sofia in Benevent (Abb. 4) erhalten, die von Herzog Arechis II. von Benevent (758–787) gegründet und reich mit Reliquien ausgestattet wurde: 760 erhielt sie die Leiber von zwölf Märtyrern aus Apulien und 768 noch den hl. Mercurius. Das 774 etablierte Nonnenkloster wurde von Arechis Montecassino unterstellt. S. Sofia ist ein komplett gewölbter Umgangszentralbau, dessen Zentrum ein hoher, sechseckiger Mittelraum mit Spoliensäulen in den Ecken bildet. Um ihn sind zwei Umgänge geführt, die wegen des leicht langgestreckten Grundrisses und der drei Apsiden im Osten aber auch als Seitenschiffe gelesen werden können. S. Sofia ist, worauf schon das Patrozinium verweist, als freie Kopie der Hagia Sophia in Konstantinopel zu verstehen. Damit versuchte Arechis, „Unabhängigkeit und Machtanspruch zu legitimieren und den jungen Staat dem großen Vorbild Byzanz anzugleichen" (Hans Belting). Doch erst nach der Einnahme Pavias durch Karl den Großen 774 erlangte Arechis fast völlige Unabhängigkeit und eine königsähnliche Stellung.

Neben den herrschaftlichen Gründungen kennt die langobardische Zeit aber auch schon adlige Eigenklöster. Ein gewisser Erfo gründete zunächst gegen 740 im Friaul S. Maria in Sesto al Reghena, dann 756 in der Toskana Abbadia San Salvatore. Drei Beneventaner, Paldo, Tato und Taso, riefen nach einem Aufenthalt in Farfa vor 720 das Kloster San Vincenzo al Volturno ins Leben, das an der Stelle einer älteren Siedlung mit mehreren verfallenen Kirchen entstand. Das Kloster war zunächst von den Herrschern weitgehend unabhängig, erst gegen 760 förderte es Arechis II. von Benevent durch Landschenkungen. Die erste Klosterkirche, S. Vincenzo Minore, wurde als Saalkirche mit Apsis in

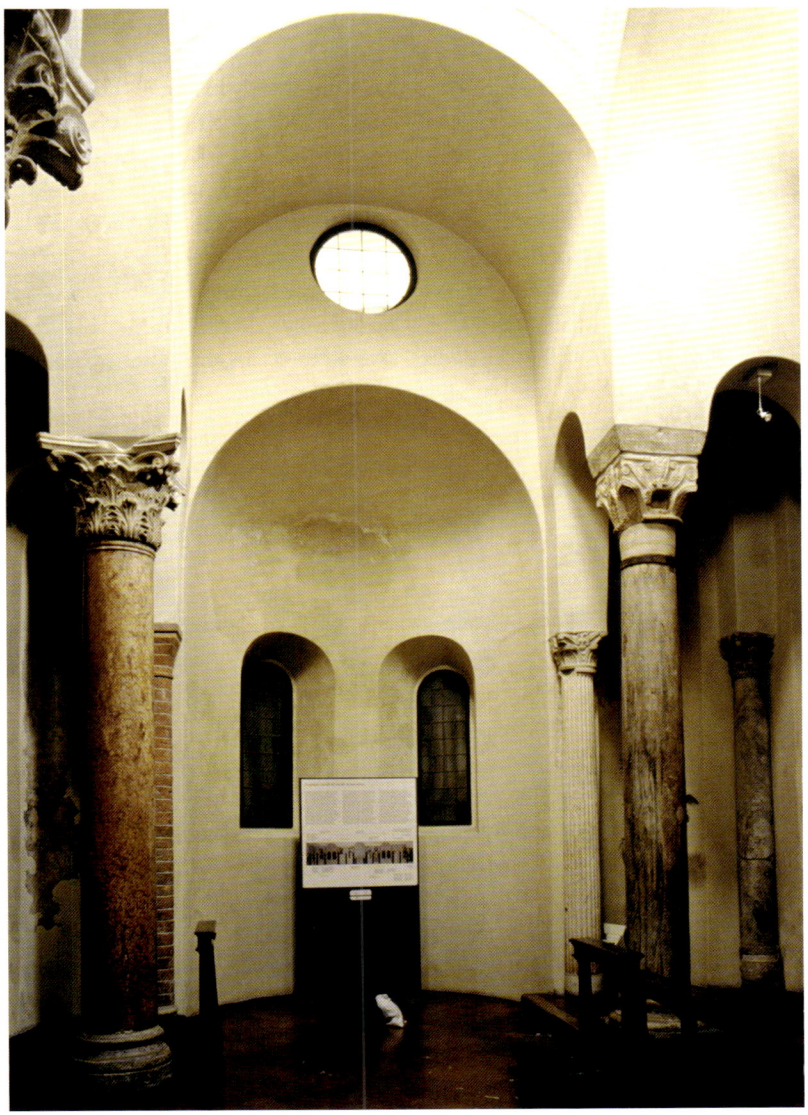

3 Mailand, S. Satiro, Inneres

einer der spätantiken Kirchen eingerichtet. In einer zweiten Phase wurde dann um die Apsis der Kirche ein Umgang gelegt. Unmittelbar nördlich davon entstand an der Stelle der größeren spätantiken Basilika eine Kapelle.

Nach mehr als hundertjähriger Unterbrechung wurde Montecassino 718 von Abt Petronax aus Brescia im Auftrag von Gregor II. mit Unterstützung von San Vincenzo al Volturno neugegründet. Das Kloster entwickelte sich nun zu einem mönchischen Zentrum für ganz Europa, wie die Aufenthalte zahlreicher wichtiger Missionare belegen. 749–756 war der ehemalige König Ratchis Abt von Montecassino. Nach Aussage der *Chronica monasterii Casinensis* wurde von Abt Poto ab etwa 778 eine zweite Hauptkirche erbaut: S. Benedetto, das spätere S. Germano.

Osten wurde die Kirche unter Aufgabe der Querarme um drei gestelzte Apsiden erweitert. In die Hauptapsis wurde eine kleine ungewölbte dreischiffige Krypta eingebaut, die aus den Seitenschiffen über viertelkreisförmige Stollen zugänglich ist. Während der Vorgängerbau als Gründungsbau der Mitte des 8. Jahrhunderts zu gelten hat, ist die Datierung der heute noch stehenden Basilika höchst umstritten. Ein Inschriftfragment der Wandmalereien scheint zunächst eine Entstehung noch zur Regierungszeit des Desiderius nahezulegen: „REGNANTEM DESIDERIVM TIRO HLV[DOVICVS?]". Damit bleibt die Nennung Ludwigs aber unerklärt. Es ist deshalb wahrscheinlicher, dass an Desiderius als Gründer des Klosters erinnert werden sollte, und der Neubau aus der Zeit eines Königs Ludwig stammt, wohl Ludwigs II. (840–875). S. Salvatore vermittelt wie kein anderer Kirchenbau noch heute eine Vorstellung vom Reichtum der Dekoration und der Ausstattung einer königlich geförderten (und damit sicher exzeptionellen) Klosterkirche des 9. Jahrhunderts. Einige der Säulen sind kanneliert, und sie haben teils ältere Spolienkapitelle, teils aufwendig neu angefertigte Kapitelle nach antikem Vorbild erhalten. Die Unterseite der Arkadenbögen ist mit wechselnden ornamentalen Friesen in Stuck geschmückt. Die Mittelschiffswände

sind mit Malereien bedeckt, die in einem Streifen Szenen aus den Viten von Märtyrern darstellen. Auch ein Teil des Mobiliars hat sich erhalten: Fragmente von Schranken, Ambonen und einem Ziborium, die zum Teil mit Ranken und Flechtornamentik, zum Teil aber auch figürlich gestaltet sind.

In Rom wurden in der zweiten Hälfte des 7. Jahrhunderts die Diakonien mit Klöstern verbunden, was zunächst einige kleinere Neubauten nach sich zog, z.B. im Umkreis der Peterskirche die nicht erhaltenen S. Martino (2. Hälfte des 7. Jahrhunderts) und S. Stefano Maggiore (vor 732). Von da an bis zur Mitte des 9. Jahrhunderts gaben die Päpste in der Ewigen Stadt eine beispiellose Serie von Neubauten in Auftrag, darunter auch mehrere große Klosterkirchen. S. Cecilia in Trastevere geht auf Papst Paschalis I. (817–824) zurück. Die nach Westen ausgerichtete Kirche ist eine Basilika mit 24 Säulen, die Arkadenbögen tragen, und weist eine einzige Apsis mit Ringkrypta auf. Gegenüber den übrigen Kirchenbauten Paschalis' erscheint S. Cecilia etwas schlichter, denn S. Maria in Domnica hat drei Apsiden und S. Prassede sogar ein durchgehendes Querhaus.

Die päpstliche Bautätigkeit hörte mit dem Nachlassen des karolingischen Schutzes abrupt auf. In der Stadt dominierten nun Adelsfamilien, und die Päpste

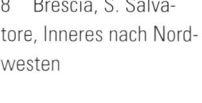

8 Brescia, S. Salvatore, Inneres nach Nordwesten

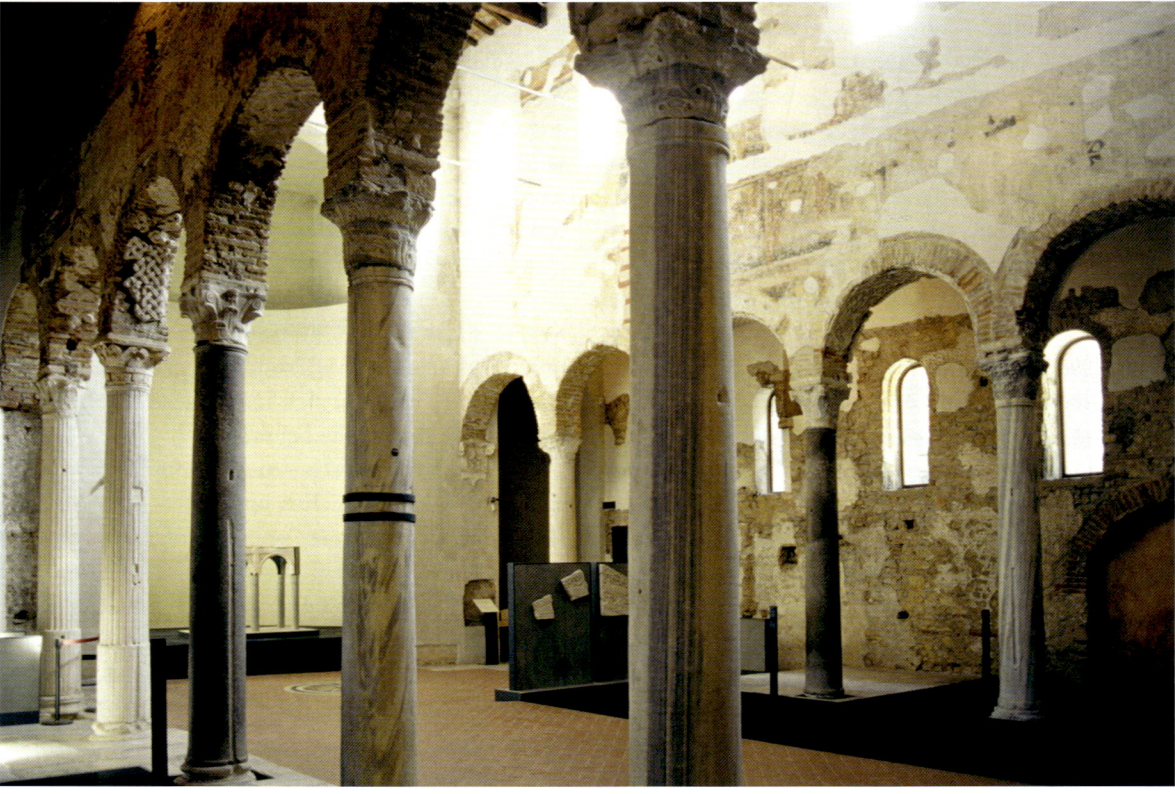

Architektur und Aufbau der Klöster – Die Reformen von Cluny und Hirsau

waren kaum noch ein Machtfaktor. Hatte man früher in Rom für die nun folgende Zeit bis 1000 sogar eine Denkmallücke angenommen, ist es das Verdienst von Robert Coates-Stephens gewesen, etwa zwei Dutzend von Adligen veranlasste Neugründungen oder Erneuerungen von Klöstern nachgewiesen zu haben. Erhalten sind von den dazugehörigen Kirchen nur drei: S. Maria in Aventino, eine Gründung des Stadtpräfekten Alberich II. († 954), S. Tommaso in Formis (Abb. 9) und S. Sebastiano al Palatino. Sie sind alle anspruchslose, wenn auch recht große Saalkirchen mit einfacher Apsis.

Nicht nur in Rom waren das späte 9. und das 10. Jahrhundert Krisenzeiten, gekennzeichnet durch Sarazenen- und ab 899 durch Ungarneinfälle sowie durch rivalisierende Königsherrschaften. Auch viele der bereits bestehenden Klöster waren von den Beutezügen betroffen: In San Vincenzo al Volturno wurden 881 das Atrium von S. Vincenzo Maggiore und die Werkstätten von den Arabern in Brand gesetzt, anschließend wurde das Kloster aufgegeben. Doch konnte Charles B. McClendon nachweisen, dass bereits die Schäden eines Erdbebens von 848 nie vollständig beseitigt worden waren – der Niedergang hatte also schon früher begonnen. Zu Beginn des 10. Jahrhunderts wurde den Mönchen von San Vincenzo die Kirche S. Vincenzo in Capua zur Verfügung gestellt. 916, nach der für die Sarazenen verlustreichen Schlacht am Garigliano, kehrten einige Mönche in das Stammkloster zurück, aber erst unter Abt Johannes IV. (998–1007) kam es zu einer wirklichen Wiederherstellung. Auch Farfa wurde von den Sarazenen zerstört, in diesem Falle 898, und ganz ähnlich wie in San Vincenzo kehrten dann nach 915 einige Mönche zurück. Für Montecassino sind entsprechend 883 und 948 als Jahre der Zerstörung bzw. der Wiederbesiedlung belegt, doch blieb das Stammkloster vorerst von der Tochter in Capua abhängig. Auch Oberitalien war betroffen: Das 726 gegründete Novalesa in den Westalpen nahe dem Montcenis-Pass wurde im frühen 10. Jahrhundert wegen der Sarazenenbedrohung weitgehend verlassen. Die Mönche ließen sich zunächst in Turin, nach 929 dann weiter östlich in Breme nieder. Erst kurz vor 1000 wurde Novalesa wiederbesiedelt, nun als Priorat von Breme.

Mit dem ersten Italienzug Ottos I. 951 entstand in Italien wieder eine Zentralgewalt, die aber während der langen Abwesenheiten der ottonischen Herrscher nur bedingt wirksam wurde. Immerhin konnte die Kirchenbautätigkeit in der zweiten Hälfte des 10. Jahrhunderts langsam wieder zunehmen; an der Spitze standen dabei die bischöflichen und adligen

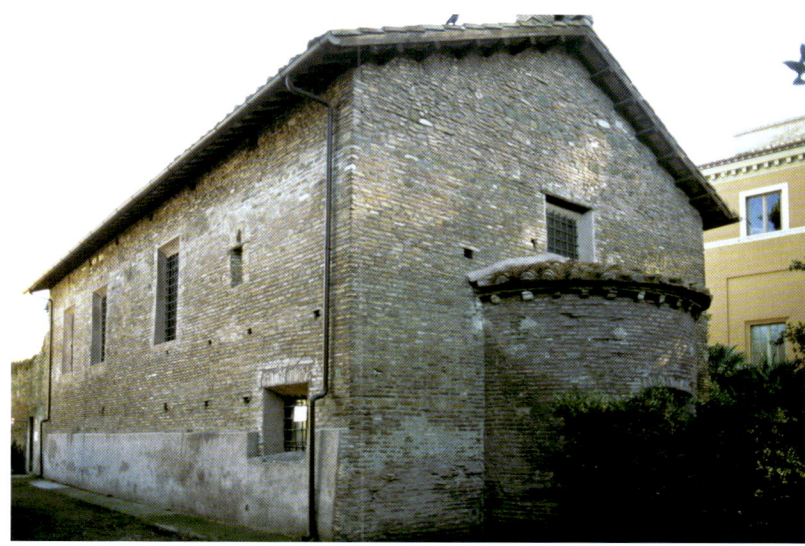

9 Rom, S. Tommaso in Formis, Äußeres von Südosten

Eigenklöster. Von den Neugründungen und Erneuerungen von Klöstern durch Bischöfe seien hier S. Giustina in Padua (970), SS. Felice e Fortunato in Vicenza (975), S. Celso in Mailand (982) und S. Pietro in Modena (vor 998) herausgegriffen, während z.B. die Badia in Florenz 978 durch die Markgrafen von Tuszien gegründet wurde und vermutlich als Familiengrablege gedacht war.

Erhalten sind von den Klosterkirchen dieser Zeit immerhin so viele, dass nun erstmals eine gewisse Vorstellung vom Spektrum der möglichen Bautypen gewonnen werden kann. Am besten lässt sich der Typenwandel bei den Krypten nachvollziehen. Wohl im ersten oder zweiten Drittel des 10. Jahrhunderts erhielt die Kirche des Frauenklosters von S. Felice in Pavia, das von Desiderius und Ansa vor 760 gegründet worden war, eine Mehrkammerkrypta mit Querstollen (Abb. 10), die unter den drei Apsiden und dem Ostende der Saalkirche liegt. Als Variante hierzu hat S. Maria alle Cacce in Pavia, ebenfalls ein Frauenkloster, eine Stollenkrypta mit östlich angefügten Apsiden erhalten, die möglicherweise zu einer von Kaiserin Theophanu 972 veranlassten baulichen Erneuerung gehört. Die Kirche ist hier eine Säulenbasilika gewesen. Von der im Jahre 972 als aufwendiger Bau bezeugten Kirche des Klosters Breme, dessen Entstehung eben geschildert worden ist, steht nur noch die Krypta (Abb. 12). Sie ist eine dreischiffige Halle mit gurtlosen Kreuzgratgewölben, deren Stützen im Westteil aufgemauerte Rechteckpfeiler sind, während der Apsisteil durch runde Schäfte ausgezeichnet ist. Es handelt sich um die früheste nachweisbare, voll ausgebildete Hallenkrypta Italiens, im Vergleich zu der sich die fast zeitgleiche,

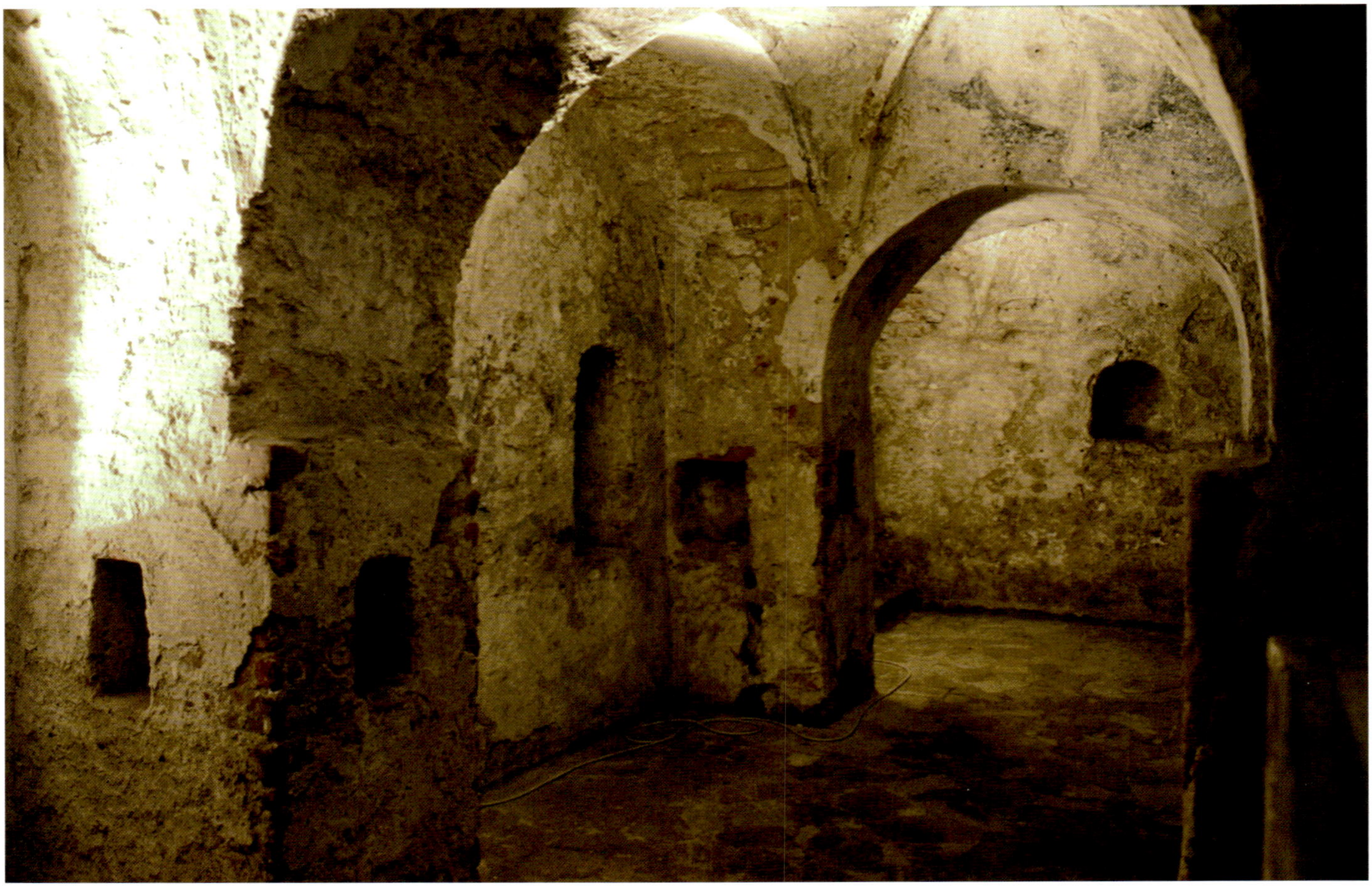

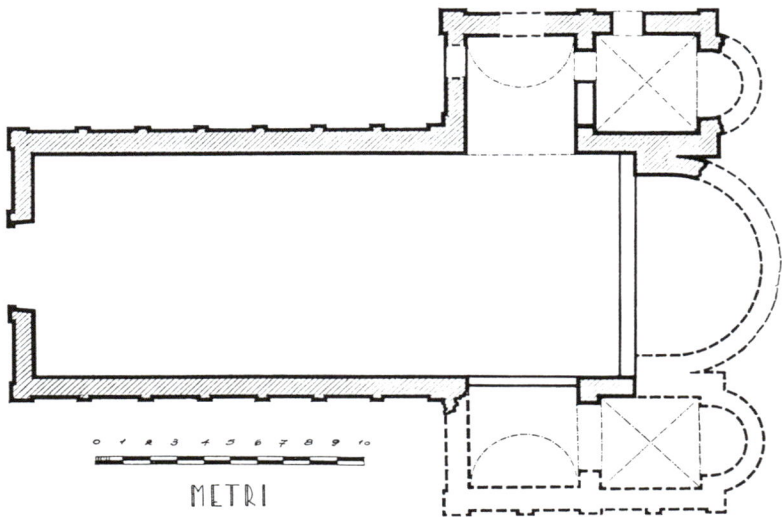

wenn nicht sogar jüngere Krypta von S. Maria alle
Cacce in Pavia ausgesprochen unmodern ausnimmt.
Der nächste Schritt ist mit S. Lorenzo in Cremona
getan, einer Gründung Bischof Odelrichs vor 990, mit
einer allerdings etwas später eingebauten Hallenkrypta.

Aus den erhaltenen Wandvorlagen lassen sich hier ehemals vorhandene Gurt- und Scheidbögen rekonstruieren. Ein solches System erlaubt variable Jochzuschnitte
und gebuste Gewölbe und stellt damit im Vergleich zu
den älteren scheitrechten Gewölben einen erheblichen
technischen wie gestalterischen Fortschritt dar. Ein geringfügig späteres oder sogar gleichzeitiges Vergleichs-
beispiel für S. Lorenzo ist die gut erhaltene Krypta der
Pieve von Galliano (1007). Das System sollte im 11.
und 12. Jahrhundert für Krypten verbindlich werden.

Die wichtigste erhaltene Klosterkirche vom Ende
des 10. Jahrhunderts ist S. Quintino in Spigno Monfer-
rato (Abb. 11) im südlichen Piemont. Nach längeren
Vorbereitungen gründete der Aledramide Markgraf
Anselm 991 das Kloster als Gedenkstiftung für seinen
Vater. Die heute als Bauernhaus genutzte Kirche ist ein
langer Saal, dessen Äußeres mit Lisenen und Blendbö-
gen geschmückt ist. Dem Schiff waren östlich eine
große Apsis und seitlich tonnengewölbte Querarme
angefügt, von denen aus weitere Kapellenräume zugänglich waren; über diesen waren womöglich Chor-
winkeltürme errichtet. Die Ostteile der Kirche waren

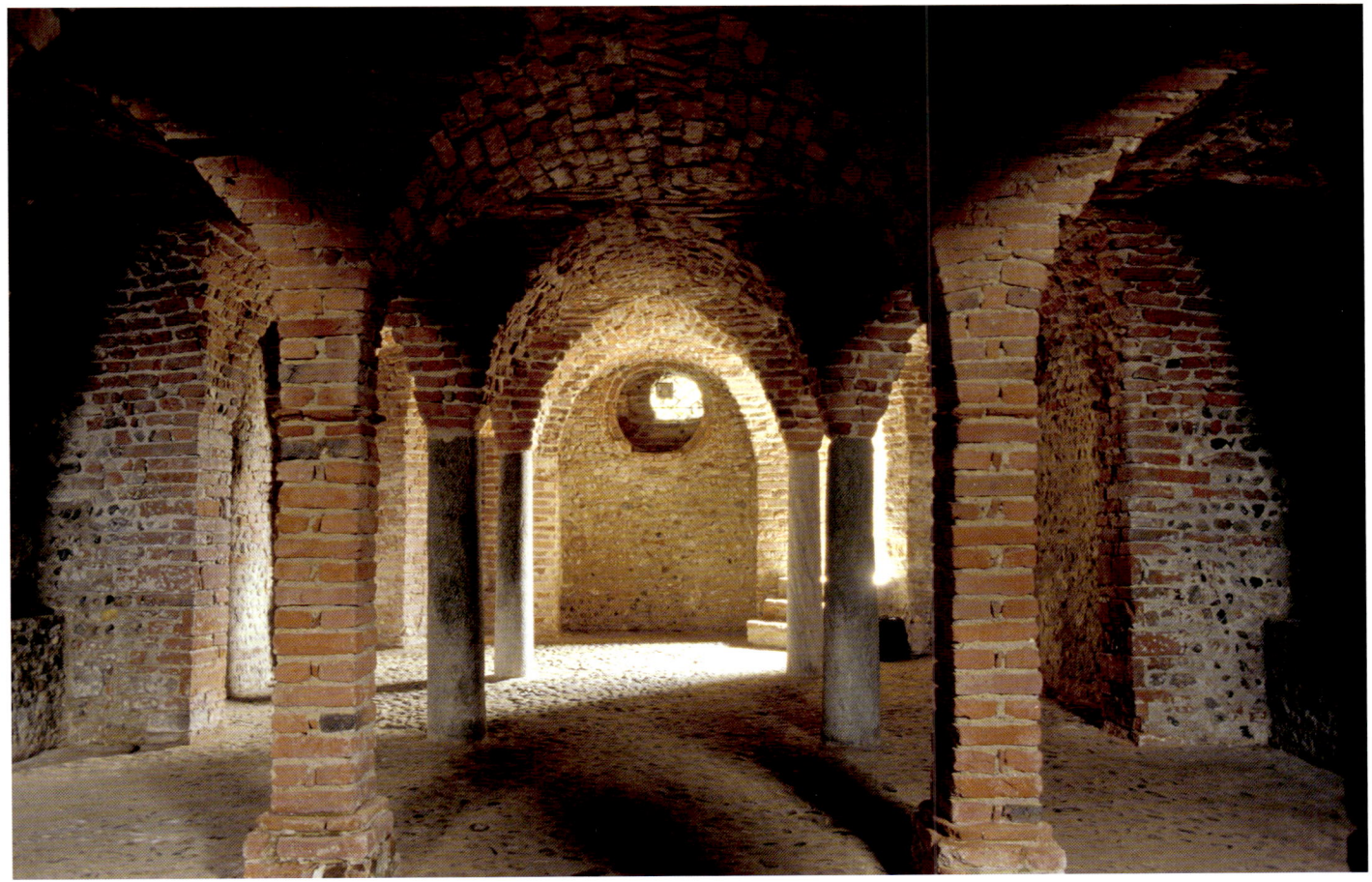

innen über einer großen Hallenkrypta erhöht, die das östliche Drittel des Schiffs und die Querarme mit umfasst hat.

Im Vergleich zu diesem innovativen Bau fällt die Abteikirche von Pomposa bei Ravenna durch formalen Konservatismus auf. Pomposa, eine flachgedeckte Säulenbasilika mit drei Apsiden (Abb. 14), unterscheidet sich vom mehr als vier Jahrhunderte älteren S. Apollinare in Classe in Ravenna eigentlich nur durch eine breitere Proportionierung der Säulenarkaden. Es verwundert deshalb wenig, dass Pomposa bisher als Bau des 9. Jahrhunderts galt. Doch spricht die wenige bauzeitliche Skulptur dafür, dass die Kirche erst im späten 10. oder frühen 11. Jahrhundert entstanden ist, bevor sie kurz darauf nach Westen verlängert wurde; zu dieser Erweiterung gehört die Weihe von 1026.

Versucht man, spezifisch monastische Züge der Klosterkirchen des 8. bis 10. Jahrhunderts zusammenzustellen, insbesondere in Abgrenzung gegenüber anderen zeitgenössischen Kirchen, wird man enttäuscht feststellen, dass sich nur wenig benennen lässt. Die Klosterkirchen vertreten zwar einen im Vergleich zu

den meisten anderen Bauten relativ hohen Anspruch und werden hierin nur von den Kathedralen übertroffen, lassen sich aber in ihren Dispositionen von Kirchen anderer Funktion kaum unterscheiden. Krypten für die Reliquienverehrung sind genauso an Kathedralen und Stiftskirchen nachweisbar, und auch der Typenwandel der klösterlichen Krypten fügt sich mühelos in den allgemeinen ein. Die zunehmende Bedeutung der Messfeier am Grab der Heiligen, welche zur Entstehung der Hallenkrypta geführt hat, ist eine allgemeine Erscheinung gewesen. Als spezifisch dürfen dagegen die groß dimensionierten Saalkirchen des 10. Jahrhunderts gelten, die sich in Mittelitalien für Klosterkirchen noch bis nach 1200 einer großen Beliebtheit erfreuen sollten. Kurz vor 1000 trug der Chortyp von Spigno dem gestiegenen Bedürfnis nach möglichst vielen Altarstellen Rechnung und kann darin als Vorbote der neuen Chortypen des 11. Jahrhunderts gelten, wie z.B. des Staffelchors, was aber wiederum nicht auf Klosterkirchen beschränkt ist. Die in Spigno und anderen Bauten durch die Erweiterung der Ostteile hinzugewonnenen Altäre wurden sicher für Privatmessen

12 Breme, S. Pietro, Krypta nach Osten

von Priestermönchen verwendet, doch kann darüber hinaus auch der Wunsch bestanden haben, möglichst viele Patrozinien unterzubringen oder einen Reliquienschatz über mehrere Altäre verteilt zu präsentieren. Ausgesprochen ungeeignet für Klosterkirchen sind Zentralbauten wie S. Sofia in Benevent oder S. Satiro in Mailand, aber auch das von Bruno von Querfurt beschriebene Sant'Alberto, eine Gründung Ottos III. für den von ihm besonders verehrten hl. Adalbert von Prag. Bei diesen Kirchen wird die Bauform in erster Linie durch die Aufgabe als Memoria bestimmt. An solchen Klosterkirchen konnten eigentlich nur kleine Kongregationen angesiedelt werden; so sind für S. Satiro acht Mönche bezeugt.

Bis zu diesem Zeitpunkt ist ausschließlich von Klosterkirchen die Rede gewesen. Dies hat seinen guten Grund, denn über die Klausuren ist nochmals wesentlich weniger bekannt, insbesondere deshalb, weil sich Grabungen früher auf die monumentalen Kirchenbauten konzentriert und das bauliche Umfeld vernachlässigt haben. Auf keinen Fall darf man annehmen, die regelmäßigen Klausuranlagen, wie man sie aus dem Hochmittelalter kennt, habe es schon immer gegeben. Anscheinend sind für ganz Europa vor der anianischen Klosterreform von 816–818/819 überhaupt keine regelmäßigen Klausuranlagen um Kreuzgänge anzunehmen.

Von den Klöstern des 5. und 6. Jahrhunderts ist lediglich die Anlage eines einzigen in Süditalien aus literarischen Beschreibungen summarisch bekannt. Es handelt sich um das wichtige, von Cassiodor (um 485 – um 580) bei Squillace in Kalabrien auf Eigenbesitz gegründete Vivarium, das seinen Namen nach den klostereigenen Fischteichen erhalten hatte. Zum Kloster gehörten eine zweite, dem hl. Hilarius geweihte Kirche am Fluß und eine Einsiedelei auf dem Monte Castello.

Eine einigermaßen gut bekannte Klosteranlage des 8. und 9. Jahrhunderts ist San Vincenzo al Volturno (Abb. 13). Südlich der ersten Klosterkirche wurden ein Hof und ein Refektorium angelegt, die aber in keiner regelmäßigen Achsbeziehung zueinander standen und auch kein geschlossenes Geviert ergaben. Erst im Zuge des Baus der zweiten, 808 geweihten Abteikirche

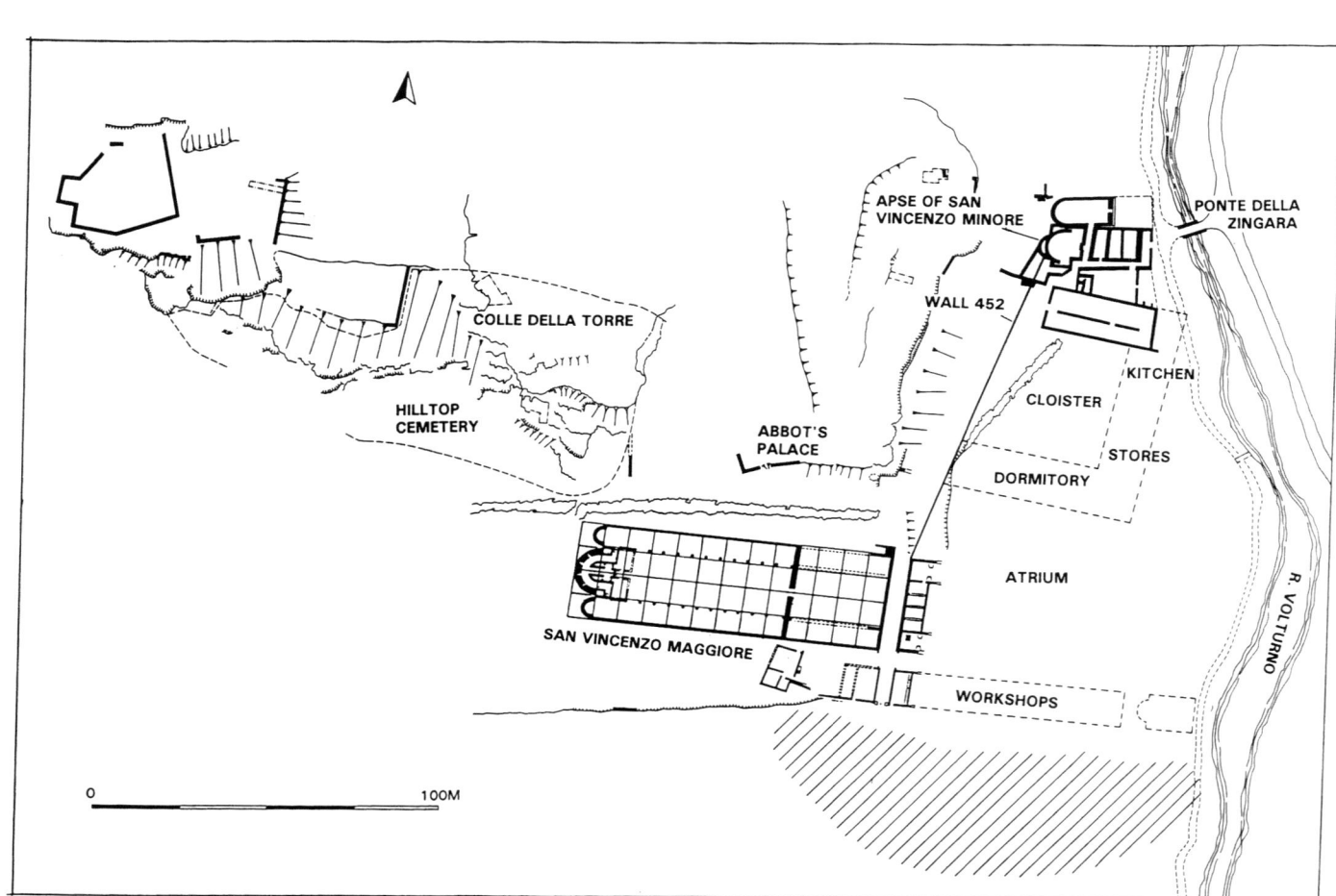

13 San Vincenzo al Volturno, Lageplan des Klosters

Architektur und Aufbau der Klöster – Die Reformen von Cluny und Hirsau

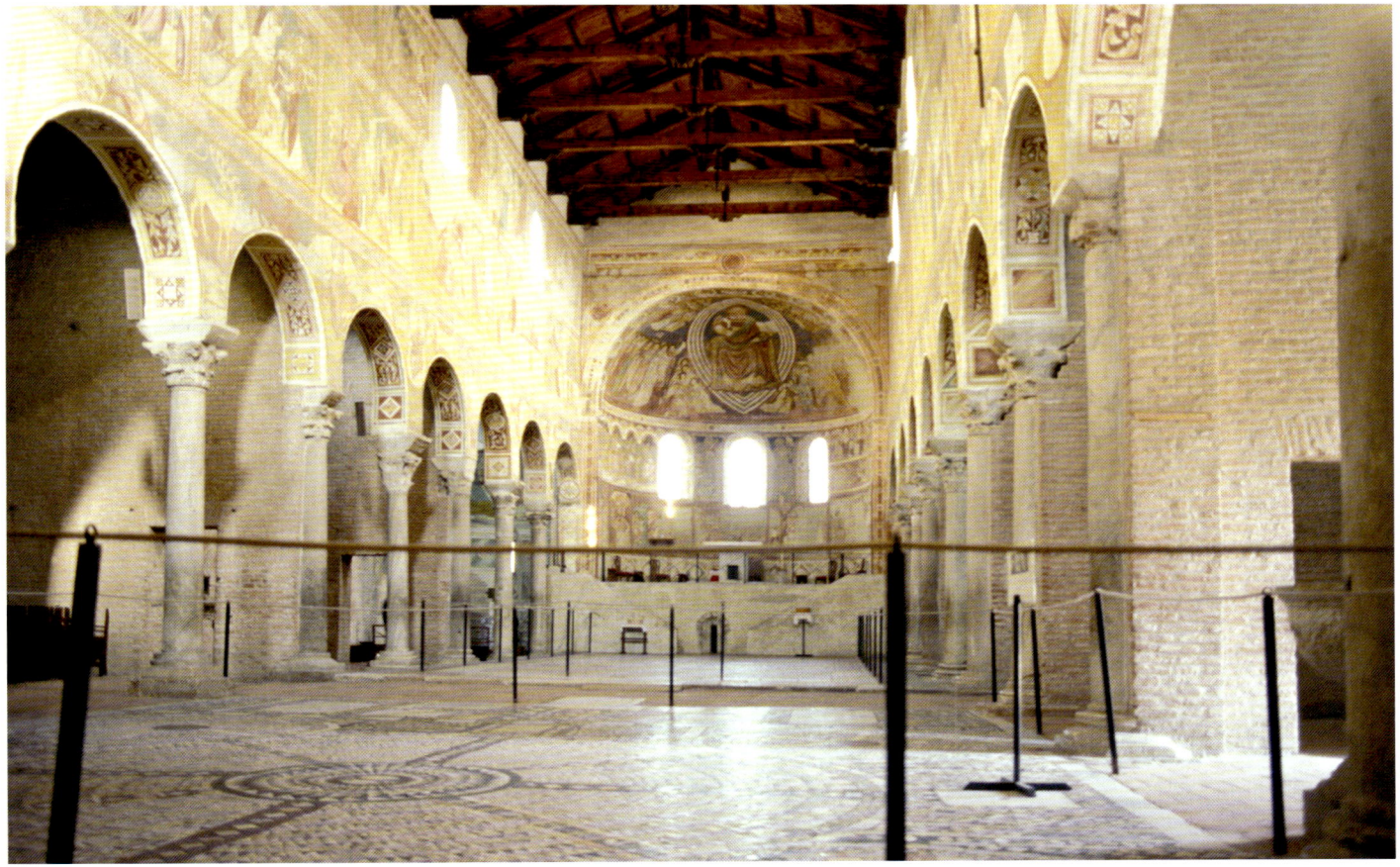

14 Pomposa, Abtei-
kirche, Inneres nach
Osten

wurden zwischen der älteren Klausur und der neuen Kirche verschiedene Gebäude, unter anderem ein Refektorium für Gäste, um einen Kreuzgang angeordnet, der aber wiederum nicht rechtwinklig war. Westlich davon befanden sich das separat stehende Abthaus und noch etwas weiter auf einem Hügel der Friedhof. Unter Talarich und seinem Nachfolger Epyphanius (826–843) wurde das Kloster erneut erweitert. Die zweite Kirche erhielt nun ein Atrium, in dem im Laufe des 9. Jahrhunderts zahlreiche Mönche beigesetzt wurden. Als Ersatz für die zugunsten des Atriums abgebrochenen Werkstätten errichtete man weiter südlich Neubauten. Jenseits des Flusses im Osten, den man durch eine Brücke unmittelbar vor der ersten Abteikirche überqueren konnte, standen weitere Wirtschaftsgebäude des Klosters.

In Montecassino sind die Klostergebäude des späten 8. Jahrhunderts schriftlich für die Ostseite von S. Benedetto belegt, also genau auf der entgegengesetzten Seite des Atriums.

In Novalesa sind südlich der Abteikirche zwei nacheinander entstandene Klausuren ergraben worden. Auf ältere, nur fragmentarisch aufgefundene Gebäude, die auffallend schräg zur Kirche lagen, folgte in der zweiten Phase eine annähernd rechteckige Klausur mit Kreuzgang, die von der heutigen ziemlich genau überbaut ist. Wegen einiger dort aufgefundener Schrankenfragmente wird diese zweite Anlage von Gisella Cantino Wataghin bereits zu Ende des 8. oder Anfang des 9. Jahrhunderts angesetzt, woran man angesichts der Regelmäßigkeit des Grundrisses zweifeln mag. Sie sollten deshalb eher mit der Wiederbesiedlung um 1000 in Verbindung gebracht werden.

Eine dritte archäologisch nachgewiesene Klausur ist die des Klosters von S. Salvatore in Brescia, das sich von San Vincenzo al Volturno und Novalesa durch seine Lage innerhalb der Stadtmauern unterscheidet. Trotzdem nahm die Klosteranlage ein großes Areal auf der Südseite der Kirche ein. Die Gebäude des 8. oder 9. Jahrhunderts bestanden teilweise aus zwei Geschossen, von denen das untere eine offene Loggia hatte. Die Bauten waren um drei offene, unregelmäßig viereckige Höfe angeordnet. Im mittleren Hof war in unmittelbarer Nachbarschaft zur Kirche der Friedhof angelegt. Außerdem konnten eine Badeanlage mit Hypokaustenheizung und eine Zisterne aufgedeckt werden, was uns an die große Bedeutung des Wassers in Klöstern erinnert. Man denke an die schon genannten Fischteiche von Vivarium oder an den Aquädukt von Farfa, dessen Vollendung im Jahre 778 schriftlich überliefert ist.

Das Kloster Farfa hat im späten 9. Jahrhundert zwei Kreuzgänge gehabt, die als „arcus deambulatorii per totum circuitum" beschrieben werden. Der erste war das Zentrum der Klausur für Priestermönche und befand sich wohl wie sein barocker Nachfolger auf der Nordseite der Kirche. Hier wurden auch die Äbte beigesetzt. Der zweite Kreuzgang für Laien ist mit dem westlich der Kirche ergrabenen Atrium identisch, für das auf allen Seiten Loggien mit Säulen nachgewiesen sind; der Ostflügel war dabei halbkreisförmig um die Westapsis herumgeführt. Das Atrium zeichnet sich durch die räumliche Nähe zu den Heiligenleibern in der Westkrypta aus und war deshalb ein privilegierter Begräbnisort.

Klausuren befanden sich somit nicht ausschließlich auf der Längsseite der Kirche im Süden oder Norden, sondern auch ein achsial vorgelagertes Atrium konnte wie ein Kreuzgang genutzt werden. Der Befund für San Vincenzo und Farfa wird durch eine Quellennachricht für S. Vitale in Ravenna bestätigt: 999 erlaubte Otto III. dem Abt, vor der Kirche die Klausur zu errichten, das heißt im Bereich des westlich vorgelagerten Atriums, das in barocker Überformung heute noch existiert.

Da die Kanonikerreform ein integraler Teil der karolingischen Klosterreform von 816–818 gewesen ist (s. den Beitrag Kettemann), sollten die Klausuren an Stiftskirchen und Kathedralen nicht übergangen werden. In Italien schlug sich dieser Teil der Reform erst mit einiger Verzögerung in einem Kapitular Karls des Kahlen vom Februar 876 nieder, das Bestimmungen über die Einrichtung von Kanonikerklausuren enthält.

Einige Jahre später, 897, regulierte Bischof Adalbert von Bergamo sein Domkapitel und ließ zu einem unbekannten Zeitpunkt eine Klausur errichten. Das 899 regulierte Domkapitel von Asti bezog drei Jahre später ebenfalls eine Klausur. Am Ende des 10. Jahrhunderts regulierte auch Helmpert von Arezzo das Domkapitel, anscheinend gegen Widerstand. Bauliche Nachweise für die Kanonikerklausuren fehlen bisher.

Zur Sakraltopographie eines Klosters konnten neben der Hauptkirche noch verschiedene Kapellen gehören, denen unterschiedliche Nutzungen zugewiesen waren. Diese Situation ist in Farfa für das späte 9. Jahrhundert schriftlich bezeugt. Von fünf über das Gelände verteilten Kapellen war die erste Petrus geweiht und wurde nur von den Priestermönchen genutzt; die zweite und dritte dienten für die Andachten der kranken Mönche, die nach rekonvaleszenten und todkranken Mönchen unterschieden wurden; die vierte Kapelle, die in der Pfalz lag, wurde vom Herrscher bei seinen Aufenthalten besucht; und die fünfte, Maria geweihte, die kleiner war und sich im Außenbereich befand, war als einzige für Frauen zugänglich.

In Novalesa sind die vier Kapellen im Außenbereich sogar erhalten (Abb. 16), wenn auch zwei nur als Neubauten des 11. Jahrhunderts. Als kleine Saalkirchen, die beiden älteren mit Rechteckapsis, sind sie im Typ etwa gleichartig. Eine der Kapellen, S. Maria Maddalena, befindet sich etwa 200 Meter nördlich der Kirche neben der ehemaligen Klosterpforte und dem Hospiz der Frauen, während drei weitere (S. Pietro, S. Salvatore und S. Eldrado) in geringerer Entfernung über das Gelände südöstlich außerhalb der Klausur, aber sicher innerhalb der Klostermauer, verstreut sind. Unter dem Altar von S. Eldrado wurde zu einem unbekannten Zeitpunkt eine Person, wahrscheinlich Abt Eldradus, beigesetzt, dessen Patrozinium später das ältere Nikolauspatrozinium ersetzt hat. Über die sonstige Nutzung der Kapellen ist wenig bekannt, auch wenn eine Bespielung im Rahmen von Stationsgottesdiensten des Kirchenjahres naheliegt.

Anlässlich der eben genannten Pfalzkapelle von Farfa sei erwähnt, dass in mehreren wichtigen Reichsklöstern der karolingischen und vor allem der ottonischen Zeit Räume für den Herrscher reserviert waren. Carlrichard Brühl, der das Phänomen genauer untersucht hat, bezeichnet sie als „Klosterpfalzen".

Diese kurze Studie hat die italienischen Klöster des 4. bis 10. Jahrhunderts zum Gegenstand gehabt. Man darf jedoch nicht vergessen, dass das coenobitische Mönchtum nie die einzige monastische Lebensform geworden ist und auch Eremiten im ganzen

15 Brescia, S. Salvatore, Lageplan des Klosters

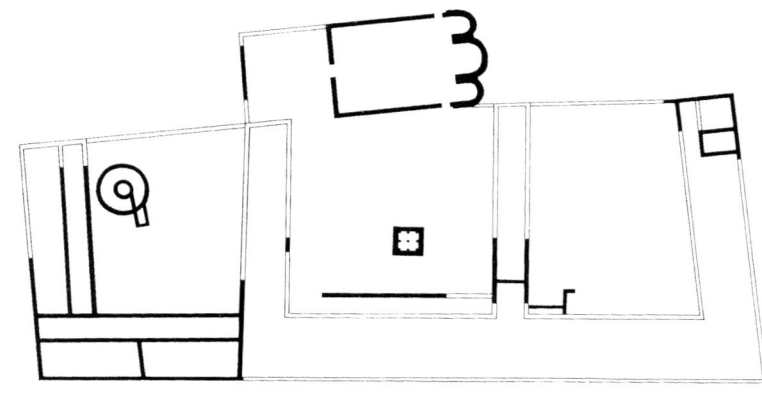

Architektur und Aufbau der Klöster – Die Reformen von Cluny und Hirsau

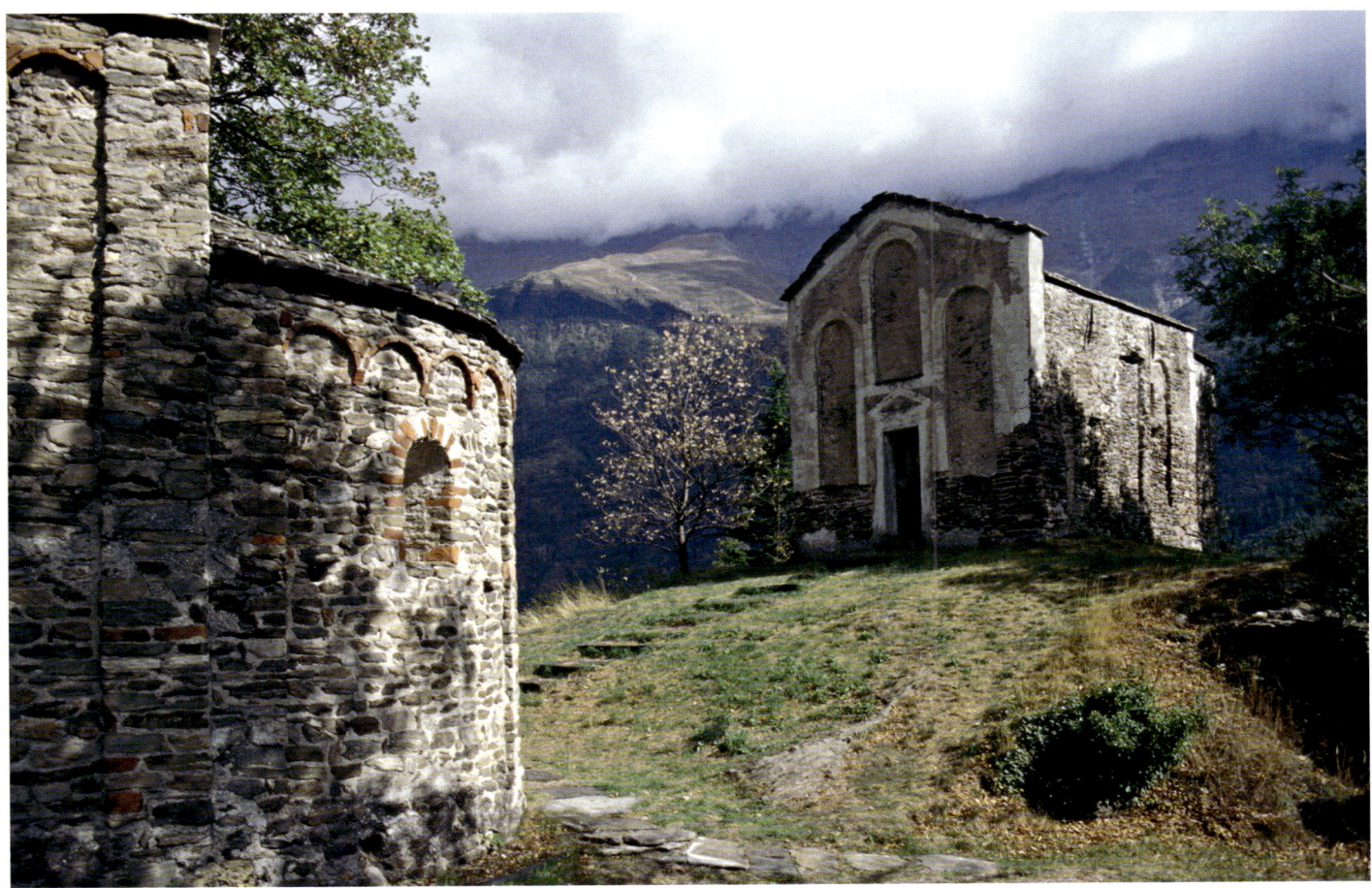

Mittelalter eine verbreitete Erscheinung blieben. Nur hinterließen Einsiedler in der Regel kaum bauliche Spuren, da sie in wenig dauerhaften Hütten lebten, und auch ihre Kapellen meist nur aus Holz bestanden haben dürften. Nur in Gegenden, in denen Felsformationen vorkommen, finden wir auch heute noch Einsiedlerhöhlen und ihre ebenfalls in den Fels gehauenen Oratorien. Dies ist in Italien vereinzelt am Alpenrand der Fall, gehäuft aber in Süditalien, wo an manchen Orten ganze Kolonien von natürlichen oder künstlichen Höhlen erhalten sind. Berühmt sind die Höhlen von Matera in der Basilicata und Massafra in Apulien. Die Michaelsgrotte bei Olevano sul Tusciano in Kampanien ist dagegen so groß, dass man in ihr gleich eine größere Zahl von Behausungen und Oratorien errichten konnte. Erhalten sind dort fünf Kapellen aus dem 10. Jahrhundert. Sie bilden kleine Saalkirchen mit ungewöhnlich unterschiedlichen Apsislösungen, zum Teil sogar mit Querhäusern.

Eine Einsiedelei konnte unter Umständen zur Keimzelle eines Klosters werden. Durch die *Chronica Monasterii Sancti Michaelis Clusini* ist das Leben des Eremiten Johannes Vincentius auf dem Monte Caprasio im Susa-Tal legendär überliefert. Johannes soll nach mehreren Michaelserscheinungen auf dem benachbarten Monte Pirchiriano dem Erzengel ein Oratorium erbaut haben. Hieraus wurde durch Initiative eines Adligen zwischen 999 und 1003 das Kloster der Sagra di San Michele. Das erste Oratorium, ein winziger Saal mit Apsis, besteht als Kern der Krypta bis heute.

16 Novalesa, Kapellen S. Salvatore und S. Pietro

Literatur:

Monumento Novaliciensia 1898–1901. – Porter 1915–1917. – Il Chronicon Farfense de Gregorio di Catino 1903. – Chronica Monasterii Sancti Michaelis Clusini 1934. – Krautheimer 1937. – Verzone 1942. – Belting 1962. – Krautheimer 1962. – Krautheimer 1967. – Pantoni 1973. – Brühl 1974. – Peroni 1974. – Torp 1974. – Krautheimer 1976. – L'Orange 1977–1979. – Magni 1979. – Chronica monasterii casinensis 1980. – Krautheimer 1980. – Penco 1983. – Jacobsen 1985. – McClendon 1987. – Untermann 1989. – Il Sacello di San Satiro 1990. – Guidobaldi 1994. – Cantino Wataghin 1995. – Coates-Stephens 1997. – Hodges 1997. – Cantino Wataghin 1998. – Jacobsen 1999. – L'Età Altomedievale Longobardi e Carolingi 1999. – Reiche 2002. – Agnelli Ravennatis 2006. – Untermann 2006.

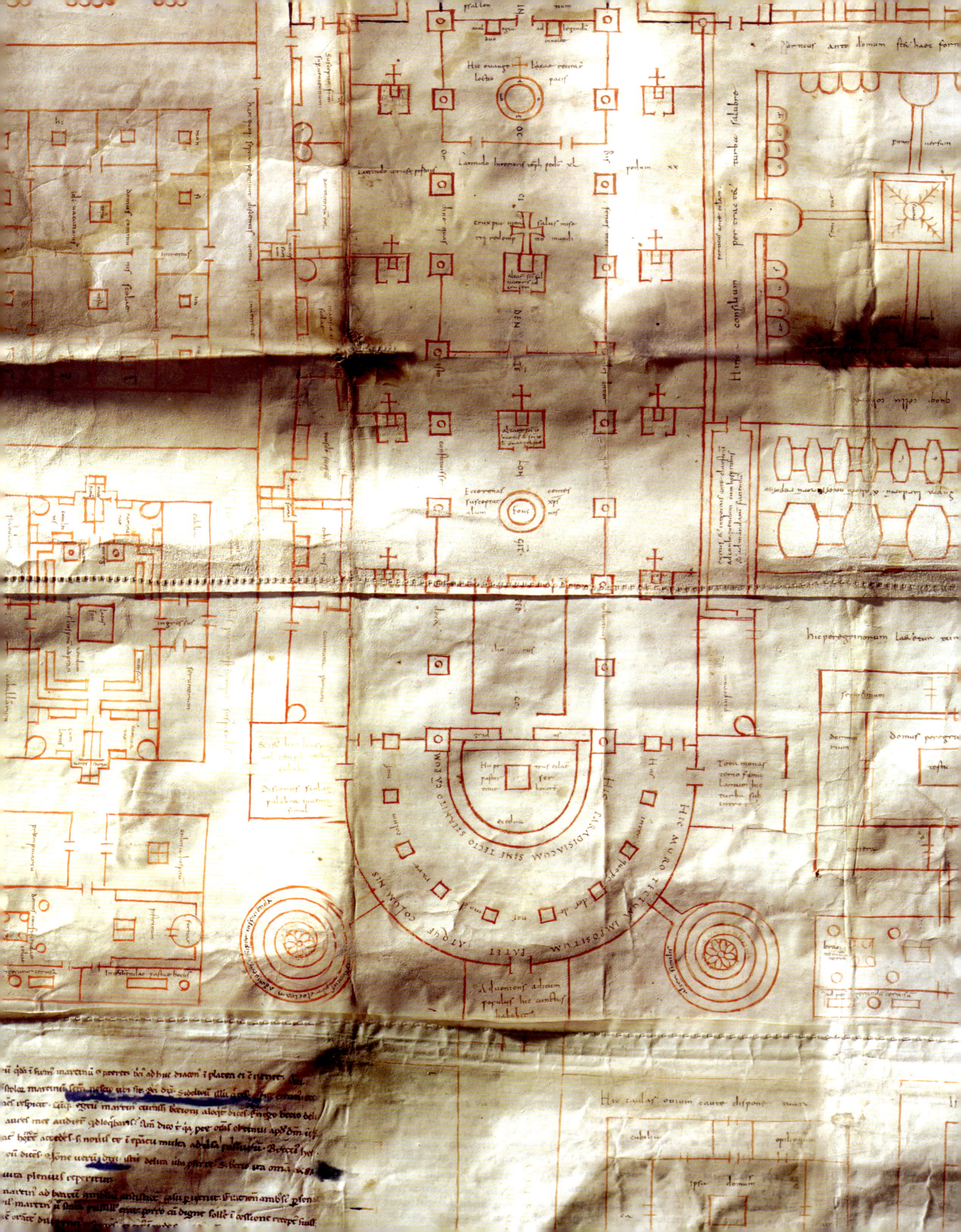

DER ST. GALLER KLOSTERPLAN — EIN MATERIALISIERTER DISKURS

Barbara Schedl

Die Planzeichnung auf dem Pergament

Die Stiftsbibliothek St. Gallen (Schweiz)[1] verwahrt seit mehr als 1100 Jahren eine einzigartige Architekturzeichnung, die in der kulturhistorischen Forschung unter der Bezeichnung St. Galler Klosterplan bekannt ist (Abb. 1, 11 und 12; Kat.-Nr. 6.1). Diese Architekturzeichnung ist nicht im St. Galler Kloster entstanden, sondern für St. Gallen wohl von der nicht weit entfernten Reichenauer Mönchsgemeinschaft angefertigt worden. Das Konzept des Klosterplanes ist auf eine bildhafte Umsetzung der *Regula Benedicti* ausgerichtet. Konkret ist auf eine 112 x 77 cm große Pergamentfläche, die aus fünf Teilen zusammengesetzt ist, in roten Linien der Grundriss von ca. 52 Gebäuden gemalt. Eine sorgfältige lateinische Beschriftung in brauner und blass graubrauner Tinte ermöglicht die Identifizierung der dargestellten Bauwerke.

Der Plan zeigt eine Klosteranlage mit Kirche, Klausurgebäuden, Noviziat, Hospital, Abthaus, Schule, Gästehaus, Pilgerherberge, Werkstätten, Wirtschaftsgebäuden, Gartenanlagen, Scheunen und Stallungen für den unterschiedlichsten Viehbestand.

Nach der Faltung der Architekturzeichnung auf Buchformat wurde die Rückseite des Pergaments im 12. Jahrhundert mit einer für die damalige Zeit adaptierten Version der Vita S. Martini des Sulpicius Severus beschrieben, dabei wurde aus Platzmangel für den letzten Teil des Textes der linke untere Teil der vorderen Planseite wegradiert und zerstört.

Die Klosterplanzeichnung ist konsequent auf das rechteckige Hochformat der Pergamentfläche konzentriert. Die quadratischen bzw. rechteckigen Gebäudeeinheiten füllen geometrisch angeordnet die Fläche. Aus der Anordnung der Gebäude ergibt sich keine spezifische Geländetopographie. Die geostete

Ausrichtung der Klosterkirche ist der Planbeschriftung zu entnehmen: „Ab oriente in occidentem longitudo pedium CC" (Von Ost nach West beträgt die Länge 200 Fuß).[2]

Bei den Grundrissdarstellungen der Gebäude wird auf eine verbindliche Maßstabsangabe verzichtet. Nur die dargestellte Kirche besitzt fünf Einträge von Maßangaben. So soll, wie gesagt, die Kirche eine Gesamtlänge von 200 Fuß und eine Gesamtbreite von 40 Fuß haben, während die Seitenschiffe 20 Fuß messen. Die Stützenabstände des Langhauses sollen sechs Fuß betragen, die des Westparadieses zehn Fuß.[3] Die Planverfasser geben auch keine Auskunft über die Art des Baumaterials sowie die Stärke der Mauern und Begrenzungen. Denn die Begrenzungen der Gebäude und der Räume sind ebenso wie die eingezeichneten Einrichtungsgegenstände in gleichmäßigen roten Linien dargestellt.

Planempfänger war gemäß der Widmungsinschrift,[4] die sich am oberen Rand der Architekturzeichnung befindet, ein *dulcissimus filius cozbert*, der mit dem St. Galler Abt Gozbert (816–837) oder seinem Neffen, wie jüngst vorgeschlagen wurde,[5] gleichzusetzen ist. Tatsächlich wurde unter dem Abt Gozbert das alte Galluskloster umgebaut und erweitert, und zwar in den Jahren 830–835.[6]

Dass die Architekturzeichnung für das Kloster St. Gallen bestimmt war, zeigt auch das Patrozinium des Hauptaltars, der Maria und dem hl. Gallus geweiht war („altare sanctae Mariae et sancti Galli").[7]

Die Entstehungszeit des Planes in karolingischer Zeit ergibt sich aus der einheitlichen Beschriftung in karolingischen Schriftzügen sowie der paläographischen Bestimmung der Handschriften. Diese sind Schreibern des Inselklosters Reichenau zuzuordnen, wobei einer vermutlich mit Reginbert von der Reichenau († 846) zu identifizieren ist.[8] Dieser Reginbert war

1 Klosterplan von St. Gallen, Kloster Reichenau, um 820–835. Stiftsbibliothek St. Gallen, Ms 1092

wohl der führende Kopf. Er bediente sich der alemannischen Minuskel und verfasste 60 Tituli, während ein anderer in karolingischer Minuskel schreibender Mitarbeiter den Widmungsbrief und 271 Tituli niederschrieb. Besonders aufschlussreich für die Planentstehung sind die Bezeichnungen des Pferdestalls und der Abtpfalz. So beschriftete der in karolingischer Minuskel schreibende Mönch das Gebäude als Pferdestall, „stabulum equorum". Reginbert korrigierte diesen Titel, indem er „infra" und „supra tabulatum" daransetzte, so dass der vorerst als eingeschossig geplante Pferdestall nun mit einem Heuboden im Obergeschoss versehen wurde.[9] Auch die zweigeschossig angelegte Abtpfalz geht auf eine derartige Korrektur Reginberts in der Beschriftung zurück.[10]

Aber nicht nur die Beschriftungen, die offensichtlich erst nach Fertigstellung des Grundrisses angebracht wurden, erfuhren Korrekturen, besonders die rotlinige Zeichnung selbst war schon während der Planherstellung zahlreichen Neukonzeptionen unterworfen. Ja, selbst die verwendete Pergamentgröße wurde in Bezug auf die sonst in einem karolingischen Skriptorium üblichen Folioformate drastisch verändert.

Der Klosterplan in der Forschung

2   Rekonstruktion des
ersten Kirchenentwurfs
in Blindrillen am ersten
gefalzten Pergament

Das Interesse der Forschung verschiedener Disziplinen an dieser einzigartigen und so komplexen Architekturzeichnung des europäischen Mittelalters hält seit 400 Jahren unvermindert an.

Bereits in einem Bücherverzeichnis des Jahres 1461 wurde die Zeichnung fälschlich als Plan des Martinsklosters von Tours aufgeführt, und schon im Jahre 1604 fand das Pergament Eingang in die wissenschaftliche Diskussion, als Heinrich Canisius, der damalige Professor und Rektor in Ingolstadt, seine Inschriften publizierte und interpretierte.[11] Heinrich Canisius sprach den Plan als erster als Zeichnung des Klosters St. Gallen an. Die Veröffentlichung durch Canisius weckte zunehmend wissenschaftliches Interesse. Jean Mabillon, der berühmte Historiograph des Benediktinerordens, besichtigte den Plan 1683 in St. Gallen und veröffentlichte ihn 1704 in Form eines Kupferstiches,[12] und 1844 legte Ferdinand Keller eine verbesserte Reproduktion mitsamt 44-seitigem Kommentarheft vor, welche für die nächsten hundert Jahre Grundlage aller weiteren wissenschaftlichen Erörterung blieb.[13] Bereits damals entstand nach zeichnerischen Vorlagen von Georg Lasius ein imposantes Baumodell des Klosterplanes, das Jules Leemann herstellte.[14]

Folgende Schwerpunkte des Forschungsinteresses lassen sich erkennen:[15]

Im Vordergrund stand zunächst die Frage nach der Herkunft des Planes. Es wurde auch darauf hingewiesen, dass im Plan die örtlichen Geländeverhältnisse von St. Gallen nicht beachtet worden waren. Daraus folgerte man, der Plan sei ein „Musterplan", welcher zeigen sollte, wie ein ideales Kloster generell zu errichten sei. Mehrere Herkunftsorte wie Italien, Südfrankreich, Fulda und Reichenau wurden vorgeschlagen; ebenso wurde der Reformator Benedikt von Aniane (750–821) als Planverfasser in die Diskussion eingebracht.

Eine andere Frage beschäftigt sich damit, zu welchem Zwecke der Plan angefertigt worden war und wozu er dienen sollte. Da die Planzeichnung überaus genau und mit präzisen, geraden Strichen auf das Pergament aufgetragen, zudem auch ausführlich beschriftet wurde – selbst die Maßangaben in der Kirche fehlten nicht –, gelangte man zu dem Schluss, dass der Plan nur im Sinne eines Bau- oder Bestandsplanes zu verstehen sei.

Der Paläograph Bernhard Bischoff wies, wie erwähnt, im Jahre 1952 nach, dass die Beschriftung des Planes im Inselkloster Reichenau erfolgte, und zwar von zwei Schreibern.[16] Der aus Deutschland (Heidelberg) stammende und an der Universität von Kalifornien, Berkeley, lehrende Architekturhistoriker Walter Horn legte erstmals ebenfalls in den 50er Jahren seine gesammelten Beobachtungen zum Klosterplan vor und publizierte seine weiterentwickelten Thesen in einem dreibändigen Werk.[17] Diese sollten dann Jahrzehnte die Forschung prägen. Seiner Meinung nach war der Plan die Durchpausung eines bereits existierenden, heute verloren gegangenen Originalplanes.

Auf kritische Distanz zu der vorgebrachten Lehrmeinung von Walter Horn ging Norbert Stachura.[18] Er fand entgegen den Behauptungen Walter Horns wohl Vorzeichnungen, Zirkellöcher und Zirkelschläge, insbesondere im Bereiche des westlichen Ringatriums, aber auch in anderen Bereichen des Pergaments, was die These einer Pausung bzw. einer Abschrift des Planes von einer dem Zeichner bekannten Vorlage zunichte machte. Die Untersuchungen Werner Jacobsens am Klosterplan ließen weitaus mehr Vorzeichnungen, Rasuren und Korrekturen erkennen, als bis dahin angenommen.[19] Mit Hilfe des Streiflichtes und unter Ultraviolettlicht lassen sich die schemenhaften Zeichnungen von zwei Vorgängerkirchen samt deren Inneneinrichtung erkennen. Walter Jacobsen konnte zudem an einer Fülle von Vergleichsbeispielen nachweisen, dass die dargestellten Gebäude, besonders aber die Anlage der Kirche, den damals üblichen Bautypen entsprachen.

Im Zuge der letzten Tagung zum Klosterplan wurde 1998 erstmals eine kleinere technische Untersuchung am Plandokument durchgeführt, die etliche Beobachtungen, die Stachura und Jacobsen gemacht hatten, bestätigte.[20] Der Plan besitzt zahlreiche Blindrillen als Konstruktionshilfen und Zirkeleinstiche; die Zeichnung ist zunächst in hellroter Tinte aufgetragen und zum größten Teil mit dunkelroter Tinte nachgezogen; die einzelnen Pergamentteile sind mit unterschiedlichen Stichtechniken und Fäden zusammengenäht.

Nach Erscheinen des letzten Tagungsbandes im Jahr 2002 blieb die Forschung um den Plan nicht stehen. Ein von der Europäischen Union finanziertes Projekt versuchte, Klausurgebäude und Werkstätten computertechnisch zu visualisieren, stieß aber dabei, ähnlich wie die zahlreichen „Modellbauer" zuvor,[21] auf kaum überwindbare Schwierigkeiten, vor allem was die Annahme der Baumaterialen, der Geschosshöhen und Maßangaben betraf.[22] Denn der Plan dürfte nun mal kein Bauplan sein: Es sind keine Höhen angegeben, keine Mauerstärken, keine Baumaterialien und keine äußeren oder inneren Oberflächen. Proportionen widersprechen einander und die Frage, ob man einen oder mehrere Maßstäbe anlegen müsste, um die Gebäude zu deuten, ist nach wie vor offen. Die Frage, was der Klosterplan tatsächlich in

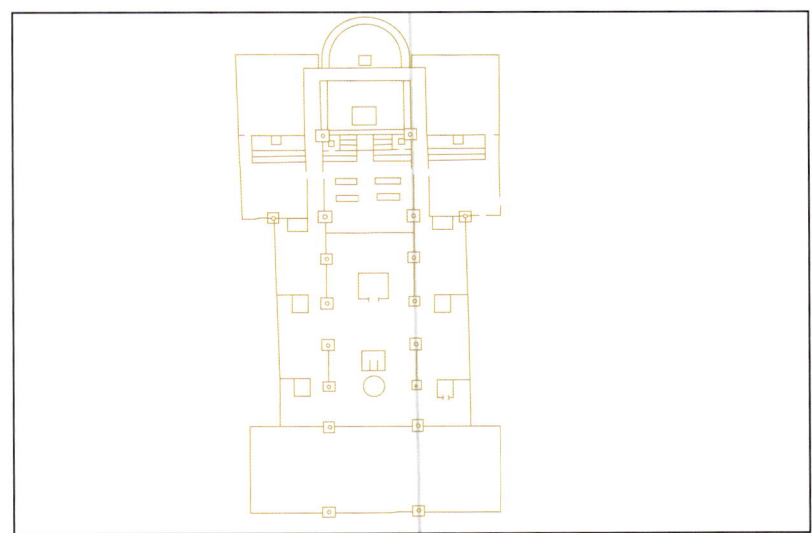

seinem zeitgenössischen Umfeld bedeutet hat, was er bewirken sollte und ob er nachhaltig Einfluss auf geplante Bauprojekte hatte, nachdem er dem St. Galler Kloster übergeben worden war, wird schwer zu lösen sein, wenn man sich nicht erneut der Quelle selbst und ihrer Genese zuwendet.

Aktuelle Fragestellungen rund um die Klosterplanforschung konzentrieren sich vornehmlich auf das kulturelle, politische und gesellschaftliche Umfeld, in dem der Plan entstanden ist.[23] Was aber war in den Köpfen der Planverfasser, um ein derartiges komplexes Gebilde auf dem Pergament zu gestalten?

3 Rekonstruktion des ersten Kirchenentwurfs am ersten gefalzten Pergament

4 Rekonstruktion des ersten Kirchenentwurfs mit Klausur der Mönche am ersten gefalzten Pergament

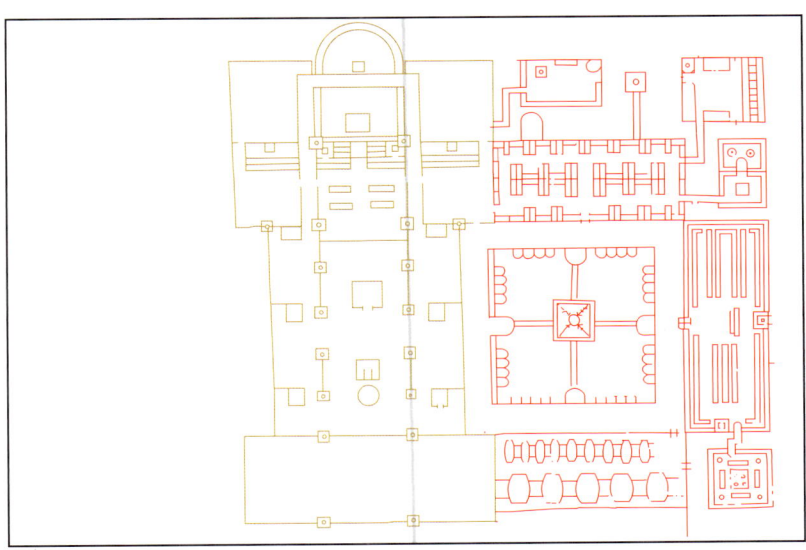

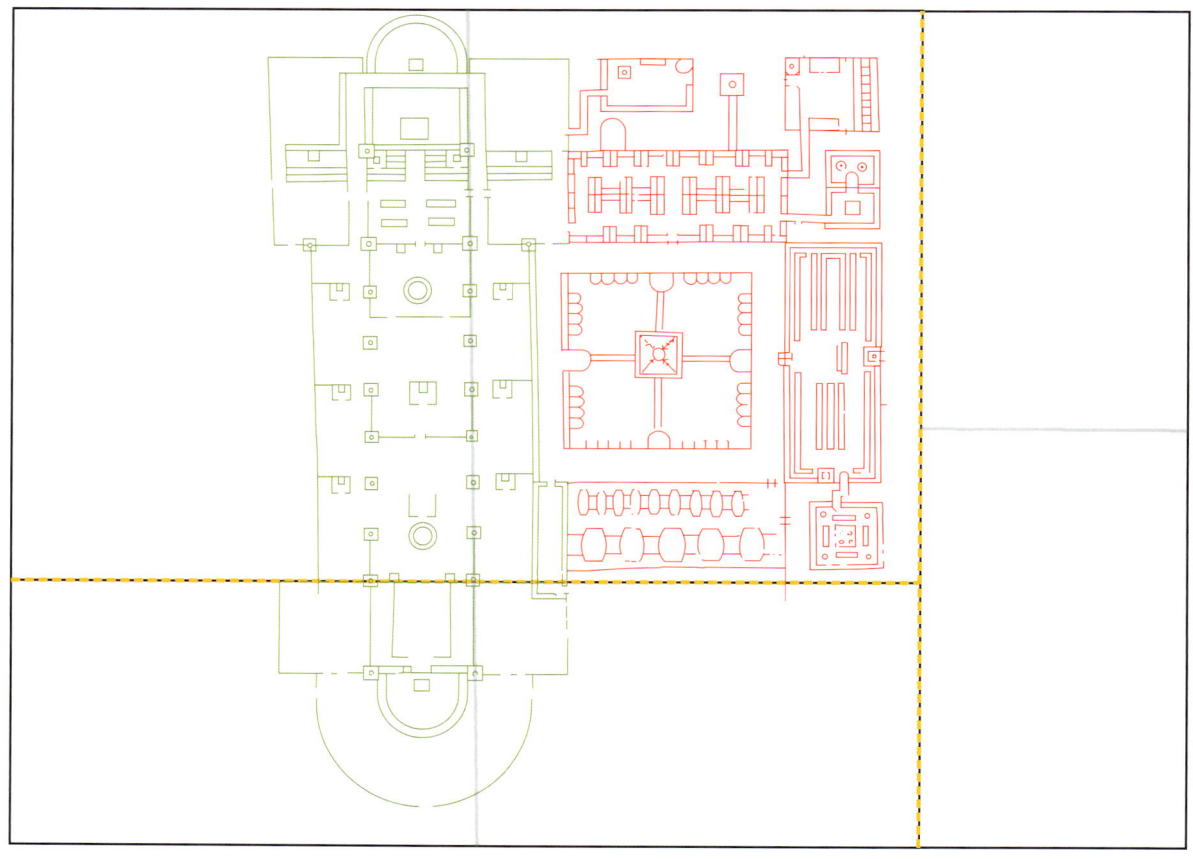

Die Genese der Planzeichnung

Wie bereits dargelegt, dürfte der Bibliothekar des Klos-ters Reichenau, Reginbert, an der Beschriftung des Klosterplanes beteiligt gewesen sein. Dass der Plan nicht nur im Reichenauer Skriptorium beschriftet, son-dern auch dort diskutiert, entworfen und gezeichnet wurde, ist durchaus wahrscheinlich und stimmt mit der Art der Pergamentbearbeitung, den verwendeten Perga-mentformaten sowie der offensichtlichen Vorbildwir-kung der Reichenauer Klosterkirche auf die Entwürfe der gezeichneten Plankirche überein. Das Kloster auf der Bodenseeinsel verfügte im 9. Jahrhundert nicht nur über ein sehr produktives Skriptorium, sondern auch über sehr gut sortierte Bibliotheken.[24] Es darf in diesem Zusammenhang wohl nicht verwundern, dass Buch-wissen und zeitgenössische Dokumente wie Beschlüsse, Reformtexte und Regelwerke, allen voran die *Regula Benedicti*, in den Klosterplanentwurf einflossen.[25]

Damals stand Haito dem Reichenauer Inselklos-ters als Abt (806–823) vor.[26] Haito war gleichzeitig auch Bischof von Basel (803–823) und hatte während seiner Amtszeit ebenfalls mit dem Umbau seiner Klosterkirche zu tun.

So dürfte dem eigentlichen Zeichenvorgang zur Planherstellung eine Diskussion unter Gelehrten vor-ausgegangen sein, die sowohl den spirituellen Hinter-grund als auch die architektonische Praxis im weites-ten Sinn im Auge hatte. Vielleicht gab es eine An-frage oder Bitte des Abtes Gozbert von St. Gallen, zu seinem geplanten Bauvorhaben Stellung zu nehmen, da er ebenso wie Abt Haito mit dem Umbau seines Klosters konfrontiert war.

Die zeichnerischen Entwürfe zu den einzelnen Ge-bäuden sind, wie das allgemein in der mittelalterlichen Handschriftenproduktion üblich war, wohl zunächst auf Wachstafeln festgehalten worden. Diese Skizzen dienten als Vorlage wie auch als Demonstrationsob-jekte und sind dann vermutlich in einem nächsten Schritt auf die Pergamentfläche übertragen worden. Ei-nige Gebäude bzw. Gebäudeteile jedoch wurden direkt auf dem Klosterplan konstruiert oder verändert. Mit Griffel, Zirkel und Lineal wurden Blindlinien in das Pergament gedrückt und diese mit einer hellroten Tinte ausgefüllt.[27] Dann zog man die hellroten Linien mit einer dunkelroten Tinte nach; vereinzelt wurden dabei Fehler korrigiert. Diese Zeichentechnik lässt sich in allen Entstehungsphasen des Klosterplanes nachweisen.

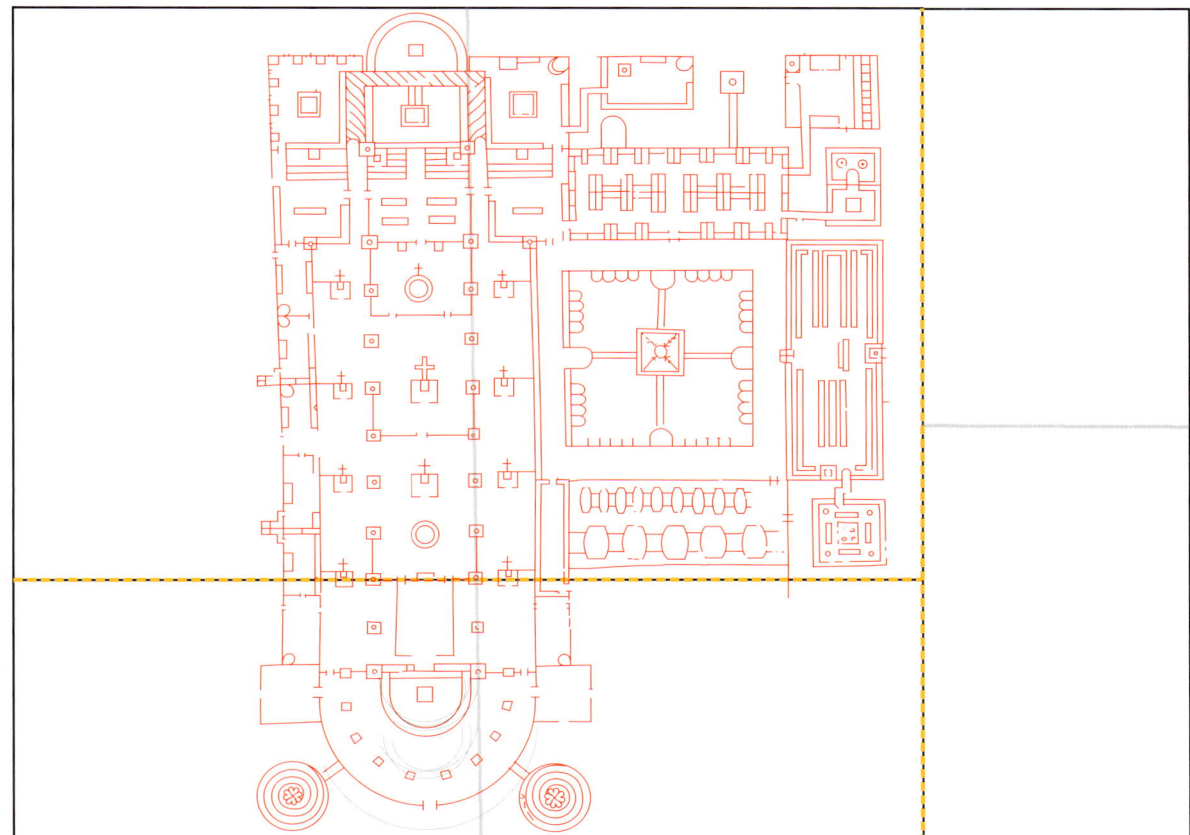

6 Die endgültige Plan-
kirche mit Konstruktions-
entwürfen der West-
bereiches auf den
gefalzten Pergament-
streifen 1, 2 und 3

So wurde in einem ersten Schritt ein aus Schafhäuten gewonnener, geglätteter und mit Bimsstein aufgerauhter Pergamentbogen, der mit einer ungefähren Formatgröße eines A2-Bogens übereinstimmte, geradlinig zugeschnitten und in der Mitte gefalzt, wie es auch für die Buchproduktion üblich war. Auf das erste Pergament, dessen Format 39 x 59 cm einem gängigen Folio-Format entsprach, wurde zunächst eine Klosterkirche mithilfe von Blindlinien vorkonstruiert und dann in hellroter Tinte nachgezeichnet (Abb. 2 und 3). Diese erste Klosterkirche hatte ein kurzes Langhaus, ein östliches und ein westliches Querhaus. [28] Der Ostbereich besaß noch kein der Apsis vorgelagertes Atrium. Doch dürften der erhöhte Chor mit dem Marien- und Gallus-Altar und die darunter liegende Winkelgangkrypta, die zum Grab des Gallus führte, sowie den beiden östlichen Annexbauten bereits bestanden haben. Diese doppelgeschossigen Anbauten nahmen das Skriptorium und die Bibliothek im Norden sowie die Sakristei und die Schatzkammer im Süden auf. An diese erste Klosterkirche setzte man nun die Klausur der Mönche (Abb. 4). Von dem südlichen Annexbau gelangt man zu einer eigenen funktionalen Räumlichkeit, in der die Hostien für die Messe zubereitet wur-

den. Die südlich der Kirche gelegene Klausur der Mönche bestand aus einem vierflügeligen, mit Arkadenbögen geschmückten Kreuzgang, der einen bepflanzten, von Wegen durchkreuzten Garten umschloss. [29] An der Ostseite des Kreuzgangs war die Wärmestube mit Heizöffnung und Schornstein untergebracht; darüber befand sich das Dormitorium mit zahlreichen Betten. Von diesem zweigeschossigen Trakt führte jeweils ein Gang zu den Latrinen bzw. zu der Badeanlage der Mönche. Am Südflügel befand sich ebenfalls ein zweigeschossiger Trakt, in dessen Obergeschoss die Kleiderkammer untergebracht war. Im Erdgeschoss wurde der Speisesaal, das Refektorium, von dem ein gewinkelter Gang in die Küche führte, eingerichtet. Der westliche Trakt nahm das Wein- und Bierlager sowie im Obergeschoss eine Vorratskammer auf. Zwischen dem Vorratsbereich und dem südlichen Kirchenschiff lag in Fortsetzung des nördlichen Kreuzgangflügels das Sprechzimmer der Mönche. Nach der Vorschrift der Benediktregel sollten hier Gästen die Füße gewaschen werden. [30]

Diese erste Plankirche hatte eine ähnliche Gestalt wie die Reichenauer Klosterkirche des 9. Jahrhunderts. [31] Auch die Anlage des kirchenseitigen Kreuz-

7 Die endgültige Plan-
kirche mit Klausur und
Produktionsstätten der
Mönche sowie Pilger-
haus, Gästehaus und
Abtpfalz auf den gefalz-
ten Pergamentstreifen
1, 2, 3

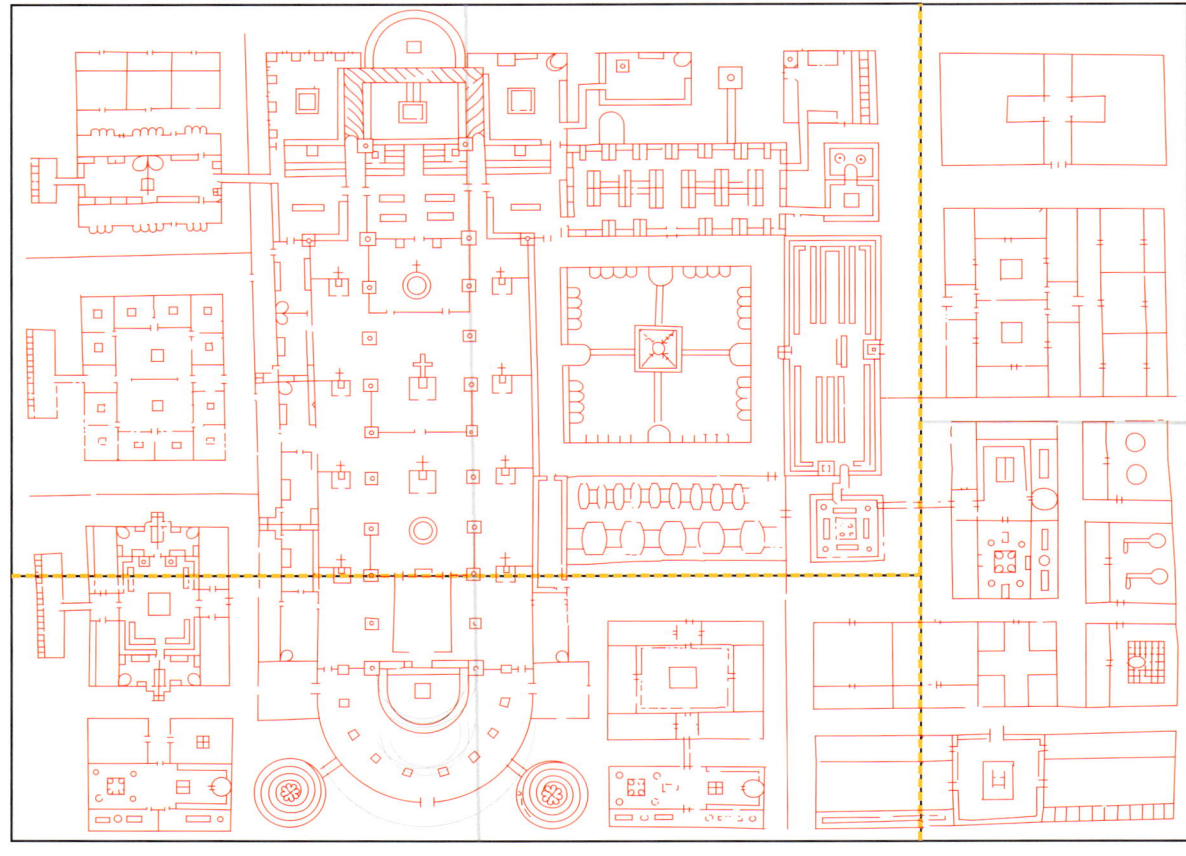

gangs und der dort verzeichneten Sitzbank sowie die Konstruktion des Heizsystems im Wärmeraum entsprachen Reichenauer Verhältnissen.[32] Allgemein lässt sich hinzufügen, dass die Anlage von vierflügeligen Klausurtrakten bereits in der karolingischen Baukunst bekannt war; oft waren jedoch die Funktionen der Räume unterschiedlich belegt. Die Orientierung der Schlafräume der Mönche nach Osten, ebenso wie der Standort der nach Osten ausgerichteten Bibliothek, die Disposition des Speisesaals nach Süden usw. ist vermutlich aus antiken Traktaten übernommen und wurde konsequent bei der Erstellung des Klosterplanes angewandt.[33]

Dieses erste Konzept einer Klosteranlage konzentrierte sich ausschließlich auf den internen Lebensbereich der Mönche, die Klausur, und hatte keinen Raum für externe Personengruppen vorgesehen. Reisende Mönche, Pilger, die das Grab des hl. Gallus besuchen wollten, oder auch vornehme Gäste fanden in dieser Anlage noch keinen Platz, so dass der erste Entwurf wohl eine Erweiterung erfahren musste. Diese Konzeptänderung ist umso spannender, als gerade die Position des Abtes hinsichtlich seiner Gastgeberrolle zu dieser Zeit kontrovers diskutiert wurde.

Die *Regula Benedicti* fordert das gemeinsame Mahl von Abt, Gästen und Pilgern, gibt jedoch keinen Hinweis, wo das geschehen soll.[34] Das Kapitel 53 der Benediktregel sagt auch, dass Abt und Gäste ihre eigenen Küchen haben sollten.[35] Die Endredaktion der Aachener Synoden setzte fest, dass neben geistlichen Würdenträgern auch ranghohe Adelige im Refektorium Platz nehmen konnten und somit aus der Küche der Mönche versorgt wurden.[36] Alle übrigen Laien wurden aber ausgeschlossen. Hildemar von Corbie kommentiert den Beschluss mit der Forderung nach der Errichtung von getrennten Küchen für Abt und Gäste, wie es die *Regula Benedicti* vorsieht; diese sollte seiner Meinung nach gleich neben der der Mönche liegen.[37] Dieser Diskussion dürften sich die Planverfasser wohl nicht entzogen haben, so dass sie die Zeichnung großzügig erweiterten, um den genannten externen Personengruppen sowie dem Abt ihre entsprechenden Räume inklusive deren eigener Küchen zu geben. Durch die mutige Vergrößerung der Pergamentfläche erzeugte man ein bislang in der Reichenauer Handschriftenproduktion unübliches Format. Denn jetzt wurde ein zweites, dem Folioformat entsprechendes Pergament herbeigeschafft und in der

Mitte geteilt. Einer der beiden Streifen (19,5 x 59 cm) wurde an der unteren Seite des ersten Pergaments angenäht, der andere Streifen (58 x 19,5 x cm) diente der seitlichen Erweiterung.

Zunächst erfuhr die erste Kirchenkonzeption eine Veränderung.[38] Die Langhausstützen wurden wegradiert und durch größere ersetzt; ebenfalls wurde das alte Westquerhaus entfernt und das Kirchenlanghaus um zwei Arkadenstellungen nach Westen erweitert, wobei man wohl an die zu erwartenden Besucher dachte (Abb. 5).

Die Einrichtung der Kirche entsprach der heute am Plan sichtbaren Anordnung mit Altären, Lesepulten, Bänken, Ambo, Kreuzaltar, Taufbecken sowie den massiven Schranken im Mittelschiff. Dieser Kirchenentwurf besaß auch ein Westquerhaus, das der Zeichner aber noch in dieser Konzeptionsphase aufgegeben haben muss (Abb. 6).[39] Das Langhaus wurde nun abermals auf insgesamt neun Arkadenpaare verlängert; das nördliche und das südliche Querhausende wurden in Langhausanbauten umgewandelt, nämlich in das Pförtnerhaus an der Nordseite und in die Unterkunft des Armenpflegers an der Südseite. Jetzt wurde auch der Sängerchor im Westen eingerichtet.

Mehrere Blindrillen, die besonders unter Streiflicht zu sehen sind, zeigen, dass die Planzeichner die nunmehrige Position und das Aussehen der Westapsis direkt auf dem Plan in mehreren Varianten konstruierten. Schließlich entschied man sich für die jetzt sichtbare eingezogene, gestelzte Apsis, die den Altar des hl. Petrus aufnahm. Jetzt erhielt die Kirche am Plan wohl auch ihren Westabschluss mit halbrundem Westatrium, den beiden Torhäusern, dem Eingangsbau sowie mit zwei freistehenden Rundtürmen, die durch einen Gang mit dem Westatrium verbunden waren. Die nunmehrige Anlage der Kirche mit ihren Abschrankungen und Altarstellungen bildete einen Prozessionsweg, der aus dem Westatrium durch Seitenschiffe vorbei an den zahlreichen Altären zur Krypta um das Grab des hl. Gallus herum und auf der Gegenseite wieder zurück zum Westatrium und zum Haupteingang der Kirche führte.

Nach Fertigstellung des Kirchengrundrisses konnten die Unterkünfte der externen Besuchergruppen zeichnerisch angelegt werden, deren Grundriss vermutlich bereits auf Wachstafeln vorgezeichnet war und jetzt auf die entsprechende Stelle des Pergaments übertragen wurde (Abb. 7). Für diese Konstruktionsweise sprechen die annähernd einheitliche Größe der Gebäude sowie die kaum vorhandenen Korrekturen

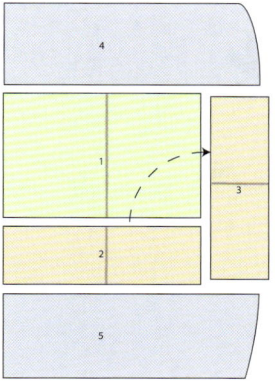

8 Rekonstruktion des Zuschnitts der einzelnen gefalzten Pergamentstreifen

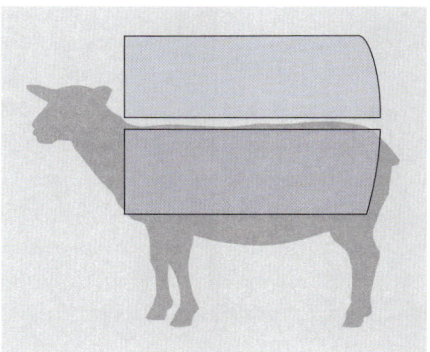

roter Linien am Klosterplan. An der südlichen Seite gleich neben dem Eingang zur Kirche erhielten die Pilger eine großzügige Herberge mit eigener Brauerei und Bäckerei. Die Unterkunft des Armenpflegers war in der unmittelbaren Nähe am südlichen Langhaus vorgesehen. Nördlich des Eingangs zur Kirche war ein komfortabel ausgestattetes Gebäude für ranghohe Gäste geplant, auch mit eigenem Backhaus, Brauerei und Küche. Ebenfalls nördlich der Kirche – also von der Klausur der Mönche getrennt – lag die großzügige Residenz des Abtes mit eigener Küche, einem Bad und direktem Zugang in die Kirche. Zwischen Abtpfalz und Gästehaus legte man, durch Zäune getrennt, die Schule für externe Knaben bzw. für Knaben, die beabsichtigen, in das Kloster einzutreten. Gegenüber, direkt an die nördliche Langhausseite der Kirche gelehnt, war die Unterkunft der Gastmönche und die Wohnstätte der Lehrer.

Den dritten Pergamentstreifen nutzte man, um die wohl sehr klein geratene Küche der Mönche mit einer großen Brauerei und einem Backhaus zu erweitern. Im unmittelbaren Nahbereich des Vorratstraktes im westlichen Klausurflügel wurden die Werkstätten der Küfer und Drechsler, die zur Fass- und Wagenherstellung notwendig sind, angeordnet. Dort lagen auch die Stallungen der Arbeitstiere. Dem südlichen Klausurflügel der Mönche vorgelagert, der Refektorium und Kleiderkammer beherbergte, waren die Produktionsstätten der Gerber, Walker und Schuster sowie der Sattler, Schildner, Schwertfeger, Schmiede und Goldschmiede untergebracht. Um diese zentralen Versorgungsstätten der Mönche lagerten am Außenbereich des imaginären Klostergeländes Kornspeicher, Mühle, Darre und Stampfe.

Trotz dieser anscheinend sorgfältig durchdachten Anordnung der unterschiedlichen Funktionseinheiten war die Planzeichnung mit dieser Phase noch keineswegs abgeschlossen. Denn zwei wesentliche, in der *Regula Benedicti* ausdrücklich genannte Einheiten wurden bislang nicht berücksichtigt: der Krankenbereich, die Infirmerie,[40] und der Bereich der Novizen.[41]

Zu diesem Zwecke wurde diesmal ein Pergament mit besonderem Format angefordert. Dieses war nicht in Form eines sonst im Skriptorium vorgefertigten geradlinigen Pergamentbogens zugeschnitten, sondern es war wesentlich breiter und besaß eine charakteristische Rundung an der rechten Seite (Abb. 8). Dieses großformatige Pergament wurde horizontal in der Mitte durchschnitten. Ein Streifen (27 x 77,5 cm), dessen eine Ecke massiv abgerundet war, wurde an der oberen Seite des Kernstückes angenäht; der andere Streifen (28 x 77,4 cm), dessen rechte Seite nur leicht abgeschrägt war, an dem unteren Rand des Kernstücks (Abb. 9). Der technische Befund zeigte, dass die verwendeten Fäden und auch die Stichgröße der Pergamentgröße viel grober als die fein sticheligen Nähte ausgefertigt waren, die die ersten drei Pergamente des Kernstücks zusammenhielten.[42]

An dieser Ergänzung zeigt sich, dass die Planidee längst ein Eigenleben gewonnen hatte, weil nicht mehr bloß ohnehin im Skriptorium vorhandenes Material verwendet wurde. Das erste Blatt wäre noch als Beilage zu einer Handschrift im Folio-Format denkbar gewesen, bei der ersten Ergänzung hatte man noch ein Blatt im üblichen Format benützen können: Jetzt musste man den Pirmentarius um eine Sonderausfertigung bitten, die allerdings unschwer aus den zur Verfügung stehenden Häuten zu gewinnen war. Damit wird der Plan endgültig zu einem Objekt eigenen Charakters, das sich von jeglichen Anklängen zur Buchproduktion entfernt.

Jetzt wurde in der Achse der großen Klosterkirche eine zweite, kleinere Kirche gezeichnet, die völlig symmetrisch konstruiert wurde (Abb. 10). Westapsis und westliches Langhaus wurden den Kranken zugewiesen, das von diesem getrennte östlich anschließende Langhaus und die Ostapsis den Novizen. Nördlich und südlich dieser „Kapelle" lagen die abgeschlossenen Bereiche der Kranken und der Novizen, die mit Arkadenbögen gezierten Kreuzgänge, Kammern, Speise- und Schlafräume aufwiesen. Obwohl in der *Regula Benedicti* nicht angesprochen, verzeichneten die Planverfasser nördlich der Infirmerie zudem noch einen externen komplexen Spitalbereich, zu dem ein Heilkräutergarten und ein Haus für den Arzt zählten, wo eine Abteilung für Schwerkranke und eine Apotheke untergebracht war. Südlich daran lag das Aderlasshaus. Aderlass und die Verwendung von Purgativmitteln waren in der mittelalterlichen Heilkunst unentbehrlich und gehörten wohl auch in den Klosteralltag. Die Aachener Reformtexte bestimmten, dass diejenigen, die zur Ader gelassen wurden, mit einer größeren Menge an Mahlzeiten versorgt werden sollten.[43] Sie erhielten damit einen ähnlichen Status wie die kranken und die alten Mönche, die ebenfalls vom Abt Sonderrationen bekommen sollten, wie dies die *Regula Benedicti* verlangt.[44]

Südlich des Novizenbereichs lag ein Baumgarten, der zudem den Klosterfriedhof aufnahm. Daran schloss der Gemüsegarten mit der Unterkunft der Gärtner an. Die zur Aussaat empfohlenen Baum- und Pflanzensorten, auch die des Heilkräutergartens, wurden fast zur Gänze aus dem Pflanzenkatalog der Landgüterverordnung, dem sog. *Capitulare de Villis* übernommen, das vermutlich im Auftrag von Karl den Großen (768-814) verfasst wurde.[45]

Zwei sehr groß dimensionierte Rundbauten waren für die Haltung von Hühnern und Gänsen vorgesehen. Die *Regula Benedicti* fordert ja nur, auf das Fleisch vierfüßiger Tiere zu verzichten,[46] der Genuss des feiertäglichen Gänsebratens war erlaubt, wie dies die Reformbeschlüsse von 819 mitteilten.[47] Der untere Streifen des Pergaments wurde mit Stallungen für den unterschiedlichsten Viehbestand und mit einer langen Zufahrtsstraße versehen. Die Zeichnungen dieser Stallungen wurden sehr schematisch angefertigt, auch auf die sonst übliche Nachzeichnung mit dunkelroter Tinte wurde hier verzichtet. Ein Spezialist für Gartenbau oder auch Viehwirtschaft, den man auf der Reichenau hätte vermuten dürfen, war offensichtlich an der Planherstellung nicht beteiligt, sonst wären diese Bereiche wohl detaillierter ausgefallen.

In einem letzten Arbeitsprozess wurde die Planzeichnung zunächst von einem Mönch des Reichenauer Skriptoriums beschriftet. Ein zweiter, vermutlich der Bibliothekar Reginbert, ergänzte die Beschriftung und korrigierte manche Texte seines Mitarbeiters, aber auch so manche Türöffnungen.[48] Einmal wurde, wie bereits dargelegt, eingeschossig konstruierten Gebäuden durch die korrigierte Beschriftung ein zweites Geschoss zugewiesen, so geschehen beim Pferdestall und der Abtpfalz.

Zudem wurden noch einmal Veränderungen an der dargestellten Plankirche vorgenommen. Durch die in die Plankirche eingefügten Maßangaben zu Gesamtlänge und -breite sowie die Angaben zu den unterschiedlichen Stützabständen vergrößerte man die Dimension der dargestellten Kirche erheblich.[49] Auch Teile der Ostpartie der Kirche wurden mit einer dunkelbraunen Tinte nachgezogen, um architektonische Abschrankungen dort noch deutlicher hervorzuheben.[50] Das Querhaus der rotlinigen Kirche wurde so in einen „Zellenquerbau" umgewandelt, was eine völlige Abmauerung der Seitenschiffe zu den östlich anschließenden Querarmen bedeutet. Durch diese nachträglich angefügten Korrekturen gewinnt man erneut einen Einblick in den Denk- und Kommunikationsprozess der Planhersteller.

Zum leichteren Transport und wohl auch zum Schutz der Zeichnung wurde das großformatige Pergament gefaltet und zwar in einer Art, wie dies mit Urkunden damals üblich war.[51]

Die Faltung führte wieder auf die Buchidee zurück, allerdings in einer etwas ungewöhnlichen Ausführung, weil ja die sonst übliche Bindung der Lagen fehlte. Da aber Bücher vorzugsweise liegend aufbewahrt wurden, spielte das wohl keine große Rolle.

Das nun fertiggestellte Plandokument wurde dem Kloster St. Gallen übermittelt, nach Aussage der Widmungsinschrift, um sich an der „... knappen Aufzeichnung einer Anordnung der Klostergebäude ..." üben zu können.[52] Aus dem gelehrten Denkprozess bei der Gestaltung sollte offenbar ein didaktischer Gewinn gezogen werden. Aber auch zu Meditationen über Mönchtum und Klosterregel konnte das Werk Anlass geben.

Der Bauherr des sich im (Neu-) Bau befindlichen St. Galler Klosters, Abt Gozbert, hielt sich jedoch nur bedingt an die rotlinigen Planzeichnungen. Ausgrabungen im Bereich der heutigen St. Galler Kirche zeigten, dass Gozbert bestenfalls die letzten Korrekturen am Klosterplan bei der Errichtung seiner Kirche berücksichtigte.[53] Diese wurde in den angegebenen Größenverhältnissen realisiert. Ebenso übernahm Gozbert Teile der Gestaltung des Ostbereiches der Kirche mit der völligen Abschrankung der Seitenschiffe.

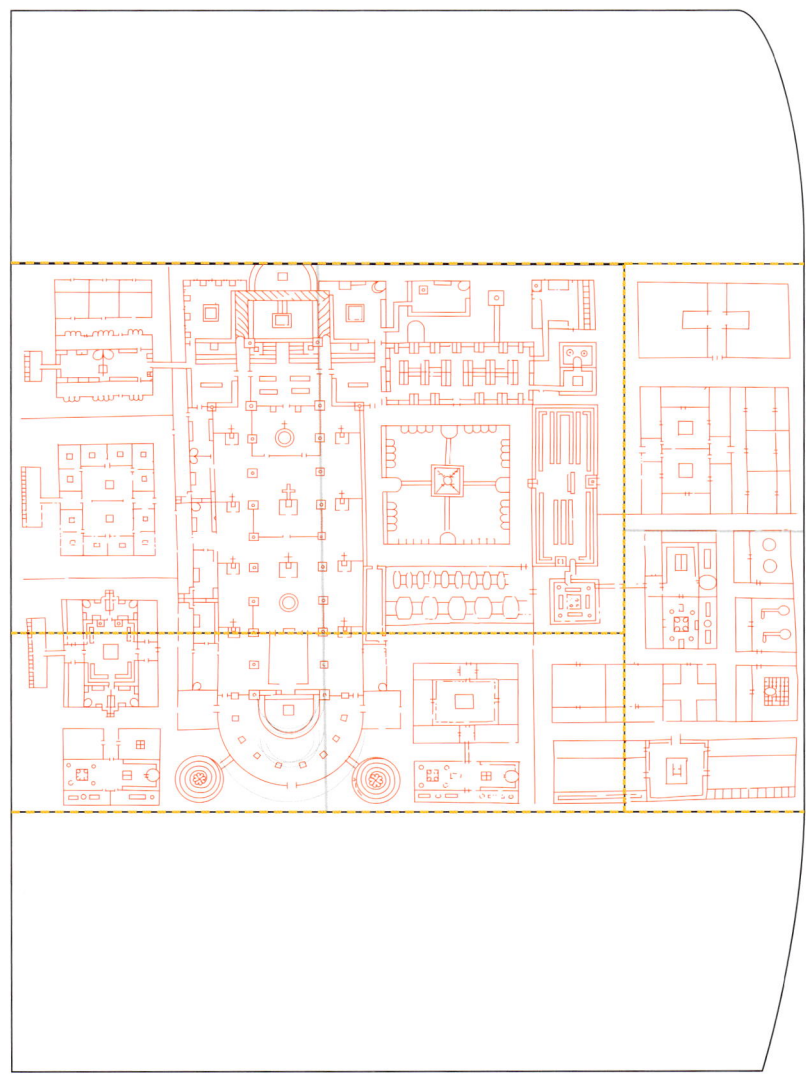

Es ging also nicht um Anwendung eines Bauplanes, sondern um Anregung eines eigenständigen Planungsvorganges. Die erhaltene Fassung des Klosterplanes repräsentiert also einen Entwurf des Reichenauer Skriptoriums, der unter den beiden Äbten und Bauherren der Reichenau und St. Gallens, Haito und Gozbert, von diesen mit ihrem gelehrten Mitarbeiterstab diskutiert wurde.

Der Klosterplan verblieb fortan in der Bibliothek des St. Galler Klosters. Man bewahrte das gefaltete Dokument aufgrund seines großen spirituellen und materiellen Wertes weiterhin auf.

Im 12. Jahrhundert benötigte man zur Niederschrift der Martinsvita Pergament und verwendete dafür die unbeschriebene Rückseite des Klosterplanes.[54] Allerdings fand der Text nicht zur Gänze auf der Rückseite Platz, und so wurden auf der Vorderseite,

9   Die endgültige Plankirche mit Klausur und Produktionsstätten der Mönche, dem Pilgerhaus, dem Gästehaus und der Abtpfalz auf den gefalzten Pergamentstreifen 1, 2, 3 sowie der angehefteten Pergamentstreifen 4 und 5

jedoch an einer wenig bedeutenden Stelle der Plan-zeichnung, nach Rasur des dargestellten Gebäudes, die letzten Textpassagen der Martinsvita angebracht. Dem Schreiber wurde nicht erlaubt, dem Text die im Hauptteil üblichen Initialen beizufügen, so als ob man die Störung des Planes nicht gerne gesehen hätte. Diese beiden Details geben Zeugnis für einen res-pektvollen Umgang mit der karolingischen Zeich-nung noch im 12. Jahrhundert und waren wohl ein Grund, warum sich das Dokument bis heute erhalten hat. Der Text der Martinsvita dürfte für die Klosterli-turgie von St. Gallen bestimmt gewesen sein, weil auch ein Martinsoffizium verwendet wurde.[55]

Resümee

Der im Klosterplan umgesetzte bildliche Entwurf einer zeitgenössischen Diskussion unter Gelehrten um eine mögliche Anordnung der unterschiedlichen, für einen Klosterbetrieb notwendigen Funktionsein-heiten spricht für sich. Dieses seit karolingischer Zeit nachweisbare Anordnungsschema von Klosterbauten bewährte sich über Jahrhunderte, aber kaum, weil man dem St. Galler Plan oder Kopien davon gefolgt wäre – davon gibt es keine Spuren –, sondern weil die Planidee konsequent die Vorstellungen eines Klosters in benediktinischer Tradition am Pergament zu reali-sieren versuchte, wie es auch, angepasst an die jeweils örtlichen Gegebenheiten, in der Realität geschah. Diese Ideen aus der Karolingerzeit wirkten noch lange fort bzw. wurden in Reformzeiten wieder aufge-griffen. Selbstverständlich erfuhren sie aber auch ent-scheidende Weiterentwicklungen.

tisfacere me segnem non inueniri confido Ne suspiceris autem me haec ideo elaborasse quod uos putemus nostris indigere ma-gisteriis sed potius o amorem dei tibi soli perscrutanda pin-xisse amicabili fraternitatis intuitu crede Uale in christo semper memor nostri amen"
(Dir, liebster Sohn Gozbert, habe ich diese knappe Aufzeichnung einer Anordnung der Klostergebäude geschickt, damit du daran deine Findigkeit üben und jedenfalls meine Anhänglichkeit er-kennen mögest. Ich vertraue darauf, dass ich dadurch nicht nach-lässig gefunden werde, deiner guten Absicht zu entsprechen. Vermute aber nicht, ich hätte das deshalb ausgearbeitet, weil wir meinen, ihr bedürftet unserer Belehrungen, glaube vielmehr in freundschaftlicher Ansehung unserer Brüderlichkeit, dass wir es aus Liebe zu Gott für dich allein zum Studium gemalt haben. Leb wohl in Christus und bleib unser stets eingedenk. Amen); Transkription und Übersetzung nach Berschin 2005, 131, Nr. 1.

5 Berschin 2005, 132.
6 Jacobsen 2002, 176.
7 Berschin 2005, 142, Nr. 17.50.
8 Bischoff 1962, 67–78.
9 Berschin 2005, 150, Nr. 34.4. und 34.5.
10 Berschin 2005, 137, Nr. 10.10 und 10.11.
11 Vogler 2002, 73–75.
12 Vogler 2002, 75.
13 Keller 1844.
14 Edelmann 1962, 291–295; "The St. Gall Monastery Plan. Codex Sangallensis 1092: Content and Context", http://www.stgall-plan.org/index.html. (http://www.stgallplan.org/panoramas/lee-mann_low.mov).
15 Jacobsen 2002, 25–41.
16 Bischoff 1962, 67–78.
17 Horn 1979.
18 Stachura 1978; Stachura 1980; Stachura 1982.
19 Jacobsen 1992.
20 Fuchs/Oltrogge 2002, 307–331.
21 "The St. Gall Monastery Plan. Codex Sangallensis 1092: Content and Context", http://www.stgallplan.org/index.html, (http://www.stgallplan.org/de/reconstruction.html).
22 „The Benedictine Monastery plan" EU-Project Culture 2000; Uni-versity of Darmstadt.
23 "The St. Gall Monastery Plan. Codex Sangallensis 1092: Content and Context", http://www.stgallplan.org/index.html.
24 Lehmann 1918, 240–262.
25 Der St. Galler Codex, Cod. Sang. 914 (Kat.-Nr. 3.2), enthält neben der *Regula S. Benedicti* (fol. 1–24) u.a. auch eine Abschrift der Reformkapitel Benedikts von Aniane; der Codex steht in engem Zusammenhang mit dem Skriptorium der Reichenau, denn im Bi-bliotheksverzeichnis des Reginbert findet sich ein Manuskript gleichen Inhalts, das heute leider verloren gegangen ist. „In XX. libello est regula sancti Benedicti abbatis (I) et hymni Ambro-siani et epistola ad Karolum de monasterio sancti Benedicti di-recta (II) et capitulares de statu regulae (III) et martyrologium per anni circulum (V), quem Tatto et Crimolt mihi condonaverunt", Le-hmann 1918, 260, 20–24 und CESG Codices Electronici Sangal-lenses: http://www.cesg.unifr.ch/de/index.htm.
26 Jacobsen 1992, 152–163.
27 Fuchs/Oltrogge 2002, 307–331.
28 Jacobsen 1992, 63, Fig. 26 und 74.
29 In seiner Mitte ist ein Sadebaum eingezeichnet (*Iuniperus sabina*), der auch im Capitulare de villis (cap. 70) vorkommt.
30 BR 53,13.

1 Die Fürstabtei St. Gallen war eine Benediktinerabtei, in der heu-tigen Ostschweiz gelegen. Das Kloster wurde 612 gegründet und 1805 aufgehoben. Die Stiftsbibliothek sowie das Stiftsarchiv blieben an ihren Orten erhalten. Der Bestand der Bibliothek ging jedoch in den Besitz des Katholischen Konfessionsteils des Kan-tons St. Gallen über. – Im Jahr 612 ließ sich Gallus, ein Gefährte Columbans von Luxeuil (s. Beitrag Richter), an der Steinach nie-der und gründete eine Einsiedlerzelle. Der eigentliche Gründer des Klosters St. Gallen war Otmar (719). Bis 1798 war der Abt von St. Gallen Reichsfürst mit Sitz und Stimme im Reichstag des Heiligen Römischen Reiches Deutscher Nation.
2 Berschin 2005, 141, Nr. 17.2.
3 Berschin 2005, 141, Nr. 17.2, 4, 16, 28, 29; Jacobsen 1992, 170–176 und 328.
4 „Haec tibi dulcissime filii cozberte de positione officinarum paucis exemplata direxi quibus sollertiam exerceas tuam meamque deuotionem utcumque cognoscas qua tuae bonae uolun tati sa-

31 Jacobsen 1992, 149–152.

32 Zettler 1988, 185–261.

33 Vitruvius, VI, 4; die Bibliothek des Klosters Reichenau besaß im 9. Jahrhundert zumindest eine Vitruv-Ausgabe: Lehmann 1918, 254–255.

34 BR 56.

35 BR 53.

36 Semmler 1963, 41–42; Semmler 2002, 98.

37 Hafner 1962, 191.

38 Jacobsen 1992, 76 und 163–165.

39 Jacobsen 1992, 76– 77 und 166.

40 BR 36.

41 BR 58.

42 Fuchs/Oltrogge 2002, 307–331.

43 Hecht 1997, 172.

44 BR 36,9 und 37.

45 Berschin 2005, 135, Nr. 6; 153, Nr. 43; 154, Nr. 44; vergleiche dazu auch oben Anm. 28.

46 BR 39, 11.

47 Jacobsen 1992, 310, Anm. 325.

48 Jacobsen 1992, 72–74, 75, Fig. 32 und 78.

49 Jacobsen 1992, 170– 175 und 328.

50 Jacobsen 1992, 68 und 168.

51 "The St. Gall Monastery Plan. Codex Sangallensis 1092: Content and Context", http://www.stgallplan.org/index.html (http://www.stgallplan.org/Folding_Animation/folding_the_Plan.mov).

52 Berschin 2005, 131, Nr. 1.

53 Jacobsen 1992, 15–190 und 323.

54 Lehmann 1951.

55 Officium de translatione Martini Turonensis (X), (hg. von Paul von Wintersfeld, MGH PL 4, 1899). Dieser Hinweis stammt von Karl Brunner, Wien, dem ich dafür herzlich danke; von ihm ist auch demnächst eine Edition des Textes zu erwarten.

Quellen:

Capitulare de Villis 1974. – Regula Benedicti 1992. – Vitruvius 1964.

Literatur:

Keller 1844. – Lehmann 1918. – Lehmann 1951. – Bischoff 1962. – Edelmann 1962. – Hafner 1962. – Semmler 1963. – Stachura 1978. – Stachura 1980. – Stachura 1982. – Hecht 1983. – Zettler 1988. – Jacobsen 1992. – Fuchs 2002. – Jacobsen 2002. – Semmler 2002. – Vogler 2002. – Berschin 2005.

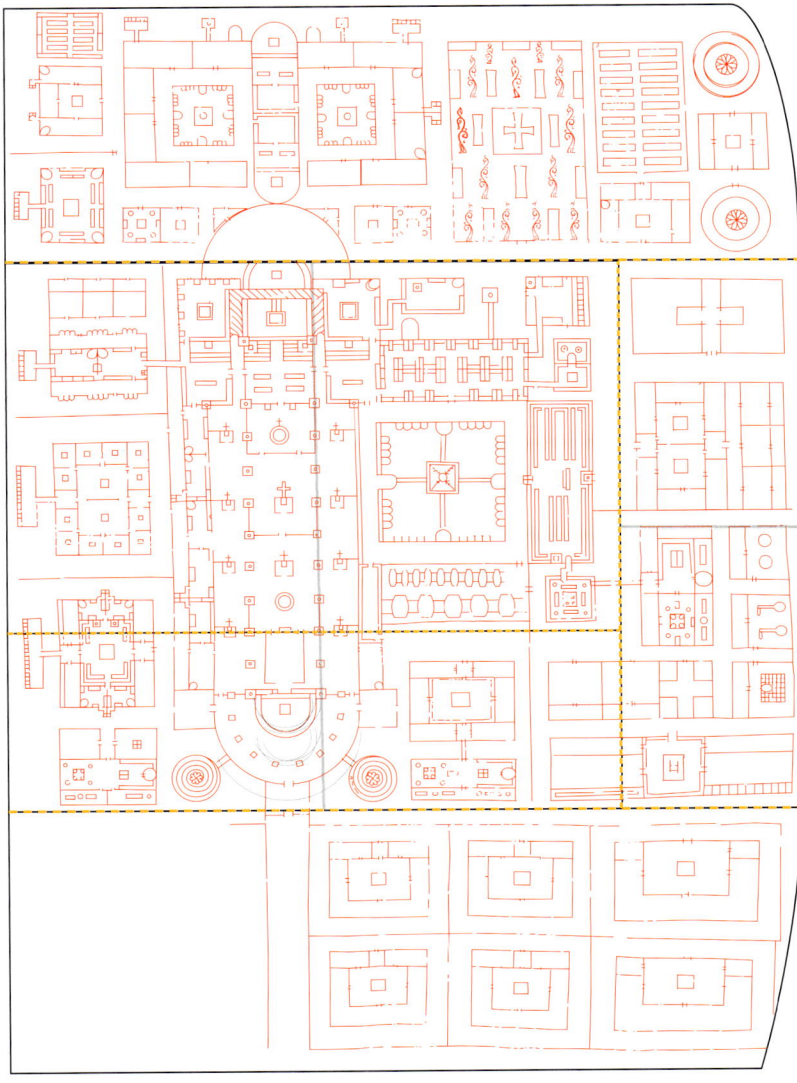

10 Rekonstruktion des Klosterplans vor der Beschriftung

11 Schematische Darstellung des Kloster-planes mit Kenn-zeichnung der darge-stellten Gebäude

12 Klosterplan von St. Gallen, Ms 1092

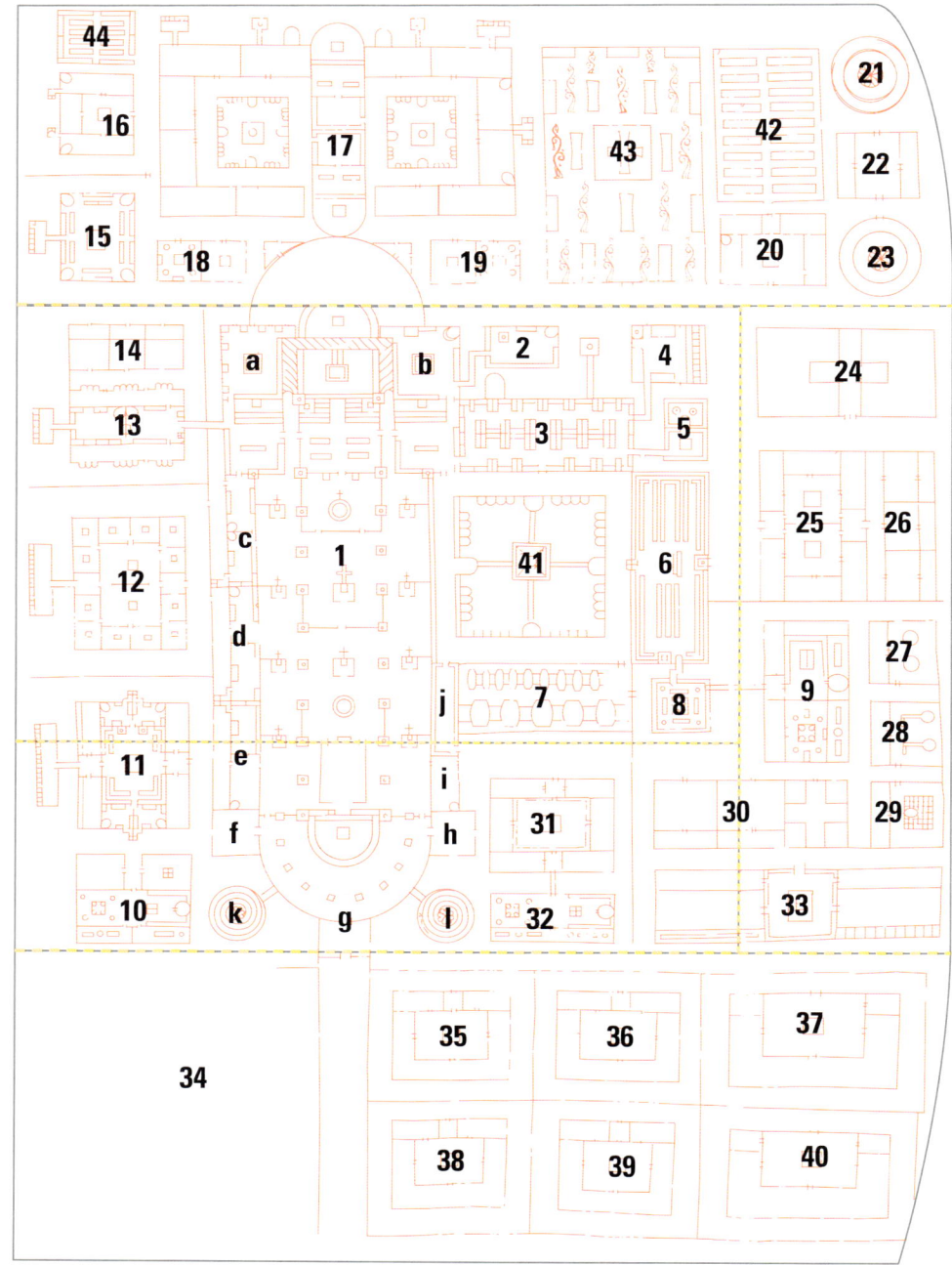

1. Kirche | a: unten: Skriptorium | oben: Bibliothek | b: unten: Sakristei | oben: Kleiderraum für liturgische Gewänder | c: Unterkunft von Gastmönchen
d: Unterkunft des Schulvorstehers | e: Unterkunft des Pförtners | f & h: Überdachte Eingangshallen | g: Eingang zur Kirche im Westen | i: Unterkunft des Hospizleiters
j: Aufenthalts- & Kommunikationsraum der Mönche | k: Turm des Hl. Michael | l: Turm des Hl. Gabriel | 2. Küche zur Zubereitung von heiligem Brot und Öl
3. unten: Wärmestube | oben: Dormitorium | 4. Latrinen | 5. Wäscherei und Badehaus | 6. unten: Speisesaal | oben: Ankleideraum | 7. unten: Keller | oben: Vorratsraum
8. Mönchsküche | 9. Back- & Brauhaus der Mönche | 10. Küche, Back- & Brauhaus für besondere Gäste | 11. Haus für besondere Gäste | 12. Äußere Schule
13. Unterkunft des Abtes | 14. Badehaus, Keller und Küche des Abtes | 15. Aderlass-Haus | 16. Haus der Ärzte | 17. Bereich der Novizen und Kranken
a: Kapelle der Novizen | b: Kapelle der Kranken | c: Kreuzgang der Novizen | d: Kreuzgang der Kranken | 18. Küche und Badehaus der Kranken
19. Küche und Badehaus der Novizen | 20. Gärtner-Unterkunft | 21. Gänsestall | 22. Unterkunft der Geflügelhalter | 23. Hühnerstall | 24. Getreidespeicher | 25. Werkstatt
26. Werkstatt-Anbau | 27. Mühle | 28. Mörser | 29. Darre | 30. Haus der Fassbinder und Wagenmacher und Getreidehaus der Brauereien | 31. Hospiz für Pilger und Arme
32. Küche, Back- & Brauhaus für Pilger und Arme | 33. Pferde- & Ochsenstall und die Unterkünfte deren Halter | 34. Haus für Ritter und Vasallen im Gefolge des Königs
(siehe Zusammenfassung) | 35. Stall der Schafe und Unterkunft der Hirten | 36. Stall der Ziegen und Unterkunft der Hirten | 37. Stall der Kühe und Unterkunft der Hirten
38. Unterkunft für Diener des Königs & außerhalb liegender Gutshöfe | 39. Stall der Schweine und Unterkunft der Hirten | 40. Stall von Zuchtstuten und Fohlen und
Unterkunft der Hirten | 41. Kreuzgang der Mönche | 42. Gemüsegarten | 43. Friedhof und Obstgarten | 44. Kräutergarten (für medizinische Zwecke)

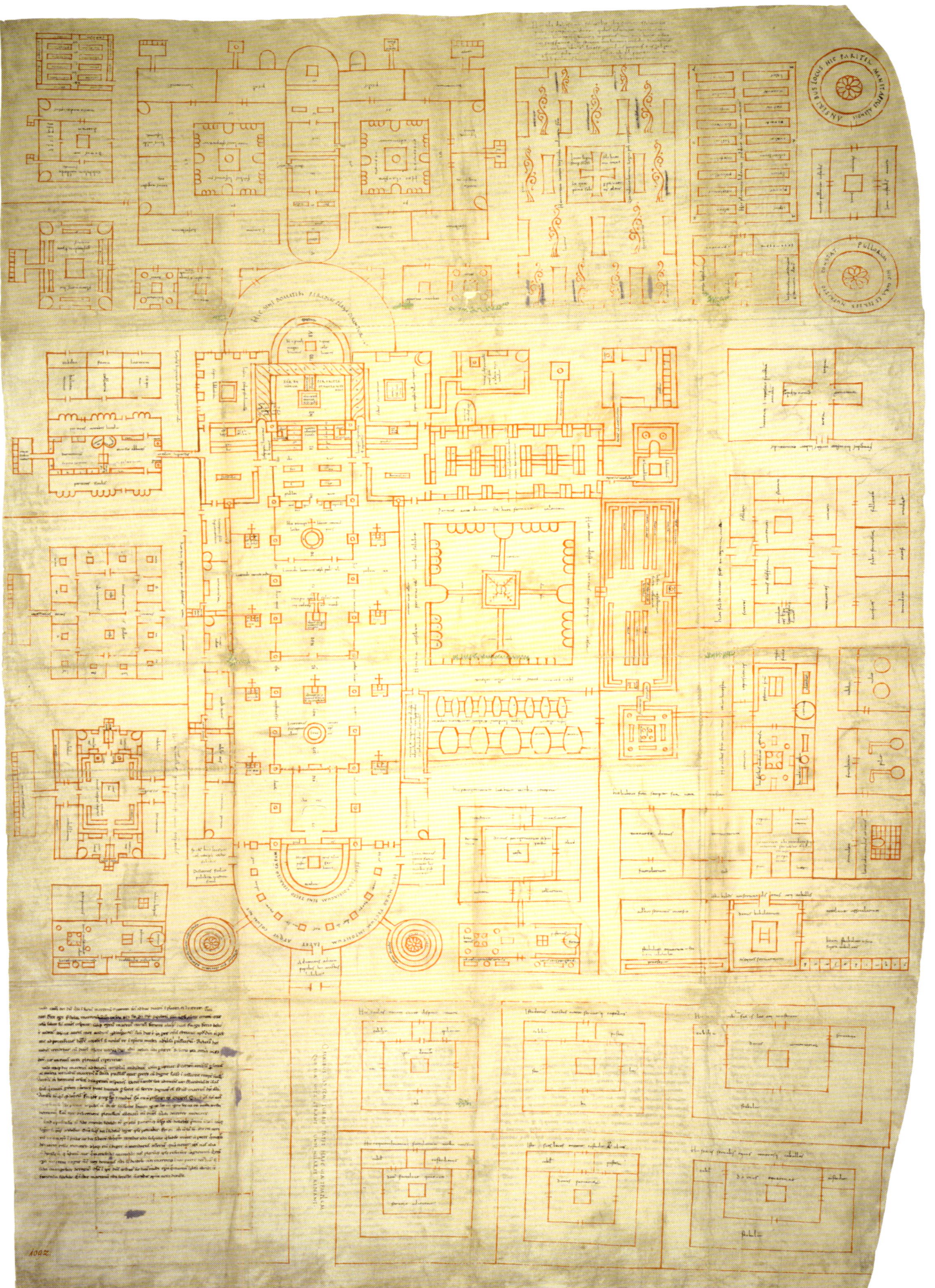

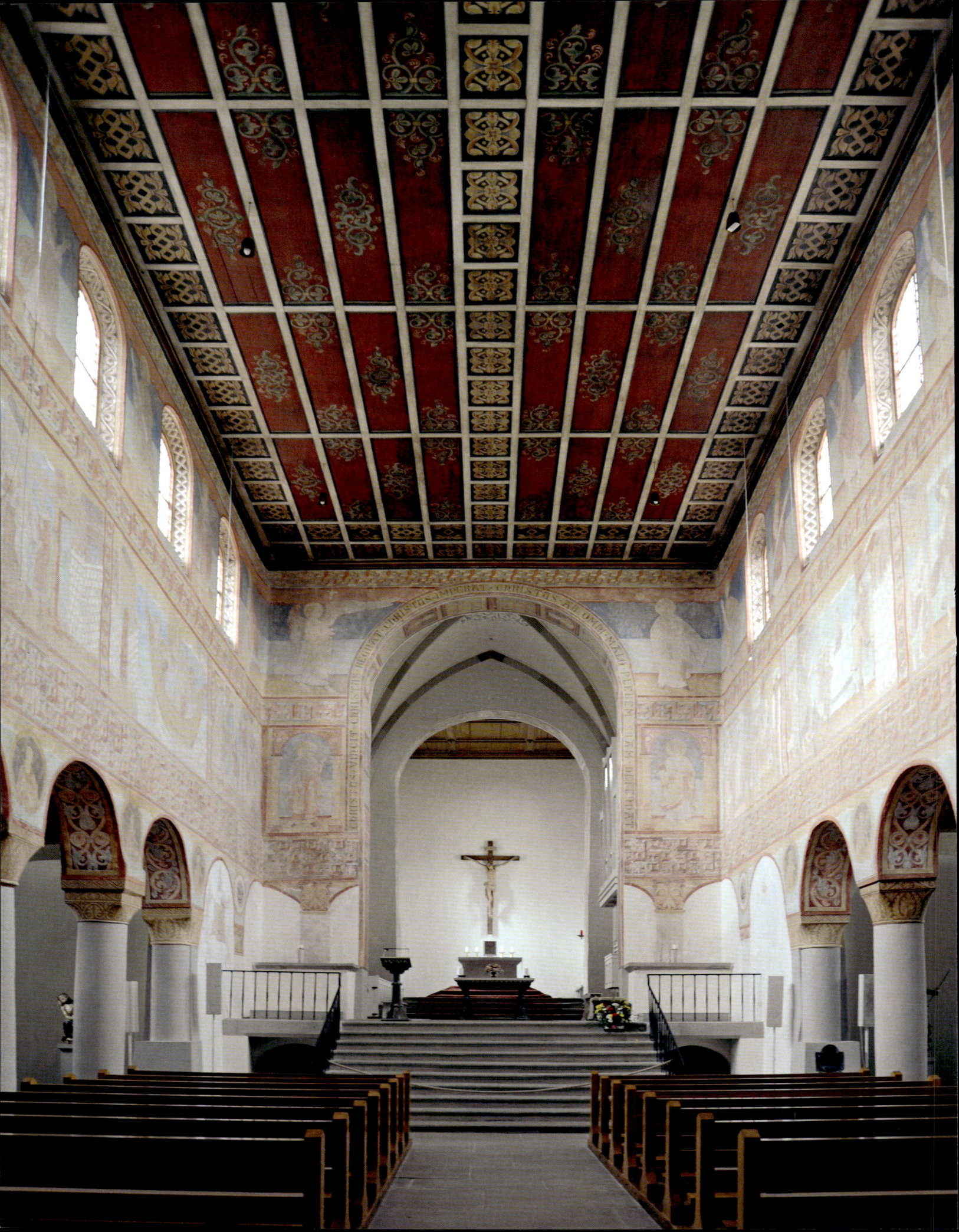

FRÜHE KLÖSTER IM DEUTSCHEN SPRACHRAUM

Alfons Zettler

Die Macht des Wortes, Benediktiner prägen Europa – das Motto der Ausstellung gilt in besonderer Weise für die Frühzeit des Mittelalters und für unser Thema, die frühen Klöster. Denn in der historischen Rückschau bildete diese Epoche eine Achsenzeit für das abendländische Mönchtum, und das in mehrfacher Hinsicht. Zum einen fiel der Kirche eine wichtige Brückenfunktion zwischen Antike und Mittelalter zu. Mönche und Klöster trugen entscheidend dazu bei, dass sich auf dieser Brücke jener entscheidende Kulturtransfer vollzog, der am Beginn Europas steht. Asketen und Peregrini trugen die „fränkische Reichskultur" (F. Prinz) in die peripheren Gebiete des Merowingerreichs östlich des Rheins und bereiteten dort dem Mönchtum den Boden. Und zum anderen geschah es in eben jenem Frankenreich, dass sich das könobitische Mönchtum benediktinischer Prägung gegenüber den vielfältigen anderen monastischen Strömungen durchsetzte. Rund drei Jahrhunderte, bis ins Zeitalter der Entstehung der neuen Orden, der Zisterzienser, der Dominikaner, der Franziskaner, Karthäuser und anderer mehr, gab es in großen Teilen des alten Europa nur noch eine Art Mönche, die nach Maßgabe der *Regula Benedicti* lebten, wie es ihnen Karl der Große (Abb. 2) und Ludwig der Fromme aufgetragen hatten. Wie es dazu kam, wird an anderer Stelle dieses Buches expliziert – aber es wird auch in unserem Zusammenhang eine Rolle spielen, inwieweit sich die Wirkung der Benediktregel in der Disposition frühmittelalterlicher Klosteranlagen und ihrer baulichen Gestalt zu erkennen gibt.

Der deutsche Sprachraum war im früheren Mittelalter weder politisch noch kulturell ein einheitliches Gebiet. Nur zum Teil gehörte er zu Austrasien, also dem östlichen Frankenreich, und weite Bereiche lagen östlich des Rheins, der in der Auffassung jener Zeit Gallia und Germania voneinander schied. Es handelte sich also um ein politisch und kulturell höchst differentes Land, wo vielfach die Grenzen noch fließend waren und mehr oder minder politisch organisierte Völkerschaften lebten, wie Sachsen, Bayern und Thüringer, aber auch Friesen und Dänen, Räter, Karantanen und andere mehr. In Bayern bestand bis 788 das Herzogtum der Agilolfinger, in Thüringen zu Beginn des 8. Jahrhunderts ein solches der Hedenen, und Sachsen fand, wie es scheint, erst in der Zeit Karls des Großen, nachdem es in das Frankenreich eingegliedert worden war, zu einer politischen Organisation. Östlich des Rheins umfasste der aktuelle deutsche Sprachraum im frühen Mittelalter überwiegend Gebiete, in welche die Kirche und die im Kernfrankenreich geprägte Kultur eben erst Einzug zu halten begannen. Wesentlichen Anteil an diesem Transfer hatte das Mönchtum. Doch gestaltet es sich äußerst schwierig, Licht in das Dunkel dieser entscheidenden Epoche der Formierung Europas zu bringen, wenn wir nach den ersten Klöstern im deutschen Sprachraum fragen oder wenn wir wissen wollen, wann und auf welchen Wegen die ersten Mönche und die Benediktregel in diese Gegenden gelangten.

Das christliche Mönchtum hatte seinen Ursprung im Orient, wo es während des 4. und 5. Jahrhunderts unserer Zeitrechnung in zwei hauptsächlichen Formen erblühte. Beide Richtungen, die anachoretische des hl. Antonius († 356) und die könobitische oder gemeinschaftliche Lebensweise, die sich mit dem Namen des Pachomios († 346) verbindet, hielten bald auch Einzug im Abendland. Ein hauptsächliches Tor bildete das südliche Gallien, wo sich zunächst auf der Mittelmeerinsel Lérins bei Marseille Mönchskolonien ansiedelten. Aber auch Süditalien, unter byzantinischer und dann teilweise unter langobardischer Herrschaft, hatte wesentlichen Anteil an der Ausbrei-

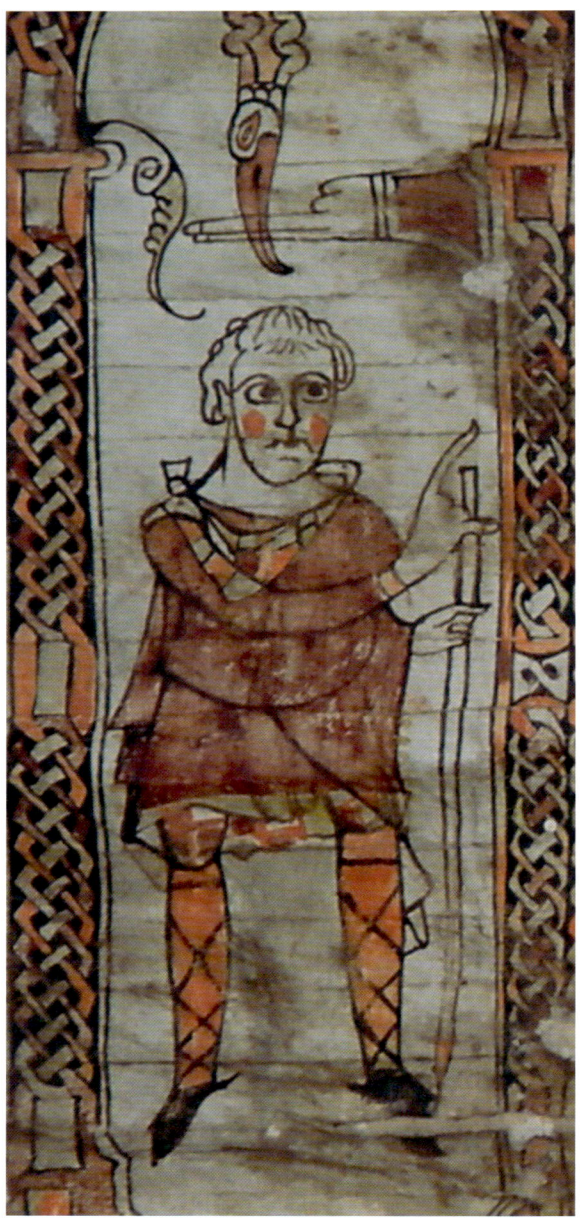

2 Karolingischer
Gesetzgeber, wohl Karl
der Große, Abbildung
aus den Kapitularien des
Stiftes St. Paul,
Italien oder Südostfrank-
reichs, 2./3. Jahrzehnt
9. Jahrhundert. Benedik-
tinerstift St. Paul,
Cod. 4/1, fol. 1v
(Kat.-Nr. 4.28)

durch das Karl der Große am Weihnachtstag des Jahres 800 die römische Kaiserkrone erlangte, kam es im
Zuge der sog. ‚karolingischen Renaissance' auch zu
einer Reform und Neuorientierung des fränkischen
Mönchtums. Und da boten sich Benedikt und seine
Regel als maßgebliche Instanz geradezu an, denn Benedikt, dessen Leben Papst Gregor der Große in seinen Dialogi beschrieb, hatte seine Ausbildung in
Rom erhalten und im Umkreis der Ewigen Stadt gewirkt. So mochte er sich den Franken in besonderer
Weise als der ‚römisch-päpstliche' Mönchsvater empfehlen.

Asketen und Peregrini –
Wegbereiter des Mönchtums

Die Zahl der Klöster im Frankenreich stieg in der
Zeit zwischen 500 und 800 von rund 20 auf rund 700
an. Entscheidenden Anteil an dieser Entwicklung
hatte das sog. irofränkische Mönchtum. Besonders
das Wirken des irischen Peregrinus Columban, der
591/592 auf dem Kontinent eintraf, berührte auch die
peripheren Gebiete des Frankenreichs, darunter Alemannien (vgl. Beitrag Richter). Wie man sich im
Kloster St. Gallen die ersten Anfänge des Mönchtums im deutschen Südwesten vorstellte, zeigt eine
Illustration aus der deutschen Gallus-Legende: Columban und Gallus reisen zu Schiff nach Bregenz am
Bodensee (Abb. S. 54). Das Zusammenwirken des
ehrwürdigen Peregrinus und seines gelehrigen, dann
aber schließlich doch auch ungehorsamen Schülers
sind Thema eines wesentlichen Abschnitts von Gallus' Lebensbeschreibung. Im Verlauf einer Missions-
reise Columbans 610/612 zu den Alemannen sei dessen Gefährte Gallus am Bodensee zurückgeblieben,
wo er sich in der Wildnis des oberen Steinachtals nie-
derließ. Aus der Gallus-Zelle mit dem Grab des Co-
lumbanjüngers erwuchs um 720 das Kloster St. Gallen. Die Verknüpfung des Wirkens beider Personen
und ihre Stilisierung zu *den Erzvätern* des Mönchtums in Alemannien, wie sie in unserem Bild zum
Ausdruck kommt, beruht allerdings auf späterer Tra-
ditionsbildung im Kloster St. Gallen, wo die Gallus-
Vita wahrscheinlich zwischen 720 und 760 aufgezeichnet wurde. Denn in der historisch zuverlässigen
Lebensbeschreibung Columbans, die von einem anderen, gut bezeugten Gefährten des Iren verfasst
wurde, hören wir zwar von einem Columban-Jünger
namens Gallus, aber dieser dürfte kaum mit dem
Eremiten an der Steinach identisch sein.

tung des Mönchtums im Westen. Auf diesen Funda-
menten, gelegt in der Spätantike, lebten in Gallien
und Burgund beziehungsweise im merowingischen
Frankenreich eine Reihe monastischer Strömungen
auf, vor allem das martinische Mönchtum in der
Nachfolge des hl. Martin von Tours († 397) sowie das
von Lérins ausgehende Rhônemönchtum, während
Benedikt von Nursia († 547 oder um 560) neben anderen Asketen in Italien wirkte. Benedikt ragt aber
erst im Licht späterer Entwicklungen aus dem altita-
lischen Mönchtum heraus. Als die Frankenherrscher
während des 8. Jahrhunderts das welthistorisch fol-
genreiche Bündnis mit dem Papsttum eingingen,

Columban († 615) und Gallus († um 680?) können nun, gleichgültig ob die aparte hagiographische Story von der Columban-Schülerschaft des Gallus stimmt oder nicht, als Repräsentanten für zwei in unserem Zusammenhang höchst interessante Quellströme des frühmittelalterlichen Mönchtums im deutschen Sprachraum stehen. In ihrem Wirken kommt gleichsam wie in einem Brennpunkt zum Ausdruck, auf welchen Wegen das Mönchtum zuerst in das östliche Frankenreich und dessen Grenzzonen gelangte und wie die monastische Lebensform vom fränkischen Gallien ausgehend auch die Germania erfasste: einmal durch Protagonisten des irofränkischen Mönchtums und zum anderen durch die Zuwanderung von Peregrini und Asketen in deren Fahrwasser. Peregrini nennen wir diejenigen Asketen, die dem insularen, das heißt auf den britischen Inseln verbreiteten Ideal der *peregrinatio* folgten. „Dieses Ideal verlangte vom Einzelnen die kompromisslose *conversio,* Hinwendung zu Gott durch Verzicht auf irdischen Besitz, auf soziale Bindungen an Vaterhaus, Familie und Ehe, die wörtliche Erfüllung der sogenannten Evangelischen Räte, augenfällig realisiert durch die Flucht in die *eremus,* die man gemäß dem Beispiel des Patriarchen Abraham mit Sicherheit in der Fremde des Auslands fand" (J. Semmler).

Suchbild: frühe Klöster im deutschen Sprachraum

Columban selbst soll in Bregenz am Bodensee ein Kloster gegründet haben, von dem man aber später nichts mehr hört. Wenn dieser Nachricht Glauben geschenkt werden darf, wäre in Bregenz eines der ersten Klöster überhaupt im deutschsprachigen Raum entstanden. Die Kategorie ‚deutschsprachiger Raum' erweist sich in diesem Zusammenhang jedoch als problematisch, denn es ist zu beachten, dass in Bregenz zur Zeit Columbans wohl noch eine weitgehend romanische Bevölkerung ansässig war. Dazu passt gut, dass sich Columban bei seiner Alemannien-Reise auffälligerweise nur linksrheinisch und vor allem an solchen Orten betätigt hat, wo Ähnliches zu vermuten ist. Sieht man näher hin, so ist auch für das Kloster St. Gallen oder etwa für St. Peter in Salzburg, das übrigens im Rahmen einer großen Ausstellung im Jahre 1982 geradewegs als „das älteste Kloster im deutschen Sprachraum" gefeiert wurde, eine solche Lage im romanischen Sprachgebiet oder jedenfalls an dessen Rand anzunehmen. Columban und Rupert scheinen

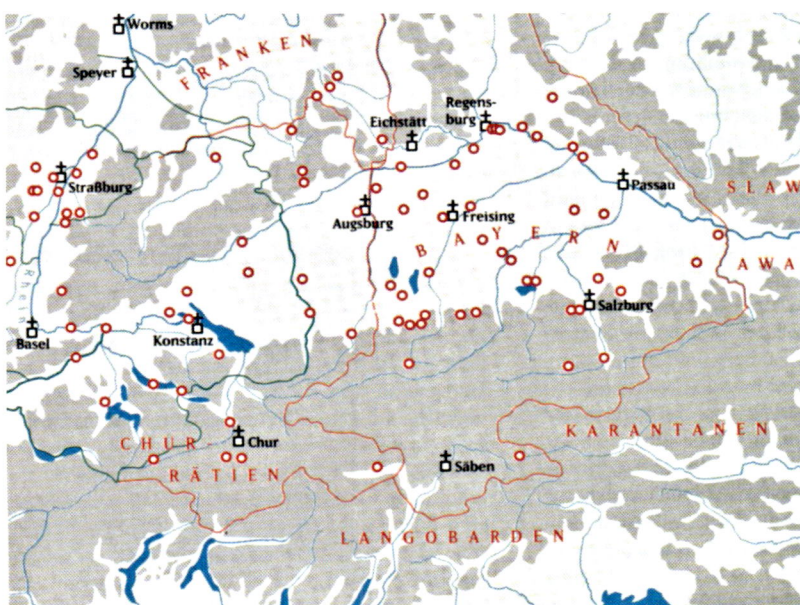

versucht zu haben, in diesen Gegenden an Relikte antiken Christentums und antiker Schriftkultur anzuknüpfen. Jedenfalls ist festzuhalten, dass das Christentum und mit ihm die Schriftkultur eine gewisse Reife erreicht haben mussten, bevor die Etablierung von Klöstern gelingen konnte. Die Schriftkultur bildete einen wichtigen Faktor, denn die Mönche sollten die lateinische Sprache zumindest verstehen, am besten aber auch lesen und schreiben können, um Gottesdienst zu halten und nach der Klosterregel zu leben.

Die frühen Klöster in Alemannien, um bei diesem Beispiel zu bleiben, knüpften nicht selten am Werk eines Asketen oder Peregrinus an. St. Gallen wurde schon genannt (Gallo/Gallus), des Weiteren wären anzuführen St. Trudpert im Breisgau (Trudpert), Säckingen am Hochrhein (Fridolin) und Ettenheimmünster in der Ortenau (Landolinus). Es ist ferner denkbar, ja sogar wahrscheinlich, dass noch andere religiös Bewegte dieser Art nach Alemannien gelangt sind. Wenn deren Wirken aber nicht von einer religiösen Gemeinschaft aufgegriffen und weitergeführt wurde, wenn die Zelle des Gottesmannes nach dessen Tod unterging, wenn, mit anderen Worten, nicht eine Kulttradition nachfolgenden Generationen den Ansatzpunkt für die Gründung einer religiösen Gemeinschaft bot, dann hinterließen sie keine Spuren in der Geschichte. Insgesamt betrachtet gibt es nur wenige Klöster im deutschen Sprachraum, die ihren Ursprung vor das 8. Jahrhundert zurückführen können, und keines der oben genannten Institute hat bislang

3   Klostergründungen im Süden des deutschen Sprachraums und seiner Umgebung bis um das Jahr 800

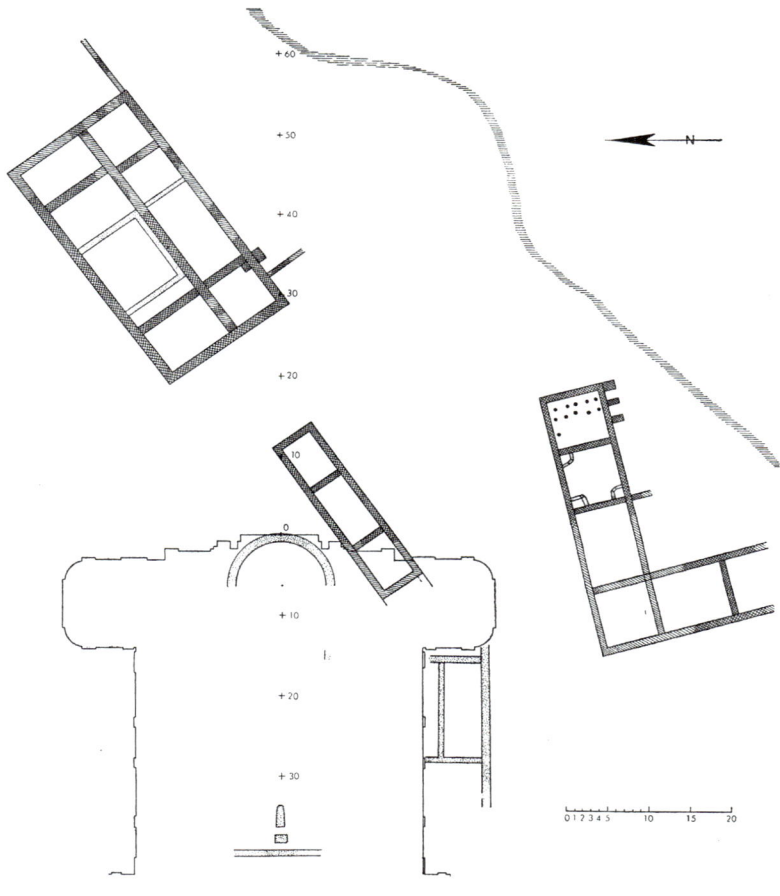

der Forschung gewissermaßen eine Schlüsselrolle zu, denn der erwähnte St. Galler Klosterplan wurde in der Reichenauer Schreibstube angefertigt, seine Autoren nahmen vielfach Bezug auf die damals in Reichenau bestehenden Klosterbauten. Und auf der Insel, die kürzlich in das UNESCO-Weltkulturerbe-Programm aufgenommen wurde, blieb unter dem Erdboden eine ausgedehnte Klosterwüstung erhalten, die zu den am besten erhaltenen archäologischen Monumenten dieser Art im deutschen Sprachraum zählt. Eine solche Aussage kann deshalb gewagt werden, weil in Reichenau zwischen 1929 und 1941 sowie nochmals 1980 bis 1984 große Teile der ehemaligen Abteikirche sowie Teile der anschließenden Klostergebäude ausgegraben wurden und die Forscher sich darüber hinaus von Anfang an bemüht haben, den einstigen Klosterbezirk möglichst großflächig zu erfassen und zu dokumentieren. Vor kurzem ist nun auch eine Prospektion mit Hilfe des Erdradar-Verfahrens vorgenommen worden. Die Ergebnisse vermitteln einen repräsentativen Eindruck von diesem archäologischen Monument. Auf der Untersuchungsfläche nördlich des Münsters, die nur einen Bruchteil des ehemaligen Klostergeländes ausmacht, sind überall dichtgedrängte und offenbar wohlerhaltene Reste von der intensiven Besiedlung dieser Flächen in früherer Zeit zu erkennen. An einigen Stellen zeichnen sich deutlich Fundamente von Gebäuden ab.

Die Klostersiedlung – Abbild der Gesellschaftsordnung

Am Beispiel Reichenau fällt des Weiteren auf, dass gelegentlich schon die Pioniere der Klosterarchäologie wichtige Erkenntnisse über Gestalt und Anlage frühmittelalterlicher Klöster im deutschen Sprachraum verbuchen konnten. In Lorsch, Fulda und Hersfeld, also den Abteien, die ähnlich wie Reichenau erste archäologische Forschungen im früheren 20. Jahrhundert erlebten, traf man auf Klosterbezirke von beträchtlicher Ausdehnung, die meist von einer Einfriedung umgeben waren (Abb. 5, 6). Hersfeld verfügte sogar über einen wehrhaften Wall, der um 800 zunächst aus einer Holz-Erde-Konstruktion bestand. Im Lauf des 9. Jahrhunderts wurde dem Wall nach außen hin eine kräftige Mauer vorgesetzt. Ein wasserführender Graben, der das Ganze laut späterer Überlieferung umgab, deutet ebenfalls auf den wehrhaften Charakter der Hersfelder Klosteranlage hin (Abb. 7). Doch scheint eine solche zur Verteidigung

6   Fulda, Plan der Klostersiedlung, erstellt anhand der Ergebnisse erster archäologischer Forschungen (publiziert 1944)

des deutschen Reiches ist sehr gering. Die Gründe dafür sind, dass die frühen Klosterbauten in der Regel von jüngeren Bauten überlagert werden und dass die Möglichkeiten, hinlänglich umfangreiche Grabungen in modern besiedelten Arealen durchzuführen, äußerst selten sind", schrieb jüngst Uwe Lobbedey. Und dies könnte mit der Feststellung ergänzt werden: Schon allein die Größe und Ausdehnung solcher Komplexe, wie sie der St. Galler Plan beispielhaft vor Augen führt, ist eine Herausforderung für die Archäologie. Die meisten Klöster aus der Frühzeit des Mittelalters sind daher siedlungs- und bauarchäologisch betrachtet immer noch ,terra incognita'; und dies gilt beileibe nicht nur für den deutschen Sprachraum. Mittlerweile dürften dort vielleicht um die zwanzig frühe Klöster ansatzweise archäologisch untersucht worden sein, in der großen Mehrzahl freilich punktuell und ausschnitthaft. Die archäologischen Erkenntnisse ergeben deshalb noch kein klares Bild von der Anlage und Baugestalt früher Klöster.

Ein gutes Beispiel für die archäologische Problematik ist die Abtei Reichenau im Bodensee. Ihr kommt in

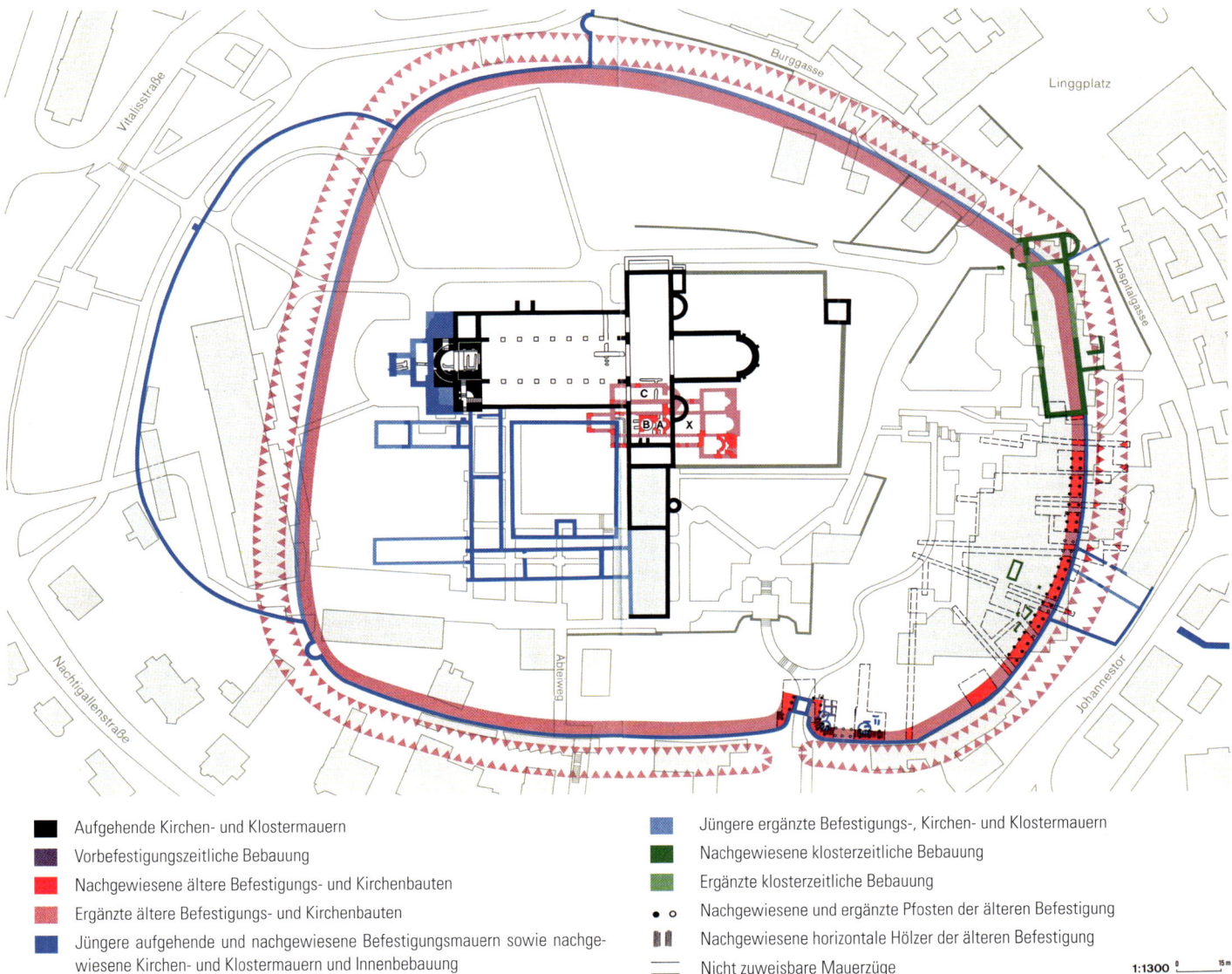

geeignete Umwallung bei den großen Klöstern der Karolingerzeit eher die Ausnahme gebildet zu haben; in Hersfeld mag dafür die vorgeschobene Lage des Klosters im sächsischen Missionsgebiet verantwortlich gewesen sein. Im Übrigen erinnert der Hersfelder Wall an die Befestigungen norddeutscher Bischofsburgen dieser Epoche wie Münster und Hamburg. Klöster im Innern des Frankenreichs konnten freilich auf eine Umwehrung verzichten, zumal sie nicht selten von einer natürlichen Schutzlage – auf einer Insel, in einer Flussschleife, auf einem Berg oder in einem sonstwie schwer zugänglichen Gelände – profitierten. Erst in den unsicheren Zeiten der Ungarnnot, die um 900 anbrachen, legte sich beispielsweise die Abtei St. Gallen einen mit Türmen versehenen, wehrhaften und zugleich repräsentativen Mauerring zu. Bei der

Abtei Lorsch (Abb. 5), die vor einigen Jahren wie Reichenau und St. Gallen in das UNESCO-Weltkulturerbe aufgenommen wurde, kam im Zuge der ersten Ausgrabungen neben dem eigentlichen Kloster der Grundriss des sog. ‚Klosters auf der Kreuzwiese‘ zu Tage. Die Reste dieses Baukomplexes fanden sich mehrere hundert Meter von dem späteren Klostergelände entfernt und machen so auf eine weitere Problematik bei der archäologischen Erforschung von Klöstern aufmerksam, nämlich Standortverlagerungen. Solche scheinen nicht selten vorgekommen zu sein, wie unter anderem das Beispiel der in großem Maßstab archäologisch erforschten Abtei San Vincenzo al Volturno in Mittelitalien beweist.

Mit San Vincenzo, gegründet um 720, dürfte neben Müstair im Vintschgau das bisher am großflä-

7 Hersfeld. Umwehrte Klostersiedlung (nach G. Binding)

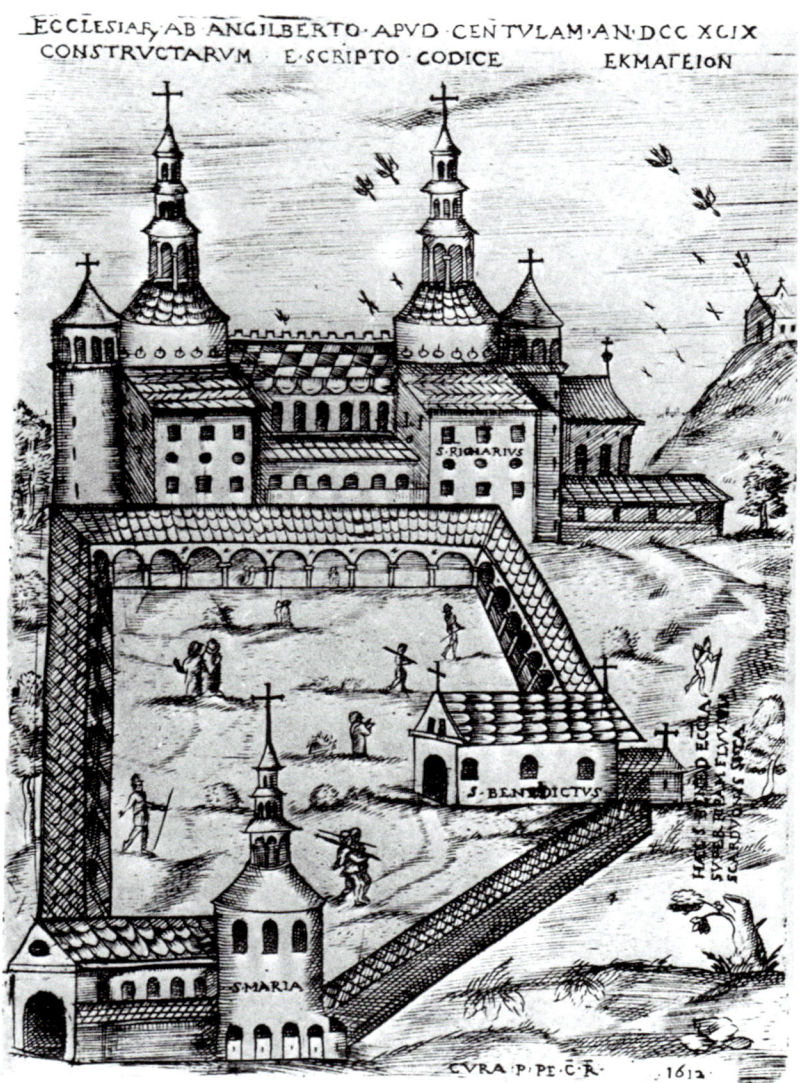

ECCLESIAE AB ANGILBERTO APVD CENTVLAM AN DCC XCIX CONSTRVCTARVM E SCRIPTO CODICE EKMAFEION

8 Centula, ehem. Abteikirche St. Riquier, 790–99, Stich von 1612, nach einer Miniatur aus dem Jahre 1299

chigsten überhaupt ausgegrabene frühmittelalterliche Kloster benannt sein. Die extensiven Forschungen dort wie auch Hinweise und Funde aus einigen der bereits erwähnten Klöster – in Hersfeld kamen beispielsweise Anlagen für eine umfangreiche Salzproduktion zu Tage – erlauben die Aussage, dass der umfriedete oder von der Natur ausgeschiedene Bereich eines frühmittelalterlichen Klosters gewöhnlich Wirtschaftsbauten, aber auch gewerbliche Produktionsanlagen sowie die Häuser der dort Tätigen, kurz: eine ganze Siedlung mit einschloss. Und in den Klostersiedlungen lebten nicht nur Mönche, sondern stets auch ein Tross Bedienstete und Gewerbetreibende, die den ,Organismus Kloster' am Leben hielten. Denn die Mönche bildeten im Rahmen der frühmittelalterlichen Gesellschaft eine höchst privile-

gierte und auch vergleichsweise kleine Gruppe. Sie entstammten großenteils dem Stand der grundbesitzenden ,Gutsherren' oder Feudalherren, die zur Elite der frühmittelalterlichen Gesellschaft oder zu den ,oberen Zehntausend' gehörten, um es mit einem modernen Begriff auszudrücken. Im Kloster suchten sie nicht nur die Nähe zu Gott, sondern auch ein standesgemäßes Leben, das ihnen eine Vielzahl von hörigen Knechten sowie Handwerk ausübenden und Gewerbe treibenden Pfründnern ermöglichte. Die ,Klosterleute' sorgten für die Lebenshaltung von Abt und Mönchen, sie verarbeiteten die Naturalabgaben, die aus den klösterlichen Landgütern abgeliefert wurden, für den Konsum im Kloster und produzierten sogar Luxusgüter, sei es für den Bedarf des Klosters selbst, sei es für die mit jenem in Verbindung stehenden Adelskreise. Der ,Betrieb' der Klöster und das Leben in ihnen gründete wirtschaftlich auf dem System der feudalen Grundherrschaft. So kann das frühmittelalterliche Kloster gewissermaßen als Mikrokosmos der damaligen Gesellschaft und Lebensordnung angesehen werden.

…wo möglich soll sich alles Notwendige innerhalb des Klosters befinden, nämlich Wasser, Mühle, Garten und die verschiedenen Werkstätten – Benedikts Klosterkonzept

Was sagt Benedikt über das Kloster und den Lebensraum seiner Mönche? Am Schluss des ausführlichen Kapitels über „Die Instrumente der guten Werke" heißt es: „Die Werkstatt aber, in der wir das alles gewissenhaft üben sollen, ist die Abgeschlossenheit des Klosters und das treue Ausharren in der Gemeinschaft". Und gegen Ende des Regeltextes, im Kapitel 66, das die Aufgaben des Pförtners beschreibt, verleiht Benedikt dem Willen Ausdruck, das Kloster solle „wo möglich so angelegt sein, dass sich alles Notwendige in seinem Innern befindet, nämlich Wasser, Mühle, Garten und die verschiedenen Werkstätten, in denen gearbeitet wird. So brauchen die Mönche nicht draußen herumlaufen, was ihren Seelen ja durchaus nicht zuträglich wäre". Benedikt macht also zwar einige pauschale Aussagen über die von ihm gewünschte Beschaffenheit des Klosters, aber er sagt hier, ähnlich wie in Kapitel 52 hinsichtlich der Kirche (oratorium), nichts über die Form und Baugestalt desselben aus. Hält man beide Stellen nebenein-

Architektur und Aufbau der Klöster – Die Reformen von Cluny und Hirsau

ander, so wird dies noch deutlicher. Ihr gemeinsamer Tenor ist die Forderung nach Abgeschlossenheit des Klosters. Oder anders ausgedrückt: Die ganze Klostersiedlung wird als geschlossener Lebensraum der Mönche begriffen; nur sie sollen dort gemeinschaftlich leben, niemand anders.

Das frühmittelalterliche Kloster war demgegenüber offenbar etwas anders beschaffen. Es tritt als umfriedete, aber nicht abgeschlossene Siedlung entgegen, deren Kern die gemeinschaftlichen Wohngebäude der Mönche bildeten, die ihrerseits abgeschlossen sein konnten, aber nicht abgeschlossen sein mussten. Der Wiener Kunsthistoriker Julius von Schlosser hat die grundsätzlichen Unterschiede zwischen Benedikts Konzept und den realen frühmittelalterlichen Klöstern eingeebnet, als er 1889 seine bis heute geläufige Lehre vom benediktinischen „Claustrum mit den es umfassenden, nach aussen hin abgeschlossenen regularen Baulichkeiten" publizierte und seine Auffassung mit dem zitierten Kapitel 66 der Benediktregel begründete. Schlosser begriff dieses als eine streng „centralistische" Anlage nach dem „claustrale(n) Prinzip", und er sah darin ein Bauschema, wie es von dem Mönchsvater selbst gestiftet worden sei. Angeblich findet sich Benedikts ursprüngliches Konzept auch auf dem Klosterplan von St. Gallen wieder; auf ihm erkannte Schlosser die Darstellung des „allgemein gültigen Durchschnittstypus einer grossen Benedictiner-Abtei". „Diese Ansicht teilt die gesamte Forschung bis auf den heutigen Tag. Man braucht nur einen beliebigen Lexikonartikel über den benediktinischen Klosterbau aufzuschlagen, um zu sehen, wie jeder Autor traditionell mit der Regel Benedikts beginnt, dann aber mit der dunklen Epoche zwischen dem Tod Benedikts und der karolingischen Klosterreform in Verlegenheit gerät. Nach 300 Jahren Funkstille hat man mit dem St. Galler Klosterplan endlich wieder festen Boden unter den Füßen" (B. Brenk).

Vierflügelanlage und Kreuzgang

Mit der Formel vom „allgemein gültigen Durchschnittstypus einer grossen Benedictiner-Abtei" zielte Schlosser in erster Linie auf das „Claustrum", also den im Plan als Vierflügelanlage wiedergegebenen Kernbereich des Klosters mit der Kirche. In der nachfolgenden Forschung wurde von dieser Darstellung unter Übernahme der Sicht Schlossers das sog. ‚klassische Schema eines Benediktinerklosters' abgeleitet

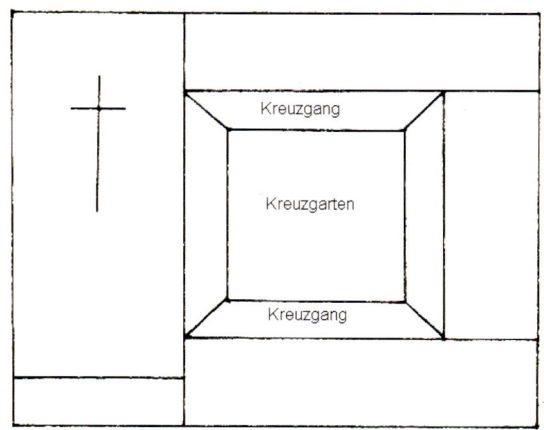

9 ‚Klassische' klaustrale Anlage. Schema der Kerngebäude eines mittelalterlichen Klosters

(Abb. 9). Das Kloster ist im Idealfall rechtwinklig angelegt und erhebt sich – wie auch Hildemar um 850 in seinem Kommentar zur Benediktsregel andeutet – auf quadratischem Grundriss. Laut Hildemar sollte der Innenhof 100 x 100 Fuß messen. Um diesen abgeschlossenen Hof, meist Kreuzgarten genannt, sind die notwendigen Räume und Einrichtungen für das gemeinschaftliche Leben der Mönche in drei zweigeschossigen Gebäuden angeordnet; die Klosterkirche nimmt einen weiteren Flügel ein. Dies alles zusammengenommen bildet eine ‚Vierflügelanlage'. Erschlossen werden die Gebäude und Räume über einen an allen vier Innenseiten umlaufenden, bedachten, sich zum Hof hin in Arkaden öffnenden Verbindungsgang, gewöhnlich als Kreuzgang bezeichnet. Wie im Fall der Vierflügelanlage ist dieser Begriff modern; im Mittelalter standen mindestens fünf lateinische Begriffe zur Verfügung: *monasterium, coenobium, claustrum, atrium* und *officinae*, für den Kreuzgang außerdem *ambitus* und *porticus*. Das Schema der Vierflügelanlage hat die europäische Klosterarchitektur der Folgezeit geprägt, und es bestimmt bis heute unser Bild von einem Benediktinerkloster. Auch die in der Literatur immer wieder konstruierten Normgrundrisse eines ‚typischen Zisterzienserklosters' sind davon abgeleitet (Abb. 10). Schließlich wurde der Typus „bis in das späte Mittelalter hinein zum Klosterschema schlechthin" (U. Lobbedey). Die Vierflügelanlage mit oder ohne Kreuzgang muss aber auch schon im früheren Mittelalter und außerhalb der benediktinisch-monastischen Lebenswelt weit verbreitet gewesen sein, wenn er durchgängig als architektonisches Signum und Symbol der nichtmonastischen, der geistlichen und Kanoniker-Konvente ebenso wie der Domkapitel an den bischöflichen Kathedralen entgegentritt. Außerdem begegnet ja das Schema

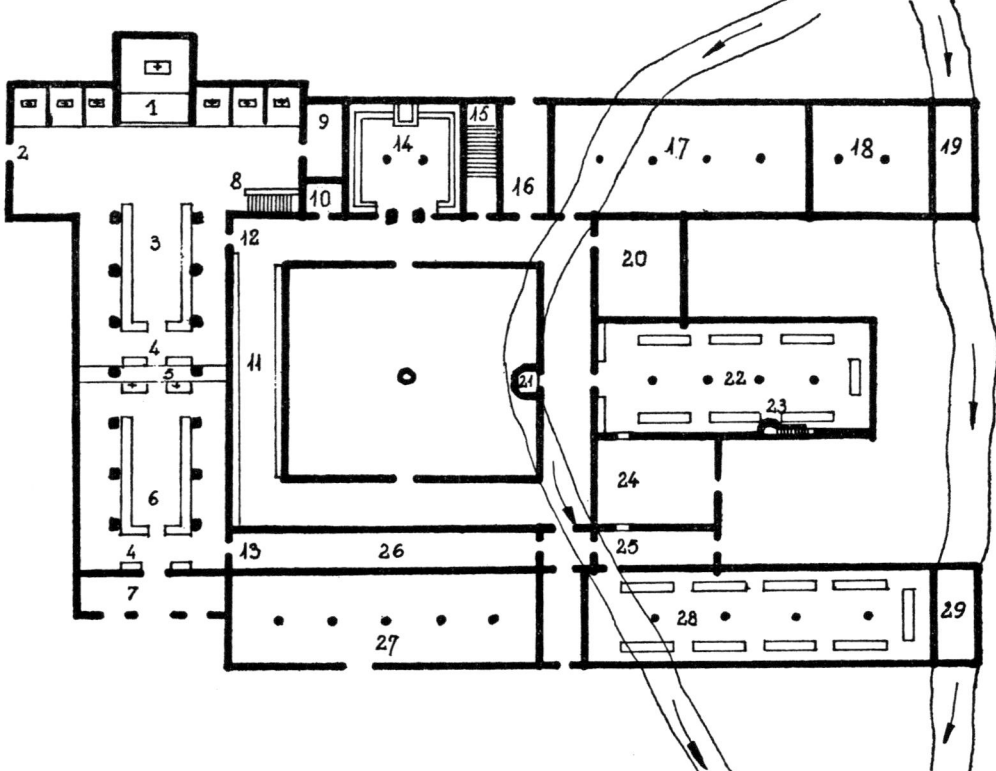

1	Kirche		3	Kreuzgang	11	Aufwärmeraum (calefactorium)
	a	Paradiestüre		a Nordflügel, Lesegang		Über 7 – 8 – 10 – 11 Schlafsaal (dormitorium)
	b	Seitenkapellen		b Westflügel	12	Novizenhaus (Noviziat)
	c	Vorhalle (narthex)		c Ostflügel, Kapitelgang	13	Latrinen
	d	Konversenchor (chorus minor)		d Südflügel	14	Krankenhaus (infirmarium)
	e	Krankenchor (Infirmenchor)			15	Speisesaal (refektorium)
	f	Mönchschor (chorus maior)	4	Brunnenhaus (lavatorium)	16	Küche
	g	Altarraum (presbyterium)	5	Raum für Bücher (armarium)	17	Zimmer des Verwalters (cellarius)
	h	Konversentüre	6	Sakristei (vestiarium)	18	Wohn- und Speisehaus der
	i	Mönchstüre	7	Kapitelsaal		Konversen (refektorium)
	j	Treppe zum Schlafsaal	8	Sprechsaal (parlatorium, auditorium)	19	Pforte, Eingang
		(Dormitoriumstreppe)	9	Treppe zum Schlafsaal	20	Abtshaus (Abtei, Prälatur)
				(Dormitoriumstreppe)	21	Konversengang
2	Innenhof, Kreuzhof, Kräutergarten		10	Durchgang zum Garten und zum Krankenhaus	22	Friedhof

ohne signifikante bauliche Unterschiede bei Männer- wie Frauenklöstern und bei Kanonikerstiften ebenso wie bei Damenstiften.

Spricht schon dies alles nicht gerade für Schlossers immer noch hartnäckig fortexistierende Thesen über die europaweite Verwirklichung eines benediktinischen Klosterbaukonzepts, entworfen von Benedikt höchstpersönlich, so lassen die archäologischen Forschungen der letzten Jahrzehnte Schlossers Sicht der Dinge und sein Deutungsschema vollends als obsolet erscheinen. Es handelt sich zwar nur um wenige und dazu meist räumlich eng begrenzte Grabungen in Klöstern, aber dazu kommen zunehmend Untersuchungen frühmittelalterlicher Stifte und Kathedral-

komplexe. Selbst den St. Galler Plan betrachten wir heute mit anderen Augen, als es vor über hundert Jahren Julius von Schlosser tat (und überhaupt tun konnte). Zwar hat der Klosterplan noch nicht alle seine Geheimnisse preisgegeben, aber es ist mittlerweile gesichert, dass er nicht die Kopie eines älteren Dokuments, etwa aus dem Zusammenhang der karolingischen Klosterreform von 816 bis 819, sein kann, sondern auf der Reichenau für Gozbert von St. Gallen entworfen wurde. Dies geschah im Angesicht der Reichenauer Klosterbauten, auf deren Disposition man bei der Darstellung in vielen Punkten zurückgriff und die gelegentlich bis in Details auf dem Plan abgebildet wurden. Der Klosterplan ist auch nicht,

Architektur und Aufbau der Klöster – Die Reformen von Cluny und Hirsau

wie vielfach angenommen wurde, ein Idealplan, der zur Verwirklichung in allen Klöstern des Frankenreichs gedacht gewesen wäre – und ganz sicher nicht jenes reine, ur-benediktinische Schema, das Schlosser in ihm erkennen wollte. Vielmehr bildet der Plan Bautraditionen und Gepflogenheiten ab, die zur Zeit seiner Anfertigung um 830 schon verbreitet waren, während andererseits kaum anzunehmen ist, dass er aus seinem Verwahrungsort im St. Galler Klosterarchiv heraus Einfluss auf die Klosterbauten der nachfolgenden Zeit gewinnen konnte.

Die Ergebnisse archäologischer Forschungen an frühen Klöstern gerade im deutschen Sprachraum machen im Einklang mit dem bisher Gesagten deutlich, dass die Vierflügelanlage, meistens mit Kreuzgang, manchmal aber auch ohne diesen, geraume Zeit vor der Anfertigung des St. Galler Plans durchaus schon verbreitet war. Neue Erkenntnisse zur Genese und frühen Ausbreitung des abendländischen Klosterschemas haben bislang besonders die zum Teil mehrfach schon erwähnten Abteien Corvey, Fulda, Hersfeld, Lorsch, Müstair, Reichenau und St. Gallen beigetragen, aber auch Klöster und Stifte im heutigen Bayern und in Österreich wie St. Ulrich und Afra zu Augsburg, die Chiemsee-Inseln (Abb. 8) und Benediktbeuern, um nur diese zu nennen. Grabungsbefunde in Echternach/Luxemburg und Stablo/Belgien legen nahe, dass es im frühen kontinentalen Klosterbau auch Lösungen gab, bei denen die Wohnungen und Räume der Mönche in einem einzigen, kompakten Gebäude untergebracht waren, das gewöhnlich nahe bei der Kirche lag, aber mit jener räumlich nicht verbunden sein musste ('Mönchshaus'). Über die Genese der Vierflügelanlage und des Kreuzgangs ist viel gerätselt worden. Das römische Peristylhaus, *porticus* und *quadriporticus*, Markthalle und Atrium ebenso wie frühchristliche Klöster im Orient und fränkische Gehöfte wurden als mögliche Vorbilder ins Spiel gebracht, doch ist es bis dato nicht gelungen, die Herkunft dieser Grundformen und Grundelemente abendländischen Klosterbaus näher auszuleuchten. Auch wenn ausgeschlossen werden kann, dass sie ur-

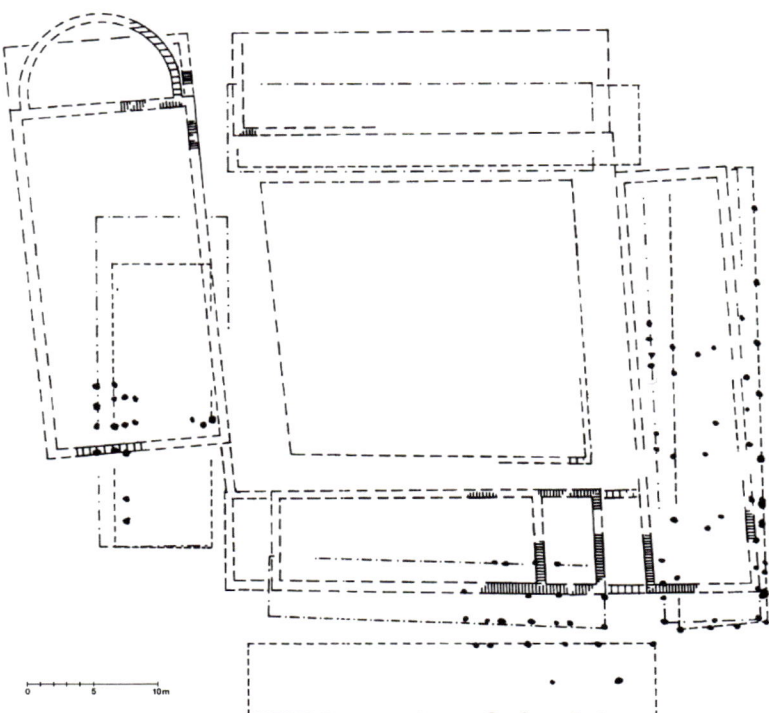

11 Herrenchiemsee, Bau I–IV

sprünglich von Benedikt gestiftet wurden, so ist doch ebenso gewiss, dass es die nach der Benediktregel lebenden Mönche im früheren Mittelalter waren, die dem europäischen Kloster seine auf Jahrhunderte gültige Gestalt verliehen haben.

Literatur:

Schlosser 1889. – Hafner 1959. – Braunfels 1969. – Vorromanische Kirchenbauten 1966–1971. – Binding 1971. – Horn 1973. – Zimmermann 1973. – Benediktusregel 1975. – Prinz 1980. – Kat. Salzburg 1982. – Schwind 1984. – Binding/Untermann 1985. – Duft 1988. – Störmer/Dannheimer 1988. – Zettler 1988. – Legler 1989. – Vorromanische Kirchenbauten 1991. – Kat. Utrecht 1995. – Sennhauser 1996. – Zettler 1997. – Semmler 1999. – Brenk 2000. – Schär 2002. – Sennhauser 2003. – Ericson/Sanke 2004. – Klein 2004. – Brenk 2005. – De Rubeis/Marazzi 2008. – Lobbedey 2008. – Internet-Adresse: http://www.stgallplan.org/

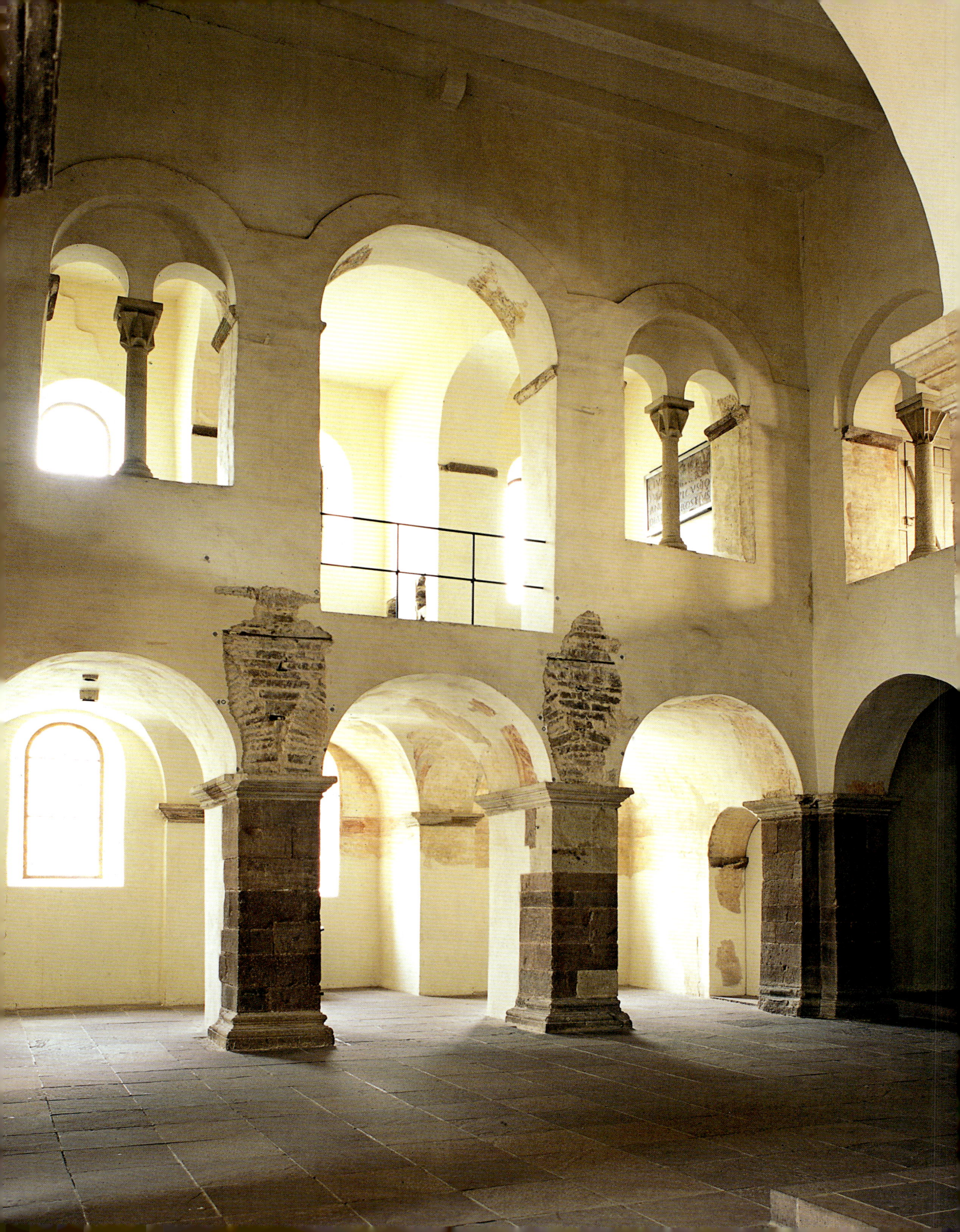

DIE KAROLINGISCHE KLOSTERKIRCHE ZU CORVEY

Uwe Lobbedey

Karl der Große hatte die Sachsen in einem etwa dreißig Jahre während Kampf seit 776 unterworfen und die christliche Religion gewaltsam eingeführt. In der Folge wurden Kirchen gebaut und in der Zeit um 800 Bischofssitze eingerichtet. Diesen wurden Klöster und Bistümer im Frankenreich als Stützpunkte zugewiesen, um nicht nur die personellen, sondern auch die materiellen Voraussetzungen – man denke an liturgische Bücher, Geräte usw. – für die christliche Verkündigung zu schaffen. Als nun auch das Mönchsleben in dem neu christianisierten Gebiet eingeführt werden sollte, wurde das Kloster Corbie (lat.: Corbeia) an der Somme als Mutterkloster für die erste Klostergründung in Sachsen (Corvey – Corbeia Nova) ausersehen. Der Gründungsbeschluss erfolgte auf dem Reichstag zu Paderborn 815. Wirtschaftliche und politische Schwierigkeiten führten allerdings dazu, dass diese Gründung zunächst fehlschlug – und zwar in einem Maße, dass wir heute nicht einmal den Ort dieser ersten Niederlassung sicher kennen.

Erst nachdem Abt Adalhard d.Ä. von Corbie von Kaiser Ludwig dem Frommen aus seiner Verbannung zurückgerufen worden war, gelang ein neuer Ansatz zum Erfolg. Das Grundstück im Weserbogen, auf dem das Kloster heute steht, wurde vom Kaiser erworben und zur Verfügung gestellt. Adalhard konnte gemeinsam mit seinem Halbbruder Wala, der eine sächsische Mutter hatte, den Erfolg der Neugründung sichern. Eine zeitnahe Quelle, die „Translatio Sancti Viti Martyris", um die Mitte des 9. Jahrhunderts von einem Corveyer Mönch verfasst, berichtet: Am 6. August 822 kamen die Mönche an den neuen Ort, beteten und sangen Psalmen, nahmen die Messschnur, schlugen Pflöcke ein und maßen zuerst die Kirche, dann die Wohnungen der Brüder ab. Bischof Badurad von Paderborn weihte den Platz am 25. August und

richtete an der Stelle des Altares ein Kreuzesbanner („vexillum sanctae crucis") auf. Am gleichen Tag begannen einige Mönche mit dem Bau von – wohl provisorischen – Gebäuden, die übrigen kehrten zurück, und schon am 26. September erfolgte der Umzug des gesamten Konventes von dem bisherigen Ort an den neuen. Die Gründungsurkunde Ludwigs des Frommen von 823 bezeugt die Schenkung der Reliquien des hl. Stephanus aus der herrscherlichen Hofkapelle. Die Corveyer Annalen nennen die Weihe der Kirche 844.

Ein Ereignis von besonderer Bedeutung war die Übertragung der Reliquien des hl. Vitus von Saint-Denis bei Paris nach Corvey im Jahre 836. Immer wieder wird in den Quellen der Christianisierungsepoche zum Ausdruck gebracht, wie wichtig die Wunder, die Gott durch die Heiligen wirkt, für die Festigung des noch jungen Glaubens seien. So hatte sich bereits 830 Abt Warin bemüht, den Leib des hl. Victoricus aus Amiens zu erlangen. Dies scheiterte trotz kaiserlicher Unterstützung am Widerstand der dortigen Bevölkerung. Erst der Umstand, dass Abt Hilduin von Saint-Denis vom Kaiser nach Corvey ins Exil geschickt wurde, verhalf zum Erfolg. Nachdem Hilduin rehabilitiert worden war, löste er ein den Mönchen gegebenes Versprechen ein und stellte den Leib des hl. Vitus zur Verfügung. Vitus hatte als Knabe das Martyrium in Lukanien (Süditalien) erlitten, seine Gebeine waren während der Zeit König Pippins 756 aus der Nähe von Rom in die Nähe von Saint-Denis überführt worden. Auf der mehrwöchigen Übertragungsreise nach Corvey geschahen zahlreiche Wunder. Nachdem schließlich das Kloster erreicht worden war, „fanden sich an dieser Stätte so viele fromme und frohgestimmte Menschen ein, dass über eine Meile und mehr im Umkreis des Klosters die Felder und Äcker bedeckt waren mit den Zelten vornehmer Männer und Frauen ..."

1 Westwerk Obergeschoss, Mittelraum Gesamtansicht nach Westen

2   Grundriss der Klosterkirche mit Kennzeichnung der Bauphasen I–III

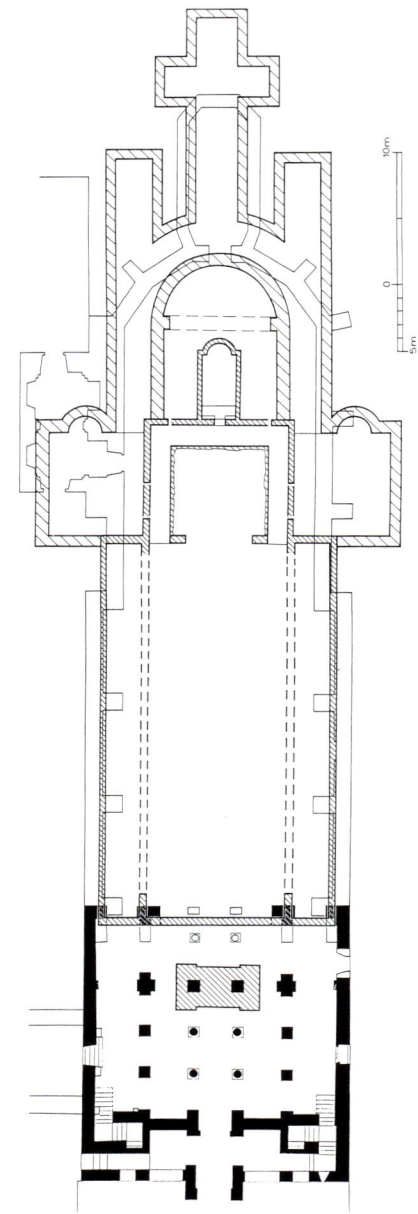

1. Kirche 822 – 844

Neubau des Chores, vor 873

Westwerk 873 – 885

Bestehender Bau

Die erste Kirche

Während der Ausgrabungen in der bestehenden 1667–1674 vollständig neu errichteten Kirche konnten 1974–1975 zwei karolingische Bauphasen erfasst werden (Abb. 2). Die jüngere dieser beiden hatte allerdings nur einen Erweiterungsbau der Ostteile zum Inhalt. Das ergrabene Langhaus und der ältere Chor müssen mit der 822 begonnenen und 844 geweihten Kirche identifiziert werden. Das Langhaus war 29,25 m lang und im Mittelschiff 9,85 m breit. Seine Höhe konnte an Hand von Bauspuren am Westwerk mit ca. 12,45 m ermittelt werden. Die Seitenschiffe waren mit

ca. 2,45 m korridorähnlich schmal. Die Mittelschiffwände waren sehr dünn konstruiert. Unten waren sie höchstens 0,56 m breit. Das Obergadenmauerwerk, von dem abgestürzte, noch im Verband befindliche Mauerteile gefunden wurden, maß nur 0,49 m.

Der Chor war schlicht rechteckig, ein wenig breiter als lang. Er muss gegenüber dem Langhaus durch Zungenmauern deutlich abgeschnürt gewesen sein. In diesen Zungenmauern befanden sich die Zugänge zur einer Stollenkrypta, die innerhalb der Umfassungsmauern des Chores auf der Nord-, Süd- und Ostseite umlief. Da die Stollen nur wenig unter den Langhausfußboden eingetieft waren, der Chorfußboden sie aber überdeckt haben muss, ist ein erheblicher Niveauunterschied von mindestens 2 m zwischen Langhaus und Chor zu rekonstruieren.

Die gleich zu Baubeginn angelegte Krypta hat 836 den Leib des hl. Vitus aufgenommen. Nach zahlreichen gesicherten Parallelen zu urteilen lag die Aufbewahrungs- und Verehrungsstätte der Hauptreliquie nicht in der gleich zu beschreibenden Außenkrypta, sondern in einem Reliquiengrab, das sich von der Mitte des östlichen Krypten-Querstollens aus nach Westen erstreckt haben muss. Davon ist wegen der jüngeren Umbauten im Befund leider nichts erhalten. Seitlich des Chores wurden Fundamentspuren von Anbauten unbekannter Gestalt und Funktion (sakristeiähnliche Räume, „Pastophorien"?) erfasst.

An die Ostseite des Chores war – gleichzeitig mit ihm erbaut – eine kleine Außenkrypta angefügt. Sie hatte die Gestalt eines 6 m langen, gut 2,30 m breiten Raumes mit einer Apsis als östlichem Abschluss. Ihr Fußboden lag etwa 0,65 m tiefer als derjenige der mit ihr verbundenen Stollenkrypta. Zahlreiche hier gefundene Putzfragmente mit Bemalung gehörten zu zwei Raumdecken (Abb. 3). Der Putz war auf ein Flechtwerk aufgetragen worden, das von einer Balkenkonstruktion gehalten wurde. Die untere Decke war flach, mit reinem Kalkmörtel verstrichen, die obere dagegen tonnenartig gewölbt und mit Gipsmörtel verputzt. Mithin war die Kapelle zweigeschossig, wobei das obere Geschoss vom erhöhten Chorniveau aus zugänglich gewesen sein muss. Die geschilderten Flechtwerkdecken – statt vertäfelter Decken oder steinerner Gewölbe – sind aus dem Mittelalter bislang sonst völlig unbekannt. Sie sind aber in römischen Villen nachweisbar und vor allem in monumentaler Form durch die Funde unter dem Trierer Dom aus dem 4. Jahrhundert bezeugt.

Auch die Wände der Kirche trugen, zumindest im Chor, Bemalung, vielleicht sogar mit Figuren. Aus dem Langhaus sind uns nur Reste einer Neuausma-

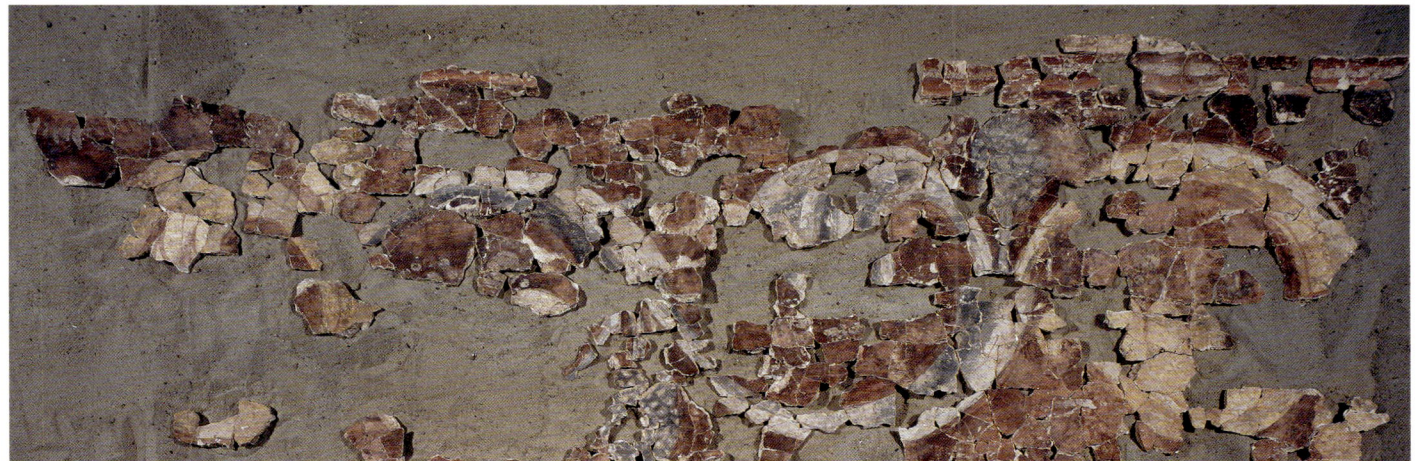

lung aus dem 12. Jahrhundert bekannt. Es handelt sich um Teile eines Frieses mit Büsten, u.a. von Herrschern, und Medaillons mit Akanthusblättern sowie Tierdarstellungen im Wechsel, die beim Abbruch der Kirche 1667 mit ganzen Mauerpartien des Obergadens im nachgiebigen Boden versanken.

Ganz ungewöhnlich für das Mittelalter nördlich der Alpen ist ein Wanddekor aus gläsernen Fliesen. Durch Funde belegt sind sechseckige Fliesen, die in Reihen übereinander in Gipsmörtel verlegt waren. Darüber hinaus gab es Stern- und andere Muster. Das Glas war teils farbig, teils auch ungefärbt. Die ursprünglich in Ägypten beheimatete Technik, Glas als dekoratives Material zu verwenden, war von den Römern übernommen worden, wie (bislang seltene) Funde belegen. Am Euphrat, aber auch in Salerno und Mailand und an dem Fundort Saint-Sauveur in Burgund sind gläserne Fliesen für Wände und Fußböden belegt.[1] Auch importierte Marmor- und Porphyrplättchen, die aus römischen Gebäuden stammten, wurden in Corvey gefunden. Mit ihnen dürfte der Fußboden an besonderen Stellen, d.h. in Raummitte oder z.B. vor dem Hochaltar, ausgezeichnet gewesen sein.

In die Frühzeit des Kirchenbaues gehört auch die Inschriftplatte (Abb. 4), die im späteren 9. Jahrhundert in Zweitverwendung in die Westfassade des Westwerks übernommen wurde. Auch dieses kostbare Denkmal übernimmt römische Technik. Die Buchstaben sind mit größter Sorgfalt in die Tafel aus Solling-Stein eingetieft. In den Vertiefungen wurden entsprechend geformte Buntmetallbuchstaben mit Hilfe von Stiften befestigt. Ihre Oberfläche war vergoldet. Die auch in römischer Zeit seltene Technik ist in karolingischer Zeit in Salerno und an der Klosterkirche von San Vincenzo al Volturno in Süditalien bezeugt. Die Inschrift:

„CIVITATEM ISTAM TU CIRCUMDA D(OMI) NE ET ANGELI TUI CUSTODIANT MUROS EIUS" (Beschirme diese Stadt, Herr, und lass Deine Engel die Wächter ihrer Mauern sein) bezeichnet das Kloster als Gottesstadt. Wie wir aus einem Grabungsfund wissen, hat es noch mindestens eine weitere Inschrift in gleicher Technik in Corvey gegeben.

Im Westen gehörte zu der Kirche ein ausgedehntes Atrium. Es war mit 34,5 m merklich länger als das Langhaus. Ein ca. 9 m breiter Hof wurde von seitlichen Gängen flankiert, die sich vermutlich mit Arkaden zur Mitte hin öffneten. Die Gesamtbreite hat etwa derjenigen des Langhauses entsprochen. Den Westabschluss könnte ein Torturm gebildet haben, das lassen entsprechende Fundamente vermuten. Im westlichen Teil des Hofes standen sich zwei Brunnen gegenüber. Rätselhaft sind zwei querrechteckige Fundamente beidseits der Mittelachse 2 m östlich des Westabschlusses und ein weiteres, axiales Fundament 3 m westlich der Kirchenfassade. Handelte es sich um eine monumentale Ausgestaltung des Pilgerwegs zum Vitus-Heiligtum?

Schließlich konnten der ersten karolingischen Periode geringe Reste eines Kreuzgangsüdflügels unmittelbar nördlich der Kirche zugeordnet werden. Sie haben zu einem Klausurgeviert gehört, das sich, mit etwas versetztem Ostflügel, an der Stelle der heute bestehenden barocken Klostertrakte befunden haben muss.

Die Chorerweiterung

Das Kloster blühte rasch auf, es spielte eine große Bedeutung in der Mission des Nordens und wurde ein bedeutender Ort der Wissenschaft und Kunst. Für den

3 Putzfragmente mit Bemalung in Form einer Wellenranke aus der Außenkrypta der Bauphase I

gewachsenen und sich seiner Bedeutung bewussten Konvent reichte der bescheidene Chor ein halbes Jahrhundert nach Baubeginn nicht mehr aus. Er wurde vergrößert, indem man nach Osten ein Chorjoch und eine Apsis und an den bisherigen Chor seitliche Annexe anfügte. Diese erwecken im Grundriss den Eindruck von Querhausarmen, waren aber vermutlich deutlich niedriger als das Mittelschiff und gegenüber diesem nicht in voller Breite geöffnet (Abb. 5). Die bisherige, enge Krypta wurde aufgegeben und statt dessen ein breiterer Stollen außen um den Chor herumgeführt. Auch hier muss, analog zu dem vorangehenden Bau und zu anderwärtigen Beispielen, vom Scheitel der Rundung nach Westen ein Reliquiengrab in Form eines Stollens vorhanden gewesen sein. Es fiel dem barocken Neubau vollständig zum Opfer. Nach Osten sprangen drei Kapellen mit Altarplätzen über den Umgang vor, die mittlere von kreuzförmigem Grundriss. Baunachrichten gibt es nicht. Der Chor muss nach den Befunden vor dem Westwerk entstanden sein.

Das Westwerk

873 wurde der Grundstein für das bestehende Westwerk gelegt, 885 erfolgte die Weihe, so berichten die Corveyer Annalen. Von weitem betrachtet erscheint der Bau heute als romanische Zweiturmfront (Abb. 6). Dies ist allerdings durch einen in der Mitte des 12. Jahrhunderts erfolgten Umbau verursacht. Der karolingische Bau wurde dagegen in der Außenansicht als Dreiturmgruppe wahrgenommen. Über dem rechteckigen Baukörper, dessen Geschlossenheit nur durch einen Vorsprung an der Westfassade, die drei Bögen der Vorhalle und die in drei Geschossen angeordneten Fenster aufgelockert wurde, ragten Flankentürme auf und, hinter ihnen zurückgesetzt, ein etwas niedrigerer, in seiner Breite aber mächtiger Mittelturm. Ausla-

4 Sandsteinplatte mit Inschrift in Kapitalisbuchstaben

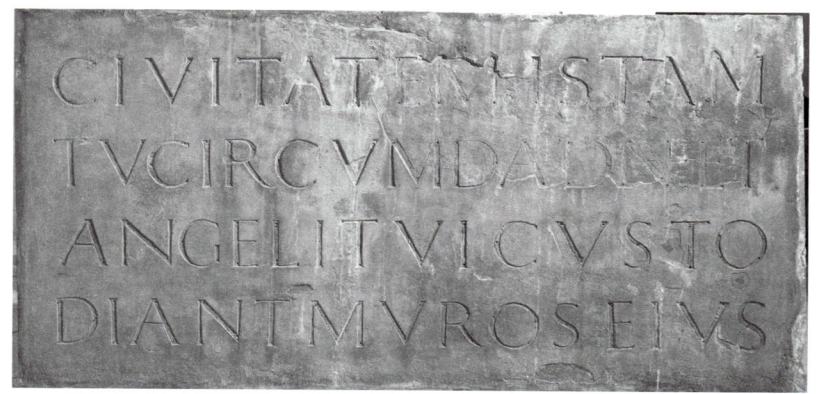

dende Abschlussgesimse und weiß getünchter, farbig akzentuierter Putz verliehen dem Bau einen Anklang an antike Architektur. Ein Rekonstruktionsmodell der gesamten Kirche zeigt, wie sehr das Westwerk die Außenerscheinung des Klosters beherrschte (Kat.-Nr. 7.6). Der Grundriss war ursprünglich wahrscheinlich in der idealen Form des Quadrates geplant. Infolge einer Planänderung, deren Gründe uns nicht überliefert sind, wurde der östliche Verbindungsraum zum Langhaus hin verlängert und der Gesamtgrundriss damit zum Rechteck gestreckt.

Im Erdgeschoss ist durch zwei Kreuzpfeiler ein Quadrat abgeteilt, das über vier Säulen gewölbt ist. Ihre Kapitelle stehen in der Tradition antiker korinthischer Kapitelle und gehören zu den hervorragendsten Schöpfungen ihrer Art aus karolingischer Zeit. Der Raum zwischen dem inneren Quadrat und den Außenmauern wird im Westen durch eine nach außen offene Vorhalle mit flacher Decke ausgefüllt. In den Ecken stehen die Treppentürme. Im Norden und Süden begleiten die ebenfalls flach gedeckten Seitenräume den Mittelraum. Der dreiteilige östliche Raum, der die Verbindung zum basilikalen Langhaus herstellt, reicht ohne Zwischendecke in die oberen Geschosse hinauf. Über Wendeltreppen gelangt man in das Obergeschoss. Auch hier dominiert das innere Quadrat des Mittelraumes, das hoch aufsteigt und flach gedeckt ist (Abb. 1). In diesem, dem Hauptgeschoss, sind die seitlichen Räume gewölbt – mit Ausnahme des Ostraumes, der, wie schon gesagt, vom Erdgeschoss bis zum oberen Abschluss ungeteilt ist. Im Westen, Norden und Süden öffnen sich Emporen zum Mittelraum.

Das Obergeschoss ist derjenige Teil des Inneren, in dem sich die nachträglichen Umbauten des 12. und 16. Jahrhunderts am stärksten ausgewirkt haben. Bei den Restaurierungsarbeiten der 1950er und 1960er Jahre hat man wichtige Elemente der karolingischen Gestalt wiederhergestellt. Was nicht wiedergewonnen werden konnte, ist der obere Abschluss des Mittelraumes, der etwa 1/2 m oberhalb der heutigen Decke lag. Der Mittelraum muss oben durch seitliche Fenster belichtet worden sein.

Liturgische Einrichtung

Leider wissen wir nicht, ob im ersten Bauzustand der Abteikirche der liturgische *chorus* der Mönche, also der Ort ihres Chorgebets, sich auf dem erhöhten Chorpodest oder westlich davor im Langhaus befand – hier befand er sich jedenfalls später. Dass die Krypta der

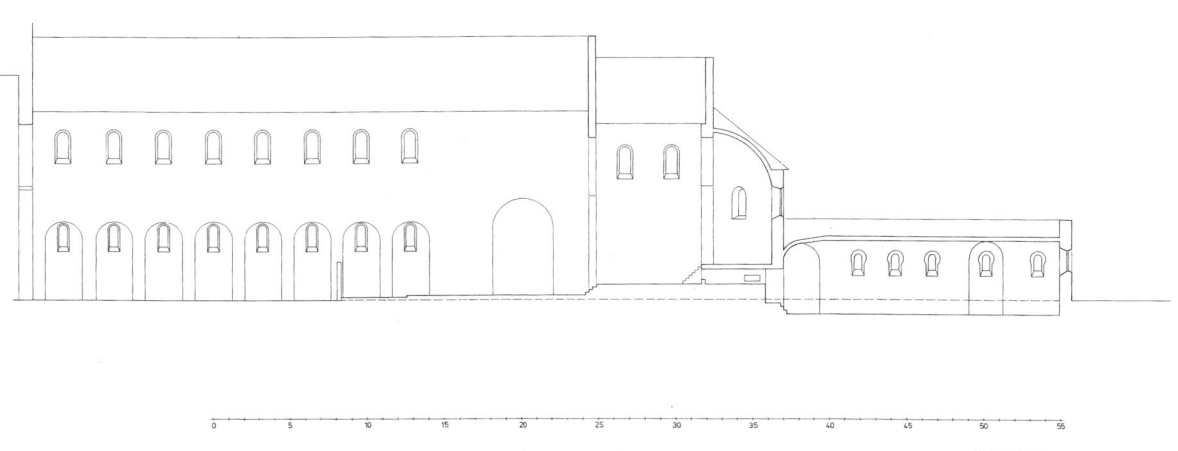

Verehrung eines Heiligenleibes dienen sollte, ist nach den zahlreichen Beispielen klar. Als man die Anlage unmittelbar in Zusammenhang mit dem Chor baute, war allerdings noch ungewiss, um welchen Heiligen es sich handeln würde – wir erwähnten oben die Bemühungen um den hl. Victoricus von Amiens. Sicher war das Reliquiengrab aber nicht in der Außenkrypta vorgesehen, sondern, wie die Beispiele lehren, dieser gegenüber in einer Nische an der Westseite des östlichen Kryptenstollens. Ein entsprechender Befund ist aber nicht erhalten. Bei der späteren Absenkung des Chorniveaus muss er abgetragen worden sein.

Auch über die liturgische Einrichtung der Kirche in ihren jüngeren Zuständen haben wir nur sehr bruchstückhafte Informationen. Eine sehr summarische Grundrissskizze von Johannes Letzner von 1590 zeigt im Langhaus eine Chorschranke mit zwei Durchgangsöffnungen, davor den Kreuzaltar, dahinter den so bezeichneten „Herrenchor". Es folgen wiederum eine Schranke und zwei hintereinander angeordnete Altäre im „hohen Chor". Je ein Altar ist in den Apsiden der querhausartigen Annexe und in den drei östlichen Kapellen der Umgangskrypta eingezeichnet. Auf einer Zeichnung von etwa 1663 (Abb. 9) sind die gleichen Altäre dargestellt mit Ausnahme des Altars im südlichen Querarm und der beiden Altäre im Hochchor. Diese mögen damals, im Endstadium der liturgischen Nutzung der Kirche, tatsächlich nicht mehr vorhanden gewesen sein. Archäologisch nachgewiesen ist keiner dieser Altarstandorte. Da sie aber den allgemeinen Gepflogenheiten seit karolingischer Zeit entsprechen, spricht nichts dagegen, sie bereits in diese Zeit zurückzudatieren. Die schriftlichen Zeugnisse stammen alle aus jüngerer Zeit, großenteils erst aus dem 17. Jahrhundert. Die beiden Altäre im Hochchor könnten auf

einen Stephanus- und einen Vitus-Altar zurückgehen, die als gesondert im 12. Jahrhundert bezeugt sind. Beide Patrone wurden im 17. Jahrhundert an einem einzigen Hauptaltar verehrt – wie lange vorher dies schon der Fall war, ist unbekannt.[2] Den Altar vor der Chorschranke als den seit dem frühen 12. Jahrhundert bezeugten Kreuzaltar anzusehen, liegt nahe. Sein Patrozinium dürfte in karolingische Zeit zurückgehen, ebenso wie das im 17. Jahrhundert bezeugte Marienpatrozinium des mittleren Kryptenaltares.

Im Erdgeschoss des Westwerks sind bei den Ausgrabungen keinerlei Reste von bauzeitlichen Altären oder Reliquienstandorten gefunden worden. Im Obergeschoss ist ein Altar Johannes des Täufers zum ersten Mal 1481 bezeugt. An der Stelle des heutigen, modernen Stipes haben Vorgänger gestanden, deren archäologische Spuren aber nicht bis in karolingische Zeit zurückreichen. Es gibt indessen einen Befund, der darauf deutet, dass die mit jenem Patrozinium häufig verbundene Taufanlage sich schon zur Bauzeit hier befand: vier gemauerte Kammern, die im Fußboden genau über den im Erdgeschoss befindlichen Säulen eingelassen sind. Es könnte sich – so merkwürdig das auch scheint – um Behältnisse zur Aufnahme des Wassers aus einem Taufbecken gehandelt haben. Sowohl im Aachener Münster wie an der Kathedrale von Reims sind Taufanlagen im Obergeschoss von Westbauten bezeugt. Für ein Benediktinerkloster war eine Taufanlage weniger aus pastoralen Gründen wichtig als vielmehr als Ort der Taufwasserweihe und der damit verbundenen liturgischen Handlungen zu Ostern und zu Pfingsten. Im Übrigen ist auch ein Altar der Hl. Dreifaltigkeit für das Westwerk vorgeschlagen worden, ein sehr erwägenswerter, aber nicht beweisbarer Gedanke.

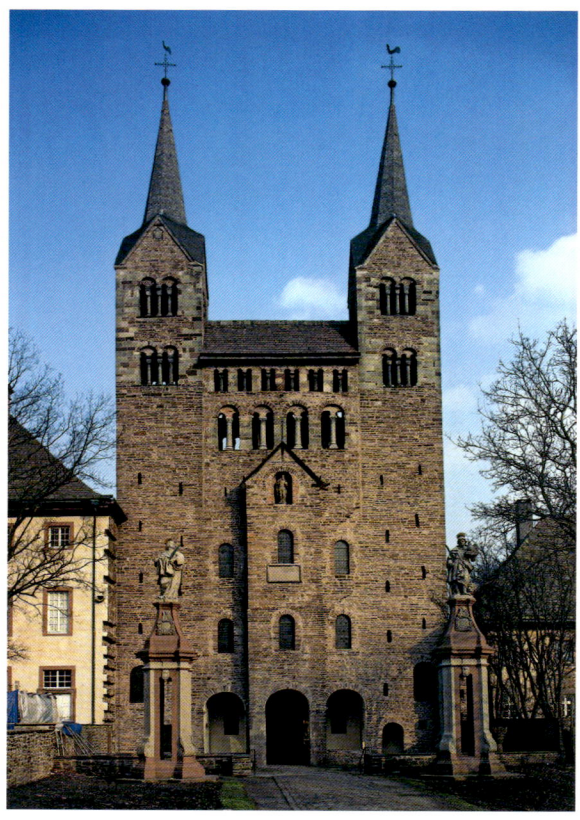

6 Ansicht des West-
werks von Westen im
Zustand des romani-
schen Umbaues

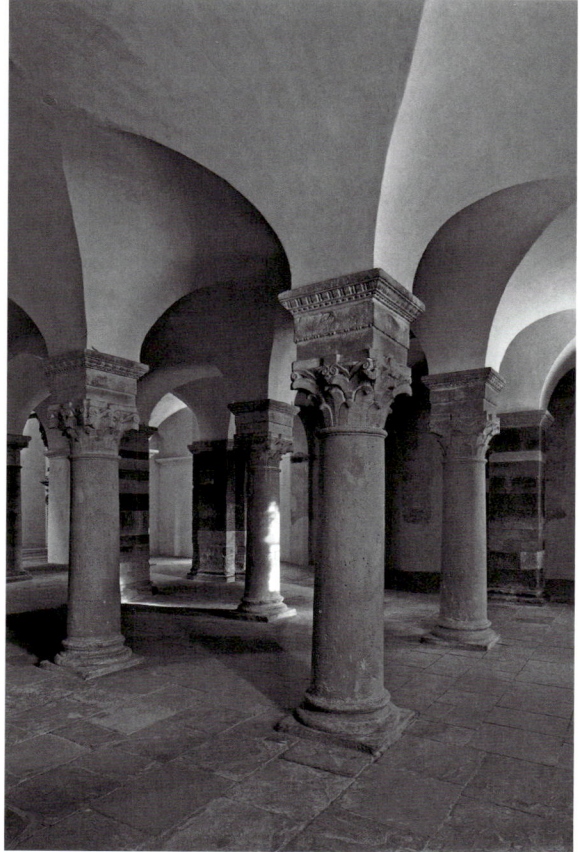

7 Erdgeschosshalle im
Westwerk nach Süd-
osten

8 Längsschnitt und
Grundriss des West-
werkes

Zwei bemerkenswerte liturgische Überlieferungen verdanken wir dem schon genannten Johannes Letzner, einem lutherischen Pfarrer und Historiker, dessen Hunger nach historischen Quellen von den Mönchen der Abtei nur sehr zögerlich gestillt wurde. Für seine 1590 in erster Auflage erschienene Publikation durfte Letzner den Text der „laudes regiae" kopieren, des liturgischen Herrscherlobs, das Kaiser Arnulf 889 bei seinem Einzug in die Corveyer Kirche dargebracht wurde. Das zweite ist die Schilderung eines Wechselgesangs, der von drei Chören an verschiedenen Standorten ausgeführt wurde. Die allzu knappen Angaben sind schwer verständlich und viel diskutiert worden. Im 16. Jahrhundert war diese Liturgie schon lange nicht mehr in Übung. Sie ist immer wieder mit den liturgischen Anweisungen für Centula aus der Zeit um 800 verglichen worden. Einer der Chöre, so heißt es, stand im Hochchor und sang Psalmen, Hymnen und andere liturgische Gesänge. Ihm antwortete ein Knabenchor, der *chorus angelicus*, von einem erhöhten Standort im Westwerk („sub turribus in der Höhe") mit dem „gloria patri ..." usw. Wenn dieser Wechselgesang beendet war, hat ein dritter, wiederum ein Mönchschor, „in infimo choro" – hier erläutert als „Kreuzkluft", also als die Scheitelkapelle der Umgangskrypta – gesungen und der Knabenchor, der seinen Platz im Westwerk verlassen hatte, hat ihm an seinem neuen Standort „in supremo choro hinter S. Viti Altar, da man durch das Fenster vor dem Altar in infimo choro sehen kann", geantwortet mit dem „gloria patri" usw. Der widersprüchlich erscheinende letzte Satz wird erklärlich, wenn man im Hochchor zwei Altäre annimmt. Dann stünde der Knabenchor hinter dem westlichen der beiden, dem Vitus-Altar, und könnte akustisch und optisch durch eine *fenestella confessionis*, eine Einblicksöffnung, durch einen Mittelstollen mit dem Chor in der Kryptenkapelle Kontakt aufnehmen. Diese *fenestella* müsste sich „vor dem Altar" befunden haben, in diesem Falle also dem Stephanus-Altar, der erhöht oberhalb der Konfessio gestanden hätte. Eine solche, in karolingischer Zeit durchaus nicht ungebräuchliche Anordnung haben wir zeichnerisch zu rekonstruieren versucht. Leider kann die auf Analogie gegründete Rekonstruktion nicht durch Befunde am Ort gestützt werden, da diese beim barocken Neubau der Kirche vollständig beseitigt wurden.

Die auf der Zeichnung von etwa 1663 dargestellte Chorschranke hat in Wirklichkeit weiter westlich gelegen. An der angegebenen Stelle fand sich nämlich bei der Grabung ein Bereich von 2,50 m Breite und insgesamt 3,50 m Länge, der um 0,50 m unter den

Architektur und Aufbau der Klöster – Die Reformen von Cluny und Hirsau

Fußboden eingetieft und seitlich ummauert war. Nach oben war dieser eingetiefte Raum offen. Er lässt sich mit Hilfe schriftlicher Nachrichten deuten. Auf den Sockeln im östlichen Teil der Anlage müssen sich beidseits die Reliquiensärge für die beiden Äbte Liudolf (965–983) und Druthmar (1015–1046) befunden haben, deren Gebeine im Jahre 1100 von Abt Markward erhoben und vor dem Kreuzaltar beigesetzt wurden. Noch in nachmittelalterlicher Zeit wurden sie als Heilige verehrt. Die Anlage wurde, das ergeben die Befunde eindeutig, erst im Zusammenhang mit dem Abbruch der Kirche 1667 aufgegeben. Da dicht westlich ein hochmittelalterliches Abtsgrab lag, kann sich der Kreuzaltar und mit ihm die Chorschranke nur östlich der Anlage befunden haben. Eine zweite eingetiefte Anlage befand sich in der Nordostecke des Westwerks. Der die Breite des Seitenraumes ausfüllende Raum war an seiner Ostseite mit einer Apsidiole ausgestattet, in der sich ein Altar befand. In diesem Falle ist die Datierung nicht bekannt. Die Anlage ist jedenfalls mittelalterlich und jünger als das Westwerk. Von einem weiteren Einbau gibt es nur noch ein indirektes Zeugnis: Im Langhaus standen nach einer Schriftquelle des 17. Jahrhunderts an den Mittelschiffwänden sechs Bronzesäulen, von denen die vier dem Kreuzaltar am nächsten gelegenen je einen Vers einer Inschrift trugen, der zufolge sie unter Abt Thietmar (983–1001) gegossen wurden. Es ist vermutet worden, dass die Säulen ursprünglich zu einer Schrankenanlage gehörten. Ein oder mehrere Altarbaldachine wären wohl auch zu erwägen.

Malerei und Stuckfiguren im Westwerk

Den besonderen Ruhm der Corveyer Kirche macht die malerische und figürliche Ausstattung aus der Bauzeit des Westwerks aus. Die an vielen Stellen in teilweise nur geringen Fragmenten erhaltene dekorative Malerei bot mit ihren farbigen Friesen und den gemalten Architekturelementen eine Inszenierung der gebauten Architektur. Figürliche Malerei hat sich vor allem im Westraum des Obergeschosses erhalten. Am Gewölbe über der Nordwand ist eine männliche Gestalt in kurzem Gewand zu erkennen, die mit der Lanze auf ein mythisches Ungeheuer einsticht (Abb. 10). Dieses, mit weiblichem Kopf und Oberkörper, unten in einen sich ringelnden schlangenartigen Körper auslaufend, ist in der Mitte von Hundeköpfen umgürtet. Unter dem rechten Arm umklammert das Wesen eine klein wiedergegebene Menschenfigur. Die

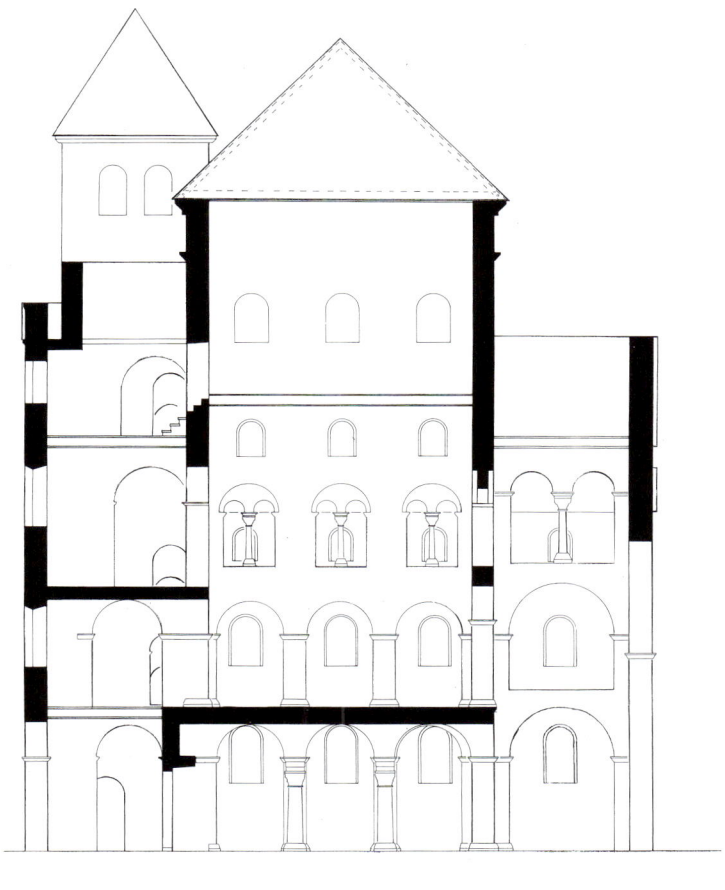

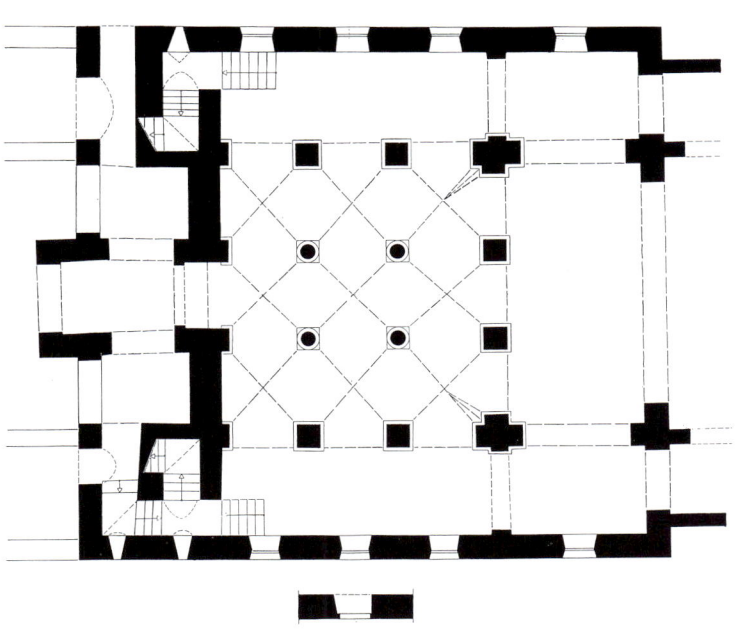

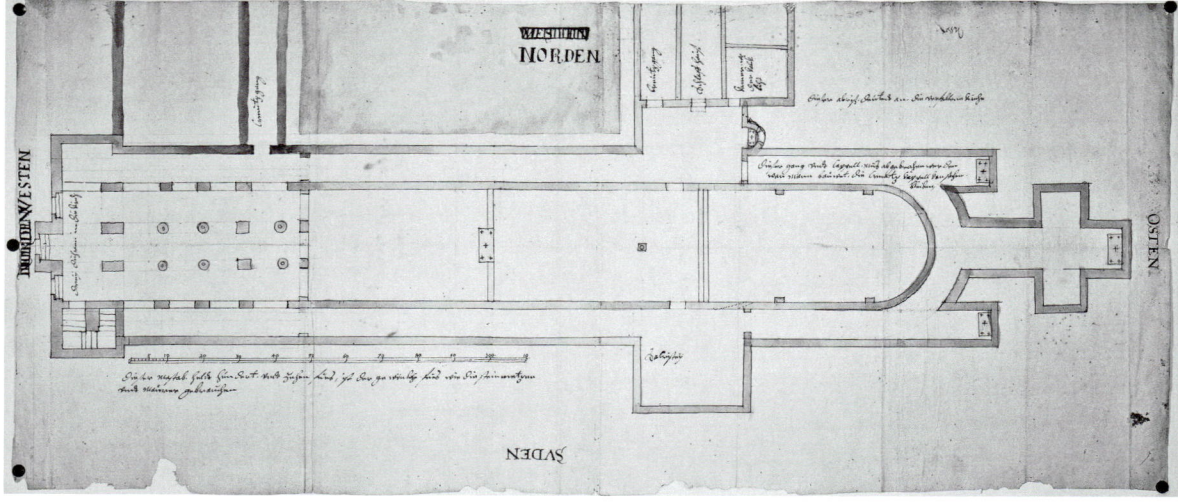

Szenerie ist aus antiken Darstellungen nicht unbekannt, ihre entsprechende Deutung überrascht aber an
dieser Stelle: Odysseus im Kampf mit der Skylla. Die
Darstellung wird durch weitere, mit dem Meer verbundene Motive ergänzt. Rechts von Skylla und sich
von ihr abwendend lässt sich eine Harfe spielende vo-
gelbeinige Sirene erkennen, es folgt am rechten Bild-
rand ein nur noch schwach erkennbarer Meerbock. An
anderen Stellen des Westraumes gibt es Delphine – auf
mindestens einem reitet eine Putto-artige Gestalt –
sowie Segelschiffe. Die Odysseus-Szene steht also im
Kontext eines Meerwesenfrieses. Die Erklärung, weshalb dieses in der antiken Kunst geläufige Thema in
einer Klosterkirche seinen Platz finden konnte, ist in
den Schriften der Kirchenväter des 4. und 5. Jahrhun-

derts zu suchen. Diese haben, um ihre lehrhaften Ausführungen mit Bildern anzureichern, auf die ihren
Zeitgenossen noch geläufige antike Mythologie zu-
rückgegriffen und „das böse Meer der Welt" als Gleich-
nis für die Versuchungen und Gefahren, denen der
Christ auf seinem Lebensweg ausgesetzt ist, gewählt.
„Nur die Schiffe der Kirche fahren sicher über das
Meer", so Augustin in seinem Kommentar zum 103.
(104.) Psalm. Bis in das 13. Jahrhundert finden wir Darstellungen von Meerwesenfriesen in Kirchen – nicht
allerdings die Odysseus-Szene. Der homerische Held
geriet allmählich aus dem Blick. Aber den gelehrten
Mönchen der Karolingerzeit war er in christlicher
Deutung als Weiser und Tugendheld durchaus noch
geläufig, wie die aus dieser Zeit überlieferten Texte zeigen. Und für die karolingischen Künstler wurde er darstellbar, indem er nach dem Vorbild des hl. Michael –
seines Sieges gewiss – in beinahe lässiger Haltung seine
Lanze in den Rachen des Skylla-Hundes stößt.

Im Mittelraum steigerte sich die bildnerische
Wirkung. Über den Kämpfern der Zwischenpfeiler,
die den Mittelraum von den Seitenräumen abteilen,
standen lebensgroße, stark plastische Stuckfiguren,
ohne Rahmenarchitektur, vor weiß getünchter Wand.
Sie wurden zwar schon im 12. Jahrhundert entfernt,
wir wissen aber von ihnen durch die 1992 unmittelbar auf den Steinen der Wand entdeckten Vorzeichnungen, die mit Pinsel und roter Farbe aufgetragen
waren. Hinzu kommen einige schon 1960 im Boden
gefundene – und damals rätselhafte – Fragmente des
Stucks mit Resten seiner originalen Farbfassung (Abb.
11). Von vier männlichen Figuren, mit gegürteter Tu-
nika und Mantel bekleidet, standen je zwei an Nord-
und Südwand. Im Westen waren es zwei langgewan-

10   Wandmalerei mit
der Darstellung von
Odysseus und Skylla im
Obergeschoss des West-
werkes

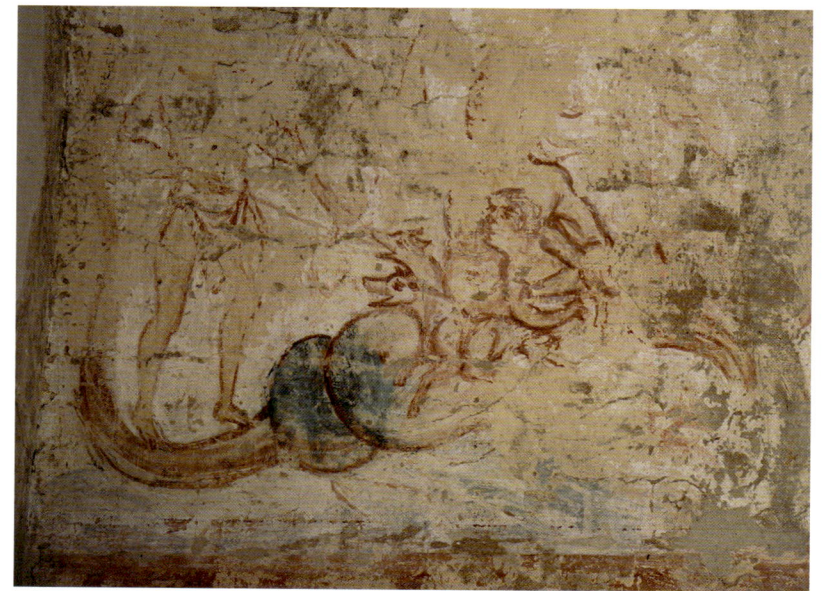

dete, im Dreiviertelprofil gegebene Frauengestalten mit Kopfschleier. Die originale Ostwand ist nicht erhalten, mit Sicherheit sind hier aber zwei weitere Figuren zu rekonstruieren. So ungewöhnlich dieser Befund ist – nördlich der Alpen ist ihm kein zweites figürliches Ensemble aus dieser Zeit an die Seite zu stellen –, so zwingend sind die technischen Gründe für eine Datierung in die Bauzeit des Westwerks. Problematisch ist vor allem aber die inhaltliche Deutung. Auf den Vorzeichnungen sind keinerlei Attribute, auch keine Nimben zu sehen, ebenso fehlen Beischriften. In Frage kommen Heilige, darunter Kriegerheilige und heilige Herrscher, aber auch die heiligen Patrone des Klosters. Auch an karolingische Herrscher als Stifter und Wohltäter des Klosters ist gedacht worden. Wie immer die Antwort auf die noch ungelöste Frage lauten mag – nach den Regeln mittelalterlicher bildlicher Raumgestaltung muss auch die göttliche Heilsoffenbarung eine Darstellung gefunden haben, und zwar in einer buchstäblich und symbolisch höheren Sphäre. Der einzig denkbare Platz hierfür ist die Decke, von der leider keine Spur erhalten geblieben ist.

Mit der Deutung der malerischen und figürlichen Ausgestaltung eng verbunden ist die Frage nach der Zweckbestimmung des Westwerks. Sie ist schon lange vor den Funden der Malereien und der Stuckfiguren in der Forschung lebhaft diskutiert worden, und eine allgemein konsensfähige Aussage ist auch beim gegenwärtigen Stand der Kenntnisse nicht möglich. Seit langem ist die These verbreitet, dass das Corveyer Westwerk dem Gottesdienst des Königs oder Kaisers und seiner Hofgeistlichkeit dienen sollte, wenn sie am Ort weilten, und dass auf der Westempore ein Herrscherthron zu rekonstruieren sei. Erhöht gelegene Herrschersitze sind für die Zeit der Karolinger belegt. Wie immer man die Problematik des als Analogie herangezogenen Aachener Kaiserthrons beurteilen mag – die Annahme eines Herrscherthrons auf der Corveyer Empore ist sehr wohl möglich, allerdings ist sie durch kein einziges unmittelbares Zeugnis belegt. Als bislang zumindest gleichberechtigt muss daher die These gelten, dass das Westwerk für besondere liturgische Bedürfnisse gebaut wurde. Man kann vermuten, dass das Gebet für den Herrscher und den Bestand des Reiches im Rahmen dieser Liturgie eine besondere Rolle gespielt hat. Im Laufe der Zeit sind alle diese Bestimmungen verblasst und schließlich ganz verloren gegangen. Zukünftige Forschungen werden, so ist zu hoffen, mehr Klarheit bringen.

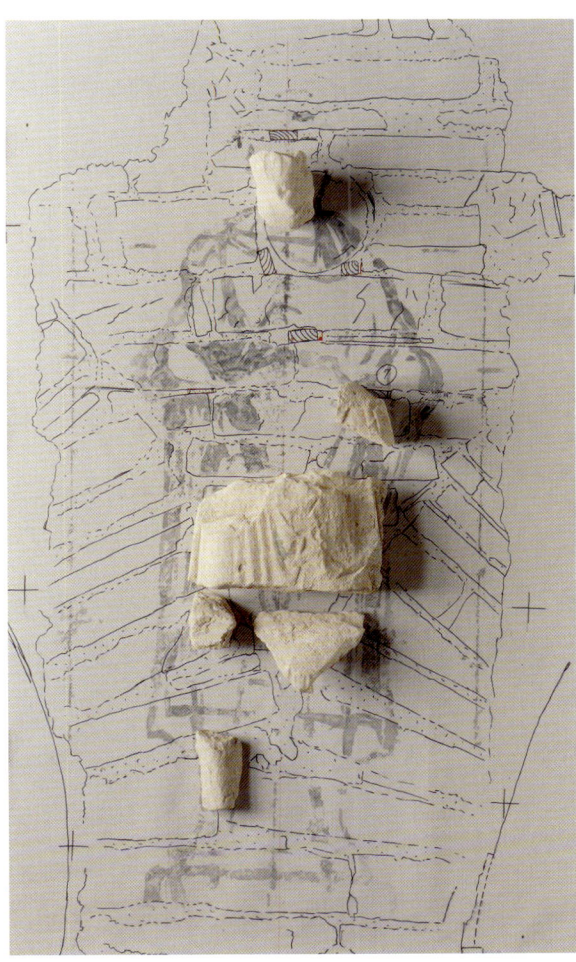

11 Reporoduktion einer Pinselvorzeichnung mit aufgelegten Fragmenten der zugehörigen Stuckfigur

1 Neuerdings sind geringe Reste von entsprechenden Fliesen auch aus Hildesheim und Münster bekannt geworden. Im Mindener Dom wurden sie schon vor längerer Zeit gefunden.
2 Der 1641 genannte Sakramentsaltar – sicher eine nachmittelalterliche Benennung – ist sehr wahrscheinlich mit dem westlichen der beiden Altäre im Hochchor zu identifizieren.

Quellen:

Translatio Sancti Viti Martyris 1979. – Corveyer Annalen 1982.

Literatur:

Nordhoff 1888/1889. – Effmann 1929. – Rensing 1940. – Fuchs 1950. – Rave 1958. – Thümmler 1957. – Lehmann 1960. – Kreusch 1963. – Rensing 1964. – Fuchs 1965. – Busen 1966. – Vorromanische Kirchenbauten 1966/1971, 55–57. – Krüger 1977. – Lobbedey 1977. – Stüwer 1980. – Jakobi 1984. – Neumüllers-Klauser, 1989. – Vorromanische Kirchenbauten Nachtragsband 1991, 81–84. – Meyer 1997. – Lobbedey 1998. – Kat. Paderborn 1999, Nr. VIII.43–49, 51–58, 61–70. – Dell'Acqua/Lobbedey/Wedepohl 2001, 89–105. – Krüger 2001. – Lobbedey 2001. – Lobbedey 2002a, hier 50–53, 56. – Lobbedey 2002b. – Lobbedey 2002c. – Sinopien und Stuck 2002. – Claussen/Skriver 2007.

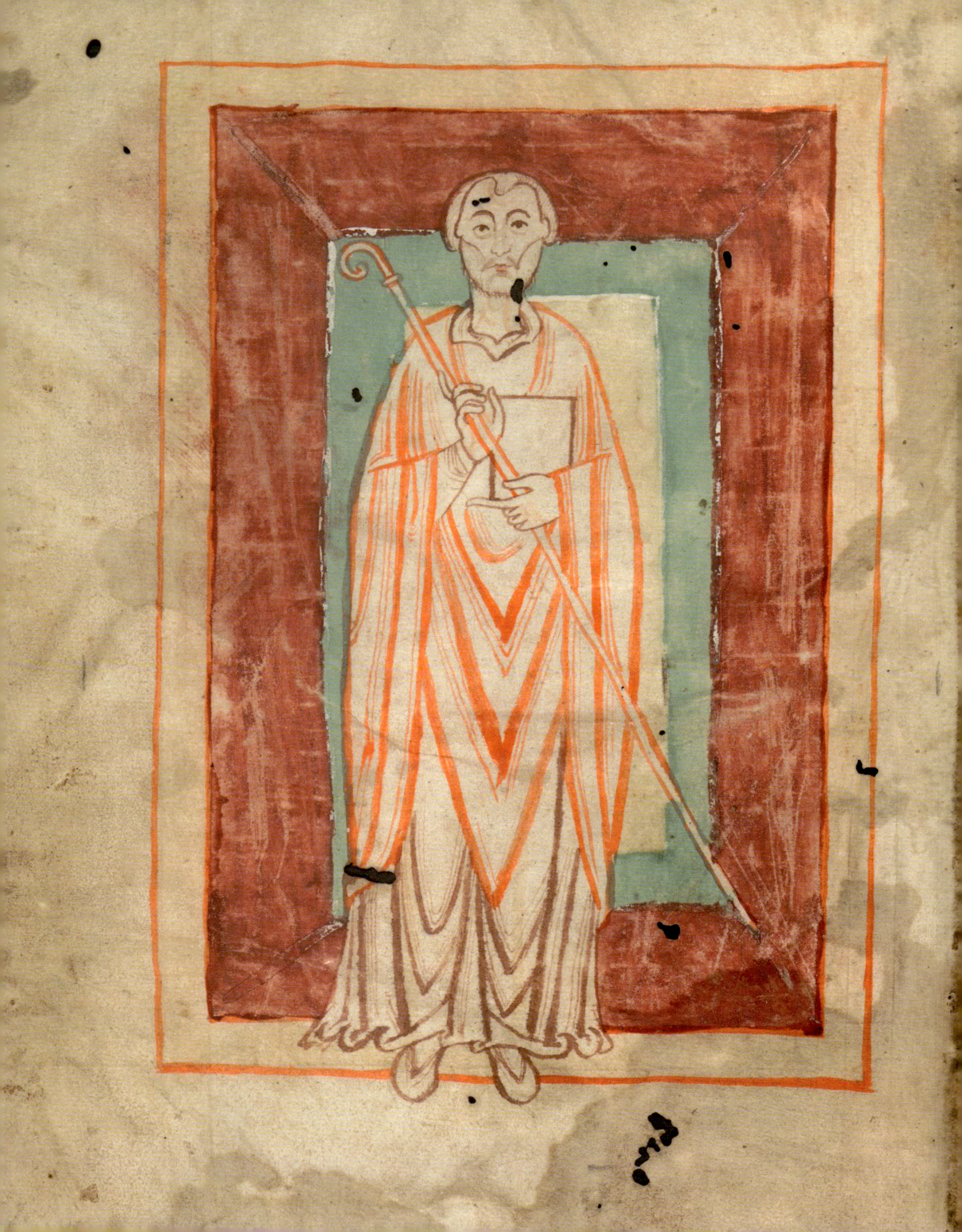

DIE REFORMEN VON CLUNY UND HIRSAU

Franz Neiske (für Cluny)
Maria Hillebrandt (für Hirsau)

Das cluniazensische Mönchtum in Europa

Der Name der burgundischen Abtei Cluny ist wie kein anderer mit der Reform des mittelalterlichen Mönchtums verknüpft. Das Leben nach der Benediktregel und den Alltagsgewohnheiten (*consuetudines*) der Mönche von Cluny galt als nachahmenswertes Vorbild für viele Klöster in Europa. Mehr als ein Jahrhundert vor der Zeit der großen Ordensgründungen verstanden sich diese Klöster als eine Gemeinschaft, die im geistlichen Sinne durch das Gebet verbrüdert und organisatorisch wie rechtlich auf den Abt von Cluny ausgerichtet war. Diese Kongregation cluniazensischer Klöster, die sich später rühmte, sogar „cluniazensische Kirche" (*Cluniacensis ecclesia*) zu sein, war eine der ersten gesamteuropäischen Institutionen des Mittelalters.

Ein unscheinbares Gründungskloster

Als das Kloster Cluny am 11. September 910 durch Herzog Wilhelm III. (den Frommen) von Aquitanien († 918) auf einem Landgut in der Nähe von Mâcon (Burgund) gegründet wurde, war die spätere glorreiche Entwicklung der Abtei keineswegs vorauszusehen. Der Gründer hatte der neuen Mönchsgemeinschaft in einer feierlichen Urkunde zwar das Recht der freien Abtwahl zugesichert und auf jede spätere persönliche Einflussnahme verzichtet, doch ist dieses Vorrecht im 10. Jahrhundert – wenngleich selten – auch bei anderen Neugründungen nachzuweisen. Die Freiheit bedeutete allerdings auch, dass Cluny keinem weltlichen Schutzherrn zugeordnet war. Herzog Wilhelm unterstellte das Kloster vielmehr direkt dem apostolischen Stuhl.

Der Papst also sollte das junge Kloster gegen weltliche und geistliche Übergriffe schützen. Das war unter den gegebenen Umständen realpolitisch gesehen ebenso viel wert wie der Verweis auf den Schutz durch die Apostelfürsten Petrus und Paulus, die „glorreichen Fürsten der Erde", die als Patrone des neuen Klosters nach mittelalterlichem Rechtsverständnis auch als dessen eigentliche Besitzer galten. Die Päpste waren zu Beginn des 10. Jahrhunderts nämlich in blutige Kämpfe um den Stuhl Petri verwickelt, und gerade der Papst des Gründungsjahres der Abtei Cluny, Sergius III. († 911), ließ seine beiden rivalisierenden Vorgänger beseitigen und gilt durch die Verbindung mit der berüchtigten Marozia als Vater des späteren Papstes Johannes XI.

Cluny wurde also einer nur ideellen Schutzmacht unterstellt. Der Gründer war sich aber der Präsenz dieser geistlichen Kraft sicher. Die Gründungsurkunde drückt das in direkter Ansprache aus: „Ihr (Apostelfürsten und Päpste) möget durch die kanonische und apostolische Autorität, die Ihr von Gott empfangen habt, von der Gemeinschaft der heiligen Kirche Gottes und vom Anteil am ewigen Leben diejenigen entfernen, die diese Güter, die ich Euch mit Freude und freiwillig schenke, rauben, in sie eindringen und sie wegnehmen. Möget Ihr die Schutzvögte des oben genannten Ortes Cluny und der dort wohnenden Diener Gottes und all dieser Vermögenswerte um die Milde und Barmherzigkeit des uns gütigst zugewandten Erlösers sein".[1] Erst später sollte sich herausstellen, wie wertvoll Schutz und Hilfe eines erstarkten Papsttums sein konnten.

Ein weiteres ideelles Moment in der Gründungsurkunde verweist auf eine schon bald für alle Zeitgenossen erfahrbare Besonderheit des cluniazensischen Mönchtums. Durch das gesamte Mittelalter hindurch war es üblich, Schenkungen an die Kirche und ihre Heiligen mit der Bitte um besondere Gebete für das Seelenheil des Stifters zu verknüpfen. Diesem

1 Die um 1150 entstandene Miniatur ist die einzige erhaltene Darstellung Wilhelms aus mittelalterlicher Zeit. Es steht am Anfang des Schenkungsbuches von Reichenbach, einem von Abt Wilhelm gegründeten Priorat. Reichenbacher Schenkungsbuch, um 1150, fol. 1v. Stuttgart, Württembergische LB Cod. hist. 4°147 (Kat.-Nr. 8.8)

2 Unterschrift Herzog Wilhelms von Aquitanien und seiner Frau Ingelberga unter der Gründungsurkunde von Cluny. Nach dem Kreuz: „Ich, Wilelmus, ließ diese Urkunde ausstellen und beglaubigen und unterschreibe sie mit eigener Hand. Zeichen der Ingelberga, seiner Gattin." Paris, BNF, Collection de Bourgogne 76, Nr. 5

3 Der englische König Wilhelm der Eroberer schickt einen Boten an Abt Hugo von Cluny mit der Bitte, englische Klöster nach dem Muster von Cluny zu reformieren. Sammelhandschrift mit liturgischen und historiographischen Texten zur Abtei Cluny (Cluny, Anfang 13. Jahrhundert) Paris, BNF, ms. lat. 17716, fol. 37v

Brauch folgt auch die Gründungsurkunde Herzog Wilhelms (Abb. 2). Dass in das Gebet die eigene Familie, die Gefolgschaft und sogar sein ehemaliger Lehnsherr, König Odo von Frankreich († 898), eingeschlossen werden sollten, ist ebenfalls nicht außergewöhnlich. Der Text der Gründungsurkunde Clunys geht aber noch weiter: Wilhelm schenkte seinen Besitz auch „für den (guten) Zustand und die Unversehrtheit der katholischen Religion, außerdem für alle Christen, die in der Gemeinsamkeit einer Liebe und eines Glaubens zusammengehalten werden; für alle früheren, gegenwärtigen und zukünftigen Menschen rechten Glaubens wird diese Schenkung vollzogen".[2] Die Verantwortung des Klosters für die gesamte Christenheit wird auch in einem weiteren Wunsch ausgedrückt. Die Mönche sollten, so heißt es, entsprechend ihren wirtschaftlichen Möglichkeiten „täglich den Armen, Bedürftigen, Fremden und Pilgern mit größter Sorgfalt Werke der Barmherzigkeit erweisen".[3] Der neuen Gründung Cluny war also ein doppelter universaler Auftrag mit auf den Weg gegeben: Gebetshilfe für alle Gläubigen und karitative Sorge für die Bedürftigen.

Die Mönchsgemeinschaft erfüllte diesen Auftrag in einem bisher nie gekannten Ausmaß. Die Sorge um das Seelenheil aller Gläubigen führte zur umfangreichsten Ausprägung liturgischen Totengedenkens im gesa-

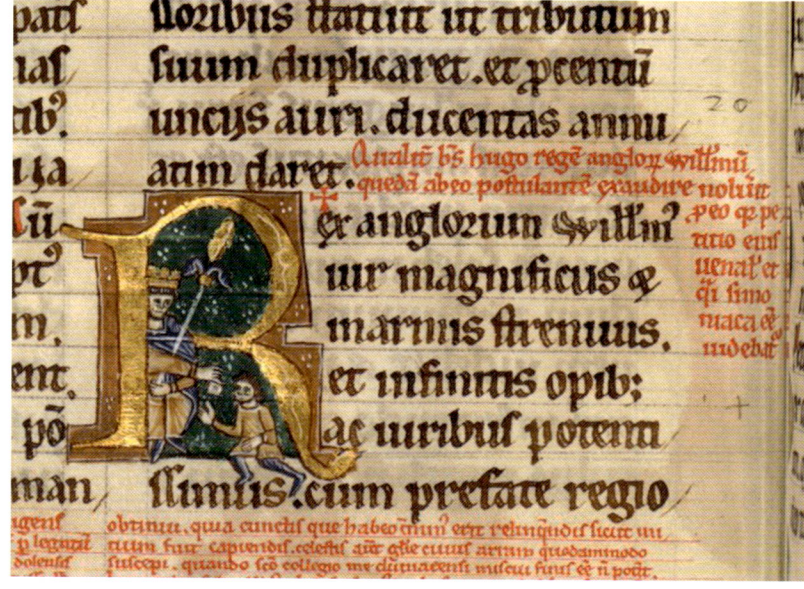

mten Mittelalter. Die damit verbundene Armensorge verstand sich als beispielhafter Akt christlicher Nächstenliebe und lässt erste Ansätze einer mittelalterlichen Sozialfürsorge sichtbar werden. Doch diese überraschend neuen Elemente allein waren nicht entscheidend für den Aufstieg Clunys zu einem der bedeutendsten Reformklöster des 10. Jahrhunderts. Der „herrschaftsferne" Raum, in dem die Neugründung angesiedelt war, erlaubte eine relativ ungestörte Entwicklung, bevor durch gute Kontakte zu einem immer stärker werdenden Papsttum dieses die von Wilhelm von Aquitanien vorgesehene Schutzfunktion übernehmen konnte. Ein weiterer wichtiger Faktor war die glückliche Wahl der ersten Äbte Clunys, die sich gleichzeitig als hervorragende Theologen, gelehrte Autoren und geschickte Politiker auszeichneten, und von denen drei in extrem langen Amtszeiten jeweils etwa ein halbes Jahrhundert wirken konnten. In den ersten 200 Jahren lag die Entwicklung der Abtei in den Händen von nur sechs Äbten: Berno (910–927), Odo (927–942), Aymard (942–954), Maiolus (954–994), Odilo (994–1048) und Hugo (1049–1109). Vier von ihnen wurden als Heilige verehrt.

Reform von Klöstern in ganz Europa

Die frühen Abtsviten und auch die Urkunden Clunys des 10. Jahrhunderts bezeichnen die Gemeinschaft der Mönche immer wieder als „kleine Herde"; die aber – in wörtlicher Anlehnung an das Evangelium – den „Schatz […] im Himmel" suche, „wo kein Dieb ihn findet und keine Motte ihn frisst" (Lk 12,32–33). Aus dieser bescheidenen Herde entwickelte sich bald, gefördert durch Könige und Päpste und reich beschenkt von adeligen Großen wie von einfachen Bauern, eines der bedeutendsten Klöster des Mittelalters mit Hunderten von Mönchen. In der Mitte des 12. Jahrhunderts konnte Abt Petrus Venerabilis († 1156) in seiner Schrift De miraculis seine eigene Abtei mit unverhohlenem Stolz als einzigartig in der Welt loben: „Das Kloster Cluny ist wegen seiner Frömmigkeit und strengen Disziplin sowie wegen der großen Zahl seiner Mönche und der strikten Befolgung der [Benedikt-]Regel fast auf dem gesamten Erdkreis berühmt als Zufluchtsort für die Sünder. Durch seine Anstrengungen konnten viele Verdammte der Hölle entrissen und viele Schätze im Himmelreich gesammelt werden. [...] Gallien, Germanien und Britannien bezeugen es, in Spanien und Italien, ja in ganz Europa spricht man davon, dass es überall Klöster gibt, die von Cluny reformiert oder neu gegründet wurden" (Petrus Venerabilis 1988, lib. I, c. 9).

Schon wenige Jahrzehnte nach der Gründung hatte Abt Odo 931 mit dem berühmten Exemtionsprivileg Papst Johannes' XI. die Befreiung des Klosters von jeglicher weltlicher Einmischung erlangt. Gleichzeitig wurde Cluny gestattet, andere Klöster zu reformieren und jeden Mönch aufzunehmen, dessen Kloster Reformen ablehnte. Zahlreiche Zeitgenossen wussten die Tatkraft der cluniazensischen Reformbewegung zu schätzen und übertrugen ihre Eigenklöster an Cluny zur Reform, obwohl sie damit auf Rechte und Einflussmöglichkeiten verzichteten. Wichtiger war ihnen die Aussicht auf die Vertiefung des geistlichen Lebens, weil Frömmigkeit und intensives Gebet der Mönche zum Seelenheil der Stifter beitragen konnten; zudem war mit der Reform zumeist auch eine Stärkung der Wirtschaftskraft der Region verbunden.

Die Mönche der einzelnen Klöster waren immer zuerst *cluniazensische* Mönche. Sie legten die Profess in die Hände des Abtes von Cluny ab, der so – stets auf Reisen durch Europa – ein direktes Verhältnis zu seinen klösterlichen *Söhnen* aufrecht zu erhalten suchte, wie es in der Benediktregel zwischen dem *Vater*-Abt und den Mönchen seines Klosters vorgesehen war. Ordericus Vitalis hat die Zahl der Mönche, die auf diese Weise vor Abt Hugo die Profess leisteten, auf 10 000 geschätzt (Ordericus Vitalis 1969, lib. 11, c. 39; 6, 170). Hunderte von Klöstern in ganz Europa gehörten rechtlich zu dieser Kongregation und folgten der Lebensform des *Ordo cluniacensis*. Von England (Abb. 3) bis nach Italien, von Spanien und Portugal bis nach Byzanz erstreckte sich der Klosterverband, ja sogar in Palästina gab es cluniazensische Dependenzen. Obwohl die Äbte Clunys sehr gute Kontakte zu den deutschen Kaisern hatten, blieb die Ausbreitung im deutschen Reich auf wenige Klöster im Südwesten beschränkt. Hier wurden cluniazensische Lebensgewohnheiten erst durch die Hirsauer Reform verbreitet.

Ideale und Politik

Welchen Beitrag hat Cluny zur mittelalterlichen Geschichte und Kultur Europas geleistet? Abt Odo entwarf in der *Vita Geraldi* das Ideal eines neuen, gottesfürchtigen Rittertums. Er idealisierte in seinen Schriften den frommen und keuschen Mönch und sah in

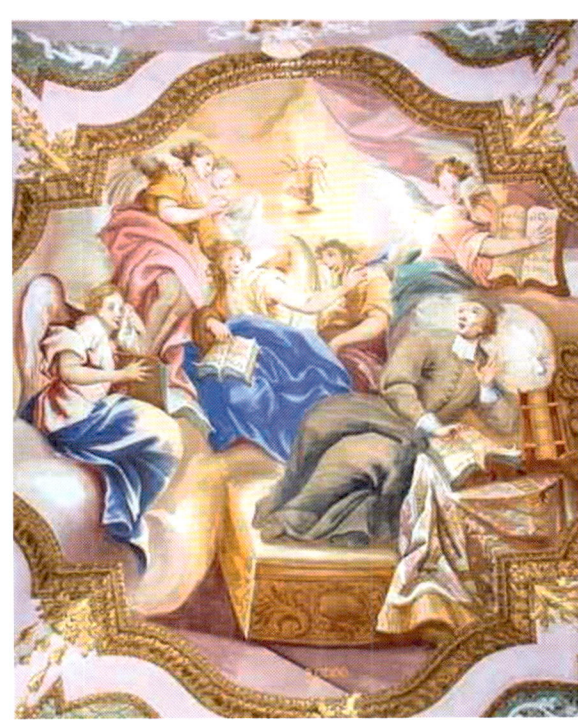

ihm auch ein Vorbild für die in der Welt lebenden Laien. Die Frau wurde generell als Gefahr für die Reinheit des Mannes, vor allem des Mönches und Klerikers angesehen. Dieses Frauenbild scheint mit dazu beigetragen zu haben, dass ein Jahrhundert später den Päpsten nahestehende Theologen wie Petrus Damiani ein absolutes Verbot der Heirat von Klerikern (Zölibat) fordern konnten.

Der Gedanke der Freiheit der Kirche (*libertas ecclesiae*), ursprünglich nur auf Cluny selbst bezogen, wurde in der Zeit des sog. Investiturstreites, jetzt bezogen auf die gesamte Kirche, eines der wichtigsten Ziele der Reformpäpste. Man verfasste in Cluny keine theoretischen Streitschriften zur Entwicklung solch idealer Vorstellungen, aber die Erfolgsgeschichte Clunys und der nach cluniazensischer Prägung reformierten Klöster wirkte sicher als wünschenswertes Vorbild. Man suchte Schutz und Sicherheit für die eigenen Klöster, aber man strebte nicht nach Änderung der Machtverhältnisse.

Die Äbte Clunys schufen als erfolgreiche Diplomaten ein Netzwerk vertrauensvoller Kommunikation zwischen den Päpsten und den Königen in ganz Europa. Sie trugen zu deren Ruhm bei, wie Odilo mit der Lebensbeschreibung (*Epitaphium Adelheidis*) der Kaiserin Adelheid († 999). Sie waren Vertraute der Herrscherfamilien: Hugo war der Taufpate Heinrichs IV. († 1106). Sie konnten den Großen der Welt durch das Versprechen eines besonderen Gebetsgedenkens

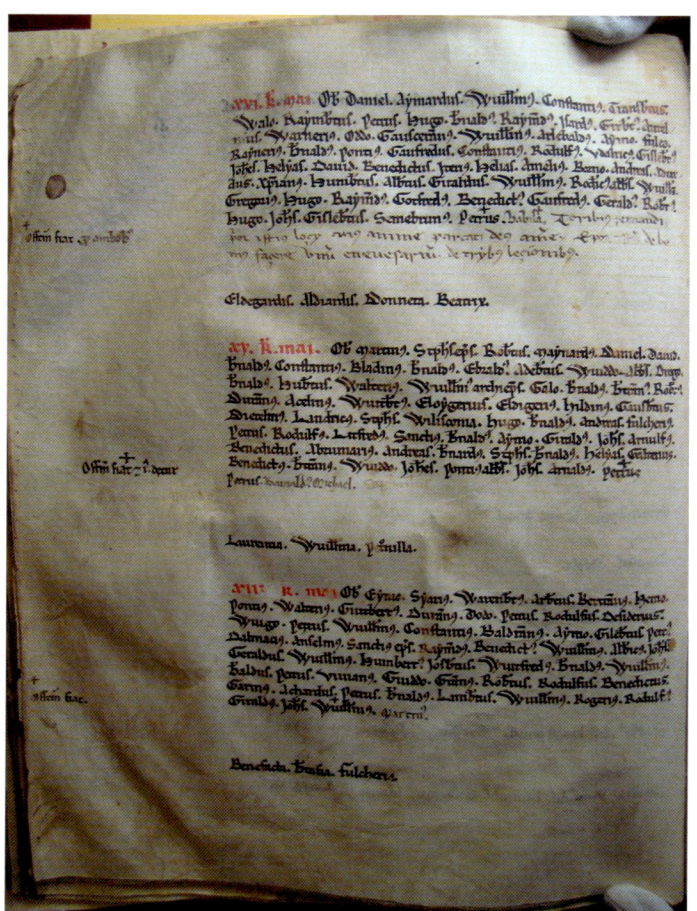
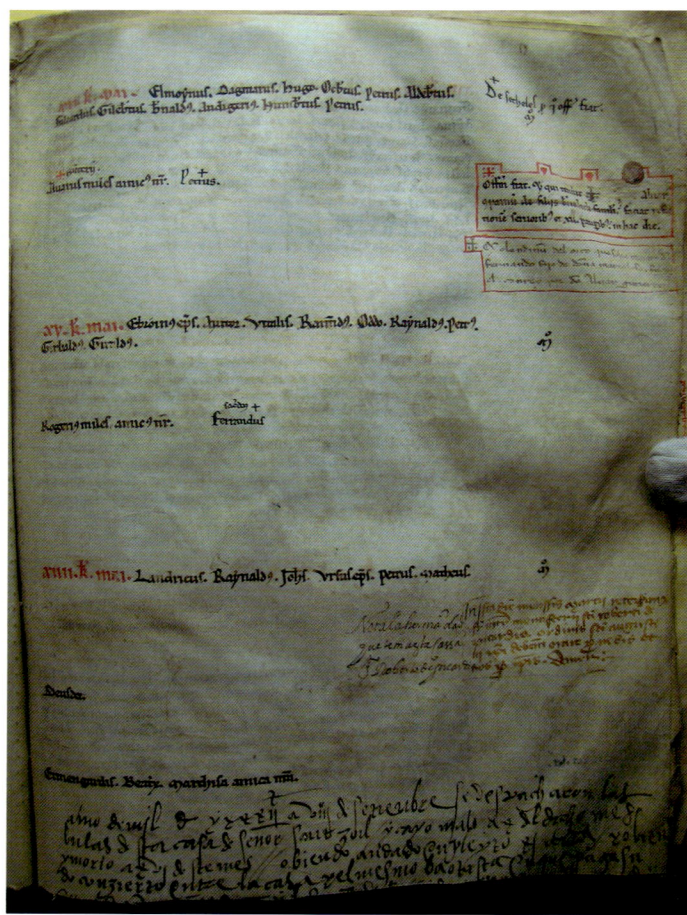

5 Unter erhaltenen cluniazensischen Nekrologien steht dasjenige im spanischen Kloster San Zoilo de Carrión de los Condes (Anfang 13. Jh.) mit rund 25.000 Namen dem verlorenen Nekrolog der Abtei Cluny am nächsten. Hier die Einträge vom 16.–18. April: Auf der linken Seite die Namen von Mönchen und Nonnen aus cluniazensischen Klöstern. Auf der rechten Seite die Namen verbrüderter Mönche, sowie von Wohltätern und Freunden der Abtei Cluny. Nekrolog von San Zoilo de Carrión de los Condes, Salamanca, Colegio de San Estanislao de Salamanca, fol. 16v–17r

in cluniazensischen Klöstern die Zuversicht auf Rettung der Seele im Jenseits bieten, und sie verstanden es, in Konflikten zu vermitteln. Abt Odilo förderte zu Beginn des 11. Jahrhunderts die Gottesfriedensbewegung (*Treuga Dei*) in einem Ausmaß, dass er bei einigen Zeitgenossen als ihr eigentlicher Begründer galt. Abt Hugo erreichte 1072 die Freilassung König Alfons' VI. von Kastilien-León aus der Gefangenschaft Sanchos von Navarra. In Canossa trug er 1077 zur Versöhnung zwischen Heinrich IV. und Papst Gregor VII. bei. Abt Petrus Venerabilis gelang die Aussöhnung Bernhards von Clairvaux († 1153) mit Abaelard († 1142), und er erreichte sogar, dass die vom Papst ausgesprochene Verurteilung und Bannung des umstrittenen Theologen aufgehoben wurde.

Vom Klosterverband zum Orden

Die an Cluny zur Reform übergebenen Klöster waren zunächst nach Art der karolingischen Gebetsverbrüderungen miteinander verbunden, ohne eine rechtliche Abhängigkeit. Erst unter Abt Odilo entstand,

teils mit neuformulierten Verpflichtungen für die einzelnen Häuser, ein juristisch definierter Verband, der mit der Einrichtung interner Strukturen zum organisatorischen Vorbild für die späteren Orden werden konnte. Nach der Epoche charismatisch wirkender Äbte veränderte sich vor allem durch die Reformeingriffe und Neuerungen des 12. und 13. Jahrhunderts das Bild der Kongregation. Zu den *consuetudines*, die das alltägliche Leben im Kloster beschrieben und alles von Liturgie und Gebet bis hin zur Ernährung, Kleidung und Hygiene regelten, traten jetzt Statuten, die wie eine Ordensverfassung alle Bereiche des Klosterlebens und der Verwaltung regelten. Nicht mehr der Abt von Cluny galt als oberste Instanz, sondern regelmäßig stattfindende Generalkapitel. Dort entschieden Vertreter aus allen cluniazensischen Häusern unter Leitung gewählter Definitoren. Diese ließen durch bestellte Visitatoren die Klöster der Kongregation in allen Provinzen kontrollieren.

Ab dem 13. Jahrhundert spricht die Forschung deshalb auch von einem Cluniazenserorden. Der cluniazensische Klosterverband leistete damit einen wichtigen Beitrag zur Entwicklung komplexer Institutionen, deren Grundelemente wie Satzungen und Kontrollinstanzen auch noch in Einrichtungen moderner Epochen zu finden sind. Cluny war zu einem Modell für weiträumig agierende Organisationen geworden. Diese neu entwickelten Strukturen wusste auch das Papsttum für eigene Bedürfnisse zu nutzen. Cluny wurde gewissermaßen als internationale Bank tätig, durch deren Vermittlung große Summen päpstlicher Gelder sicher verwahrt und quer durch Europa transportiert wurden. Außerdem erneuerten Urban II. († 1099) und Calixt II. († 1118) mit Hilfe cluniazensischer Kämmerer die päpstliche Finanzverwaltung.

Jenseits und Diesseits – Seelenheil und Caritas

Die cluniazensischen Mönche beteten exzessiv. Hatte die Benediktregel vorgesehen, dass die 150 Psalmen des Psalters während einer Woche gesungen wurden, so ist aus Cluny überliefert, dass man hier an einem Tag bereits 138 Psalmen betete. Zu Unrecht hat man Cluny deshalb eine Vernachlässigung der Wissenschaften vorgeworfen. Wir wissen heute, dass man eine reiche Bibliothek pflegte und sogar antike Autoren mit Sorgfalt kopierte, wenngleich mit anschaulichen Beispielen vor der Gefährdung der Seele durch heidnische Texte gewarnt wurde. Warum aber hatten Gebet, Psalmengesang und Messfeiern eine solche Bedeutung erlangt?

Die Laien vertrauten auf die besondere Wirksamkeit des Gebetes der Mönche von Cluny. Sie schenkten ihren Landbesitz an das Kloster, und sie wollten sich auf dem Friedhof der Abtei begraben lassen, in der Nähe des betenden Konventes und des Klosterpatrons Petrus, der die Himmelsschlüssel verwaltet. Cluny selbst unterstützte diese Vorstellungen durch die Verbreitung angeblicher Visionen, in denen das Gebet der Mönche von Cluny als wirksames Mittel zur Rettung im Jenseits dargestellt wurde. Demnach beklagten sich die Teufel in der Hölle mit wütendem Geschrei, weil die Kraft cluniazensischer Gebete die Seelen von den ihnen zugedachten Qualen befreiten. Sogar Päpste konnten durch die Fürbitte Clunys den Jenseitsstrafen entrinnen.

Die liturgischen Leistungen zum Totengedenken konnten von jedem Zeitgenossen real wahrgenommen werden. Eine äußerst umfangreiche und präzise Aufzeichnung aller Verpflichtungen, die das Kloster zum Gebet für Verstorbene eingegangen war, erinnerte täglich mit Namensnennung an Mönche und Kleriker jeden Standes, an Päpste, Kaiser und Könige, an große

Wohltäter und einfache Schenker, Männer wie Frauen, für deren Seelenheil man sich verantwortlich fühlte. Ein ausgeklügeltes System von Nachrichtenübermittelung garantierte, dass der Tod eines cluniazensischen Mönches in irgendeinem Kloster in Europa sehr schnell an alle anderen Konvente übermittelt wurde, damit sein Name auch dort in das Nekrolog (Totenbuch) eingetragen wurde und man für ihn beten konnte. Einige solcher Nekrologien, die zu jedem Tag des Kalenderjahres die Verstorbenen nennen, sind uns erhalten (Abb. 5). Die größten unter ihnen verzeichnen mehr als zwanzig- oder sogar dreißigtausend Namen Verstorbener. Die genaue „Buchführung für den Himmel" sollte ein Abbild des „Buches des Lebens" (Liber vitae) sein, das nach Aussage der Bibel die Namen aller Gerechten enthielt. Zusätzlich führte Abt Odilo das Allerseelenfest ein, um für all' diejenigen beten zu können, die nicht in den Nekrologien erfasst waren.

Mit den Gebetsleistungen waren immer auch karitative Werke, wie in der Gründungsurkunde gefordert, verbunden. Solange die Wirtschaftskraft der Klöster dazu ausreichte, versuchte man für jeden Ver-

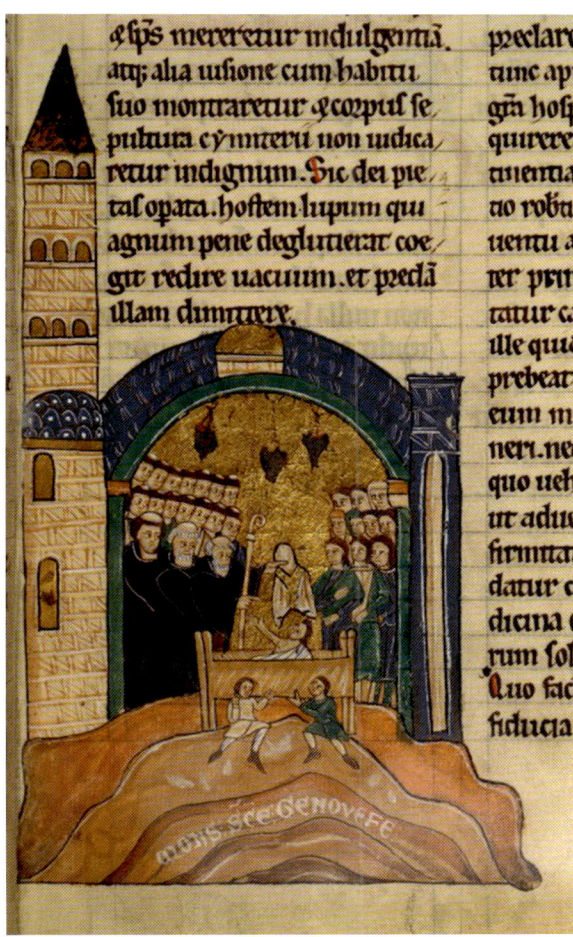

6 Abt Hugo von Cluny heilt durch die Gnade des Apostels Petrus in Paris den gelähmten Robert. Sammelhandschrift mit liturgischen und historiographischen Texten zur Abtei Cluny (Cluny, Anfang 13. Jahrhundert) Paris, BNF, ms. lat. 17716, fol. 35r

storben, dessen man an einem Tag zu gedenken hatte, einem Armen eine Mahlzeit zukommen zu lassen. In Cluny selbst sah man sich im 12. Jahrhundert gezwungen, die Anzahl der Armenspeisungen auf 50 pro Tag zu begrenzen, ein beachtliches Werk öffentlicher Sozialleistung.

Von der Mönchszelle zum Ebenbild Roms

Die Ausbreitung der cluniazensischen Reform zeigte deutliche Auswirkungen in verschiedenen Bereichen. Zahlreiche Mönche cluniazensischer Klöster wurden Bischöfe. Sogar Päpste gingen aus diesen Klöstern hervor. Diese Erfolge blieben nicht ohne Auswirkungen auf das Selbstverständnis der Bewegung. Der cluniazensische Klosterverband sah sich innerhalb der Gesamtkirche in einer besonderen Stellung. Man verstand sich selbst als Kirche: Die *Cluniacensis ecclesia* war Kirche in der Kirche. Papst Urban II. schrieb an Abt Hugo, wie Christus am Kreuz seine Mutter dem Apostel Johannes anvertraut habe, so empfehle er die Gesamtkirche dem Abt von Cluny. Cluny sah sich, da es im Besitz von Petrusreliquien war, als zweites Rom und konnte den Pilgern versichern, es reiche aus, wenn man in Cluny bete, man könne sein Heil besser dort als in Rom finden.

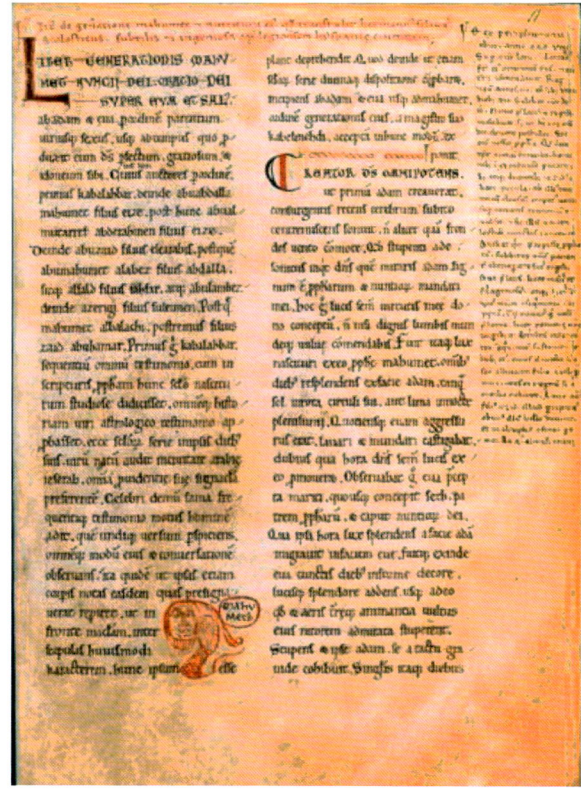

7 Abt Petrus Venerabilis ließ erstmals den Koran ins Lateinische übersetzen. Der Text verkündet die Ankunft des Propheten (mit despektierlicher Darstellung Mohammeds). Collectio Toledana, um 1141–1143. Paris, Bibliothèque de l'Arsenal, ms. 1162, fol. 11

Der im Zenit seiner Geschichte im Jahr 1090 begonnene Bau der großen neuen Abteikirche (Cluny III) gilt als sichtbares Zeugnis dieser nahezu imperialen Vorstellung: Die Äbte von Cluny errichteten ein Gotteshaus, das für Jahrhunderte die größte Kirche der gesamten Christenheit bleiben sollte.

Schwächen und Katastrophen

Die Katastrophe der Absetzung und Exkommunikation des Abtes Pontius († 1126) von Cluny durch den Papst im Jahr 1122 war das erste Anzeichen des Niedergangs alter Herrlichkeit. Um die Mitte des 12. Jahrhunderts konnte Abt Petrus Venerabilis allerdings noch einmal durch umfassende Reformen in der Abtei und im Verband den Wandel zu einer wie ein Orden geführten Institution vorbereiten.

In den folgenden Jahrhunderten litt der Cluniazenserorden unter den allgemeinen politischen und wirtschaftlichen Problemen und geriet zunehmend unter die Kontrolle des Papsttums und später des französischen Königtums. Mit vielen Reformanstrengungen überlebte der Orden jedoch bis zu seiner Auflösung in Folge der Französischen Revolution. Die Zerstörung der großen Klosterkirche von Cluny in den Jahren bis 1810 war das sichtbare Zeichen des Untergangs einer großen monastischen Kultur in Europa.

Toleranz und Dialog zwischen den Religionen?

Petrus Venerabilis bleibt in seinen Schriften weithin ein konservativer Bewahrer alter Ordnungen, der immer wieder versuchte, die Geschichte der Abtei als Teil einer gottgewollten Heilsgeschichte zu überhöhen. Andererseits finden wir in ihm einen der ersten christlichen Denker, der sich ernsthaft mit den Lehren des Islam auseinandersetzte. Die Ausweitung der cluniazensischen Reform auf die Iberische Halbinsel hatte Cluny in direkten Kontakt mit der Religion Mohammeds gebracht. Bei Besuchen in Spanien hatte Petrus die erste Übersetzung des Korans ins Lateinische in Auftrag gegeben (Abb. 7). Damit wollte er seine Zeitgenossen zur kritischen, aber erstmals auf Texten begründeten Auseinandersetzung mit dem Islam anregen.

Die theologische Diskussion musste Petrus selbst in der Schrift *Contra sectam Saracenorum* (Gegen die Irrlehre der Sarazenen) führen. Wie der Titel bereits andeutet, geriet die Schrift zu einer Verurteilung der muslimischen Glaubenslehre. Da Petrus im Koran Elemente der Bibel fand und eine wahre Religion nach seiner Vorstellung – Jahrhunderte vor der Aufklärung – nur christlich geprägt sein konnte, sah er im Islam eine Häresie, also eine Abweichung von der christlichen Lehre. Die auf hohem theologischem Niveau geführte Diskussion ist nicht frei von Invektiven, vor allem gegen Mohammed selbst, der geradezu dämonisiert wird. Wichtig ist jedoch der neuartige Umgang mit der fremden Religion. Die Anhänger des Islam sollten durch Argumente, nicht mit Waffengewalt von der Wahrheit der christlichen Lehre überzeugt werden. „Ich greife euch an, wahrlich, aber nicht, wie die Unsrigen oft tun, mit Waffen, sondern mit Worten, nicht mit Gewalt, sondern mit Vernunft, nicht mit Hass, sondern mit Liebe" (*Contra sectam Saracenorum* I, 24; Glei 1985, 63).

Das ist keine Toleranz in unserem modernen Verständnis. Doch in einem durch den Kreuzzugsgedanken geprägten Zeit – 1144 hatte der zweite Kreuzzug stattgefunden – waren das ungewöhnlich neue Vorstellungen. In einem Brief an Bernhard von Clairvaux, den eifrigsten Propagator dieses Kreuzzuges, hatte Petrus Venerabilis im gleichen Jahr von der Übersetzung des Korans berichtet und vergeblich versucht, Bernhard für eine theologische Auseinandersetzung mit dem Islam zu gewinnen (Peter the Venerable 1967, 111). Andererseits hatte Petrus König Ludwig VII. von Frankreich († 1180) vorgeschlagen, die Juden zur Finanzierung des Kreuzzuges zu zwingen, damit „durch die rechte Hand der Christen mit Unterstützung des Geldes der gotteslästerlichen Juden der Übermut der ungläubigen Sarazenen bekämpft werde" (Peter the Venerable 1967, 130).

Mythos und Geschichte

Zum strahlenden Bild der cluniazensischen Reformbewegung bei den Zeitgenossen und in der Forschung hat nicht zuletzt auch beigetragen, dass das Kloster selbst durch eine erfolgreiche „Arbeit am Mythos" die eigene Geschichte geradezu als monastische Heilsgeschichte präsentiert hat. Die zahlreichen Viten der heiligen Äbte Clunys sind beredte Zeugnisse dieser Absicht.

Man betont heute, dass eine besondere cluniazensische Ideologie sowie die Konstruktion eines eigenen Gründungsmythos erst in der zweiten Hälfte des 11. Jahrhunderts ihre Ausprägung im Schrifttum der Abtei gefunden haben. Dieser Vorgang ist etwa ablesbar an der immer wieder ausgedrückten Überzeugung, dass nicht der erste Abt Berno, sondern sein Nachfolger Odo der eigentliche Gründer der cluniazensischen Mönchs-

gemeinschaft gewesen sei. Ebenso wird der Name des Abtes Aymard unterdrückt, und im 12. Jahrhundert verweist Petrus Venerabilis immer nur auf die Folge der vier heiligen Äbte Clunys: Odo, Maiolus, Odilo und Hugo. Nachdem Papst Johannes XIX. im Jahr 1024 Cluny das Privileg zugestanden hatte, Mönche jedweder Herkunft im Kloster aufzunehmen, ging man daran, so zentrale Begriffe cluniazensischen Selbstverständnisses wie etwa *asylum pietatis* (frommes Asyl) oder *refugium pauperum* (Zuflucht der Armen) nachträglich auch in neuen Kopien der Gründungsurkunde und in Viten der Äbte des 10. Jahrhunderts zu verwenden.

Wie sehr man durch die Jahrhunderte hindurch dem Mythos und seiner Glorie verhaftet gewesen ist, zeigt sich noch in dem gegen Ende des 15. Jahrhunderts entstandenen *Chronicon Cluniacense* des François de Rivo. Die Chronik zählt alle Äbte Clunys auf, aber in der Bewertung ist ein deutlicher Unterschied zwischen den frühen Epochen und späteren Jahrhunderten zu konstatieren. Der Abbatiat des Petrus Venerabilis bildet den Scheitelpunkt. Die großen geistlich-moralischen wie wirtschaftlichen Krisen des 13. Jahrhunderts, aber auch die neuen Reformbemühungen zur Bewältigung dieser Probleme werden mit keinem Wort erwähnt. Was spätere Texte über die jüngere Geschichte Clunys berichten, entspricht also nicht immer dem realen Geschehen, sondern ist auch Ausdruck eines glorifizierenden Verständnisses von Vergangenheit.

Hirsau – das deutsche Cluny?

Als Abt Hugo von Cluny (1049–1109) in seinem Testament den Erfolg cluniazensischen Wirkens mit der geographischen Ausbreitung seines Verbandes beschrieb, meinte er mit der Provinz *Alemannia* nicht das gesamte Gebiet des deutschen Reiches. In der Zeit zwischen 1070 bis 1110 erreichte der Verband zwar seine größte Ausdehnung, doch im Reichsgebiet war Cluny wegen andersartiger kirchlicher und weltlicher Strukturen weniger erfolgreich gewesen. Die dort praktizierte Kontrolle der Klöster durch König, Bischöfe oder Adlige ließ sich nicht mit dem neuen Freiheitsideal Clunys vereinbaren. Nur fünf Konvente im äußersten Südwesten des Reiches waren an Cluny übergeben worden. Das war fast ausschließlich dem Wirken Ulrichs († 1093), eines Mönchs aus Cluny, zu verdanken. Mit Unterstützung des Bischofs Burkhard von Basel (1072–1107) gründete er südlich von Freiburg das Priorat Zell, später Sankt Ulrich ge-

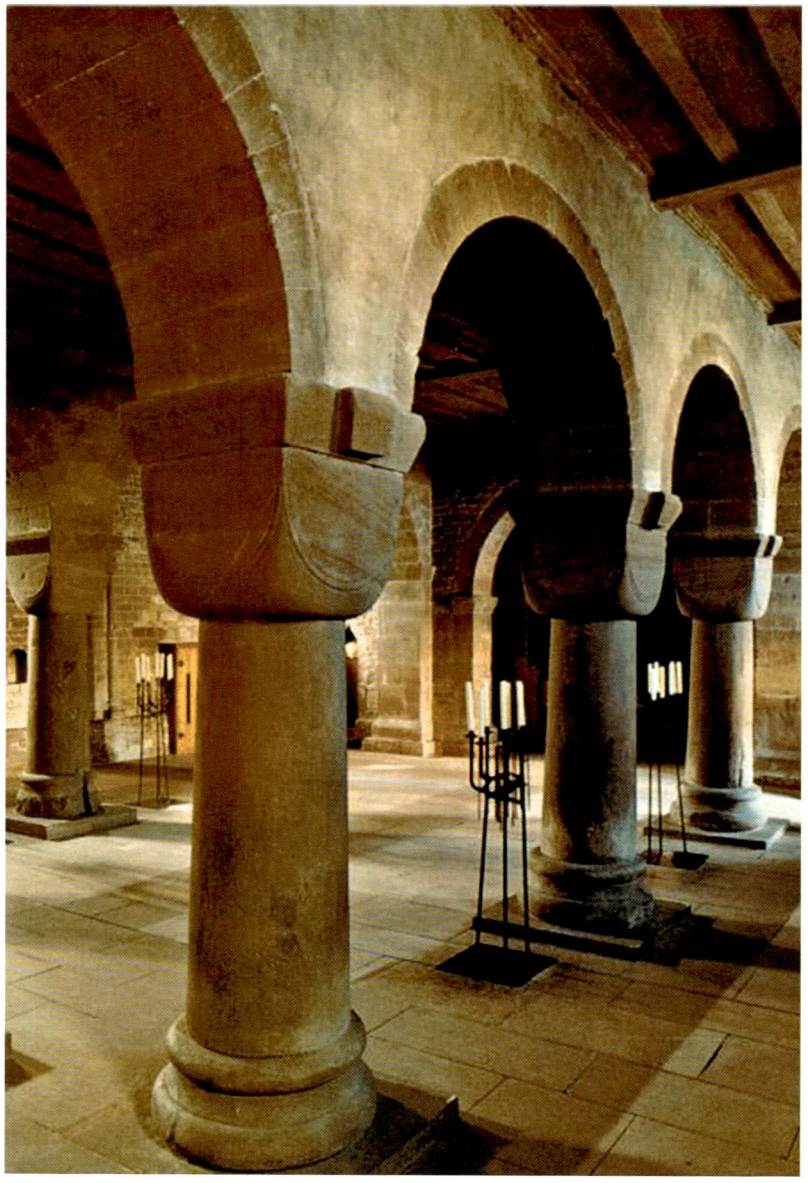

die cluniazensischen Gewohnheiten zu adaptieren und auf die Situation des Klosters Hirsau anzupassen. Um die Bestimmungen des klösterlichen Alltags so präzise wie möglich niederschreiben zu können, begnügte er sich nicht mit der von Ulrich in seinem Auftrag vorgelegten schriftlichen Fassung, sondern schickte dreimal Mönche nach Cluny. Ihre Berichte sowie ein anderer Text, der *Ordo Cluniacensis* des Mönches Bernhard, verhalfen ihm, auch kleinste Details schriftlich festzuhalten. Wilhelms *Constitutiones* wurden, so ist anzunehmen, an alle Klöster übermittelt, die von Hirsau aus gegründet oder reformiert wurden. Auf diesem Wege gelangten die cluniazensischen Lebensgewohnheiten in den deutschsprachigen Raum.

Ein Zentrum der Reform

Mit der Übernahme der Gebräuche von Cluny hatte Wilhelm eine der beiden wesentlichen Voraussetzungen geschaffen, um das Kloster Hirsau zu einer „Reformmetropole von überregionaler Bedeutung" (Schreiner 2003, 40) zu machen. Die andere war die Schaffung eines besonderen Rechtsstatuts, mit dem er das Kloster aus der Eigenkirchenherrschaft herauslösen wollte. Nach langen Verhandlungen mit dem adligen Klosterherrn, Graf Adalbert (I.) von Calw, erhielt er im Jahr 1075 das sogenannte *Hirsauer Formular* von Heinrich IV. († 1106) beurkundet, dessen Text er selbst abgefasst hatte. Das vielgerühmte Dokument war lange Zeit umstritten, ist heute aber in seiner inhaltlichen Echtheit anerkannt. Die besondere *libertas* des Klosters sieht darin für den König, den Papst und die Grafen von Calw eine jeweils eigene, auf das Kloster bezogene Kontrollfunktion vor. Der Graf verzichtete auf alle Eigentumsrechte, er überließ dem Konvent die Vollmacht, sich einen eigenen Abt zu wählen und einzusetzen. Dem Kloster war zwar das Recht der freien Wahl des Vogtes eingeräumt, den Mönchen war jedoch auferlegt, den Vogt, der die weltliche Gerichtsbarkeit ausübte, aus der Familie der Grafen von Calw zu wählen. Sollte sich ein Graf als Vogt nicht eignen, durfte ihn der Abt mit dem Rat der Brüder absetzen. Seine gerichtliche Vollmacht, den Bann, sollte der Vogt vom König erhalten, der somit in die klösterliche Rechtsordnung eingebunden war, ohne dass das Kloster die Pflichten eines Reichsklosters übernehmen musste. Dem Papst fiel die Rolle des obersten Schutzherrn und Garanten der vereinbarten Regelungen zu.

Das *Hirsauer Formular* ist in seiner Wirkkraft für die Reformbewegung auf dem Reichsgebiet nach wie vor umstritten. Neuerdings wird das Privileg, mit

8 Die ältere Klosterkirche St. Aurelius in Hirsau wurde kurz vor dem Abbatiat Wilhelms errichtet. Die kreuzförmige, dreischiffige Säulenbasilika ähnelt im Typ der Klosterkirche von Einsiedeln, von wo der Stifter, Graf Adalbert von Calw, die ersten Mönche herbeigerufen hatte. Sie war für den größer werdenden Konvent zu klein geworden.

nannt, und einen Frauenkonvent im benachbarten Bollschweil, deren beider Leitung er übernahm. Damit zog es ihn auch räumlich in die Nähe seines ehemaligen Mitschülers und Freundes, Abt Wilhelm von Hirsau (1069/71–1091), den er nach 1079 mehrmals besuchte und für den er die in Cluny gelebten Gewohnheiten niederschrieb.

Abt Wilhelm (Abb. 1), als Kind dem Kloster St. Emmeram in Regensburg übergeben, hatte sich einen Ruf als bester Musikverständiger seiner Zeit und als Astronom erworben. Mit der Beharrlichkeit und Genauigkeit, die er für die Messverfahren bei der Erfindung astronomischer Instrumente gezeigt hatte, ging er Anfang der 80er Jahre des 11. Jahrhunderts daran,

dem Papst Gregor VII. seinerseits die Rechte Hirsaus bestätigen sollte, als „vages Schutzprivileg" eingestuft, mit dem Wilhelm sein *Hirsauer Formular* nicht habe absichern können (Engelbert 2005, 150). „Besonders zwei Bestimmungen des *Hirsauer Formulars* entsprechen nicht den Vorstellungen Gregors: die Selbstinvestitur des neugewählten Abtes, mit der die Autorität des zuständigen Bischofs beeinträchtigt wurde; und zweitens die Rechtsstellung der Grafen von Calw, die in der Zeit kurz vor dem Investiturstreit als zu starke Einmischung in kirchliche Belange angesehen wurde" (Engelbert 2005, 159).

Ausbreitung

Auch wenn sich Wilhelm eine stärkere Unterstützung durch Papst Gregor VII. gewünscht haben sollte, schmälerte dies nicht den Erfolg der „gregorianisch" ausgerichteten Reformbewegung. Mit seinen Bemühungen, die Klöster aus weltlichen Abhängigkeiten zu befreien, stieß er auf das Wohlwollen der Bischöfe und des Laienadels. Über ein halbes Jahrhundert hinweg (ca. 1070–1120) galt Hirsau als monastisches Reformzentrum; mehr als 120 Klöster wurden im Reichsgebiet von der Reform erfasst. Seit 1085 folgte eine Gründung oder Reform nach der anderen. Nach Ausweis zeitgenössischer Quellen soll Wilhelm die Klöster St. Georgen, Reichenbach, Zwiefalten und Komburg selbst gegründet, Allerheiligen in Schaffhausen und Petershausen bei Konstanz reformiert haben. Im Jahr 1082 begann er in Hirsau mit dem Neubau einer größeren Klosteranlage, die die ältere Klosterkirche St. Aurelius (Abb. 8) ersetzen sollte. Auch dabei orientierte er sich offenbar an Cluny, denn die Kirche St. Peter und Paul mit dem Klosterbezirk (Abb. 9) enthält „alle wesentlichen Elemente des Konvents von Cluny II" (Krüger 2007, 85).

Im Prozess der Ausbreitung der Hirsauer Observanz (Abb. 10) lassen sich verschiedene Formen beschreiben. Sechs Priorate waren direkt dem Abt von Hirsau unterstellt (Weilheim, Schönrain, Helingerswang, Reichenbach, Alspach im Elsass, Mönchsrot). Eine recht große Gruppe von Klöstern war unmittelbar von Hirsau aus reformiert und mit einem Abt oder mit Mönchen aus Hirsau besetzt worden; zu diesen zählen das Allerheiligenkloster zu Schaffhausen, St. Peter in Erfurt und Michelsberg in Bamberg. Außerdem gab es Neugründungen, die von Hirsau aus besiedelt wurden, wie z.B. Reinhardsbrunn in Thüringen sowie Blaubeuren und St. Paul im Lavanttal.

Die Klöster wurden zwar dem päpstlichen Schutz unterstellt, blieben aber im Einflussbereich des Adels.

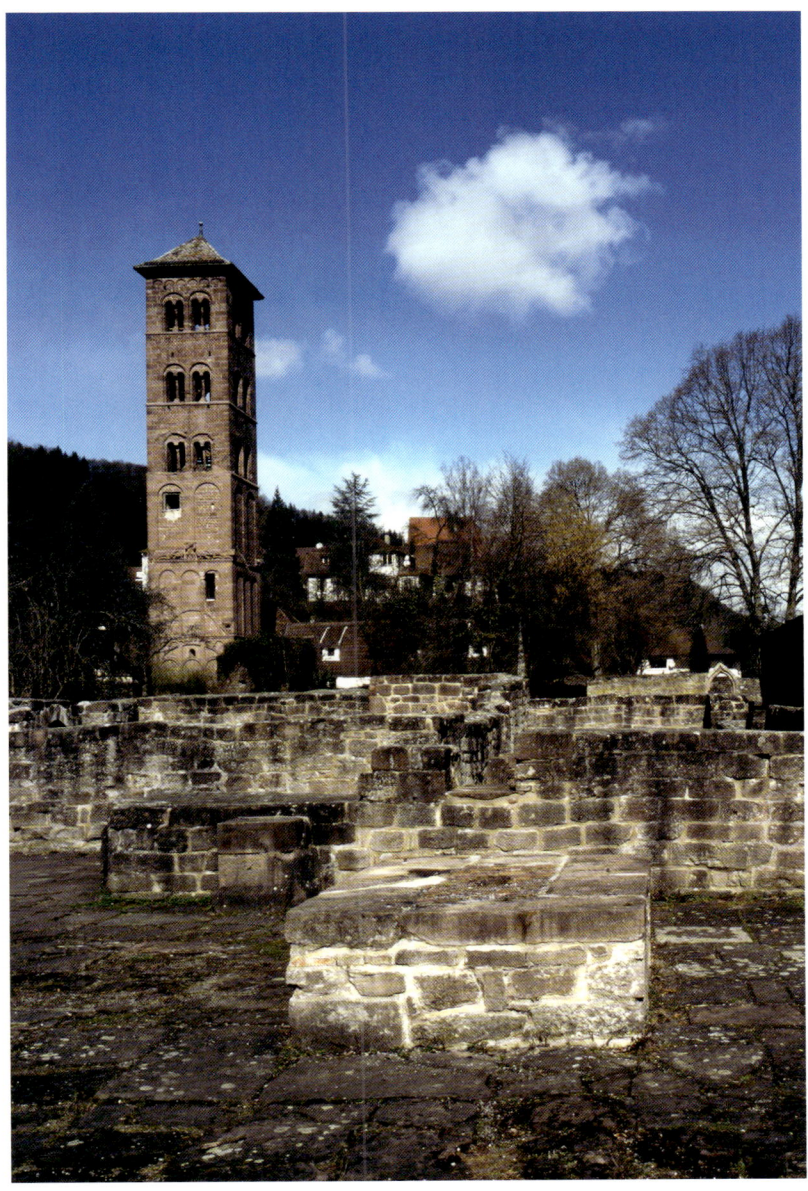

Die meisten Stifter verstanden ihre Vogteirechte als Erbrechte. Die Klöster waren wichtig für den Macht- und Landesausbau und als Grablege. So wurde auch das Kloster St. Paul im Lavanttal von Graf Engelbert I. von Spanheim 1091 als Familienkloster gestiftet und mit Mönchen aus Hirsau besiedelt.

Anders als bei der cluniazensischen Reform bildete sich aber kein Verband mit einem übergreifenden Gemeinschaftsbewusstsein und einem gemeinsamen Totengedenken heraus. Die reformierten Klöster blieben unabhängig. Der gemeinsame *ordo*, der sie verband, wurde zum Teil recht unterschiedlich ausgeübt, eine Uniformität war auch von Wilhelm nie angestrebt worden.

9　Hirsau, Blick über die Klosterruinen zum Eulenturm, dem Nordturm der Kirchenwestfassade. Kirche und Klostergebäude wurden im Jahr 1692 fast vollständig zerstört.

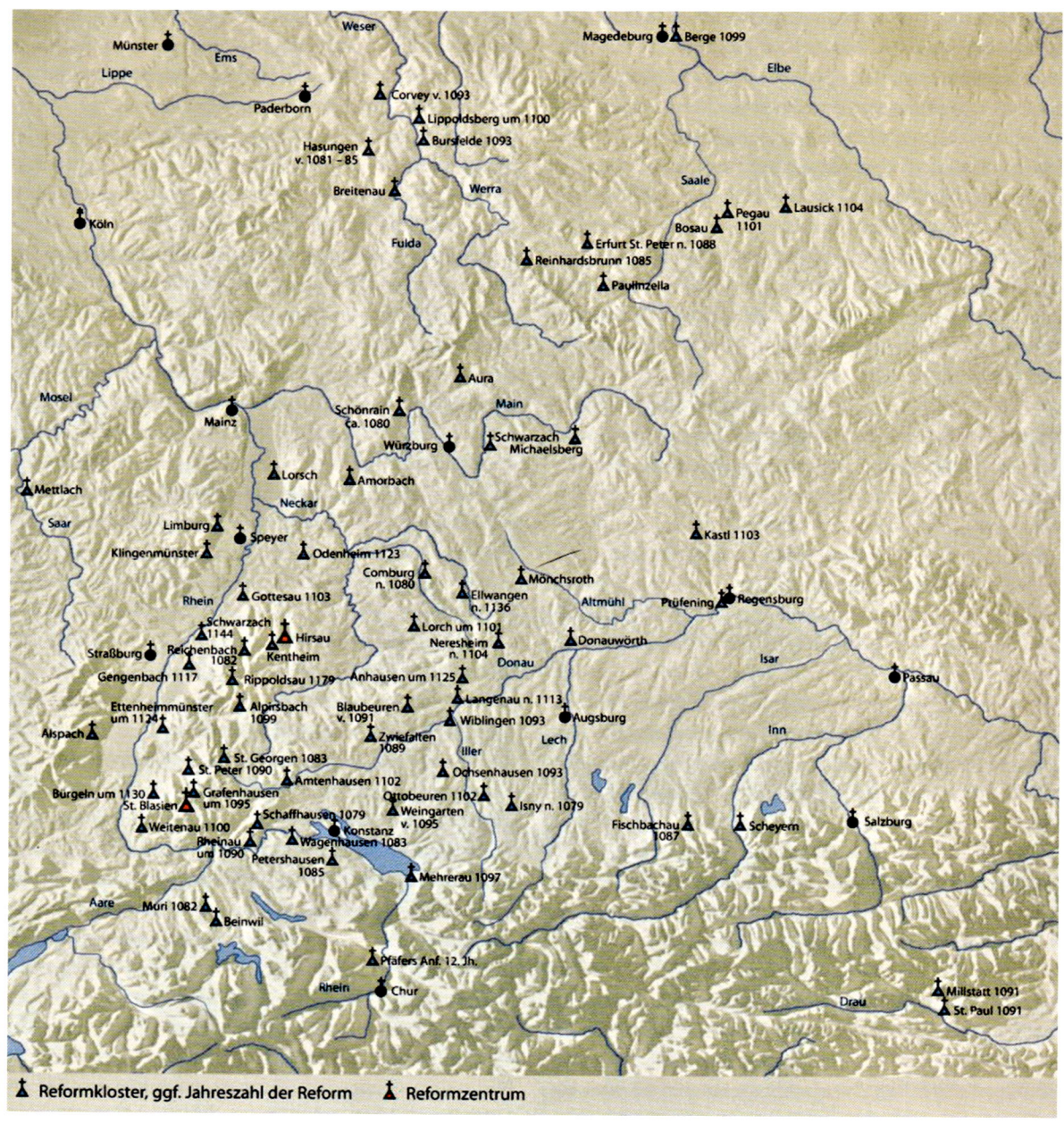

Reformkloster, ggf. Jahreszahl der Reform   Reformzentrum

Orientierung an Cluny und eigene Leistung

Es waren vermutlich vorrangig persönliche Beziehungen, die Abt Wilhelm bewogen, sich für die cluniazensische *consuetudo* zu entscheiden. Er kannte sicherlich auch andere Lebensgewohnheiten, die reformerische Impulse gaben. Clunys Reformkraft scheint ihn aber am stärksten beeinflusst zu haben. In seiner unmittelbaren Umgebung erfuhr er, wie Adlige ihre Familie verließen, um in Cluny am religiösen Leben teilzunehmen: Markgraf Hermann von Baden, verheiratet mit Judith, der Tochter des Grafen Adalbert

von Calw, trat im Jahr 1073 in Cluny als Mönch ein. Wie Wilhelm im Prolog der Hirsauer Konstitutionen berichtet, hatte ihm der päpstliche Legat Abt Bernhard von Saint-Victor in Marseille bei einem längeren Aufenthalt in Hirsau (1077–1078) empfohlen, die Gewohnheiten Clunys zu übernehmen, dieses Kloster sei ein unerschöpflicher Quell lebendigen Mönchtums. Nicht zuletzt trug auch die Freundschaft mit dem schon erwähnten Cluniazensermönch Ulrich, einem Mitschüler Wilhelms aus Regensburger Zeiten, zur Entscheidung für die Übernahme cluniazensischer Lebensgewohnheiten bei.

In zwei wesentlichen Punkten wich Wilhelm von den in Cluny praktizierten Gewohnheiten ab. Er lehnte es ab, Kinder im Kloster aufzunehmen. Ulrich unterstützte diese Entscheidung. Allzu viele Eltern, so schrieb er im Begleitbrief zu seinen *Consuetudines*, entledigten sich ihrer überzähligen, verkrüppelten und missgebildeten Söhne und gefährdeten damit die Gemeinschaft. Wilhelms Motive für diese Ablehnung sind nicht bekannt. Er mag die Oblation als Verstoß empfunden haben, sich frei für ein Leben im Kloster entscheiden zu können. Mit seiner Vorschrift fand er jedoch nicht überall Zustimmung. Fast alle überlieferten Codices der *Constitutiones Hirsaugienses* haben das Kapitel über die Aufnahme von Knaben aus der cluniazensischen Vorlage übernommen und beibehalten (Tutsch 1998, 113).

Von großem, dauerhaften Erfolg war jedoch eine zweite, eigene Neuerung Wilhelms: die Einführung der Laienbrüder, auch *fratres barbati* (Bartbrüder) genannt. Trotz der Kritik Ulrichs wollte er diese Laien nicht in der Art der cluniazensischen Konversen als Mönche dem Konvent angliedern. Sie sollten in ihrem Laienstatus bleiben, nicht das Mönchsgewand tragen, keine Gelübde ablegen, aber trotzdem zur erweiterten Klostergemeinschaft gehören, zur sog. *familia*. Diese intensive Hinwendung zu den Konversen hat sicherlich mit der wachsenden frommen Laienbewegung im süddeutschen Raum zu tun, die Ende des 11. Jahrhunderts einsetzte. Bernold von St. Blasien († 1100) schreibt in seiner Chronik zum Jahr 1083: „Zu diesen Klöstern floh während dieses Sturms binnen kurzem eine bewundernswerte Menge edler und kluger Männer und machte es sich nach Ablegung der Waffen zur Aufgabe, engelsgleiche Vollkommenheit unter geregelter Zucht zu erreichen, in so großer Anzahl, betone ich, dass sie selbst die Gebäude der Klöster erweitern mussten, weil sie sonst in ihnen keinen Platz zum Bleiben gehabt hätten. In diesen Klöstern wurden deshalb nicht einmal die äußeren Dienste durch Weltliche, sondern durch fromme Brüder versehen, und je edler sie in der Welt waren, desto mehr sehnten sie sich danach, mit verächtlicheren Diensten beschäftigt zu werden" (Robinson 2002, 329). Sie nahmen den Mönchen körper-

liche Arbeiten im Kloster und auf den Feldern ab und kümmerten sich um die Beherbergung von Gästen.

Bereits in den zwanziger Jahren des 12. Jahrhunderts verlor die von Hirsau ausgehende Reformbewegung an Energie und Wirksamkeit. Die in der Zeit des Investiturstreits zusammenwirkenden Kräfte, die eine Verbindung von politischer und kirchenreformerischer Opposition gegen Heinrich IV. bildeten und Reformimpulse Hirsaus unterstützt hatten, bestanden nun nicht mehr. Jetzt wurden die neuen Orden attraktiver.

---

1 Bernard/Bruel 1876–1903, 1, Nr. 112, 127.
2 Bernard/Bruel 1876–1903, 1, Nr. 112, 125.
3 Bernard/Bruel 1876–1903, 1, Nr. 112, 126.

Zu Cluny:

Quellen:

Bernard/Bruel 1876–1903. – Peter the Venerable 1967. – Ordericus Vitalis 1969–1980. – Glei 1985. – Petrus Venerabilis 1988.

Literatur:

Melville 1990. – Wollasch 1996. – Constable/Melville/Oberste 1998. – Iogna-Prat 1998. – Neiske 2006.

Eine ausführliche aktuelle Bibliographie und weitere Materialien zur Geschichte Clunys findet man im Internet auf den Seiten des Instituts für Frühmittelalterforschung der Universität Münster unter der Adresse: http://fruehmittelalter.uni-muenster.de/cluny/

Zu Hirsau:

Quellen:

Robinson 2002.

Literatur:

Hirsau 1991. – Jakobs 1961. – Tutsch 1998. – Schreiner 1999. – Schreiner 2003. – Engelbert 2005. – Krüger 2007.

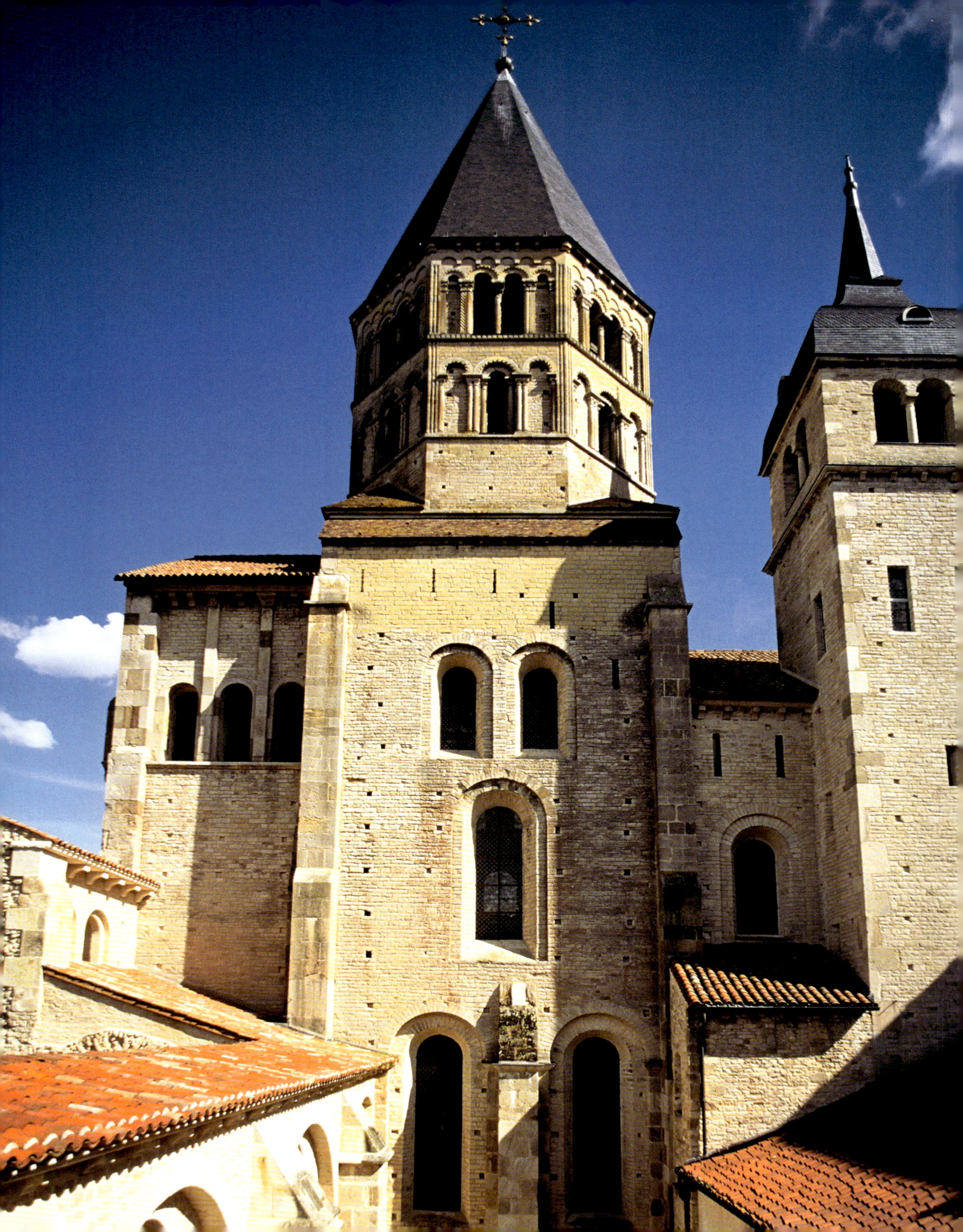

DIE ARCHITEKTUR DER REFORMZWEIGE CLUNY UND HIRSAU

Matthias Untermann

Reformen der klösterlichen Lebensführung waren im Mittelalter regelmäßig von einer Erneuerung der baulichen Strukturen begleitet, nicht nur wegen der nun wieder verfügbaren finanziellen Mittel, sondern auch wegen der eindrücklichen Wirkung neuer Gebäude nach innen, für den Konvent, wie nach außen, für Klosterherrn, potentielle Mönche und Stifter. In Bauinschriften lässt sich diese Verbindung von Reform und Architektur erst im späten Mittelalter fassen, Chroniken kennen diesen Zusammenhang jedoch schon im 11. und 12. Jahrhundert. Das Reformprogramm selbst erforderte allerdings meist nur die Wiederherstellung angemessener Räume, Sicherung der Klausur, des Gemeinschaftslebens und der Liturgie – das wäre mit einfachen Mitteln zu bewerkstelligen gewesen. Gerade die Reformen von Cluny und Hirsau zeichneten sich allerdings durch anspruchsvolle, den *Neubeginn* symbolisierende Neubauten aus. In Hirsau selbst, aber auch in St. Blasien wurden die neuen Klöster sogar demonstrativ an einem neuen, etwas entfernten Platz erbaut.

Cluny: Die Kirche des 10. Jahrhunderts und die ostburgundischen Priorate

Im burgundischen Kloster Cluny, dem für Mitteleuropa führenden Reformzentrum, hatte das rasche Wachstum des Konvents unter dem zweiten Abt Majolus (948–981) einen großen Neubau der Kirche („Cluny II") und wohl auch der Klausurbauten notwendig gemacht. Die Kirche war bis zur barocken Erneuerung der Klausur in Resten erhalten und ist fragmentarisch ausgegraben; die Klausur ist nur aus Schriftquellen bekannt. Der Kirchenbau (Abb. 2) folgte einem westfränkischen Typus karolingerzeitlicher Klosterkirchen und unterscheidet sich von diesen älteren Benedikti-

nerkirchen zugleich in wichtigen Elementen: Eine Krypta unter dem Sanktuarium fehlt, da hier kein Heiligenleib verehrt wurde. Außerdem wurde der an großen Klosterkirchen zuvor übliche zweigeschossige Umgang des Altarraums mit einer Vielzahl anstoßender Kapellen, die sog. Außenkrypta, auf kleine, am Querschiff aufgereihte Kapellenräume reduziert, die allerdings in Cluny ebenfalls *cripta* hießen. Aus den liturgischen Ordnungen des späten 11. Jahrhunderts lässt sich erschließen, dass drei Altäre im Apsisscheitel hinter dem Hochaltar in drei Altarnischen standen, und dass die Kapellen seitlich des Hochaltars so geöffnet waren, dass ihre Altäre bei großen Festtagen vom Hochaltarraum aus leicht erreicht werden konnten. Der Mönchskonvent fand seinen Chorraum wohl im Mittelschiff der Kirche. Westlich vorgelagert war seit dem 11. Jahrhundert ein großer, überdachter Vorhof, *Galilaea* genannt. Solche „Vorkirchen", Ort von Prozessionen und Grablegen, gab es schon in karolingerzeitlichen Klöstern (Auxerre, St-Germain).

Im östlichen Burgund, das seit 1033 zum deutschen Reich gehörte, wurde die Bauform von Cluny an mehreren cluniazensischen Prioratskirchen nachgebildet. Nur archäologisch bekannt ist die um 970 erbaute erste Kirche des Priorats Peterlingen (Payerne), eine dreischiffige Anlage mit Querschiff und dreischiffigem Sanktuarium. Gut erhalten blieb die um 1020 entstandene Kirche von Romainmôtier (Abb. 3, 9-1): Das Langhaus ruht auf Rundpfeilern, Querschiff und dreischiffiges Sanktuarium mit ehemals drei Apsiden schließen sich an; alle Räume sind mit Tonnengewölben überspannt. Dieser Bau gilt als genaueste Nachbildung von Cluny II – das nur dreiteilige Sanktuarium war allerdings stark vereinfacht. Die Vorkirche wurde erst um 1100 zugefügt und erhielt, wie der zeitgleiche Neubau in Cluny selbst, einen Kapellenraum im Obergeschoss. Auch die Klostergebäude von Romainmôtier

1 Cluny, Südwestquerhaus mit Achteckturm, einziger vollständig erhaltener Bauteil der Abteikirche Cluny III

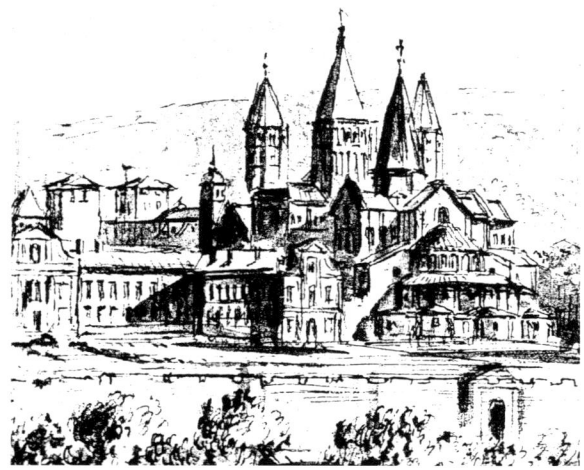

ten die Mönche vom Ostflügel des Kreuzgangs aus in gerader Linie durch das Querschiff in ihren Chor gelangen. Das frei stehende, von der Kirche unabhängige Mönchshaus existierte aber auch in Cluny. Auch dort mussten die Mönche nachts erst in den Kreuzgang hinabsteigen und dann in die Kirche ziehen. Inwieweit in Hirsau auch die anderen Dispositionen der Klosteranlage von Cluny übernommen wurden, ist wegen der weitgehenden Zerstörung kaum noch zu klären.

In St. Blasien konnte die Abtei erst 1095, mehr als 20 Jahre nach der Reform, einen Neubau ihrer Kirche und ihrer Klausur beginnen. Wie in Hirsau wurden die Gebäude auf dem gegenüberliegenden Ufer des Flusses errichtet; die alte Klosterkirche blieb bis in die Barockzeit bestehen (Abb. S. 197). Der Neubau ist nur durch frühneuzeitliche Ansichten bekannt (Abb. S. 199). Die 1108 geweihte Kirche entsprach wiederum nicht dem ‚Vorbildkloster‘ Fruttuaria, sondern weitgehend der neuen Kirche in Hirsau. Sanktuarium und Querarmkapellen schließen mit einer geraden Ostwand; Querschiff, Altarraum und das dreischiffige Langhaus waren flachgedeckt. Eine Vorkirche war 1562 nicht vorhanden, und der einzige Turm stand unmittelbar an der Westfassade. Grabungen haben gezeigt, dass eine Doppelturmfas-

haus gedacht war, bleibt bei der abgelegenen Lage der Schwarzwaldabtei unklar.

Ungewöhnlich erscheint auch die Disposition der Klosteranlage. Das Mönchshaus mit Kapitelsaal und Dormitorium wurde nämlich nicht in der Fortsetzung des Querschiffs erbaut, sondern nach Osten verschoben. Dadurch gab es keine ‚Nachttreppe‘ vom Dormitorium unmittelbar in die Kirche. Andererseits konn-

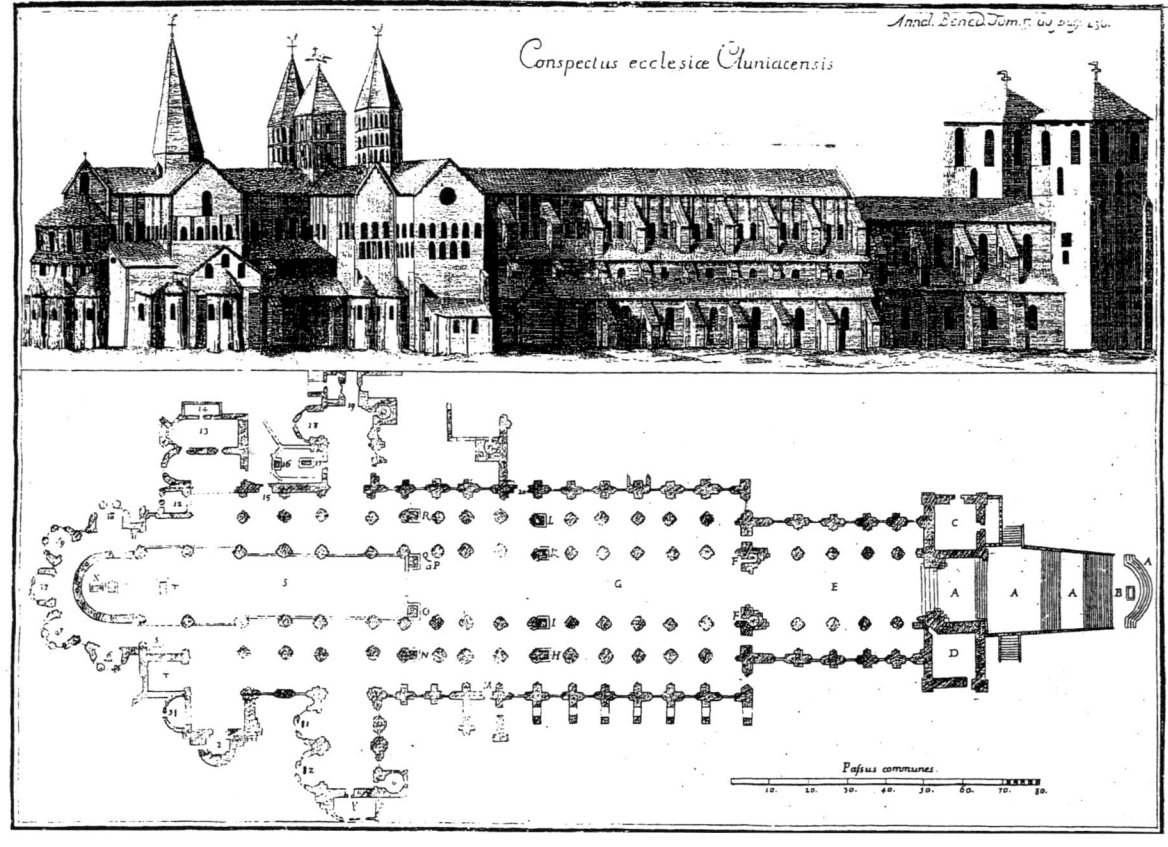

Conspectus ecclesiæ Cluniacensis

sade zumindest geplant war und dass der Mönchschor im Ostteil des Mittelschiffs von festen Schrankenmauern angegrenzt wurde. Die Gestalt der Langhausstützen ist allerdings unbekannt. Beim Baubeginn von St. Blasien waren Kirchen vergleichbarer Gestalt von anderen reformierten Konventen in Südwestdeutschland schon begonnen worden, zumindest in Schaffhausen und Zwiefalten, vermutlich auch in St. Georgen. Das gemeinsame, an Cluny orientierte Streben nach einer strengen monastischen Ordnung und gemeinsame Positionen im Investiturstreit scheinen diese Konvente schon früh in engen Kontakt gebracht zu haben.

Cluny: der Neubau

Nachdem Papst Gregor VII. der Abtei Cluny 1079/80 die *Libertas Romana* zuerkannt hatte, begann Abt Hugo von Semur einen monumentalen Neubau der Kirche, die die größte Kirche der mittelalterlichen Christenheit werden sollte. Sie wurde im Nordosten der älteren Abteikirche begonnen und erhielt einen vielteiligen Grundriss, hoch aufragende Gewölbe, aufwändige Bauskulptur und damals einzigartige Dimensionen. Erhalten sind kaum mehr als ein Querarm (Abb. 1), die prächtigen Kapitelle der Apsis sowie weitere Fragmente der Bauzier. Kirche und Klausur sind in barocken Ansichten überliefert; partielle Grabungen präzisieren diese Informationen; insgesamt bleibt aber der Kenntnisstand sehr lückenhaft (Abb. 7, 8; vgl. Kat.-Nr. 7.11).

An ein östliches Querschiff schloss der Altarraum mit der Hauptapsis an, die von acht Säulen umstanden wurde. Die überaus qualitätvollen Kapitelle zeigen unter anderem die Ordnung der Welt durch die acht Töne der Musik, die Kardinaltugenden und die Paradiesesflüsse. Ein Sanktuariumsumgang bot den Zutritt zu fünf radial angeordneten Kapellen. Das Langhaus war fünfschiffig und 13 Joche lang; in seinem Ostteil war ein zweites, weit ausladendes Querschiff eingeschoben. Sehr hohe Arkaden trugen die Hochräume von Mittelschiff und Querarme, der obere Wandbereich zeigt zwei Zonen reich verzierter Blendarkaden, von denen die oberen dicht gereihte Fenster rahmen. Alle Hochräume waren mit Tonnengewölben gedeckt, die Seitenschiffe mit Kreuzgratgewölben; Arkaden und Gewölbe waren trotz der frühen Zeitstellung bereits von Spitzbögen geprägt. Zwei Vierungstürme sowie zwei Türme über den westlichen Querarmen (Abb. 1) öffneten sich zum Innenraum hin; in der Außenerscheinung sprachen

weitere Türme mit. Moderne Bauuntersuchungen zeigen, dass diese Baugestalt – wie kaum anders zu erwarten – erst durch frühe Modifikationen der Planung gewonnen wurde; auch die bedeutende Bildhauerwerkstatt war bei Baubeginn noch nicht in Cluny anwesend.

Die feierliche Grundsteinlegung der *basilica* fand der Überlieferung nach am 30. September 1088 statt. Da die Baugestalt allerdings schon bald nach 1080 in Schaffhausen aufgegriffen wurde, dürfte der tatsächliche Baubeginn rund ein Jahrzehnt früher liegen. Um 1090 dienten auch die großen Kapitelle der Apsissäulen schon als Vorbild für Peterlingen (Payerne). Am 25. November 1095 weihte Papst Urban II., zuvor Prior von Cluny (Odo von Châtillon), den Hochaltar und den dahinter stehenden Frühmessaltar, hochrangige Bischöfe aus seinem Gefolge weihten drei weitere Altäre „in den ersten drei Kapellen" (wohl des Apsisumgangs): erhebliche Teile des Ostbaus waren

9   Ostburgundische Cluniazenserkirchen.
1: Romainmôtier,
2 Peterlingen (Payerne),
3 Rüeggisberg,
4 Münchenwiler,
5 St. Petersinsel

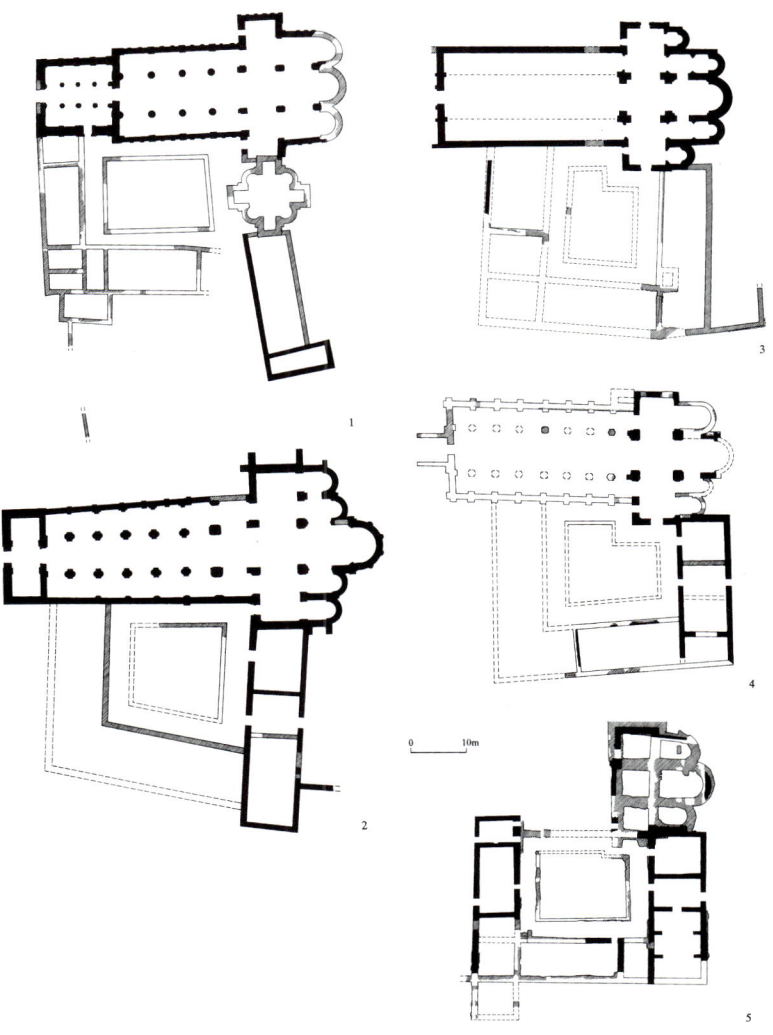

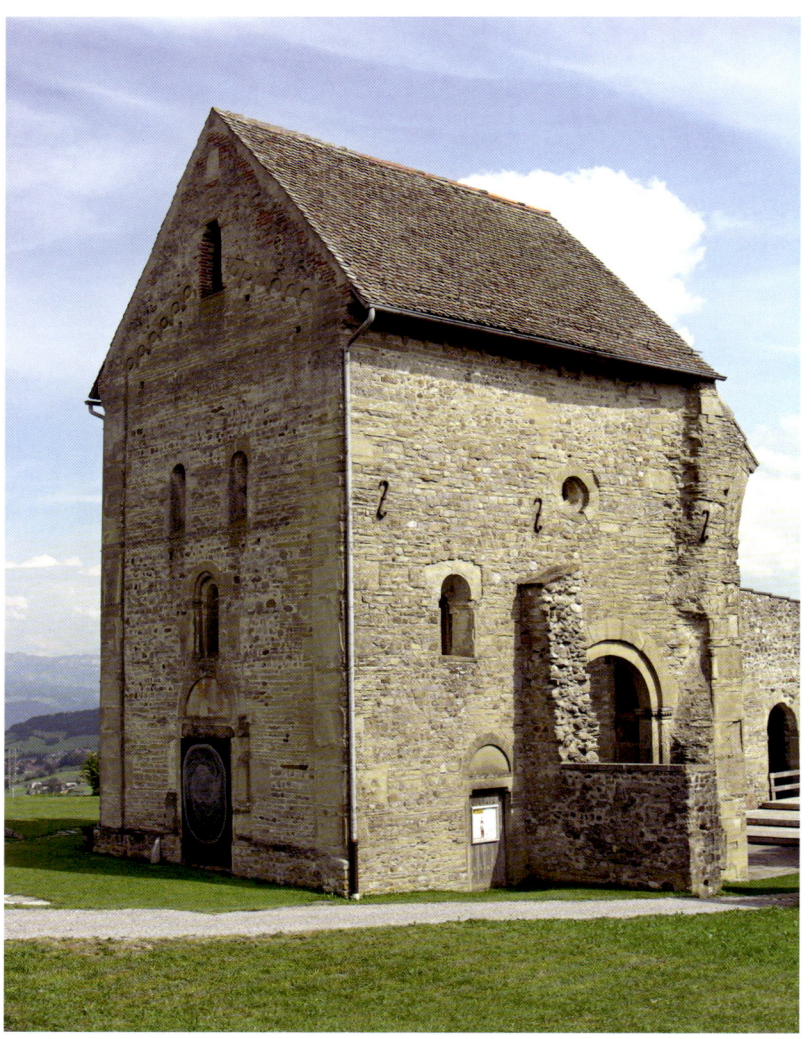

10 Rüeggisberg,
Nordquerarm

stufen in Oberitalien. Der doppelgeschossige Ausbau der Vorkirche war zuvor ebenfalls nur im traditionell-benediktinischen Kirchenbau üblich. Die *maior ecclesia* in Cluny erscheint insofern konventioneller als ihr Vorgängerbau, übertraf allerdings durch Zahl der Kapellen und der Türme, Schmuckaufwand, Höhe der Gewölbe und durch ihre Längenausdehnung alle sonst vergleichbaren Stifts- und Klosterkirchen Europas. Die Anpassung der für die ältere Kirche Cluny II entwickelten, in Fruttuaria und Hirsau übernommenen liturgischen Ordnung an den Neubau bedarf noch der Untersuchung. Nur in wenigen burgundischen Prioraten, La Charité-sur-Loire und Paray-le-Monial, wurden die neuen Grundriss- und Aufrissformen von Cluny als Vorbild gewählt; im Ostburgund sowie im deutschen und italienischen Raum blieben sie jedoch fast ohne Resonanz.

Priorate von Cluny im Gebiet des deutschen Reichs

Zwischen 1070 und 1110 wurden im ostburgundischen Gebiet, der heutigen Westschweiz, mehrere neue Priorate gegründet und unmittelbar an Cluny gegeben. Ihre Bauten gehören, neben Romainmôtier und Peterlingen (Payerne), zu den wichtigsten Denkmälern der cluniazensischen Baukunst im Reich (Abb. 9).

In Münchenwiler wurde nach 1080/81 eine Kirche von beträchtlicher Größe erbaut, obwohl der Konvent nie aus mehr als fünf Mitgliedern bestand. Ihre Ostteile dokumentieren mehrfache Planwechsel: Begonnen wurde der Ostbau mit Sanktuarium, Vierung, zwei Querarmen und zwei großen, apsidialen Querarmkapellen. Schon bald wurden je zwei kleinere, gestaffelte Kapellen an jedem Querarm vorgesehen und am Südquerarm auch gebaut: Unmittelbar vergleichbar sind die zeitgleich neugebauten Ostteile der großen Prioratskirche Peterlingen (Payerne), in denen teilweise die Kapitelle der um 1080 begonnenen Abteikirche Cluny III vereinfacht nachgebildet wurden. Die Kapitelle der Hauptapsis und der Vierungspfeiler von Münchenwiler sind wiederum eng mit denen in Peterlingen verwandt, vielleicht sogar von höherer Qualität und etwas älter. Der Nordquerarm erhielt in Münchenwiler eine reiche Gliederung mit Blendarkaden, Diensten und einem kannelierten Pilaster, als ob man hier isolierte Motive zentralburgundisch-cluniazensischer Romanik präsentieren wollte. Nach einem dritten Planwechsel wurde am Nordquerarm jedoch nur eine große Kapelle angeschlossen. Vom gewölbten

damals also fertiggestellt. Der Baufortschritt blieb schnell: Vor 1104 wurde die Gabrielskapelle im Treppenturm des südlichen Nebenquerschiffs geweiht; vor 1109 bezogen die Mönche den neuen Chorraum im Bereich des Mittelschiff-Ostteils. Anschließend wurde die alte Kirche (Cluny II) bis auf ihr Sanktuarium abgebrochen, der Kreuzgang nach Norden erweitert und die neue Abtskapelle 1118 geweiht. Um 1120 war die Westfassade der großen Kirche im Bau, die schon vor 1124 in Paulinzella nachgebildet werden konnte. 1130 zelebrierte Papst Innozenz II. die Schlussweihe; auch wenn damals vielleicht noch Teile des Bauwerks unvollendet waren.

Mit Sanktuariumsumgang und Kapellenkranz wurde in Cluny eine alte, für Stifts- und Klosterkirchen übliche Bauform aufgegriffen. Auch die Verdoppelung des Querschiffs, durch die die östliche Hauptvierung zum Zentrum des Sanktuariums wurde, die westliche den Mönchschor überhöhte, hat wohl Vor-

Langhaus ist nur das Fundamentgitter bekannt, das in der Bauweise Peterlingen und Schaffhausen entspricht. In den jüngeren Teilen der Kirche und besonders am Kapitelsaal sind dann auch Werkleute aus dem süddeutschen Raum zu fassen.

Das um 1075 gegründete Priorat Rüeggisberg erhielt eine Kirche mit fünf Apsiden. Sanktuarium und Seitenkapellen waren durch kleine Öffnungen miteinander verbunden; die äußeren Apsiden setzen unmittelbar an den Querarmen an. Das Querschiff wurde in burgundischer Tradition tonnengewölbt, das Sanktuarium jedoch mit Kreuzgratgewölben gedeckt. Das siebenjochige Langhaus blieb ungegliedert und ohne Gewölbe; Ansätze einer Vorkirche wurden ergraben. Eine in dieser Region singuläre Bautechnik, die Bearbeitung der nicht aus Großquadern, sondern aus dünnen Platten gebauten Lisenen und Bogenstirnen am Querschiff sowie die ungewöhnliche, polychrome Gestaltung der Friese mit eigens gebrannten Backsteinen zeigen die Tätigkeit einer lombardischen Werkstatt (Abb. 10). Bemerkenswert ist die Bauskulptur mit archaisch-blockhaften, mit Blattranken verzierten Kämpfern auf den Wandvorlagen und modernen, antikennahen Eierstäben für Gesimse. Ob für die Vermittlung dieser Bauleute die aus Cluny gesandten Mönche Ulrich und Cuno oder der hochadlige Stifter Lütold von Rimlingen verantwortlich waren, ist unbekannt. Der regelmäßige, fünfteilige Ostbau findet auffallenderweise seine Parallelen nicht bei den anderen cluniazensischen Prioraten im Ostburgund, sondern an Reformbenediktinerkirchen in Lothringen, der Normandie und in Deutschland – zuerst vielleicht in Paulinzella (1106–1129/40) und Prüfening (1109–1119).

Der Bautyp mit drei Apsiden am Ostbau blieb allerdings bei den anderen cluniazensischen Prioraten in der Westschweiz üblich. Wie sich Baugestalt und liturgische Disposition dieser Priorate zum Hauptkloster Cluny verhalten, lässt sich ohne ausreichend sichere Informationen zum Bauzustand von Cluny II um 1070 nicht angemessen bestimmen.

Sehr aufwändig war der archäologisch dokumentierte Neubau der Prioratskirche auf der Petersinsel im Bielersee, die Wilhelm II. von Burgund 1107 an Cluny schenkte. Die erste große, Cluny II in den Dimensionen übertreffende Kirche mit dreischiffigem Sanktuarium, drei Apsiden und ausladendem Querschiff musste schon vor Fertigstellung des Ostbaus wegen statischer Probleme niedergelegt werden. Der nachfolgende, leicht verschoben errichtete, etwas kleinere Neubau gleicher Grundrissgestalt wurde allerdings auch nur in den Ostteilen vollendet. Das Chorgestühl

bot 24 Konventualen Platz; allerdings gehörten wohl nie mehr als sechs Mönche zu diesem Priorat. Die Architektur dieser Kirche orientierte sich an den umliegenden Prioraten, nicht am zeitgleichen Neubau in Cluny.

Die Architektur der Reformklöster vor dem Neubau in Hirsau

Schon 1079/80 übernahm Abt Wilhelm von Hirsau das Kloster Schaffhausen zur Reform, erlangte ein Privileg Papst Gregors VII. (1073–1085) und ließ den Hirsauer Mönch Siegfried zum Abt wählen. Neben der älteren Klosterkirche, wie in Cluny, wurde um 1080 ein im deutschen Reich ganz einzigartiger, fünfschiffiger Kirchenbau mit Apsis und Umgang begonnen, ganz auf Tonnen- oder Kreuzgratwölbung eingerichtet; eng gestellte Pfeiler mit kreuzförmig angeordneten Vorlagen sollten die Gewölbe tragen, die Apsis wies einen Umgang auf. Nirgends sonst ist im deutschsprachigen Raum ein vergleichbarer Reflex des um 1080 begonnenen, monumentalen Kirchenbaus in Cluny zu erkennen – trotz der Vorbildlichkeit der dortigen Rechts- und Lebensform. Die ergrabenen Fundamente zeigen jedoch, dass in Schaffhausen kein Bauleiter mit der notwendigen Erfahrung tätig war. Schon nach wenigen Jahren wurde diese Planung wieder aufgegeben und eine große, flachgedeckte Säulenbasilika erbaut, die in Bauform und Dispositionen nun weitgehend an Hirsau orientiert ist (Abb. 11).

11 Schaffhausen, Rekonstruktion mit der um 1080 begonnenen Planung einer fünfschiffigen Kirche

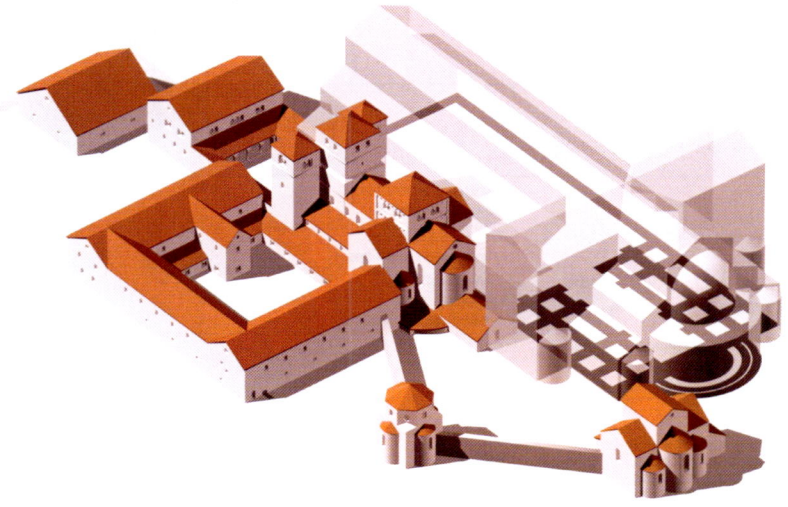

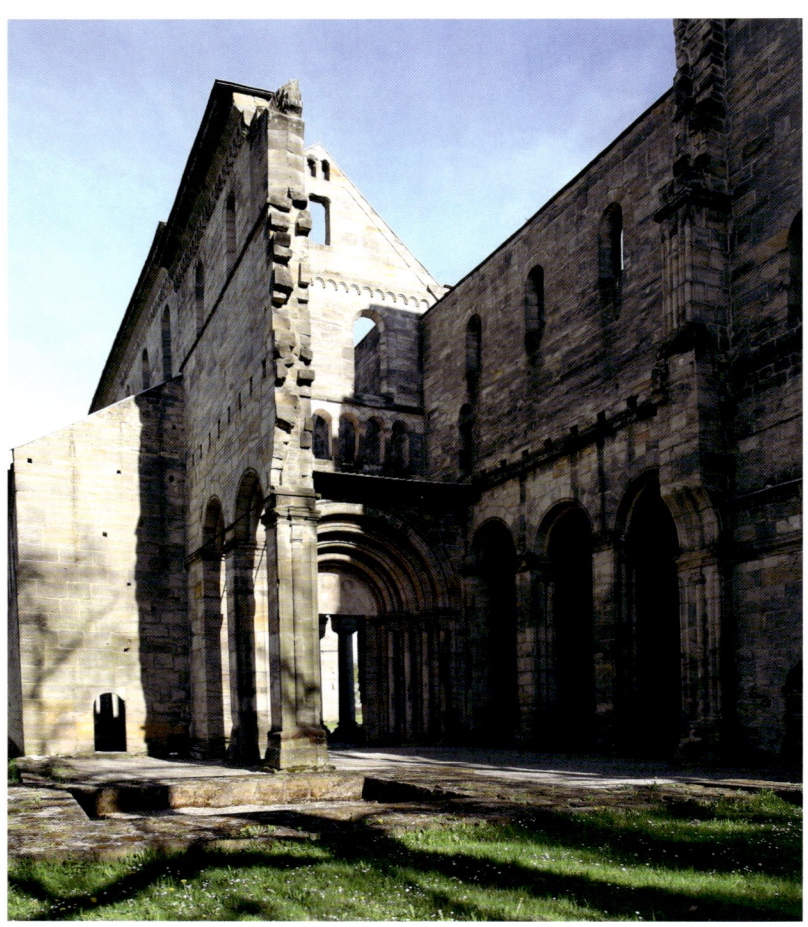

12 Paulinzella,
Vorkirche und West-
fassade

In anderer Weise ungewöhnlich war das Kloster Comburg bei Schwäbisch Hall, das um 1078 anstelle einer Burg errichtet und von Abt Wilhelm von Hirsau geordnet wurde. Die 1088 geweihte Kirche war doppelchörig; Hauptaltar und Querschiff wiesen nach Westen, wie dies auch andere Klosterkirchen im Bistum Würzburg zeigten. Eine Krypta lag unter dem Sanktuarium. Die Klosterbauten erstreckten sich westlich axial der Kirche, der Kreuzgang führte unter dem Altarraum hindurch. Anders als später in Hirsau wurde nur die Lebensform, nicht aber die liturgische Disposition an den Ordnungen von Cluny ausgerichtet.

St. Peter und Paul in Hirsau als Vorbild

Nur selten ist die demonstrative Übertragung von Bautyp und Bauformen durch weither berufene Reformmönche so gut fassbar wie in Paulinzella. Paulina, die Stifterin der Abtei *Cella s. Mariae* im Thüringer Wald, holte 1107 den ersten Abt Gerung und sechs Mönche aus dem fernen Reformkloster Hirsau. Die

13 Alpirsbach, Innen-
raum nach Westen

Baugestalt der 1105–1124 errichteten Abteikirche ist eng an Hirsau orientiert (Abb. 12), mit einem dreischiffigen Sanktuarium ohne Krypta, weiteren Altarstellen im Querschiff, einem von mächtigen Säulen getragenen Langhaus, in dem Türme über den östlichen, von Pfeilern getragenen Seitenschiffjochen geplant waren, sowie einer dreischiffigen Vorkirche mit westlicher Doppelturmfassade. Die Mittelschiffarkaden werden sogar wie in Hirsau durch Schachbrettfriese rechteckig gerahmt. Im Unterschied zur Schwarzwaldabtei sind die Altarstellen des Ostbaus durch Apsiden ausgezeichnet. Quaderwerk von so hoher Qualität war zuvor in Thüringen nicht üblich; dies spricht zusammen mit vielen Detailformen für eine Anwerbung von Bauleuten in Südwestdeutschland, vielleicht in Hirsau selbst. Diese Beobachtung war eine wichtige Basis für die frühere Rekonstruktion einer „Hirsauer Bauschule"; sinnvoller ist es jedoch, zwischen dem von den in Hirsau ausgebildeten Mönchen gewünschten, liturgisch bedingten Bautyp und der von weltlichen Bauleuten unterschiedlicher Herkunft geprägten Bauausführung zu unterscheiden. In Paulinzella sollte die ‚hirsauische' Bauweise vielleicht unmittelbar das Vorbildkloster gegenwärtig machen und damit als monumentaler Beweis für den Reformeifer der Stifterin und der ersten Mönche dienen. Im Gegensatz zum großflächigen, schmuckarmen Kirchenbau wurde die jüngere Vorkirche reicher gestaltet. Ihre Arkaden sind durch profilierte Unterzüge bereichert, deren tragende Säulen auf ungewöhnliche Weise in halbrunde Nischen der Pfeiler eingestellt sind. Dieses Motiv findet sich in Thüringen erstmals im Langhaus der hirsauischen Benediktinerabteikirche St. Peter in Erfurt (um 1140–1147), aber auch in der Erfurter Kirche der irischen Benediktiner („Schottenkirche", um 1160). Wie in Cluny III war das Mittelschiff der Vorkirche zweigeschossig unterteilt; das Obergeschoss öffnete sich durch eine siebenteilige Arkatur unter zwei Fenstern in den Kirchenraum.

Die ersten Mönche des Schwarzwaldklosters Alpirsbach waren 1095 aus St. Blasien gerufen worden, folgten also den cluniazensischen Ordnungen nicht in hirsauischer, sondern in fruttuarischer Überlieferung. Der große Kirchenbau ist eine Säulenbasilika mit östlichem Pfeilerpaar, Querschiff und dreischiffigem Sanktuarium (Abb. 13 u. 14). Die Hauptapsis wurde von zwei Apsiden flankiert, über denen Türme aufwachsen sollten; der südliche blieb allerdings unfertig. Der Westfassade war ein ehemals zweigeschossiger Bauteil, wohl eine Vorkirche, vorgelagert. In bemerkenswerter Weise sind in die Hauptapsis drei Al-

Architektur und Aufbau der Klöster – Die Reformen von Cluny und Hirsau

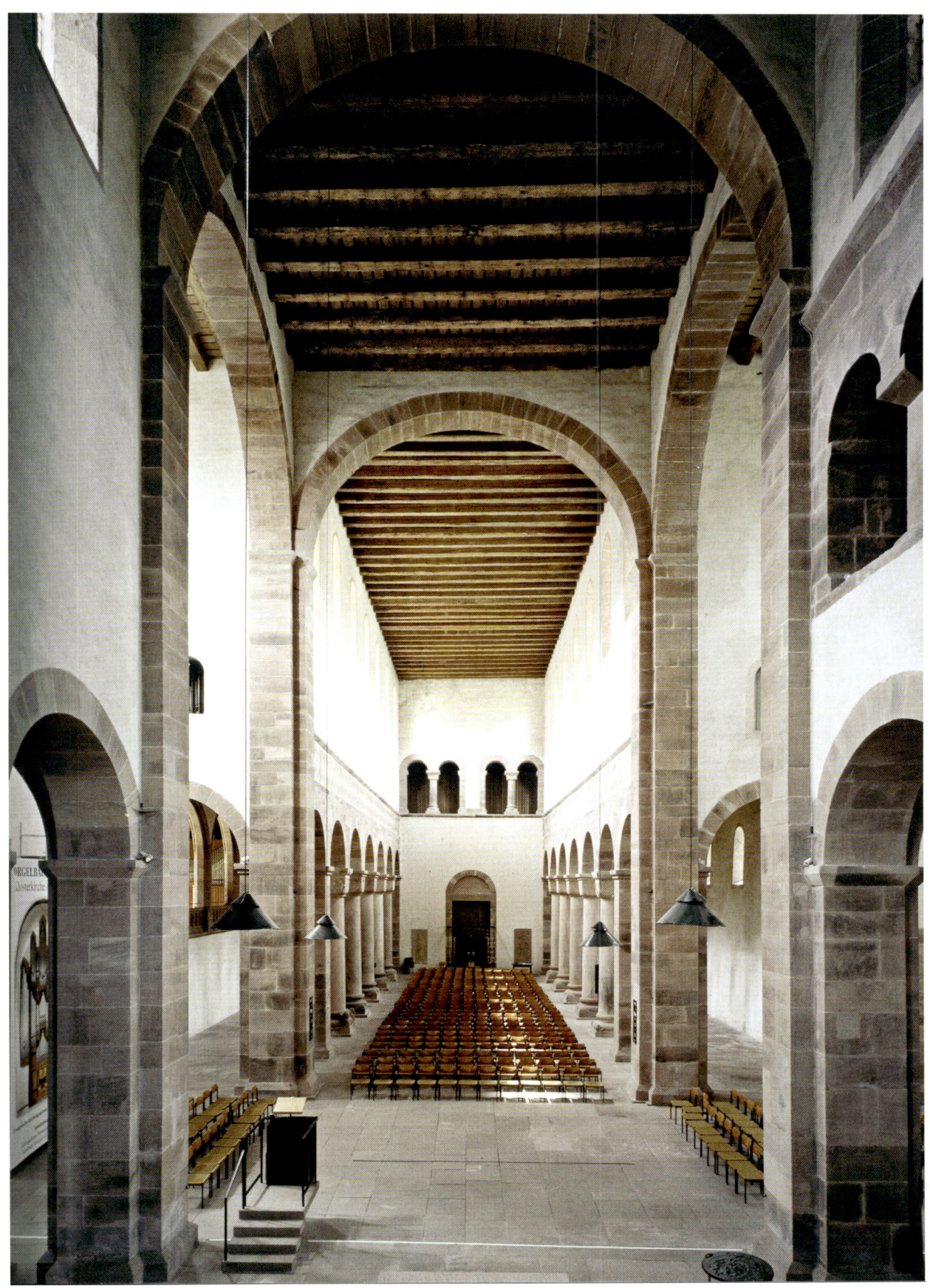

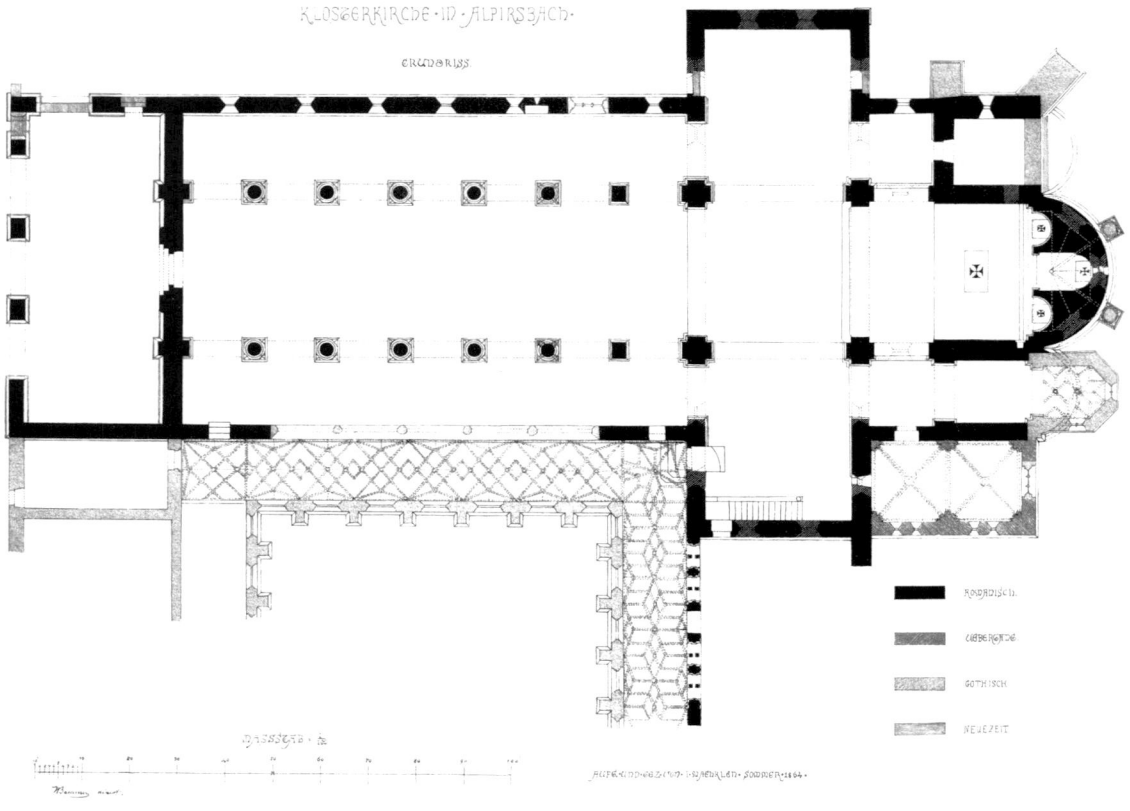

KLOSTERKIRCHE · ID · ALPIRSBACH·

GRUNDRISS

GRASSSTAB · 1:2

KONDRDISCN.
UEBERGANG.
GOTTHISCH.
NEUEZEIT

AUFGEDDMMER·1757· H.NEUKLED·SOMMER·1864·

tarstellen eingefügt, um die liturgische Disposition von Cluny II zu wiederholen; ähnliche Einbauten in der Apsis gab es auch dort (Abb. 2). Der zunächst hohe Bauaufwand mit großen Quadern musste im Baufortschritt reduziert werden. Die mächtigen, monolithen Säulen mit ihren großen Würfelkapitellen und hohen Basen zeigen aber weiterhin einen großen architektonischen Anspruch, ebenso der *opus-sectile*-Fries im Mittelschiff. Das erste Kloster wies im Ostflügel einen heizbaren Raum auf, in alter benediktinischer Tradition. Für den deutschen Raum ungewöhnlich war auch die ehemals im Kreuzgang aufsteigende Treppe zum Dormitorium. Das Mönchshaus stand aber in moderner Weise in der Flucht des Querschiffs.

Auffallend häufig bei Kirchen reformierter Benediktiner bleibt der Bautyp der dreischiffigen, flachgedeckten Säulenbasilika mit Querschiff und dreischiffigem Altarraum. Die fünf Apsiden von Querschiff und Ostbau bilden dabei einen ‚Staffelchor‘. Auch die Ausbildung der östlichen Langhausstütze als Pfeiler fand weite Verbreitung; die tatsächliche Ausdehnung des Chorbereichs ist allerdings nirgends genau bekannt. In Regionen ohne hochwertiges Baumate-

rial, das für monolithe Säulen geeignet war, wurden im Langhaus einheitlich Pfeiler verwendet. Das 1089 von Abt Wihelm von Hirsau gegründete Kloster Zwiefalten erhielt eine Säulenbasilika nach diesem Plan; der 1109 geweihte Kirchenbau ist aus barocken Plänen in den Grundzügen bekannt. Ausgrabungen belegen eine ähnliche Disposition für die Klosterkirchen von St. Georgen/Schwarzwald (1083 gegründet), Mehrerau (bei Bregenz; 1125 geweiht) und Bosau (1114 gegründet). In St. Georgen erscheinen die erhaltenen Fragmente der Bauskulptur eng mit St. Peter und Paul in Hirsau verwandt; der Kirchenbau wies vermutlich aber fünf Apsiden auf.

Nach 1125 wird dieser Bautyp ohne erkennbaren Unterschied von Klöstern gewählt, die sich als Reformklöster verstanden (Weingarten; Königslutter; Erfurt, St.Peter), aber auch von dezidiert traditionellen Konventen ohne cluniazensisch geprägte Liturgie (Murbach; Ellwangen), ja sogar von Augustiner-Chorherren (Hamersleben).

Bei einem Verzicht auf das Querschiff zeichnet sich das dreischiffige Sanktuarium nicht unmittelbar im Grundriss ab; die Seitenschiffe laufen dann scheinbar bis zu den Apsiden durch. Nur die Kenntnis der liturgischen Installationen erlaubt eine Entscheidung, ob auch solche Kirchen für eine cluniazensisch-hirsauische Liturgie genutzt wurden: Querschifflose Kirchen hatten zum Beispiel die hirsauisch reformierten Klöster Petersberg (bei Eisenhofen, 1107 geweiht), Rheinau (1114 geweiht), Reichenbach (1118 gegründet) und Auhausen (um 1125). In Bursfelde wurde um 1130 ein Ostbau mit hohen Schrankenmauern zwischen Chor und Altarraum sowie den Seitenschiffen errichtet: Dort konnten die Nebenaltäre nicht in die Liturgie des Hochaltars einbezogen werden.

Nicht wenige Klöster erhielten einen neuen Kirchenbau erst lange Zeit nach der Reform (Weingarten; Petershausen) oder gar nicht; vielerorts sind die Bauten allerdings in Folge von Reformation, barockem Neubau oder Säkularisation zerstört und derzeit noch unbekannt.

Gab es eine ‚Reformarchitektur‘?

Die Schmuckarmut der großen deutschen Reformklosterkirchen um und nach 1100 wird meist als bewusst eingesetzte, asketisch-monastische Ästhetik gedeutet. Von der Bezugsebene ‚Cluny‘ her erscheint dies jedoch fraglich. Stifter und Förderer der deutschen und ostburgundischen Klöster waren Adlige und Kleriker der päpstlichen, gegen den Kaiser agierenden Partei, deren Finanzmittel eher beschränkt waren – die an Cluny orientierte, aber mit recht bescheidener Qualität ausgeführte Bauskulptur in Peterlingen (Payerne) und den benachbarten Prioraten macht das deutlich. Zum anderen unterscheiden sich zeitgleiche, nicht mit ‚Reformgedanken‘ verbundene

Stiftskirchenneubauten, wie St. Jakob in Bamberg, nicht erkennbar von den Benediktinerkirchen. Abtsviten rühmen auch in hirsauischen Klöstern den Aufwand der Bauten und ihrer Ausstattung, besonders durch Malerei; Askese war lediglich in der Lebensführung vorbildhaft. Nur das dreischiffige Sanktuarium war regelmäßig von der neuen Liturgie gefordert; aber schon nach 1125 wurde es als Baumotiv weit über den Kreis der cluniazensisch reformierten Klöster hinaus üblich.

Auffallend uneinheitlich blieb die Disposition der Klosterräume: Meist lagen sie neben der Kirche, am Reformkloster Großkomburg aber in ihrer Achse. Inwieweit die Vorbilder Cluny oder Hirsau hier gegenüber der allgemeinen benediktinischen Tradition wirksam wurden, bedarf noch der Erforschung. Ein einheitlicher Bautyp für Konvente mit cluniazensisch geprägter Lebensform war für die benediktinischen Äbte und ihre Bauherrn in dieser Reformzeit jedenfalls kein Ziel – erst die Zisterzienser haben mit ihrem Streben nach *uniformitas* neue Maßstäbe für die Klosterarchitektur gesetzt.

Literatur:

Frauenfelder 1951, 72–148. – Möbius 1953–1955. – Lehmann 1958. – Verbeek 1965. – Conant 1968. – Sennhauser 1970. – Lehmann 1976. – Sapin 1986, 67–70, 75–79. – Sapin 1990. – Stratford 1990. – Hirsau 1991. – Stratford 1992. – Jannet/Sapin 1996. – Untermann 1996. – Gutscher/Ueltschi/Ulrich-Bochsler 1997. – Pejrani Bericco 1998. – Bänteli/Gamper/Lehmann 1999. – Untermann 1999. – Eggenberger u. a. 2000. – Binding/Untermann 2001, 75–170. – Knapp 2001. – Weyer 2001. – Baud 2003. – Krüger 2003. – Krüger 2005a. – Krüger 2005b. – Untermann 2005, 87-88. – Winterfeld 2006. – Baud 2006. – Kummer 2006. – Rott 2006. – Timbert 2006. – Descœudres 2008.

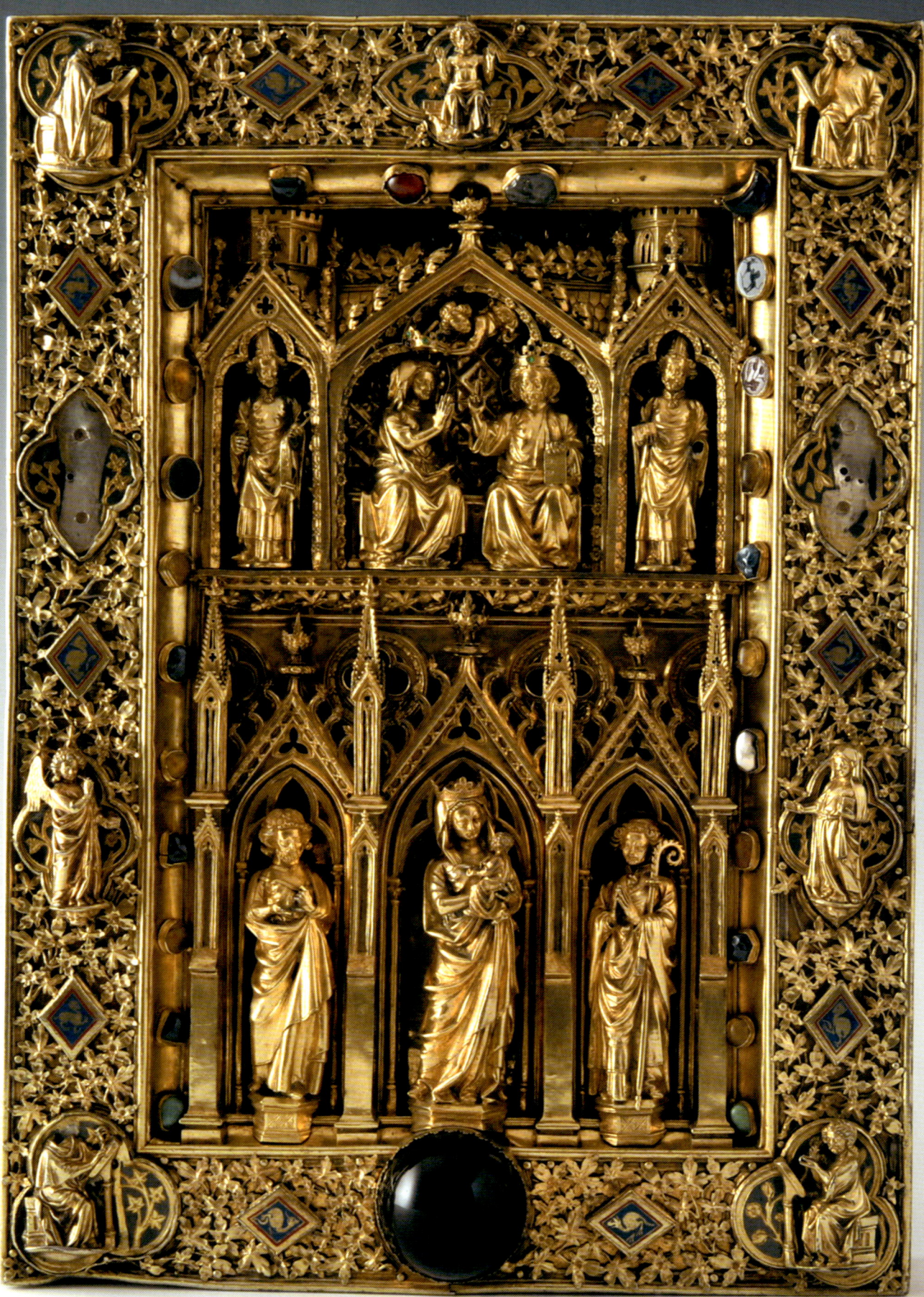

ST. BLASIEN — SEINE FRÜHZEIT UND DAS AUFBLÜHEN IN DER JUNGCLUNIAZENSISCHEN KLOSTERREFORM

Stefan Weinfurter

Ungeklärte Frühzeit

Wann wurde St. Blasien gegründet? Das ist eine bis heute viel diskutierte und im Grunde ungelöste Frage. Am Ort des späteren Klosters war schon um die Mitte des 9. Jahrhunderts eine Mönchszelle errichtet worden – „Albzelle" genannt (*cella, que dicitur Alba*).[1] Ihre Gründer, der Adelige Sigemar und sein Sohn Liuther, hatten sie dem Kloster Rheinau als Eigentum geschenkt. In einer Bestätigungsurkunde König Ludwigs des Deutschen (840–876) vom 12. April 858[2] für Rheinau wird die Zelle unter den Besitzungen des Klosters angeführt. Dann verlieren sich die Nachrichten für geraume Zeit, doch ist es durchaus wahrscheinlich, dass sich die kleine Zelle als Priorat von Rheinau gehalten hat.

Ein Jahrhundert später stoßen wir sodann auf eine Art von Neugründungsvorgang. Allerdings ist die Quellengrundlage äußerst problematisch. In der Hauptsache muss man sich auf den ‚Gründungsbericht' des Klosters St. Blasien (*Liber constructionis*) stützen, der freilich erst um die Mitte des 15. Jahrhunderts unter Verwendung älterer Quellen entstanden ist.[3] Hier ist nun die Rede von einem „Reginbertus", einem Adligen aus dem Zürichgau, der mit „Kaiser Otto" in einem vertrauten Verhältnis gestanden habe. Dieser Reginbert sei ein tapferer Ritter gewesen, habe aber im Kampf Kaiser Ottos gegen die aufständischen Bayern eine Hand verloren. Daraufhin sei ihm vom Kaiser erlaubt worden, sich vom Kriegsdienst zu verabschieden und in den Mönchsorden überzuwechseln. Alle seine Güter habe er nun dem Ort geschenkt, der „zum heiligen Blasius" hieß – die Reliquien des hl. Blasius waren schon um die Mitte des 9. Jahrhunderts aus Rom nach Rheinau gebracht und von dort in die Albzelle überführt worden. Nun aber, als Reginbert kam, habe er den Ort ziemlich herun-tergekommen angetroffen und die Klosterbrüder seien von „großer Betrübnis" (*magna tristicia*) erfüllt gewesen. Mit Reginbert kam gleichsam die Rettung und so sei er unverzüglich vom dortigen Prior mit dem Namen Beringer als Mönch aufgenommen worden. Nun konnten das Kloster und seine Kirche neu aufgebaut werden – so jedenfalls die ziemlich legendenhaft ausgemalte Schilderung.

Die Mönche hätten aber auch begonnen, darüber nachzudenken, wie sie den Bestand ihres Klosters festigen könnten. Dabei habe man erkannt, dass dies mit einem Priorat nicht möglich sei. Also hätten sie ihren bisherigen Prior Beringer zum Abt gewählt – Ausdruck dessen, dass sie mit ihrem Konvent von nun an ein eigenständiges Kloster bilden wollten. Aber die Dinge mussten auch rechtlich geregelt werden. Daher habe Reginbert die Reise zu Kaiser Otto unternommen und von diesem die erforderlichen Privilegien erhalten. Mit diesem Erfolg sei er voller Freude zu seinem Abt und zu den Brüdern zurückgekehrt, er, der nun als „getreuer Verwalter" (*fidelis procurator*) und „Gründer des Klosters" (*fundator monasterii*) bezeichnet wird.[4]

Es ist schwer zu entscheiden, was an dieser Geschichte als glaubwürdig einzuschätzen ist. Die Namen von Reginbert und Beringer wird man als historisch ansehen dürfen. Auch der – sicherlich langwierige und schmerzhafte – Ablösungsprozess der Zelle vom Mutterkloster Rheinau und die Entwicklung zu einem eigenständigen Kloster könnte so stattgefunden haben. Dazu hätte es in der Tat der erwähnten Absicherung durch den Herrscher bedurft. Doch wann fand der ganze Vorgang statt? Der Gründungsbericht datiert ihn in die Zeit Papst Agapets II. (946–955), Bischof Ulrichs von Augsburg (923–973) und Bischof Konrads I. von Konstanz (935–976). Demnach könnte der genannte Kaiser nur Otto I. (936–973) gewesen sein. Vor allem die Angabe, Berin-

1 Deckel eines Buchkastens aus St. Blasien, Straßburg (?), um 1260/70. Benediktinerstift St. Paul (Kat.-Nr. 21.3)

ger sei von Bischof Konrad I. zum Abt geweiht worden (*qui eciam eundem Beringerum in abbatem benedixit et confirmavit*),[5] verdient hierbei Beachtung, denn sie dürfte auf alte Weiheberichte zurückgehen, die im Allgemeinen als zuverlässig erachtet werden. Fällt die zweite Gründung von St. Blasien also in die Zeit Kaiser Ottos I.? Sicherheit ist nicht zu gewinnen.

Um das Jahr 1000 scheint St. Blasien unter den Einfluss des Klosters Einsiedeln gezogen worden zu sein. Darauf deuten verschiedene, freilich wieder nur vage Quellennachrichten.[6] Noch in einer Weihenotiz vom 3. November 1064 erscheint Abt Wernher I. von St. Blasien († 1068) unter den Äbten des Einsiedelner Reformkreises.[7] Infolgedessen dürfte auch eine gewisse eremitische Umformung im Konventsleben stattgefunden haben – aber auch hier ist man weitgehend auf Spekulationen angewiesen. In diesem Zusammenhang taucht ein Einsiedelner Mönch mit dem Namen Reginbert auf, der möglicherweise in späteren Quellen mit dem früheren Fundator zu einer Person verschmolzen wurde.[8] Auch ein Abt Beringer von St. Blasien begegnet uns bis weit in das 11. Jahrhundert hinein.[9] Erst 1045 soll er gestorben sein, so dass er kaum identisch mit demjenigen sein kann, der unter Kaiser Otto I. amtiert hätte. Oder beginnt die Geschichte des langen Weges zur Eigenständigkeit St. Blasiens erst im späten 10. Jahrhundert unter den Kaisern Otto II. oder Otto III.? Sind alle Quellenhinweise auf Otto I. nur Fiktionen, und müssen wir davon ausgehen, dass es nur einen einzigen Abt Beringer gab und dass der Klostergründer Reginbert mit dem gleichnamigen Mönch, der in St. Blasien strenge Einsiedelner Lebensformen propagierte, identisch ist? Für einen Ansatz unter Otto II. (973–983) spräche, dass das Kloster von ihm eine (nicht erhaltene) Urkunde vom 5. Juni 983 erhalten haben muss. Für die Zeit Ottos III. (983–1002) wiederum wäre der eremitische Einschlag nicht ungewöhnlich, denn der Kaiser selbst förderte Klöster nach dem Vorbild der griechisch-süditalischen Eremitentradition.

Dass jedenfalls dieser erste Akt der Emanzipation noch lange nicht die Eigenständigkeit St. Blasiens garantiert hat, belegt die Urkunde Heinrichs III. (1039–1056) vom 11. Juli 1049.[10] Mit ihr bestätigte der Kaiser dem Kloster Rheinau seinen Besitz. Darunter befindet sich auch wieder die „Albzelle", also St. Blasien. Der Anspruch auf die alte Mönchszelle war in Rheinau also keineswegs aufgegeben worden. Man hat einfach die Formulierungen der früheren Urkunde Ludwigs des Deutschen einfließen lassen, um so die eigenen Forderungen zu erneuern – freilich vergebens.

Konsolidierung und Aufblühen in der Klosterreform

Erst 1065 scheint ein deutlicher Schnitt gelungen zu sein. König Heinrich IV. (1056–1105, † 1106) bestätigte am 8. Juni dieses Jahres der „Schwarzwaldzelle" (*cella in silva Swarzwalt*) ihren Besitz und verlieh ihr die Immunität, also die rechtliche Unabhängigkeit von jeder anderen Gewalt.[11] Reginbert wird als heilig (*sanctus*) bezeichnet, womit die Seriosität der Gründung verstärkt werden sollte. Wie hoch dieses Diplom Heinrichs IV. einzustufen ist, zeigt die Tatsache, dass das Kloster Rheinau selbst zur selben Zeit dem Bischof von Konstanz zu Lehen überlassen worden ist. Der Akt der Befreiung durch den König schmälerte also auch bischöfliche Rechte! Doch von nun an war St. Blasien wirklich auf dem Weg zu einem eigenständigen Kloster.

Wer war der Initiator dieser Vorgänge? Sicherlich muss man davon ausgehen, dass das Kloster selbst daran beteiligt gewesen ist. In den 60er Jahren des 11. Jahrhunderts erkennen wir im Reich die ersten Ansätze dazu, dass neue Rechtsmodelle für die Klöster gesucht werden. Dem König wollte man die oberste Schutzautorität nicht mehr uneingeschränkt zubilligen. Vor allem sollte die klösterliche ‚Freiheit' (*libertas*) möglichst weitgehend ausgestaltet werden – und damit war vor allem die Freiheit von den adligen Eigenklosterherren gemeint. Andererseits sorgten Adlige, die der Klosterreform gegenüber aufgeschlossen waren, wiederum dafür, dass die Klöster sich aus Bindungen ganz unterschiedlicher Art lösen konnten. Sogar die Unterstellung unter einen Bischof oder unter ein anderes Kloster konnte die Freiheit in so hohem Maße beeinträchtigen, dass in solchen Fällen die Bindung nun gerade mit Hilfe mächtiger Adliger gesprengt werden sollte. Das gesamte System klösterlicher Rechtsstellung geriet in Umbruch.

St. Blasien suchte wie andere Klöster dieser Zeit nach einer *libertas* eigenen Stils. Dabei kam dem Kloster der Umstand zur Hilfe, dass sich St. Blasien in den vorausgegangenen Jahren als ‚Rodungskloster' bewährt und Wälder urbar gemacht hatte. Daraus waren mit der Zeit eigene Forstrechte erwachsen. Diese Forstrechte werden in der Tat in der Urkunde Heinrichs IV. besonders hervorgehoben, denn sie bildeten ganz offenkundig die entscheidende Grundlage für das eigene Recht. Darauf wiederum konnte die Immunität gegründet werden, die dem Kloster in der Urkunde Heinrichs IV. von 1065 zugesichert wurde. Damit hatte der König den hl. Blasius als

| *Architektur und Aufbau der Klöster – Die Reformen von Cluny und Hirsau*

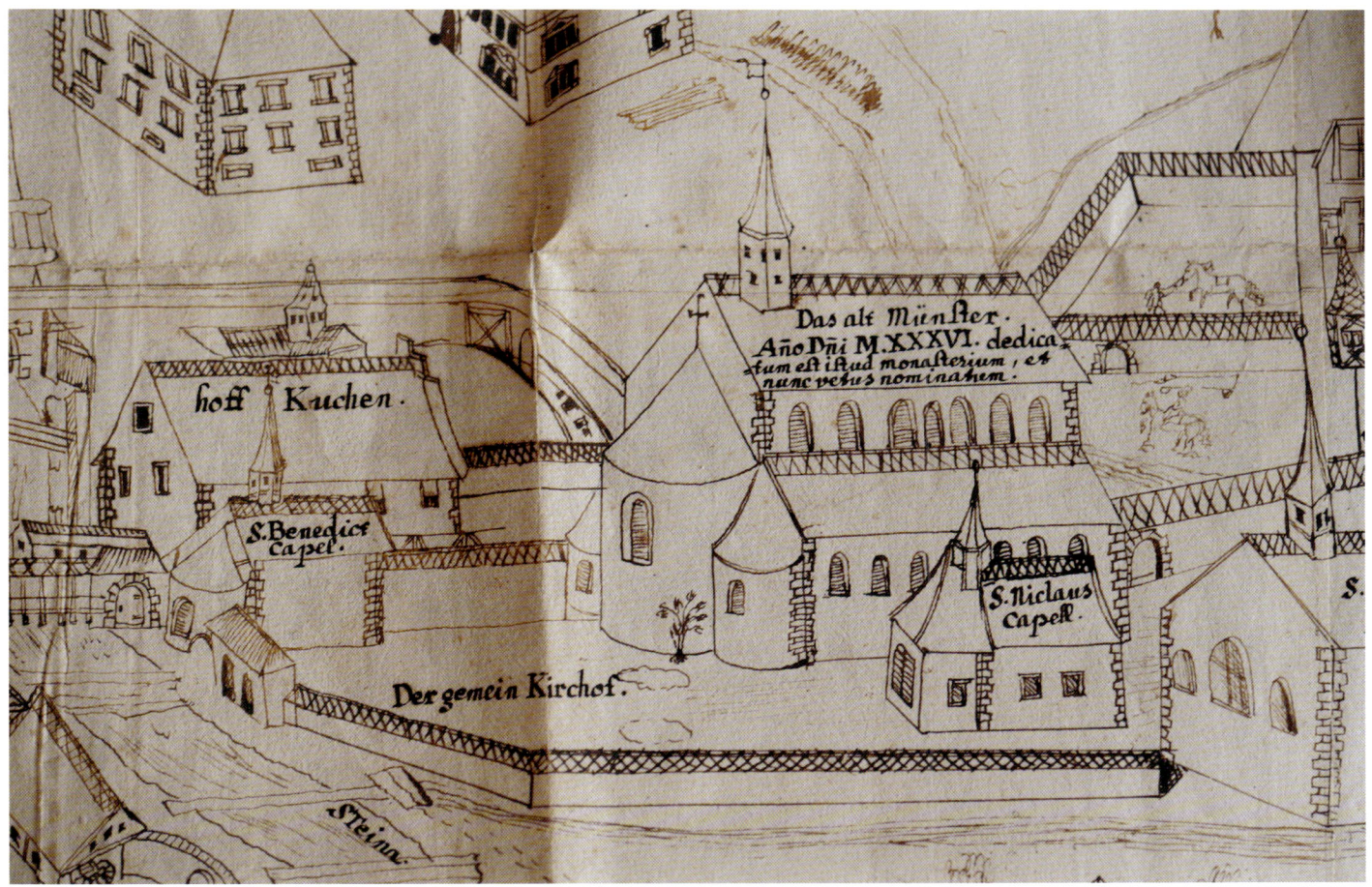

In the image: "Das alt Münster. Año D̄n̄i M.XXXVI. dedicatum est istud monasterium, et nunc vetus nominatur." — "hoff Kuchen." — "S. Benedict Capell." — "Der gemein Kirchof." — "S. Niclaus Capell." — "Steina."

Herrn des ausgebauten Landes anerkannt. Dass dabei dem Herzog und dem Grafen Recht (*ius*) und Gewalt (*potestas*) über den Klosterbereich abgesprochen wurde, dürfte dabei aber nicht gegen bestimmte Personen gerichtet gewesen sein; es handelt sich um bloßes Formular.

Außer den Mönchen von St. Blasien musste es freilich noch andere Kräfte gegeben haben, die in entscheidender Weise an dieser „Befreiung" mitwirkten. Vielleicht gehörte der Bischof von Basel zu ihnen. Das Diplom Heinrichs IV. von 1065 wurde jedenfalls in Basel ausgefertigt und man wird kaum daran zweifeln können, dass der Bischof an der Ausstellung der Urkunde beteiligt war. Offenbar betrachtete er sich schon damals als besonderer Beschützer des Klosters, ohne dass man die Ursachen klar erkennen könnte. Diese sich hier andeutende Schutzstellung sollte dann allerdings ein halbes Jahrhundert später zu jahrelangen und erbitterten Konflikten zwischen St. Blasien und dem Hochstift von Basel führen.

Noch wichtiger dürfte aber wohl schon damals der hochrangige Adlige Rudolf von Rheinfelden, Herzog

von Schwaben (1057–1080), gewesen sein. Dieser konnte sich genealogisch bis auf das Haus der burgundischen Könige zurückführen und war mit der Adelselite im Süden des Reichs vielfältig verwandt. Sein großer Einfluss auf die Klosterwelt seines Herzogtums zeigt sich etwa darin, dass es ihm 1067 gelang, die Abhängigkeit Rheinaus vom Konstanzer Bischof wieder rückgängig zu machen.[12] Was St. Blasien betrifft, so wird er im Totenbuch des Klosters als ein weiterer Fundator eigens hervorgehoben.[13] Er besaß vor allen anderen in Schwaben die Macht, dem Kloster Schutz zu gewähren, und man wird annehmen müssen, dass er in diesen Jahren auch die Vogtei innehatte. Vieles deutet darauf hin, dass St. Blasien nunmehr zu einem Herzogskloster wurde, und zwar offenbar gerade in Abwehr der Ansprüche, die vom Bischof von Basel entwickelt wurden. Ja noch mehr: St. Blasien wurde von Rudolf von Rheinfelden als Familiengrablege aufgebaut. Am 3. April 1071 erhielt das Kloster eine umfangreiche Schenkung von ihm[14] und 1074/1077 gehörte er zu der Erbengemeinschaft, die das bedeutende Gut Schluchsee an St. Blasien vermachte.[15]

2 Das alte Münster auf der Vogelschau-Ansicht der Abtei St. Blasien, Ignatius Gumpp nach älterer Zeichnung von 1562. Benediktinerstift St. Paul, Cod. 204/2 (Kat.-Nr. 8.15)

Mit Rudolf von Rheinfelden wird man insbesondere auch den zweiten Schritt St. Blasiens zur Eigenständigkeit und Unabhängigkeit in Verbindung bringen müssen. Es geht um die große Reform der gesamten klösterlichen Lebens- und Rechtsordnung, die zwischen 1068 und 1077 stattgefunden haben muss. Im *Liber constructionis*, also in der innerklösterlichen Überlieferung, wird die Initiative auf den damaligen Abt Werner selbst zurückgeführt. Er habe zwei Brüder, Uto und Rusten (die dann nacheinander seine Nachfolger wurden), zum Kloster Fruttuaria in Oberitalien geschickt. Dort sollten sie „die Religion unseres Ordens entgegennehmen" (*ut inde acciperent nostri ordinis religionem*).[16] Dabei habe Kaiserin Agnes selbst Unterstützung geleistet, indem sie die beiden Brüder ausstattete.

Warum Fruttuaria? Dort hatte einst zu Beginn des 11. Jahrhunderts Abt Wilhelm von Dijon die Lebensregeln von Cluny eingeführt, und zwar in einer besonders strengen Version. Diese Ausprägungen der cluniazensischen Mönchsreform, zu denen auch die Hirsauer Bewegung zählt, fasst die Forschung unter der Bezeichnung „jungcluniazensisch" zusammen. In Fruttuaria war überdies die Rechtsstellung in hohem Maße auf Freiheit von König und Bischof ausgerichtet. Der Abt, so wurde in der Gründungsphase festgelegt, müsse von einem unbekannten Bischof und außerhalb der Herrschaft des Königs von Italien geweiht werden. Die Einsetzung in die Verfügungsgewalt der Klostergüter nahm der Abt an sich selbst vor: durch eine Selbstinvestitur. Mit dieser „Freiheit von Fruttuaria" war ein extremes Modell der Klosterfreiheit entworfen worden, die das Kloster aus allen weltlichen und geistlichen Bindungen herausnehmen (eximieren) sollte. Zwar einigte man sich in Fruttuaria kurze Zeit später doch noch mit König Heinrich II. (1002–1024), aber dieser durfte mit seinem Königsschutz eigentlich nur die bestehende Exemtion zusätzlich garantieren.

Dieses Vorbild wurde nun, in den 60er und 70er Jahren des 11. Jahrhunderts, für die Reformer im Reich und ihre Freiheitsforderungen außerordentlich attraktiv. Erzbischof Anno II. von Köln (1056–1075) holte 1068 oder 1070 zwölf Mönche aus Fruttuaria, um in seinem Bistum eine Klosterreform aufzubauen. In diesem Fall zeigte sich, dass diese Mönche die bischöfliche Autorität durchaus anerkannten, wenn die Reform dadurch gefördert wurde.

Die bischöfliche Ebene spielte aber nun bei den Vorgängen in St. Blasien keine Rolle. Vielmehr liegt es nahe, hier erneut in Rudolf von Rheinfelden den entscheidenden Vermittler zu sehen. Er war in zweiter Ehe – wohl seit 1062 – mit Adelheid von Savoyen verheiratet, der Schwester Bertas, der Gemahlin Heinrichs IV. Sie stammte aus dem Turiner Grafenhaus, das wiederum enge Beziehungen zu Fruttuaria unterhielt. Rudolf war durch seine erste Ehe darüber hinaus der ehemalige Schwiegersohn von Kaiserin Agnes († 1077). Somit ergibt sich ein enges Beziehungsgefüge um den Herzog von Schwaben, das auch das große Reformkloster in Oberitalien einbezog. Vielleicht war Rudolf sogar die treibende Kraft. Immerhin gab es in den Jahren 1071/72 schon starke Spannungen zwischen ihm und dem König, und 1073 bestanden schon erste Überlegungen im Umkreis des Erzbischofs von Mainz, Rudolf zum Gegenkönig zu erheben. In diese Zusammenhänge könnten auch die Bestrebungen gehören, das Hauskloster St. Blasien von der Schutzautorität des bekämpften Königs, Heinrichs IV., zu lösen. All dies läuft darauf hinaus, die entscheidende Phase für die Reform von St. Blasien in die Zeit um 1072 zu datieren und sie mit dem großen Wormser Hoftag im Juli 1072 in Verbindung zu bringen. Auch Kaiserin Agnes weilte damals in Worms, um zwischen ihrem Sohn Heinrich IV. und Herzog Rudolf von Schwaben Frieden zu stiften. Vielleicht waren die Reformabsichten des Herzogs sogar einer der Auslöser des Konflikts mit dem König.

Strahlkraft und endgültige Freiheit

Unter dem Schutz des mächtigen Herzogs von Schwaben, der 1077 auch noch die Königswürde erlangte, konnte St. Blasien seinen Aufstieg zu einem der großen Reformzentren in Südwestdeutschland beginnen. Drei Klöster – so notierte der Chronist Bernold zum Jahre 1083 – würden in ihrer Rechtgläubigkeit alle anderen überragen: Schaffhausen, Hirsau und St. Blasien.[17] Wie Hirsau so gelang es auch St. Blasien, weithin auszustrahlen und zahlreiche Klöster unter seinen Einfluss zu ziehen.

Das Kloster Muri im heutigen Schweizer Kanton Aargau gehörte zu den frühen Erfolgen St. Blasiens. In dieses Hauskloster der Grafen auf der Habsburg entsandte der Abt von St. Blasien 1082 vier Mönche, Laienbrüder und Schwestern. Die Äbte von Hirsau, Schaffhausen und St. Blasien forderten den bisherigen Herrn des Klosters, den Grafen Werner, auf, alle Bauern und Ministerialen aus dem Klosterbereich zu entfernen. Noch einschneidender war die Forderung, der Graf müsse nicht nur auf seine Eigentumsrechte, sondern auch auf die Vogteirechte verzichten. Damit

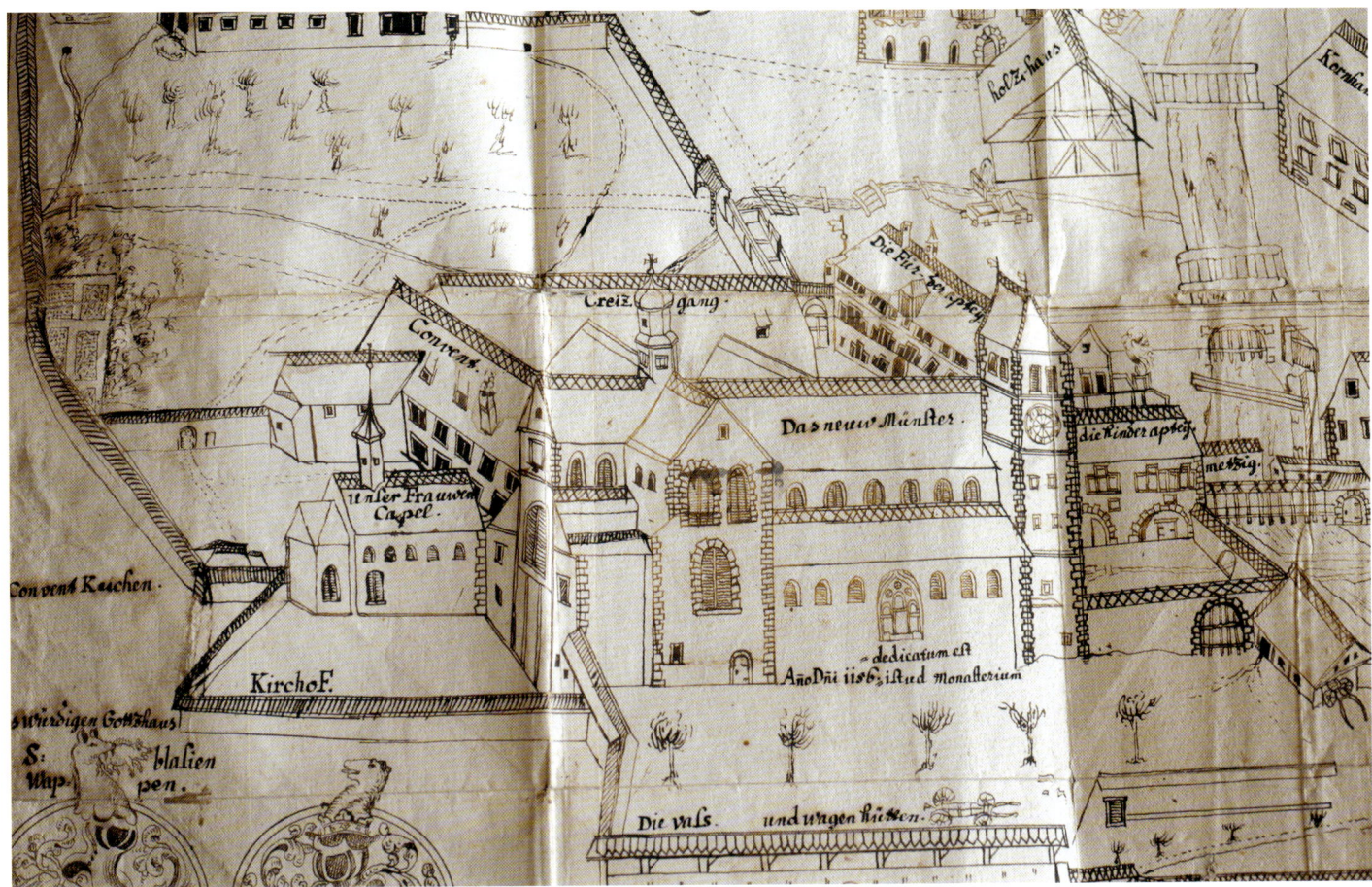

Text within image: Creiz gang · Convent · Das neue Münster · die Kinder aptey · metzig · dedicatum est AñoDñi 1156, istud Monasterium · Conrent Küchen · Kirchof · würdigen Gottshaus S. blasien pen · Die vals und ungen Küchen · holz hauß · Kornhauß · Die Hür zen aptey · ünser Frauwen Capel

wurde die radikalste Version der Klosterreform zur Geltung gebracht, nämlich die bedingungslose Preisgabe aller laikaler Anrechte. Muri unterstand damit in allen geistlichen wie auch weltlichen Angelegenheiten dem Abt Giselbert von St. Blasien. Niemals zuvor hatte es einen derartigen Vorgang gegeben, dass ein adliger Klosterherr sein schon bestehendes Kloster dem Abt eines anderen Klosters übertrug.

Aber dieses Rechtsmodell war dann doch nicht durchzusetzen. Die Grafen der Habsburg forderten ihren Einfluss zurück. 1085 wurde Muri zur Abtei erhoben und damit eigenständig – wenn auch auf der Grundlage der Lebensweise der Mönche von St. Blasien. Vor allem erhielt der Graf die Vogtei zurück. Auf die Eigentumsrechte allerdings musste er erneut verzichten, diesmal freilich nach einem anderen Modell: Er schenkte sein Kloster 1086 dem hl. Petrus in Rom, vollzog also eine *traditio Romana* ('römische Schenkung'). Diese Übertragung an den Papst entwickelte sich damals zu einem häufig genutzten Instrument, mit dessen Hilfe es möglich war, das Herrschaftsgleichgewicht nicht zu stören, sofern man die

Vogtei, in der die eigentlichen Herrschaftsrechte vereint waren, in der Hand behielt.

1093 folgte mit dem Priorat St. Georg zu Ochsenhausen bei Biberach (südl. von Ulm) eine Eigengründung St. Blasiens. Die Ausstattungsgüter wurden von den Brüdern Hawin, Adalbert und Konrad von Wolfertschwenden zur Verfügung gestellt. Sie scheinen Ministeriale der Welfen gewesen zu sein. Deshalb ist es nicht verwunderlich, dass auch die Vogtei an die Welfen fiel. Mit deren Interessen vermochte sich das Priorat später zu einer eigenständigen Abtei zu emanzipieren. Dieses Beispiel zeigt das Modell der adeligen Stiftung, die in den Besitz des Mutterklosters überging, bevor dieses dann mit den neuen Besitzungen ein Kloster gründete. Dieses Prinzip, so wurde es in St. Blasien überliefert, habe den Verhältnissen im Kloster Fruttuaria entsprochen, dem ebenfalls seine „Zellen gehorchen und unterstehen" (*sicut et Fructuariensi cenobio quelibet sue celle obediunt et subiacent*).[18]

Derartige Priorate St. Blasiens entstanden auch in Weitenau (südlicher Breisgau), Berau (über dem

3   Das neue Münster auf der Vogelschau-Ansicht der Abtei St. Blasien, Ignatius Gumpp nach älterer Zeichnung von 1562. Benediktinerstift St. Paul, Cod. 204/2 (Kat.-Nr. 8.15)

Schlüchttal), Wislikofen bei Zurzach, Bürgeln bei Müllheim in Baden und Trub (im Kanton Bern). Eigenständige Abteien blieben – trotz der Besiedelung durch Mönche aus St. Blasien – die Klöster in Wiblingen an der Illermündung, Alpirsbach im Kinzigtal, Donauwörth, Erlach im Kanton Bern, Stein am Rhein, Ensdorf in der Oberpfalz, Ettenheimmünster in der Ortenau, St. Walburg im Heiligen Forst, St. Cyriak zu Sulzburg im Breisgau und Fultenbach in der Diözese Augsburg. Zeitweilige Einflüsse lassen sich auch für die Abtei Nienburg an der Saale nachweisen, ebenso für die Abtei Prüm in der Eifel, St. Michael vor Lüneburg und St. Leonhard bei Börsch im Elsaß. Bei anderen Konventen könnten Spezialuntersuchungen möglicherweise noch weitere Einflüsse aus St. Blasien aufdecken. Eine wichtige Rolle spielte der Prior Hartmann von St. Blasien. Er wurde 1094 Reformabt von Göttweig im Bistum Passau und konnte von dort aus weitere Klöster mit der jungcluniazensischen Lebensweise vertraut machen. Dazu gehörten St. Ulrich und Afra in Augsburg, St. Lambrecht in der Steiermark, die Reichsabtei Kempten, Garsten in der Steiermark und das Kloster Formbach am Inn. Wenn man noch berücksichtigt, dass die Tochterklöster ihrerseits auch wieder Reformanstöße gaben und die Lebensordnung des Mutterklosters weitergaben, wird die wahrlich gewaltige Wirkkraft deutlich, die in wenigen Jahren und Jahrzehnten von St. Blasien ausgegangen ist.

Und dennoch: Auch das Zentrum dieser umwälzenden Bewegung, St. Blasien selbst, war immer noch nicht ungefährdet in seiner Selbstständigkeit. Der letzte Akt der Emanzipation erfolgte in einem Kampf mit dem Bischof von Basel, in einem Rechtsstreit, der vor 1120 begann und sich bis 1141 hinzog. Der Grund für die Auseinandersetzung wird nur indirekt erkennbar. Am 1. April 1120 wurde von päpstlichen Legaten ein Urteil gefällt.[19] Es lautete: Solange die römische Kirche nicht verbiete, dass Bischöfe, die Vögte von Abteien in anderen Bistümern seien, dort Äbte investieren, solange dürfe auch der Basler Bischof den gewählten Abt von St. Blasien investieren. Die Legaten waren also ganz offensichtlich der Meinung, St. Blasien gehöre zur Basler Kirche. Der Bischof dürfe daher zu Recht den Abt investieren und den Klostervogt bestellen (und auch wieder absetzen, wenn er tyrannisch sei). Mit anderen Worten: Recht über die Vogtei bewirke auch Recht über die Investitur.

Wie konnte es zu diesem Anspruch des Basler Bischofs kommen? Dazu kann man nur Vermutungen aufstellen. Wahrscheinlich hängt dies mit dem Tod Rudolfs von Rheinfelden 1080 zusammen. Von diesem Moment an fiel der Hauptbeschützer und Vogt von St. Blasien aus und man darf vermuten, dass der Schutzanspruch von Seiten Basels sich nun ungehindert durchsetzen konnte. Der in der Stiftungsurkunde des Priorats Ochsenhausen 1099 genannte Adelgoz, Vogt von St. Blasien (advocatus de sancto Blasio), wird später (1125) als Beauftragter des Bischofs von Basel bezeichnet.[20] Das große Reformkloster drohte in neue Abhängigkeit zu geraten.

Aber St. Blasien wehrte sich. Ungeachtet der Schutzhoheit konnte offenbar bis 1120 keiner der Basler Bischöfe einen Abt des Klosters investieren. Nun suchte man Hilfe bei den Herzögen von Zähringen. Diese konnten sich infolge der verwandtschaftlichen Verbindungen als Rechtsnachfolger Rudolfs von Rheinfelden sehen. Wohl in gemeinsamer Aktion erreichte man von Kaiser Heinrich V. (1105–1125) am 28. Dezember 1122 eine wichtige urkundliche Bestätigung:[21] St. Blasien besitze nicht nur die Immunität, sondern auch der Vogt werde vom Abt mit dem Rat der Brüder gewählt und könne mit dem Schutz (patrocinio) des Herrschers bei Untauglichkeit wieder abgesetzt werden. Auch dieses Modell geht auf das Reformmönchtum des 11. Jahrhunderts zurück und wurde erstmals in einer Urkunde für Hirsau von 1075 so konzipiert.[22] Wegen seiner großen Bedeutung auch für andere Klöster nennt man es das ‚Hirsauer Formular‘.

Dieser Kampf mit dem Hochstift Basel wurde von den Zähringern überlegen geführt. Am 8. Januar 1125 fiel das entscheidende Urteil auf einem Hoftag in Straßburg mit dem Ergebnis, dass „die in jeder Hinsicht freie Kirche von St. Blasien" ausschließlich unter dem Schutz des Königs stehe (liberam per omnia ecclesiam s. Blasii sub nostra tantum tutela et patrocinio permanere iudicavit).[23] Daraufhin setzte der Abt den Vogt Adelgoz ab und man wählte Konrad, den Sohn Herzog Bertholds von Zähringen, als neuen Vogt. Dieser empfing daraufhin den Königsbann und war somit legitimiert. Auch von päpstlicher Seite kam Hilfe. Am 28. März 1126 befreite Honorius II. (1124–1130) St. Blasien expressis verbis „vom Recht der Basler Kirche" (a iure Basiliensis ecclesiae).[24] Gleichzeitig verfügte er die Zinszahlung an Rom: „Als Zeichen unseres Schutzes und der eurem Kloster gewährten Freiheit habt ihr jährlich ein Goldstück an den Lateran abzuliefern". Das bedeutete nicht weniger, als dass St. Blasien fortan ein päpstliches Kloster war. Dennoch ging der Streit mit Basel weiter. Erst das Diplom Konrads III. (1127–1135, 1138–1152) vom 10. April 1141 brachte den endgültigen Abschluss:[25] Herzog Konrad von Zähringen, der Vogt von St. Blasien, übertrug in Absprache mit seinem Abt und den Brüdern an Basel vier Höfe als Abfindung. Daraufhin stellte Basel seine Forderungen ein. St. Blasien hatte mit der „römischen Freiheit" und mit Hilfe seiner Zähringer Vögte endlich seine Unabhängigkeit gesichert.

1   Braun 2003, Nr. 2.
2   MGH D LdD, Nr. 90.
3   Braun 2003, Nr. 4.
4   Ebd., Nr. 11.
5   Ebd., Nr. 11.
6   Ebd., Nr. 7 und 8.
7   Ebd., Nr. 17.
8   Ebd., Nr. 8.
9   Ebd., Nr. 11.
10 MGH D H III., 240.
11 Braun 2003, Nr. 18.
12 MGH D H IV., 192, sowie die St. Galler Annalen zu 1069 (Hlawitschka 1992, 217 Anm. 183).
13 MGH Necr. 1, 324 zum 16. Oktober.
14 MGH D H IV., 240.
15 Braun 2003, Nr. 30 und 126.
16 Ebd., Nr. 27.
17 Bernold von St. Blasien, Chronik, in: Robinson 2003, 436.
18 Braun 2003, Nr. 71.
19 Germania Pontificia II, 1, 171, Nr. 8; Braun 2003, Nr. 109.
20 Ebd., Nr. 125.
21 Ebd., Nr. 113.
22 MGH D H IV., Nr. 280 und S. 730–731 (Nachträge von Alfred Gawlik).
23 Braun 2003, Nr. 126.
24 Germania Pontificia II, 1, 172, Nr. 9; Braun 2003, Nr. 141.
25 MGH D K III., Nr. 57; Braun 2003, Nr. 178.

Quellen:

Hänggi 1957. – Spätling 1985/1987. – Braun 2003. – Robinson 2003.

Literatur:

Schmid 1957. – Jakobs 1961. – Wollasch 1961. – Jakobs 1968. – Bulst 1973. – Jakobs 1973. – Vogel 1984. – Hlawitschka 1992. – Jakobs 1992. – Gut 1995. – Seibert 1995. – Jakobs 1995/1996. – Sinderhauf 1999. – Lorenz 2001. – Skoda 2004. – Patzold 2006.

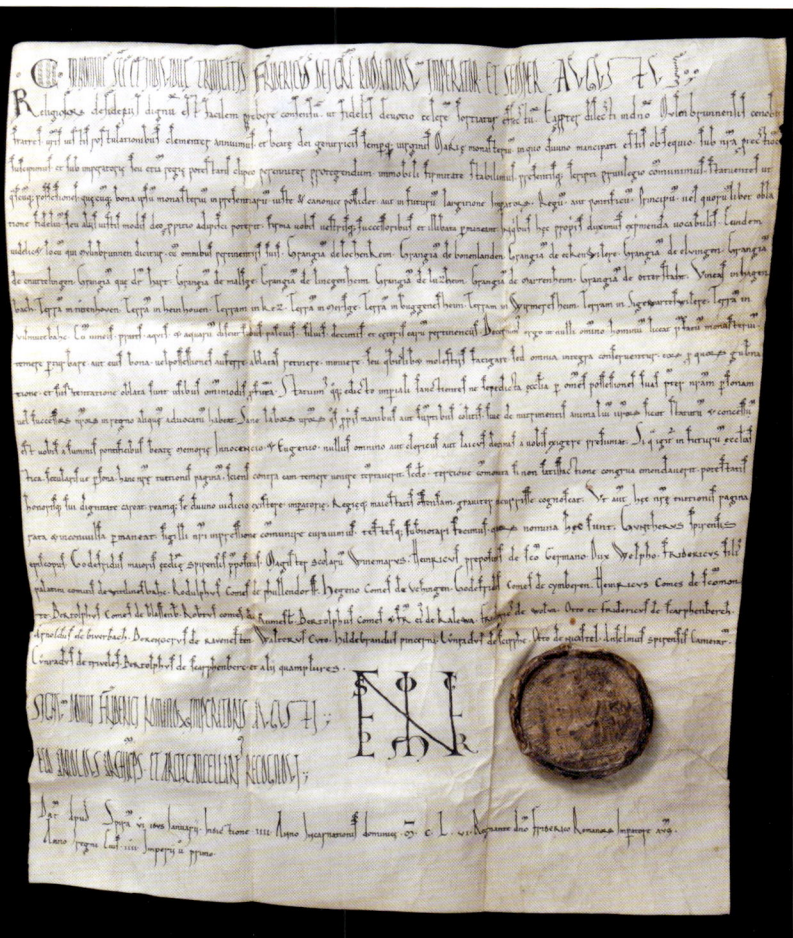

4   Kaiserlicher Schutzbrief für das Kloster Maulbronn, Speyer, 8. Januar 1156. Benediktinerstift St. Paul, UK St. Blasien 311

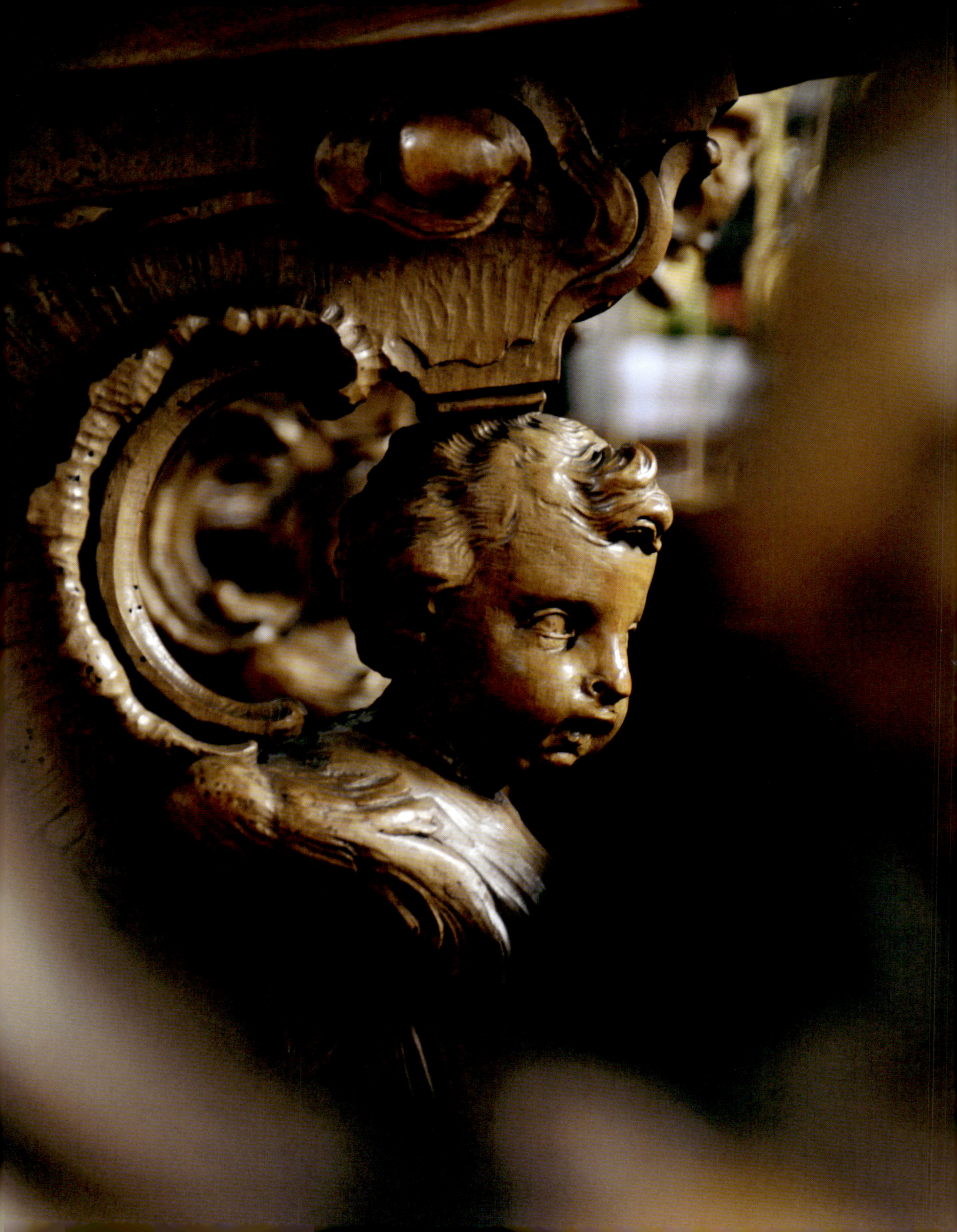

SIEBEN MAL AM TAG SINGE ICH DIR MEIN LOB – DAS MONASTISCHE STUNDENBUCH

Bruno Rader OSB

„Entschuldigen Sie!", sagt der Abt des Klosters zum Gast und verabschiedet sich schnell und meint: „Ich muss zur Vesper!" Vesper?

Nun ja. Das ist das Abendlob des mönchischen Gebetslebens. Die Konventglocke gibt ein klares, deutliches Zeichen. Also: Auf zum Gebet!

Muss denn der Abt zur Vesper? Könnte er nicht sagen: Ich habe Besuch, den kann ich nicht so einfach mir nichts dir nichts wegschicken. Aber, vielleicht könnte er den Gast einladen, die Vesper mitzusingen.

Wie dem auch sei.

Das tägliche Gebet, aufgeteilt in die Zeit der Nacht und des Tages, ist das „Gotteslob", das Opus Dei (BR 43,3), dem nichts vorgezogen werden darf. Ich versuche nun, niederzuschreiben, was es mit dem sogenannten Chorgebet so in sich hat.

Würden meine Gedanken der werten Leserin und dem werten Leser eine kleine „Neu-Gier" entlocken, um auch dann und wann und da und dort mit den Mönchen und Nonnen mitzufeiern, wären meine Überlegungen nicht ganz umsonst.

Zuerst gebe ich einen kleinen und sehr lückenhaften Einblick in die Entwicklung des Stundengebets. Aus dem Gebet der frühen Kirche hat sich vor allem das Beten im Leben der Einsiedler und der ersten Mönchsgemeinschaften entwickelt.

Der hl. Benedikt (um 480/90 – um 555/60) hat verschiedene Formen und Praktiken des Gebetes gekannt und es ist ihm gelungen, in seiner Mönchsregel eine klare und exakte Ordnung für das Beten der Mönche zu erstellen (BR 8–20).

Ich werde versuchen, aufzuzeigen, wie der hl. Benedikt die Zeit nicht nach den Stunden der Arbeit, sondern nach den Gebetstunden einteilt.

Wie aber sieht es heute – gute 1500 Jahre sind seit der Abfassung der Benediktusregel vergangen – mit dem Chorgebet in unseren Klöstern aus?

In einer „kleinen theologischen" Abhandlung werde ich das Stundengebet heute und die Praxis der Feier des Chorgebetes annäherungsweise beschreiben.

Und, um zum Schluss zu kommen, will ich ein wenig berichten, wie das Chorgebet bei uns in St. Paul, aber auch anderswo, so etwas ist wie einerseits Lust und Segen und andererseits Fluch und Flucht.

Gemeinsames Beten in der frühen Christenzeit

Das persönliche Gebet und das Beten in Gemeinschaft waren und sind Bestandteil jeder Religion. „Das Heil der Welt kommt von den Juden" (Joh 4,22). Diese Erkenntnis hat keine Erklärung nötig, meine ich.

Wenn die Rettung der Welt aus dem jüdischen Volk kommt, ist für uns Christen klar, dass gerade auch das Beten derer, die an den Heiland glaubten, aus der Tradition der jüdischen Religion kommt.

Nun, wenn wir Jesus betrachten, so kennen wir eine ganze Reihe von Schriftstellen, die bezeugen, dass Jesus gebetet hat, privat und auch in der Öffentlichkeit, und dass er an den großen Festen des Jahres teilgenommen hat (vgl. Mk 1, 35; 6,46 u.a.).

Und Jesus hat den Seinen für alle Zeit ein Gebet gelehrt, das aus lauter Bitten besteht und auch heute weltweit rund um die Uhr gebetet wird: das Vaterunser (vgl. Mt 6,9ff).

Der Apostel Paulus schreibt der Gemeinde von Thessaloniki: „Betet ohne Unterlass!" (1 Thess 5,17). Paulus meint wohl damit: Hört nicht auf, mit Gott zu reden und vergesst nicht das Danken!

Ja, dieser Spruch: „Betet ohne Unterlass!" kann in etwa als der Ausgangspunkt der späteren Eremiten-Gebete und des klösterlichen Stundengebetes bezeichnet werden.

1 Detail aus dem Chorgestühl von St. Gallen, Joseph Anton Feuchtmayer, 1762/63

Die Einsiedler in Ägypten, Israel und anderswo verstanden das Beten ohne Unterlass wohl so, dass sie den ganzen Tag hindurch in Verbindung mit Handarbeit (z.B. Körbe flechten, Teppiche knüpfen) die Psalmen und Teile der Bibel auswendig vor sich hingemurmelt haben, ja „wiedergekäut" haben (lateinisch „ruminare" heißt auf Deutsch: Wiederkäuen). Das Wiederkäuen der kultisch reinen Tiere wurde zum Zeichen des inneren Verarbeitens des äußeren auswendig gelernten Wortes der Bibel.

Für uns Heutige ist das ein gar nicht so schlechter Hinweis auf das Beten und Singen der Psalmen „am laufenden Band".

Übrigens ist es erfreulich und erfrischend festzustellen, wie das Buch der Psalmen nahtlos aus der Gebetspraxis des Alten Bundes in das Beten der frühen Kirche übergegangen ist.

Clemens von Alexandrien schreibt von Gebeten, Lobpreisungen, Schriftlesungen vor dem Mahl (= der Eucharistie), dann schreibt er von der Gebetspraxis für verschiedene Zeiten des Tages und der Nacht (vgl. Clemens von Alexandrien, Strom 7,49ff).

Hippolyt von Rom (170–235 n.Chr.) spricht in seinen Psalmenauslegungen vom Beten der Psalmen der Reihe nach, also: Von Psalm 1 bis Psalm 150 werden der Reihe nach alle im Laufe der Woche gebetet; war der Psalm 150 gebetet, meditiert, ging es wieder von vorne an.

Interessant ist, dass schon damals als Antiphon das Halleluja erwähnt wird.

Halleluja! Nicht wegzudenken aus unseren Gebeten und Gesängen, und das nicht nur zur Osterzeit, nein auch im Winter. Und was heißt Halleluja?

Preiset, lobpreiset den Herrn!

Regel-mäßiges Beten im Geiste des hl. Benedikt

Der hl. Vater Benedikt regelt das Leben der Mönche bis in das kleinste Detail. So wird auch das Gebet in der Klostergemeinschaft, das Chorgebet, das gemeinsame Gotteslob sehr deutlich und eindeutig geregelt, geordnet und verordnet, um nicht zu sagen verpflichtet.

Benedikt verteilt die Psalmen auf die Gebete während der Woche (BR 18,23). Er erreicht damit ein sehr gutes, maßvolles, ausgewogenes Verhältnis im Klosteralltag, in dem geistliche Lesung, Arbeit und Gebet einen ganz bestimmten Platz haben müssen.

Vom 8. bis zum 20. Kapitel der *Regula Benedicti* ist zu lesen, was und wie und wann und wo und warum die Mönche (und die Nonnen natürlich auch) beten und singen sollen.

Aus der Regel unseres hl. Vaters Benediktus

Kapitel 8: Der Gottesdienst in der Nacht
„Im Winter, das heißt, November bis Ostern, soll man zur achten Stunde der Nacht aufstehen […] Was nach den Vigilien an Zeit noch übrig bleibt, sollen die Brüder, die es brauchen, auf das Einüben der Psalmen und Lesungen verwenden. Von Ostern bis zum 1. November werden die Stunden des Aufstehens so bestimmt: Auf die Feier der Vigilien folgen die Laudes, die bei Tagesanbruch zu halten sind."

Kapitel 9: Die Ordnung der Vigilien im Winter
„Im Winter singt man zuerst dreimal den Vers ‚Herr, öffne meine Lippen, damit mein Mund dein Lob verkünde!' Dann folgen Psalm 3 und das ‚Ehre sei dem Vater', Psalm 94, ein Hymnus, dann sechs Psalmen mit Antiphonen. […] Und alle setzen sich auf die Bänke. Aus dem Buch, das auf dem Pult liegt, tragen die Brüder abwechselnd drei Lesungen vor. […] Nach der dritten Lesung singt der Vorsänger das ‚Ehre sei dem Vater'. Sobald der Vorsänger es anstimmt, erheben sich aus tiefster Ehrfurcht vor der allerheiligsten Dreifaltigkeit sofort alle von den Sitzen. In den Vigilien lese man die von Gott beglaubigten Bücher des Alten und des Neuen Testamentes, aber auch Erklärungen dazu. Nach den Lesungen folgen weitere sechs Psalmen mit dem ‚Halleluja'. […] Damit sind die nächtlichen Vigilien beendet."

Kapitel 10: Die Ordnung der Vigilien im Sommer
„Von Ostern bis zum ersten November wird die volle Zwölfzahl der Psalmen festgehalten. Die Lesungen entfallen jedoch, weil die Nächte kurz sind. Statt der drei Lesungen wird eine aus dem Alten Testament auswendig vorgetragen. […] Alles andere wird gehalten, wie bereits gesagt."

Kapitel 11: Die Ordnung der Vigilien am Sonntag
„Am Sonntag steht man zu den Vigilien früher auf. […] Zuerst werden sechs Psalmen und der Versikel gesungen. Dann werden vier Lesungen vorgetragen, dazu die Responsorien. […] Auf die Lesung folgen die nächsten sechs Psalmen. Dann liest man vier Lesungen. Dann werden drei Cantica aus den Propheten gesungen, die der Abt bestimmt. […] Anschließend werden vier Lesungen aus dem Neuen Testament vorgetragen. Nach dem letzten Responsorium

ORA – „Sieben Mal am Tag singe ich Dir mein Lob" – Die Struktur des Tages erfolgt das ‚Te Deum' [Großer Gott, wir loben dich]. Nach dem Segen beginnen die Laudes."

Kapitel 12: Die Laudes am Sonntag

„Zu den Laudes am Sonntag singt man zuerst Psalm 66. Es folgen Psalm 50 und Halleluja, Psalm 117 und 62, der Lobpreis, die Lobpsalmen, eine Lesung aus der geheimen Offenbarung, auswendig vorgetragen, ein Responsorium, ein Hymnus, der Versikel, das Canticum aus dem Evangelium (Benedictus), die Litanei und der Abschluss."

Kapitel 13: Die Laudes an den Werktagen

„Man singt Psalm 66 und Psalm 50. Es folgen zwei Psalmen nach der üblichen Ordnung. [...] Die Feier von Laudes und Vesper gehe niemals zu Ende, ohne dass am Ende der Obere das Gebet des Herrn laut spricht, sodass alle es hören können; denn immer wieder gibt es Ärgernisse, die wie Dornen verletzen. Wenn die Brüder beten und versprechen ‚Vergib uns unsere Schuld, wie auch wir vergeben', sind sie durch dieses Wort gebunden und reinigen sich von solchen Fehlern."

Kapitel 14: Die Vigilien an den Festtagen

„An den Festtagen der Heiligen und an allen Feiertagen halte man es so, wie wir es für den Sonntag bestimmt haben. Nur Psalmen, Antiphonen und Lesungen sind eigens für die Festtage ausgewählt."

Kapitel 15: Die Zeiten für das Halleluja

„Vom hl. Osterfest bis Pfingsten wird immer wieder das Halleluja gesungen, zu den Psalmen wie auch zu den Responsorien [...] An allen Sonntagen außerhalb der Fastenzeit werden die Cantica, die Laudes, Prim, Terz, Sext und Non mit Halleluja gesungen."

Kapitel 16: Der Gottesdienst am Tag

„Es gelte, was der Prophet sagt: ‚Siebenmal am Tag singe ich dein Lob.' Diese geheiligte Siebenzahl wird von uns dann erfüllt, wenn wir unseren schuldigen Dienst zurzeit von Laudes, Prim, Terz, Sext, Non, Vesper und Komplet leisten. [...] Von den nächtlichen Vigilien sagt derselbe Prophet: ‚Um Mitternacht stehe ich auf, um dich zu preisen'."

Kapitel 17: Die Psalmen im Gottesdienst am Tag

„Zur Prim singt man drei Psalmen. [...] Nach den drei Psalmen werden eine Lesung vorgetragen, der Versikel, das Kyrie Eleison und der Abschluss. Die Gebetszeiten der Terz, Sext und Non werden in der gleichen Ordnung gefeiert."

Kapitel 18: Die Ordnung der Psalmen

„Zur Prim am Sonntag singt man vier Abschnitte des Psalms 118. In den folgenden Gebetszeiten, Terz, Sext, Non, werden je drei Abschnitte dieses Psalms 118 gesungen, zur Prim am Montag drei Psalmen. [...] So ist der Psalm 118 auf zwei Tage verteilt. Am Dienstag werden dann zur Terz, Sext und Non je drei Psalmen gesungen, angefangen vom Psalm 119 bis Psalm 127, neun Psalmen. Diese Psalmen werden bis zum Sonntag jeweils bei denselben Gebetszeiten wiederholt. Bei der Vesper werden täglich vier Psalmen feierlich gesungen. [...] Zur Komplet werden täglich dieselben Psalmen wiederholt, nämlich Psalm 4, 90 und 133. Wir machen ausdrücklich auf folgendes aufmerksam: Wenn jemand mit dieser Psalmeneinteilung nicht einverstanden ist, stelle er eine andere auf, die er für besser hält. Doch achte er unter allen Umständen darauf, dass jede Woche der ganze Psalter mit den 150 Psalmen gesungen wird."

Kapitel 19: Die Haltung beim Gottesdienst

„Überall ist Gott gegenwärtig, so glauben wir, und die Augen des Herrn schauen an jedem Ort auf Gute und Böse. Das wollen wir ohne Zweifel ganz besonders dann glauben, wenn wir Gottesdienst feiern. Denken wir daher immer an die Worte des Propheten: ‚Dient dem Herrn in Furcht!', ‚Singt die Psalmen in Weisheit!' Und: ‚Vor dem Angesicht der Engel will ich dir Psalmen singen.' – Beachten wir also, wie wir vor dem Angesicht Gottes und seiner Engel sein müssen, und stehen wir so beim Gottesdienst, dass Herz und Stimme in Einklang sind."

Kapitel 20: Die Ehrfurcht beim Gebet

„Wenn wir mächtigen Menschen etwas unterbreiten wollen, wagen wir es nur in Demut und Ehrfurcht. Um wie viel mehr müssen wir zum Herrn, dem Gott des Weltalls, mit aller Demut und lauterer Hingabe flehen. Wir sollen wissen, dass wir nicht erhört werden, wenn wir viele Worte machen, sondern wenn wir in Lauterkeit des Herzens und mit Tränen der Reue beten."

Ein paar Gedanken zu den Kapiteln 8–20 der Regula Benedicti

1. Der hl. Benedikt beginnt im 8. Kapitel mit der Einteilung des Gottesdienstes in der Nacht. Die Nacht gehörte im alten Mönchtum zu den besonderen Gebetszeiten. Bevor Benedikt auf das Beten eingeht, spricht er vom Schlaf der Mönche. Im Winter können die Mönche bis ca. 2.00 Uhr schlafen. Um Weihnachten herum konnten die Mönche sich einen fast 9-stündigen Schlaf gönnen, dafür war die Nacht im Sommer relativ kurz (ca 5 Stunden). Im Frühling und im Herbst – zur Tag- und Nachtgleiche – betrug die Schlafzeit ca 7 Stunden. Von einer ‚Schlafaskese' kann nicht die Rede sein. Benedikt will keine Über-

forderung. Er legt Wert auf einen gesunden Lebensstil. Evagrius Ponticus († 399) schreibt zwar einmal: „Zuviel Schlaf verdunkelt das Denkvermögen, während ein gutes Vigilieren es stärkt und verfeinert." Die Zeit nach dem Nachtgottesdienst im Winter diente dem Lernen, auch dem Auswendiglernen von Psalmen und anderen Texten für den Gottesdienst.

2. Das erste Wort des Mönches nach dem Aufstehen soll am Beginn der Vigil stehen: „Herr, öffne meine Lippen, damit mein Mund dein Lob verkünde!" (Ps 51,17). Der größte Teil der Vigil besteht im Vor- und Nachsingen von Psalmen und im Hören auf die Worte der Lesungen. Lesen und Vorlesen gehörten zur Bildung der Mönche. Das „Ehre sei dem Vater", stehend und mit Verneigung gesungen, ist Ausdruck der tiefsten Reverenz Gott gegenüber.

3. Die Regelung der Vigilfeier im Sommer begann am Osterfest. Es gibt nur eine Kurzlesung wegen der Kürze der Nacht. Doch Benedikt legt Wert darauf, dass die Zwölfzahl der Psalmen beibehalten wird.

4. Benedikt spricht in der Ordnung des Nachtgottesdienstes von Vigilien, die die Nacht in vier Wachabschnitte einteilten. Die dritte Nachtwache begann um Mitternacht, die vierte beim Hahnenschrei. Im liturgischen Bereich bekam die Vigil eine theologische Bedeutung. Die wichtigste Vigil war die Ostervigil. Die Hervorhebung des Sonntags zeigt sich durch eine dritte Nocturn und durch mehr Lesungen. Den zwölf Psalmen entsprechen zwölf Lesungen (Altes Testament, Neues Testament, Väter- und Kirchenlehrerlesungen). Der Abschluss der Vigil ist von hymnischen Elementen geprägt: *Te Deum* und *Te decet laus*. Höhepunkt ist das Evangelium, das der Abt vorliest. Die Mönche stehen aus Ehrfurcht vor dem Herrn, der ja im Evangelium anwesend ist. In diesem Kapitel ermahnt der hl. Benedikt die Mönche, ja nicht zu verschlafen; und wie an anderen Stellen ermahnt er die Mönche zur Pünktlichkeit (BR 47,1).

5. Der hl. Benedikt nennt die Morgenhore Matutin (vgl. BR 8,4 u.a.). Das Wort „Laudes" hat sich eingebürgert durch die Lobpsalmen 148–150. Das *Benedictus* (Lk 1,68–79) preist täglich Christus als die aufgehende Sonne, das Licht aus der Höhe.

6. Auffallend ist, dass beim Morgenlob und bei der Vesper das Vaterunser vom Abt vorgebetet wird. Das Gebet des Herrn war von Anfang an in der Kirche die Mitte der Gebetspraxis.

7. Für die Vigilien der Festtage gilt die gleiche Einteilung wie für die Vigilien an den Sonntagen. Feste waren in erster Linie die Herrenfeste im Oster- und Weihnachtsfestkreis. Hinzu kamen die Feste der Märtyrer, der Apostel und anderer Heiliger, vor allem der Heiligen, deren Reliquien in der Klosterkirche aufbewahrt und verehrt wurden. Die Auswahl der Psalmen, Antiphonen und Lesungen wurde dem Fest entsprechend getroffen.

8. Das Halleluja–Singen gehört in der Regel des hl. Benedikt von Ostern bis Pfingsten im Zusammenhang mit den Psalmen zur Tagesordnung. Auch sonst im Jahreskreis, außer in der Fastenzeit, ist immer wieder das Halleluja vorgesehen.

9. Zwei Schriftzitate (Ps 119,62 und 164) machen klar, dass es dem hl. Benedikt um das Beten ohne Unterlass geht. Der schon erwähnte Ponticus Evagrius schreibt: „Wir haben keine Vorschrift, unablässig zu arbeiten, zu wachen und zu fasten, aber es besteht für uns das Gesetz, unablässig zu beten" (*De oratione*). Das Gotteslob ist nicht lästige Unterbrechung des Tagesrhythmus, sondern Hingabe an Gott. Dies wird gezeigt, indem zu bestimmten Stunden und Zeiten gebetet wird.

10. Im 17. Kapitel wird zuerst die Ordnung für die kleinen Horen festgelegt: Hymnus, drei Psalmen, kurze Lesung, Responsorium und Abschlussgebet. Die Vesper als feierliches Abendgebet der Kirche ist ähnlich wie die Laudes aufgebaut: vier Psalmen, Lesung, Hymnus, Magnificat (Lk 1, 46–55), Fürbitten, Vaterunser und Schlussgebet. Die Komplet als Überleitung in die Nachtruhe ist einfach und für alle Tage gleich gegliedert.

11. Wie bringt der hl. Benedikt die 150 Psalmen – und das ist ihm wichtig, egal ob einige Psalmen immer wieder wiederholt werden – in den Rahmen einer Woche? Er nimmt (fast) keine Rücksicht auf schon vorhandene Ordnungen. Doch er dürfte lange an seiner Ordnung ‚herumgetüftelt' haben. Sein Werk vollbracht, kommt er zur Bemerkung und zur Erkenntnis: Es geht nicht um Gebetsakrobatik, es geht ihm im *Opus Dei* um den Blick auf Jesus Christus. Dabei denkt er – vielleicht mit Wehmut – zurück an die guten, alten Zeiten. Denn da haben Eremiten und Mönche täglich (!) alle 150 Psalmen ‚gemurmelt'. Wie dem auch sei! Heutige Mönche und Nonnen sind – so scheint es – dankbar, dass dem nicht mehr so ist.

12. Die Ordnung des Stundengebetes wird in den Kapiteln 19 und 20 der Regel abgeschlossen. Diese zwei Kapitel haben ihr eigenes Gewicht. Benedikt glaubt an die Gegenwart Gottes. Ja, dieser Glaube an die Gegenwart Gottes ist Fundament des Klosterlebens überhaupt. Dieser Glaube ist – heute – kaum zu glauben, aber es ist so (vgl. BR 7,14; 14,23). Benedikt

warnt die Mönche: Vergesst Gott nicht, um Gottes Willen! (BR 7,10).

Drei Psalmzitate unterstreichen sein Anliegen (vgl. Ps 2,11; Ps 47,8; Ps 138,1). Wie immer diese Psalmverse übersetzt wurden und werden, es geht um Gottesfurcht und weises Beten mit den Engeln zusammen.

Auf jeden Fall ist dem hl. Benedikt gemeinsames Beten wichtig. Die Worte der Bibel reichen für das Beten, meint er. Es geht ihm nicht um das ‚Wieviel‘, sondern um das ‚Wie‘.

Wichtig ist: Herz und Mund sollen übereinstimmen, es geht um die Konkordanz. „Der in uns wohnt, er sei auch in unseren Stimmen" (vgl. Cypr., Dom. ora at. 3).

13. Abschließend geht es dem hl. Benedikt um die Ehrfurcht beim Gebet. Er macht einen Vergleich: je mehr – umso! Je größer einer ist, umso größer ist meine Höflichkeit, meine Unterwerfung, meine Demut. Das ist praktisch auch heute so. Vor Gott stehen! Die innere und die äußere Haltung ist bei Benedikt die Reverenz, die Ehrfurcht (vgl. BR 16,5 u.a.). Drei Elemente sind ihm wichtig: wenig reden, ein reines Herz haben, betroffen sein.
Benedikt spricht von Tränen, von der Gabe der Tränen. Tränen sind - so sagt es die Bibel, so sagen es die Väter - nicht nur Trauer, Tränen sind Hoffnung (Mt 6, 10).

Monastisches Stundengebet heute

Kleine Theologie der Stundengebete

Im benediktinischen Mönchtum nimmt die Feier des *Opus Dei* – *„operi Dei nihil praeponatur"* (BR 43,3) – den ersten Platz ein. Wenn Mönche und Nonnen sich zum Chorgebet einfinden, sind sie tatsächlich ein Teil der betenden Großkirche und somit – wie natürlich in der Feier der Eucharistie – auch ein sichtbares und hörbares Zeichen der Einheit der Kirche. Das Stundengebet ist wesentlich ein Dialog zwischen Gott und den Menschen. Alle, die beim Gebet versammelt sind, müssen sich Mühe geben, dass es auch zur innerlichen Zwiesprache kommt. Somit sind Zeiten des Schweigens innerhalb der liturgischen Feier des Stundengebetes notwendig, damit Gottes Atem, Gottes Geist wirken kann. So ist z.B. eine kleine Pause der Stille nach den Lesungen sehr sinnvoll. Diese Stille ist wie eine geschenkte Rast im Ablauf der Lieder und Gebete. Der Gesang ist ein integrierender Bestandteil des Gebetes und deshalb auch nachdrücklich empfohlen. Dabei ist zu beachten, dass Musik und Gesang (z.B. Gregorianischer Gesang; s. den Bei-

trag Hermes) stets dem Dienst am Wort untergeordnet sein sollen und nicht dazu eingesetzt werden dürfen, um die Kunst der Musik zu pflegen. Arbeit und die *lectio divina* (Geistliche Lesung, Schriftstudium, Betrachtung, Meditation) sind Elemente klösterlichen Lebens. Den Stundenablauf des Tages aber bestimmt der Rhythmus der Horen, der Gebetszeiten.

Die Feier des Stundengebetes

Es gibt einige liturgische Zeichen, wie z.B. die Kniebeuge, das Stehen usw., die auf eine geistige, geistliche Realität hinweisen. Äußere Zeichen bewirken innerlich etwas, was uns gut tut.

Zwei Aspekte sind wichtig: Diese äußeren Zeichen dürfen nicht leichtfertig gesetzt werden und der Wert des äußeren Zeichens (z.B. das Kreuz) muss durch die innere Gegenwart des Atems Gottes, des Hl. Geistes lebendig werden. Ansonsten bleiben diese innerlich – immerhin wenige an der Zahl – ohne Wirkung. Die liturgische Versammlung zum Gotteslob muss so sein, dass sie sich von jeder anderen Zusammenkunft der Klostergemeinde unterscheidet. Ein – und wenn auch noch so kleiner – Zwischenraum muss geschaffen werden. Die Konventglocke ruft rechtzeitig zum Gebet. Ein paar reinigende ‚Filterminuten‘ helfen hinüber vom Ufer der Beschäftigung zum anderen Ufer der gotteserfüllten Gebetsstunde. Nach dem Vaticanum II wurden auch für die Erneuerung des monastischen Breviers Tür und Tor geöffnet. Fast jedes Kloster hatte ein neues Stundenbuch in der Muttersprache erarbeitet und ausprobiert. Eine Rahmenordnung für die Gestaltung des Stundenbuches brachte wieder Ruhe und Ordnung ins Chorgebet.

Die alten Elemente sind geblieben: Psalmen, Hymnen, Lesungen, Responsorien, Antiphonen, Orationen wurden in Treue zur Regel beibehalten. Die Zahl der Gebetsstunden hat sich von acht auf vier verringert – wohl überlegt und überwacht von den liturgischen Kommissionen. Unabhängig davon, ob man da und dort die traditionelle Zahl der Horen beibehielt oder noch beibehält, gilt der vom II. Vatikanischen Konzil aufgestellte Grundsatz: „Die Laudes als Morgenhore und die Vesper als Abendhore sollen als die vornehmsten Gebetszeiten gefeiert werden."

Literatur:

Rader 1980. – Holzherr 1982. – Puzicha 1982. – Stundenbuch 1983. – Rader 2001. – Rader 2007.

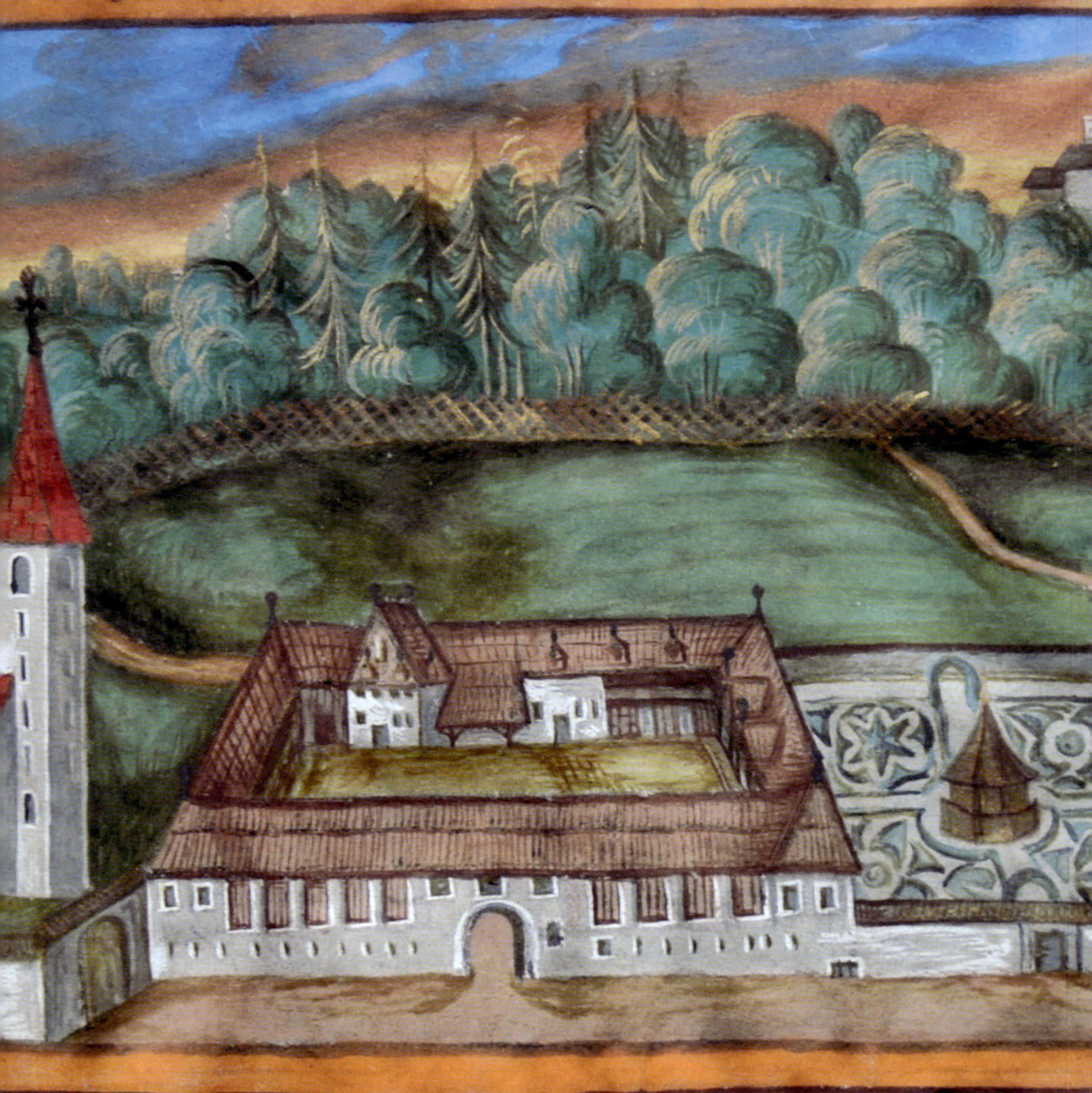

BENEDIKTINISCHE KLOSTERÖKONOMIE: AGRARWIRTSCHAFT UND GEWERBLICHE WIRTSCHAFTSFORMEN

Werner Rösener

Benediktinische Spiritualität und Klosterwirtschaft

Der Zusammenhang von monastischer Spiritualität und klösterlicher Ökonomie wird in vielen Untersuchungen zu einzelnen Klöstern zu wenig beachtet. In zahlreichen Forschungen zum benediktinischen Mönchtum des Mittelalters stehen sich daher zwei Bereiche oft unverbunden gegenüber: Auf der einen Seite untersucht man detailliert das spirituelle Leben der Mönche, die verschiedenen Reformbewegungen und die kulturellen Leistungen der Klöster, und auf der anderen Seite werden die Klöster als Wirtschaftsunternehmen analysiert, in deren Mittelpunkt die Besitzverhältnisse und die klösterliche Grundherrschaft stehen. Bei der berühmten Reichsabtei Fulda wurden beispielsweise die religiösen und kulturellen Leistungen der Mönche in vielfältiger Form untersucht: Mehrere Bände einer Publikation eines Münsteraner Sonderforschungsbereiches befassten sich eindringlich mit der Geschichte der Fuldaer Mönchskommunität als geistliche Gemeinschaft mit all ihren liturgischen, memorialen und kulturellen Facetten, ohne jedoch die Besitzverhältnisse und die Grundherrschaftsstrukturen der Abtei zu behandeln.[1]

Auch eine jüngere Arbeit von Janneke Raaijmakers von 2003 untersucht gründlich die Geschichtsschreibung, den Heiligenkult sowie die Architektur des Klosters Fulda im 9. Jahrhundert und bemüht sich, die spezifische Identität der Fuldaer Mönche herauszuarbeiten, ohne aber einen Blick auf die klösterliche Grundherrschaft zu richten.[2] Diese Thematik wurde 1991 von Ulrich Weidinger in einer Dissertation behandelt, in der die Wirtschaftsstruktur des Klosters kenntnisreich analysiert wurde, ohne jedoch das Gemeinschaftsleben der Mönche und die spirituellen Ziele der Abtei zu berücksichtigen.[3] Ähnliche Phäno-

mene lassen sich bei dem umfassenden Sammelband zur Geschichte des Klosters in der Zeit der Karolinger und Ottonen beobachten: Auch hier wurde die klösterliche Welt Fuldas sektoral in verschiedene Bereiche aufgespalten, die Einzelthemen wie Liturgie, Observanz, Hagiographie, monastisches Alltagsleben und Grundherrschaftsentwicklung kompetent behandeln, ohne dass ein Gesamtbild der spirituellen und ökonomischen Entwicklung Fuldas deutlich erkennbar wurde.[4] Bei vielen deutschsprachigen Monographien zu einzelnen Klöstern ist vor allem das Manko festzustellen, dass die Frage der wirtschaftlichen Absicherung der Klöster vernachlässigt wird und man zu wenig bedenkt, dass eine ausreichende materielle Versorgung der Mönchskommunitäten eine notwendige Voraussetzung für die Entfaltung der monastischen Spiritualität war.

Die Regel Benedikts lässt bereits ein ausgewogenes Gleichgewicht zwischen Gebetsleben und Arbeitstätigkeit der Mönche (im späteren Sinne: *ora et labora*) erkennen. Der Tagesablauf der Mönche ist gemäß der Regel harmonisch in Zeiten des Gebets (*opus Dei*), der geistlichen Lesung (*lectio divina*) und der körperlichen Arbeit (*labor manuum*) eingeteilt, da der Müßiggang ein Feind der Seele sei (*otiositas inimica est animae*). Den Mönchen ärmerer Klöster wird die Notwendigkeit der Mithilfe bei der Feldarbeit mit dem Hinweis erläutert, dass auch die Mönchsväter und Apostel sich um den täglichen Lebensunterhalt kümmern mussten (BR 48,7: „Si autem necessitas loci aut paupertas exegerit, ut ad fruges recolligendas per se occupentur, non contristentur: quia tunc vere monachi sunt, labore manuum suarum vivunt, sicut et Patres nostri et Apostoli. Omnia tamen mensurate fiant propter pusillanimes"). Maßhalten und Rücksicht auf die Kleinmütigen werden dabei eingeschärft. Ausdrücklich wird in der Regel auch darauf hingewiesen, dass jedes Kloster

1 Klösterliches Meiereigebäude des Stifts St. Paul aus dem Kollnitzer Urbar, Buchmalerei, 1623. Benediktinerstift St. Paul, Cod. 303/0 (Kat.-Nr. 14.10)

mit allen notwendigen Hilfsmitteln und Landstücken (Mühle, Gartenland etc.) ausgestattet sein muss, damit es sich selbst versorgen kann und die Mönche nicht zum Vagabundieren gezwungen sind (BR 66,6: „Monasterium autem, si possit fieri, ita debet constitui, ut omnia necessaria, id est, aqua, molendinum, hortus vel artes diversae intra monasterium exerceantur, ut non sit necessitas monachis vagandi foris, quia omnino non expedit animabus eorum"). Die körperliche Arbeit der Mönche dient somit einerseits der materiellen Subsistenzsicherung und ist andererseits ein Bindeglied zwischen Alltagswelt und Askese, indem sie die Mönche vor einem asketischen Übereifer und einem Realitätsverlust bewahrt.[5]

Der St. Galler Klosterplan und die Klosterökonomie

Die Einheit von spirituellen und wirtschaftlichen Elementen bei einem mittelalterlichen Benediktinerkloster tritt deutlich in dem berühmten St. Galler Klosterplan in Erscheinung (Abb. 1, Kat.-Nr. 6.1). Dieser Klosterplan wurde, wie die neuere Forschung ergeben hat, offenbar in der Zeit von ca. 820–835 für Gozbert, den Abt des Klosters St. Gallen, angefertigt und vermittelt die Idealvorstellung eines karolingerzeitlichen Benediktinerklosters. Mit der Entstehung und Interpretation dieser einzigartigen Quelle haben sich in neuerer Zeit vor allem Walter Horn und Konrad Hecht beschäftigt.[6] Wahrscheinlich ist dieser Klosterplan nicht in einem Zuge entstanden, sondern hat verschiedene Vorstufen durchlaufen, die auch in der Praxis erprobt worden waren und vor allem auf Erfahrungen aus der Zeit Karls des Großen aufbauten (vgl. den Beitrag Schedl). Nachrichten über die Anlage von Klöstern, seien es Neubauten wie im Falle Fuldas durch Abt Sturmi oder Umgestaltungen wie etwa bei der Abtei Centula-St. Riquier durch Angilbert, betonten schon früher die maßgebende Norm der Regula Benedicti für die bauliche Gestaltung der Klöster, so dass der St. Galler Plan auf einer längeren, von der Benediktregel geprägten Tradition beruht.[7]

Der St. Galler Plan besteht aus fünf sorgfältig zusammengenähten Pergamentstücken, die alle wichtigen Gebäude eines Klosters verzeichnen. Die zahlreichen, um Hauptkirche und Klausur angeordneten Klosterbauten füllen das Rechteck des Pergaments vollständig aus. In der streng geometrischen Anordnung der Gebäude, in den fehlenden Freiflächen und der funktional bestimmten Zuordnung einzelner Be-

reiche tritt das Schematische des Plans klar hervor. Vor der Empfangshalle im Westen liegt auf der linken Seite ein großes Gebäude, das wahrscheinlich für den König und seine Gefolgschaft bestimmt ist; rechts davon befinden sich Stallungen und Unterkünfte der Hirten. Zu diesem Komplex gehören Ställe für Ziegen, Kühe und Ochsen, ferner die Unterkünfte der Ziegen-, Kuh- und Rinderhirten sowie die der Knechte und Diener. Rechts von der Kirche befinden sich Küche, Bäckerei und Brauerei für Pilger und Arme, links dagegen Küche, Weinkeller, Bäckerei und Brauerei für die vornehmen Gäste. Mehr im Hintergrund erkennt man das Pilger- und Armenhaus sowie die äußere Schule für diejenigen jungen Leute, die nicht in das Kloster eintreten wollen. Im Nordosten befinden sich die Hospitalgebäude: das Haus für die Ausführung von Aderlass, ferner Küche und Bad sowie ein Garten mit acht Beeten für Heilkräuter. Das im Osten liegende Noviziatsgebäude mit Küche, Bad, Kapelle und Krankenhaus verband diesen Teil der Gesamtanlage zu einem geschlossenen Komplex. Nicht weit davon entfernt liegen der Friedhof mit seinen Obstbäumen, der Garten der Mönche mit seinen 18 Gemüsebeeten, die Gärtnerwohnung und der Gänse- und Hühnerstall.

Die Kirche, der Kreuzgang und das Abthaus stehen unübersehbar im Mittelpunkt des Klosterareals. Westlich des Kreuzgangs befinden sich der Wein- und Bierkeller der Mönche im Erdgeschoss und die Vorratskammer im Obergeschoss; hier ist auch die Küche anzutreffen, die durch einen Gang mit der Bäckerei und Brauerei verbunden ist. Südlich davon liegen das Refektorium und nahe dem Kreuzgang der Wärmeraum der Mönche, kombiniert mit dem Bade- und Waschraum. Über dem Wärmeraum befindet sich ein geräumiges Dormitorium mit einem Verbindungsgang zur Kirche wegen der nächtlichen Gebete. Nördlich der Kirche liegt das Abthaus mit seinen komfortablen Räumlichkeiten und Zugangsmöglichkeiten zu den Bädern, der Küche und dem Wein- und Bierkeller. Es folgen entlang der Kirche die verschiedenen Zugangshallen, die Pförtnerwohnung und die Wohnung des Schulleiters. Links von der Apsis ist das Skriptorium durch eine Zwischenmauer in zwei Räume aufgeteilt, darüber liegt die Bibliothek.

Der St. Galler Klosterplan enthält somit eine Vielzahl von Gebäuden für geistliche, kulturelle und wirtschaftliche Belange und zeigt das Bild einer kleinen Stadt mit Kirche, Konventtrakt und Handwerkersiedlung. Südlich und westlich des Klausurareals befinden sich nahezu alle für handwerkliche Tätigkeiten bestimmten Gebäude. Davon hebt sich im Süden durch seine Größe das Handwerkergebäude heraus, in dem eine Vielzahl von Handwerkergruppen tätig ist.

Normative Regelungen und reale Verhältnisse

In engem Zusammenhang mit den Beschlüssen der Aachener Reformsynode von 816 entstanden die *statuta Murbacensia*, die Anweisungen eines Abtes für das Alltagsleben eines großen Klosters.[8] In diesen Statuten wird bestimmt, dass die Mönche in der Küche, in der Backstube und in den Werkstätten des Klosters mit eigenen Händen arbeiten und ihre Kleidung selbst waschen sollen. Dazu gibt der Abt die Anweisung, dass es mit dem Schuhwerk und dem Nähen der Kleidung zunächst wie bisher gehalten werden soll: Wer dazu in der Lage ist, hat diese Dinge selbst zu besorgen; wer aber wegen Alter und Krankheit dazu nicht fähig ist, für dessen Bedürfnisse sollen Propst und Kämmerer sorgen. In der Zwischenzeit sollen Schneider, Walker und Schuhmacher eingesetzt werden, und zwar innerhalb des Klosters, nicht außerhalb, wie es bisher der Brauch gewesen ist. Dabei wird anscheinend vorausgesetzt, dass es zumindest einige Mönche gab, die selbst genügend Fachkenntnisse besaßen. Die angestrebte Regelung bedeutete für die Zukunft, dass besondere Handwerker für die Herstellung von Kleidung und Schuhwerk bereitgestellt wurden und einzelne Mönche auf gewisse Zeit in Küche, Backstube und Brauhaus tätig waren.

Wichtige Bestimmungen zur Ordnung des klösterlichen Wirtschaftslebens enthalten vor allem die Statuten des Abtes Adalhard für das Kloster Corbie.[9] Adalhard, der ein Vetter und enger Vertrauter Karls des Großen war, trat seit 780 als Abt des Kloster Corbie auf. Da Adalhard sich der von Benedikt von Aniane betriebenen Klosterreform widersetzte, wurde er zeitweise von Kaiser Ludwig dem Frommen in die Verbannung geschickt. Nach seiner Rückkehr erließ er 822 neue Statuten, die allerdings nicht vollständig erhalten sind. Diese Statuten gliedern sich in sieben aufschlussreiche Teile mit folgendem Inhalt: 1) Über die *provendarii*, ihre Ernährung und Bekleidung; 2) Über die Aufnahme und Verpflegung der Armen; 3) Über die Versorgung des Klosters mit Getreide; 4) Eine Anordnung über die Bearbeitung der Gärten; 5) Bestimmungen über das Refektorium und die Küche; 6) Über die Klosterpforte und die ihr zustehenden Zehnten; 7) Über die Zahl und die Verteilung der an das Kloster zu liefernden Schweine.[10]

Die unvollständige Überlieferung dieser Quelle lässt es zwar nicht zu, dass man die Wirtschaftsordnung des Klosters Corbie vollständig erkennt, aber es wird doch deutlich, wie detailliert die Anordnungen über die Aufgabenverteilung im Kloster waren. Unter den Hauptämtern (*ministeria*) der Mönche hebt sich vor allem das Amt des *praepositus* hervor, der in der Rangordnung unmittelbar auf den Abt folgt und für wichtige Versorgungsleistungen des Klosters zuständig ist. Unter den übrigen Funktionsträgern sorgte der *camerarius* für die Kleidung und das Schuhwerk der Mönche, der *cellerarius* überwachte die Küche und die Abfolge der Speisen und Getränke und der *custos panis* war für die Versorgung des Klosters mit Getreide und Brot verantwortlich. Mit der für verschiedene Ämter genannten speziellen materiellen Ausstattung ist ein wichtiges Prinzip der Wirtschaftsverfassung Corbies und anderer Klöster angesprochen: Jedem „ministerium" waren bestimmte Lieferungen aus festgelegten Klostergütern zugeteilt; mit diesen Mengen musste der Verwalter eines Amtes auskommen und die ihm übertragenen Verpflichtungen erfüllen. Ein weiterer Grundsatz der Klosterökonomie war die Orientierung am Bedarf: Es wurde nicht das konsumiert, was vorhanden war, sondern es wurde nur so viel herangeschafft, wie für die Versorgung der Kommunität vorgesehen war. Erst was dann übrig blieb, durfte verkauft oder anderweitig verwendet werden. Diesen Grundsätzen entsprach die damalige Gewohnheit, die Zahl der Mönche zu begrenzen, um die wirtschaftlichen Grundlagen der Klöster nicht zu gefährden.[11]

Wie groß waren die Mönchskonvente der Karolingerzeit? Wieviele Menschen mussten von den Erträgen der Klosterwirtschaft versorgt werden? Beim Tod des Abtes Sturmi im Jahre 779 lebten im Kloster Fulda ungefähr 400 Mönche, wie die Vita Gregors von Utrecht berichtet. Diese hohe Zahl von Fuldaer Konventsmitgliedern wurde lange Zeit angezweifelt, bis die jüngere Forschung neue Ergebnisse vorlegte.[12] Erst die Auswertung der Fuldaer Mönchslisten im Reichenauer Verbrüderungsbuch brachte dann insoweit eine Klärung, als die Stichhaltigkeit der früheren Angabe durch das Aufspüren einer Mönchsliste von 364 Personen erwiesen wurde. Ferner wurde auch eine weitere Mönchsliste entdeckt, die aus den Jahren 825/26 unter Abt Hraban stammte und sogar 603 Namen enthielt. Demnach verfügte die Abtei Fulda in der ersten Hälfte des 9. Jahrhunderts über mehr als 600 Mönche und zählte damit zu den größten Benediktinerklöstern im Frankenreich. Weitere Zahlen lassen sich anfügen. Von Corbie erfahren wir, dass Adalhard die Stärke der

den einzelnen Orten. Neben den wertvollen Angaben zur Größe des klösterlichen Sallandes und zur Zahl der hörigen Bauernstellen erfahren wir aus der Corveyer Heberolle und anderen Wirtschaftsquellen des Klosters nur wenig über die Bewirtschaftung des Sallandes, die Erträge der Fronhofwirtschaft und die Arbeitsverfassung der Villikationen. Die relativ knapp gehaltenen Hinweise unterrichten uns vor allem über die Abgaben der hörigen Bauern und die Höhe der an das Kloster gezahlten Natural- und Geldrenten.

Wie groß waren die Grundherrschaftsbereiche und Landbesitzungen der Klöster Corvey und Fulda sowie anderer Benediktinerabteien insgesamt? Nach Weidinger hatte Fulda im 9. Jahrhundert einen Bestand von etwa 7000 Hufen und 30 000 Morgen Salland, also insgesamt ungefähr 8000 Hufen.[24] Die Abtei Corvey verfügte im 10. Jahrhundert dagegen über einen geringeren Landbesitz, nämlich über 2000 Hufen, zählte aber sicherlich zu den größten Grundherrschaften Sachsens.[25] Das Reichskloster Hersfeld, in enger Nachbarschaft zu Fulda gelegen, besaß im 9. Jahrhundert 1095 Hufen und 698 Mansen,[26] erreichte also nicht ganz den Umfang der Corveyer Grundherrschaft. Größenmäßig nahm demnach die Fuldaer Klosterwirtschaft, die einen außergewöhnlich starken Mönchskonvent zu versorgen hatte, eine Spitzenposition ein: Sie übertraf hinsichtlich räumlicher Ausdehnung und Größe des Grundbesitzes fast alle Klostergrundherrschaften. Die große Leistungsstärke der Abtei Fulda innerhalb des deutschen Reiches während der Ottonenzeit zeigte sich auch an der Zahl der Truppen, die Fulda im Rahmen des *servitium regis* für das Reichsheer stellte. Gemäß den Angaben des *indiculus loricatorum* von 981, dem Zusatzaufgebot zum Romzug Ottos II., muss die Abtei Fulda 60 Panzerreiter stellen.[27] Fulda steht damit zusammen mit der Abtei Reichenau an der Spitze der Reichsklöster und wird nur von Bistümern wie Köln, Trier, Mainz und Augsburg übertroffen.

Handwerkliche Wirtschaftszweige

Neben der Agrarwirtschaft gehörten handwerkliche Betriebsformen schon von Anfang an zum Kernbestand benediktinischer Wirtschaftstätigkeit, was sich bereits bei der Interpretation der *Regula Benedicti* und der Statuten der karolingischen Klöster ergab. Die im St. Galler Klosterplan aufgeführten Werkstätten und Handwerker waren zumeist für die Bedürfnisse der Mönche und Klosterangehörigen tätig, wie z.B. die

Schuster und Sattler sowie die Gerber, die ihnen das Leder bereiteten. Von den Holzhandwerkern besaßen die Küfer und Drechsler zwei Werkstätten im unmittelbaren Klosterbereich. Sie stellten offenbar nicht nur Holzgefäße und andere Drechslerarbeiten her, sondern fabrizierten auch klösterliches Mobiliar wie Bänke, Tische und Schränke. Von den Metallhandwerkern arbeiteten die Eisenschmiede hauptsächlich für den Eigenbedarf des Klosters, was vermutlich auch für die Goldschmiede zutraf, zu deren Erzeugnissen vor allem liturgische Gerätschaften gehörten. Es stellt sich die Frage, aus welchen Herkunftsgruppen die im engeren Klosterbereich tätigen Handwerker kamen. Offenbar gehörte eine große Zahl von Unfreien zu den im Nahbereich des Klosters beschäftigten Personen. Sicherlich waren darüber hinaus auch Mönche als Handwerker tätig, möglicherweise in erster Linie als Leiter der einzelnen Handwerkszweige. Diese Annahme stützt sich auf zahlreiche Belege, die Mönche als geschickte Handwerker erwähnen. Die *Regula Benedicti* enthält bereits Vorschriften für handwerklich tätige Mönche, deren Arbeit für die benediktinische Klosterwirtschaft dringend notwendig war.

In den bereits genannten Statuten des Abtes Adalhard für das Kloster Corbie, die einen hohen Realitätsgehalt besitzen, werden in handwerklicher Hinsicht drei Bereiche angesprochen, die mit der anianischen Klosterreform und den Beschlüssen der Aachener Reformsynode von 816 zusammenhängen (s. den Beitrag Kettemann).[28] Erstens scheint sich für den Bereich von Küche, Backstube und Brauerei durch die anianische Reform in der Hinsicht eine Änderung ergeben zu haben, dass von dem jeweils auf eine Woche beschränkten Dienst der dort beschäftigten Mönche auf einen jährlichen Wechsel übergegangen wurde. Dies bewirkte verständlicherweise eine Verstetigung dieser als *ars coquinandi et pistrinandi* bezeichneten Tätigkeit. Einen Wandel strebte die Klosterreform zweitens im Produktionsbereich von Kleidung und Schuhwerk an; hier versuchte man die Eigenproduktion durch die Mönche einzuschränken und für diese Tätigkeit spezialisierte Leute einzusetzen. In verschiedenen Quellen wird ausdrücklich betont, dass diese Arbeitskräfte innerhalb des Klosters wirken und leben sollen. Die angestrebte Konzentrierung der handwerklichen Kräfte im engeren Klosterbereich geht mit dem Bemühen einher, die mit der Verwaltung klösterlicher Wirtschaftshöfe betrauten Mönche durch weltliche Meier zu ersetzen. Drittens gab es einen umfassenden Bereich handwerklicher Tätigkeiten, die ein noch größeres Maß an spezialisierten Fertigkeiten verlangten und deren Vorhandensein in den Klöstern nicht strittig war, und zwar metall- und holzverarbeitende Handwerkszweige sowie die Tuchbehandlung und die Lederherstellung. Auch in diesen Bereichen werden Mönche mitgearbeitet haben, vornehmlich wohl in der Leitung von Werkstätten.

Hinweise für die Tatsache, dass die klösterlichen Werkstätten nicht nur für den Eigenbedarf gearbeitet haben, findet man in zahlreichen Urkunden. Als im Jahre 827 zwischen dem Kloster Fulda und mehreren Grundherren über die Abtretung eines großen Landstücks ein Vergleich geschlossen wurde, erhielten diese Herren vom Kloster acht Schwerter, vier Ohrgehänge sowie mehrere wollene und linnene Gewänder. Bei einer anderen Gelegenheit übergab Fulda im Tausch ein Pferd, ferner Schild und Lanze.[29] Schwerter sind als Gaben der Klöster Lorsch und St. Gallen ebenfalls an verschiedenen Stellen in Urkunden bezeugt. Dabei darf man diese in den Klosterwerkstätten hergestellten Waffen nicht als Kaufpreis für die den Klöstern übertragenen Güter ansehen, sondern vielmehr als Ehrengaben für die Schenker. Es dürfte sich um qualitätsvolle und kostbare Waffen gehandelt haben, die in den Werkstätten der Klöster angefertigt wurden. Neben den Werkstätten im näheren Klosterbereich müssen auch die handwerklichen Produktionsstätten auf den zahlreichen Fronhöfen der Klöster genannt werden. Unter dem Zubehör der Fronhöfe befanden sich die üblichen handwerklichen Betriebe wie Schmieden, Schildmachereien und Webhütten. Die Tuchversorgung der Klöster wurde vor allem aus den Gynaeceen, den Frauenarbeitshäusern der Fronhöfe, gewährleistet.[30]

Mühlen, Bergbau und Salzgewinnung

Im Bereich der Klosterherrschaften des Karolingerreiches spielte der Einsatz von Mühlen bereits im 9. Jahrhundert eine große Rolle. Die Abtei Corbie verfügte z.B. um das Jahr 820 über einen großen Bestand an Mühlen, die einen wesentlichen Beitrag zur Effizienz ihrer Klosterökonomie leisteten.[31] Abt Adalhard von Corbie integrierte in seinen Statuten den Müller in den Verband der Grundherrschaft und dessen Leistungskanon, indem er seinen Status als leistungspflichtiger Höriger benannte. Darüber hinaus entband er den Müller völlig von seinen bäuerlichen Pflichten, die eigens aufgezählt wurden. Gleichzeitig übertrug er ihm dafür die Sorge für die Mühle und deren Betrieb als technische Einrichtung. So erhielt der Müller eine

volle Hufe mit Ackerland sowie Ochsen zum Pflügen; mit dem Hufenertrag musste er die Mühle betreiben, instand setzen und versorgen, Mühlsteine heranbefördern, Schleuse und Mühlendamm funktionsfähig halten, d.h. alles für den Mahlvorgang Notwendige in Eigenverantwortung betreiben.[32] In der Grundherrschaft des Eifelklosters Prüm bildeten die Mühlen ebenfalls wesentliche Elemente der Villikationen und Fronhöfe. Wertet man die Zeugnisse der Klosterüberlieferung aus, so kommt man auf etwa 40 Mühlen, die sich auf alle Regionen der ausgedehnten Grundherrschaft verteilen.[33] Trotz der Fülle der Prümer Belege ist aber im Grunde nur wenig über Status und Funktion der Müller dort zu erfahren. Einrichtung und Unterhalt der Mühlen mussten ökonomisch rentabel sein und der Klosterwirtschaft genügend Gewinne einbringen. Die Klostermühlen hatten dabei eine doppelte Aufgabe: das Mahlen des Getreides für den unmittelbaren Verbrauch innerhalb des Fronhofes und das Mahlen für die örtliche Bauernschaft. Die Abgaben der Bauern für die Benutzung der Mühlen verschafften der Grundherrschaft Prüm beträchtliche zusätzliche Einnahmen. Es war offenbar so, dass die Klostermühlen den Bauern zur Benutzung gegen einen entsprechenden Zins zur Verfügung standen und diese dort auch regelmäßig ihr Getreide mahlen ließen. Mühlen stellten insgesamt einen wichtigen Innovationsfaktor in der frühmittelalterlichen Klosterwirtschaft dar, der von den Mönchen gezielt eingesetzt wurde.[34]

Innovativ waren auch die Aktivitäten, welche die Klöster bei der Salzgewinnung entfalteten. Das Eifelkloster Prüm besaß im lothringischen Vic-sur-Seille, einem Zentrum reicher Salzvorkommen, Anteile an einer Förderanlage zur Salzgewinnung.[35] Die Sole dieser Salzgrube wurde in zwei Häusern bzw. auf drei Pfannen zu Salz verkocht und gebrauchsfertig gemacht. Dieses Salz wurde dann nach Metz befördert und dort in einem eigenen Haus gelagert bzw. von den Salzsiedern vermarktet, wobei die Prümer Mönche die Gesamtmenge nach einem bestimmten Schlüssel verteilten: Ein Drittel erhielten die Sieder als Lohn oder Gewinnanteil, zwei Drittel gingen an das Eifelkloster. Die Salzsieder (*operatores*) standen in einem persönlichen Abhängigkeitsverhältnis zur Abtei, deutlich an einem Kopfzins (*census de capite*) erkennbar. Die Zahlungen für ihre Hofstätten und Weiderechte, insbesondere aber für die Überlassung der Produktionsanlagen mit Pfannen und Häusern, sind als Pacht einzuschätzen. Die Grundstruktur für die Integration dieser spezialisierten Arbeiter in das traditionelle Herrschaftsgefüge war das dezentralisierte Grundherr-schaftssystem, dessen Anspruch sich bei den Salzsiedern auf wenige Elemente beschränkte.

Das von den Mineralvorkommen weit entfernte Kloster Prüm zog aus diesen besonderen Verhältnissen vor Ort den großen Nutzen, seinen Salzanteil mit Hilfe der Sieder und der Klosterhörigen in einer Art Schardienst nach Metz befördern zu lassen, wobei noch eine Hufe im nahen Faxe zusätzliche Transportdienste übernahm.[36] In Metz wurde das Salz entweder durch die Sieder verkauft oder aber für den Weitertransport nach Prüm im Metzer Klosterhof gelagert. Eine kalkulierte Logistik sorgte dafür, dass diese Salzstücke moselaufwärts durch Schiffsdienste nach Remich und von dort auf dem Landweg an ihre Bestimmungsorte gelangten. Was im Kloster nicht benötigt wurde, war für den Verkauf durch Hörige auf den Märkten bestimmt. Die Abtei wusste die Möglichkeiten ihrer Grundherrschaftsstruktur innovativ für die Klosterwirtschaft zu nutzen. Die Produktion von Salz vor Ort blieb weitgehend die Aufgabe selbstständig agierender Spezialisten, deren Existenz in die Grundherrschaft eingebettet blieb, während die Transportdienste zu Wasser und zu Lande im Rahmen des in Prüm stark ausgeprägten Schardienstes der Hörigen erfolgte. Ähnliche Formen der Salzgewinnung und des Salztransportes wie in Prüm finden sich auch in anderen Klostergrundherrschaften des Frankenreiches.

Neben der Salzgewinnung beteiligten sich einige Klöster auch aktiv am Bergbau mit speziellen Silber- und Erzgruben. Ein Fallbeispiel für klösterlichen Bergbau liefert das Benediktinerkloster Admont in der Steiermark, ein Eigenkloster der Salzburger Erzbischöfe. Die rechtliche Gemengelage zwischen den Eigenkirchenherren Salzburg, dem Kloster Admont als dem Betreiber des Bergbaus und dem König als Regalherrn komplizierte allerdings den Bergbaubetrieb.[37] Die ersten Urkunden aus den 80er Jahren des 12. Jahrhunderts, die den klösterlichen Abbau von Silber bezeugen, offenbaren zugleich das Eingeständnis einer abgesoffenen Grube. Diese schwierige Situation war vermutlich durch den Umstand ausgelöst worden, dass die Abtei Admont die betroffene Grube wieder unter alleinige Regie genommen hatte. So musste nach dem eingetretenen Desaster die Abtei die Konsequenz aus ihrem bergbautechnischen Defiziten ziehen und insgesamt 15 von 16 Grubenanteilen klosterfremden Betreibern überlassen, während ein Teil weiterhin unter ihrer Obhut und Bewirtschaftung blieb. Über die reine Pacht mit Gewinnbeteiligung des Klosters wurde ein personalrechtliches Band zwischen Abtei

und Betreibern geknüpft. Wenig später verzichtete das Kloster völlig auf die betriebliche Mitarbeit am Bergbau, auch wenn noch eine gewisse Oberaufsicht erhalten blieb. Die Planung und Durchführung von Prospektion und Schachtbau lag jetzt bei einem professionellen Bergmeister und dessen Genossen, zumeist wohl Friesacher Bürger. Dieser Vertrag wurde 1202 erneuert und modifiziert. Aus verantwortlicher Mitarbeit des Klosters und grundherrschaftlicher Aufsicht über die Mitbetreiber war schließlich ein eigenständiger Betrieb entstanden.[38]

Wandel der Klosterökonomie im späteren Mittelalter

Seit dem Hochmittelalter veränderte sich die Ökonomie der Klöster durch das Aufblühen der Städte, den umfangreichen Landesausbau und die gestiegene Produktivität der Agrarwirtschaft in einem starken Maße. Vom 11. bis 13. Jahrhundert erlebte Mitteleuropa eine lange Periode des wirtschaftlichen Aufschwungs, der dann im 14. und 15. Jahrhundert von einer Krisenphase abgelöst wurde. Durch die vielfältigen Wandlungsprozesse in Wirtschaft und Gesellschaft entstanden auch neue Rahmenbedingungen für klösterliche Grundherrschaften, die zu einem Zerfall der alten Villikationen führten.[39] Die Auflösung der Villikationsverfassung setzte bei den alten Reichsabteien Gorze und Weißenburg bereits im 11. Jahrhundert ein, verstärkte sich dann im 12. Jahrhundert und vollendete sich in der nachfolgenden Zeit, so dass die alte Fronhofwirtschaft zu Anfang des 14. Jahrhunderts im Allgemeinen ihr Ende gefunden hatte. In Lothringen und in einigen westlichen Reichsteilen begann dieser Prozess am frühesten und bewirkte z.B. beim Benediktinerkloster Maursmünster schon im 12. Jahrhundert tiefgreifende Veränderungen.

Neben den allgemeinen Ursachen und dem Trend zur Anpassung an die aufkommende Geldwirtschaft gab es bei den alten Benediktinerabteien Reichenau, St. Gallen und Fulda auch spezielle Gründe, die im Hochmittelalter den Zerfall der Villikationsverfassung bewirkten. Die Verwaltung der klösterlichen Villikationen mit ihrer komplizierten Rechts- und Wirtschaftsstruktur war aufwendig und verlangte von der Klosterverwaltung ein hohes Maß an Organisationsgeschick, um die Tätigkeit der laikalen Villikationsverwalter zu überwachen. Eine wichtige Ursache für die Abkehr vom Fronhofsystem lag vor allem in den Schwierigkeiten begründet, die sich aus dem Streben der Fronhofsverwalter, der Meier und Keller, nach Selbstständigkeit ergaben. Gestärkt durch ihre zentrale Funktion in der Villikationsverwaltung, versuchten sich die Meier zu emanzipieren und zu einer besseren Rechtsstellung zu gelangen. In der Grundherrschaft der Abtei St. Gallen begegnen uns im 12. und 13. Jahrhundert zahlreiche Meier, die zu Ministerialen und Rittern aufgestiegen sind und ihre Ämter als Lehen beanspruchen.[40] Der Vorgang der Auflösung der Villikationsverfassung vollzog sich in den einzelnen Klostergrundherrschaften nach unterschiedlichen Mustern und Zeitabläufen. Trotz der vielen regionalen Besonderheiten kann man die Ergebnisse des hochmittelalterlichen Grundherrschaftswandels dahingehend zusammenfassen, dass die grundherrliche Eigenwirtschaft der Klöster radikal reduziert und die ökonomische Verflechtung zwischen Fronhöfen und bäuerlichen Betrieben weitgehend aufgehoben wurden. Bei vielen Klostergrundherrschaften vollzog sich demnach ein Wandel von der älteren Betriebsgrundherrschaft zum spätmittelalterlichen Rentensystem mit fixierten Natural- und Geldzinsen.

Der Wechsel von der Fronhofwirtschaft zum Rentensystem bereitete den klösterlichen Grundherren im Allgemeinen schwierige Übergangsprobleme und führte besonders bei den alten Reichsabteien zu schweren Krisenerscheinungen. Bedeutende Reichsklöster wie Fulda und Corvey wurden dadurch in ihren Grundlagen erschüttert und konnten die neuen Herausforderungen nur schwer bewältigen. Anders als St. Gallen und Reichenau meisterte das benediktinische Reformkloster St. Blasien die Übergangsprobleme mit erstaunlichem Erfolg; St. Blasien stellt daher das Beispiel einer Klostergrundherrschaft dar, die den hochmittelalterlichen Transformationsprozess ohne größere Verluste überstand.[41] Dieses Reformkloster bewahrte sich damals sowohl auf religiösem Gebiet als auch im wirtschaftlichen Bereich eine gefestigte Position und baute seine Grundherrschaft durch Besitzkonzentration und Güterarrondierung weiter aus. Auf der Basis einer funktionierenden Ämterorganisation mit erfahrenen monastischen und laikalen Verwaltungsbeamten erreichte die Grundherrschaft von St. Blasien im Spätmittelalter ein hohes Maß an ökonomischer Effizienz und rationeller Güterorganisation, die auch in der frühen Neuzeit fortbestand.

1   Schmid 1978.
2   Raaijmakers 2003.
3   Weidinger 1991.
4   Schrimpf 1996; Rösener 1996.
5   Vgl. Prinz 1980, 68–74.
6   Horn/Born 1979; Hecht 1983.
7   Vgl. Schwind 1984, 106.
8   Statuta Murbacensia, in: CCM I, 437–450; Semmler 1960.
9   Statuta seu Brevia Adalhardi abbatis Corbeiensis, in: CCM I, 357–408.
10   Vgl. Schwind 1984, 119.
11   Vgl. ebd., 120.
12   Vgl. Rösener 1996, 209.
13   Vgl. Schwind 1984, 118.
14   Vgl. Riché 1981, 58.
15   Vgl. Schwind 1984, 118.
16   Vgl. Riché 1981, 57.
17   Vgl. Rösener 1991, 83–147; Ders. 2000, 119–121.
18   Vgl. Rösener 1996, 209–224.
19   Vgl. ebd., 216–220; Weidinger 1991, 162–229; Ders. 1989.
20   Vgl. Oexle 1978, 675.
21   Vgl. Metz 1978.
22   Vgl. Rösener 1985, 196–203.
23   Vgl. Kaminsky 1972, 195–222.
24   Vgl. Weidinger 1991, 119.
25   Vgl. Rösener 1985, 196.
26   Vgl. Rösener 1996, 223.
27   MGH Const. 1, 633; Rösener 1991, 221.
28   Vgl. Schwind 1984, 114f.
29   Vgl. ebd., 115.
30   Vgl. zu den Gynaeceen die Angaben im Capitulare de villis: MGH Cap. 1, Nr. 32, cap. 31 und 43.
31   Vgl. Hägermann 2007, 14–16.
32   Vgl. ebd., 15.
33   Vgl. Kuchenbuch 1978, 280.
34   Vgl. Hägermann 1988, 359–363.
35   Vgl. Hägermann 2007, 16; Kuchenbuch 1978, 293–298.
36   Vgl. Kuchenbuch 1978, 298.
37   Vgl. Hägermann 2007, 21.
38   Vgl. Hägermann 1986, 61–75.
39   Vgl. Rösener 1992, 22–26.
40   Vgl. Rösener 1992, 23.
41   Vgl. Rösener 1991, 420–429; Ott 1969.

Literatur:

Semmler 1960. – Ott 1969. – Kaminsky 1972. – Kuchenbuch 1978. – Metz 1978. – Oexle 1978. – Schmid 1978. – Horn/Born 1979. – Becker 1980. – Prinz 1980. – Riché 1981. – Hecht 1983. – Schwind 1984. – Rösener 1985. – Hägermann 1986. – Hägermann 1988. – Rösener 1989. – Weidinger 1989. – Rösener 1991. – Weidinger 1991. – Rösener 1992. – Rösener 1995. – Rösener 1996. – Schrimpf 1996. – Rösener 2000. – Raaijmakers 2003. – Hägermann 2007.

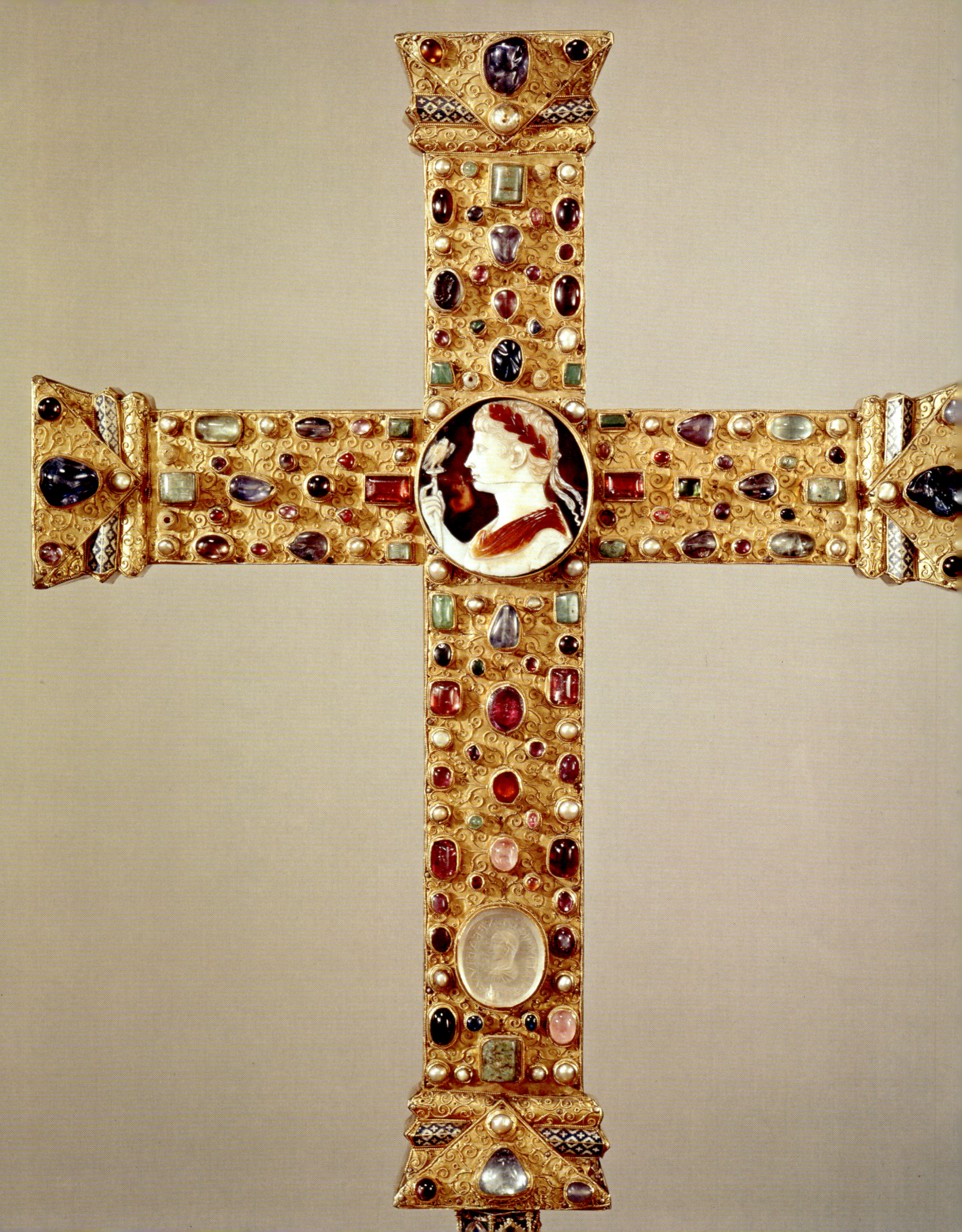

GESCHICHTE ALS LITURGIE — MITTELALTER-LICHE ANTIKENREZEPTION UND DIE ROLLE DES BENEDIKTINISCHEN MÖNCHTUMS

Jürgen Strothmann

Das abendländische Mönchtum, das seit dem 6. Jahrhundert zu einer wesentlichen mittelalterlichen Kraft wurde, ist seinem Ursprung nach antik. Anders aber als das Bischofsamt, das ebenfalls als Klammer zwischen antiken Ordnungsvorstellungen und mittelalterlichen Gesellschaften gelten kann, verweist das Mönchtum auf radikale Kritik an eben diesen Ordnungsvorstellungen einer diesseitsgewandten Welt.

Während die römische Welt unmittelbar als wesentliche Wurzel abendländischer Gesellschaften gelten muss, ist die griechische Welt dem Abendland vor allem als Erscheinungsform genuin christlicher Tradition und mit den römischen Traditionen verwobenes politisches und kulturelles Denken begegnet, was eine eigene Rezeption erst noch auslösen musste. Zunächst aber ist das Abendland wesentlich lateinisch geprägt. „Rezeptionsvorräte" bestehen also im Wesentlichen in der eigenen römisch-christlichen Vergangenheit und in den mit dieser überkommenen Kulturtechniken, zu denen auch die Artes liberales gehörten, unter ihnen die Grammatik, deren Quellen die klassische lateinische Literatur darstellte (Kat.-Nr. 1.118–1.129; Abb. 2, 3).

Das abendländische Mönchtum entsteht aus der spätantiken Gesellschaft heraus, versteht sich jedoch als Gegenentwurf gegen die Welt, ja auch gegen die Welt, wie sie kirchlich organisiert war. Bereits einige Zeit vor Benedikt von Nursia (um 480/90–555/60) und seiner Mönchsregel entstehen im Westen des römischen Reiches Klöster, also Laiengemeinschaften, die eine eigene Welt erschaffen, eine eigene Welt nach dem Vorbild apostolischer Maximalforderungen und zugleich nach den Regeln der römischen Familie, an deren Spitze der *pater familias* stand.

Das Gehorsamsgebot dieser Gemeinschaften genüber ihrem Vorsteher ist sowohl eine Notwendigkeit geordneten Zusammenlebens als auch Ausdruck einer ekklesiologischen Vorstellung von der Notwendigkeit monarchischer Führung von Himmel und Erde.

Dabei gilt wie in der römischen Gesellschaft neben der absoluten Gewalt des Vaters (*Abbas*) seine Bereitschaft zur Annahme von Rat als wesentliche Voraussetzung seiner Stellung. So entsteht ein autonomes System, dessen Bestand nicht durch Uneinigkeit, aber auch nicht durch reine Willkür gefährdet ist. Die absolute Gewalt des Abtes soll von der Mitwirkung seiner Schutzbefohlenen nicht begrenzt, sondern inhaltlich gesichert werden (s. Beiträge Felten, Kassin).

Oberste Maßgabe ihrer Frömmigkeit war die Disziplin, möglicherweise gerade dies eine römische Antwort auf die orientalische Welt, der das frühe Christentum ja eigentlich entstammt. Es entstehen autonome Gemeinschaften, die sich dem Zugriff der Bischöfe zu entziehen suchen, möglicherweise als Antwort auf eine erste Verweltlichung des Bischofsamtes, das seit Konstantin (306–337) auch mit hoheitlichen weltlichen Aufgaben betraut worden war, wie etwa der *audientia episcopalis*, einer Ausdehnung der kirchlichen Schiedsgerichtsbarkeit auf den politischen Raum.

Bischöfe wurden so im spätantiken römischen Staat zu funktionalen Teilen desselben. Damit beginnt die Zeit der abendländischen Klostergründungen, die zwar Weltflucht repräsentieren, zugleich aber demselben Heilsplan unterworfen sind wie der Rest der Schöpfung. Sie teilen die Geschichte der Welt.

Im Laufe der folgenden Jahrhunderte veränderte sich die Funktion der Klöster für ihre Gründer ebenso wie für ihre Insassen. Bereits Konstantin hatte die Möglichkeit geschaffen, über das persönliche Eigentum an den natürlichen Erben vorbei zugunsten

1 Lotharkreuz, Köln, um 1000, in der Vierung antiker Augustus-Cameo. Aachen, Domschatzkammer

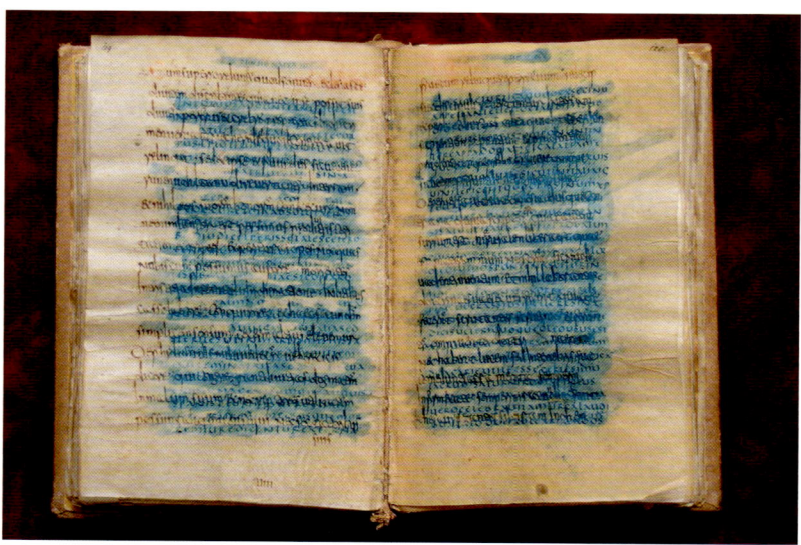

2 Naturlehre des
Plinius, 5. Jahrhundert.
Benediktinerstift
St. Paul, Cod. 3/1
(Kat.-Nr. 1.18)

des Heils ebenso wie die zahlreichen Personen, die in die klösterliche *Memoria* aufgenommen wurden.

Es sind die Orte, an denen Gemeinschaften bestehen, die den Wechselfällen des einzelnen Lebens in ihrer Gesamtheit nicht unterworfen sind. Anders als Familien müssen sie den Tod des Oberhauptes nicht fürchten. Sie wählen einen neuen Abt. Zugleich sind sie jeweils einzeln autonom oder bestenfalls hierarchisch als Mutter- und Tochterkloster verbunden. Die Gemeinschaft als solche kann in ihrer Heilserwartung regulär nicht durch ihre Glieder eingeschränkt werden, weil alles Handeln der Gemeinschaft nach dem Willen des Abtes und der Regel geordnet ist. So sind die Klöster wie prädestiniert, die Heilssicherung für die von ihnen vertretenen Gesellschaften zu übernehmen.

Neben der aktuellen Liturgie, dem Gebetsgedenken, der Funktion für politische Stabilität und ihrer wirtschaftlichen Prosperität, kommt den Klöstern die Aufgabe zu, den Ort der frühmittelalterlichen Gesellschaften im göttlichen Heilsplan zu sichern, sich seiner zu versichern.

Geschichtsschreibung ist daher für die frühmittelalterlichen Klöster von erheblicher Bedeutung. Dazu gehören zunächst die Annalen, als jährliche Aufzeichnungen über die wesentlichen Ereignisse, die den eigenen Ort in der Geschichte zu bestimmen helfen und außerdem Wahrheit sichern. Einmal notiert ist ein Ereignis festgeschrieben und überdauert die ja nicht immer verlässliche Erinnerung der Zeitgenossen. Das ist wichtig, dass nämlich gesichertes Wissen über das Geschehen in der Welt besteht, weil das Geschehen in der Welt aus der Sicht der Zeitgenossen viel mehr Gottes Wille ist als Ergebnis der Freiheit der Zeitgenossen. Im Laufe der Zeit wird für das Übel in der Welt zunehmend der „Feind des Menschengeschlechts" bemüht, aber eine „offene" Geschichte in unserem Sinn, also eine Geschichte, deren Meister wir selbst sind – und das ganz alleine –, gibt es wohl erst seit der Aufklärung. Also ist es wichtig, die Geschichte zu kennen, weil sie Gottes Wirken in der Welt und seinen Plan vom Weg der Welt von der Schöpfung zum Jüngsten Gericht repräsentiert.

Unsere Annahme vom Ende der Antike ist wie die Epocheneinteilung selbst wesentlich humanistischen Ursprungs. Vorher und in mancher Hinsicht auch noch nach dem 16. Jahrhundert nahm man die Gegenwart in Kontinuität zur alten römischen Mittelmeerwelt wahr. Das römische Reich endete nach dieser Vorstellung eben erst 1806 mit der Auflösung des Heiligen Römischen Reiches Deutscher Nation. Das

von kirchlichen Einrichtungen testamentarisch zu verfügen, was zu einer erheblichen Verbreiterung kirchlicher Eigentumsbasis führte. So entdeckt auch der abendländische Adel die Klöster als Kapitalanlage und als Herrschaftsinstrument. Besonders die Autonomiebestrebungen der Klöster und ihrer Äbte gegenüber der Weltkirche und deren Bischöfen verspricht den adeligen Investoren eine ganze Reihe von geistlichen, wirtschaftlichen und politischen Optionen.

Sie können ihrer Weltlichkeit mit Familienangehörigen ein heiligmäßiges Leben hinzufügen, das für ihre Familien reinigende Wirkung entfaltet. Sie können geistliche Karrieren machen ohne die Wahl von Klerus und Volk – und regulär ohne die Mitwirkung des Königs. Seit der zunehmenden staatlichen Privilegierung für Klöster sind diese als Kapitalanlage von besonderem Interesse.

Im Laufe des 7. Jahrhunderts lösen sie die Städte als wirtschaftlich-politische Zentren zunehmend ab und wurden in karolingischer Zeit zu den wichtigsten politischen Zentren des fränkischen Reiches. So gesehen wurden die Klöster zu zentralen Orten auch der politischen Kultur. Sie repräsentieren – neben den Bischofskirchen – die kulturelle und zivilisatorische Basis frühmittelalterlicher Gesellschaft.

Sie sind einst als Orte der Sicherheit gegründet worden. Sie schützen nicht nur vor dynastischen Unglücksfällen der adeligen Familie, nicht nur vor der Verderbtheit der Welt.

Mit dem individuellen Seelenheil der Mönche sichern sie das der klösterlichen Gemeinschaft als solcher; sie sichern die Familien der Mönche vor Verlust

Kaisertum konnte als wesentliche Klammer gelten. Erst nach seinem Ende musste die moderne Welt endgültig neu definiert werden.

So ist Antikenrezeption im Mittelalter grundsätzlich nicht das Zitieren einer fremden überlegenen Welt, sondern das Aufgreifen einer (überlegenen) vergangenen Zeit der eigenen Welt und bedeutet nicht das Zitieren einer abgeschlossenen Vergangenheit, sondern den immer wieder notwendigen Rückgriff auf die eigenen geschichtlichen Wurzeln. Das ist ein Wechselspiel aus Kontinuität und Rezeption von Formen, die man der eigenen Gesellschaft für wesentlich zugehörig hält.

Vor dem 12. Jahrhundert ist die politische Welt der vorchristlichen Antike von einer solchen Art identitätsstiftender Rezeption weitgehend ausgeschlossen. Und insofern ist das Frühmittelalter ein Zeitalter des Mönchtums, weil die Auseinandersetzung mit Geschichte wie alle Auseinandersetzungen mit den Wissenschaften allgemein denkbar konservativ – man könnte auch sagen: mit der gebotenen Vorsicht – betrieben werden. So wie die Theologie des frühen Mittelalters im Wesentlichen auf den Innovationen der Kirchenväter gründet, so ist möglicherweise sogar noch stärker das Geschichtsdenken sicherheitsorientiert und somit abhängig von den vermeintlich unerreichten Einsichten der Kirchenväter. Sehr deutlich wird das in der Weltgeschichte des Bischofs Frechulf von Lisieux (ca. 823–853), der sich gar nicht erst in Quellenkritik versucht, sondern bemüht ist, das Sichere zusammenzutragen, was ihm dann für die eigene unmittelbare Vergangenheit sichtlich Schwierigkeiten bereitet. Darin liegt nicht Unfähigkeit, sondern der feste Glaube an das Wirken Gottes in der Welt. Das Geschichtsdenken der Kirchenväter ist solch gesichertes Wissen, das Frechulf regelrecht kanonisiert.

Dass das benediktinische Mönchtum zum wesentlichen Überlieferungsbewahrer wurde, ist Ausdruck eines geradezu liturgischen Verständnisses von der Geschichte und ihren Quellen im weitesten Sinne. Das beständige wiederholende Bewahren von Kulturgut geschieht im Bewusstsein von der Notwendigkeit der Welt und ihrer Geschichte – und ihrer Deutung als Heilsgeschichte. All das, was Bestand hatte vor den Augen der Kirchenväter, wird ebenso abgeschrieben wie die Schriften der Kirchenväter selbst.

Entscheidend für dieses Verständnis von Geschichte, dem wir den allergrößten Teil unserer Quellen zur Alten Geschichte verdanken, ist das Prinzip der Autorität, derjenigen der Bibel, der Kirchenväter

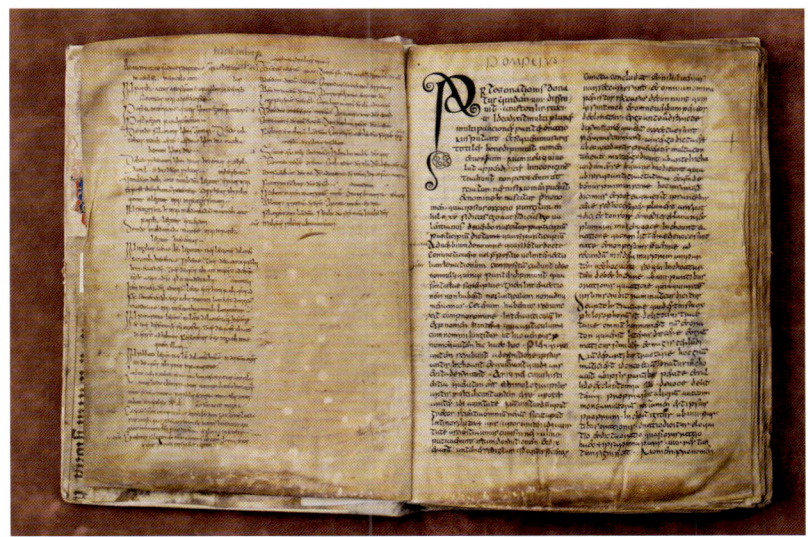

und derjenigen des Abtes. Der Umgang mit Bildung ist folglich ein „kumulativer". Kaum jemand wagt es in diesem System, sich eigenmächtig bewusst gegen Tradition zu entscheiden, auch der Abt nicht. Was einmal da ist, bleibt und wird bewahrt. Hinzu kommt Ergänzendes, wozu Erklärungen, Auslegungen, Kompendien und notwendige Bemerkungen gehören. Die vielleicht wichtigste wissenschaftliche Form dieser Zeit ist neben exegetischen Textformen die Glosse (vgl. Kat.-Nr. 4.19, 4.20, 10.26). Am Rand des Textes findet die Auseinandersetzung mit demselben statt. So wird das Alte lange Zeit als das Überlegene gesehen, das es zu verstehen gilt. Zugleich aber beschränkt sich die inhaltliche Auseinandersetzung mit der Antike weitgehend auf das theologisch Gesicherte, nämlich auf die christliche Antike.

Die Welt des Frühmittelalters ist eine weitgehend antike Welt. Die Kontinuität zur christlich gewendeten Antike ist groß, die Menschen des frühen Mittelalters sind umgeben von antiken Bauwerken, nutzen antike Straßen und schreiben in der Sprache der römischen Antike.

Und es ist die Sprache, auf die sich eine erste ausgeprägte Rezeption der Antike bezieht. Die sog. „Karolingische Renaissance" gilt zwar wesentlich der Herstellung reichsweit einheitlicher Strukturen, zugleich aber – da die Basis für dieses Unternehmen die lateinische Sprache darstellt – begünstigt sie in besonderem Maße die Beschäftigung mit antiken Texten.

Es sind die Benediktiner, denen in diesem Reformvorhaben der frühen Karolinger seit Karlmann (741–747) und Pippin (741–751) eine wesentliche Rolle zufällt.

Und hierbei kommt ein weiteres liturgisches Moment hinzu. Auch das Abschreiben kann als Gottesdienst verstanden werden, als schwere, sich im Detail ständig wiederholende Arbeit, deren Ziel die bleibende Neuherstellung von Bestehendem ist. Die Veränderung des Textes beschränkt sich auf seine Form, nämlich auf die Verbesserung seiner Lesbarkeit.

Der Austausch von Büchern im gesamten Frankenreich wiederum ist Teil der Erneuerung des Reiches, indem der Briefkontakt über den Austausch von Büchern hinaus auch eine neue Form der Gebetsgemeinschaft fördert. Diese Netzwerke, an denen auch Mönche maßgeblich beteiligt sind, können als eine wesentliche Basis für die karolingische Organisation des Reiches verstanden werden und auch für die Verbreitung von abgeschriebener Literatur.

Mit der Erneuerung des Kaisertums, dessen römischer Bezug ja deutlich sichtbar ist, knüpfen Hofkreise unübersehbar neu an die römische Geschichte an. Neben den positiven Exempla, die durchweg der christlichen römischen Geschichte entnommen werden – zu ihnen gehören allen voran die Kaiser Konstantin und Theodosius I. (379–395) –, verehrt man die auch von Kirchenvätern – allen voran Augustinus – geschätzte klassische lateinische Literatur. Ihren Protagonisten eifern die Gelehrten am Hof Karls des Großen (768–814) nach. Sie erhalten im Hofkreis Beinamen, die sie als neuen Horaz (Flaccus für Alkuin), Ovid (Naso für Modoin) und Homer (für Angilbert) ausweisen. Karl jedoch bleibt in diesem Kreis David und wird trotz seines Kaisertums nicht etwa zu Augustus.

Das Spiel mit der Gelehrsamkeit, das am Hof getrieben wird, führt nur selten zu einer ernsthaften Auseinandersetzung mit der Alten Geschichte. Politische Antikenrezeption findet so gut wie nicht statt, und das, obwohl anzunehmen ist, dass die Literaten der Zeit auch die politische Geschichte Roms gut gekannt haben werden. Diese aber blieb wegen ihres heidnischen Charakters tabu. Die Schriften des Benediktinermönchs Walahfrid Strabo (808/09–849), die von hoher philologischer Kompetenz und großen Kenntnissen auch der vorchristlichen Geschichte und Literatur zeugen, der in seiner Dichtung zu den Monaten auch deren vorchristlich-römische Geschichte erzählt, etwa von der Umbenennung des *sextilis* in August nach Oktavian-Augustus (31/30 v. Chr. – 14 n. Chr.), scheint damit nicht die Zustimmung in seiner klösterlichen Umgebung gefunden zu haben. Gerade unter den Dichtern führt der Umgang mit der lateinischen Sprache und ihren klassischen Quellen zu einer intensiven Aneignung der damit verbundenen Kulturtechniken.

In der Auseinandersetzung mit der Antike sind die Aufgaben recht klar verteilt: die Benediktiner liefern den Stoff, aus dem andere mit zunehmender Freizügigkeit bald auch gewagtere Gewänder schneidern.

Schon Karl der Große hatte auf seinen Silbermünzen einen Tempel erscheinen lassen, dem erklärend die Umschrift „*Christiana Religio*" beigegeben wurde. Und mit dem ottonischen Anspruch auf das römische Kaisertum – nunmehr in offener Konkurrenz zu Byzanz – wurde die politische Rezeption römischer Antike deutlicher, bis hin zu Otto III. (984–1002), der offensichtlich in der Lage war, seinen stark geistlich-kirchlich orientierten Rombezug mit einem politischen, auf der Antike gründenden Rombezug zu verbinden. Wir wissen nicht sicher, ob der Augustus-Cameo in seinem Aachener Vortragekreuz sich auf die Person des Augustus selbst bezog, aber einigermaßen sicher ist doch, dass die Abbildung des Kaisers aus vorchristlicher Zeit als solche erkennbar war (Abb. 1).

Antikenrezeption gewinnt im Laufe des Investiturstreites an Bedeutung, zunächst wohl auf Seiten der römischen Kirche in der neuen Architektur nach dem Normannensturm von 1084, dem in Rom zahlreiche Bauwerke zum Opfer gefallen waren. Rom erneuerte sich, aber ohne unmittelbaren Bezug auf vorchristliche Geschichte.

Eine neue Qualität bekommt die Antikenrezeption als politische Antikenrezeption in der Auseinandersetzung zwischen Papsttum und Kaisertum in den Jahren des Investiturstreites. Die Streitschriften beider Seiten bemühten den Vergleich mit Nero, der oft als Inkarnation des Teufels galt. Solchermaßen als „Feind des Menschengeschlechtes" bezeichnet wurden also sowohl Kaiser als auch Papst. Und neu war der Vergleich mit Nero auch nicht, da schlechte Beispiele aus der vorchristlichen Antike immer schon zum Repertoire der politischen Auseinandersetzung gehörten. Nun aber verlagert sich der Diskurs. Nicht mehr nur schlechte Beispiele werden aus der vorchristlichen Antike entnommen.

Die päpstliche Seite besann sich auf ihre geistliche Qualität; nach einiger Zeit recht säkularen Papsttums kamen Personen auf den Stuhl Petri, die umfassend theologisch gebildet und ambitioniert waren. Das bedeutendste Beispiel ist Gregor VII. (1073–1085). Diese Päpste versuchten nun, den Kaisern ihre königliche Sakralität zu nehmen, die in mancher Hinsicht zu Lasten der bischöflichen Stellung im Reich gegangen war, die außerdem die Bischöfe in gewisser Weise den Königen nachgeordnet hatte. Ihr

Erfolg in der Säkularisierung der königlichen Herrschaft führte zu einer Neubesinnung der römisch-deutschen Könige auf ihr Kaisertum, das sie nun zunehmend in der Nachfolge der antiken Kaiser begriffen und definierten.

Das 12. Jahrhundert begründet in vielerlei Hinsicht einen epochalen Wandel. Es ist das Jahrhundert, mit dem die Stadtkommunen zu bedeutenden Teilen mittelalterlicher Gesellschaft werden und in dem eine neue Frömmigkeit sich neue Lebensformen und Erkenntnisweisen sucht. Es ist eine Zeit der intensiven Antikenrezeption in einigen Bereichen: In der Rechtswissenschaft wird das Gesetzgebungswerk Justinians rezipiert, in Theologie und Philosophie werden zunächst Platon und bald vor allem Aristoteles zu neuem Leben erweckt, und für das politische Denken bezieht man sich nun auf die vorchristliche Antike mit ihren theoretischen Reflexionen und mit ihrem Kaiserbild. Diese neue Freiheit in ihrem Umgang mit den bisher sicher geglaubten Inhalten und Formen des Wissens von Gott und der Welt ist vielleicht auch ein Grund für eine in gewisser Weise benediktinische Antwort, die Zisterzienser nämlich, deren eigentliche Karriere mit dem bedeutenden Abt Bernhard von Clairvaux (1090–1153) beginnt. Sie führen Teile des benediktinischen Mönchtums erneut auf die Regel Benedikts zurück und betonen in dieser neuen Welt die alten Werte (vgl. Kat.-Nr. 18.1). Ihr Einfluss ist beachtlich, Bernhard selbst mag in der Kirche wohl mächtiger gewesen sein als die Päpste seiner Zeit, Eugen III. (1145–1153) etwa war sein Schüler. In der Auseinandersetzung mit zwei Gestalten dieses Aufbruchs des 12. Jahrhunderts zeigt Bernhard deutlich die Haltung eines radikalen benediktinischen Mönchtums, das nun auch – wie vielleicht schon Cluny (s. Beitrag Neiske/Hillebrandt) – die Welt gestalten will, nicht bloß sich von ihr zurückziehen gedenkt. Arnold von Brescia (um 1100–1155), ein Regularkanonikerpropst, der bereits mit kirchlichen Hierarchien in Konflikt geraten war und schließlich als Gegner des Papstes als Bischof von Rom 1155 wegen seines Wirkens in der Stadt Rom im Umkreis der politischen Emanzipation der Stadt unter der Anklage der Ketzerei sein Leben verlor, lehrte als Nachfolger Petrus Abaelards (1079–1142) in Paris Theologie und diskutierte offen die Probleme seines Faches mit seinen Studenten. Diesem Arnold warf Bernhard eben dies vor, nämlich dass er die wesentlichen Fragen des Glaubens mit unqualifizierten Personen diskutierte und damit der Rationalität zugänglich machte und dem Vorwurf nach dieser auch

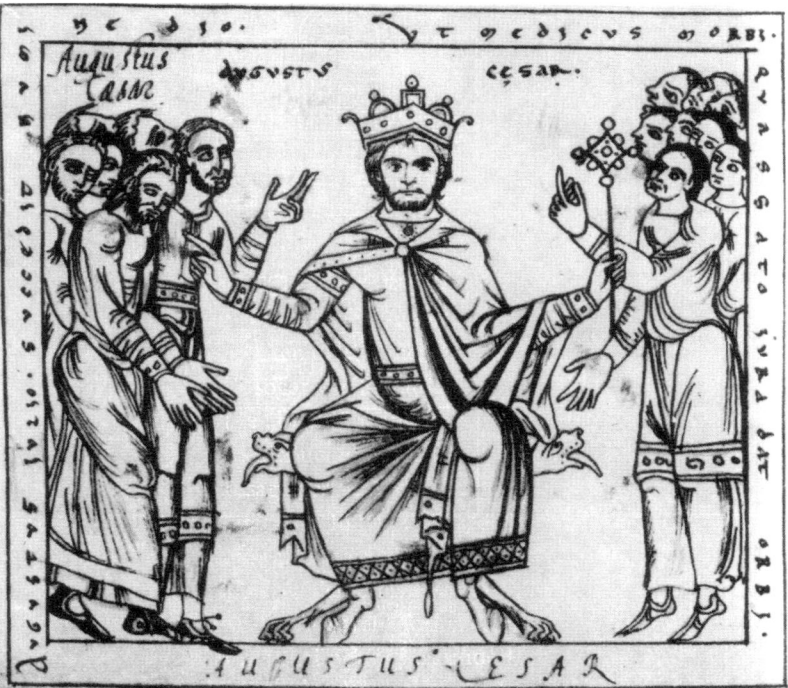

4 Kaiser Augustus aus der Illustration zu Otto von Freisings Chronik in Cod. Jenensis Bose q. 6, fol 38b

unterwarf. Letzterer Vorwurf richtete sich auch schon gegen Abaelard, der als früher Scholastiker die Theologie eben nicht als sicheres Wissen der Lehrer verstand, sondern als sich in der offenen Diskussion manifestierende Wahrheit. Das war für Bernhard eine unerträgliche Vorstellung. Aus seiner Perspektive war das nicht der Triumph der Wahrheit, sondern ihr Verrat. Derselbe Abaelard hatte sich bereits in den 20er Jahren des 12. Jahrhunderts der Anklage der Ketzerei ausgesetzt, weil er in seiner *Theologia* die Trinität im Denken Platos wiederzufinden glaubte, indem er etwa den Heiligen Geist als Platos Weltseele identifizierte. Das ist vielleicht eine zentrale Stelle zum Verständnis des Verhältnisses des benediktinischen Mönchtums zum innovativen, aber eben auch riskanten Denken der geistigen Avantgarde des 12. Jahrhunderts.

Der Bischof Otto von Freising (1138–1158) ist als Grenzgänger zwischen Mönchtum und moderner Scholastik eine Schlüsselfigur der Antikenrezeption des 12. Jahrhunderts. Otto war kurzzeitig Abt der Zisterzienserabtei Morimond gewesen (1138), bevor er dann schließlich Bischof von Freising wurde. Er hatte eine Weile in Paris studiert und verfügte über eine umfassende Bildung, die ihn auch in die Lage versetzte, kompetent über die philosophisch-theologischen Streitfragen und Probleme seiner Zeit zu urteilen. Ebenso wichtig wie sein Werdegang ist aber seine

Herkunft. Er war mit Staufern und Welfen gleichermaßen eng verwandt, nämlich der Onkel Kaiser Friedrich I. Barbarossas (1152–1190) und mit diesem wie schon mit König Konrad III. (1138–1152) eng verbunden. Es ist natürlich unter diesen Umständen sehr schwierig, seine Schriften den Zisterziensern und dem benediktinischen Mönchtum zuzuordnen, aber vielleicht ist das Konzept in seinem Kern durchaus auch ein Benediktinisches.

Otto hat die Geschichte der Welt verfasst. Von der Schöpfung bis zur Gegenwart ist sie in sieben Bücher unterteilt. Unmittelbar auf die Gegenwart folgt das achte Buch, das dem Abschluss der irdischen Geschichte gilt. Für die ältere Geschichte bezieht sich Otto auf eben die sicheren Quellen, die auch bis dahin für solche Unternehmungen gebraucht wurden, etwa für die römische Geschichte der vorchristlichen Zeit auf Orosius (Kat.-Nr. 1.36). Doch kann man sich an manchen Stellen des Eindrucks nicht erwehren, dass er – obwohl gelegentlich fast wörtlich Orosius folgend – die Kaisergeschichten Suetons vor Augen hatte. Für die Taufe Konstantins, ein heikles Problem, lehnt er die „kanonische" Geschichte von der Taufe durch Papst Silvester nach der Heilung vom Aussatz ab, wie sie in der Konstantinischen Schenkung, dem zentralen Mythos der mittelalterlichen (kirchlichen) Vorstellung von der päpstlichen Rolle in der Welt, berichtet wird. Otto bleibt dennoch bei der Annahme von der Taufe durch Papst Silvester, sieht das aber als Ergebnis der Schlacht an der Milvischen Brücke (312), in der sich Konstantin unter den Schutz Christi gestellt hatte. Er lässt dennoch durchblicken, dass er von dem Bericht des Cassiodor in seiner *Historia Tripartita* weiß, wonach Konstantin erst am Ende seines Lebens von dem arianischen Bischof Eusebius von Nikomedien getauft worden war.

Den Konflikt zwischen Wahrheit und Wirklichkeit entscheidet Otto zugunsten der Wahrheit, nicht ohne seine Kenntnis von der Wirklichkeit sichtbar werden zu lassen. Otto findet – auf der Basis der christlichen Weltgeschichte des Orosius (verfasst 417/418) – in seinem Augustusbild zu einer Konzeption, die man als eine wesentliche staufische Konzeption vom Kaisertum erkennen kann, die den Staufer Konrad als Erben und regelrechten Nachkommen des Kaisers Augustus versteht. Das ist – trotz des konservativen Umgangs mit den Quellen – in dieser Deutlichkeit eine grundlegende Konzeption vom Kaisertum als eines weltlich begründeten und in heidnischer Antike wurzelnden Kaisertums, das ja in der verstärkten Rezeption des Justinianischen Rechts seine Entsprechung findet.

Der ehemalige Zisterziensermönch Otto versteht es, mit den traditionellen Mitteln und einer modernen persönlichen Freiheit im Umgang mit den Quellen eine Synthese zu schaffen aus benediktinisch-traditionellen und modernen scholastischen Erkenntnisformen, ohne die Sicherheit der kanonischen Heilsgeschichtsschreibung verlassen zu müssen. Die Weltchronistik ist gerade bei Otto ein theologischer Entwurf zum Verständnis der Welt und des göttlichen Willens, der in seiner theologischen Konzeption wissenschaftlich ist, jedoch für die ältere Geschichte nur sehr bedingt ein kritisch-geschichtswissenschaftlicher. Ziel der Weltchronistik ist die Orientierung über die bisher manifestierte Wahrheit und die gegenwärtige Position im gottgewollten bzw. von diesem geplanten Geschehen. Bemerkenswert im Hinblick auf die Rezeption der Antike ist bei Otto die Annahme, dass Oktavian-Augustus, der erste römische Kaiser (Abb. 4), von Gott gewollt war und dessen ja heidnische Friedensherrschaft die Voraussetzung für das Kommen Christi darstellte.

Mit dem 13. Jahrhundert haben sich die Lebens- und Frömmigkeitsformen des Abendlandes grundlegend verändert; es sind die neuen Orden, die sich der wissenschaftlichen Theologie annehmen und mit der Scholastik verbunden werden; vor allem Dominikaner und Franziskaner stellen die großen Theologen und mit ihnen die Philosophen und Träger der politischen Ideen, die ja meistens historisch begründet wurden.

So ist es der Dominikaner Thomas von Aquin (1224/25–1274), der maßgeblich die Methodik und Erkenntnistheorie des Aristoteles in die Theologie einführte und damit in einem Rückgriff auf vorchristlich-antike Konzepte die mittelalterliche Theologie revolutionierte.

Zugleich fand bereits seit dem 12. Jahrhundert eine erste Verbürgerlichung der Gesellschaft statt, in der die Städte auf Kosten des landsässigen Adels in vielerlei Hinsicht die Führung übernehmen. Frömmigkeit wird individueller, findet zu vielerlei auch persönlich-mystischen Formen und ist von kirchlicher Seite nur schwer und oft gar nicht zu kontrollieren. Mit der Krise des 14. Jahrhunderts, mit Rezession und schwarzem Tod, wird eine grundlegende Verunsicherung gegenüber der Welt und auch gegenüber dem Wirken und Willen Gottes unübersehbar. Das hat zur Folge, dass viele Menschen auf eigene Faust ihr Heil suchen und in den meisten Fällen dieses in übersteigerter Frömmigkeit finden, nicht jedoch in der Disziplin eines Benediktinerklosters. Die Weltflucht findet in der Welt statt. Und diese Welt des späten Mittelalters hat nur noch wenig gemein mit der kirchlich und adelig geprägten Welt der starren Ordnungen der Zeit vor dem 12. Jahrhundert.

Vielleicht ist es eine Art Sündenfall, dass die Menschen in ihrer gewonnenen Freiheit des Denkens und Glaubens und in einer neuen Mobilität zumindest in den städtisch-geprägten Regionen Europas nach neuen Konzepten suchten, die der Autorität als Prinzip des Wissens um Wahrheit eine Absage erteilen und etwa in den Humanisten der Renaissance neue – aber eben nicht mehr verbindliche – Antworten finden.

Als einer der Ersten ist es der Cicero-Liebhaber und gekrönte Poet Petrarca (1304–1374), der im Rückgriff auf antike literarische Formen und philosophische Konzepte vom Leben dem vergangenen „Mittelalter" eine neue Zeit entgegenwirft, die an den Idealen der Antike orientiert ist und diese als überlegene und vor allem ganz andere Zeit und Gesellschaft begreift und als Entwurf für die Gestaltung der Gegenwart empfiehlt.

Die Antike als Gegenentwurf zur Gegenwart ist ein Konzept, mit dem die Moderne beginnt, das aber so ganz und gar nicht benediktinisch ist. Erst der Barock mit seinem selbstverständlichen Umgang mit antiken Formen, mit unzähligen Allegorien aus dem antiken Bildungskanon verbindet in einer gewissen Sorglosigkeit eine auch der Gegenreformation innewohnende theologische Gewissheit mit der gesamten Bildersprache antik-heidnischer Kunst. Vielleicht liegt das daran, dass das katholische Christentum ein wesentlich römisches ist – im Gegensatz zu dem regional gebundenen Protestantismus nördlich der Alpen. Jedenfalls ist es für das benediktinische Mönchtum nun ebenso selbstverständlich, mit allen Inhalten heidnischer Gelehrsamkeit, nachdem es diese dem Abendland erst überliefert hatte, umzugehen und seine Formen in seinen Kanon der gesicherten Wahrheit zu übernehmen.

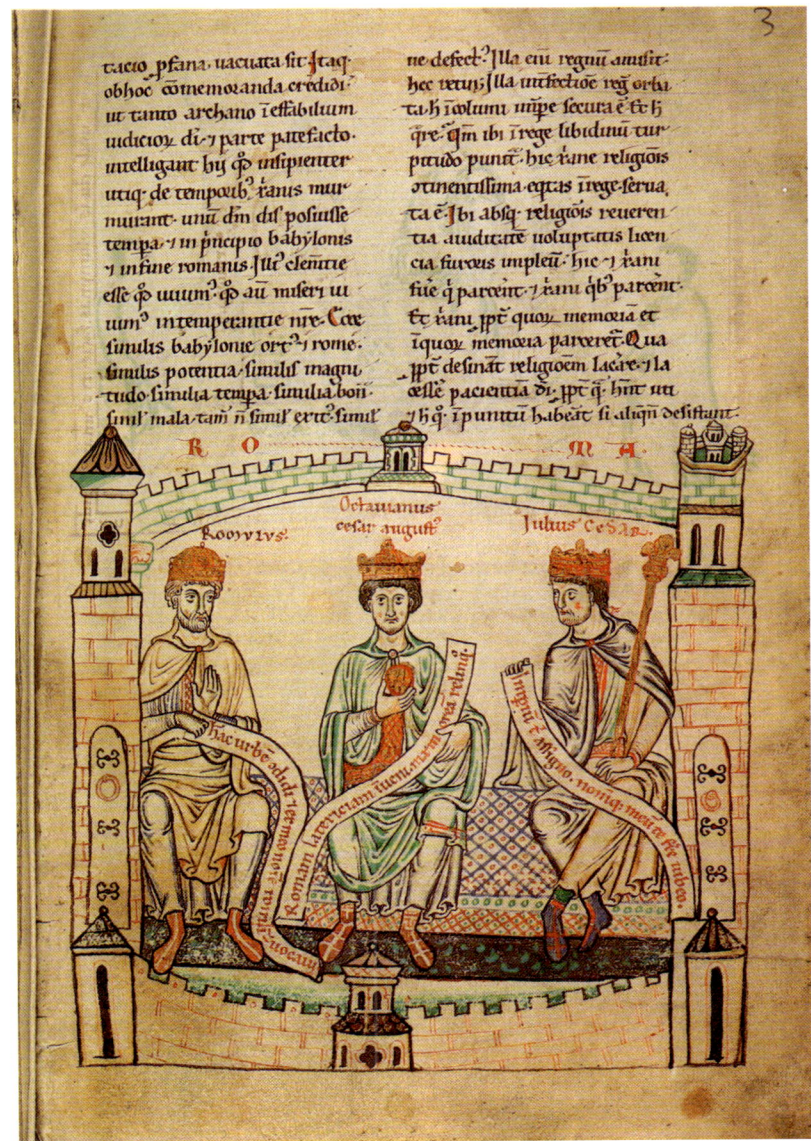

Literatur:

Goetz 1985. – Kat. Köln 1985. – Felten 1988. – Otto von Freising 1990. – Kirmeier/Treml 1991. – Brandt/Eggebrecht 1993. – Angenendt 1997. – Kat. Essen 1999. – Kat. Paderborn 1999. – Ochsenbein 1999. – Strothmann 2000 – Laboa 2002..

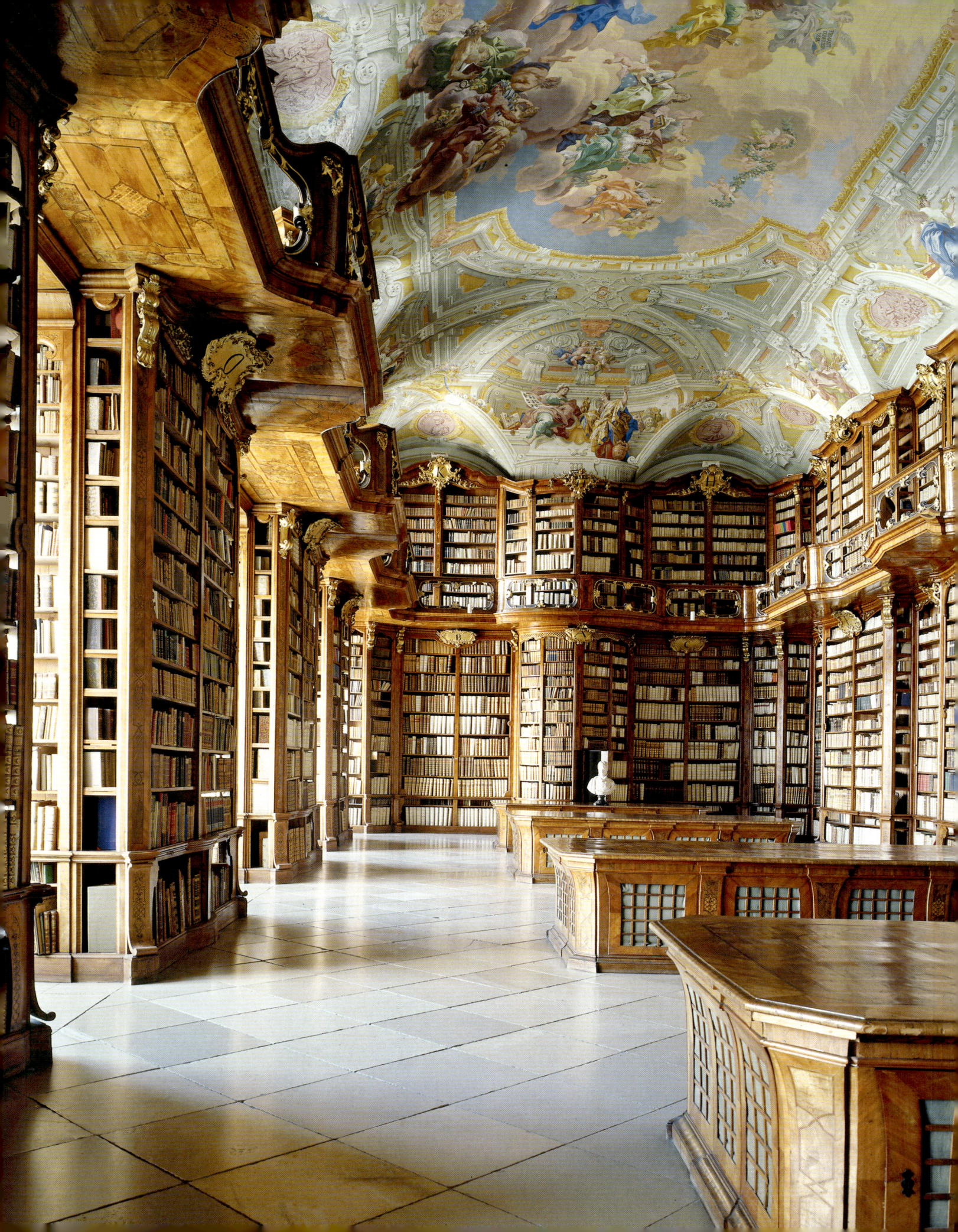

KLOSTERBIBLIOTHEKEN

Ernst Tremp

Geschichte und Bedeutung

Die schlichte Regel des hl. Benedikt leitet die Mönche nicht zu einer ausgesprochen bibliothekarischen und überhaupt wissenschaftlichen Arbeit an. Sie verwendet das Wort *bibliotheca* bekanntlich nur einmal und nur zufällig. Im 48. Kapitel, das von der täglichen Handarbeit handelt, wird angeordnet: „Für die Tage der Fastenzeit erhalte jeder aus der Bibliothek ein Buch, das er von Anfang bis Ende ganz lesen soll" (BR 48,15). Mit *bibliotheca* war aber nicht eine Büchersammlung bezeichnet, sondern die in einzelne Bücher aufgeteilte Bibel. So ist auch der erste Eintrag im St. Galler Bibliothekskatalog des 9. Jahrhunderts zu verstehen, der die Abteilung der Biblica eröffnet: „bibliotheca una", d.h. Vollbibel in einem Band. Immerhin lag im Wort *bibliotheca* der Keim für jene Bibliothekssäle, die elf oder zwölf Jahrhunderte nach dem hl. Benedikt in der Barockzeit fürstlich gebaut und geschmückt wurden.

Dass sich das benediktinische Mönchtum der Wissenschaft öffnete und zu einem Hauptträger der Wissensüberlieferung des Abendlandes wurde, hängt mit der historischen Lage am Übergang von der Spätantike zum Frühmittelalter zusammen. Mit dem Untergang des Weströmischen Reiches waren in den germanischen Nachfolgestaaten die Infrastruktur und die Bildungseinrichtungen, die einen Fortbestand der Schriftkultur hätten gewährleisten können, vielerorts zusammengebrochen. Nur noch der Klerus an den Bischofssitzen verfügte über entsprechende Grundkenntnisse. Es war das Verdienst des römischen Staatsmanns und Gelehrten Cassiodor (um 485 – um 580), der im Jahr 554 in Süditalien das Kloster Vivarium gründete, als erster das Wissen der Antike zu sammeln und in spätere Jahrhunderte hinüberzuretten. In seinen *Institutiones* legte er seinen Mönchen sogar einen Studienplan mit Lektüreempfehlungen vor. Mit Cassiodor und dem Kloster Vivarium beginnt die Geschichte der mittelalterlichen Klosterbibliotheken.

Als wichtigste und zahlenmäßig größte Gruppe prägen die Klosterbibliotheken wesentlich das Bild des Bibliothekswesens im europäischen Mittelalter. Ihre erste Blütezeit erlebten sie unter Karl dem Großen (768–814) und seinen Nachfolgern. Die am Hof im Zeichen der ‚karolingischen Renaissance‘ entstandenen Bildungseinrichtungen Bibliothek, Schule und Skriptorium waren die Vorbilder für Klöster und Stifte. Durch seine Bildungserlasse machte ihnen Karl der Große die Einrichtung von Schulen und die Ausbildung des Klerus zur Pflicht. Das Klosterwesen erfuhr außerdem durch die Aachener Reformgesetzgebung unter Ludwig dem Frommen (814–840) eine grundlegende Erneuerung. Die Benediktregel wurde zur gültigen Norm und die *Consuetudines* Benedikts von Aniane (750–821) zu den allgemein zu beachtenden Ausführungsbestimmungen für alle Mönchsklöster des Reiches (vgl. den Beitrag Kettemann).

Zur Erfüllung ihrer Aufgaben brauchten die Klöster einen Grundbestand an Büchern – für den Gottesdienst, das Studium der Bibel und der Kirchenväter, die Tischlesung und die Predigt. Darüber hinaus waren nach dem Zeugnis der Bibliothekskataloge die größeren Abteien, allen voran das von Karls Lehrmeister Alkuin († 804) geleitete Martinskloster von Tours, aber auch die bedeutenden ostfränkischen Klöster Lorsch, Fulda, Reichenau und St. Gallen, mit Werken verschiedener Disziplinen ausgestattet. Neben den Büchern der Sieben Freien Künste, zu denen profane Werke der heidnischen Antike gehörten wie alte christliche Dichter und zeitgenössische nichttheologische Schriften, zählten dazu hagiographische und historische Werke, Ordensregeln, Wör-

1   Hauptsaal der Stiftsbibliothek St. Florian mit Inneneinrichtung, 1749, von Christian Jegg und Johann Paul Sattler und Deckenfresko, 1747, von Bartolomeo Altomonte

terbücher und Enzyklopädien, Sammlungen des kanonischen Rechts, der germanischen Volksrechte oder der volkssprachlichen Literatur. Die Klosterbibliotheken wurden durch Schenkungen und Kauf oder Tausch vermehrt, vor allem aber durch die eigene Abschreibtätigkeit, für die man sich gegenseitig die Handschriften auslieh. So enthält der älteste Katalog des Klosters St. Gallen aus der Zeit von 860/865 in 294 Einträgen mit 426 Bucheinheiten auch Hinweise auf den Zustand der Werke und auf den Leihverkehr mit anderen Klöstern.

Für das Gedeihen einer Bibliothek bildete das Kloster mit seiner geschlossenen Organisationsstruktur gute Voraussetzungen. Das Bildungsgut und die Bildungsgewohnheiten wurden kontinuierlich von einer Generation zur nächsten weitergegeben, indem die jungen Mönche in die Aufgaben der alten unter der Autorität der Regel und des Abtes hineinwuchsen. Auch die materiellen Grundlagen der klösterlichen Wirtschaft waren wichtige Voraussetzungen für die kostspielige Pflege und Erweiterung der Büchersammlung. Geriet ein Kloster in die Abhängigkeit eines Bischofs oder eines Laienabts, oder erlebte es einen wirtschaftlichen Niedergang, wurden davon oft auch das geistige Leben und die Bibliothek betroffen. Im 10. und 11. Jahrhundert waren die von Lothringen und von Cluny ausgehenden, auch in Deutschland Fuß fassenden Reformbewegungen auf die Erneuerung der Klosterzucht ausgerichtet. Besonders im lothringischen Gorze gehörte das Skriptorium zu den wichtigsten Einrichtungen des Klosters. Die Bedeutung der Klosterbibliothek gipfelte in dem bekannten, Gottfried von Saint-Barbe-en-Auge (um 1170) zugeschriebenen Spruch: „Claustrum sine armario quasi castrum sine armamentario" (Ein Kloster ohne Bibliothek ist wie eine Burg ohne Rüstkammer). In dieser Zeit gab es in einzelnen Klöstern wohl noch bemerkenswerte Leistungen, aber das benediktinische Mönchtum insgesamt erreichte als Trägerin von Bildung und Kultur bei weitem nicht mehr die führende Stellung, die es in karolingischer und ottonischer Zeit besessen hatte.

Die kirchliche Erneuerung im 15. Jahrhundert weckte den eigenen Reformwillen des Mönchtums, der sich neben der Erneuerung von Klosterzucht und Verinnerlichung der Askese auch auf die Wiederaufnahme der Studien auswirkte. Die Reform der deutschen Benediktinerklöster ging von drei Zentren aus, dem oberpfälzischen Kastl, dem niederösterreichischen Melk und dem niedersächsischen Bursfelde an der Weser. Die Besinnung auf die wissenschaftliche

Tradition der Benediktiner äußerte sich in der raschen Vermehrung und Neuordnung der Bibliotheksbestände. In den Statuten der Bursfelder Kongregation, der bis zur Reformation rund 180 Klöster angehörten, hebt der die Bibliotheken betreffende Teil hervor, dass für das Mönchsleben neben den Erbauungsbüchern auch die wissenschaftliche Literatur wichtig sei. Mit dem Vordringen des Buchdrucks schwand allmählich das Interesse an Handschriften, und an ihre Stelle traten gedruckte Bücher. Der Zuwachs von Druckwerken belebte seinerseits die bibliotheksbildende Kraft der Klöster.

Die Reformation und der Bauernkrieg brachen mit ihren Säkularisierungen und Zerstörungen den Reformgeist der deutschen Klöster. Auch in den katholisch gebliebenen Gebieten verloren sie ihre führende Stellung in Bildung, Wissenschaft und Bibliothekswesen. Das Ende des Mittelalters war zugleich das Ende der Vorherrschaft der mittelalterlichen Kloster- und Kirchenbibliotheken. Ihre Bestände gingen vielfach in andere Bibliotheken über – in Universitätsbibliotheken, fürstliche Bibliotheken oder Privatsammlungen.

Die Erneuerung der kontemplativen Orden nach der Reformation stand zunächst unter dem Einfluss des Jesuitenordens und seiner Bildungseinrichtungen. Später gingen starke Impulse von der 1618 im französischen Kloster Saint-Maur gegründeten Benediktiner-Reformkongregation der Mauriner aus. In der Kongregation blühte die historische Forschung auf, aus dem wissenschaftlichen Streit mit den Jesuiten (Bollandisten) entstanden monumentale Darstellungen der Paläographie und Diplomatik. Das gelehrte Wirken der Mauriner belebte auch in den deutschen Klöstern die Geschichtsforschung und förderte die Pflege von Bibliothek und Archiv. Vor allem in den Reichsklöstern des süddeutschen Raumes entfaltete sich ein reges wissenschaftliches Leben. Seine Pflanzstätte war die 1622 gegründete und von Benediktinern geführte Universität Salzburg. Begünstigt durch den wirtschaftlichen Aufschwung und das ständische Selbstbewusstsein in den Prälatenklöstern, entstanden nun auch jene barocken Klosteranlagen, die in Größe und Prachtentfaltung mit den fürstlichen Residenzen wetteiferten (s. den Beitrag Telesko). Sie bargen reiche Bibliotheken in prächtigen Bibliothekssälen und beherbergten eine stattliche Zahl von Gelehrten.

Die klösterliche Pflege der Wissenschaft ging Hand in Hand mit einer Öffnung gegenüber dem Gedankengut der Aufklärung. Diese – nach der maurinischen – zweite, aufklärerische Klosterreform der

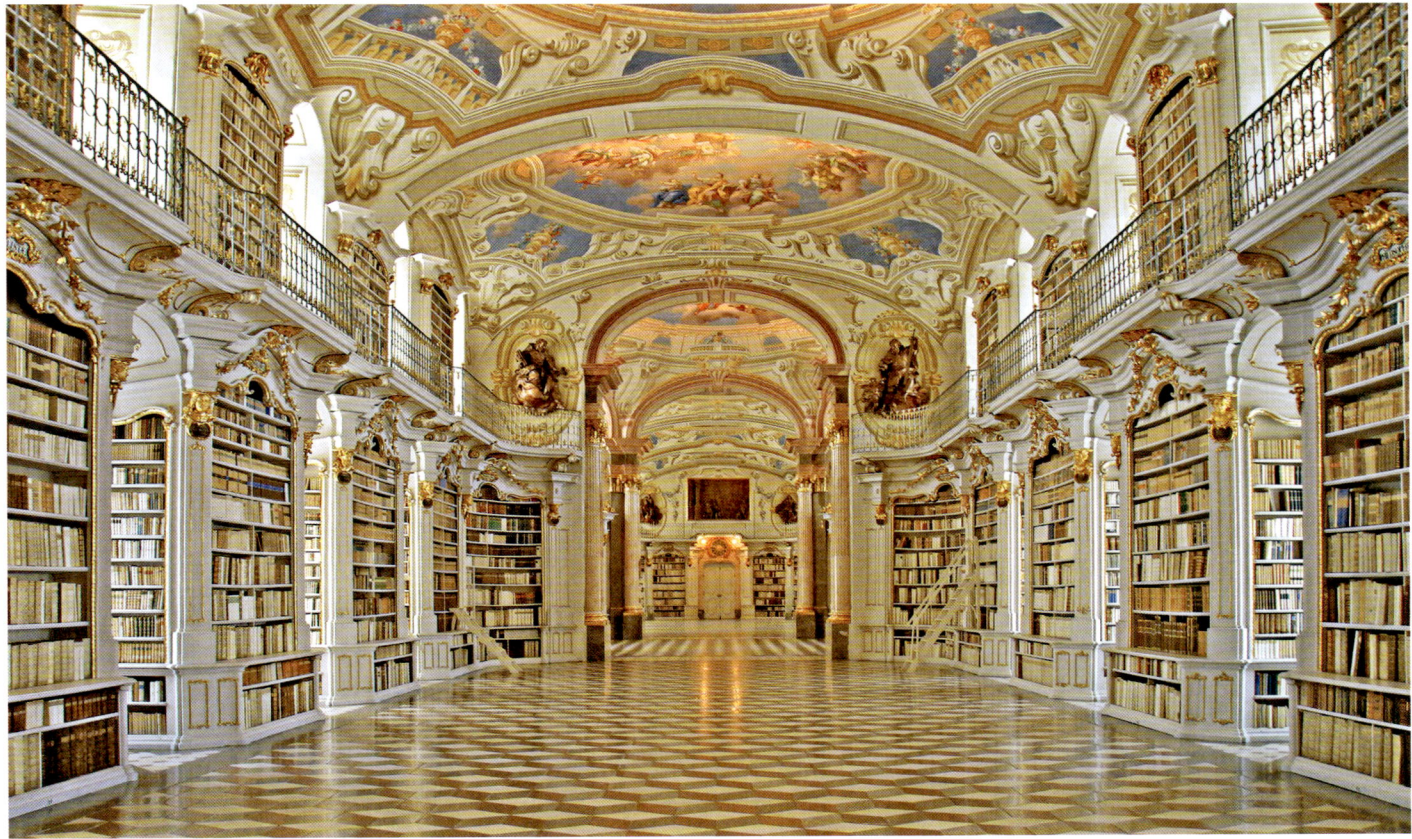

Neuzeit setzte sich bis zur Mitte des 18. Jahrhunderts weitgehend durch. Die Abteien verloren ihre barocke Behäbigkeit, reformierten ihre Schulen, bewirtschafteten ihre Güter nach ökonomischen Grundsätzen, pflegten die Naturwissenschaften und legten neben ihren rasch wachsenden Bibliotheken Naturaliensammlungen und Kuriositätenkabinette an. Im geistigen Leben der katholischen Territorien spielten die Klosterbibliotheken eine nicht geringe Rolle. Auf ihnen ruhten die Bildung und die wissenschaftliche Tätigkeit eines beträchtlichen Teils der gelehrten Bevölkerung und der Lehrerschaft. Allerdings waren die Klosterbibliotheken nicht der Allgemeinheit zugänglich. Für besondere Forschungen, in der Regel für historische Quellenforschung, standen sie jedoch den Gelehrten zur Verfügung.

Durch die Säkularisierungswellen während und nach der Französischen Revolution gingen die meisten Klosterbibliotheken in staatliche Hände über. Damit kam ein längerer Prozess zum Abschluss, der sich schon in der Zeit der Reformation im 16. Jahrhundert angekündigt hatte, dass nämlich die Bücher von einem überlebten Bibliothekstyp in andere, zukunftsträchtige und zumeist öffentliche Bibliotheks-

typen übergingen. Manches ging dabei zugrunde. Vielfach bedeuteten die Säkularisierungen allerdings die Rettung der Codices für die Wissenschaft. Fast alle modernen Handschriftensammlungen staatlicher Bibliotheken verdanken ihren Grundstock oder bedeutende Teile aufgehobenen Klosterbibliotheken. Auf diese Weise befinden sich heute manche Klosterbibliotheken vollständig oder zu großen Teilen in öffentlichen Bibliotheken. Nur wenige der alten Klosterbibliotheken blieben an ihrem Ort erhalten, besonders in Österreich (Admont, Klosterneuburg, Kremsmünster, Melk, Zwettl), in der Schweiz (St. Gallen, Einsiedeln, Engelberg) oder in Italien (Montecassino).

Bibliotheksräume

Im Früh- und Hochmittelalter beanspruchten die Bibliotheken der Klöster wenig Platz. Manche Bücher der insgesamt kleinen Bestände wurden nicht in der Hauptbibliothek aufbewahrt, sondern dort, wo sie gerade gebraucht wurden – in der Schule, in der Sakristei, im Skriptorium, im Krankenhaus oder im Refekto-

2 Stiftsbibliothek Admont, 1775–1776, von Josef Hueber, mit der Ausmalung von Bartolomeo Altomonte

rium. Zur Aufbewahrung des nicht benützten Teils genügten Kisten, Truhen oder Schränke. Nur in großen Abteien und dort, wo die Bestände anwuchsen, schuf man einen eigenen Bibliotheksraum. Dieser lag anfangs in der Nähe des Chores, sehr oft neben oder über der Sakristei. Ein Obergeschoss wurde zur Aufnahme der Bücher bevorzugt, weil es einen besseren Schutz gegen Feuchtigkeit und Diebstahl gewährte.

Dies war der Fall für das erste bildliche Zeugnis einer Bibliothek, das sich in dem um 820 auf der Reichenau für das verbrüderte Kloster St. Gallen angefertigten Klosterplan befindet. Die heute in der Stiftsbibliothek St. Gallen aufbewahrte, singuläre Planzeichnung (s. Beitrag Schedl) enthält unter vielen anderen Bestandteilen eines idealtypischen Klosters aus der Zeit der karolingischen Reform den ältesten Grundriss einer Bibliothek. Diese befindet sich auf der Nordseite des Chores, gegenüber der Sakristei, in einem zweistöckigen Gebäude zusammen mit dem Skriptorium. Die Einzeichnungen und die Beischriften geben über die Funktionen der Räume Auskunft: *infra sedes scribentium* – im Untergeschoss sind sieben Schreibersitze eingezeichnet, *supra bibliotheca* – im Obergeschoss ist der Bücherspeicher vorgesehen. Die beiden Räume besitzen eine Grundfläche von etwa 10 x 10 m. Das Bauwerk wurde allerdings nicht nach diesem Plan ausgeführt, sondern man schuf ein halbes Jahrhundert später an der gleichen Stelle einen freistehenden, mehrstöckigen, gemauerten Bibliotheksbau, den nach seinem Bauherrn Abt Hartmut genannten Hartmutturm, der bis ins 16. Jahrhundert benützt wurde. Für das Skriptorium wählte man in St. Gallen einen Platz neben der Wärmestube im Bereich des Claustrums; hier sorgten außer der wärmenden Nachbarschaft auch verglaste Fenster für angenehme Arbeitsbedingungen.

In St. Emmeram ließ Bischof Wolfgang von Regensburg (972–994) einen mit Versinschriften geschmückten Bibliotheksraum bauen. Ob auch in der St. Galler Bibliothek oder über dem Eingang des St. Galler Skriptoriums, das nur die Schreiber, der Bibliothekar, der Abt und der Dekan betreten durften und wo Stillschweigen herrschte, eine Inschrift angebracht war, wissen wir nicht. Über der Pforte der größten abendländischen Schreibstube um 800, jener des Martinsklosters in Tours, ließ ihr Lehrer und Abt Alkuin eines seiner Carmina anbringen. Die letzten drei von insgesamt acht Distichen lauten:

„Es ist ein vorzügliches Werk, heilige Bücher
abzuschreiben,
und der Schreiber selbst verdient damit Lohn.

Besser als einen Weinberg zu graben ist das
Schreiben von Büchern,
jener dient seinem Bauch, dieser seinem Geist.
Mag ein Lehrer auch vieles aus den alten und
neuen Schriften vortragen,
die geheiligten Worte der Väter muss ein jeder
lesen."

Die Einrichtung der Bibliothek bestand in der Frühzeit aus einigen Kisten oder Schränken. Um einer größeren Anzahl von Lesern die gleichzeitige Benützung zu ermöglichen, ohne dass die wertvollen Codices ausgeliehen werden mussten, wandelte sich der Bibliotheksraum im Laufe der Zeit von einem reinen Magazinraum zu einem Arbeitsraum. Man legte die Bücher offen auf Pulten zum Lesen aus und sicherte sie durch Anketten vor Diebstahl. Der Wandel zur Pultbibliothek brachte einen größeren Raumbedarf, die Bibliothek wurde aus der Nähe der Kirche und der Sakristei verdrängt und in das Obergeschoss eines Gebäudeflügels verlegt, zu dem nach Möglichkeit auch Fremde Zugang haben sollten.

In der Zeit zwischen der Reformation und dem Ende des Dreißigjährigen Kriegs vollzog sich der Wandel von der gotischen Studienbibliothek zur barocken Saalbibliothek. Erleichtert wurde dieser grundlegende Prozess durch das Vordringen des gedruckten Buches. Das einzelne Buch verlor an Kostbarkeit und zumeist auch an Größe und Gewicht. Sein Format erlaubte daher die Lagerung in Wandschränken. Dadurch büßte das Einzelstück zwar an Individualität ein, aber der Buchbestand als Ganzes gewann eine neue dekorative Kraft. Im Laufe der hochbarocken Stilphase und der spätbarocken Blüte bekam der Bibliothekssaal eine größere Bedeutung für das architektonische Ganze des Klosters, schließlich stand er künstlerisch gleichberechtigt neben dem Festsaal oder dem Refektorium oder eiferte gar in der Ausstattung mit Stuck und/oder Malerei mit der Klosterkirche um die Wette. Die Bücherschränke wurden zu einem nicht herauslösbaren Teil des Raumbildes und die Empore zu einem Motiv voll reizvoller Wirkungsmöglichkeiten. Damit waren alle wesentlichen Elemente der barocken Saalbibliothek ausgebildet (Abb. 1–6).

Welchen Anspruch und welche Aufgaben solche barocken Prachtbibliotheken nach den Intentionen ihrer Bauherren zu erfüllen hatten, lässt sich an den Inschriften ablesen, die der Besucher bei ihrem Betreten erblickt. So steht über dem Portal der Stiftsbibliothek St. Gallen (Abb. 4) in griechischen Lettern die Inschrift „ΨΥΧΗΣ ΙΑΤΡΕΙΟΝ" (Psychäs Iatréion),

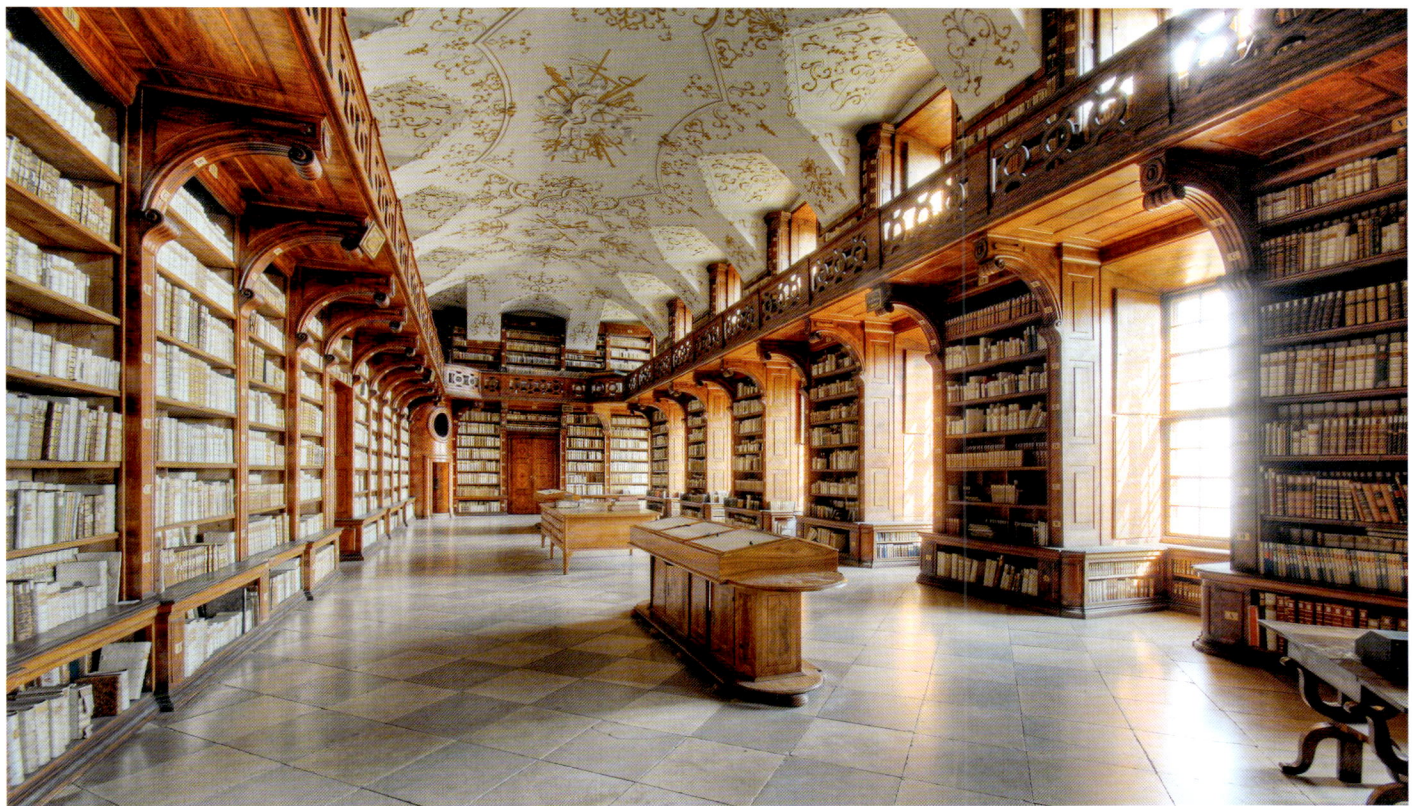

3 Stiftsbibliothek Gött-
weig, 1727–1730, mit
Stukkierung von
Giovanni Mario Antonio
Tencalla und Innen-
einrichtung von Johann
Heinrich Holdermann

d.h. ‚Sanatorium des Geistes' oder ‚Seelen-Apotheke'.
Diese oft abgebildete und zitierte Supraporte bedeutete sowohl gelehrte Reminiszenz als auch bibliothe-
karisches Programm. Es handelt sich um die älteste
bekannte Bibliotheksinschrift, die der vorchristliche
Historiker Diodorus Siculus (1. Jh. v. Chr.) an einer
ägyptischen Tempelbibliothek gelesen und auf Griechisch überliefert hat. Programmatisch wollte man
damit zum Ausdruck bringen, dass Bibliotheken
„Krankheiten" des menschlichen Geistes, insbesondere die Unwissenheit, zu heilen vermochten. Sie
sollten Bildungsstätten und Forschungsinstrumente
sein, nicht verstaubte Raritätenkammern und Kuriositätenkabinette.

Der Bibliothekar

Als Bezeichnungen für den Bibliothekar begegnen in
den mittelalterlichen Quellen *armarius, librarius, the-
saurarius*, seltener auch *custos librorum* oder *bibliothe-
carius*. Ursprünglich bekleidete der Bibliothekar kein
nur für die Bibliothek zuständiges Klosteramt, sondern war zugleich Kantor oder Kustos oder leitete
auch die Schule, das Skriptorium oder das Klosterar-

chiv. Sein Amt war eines der wichtigsten und angese-
hensten nach dem Abt, Dekan, Propst oder Prior. Es
setzte einen hohen Grad an Bildung voraus. Nicht
ohne Grund verlangte Ulrich von Zell († 1093) in den
von ihm aufgezeichneten *Consuetudines* von Cluny,
dass der Armarius-Cantor ein *oblatus*, d.h. ein von
Jugend an im Kloster erzogener und mit dessen Einrichtungen bestens vertrauter Mönch, sein müsse. Da
er mehrere Ämter ausübte, war ihm oft ein jüngerer
Mönch als Gehilfe zugewiesen. Soweit uns Mönchs-
persönlichkeiten als Bibliothekare begegnen, wird
ihre Leistung durch große Gelehrsamkeit und durch
besonderen Fleiß in der Bestandsvermehrung charakterisiert: Reginbert von Reichenau († 846), Notker
der Stammler von St. Gallen († 912), Froumund von
Tegernsee († um 1008), Ekkehart IV. von St. Gallen (†
um 1060), Otloh von St. Emmeram († 1070) in Regensburg, Burchard von Michelsberg († 1147) in
Bamberg, Heinrich von Ligerz († nach 1350) in Einsiedeln, Peter von Arbon (um 1370) in Admont, Sigismund Meisterlin († um 1491) von St. Ulrich und Afra
in Augsburg.

Seit vom 12. Jahrhundert an in Statuten von Klöstern und Kongregationen Anweisungen für den Bibliothekar enthalten sind, stand die Bestandswahrung

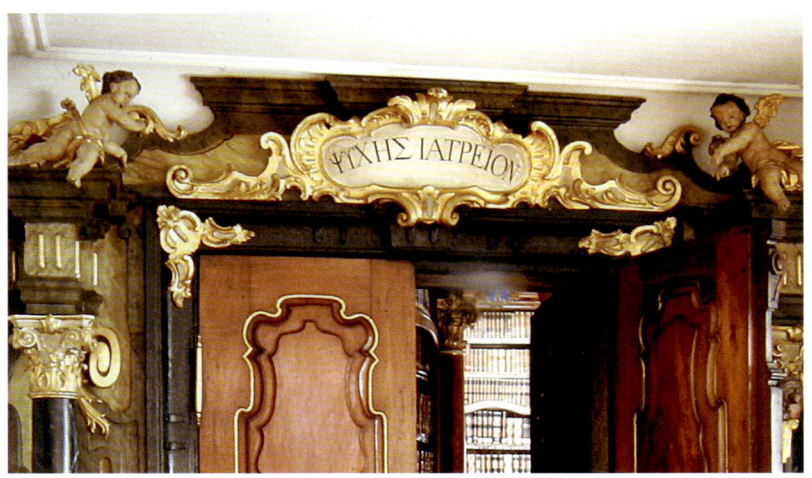

4 Eingang zur Stifts-
bibliothek St. Gallen

5 Bibliothekssaal
Ottobeuren, 1711–1733,
Stukkierung von Johann
Baptist Zimmermann,
Deckengemälde von
Elias Zobel

6 Bibliothekssaal
Wiblingen, 1737–1744,
Deckengemälde von
Franz Martin Kuen,
Figuren von Dominikus
Hermenegild Herberger

unter seinen Pflichten an erster Stelle. Der Bibliothekar hatte den Verlust von Handschriften an Fremde
zu verhüten. Er sollte sie vor Schmutz und Ungezie-
fer schützen und beschädigte Bände – man denke an
Klosterbrände, Überfälle, Plünderungen usw. – aus-
bessern. Stets wurde auch das Führen eines Inventars,
d.h. eines Katalogs, verlangt. Der Bibliothekar war
zuständig für die Bücherausleihe an die Konventualen zu Beginn der Fastenzeit, gemäß der Anordnung
in der Benediktregel; häufig überwachte der Abt
selbst die Bücherverteilung. Über diese und andere
Ausleihvorgänge hatte der Bibliothekar Buch zu führen. Ausleihen nach auswärts erfolgten entweder
gegen ein Bücherpfand oder gegen eine schriftliche
Bestätigung.

Die Zeit der Klosterbibliothekare als bibliotheka-
rische Fachleute im modernen Sinn beginnt mit dem
17. Jahrhundert. Normbildend waren die neu gegründeten Benediktinerkongregationen, die für den Bib-
liotheksbetrieb eigene Satzungen aufstellten. So
waren sich die Äbte der 1602 gegründeten Schweize-
rischen Benediktinerkongregation der Bedeutung
einer gut ausgestatteten Klosterbibliothek bewusst
und erließen 1636 Statuten für den Bibliothekar. Ihm
ist die Sorge für sämtliche Bücher des Klosters anvertraut. Neuzugänge müssen katalogisiert und eingereiht werden. Die Bibliothek muss reingehalten und
regelmässig gelüftet werden. Neue Bücher darf der
Bibliothekar nur mit Zustimmung des Abtes anschaf-
fen. Er allein (außer Abt und Dekan) besitzt auch
den Schlüssel zur Bibliothek. Intern dürfen Bücher
nur über ihn ausgeliehen werden. Schließlich ist er
auch für die Auswahl der Tischlesung verantwortlich
und muss für die Mitbrüder Schreibutensilien bereit
halten.

1748 und 1757 erließen die Äbte der Schweizeri-
schen Benediktinerkongregation erweiterte Fassun-
gen der Satzungen. Darin wurde der Klosterbibliothek im Zusammenhang mit der Verwaltung der zeitlichen Güter ein bevorzugter Platz eingeräumt. Unter
diesen gibt es heilige und profane Dinge und solche,
die – wie die Bibliothek und das Archiv – gemischten
Charakter haben. Auch wird betont, dass es nicht ge-
nüge, prachtvolle Bibliothekssäle zu bauen. Diese
müssten auch mit guten und nützlichen Büchern
ausgestattet werden, damit sie den Mönchen einen
Gewinn brächten.

Den ausführlichen Weisungen von 1757 entsprechend muss der Bibliothekar ein Mönch sein, auf dessen Klugheit und Eifer, Leben und Charakter der Abt
sich verlassen und dem er die Sorge für die Bibliothek
und deren Schutz anvertrauen kann. Denn die Bibliothek gehört an Würde, Nützlichkeit und Aufwand
zum Kernbesitz des Klosters. Der Bibliothekar solle
sich bewusst sein, dass er im Dienst an den Mitbrü-
dern stehe. Er muss einen Katalog aller Bücher des
Klosters besitzen, alphabetisch und nach Sachgebieten
gegliedert; gleiches gilt vom Handschriftenkatalog.
Auch von Sammlungen (Bilder, Münzen usw.), die
normalerweise in der Bibliothek aufbewahrt werden,
sollen genaue Verzeichnisse angelegt werden. Verbo-
tene Bücher müssen in der Bibliothek von den anderen getrennt und eingeschlossen aufbewahrt werden.
Die Bibliothek darf nur zu bestimmten Zeiten geöffnet
sein und nur in Anwesenheit des Bibliothekars benützt
werden. Teure Bücher dürfen nur angeschafft werden,
wenn sie für das geistliche und wissenschaftliche Leben
tatsächlich nutzbringend sind. Der Bibliothekar soll
den Benützern der Bibliothek mit gutem Rat zur
Seite stehen. Als Kenner der Bibliothek ist er ja bestens in der Lage, Auskunft zu geben und geeignete
Literatur zu empfehlen. Er ist auch für die Übernahme
der Büchernachlässe verstorbener Mitbrüder verantwortlich. Weiter hat er den Gästen des Klosters zur
Verfügung zu stehen, wobei hier besondere Wachsam-
keit und gegebenenfalls Aufsicht geboten sind. Diese
detaillierten Vorschriften für den Bibliothekar sind im
Wesentlichen auch heute noch nicht überholt und
können überzeitliche Geltung für sich in Anspruch
nehmen.

Literatur:

Lesne 1938. – Buzas 1975. – Buzas 1976. – Buzas 1978. – Plüma-
cher 1980. – Jolly 1988. – Vernet 1989. – Duft 1994. – Lehmann 1996. – Davril/Palazzo 2000. – Lang 2000.

LEGE – „…erhalte jeder ein Buch aus der Bibliothek, das er ganz lesen soll." – Studium, Macht des Wissens

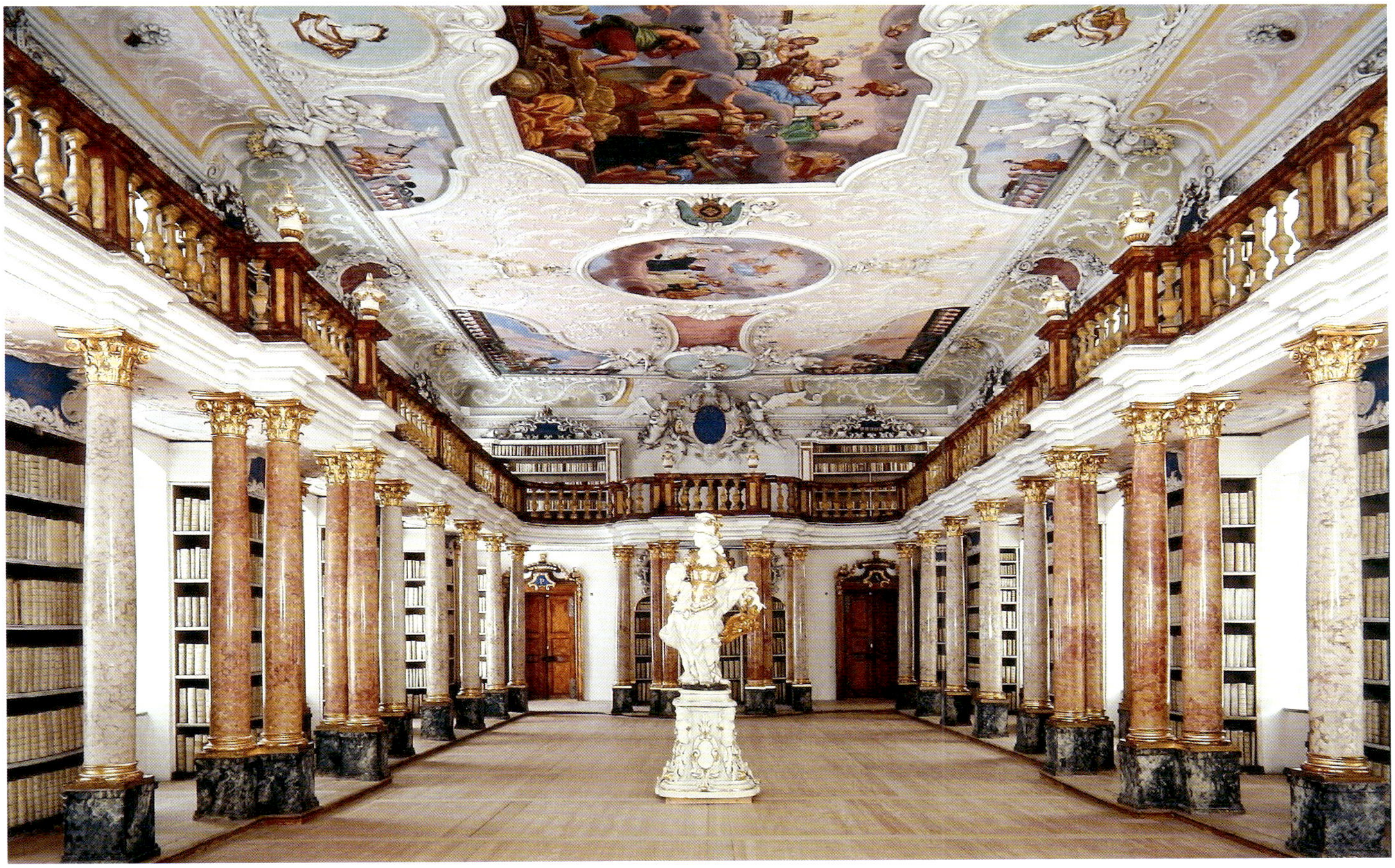

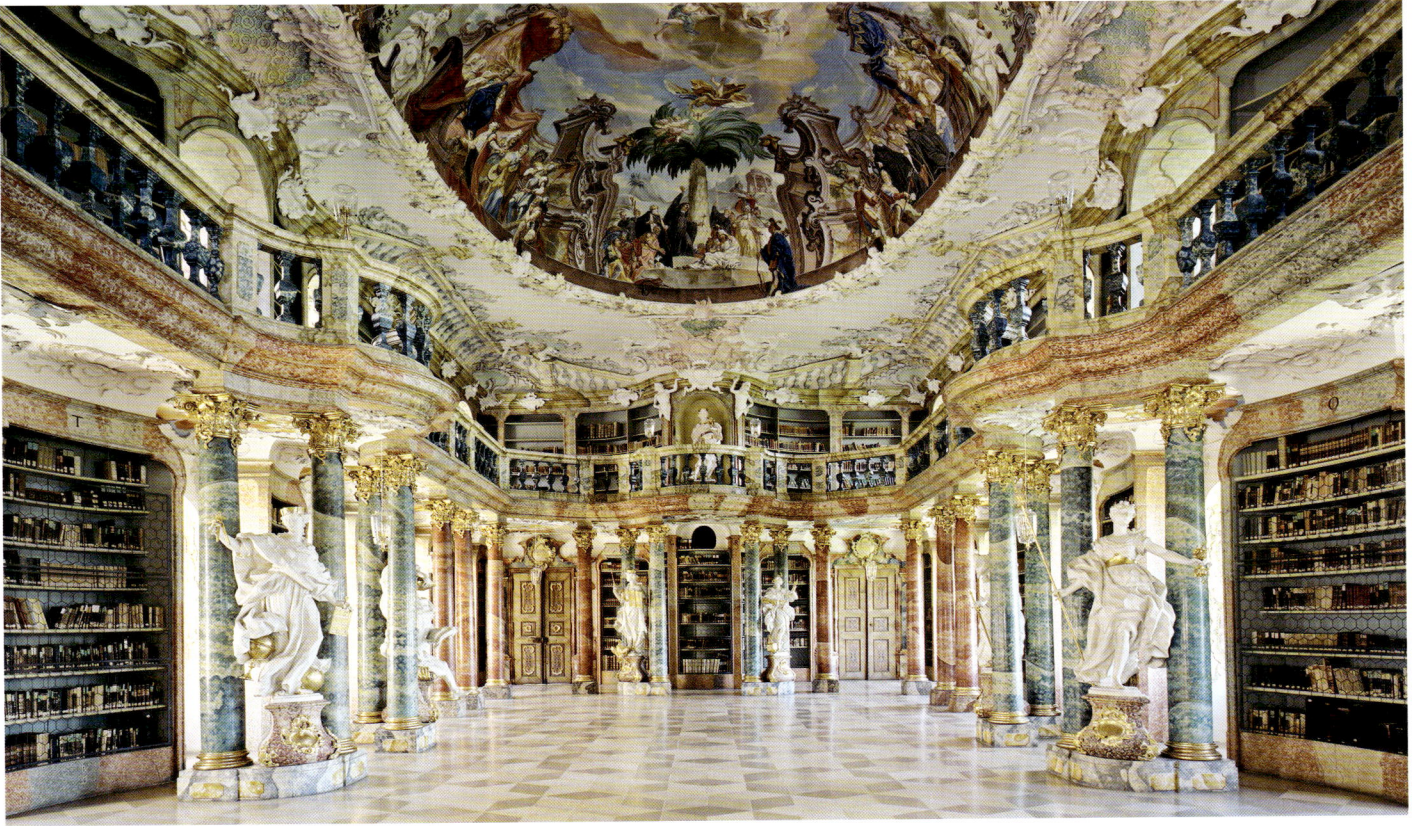

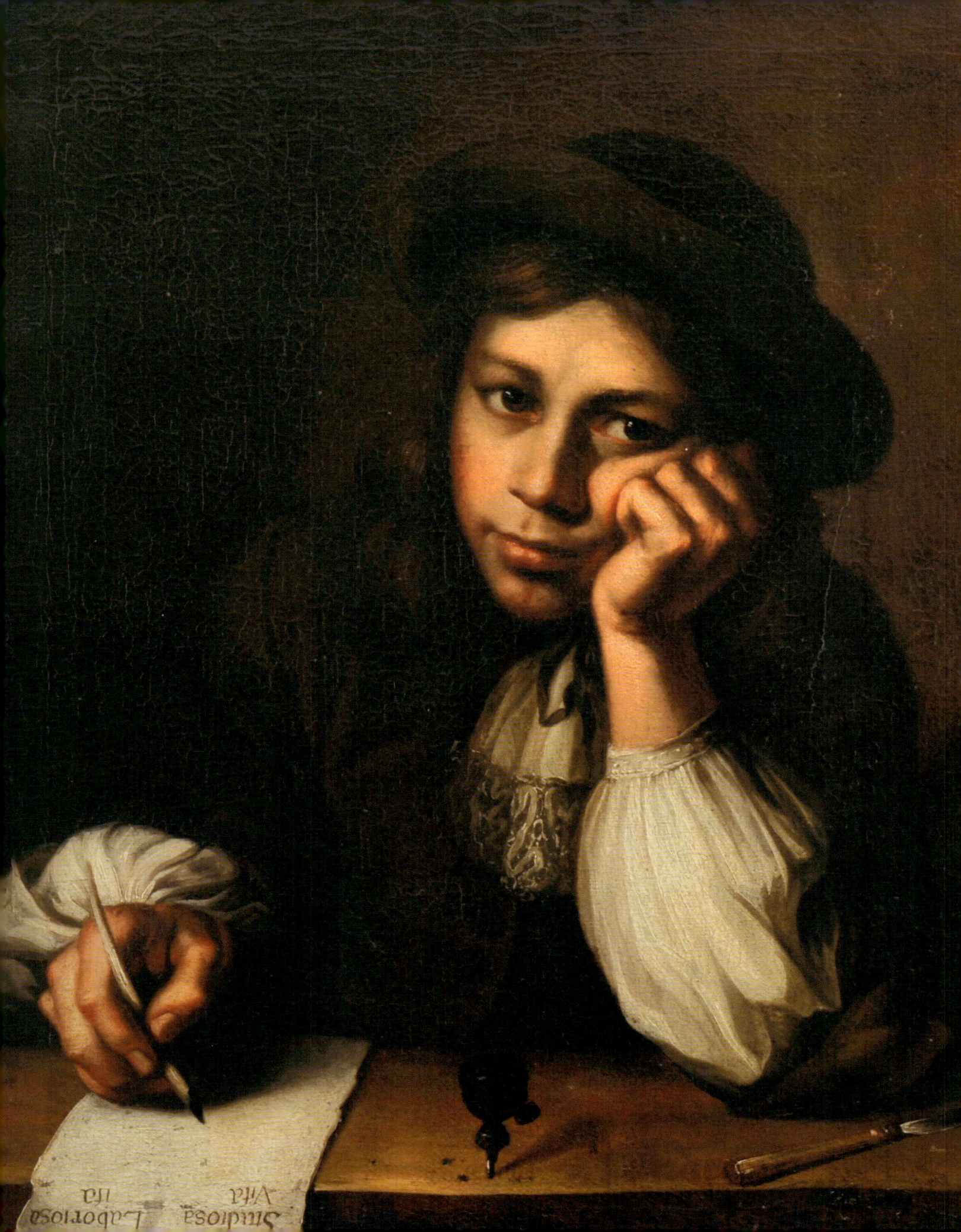

Studiosa Laboriosa Vita

DIE KLOSTERSCHULE

Rudolf Freisitzer

Einleitung

Ein Blick auf die literarische Produktion des 19. und 20. Jahrhunderts zeigt ein spannungsgeladenes Verhältnis der Absolventen von Klosterschulen zu ihren einstigen Bildungsinstitutionen. Dazu seien nur zwei Werke exemplarisch angeführt, wobei es hier keinen Unterschied gibt, ob ein Autor oder eine Autorin dafür zeichnet. So beschreibt *Hermann Hesse* in seinem Werk „Unterm Rad", wie unmenschlich die der Klosterschule anvertrauten Zöglinge behandelt worden sind, zum anderen schildert die österreichische Autorin *Ilse Aichinger* in ihrer Bearbeitung dieses Themenbereiches in „Die Klosterschule" die unmenschliche Pädagogik. Die Frage, ob es sich hier um Einzelschicksale handelt, soll nicht Thema dieser Abhandlung sein, vielmehr soll aufgezeigt werden, dass Zöglinge solcher Klosterschulen hervorragende Leistungen vollbracht haben. Das Stiftsgymnasium des österreichischen Benediktinerstiftes St. Paul gehört wie viele andere Einrichtungen dieser Art zu diesen katholischen Bildungsinstitutionen. Im ländlichen Bereich Südkärntens besuchen viele tausende Schüler diese Lehranstalt, haben den Schritt in die weite Welt gewagt und dort ihren Weg gemacht.

Dass das Interesse am Mittelalter und damit in enger Verbindung stehend auch an den Klosterschulen gestiegen ist, zeigen die Publikationen der Unterhaltungsliteratur, die die spannende Zeitepoche des Mittelalters entdeckt hat. Geheimnisvoll und attraktiv wird das Leben der Klosterbewohner in diesen Romanen gezeigt. Das große Interesse hat mit Sicherheit der italienische Schriftsteller *Umberto Eco* mit seinem Roman „Der Name der Rose" bei der Masse der Leser ausgelöst. Auch die ausgezeichnete Verfilmung dieses Stoffes hat dazu beigetragen, dass die Menschen das Mittelalter und das klösterliche Leben mit größerem Interesse verfolgen.

Die Entstehung und Entwicklung der Klosterschulen

Nachdem das Römische Imperium im Westen aufgrund der Völkerwanderung seine Vormachtstellung verloren hatte und schließlich dem Untergang geweiht gewesen ist, sind es die Klosterschulen gewesen, die die Pflege der griechischen und römischen Kultur übernommen haben. Ab dem 6. Jahrhundert haben die irischen Mönche dabei eine bedeutende Rolle gespielt. Doch diese frühen Klosterschulen befanden sich um und nach der Jahrtausendwende bereits wieder im Niedergang. Weder die Klostergemeinschaften in Cluny noch in Cîteaux interessierten sich sonderlich für den Schulunterricht. Nur wenige Domschulen haben diese wichtige bildungspolitische Aufgabe übernommen. In Frankreich sind es die Schulen von Reims, Chartres, Paris, Laon, Angers, Bourges, Orléans und Montpellier. Canterbury und Durham sind im englischen Raum für die Bildung bestimmend gewesen. Eine wichtige Stellung nehmen aber die Schulen in dem noch nicht vereinten Spanien ein. Die Schulen von Toledo, Salamanca und Valencia haben die Aufgabe übernommen, arabisches und europäisches Gedankengut miteinander zu vereinen. Medizinische und juristische Ausbildung hat es in den italienischen Städten Bologna und Ravenna gegeben, wobei hier besonders die Weiterverbreitung des römischen Rechtes gepflegt worden ist. Salerno und Neapel sind zu Zentren der Medizin geworden. Aus vielen mittelalterlichen Domschulen entwickeln sich in späterer Folge Universitäten von europäischem Rang.

Dass die antike Tradition in Europa trotz der Wirren der Völkerwanderung nicht verloren gegangen ist, ist vor allem den englischen Mönchen zu verdanken. Die Wende vom 7. zum 8. Jahrhundert ist in England

1 Schreibender Jüngling, um 1700

ein Zeitalter von hoher Kulturblüte und Gelehrsamkeit gewesen, so dass die Historiker dafür den Begriff der ‚angelsächsischen Renaissance' geprägt haben. Nirgendwo anders im Abendland ist die antike Wissenschaft so gepflegt und weitergeführt worden wie in England. Eine Erklärung dafür kann einerseits der Konservatismus der keltischen Kirche sein, andererseits hat die angelsächsische Kirche dabei in besonderer Weise ihre römische Orientierung empfangen. Ein Zentrum wird die Schule von Canterbury. Der Sachse Aldhelm, der später Abt des in irischer Tradition stehenden Klosters Malmesbury und Bischof von Sherborne († 709) wird, hat hier seine Ausbildung genossen und große Erfolge als Dichter feiern können. Der englische Süden, der zuerst die dominierende Rolle im Ausbildungsbereich innegehabt hat, wird in späterer Zeit jedoch von den Leistungen der Mönche in den Klöstern von Northumbrien überflügelt. Die Klöster Wearmouth und Jarrow sind im Besitz vieler wertvoller Handschriften gewesen, die zum Unterricht herangezogen worden sind. Der berühmte und bedeutende Gelehrte Beda Venerabilis („der Ehrwürdige", † 735) hat hier seine Ausbildung absolviert. Als Siebenjähriger ist er in das Kloster St. Peter und Paul in Wearmouth gekommen. Beda hat ein umfangreiches Werk hinterlassen, welches schon seine Zeitgenossen zu nutzen gewusst haben. Eine Fülle von Wissen findet sich in seinen historischen Abhandlungen, so dass diese auch für die Historiker der nachfolgenden Zeit von größter Bedeutung gewesen sind. Aus seiner Feder stammen das Traktat *De ratione Temporum* – eine wichtige Weltchronik – und die historische Abhandlung *Historia ecclesiastica gentis Anglorum* (Kat.-Nr. 4.21), die dem northumbrischen König gewidmet ist. Ebenfalls aus Northumbrien stammt Alkuin († 804). Sein Lehrer ist Bischof Egbert (732–766), der auch der Begründer des zweiten englischen Erzbistums, dem von York, gewesen ist. Mit Alkuin in engster Verbindung steht die Verbreitung der irischen Klostertradition im Frankenreich. Er ist das gefeierte Haupt der karolingischen Hofakademie. Mit ihm findet der insulare Kulturexport seine Krönung auf dem europäischen Festland.

Neben den klingenden und bedeutenden Namen der Wissenschaftler soll aber auch die literarische Produktion dieser Zeit nicht in Vergessenheit geraten. Heute unbekannte Autoren haben Großartiges geleistet, wie etwa das älteste germanische Dichtwerk, das in Stabreimen abgefasste epische Heldengedicht *Beowulf* mit seinen 3182 Versen. Es ist ein Beweis dafür, dass in England trotz der Christianisierung die heid-

nische Vergangenheit nicht vergessen war. Kunstvoll illustrierte Manuskripte in angelsächsischer Schrift sind Zeichen von hoher kultureller Blüte einzelner Klöster. Diese prachtvollen Handschriften werden schließlich zum Vorbild in den kontinentalen klösterlichen Schreibstuben.

Die Klöster und ihre Schulen als Horte der Bildung

Nachdem der irische Mönchsmissionar Columban d. J. auf den Kontinent gekommen ist, hat sich ein neuer Impuls aus dem Westen verbreitet (s. Beitrag Richter). Der Ire gründet mit seinem Gefolge Klöster im heutigen nördlichen und östlichen Frankreich. Seine bedeutendste Gründung wird Luxeuil. Columban verbündet sich mit den Gefolgsleuten der Großen des Frankenreiches, die erfolgreich die Gallier besiegt haben. Infolgedessen entstehen Klöster nicht mehr in den alten römischen städtischen Zentren, sondern auch in Wald- und Sumpfgebieten. Dieses neue Land wird durch die Anstrengung der Mönche urbar gemacht, wodurch sich die Selbstverständlichkeit entwickelte, dass die Mönche einen neuen Bezug zur Arbeit finden und damit auch zu einer weltlichen Wirksamkeit gelangen können. Das Klosterwesen im Frankenreich tritt nun in Kontakt mit dem fränkischen Landausbau. Diese Bemühungen werden durch eine neue Gründungswelle von Klöstern unter dem Angelsachsen Winfried – Bonifatius (672/675–754) – seit dem Anfang des 8. Jahrhunderts verstärkt (vgl. Beitrag Padberg). Der Landausbau und die Christianisierung umfassen jetzt einen großen Halbkreis von Utrecht über Erfurt nach Chammünster im Bayerischen Wald und zum Mondsee im Salzkammergut. Das irische und englische Mönchtum ist nicht so sehr der Weltflucht der Orden des Mittelmeerraumes verhaftet gewesen, so dass es eine enge Verschmelzung mit der herrschenden Oberschicht eingehen kann. Nachgeborene adelige Söhne treten in den Dienst des Klosters, und weibliche Mitglieder des Adels oder Hochadels gründen eigene Damenstifte. Die Klostergründungen auf Königsbesitz, die in besonderer Weise die königliche Macht unterstützen, breiten sich nun langsam auch im Osten des Frankenreiches aus (vgl. Beitrag Lobbedey). Diese Reichsklöster werden zu einer besonderen Stütze von Verkehrsverbindungen, Wirtschaft, Bildung und Kultur. Klöster entstehen an allen wichtigen Passstraßen, sie organisieren die erste Welle fränkisch-bayerischer Kolonisation. Die Mönche demonstrieren mit Überle-

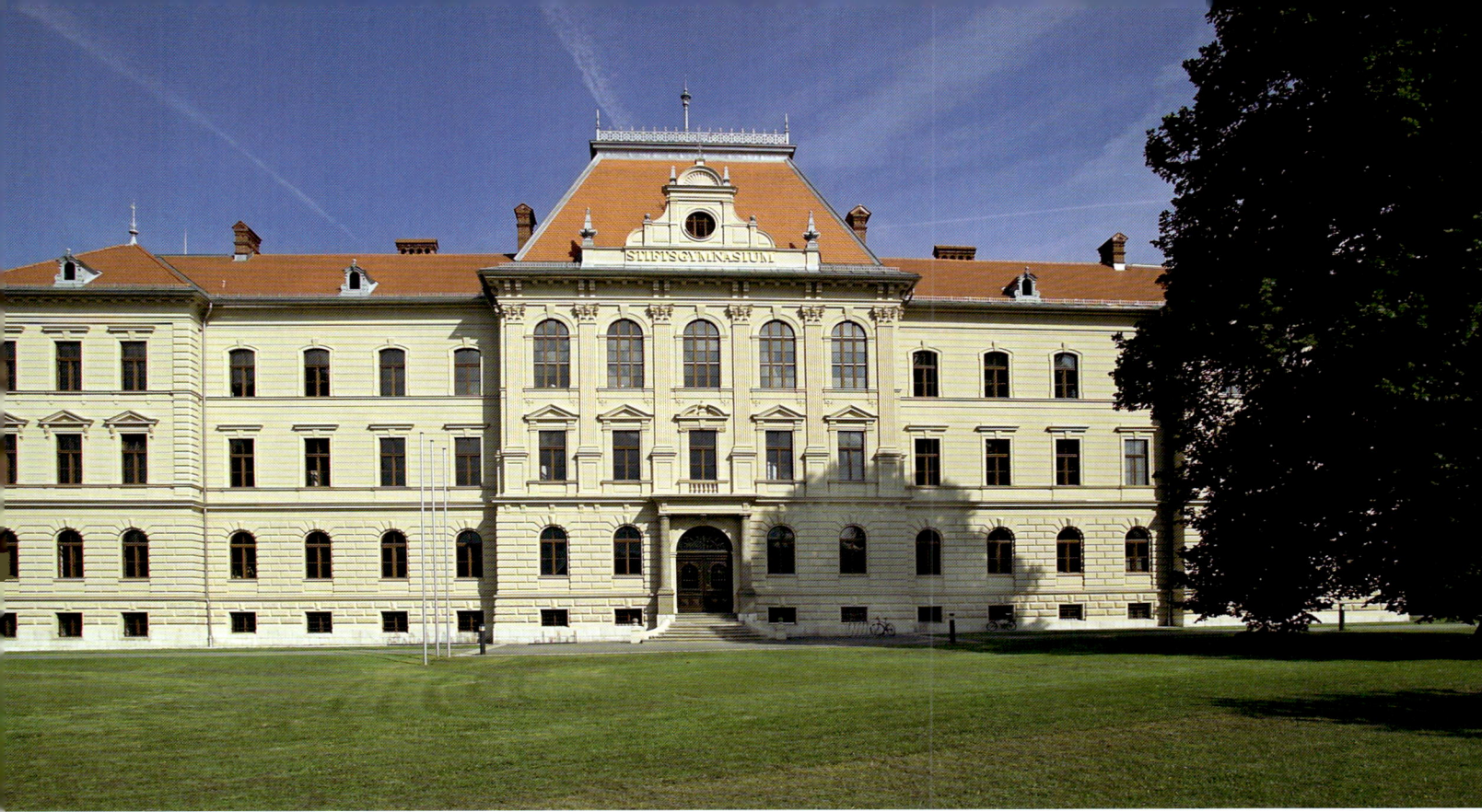

2 Stiftsgymnasium
St. Paul

genheit ihre Lebensform und verbreiten ihr Wissen bezüglich Landwirtschaft und Gartenkultur. Dazu gibt
es auch biblische Anweisungen, etwa in den Paulus-
Briefen, aber ebenso findet man frühe Ausführungen
über den Nutzen der Handarbeit in den Lebensbeschreibungen der ersten Mönche. Neben dem Kirchenvater Augustinus (354–430) ist es vor allem Benedikt von Nursia (um 480/90–555/60). Mit seiner Regel,
die ab dem 7. Jahrhundert große Verbreitung findet,
verweist er auf die Notwendigkeit der Arbeit, die aber
keinesfalls als Tugend aufgefasst wird. Die Arbeit ist
nach Benedikt u.a. ein Mittel, um die Mönche vom
schädlichen Müßiggang abzulenken. Karl der Große
(768–814) hat seine Reichsklöster ganz in seinen Dienst
gezogen, noch intensiver als der Vater bemüht sich
Ludwig der Fromme (814–840) um die Belange der
Klöster. Ludwig hat daher Vorkehrungen getroffen,
dass das Leben in den Klöstern ein ordentliches bleibt.
Er holt den reformeifrigen Abt Benedikt von Aniane
(um 750–821) in sein Umfeld, und dieser wird für ein
paar Jahre an die Spitze einer Klosterreform gestellt.
Die Impulse von Benedikt von Aniane wirken fort,
und die Benediktregel wird für alle fränkischen Klöster
verbindlich (s. Beitrag Kettemann). Aufgrund seiner
Reformen werden die Schüler in der Klosterschule in
zwei Gruppen geteilt: einerseits in die Gruppe der *ex-
teriores*, die wohl eine Klosterschule besuchen, aber
Laien bleiben, und andererseits in die Gruppe der *inte-*

riores, die die Absicht haben, der Klostergemeinschaft
beizutreten. Sie bilden die Gruppe der Mönche (*pueri
oblati*). Das Prinzip der „Internen" (in Uniform geklei-
det) und „Externen" (Zivilkleidung) ist bis zum Ersten
Weltkrieg beibehalten worden.

Die ursprünglich nur für die Bildung von Kloster-
geistlichen eingerichteten Schulen dürfen schließlich
auch Laien besuchen. An den Klosterschulen werden
die *artes liberales*, die sieben freien Künste, aufgeteilt
in das *trivium* (Grammatik, Rhetorik und Dialektik)
und das *quadrivium* (Musik, Arithmetik, Geometrie
und Astronomie), gelehrt. Die Mönche des hl. Benedikt haben sich der Bildung besonders angenommen.
Die Klosterschulen der Benediktiner sind neben den
ganz ähnlich eingerichteten Dom- oder Kathedral-
schulen der Bischofsstädte lange Zeit die einzigen gelehrten Bildungsanstalten. Die ältesten deutschsprachigen Klosterschulen, die ihren Höhepunkt in der
ottonischen und salischen Zeit erreicht haben, sind
die im Jahre 724 auf der Bodenseeinsel Reichenau
durch den hl. Pirmin gegründete Klosterschule und
die Schulen in St. Gallen, Fulda, Kremsmünster,
Melk an der Donau, Admont, St. Florian sowie in
Corvey, Hirsau, Prüm (Eifel), Hersfeld sowie die
Schule des Schottenstiftes in Wien.

Das Stift St. Paul im Lavanttal ist im Besitz des
sog. Reichenauer Schulheftes (Kat.-Nr. 4.12). Dieses
Heft enthält verschiedenartige Texte, die für den

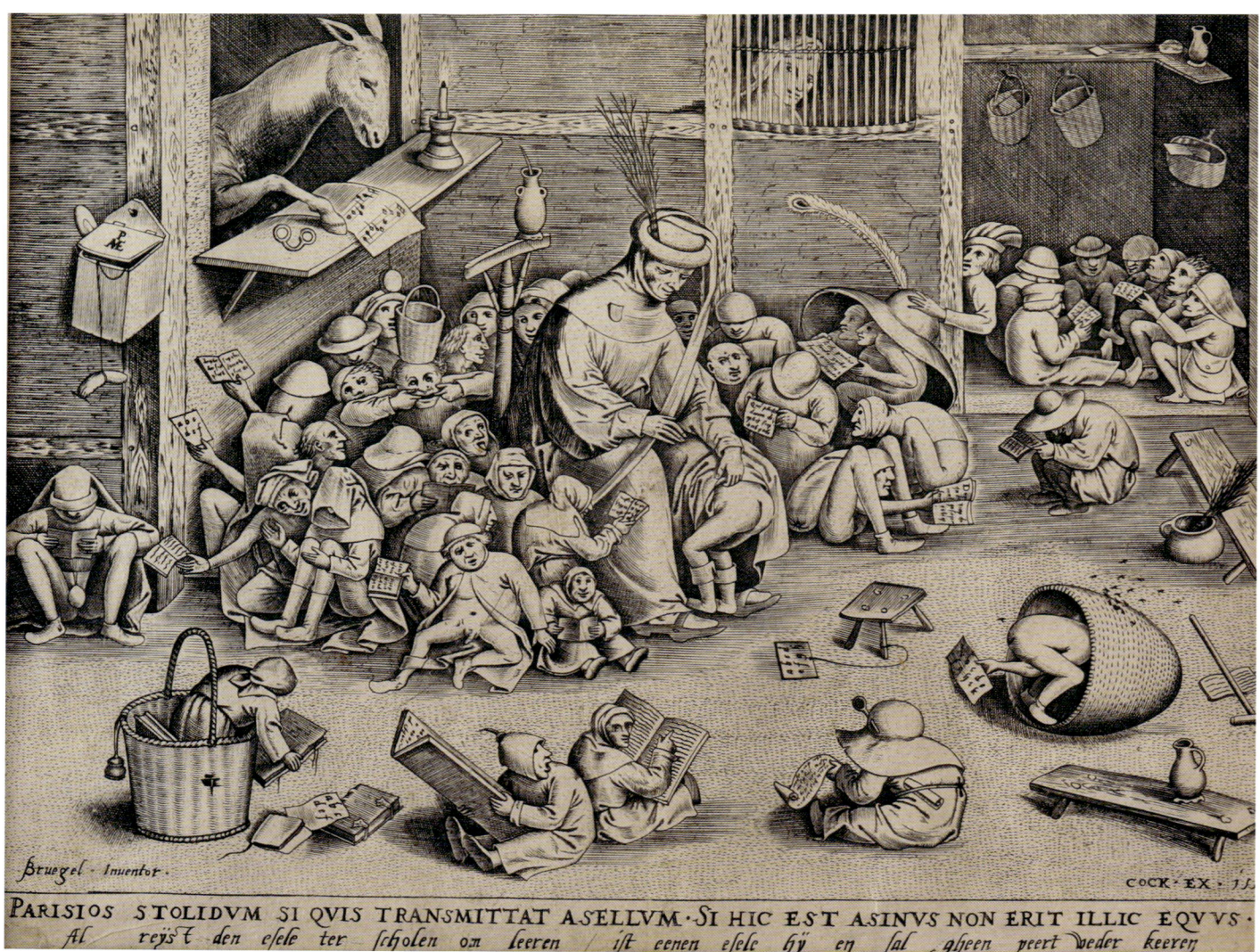

PARISIOS STOLIDVM SI QVIS TRANSMITTAT ASELLVM·SI HIC EST ASINVS NON ERIT ILLIC EQVVS·

Al reyſt den eſele ter ſcholen om leeren / iſt eenen eſele hÿ en ſal aheen peert peder keeren

3 Die Eselsschule
nach Pieter Brueghel

Schulgebrauch bestimmt gewesen sind, weshalb es als „Schulheft" bezeichnet wird. Vielmehr dürfte es sich jedoch um ein Vorbereitungsheft eines Klosterlehrers handeln. Neben grammatikalischen Texten und Kommentarteilen enthält es auch astronomische Tafeln, Hymnen und irische Gedichte. Die acht Blätter zeigen die insulare Schrift in ihrer letzten Entwicklungsstufe als eine spitze kursive Minuskelschrift.

Viele Mönche, die in den Klosterschulen ihren Dienst versehen, haben auch ihren Beitrag für die Verbreitung von Literatur geleistet. Nicht nur die namhaften und bekannten Dichter der Stauferklassik wie Wolfram von Eschenbach, Hartmann von Aue (s. Kat.-Nr. 5.7), Gottfried von Straßburg haben Großartiges geleistet, sondern auch die anonym gebliebenen Geistlichen haben Literatur von bleibendem Wert geschaffen. So ist der Verfasser des *Nibelungenliedes* im Umkreis des Passauer Bischofs zu suchen. Das *Walthari-*

Lied verarbeitet die deutsche Sage von der Flucht Walthers und Hildegundes vom Hunnenhof und Walthers Kampf mit Gunther und Hagen in lateinischen Hexametern und ist nach neuerer Forschung wohl nicht Ekkehart I. von St. Gallen, sondern vielleicht dem Domgeistlichen Geraldus in Straßburg zuzuschreiben. Auch der *Ruodlieb,* ein Ritterroman in lateinischen Hexametern, stammt aus der Feder eines adeligen Mönches aus dem Benediktinerkloster Tegernsee. Die bekannte Brautwerbungssage von König Rother stammt von einem rheinischen Geistlichen.

Auch im wissenschaftlichen Bereich waren Geistliche tätig. So ist die *Kaiserchronik*, eine Gemeinschaftsarbeit Regensburger Geistlicher, die in über 17 000 Reimpaarversen die Geschichte der römischen und deutschen Kaiser von Caesar bis ins Jahr 1147 (der damaligen Gegenwart) erzählt, stark von legendären und anekdotischen Aspekten geprägt.

LEGE – „…erhalte jeder ein Buch aus der Bibliothek, das er ganz lesen soll." – Studium, Macht des Wissens

Der Bedeutungsrückgang der Klosterschulen im Spätmittelalter und in der Neuzeit

Infolge des Investiturstreites verliert die Klosterschule immer mehr an Bedeutung. Diese Tendenz verstärkt sich trotz der ordensinternen Reformen (s. Beiträge Gleba, Rückert) noch im ausgehenden Mittelalter. Hingegen gewinnen die städtischen Schulen zu jener Zeit immer größere Anerkennung. Doch scheint der kirchliche Einfluss im Bildungswesen nicht vollständig verloren gegangen zu sein, denn nach den Bestimmungen des Westfälischen Friedens 1648 zählt die Schulaufsicht noch immer zu den kirchlichen Angelegenheiten. In den katholischen Landesteilen beschäftigen sich Ende des 16. und Anfang des 17. Jahrhunderts zahlreiche Particularsynoden mit der Errichtung und Wiederherstellung von katholischen Schulen. Das Zurückdrängen des kirchlichen Einflusses im Bildungsbereich ist aber nicht aufzuhalten gewesen. Der Schulsprengel bleibt jedoch weiterhin die Pfarrei.

Der Einfluss der Aufklärung ist dafür verantwortlich, dass die kirchlichen Institutionen weiter aus dem Bildungswesen verdrängt werden. Trotzdem hat es besonders im süddeutschen Raum Bestrebungen gegeben, die Erkenntnisse der Aufklärung mit christlichem Gedankengut in Verbindung zu bringen. Diese kirchliche Aufklärungsbewegung wird von verschiedenen Gruppierungen getragen. Zum einen sind es die Benediktiner, die mit einer Reform ihre eigenen Studien begonnen haben. Eine andere Gruppe befindet sich im Augustiner-Chorherrenstift Polling (Oberbayern), wo Eusebius Amort (1692–1775) gemeinsam mit zwei weiteren Augustinern im Jahre 1720 mit *Parnassus Boicus* die erste wissenschaftliche deutschsprachige Zeitschrift herausgibt. Die dritte Gruppe konzentriert sich schließlich um Johann Adam Ickstatt (1702–1774), einen Schüler und Freund von Christian Wolff (1679–1754), welcher im Jahre 1731 den neu eingerichteten Lehrstuhl für Natur- und Völkerrecht an der Juristischen Fakultät der fürstbischöflichen Universität Würzburg erhalten hat. Er gilt als einer der ersten Reformer des katholischen Schulwesens. Diese Gruppierungen arbeiten zeitweise auch zusammen, um die jesuitische Gelehrsamkeit, die noch immer in der Tradition der Scholastik steht, zu bekämpfen. Mit dem von Papst Clemens XIV. (1769–1774) am 21. Juli 1773 erlassenen Breve *Dominus ac Redemptor noster* und der daraus resultierenden Aufhebung des Jesuitenordens ergibt sich die Möglichkeit, das Schulwesen neu zu regeln. Erst im 19. Jahrhundert gibt es Gegen-

maßnahmen von kirchlicher Seite, weil sie vollständig ihres Bildungsauftrages beraubt werden sollen.

Dies sollte sich ändern, als die staatlichen Einrichtungen die Erkenntnis trifft, dass Bildung Geld kostet. Eine Zeit lang werden die Lehrer durch das eingezogene Vermögen der Jesuiten bezahlt, doch auch dieses neigt sich bald dem Ende zu. So kommt es nicht von ungefähr, dass im Laufe des 19. Jahrhunderts verstärkt katholische Privatschulen ihre Pforten wieder öffnen können. Diese Entwicklung soll exemplarisch am Stiftsgymnasium von St. Paul im Lavanttal aufgezeigt werden.

Das Stiftsgymnasium von St. Paul im Lavanttal als Beispiel

Schon kurz nach der Gründung des Stiftes wurde im frühen 12. Jahrhundert eine Lateinschule gegründet. Diese Schule soll auch Philippus Theophrastus Aureolus Bombastus von Hohenheim, genannt Paracelsus (1493–1541), besucht haben. Kaiserin Maria Theresia (1740–1780) hat die Umwandlung dieser Schule in ein Gymnasium angeordnet. Mit der von ihrem Sohn Kaiser Joseph II. (1780–1790) angeordneten Aufhebung des Stiftes St. Paul ging auch die Schule unter. Als im Jahre 1809 die Mönche von St. Blasien im Schwarzwald nach St. Paul kamen und das Stift wiederbesiedelten, ist ihnen der Bildungsauftrag in besonderer Weise nahe gelegt worden. Die Mönche unterhielten seitdem ein vierjähriges Untergymnasium mit einem Konvikt in St. Paul und ein Obergymnasium in Klagenfurt.

Die wachsende Schülerzahl macht es nun notwendig, dass die Zöglinge ein eigenes Haus bekommen. Im Jahre 1889 können sie in einen großzügigen Neubau im Ort St. Paul übersiedeln. Bei den Mönchen wird der Wunsch immer lauter, dass St. Paul ein Vollgymnasium werden soll. Bei einer Kapitelsitzung am 26. November 1896 wird den anwesenden Mönchen das „Übereinkommen mit der hohen Regierung betreffend die Änderungen der dem Stifte obliegenden Verpflichtungen mit den vom K.K. Min. f. K. u. U." zur Kenntnisnahme vorgelegt. Dieses Übereinkommen ermöglicht dem Stift St. Paul die Gründung eines Vollgymnasiums. „In Erwägung, dass laut der Stiftungsurkunde vom 7. VII. 1820 der Hauptzweck des Benediktinerstiftes St. Paul ist: ein musterhaftes Lehrinstitutes zu sein, und in Erwägung, dass diesem Zwecke unter den dermalen geänderten Zeitverhältnissen vollständig entsprochen werden wird, wenn das Stift von der ihm obliegenden Beistellung u. Erhaltung der Lehrkräfte an der theol. Lehranstalt u.(nd) a.(m) Gymnasium in Klgf. enthoben, dagegen zur Erweiterung des bestehenden Unter- zu einem Obergymnasium sowie zur Errichtung einer großen stiftl. Erziehungsanstalt in St. Paul verpflichtet wird, sind für die Durchführung dieses geänderten Verpflichtungsverhältnisses die nachstehenden Bestimmungen vereinbart worden: ..." Ab dem Schuljahr 1897/98 erfolgt die Umwandlung in ein achtjähriges Vollgymnasium. Hand in Hand dazu verläuft die Schaffung des großzügigen neuen Gymnasialgebäudes, womit das St. Pauler Ortsbild einen markanten Bau erhalten hat. Am 3. Juli 1901 findet am „k.k. Stiftsgymnasium in St. Paul" die erste Matura statt, wobei 15 Kandidaten die Befähigung erhalten, ein Studium in Angriff zu nehmen. Zwei Tage später findet die feierliche Einweihung des Gebäudes statt.

Nach kurzer Zeit erweist sich das Konvikt „Josephinum" als zu klein und muss um zwei Flügelbauten erweitert werden. 200 Zöglinge finden in diesem damals modernen, auf dem höchsten Standard der Zeit stehenden Erziehungsinstitut Platz. Seit dem Jahre 1907 gibt es in St. Paul eines der ersten Hallenbäder in der Habsburger Monarchie. Wie modern und fortschrittlich an der Klosterschule unterrichtet wird, zeigt die Tatsache, dass jeder Absolvent des Stiftsgymnasiums auch das Schwimmen beherrschen muss.

Weit gefächert ist auch das Freizeitangebot. So werden im Festsaal regelmäßig Theateraufführungen durchgeführt. Während der Jahre 1911 bis 1914 ist auch der später sehr bekannte Volksschauspieler Paul Hörbiger Schüler dieser Anstalt. In seinen Memoiren erinnert er sich gerne an seine erste Nestroyaufführung als Knieriem in der Posse *Lumpazivagabundus oder Das liederliche Kleeblatt*. Auch der Sport ist nicht zu kurz gekommen. Die Zöglinge müssen auch militärische Übungen durchführen.

Das Stiftsgymnasium im 20. Jahrhundert

Mit P. Dr. Richard Strelli wird ein damals anerkannter Archäologe Direktor der Anstalt. Am Vorabend vor Ausbruch des Ersten Weltkrieges beginnt eine schwierige Amtszeit. Neben patriotischen Feiern müssen die Schüler auch Schießübungen durchführen. Mit Beginn des Ersten Weltkrieges helfen St. Pauler Gymnasiasten auf umliegenden Bauernhöfen bei der Arbeit. Die wehrpflichtigen Schüler haben eine vorverlegte provisorische Kriegsmatura ablegen müssen und sind dann direkt an die Front gebracht

worden. Der anfänglichen Hochstimmung folgt bald die Ernüchterung, die St. Paul im besonderen Maße getroffen hat. 200 Schüler der siebten und achten Klassen wurden im Laufe der vier Kriegsjahre eingezogen, und 126 von ihnen sind an der Front gefallen.

Mit dem Zusammenbruch der Monarchie ändert sich auch die offizielle Bezeichnung der Schule. Aus dem „k.k.Stiftsgymnasium" wird das „Stiftsgymnasium der Benediktiner in St. Paul". Der Schulbetrieb kann nur aufgrund großzügiger Spenden von ehemaligen Schülern aufrechterhalten werden. Namhafte Beträge leistet der Begründer der modernen Orthopädie, Dr. Adolf Lorenz, Vater des späteren Nobelpreisträgers Dr. Konrad Lorenz. Mit der Errichtung der Republik Österreich gibt es für das Stiftsgymnasium eine weitere Änderung. Erstmals werden auch Mädchen an der Schule unterrichtet. Bezüglich des Lehrplanes kommt es zu einer Erweiterung der Unterrichtsgegenstände Deutsch und Mathematik, was auf Kosten von Latein und Griechisch geht. Als neues Pflichtfach wird Englisch eingeführt. Die Klosterschule hat sich somit den Neuerungen nicht verschlossen und versucht, den ihr anvertrauten Zöglingen die bestmögliche Ausbildung zu gewähren.

Ein weiterer Schicksalsschlag ereilt die Bildungsinstitution mit der Machtübernahme der Nationalsozialisten. Alle geistlichen Lehrkräfte müssen den Schuldienst quittieren und werden teilweise auch vertrieben. Für kurze Zeit ist das Stiftsgymnasium eine NS-Nachwuchsschule. Nach Kriegsende kehren die Mönche wieder nach St. Paul zurück und beginnen erneut ihre Arbeit. Am 1. Dezember 1945 erfolgen die Aufnahmeprüfungen für die Schüler der ersten Klasse. Die Schüler der höheren Klassen kommen aus anderen Schulen, meist aus der ehemaligen Wolfsberger Oberschule. Nach dem Eröffnungsgottesdienst am 3. Dezember 1945 erfolgt durch 15 Gymnasiallehrer der reguläre Unterricht. Mit 277 Schülern, davon bereits 90 weiblichen, beginnt der Schulbetrieb. Da die englische Besatzungsmacht das Konvikt requiriert hat, können nur St. Pauler und sog. Bahnschüler die Schule besuchen. Erst im Jahre 1950 können die Mönche das Konvikt wieder in Betrieb nehmen. Trotz vieler Mangelerscheinungen – Unterrichtsmaterial, Nahrung und Schülerabsenzen aufgrund ausfallender Schülerzüge – ist die Bildungsarbeit an der St. Pauler Klosterschule hervorragend. Davon zeugen die Karrieren vieler St. Pauler Absolventen. Der persönliche Einsatz der geistlichen Herren ist beinahe übermenschlich. So übernimmt P. Dr. Hermann Peißl, bereits 68 Jahre alt, die Leitung der Schule und steht ihr noch 20 Jahre vor.

Mit dem Schuljahr 1961/62 wird die Schülerzahl 500 überschritten, die meisten Lehrkräfte sind zu dieser Zeit sog. „lebende Subventionen der Republik Österreich" und werden vom Staat bezahlt.

Mit Übernahme der Schulleitung durch P. Dr. Bernhard Knapp erfährt das Stiftsgymnasium einen großen Investitions- und Modernisierungsschub. Mit größter Anstrengung des Stiftes, bedeutenden staatlichen Subventionen sowie privaten Zuwendungen gelingt es dem neuen Schulleiter, einen zeitgemäßen Physik- und Chemiesaal sowie einen Allwettersportplatz zu schaffen, die Klassenräume zu renovieren, das Hallenbad mit einer Filteranlage und Lärmschutzdecke zu versehen. Um auch während der kalten Jahreszeit genügend Sportstätten zu haben, wird eine Doppelturnhalle errichtet. Das Fernsehzeitalter hält auch am Stiftsgymnasium Einzug, alle Klassenräume des Gymnasiums sind mit Fernsehgerät und zentraler Sprechanlage ausgestattet. Seit dieser Zeit gibt es im Gymnasialgebäude das sog. Lehrsaalsystem. Unter Direktor HR Mag. Rudolf Leitner, der im Jahre 1976 der erste weltliche Leiter des Stiftsgymnasiums wird, steigt die Schüleranzahl stetig an. Aufgrund der verbesserten Verkehrsanbindung nimmt jedoch die Zahl der Konviktzöglinge kontinuierlich ab, so dass das Konvikt aus Kostengründen geschlossen wird. Um trotzdem den berufstätigen Eltern eine Versorgung ihrer Kinder zu bieten, wird die Tagesheimschule eröffnet. Diese Institution wird bis heute gerne von den Schülern und Eltern in Anspruch genommen.

Trotz der Anpassung an die Anforderungen der neuen Zeit wird die Tradition und das christliche Gedankengut am Stiftsgymnasium sehr gepflegt. Vor allem Alt-Abt Mag. Bruno Rader hat sich um die studierende Jugend bemüht (regelmäßige Feiern im Advent, in der Fastzeit, Einkehrtage usw.) und steht auch heute noch, obwohl schon längst in der verdienten Pension, für spirituelle Belange zur Verfügung.

Ausblick ins 21. Jahrhundert

Seit dem Schuljahr 1992/93 steht mit P. Mag. Paulus Kaimbacher wieder ein Mitglied des Stiftskonvents als Schulleiter der Schule vor. Von Beginn an hat sich Direktor Kaimbacher mit Nachdruck für die notwendige Generalsanierung des Gymnasialgebäudes eingesetzt. Nach eingehenden Verhandlungen mit Bund und Land hat das Stift die erforderlichen Baumaßnahmen in Angriff nehmen können. Seit dem

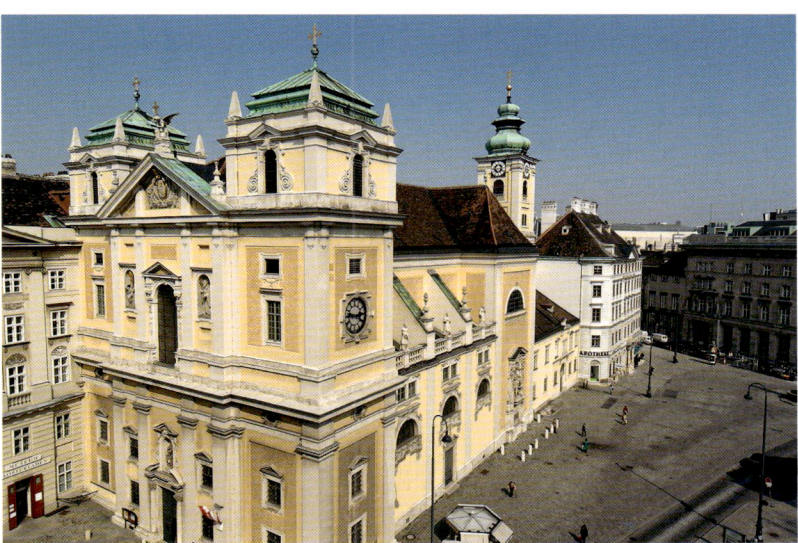

4 Schottengymnasium Wien

Schuljahr 2001/02 besuchen Schüler ein modernes und zeitgemäßes Schulgebäude.

Das Stift ermöglicht es, dass die Schüler in einem Schulgebäude, das den gestiegenen Ansprüchen gerecht wird, unterrichtet werden; es wird jedoch darüber nicht vergessen, die Tradition einer Klosterschule zu pflegen. Welch vielfältiges Spektrum an Bildungsbemühungen und -zielen das Stiftsgymnasium auch aufweisen mag, über allem steht aber auch heute noch der christliche Aspekt. Vor allem angesichts einer allgemeinen Sinnkrise bei der Jugend ist ein einsichtig vermitteltes, in Religion und Transzendenz verankertes Welt- und Lebensbild mehr denn je gefragt. Als Gegenbewegung zu sinnentleertem Konsum, Gewinn- und Leistungsstreben sowie Fortschrittsfanatismus kommt dem christlichen Aspekt eine zentrale Aufgabe als Weg zu. Eine solide humanistisch-wissenschaftlich-kulturelle Allgemeinbildung, verbunden mit einer internationalen Weitsicht durch die neusprachlichen Fächer, soll den Jugendlichen von heute helfen, als Erwachsene von morgen ihren Platz in der Gesellschaft zu erlangen. Mit den fundamentalen Bildungselementen der ‚mittelalterlichen Klosterschule' als Rüstzeug und der Kraft aus einer großen Tradition wird das Stiftsgymnasium St. Paul den ihm anvertrauten Schülern den Weg im neuen Jahrtausend zeigen.

Literatur:

Kirchenlexikon 1897. – Wilpert 1965. – Zimmermann 1975. – Kat. St. Paul 1977. – Seibt 1987. – Duroselle 1990. – Schwedt 1993. – 100 Jahre Stiftsgymnasium 2001. – Begleitheft Obermünster-Regensburg 2003. – Friesacher 2006. – Brinker-von der Heyde 2007.

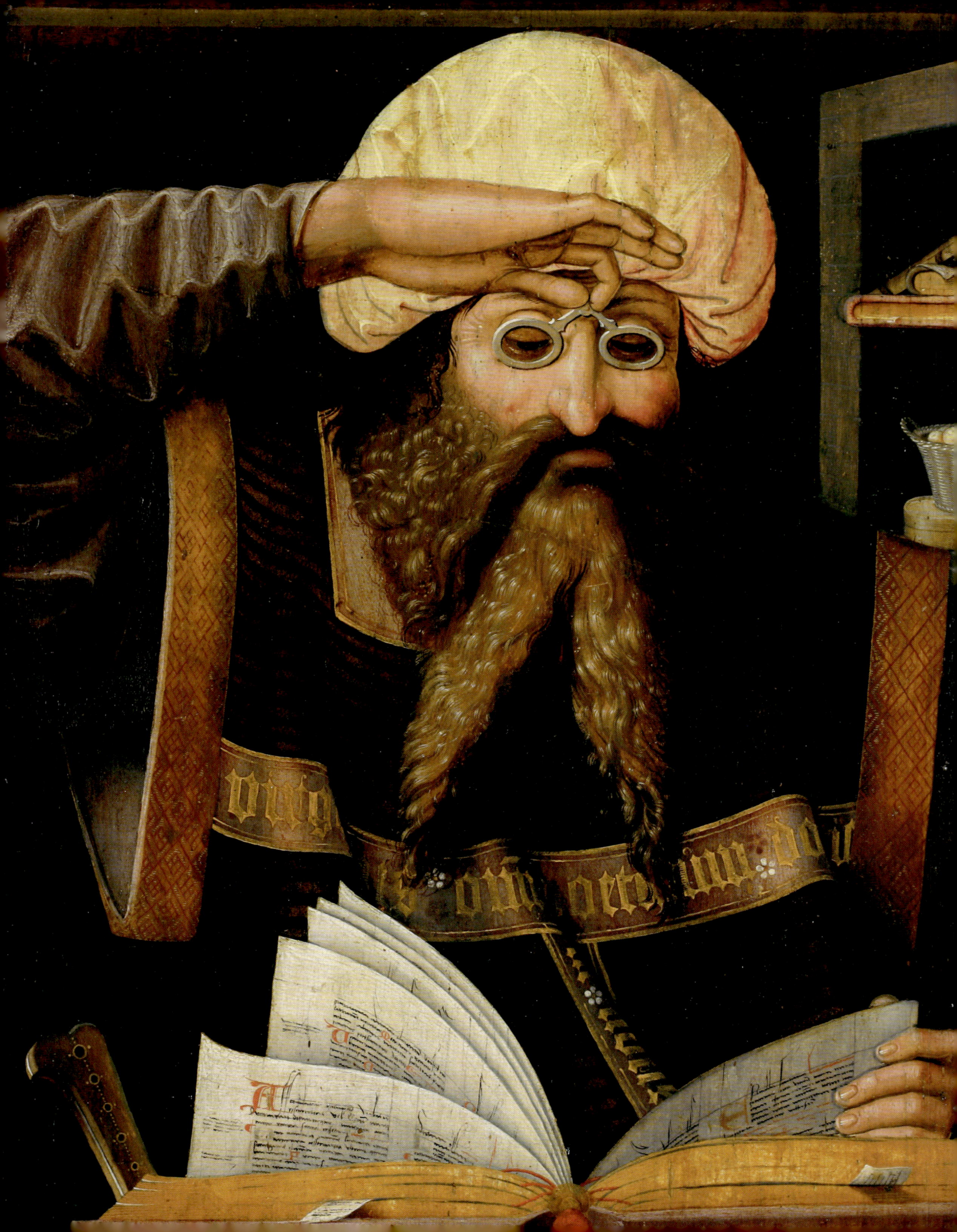

LITERATUR UND DICHTUNG DER BENEDIKTINER

Stephan Müller

Es ist nicht leicht, die Rolle, die die Benediktiner für die Entwicklung von Literatur und Dichtung gespielt haben, zu würdigen. Schnell könnte man auf ein allgemeines Lob verfallen, auf eine zwar zutreffende, aber wenig aussagekräftige topische Hochschätzung des Ordens. Eine Alternative dazu wäre das Lob herausragender Einzelner, was aber kaum allgemeingültig für die institutionelle Rolle des Ordens sein könnte. Um trotzdem genauer die besondere Leistung der Benediktiner zu beschreiben, will ich mich im Folgenden auf zwei Aspekte konzentrieren, in deren Verknüpfung mir eine Besonderheit des benediktinischen Umgangs mit Texten zu liegen scheint. Die Beschreibung setzt dabei mit der Frühzeit der literarischen Tätigkeit des Ordens ein. Die „Macht der Wortes", die so zu greifen sein wird, kann als ein Fundament einer europäischen Literaturlandschaft gelten.

Die prominente Rolle, die der Orden des hl. Benedikt in der Geschichte der Literatur – gerade des Mittelalters – spielte, soll durch den vorliegenden Versuch einer systematischen Würdigung der benediktinischen Dichtung anhand zweier Kapitel der Benediktinerregel exemplarisch vorgeführt werden. Zum einen ist da jenes *Lege*, die Aufforderung, Bücher zu lesen, die dem Kapitel dieses Buches den Titel gab, und die in Kapitel 48 der Mönchsregel geäußert wird. Für die Tage der Fastenzeit solle jeder Mönch ein Buch erhalten, das er von Anfang bis zum Ende lesen solle. Daraus lernen wir: Diese Verpflichtung zur privaten Lektüre eines ganzen Textes war zunächst auf die Fastenzeit beschränkt und zumindest anfangs kaum der Normalfall. Daraus lässt sich dennoch ableiten, dass das Lesen – und damit zusammenhängend das Schreiben – zu den Grundkompetenzen zu zählen sind, die im Klosterleben eingefordert worden sind und auf die man nur in Sonderfäl-

len verzichten wollte. Dass die Benediktiner immer schon für die Pflege der Literatur prädestiniert gewesen sind, ergibt sich also bereits aus dem Wortsinn von „Literatur". „Littera", der geschriebene Buchstabe, dessen Beherrschung lag am Anfang des Mittelalters und lange danach noch fast ausschließlich in Händen der benediktinischen Skriptorien. Dieses Monopol der Schriftlichkeit machte die Benediktiner zu den Verwaltern des kulturellen Gedächtnisses des Abendlandes (vgl. Beitrag Strothmann). So gehören zu den St. Pauler Handschriftenschätzen auch Werke der Antike, die ohne die benediktinischen Skriptorien den Weg in die Neuzeit kaum geschafft hätten: Das Plinius-Palimpsest (Kat.-Nr. 1.18), Ovid (Kat.-Nr. 1.26), Horaz (Kat.-Nr. 1.19), Titus Livius (Kat.-Nr. 1.28) oder auch Cicero (Kat.-Nr. 1.22) seien hier angeführt.

Dass das *Lege* aus dem 48. Regelkapitel ursprünglich auf die Fastenzeit beschränkt gewesen ist, belegt noch etwas Weiteres: Der Umgang mit Texten außerhalb dieser 40 Tage war im Kloster keine ‚einsame' Angelegenheit, wie das für die literarische Praxis in der Neuzeit der Normalfall geworden ist. Lesen war in der Regel ‚Vorlesen' – institutionalisiert etwa in der Tischlesung (BR 38) – und die kollektive Rezeption von Texten beschränkt sich nicht auf die Lektüre. Ebenso wichtig ist das gemeinsame Beten und Singen, wobei ich das von der Regel in Kapitel 18 geforderte einmal wöchentliche Singen der 150 Psalmen als zweite für Literatur und Dichtung zentrale Regel des Ordens hervorheben möchte. Die Psalmodie wurde meist von einem hymnischen Auftakt eingeleitet, und zu jeder Hore sollte ein Hymnus gesungen werden. Der liturgische Alltag der Mönche war also geprägt von Texten, denen immer auch ein poetischer Rang zukam, den man mit Ambrosius von Mailand († 397), also mit den ambrosianischen Hymnen, auf

1 Der Philosph Vergil, Ludger tom Ring d.Ä., um 1538. LWL-Landesmuseum für Kunst und Kulturgeschichte Münster. Das Gemälde stammt aus den Sammlungen des Benediktinerstiftes Göttweig

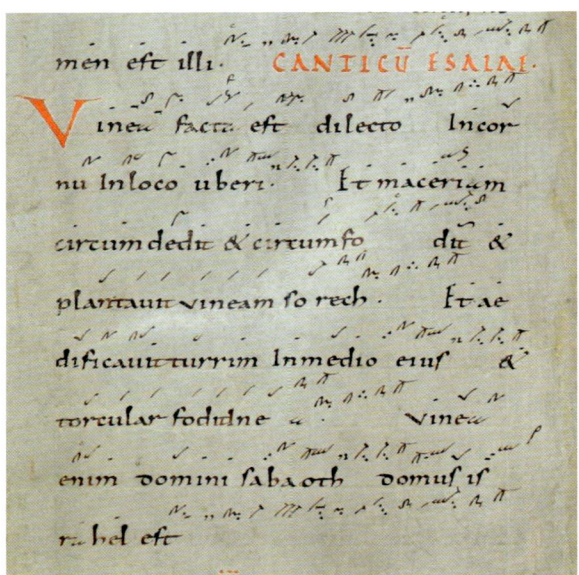

sich die Sphären: Erst die Kenntnis der Schrift und
der alltägliche Umgang mit ihr ermöglichen es, dass
Texte – und eben stets auch poetisch gestaltete – entstehen und erhalten bleiben, die den heilsbezogenen
Alltag der Benediktiner begleiteten. Das also ist der
Horizont, in dem ich die Kunst der Benediktiner entstehen sehe: die Schrift und eine Form der Arbeit an
der Sprache, die auch Arbeit am Lob Gottes ist und
einer spirituell dimensionierten Ästhetik folgt.

Um dies nun praktisch an Texten zu demonstrieren,
muss ich mich ein weiteres Mal beschränken und zwar
auf das Beispiel des frühen Umgangs mit der Volkssprache, denn zu den Pionierleistungen der Benediktiner gehört es auch, die Volkssprachen – und besonders
die deutsche Sprache, an der ich das nachzeichnen will
– erstmals in die Schrift überführt zu haben.

Die Sprache der Texte, die in den Klöstern entstand, war wie selbstverständlich Latein. Wer Schreiben lernte, schrieb Latein. Gelesen und vorgelesen
wurden die Texte in lateinischer Sprache. Das blieb
im Mittelalter die Regel und änderte sich erst an dessen Ende. Mit ihrer frühen Benutzung der Volkssprache wichen die Schreiber also von einer Regel ab, und
das wird kaum ohne einen guten Grund geschehen
sein, denn die Schrift auf Pergament war nicht nur
ideell, sondern auch materiell eine wertvolle Angelegenheit. Durch den Blick auf eine Reihe solcher herausragender Besonderheiten soll der praktische Umgang der Benediktiner mit Dichtung und Literatur
klarer werden.

Geht es um Dichtung in der Volkssprache, muss
man für das Frühmittelalter eine mündliche Tradition annehmen. Von Mund zu Ohr ging die Literatur
dieser Zeit, blieb damit lebendig, auch wenn jeder
Vortrag selbst für immer verklungen ist. Es wird ein
unerhörtes Erlebnis gewesen sein, eine solche mündliche Tradition in die Schrift zu überführen; ein Experiment, wofür die Aufzeichnung des *Hildebrandsliedes* ein gutes Beispiel ist. Was wir in der Kassler
Handschrift (Universitätsbibl. / LMB, 2° Ms. theol.
54) sehen – den Anfang als Abb. 3 – steht für diesen
kategorialen Schritt: „Ik gihorta đat seggen, | đat sih
urhettun ænon muotin, | Hiltibrant enti Hađubrant
untar heriun tuem.“ (Ich hörte das sagen, dass sich

einen Namen bringen kann. So kommt dem klösterlichen Gesang in der Geschichte der abendländischen
Musik eine zentrale Rolle zu, für die der *Sangaller
Codex 359*, das sog. *St. Galler Cantatorium*, ein beein-
druckender Beleg ist (Abb. 2). Es handelt sich dabei
um die älteste vollständig erhaltene Musikhandschrift
der Welt mit der mittelalterlichen Notation der Neumen, die im Benediktinerkloster St. Gallen zwischen
922 und 926 entstanden ist. Der Ausschnitt zeigt das
Canticum Esaiae, eine sangbaren Passage aus Jesaia
(5,1ff.), also einen Teil jener Texte, die wöchentlich zu
singen waren. Durch den geregelten Umgang mit
Psalmen und Hymnen stand und steht der Kontakt
mit ästhetischen Textformen auf der Tagesordnung
der Mönche, deren Sangbarkeit mit einer Poetik der
Sprache einherging. Kurz: Der Umgang mit Dichtung war Tagesgeschäft der Benediktiner, wenn auch
der Begriff von ‚Dichtung‘ ein ganz besonderer war.

Die Hymnendichtung steht nämlich exemplarisch für einen Zusammenhang, der mir die Literatur
und Dichtung der Benediktiner von Anfang an zu
prägen scheint. Es ist ein Zusammenhang von Ethik
und Ästhetik, denn die Arbeit an den Texten war
auch eine Arbeit am Lob Gottes. Die Kunst im Kloster war Gottesdienst. Das ist ein weitreichender Zusammenhang: Spricht man heute von ‚schöner Literatur‘, von Dichtung, dann ist damit eine künstle-
risch-ästhetische Dimension gemeint, eine Schönheit,
die aus den Formen des Alltags heraussticht, und die
sich gerade vom Alltäglichen abhebt. Die Dichtung
des Klosters konstituiert dagegen eine heilsgeschicht-
lich dimensionierte Form des Alltags. Hier treffen

Herausforderer einzeln gegenübergetreten seien,
Hildebrand und Hadubrand, zwischen zwei Heeren).
Die ersten drei Verse des Hildebrandsliedes sind hier
das Produkt einer Abschrift aus dem vierten Jahrzehnt des 9. Jahrhunderts. Aus der Sphäre der Mündlichkeit, die sich im ‚Hörensagen' der Anfangsformel
spiegelt, wird der stabgereimte Text nun Teil einer
monastischen Schriftlichkeit, der wir die Kenntnis
dieses Textes verdanken und ohne die er für immer
verloren wäre.

Neben einem solchen punktuellen – vielleicht ja
auch antiquarischen – Interesse an der Volkssprache
wurde sie auch früh schon ein Mittel, um lateinische
Texte besser (oder überhaupt) zu verstehen. Ein wunderbarer, sehr taktiler Fall hierfür sind die *St. Pauler Lukas-
glossen* (Abb. 9/Kat.-Nr. 4.19), in denen in einer
Handschrift des Lukasevangeliums aus der zweiten
Hälfte des 5. Jahrhunderts am Ende des 8. Jahrhunderts
deutsche Wörter zwischen die Zeilen nachgetragen
worden sind. Solche nachgetragenen Wörter nennt
man Glossen. Da die St. Pauler Glossen gemeinsam mit
lateinischen Nachträgen aus dem altlateinischen Text
eines Evangelistars einen Vulgatatext machen, kann
man sich fragen, ob hier nicht von einer Interlinear-
version zu sprechen sei (L. Voetz), also von einer Übersetzung des Textes zwischen den Zeilen. Das Prinzip der
Glossierung wird hier anhand der ersten drei Zeilen des
Fragments (Lk 1,64f., Abb. 4) veranschaulicht:

> *sprah   uui hanti uui[hanti]*
> ET LOQUEBATUR BENEDICENS DEUM
> ET FACTUS EST TIMOR super OM-   *uber*
>   *[ge]tan   [uua]rdh frahta forahta*
> NES UICINUS EORUM ET
> *alle   kepurun.   .iro*
>   *sprach weihend wei[hend]*
> UND ER REDETE GOTT LOBEND.
> UND ES KAM ZUR FURCHT über AL-   *über*
>   *[ge]tan   wurde F(u)rcht Furcht*
> LE NACHBARN   IHREN;
> *alle Nachbarn/Bauern   ihren*

Die Teile in eckigen Klammern sind ausgespart und
waren beim Lesen zu ergänzen, die Doppelungen (z. B.

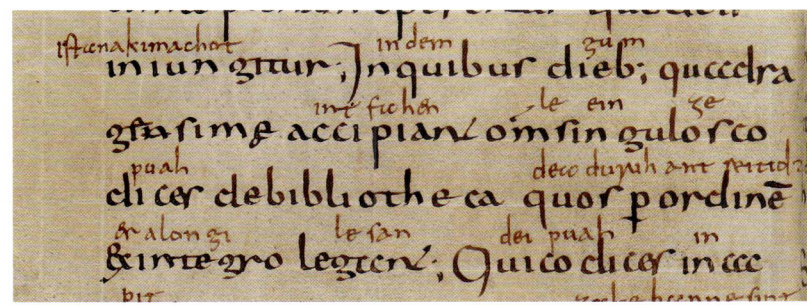

5   Die St. Galler Interli-
nearversion der Benedik-
tinerregel

uui hanti uui[hanti]), für die sich noch keine überzeu-
gende Erklärung finden lässt, muss man sich wegden-
ken. Das Verfahren ist jedoch an sich nicht ungewöhnlich, und wie die Verwendung der deutschen Sprache
dabei mit den Regeln des monastischen Lebens zusam-
menfällt, mag man an dem folgenden Ausschnitt einer
interlinearen Übersetzung der Benediktsregel ablesen,
die um 800 in St. Gallen entstanden ist (Abb. 5; Cod.
916, S. 111). Hier wird eben jene oben genannte Anweisung aus Kapitel 48 übersetzt, die den Sonderfall der
privaten Lektüre regelt:

> *in dem   [ta]gum*
> […] In quibus diebus quadra-
>   *intfachen [al]le ein[lu]ze*
> ginsimę accipiant omnes singulos co-
> *puah   dea duruh antreitida*
> dicis de bibliotheca quos per ordinem
> *er alongi   lesan*
> ex integro legant […]

Mit Blick auf den althochdeutschen Text heißt das
etwa: „In diesen Tagen der vierzigtägigen Fastenzeit
empfange jeder einzeln ein Buch aus der Bibliothek,
das er der Reihe nach vollständig lese." Das
quadraginsimę sowie *de bibliotheca* sind nicht übersetzt, die Bedeutung war wohl einerseits zu geläufig
und andererseits kaum durch ein deutsches Wort zu
ersetzen. Auch hier muss man die in eckigen Klammern stehenden althochdeutschen Teile beim Lesen
ergänzen, was die Übersetzung nicht gerade praktisch
benutzbar macht. Da die Regel im St. Galler Codex
nur am Anfang Wort für Wort übersetzt wird und die
Dichte der Übersetzungsgleichungen zwischen den
Zeilen im Verlauf abnimmt, bis schließlich der lateinische Text ohne Übersetzung zu lesen ist, handelt es
sich auch hier um keine notwendige Verständnishilfe,
sondern um einen Kontakt zwischen dem Latein und
der Volkssprache auf dem Pergament, der fast experi-
mentierend zu sein scheint.

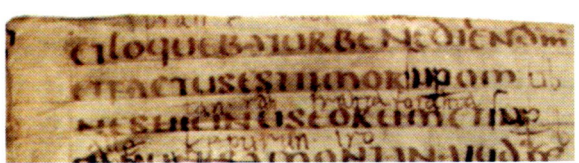

4   Die St. Pauler Lukas-
glossen

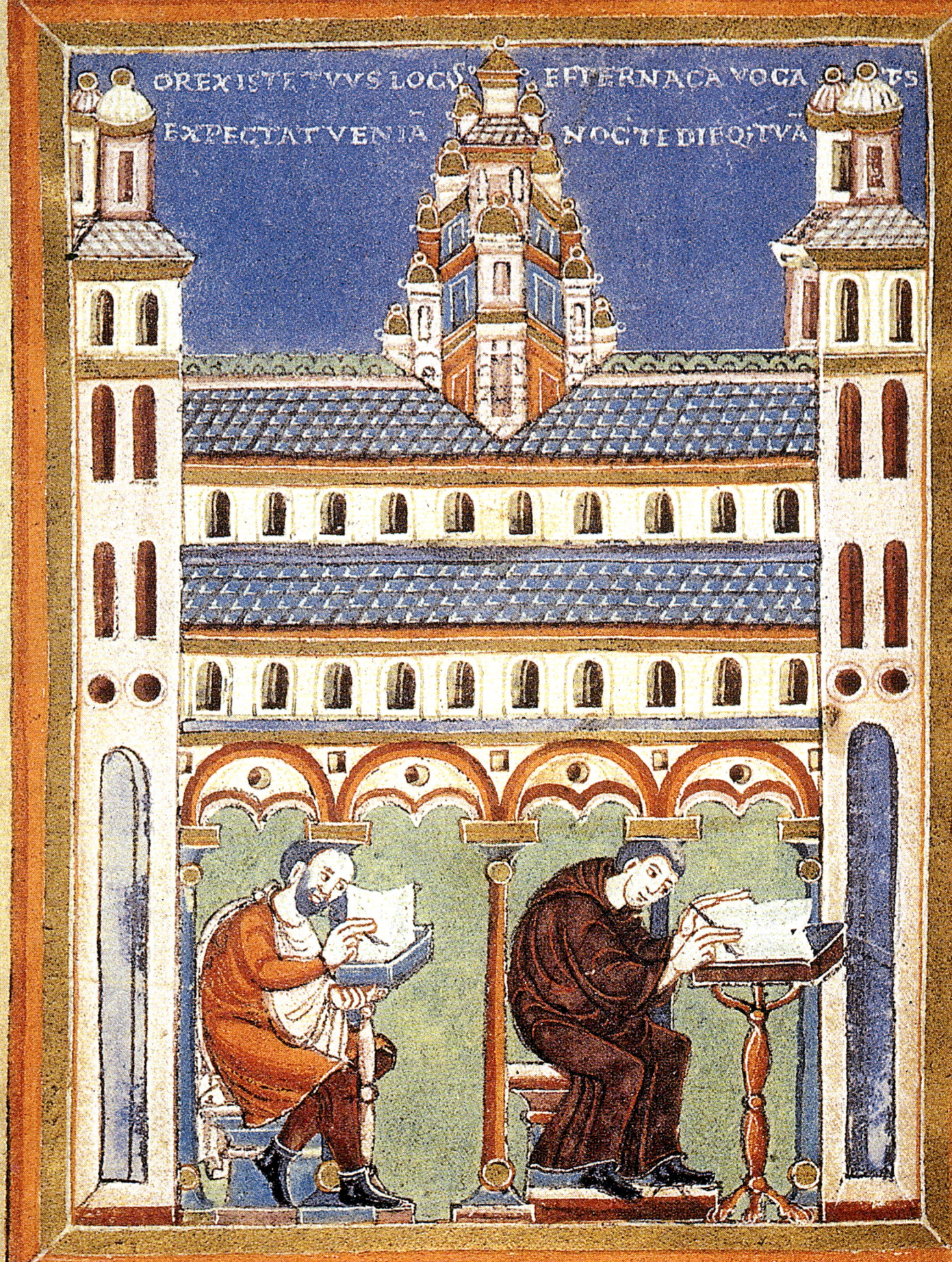

O REX ISTE TVVS LOCVS ... EFTERNA CA VOCA ... TS
EXPECTAT VENIA ... NOCTE DIEQ. TVA

EIN KLOSTER OHNE BÜCHER…

Vera Trost

„Ein Kloster ohne Bücher ist wie ein Staatswesen ohne Besitz, eine Festung ohne Truppen, eine Küche ohne Geschirr, ein Tisch ohne Speisen, ein Garten ohne Pflanzen, eine Wiese ohne Blumen, ein Baum ohne Blätter [...]", stellte im 15. Jahrhundert der Augustiner-Chorherr Thomas von Kempen (um 1380–1471) Vergleiche an, in denen er die unermessliche Bedeutung von Büchern für Klostergemeinschaften betonte.[1]

Bücher zählten im Mittelalter zum wichtigsten Besitz eines Klosters. Im 48. Kapitel der Regel des hl. Benedikt heißt es, dass die Mitglieder eines Klosters „zu bestimmten Zeiten mit Handarbeit, zu bestimmten Stunden mit heiliger Lesung beschäftigt sein" sollen. Diese Übung in Frömmigkeit setzte nicht nur voraus, dass die Mönche und Nonnen lesen konnten, es mussten ihnen auch die entsprechenden Bücher zur Verfügung stehen.

Mancher Betrachter wird sich gefragt haben, wo und wie im Mittelalter Bücher entstehen konnten? Wer hat sie geschrieben, wer hat gemalt, wer hat ihre Einbände gefertigt und wer hat ihre bisweilen kostbaren Verzierungen geschmiedet und gefasst? Wie groß war der Zeitaufwand und welche Materialien standen zur Verfügung?

Diese Fragen sind, wie so viele, die das Mittelalter betreffen, nicht pauschal zu beantworten. Denn Handschriften entstanden in einer Zeitspanne von über tausend Jahren, von der Spätantike bis zur Renaissance, und in ganz Europa unter völlig unterschiedlichen Bedingungen. Bücher wurden in einsamen Eremitenzellen, in kleinen klösterlichen Gemeinschaften oder großen monastischen Wissenszentren, in reichen Klöstern oder in kommerziell arbeitenden Werkstätten großer Städte gefertigt.

Wir sind auf Antworten angewiesen, die uns die Bücher selbst geben. Rückschlüsse erlauben die Art ihrer Ausführung, darin enthaltene Notizen und Abbildungen wie auch Berichte, unter welchen Umständen die Bücher entstanden sind.

„Die Mönche sollen studieren und Bücher abschreiben."

Zu Zeiten Benedikts war die Beschaffung von Literatur eine aufwendige Angelegenheit. Die Tradition des antiken Buchgewerbes war abgebrochen. Die Klostergemeinschaften sahen sich gezwungen, die Bücher selbst zu beschaffen und herzustellen. „Die Mönche sollen studieren und Bücher abschreiben! Wer nämlich durch das Buch die Menschen zu Gott führt, tut Gutes, auch wenn er in der Ferne weilt, und er ist, obwohl an einen einzigen Ort gefesselt, dennoch in vielen Gegenden gleichzeitig anwesend", forderte Flavius Magnus Aurelius Cassiodorus (um 485 – um 580) seine Freunde auf. In dem von ihm um 554 in Unteritalien gegründeten Kloster Vivarium scharte er Mönche um sich, denen er das Studium der weltlichen und geistlichen Wissenschaften sowie das Abschreiben von Büchern zur Pflicht machte.

Im frühen und hohen Mittelalter waren es fast ausschließlich die Klöster, die das Bildungsgut pflegten. Bis ins 12. Jahrhundert hinein waren eine fundierte Ausbildung oder gar höhere Studien nur hinter Klostermauern möglich.

Wie es in einem solchen Wissenszentrum ausgesehen haben mag, überliefert eine Bibel, die um 700 von einer Handschrift aus dem Kloster Vivarium kopiert worden ist (Florenz, Biblioteca Medicea-Laurenziana, Amiat. 1, fol. Vr). Man erkennt den Propheten Ezra in der typischen Schreibhaltung, indem er sein Schreibbrett auf seinen Knien balanciert. Um ihn herum sind Schreibutensilien wie ein Tintengefäß für rote und eines für schwarze Tinte zu erkennen

1 Mönch und weltlicher Schreiber arbeiten gemeinsam an einer Handschrift Der Mönch ist an Kutte und Tonsur erkennbar, der Lohnschreiber an seiner weltlichen Kleidung. Evangelistar Heinrichs III., Echternach, 1039–1043. Bremen, Staats- und Universitätsbibliothek, Ms.b. 21, fol. 124v

sowie Stichel, Spatel, Zirkel und eine Sanduhr. Im Schrank hinter ihm sind sieben liegend aufbewahrte Codices zu sehen.

Das Skriptorium

„Es müssen auch bestimmte Orte für diese [Schreib] Arbeit bereitet werden, die sich getrennt vom Konvent, aber innerhalb des Klosters befinden, wo die Schreiber ihrer Tätigkeit in aller Ruhe und ohne Störung und Geräusche nachgehen können. Dort müssen sie sitzend und arbeitend sorgfältig das Schweigen bewahren und nicht untätig irgendwo hinausge-

2 Der Prophet sitzt auf einer Bank mit Kissen, hat die Füße auf einen Schemel gestellt und schreibt in einem großen Buch, das auf seinen Knien ruht – die übliche Schreibhaltung im Mittelalter. Codex Amiatinus, Jarrow-Wearmouth, um 700. Florenz, Biblioteca Medicea-Laurenziana, Amiat. 1, fol. Vr

hen. Niemand darf bei ihnen eintreten außer dem Abt, dem Prior, dem Subprior und dem Armarius […]", heißt es im 19. Kapitel der Klosterregel der Abtei Saint-Victor, die in der ersten Hälfte des 12. Jahrhunderts in Paris geschrieben worden ist.

Im berühmten Klosterplan von St. Gallen (St. Gallen, Stiftsbibliothek Ms. 1092), der als Idealplan um 820-835 entstanden sein dürfte, ist ein solcher Ort vorgesehen (vgl. die Beitrag Schedl, Tremp). Das Skriptorium wurde links vom Ostchor der Abteikirche geplant, die Bibliothek im Obergeschoss darüber, wo sie gegen Hochwasser oder aufsteigende Feuchtigkeit geschützt sein würde.

Im Skriptorium sind sieben Schreibpulte eingezeichnet, die von den darüber liegenden großen Fenstern Licht erhalten. Der große Ablagetisch in der Raummitte ist für Vorbereitungsarbeiten, wie das Herrichten von Pergament, gedacht.

Schreiber und Maler

Ein Kloster, das etwas auf sich hielt, richtete eine Schreibstube, ein sog. Skriptorium, ein und beschäftigte Schreiber: „Er freute sich immer wieder über die Menge der Schreiber, die ihm vom Herrn gegeben war, so dass, wenn man das Kloster betreten würde, man meistens zwölf junge Mönche sähe, die auf ihren Stühlen sitzen und über den sorgfältig und zusammengefügten Pulten mit Stillschweigen schreiben" (Herimann, Liber de rest. mon. s. Martini Torn. 80; MGH Scriptores XIV).[2] Des Weiteren auch Maler: „Ich, Udalpertus, habe mich bemüht, dieses Buch der Psalmen zu schreiben, damit du deine Seele daran weidest, Heilwih. Ich habe es geschmückt, wie ich konnte; das gebührte so der Vornehmheit des Psalteriums; zugleich habe ich auch die großzügige Herrin geehrt" (München, Bayerische Staatsbibliothek, Clm. 19412).[3] Schließlich die Buchbinder: „Alle Bücher soll er [= Armarius oder Cantor] oder durch andere, kundige Brüder binden und einbinden […]" (Liber tramitis aevi odilonis abb. XXVI: De armario).[4]

Ein leistungsfähiges Skriptorium musste gut organisiert sein. Sein Leiter war für den Arbeitsablauf verantwortlich und wies seinen Mitarbeitern die Aufgaben zu. Manche Codices wurden von nur einem Schreiber geschrieben, andere von mehreren Schreibern nach einem genau festgelegten Plan. Manchmal wurde an einzelnen Lagen – ineinander gelegte Doppelblätter – gearbeitet, manchmal gemeinsam an Gruppen von Lagen.

„Wir wollen also eine Schule für den Dienst des Herrn einrichten." – Das Skriptorium

Eine Zeichnung, die vermutlich im dritten Viertel des 12. Jahrhunderts entstanden und nachträglich in eine etwas ältere Handschrift des Bamberger Michaelsklosters (Bamberg, Staatsbibliothek, Patr. 5) eingebunden worden ist, zeigt Tätigkeiten, die zur Buchherstellung im Mittelalter nötig waren. Die Handschrift besteht fast ausschließlich aus Werken des Kirchenlehrers Ambrosius von Mailand und beginnt mit „den Pflichten des Dieners". Damit sind die Aufgaben des geistlichen Standes gemeint, im vorliegenden Fall die Aufgaben der Mönche eines Skriptoriums.

Das Blatt ist mit einem Mittelfeld und einer Umrahmung klar strukturiert und fein gezeichnet. Das Mittelfeld wird von der mächtigen Gestalt des Erzengels Michael beherrscht, der auf dem Giebel einer Fassade steht. Vier Mönche blicken bewundernd zu ihm auf.

Die Umrahmung enthält zehn symmetrisch angeordnete Medaillons. In ihnen ist jeweils ein Mönch zu sehen, der mit verschiedenen Arbeiten der Buchherstellung beschäftigt ist. Die Abfolge der Darstellungen scheint willkürlich zu sein, so dass der Betrachter seinen eigenen Weg suchen muss: Im zweiten Medaillon von oben links hält ein Mönch eine zweiteilige, oben abgerundete Wachstafel und einen Schreibgriffel in seinen Händen. Diese Gerätschaften gehörten zur Ausrüstung der Schreiber in Antike und Mittelalter und hatten die Funktion unseres heutigen Notizpapiers und Bleistifts. Die Tafeln waren meist aus Holz gefertigt, das bis auf einen schmalen Rand flach ausgehöhlt und mit gefärbtem Wachs gefüllt war. Die Griffel bestanden aus Metall, Bein oder Holz und hatten ein abgeflachtes Ende, mit denen man das Wachs glätten und nicht benötigte Aufzeichnungen löschen konnte.

Die Reinschrift erfolgte auf Pergament. Seine Beschaffung stellte die Klöster oftmals vor ein ökonomisches Problem, denn Pergament zum Schreiben wurde (und wird heute noch) aus den Fellen von Schafen oder Kälbern, gelegentlich auch von Ziegen (dies ist gelegentlich noch nach Jahrhunderten am intensiven Geruch zu erkennen), hergestellt. Aus einer Haut konnte man – je nach Größe des Tieres und des Buches – ein, zwei, maximal vier Doppelblätter herausschneiden. Dies bedeutet, dass für ein Buch unter Umständen eine ganze Tierherde herhalten musste: „Wenn es euch aber nützlich scheint, dass ich euch mit meiner geringen Kraft etwas schreibe, so gebt euer Pergament heraus und, soweit der Verstand gibt, will ich es ohne Widerrede tun [...]", forderte im Jahr 761 Winithar, der erste bedeutende Schreiber des Klosters St. Gallen, für

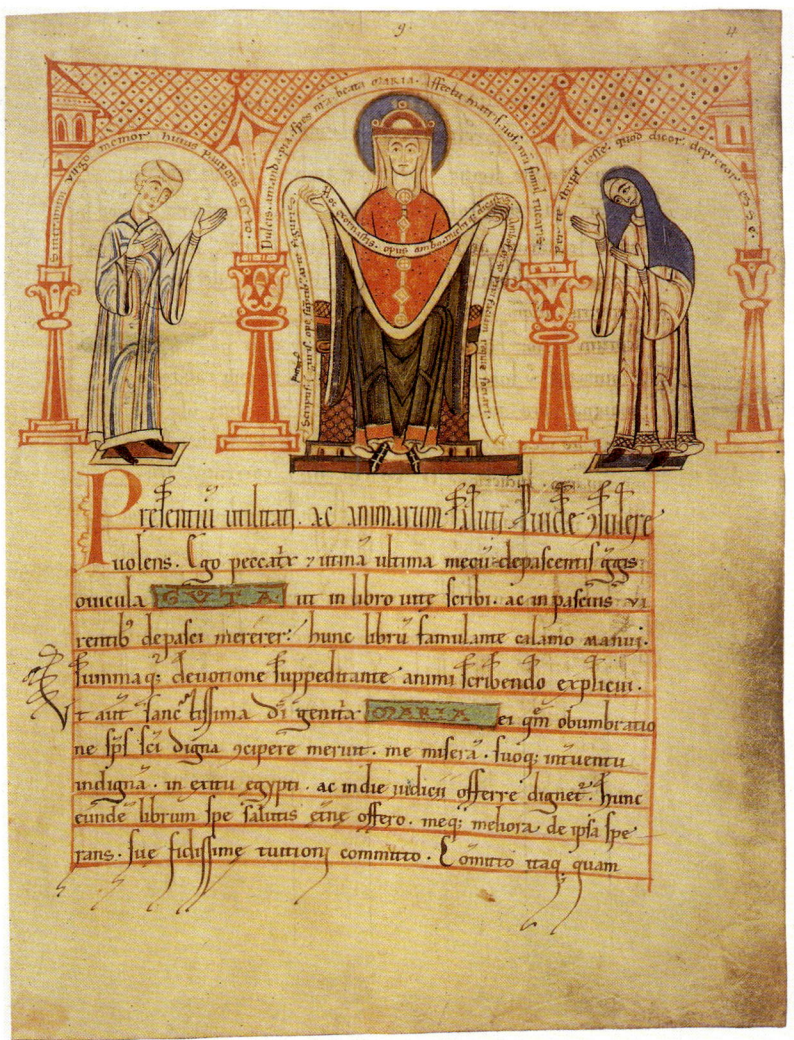

die Ausfertigung einer Schenkungsurkunde (St. Gallen, Stiftsbibliothek, 70, 251).

Pergament wurde anfangs in den Klöstern selbst hergestellt. Ab dem 12. Jahrhundert, mit dem wirtschaftlichen Erstarken der Städte, übernahmen weltliche Spezialisten nach und nach die Produktion. Dies ist in der Initiale einer Hamburger Bibel von 1255 (Kopenhagen, Königliche Bibliothek, Ms 4 2°, vol. II., fol. 183r) dargestellt, indem ein weltlich gekleideter Mann einem in eine Kutte gehüllten Mönch Pergament anbietet. In der Initiale wie auch im Bamberger Blatt sind ein Spannrahmen und ein rundes Schabemesser zu erkennen, die für die Pergamentmacher typischen Utensilien.

Im Bamberger Blatt ist im dritten Medaillon rechts ein Mönch zu sehen, der die Pergamentblätter zu gleicher Größe zuschneidet. Er verwendet dazu ein Lineal und ein besonders geformtes Messer mit

3 Schreiberin Nonne Guta und Maler Mönch Sintram Schwarzenthann und Marbach im Elsaß, 1154. Straßburg, Bibliothèque du Grand Séminaire, Cod. 37, fol 4v

eingedrehter Spitze, das als Radier- oder Federmesser diente und ebenfalls zur ständigen Ausrüstung der Schreiber gehörte. Mit dem stumpfen Rücken des Messers wurden auch die Schriftspiegel festgelegt, der Platz für die Initialen umrissen und die Linien gezogen. Die Zeilenabstände wurden mit Hilfe eines Zirkels markiert. Doppelblätter, die dasselbe Layout haben sollten, wurden übereinander gelegt, damit man dann an der bezeichneten Stelle mit einer feinen Ahle oder Nadel mit einem Stich durch alle Blätter hindurchstechen konnte.

Im Medaillon links oben ist ein Schreiber dargestellt. Er hält in der rechten Hand ein Federmesser, in der linken eine Feder. Bis ins 19. Jahrhundert hinein benutzte man zum Schreiben die Federn von großen Vögeln wie Gans, Pfau oder Strauss. Im Medaillon rechts oben werden Doppelblätter ineinandergelegt. Im darunter folgenden Medaillon ist ein Mönch vor einer Buchbindelade zu erkennen. Er heftet die fertigen Lagen zu einem Buchblock zusammen, indem er sie mit Nadel und Faden über Bünde – Verbindungen aus Hanf, Leder oder Pergament – „aneinander nähte". Bei diesem Medaillon handelt es sich nach Fridolin Dressler „um die älteste bekannte Darstellung einer Heftlade, damit einer Buchbinderwerkstatt überhaupt".

In den beiden unteren Eckmedaillons sind weitere Buchbinderarbeiten zu sehen: Links werden mit einem kleinen Beil die hölzernen Buchdeckel geformt. Für die auf Feuchtigkeit und Schmutz empfindlich reagierenden Pergamentblätter benötigte man stabile Buchdeckel, die den Buchblock mit Hilfe von Schließen zusammenpressten. Im Medaillon rechts ist ein Mönch mit Hammer und Amboss dargestellt. Möglicherweise handelt es sich um einen Goldschmied, der Schließen, Beschläge und Ketten oder auch Einbände aus getriebenem Silberblech fertigte und sie mit Perlen, Halbedelsteinen und farbigem Glas verzierte: „Damit ein schmuckvolles Äußeres außen die Schönheit der heiligen Schriften bekleide" (Cassiodor, De inst. div. litt. XXX, 3) und „ein Evangeliar, auf einer Seite bedeckt mit reinstem Gold und wertvollsten Steinen […]" (Inventar der Chronik von Monte Cassino: Evangelium Imperat. Henrici II.) berichten dazu zwei Quellen.[5]

Im oberen und unteren Rahmen sind in der Mitte drei weitere Personen dargestellt. Sie haben sich einen privilegierten Platz eingeräumt, um sich dem Seelenwäger Michael durch die besondere Nähe zu empfehlen. Der Maler selbst hat sich auch nicht vergessen. Er beugt sich zu Füßen Michaels und ist dabei, sein Werk zu vollenden.

Die Arbeitsorganisation eines größeren Skriptoriums versuchte Aliza Cohen-Muslin am Beispiel von Kloster Frankenthal im 12. Jahrhundert nachzuvollziehen, und stellte anhand seiner Handschriften fest: Für die Zeit zwischen den Jahren 1148 und etwa 1200 lassen sich mehr als 60 verschiedene Schreiber(hände) nachweisen. Eine ununterbrochene Abfolge von Schreibern ist zu erkennen, die in verschiedenen Manuskripten mit unterschiedlichen Aufgabenbereichen gearbeitet haben: Textschreiber, Lektoren, Redakteure, die die Reihenfolge der Texte kollationierten, Rubrikatoren, die die Überschriften und Initalen von Versen und Kapiteln mit roter Farbe hervorhoben, und wieder andere, die die Texte illustrierten und die Initialen verzierten. Je nach Aufgabenverteilung sind sie vier hierarchisch geordneten Gruppen zuzuordnen:

1. Der verantwortliche Schreiber. Er korrigierte und kollationierte die Texte, nachdem die Textschrei-

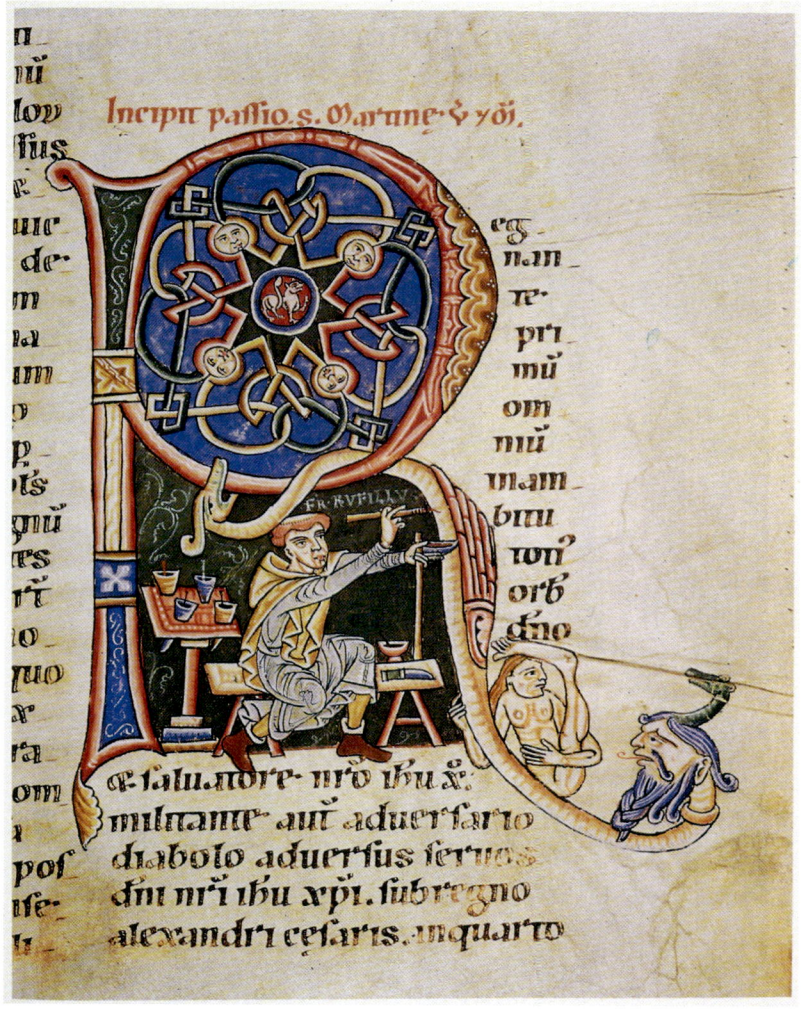

4   Premonstratenser Frater Rufilus malt die Initiale „R", Passional, Weissenau in der Diözese Konstanz, 1170 – 1200. Genf, Bibliotheca Bodmeriana, Cod. 127, fol. 244"

| „Wir wollen also eine Schule für den Dienst des Herrn einrichten." – Das Skriptorium

ber ihre Arbeit abgeschlossen hatten, und war für die Redaktion und die Genauigkeit der Abschrift verantwortlich. Meistens schrieb er den Textbeginn und wiederholte im laufenden Text einige Vorbildzeilen, deren Züge die nachfolgenden Schreiber in anschließenden Zeilen nachahmten.

2. Der Textschreiber. Er schrieb den Text, häufig gemeinsam mit anderen Schreibern. Wenn er bereits ein Meisterschreiber war, dann führte er auch die Korrekturen, Rubrizierungen und Verzierungen aus.

3. Der Lehrling. Er gehörte zu den angehenden Textschreibern und folgte häufig den Musterzeilen des verantwortlichen Schreibers, unter dessen Aufsicht er stand. Der Lehrling lernte vom Meisterschreiber, wie man Initialien rubrizierte.

4. Der Schreibereleve. Er ist nur in wenigen Handschriften zu erkennen, dort aber zusammen mit vier bzw. zehn weiteren Eleven. Sie durften jeweils einige Zeilen oder auch einmal ein ganzes Blatt unter Aufsicht des Meisterschreibers übernehmen. Vielleicht waren dies Prüfungsarbeiten, die der verantwortliche Schreiber den Eleven gestellt hatte – wahrscheinlich nicht nur, um ihre Handschrift und Fähigkeiten beim Abschreiben zu prüfen, sondern auch um festzustellen, ob sie fehlerlos nach Diktat schreiben konnten.

Dazu findet sich ein älterer Hinweis: „Und lasst nicht zu, dass eure Knaben diese [Bücher] entweder beim Lesen oder Schreiben verderben. Und wenn es notwendig ist, ein Evangelium, einen Psalter und ein Missale zu schreiben, sollen es erwachsene Männer mit aller Sorgfalt schreiben" (Karoli Magni Capitularia, 22. Amonitio Generalis 72: MGH Leges II, Capitularis 1).[6]

Schreibarbeiten wurden fast ausnahmslos von Geistlichen für den gemeinsamen Gebrauch oder für befreundete Klöster und auswärtige Auftraggeber geleistet. Gelegentlich wurden auch auswärtige Schreiber und Maler eingeladen, vor Ort zu arbeiten. Ein schönes Beispiel dafür sind „wir zwei, Purchardus und Chuonradus, nicht nur dem Geiste, sondern auch dem Blute nach geschwisterlich verwandt." Die beiden Brüder waren Mönche, Konrad als Schreiber in Kloster Seeon, Burckhard als Maler auf der Reichenau. Im Auftrag von Bischof Hillinus schufen sie zwischen 1020 und 1030 in Köln ein prächtiges Evangeliar (Köln, Erzbischöfliches Diözesan- und Dombibliothek, Hs. 12, fol. 2v), offenbar nicht ganz freiwillig: „Durch liebevolles Bitten des Kölner Domherrn Hillinus fühlten wir zwei […] uns eingeladen und dann gezwungen, das vorliegende Buch zu schreiben und es in gläubiger Ver-

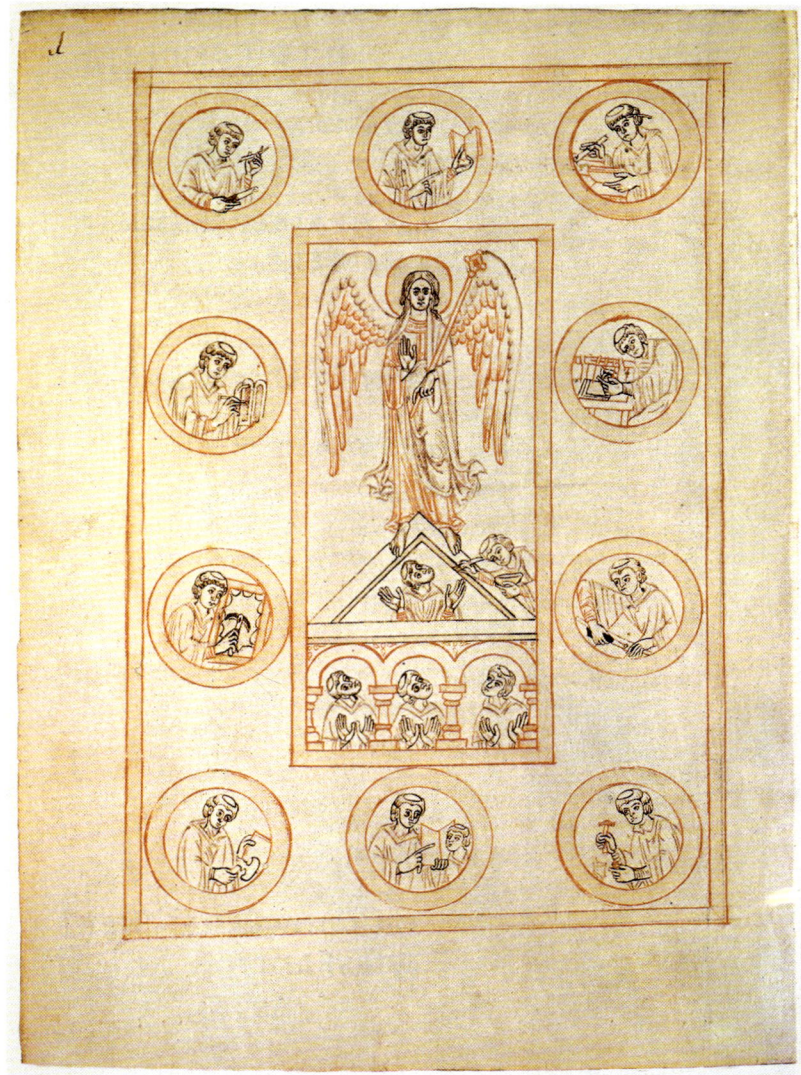

ehrung auf den innerhalb der Mauern Kölns errichteten Hauptaltar des Heiligen Petrus niederzulegen. Weil wir wissen, dass der Lohn dem Stifter [im Jenseits] gewiss ist, haben wir wegen unserer guten Leistung Hoffnung auf die Gnade [des Herrn] […]."

5 Ambrosius-Handschrift, Michaelskloster Bamberg, drittes Viertel 12. Jahrhundert. Bamberg, Staatsbibliothek, Msc. Patr. 5, 1v

Schreibende Nonnen

An der Buchproduktion beteiligten sich auch Nonnen. In der Kölner Dombibliothek z.B. befindet sich ein dreibändiger Psalmenkommentar, an dem zehn verschiedene Schreiberinnen geschrieben und sich mit Namen verewigt haben: Girbalda, Gislindis usw. Sie gehörten zum Kloster Chelles bei Paris, das von Gisela, einer Schwester Karls des Großen, geleitet wurde. Ihre Schreibwerkstatt war gut organisiert und

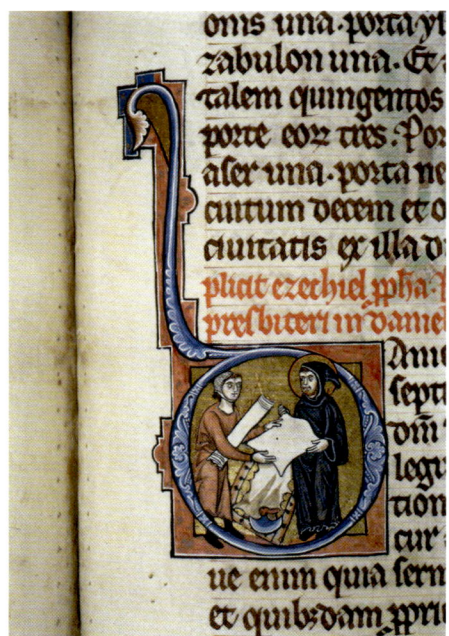

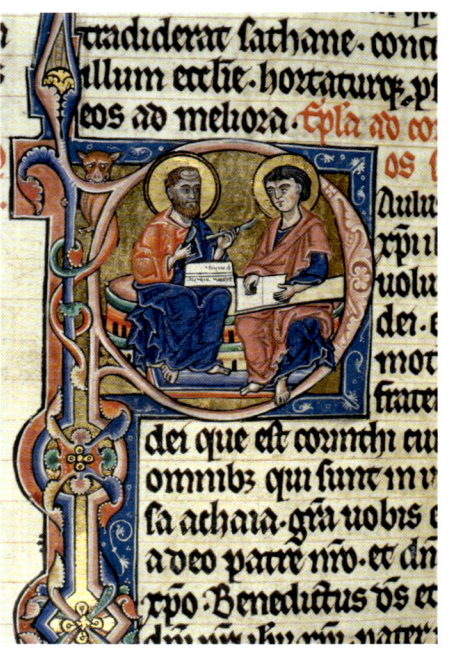

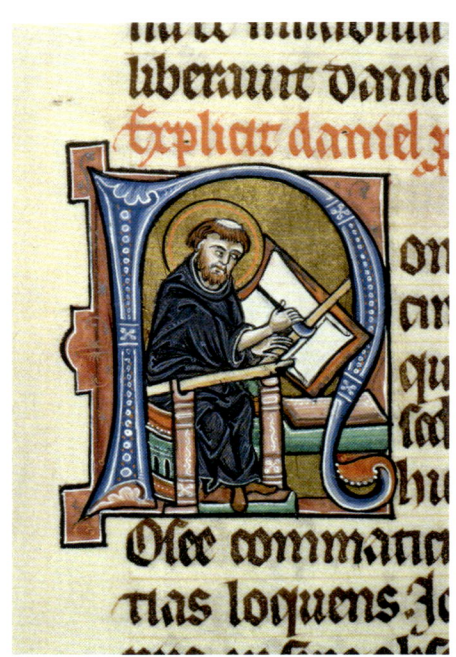

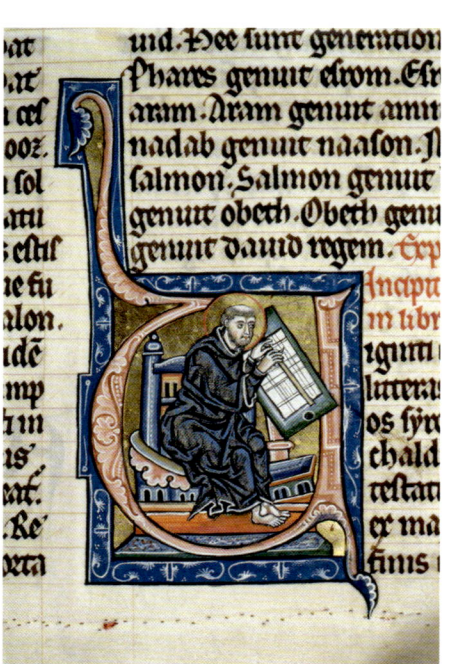

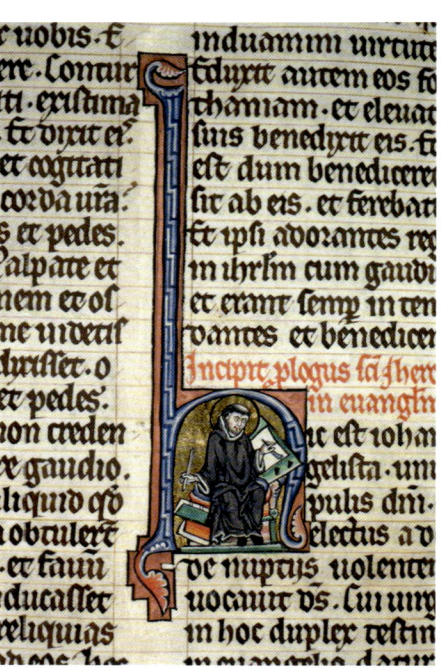

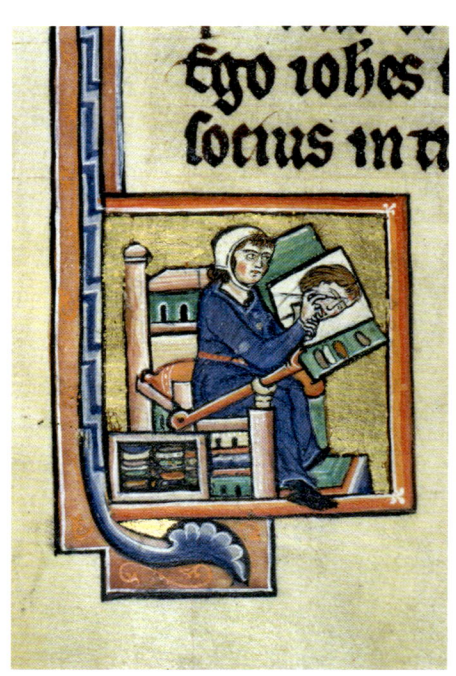

stellte zahlreiche Handschriften für auswärtige Auftraggeber her. Von den Nonnen Harlind und Reinula wird berichtet: „Die Schriften der vier Evangelisten, die die Worte und Taten unseres Herrn Jesu Christi enthalten, haben sie in rühmenswerter Arbeit abgeschrieben. Auch haben sie ein Buch Psalmen, welches wir Psalterium nennen, mit eigener Hand geschrieben und sehr viele andere heilige Schriften, die alle bis jetzt an demselben Platz so neu erglänzen und von Gold und Perlen strahlen, dass man glauben könnte,

diese Werke seien heute entstanden".[7]

Vom Dominikanerinnenkonvent bei Sigmaringen (Überlingen, Leopold-Sophien-Bibliothek, Ms. 4, fol. 179r) ist folgender Eintrag überliefert: „Diß buoch hant geschriben Swester Adelhaid Oetin in dem Conuent des Closters ze Hedingen. In dem jar do man zalt von Christus geburt drüzehenundert jar und fünfi und ahtzig jar [...]."

Gelegentlich arbeiteten Nonnen und Mönche auch gemeinsam an einer Handschrift. Die Nonne

Guta kopierte 1154 im Kloster Schwarzenthann im Elsass eine Handschrift, die vom Mönch Sintram im benachbarten Kloster Murbach ausgemalt wurde. Auf der Dedikationsseite haben sie sich in Bittstellung vor der Gottesmutter, die ihnen antwortet, verewigt: „Ihr habt beide dieses Werk geschrieben und mit Bildern geschmückt, beide habt ihr mir dieses Werk gewidmet. Ich werde dafür sorgen, dass ihr einst gemeinsam zur ewigen Ruhe eingeht" (Straßburg, Bibliothèque du Grand Séminaire, Cod. 78, fol. 4r). In einer Salemer Handschrift (Heidelberg, Universitätsbibliothek, Cod. Sal. X 16, fol. 30v) ist Hildegard von Bingen mit einem Mönch dargestellt, der ihre Visionen in Reinschrift überträgt.

Weltliche Schreiber

Um 1100 wurden neue Texte wichtig. Die Klöster hatten Mühe, ihre Bibliotheken „up to date" zu halten. Sie konnten die Nachfrage nicht mehr im gewünschten Umfang selbst erledigen und begannen, weltliche Schreiber und Maler in ihren Mauern zu beschäftigen.

Wie dieses Miteinander ausgesehen haben mag, ist im Evangelistar Heinrichs III. aus dem Kloster Echternach (Bremen, Staats- und Universitätsbibliothek, Ms. 21, fol. 124v) dargestellt. Unter den Türmen der Abteikirche sitzen zwei Schreiber hintereinander an ihren Pulten und beugen sich tief über die Arbeit. An ihrer Kleidung ist zu erkennen, dass es sich links um einen weltlichen Schreiber und rechts um einen Schreibermönch handelt.

Das Monopol der Klöster auf Gelehrsamkeit schwand. Die ersten europäischen Universitäten in Paris, Bologna, Oxford und Neapel wurden gegründet. Die Professoren achteten darauf, dass für den Unterricht die Texte unverfälscht und vollständig zur Verfügung standen. Es entstanden Läden, die autorisierte Bücher zum Kauf anboten. Selbst Mönche besorgten sich dort ihre Literatur.

Immer mehr Menschen konnten lesen und wollten eigene Bücher besitzen: Studenten verlangten nach Fachliteratur, adlige Frauen begehrten eigene, schön verzierte Gebetbücher. In den großen Städten richteten Berufsschreiber, Buchmaler, Pergamentmacher und Buchbinder eigene Werkstätten ein und organisierten sich in Zünften. Sie produzierten Rechtsdokumente und kostbar ausgestattete Bücher für Fürsten, Kaufleute und Rechtsgelehrte, Gebetbücher und erbauliche Literatur für die Damen, erzieherische und wissenschaftliche Texte für Schüler und Studenten.

Zeitaufwand

Abschließend noch ein Wort zum Zeitaufwand, der häufig überschätzt wird. Er war sowohl durch den Umfang einer Handschrift bedingt, als auch vom Fleiß und der Geschicklichkeit des Schreibers abhängig. Ein guter Schreiber erreichte 150 bis 200 Zeilen pro Tag, hatte aber als Mitglied einer Klostergemeinschaft noch andere Verpflichtungen. Den Überlieferungen nach zu schließen, konnte im 11. Jahrhundert ein Mönch ohne allzu große Eile drei oder vier mittelgroße Bücher pro Jahr fertigstellen.

Interessant dazu ist die Äußerung des irischen Mönchs Timothy O'Neill, der im 20. Jahrhundert mittelalterliche Handschriften kopierte. Er bewältigte etwa 200 Worte in einer Stunde und musste dann eine Pause einlegen.

Schreibersprüche

Dass die Arbeit anstrengend war, wissen wir aus vielen Seufzern. „Der, der nicht weiß zu schreiben, glaubt nicht, dass dies eine Arbeit sei. O wie schwer ist das Schreiben: es trübt die Augen, quetscht die Nieren und bringt zugleich allen Gliedern Qual. Drei Finger schreiben, der ganze Körper leidet." So die Notiz des Schreibers eines westgotischen Rechtsbuchs aus dem 8. Jahrhundert (Berlin, PKB, lat. fol. 270: Mon. Germ. Leg III (1863), S. 589).

In einer Bibelhandschrift des 13. Jahrhunderts (Heidelberg, Universitätsbibliothek Cod. Pal. Germ. 19–23, 2. Bd., fol. 246r) findet sich dagegen folgender Eintrag:

„O got durch dine güte
Beschere uns kugeln und hüte,
Menteln und röcke,
Geisze und böcke,
Schoffe und rinder,
Vil frowen und wenig kinder."

Materialien

„All jenen Brüdern im Kloster, die Schreiber sind und denen vom Abt das Amt des Schreibens auferlegt wurde, muss der Armarius zuweisen, was sie zu schreiben haben, und die Dinge, die zum Schreiben notwendig sind, zukommen lassen. Und keiner von ihnen schreibe etwas außer dem, was dieser ihnen zu-

6 Ein weltlicher Pergamentmacher bietet einem Mönch Schreibpergament zum Kauf an. Der Gehilfe des Schreibers bearbeitet das Pergament mit einem Bimsstein. Nachdem mit Zirkel und Stickel die Zeilenabstände eingedrückt wurden, konnte man die Linien ziehen. Der Illuminator führt die Malereien aus. Bibel, Hamburg um 1255. Kopenhagen, Königliche Bibliothek, Ms 4 2°, vol. II

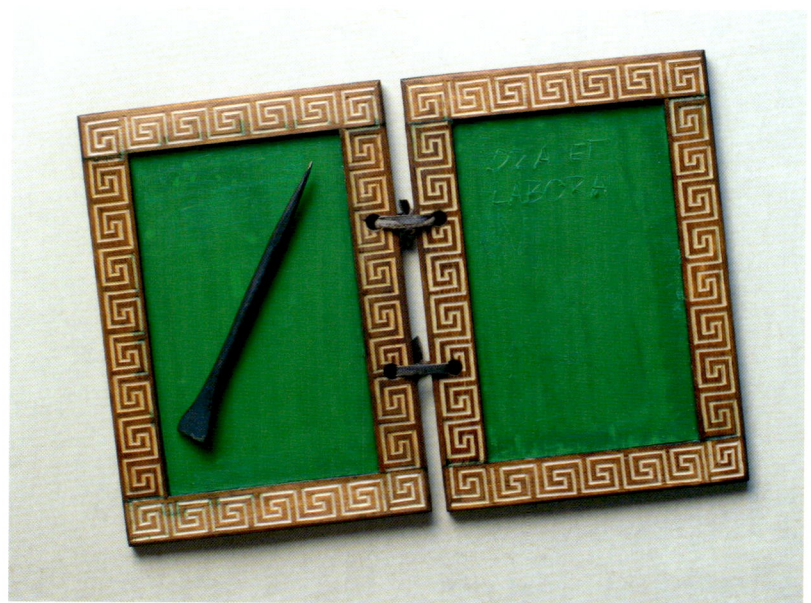

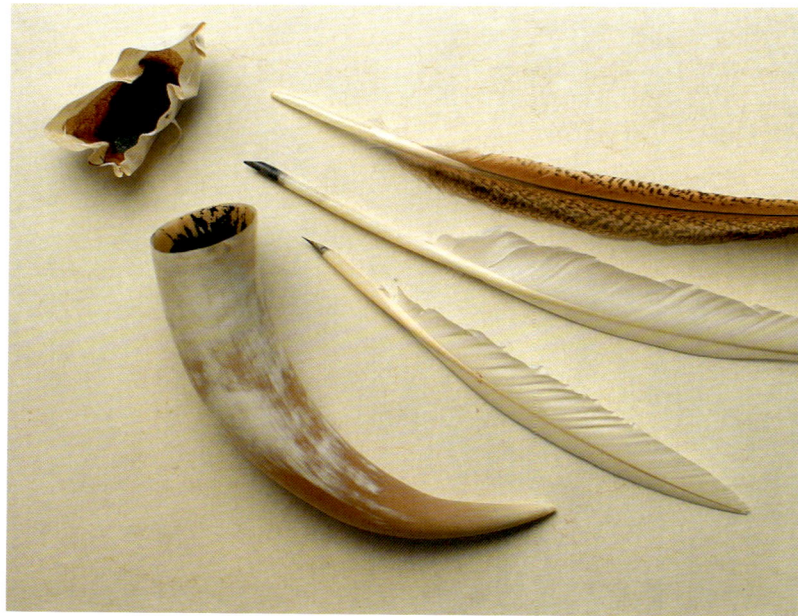

„Vom Bedarf des Schreibers:
Jedem Schreiber ist nötig Viererlei, nämlich:
Gans, Stier, Dornenstrauch und Schaf, wenn
man dies festhalten will.
Gibt die Feder die Gans, das Rind das Schreib-
horn, und ferner
Liefert das Schaf Pergament, so die Tinte der
Dorn"
(Berlin, Staatsbibliothek, Ms. Philipps 1694).

Schreibfedern

Während der Antike wurden Schreibrohre zum Schreiben auf Papyrus verwendet, im Mittelalter benützte man lieber Vogelfedern. Sie waren elastischer und rissen beim Schreiben den Beschreibgrund Pergament nicht so leicht auf. Am besten eigneten sich die ersten fünf Flugfedern eines großen Vogels, besonders die einer Gans. Die Federn mussten hart sein, was bei ausgefallenen, verhornten Federn der Fall ist. Weniger harte Federn wurden präpariert, indem man sie zunächst in Wasser einweichte und dann in heißem Sand härtete. Die Kunst, Federn zu schneiden, war sehr geschätzt. Man benötigte dafür ein scharfes Messer, ein *scalprum librarium*, und viel Geschicklichkeit. Etwa zwei bis drei Zeilen Text konnte man dann schreiben, bis man wieder nachschneiden musste.

Tintenhörnchen

Rinderhörner dienten als handliche Tintengefäße. Zuvor musste man die Hornummantelung durch langes Kochen vom Knochen lösen. Dann schnitt man das Horn auf die gewünschte Größe zu, polierte und verzierte es. Ein Schreiber besaß meistens zwei Tintenhörner – eines für schwarze oder braune und eines für rote Tinte.

Pergament

Pergament war der im Mittelalter gebräuchliche Beschreibstoff. Er hatte sich als geschmeidigeres und haltbareres Material im 4. Jahrhundert n. Chr. gegenüber dem Papyrus endgültig durchgesetzt. Pergament wurde aus tierischer Haut hergestellt. Man verarbeitete dafür nicht nur die Häute von Rindern und Kälbern, sondern auch von Ziegen und Schafen, biswei-

7   Schreibtäfelchen mit Griffel und Schreibfedern mit Tintenhörnchen

gewiesen hat, noch vermeide er, beim Schreiben irgendetwas gegen dessen Willen und Vorschrift zu tun […], dass keiner sich nach eigenem Willen dies oder jenes aussuche, weder die Schreibgriffel, noch die Messer, noch das Pergament" wird in Kapitel 19 der Ordensregel von Saint-Victor in Paris festgelegt. Demnach war der Armarius im Kloster auch für die Bereitstellung der für die Buchherstellung notwendigen Materialien verantwortlich.

Was Schreiber benötigten, fasste im 12. Jahrhundert der Autor eines Epigramms – eines Sinngedichts – zusammen:

len sogar von Eseln, Hirschen, Gazellen und Eichhörnchen. Dabei war darauf zu achten, dass die Tiere keine Narben oder sonstige Verletzungen hatten, denn dies minderte dann die Qualität des Pergaments. Besonders gefragt waren auch Tiere mit hellen Haaren, weil deren Haarwurzeln im Pergament kaum sichtbar sind.

Die Beschaffung von Pergament war schlichtweg ein ökonomisches Problem. Denn für die Herstellung eines einzigen Buches wurden unter Umständen über 500 Tierhäute benötigt! Große Skriptorien verarbeiteten Unmengen von Pergament und mussten es zum Teil von weither besorgen. So weiß man, dass für die Bibel, die im Auftrag des Priors Talbot um 1135 für Bury St. Edmunds gefertigt wurde (Cambridge, Corpus Christi College, Ms 2), extra feines Pergament gesucht wurde. In der Klosterchronik ist überliefert, dass Magister Hugo in Irland in dieser Angelegenheit unterwegs gewesen ist.

Die Herstellung von Pergament war Sache des *percamenarius, permenters* oder Pergamentmachers. Dieser Berufsstand trat seit dem 9. Jahrhundert in Erscheinung. Aus dieser Zeit ist im italienischen Lucca eine Handschrift erhalten, die neben vielen anderen technischen Anweisungen folgende knappe Beschreibung aufführt: „Wie Pergament hergestellt werden soll: Lege die Haut in Kalkwasser und lasse sie drei Tage in ihm liegen; spanne sie dann in einem Gestell aus, schabe sie auf beiden Seiten mit einem scharfen Messer ab und lasse sie trocknen" (Lucca, Kapitularbibliothek, Cod. Carolinus oder Lucensis 490, fol. F 21–25).

Ausführlicher äußerte sich im 13. Jahrhundert Conrad von Mura, der in seinem Werk *Von der Natur der Tiere* auch die weitere Verarbeitung beschrieb:

„Dann kommt das Messer und entfernt Fleisch und Haare und macht die Haut geschmeidig und fein.
Sie wird in Buchform angepasst: Zuerst wird sie zu Bogen zweimal gefaltet, dann werden die Bogen zu gleicher Lage vereinigt.
Danach kommt der Bimsstein, der alles Überflüssige beseitigt;
Kreide wird aufgetragen. damit das geschriebene Werk nicht zerläuft.
Löchlein werden eingedrückt, denen die Bleistiftlinie folgt,
und durch deren Hilfe die Zeile ihren Weg nimmt."[8]

Diese Tätigkeiten lassen sich sehr gut in den Initialfüllungen einer Hamburger Bibel nachvollziehen, die um 1255 entstanden ist (Kopenhagen, Königliche Bibliothek, 4 2°).
Conrad von Muras Beschreibung endet mit folgendem Appell:

„Die Haut wird vom Fleisch, das Fleisch von der Haut abgezogen:
Ziehe du aus deinem Fleisch die fleischlichen Gelüste."

Tinten

Dornen wurden für die Gewinnung einer braunen Tinte verwendet, die Nuancen vom hellen Rotbraun bis zum dunklen Schwarzbraun annehmen konnte. Diese Dornentinten wurden bereits im 6. Jahrhundert n. Chr. aus der Rinde von Weißdorn- und Schlehenzweigen unter Zusatz von Wein bereitet. Die langwierige Gewinnung wurde durch den Mönch Theophilus überliefert, der sie in seiner Abhandlung *De diversis artibus* (= Von den verschiedenen Künsten) um 1100[9] so genau beschrieb, dass man sie noch heute danach zubereiten kann. Die Dornentinte ist wasserfest und lichtecht.

Hingegen haben schwarze Tinten, wie sie in der Antike und im Mittelalter verwendet wurden, weniger gute Eigenschaften.

Rußtinte wurde nach Plinius (Nat. hist. XXXV, XXV, 43) wie folgt hergestellt: „Es hat Maler gegeben, welche Kohlen aus den Gräbern, deren Ruhe sie störten, ausgruben. All das ist unbequem und neumodisch [...]. Am meisten schätzt man das [...] aus Kienholz gewonnene Schwarz. Man verfälscht es mit dem Ruß aus den Öfen und Bädern, den man zum Bücherschreiben verwendet [...].

Alles Schwarz aber wird an der Sonne fertig gemacht, wobei man das zum Schreiben verwendete Schwarz mit Gummi [...] vermischt."

Mit Gummi ist ein Bindemittel gemeint, das aus dem Harz von Pflaumen- oder Kirschbäumen gewonnen wird. Rußtinten lassen sich gut verschreiben, bleichen nicht aus, sind aber wasserlöslich.

Eine andere schwarze Tinte, die Eisen-Gallus-Tinte, ist zwar wasserfest, kann aber ausbleichen und vor allem unter Einfluss von Feuchtigkeit schwere Schäden auslösen. Dabei „fressen" sich Bestandteile der Tinte in den Beschreibstoff, ungünstigenfalls bis zur völligen Zerstörung. Eisen-Gallus-Tinte wird haupt-

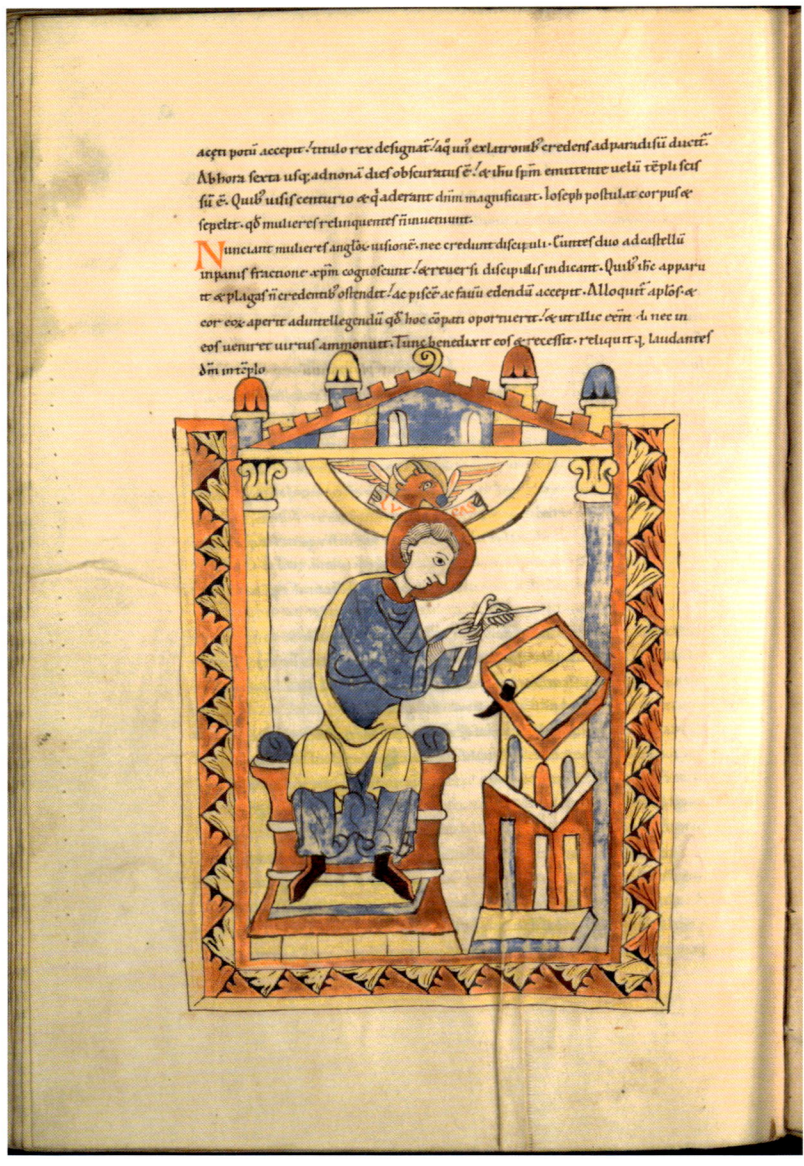

Gold- und Silbertinten

Besonders wertvolle Texte wurden mit Gold- und Silbertinte geschrieben – sehr zum Ärgernis des Kirchenvaters Hieronymus, der gegen diesen unnützen Luxus polemisierte: „Wer will, mag alte Bücher haben oder solche, die mit Silber und Gold auf Purpurpergament geschrieben sind oder mit großen Zierbuchstaben – eher beschriftete Gewichte als Bücher" (Praefatio in Job/PL XXVIII, 142).

Wie Goldtinte hergestellt werden konnte, verraten zahlreiche Rezepte, die von der Spätantike bis ins 13. Jahrhundert hinein überliefert wurden: „Wenn du mit Gold schreiben willst, nimm Pulvergold und mische es mit Leim von jenem Pergament, auf das du schreiben sollst, und schreibe am Feuer mit jenem Gold und Leim, und wenn der Buchstabe trocken ist, poliere mit einem sehr glatten Stein oder einem Eberzahn" (Mappae Clavicula A 10).[10]

Traktate, Werkstatt- oder Musterbücher

Solche Anweisungen und Rezepte zur Buchherstellung im Mittelalter findet man in Traktaten, Werkstatt- oder Musterbüchern.[11] Sie überliefern die technologischen und künstlerischen Kenntnisse mittelalterlicher Skriptorien und gewähren uns einen Einblick in die Herstellung von Pergament, Tinten und Farben. Sie geben darüber hinaus auch Empfehlungen, wie die Malmittel kombiniert und die Malschichten aufgebaut werden sollen: „Wenn du wissen willst, welche Farben miteinander im Gegensatz sind, so sind es diese: Auripigment (Schwefelarsen) verträgt sich weder mit Folium (eine purpurfarbene Pflanzenfarbe) noch mit Grün (Grünspangrün) oder mit Mennige." Oder: „Von den verschiedenen Farbenmischungen für Gewänder der Bilder, die auf Pergament entworfen werden: [...] Mische Grün mit Succus (Saftgrün), gib etwas Ocker bei und fülle das Gewand[...]. Gib noch mehr Succus hinzu und mache die Züge. Nimm auch einiges Schwarz und mache den äußeren Schatten [...]" (Mappae Clavicula, A 10).

Bis ins 12. Jahrhundert hinein waren den Buchmalern etwa 30 verschiedene Farbmittel bekannt. Danach änderte sich die Situation, neue Verfahren oder

8 Der heilige Lukas hat ein Tintenhörnchen an seinem Schreibpult befestigt. Evangeliar, Südwestdeutschland (Hirsau oder Alspach), 2. Drittel 12. Jahrhundert, Evangelistenbilder um 1200. Stuttgart, Württembergische Landesbibliothek, Cod. bibl. 2°71, fol. 60v

sächlich aus pulverisierten Galläpfeln und Eisen- oder Kupfersalzen der Schwefelsäure gemixt. In zahllosen Rezepten werden zusätzlich Binde- und Lösungsmittel wie Bier, Wein oder Essig in unterschiedlicher Zusammensetzung und Menge empfohlen.

Auszeichnungstinten

Mit farbigen Tinten wurden Initialien, Überschriften oder einzelne Worte hervorgehoben. Meist verwendete man dafür rote Tinten. Die Römer nannten dies *rubrica* und *rubricare*, wovon sich ‚rubrizieren' ableitet. Seit der Karolingerzeit waren für Auszeichnungen auch verschiedene Blau- und Rottöne, Grün und

Weiterentwicklungen der alten Farbrezepte wurden in den Nationalsprachen notiert und mit ausführlicheren Erläuterungen versehen.

Farb- und Bindemittel

Die Maltechnik wird von drei Grundfaktoren bestimmt, die absolut gleichwertig sind: der Grund, die Farbmittel und die Bindemittel. Ihre Beschaffenheit, ihre Eigenschaften und ihr Mischungsverhältnis sind sowohl für die Dauerhaftigkeit der Malerei wie für die künstlerische Erscheinung verantwortlich.

Natürliche anorganische Farbmittel sind verschiedenfarbene Erden, Kreiden und Mineralien. Roter und gelber Ocker vermalen sich deckend und wurden gerne als Untergrund für Goldgründe verwendet. Auripigmentgelb ist gelbes Arsensulfid, ein hochgiftiges Mineral, das einen schwefelgelben Farbton annimmt und sich deckend bis halbtransparent vermalen lässt. Grüne Erde wirkt eher stumpf und vermalt sich deckend. Malachitgrün wird auch Berggrün genannt. Es hat einen blaustichigen Farbton und vermalt sich deckend.

Lazur oder Lapislazuli ist pulversiertes, gereinigtes natürliches Ultramarin und vermalt sich deckend. Es wurde vermutlich aus Afghanistan bezogen und wegen seines enormen Preises nur in Luxushandschriften verwendet. Azurit, auch Bergblau genannt, war weitaus weniger kostspielig, im Farbton ins Grünliche tendierend und vermalt sich deckend.

Chemische anorganische Farbmittel wie Bleiweiß, Mennige und Bleigelb sowie Grünspangrün und Zinnober wurden in aufwendigen Verfahren hergestellt: „So du Bleiweiß bereiten willst, lasse dir dünne Bleiplatten zurichten, befestige sie trocken in einem hohlen Holze, wie früher das Kupfer (für Grünspangrün), und bedecke sie nach gegebenem Aufguss von warmem Essig oder Urin (mit Mist). Nach einem Monat öffne den Deckel und, nachdem du herausnimmst, was weiß geworden, stelle es wieder wie vorhin" (Theophilus I, 37).

Pflanzliche Farbmittel sind Saftgrün aus Lauch, Petersilie und Schwertlilie, Brasilholz, das aus Indien in Blöcken geliefert wurde und eine schöne rote Farbe ergibt, Folium, das aus Krebskraut gewonnen wird und je nach Zusätzen rotbraune, purpur- und saphirfarbene Töne annehmen kann, Indigo und Waid, deren Pflanzen getrocknet und gemahlen werden und schließlich je nach Qualität Töne von Schwarzblau bis Hellblau ergeben, sowie Safran, der nicht nur den Kuchen „gel" macht.

Tierische Farbmittel sind Gallen von Ochsen, Kälbern oder Schildkröten, die ein strahlendes Gelb erzielen, aber rasch verblassen, Karmin, das aus der Schale der Kermesschildlaus gewonnen wird, und Purpur, der sich eher zum Färben als zum Malen eignet und für das man Unmengen von Schnecken töten musste.

Die Bindemittel tragen zum Charakter der Farben bei. Im Mittelalter wurden dafür Gummi aus dem Harz von Kernobstbäumen verwendet, Leime aus der Schwimmblase des Störs und Pergamentresten sowie Eiweiß.

Bei der Beschäftigung mit den Schreib- und Malmaterialien mittelalterlicher Buchkünstler taucht man in eine völlig andere, faszinierende Welt ein. Vieles ist heute noch verständlich und nachvollziehbar, manches fremd und fern. Noch heute kann man mit all diesen Malmitteln malen und die alten Anweisungen wiederbeleben. Dabei ist es gut, wenn man sich an den Rat eines Meisters aus dem 10. Jahrhundert hält: „Wenn du mich fragst: Woher kann ich wissen, ob für einen Buchstaben sehr wenig oder viel Farbe verwendet werden soll, dann werde ich dir sagen, dass du dies und vielerlei anderes, wenn du aufmerksam bist, selbst durch eigene Ausführung erproben und verstehen kannst als durch mich als Schreiber".[12]

1 Mummendey 1984, 203.
2 Eberlein 1995, 413, 175.
3 Eberlein 1995, 429, 22.
4 Eberlein 1995, 411, 167.
5 Eberlein 1995, 368, 66 und 369, 70.
6 Eberlein 1995, 413, 177.
7 Eberlein 1995, 369, 70.
8 Thompson 1953, 113–117.
9 Zu Theophilus siehe: Ilg 1874; Roosen-Runge 1952/53; Dodwell 1961.
10 Trost 1991b. Siehe: Mappae Clavicula A 10.
11 Roosen-Runge 1984.
12 Straub 1965, 14.

Literatur:

Philipps 1847. – Ilg 1874. – Wattenbach 1896. – Hedfors 1932. – Klosterplan 1952. – Roosen-Runge 1952/53. – Thompson 1953. – Dodwell 1961. – Straub 1965. – Roosen-Runge 1967. – Dressler 1971. – Jackson 1981. – Cohen-Muslin 1984. – Mummendey 1984. – Roosen-Runge 1984. – Legner 1985. – Trost 1991a. – Trost 1991b. – De Hamel 1992. – Trost 1994. – Eberlein 1995. – Bürgens 2003.

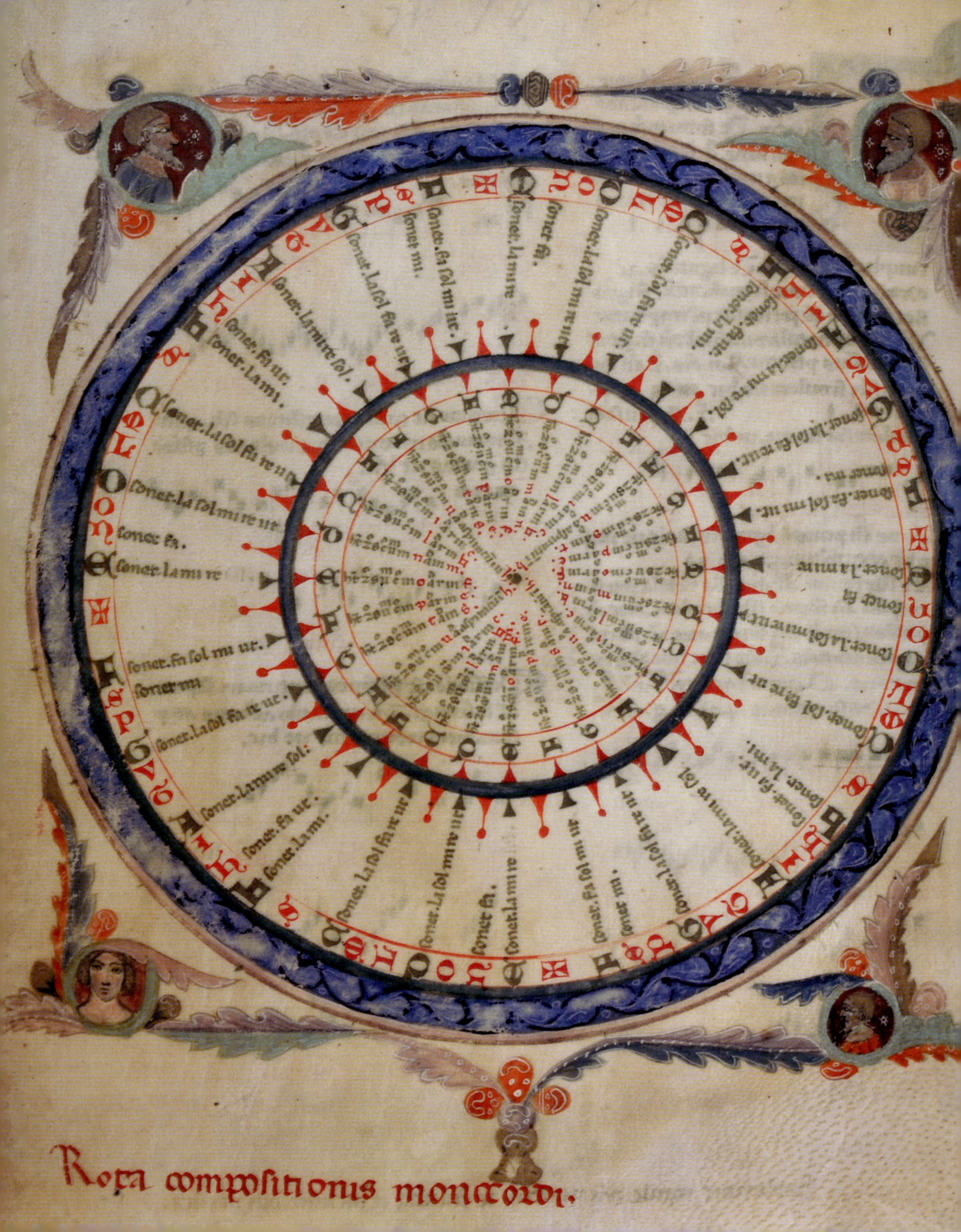

Rota compositionis monocordi.

GREGORIANIK: ER-LESENE GESÄNGE

Michael Hermes OSB

Wenn wir versuchen wollen, dem Wesen, der Absicht und dem Sinn des Gregorianischen Chorals auf die Spur zu kommen, dann müssen wir uns dazu in die Zeit seiner Entstehung versetzen und uns in ihre kulturelle und spirituelle Atmosphäre zurückdenken.

Die Medienforscher unserer Tage haben im Verlauf der Menschheitsgeschichte vier Medienepochen mit drei Medienbrüchen ausgemacht.

Die erste Epoche hat ihren Anfang zusammen mit der Erschaffung des Menschen, die Epoche, die sie „oral-brain memory" nennen, in der ein Gedächtnisinhalt an Personen gebunden, von Körper und Geist getragen, mündlich artikuliert und hörend von anderen vernommen und so weitergegeben tradiert wird. Sprache als Klang, als Lautung, war das natürliche Medium der Kommunikation, war gemeinschaftsbildend.

Durch die Lautgebung der Stimmorgane und durch ihre Hörbarkeit werden Worte und Wortgefüge durch die Modulation des Tons, durch Hoch und Tief des Tonfalls und durch Rhythmen zu Sinn- und Bedeutungsträgern. Hörbare Sprache ist primär ein Vorgang, der im verklingenden Klang von Person zu Person bei zeitlicher und räumlicher Anwesenheit beider sinnträchtige Kommunikation ermöglicht.

Es ist die Epoche, bei der nach einem afrikanischen Sprichwort mit jedem Tod eines alten erfahrenen Menschen eine ganze Bibliothek unwiederbringlich in Flammen aufgeht, wenn sie nicht vorher zur Sprache gekommen war, gehört und behalten, beherzigt wurde.

Mit der Erfindung der Schrift, der Reihung von Buchstaben, sicherte sich die Menschheit ein kollektives und zeit- und ortsungebundenes Gedächtnis und trat damit in die Epoche der „manuscript memory" ein. Mit der Erfindung des Buchdrucks be-

gann die Epoche der „print memory", die gerade in unserer Zeit durch die Epoche der „electronic memory" abgelöst wird.

Wenn wir uns mit dem Gregorianischen Choral befassen wollen, sind wir auf die frühesten handschriftlichen Quellen angewiesen, müssen sie vergleichend untersuchen und studieren, um zu verstehen, was sie vermitteln wollen. Dazu wiederum müssen wir auch das kulturelle Umfeld, genauer: das theologisch-spirituelle Umfeld seiner Entstehungszeit erkunden.

Mediengeschichtlich ist die Entstehung der gregorianischen Gesänge noch im Stadium der rein oralen Überlieferung anzusiedeln. Der Übergang in die Handschriftlichkeit beginnt erst etwa in der ersten Hälfte des 9. Jahrhunderts mit der Sammlung und Anordnung der reinen Gesangtexte in den Cantatorien und Messantiphonalien, die uns heute in der Sammlung des Antiphonale Missarum Sextuplex von Dom Hesbert vorliegen. Noch einmal 50–100 Jahre später werden Zeichen, die Neumen, dem Text, genauer den Textsilben, zugeordnet. Noch später, im 11. Jahrhundert, fügt man den Neumen Tonbuchstaben von a bis p, Buchstaben für Tonabstände hinzu oder setzt die Neumen selbst in ein System von Linien und Zwischenräumen (Guido v. Arezzo). Dieser Übergang von der reinen Mündlichkeit zur Handschriftlichkeit ist deshalb für unser Interesse von Bedeutung, weil auf die Frage, was die Schreiber mit ihrer Arbeit vor dem Vergessen bewahren wollten, auch die Antwort auf unsere Frage gegeben wird: *Cur cantatur?* – Warum und wozu wurde gesungen und warum und wozu wird noch heute das Gregorianische Repertoire in Eucharistie und Stundengebet gesungen?

Historisch gesehen ist man sich heute einigermaßen sicher, dass die Kontaktnahme der Karolinger-Könige Pippin und Karl mit den Päpsten im 8. Jahr-

1 Rota Compositionis in einem Fragment einer musiktheoretischen Handschrift, 14. Jahrhundert. Benediktinerstift St. Paul, Cod. 978/0, fol. 1v–2r (Kat.-Nr. 12.7)

hundert den Anstoß gaben (Pippin – Stephan II. 754, Karl – Leo III. 799), mit Gebräuchen und Texten auch die Gesänge der römischen Papstliturgie zu übernehmen, die man darum „cantilena romana" nannte. Sicher ist man sich auch, dass das Wichtigste, das Eigentliche bei der Übernahme, die Texte der Gesänge waren. Sie wurden nämlich als Erstes – angeordnet nach dem Gebrauch in der Liturgie – in Codices handschriftlich gesichert. Ob auch die in Rom übliche Vertonung der Texte mit übernommen worden ist, ist dagegen wenigstens zweifelhaft. In den Annalen der Zeit werden nämlich Geschichten von römischen Cantoren erzählt (mit so programmatischen und symbolischen Namen wie Romanus und Petrus), die einerseits die römische Tradition vermittelten, andererseits aber auch feststellen mussten, dass man im Frankenreich die Texte anders sang als in Rom.

Die These von der Verschiedenheit der römischen und der fränkischen Singweise der Texte wird durch Codices aus dem 11. Jahrhundert gestützt – es werden Neumen auf Notenlinien lesbar und es wird das Textrepertoire anders vertont dargeboten. Man nennt diese Gesänge heute „alt-römischer Choral" und will damit darauf hinweisen, dass sie die *cantilena romana* sein könnte, die in Rom gesungen, aber im Frankenreich eine Umformung oder gar eine Neuformung erfuhren, dessen Ergebnis das ist, was wir heute als Gregorianischen Choral bezeichnen und den man im Unterschied zum altrömischen als paläofränkischen Choral bezeichnet.

Der Grund dieser Änderung bringt uns schon nah an die These, dass diese Gesänge er-lesene Gesänge sind, dass ihre Ton- und Rhythmusbewegung eine Form des (lauten) Lesens sind. Beim ersten Hinsehen und noch mehr schon beim ersten Hinhören könnte auffallen, dass die altrömische Vertonung des Textes nicht eine Betonung des Textes ist, dass vielmehr Tonbewegung und Sprachklang auseinanderfallen und ein Eigenleben führen. Bruno Stäblein schreibt, dass der Unterschied zwischen dem altrömischen und dem paläofränkischen, Gregorianischen Choral mit der unterschiedlichen Einstellung zum Text zusammenhängt. „Die altrömische Linie breitet sich wie ein üppiges Gewand mehr gleichmäßig über die Worte, sie verhüllt sie. Ganz anders die Gregorianik: Sie hebt den Satzbau absichtlich ins helle Licht." Als Begründung dieses Phänomens wird hier und da auch vermutet, dass der altrömische Choral möglicherweise eine römisch/lateinische „Vertextung" ursprünglich griechischer Gesänge sein könnte. Nach einer besonders kulturgeschichtlich begründeten These traf während der verstärkten Kontaktnahme der Karolinger mit dem Papst im 8. Jahrhundert dieser Choral auf klösterliche, benediktinisch geprägte Konvente und Einzelpersönlichkeiten, für die die altrömische Vertonung der Texte nicht akzeptabel waren, weil sie in ihrer Verlautung dem Sinn der heiligen Texte nicht entsprachen.

Bevor wir aber den Gedanken der „Vertonung als Be-tonung" (Godehard Joppich) aufgreifen und vertiefen, sollte noch etwas zu dem Namen „Gregorianischer Choral" gesagt werden. Es handelt sich um eine Legende. Diese entstand im Siedlungsraum der Angelsachsen bei der Auseinandersetzung mit der benachbarten iro-schottischen Kirche und deren hochstehender Kultur. Die Angelsachsen sahen in Gregor dem Großen den Gründer ihrer Kirche und damit auch ihrer Art, Liturgie zu feiern und ihre Gesänge zu singen. Aus einer älteren Gregoriusbiographie vom Beginn des 8. Jahrhunderts von einem anonymen Mönch des northumbrischen Klosters Whitby übernimmt 772 Johannes Diakonus in seiner Gregoriusbiographie den Bericht, dass der Schreiber Gregors, der Diakon Petrus, gesehen habe, wie der Hl. Geist über ihm in Gestalt einer Taube geschwebt sei. In den Miniaturen, die danach in den Codices oder auf Buchdeckeln zahlreich auftauchen, sitzt die Taube auf der Schulter Gregors und spricht ihm etwas ins Ohr: eine Darstellung der Inspiration, die den hohen Wert dessen, was Gregor selbst sagt und schreiben lässt, verdeutlicht. Diese Wertdarstellung bezog sich ursprünglich auf alle Texte und Werke Gregors des Großen, wurde aber bald auch speziell auf die Gesänge bezogen, die ihm zugeschrieben wurden.

Der berühmte Codex von Monza, der im 2. Drittel des 9. Jahrhunderts geschrieben wurde und der die Texte der Sologesänge der Cantoren (Graduale, Alleluja und Tractus) enthält, der darum auch *cantatorium* von Monza genannt wird, ist eine der oben genannten sechs frühen Textzeugen. Seinem Text ist auf der ersten Seite das Hexameter-Gedicht: „*Gregorius Praesul*" vorangestellt.

(„Bischof Gregor, der durch seine Verdienste wie durch seinen Namen würdig ist, dem da, woher er stammte, die größte Verehrung zugekommen ist, hat, indem er die monumenta der Kirchenväter und der Alten erneuerte, dieses Büchlein der musikalischen Kunst für die Sängerschule zusammengestellt".)

Bruno Stäblein nennt dieses Gedicht, das fortan in viele Codices mit Messgesängen übernommen wird, einen Werbe-Prolog, der bei der Einführung der Gesänge im Frankenreich behilflich sein sollte. Aus dem *cantus romanus* wurde der *cantus gregorianus*.

Bleiben wir aus einem anderen Grund noch etwas bei dem *cantatorium* von Monza. Schauen wir uns die Seiten, die Folien und die Schrift an. Es handelt sich um einen äußerst kostbaren Codex. Seine Folien bestehen aus Pergament, das in Purpur gefärbt ist. Der Text ist mit Goldtinte geschrieben, die Rubriken mit Silbertinte. Der hohe materielle Wert ist Zeichen für den Wert des Inhalts: Wort der Hl. Schrift, Wort Gottes.

Beim „Vorlesen", beim Lautwerden wurde etwas Schlafendes, Ruhendes, Verborgenes aufgedeckt, entdeckt, erweckt und lebendig gemacht. Der Logos, der im Ohr des Herzens vernommen wird, ist in kostbarster Schrift, auf kostbarstem Material aufbewahrt worden und kann durch vernehmbares Lesen, durch Er-lesen verlebendigt werden und zu den Menschen gelangen.

Und damit ist zum ersten Mal das Stichwort „Lesen" genannt, das im Titel dieses Aufsatzes vorkommt: er-lesene Gesänge.

Was bedeutet „Lesen" in der Zeit der Entstehung der Gregorianik?

Wir alle kennen den „Wahlspruch" der Benediktiner *„ora et labora"*. Manche meinen, er stamme vom hl. Benedikt und stünde irgendwo in seiner Regel. Er stammt ganz einfach aus dem Volksmund. Die Leute taten damit kund, was sie beobachteten: Der Tageslauf der Mönche war für sie sichtbar von Gebet und Arbeit geprägt. Hätten sie die Regel konsultiert, hätten sie besonders im 48. Kapitel neben der Regulierung der Arbeitszeit entdeckt, dass der Mönch täglich drei Stunden und mehr lesen soll. Der Wahlspruch müsste also heißen: *„Ora et labora et lege"*. Er wäre dann zwar nicht mehr so dichterisch und einprägsam, dafür aber richtig/treffender.

Benedikt forderte von seinen Mönchen die Fähigkeit des Lesens. Dabei knüpfte er an die hochstehende Lesekultur der Antike an. Seine Regel, die er in der ersten Hälfte des 6. Jahrhunderts verfasst, gibt genügend Aufschluss darüber, dass Benedikt ein *litteratus*, ein Buchstabenkenner, ein Be-lesener war. Die Menge der in der *Regula* vorkommenden Zitate aus der Hl. Schrift und den Werken der theologischen Väter beweisen das. Seine Mönche sollten wie er „Leser" und wenn möglich auch Schreiber sein, um den Lesestoff zu vermehren. Zu den Dingen, die Mönche stets zur Verfügung bei sich haben sollen, gehörten der Griffel und die Wachstafel, und in die Büchertruhen der Bibliothek gehörten Codices und

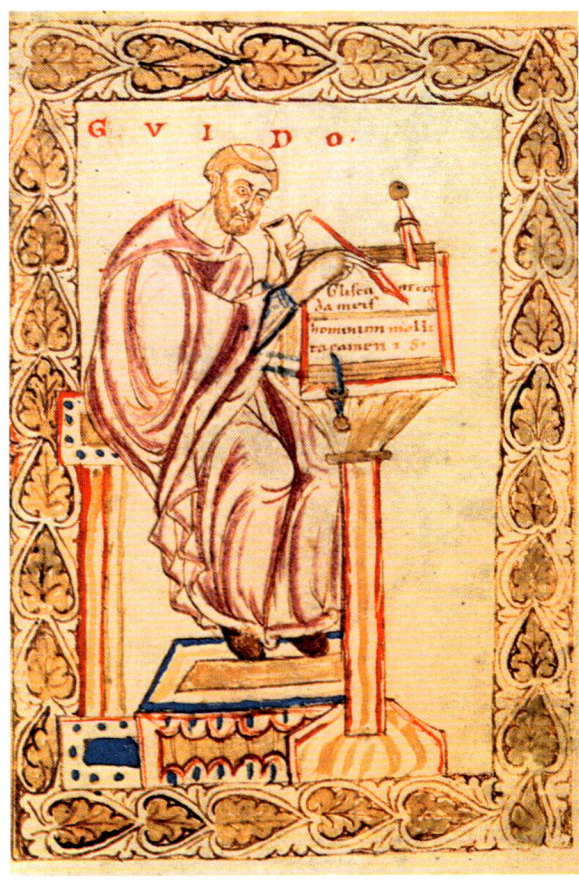

2 Guido von Arezzo, Buchmalerei, 12. Jahrhundert

Rollen der Bücher der Hl. Schrift und der Väter, aus denen in den Gottesdiensten (besonders in den nächtlichen Vigilien), bei Tisch und einzeln für sich gelesen werden konnte. Es gehörte zu den besonderen Forderungen der Regel für die Fastenzeit, dass jeder Mönch eines der Bücher von Anfang bis zum Ende lesen musste. Wie ernst Benedikt das persönliche Lesen war, zeigt sich in der folgenden Stelle aus dem 48. Kapitel der *Regula Benedicti*: „Vor allem bestimme man einen oder zwei Ältere, die zu den Stunden, da die Brüder für die Lesung frei sind, im Kloster umhergehen. Sie müssen darauf achten, ob sich etwa ein träger Bruder findet, der mit Müßiggang oder Geschwätz seine Zeit vergeudet, statt eifrig beim Lesen zu sein. Damit bringt einer nicht nur sich selbst um den Nutzen, sondern lenkt auch andere ab" (RB 48,17f).

Die Brüder lasen offenbar nicht in einem Raum, sondern allein an verschiedenen Stellen im Kloster, weil sie so lesen sollten, dass sie sich nicht gegenseitig störten.

Aus zahlreichen Quellen der Antike und des Mittelalters wissen wir nämlich, dass man laut las, wenigstens murmelnd. Eine Erzählung aus der Hl. Schrift der Apostelgeschichte ist solch eine Quelle (Apg 8,26ff): Der Kämmerer der äthiopischen Königin Kandake sitzt auf seinem Reisewagen und liest im Buch des Propheten Jesaja. Da heißt es: Philippus hörte ihn lesen und sprach zu ihm: „Verstehst Du, was Du da liest?" Lesen konnte man hören.

In seinen Bekenntnissen schreibt der hl. Augustinus über eine erstaunliche Fähigkeit des hl. Ambrosius von Mailand. Er konnte nämlich schweigend lesen. Voller Bewunderung beschreibt er, wie er mit den Augen die Zeilen der *scriptura continua* (die nicht in Worte gegliederten Zeilen) auf dem Pergament abtastet und den Text in sich aufnimmt. „Wenn er las, liefen seine Augen über die Seiten hin, und in das Herz drang ihr Verständnis, Stimme und Zunge jedoch ruhten" (Conf. VI,3).

Von Petrus Venerabilis wird berichtet, dass er ein Buch ungelesen zurückgeben musste. Er habe es nicht lesen können, weil er heiser war. Und Nikolaus von Clairvaux konnte nicht lesen, weil er sich nach einem Aderlass zu schwach fühlte. Beim tönenden Lesen kommt der ganze Mensch, Körper, Geist und Herz, ins Spiel. So können Celsus und Seneca die *clara lectio* als eine *exercitatio* beschreiben, vergleichbar mit Fechten, Ballspiel und Wandern. Lesen forderte körperliche Kraft.

Wir befinden uns mit der Entstehung des Gregorianischen Chorals in dem eigentümlichen Raum von „brain memory", dem Einzelgedächtnis und der mündlichen Kommunikation, und „manuscript memory", dem auf dem Pergament gesicherten Kollektivgedächtnis. In der Schrift erhält der Text eine dingliche Existenzform, die abgelöst ist vom Hier und Jetzt der Kommunikation von Angesicht zu Angesicht. Daraus ergibt sich, dass wir in der Antike und im frühen Mittelalter noch aus der vergehenden rein oralen Epoche den Vorrang des menschlich/persönlichen Zeugen als Garant für Richtigkeit und Wahrheit haben. Man spricht vom lebendigen Wort (*vox*) und dem toten Buchstaben.

Erst im 12./13. Jahrhundert entsteht z.B. eine Diskussion, ob schriftliche Urkunden nicht glaubwürdiger sind als menschliche Zeugen. Der Spruch: *verba volant – scriptura manent* wurde nicht mehr verstanden als: Klang-Worte sind beweglich, lebendig, Schrift-Worte sind erstarrt, sondern so: Klangworte sind flatterhaft unbeständig, Schriftworte sind sicher und fest. Nun gilt: „Was ich schwarz auf weiß besitze, kann ich getrost nach Hause tragen", oder: „Das brauche ich schriftlich." In der Antike und dem frü-

hen Mittelalter waren die Leser Menschen, die den schlafenden, konservierten Text aufweckten, ihm Klang gaben, ihn sich einverleibten, ihn verleiblichten, ihm einen Klangleib gaben und ihn sich selbst oder anderen zu Ohren brachten. Lesen ist ein akustisches Phänomen, Lesen ist Hören.

Sh´ma Israel so beginnt das Glaubensbekenntnis des Volkes Israel: *Höre* Israel: ER unser Gott, Er, der Einzige. Der König Salomo erbittet sich von Gott ein „hörendes Herz"(1 Kön 3,9) und: *Ausculta o fili,* „Höre, mein Sohn, auf die Weisung des Meisters. Neige deines Herzens Ohr." So beginnt die *Regula Benedicti*. Dabei geht es nicht um beiläufige und distanzierte Kenntnisnahme, sondern um Verinnerlichung, um Beherzigung, um Einverleibung. Lesen als „Essen".

Leser sind „Buchesser" wie Johannes auf Patmos, Ezechiel oder Jeremias, der in seinem 15. Kapitel schreibt: „Kamen Worte von dir, so verschlang ich sie. Dein Wort war mir Glück und Herzensfreude" (Jer 15,16). Der Gebrauch der Speisemetaphorik für das laute Lesen findet in den „Geschmacksbezeichnungen" *dulcedo* und *suavitas* in den mittelalterlichen Musiktraktaten sein Echo und meint dieses: „Glück und Herzensfreude". Weil aber das Wort „Geschmack" für uns Heutige so geschmacklos geworden ist und *dulcedo* und *suavitas* in unseren Ohren „süßlich" klingen, können diese Begriffe nur wenig helfen, die hörbare Klangfarbe, die Betonungs-Plastizität eines gesprochenen, eines gelesenen Textes adäquat zu benennen. Vielleicht wäre der Wortstamm „kosten" auch heute eher dazu geeignet: kostbar, Kostbarkeit, auskosten.

Lautes Lesen ist die Suche nach dem rechten Klang des Textes, nach der rechten Klangwerdung des Logos, des Textsinnes. *Meditatio* nennen die Väter, auch Benedikt, diese Weise des Umgangs mit dem Text.

Meditatio heißt hier einfach „Übung", körperlich oder geistig. Mit ihm wurde das hebräische Wort *haga* übersetzt, das einen tönenden Umgang mit einem Text meint, aber auch das Gurren der Tauben, das Brummen des Bären und das Knurren des Löwen. So heißt es im Ps 37,30: „Os justi meditabitur sapientiam – Der Mund des Gerechten spricht Weisheit" und im Ps 71,24: „Den ganzen Tag soll meine Zunge von deiner Gerechtigkeit reden". Es war ein ständiges Wiederholen. Diese Form der Meditation übten schon die frühen Mönchsväter in der Wüste. Sie hatten dafür ein anderes Wort der Speisemetaphorik, nämlich *ruminatio*, „Wiederkäuen".

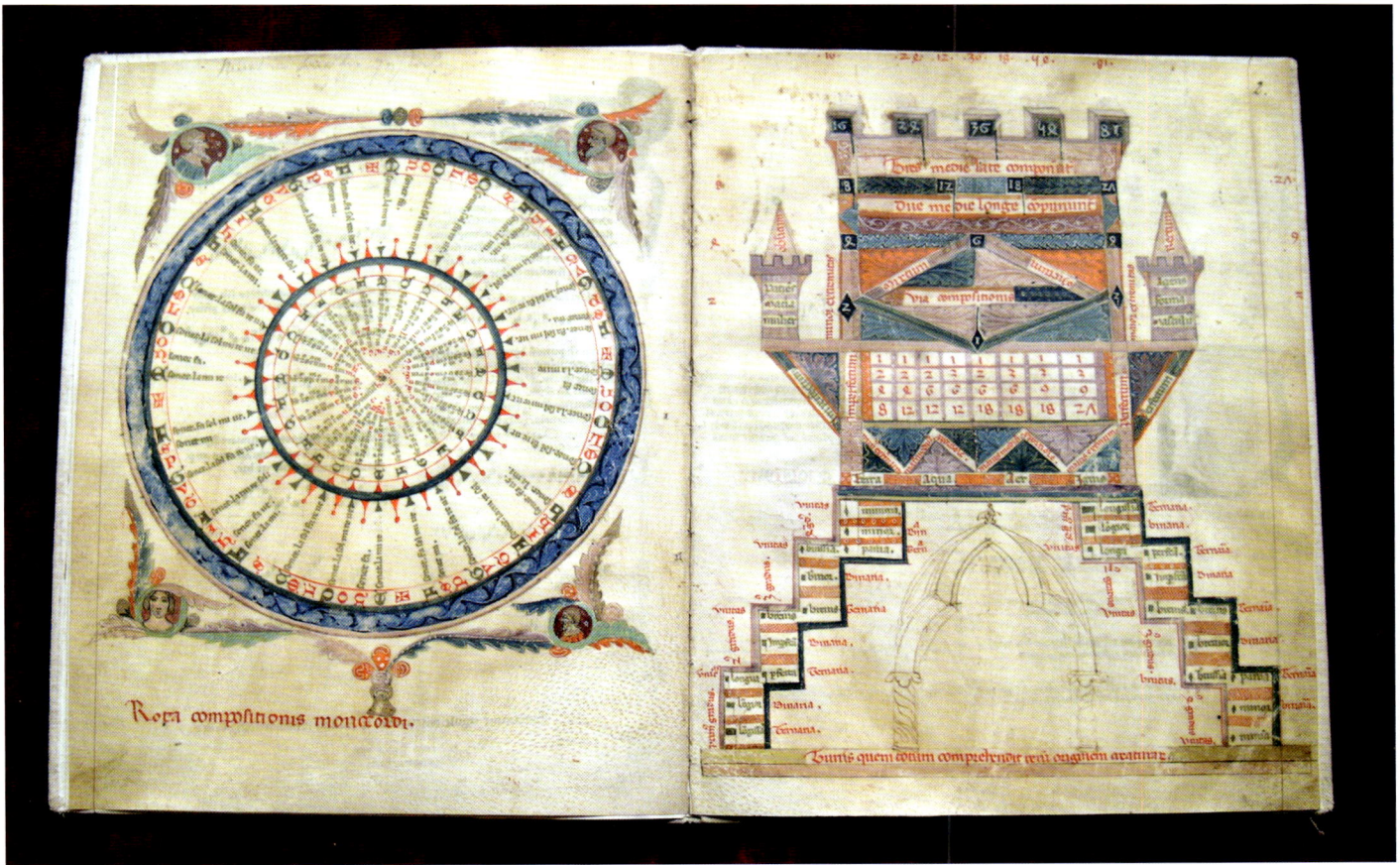

Der Begriff *ruminatio* begegnet uns in der allegorischen Auslegung von Dtn 14,6, wo das Speisegebot niedergeschrieben ist: „Von jedem Tier, das gespaltene Klauen hat, und zwar ganz durchgespaltene und zu den Wiederkäuern gehört, dürft Ihr essen." Von dem hl. Antonius ist ein Apophtegma, ein Ausspruch, überliefert: „Das Kamel braucht nur wenig Nahrung: Es bewahrt sie nämlich in sich auf, bis es in seinen Stall kommt. Dann lässt es sie wieder aufsteigen und kaut sie wieder, bis sie in seine Knochen und in sein Fleisch eindringt. Das Pferd dagegen braucht viel Nahrung. Es frisst zu jeder Stunde und verliert sofort wieder, was es gefressen hat. Drum also: Lasst uns nicht sein wie Pferde. Wir sagen zu jeder Stunde das Wort Gottes, aber wir verwirklichen es nicht. Seien wir wie Kamele, indem wir jedes Wort der Hl. Schrift murmeln, es in uns aufbewahren, bis es in uns Wirklichkeit geworden ist".

Wenn bei der *ruminatio* das Aufbewahren im Herzen eine wesentliche Rolle spielt, dann spüren wir hier deutlich, dass dies auch ein Vorgang der Gedächtnisschulung ist, der *recordatio*. Die *ruminatio*, die *meditatio* ist eine probierende und übende Ver-klanglichung von Texten, von Sätzen und Worten, ein Einüben in den Tonfall, der diesem Text eigen ist, ein Hinhören auf die Übereinstimmung von Sinn und Klang. Dabei entsteht mehr und mehr eine Aneignung, eine Verinnerlichung, eine Beherzigung des Textes, der dann *by heart, par coeur,* behalten und wiedergegeben werden kann.

Nicht so sehr das verstandesmäßige Begreifen liegt in der Absicht mönchischen Lesens, sondern es ist eher das affektive Ergriffenwerden von dem, was der Text an Sinn, an Geist, an Logos transportieren will. *Lectio* als monastische *meditatio* ist Sinnsuche und Sinnfindung durch Klanggebung für das Ohr, für das Ohr des Herzens. Friedrich Nietzsche schreibt einmal: „Das Verständigste an der Sprache ist nicht das Wort selber, sondern der Ton, die Stärke, die Modulation, das Tempo, mit denen eine Reihe von Worten gesprochen wird, kurz, die Musik, die Person hinter dieser Leidenschaft: also das, was nicht geschrieben werden kann."

Das, was nicht geschrieben werden kann, wird in der rechten Lautung, der rechten Modulation des Lesens erfahrbar.

3 Rota Compositionis und Harmonienlehre in einem Fragment einer musiktheoretischen Handschrift, 14. Jahrhundert. Benediktinerstift St. Paul, Cod. 978/0, fol. 1v–2r (Kat.-Nr. 12.7)

Wir sollten uns daran erinnern, dass in der Zeit der Begegnungen zwischen Rom und dem Frankenreich, zwischen Päpsten und Frankenkönigen, nicht nur eine Vereinheitlichung der Liturgie nach römischem Vorbild angestrebt und verwirklicht wurde, sondern dass vielmehr die *Regula Benedicti* maßgeblich für das mönchische Leben im ganzen Frankenreich wurde. Unter König Karlmann wurde auf dem Concilium germanicum im Jahre 742 festgelegt, *ut monachi et ancillae monasteriales juxta regulam Sancti Benedicti ordinare et vivere,* dass also alle Mönche und die Gottesmägde in den Klöstern sich nach der Regel des hl. Benedikt auszurichten und zu leben haben.

Die sich so wandelnde klösterliche Kultur war Bestandteil und eine der maßgeblichen Voraussetzungen für die Kulturreform der Karolinger und die Entstehung und Darbietung des Gregorianischen Chorals.

Karl der Große fordert in seiner *admonitio generalis* von 789 im Capitulare 72, dass an allen Bischofskirchen und in allen Klöstern *scolae legentium*, Leseschulen, eingerichtet werden sollen. Um das Hauptfach dieser Schulen, das Lesen, zu erleichtern, entwickelten die Karolinger die Schrift der karolingischen Minuskel. Abt Maurdramnus von Corbie im westlichen Frankenreich soll sie erfunden haben. Die Worttrennung und die Blockung von zusammenhängenden Worten waren eine wesentliche Hilfe zum lauten Lesen.

Gleichbleibender Rhythmus, gewohnheitsmäßiges schematisiertes und unbedachtes Lesen führten zu Fehlern, zu falscher Betonung. Die Betonung unterscheidet und ist entscheidend.

Die Übernahme des Lehrkanons der Antike, die *septem artes liberales*, die sieben freien Künste, vermittelt über Boethius und Cassiodor, wurden zum Bildungsprogramm der karolingischen Reform. Die *artes* teilen sich in zwei Gruppen auf: in den Dreiweg/Trivium mit den Fächern Grammatik, Rhetorik und Dialektik, und in den Vierweg/Quadrivium. Im Vierweg ist neben der Astronomie, der Arithmetik und der Geometrie auch die Musica als Lern- und Wissensfach zu finden. Auf den ersten Impuls hin ist es wohl dieses Fach *musica,* von dem wir Kenntnisse über den Gregorianischen Choral erwarten. Aber in der Reihe des Quadriviums ist die *musica* ein Fach unter anderen „mathematischen" Fächern und zwar dasjenige, das es mit der auf die Zahlen bezogenen Ton zu tun hat (*musica est de numero relato ad sonos*). Die Saite des Monochords, die Länge und der Durchmesser eines Rohrs werden gemessen und der mit ihnen erzeugte Ton im Verhältnis zu anderen Tönen zahlenmäßig bestimmt.

Die *musica* hatte schon in der Karolingerzeit die Möglichkeit, mit Hilfe von Tonzeichen und Linien die Tonabstände anzugeben, so in der *musica encheiriadis* und der *commemoratio brevis* im 9. Jahrhundert mit den sogenannten Dasiazeichen. Im selben Jahrhundert wie die *musica encheiriadis* entstehen die ersten Codices des Gregorianischen Repertoires als reine Textausgaben, ohne musikalische Zeichen. Offensichtlich war die Sicht aus dem mathematischen Blickwinkel der *musica* des Quadriviums eingeengt und nicht in der Lage, das eigentliche Phänomen der Gregorianischen Gesänge zu erfassen und darzustellen.

Vor kurzem hat Fulvio Rampi in einem Artikel über die Liqueszenz eine faszinierende neue Sicht auf die Gregorianischen Gesänge vorgeschlagen. In den Gregorianischen Gesängen gehe es nicht um die binomische Verknüpfung und Gegenüberstellung von Text und Musik, als gäbe es zwei Wirklichkeiten, die unterschieden und einzeln betrachtet werden könnten und in der Gregorianik eine Symbiose bildeten. „Es geht im gregorianischen Gesang nicht um die ‚Rezitation' eines Textes, sondern um dessen ‚Exegese'. Es handelt sich um einen Übergang von Materialität zur Bedeutung, von einer Voraussetzung zu einem Ziel, vom phonetischen Gebilde zum Sinn".

Mir scheint, dass unter diesem ungewöhnlichen Stand- und Gesichtspunkt die Eigentümlichkeit, das Wesen der Gregorianischen Gesänge in der Nähe der Triviumfächer Grammatik und Rhetorik zu suchen und zu finden ist. Die *grammatica* ist als Basiswissenschaft die *scientia recte scribendi loquendique*, beschreibt Hrabanus Maurus in *De institutione clericorum* das Lernfach, das das rechte Schreiben und Sprechen lehrt. Die *rhetorica* definiert Hrabanus Maurus als *scientia bene dicendi*, Wissenschaft des guten Sprechens. Das Lernziel beider Fächer ist die *pronuntiatio*, das klingende Sprechen, das aus tönenden Lauten, Silben, Wörtern, Wortblöcken und Sätzen besteht und ihren Verknüpfungen. Die *rhetorica* setzt die *grammatica* voraus. Das laute Lesen, wobei man selbst und andere Hörer sind, ist mit der *pronuntiatio* identisch.

Der bekannte antike Rhetoriklehrer Marcus Fabius Quintilianus (65 n. Chr) schreibt im ersten Buch seiner *Institutionis oratoriae*, deren schriftliche Überlieferung wir der Abtei St. Gallen verdanken: „Beim Lesen lässt sich die Erkenntnis erfahren, wo der Knabe den Atem anzuhalten hat, wo ein Gedanke zu

Ende geht, wo er anhebt, wann die Stimme zu heben oder zu senken ist. Wie sich jeweils der Ton zu schmiegen hat, was langsamer, was schneller, was erregter, was sanfter vorzutragen ist, ist nur am Werk selbst in der Praxis zu vermitteln". Im elften Buch behandelt Quintilian „den Vortrag", die *pronuntiatio* der Rede. Dort schreibt er: „Die Verwendung der Stimme erfolgt nach vielerlei Gesichtspunkten. Denn außer der Grundunterscheidung, die in der Dreiteilung der hoch, tief und schwebend betonten Silbe besteht, sind bald nachdrückliche, bald gelöste, bald erhabene bald niedrigere Formen der Tongebung am Platz, auch gedehntere und beschleunigtere Zeitmaße." Und etwas später: „Es gilt zu beachten, an welcher Stelle die Rede innezuhalten hat und gleichsam in der Schwebe zu halten ist […] sagt nicht auch Cicero, es liege in der Rede ein verborgener Gesang? Und liegt hier nicht ein ganz natürlicher Ursprung? Ich werde bald genug dartun, wo und wieweit diese schmiegsame Tonführung Aufnahme verdient, die allerdings Gesang ist, aber, was die meisten nicht begreifen wollen, ein verborgener."

Der hl. Augustinus, selbst ein gelernter *rhetor* schreibt in seiner Psalmenauslegung, den „enarrationes in psalmos" zu Ps 137: „Etwas Gewaltiges ist die Rhetorica. Überall sind es Klienten, die an der Zunge des beredten Anwalts hängen und aus seinem Munde Schaden oder Gewinn, Tod oder Leben, Verderben oder Heil erwarten."

Als die ersten Zeichen, die Neumen, etwa gleichzeitig zu Beginn des 10. Jahrhundert in verschiedenen Regionen in unterschiedlicher Schreibweise über den Texten der Cantatorien und der Messantiphonarien auftauchten, sollte etwas gesichert und überprüfbar gemacht werden, das nach 150 Jahren rein mündlicher Überlieferung verloren zu gehen drohte. Die Sammlung der Texte war ja schon etwa 100 Jahre früher schriftlich gesichert worden (s.o.). Jetzt sollte ihr rechtes Erklingen hinzukommen. Die Neumen sind Zeichen, die in die orale Periode zurückweisen, die das Erstarrte, schriftlich fixierte wieder vermündlichen wollen, die der in ihnen angegebenen Weise der Verlautung des Textes ihren Geist, ihren Sinn zum Leben erwecken wollen. Die Art des Schreibduktus, vor allem der St.Galler Neumenfamilie, lässt seine gestische Herkunft erkennen, ihren Ursprung aus der Handbewegung, dem Dirigat des Scholaleiters (gr. *neuma* = der Wink).

Dom Eugene Cardine OSB hat sich seit seiner Profess in der Abtei Solesmes in der „Paleo" des Klosters mit den wichtigsten Neumenhandschriften, die

dort fotografiert vorlagen, beschäftigt. Durch Handschriften- und Formelvergleiche studierte er den Sinn der verschiedenen Neumenzeichen. Cardine nannte seine paläographischen Erkenntnisse „Semiologie", die er an der päpstlichen Musikhochschule in Rom lehrte und durch seine Schüler und Schülerinnen verbreitete.

Offensichtlich waren es nicht die Tonhöhe, die Intervalle von Ton zu Ton, die die Schreiber sichern wollten. Man schrieb beides nicht, man deutete es höchstens an, sofern sie für die Tonbewegung, die Betonung des Textes von Bedeutung sind, obwohl man sie mit Hilfe z.B. der Dasianotation hätte exakt schreiben können. Sie beschrieben mit Hilfe der Neumen die Sprachbewegung, die Modulation der

4   Purpurcodex mit Goldschrift, 6. Jahrhundert, Monza, fol. 04v, 05r

Stimme. Die Neumen sind Zeichen für die Pronuntiation, wie man es in den Fächern Grammatik und Rhetorik gelernt hatte, für die klingende Rede. „Zeichen der Text-Agogik" nennt sie die „Semiologie". Es ist der Rhythmus von Spannungsauf- und Spannungsabbau nach Maßgabe der Syntax des Textes. Die Neumen als pronuntiatorische Zeichen haben exegetische Funktion.

Die Erfindung der Notenlinien durch den Benediktinermönch Guido von Arezzo im 11. Jahrhundert nahm das Grundprinzip der Koordinatenstruktur, die sich schon bei der Dasianotation des 9. Jahrhunderts bewährt hatte, bringt eine ungeheure Erleichterung mit sich: Die Melodien, die Tonfolgen werden schriftlich gesichert und ihnen damit eine Zukunft gegeben. Die Überführung des Sprechklanges in das System des Oktoechos (der acht Kirchentonarten) und seinen jeweiligen Tonhierarchien wird hier sichtbar und ablesbar. Es wird so eine Wiederholung ohne mündliche Vermittlung ermöglicht. Ohne diese für die abendländische Musikentwicklung bahnbrechende Neuerung wären die Gesänge der Gregorianik heute stumm und gestorbene Zeugen zwischen Pergamentfolien. Ohne die Noten auf oder zwischen den Linien hätte die Musik kein „Werk" hervorgebracht, das seine Schöpfer überdauert. Eine weitere Bedeutung seiner Erfindung schreibt Guido an seinen Mitbruder Michael: „Die Gesänge, die ich wie alle meine Vorfahren mit größter Schwierigkeit gelernt habe, können nun zukünftig mit außerordentlicher Leichtigkeit erlernt werden". Was früher zehn Jahre dauerte, so schreibt er, „kann nun in einem Zeitraum von einem, höchstens zwei Jahren erlernt werden."

Bei aller hohen Anerkennung und Wertschätzung der guidonischen Erfindung muss gerade wegen dieser Begründung des Zeitgewinns hin zu einer Realisierung des Gesangs *prima vista*, direkt vom Blatt, bedauert werden, dass – wie bei jedem Übergang in eine neue Medienepoche – auch unwiederbringliche Verluste entstehen: So passten die Neumen mit ihrer pronuntiatorischen Vermittlungsabsicht nicht mehr in das Notenliniensystem. Man brauchte nicht Bewegungen, sondern Punkte, die den Tonort exakt angaben. Hufnagel- und Quadratnotation als Vorläufer unseres modernen Notensystems setzten sich durch und damit auch die Tendenz zum äqualistischen Singen. Die Melodien, die Musik erhalten nun den Primat und nicht „die Wortgedanken, die ihr Leben ausmachen" (Augustinus, Conf. X,33).

Ein Blick auf eine Gegenüberstellung der Aufzeichnungen des Allelujagesangs zu einem Apostelfest aus dem Codex Einsiedeln 121 aus dem 10. Jahrhundert und aus einem Graduale aus dem Dominikanerinnenkloster Paradiese bei Soest aus dem 14. Jahrhundert zeigt deutlich den Unterschied. Der Choral wurde mit der Absicherung der Melodie „plattgewalzt" (Bruno Stäblein). Das, was wir über den Sinn der Neumen und ihre Voraussetzung in Meditation und Rumination und im lebendigen Erlebnis des klingenden Lesens gesagt haben, wurde mit dem Fortschritt der Schriftlichkeit vergessen. Die Spiritualität des Lesens war nicht mehr gefragt. Die Gesänge wurden abgesungen und nicht mehr erlesen. Dazu kam noch, dass das Aufzeichnungssystem Guidos nicht in der Lage war, chromatische Tonabfolgen zu beschreiben. Man konnte nur die diatonische Reihe mit den Alterationen b und h (si-bmolle und si) schreiben. Die anderen Halbtonschritte mussten entweder durch Transponieren ermöglicht werden oder aus der Erinnerung richtig gesungen und entsprechend mündlich weitergegeben werden. Schreiben konnte man sie nicht. *Verba volant, scriptura manent* heißt hier, dass eine kurze Zeit die chromatischen Gesänge noch so zu hören waren, wie sie 300 Jahre lang gesungen worden waren, dann aber durch die Verschriftlichung falsch erstarrten.

So wie der Brief in Antike und Mittelalter eines Boten bedurfte, nicht so sehr als Überbringer sondern als Vor-leser, der dem Brief den Stimmklang des Absenders geben konnte, so wurden in den sog. adiastematischen Neumenhandschriften der sonst mündlich tradierte Tonfall der Texte durch die Neumen für eine *chant community* abgesichert und überprüfbar gemacht. Wichtig ist dabei, dass es sich um Handschriften handelt. Sie vermitteln über die schreibende Hand, was „recordiert", was aus dem Herzen kommend über Stimme und Ohr vermittelt wird. Der so nuancierte Schreibduktus der lebendigen Hand ist von den Lettern des Buchdrucks nicht nachvollziehbar. Die Handschriften vermitteln uns etwas zutiefst Kostbares, das nach etwa 150-jähriger rein mündlicher Überlieferung gegen Ende des 9. und zu Anfang des 10. Jahrhunderts an verschiedenen Orten in unterschiedlicher Weise gesichert werden sollte und wahrscheinlich auch musste. Es ist das, was die Neumen anzeigen. Nicht die linear verkettete Folge von Tönen und ihren Intervallen, sondern der inhalttragende Sprachrhythmus, die Sprachbewegung bis hin zu besonderen Zeichen für die Sorgfältigkeit der sprachlichen Gestaltung von Silbenübergängen (so im Fall der Liqueszenzzeichen). Das Gewicht des Singens liegt nicht so sehr auf der erklingenden Tonfolge, sondern auf der Betonung des Textes. *Cantare* und *dicere* werden als identisch empfunden. Singen als Spezialfall der Sprachverwendung (Max Haas). Es ist sehr spannend, in die Diskussion der Linguisten und der Musikwissenschaftler über Melos und Logos hinein-zu-hören. Einer von ihnen, Christian Kaden, schreibt in einem Aufsatz: „Singen und sagen, dicere und cantare, als Einheit des Wechselbezüglichen, wurden zum Topos für gehobenes Musizieren wie für gehobene Reden. Den Gregorianischen Choral als ein Aussprechen heiliger Texte aufzufassen, trifft den Sachverhalt ebenso präzise wie die augustinische Wendung vom „Canticum dicere".

Godehard Joppich hat dies in der ältesten Handschrift des Stundengebetes an den syllabischen Antiphonen des Codex Hartker SG390/391 untersucht und macht auf folgende Funktionen der Neumenzeichen aufmerksam: auf Textgliederung, die Hierarchie der Akzentuierung der inhaltlich wichtigen Wort, Sprachstaus zu Vorbereitung auf einen wichtigen Akzent, auf prätonisches und postonisches Verzögern.

Mit seinen Arbeiten über den sog. Spezialtorkulus (der partiell kurrente Torkulus mit vorbereiteter Endartikulation) und über die Bivirga, auch mit seiner Arbeit im Zusammenhang mit der Edition des Codex Einsiedeln 121, hat Joppich begonnen, auch die „oligotonischen" Gesänge der Introiten und Communien zu untersuchen, ob auch hier in der Neumenschrift die Aspekte des Sprachklangs angezeigt werden sollen. Könnte es sein, dass bestimmte Neumen eine bestimmte Eigenart der Textausprache kennzeichnen und damit fordern? Es geht um die Kennzeichnung des differenzierten Auf- und Abbaus von Betonungsenergien, um Be-tonung und Ent-tonung, wie Godehard Joppich dies bezeichnet.

Wenn Lesen tönendes Lesen ist, und die Be-tonung des Textes in der Übung, der *meditatio* und der *ruminatio* gesucht und schließlich gefunden wurde, sind die gregorianischen Gesänge des Stundegebetes und der Messe Früchte dieses Lesens, er-lesene Gesänge eben. Die Neumen sichern diese Lesefrucht. Man könnte sie deshalb auch als „Lese-Zeichen" bezeichnen.

Beachtung und Aufmerksamkeit können die Gregorianischen Gesänge nur erhalten und behalten, wenn sie als er-lesene Gesänge den Sinngehalt der Texte so be-tonen, dass sie die Zuhörer in Ohr, Verstand und Herz bewegen. Um das Erreichen zu können, hat die Abtei Solesmes das „Graduale Triplex" herausgegeben, das neben der Quadratnotation zur Erkenntnis der Melodie auch die beiden wichtigsten Neumenhandschriften, der lothringischen (Laon Bibl.Munic. 239) in Schwarz und der St. Galler Schreibweise (Stiftsbibl. Einsiedeln 121 und Stiftsbibl. St. Gallen-Cantatorium 359) in Rot hinzugefügt, die die Sprachlogik des Textes vermitteln.

In seinem Werk *de institutione clericorum* schreibt der „Praeceptor germaniae", Hrabanus Maurus: „Psalmistam et voce et arte praeclarum illustremque esse oportet, ita oblectamento dulcedinis animos incitent auditorium" (Der Sänger muss mit der Stimme und der Kunstfertigkeit seines Vortrags so verstehbar und klar sein, dass durch die Freude am Klang die Herzen der Hörer in Bewegung versetzt werden, angetrieben, angeregt, begeistert, angespornt, in Erregung versetzt, zum Wachsen gebracht werden [De inst. Cl., Lib I ‚XI]).

An andere Stelle schreibt Hrabanus Maurus: „ut excitent animos audientium".

Excitare hat eine noch größere Anzahl von auf- und anregenden Bedeutungen als *incitare*: nämlich heraustreiben, aufscheuchen, aufjagen, aufrichten, aufstören, aufschrecken, hervorrufen, in die Höhe treiben, entfachen, erregen, wachrufen, aufjagen, trösten, ermuntern, ermutigen, anfeuern, antreiben, anregen, aufregen, aufrütteln, aus dem Schlaf wecken, aus dem Tod erwecken. *Incitare* und *excitare* bezeichnen das Ziel und die Absicht der Gregorianischen Gesänge.

Der Sänger muss sich die Gesänge so er-lesen, dass er als Lesender Hörer ist und der Hörer Inneres entfacht. Er muss mit dem hl. Augustinus sagen können: *„legebam et ardebam"*. Ich las und entbrannte.

Literatur:

Wagner 1912. – Leclercg 1963. – Smits van Waesberghe 1969. – Stäblein 1969. – Agustoni/Berchmans Göschl 1978. – Gülke 1980. – Scholz 1980. – Ekenberg 1982. – Agustoni 1993. – Walter 1994. – Wenzel 1995. – Bader 1996. – Huizing 1996. – McKinnon 2000. – Pfister 2002. – Puzicha 2002a. – Puzicha 2002b. – Cardine 2003. – Morbach 2004. – Haas 2005.

uorum iubeas grege num

n dnm nrm

BLA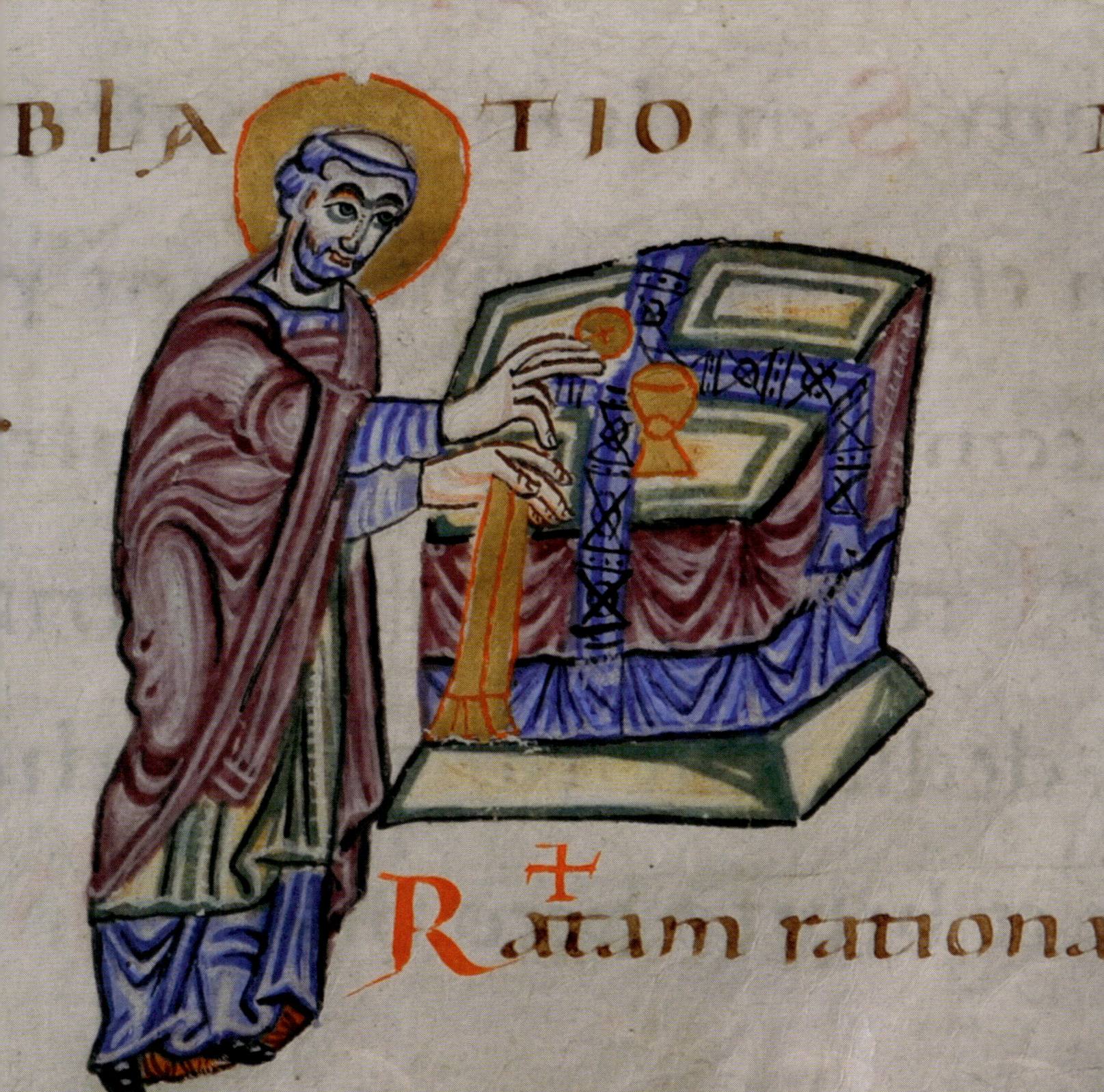TIO

R✝atam rationa

DIE LITURGIE ALS ZENTRALER BESTANDTEIL KLÖSTERLICHEN LEBENS

Heinrich Ferenczy OSB

Allgemeine Hinführung

In dieser allgemeinen Hinführung zur Liturgie geht es nicht um Liturgie im Allgemeinen, sondern um den Gottesdienst der Mönche, um das „Opus Dei", wie es in Klöstern, besonders bei den Benediktinern, begangen wird.

Die einzelnen Gebetszeiten im Tagesablauf haben ihren Ursprung in Ps 119,164:

„Siebenmal am Tag singe ich dein Lob wegen deiner gerechten Entscheide." Aus dieser heiligen Zahl 7 entstanden die sieben Gebetszeiten: das frühe Morgengebet (Vigil/Matutin), die Laudes, Terz, Sext und Non, Vesper und Komplet. In den meisten Klöstern – auch in St. Paul – beten die Mönche die Morgenhore (Hore ist das Wort für Stundengebet), die Mittags-, Abend- und die Nachthore.

Ein weiterer wichtiger Anstoß, den Tag mit Gebet zu erfüllen, kam aus dem ältesten Buch des Neuen Testamentes, aus 1 Thess 5,4: „Betet ohne Unterlass!"

Die Wüstenväter, die großen Vorbilder der einzelnen Gründerväter des östlichen und westlichen Mönchtums, pflegten so eine Art ‚ununterbrochenes Beten'. „Bei den ägyptischen Mönchen wird der Gebetsdienst, den wir zu gewissen Stunden, durch die Mahnung des an die Türe klopfenden Bruders veranlasst, dem Herrn darbringen, den ganzen Tag hindurch in steter Verbindung mit Handarbeit freiwillig verrichtet. Sie widmen sich nämlich in ihren Zellen der Arbeit beständig in der Weise, dass die Betrachtung über die Psalmen und übrigen Teile der heiligen Schrift nie ganz ausgesetzt wird. Hiermit verbinden sie jeden Augenblick Bitten und Gebete und bringen auf diese Weise den ganzen Tag mit Beten zu, was wir nur zu bestimmten Stunden tun".[1]

Der hl. Benedikt, unser Ordensvater, widmet in seiner Ordensregel der Ordnung der Psalmen zehn Kapitel, steht aber einer anderen Ordnung ganz offen gegenüber: „Wir machen ausdrücklich auf folgendes aufmerksam: Wenn jemand mit dieser Psalmenordnung nicht einverstanden ist, stelle er eine andere auf, die er für besser hält. Doch achte er unter allen Umständen darauf, dass jede Woche der ganze Psalter mit den 150 Psalmen gesungen und zu den Vigilien am Sonntag stets von vorn begonnen wird. Denn Mönche, die im Verlauf einer Woche weniger singen als den ganzen Psalter mit den üblichen Cantica, sind zu träge im Dienst, den sie gelobt haben. Lesen wir doch, dass unsere Väter in ihrem Eifer an einem einzigen Tag vollbracht haben, was wir in unserer Lauheit wenigstens in einer ganzen Woche leisten sollten" (BR 18, 22 – 25).

Dieses „Betet ohne Unterlass" ist somit nicht ein Beten, wie es wörtlich verstanden werden könnte, sondern ein Beten, das den Tag erfüllt. Wichtige Zeiten im Ablauf des Tages sollen dadurch hervorgehoben werden, dass der Mönch im gemeinsamen Lobpreis Gottes gedenkt. Die Psalmen haben beim Chorgebet eine besondere Stellung: Sie sprechen sehr verschiedene innere und äußere Situationen des Menschen an: Freude und Trauer, Dank und Bitte, bittere Enttäuschung verbunden mit teils recht kräftigen ‚Verwünschungen', schließlich vor allem Lobpreis und Jubel. Der Beter findet sich in den einzelnen Psalmen wieder, auch wenn sie nicht gerade seiner Gemütslage entsprechen müssen. Der Ursprung der Psalmen liegt im Dunkeln; viele von ihnen werden dem König David (1010–970 v. Chr.) zugeschrieben.

Die Psalmen gehören also seit ungefähr drei Jahrtausenden zum Gebetsschatz der Glaubenden des Alten und Neuen Bundes.

1 Reichenauer Sakramentar, Reichenau, um 980. Benediktinerstift St. Paul, Cod. 20/I (Kat.-Nr. 10.3)

Die innere Einstellung des Beters

Da dem gemeinsamen Gebet im Laufe des Tages doch viel Zeit gewidmet ist, besteht die Gefahr, dass aus dem Gebet ein bloß äußerliches ‚Persolvieren‘, ein leeres ‚Herunterbeten‘, wird. Christus warnt in seiner Bergpredigt ausdrücklich vor einer Veräußerlichung: „Wenn ihr betet, sollt ihr nicht plappern wie die Heiden, die meinen, sie werden nur erhört, wenn sie viele Worte machen" (Mt 6,7). Um dieser Versuchung entgegenzuwirken, muss sich der Mönch der Lesung geistlicher Texte und der Betrachtung (Kontemplation) widmen.

Benedikt schreibt in seiner Regula, im Kapitel 48: „Müßiggang ist der Seele Feind. Deshalb sollen die Brüder zu bestimmten Zeiten mit Handarbeit, zu bestimmten Stunden mit heiliger Lesung beschäftigt sein." Die Zeiten der Lesung sind genau geregelt. Die *lectio divina* hat für die Formung und Vertiefung des Geisteslebens große Bedeutung: Sie ist einerseits eine wichtige Quelle echter Spiritualität, sie dient aber ebenso der Vertiefung der Beziehung zu Gott. Vor allen anderen geistlichen Autoren hat die Hl. Schrift absoluten Vorrang. Sie ist Wort Gottes und daher der Ort einer besonderen Begegnung mit Gott. Wer in der Bibel liest, wird sicher nicht nur auf Erbauliches stoßen. Zahlreiche Stellen sind schwer oder gar nicht verständlich, sind nicht selten sehr hart und provozierend. Andere sind wieder leichter zugänglich und können in hohem Maß bereichern. Verständlich wird die Bibel erst als Ganze. Wer die ganze Bibel liest und meditiert, findet Zugang zu ihrem innersten Geheimnis. Wichtig ist dabei die ständige Suche nach Gott, das ‚Ausschauhalten‘ nach einem unfassbaren Geheimnis, das den Leser und Beter immer wieder anzieht und mit tiefer Sehnsucht erfüllt. Lesen, sich Vertiefen und Beten sind eng miteinander verbunden. Eine feste Ordnung ist dabei ein wertvoller Halt, um dieser wesentlichen Verpflichtung zur *lectio divina* treu zu bleiben. Wer hier müde wird, verfällt oft einer inneren Müdigkeit und Gleichgültigkeit, die lebendiges geistliches Leben in große Gefahr bringt. Die geistlichen Väter sprechen von *akedía,* von ‚stumpfer Gleichgültigkeit‘.

Nach Psalm 91,6 bezeichnen die geistlichen Väter diese *akedía* als *daemonius meridianus,* einen Mittagsdämon, der den Menschen zum Erschlaffen bringt, ihn müde macht und innerlich aushöhlt. Die Hitze des Mittags und die Finsternis der Nacht (Ps 91,6) sind Bilder für diesen Dämon, diesen Feind geistlichen Lebens.

Die Eucharistie als Mitte der Liturgie und des klösterlichen Lebens

Eine tägliche Eucharistiefeier kennt das frühe Mönchtum noch nicht. Eucharistie wurde nur am Sonntag und an hohen Festtagen gefeiert. Die Mönche begaben sich da in die Gemeindekirche. Eine eigene Eucharistiefeier gab es nur zum Patrozinium des Oratoriums und bei der Einsetzung eines neuen Abtes.[2]

Der Orden des hl. Benedikt war zunächst ein ‚Laienorden‘. Der Aufnahme von Priestern stand Benedikt sehr kritisch gegenüber: „Wenn einer aus dem Priesterstand um Aufnahme in das Kloster bittet, so stimme man nicht gleich zu. Beharrt er trotzdem fest auf seiner Bitte. So muss er wissen, dass er die Regel in ihrer ganzen Strenge zu halten hat. Nichts wird ihm erleichtert, es gelte das Wort der Schrift: ‚Freund, wozu bist du gekommen?‘ Man gestatte ihm allerdings, seinen Platz gleich nach dem Abt zu haben, den Segen zu sprechen und den Gottesdienst zu halten, aber nur, wenn der Abt ihn beauftragt. Sonst nehme er sich nichts heraus" (BR 60, 1–5). Die Angst, dass der Geweihte überheblich werden könnte, veranlasste den Ordensvater zu diesen kritischen Sätzen. Im 62. Kapitel seiner Regel wird das noch deutlicher: „Der Geweihte hüte sich vor Überheblichkeit und Stolz. Er nehme sich nichts heraus und handle nie ohne Auftrag des Abtes" (BR 62,2-3).

Wer an der sonntäglichen Hl. Messe teilnahm, wurde auch ermuntert, die Kommunion zu empfangen. Das Bewusstsein der eigenen Sündhaftigkeit soll die Mönche nicht vom demütigen und gläubigen Empfang abhalten, denn sie sollen die Eucharistie eher als Heilmittel zur Läuterung der Seele, denn als Belohnung verstehen.[3]

Als der Orden des hl. Benedikt, bedingt durch die missionarische Tätigkeit, immer mehr zu einer ‚Gemeinschaft von Priestern‘ wurde, man auch in zunehmendem Maße verschiedener Heiliger gedachte und der liturgische Kalender ausgeweitet wurde, kam es allmählich zur täglichen Feier der Eucharistie. Wenngleich die Zahl der Priester in der Gemeinschaft Benedikts zunahm, gab es doch immer auch Brüder, die sich nicht ordiniert wurden. In unserer Zeit gibt es zahlreiche Kongregationen – besonders in den USA und bei den missionarisch tätigen Kongregationen, in denen die Zahl der Brüder im Wachsen begriffen ist. Die tägliche Eucharistiefeier gehört jedoch in allen Klöstern Benedikts zum festen Bestand der Gebetszeiten und bildet ihr Zentrum. Zu welcher Tageszeit die Eucharistie gefeiert wird, ist gegenwärtig auch eine wichtige Frage der Pastoral, da es wünschenswert ist, dass auch ‚Außenstehende' an der Feier teilnehmen können.

Wenn mehrere Priester an der Eucharistiefeier teilnehmen, wird die Feier in Form einer Konzelebration empfohlen.[4]

In den Satzungen der Österreichischen Benediktinerkongregation, die 2006 überarbeitet und neu herausgegeben wurden, heißt es im Sinne der Allgemeinen Einleitung zum Messbuch:

„Die tägliche Konventmesse, die in Konzelebration gefeiert wird, ist Mitte und Höhepunkt des klösterlichen Tages. Die Teilnahme am gemeinsamen eucharistischen Mahl ist Zeichen der Einheit in Christus und Auftrag zur brüderlichen Gemeinschaft. Ihre volle Zeichenhaftigkeit gewinnt die Kommunion, wenn sie unter beiden Gestalten gereicht wird" (Nr. 31). Jeder der Brüder, soweit ihn nicht andere wichtige Verpflichtungen daran hindern, soll an der Konventmesse teilnehmen. Wichtig ist jedoch nicht nur die Teilnahme, sondern auch die würdige Gestaltung. Es geht jedoch nicht nur darum, regelmäßig an der Feier teilzunehmen, sondern auch darum, die Liturgie würdig und mit innerer Anteilnahme mitzufeiern und zu gestalten.

In den verschiedenen Teilen und Elementen der Eucharistiefeier findet eine ganz intensive Begegnung mit dem erlösenden Christus statt: in den eucharistischen Gestalten von Brot und Wein, im göttlichen Wort, in der Homilie, in der Gemeinschaft, im gemeinsamen Gebet und Gesang und in den liturgischen Handlungen, die aus diesem Grund möglichst würdig ausgeführt werden sollen. Der spirituelle Hintergrund eines Klosters ist eine sehr wertvolle Hilfe zu verhindern, dass liturgisches Handeln zur Routine erstarrt. Das ständige Bemühen um die Nähe zu Christus, gerade bei der Feier der Eucharistie, ist zweifellos die Grundlage klösterlichen Lebens schlechthin. Eigentlich wird dieses ‚Bemühen' von jedem gläubigen Christen verlangt. Die Mönche aber sollen die Nachfolge Christi in ihrer ‚Ganzhingabe' besonders ernst nehmen.

Ein großes Problem soll hier nicht übergangen werden. Mitbrüder, die im pastoralen Einsatz stehen, haben sehr häufig ein Übermaß an verschiedenen Verpflichtungen zu bewältigen. Sie haben oft zwei oder mehrere Pfarren zu betreuen; und da kann es schon sein, dass im Laufe einer Woche weit mehr als täglich nur eine Eucharistiefeier zu halten ist. Besonders belastend sind da die Wochenenden mit ihren Trauungen, Taufen und Vorabendmessen. Dies inner-

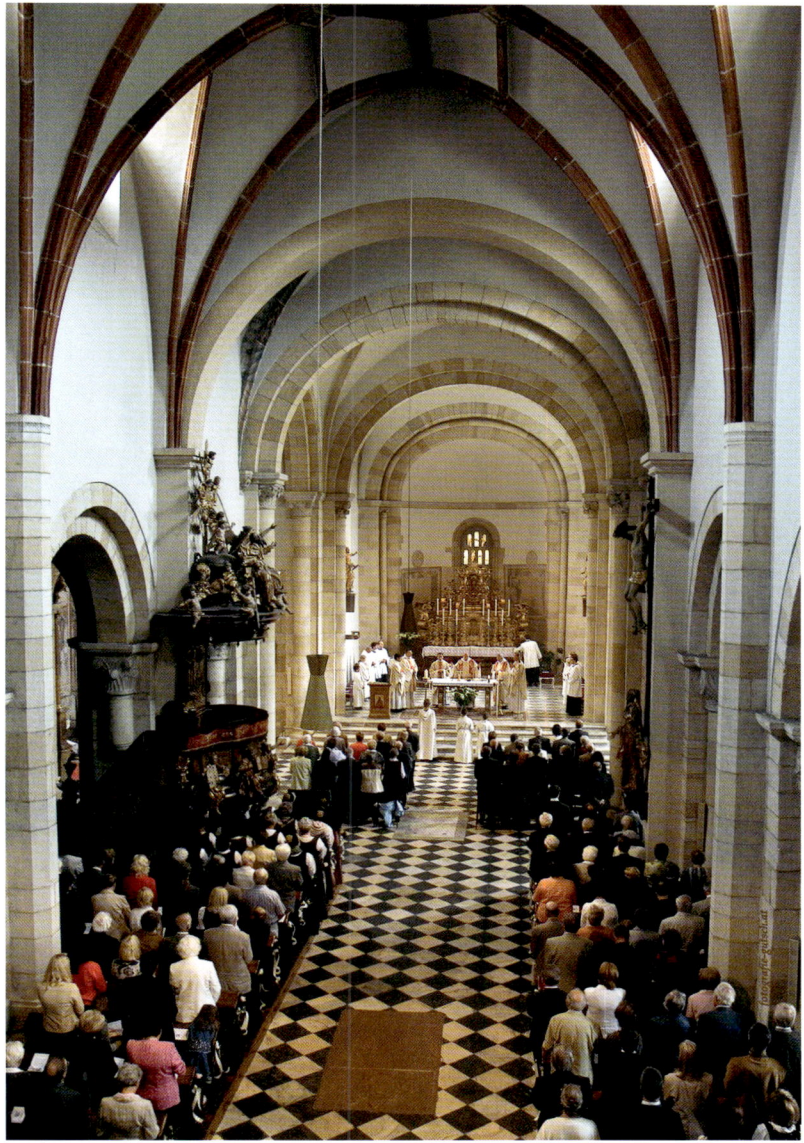

lich zu bewältigen und gleichzeitig auch mit der klösterlichen Gemeinschaft in lebendiger Verbindung zu bleiben, stellt eine große Herausforderung dar. Allerdings ist es auch keine

Lösung, die Bischöfe allein zu lassen und sich an der Pastoral einer Diözese nicht zu beteiligen.

2 Gottesdienst in der romanischen Basilika des Stiftes St. Paul

Das liturgische Jahr

Die Mitte des Kirchenjahres bildet das Osterfest, das Paschamysterium. Alles im gläubigen Leben eines Christen zielt auf das Fest der Auferstehung des Herrn hin. Auch für den hl. Benedikt liegt der tiefere Sinn der österlichen Bußzeit darin, dass der Mönch „mit geistlicher Sehnsucht und Freude das heilige Osterfest erwarte" (BR 49, 7). Pascha (oder hebräisch ‚Pesach') ist tief im Alten Bund verwurzelt. Dieses Fest erinnert zunächst an den ‚Vorübergang' des ‚Verderbers' an den Türen der Kinder Israels, bevor sie aus Ägypten aufbrachen und durch das Rote Meer zogen. Pascha ist also ein freudiger Festtag der Errettung aus Sklaverei und Sünde. Christus hat diesen Tag durch seine Auferstehung mit neuem Sinn erfüllt. Es geht da nicht mehr bloß um ‚Befreiung', sondern um Erlösung und Erfüllung im vollen Sinn des Wortes. Auferstehung ist ja Neuschöpfung in Christus, Leben in Fülle und grenzenloser Freude. Wenngleich diese Fülle in der irdischen Existenz des Menschen noch erreicht werden kann, so lebt der gläubige Christ in zuversichtlicher Hoffnung auf dieses ewige Ziel hin. Das ganze liturgische Jahr hat letztlich diesen einzigen Sinn, in den verschiedenen Heilsmysterien die Hoffnung auf Auferstehung und Vollendung lebendig zu erhalten.

Das Osterfest wird durch die Österliche Bußzeit vorbereitet. Um den besinnlichen Charakter dieser Zeit nicht allzu oft zu unterbrechen, wurden durch die liturgische Reform des II. Vatikanischen Konzils einzelne Feste auf eine Zeit außerhalb dieser Besinnungszeit verlegt. In der Karwoche können selbst Hochfeste wie das des hl. Josef und das der Verkündigung des Herrn nicht gefeiert werden. Diese ‚geschlossene Zeit' war ursprünglich der Vorbereitung der Katechumenen auf die Taufe gewidmet, die in der Osternacht getauft wurden. Zahlreiche Texte, die in der Fastenzeit verwendet werden, weisen auf das Geheimnis der Taufe hin.

Um liturgisch den besinnlichen Charakter der ‚vierzig Tage' (Quadragesima) hervorzuheben, wird in dieser Zeit kein Halleluja gesungen oder gesprochen. In der Osternacht wird dieser Lobpreis – er bedeutet wörtlich ‚preiset den Herrn' – feierlich angestimmt und erfüllt dann die ganze österliche Zeit, die mit der Herabkunft des Hl. Geistes zu Pfingsten endet. Das ist der Tag, an dem die Kirche gegründet wurde, in der nun der Hl. Geist als ‚Anwalt' der Botschaft Jesu, als ‚Tröster', in die Geschichte weiterwirkt.

Es gehen also dem Osterfest vom Aschermittwoch an vierzig Tage voraus; dem hohen Fest der Auferstehung folgen weitere fünfzig Tage (daher auch die Bezeichnung ‚Pfingsten' vom griechischen ‚Pentekoste' = ‚der fünfzigste Tag').

Die Zeit ‚während des Jahres' liegt einerseits zwischen der Weihnachtszeit und Aschermittwoch und zwischen Pfingsten und dem 1. Adventsonntag. Die Weihnachtszeit, in der die Geburt Jesu Christi, seine Menschwerdung, im Mittelpunkt steht, ist der österlichen Zeit nachgebildet: Auch ihr geht eine Vorbereitungszeit voraus, die Zeit der vier Adventsonntage und die Zeit großer Feste, die mit dem Fest der Taufe Jesu, dem letzten Sonntag der Weihnachtszeit, abschließt.

Zweifellos wurde das liturgische Jahr im Lauf der vielen Jahrhunderte ihrer Entstehung und ihrer zahlreichen Reformen, nicht selten ‚überfrachtet'. Es gab eine unübersehbare Fülle von Heiligenfesten und sog. ‚Ideenfesten', die den klaren Aufbau mit Ostern als Zentrum in den Hintergrund zu rücken drohten.

Über allen Gedanken zum liturgischen Jahr muss der Satz aus 1 Kor 15,17, stehen: „Wenn aber Christus nicht auferweckt worden ist, dann ist euer Glaube nutzlos, und

ihr seid immer noch in euren Sünden." Es ist wirklich schwer einzusehen, warum diese zentrale Glaubenstatsache durch eine liturgische Praxis abgeschwächt wird, die dieses wesentliche Ziel nicht selten aus den Augen verliert. Die ‚Herrenfeste' mit ihren zentralen Inhalten der Erlösungstat Christi haben im liturgischen Jahr absoluten Vorrang.

Weitere wichtige Elemente der Liturgie

Die Liturgie kennt bestimmte *Haltungen des Betens*. Auch der hl. Benedikt hebt die Bedeutung der Haltung beim Gebet hervor: „Überall ist Gott gegenwärtig, so glauben wir, und die Augen des Herrn schauen an jedem Ort auf Gute und Böse [...]. Und stehen wir so beim Psalmensingen, dass Herz und Stimme in Einklang sind" (BR 19, 1 u. 7)

Eine der wichtigsten Gesten ist das *Kreuzzeichen*. Es ist die spezifisch christliche Form des Segens über sich selbst, aber auch über andere. Dieses Zeichen erinnert einerseits an die Taufe, aber ebenso an das Kreuz Christi selbst. Durch die Verwendung von Weihwasser wird dieses Zeichen des Heils intensiviert. Wenn das Kreuzzeichen ein echter Ausdruck des Segens sein soll, dann ist es wichtig, dass es weder zu einer ‚Schrumpfform', noch zu einer hastigen Geste verflüchtigt wird.

Das *Falten der Hände* und das *Ausbreiten der Arme* (Orantenhaltung) drückt unsre enge Verbindung mit Gott aus.

Das *aufrechte Stehen* gehört zu den Grundhaltungen in der Liturgie; das Stehen hat durch die Liturgiereform des II. Vatikanischen Konzils wieder mehr an Bedeutung gewonnen. Es ist die Haltung des Auferstandenen und drückt aber auch gleichzeitig die Ehrfurcht vor dem Höheren aus. Für die Christen der ersten Jahrhunderte war das Stehen die normale Gebetshaltung. Es ist nicht richtig, wenn das Stehen nur dem Priester und seinen Assistenten vorbehalten bleibt. Es ist Ausdruck der Einheit in Christus, wenn bei einzelnen Teilen der Liturgie alle stehen. Das zweite Eucharistische Hochgebet drückt dies sehr deutlich aus: „Wir danken dir, dass du uns gerufen hast, vor dir zu stehen."

Das *Sitzen* ist die Haltung des bereiten Zuhörens; es hat aufnehmenden und meditativen Charakter. Es kann ruhig, aber auch die Haltung eines Menschen sein, der sich im Stehen schwer tut und die entlastende Haltung des Sitzens als wohltuend empfindet. Der Vorsitzende der Liturgie – wie es ja schon dieses Wort nahe legt – hält sich zu bestimmten Teilen bei der ‚Sessio', beim Priestersitz oder bei der Kathedra auf. Ursprünglich wurde im Sitzen gepredigt.

Auch heute könnte diese Art und Weise zu predigen beibehalten werden.

Das *Knien*, und noch mehr die *prostratio* (das ‚Hingestrecktsein'), drücken die Haltung demütigen Betens und tiefer Ehrfurcht aus. Vor allem der einzelne Beter bevorzugt das Knien als Ausdruck der Anbetung. Die *Kniebeuge* gilt grundsätzlich dem Gruß des Allerheiligsten.

Sich an die *Brust zu schlagen*, drückt Reue und Zerknirschung aus. Besonders beim Schuldbekenntnis und vor dem Empfang der Kommunion ist diese Geste vorgesehen.

Eine starke Aussagekraft haben die *liturgischen Farben*. Das neue Missale sieht folgende Regelung vor: *Weiß* ist die Farbe für die Oster- und Weihnachtszeit, für die Feste des Herrn, Marias und der Engel, und jener Heiligen, die nicht Märtyrer sind. *Rot* ist für den Palmsonntag, für den Karfreitag, Kreuzerhöhung, Pfingsten, Apostel- und Märtyrerfeste vorgesehen. *Grün* ist die Farbe für die Zeit während des Jahres. *Violett* ist die Farbe für die Advents- und die österliche Bußzeit wie für die Liturgie für die Verstorbenen.

Schon bald entwickelten sich in der Liturgie *liturgische Gewänder*. Das frühe Christentum kannte noch keine liturgische Kleidung. Mit der ‚konstantinischen Wende' nach 313, als der höhere Klerus mit den hohen kaiserlichen Beamten gleichgestellt wurde, entstanden die einzelnen Insignien, wie Stola, Manipel, Pallium und Ring. Von den vielen Details soll hier nicht die Rede sein. Es geht nur um jene Teile der liturgischen Gewänder, die heute, nach der Liturgiereform des II. Vatikanischen Konzils, in Verwendung sind.

Die *Albe,* das lange weiße Gewand (daher auch der Name, vom lateinischen *alba* = weiß), wird bei allen sakramentalen Funktion getragen. Es erinnert mit seiner weißen Farbe an das Taufgewand bzw. an das ‚Überkleidet werden mit Christus' (Eph 4, 24: „Zieht den neuen Menschen an!").

Die *Stola,* ein schärpenartiges Band, war ursprünglich ein Amtszeichen. Ähnlich wie die Albe trägt der Geweihte die Stola bei allen wichtigen liturgischen Funktionen.

Bei der Eucharistiefeier trägt der Priester oder Bischof die *Kasel,* das Messgewand, über Albe oder Stola. Es wird aber immer häufiger üblich, die Stola über der Kasel zu tragen. Das liturgische Gewand des Diakons bei wichtigen Funktionen ist die *Dalmatik,* unter ihr die *Stola,* die er schräg von der linken Schulter nach rechts trägt.

Der Sinn der liturgischen Gewänder besteht darin, die Feierlichkeit gottesdienstlicher Handlungen besonders hervorzuheben. Zwei Extreme sind hier sicher zu meiden: zu banale Einfachheit oder pompöser Glanz. Es darf jedenfalls die Botschaft Jesu nicht überdeckt oder um seine Kraft gebracht werden. Das Licht des Auferstandenen war ein Glanz, der von innen kam.

Die Sakramente

Die einzelnen Sakramente der Kirche bestehen aus äußeren Zeichen, aus entsprechenden Worten und Inhalten, die wesentliche Phasen des menschlichen Lebens und wichtige Bereiche des Menschseins betreffen. Es geht um den Anfang des Menschen (Geburt), um seinen Eintritt in das frühe Erwachsenenalter, um seine ernsthafte Bedrohung durch Krankheit und Alter, um sein Leben in der Gemeinschaft der Ehe, um sein spezielles Wirken in der Kirche als Gemeindeleiter, geistlicher Begleiter und Verwalter der Sakramente, um seine Möglichkeit und Chance von Vergebung und Umkehr. Wie schon erwähnt, bildet die Mitte, das Zentrum der Sakramente die Eucharistie, von der alle anderen Sakramente ausgehen. Die Erlösungstat Jesu wird in der Eucharistie, aber auch in den anderen Sakramenten, erfahrbar.

Die *Taufe* gilt als Grundsakrament, das die Getauften in die Kirche eingliedert. Die *Firmung,* als Gabe des Hl. Geistes, macht den Getauften zum vollen Mitglied der Kirche. Der *Ordo* (die Weihe) ist in drei Stufen gegliedert: in den *Episkopat* (Bischof-

3 Kännchen einer
Lavabogarnitur aus
Augsburg, Handhabe in
Form eines V (Vinum =
Wein). Meister Johann
Jakob Frings, 1700
(Kat.-Nr. 3.7)

samt), den *Presbyterat* (Amt der Priesters) und den *Diakonat* (Diakon). Diese drei Sakramente können nur einmal gespendet werden, da sie ein ‚unauslöschliches Merkmal‘ (*charakter indelebilis*) einprägen.

Das Sakrament der Ehe kann dann öfter empfangen werden, wenn einer der beiden Ehepartner gestorben ist. Das Sakrament der Buße, die Beichte, ist in den vergangenen Jahren von vielen fast vergessen worden. Es gibt aber den eindeutigen Auftrag Jesu an die Apostel: „Empfangt den Heiligen Geist! Wem ihr die Sünden vergebt, dem sind sie vergeben; wem ihr die Vergebung verweigert, dem ist sie verweigert" (Joh 20,22f.). Ferner wissen viele heute mehr denn je, wie wichtig es ist, über eigenes Versagen mit anderen Menschen sprechen zu können. Dazu kommt bei der Beichte das tiefe Vertrauen, so dass die bekannte und bereute Schuld vor Gott keine Relevanz mehr besitzt.

Die *Krankensalbung* kann und soll wiederholt werden, wenn der (schwerer) Erkrankte danach verlangt oder die Ernsthaftigkeit der Erkrankung es nahelegt. In den Gebeten bei der Krankensalbung kommt sehr deutlich zum Ausdruck, dass es keine ‚letzte Ölung‘ sein soll,

sondern der tiefere Sinn in der Genesung des Erkrankten liegt oder er in der Zusage Gottes Trost und Hoffnung erfährt.

Aus den Sakramenten ‚leben‘ heißt letztlich, die enge Verbindung mit Gott zu suchen, dabei aber auch zu erfahren, dass Gott tatsächlich und sichtbar wirksam ist.

Das Wort Gottes in der Liturgie

Eine der wesentlichsten Reformen des II. Vatikanischen Konzilsbestand darin, dass nun die Hl. Schrift beim Wortgottesdienst viel reichlicher verwendet wird. Aber auch bei der Spendung der einzelnen Sakramente und im Stundengebet ist die Auswahl von Texten aus der Bibel viel größer geworden.

In der Konstitution über die hl. Liturgie *Sacrosanctum Concilium* wird an verschiedenen Stellen auf eine dezidiertere Verwendung hingewiesen: „Bei den heiligen Feiern soll die Schriftlesung reicher, mannigfacher und passender ausgestaltet werden" (Sacro-

sanctum Concilium, 35, 1). Unter Nr. 51 derselben Konstitution heißt es: „Auf dass den Gläubigen der Tisch des Gottesworts reicher bereitet werde, soll die Schatzkammer der Bibel weiter aufgetan werden, so dass innerhalb einer bestimmten Anzahl von Jahren die wichtigsten Teile der Heiligen Schrift dem Volk vorgetragen werden."

Ähnliche Worte findet das II. Vaticanum für das Stundengebet (Nr. 92 a): „Die Lesungen der Heiligen Schrift sollen so geordnet werden, dass die Schätze des Gotteswortes leicht und in reicher Fülle zugänglich werden."

Sicher ist der Zugang zur Bibel – dies wurde schon am Anfang dieses Beitrags betont – nicht immer leicht. Es ist aber die unglaubliche Fülle der Heilsgeschichte und ihre oft nicht leichte Durchschaubarkeit ein wesentlicher Teil des Geheimnisses des unfassbaren Gottes. Wie kann all das leicht verständlich sein, was der unermessliche Gott durch Menschen den Gläubigen sagt? Der wesentlichste Teil des Inhalts der Bibel besteht in der Heilszusage Gottes durch einen Bund oder vielmehr durch Bünde, die aber durch Menschen immer wieder gebrochen wurden. Aus dem äußeren Bund, der durch blutige Opfer besiegelt wurde, entwickelte sich im Lauf der Jahrhunderte ein Bund, den Gott in das Herz der Menschen legt: Er wird unser Gott sein, und wir werden sein Volk sein (vgl. Jer 31,33).

Schließlich hat der Messias, der sich als Knecht Gottes präsentierte, und der am Herzen des Vaters ruht, uns Kunde gebracht (Joh 1,18): Und dieser Messias ist für den gläubigen Christen Jesus Christus selbst, der Mann aus Nazareth, der nach kurzer Wirksamkeit in der Öffentlichkeit, seine ungebrochene Bundesliebe zu den Menschen am Kreuz bezeugte. Aus seinem Heilswillen ist niemand ausgeschlossen. Wenn wir Liturgie feiern, in welcher Form auch immer, wirken wir als Volk Gottes mit am Heil für die Welt.

---

1 Cassianus, Inst. 3, 2: zitiert bei Puzicha 2002, 179, Anm. 15.
2 Vgl.Puzicha 2002, 523.
3 Benediktusregel/Holzherr 1985, 254.
4 S. Grundordnung des römischen Messbuchs, 3. Aufl., 2007, 98.

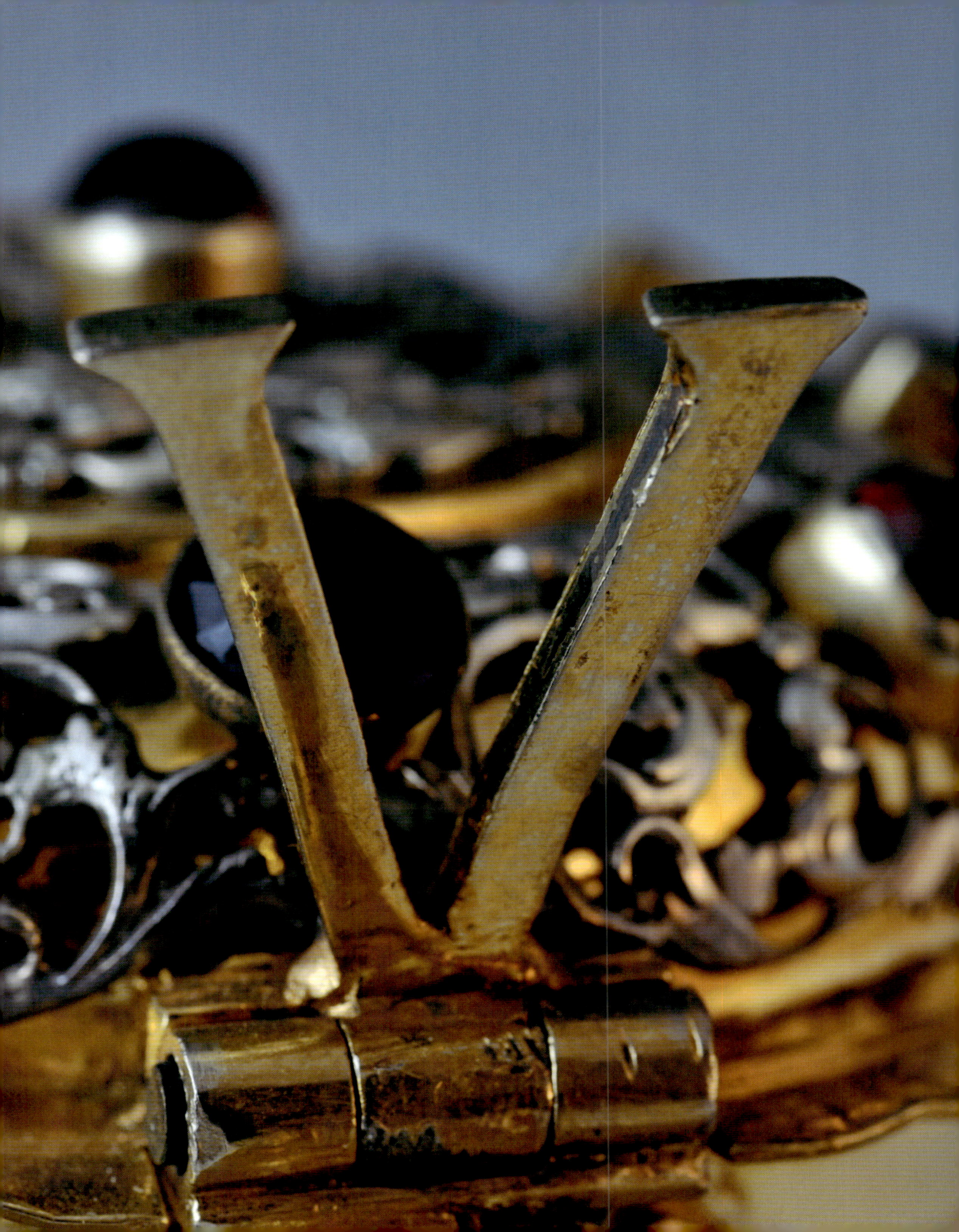

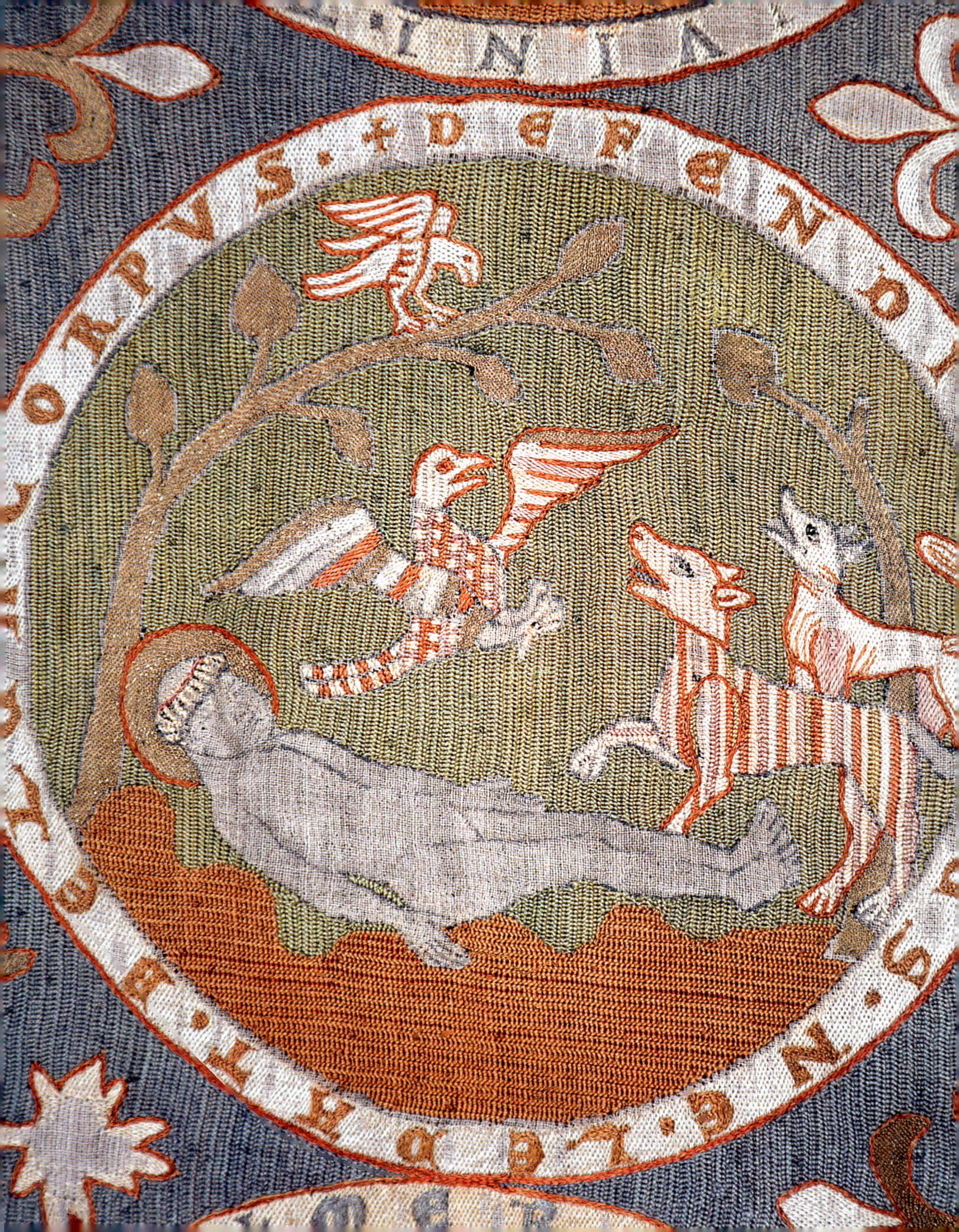

UT IN OMNIBUS GLORIFICETUR DEUS

Zur Bedeutung der Benediktiner für die Entwicklung der europäischen Paramentik

Gudrun Sporbeck

„Es wäre erforderlich, die Bedeutungsgeschichte eines jeden Zeichens und der einzelnen Gewandstücke zu schreiben […], denn zusammen würde das eine Geschichte des mittelalterlichen Vermögens ergeben, das Sicht- und Greifbare als Zeichen des Nicht-Sinnfälligen zu deuten" (Percy Ernst Schramm).[1]

Die Frage nach einer Paramentik benediktinischer Prägung lässt sich auf den ersten Blick nicht klar beantworten.

Zu den hervorragenden Ausdrucksmitteln, Auftrag und Anspruch der Kirche sinnfällig zu machen, gehören die Insignien und liturgischen Gewänder der priesterlichen Hierarchie. Sie sind integrierender Bestandteil des heiligen Amtes und betonen den überpersönlichen Auftrag des Geistlichen, sichtbar von den Laien unterschieden. Paramente sind mehr als nur Gegenstände einer Amtstracht, indem sie durch die Benediktion vor der Übergabe an den Würdenträger selbst zu res sacrae erhoben und als solche symbolisch gedeutet werden. Befragt man biblische Quellen, so deutet der Apostel Paulus bereits eine eschatologische Dimension an: Das Gewand hat Verweischarakter auf das „Andere", seine stoffliche Realität weist über das Irdische hinaus auf das jenseitige Reich.

Betrachtet man die textil- und kunsthistorische Forschung der vergangenen zwanzig Jahre im deutschsprachigen Raum, so rückt stärker als bisher ins Bewusstsein, dass die stilistische und formgeschichtliche Entwicklung nicht statisch verläuft, sondern sich in den Bezugslinien von Liturgie, Kunst und gesellschaftlicher Kommunikation vollzieht.[2]

Die formale Entwicklung der sakralen Gewänder ist zugleich ein Spiegel des Wandels kultischer Zeremonien und Riten durch die Jahrhunderte. Doch nicht ohne weiteres sind die aus einer sich wandelnden Liturgie abgeleiteten Veränderungen der Paramente nachvollziehbar. Zahlreiche Bestände erlangten im Laufe der Jahrhunderte und nicht zuletzt seit der Säkularisation, die die Spuren der Geschichte und Herkunft der Gewänder oft verwischte, neue Funktionen im Sinne musealer Sammelobjekte – sofern sie nicht gänzlich untergingen.

Exemplarisch sei hier an die wechselvolle Geschichte der Benediktinerabtei Weltenburg an der Donau erinnert, die im 9. Jahrhundert als fränkisches Reichskloster begründet, seit 923 Eigenkloster des Bischofs von Regensburg wurde, bereits im frühen 12. Jahrhundert von Kanonikern des Augustiner-Chorherren-Stifts St. Florian bei Linz besiedelt, im Laufe des Jahrhunderts aber wiederum als benediktinisches Doppelkloster für Mönche und Nonnen geführt wurde. Eine Quelle des 13. Jahrhunderts überliefert, dass Abt Konrad II. 1283 aufgrund der desolaten finanziellen Lage sämtliche Paramente des Klosters verpfänden musste, um die päpstliche Türkensteuer aufbringen zu können. Der bescheidene Wohlstand in spätgotischer Zeit wurde durch Flucht und Plünderungen des Klosters während des Schmalkaldischen Krieges im 16. Jahrhundert abermals vernichtet. Als Abt Matthias Abelin (1626–1659), der 1630 als erster Abt von Weltenburg die Pontifikalien erhalten hatte, aus der Gefangenschaft der plündernd eingefallenen Schweden in das Kloster zurückkehrt, kann er am 5. Oktober 1634 Kurfürst Maximilian I. nur die nahezu vollständige Zerstörung des Klosters berichten: „[…] indem nemblichen durch den feindt nit allain alle altär und khirchen prophanirt, die gloggen aufm thurm, alle khirchenzirdt, ornat und büecher, item alle haußvahrnus an getraidt, reverendo roß, vich, zin, khupfer, eisengeschirr, pedt, leingewandt und allerhandt victualien ganz hünwekhkommen unnd spoliert, sonnern auch das kloster an tachung guten theils abgebrochen, zerschlaifft, ein- und niedergerissen, und das holzwerch zum schanzpau (auf

1 Raben verteidigen den Leichnam des hl. Vinzenz. Detail aus einem romanischen Pluviale, St. Blasien, 3. Viertel 13. Jahrhundert. Benediktinerstift St. Paul (Kat.-Nr. 9.23)

Befehl des Obertst Friedrich von Ross) nach Kelhaim geführt und verbraucht worden."[3]

Die fördernde, vermittelnde und bewahrende Bedeutung der Benediktiner für die Entwicklung der abendländischen Paramentik und Textilkunst ist bislang nicht im Zusammenhang untersucht worden. So versteht sich der folgende Beitrag als eine erste Skizze, die anhand herausragender Werke die Bedeutung des Ordens schlaglichtartig und exemplarisch vorstellt. Die außerordentlichen gestickten Paramente des 12. Jahrhunderts und die prachtvollen Gewänder und Ornate der Barockzeit, die – aus St. Blasien überkommen – sich in St. Paul im Lavanttal erhalten haben, markieren dabei den zeitlichen Bogen und zugleich zwei Hochzeiten, in denen in vielgestaltiger künstlerischer Ausprägung die Festlichkeit der Liturgie zeichenhaft wird.

In der Darstellung der Entwicklungsgeschichte der abendländischen Paramentik bilden die ersten erhaltenen Gewänder des hohen Mittelalters den frühesten Bezugspunkt. Bis dahin ist ihre Entstehung und Ableitung aus der spätrömischen Profankleidung im Laufe des 4. Jahrhunderts allein in schriftlichen und bildlichen Quellen nachzuvollziehen (s. Kat.-Nr. 3.18; Abb. 1)

Rupert von Deutz

Braun, der die liturgischen Quellen zum Gebrauch der Paramente und zur mittelalterlichen Deutung ausgewertet hat, verweist insbesondere auf die Schriften des Benediktiners Rupert von Deutz (ca. 1075–1129), seit 1120 Abt des am Rheinufer gegenüber von Köln gelegenen Deutzer Klosters St. Heribert, dessen literarisches Werk die Theologie des 12. Jahrhunderts im deutschsprachigen Raum maßgeblich beeinflusst hat.

Noch vor seinem Eintritt in das Kloster St. Michael in Siegburg verfasst er 1111 seine erste theologische Schrift *Liber de divinis officiis*,[4] die er als mystisch-liturgisches Kompendium konzipierte und in der Rupert im dogmatischen Sinne den auf Christus bezogenen rememorativen Charakter der Liturgie betont. Braun erwähnt diese Schrift im Hinblick auf die Gestaltung und mystische Interpretation der frühen Paramente. Schon die wenigen Zitate, die Braun im Rahmen seiner Entwicklungsgeschichte der Gewänder überliefert, spiegeln die Bedeutung dieser Quelle für den Gebrauch der frühen liturgischen Gewänder im benediktinischen Umfeld. Eine detaillierte Auswertung der

Schrift ist bislang ein Forschungsdesiderat. So überliefert Rupert beispielsweise zum Gebrauch der Albe, dass in den Benediktinerklöstern an bestimmten Festtagen nicht nur die die Messfeier zelebrierenden Kleriker, sondern alle im Chor anwesenden Mönche eine Albe trugen (De div. offic. 1.2, c. 23).[5]

Aus dem römischen Ritus für die Fastenzeit leitet sich ferner der Gebrauch der Kasel bei den Diakonen anstelle der Dalmatik ab. Rupert von Deutz überliefert für die Liturgie der Advents- und Fastenzeit des frühen 12. Jahrhunderts als allgemein übliche Praxis, dass Dalmatik und Tunicella von den Diakonen nicht getragen werden. Das Anlegen der Kasel hingegen ist jenen Tagen der Adventszeit vorbehalten, die auf ein Fest oder einen Sonntag fallen: „Utuntur autem interdum casulis." (De div. offic. 1.3, c. 2).[6]

Schnitt und Form der Kasel schildert Rupert sehr allgemein als ein ringsum geschlossenes, glockenförmiges Gewand ohne Schlitz („undique causa, una est et integra"), das so lang und breit ist, dass es auf den Armen, vor der Brust und auf dem Rücken in Falten liegt. Hatte der Priester die Kasel angelegt, so schien sie gleichsam aus zwei gleichartigen Hälften zu bestehen: „in anteriorem et posteriorem partem quodammodo dividitur".[7]

Das Pluviale wird – wie schon im 9. Jahrhundert – als Cappa bezeichnet. Rupert von Deutz unterscheidet zwischen der klerikalen Cappa und der Cappa der Mönche. Letztere war nach Art der Kasel ringsum geschlossen und durfte nur vorn offen getragen werden, sofern diese aus schwerem Stoff gefertigt war: „Cappae ab anteriore parte patulae sunt et omnio praeter solam necessariam fibulam inconsutae." (De div. offic. 1.2, c. 24).[8]

Rupert von Deutz kann als der erste Autor betrachtet werden, der die mystische Deutung der liturgischen Gewänder in dogmatisch-repräsentativem Sinne auf Christus bezieht. Er erweitert damit die bei Hrabanus Maurus (um 780–856) und Amalar von Metz (um 775/780–850) vorgetragene moralische Ausdeutung im Hinblick auf die Tugenden des Priesteramtes. Seine Interpretation steht am Beginn einer typischen Auslegung, die den Priester als Stellvertreter Christi in den Mittelpunkt rückt. Die liturgischen Gewänder versinnbildlichen die Menschwerdung Christi, seine göttliche Dimension, sie sind Zeichen der Heilslehre, interessanterweise nicht aber der Passion und des Opfertods Christi.[9]

So sieht Rupert in dem Amikt, dem Schultertuch des Priesters, ein Sinnbild der heiligen Menschheit, mit welcher Christus in der Menschwerdung sein

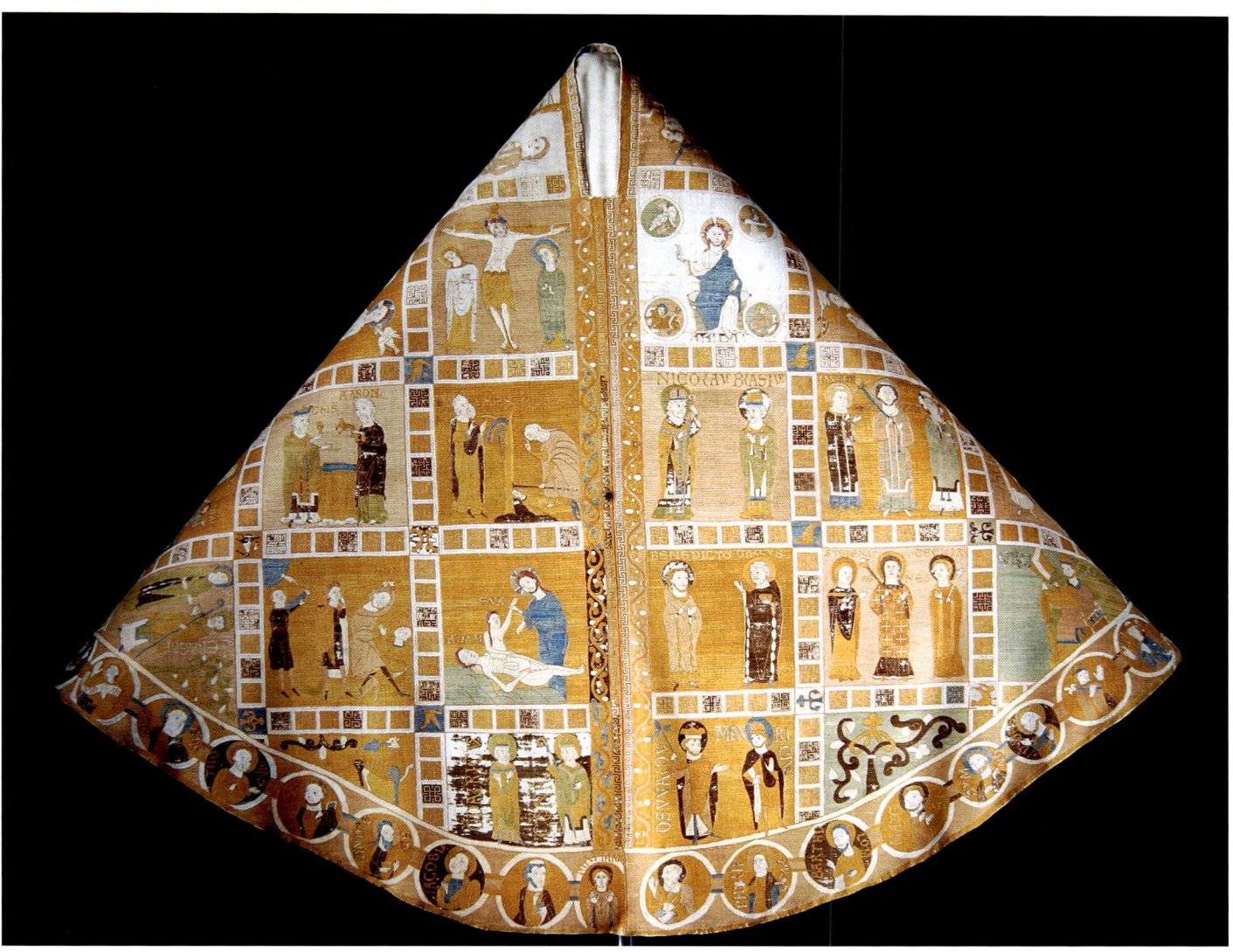

Haupt und damit seine Gottheit verschleiert. Er leitet dieses Bild aus dem Ankleiden ab, wonach man den Amikt zunächst um den Kopf legte. Die Stola gilt bei den Liturgikern des Mittelalters allgemein als Symbol des Priester- und Diakonamtes und wird im moralischen Sinne auf die Pflichten des Trägers hin gedeutet. In diesem Sinne versteht Rupert von Deutz die Stola als Zeichen des Gehorsams, so wie auch Christus als Knecht bis zum Tode unterwürfig gewesen ist.

Während die Kasel in den mystischen Quellen und noch in den Ankleidegebeten des späten Mittelalters durchgängig als Sinnbild der Liebe gedeutet wird, interpretiert Rupert sie als Zeichen der Einheit der Kirche, abgeleitet von der geschlossenen Form und der Gleichartigkeit der Seiten. Im typischen Sinne wird dabei zudem die Kirche als Gewand Christi gesehen, wobei die vordere Hälfte die Kirche

des Alten Bundes, die Rückseite die Kirche des Neuen Bundes symbolisiert.[10]

Paramente des Hochmittelalters

Vor diesem Hintergrund mag man die ältesten Gewänder, die in St. Paul im Lavanttal bewahrt werden, betrachten. Erhalten sind zwei zur Gänze bestickte Glockenkaseln und ein Pluviale aus dem Benediktinerkloster St. Blasien im Schwarzwald. Sie sind einzigartig, weil sie – anders als die Glockenkaseln des 11. Jahrhunderts – gänzlich zum Bildträger geworden sind und sich in ganzer Fläche ein ortsbezogenes Bildprogramm entfaltet. Sie wurden nach Auflösung des Klosters im Jahr 1809 nach St. Paul verbracht, wo die Kasel des 12. Jahrhunderts und das jüngere Pluvi-

2 Romanische Glockenkasel, St. Blasien, 2. Viertel 12. Jahrhundert. Benediktinerstift St. Paul (Kat.-Nr. 10.17)

ale noch heute aufbewahrt werden, während die Kasel des 13. Jahrhunderts durch Verkauf nach Wien in die Sammlung des Österreichischen Museums für angewandte Kunst gelangte (Inv.-Nr. T 9125).[11] Die ältere Glockenkasel (Abb. 2) aus dem zweiten Viertel des 12. Jahrhunderts ist in farbiger Seide auf Leinwand mit 34 quadratischen Bildfeldern bestickt, die, von Ornamentbändern gerahmt, Szenen des Alten und Neuen Testaments, Propheten mit Spruchbändern und u.a. die im Kloster hochverehrten Heiligen Benedikt, Blasius und Nikolaus darstellen. Den Saum ziert ein Band mit Propheten und Aposteln in Kreismedaillons sowie Darstellungen Kaiser Konstantins des Großen, der Kaiserin Helena und Kaiser Ottos I. Als Stifter der Kasel wurde Abt Berthold (1123–1141) in Betracht gezogen (vgl. Kat.-Nr. 10.17; Abb. 2).

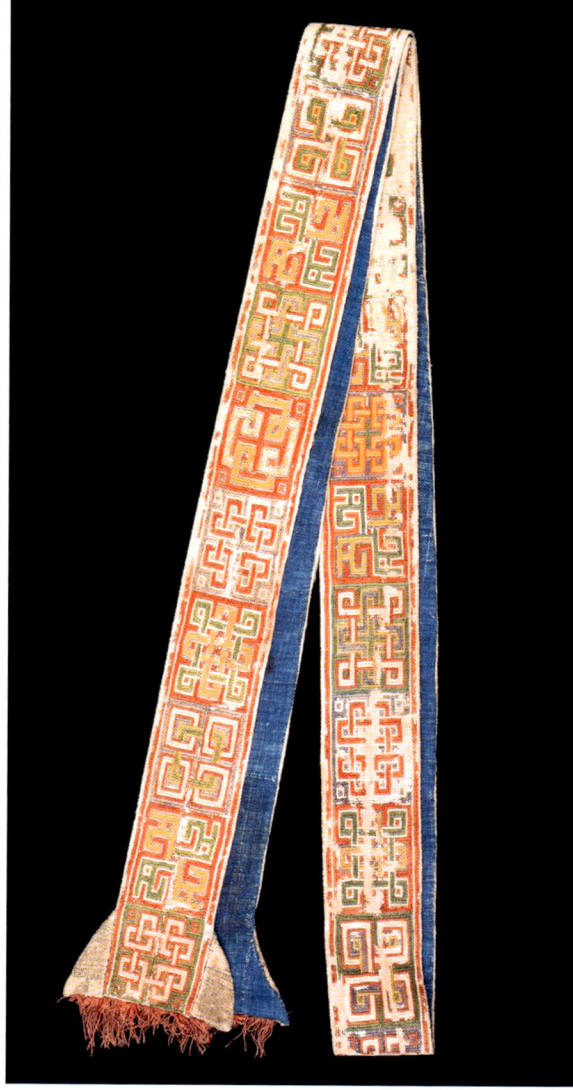

3   Stola, Leinen mit Stickerei in Seide, Häutchengoldborte, Schweiz, Benediktinerinnenkloster Engelberg ?, 13./14. Jahrhundert. Köln, Museum Schnütgen, Inv.-Nr. P 3

Das Pluviale, entstanden im dritten Viertel des 13. Jahrhunderts, ist ebenso in ganzer Fläche entworfen und zeigt in farbiger Seidenstickerei Szenen aus den Viten der Heiligen Blasius und Vinzenz in regelmäßig gereihten Kreismedaillons mit Umschriften (Abb. 1). Die Ordnung der Motive und die Füllung der Zwischenräume des Grundes mit floralen Kleinformen scheint byzantinischen Seidenstoffen des 11. Jahrhunderts entlehnt. Beide Gewänder sind in den Techniken des Kettstichs und des geschlossenen Kreuznahtstichs ausgeführt. Ohne Zweifel sind die Gewänder für St. Blasien angefertigt worden. Während die ältere Kasel im dortigen Kloster entstanden sein könnte, zieht Karel Otavsky für die beiden jüngeren Gewänder ebenso eine städtische professionelle Werkstatt in Betracht (vgl. Kat.-Nr. 9.23).[12]

Ähnlich konzipierte Gewänder haben sich auch aus dem Benediktinerinnenkloster Göß in der Steiermark erhalten, die nachweislich zwischen 1230 und 1269 von den Nonnen des Klosters gestickt worden sind.[13]

Brigitta Schmedding hat umfassend die hoch- und spätmittelalterlichen Textilien in Kirchen und Klöstern der Schweiz katalogisiert und dabei erstmals die Bedeutung der Benediktinerklöster in Disentis, Einsiedeln und Engelberg für die Erhaltung, aber auch für die Anfertigung von Paramenten erkannt. Vor allem die Benediktinerinnen des Klosters St. Andreas in Engelberg schufen im 14. Jahrhundert eine Vielzahl von Seiden- und Leinenstickereien, darunter Antependien und Reliquienhüllen mit charakteristischen Tiermotiven und geometrischen Ornamentformen, die teilweise der Motivik des Gösser Ornats verwandt erscheinen. In die Sammlung des Kölner Museum Schnütgen gelangten Paramente dieser Werkstatt, die die hohe Qualität der Stickereien und den Formenreichtum dieses Konventes vor Augen führen (Abb. 3).[14]

Der weitaus größte Teil mittelalterlicher Textilien, die bis heute in Kirchen und Klöstern bewahrt werden, haben sich dank ihrer Verbindung mit dem Reliquienkult erhalten. So sind die meisten der hochmittelalterlichen Glockenkaseln in Verbindung mit heilig gesprochenen Bischöfen überliefert oder zum Andenken an diese geschaffen und als Sekundärreliquien verehrt worden. Häufig sind es Benediktinermönche gewesen, die die Verehrung und den Prozess der Heiligsprechung beförderten und in diesem Sinne auch zur Erhaltung der ältesten überlieferten Paramente beitrugen. So berichtet eine Legende, dass die Mitbrüder des Rupert von Deutz 108 Jahre nach dem Tode Erzbischof Annos (1056–1075) das Grab des verehrten Klostergründers in Siegburg öffneten und bei der Erhebung der Gebeine auch dessen Grabgewänder entnahmen. Bis heute hat sich eine Kasel aus rot-violettem byzantinischen Seidengewebe der Zeit um 1000 in Köln erhalten, die mit diesem Bericht in Verbindung gebracht wird. Bereits im 12. Jahrhundert gelangte sie in die Kölner Stiftskirche St. Georg, einer weiteren Gründung Annos, wo sie noch im späten Mittelalter an den Festtagen des hl. Anno – im Zuschnitt und Dekor der gewandelten Liturgie angepasst – getragen wurde (Abb. 4).[15]

Bereits an der Wende zum 13. Jahrhundert vollzieht sich mit der sich entwickelnden Schaufrömmigkeit, in deren Mittelpunkt die Elevation der Hostie steht, ein entscheidender Wandel, der im weiteren Verlauf nicht nur zur Aufgabe der weiten Glockenform führt, sondern zu einer spezifischen Betonung der Kaselrückseiten als Schauseiten und Bildträger mit vielschichtigem, auch allegorisch zu deutenden Sinngehalt. Gleichzeitig wird die Ausprägung des liturgischen Farbenkanons (weiß, rot, grün, violett, schwarz) für die Feste des liturgischen Jahreskreises greifbar.[16]

Erst in der Mitte des 16. Jahrhunderts, als das reiche Stiftungswesen des Mittelalters die Paramente zu immer prächtigeren Ornaten in einer Vielfalt von Farben, Stoffen und Bildern hat werden lassen, verändert eine radikale Erneuerungsbewegung nachhaltig das bis dahin gültige Erscheinungsbild der liturgischen Gewänder. Die nach dem Tridentinum 1567 von Papst Pius V. (1566–1572) beschlossenen Reformen der Liturgie hatte Carlo Borromeo, Erzbischof vom Mailand (1538–1584), in seinen *Instructiones* auch auf die Paramente bezogen und genaue Angaben zur künftigen Gestaltung der Gewänder formuliert. Die damit eingeleitete radikale Abkehr von der spätmittelalterlichen Bildhaftigkeit und Symbolik führte seit dem 17. Jahrhundert zu einer skapulierartigen Verkürzung des Gewandschnittes der Kasel wie auch zu einer Verkürzung der Dalmatiken und verbindet damit einen floralen Dekor, der das Gewand als Träger eines ganzflächigen ornamentalen Entwurfes begreift. In geistiger Verwandtschaft mit dem höfischen Barock werden die nun einheitlich konzipierten und mehrteiligen Ornate Teil einer großen theatralischen Präsentation im Gesamtkunstwerk des *theatrum sacrum*. Die im benediktinischen Umfeld entstehenden Gewänder lassen diesen ‚Rombezug‘ deutlich aufscheinen.

Während die Entwicklung der europäischen Seidenweberei in der textilwissenschaftlichen Forschung hinlänglich beschrieben und in technischer Analyse

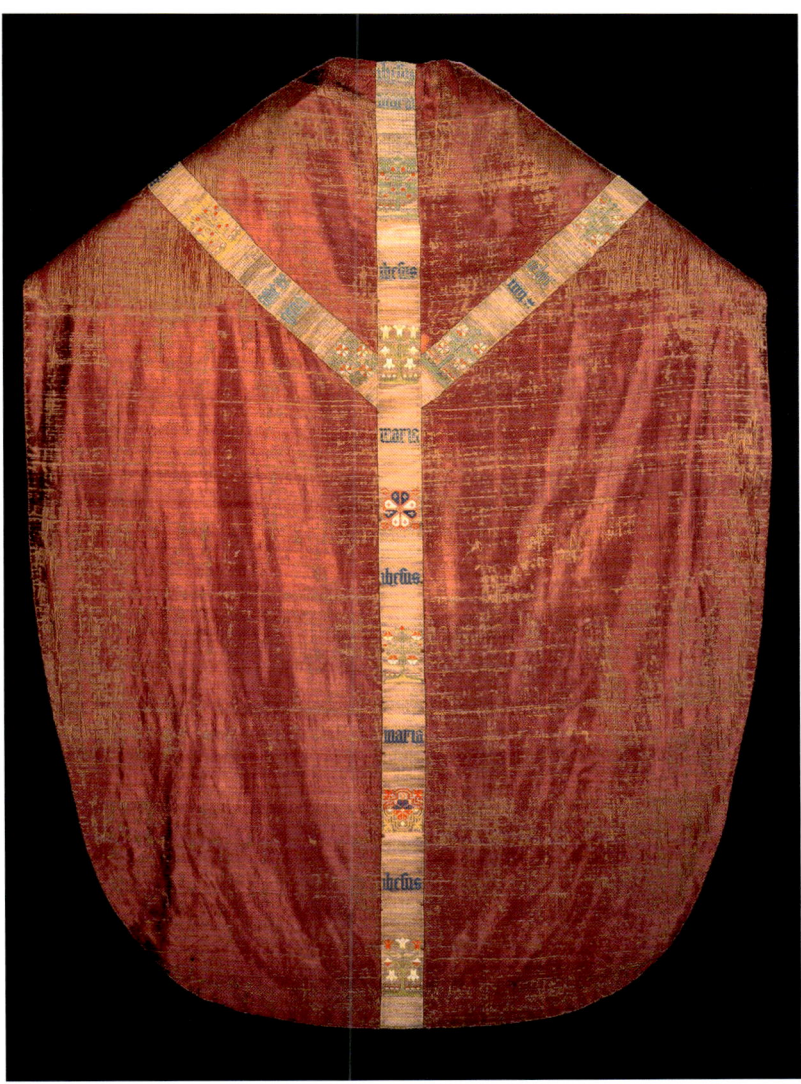

und Stilvergleich nachgezeichnet werden konnte,[17] sind die Entwicklungslinien in der Stickkunst bis heute nur punktuell benannt. Zwar ist es möglich, regionale Werkgruppen zu benennen, aufgrund einer rudimentären Quellenlage ist es jedoch – anders als im Bereich der Skulptur oder Malerei – noch immer schwierig, Werkstätten oder das Œuvre eines Stickers nachzuzeichnen. Dies gilt sowohl für die spätmittelalterliche als auch für die neuzeitliche Paramentenstickerei.

Für die Paramentik der Barockzeit im deutschsprachigen Raum sind bislang nur wenige Werkgruppen und Künstlerpersönlichkeiten namhaft gemacht und wissenschaftlich erforscht worden.[18] Die Mehrzahl der Klosterarbeiten ist anonym überliefert.

So ist der einzige namentlich bekannte Sticker Kölns in der Zeit des 17. Jahrhunderts der Jesuit Jo-

4 Kasel des Hl. Anno (1056-1075), Dunkelrotviolettes, ungemustertes Seidengewebe, Byzanz, um 1000 mit Halbseidenborten, Köln, 15. Jahrhundert. Köln, Museum Schnütgen, Inv.-Nr. P 1

hannes Lüdgens (1611–1673). Aus den Niederlanden stammend ist er nachweislich seit 1643 als „acupictor" tätig und führt die Paramentenwerkstatt des Kölner Konventes. Charakteristisch für seine Werke, die sich bis heute in der Jesuitenkirche St. Mariae Himmelfahrt erhalten haben, sind die in den Niederlanden gewonnenen neuen Ausdrucksformen der plastischen Reliefstickerei, die er mit traditionellen Bildfindungen der spätgotischen Kölner Stickerei zu verbinden weiß und in eine neue Zeit führt.[19]

Den Forschungen Robert L. Suters verdankt sich die reiche Kenntnis über die Paramentenstickerei der

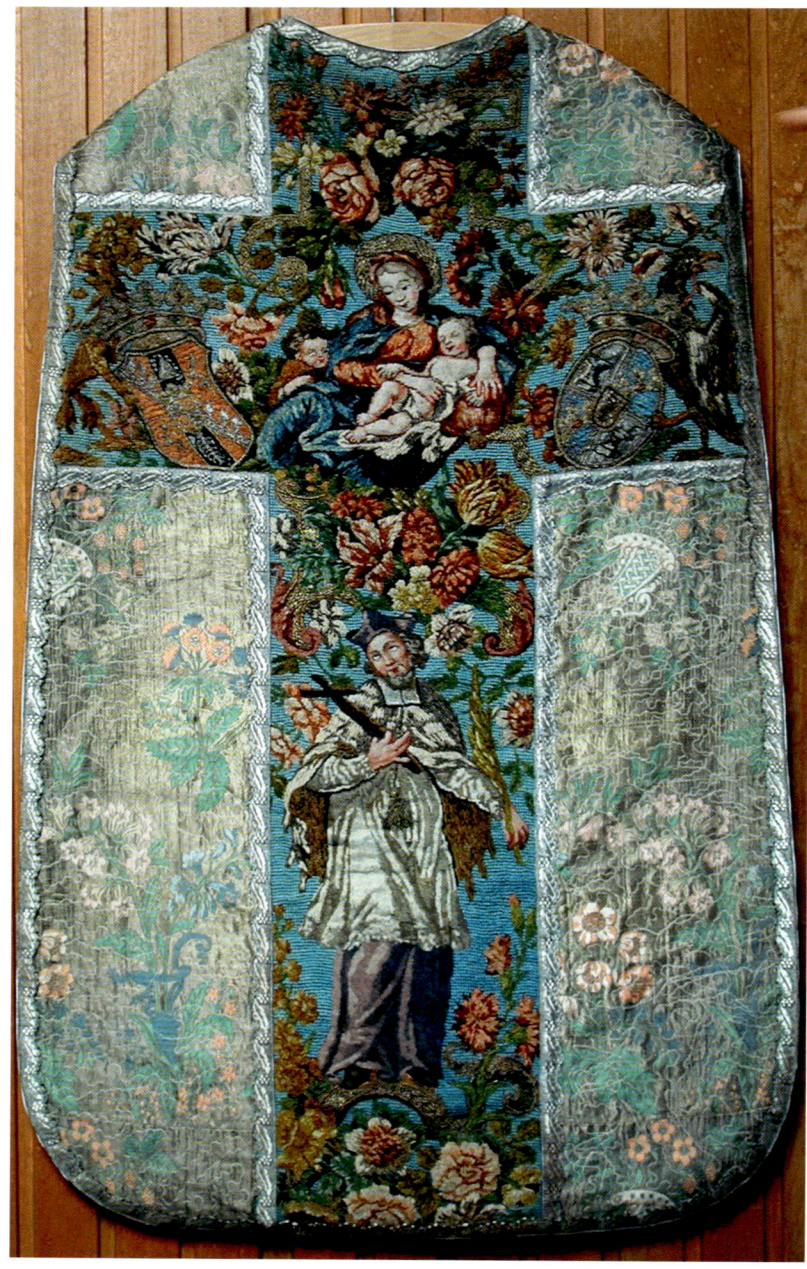

5   Kasel aus Goldgewebe mit zarten Blütenbouquets und in Petit Point-Stickerei ausgeführten Besätzen mit marianischen Motiven, Frankreich und Wien, um 1730. Goch-Kessel, Kath. Pfarrkirche St. Stephanus (ehem. Zisterzienserinnenkloster Graefenthal)

Barockzeit in verschiedenen Nonnenklöstern der Zentralschweiz, vor allem der Luzerner Ursulinen und Zisterzienserinnen. Es gelang, von der Zisterzienserin Scholastica An der Allmend (1647–1722) aus Olsberg ein umfangreiches Werkverzeichnis von Paramenten zu erstellen, die sie nicht nur für ihr Kloster, sondern auch für Äbte anderer Konvente anfertigte.[20]

Zu Stickern in Österreich, vor allem in Wien, liegen ergebnisreiche Untersuchungen vor.[21] So konnte zuletzt Dorit Köhler die Anfertigung der von Kaiserin Maria Theresia gestifteten Paramente u.a. im Konvent der Englischen Fräulein in St. Pölten nachweisen.[22] Während Gobelinarbeiten und Paramente in einfacheren Sticktechniken von bürgerlichen Frauen hergestellt wurden, übertrug man Goldreliefstickereien, die zu den anspruchsvollsten Techniken zählen, vorrangig professionellen Berufsstickern.

Mit Blick nach Frankreich hatte die Kaiserin eine gezielte staatliche Förderung der heimischen Textilproduktion eingeleitet und als Wirtschaftsfaktor innerhalb des europäischen Reigens tragfähig gemacht. Einen außergewöhnlichen Ornat aus weißem Seidengewebe mit zartem, verhaltenem Streifenmuster und einem modern anmutenden Dekor überfangener Ketten in Schwarz und Grautönen mit von Blattwerk umwundenen Stäben auf den Besätzen wird noch heute als Trauerornat im Benediktinerstift St. Paul im Lavanttal bewahrt (Abb. 8; Kat.-Nr. 25.15). Kaiserin Maria Theresia hatte die Gewänder dem 1772 in Wien weilenden Fürstabt Martin II. Gerbert (1764–1793) wohl zum Dank für die Überführung und Beisetzung der Gebeine früher Habsburger aus der Schweiz nach St. Blasien zum Geschenk gemacht. Der Überlieferung nach soll die Kaiserin selbst die Stickerei gepflegt und an den Paramenten mitgearbeitet haben. Bei den Trauerfeierlichkeiten für die Kaiserin wurde der Ornat am 19. Dezember 1780 und am 3. Januar 1781 noch einmal getragen. Der weiße Grundstoff, den sie für den Trauerornat bestimmt hatte, deutet darauf hin, dass sie die Trauerliturgie im Sinne einer Auferstehungsmesse verstand.[23]

In Wien muss ferner in der Zeit des ausgehenden 17. und frühen 18. Jahrhunderts eine bedeutende Werkstatt für Paramentenstickerei ansässig gewesen sein, die im Auftrag des Kaiserhauses und des österreichischen Hochadels Werke von herausragender Qualität schuf. Diese gelangten als Stiftungen bis nach Augsburg, an den Dom von Bautzen und an den Niederrhein, wo sich Paramente aus der Stiftskirche von Kleve und der ehemaligen Zisterzienserin-

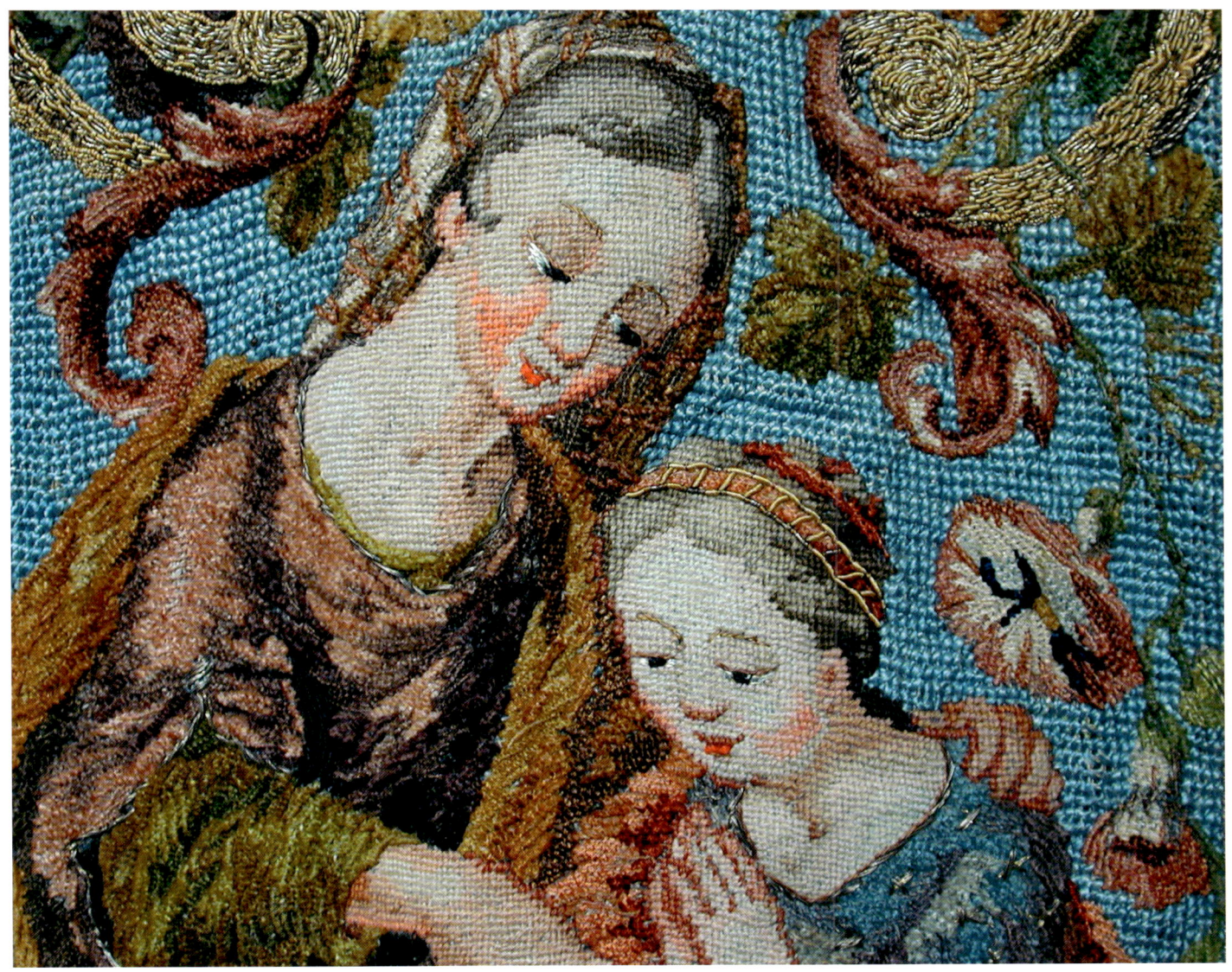

nen-Abtei Graefenthal erhalten haben (Abb. 5 und 6).[24] Nach der Säkularisation gelangte aus der Abtei eine prachtvolle Kasel in die Pfarrkirche St. Stephanus in Goch-Kessel, die aufgrund ihrer Materialität der Wiener Werkgruppe zugeordnet werden kann. Dem schweren Goldstoff der Kasel mit zartfarbigem Blütenmuster antworten detailreich gestickte Besätze, ausgeführt als seidene Kanevasstickerei mit Goldhöhungen und teilweise geschnittenem Flor. Die feinsinnige Variation der Petit point-Stickerei antwortet virtuos dem malerischen Entwurf mit marianischen Motiven. Das Gewand ist durch Wappen auf den Querarmen des Kreuzes als Stiftung der Wiener Familien Kollonitsch von Kollgrad und Blaspiel ausgezeichnet, die dem Hochadel angehörten, und datiert um 1730.[25]

Bekannt sind Paramente des 1670 in Melk geborenen bürgerlichen Stickers Johann Jakob Ellmansperger. 1712 erhielt er vom Abt des Benediktinerstiftes Melk, Berthold Dietmayr (1700–1739), den Auftrag für die Anfertigung des umfangreichen Bertholdi-Ornats, den er nach der vertraglichen Vereinbarung in erhabener Gold- und farbiger Seidenstickerei auf weißem Seidengrund ausführte. Nach fünfjähriger Arbeit an diesem Ornat zog er später nach Wien und wurde für die Stifte in Zwettl und Klosterneuburg tätig.[26]

Namentlich bekannt ist ferner der in Würzburg geborene Weltpriester Wilhelm Jacob Seberth. Von 1750 bis zu seinem Tod 1765 war er in Wien tätig und schuf auf den teilweise von ihm signierten Gewändern reiche theologische Bildprogramme.

6   Die hl. Anna mit Maria. Detail aus der Kasel Abb. 5

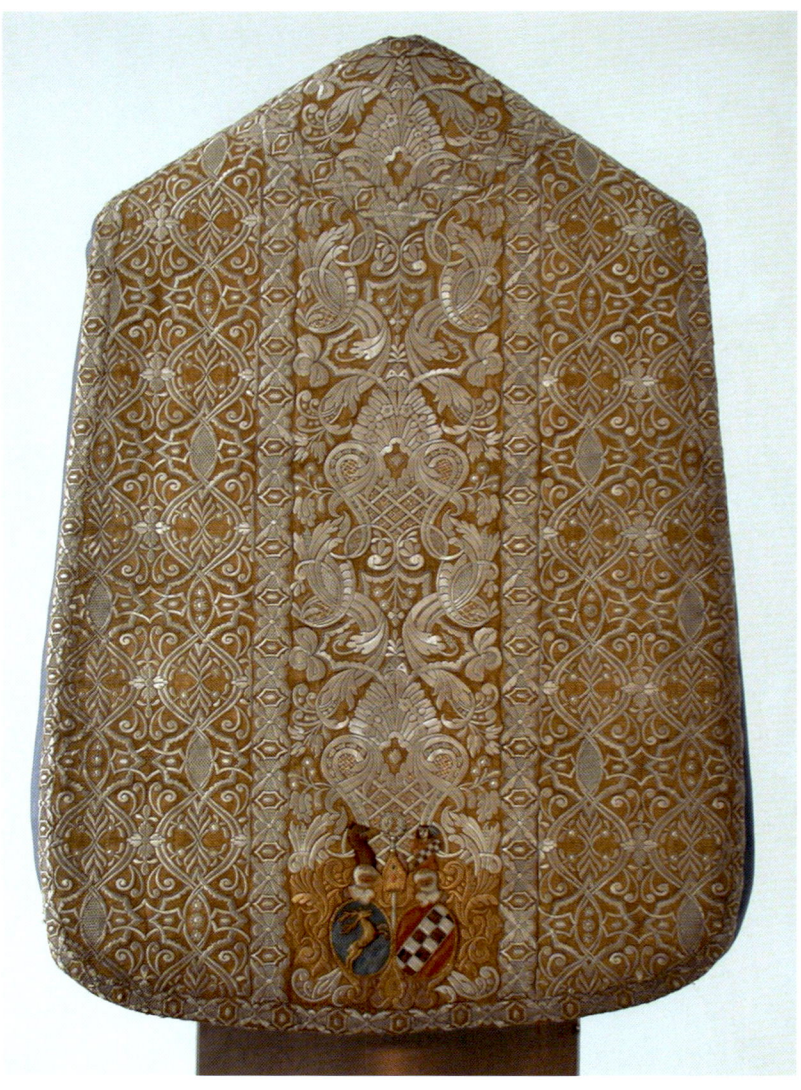

7 Kasel des Pontifika-lornats („Wiener Ornat"), Seide, Silbersti-ckerei mit Kartoneinlagen auf goldenem Grund (Goldfäden), Wien, 2. Viertel 18. Jahrhundert (Kat.-Nr. 11.1)

Exemplarisch sei hier der sog. Pontifikal-Ornat von 1731 erwähnt, der zu den besonders kostbaren Paramenten zählt, die sich, aus St. Blasien stammend, in Kärnten erhalten haben. Der in erhabener Silberstickerei mit Silberappliquen auf goldenem Grund ausgeführte Ornat besteht aus vier Pluvialen, einer Kasel, zwei Dalmatiken, zwei Stolen, drei Manipeln, einem Kelchvelum, einer Bursa, zwei Behängen für den Thron des Abtes, einem Gremiale (Schoßtuch des Abtes) und zwei Polstern für Meßbücher (Abb. 7). Verloren sind heute Mitra, Pontifikalstrümpfe und -handschuhe, einige Tunicellen und ein Behang für den Tabernakel. Angefertigt wurde dieser Ornat für Abt Franz II. Schächtelin von St. Blasien (1727–1747). Glücklicherweise haben sich Quellen erhalten, die erstmalig detailliert Aufschluss über die Entwürfe und Auftragsvereinbarungen des Abtes mit den Stickern geben. Demnach hatte Pater Marquard Herrgott, der zwischen 1728–1748 als Gesandter am Wiener Hof nachweisbar ist, Vorschläge für die Anfertigung des Ornates unterbreitet, mit denen der Abt den in Wien tätigen Sticker Johann Gottlieb Heynitschek (um 1699–1739) und den dortigen Schnürmacher Johann Peter Guttenberger (um 1731) beauftragte. In vier Verträgen wurde die Ausführung der Einzelstücke genau festgelegt. Die bedeutendsten Stücke des Ornats sind mit dem Wappen des Klosters St. Blasien und dem des Abtes Franz II. Schächtelin ausgezeichnet (vgl. Kat.-Nr. 11.1).[29]

Die in der Mehrzahl aus St. Blasien stammenden Paramente sind vielfach als Auftragsarbeiten der amtierenden Äbte gestiftet und zeigen in den Geweben französischer und italienischer Provenienz wie auch in der Materialität der Stickereien ein weitreichendes europäisches Beziehungsgeflecht des Ordens, das sich in den Werken auf allerhöchstem Niveau mitteilt und repräsentative Strahlkraft gewinnt. Das höfische Umfeld und der repräsentative Anspruch einer geistlichen Auftraggeberschaft sind dabei zugleich die Koordinaten, in denen sich die Textilkunst des 18. Jahrhunderts zu hoher Blüte und Qualität von europäischem Rang entwickeln kann.

Als bedeutend kann ebenso das Œuvre des Benediktinermönchs Benno Haan (1631–1720) im Kloster Admont in der Steiermark gewertet werden. Aus Kopenhagen stammend und vermutlich in Augsburg oder München ausgebildet, legte er 1656 seine Profess als Laienbruder ab und wirkte über 60 Jahre bis zu seinem Tode als Paramentensticker. Er schuf mehrere umfangreiche Ornate mit figürlichen Darstellungen, die in ihrer technischen Vielfalt der Nadelmalerei und programmatischen Ikonographie unverwechselbar sind.[27]

Eindrucksvoll ist nicht zuletzt die reiche Fülle der barocken Paramente – große Ornate, Kaseln, Mitren und Insignien – die sich bis heute in der Benediktinerabtei St. Paul im Lavanttal erhalten haben. Mehr als siebzig hochrangige Gewänder hat Dora Heinz erstmals in dem Kunstdenkmälerinventar der Österreichischen Kunsttopographie gewürdigt.[28]

---

1 Zitiert nach: Steingräber 1955, 7.
2 Eine ausführliche Bibliographie zum Themenspektrum erstellte Clemens Kosch: Kosch 1998, bes. 341–348 (6.3 Liturgische Textilien [Paramente/Gewänder] und Insignien). – Das 1907 von Joseph Braun vorgelegte quellenkundliche und stilgeschichtliche Werk „Die liturgische Gewandung" ist bis heute grundlegend und in seinem historistischen Ansatz prägend, vgl. Braun 1907.

- Eine wichtige Materialbasis insbesondere für die neuzeitliche Paramentik bietet Stolleis 2001.

3   Kloster Weltenburg 1996. – Altmann 1997.

4   Haacke 1967. Zu Rupert von Deutz vgl. etwa Silvestre 1988 (weiterführende Lit.).

5   Vgl. Braun 1907, 69.

6   Ebda., 164.

7   Ebda., 174–175.

8   Ebda., 307. – Seit dem 11. Jahrhundert wird das Pallium nach den Quellen ausdrücklich als erzbischöfliche Insignie bezeichnet. Auch Rupert von Deutz betrachtet die Verleihung als Zeichen der Übertragung der Metropolitanvollmachten, vgl. Braun 1907, 641.

9   Die Deutung der Paramente im Hinblick auf die Passion Christi setzt erst im 13. Jahrhundert ein und wird bestimmend für die Gestaltung der Paramente bis ins späte Mittelalter.

10 Vgl. Braun 1907 (wie Anm. 2), 705, 711, 718f.

11 Siehe Kat. Stuttgart 1977, Bd. 1, 634, Nr. 801; Kat. St. Paul 1991, 301–303, Nr. 17.2.

12 Otavsky 1998.

13 Zuletzt Stolleis 2001, 14.

14 Schmedding 1978, 120–141, 208–233. – Sporbeck 2001, 63–72.

15 Siehe Sporbeck 2001, 55–58.

16 In wie hohem Maße die Entwicklung des liturgischen Farbenkanons in Abhängigkeit von Ortstraditionen und Stiftungen differenziert gesehen werden muss, zeigt die zu diesem Thema umfassende Studie von Renate Kroos: Farbe, liturgisch (in der katholischen Kirche), in: RDK VII. München 1981, Sp. 54–121.

17 Vgl. die jüngsten Bestandskataloge der Abegg-Stiftung: Ackermann 2000. – Jolly 2002.

18 Nach den ersten Publikationen von Dora Heinz zu Paramenten der Barockzeit in Österreich aus den siebziger Jahren war für die Erforschung der neuzeitlichen Paramentik in Deutschland wegweisend der Katalog von Lorenz Seelig: Seelig 1984.

19 Sporbeck 1999.

20 Suter 1968; Suter 1992.

21 Vor allem die zahlreichen Detailuntersuchungen von Dora Heinz zur Entwicklung der barocken Paramentik in Österreich waren wegweisend; vgl. etwa Kat. Wien 1972.

22 Vgl. Köhler 1998.

23 Vgl. Kat. St. Blasien 1983, Bd. I, 228–229, Nr. 185 (Johann Michael Fritz). – Kat. St. Paul 1991, Bd. 1, 318–319, Nr. 18.15 (Johannes Gut/Waltraut Hauk). – Köhler 1998, 280, Abb. 52, dort als nicht sicher überlieferte Stiftung angegeben.

24 Kat. Wien 1972, 27, Kat.-Nr. 3, Abb. 2. – Zu den in Kleve und in der Pfarrkirche St. Stephanus in Goch-Kessel erhaltenen Paramenten vgl. Hilger 1967a, 47–48, Abb. 124–128. – Hilger 1967b, 76, Abb. 235, 236, 246.

25 Vgl. Sporbeck 2008.

26 Heinz 1981.

27 Eger 1996. – Wagner 1998.

28 Dora Heinz: Paramente, in: ÖKT 37 (1969), 167–179.

29 Vgl. zuletzt: Kat. St. Paul 1991, 267–268, Nr. 14.10 (Waltraud Hauk).

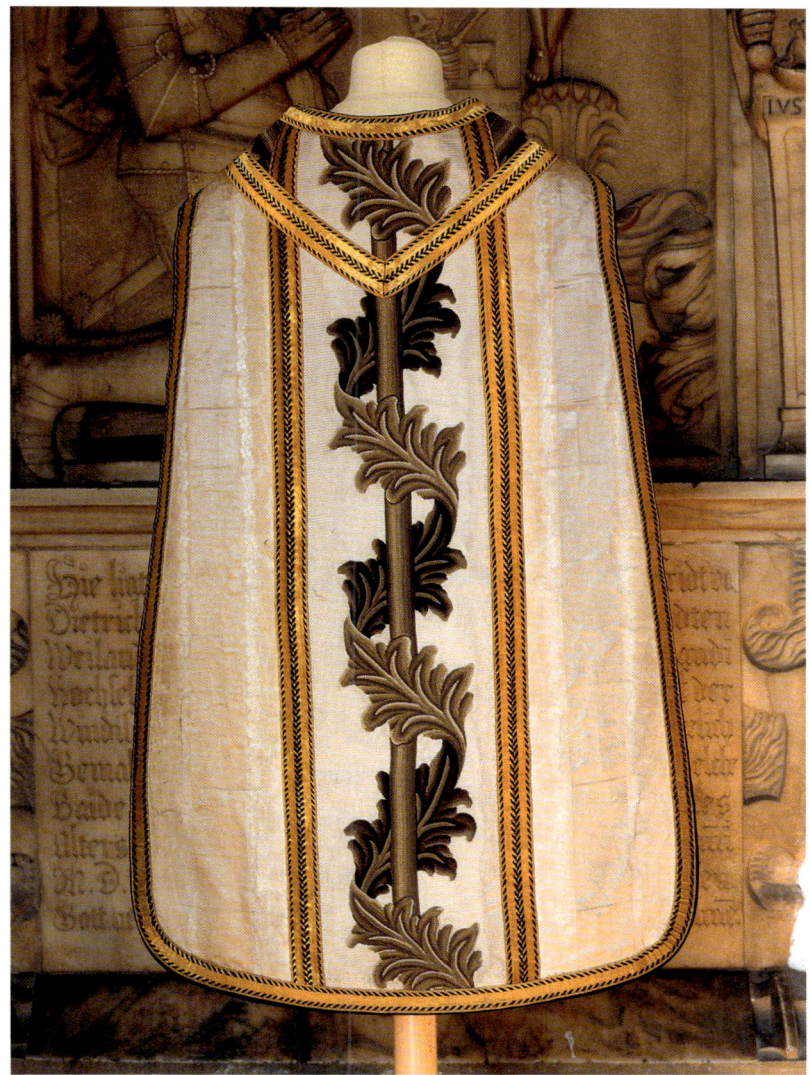

Literatur:

Braun 1907. – Steingräber 1955. – Suter 1968. – Heinz 1972. – Kat. Stuttgart 1977. – Schmedding 1978. – Heinz 1981. – Seelig 1984. – Hubert Silvestre 1988. – Suter 1992. – Eger 1996. – Köhler 1998. – Otavsky 1998. – Wagner 1998. – Ackermann 2000. – Sporbeck 2001. – Stolleis 2001. – Jolly 2002. – Sporbeck 2008.

8   Kasel aus dem Trauerornat der Kaiserin Maria Theresia, Wien, vor 1772. Benediktinerstift St. Paul (Kat.-Nr. 25.5)

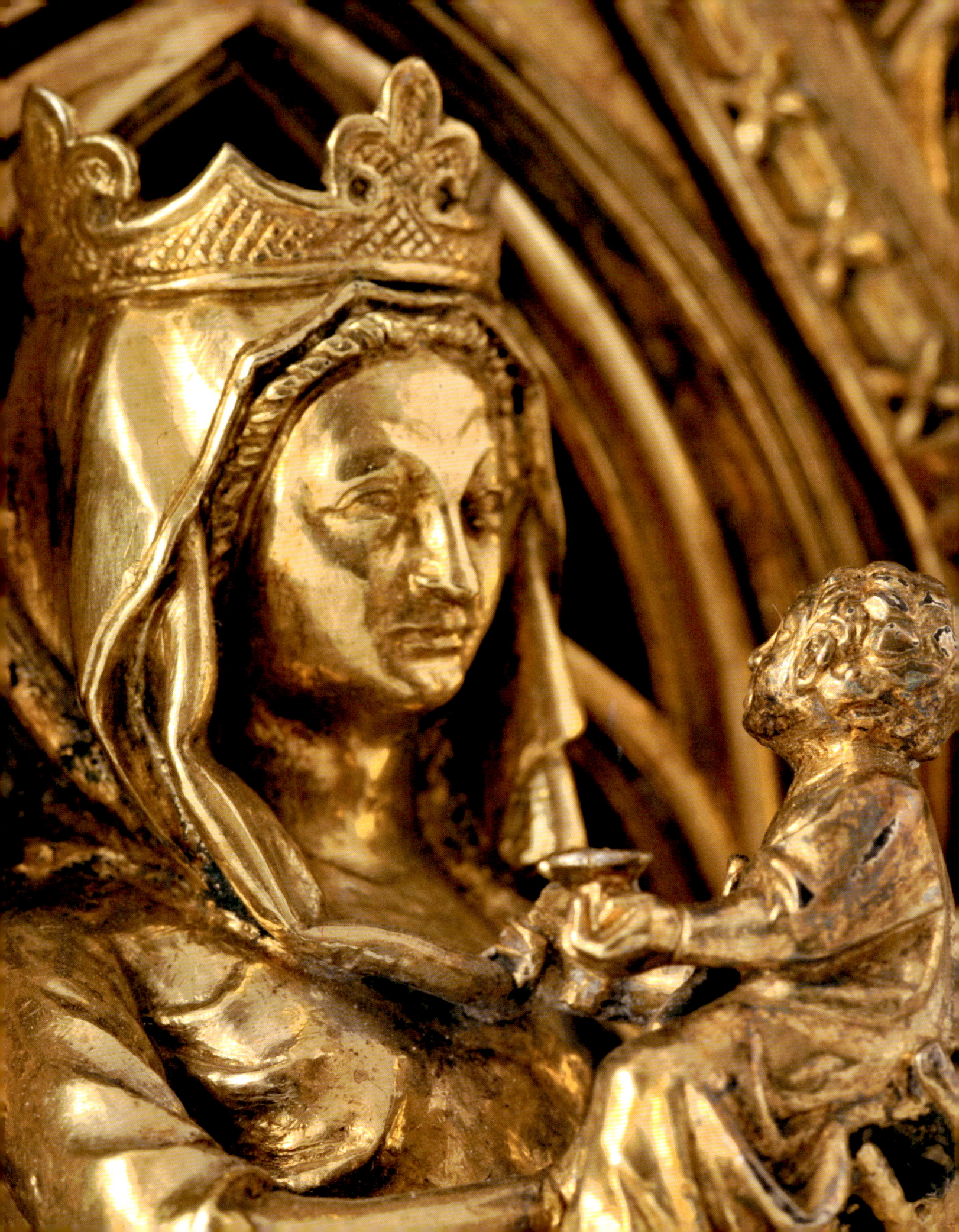

SCHÄTZE UND SCHATZKUNST DER BENEDIKTINER IM MITTELALTER

Melanie Prange

Einführung

Karl der Große (Ks. 800–814) und sein Sohn Ludwig der Fromme (Ks. 813–840) hatten die klösterlichen Gemeinschaften des Abendlandes durch die alleinige Gültigkeit der Benediktregel vereinheitlicht und gefördert. Vom 9. bis zum beginnenden 12. Jahrhundert – als neue Klosterorden gegründet wurden, welche die traditionellen Benediktinerabteien teilweise an Bedeutung übertrafen – waren die Klöster die reichsten Institutionen der lateinischen Christenheit und Zentren der Kultur und Kunst.

Der Inhalt ihrer Schatzkammern war Voraussetzung für das „Funktionieren" der Klosterkirchen. Ohne Kelche und Patenen, ohne Paramente für die Priester war ein würdiges Zelebrieren der Messe nicht möglich. Die Altäre wurden durch goldene Antependien und Kreuze als sakrale Orte ausgezeichnet, Reliquiare bargen die Heiltümer der Patrone.

Der Reichtum einiger Abteien ist legendär – so etwa jener des Klosters Saint-Denis, der Grablege der französichen Herrscher, welcher unter anderem durch die Schriften des berühmten Abtes Suger (Abt um 1081–1151) überliefert ist.

Im Folgenden werden die in den Abteien vorhandenen Objekttypen sowie deren Entstehung in den klösterlichen Goldschmiedewerkstätten vorgestellt. Auch die Stifter der kostbaren Ausstattungsstücke sollen zur Sprache kommen. Der letzte Teil des Essays thematisiert die von Benediktinern verfassten Theorien über den Wert kostbarer Kunstgegenstände und die Rolle des Künstlers. Dieser Überblick wird zeigen, dass in den Klöstern die idealen Voraussetzungen für die Entwicklung und die Blüte der Schatzkunst im Mittelalter gegeben waren.

Die Gattungen der Schatzobjekte

Vasa sacra, vasa non sacra *und liturgische Bücher*

Zu den wichtigsten Schatzobjekten jeder Klosterkirche gehörten die liturgischen Geräte, die für den Vollzug der Eucharistie notwendig waren. Sie werden als *vasa sacra* bezeichnet und setzen sich aus Kelchen, Patenen, Saugröhrchen zur Austeilung des Weins, Messkännchen und Hostiengefäßen wie Büchsen oder kelchähnlichen Ziborien zusammen. Seit der Aussetzung der gewandelten Hostie zur Anbetung im 13. und 14. Jahrhundert gehören auch Monstranzen zu dieser Gruppe.

Unter dem Begriff der *vasa non sacra* werden jene Schatzstücke subsumiert, die nicht direkt in der Messe verwendet werden, wie etwa das Auffangbecken und das Gießgefäß zur priesterlichen Händewaschung vor dem Altardienst, die Weihrauchfässer und Glocken.

Zu den *vasa non sacra* werden auch Altarleuchter gezählt, von denen sich zwei besonders prächtige Beispiele aus dem Kloster St. Michael in Hildesheim erhalten haben. Bei diesen vom Klostergründer, Bischof Bernward von Hildesheim (Bf. 993–1022), gestifteten Schatzstücken handelt es sich um eines der ältesten Leuchterpaare des Mittelalters (vgl. Kat. Hildesheim 1993, Bd. 2, Nr. VIII–32 [Michael Brandt]) (Abb. 2).

In den monastischen Skriptorien entstanden zahlreiche, für den Altardienst notwendige liturgische Handschriften, die zum Teil sehr prächtig eingefasst waren und deswegen in den Schatzkammern aufbewahrt wurden. So berichtet das Schatzverzeichnis aus der Abtei St. Eucharius (St. Matthias) in Trier aus der

1 Detail aus dem Deckel eines Buchkastens aus St. Blasien, Straßburg (?), um 1260/70. Benediktinerstift St. Paul (Kat.-Nr. 21.3)

ersten Hälfte des 12. Jahrhunderts von drei Evangelien, in deren Goldschmiede-Einbände Elfenbeinplatten integriert waren: „ęvangelii libri tres, ębore, auro et argento ornati" (Bischoff 1967, Nr. 92). Man kann sich darunter eventuell prächtige Schnitztafeln vorstellen wie jene, die in den Buchdeckel in St. Paul im Lavanttal eingefügt ist (Kat.-Nr. 15.6).

Altäre und ihre Ausstattung

Nicht nur die Objekte für den Altardienst bestanden aus wertvollen Materialien und waren reich verziert, sondern auch die Altäre selbst. Sie wurden temporär mit Tüchern und Behängen geschmückt oder von Baldachinen überragt. Diese Textilien werden in den erhaltenen Inventaren daher zahlreich aufgeführt, zum Beispiel in jenem aus dem Benediktinerinnenkloster Altmünster bei Mainz aus dem Ende des 11. Jahrhunderts: „et V pallia super altaria auro parata […] Dorsalia XIII. Pallia VIIII. Pallia V super altari asine auro" (Bischoff 1967, Nr. 46).

Von besonderer Pracht waren Antependien oder Altaraufsätze aus Edelmetall, die aufgrund ihres Wertes teilweise nur an Festen präsentiert und sonst in den Schatzkammern verwahrt wurden. Dies ist anhand eines Verzeichnisses (1016–1036) aus dem Kloster Abdinghof in Paderborn nachzuvollziehen, in dem unter dem aufgelisteten Schatzkammergut auch eine silberne Tafel für den Hauptaltar genannt wird: „Tabula ante principale altare argentea" (Bischoff 1967, Nr. 62b).

Erhalten hat sich das wertvolle Antependium (vor 1140) des seit 1086 der Hirsauer Reform folgenden Klosters Großcomburg bei Schwäbisch Hall (vgl. Kat. Paderborn 2006, Bd. 2, Nr. 560 [Rainer Kahsnitz]) (Abb. 3). Im Zentrum der kupfervergoldeten und mit Email besetzten Tafel steht Christus in der Mandorla, der von zwei Reihen, in Kassettenfeldern stehenden Aposteln umgeben wird.

Da die Äbte der Benediktinerklöster häufig in eigener Sache oder als Diplomaten im Auftrag eines Herrschers auf Reisen waren, benötigten sie Tragaltäre, die ihnen das Zelebrieren der Messe auch außerhalb der Abteikirche ermöglichten. Der Tragaltar (1120–1130) aus dem Kloster Abdinghof, dessen Figurenprogramm sich aus den statischen Halbfiguren der Abdinghofer Hauptpatrone auf der Deckplatte und den expressiven Martyriumsszenen an den Seitenwänden zusammensetzt, ist ein besonders eindrucksvolles Beispiel dieser Objektgattung (vgl. Kat. Paderborn 2006, Bd. 2, Nr. 508 [Michael Peter]).

Radleuchter

An besonderen Festen wurde der Kirchenraum durch große Radleuchter (coronae) erhellt. Da diese teilweise sehr beachtliche Ausmaße besaßen und aus edlen Materialien bestanden, werden sie in mittelalterlichen Verzeichnissen, wie in jenem des Klosters Abdinghof, im Zusammenhang mit dem Inhalt der Schatzkammern genannt: „Coronam argenteam ante principale altare continens in festis precipius XII candelas in honorem omnium apostolorum" (Bischoff 1967, Nr. 62b).

Aus romanischer Zeit haben sich nur wenige Radleuchter erhalten: dazu gehören der Barbarossaleuchter (1122–1190) im Aachener Dom sowie der Hetziloleuchter (1054–1079) und der Azelinleuchter (1044–1054) im Dom zu Hildesheim. Das vierte romanische Exemplar befindet sich in der Kirche des ehemaligen Benediktinerklosters Großcomburg und wurde sehr wahrscheinlich in der eigenen Klosterwerkstatt angefertigt (vgl. Kat. Schwäbisch-Hall 1989, Nr. 9 [Elisabeth Schraut]) (Abb. 5). Bis in das 16. Jahrhundert hing der Leuchter über dem Grab seines Stifters, Abt Hartwig III. (nachweisbar 1103–1139). Die unmittel-

2 Bernwardleuchter, 2. Jahrzehnt 11. Jahrhundert. Hildesheim, Dom- und Diözesanmuseum, Inv.-Nr. DS L 9

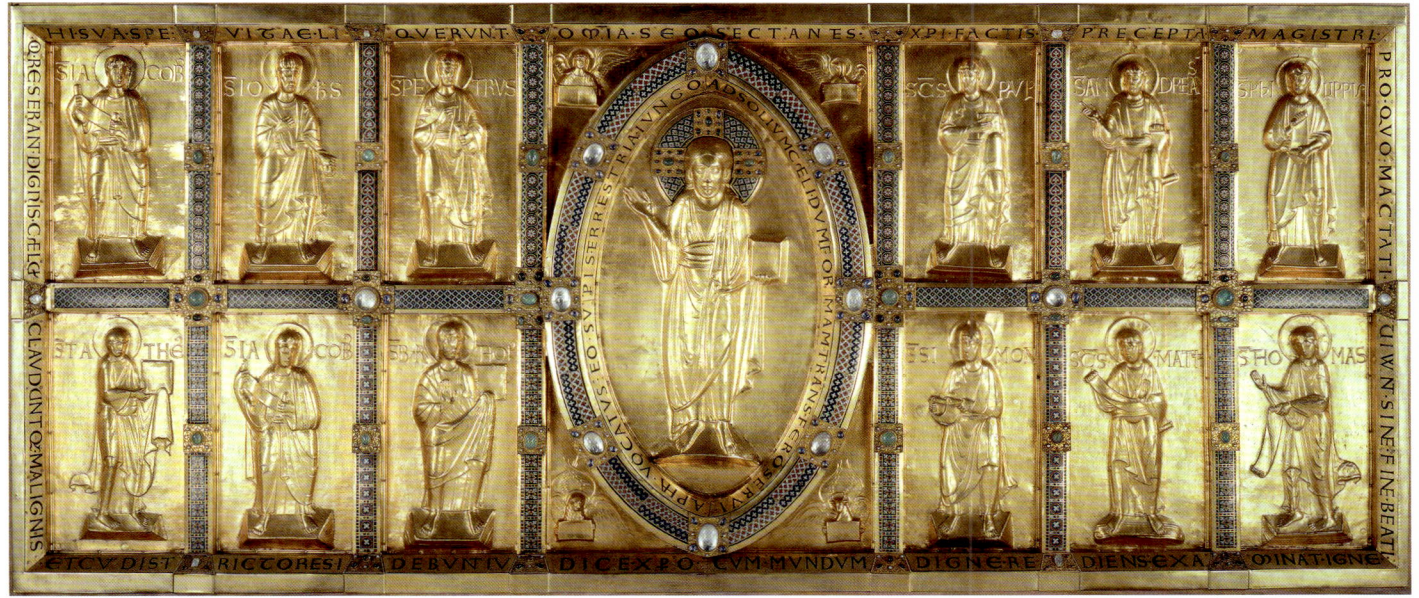

bare Nähe von Stiftergrab und Radleuchter, der das himmlische Jerusalem symbolisiert, erklärt sich aus der Hoffnung des Verstorbenen, der Erlösung teilhaftig zu werden.

Paramente

Für den Chordienst benötigte man außer den liturgischen Geräten und Büchern auch Paramente für die Zelebranten. Die prachtvollen Gewänder, die aus Samt und Seide bestanden und aufwändig mit Gold- und Silberfäden bestickt waren, gehörten ebenfalls zum Schatzkammergut. Ein Großteil der mittelalterlichen Klosterinventare listet daher Kaseln, Dalmatiken, Alben, Stolen, Chorkappen und Gürtel auf. In St. Paul im Lavanttal befinden sich zwei aus dem Kloster St. Blasien stammende Glockenkaseln sowie ein Pluviale, deren figürliche Stickereien außergewöhnlich prachtvoll sind (Kat.-Nr. 10.17, Kat.-Nr. 9.23).

Kreuze

Seit dem 11. Jahrhundert gehörten zur Altarausstattung Kreuze, die für Prozessionen auf lange Stäbe montiert und mitgeführt werden konnten. Die Kreuze bargen nicht selten Reliquien, die in den Schatzverzeichnissen aufgelistet werden, wie das Beispiel aus dem Kloster Muri (Mitte 12. Jahrhundert) zeigt: „In cruce autem argentea maxima continentur reliquie sancte crucis et sancti Cornelii." (Bischoff

1967, Nr. 57). Die in diesem Inventar zuerst genannte Reliquie, ein Partikel vom Wahren Kreuz Christi, war als Herrenreliquie von besonders hohem Rang.

In vielen Fällen wurden Kreuzsplitter in der Vierung sichtbar inszeniert, was das sog. Bernwardkreuz aus dem Kloster St. Michael in Hildesheim veranschaulicht (vgl. Kat. Hildesheim 1993, Bd. 2, Nr. VIII–34 [Martina Pippal]) (Abb. 4). Zusätzlich zu seiner Funktion als Kreuzreliquiar (Staurothek) transportierte das Bernwardkreuz eine Aussage, die mit der Gründung der Abtei und ihrer Stellung zu tun hatte. Das Gemmenkreuz entstand im zweiten Viertel des 12. Jahrhunderts, wobei die fünf Schmucksteinplatten auf der Vorderseite und das kleine Kreuz unter dem oberen Bergkristall aus dem 11. Jahrhundert – dem Zeitalter des Klostergründers Bernward – stammen. Es ist daher naheliegend, dass die Montierung des Kreuzes zu jener Zeit stattfand, als dem Kloster St. Michael erlaubt wurde, seinen Begründer wie einen Heiligen zu verehren. Das Kreuz nimmt also eindeutig Bezug auf den Ursprung der Abtei, die durch die Etablierung des Bernwardkultes auf einen Heiligen zurückgeführt werden konnte.

Reliquiare

Die spirituellen Schätze der Klöster waren die Reliquien, die auf vielfältige Art und Weise in die monastische Liturgie einbezogen wurden. Sie spiegelten sowohl die allgemeine Heilsgeschichte als auch die individuelle Historie der geistlichen Gemeinschaft wider

3   Antependium, vor 1140. Ehemalige Klosterkirche Großcomburg

– das zeigte bereits das Bernwardkreuz mit der Christusreliquie und dem als Bernwardreliquie verehrten kleinen Goldkreuz am oberen Balkenende.

Darüber hinaus dienten Reliquien als Mittel zur Vertretung von Rechtsansprüchen und waren durch das Pilgerwesen eine grundlegende Einnahmequelle. Der Besitz eines großen Reliquienschatzes war deswegen ein entscheidender Faktor für das Ansehen eines Klosters.

Neben Viten und Mirakelberichten waren prachtvolle Reliquiare wirksame Mittel der Kultförderung (vgl. Reudenbach 2000). Mit Sicherheit zu den prächtigsten Goldschmiedearbeiten gehören Reliquienschreine, die zum Teil sehr beeindruckende Ausmaße besitzen. Besonders ambitioniert sind die romanischen Schreine des Rhein-Maasgebietes wie der Heribertschrein (um 1160/1170) in der ehemaligen Abteikirche Köln-Deutz, der Annoschrein (um 1183) in St. Michael in Siegburg sowie der Maurinusschrein (um 1170) und der Albinusschrein (um 1186) in der ehemaligen Kölner Benediktinerabtei St. Pantaleon (vgl. Kat. Köln 1985, Bd. 2, Nr. E 91; Nr. F 90; Nr. E 79; Nr. E 80 [Martin Seidler]) (Abb. 6, Abb. 7).

Diese großen sarkophagförmigen Reliquiare standen teilweise permanent in der Abteikirche, wo sie häufig auf oder hinter dem Altar erhoben präsentiert wurden. Von besonderer Pracht muss die Verbindung von Schrein und Altar im Kloster St. Remaklus in Stablo (Stavelot) gewesen sein, wo das Reliquiar des Patrons in das Retabel – einer Schauwand mit einem komplexen theologischen Programm – integriert war. Von der durch Abt Wibald (Abt 1130–1158) gestifteten Anlage haben sich nur zwei Emailmedaillons mit den Personifikationen der *Fides-Baptimus* und der *Operatio* erhalten, ihre Gesamtgestalt ist allerdings durch eine Zeichnung des 17. Jahrhunderts überliefert (Medaillons: Frankfurt a. M., Museum für Kunsthandwerk, Inv.-Nr. 6710; Berlin, Staatliche Museen zu Berlin, Kunstgewerbemuseum, Inv.-Nr. 1978.56; vgl. Kat. Magdeburg/Berlin 2006, Bd. 1, Nr. IV.18 [Susanne Wittekind]. Zur Zeichnung vgl. ebd. Nr. IV.19 [Susanne Wittekind]. – Siehe auch Wittekind 2004, 225–301).

In Saint-Denis ließ Abt Suger im Jahr 1144 die Schreine der Heiligen Dionysius, Rusticus und Eleutherius vom Untergeschoss der karolingischen Apsis in den Chor überführen. Dort stellte man die Reliquiare in ein freistehendes, 1628 zerstörtes Mausoleum aus edelsten Materialen, das Suger in seiner Schrift *De administratione* ausführlich beschrieb (Suger von Saint-Denis, *De administratione*, Teil III, c. 198–200, 333). Die Größe und die Kostbarkeit der Anlage müssen demnach überwältigend gewesen sein.

In der Hierarchie der Reliquien standen Passionsreliquien Christi und Heiltümer der Muttergottes noch über jenen der Klosterpatrone, weswegen auch sie in überaus prachtvollen Behältnissen mit komplizierten ikonographischen Programmen aufbewahrt wurden. Partikel vom Wahren Kreuz Christi ließ man außer in Gemmenkreuzen auch in tafelförmigen Reliquiaren bergen. Eine einzigartige Fassung für eine Kreuzreliquie ist die Staurothek (Anfang 12. Jahrhundert) aus dem Klosterschatz von Zwiefalten, die um 1620 einen Fuß und eine Bekrönung erhielt (vgl. Kat. Paderborn 2006, Bd. 2, Nr. 400 [Rainer Kahsnitz]) (Abb. 8). Die auf dem Rand angebrachten Emails mit dem Haupt, den Händen und den Füßen Christi verdeutlichen die weltumspannende Erlösung durch seinen Opfertod.

Insignien

Der Abt war der Einzige, der das Kloster nach außen vertrat. Seine Insignien waren sowohl Zeichen seiner geistlichen Würde als auch Symbole für die rechtliche Stellung der Abtei.

Die aus massivem Silberguss bestehende Krümme im Hildesheimer Dom- und Diözesanmuseum gehörte zum Stab des Abtes Erkanbald von Fulda (Abt

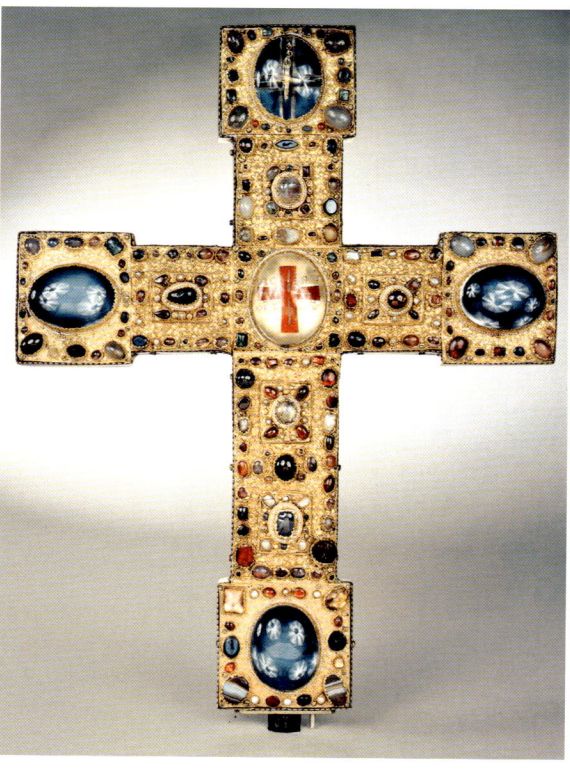

4   Sog. Bernwardkreuz. Kleines Goldkreuz, vor 1022 (?). Schmuckplatten auf den Kreuzbalken, vor 1022 (?). Restliche Kreuzvorder- und Kreuzrückseite, um 1150. Hildesheim, Dom- und Diözesanmuseum, Inv.-Nr. DS L 109

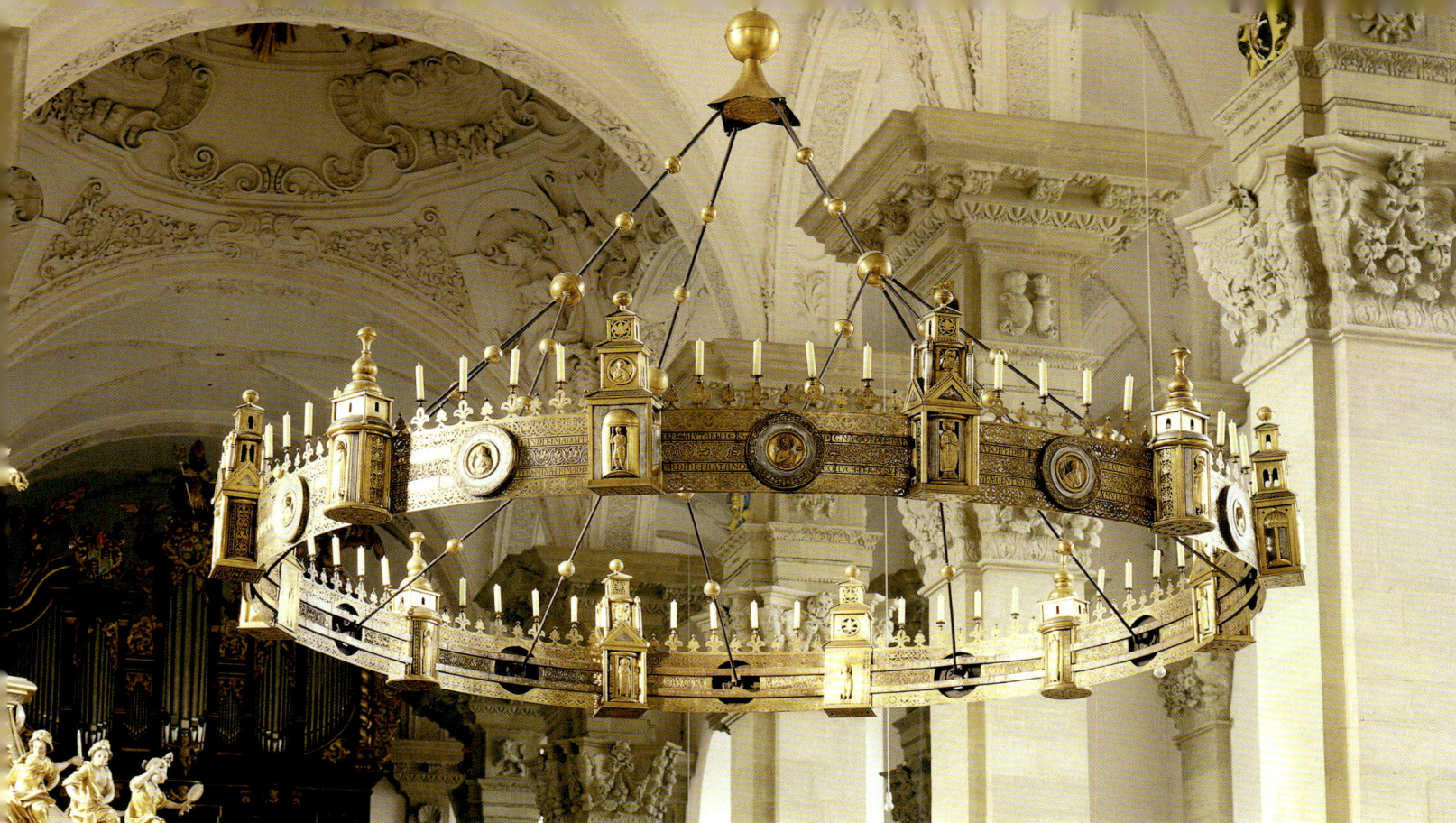

5 Radleuchter, um 1130. Ehemalige Klosterkirche Groß-comburg

996–1011), dessen Name auf dem Schaftring eingraviert ist (vgl. Kat. Magdeburg/Berlin 2006, Bd. 1, Nr. II.45 [Claudia Höhl]) (Abb. 9). Der aus Rankenwerk bestehende Knauf wird von vier Halbfigürchen mit Krügen – den Personifikationen der vier Paradiesflüsse – umgeben. Darüber erhebt sich der Baum der Erkenntnis, der von Adam und Eva flankiert wird. Die Hauptszene zeigt die Erschaffung Adams durch den mit Kreuznimbus und Buch dargestellten Schöpfer. Die Krümme gehörte sehr wahrscheinlich zu jenem Stab, den Bischof Bernward von Hildesheim Erkanbald von Fulda anlässlich dessen Abtsweihe schenkte. Als Erkanbald 1011 zum Mainzer Erzbischof erhoben wurde, gab er den Stab möglicherweise an Bernward zurück und bestätigte ihm damit die Oberhoheit über das Kanonissenstift Gandersheim, das lange Zeit Spielball zwischen dem Mainzer und dem Hildesheimer Episkopat gewesen war. Der Abtsstab wurde damit zum Symbol eines kirchenpolitischen Rechtsaktes.

Ein Inventar (um 1078) aus dem Kloster Martinsberg (Pannonhalma, Ungarn) listet mit einem Brustkreuz (*pectorale*), einem Ring sowie mehreren Mitren auch bischöfliche Amtszeichen auf (Bischoff 1967, Nr. 48). Das Vorhandensein bischöflicher Insignien in den Benediktinerabteien ist zum einen auf die teilweise sehr enge Beziehung zwischen Episkopat und Kloster zurückzuführen: Einige Bischöfe waren aus monastischen Gemeinschaften hervorgegangen und blieben ihnen ihr Leben lang verbunden, andere gründeten Eigenklöster und wählten diese zur Grablege. Darüber hinaus wurde die Verleihung von Rechten durch die Übergabe von Insignien untermauert. Anderen Klostervorstehern – wie den Reichenauer Äbten seit der Mitte des 12. Jahrhunderts – wurde durch päpstliche Autorisierung jedoch die besondere Ehre zuteil, selbst Pontifikalien zu tragen.

Exotische Objekte natürlichen Ursprungs

Sakrale Schatzkammern enthielten teilweise auch außergewöhnliche Gegenstände aus der Natur und können deswegen als Vorgänger weltlicher Wunderkammern gelten (vgl. Mariaux 2005). Der Grund für die Ansammlung dieser exotischen Objekte war zum einen die Assoziation von natürlichem und sakralem Wunder, zum anderen aber auch die Faszination am Fremden.

Während manche dieser Naturobjekte wie Straußeneier und Kokosnüsse zu liturgischen Gefäßen oder Reliquiaren umgearbeitet wurden, ist die Funktion anderer Stücke nicht mehr im Einzelnen zu klären, sodass ihr Vorhandensein in Klosterschätzen tatsächlich ausschließlich auf ihre Exklusivität zurück-

liehener Rechtstitel. So listet das Schatzverzeichnis (1065) aus der Benediktinerabtei Limburg an der Haardt unter den liturgischen Geräten und Reliquiaren auch „ein guldene Königliche Kron" und „ein guldens Scepter" auf (Bischoff 1967, Nr. 42).

Kaiser Heinrich II. (Ks. 1014–1024) stiftete dem von ihm geförderten Kloster Cluny Kreuz, Reichsapfel sowie Zepter, kaiserliche Gewandung und Krone. Diese Insignien wurden von diesem Zeitpunkt an in den klösterlichen Prozessionen mitgeführt, um das Königtum Christi zu verdeutlichen; gleichzeitig wurde aber auch der sakrale Anspruch des Herrschers veranschaulicht (vgl. Iogna-Prat 2002, 75–92).

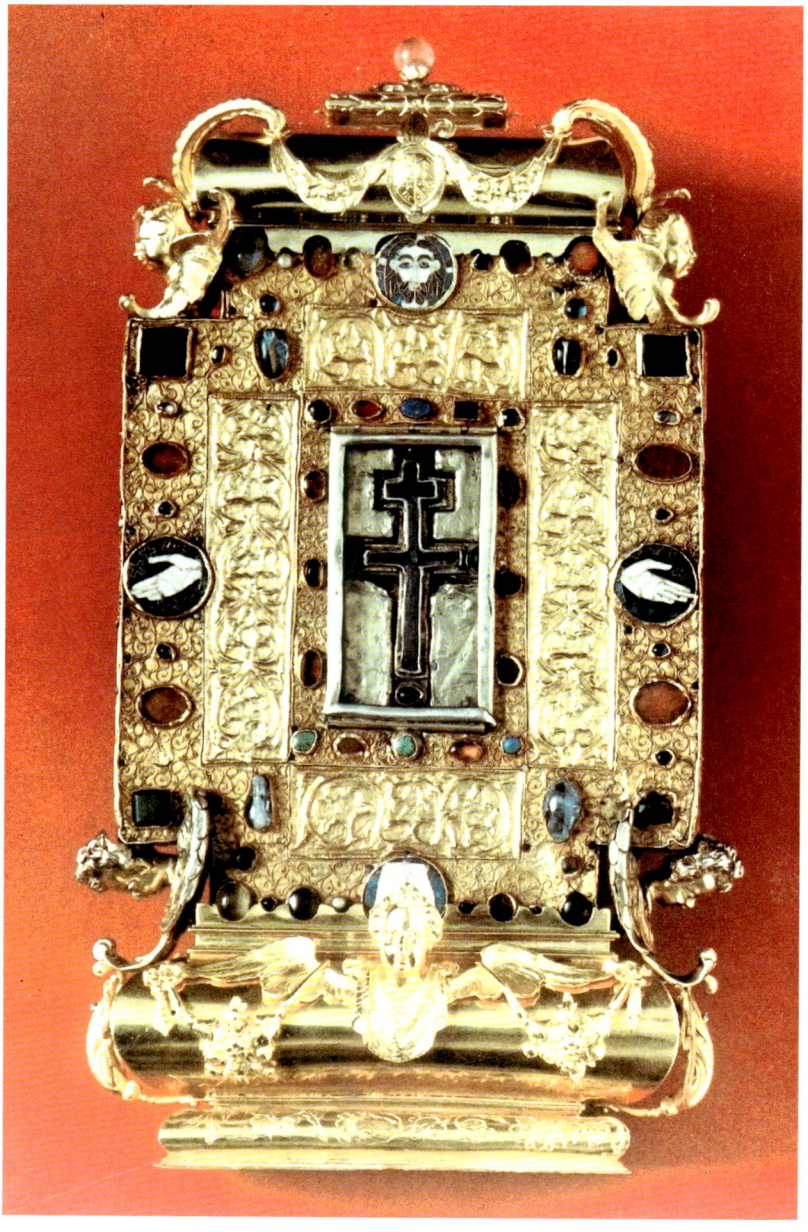

8   Tafelreliquiar, Anfang 12. Jahrhundert. Zwiefalten, Katholisches Pfarramt

Für die benediktinischen Reformklöster in der Nachfolge von Cluny und Hirsau war vor allem die Förderung durch den Laienadel von Bedeutung. Adlige Klostergründungen hatte es schon früher gegeben, doch blieben diese nicht auf Dauer im Besitz der Stifterfamilie, sondern wurden dem König als Eigentum übertragen und damit zu Reichsklöstern.

Dies änderte sich in der Mitte des 11. Jahrhunderts, als die Abteien direkt dem Heiligen Stuhl unterstellt wurden und parallel dazu die Besitz- und Erbschaftspolitik aufstrebender Adelsgeschlechter darauf angelegt war, sich eine eigene, vom König unabhängige *terra* aufzubauen. Um die Wende zum 12. Jahrhundert nahmen adlige Geschlechter deswegen einen Dynastennamen an, besaßen eine Stammburg und ein eigenes Hauskloster mit Stiftergrablege. Adel und Mönchtum trafen sich damit im Streben nach Unabhängigkeit (vgl. Weilandt 1992, 351–358. – Patzold 2006). Die neu gegründeten Klöster mussten mit liturgischem Gerät und Büchern ausgestattet werden, wofür zumindest zum Teil der Adel aufkam.

Monastische Werkstätten zur Herstellung von sakralen Objekten

In einigen Klöstern gab es bedeutende Goldschmiedewerkstätten, die das nötige liturgische Gerät eigenhändig anfertigten. Die monastischen Werkstätten beschränkten sich dabei nicht auf die Produktion für den Eigenbedarf, sondern führten auch Auftragsarbeiten für andere geistliche Institutionen aus.

Die in den Klöstern hergestellten Objekte waren teilweise von außerordentlicher Qualität, was unter anderem auf die dortige Wissensakkumulation zurückzuführen ist: Antike Kenntnisse über künstlerische Techniken wurden gesammelt, tradiert und umgesetzt. Die Klosterbibliotheken und die intellektuelle Arbeit der Skriptorien waren darüber hinaus ergiebige Quellen für die vielschichtigen theologischen Programme, mit denen das Altargerät und die Reliquiare ausgestaltet wurden.

Es erstaunt daher nicht, dass herausragende mittelalterliche Künstlerpersönlichkeiten wie Tuotilo von St. Gallen (um 850–nach 912) und Roger von Helmarshausen (um 1070–nach 1125) Benediktinermönche waren, deren Bildung weit über die eines Kunsthandwerkers hinausging und die durch ihre umfangreiche Bildung und vielfältigen Begabungen einen legendären Ruf besitzen.

So soll der Mönch Tuotilo den St. Galler Klostergeschichten (*Casus s. Galli*) zufolge neben seinen Leistungen in der Poesie, der Musik und der Malerei auch bedeutende Goldschmiedearbeiten für die Konstanzer Bischofskirche geschaffen haben. Für das Kloster St. Gallen schnitzte er außerdem zwei Elfenbeindiptychen, die heute als Einbände für Codices der St. Galler Stiftsbibliothek dienen (Cod. Sang. 53, Cod. Sang. 60; vgl. LexMA 2003, Bd. 8, Art. Tuotilo [Christoph Eggenberger]).

Ein noch genaueres Bild besitzen wir von den Verdiensten Rogers von Helmarshausen, der seit einiger Zeit mit Theophilus Presbyter, dem Verfasser der bedeutendsten mittelalterlichen Schrift über das Kunsthandwerk, *De diversis artibus*, identifiziert wird. Diese überaus komplexe Ansammlung der künstlerischen Techniken von Malerei, Glaserei und Goldschmiedekunst verdeutlicht, dass auch Theophilus (Roger von Helmarshausen) nicht nur Kunsthandwerker, sondern auch Theologe und Gelehrter war, der diesen Anspruch in seinem Werk auch sehr deutlich vertritt: Er bezeichnet sich im Sinne der Benediktregel als demütiger Priester (*humilis presbyter*) und als „Knecht der Knechte Gottes" (*servus servorum Dei*). Gerade diese Formulierung erweist sich jedoch als Autoritätsformel, da sie in mehreren Apostelbriefen für die Jünger Christi verwendet wird (Röm 1,1; Phil 1,1; 2 Petr 1,1; Jak1,1). Theophilus (übers. „Der Gott liebt") verstand sein Handeln demnach als Sendung Gottes und stellte sich damit in die Nachfolge der Apostel. Darauf wird im letzten Abschnitt noch einmal zurückzukommen sein.

Der Lebenslauf Rogers von Helmarshausen (Theophilus Presbyter) veranschaulicht außerdem, wie das handwerkliche Wissen über die Klostermauern hinweg verbreitet wurde. Innerhalb von Klosterverbänden tauschte man besonders gute Vorlagen aus; teilweise wurden neue Erkenntnisse aber auch durch reisende Künstler wie Roger vermittelt. Durch Einträge in Nekrologien und Gedenkbüchern kann sein Weg von den verbrüderten Benediktinerabteien St. Remaklus in Stablo (Stavelot) und St. Pantaleon in Köln nach Helmarshausen nachvollzogen werden (vgl. Brandt 2006, 97. – Zur Rekonstruktion von Rogers Biographie und ihren Schwierigkeiten siehe Bayer 2006, 66f.). In den Klosterverbänden scheint es also üblich gewesen zu sein, das Wissen durch reisende Gelehrte und Künstler gegenseitig auszutauschen. Auch dadurch lässt sich die Qualität der Arbeiten erklären. (vgl. Kat-Nr. 15.2, 15.3)

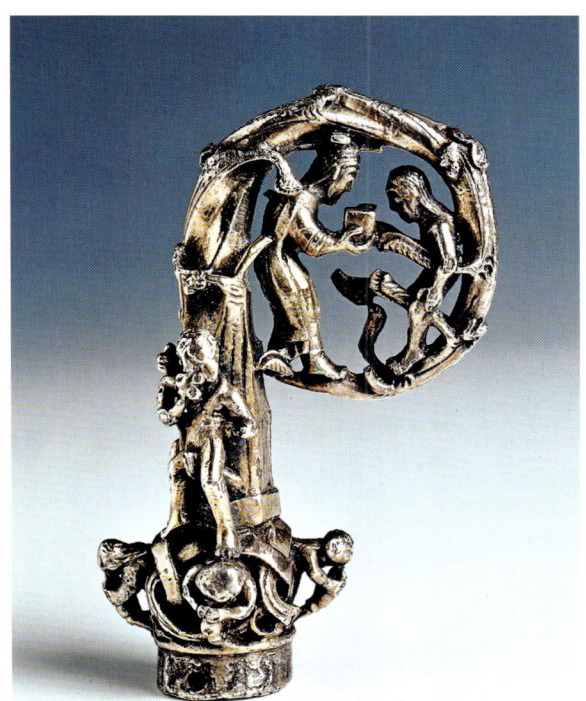

9 Erkanbaldkrümme, um 996/vor 1011. Hildesheim. Dom- und Diözesanmuseum, Inv.-Nr. DS 7

Theoretische Kontroversen

Mittelalterliche Schriftquellen und erhaltene Schatzstücke zeigen, dass der Prunk in manchen Klöstern unbeschreiblich gewesen sein muss. Diese reichen Abteien boten damit eine große Angriffsfläche für Kritik, da sie den in der Benediktregel fixierten Idealen von Armut und Demut ganz offensichtlich widersprachen. Unter anderem führten diese Umstände im späten 11. und im 12. Jahrhundert zu heftigen Attacken gegen die Klöster und letztendlich zur Begründung neuer Reformorden wie der Zisterzienser, der Karthäuser und der Prämonstratenser.

Einer der heftigsten Kritiker der Prachtentfaltung war zweifelsfrei der Zisterzienser Bernhard von Clairvaux (um 1090–1153). Vor allem in seiner Schrift *Apologia* wirft er den Mönchen vor, das durch Opfergaben erhaltene Geld für Luxus und nicht für die Unterstützung Armer zu verwenden. Stattdessen würden die Ordensbrüder die Gaben für prachtvolle Kunstwerke ausgeben, um durch diese den Pilgern neue Spenden zu entlocken: „[...] ich will aber zu Wichtigerem kommen: die Unmengen an Geld, die die Mönche statt den Armen zu geben, in die Bauwerke und Kunstwerke investieren. Maßlos hoch sind ihre Kirchen, unverschämt lang, überflüssig breit. Und die Bildwerke darin! Mit Gold bedeckte Reliquien stechen in die Augen, und die Geldbeutel öffnen sich. Man zeigt die wunderschöne Gestalt eines Heiligen oder einer Heiligen, und der gilt um desto heiliger, je bunter er ist. Die Leute drängen sich, ihn zu küssen, werden zu Spenden aufgefordert, und mehr wird die Schönheit bewundert, als die Heiligkeit verehrt" (Bernhard von Clairvaux, *Apologia* 12,29, zitiert nach Dinzelbacher 1998, 86).

Diese Auffassung stellte einen Bruch zu der Einschätzung von edlen Materialien dar, die von Benediktinern wie Rupert von Deutz (um 1075–1129) und vor allem Suger von Saint-Denis vertreten wurde (zu Rupert von Deutz vgl. van Engen 1983, 301–304). Suger betont, dass es nicht um das Material an sich ginge, sondern um die Notwendigkeit, Gott das Wertvollste darzubringen und ihn damit zu ehren. Gott selbst habe Moses schließlich aufgetragen, die ihm geopferten Gaben in wertvolle Gefäßen zu legen (Ex 25,3). Außerdem schlossen sich für Suger eine reich ausgestattete Abteikirche und monastische Demut nicht gegenseitig aus: „Wenn nach dem Wort Gottes oder auf Geheiß des Propheten goldene Kannen, goldene Schalen, goldene Mörser dazu dienten, das Blut von Böcken, Kälbern oder einer toten Kuh aufzunehmen, um wie viel mehr müssen, um das Blut Christi aufzunehmen, goldene Gefäße, kostbare Steine und was auch immer es an besonders Kostbarem unter allen Geschöpfen gibt, in beständiger dienstbarer Ergebenheit und vollkommener Demut bereitgestellt werden" (Suger von Saint-Denis, *De administratione*, Teil III, c. 232). Im Gegensatz zu Bernhard war Suger außerdem davon überzeugt, dass der Anblick von glänzenden Materialien die geistige Meditation förderte: „Als daher mich einmal aus Liebe zum Schmuck des Gotteshauses die vielfarbige Schönheit der Steine von den äußeren Sorgen ablenkte und würdiges Nachsinnen mich veranlasste, im Übertragen ihrer verschiedenen heiligen Eigenschaften von materiellen Dingen zu immateriellen zu verharren, da glaubte ich mich zu sehen, wie ich in irgendeiner Region außerhalb des Erdkreises, die nicht ganz im Schmutz der Erde, nicht ganz in der Reinheit des Himmels lag, mich aufhielt, und [glaubte,] dass ich, wenn Gott es mir gewährt, auch von dieser unteren [Region] zu jener höheren in anagogischer Weise hinübergetragen werden könne" (Suger von Saint-Denis, *De administratione*, Teil III, c. 224). Sugers Schilderung seiner Empfindungen beim Anblick kostbarer Gegenstände gehört zu den ältesten Versuchen, ästhetische Empfindungen zu

formulieren und zu erklären (vgl. Gaborit-Chopin 2007, 254).

Die Bedeutung von Gold und Edelsteinen, die Suger in seinen theoretischen Schriften erläutert, äußerte sich indirekt schon lange zuvor in anderen Schriften, hier jedoch vor allem im Bezug auf Reliquien und deren Aufbewahrung. In Heiligenviten, Mirakelsammlungen und Homilien wird immer wieder deutlich, dass nur edle Metalle und wertvoller Steinbesatz der Heiligen würdig waren (vgl. Claussen 1996. – Reudenbach 2002). Zu diesem Thema nimmt auch der einzige mittelalterliche Reliquientraktat *Flores epytaphii sanctorum* (1098–1102/05) des Abtes Thiofrid von Echternach (Abt 1081–1110) Stellung (vgl. Ferrari 2005). Was bereits in den Heiligenerzählungen anklang, formulierte Thiofrid theoretisch aus. In vier Büchern erläutert der Echternacher Abt den Sinn und das Wesen der Reliquie, wobei er sich im zweiten Buch auf die Aufbewahrungsart der Heiltümer konzentriert. Wie in der Reliquie selbst sieht Thiofrid im Reliquiar ein Mittel der Kommunikation zwischen Gott und den Gläubigen. Sowohl die Form des Behältnisses, die er allegorisch deutet, als auch der Prunk, der eine Metapher für die Tugenden des vollkommenen Menschen sei, spiele bei der Vermittlung des heiligen Inhalts nach außen eine Rolle. Thiofrid betont, dass die Heiligen den Luxus an sich nicht schätzten, jedoch die Frömmigkeit der Stifter hoch achten würden, womit er ähnlich argumentiert wie Abt Suger.

Parallel zu der Diskussion um den Reichtum der Klöster entwickelte sich seit 1090 und vor allem in den ersten Jahrzehnten des 12. Jahrhunderts eine Auseinandersetzung um den Wert handwerklicher Arbeit. Dass sich die Frage nach dem Wert künstlerischer Tätigkeiten in den Klöstern stellte und diskutiert wurde, erschließt sich aus ihren bedeutenden Werkstätten.

Vor allem zwei Benediktiner äußerten sich zu dieser Thematik: Rupert von Deutz, der dem Kloster St. Heribert zu Köln-Deutz als Abt vorstand, sowie – auf noch prägnantere Weise – Theophilus Presbyter (Roger von Helmarshausen). Theophilus betont in seinem Traktat *De diversis artibus* den Wert der körperlichen Arbeit und nobilitiert damit den Handwerker und seinen Verdienst – die prachtvolle Kirchenausstattung (vgl. Reudenbach 1994. – Ders. 2003. – Ders. 2006b). Zu Beginn des ersten Prologs geht Theophilus auf die Weltschöpfung und die Erschaffung des Menschen als Ebenbild Gottes ein. Um die durch den Sündenfall verlorene Gottähnlichkeit wiederzuerlangen, sei der Mensch dazu verpflichtet, von seiner ererbten Vernunftbegabung (*ratio, scientia, intelligentia*) Gebrauch zu machen. Darin nimmt Theophilus Bezug auf Rupert von Deutz, jedoch geht er noch einen entscheidenden Schritt weiter: Er bereichert das Verständnis der *ratio* um die menschliche Kunstfertigkeit (*humana sollertia*). Während Rupert noch eine klare Rangunterscheidung zwischen spiritueller und manueller Arbeit zieht, kehrt Theophilus diese Hierarchie nahezu um, da er die Handarbeit als Voraussetzung für den Gottesdienst ansieht. Damit bezieht er eine eindeutige Stellung in der alten Streitfrage nach der Funktion und dem Verdienst von Kunst: Für ihn werden erst durch die Leistungen des der göttlichen Geistesgaben teilhaftigen Künstlers die himmlischen Geheimnisse offenbar. In der Pracht des Kirchenbaus spiegeln sich für ihn das Bild des Paradieses und das Schöpfungswerk. Theophilus' Selbstcharakterisierung als demütiger Nachfolger der Apostel ist durch dieses Verständnis von künstlerischer Tätigkeit nachzuvollziehen.

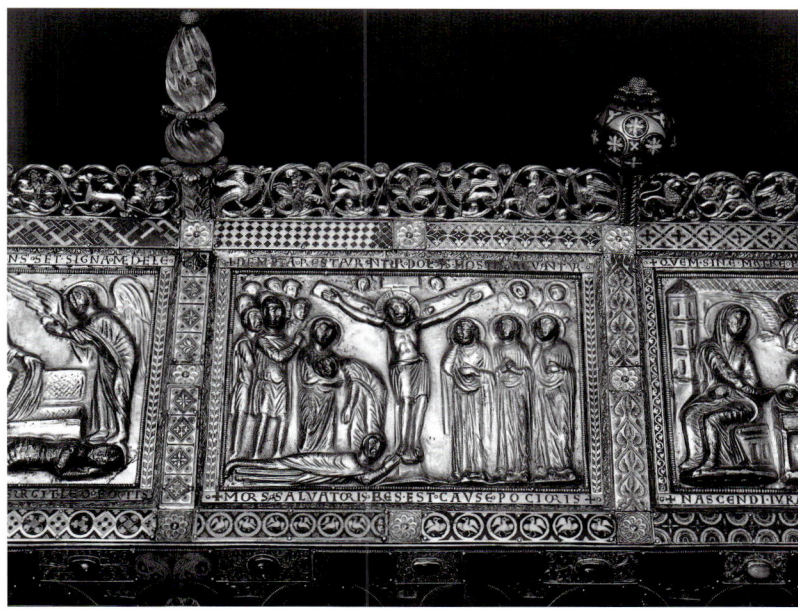

Resümee

Die Schatzkammern der Benediktinerklöster enthielten jene Gegenstände, ohne die ein Vollzug der Liturgie nicht möglich war. Die Ausgestaltung der Messen und der Prozessionen durch Schatzobjekte muss in manchen Abteien überaus prachtvoll gewesen sein, wovon Schatzinventare und erhaltene Preziosen noch zeugen.

Der Schatz eines Klosters war jedoch noch weitaus mehr als die Ansammlung notwendiger Ausstattungsgegenstände. Wie an Einzelstücken aufgezeigt wurde, konnte jedes beliebige Schatzstück ein hochkomplexes Programm besitzen, in dem das Selbstverständnis der Abtei zum Ausdruck kam.

Bis zu der Begründung neuer Orden waren die Benediktinerklöster die bevorzugten Grablegen von Adel und Episkopat. Durch die Förderung der weltlichen Herrscher und Bischöfe, die sich durch wertvolle Schenkungen die Fürbittgebete der Mönche sicherten, konnten einige Abteien große Reichtümer ansammeln, durch die der Ankauf bzw. die Produktion von hochwertigen Schatzstücken ermöglicht wurde. Auch der politische Einfluss mancher Äbte spielten hierbei eine entscheidende Rolle, wie das Beispiel Sugers von Saint-Denis zeigte.

Die materiellen Voraussetzungen für die Schatzstücke erklären jedoch nicht ihre kunsttechnische und ikonographische Qualität. Diese ist auf die Klosterwerkstätten zurückzuführen, die aufgrund des über Jahrhunderte angesammelten Wissens besonders gute Bedingungen für die praktische Umsetzung der Goldschmiedekunst hatten. Durch das Verbrüderungswesen wurden sowohl Vorlagen als auch Künstler zwischen den Abteien ausgetauscht, wodurch neue Erkenntnisse verbreitet wurden.

Benediktinische Mönche fertigten die qualitätsvollen und wertvollen Schatzkammergüter nicht nur an, vielmehr lieferten sie darüber hinaus auch deren theoretische Rechtfertigung. Mit ihren Schriften über den Sinn von kostbaren Kunstgegenständen und den Wert künstlerischer Tätigkeit äußerten sich die Benediktiner über die Leistung von Kunst und Künstler. Dies war die Grundlage für die beeindruckende Prachtentfaltung der Abteien aber auch für die Anerkennung menschlicher Kunsttätigkeit.

10 Albinusschrein, Kreuzigungsszene mit Stifter Abt Heinrich von St. Pantaleon (Abt 1169–1186). Köln, St. Pantaleon

Literatur:

Bischoff 1967. – van Engen 1983. – Bergmann 1985. – Kat. Köln 1985. – Kat. Schwäbisch-Hall 1989. – Weilandt 1992. – Kat. Hildesheim 1993. – Reudenbach 1994. – Schmid 1994. – Claussen 1996. – Wollasch 1996. – Dinzelbacher 1998. – LexMA 1999/2003. – Reudenbach 2000. – Suger von Saint-Denis 2000. – Iogna-Prat 2002. – Mariaux 2002. – Reudenbach 2002. – Reudenbach 2003. – Wittekind 2004. – Ferrari 2005. – Bayer 2006. – Brandt 2006. – Kat. Magdeburg/Berlin 2006. – Kat. Paderborn 2006. – Patzold 2006. – Reudenbach 2006a. – Reudenbach 2006b. – Gaborit-Chopin 2007.

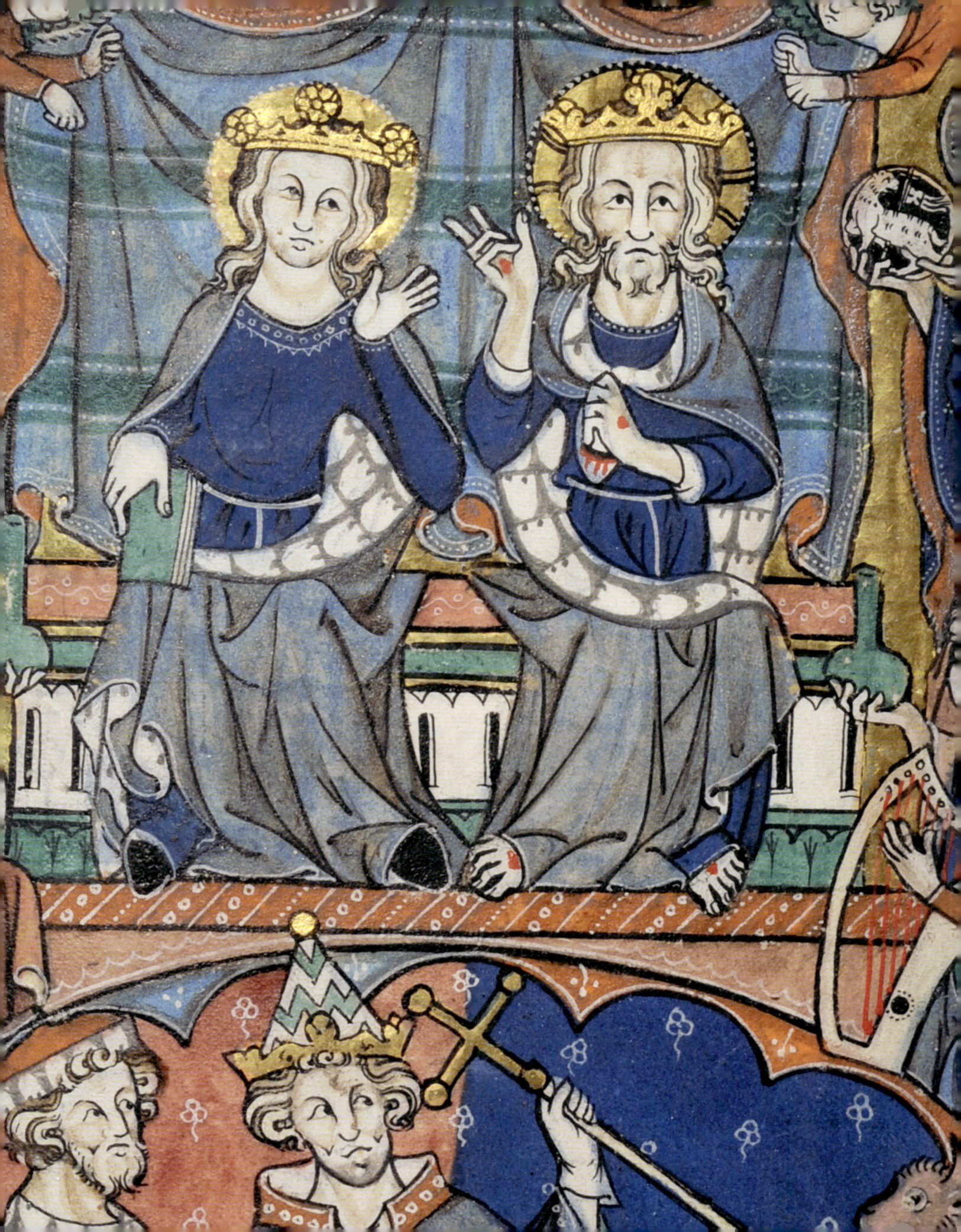

BENEDIKTINISCHE BUCHMALEREI: DIE MACHT DER BILDER

Thomas Labusiak

Benediktinische Buchmalerei? Bis zum Aufkommen neuer Orden im Zuge der Reformbewegungen des 11. und 12. Jahrhunderts könnte die Buchkunst all derjenigen Klöster, die ihr gemeinschaftliches Leben nach der Regel des hl. Benedikt organisierten, per se als „benediktinisch" bezeichnet werden. Dies wäre jedoch allzu ungenau. Im Folgenden soll darum das „Benediktinische" der Buchmalerei aus Benediktinerklöstern hinsichtlich der Funktion der Handschriften und ihrer Bilder in Augenschein genommen werden. Im ersten Teil stehen Abschriften der Benediktregel im Zentrum. Der zweite Teil untersucht exemplarisch die Produktion liturgischer Handschriften in benediktinischen Klosterskriptorien, die für externe Empfänger angefertigt worden sind. Eine Schlussbetrachtung beschäftigt sich mit der Umsetzung genuin benediktinischer Themen.

Am Anfang war das Wort

Benedikt von Nursia (um 480 – um 560) gab seiner gegen 529 auf dem Monte Cassino begründeten Mönchsgemeinschaft eine eigene Regel, die jedoch nicht lokal beschränkt, sondern von Anfang an auch als Grundlage für andere Gemeinschaften konzipiert war. Wesentlich konkreter als in der älteren *Regula magistri* wurde das geistliche Leben der Mönche einer festgelegten Struktur unterworfen. Im Zentrum stand fortan mit dem Offizium der tägliche Gottesdienst, der zu acht Tages- und Nachtzeiten gemeinsam begangen wurde. Die Gebete und Psalmen, vor allem aber die Lesungen aus der Bibel und den Werken der Kirchenväter (BR 8–18) setzten einerseits Bücher in den Klöstern, andererseits die Lesefähigkeit der Mönche voraus. Dies galt auch für die Lesungen während der

Mahlzeiten (BR 38), das Studium der einzelnen Mönche während der Fastenzeit (BR 48) und die Lesung für Gäste (BR 53). Die Regel selbst sollte gleichfalls wiederholt gelesen werden: Während des Noviziats (BR 58,9–13) ebenso wie in der Gemeinschaft der Mönche (BR 66,8). Das geschriebene und gelesene Wort war zentraler Bestandteil des benediktinischen Lebens.

Im Übergang der Spätantike zum frühen Mittelalter veränderte sich die Position der Klöster grundlegend. Vom weltabgewandten Leben rückten sie als Bewahrer von Schrift und Wissenschaft neben die Bischofshöfe ins Zentrum einer neuen gesellschaftlichen Struktur. Dabei konnte die klösterliche Organisation im Abendland bis zum 9. Jahrhundert noch unterschiedlichen Regeln folgen. Erst mit der systematischen Reform des Benedikt von Aniane (um 750–821) setzte das Prinzip der *una regula* ein (s. Beitrag Kettemann). Sein umfangreicher Kommentar der *Regula Benedicti* legte das gemeinschaftliche Leben in allen Bereichen detailliert fest (*Consuetudines*). Auf den Synoden von 816 und 817, zu denen sämtliche Äbte des fränkischen Reiches nach Aachen eingeladen worden waren, wurde die Einführung der Benediktregel in allen Klöstern beschlossen. Damit hatten die umfassenden und vereinheitlichenden Reformen der Karolinger, die unter Pippin (751–768) begonnen hatten und mit Karl dem Großen (768–814) kraftvoll erweitert und reichsweit durchgesetzt wurden, unter Ludwig dem Frommen (814–840) auch den monastischen Bereich vollständig erfasst.

Das Bild kommt zu(m) Wort

Spätestens jetzt musste jede Klosterbibliothek eine Regelhandschrift besitzen, je nach Größe des Konvents auch in mehreren Exemplaren. Der Reichen-

1 Krönung Mariens. Ramsey-Psalter, Abtei Ramsey (Huntingdonshire), um 1300–1310. Benediktinerstift St. Paul, Cod. 58/1, fol. 17r (Kat.-Nr. 10.27)

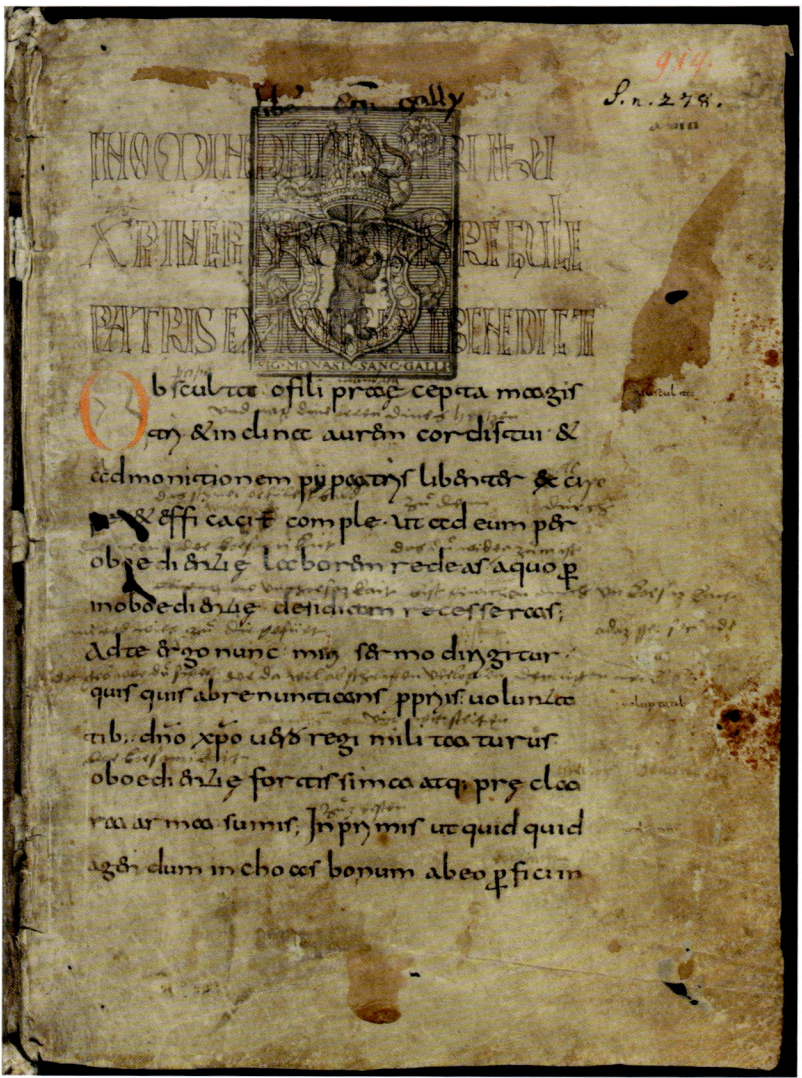

2   Regula Benedicti,
St. Gallen, nach 810.
St. Gallen, Stiftsbiblio-
thek, Cod. 917, pag. 1

...auer Abt Haito etwa entsandte in unmittelbarer zeitlicher Nähe zu den Aachener Versammlungen die
Mönche Grimald und Tatto in das bei Aachen gelegene Kloster Inden (Kornelimünster), das von Benedikt von Aniane als Modellkloster geleitet wurde. Reginbert, der Bibliothekar des Bodenseeklosters, bat
sie um eine Abschrift der Regel. Schon sein um 821/22
angelegter Bibliothekskatalog verzeichnet fünf Exemplare der *Regula sancti Benedicti*.

Eine zeitnahe Kopie ist in St. Gallen erhalten geblieben (St. Gallen, um 817, Stiftsbibliothek, Cod.
914; Kat.-Nr. 13.2); sie zählt zu den philologisch bedeutendsten Textzeugen der Benediktregel. Die
Handschrift konzentriert sich ausschließlich auf die
Texterfassung (Abb. 2) und verzichtet vollständig auf
buchkünstlerischen Schmuck. Darin gleicht sie der
überwiegenden Mehrheit der erhaltenen Abschriften

aus der Zeit vor 1000. Eine frühe Ausnahme stammt
aus dem Konvent von Montecassino: Der Codex
(Montecassino, Biblioteca abbaziale, Ms. 175) ist
während des Abbatiats des Johannes (915–934) entstanden. Der Konvent befand sich seit der abermali-
gen Zerstörung der Abtei im Jahr 883 im Kloster S.
Benedetto in Capua im Exil. Die Sammelhandschrift
enthält 16 Texte, darunter Briefe, Viten und verschiedene Verzeichnisse. Am Anfang steht die Benediktregel, die durch eine ganzseitige Miniatur eingeleitet
wird (Abb. 3). Links thront Benedikt, eine jugendliche, nimbierte Figur steht halb verdeckt hinter ihm.
Von rechts tritt ein Mönch heran, der durch seinen
quadratischen Nimbus als lebend gekennzeichnet ist.
Die Beischrift weist ihn als Abt Johannes aus. In seinen Händen hält er ein geöffnetes Buch. Die Figuren
werden von einem Gebäude hinterfangen, das mit
Apsis, basilikaler Arkadenstellung und hohem Eingang als Kirche charakterisiert ist.

Die Miniatur ist kein Dedikationsbild. Nicht der
Abt, in dessen Skriptorium die Handschrift entstanden ist, übergibt den Codex an den Klosterpatron im
Sinne einer Stiftung, vielmehr legen Erzählrichtung
und Gesten nahe, dass Johannes das Regelbuch so-
eben aus den Händen Benedikts empfangen hat, der
– herrschergleich – im Bereich der Apsis thront. Gültigkeit und Authentizität der Abschrift werden somit
durch den Klosterstifter selbst bestätigt. Vor allem
aber erhält der Abt seine Legitimation sowie die
Handlungsgrundlage seines Abbatiats direkt von Benedikt, dessen Tun von göttlichem Beistand inspiriert
ist: Die nimbierte Figur in seinem Rücken, die ihm
mit leicht erhobenem Kopf über seine Schulter ins
Ohr zu flüstern scheint, kann nur als Engel gedeutet
werden. Die personifizierte göttliche Eingebung geht
auf antike Autorenbilder mit Musen zurück, wie sie
in christlicher Adaption etwa das Markusbild des
Codex Rossanensis (6. Jahrhundert) reflektiert. Auch
Gregor der Große wurde durch den Hl. Geist in
Form einer Taube inspiriert, die sich auf seiner Schulter niedergelassen hat. In einem Autorenbild Gregors
zur *Moralia in Iob* wird das Bildschema mit personi-
fizierter Muse rund 100 Jahre später erneut aufgenommen (Abb. 4). Die diesem Bild vorangehende
Miniatur zeigt Abt Theobaldus (1022–1035), der mit
einem geschlossenen Buch vor den thronenden Benedikt tritt, der seinerseits einen geöffneten Codex hält.
Auch hier werden Elemente der älteren Komposition
aufgenommen, aber als Dedikationsbild umgedeutet.

In Ms. 175 wird Benedikt in den Rang des göttlich
inspirierten heiligen Verfassers erhoben, die Sakralität

der Szene unterstreichen die kreuzförmig angeordneten Namensbeischriften. Der Eindruck bestätigt sich auf der gegenüberliegenden Seite der aufgeschlagenen Handschrift. Der Prolog der Regel ist mit einer Darstellung Christi in seiner Herrlichkeit verknüpft. Christus sitzt auf dem Regenbogen, ein geöffnetes Buch in der einen, die andere Hand im Segensgestus erhoben. Ein breites Ornamentband bildet die Mandorla, in medaillonförmigen Schlaufen erscheinen die Evangelistensymbole. Außerhalb adorieren zwei große Engel. Die ersten Worte des Prologs „Obsculta, o fili" erscheinen innerhalb der Mandorla, als spräche sie Christus selbst – die Regel wird zu einem durch Christus gegebenen Gesetz. Die Mönchsgemeinschaft im Exil sucht und findet in Christus ihre höchste Legitimation, vermittelt durch den Engel, Benedikt und Abt Johannes, der einen unmittelbaren Zugang zum Klosterstifter erhält. Damit ist ein Anspruch bildlich formuliert, der in der Folgezeit wiederholt von der cassinesischen Buchmalerei aufgegriffen wird und letztlich die vornehmste Eigenschaft illustriert, die die Benediktregel dem Abt zuweist: die Stellvertreterschaft Christi im Kloster (BR 2,2).

Auch nördlich der Alpen treten mit Bildern ausgestattete Regelhandschriften erst spät auf. Das sog. Regelbuch aus Niedermünster (Bamberg, Staatsbibliothek, Msc. Lit.142) entstand um 990 im Regensbur-

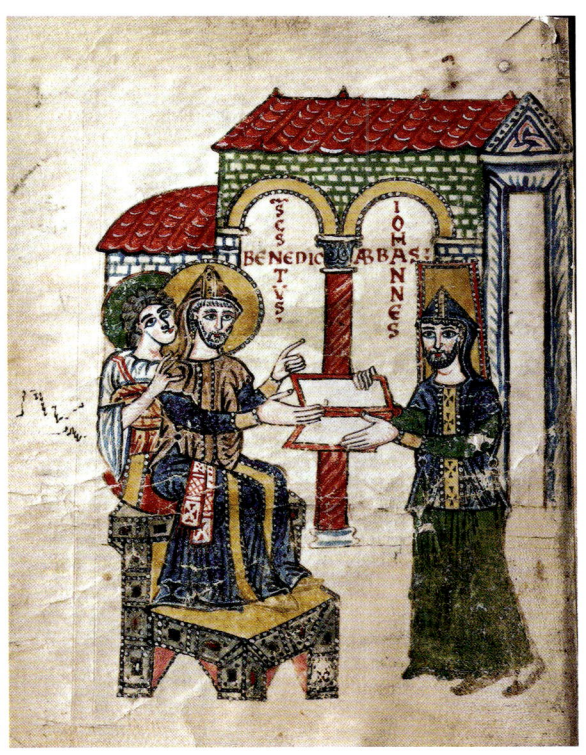

3 Abt Johannes empfängt die Regel aus den Händen des heiligen Benedikt. Regula Benedicti, Montecassino, 915-934. Montecassino, Biblioteca abbaziale, Ms. 175, pag. 2 / 3

ger Benediktinerkloster St. Emmeram für das hochadelige Frauenstift Niedermünster. Der Codex umfasst die Benediktregel und die Nonnenregel des Cae-

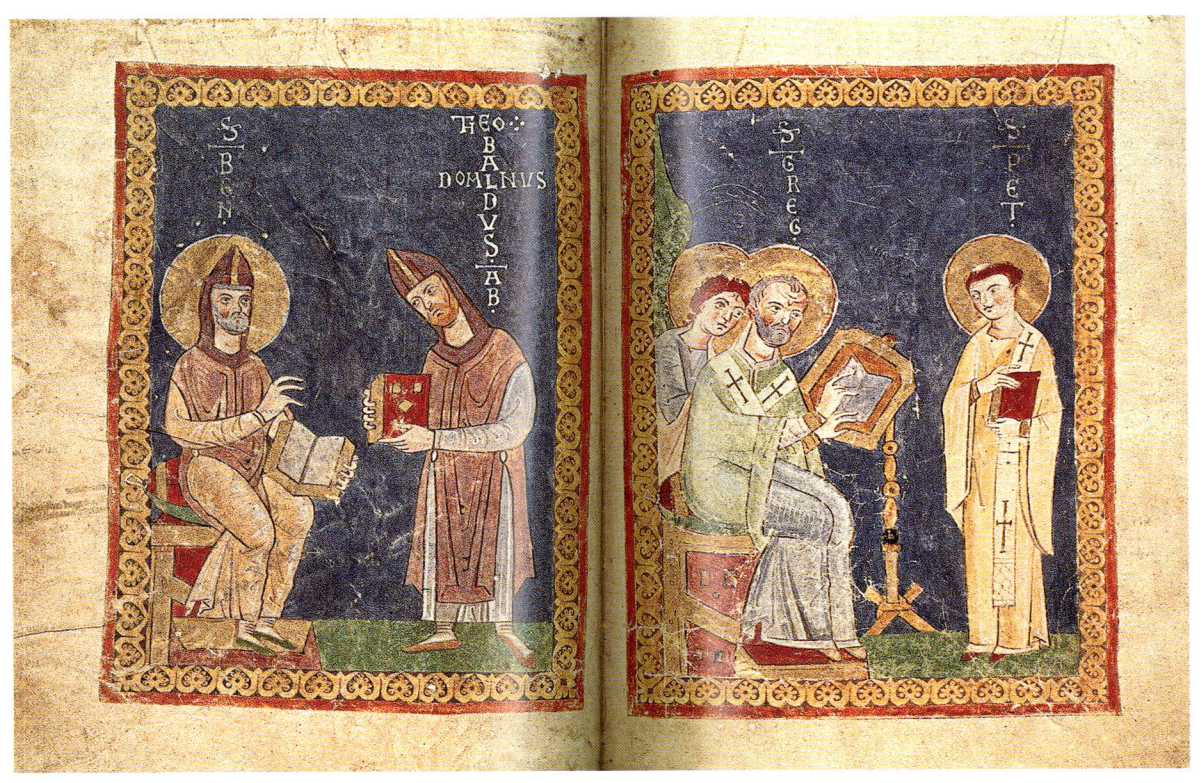

4 Abt Theodor erhält die Regel aus den Händen des heiligen Benedikt (links) und Autorenbild Gregors des Großen (rechts). Moralia in Job, Montecassino, 1022–1035. Montecassino, Biblioteca abbaziale, Ms. 73, pag. IV/V

7   Illustration vor Vers 274, Prudentius, Psychomachia. Reichenau, letztes Drittel 9. Jahrhundert. Bern, Burgerbibliothek, Cod. 264, pag. 88

8   Der Trierer Erzbischof Eucharius im Egbert-Psalter. Reichenau, um 980. Cividale del Friuli, Museo Archaeologico Nazionale, Ms. 136, fol. 30v

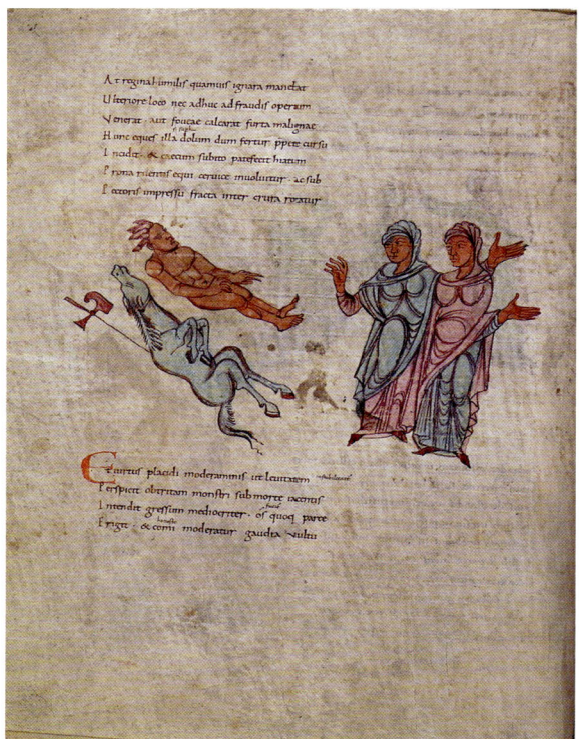

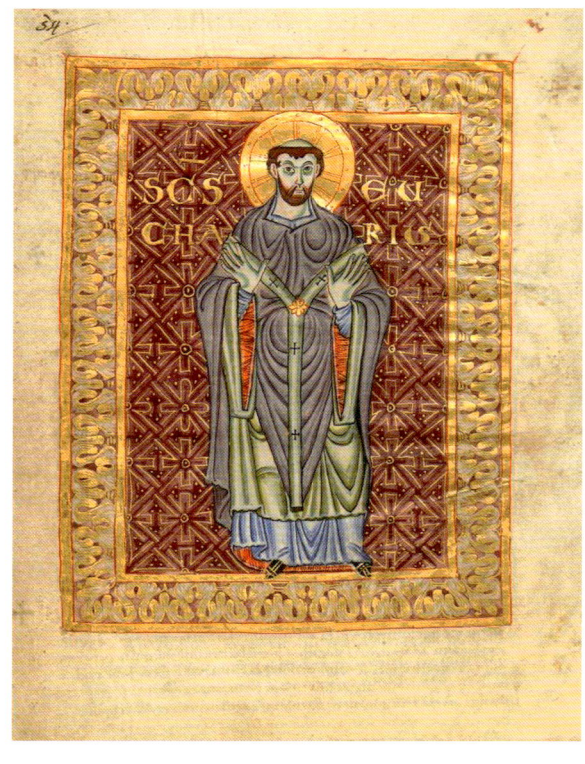

9   Benedikt als Autor der Klosterregel, Traum Jakobs und Jungfrauenleiter. Jüngeres Kapiteloffiziumsbuch, Zwiefalten, 1138-1147. Stuttgart, Württembergische Landesbibliothek, Cod. hist. Fol. 415, fol. 87r

bis auf wenige Zeugnisse verloren. Ein für Klosterreichenbach im Schwarzwald bestimmtes, vielleicht in Hirsau angefertigtes Schenkungsbuch enthält eine kolorierte Federzeichnung, die den Reformabt Wilhelm zeigt (um 1150; Stuttgart, Württembergische Landesbibliothek, Cod. hist. 4° 147, fol. Iv; Abb. S. 170; Kat.-Nr. 7.20). Wesentlich dichter ist die Handschriftenüberlieferung des 1089 von Hirsau aus gegründeten Klosters Zwiefalten. In das sog. Ältere Kapiteloffiziumsbuch (um 1111–1120; Stuttgart, Württembergische Landesbibliothek, Cod. theol. et phil. 4° 141) ist die Benediktregel inkorporiert. Dem Text geht ein Bildnis Benedikts voran, das in feiner Federzeichnung die gesamte Seite füllt (Abb. 6). Der tonsurierte, mit dem Ordenshabit bekleidete Benedikt sitzt mit Schreibfeder und Radiermesser über sein Schreibpult gebeugt, überfangen von einer basilikalen Architektur, die von vier Türmen flankiert wird. Auf Nimbus und Beischrift wird verzichtet. Die Miniatur orientiert sich kompositorisch wie motivisch eng an zeitnahen Evangelistenbildern. Das Autorenbild wurde im Jüngeren Kapiteloffiziumsbuch (Zwiefalten, 1138–1147; Stuttgart, Württembergische Landesbibliothek, Cod. hist. Fol. 415) erneut verwendet, allerdings in einem weitaus komplexeren Zusammenhang (Abb. 9). Die architektonische Rahmung entspricht der älteren Miniatur. Wiederum sitzt Benedikt vor seinem

Schreibpult, nur ist er hier nimbiert und namentlich gekennzeichnet. Auf beiden Seiten wird das Bild ikonographisch erweitert. Während sich links der Traum Jakobs von der Himmelsleiter anschließt, ist rechts die Jungfrauenleiter dargestellt: Am oberen Ende der Leitern wartet jeweils Christus; während er jedoch links die Hand zum Segen erhoben hat, hält er rechts eine lange Angelrute fest, deren Haken im Maul eines mehrköpfigen Höllentiers am unteren Ende der Leiter steckt. Dessen größtes Maul droht die Leiter von unten zu verschlingen. Umfangreiche Beischriften – Zitate aus dem Alten Testament sowie dem *Speculum ecclesiae* des Honorius Augustodunensis – erklären und ergänzen die Bildaussagen. Das seit etwa 1100 als Doppelkloster geführte Zwiefalten wird in der Miniatur durch Benedikt und seine Regel zusammengefügt und zusammengehalten. Die spirituellen bzw. moraltheologischen Ansprüche der Konvente spiegeln sich in den Illustrationen zum Jakobstraum und zur Jungfrauenleiter. Die Miniatur kann als typisch für die neuen Aufgaben der klösterlichen Buchmalerei im Zuge der tiefgreifenden Reformen des 11. und 12. Jahrhunderts gelten. Während der materielle Aufwand deutlich zurückgeht, werden vielfigurige Kompositionen mit komplexer Ikonographie entwickelt, die auch neue Inhalte und Themenstellungen verbildlichen können.

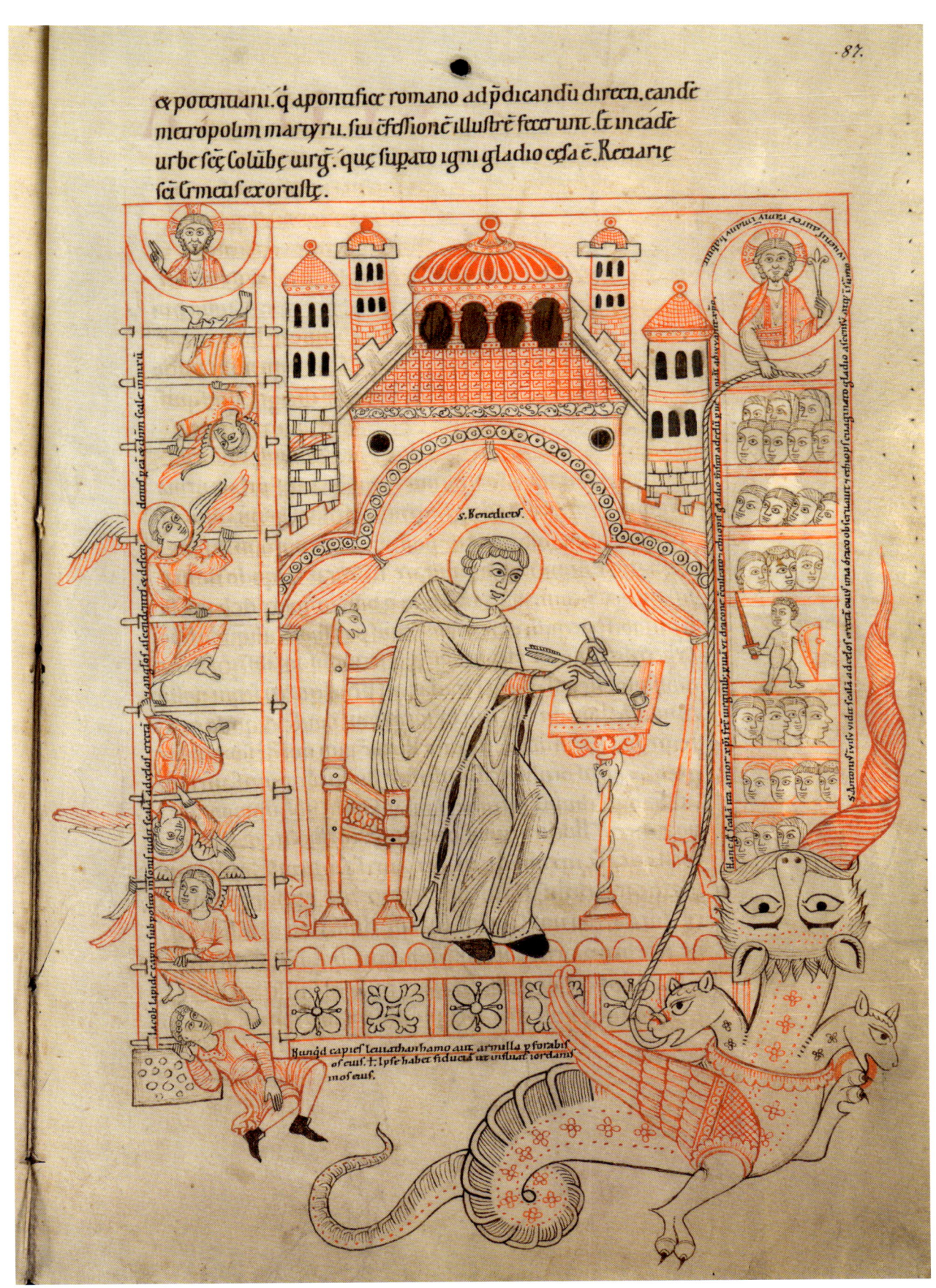

Bilder und Bücher: externe Empfänger

Im Fokus der bisherigen Überlegungen stand die Illustration normativer Texte, die sicher den geringeren Teil der benediktinischen Buchmalerei ausmachte. Eine weitaus höhere Zahl illustrierter Handschriften entstammt dem Bereich liturgischer Bücher und theologischer Schriften, aber auch profaner Werke. Während die frühen Gemeinschaften Bücher meist nur für den eigenen Bedarf produzierten, arbeiteten spätestens seit der allgemeinen Durchsetzung der Regel durch die Karolinger gut organisierte Skriptorien auch für auswärtige Empfänger.

Eine über einen langen Zeitraum produktive Schreibwerkstatt unterhielt das Benediktinerkloster auf der Bodenseeinsel Reichenau, das 724 durch den irischen Wandermönch Pirmin gegründet worden war. Die Bibliothekslisten aus karolingischer Zeit bezeugen einen hohen Zuwachs der eigenen Büchersammlung, der sich zu einem guten Teil aus der eigenen Produk-

tion gespeist haben wird. Illustrierte Handschriften des 9. Jahrhunderts sind jedoch nur wenige erhalten geblieben. Die Leistungsfähigkeit des karolingerzeitlichen Skriptoriums belegt eindrucksvoll eine reich ausgestattete Prudentius-Handschrift, die sich heute in Bern befindet (letztes Drittel 9. Jahrhundert; Burgerbibliothek, Cod. 264). Die teilkolorierten Federzeichnungen (Abb. 7), die rahmenlos in den Textcorpus eingefügt sind, lassen ein spätantikes Vorbild erkennen, das womöglich durch eine karolingische Vorlage in der Art des Utrecht-Psalters vermittelt wurde. Neben der hohen künstlerischen Qualität belegt der Berner Prudentius auch das vielseitige Interesse der Reichenauer Mönche, das sich offenbar nicht ausschließlich auf liturgische und theologische Bücher konzentrierte. Ob die Handschrift für einen externen Empfänger oder für den eigenen Gebrauch entstanden ist, wissen wir jedoch nicht.

Das ändert sich in ottonischer Zeit. Die Prachthandschriften aus dem letzten Drittel des 10. und der ersten Hälfte des 11. Jahrhunderts wurden für Herrscher wie Otto III. und Heinrich II., aber auch für geistliche Würdenträger wie Erzbischof Egbert von Trier oder den nachmaligen Erzbischof von Köln, Gero, angefertigt. Aus diesem Grund sind die ottonischen Codices des Reichenauer Skriptoriums heute auf zahlreiche Bibliotheken verteilt; auf der Insel selbst verblieb nur ein Einzelblatt mit der Darbringung Christi im Tempel, das in der Schatzkammer des Marienmünsters in Mittelzell aufbewahrt wird. Vor allem nach Bamberg gelangten zahlreiche besonders kostbare Reichenauer Handschriften. Heinrich II. sorgte für eine angemessene Ausstattung der durch ihn 1007 gegründeten Bischofskirche. Unter diesen Codices befanden sich auch für seinen Vorgänger Otto III. angefertigte Bücher (z.B. Evangeliar, um 1000; München, Bayerische Staatsbibliothek, Clm 4453), aber ebenso Auftragswerke wie das großformatige Perikopenbuch Heinrichs II. (München, Bayerische Staatsbibliothek, Clm 4452), das wahrscheinlich zur Weihe des Doms 1012 gestiftet wurde.

Inwieweit die Empfänger auch als Auftraggeber und Stifter handelten, ist jedoch nicht für jede Handschrift hinreichend geklärt. Die Reichenauer Benediktiner arbeiteten aber offenbar auf Bestellung. Widmungs- und Dedikationsbilder lassen einige der Prachthandschriften erkennbar als Stiftungen einzelner Personen erscheinen, die in bestimmten Fällen sicher auch Einfluss auf die inhaltliche Ausstattungnahmen. So wurde etwa eine um 980 entstandene Psalterhandschrift (Cividale del Friuli, Museo

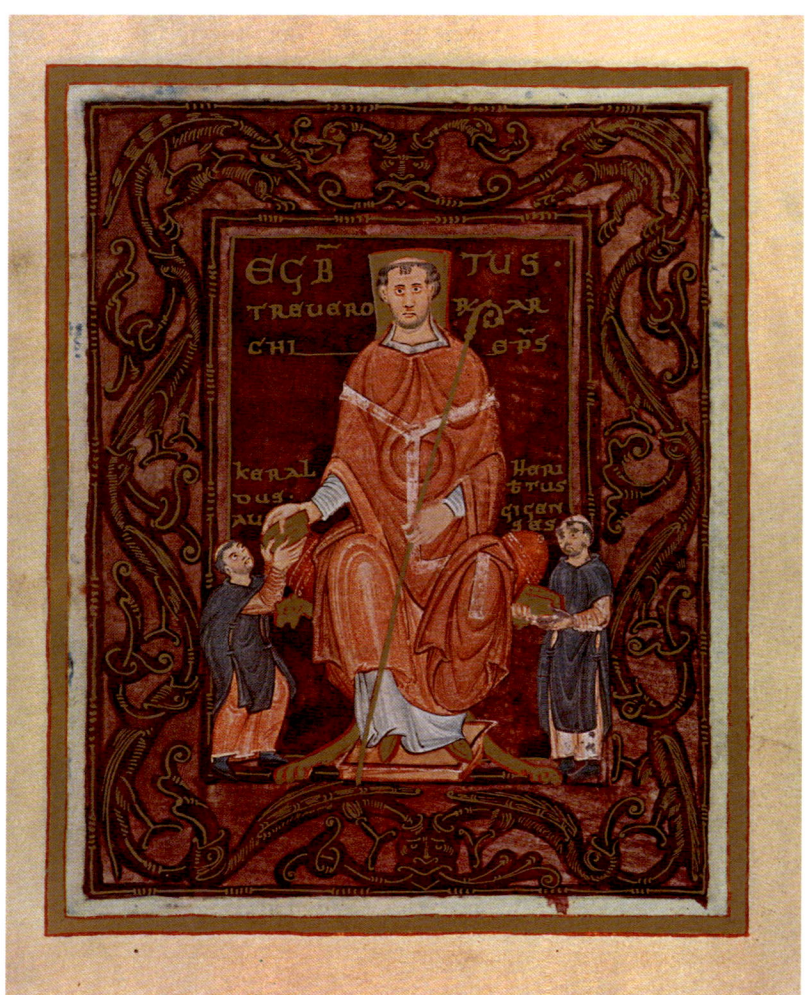

10 Erzbischof Egbert von Trier und die Reichenauer Mönche Keraldus und Heribertus. Codex Egberti, Reichenau/Trier, um 980. Trier, Stadtbibliothek, Ms. 24, fol. 2r

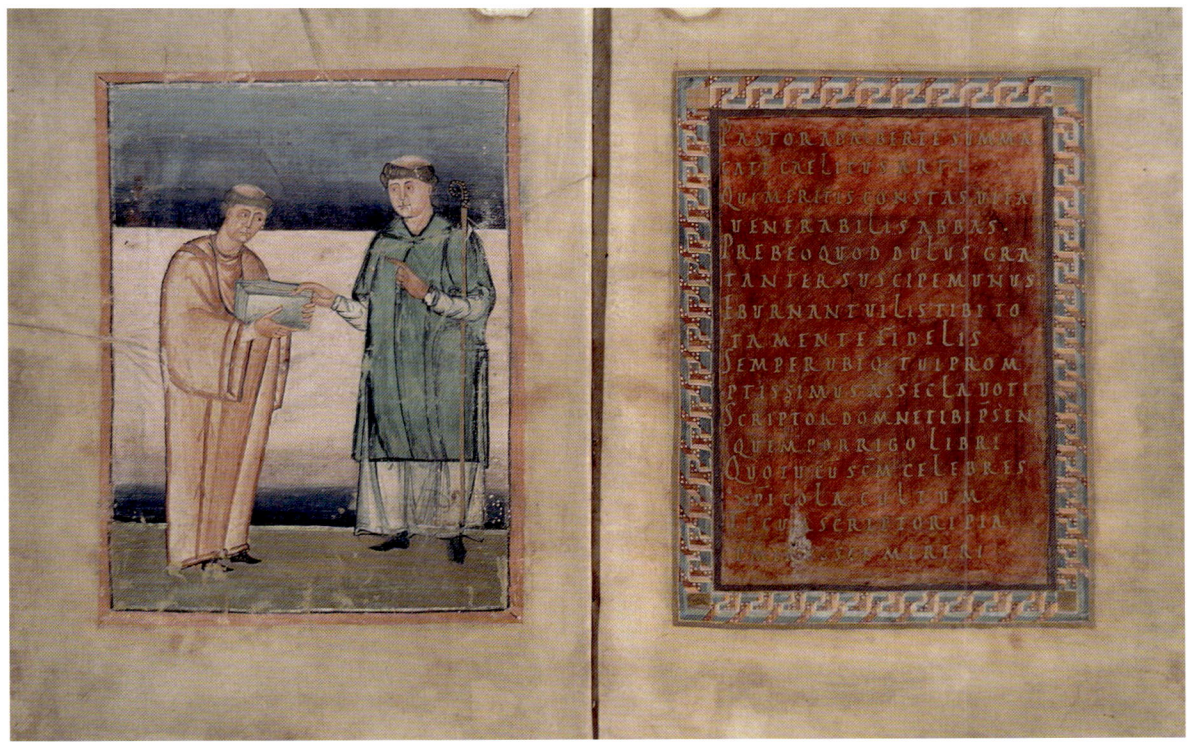

11 Der Hornbacher Abt Adalbert nimmt ein Buch aus den Händen des Schreibers Eburnant entgegen. Hornbacher Sakramentar, Reichenau, um 983. Solothurn, St. Ursen, Cod. U 1, fol. 7v/8r

Archaeologico Nazionale, Ms. 136) ganz auf die kirchenpolitischen Absichten des Empfängers Egbert von Trier (977–993) zugeschnitten. Im Streit mit dem Kölner Erzbistum um den Vorsitz bei bischöflichen Synoden in Germanien und Gallien begründete Trier seinen Anspruch mit der apostolischen Sukzession seiner Bischöfe, die bis auf den Apostelfürsten Petrus zurückgeführt wurde. Die Amtsgenealogie wurde mit einer monumentalen Bischofsreihe im Reichenauer Egbert-Psalter dokumentiert, einem vollkommen singulär gebliebenen Bildprogramm (Abb. 8).

Für Egbert wurde eine weitere Handschrift angefertigt, die als Gemeinschaftsarbeit Reichenauer und Trierer Kräfte gelten kann (Trier, Stadtbibliothek, Ms. 24). Das Evangelistar, das nur wenig später als der Psalter entstanden sein wird, ist mit einem bilderreichen christologischen Zyklus ausgestattet, der eine auf spätantike Quellen zurückgehende Vorlage rezipiert. Das Widmungsbild zu Beginn zeigt die übergroße Figur des thronenden Erzbischofs Egbert mit quadratischem Nimbus und goldenem Bischofsstab (Abb. 10). Die wesentlich kleiner dargestellten Keraldus und Heribertus, in der Beischrift als Reichenauer Mönche bezeichnet, übergeben Bücher. Im Widmungsgedicht überbringt die Reichenau selbst den Codex an Egbert: „Hunc egb(er)te librum / diuino dogmate plenu(m) / suscipiendo uale nec / non in

s(ae)c(u)la gaude / augia fausta tibi / que(m) defert p(rea)sul honori" (Empfange, Egbert, dieses Buch voll göttlicher Lehre. Wohlergehen und Freude mögest du dadurch in Ewigkeit haben. Die glückliche Au überbringt es dir zur Ehre). Als Stifter der Handschrift muss jedoch Egbert selbst gelten, die Miniatur wird somit zu seinem Repräsentationsbild.

Die Selbstdarstellung der Reichenauer Benediktiner beschränkt sich nicht auf den Egbert-Codex. Das Hornbacher Sakramentar (Reichenau, um 983; Solothurn, St. Ursen, Cod. U 1) enthält eine vierteilige Dedikationsfolge. Das erste Bild zeigt den namentlich genannten Schreibermönch Eburnant, der die fertiggestellte Handschrift dem Hornbacher Abt Adalbert überreicht (Abb. 11), verbunden mit der im zugeordneten Widmungsgedicht geäußerten Bitte, ihn in den zu erwartenden himmlischen Lohn einzubeziehen. Der Schreiber erreicht hier eine Bildwürdigkeit, die nicht weit von derjenigen des Stifters entfernt ist. In den großen Reichenauer Prachthandschriften für die ottonischen Könige treten mit Ausnahme des Aachener Liuthar-Evangeliars (Reichenau, vor 1002; Aachen, Schatzkammer des Domes) Darstellungen der Benediktiner zugunsten anspruchsvoller Herrscherbilder zurück. Das Aachener Widmungsbild stellt dabei jedoch einen kaum noch zu übertreffenden Höhepunkt dar (Abb. 12). Auf der linken Seite einer doppelseitigen

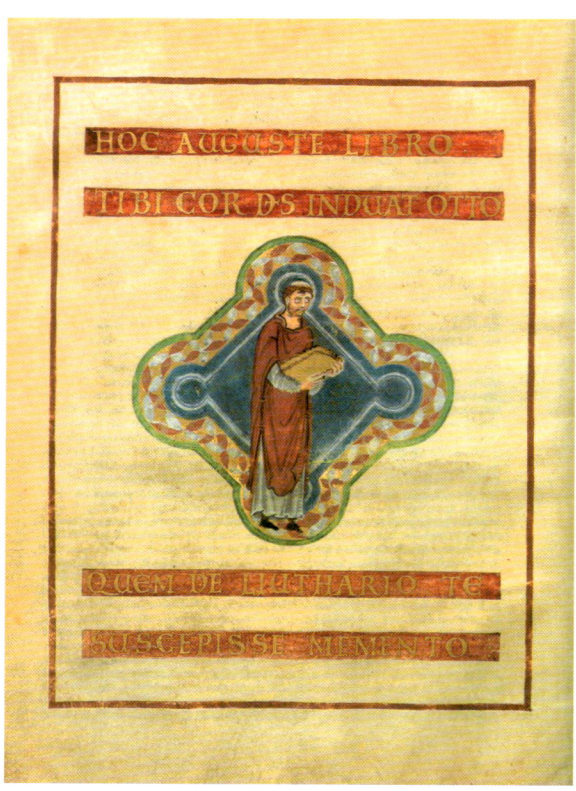

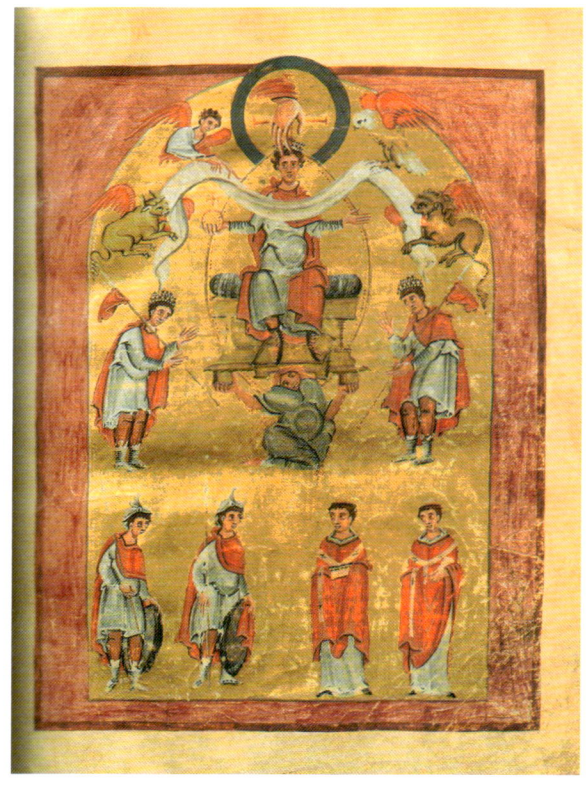

12 Liuthar übergibt das Evangeliar an Otto III. Reichenau, vor 1002. Aachen, Schatzkammer des Domes, pag. 30/31

Komposition steht im Zentrum des Widmungsgedichtes ein Mönch, in seinen Händen trägt er den geschlossenen Codex. Die gegenüberliegende Miniatur zeigt den bildgewordenen Entwurf des herrscherlichen Selbstverständnisses Ottos III. (983–1002): Dieser thront, getragen von Terra und umgeben von den vier Evangelistensymbolen und einer strichdünnen Mandorla; eine Komposition, die nicht von ungefähr an die Maiestas Domini erinnert. Die Großen des Reiches versammeln sich unterhalb des Thronbildes wie Vertreter ihrer Stände. Der Widmungsvers richtet sich an Otto, schließt aber den namentlich erwähnten Mönch mit ein: „Hoc Auguste libro tibi cor d(eu)s induat Otto / quem de Liuthario te suscepisse memento" (Gott möge Dir, Kaiser Otto, mit diesem Buch das Herz bekleiden, das von Liuthar empfangen zu haben Du Dich erinnern mögest). Das genannte Buch sind die vier Evangelien, die wie ein geöffneter Rotulus von den Evangelistensymbolen über die Brust des Herrschers ausgebreitet werden; Legitimation und Handlungsgrundlage zugleich. Der Mönch Liuthar, den wir sonst nicht kennen, wird im Bild zum Überbringer des Gotteswortes und damit gleichsam zum Ratgeber des Herrschers erhoben.

Einen in jeder Hinsicht engen Austausch pflegte das Kloster Reichenau mit der verbrüderten Abtei St.

Gallen (gegründet 719). Anders als auf der Reichenau ist ein großer Teil der erhaltenen, im klösterlichen Skriptorium des 9.–11. Jahrhunderts produzierten Handschriften am Herstellungsort verblieben. Im späteren 9. Jahrhundert entsteht der großformatige Folchart-Psalter (St. Gallen, Stiftsbibliothek, Cod. 23), der in der Amtszeit und auf Veranlassung des Abtes Hartmut (872–883) von Folchart angefertigt wurde, wie die Inschrift in einem schmalen Rahmenband am oberen Seitenrand des doppelseitigen Titels zum Prolog des Hieronymus (pag. 26/27) berichtet: „Hunc praeceptoris Hartmoti iussa secutus // Folchardus studuit rite patrare librum" (Dieses Buch anzufertigen hat, dem Willen des Lehrers Hartmut folgend, Folchart sich gerne bemüht). Die Übergabe der Handschrift ist einige Seiten zuvor dargestellt, am Seitenrand oberhalb eines der kunstvoll gestalteten Litaneibögen (Abb. 13): Folchart und Hartmut, bekleidet mit der charakteristischen anianischen Kukulle, nähern sich dem in der Mitte als Halbfigur erscheinenden Christus; der linke Mönch trägt in seinen Händen den geschlossenen Codex. Dass die Fertigkeiten der Künstlermönche von St. Gallen auch außerhalb der eigenen Klostermauern hoch geschätzt wurden, führen eindrucksvoll die zahlreichen bei Ekkehard IV. geschilderten Begebenheiten vor Augen, dem St. Galler Historiograph des 11. Jahrhunderts: So arbeitet der Mönch Tuotilo, mit vielseitigen Begabungen gesegnet, auch in Mainz und Metz, der Abt selbst erlaubte ihm seine zahlreichen Reisen. Gleichfalls war der Schreiber Sintram über St. Gallen hinaus ebenso weit berühmt wie seine Werke verbreitet. Lobend erwähnt Ekkehard die charakteristische wie weitestgehend fehlerlose Handschrift Sintrams. Auch Abt Salomo III. (um 860–919/20), zugleich Bischof von Konstanz und enger Weggefährte des mächtigen Mainzer Erzbischofs Hatto, war offenbar ein versierter Schreiber und Maler: Ekkehard nennt im sog. Evangelium Longum (St. Gallen, Stiftsbibliothek, Cod. 53), explizit zwei Initialen, die von seiner Hand stammen sollen.

Einen anderen Aspekt klösterlicher Selbstdarstellung bietet ein kleinformatiges Perikopenbuch, das zwischen 1039 und 1043 in Echternach für König Heinrich III. (1039–1056) angefertigt wurde (Bremen, Staats- und Universitätsbibliothek, Ms. b. 21). Zu Beginn der umfangreichen Bildausstattung der Handschrift werden Heinrich und seine Mutter Gisela, Witwe Kaiser Konrads II., vom Echternacher Abt Humbert und dem Reformabt Poppo von Stablo und St. Maximin (Trier) in Form eines *adventus* empfangen und geleitet. Das letzte Bilderpaar, nach einem ausführlichen christologischen Zyklus, zeigt erneut Heinrich III. (Abb. 14). Im geöffneten Buch, das Abt Humbert dem Herrscher überreicht, ist zu lesen: „Salus nostra in manu tua est, respiceat super nos misericordia tua" *(*Unser Heil liegt in Deiner Hand. Möge Deine Barmherzigkeit auf uns schauen). Eine weitere Beischrift benennt und lobt den König: „Hic rex Heinricus nulli p(ro)bitate secundus / regnum iusticia regit et pietate paterna" (Hier ist König Heinrich, an Rechtschaffenheit hinter niemandem der zweite. Er regiert sein Reich in Gerechtigkeit und väterlicher Frömmigkeit). Die gegenüberliegende Miniatur gewährt den singulären Blick in das mittelalterliche Skriptorium des Klosters. Unter einer prachtvollen Kulisse sakraler Architektur sitzen zwei Männer hochkonzentriert über ihre Schreibpulte gebeugt. Offenbar waren auch Laien in den klösterlichen Herstellungsprozess von Handschriften einbezogen: Während die rechte Figur durch Habit und Tonsur als Mönch gekennzeichnet ist, trägt die linke weltliche Kleidung. In der begleitenden Inschrift empfiehlt sich das Kloster Heinrich III.: „O rex iste locus efternaca vocatus / expectat veniam nocte dieque tua(m)" (Oh König, dieser Dein Ort, Echternach genannt, wartet auf Deine Gnade Tag und Nacht). Das Bremer Perikopenbuch war für König Heinrich III. bestimmt, wahrscheinlich als Unterstützung

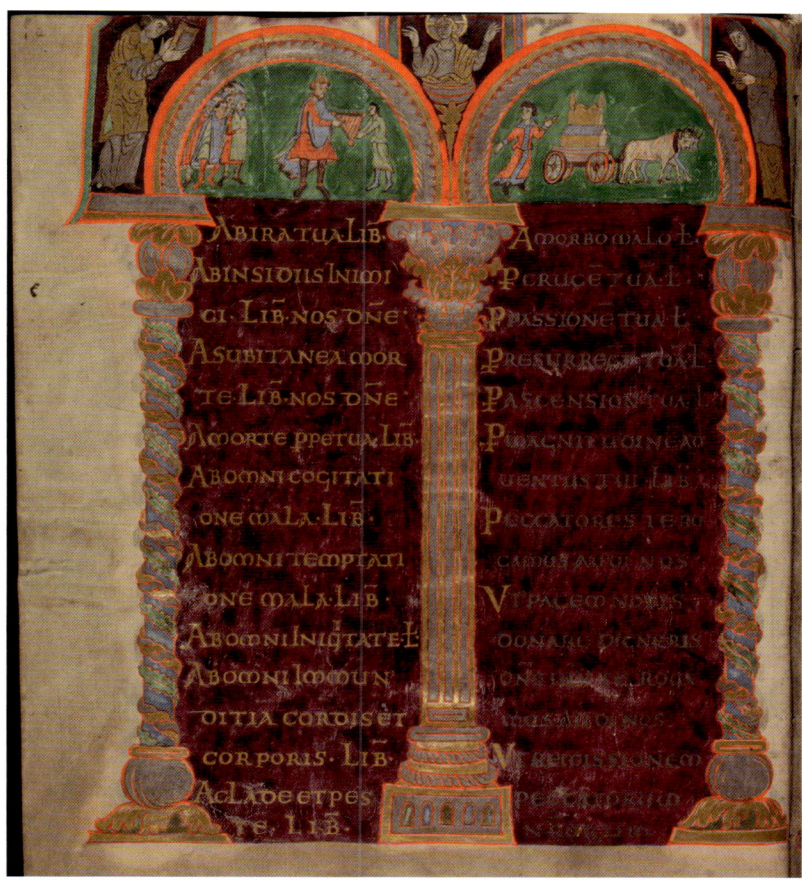

eines Bittgesuchs an den Herrscher. Die Darstellungen Heinrichs und seiner Mutter rekurrieren dabei jedoch kaum auf einen tatsächlichen Besuch in Echternach, zumal ein solcher in den erhaltenen Quellen auch nicht überliefert ist. Die Handschrift war allerdings weit mehr als die kostbare Verpackung einer allgemeinen oder speziellen Bitte. Die Echternacher Mönche zeigen den Herrscher inmitten ihrer geistlichen Gemeinschaft, eingebunden in die Liturgie der gottesdienstlichen Evangelienlesungen, wie sie das Perikopenbuch bereithält. Dass sich das Kloster vor Heinrich auch als ein Ort der Buchproduktion präsentiert, zeugt von der hohen Stellung und Wertschätzung, die diese offenbar einnehmen und erhalten konnte. Das Skriptorium profitierte jedenfalls von den guten Beziehungen zu Heinrich III.: In den Folgejahren entstanden zwei prachtvolle Evangeliare, die für die Stiftskirche St. Simon und St. Judas in Heinrichs Lieblingspfalz Goslar (um 1017–1056; Uppsala, Universitetsbibliotek, Cod. C. 93) und den Dom zu Speyer mit der Familiengrablege der Salier (1045/46; Madrid, El Escorial, Codex Vitrinas 17) bestimmt gewesen waren.

13   Folchart und Abt Hartmut vor Christus. Folchart-Psalter, St. Gallen, 872–883. St. Gallen, Stiftsbibliothek, Cod. 23, pag. 12

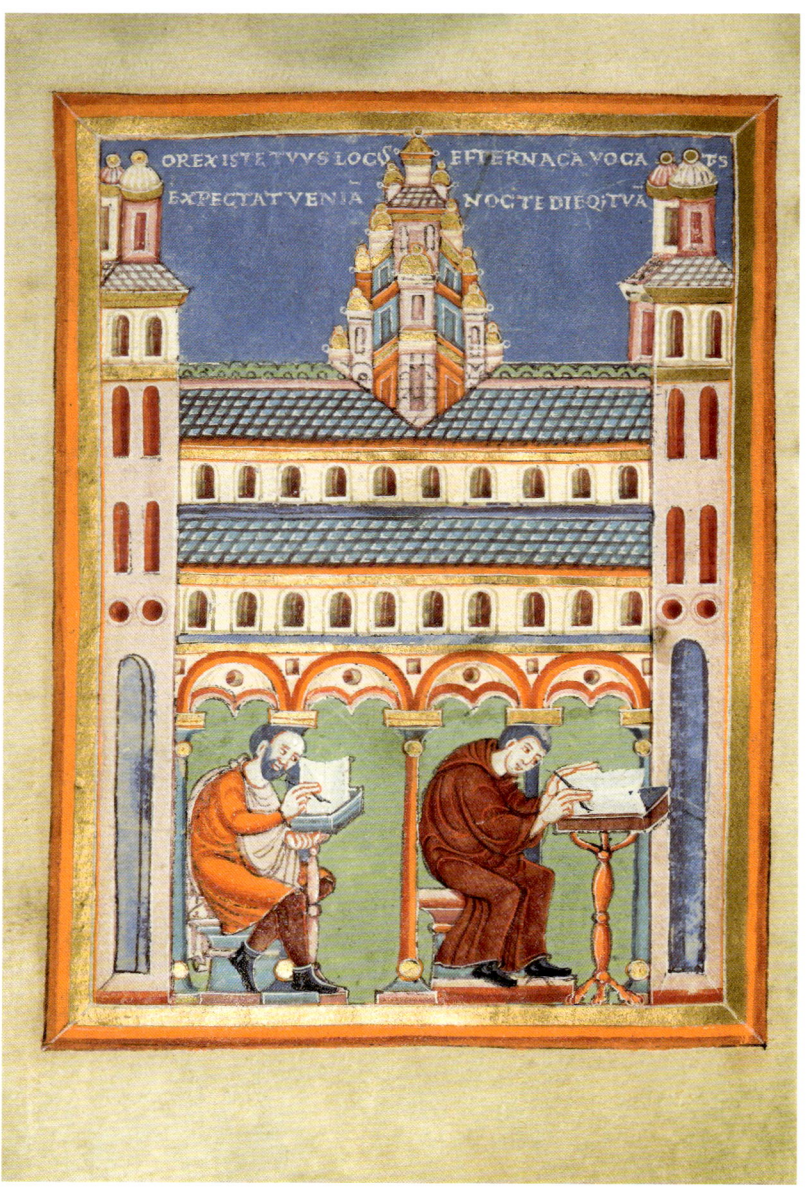

(Montecassino, um 1071; Rom, Biblioteca Apostolica Vaticana, Cod. Lat. 1202; Kat-Nr. 3.19).

Die bildliche Umsetzung der Benediktsvita orientiert sich eng am Text Gregors des Großen, ein Schwerpunkt der Auswahl liegt auf den Wundertaten des Heiligen. Die einzelnen, durch Tituli begleiteten und erläuterten Szenen werden rahmenlos in Bildstreifen aneinandergefügt und überwiegend in mehreren Registern auf den bloßen Pergamentgrund der Buchseiten angeordnet. Das Stifterbild der Handschrift zeigt den cassinesischen Abt Desiderius (1058–1086) vor Benedikt. Desiderius, mit dem rechteckigen Nimbus der Lebenden ausgezeichnet, überreicht ein Buch. Der begleitende Titulus formuliert den erweiterten Anspruch, der mit der Stiftung verbunden ist: „Cum domibus miros plures pater accipe libros" (Mit den Häusern nimm, Vater, viele wunderbare Bücher). Ein zweiter Titulus ergänzt den Umfang der Stiftungen ein weiteres Mal: „Rura, lacus presto. Celi michi prestitor esto" (Ich bringe Dir Ländereien und Gewässer. Sei Du mir der Geber des Himmels). Die Miniatur zeigt neben den Gebäuden, die im unteren Bildteil um ein Gewässer angeordnet sind, auch die Bücher, die als geschlossene Prachtcodices zu Füßen Benedikts liegen.

Das Lektionar steht stellvertretend für den einzigartigen Aufschwung, den Montecassino im Verlauf des 11. Jahrhunderts nahm. Dieser hing vor allem mit dem so tatkräftigen wie einflussreichen Abt Desiderius zusammen, der nicht nur die Klosterkirche neu erbauen und prachtvoll ausstatten ließ und ein produktives Skriptorium unterhielt, sondern auch als Impulsgeber den römischen Reformkreisen um Alexander II. (1061–1073) und Gregor VII. (1073–1085) angehörte. Die Rolle der Abtei als politischer Faktor in Süditalien erreichte unter Desiderius ihren Höhepunkt.

Als Abt stiftet Desiderius das Festlektionar, das ausschließlich dem liturgischen Gedenken an den heiligen Ordensgründer und seine Gefährten diente. Das Stifterbild erweitert sich dabei jedoch zur bildgewordenen *gesta* des Abtes als Nachfolger Benedikts, dessen Leben sich in den Lectiones und den begleitenden Illustrationen anschließt. Wie Beat Brenk 1987 zeigen konnte, spielt der Bilderzyklus wiederholt auf Ereignisse während des Abbatiats des Desiderius an, vor allem auf den Neubau der Klosterkirche. Die Taten des amtierenden Abtes für Montecassino wurden damit gleichsam mit denjenigen der Heiligen parallelisiert; an den ordensbezogenen Gedächtnistagen waren damit Desiderius und seine Leistungen stets erneut präsent. Die Stiftung des Lektionars und seine

Benediktinische Bild-Geschichte(n)

Überraschend spät wird das Leben des hl. Benedikt selbst zum Bildthema; der früheste Zyklus bildet einen furiosen Auftakt. Der Textcorpus des reich ausgestatteten Lektionars umfasst neben Lesungen aus der Vita Benedikts, wie sie Gregor der Große in seinen *Dialoges* überliefert, auch das Leben seines Schülers Maurus, das gleichfalls illustriert wurde, sowie in einem dritten, bilderlosen Abschnitt Lesungen zu Ehren der hl. Scholastika, der Schwester Benedikts. Die Prachthandschrift entstand im Skriptorium des benediktinischen Mutterklosters, höchstwahrscheinlich in Zusammenhang mit der Weihe der neu errichteten Klosterkirche

Bildausstattung verfolgte neben den liturgischen und die benediktinische Gründungsgeschichte kommemorierenden Inhalten auch die Darstellung des gegenwärtigen Klosters und seines Abtes und deren herausragender Stellung.

Resümee

Benediktinische Buchmalerei lässt sich vor allem durch Inhalte und funktionale Aspekte charakterisieren. Von grundlegender Bedeutung ist die Verbreitung der Ordensregel und der klosterspezifischen Schriftkultur. Die Übergabe der Regel als Handlungsgrundlage an den amtierenden Abt wurde ebenso zum wiederholbaren Bildthema wie die kanonisierende Darstellung Benedikts als heiliger Ordensgründer. Als Auftragskünstler waren die Benediktiner gegenüber den Wünschen der Empfänger ihrer Werke weitgehend flexibel; nicht selten jedoch wurden die Bilder auch zu Trägern benediktinischer Selbstdarstellung. Die in den Miniaturen der Regelübergabe immer wieder gezeigte Rückversicherung bei Benedikt erweitert sich im kostbaren Lektionar des Desiderius zur selbstbewussten Demonstration ungebrochener Traditionslinien vom heiligen Ordensgründer zum amtierenden Abt.

Nicht explizit verfolgt wurde ein Aspekt, der vielleicht die typischste Eigenschaft benediktinischer Buchmalerei ist: Die Skriptorien der einzelnen Klöster konnten sich frei aus dem reichen, oftmals auch lokal spezifischen Schatz ikonographischer Traditionen, Formen und Materialien bedienen. Die Vielfältigkeit der Umsetzung auf der Grundlage einer umfassenden Offenheit gegenüber den verschiedensten Einflüssen wird vor allem im Vergleich zur vereinheitlichten Buchmalerei strenger Reformklöster wie der Zisterzienser zum deutlichsten Charakteristikum.

Literatur:

Dubler 1953. – Brenk 1987. – Regensburger Buchmalerei 1987. – Beuckers 2002, 63–102. – Kat. Nonantola 2003. – Kat. Essen/Bonn 2005. – Kat. Paderborn 2006. – Labusiak 2009.

Die zitierten Handschriften sind in den Bestandskatalogen der betreffenden Bibliotheken nachgewiesen:
Bamberg, Staatsbibliothek: Gude Suckale-Redlefsen: Die Handschriften des 8. bis 11. Jahrhunderts der Staatsbibliothek Bamberg. Wiesbaden 2004. – Berlin, Staatsbibliothek preußischer Kulturbesitz: Andreas Fingernagel: Die illuminierten lateinischen Handschriften süd-, west- und nordeuropäischer Provenienz der Staatsbibliothek zu Berlin Preußischer Kulturbesitz. Wiesbaden 1999. – Montecassino: Giulia Orofino: I codici decorati dell'Archivio di Montecassino 1–3. Rom 1994–2006. – München, Bayerische Staatsbibliothek: Elisabeth Klemm: Die ottonischen und frühromanischen Handschriften der Bayerischen Staatsbibliothek (Katalog der illuminierten Handschriften der Bayerischen Staatsbibliothek in München 2). Wiesbaden 2004. – Sankt Gallen, Stiftsbibliothek: Anton von Euw: Die St. Galler Buchkunst vom 8. bis zum Ende des 11. Jahrhunderts (Monasterium Sancti Galli 3). St. Gallen 2008 – Stuttgart, Württembergische Landesbibliothek: Die romanischen Handschriften der Württembergischen Landesbibliothek Stuttgart 1: Provenienz Zwiefalten, bearb. v. Sigrid von Borries-Schulten, mit einem paläographischen Beitrag v. Herrad Spilling (Katalog der illuminierten Handschriften der Württembergischen Landesbibliothek Stuttgart 2,1). Stuttgart 1987.

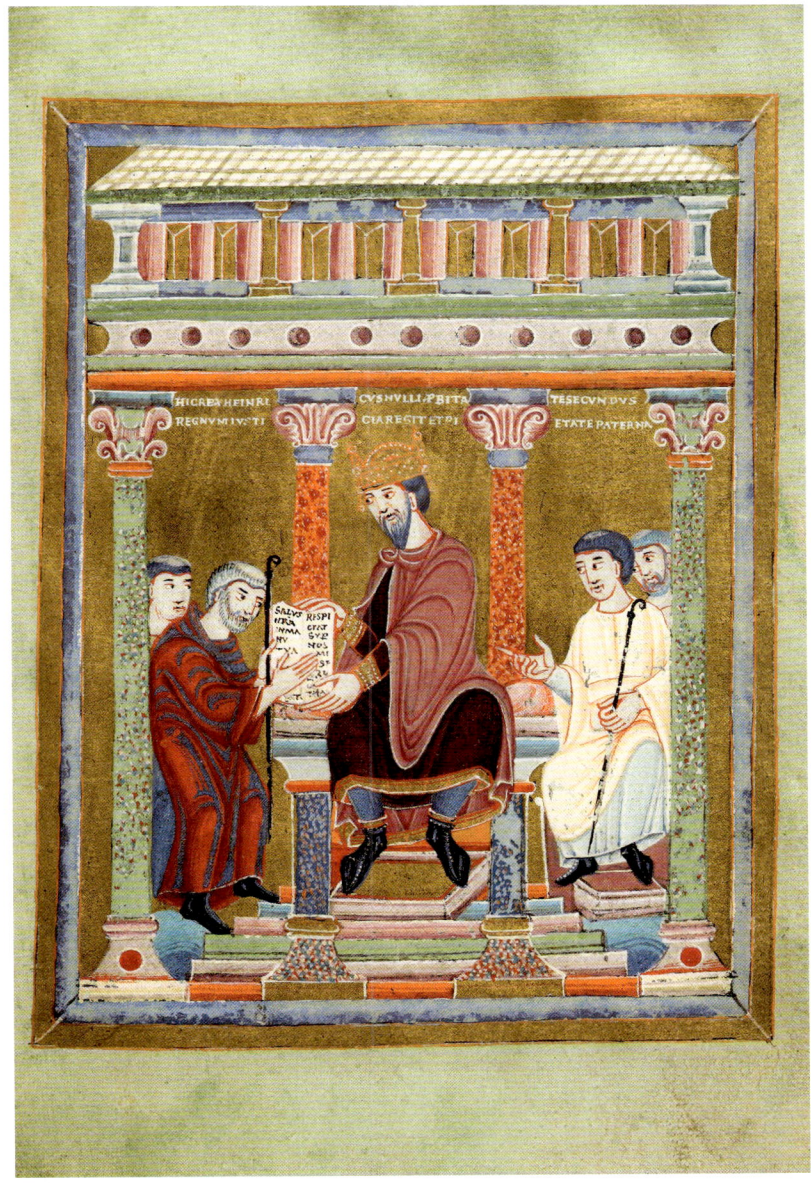

14b   Die Übergabe der Handschrift an Heinrich III. Perikopenbuch, Echternach, 1039–1043. Bremen, Staats- und Universitätsbibliothek, Ms. b. 21, fol. 125r

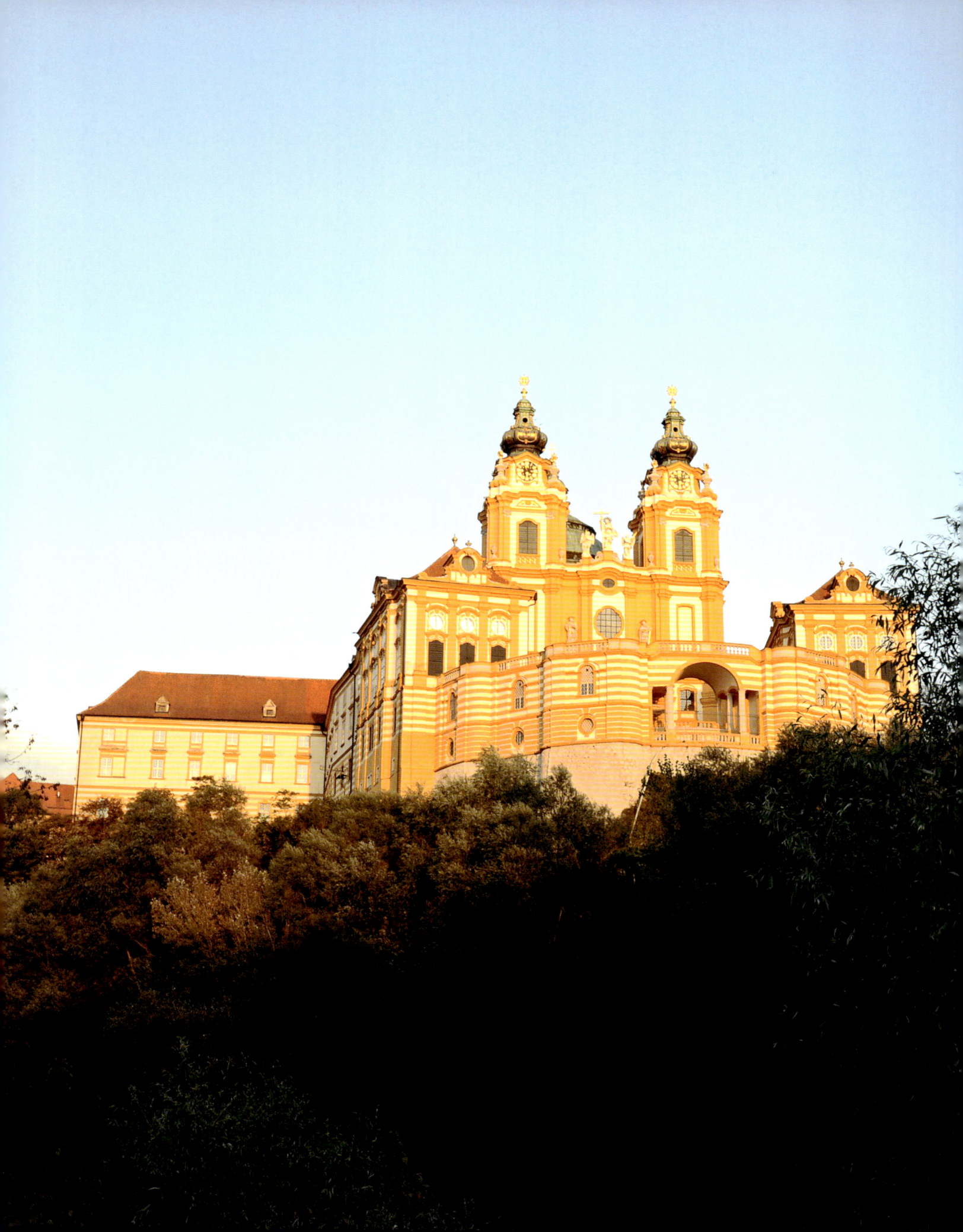

ZWISCHEN BEHARRUNG UND REFORM — ENTWICKLUNGSTENDENZEN IM SPÄTEN MITTELALTER

Gudrun Gleba

Monasteria semper reformanda

Flexibel, anpassungsfähig, vielfältig – so könnte man den Benediktinerorden mit einigen werbewirksamen Schlagworten charakterisieren und damit gleichzeitig Gründe für sein langes Bestehen anführen.

Seit bald 1500 Jahren leben Männer und Frauen nach der Regel des Benedikt von Nursia *in communitate*. Ziel dieser in sich strikt hierarchisch gegliederten Gemeinschaft ist es, dem Einzelnen in seiner Suche nach Gottesverständnis einen Weg der Demut zu ermöglichen und ihm dabei einen starken Halt zu geben, ohne ihn als Individuum aufzuheben. Das *opus dei*, der Gottesdienst, und die *lectio divina*, die geistliche Lesung, bilden das Fundament eines verlässlichen, sich wiederholenden Rhythmus. Sie sind gleichzeitig eine gesamtgesellschaftliche wie eine individuelle Aufgabe: das Gebet für das Wohl der monastischen Gemeinschaft ebenso wie für die Gesamtheit der christlichen Gläubigen und die geistige Vervollkommnung. So wird die benediktinische Grundidee eines in Demut zu beschreitenden Wegs zur Gotteserkenntnis von einer formbaren, sich wandelnden und den gesellschaftlichen und ökonomischen Strukturen anpassenden Hülle der stabilen, aber gleichzeitig flexiblen Regelungen – der Kombination aus der *Regula Benedicti* und ihren Interpretationen, den *consuetudines* – umschlossen. Diese Grundidee bleibt stets dieselbe, und die Rückführung auf diese Idee, so wie sie von Benedikt in der *Regula Benedicti* zu Beginn des 6. Jahrhunderts festgeschrieben worden ist, ist Sinn aller Erneuerungsbewegungen innerhalb des Ordens der Benediktiner – *monasteria semper reformanda*.

Die Herausforderungen der Anpassung an sich radikal wandelnde gesellschaftliche, politische und ökonomische Umstände mochte der Benediktinerorden zwar als Krisen erleben; sie führten jedoch nie zur Selbstaufgabe, sondern mündeten immer wieder in neue Reformen ein. Als Indiz für die Flexibilität des Ordens mag man ansehen, dass in Zeiten der Erneuerung jeweils mehrere Reformrichtungen gleichzeitig akzeptiert wurden. Im 10./11. Jahrhundert, zur Zeit der großen Kirchenreformbewegung, entwickelten sich nebeneinander der Verband von Cluny und die Gruppen von Klöstern, die sich auf die Reformklöster Gorze und Hirsau ausrichteten. Im 15. Jahrhundert bildete die Bursfelder Kongregation nördlich des Mains eine eigenständige Größe aus, während im Süden gleichzeitig die Klöster Kastl und Melk verschiedene Möglichkeiten der Reformorientierung boten. Autonome Einzelklöster existierten neben Reformkongregationen – und beide Organisationsformen beriefen sich in gleichem Maße auf die sie einigende *Regula Benedicti* als ihre gemeinsame Grundlage.

in spiritualibus ab observancia regulari in multis declinasse et in temporalibus notabiliter defecisse...

Adelig-traditionsbewusst, wohlgegliedert, aber in einigen Dingen reformbedürftig – so sah man den Orden zu Beginn des 15. Jahrhunderts im deutschsprachigen Raum. Er galt weiter als unangefochtene Größe im Kanon der monastischen Gemeinschaften, die für männliche wie weibliche Aspiranten zur Auswahl standen – trotz der Ordensneugründungen wie der Zisterzienser und Prämonstratenser im 12. Jahrhundert, die z.T. in dezidierter Abgrenzung von führenden Benediktinerklöstern entstanden waren, trotz der Entstehung der Orden der Franziskaner und der Dominikaner, die viel dezidierter als die Benediktiner auf die Urbanisierungsphase seit der zweiten Hälfte des 12. Jahrhunderts reagierten, und trotz der eher

1 Stift Melk an der Donau, barocker Neubau 1702–1736 von Jakob Prandtauer

verhaltenen Akzeptanz der an den neuen Universitäten gelehrten Theologie mit einer entsprechend geringen Einflussnahme durch die Besetzung theologischer Lehrstühle.

Der Orden war im deutschsprachigen Raum organisiert in die Ordensprovinzen Mainz-Bamberg, Köln-Trier, Bremen-Magdeburg und Salzburg. Einerseits zeigt dies, dass er in seiner Grundstruktur von anderen, kirchlichen wie weltlichen Ordnungsstrukturen abwich und unabhängig von Diözesangrenzen und politischen Landesherrschaften betrachtet werden konnte. Andererseits war er zumeist eng mit den jeweils umliegenden adeligen Familien verflochten: In einem benediktinischen Kloster wussten diese ihre Söhne und Töchter, welche sie für eine geistliche Laufbahn bestimmt hatten, standesgemäß versorgt; sie beförderten durch Spenden und Stiftungen den Besitz und die Ausstattung der jeweiligen Gemeinschaft und erachteten sie auf diese Weise als eingebunden in ein Netz geistlicher und weltlicher Beziehungsgeflechte.

Standesgemäß leben – das hieß nach adeligem Selbstverständnis jedoch nicht unbedingt ein Leben in klausurierter Abgeschiedenheit. Ihre ihr zugewiesenen religiösen und gesellschaftlichen Aufgaben erfüllte eine solche Gemeinschaft ebenso in der weitaus offeneren Form des stiftischen Lebens. Dazu zählten z.B. Besuche bei Verwandten und Freunden (und damit die Aufgabe der strikten Klausur), der Empfang von Gästen (und damit die Lockerung der Klausur auch für Außenstehende), die Pflege eines eigenen, wohlausgestatteten Haushalts (und damit die Aufgabe des gemeinsamen Tischs), gehobene, der gesellschaftlichen Stellung angemessene Kleidung (und damit Privatbesitz), selbstbestimmte Weitergabe von privatem Besitz und zwar auch an Personen außerhalb des Konvents (und damit Schmälerung des gesamtklösterlichen Besitzes). Vielfach wurden Hofstellen zunächst in die Verfügungsgewalt einzelner Konventsangehöriger gegeben, sodass der Abt oder die Äbtissin in ihren Wirtschaftsentscheidungen eingeschränkt war, da Konventsangehörige bei Käufen, Verkäufen, Verpachtungen etc. des ihnen übereigneten Gutes Mitsprache hatten.

Die wirtschaftlichen Auswirkungen waren in den einzelnen Klöstern sehr unterschiedlich. Viele konnten die Situation zu ihrem Vorteil nutzen und erlebten je nach der Befähigung der für die klösterliche Wirtschaft eingesetzten Verantwortlichen stabile Verhältnisse oder sogar ökonomischen Aufschwung. Andere Klöster erfuhren Missmanagement und z.T. eine starke Entfremdung klösterlichen Besitzes und in der

Folge davon wirtschaftlichen Niedergang, der bisweilen so gravierend wurde, dass ein adelig standesgemäßes Leben gefährdet schien und sich mancher Konvent aufgrund ausbleibenden Nachwuchses erheblich verkleinerte.

Der äußere Rahmen, die flexible Hülle, war also teilweise ‚verzogen‘ und dort, wo dies auch die Erfüllung der grundlegenden monastischen Aufgaben in Frage stellte – das *opus dei* und die *lectio divina* – , wo also das regelmäßige Chorgebet vernachlässigt und der Prozess der individuellen geistigen Bildung aufgrund mangelnder Übung oder nicht mehr gegebener Voraussetzungen stockte, konnte man ansetzen, wenn man die Rückführung zur regelgerechten Lebensweise, die Wiederherstellung der Beachtung der ursprünglichen *Regula Benedicti*, also Re-form, anstrebte. *Reformatio* war das Gebot des 15. Jahrhunderts im Reich, in den Territorien, in der Gesamtkirche und eben auch in den Orden.

reformatio in capite et membris

Die Krisen des 14. Jahrhunderts auf wirtschaftlichen, sozialen, politischen und kirchlichen Ebenen schufen erhebliche Verunsicherungen. Mehrere aufeinanderfolgende Missernten und Hungersnöte, beunruhigende Himmelserscheinungen, Flut- und Erdbebenkatastrophen, die große Pest von 1348, Judenpogrome und Geißlerzüge, daraus resultierende wirtschaftliche und soziale Umbrüche auf dem Land ebenso wie in den Städten, Auseinandersetzungen um die politische Ordnung im Reich, der westeuropäische Hundertjährige Krieg, die Verlegung der päpstlichen Residenz 1309 nach Avignon, verbunden mit einer aufwendigen Hofhaltung, ermöglicht durch ein ausgeklügeltes Finanzsystem, das große Schisma seit 1378 mit einem Papst in Avignon und einem in Rom – all dies ließ die Auflösung alter, nicht immer guter, aber verlässlicher Ordnungen befürchten. Disfunktionalität und Disperspektivität, wie F. Seibt diese Entwicklungen in zwei Begriffen konzentrierte, bedeuteten aber auch für den Einzelnen wie für die Gesamtgesellschaft die Notwendigkeit, auf anderen Wegen neue Orientierung zu suchen. Einen solchen neuen Weg beschritten die Anhänger der um Geert Groote entstandenen Gemeinschaften der *Devotio Moderna* seit dem letzten Viertel des 14. Jahrhunderts, die sich als Laien grundlegender Prinzipien der frühen kirchlichen Gemeinschaften erinnerten und durch das eigene Studium geistlicher Schriften zu vervollkommnen trachteten. Durch einen regulären Broterwerb und durch ihre Familien blieben sie der Welt verbunden, doch sie lebten als Laien monastische Werte vor. Diese und ähnliche Strömungen ebenso wie die unübersehbaren Missstände innerhalb der Kirche forcierten die Forderungen nach ecclesiastischen Reformen, die im Konzil von Konstanz als *causa unionis*, *causa fidei* und *causa reformationis* diskutiert wurden. Die Einheit der Kirche, die Festlegung des rechten Glaubens und Reformen in allen Bereichen, *in capite et membris*, an Haupt und Gliedern, waren die Aufgaben, die sich der allgemeinen Kirchenversammlung stellten. Und innerhalb der verschiedenen Orden gab es Überlegungen, das monastische Leben erneut zu stärken und sich dafür auf vorhandene wie neu einzuführende Kontrollorgane zu besinnen – Formen und Inhalte monastischen Lebens sollten wieder in nachvollziehbare Übestimmung gebracht werden.

Bereits auf dem IV. Laterankonzil von 1215 war die Verpflichtung zur Abhaltung von regelmäßigen Provinzialkapiteln und Visitationen festgeschrieben worden. Die weiteren Reformstatuten Gregors IX. (1227–1241) verlangten die strikte Durchführung der *vita communis*, betonten die Bedeutung der klösterlichen Armut, forderten strengen Gehorsam und regelmäßiges Fasten. Benedikt XII. (1334–1342) verfasste 1336 die Bulle *Summa magistri*, die zur Richtschnur für die weiteren Reformbemühungen innerhalb des Benediktinerordens wurde. Wieder wurde die Verpflichtung zur Abhaltung von Provinzialkapiteln und regelmäßigen Visitationen unterstrichen, die den Zusammenhalt der Ordenskonvente bei gegenseitiger Kontrolle verbessern sollten. Die am Ende des 14. Jahrhunderts einsetzenden Reformen in Kastl und etwas später die von Melk, vor allem aber die Zusammenkünfte reformorientierter und -williger Äbte auf den Konzilien von Konstanz und Basel förderten eine neue Ausrichtung in allen Orden.

Die Vorwürfe, die man gegenüber Männer- wie Frauenklöstern erhob, waren eher stereotyper Art: Aufhebung der Klausur und des gemeinsamen Tischs, Missachtung des Verbots von Fleischgenuss und von Privatbesitz, dazu die Vernachlässigung des Gottesdienstes und der individuellen Lesung, unzureichende Lateinkenntnisse und mindere Qualität des Chorgesangs, und als Resultate dieser groben Verletzungen monastischer Grundregeln liege die klösterliche Wirtschaft danieder und sinke die gesellschaftliche Akzeptanz der Gemeinschaften. Kurz: Man konstatierte in Äußerlichkeiten deutlich sichtbar werdenden Sittenverfall.

Gerade der Benediktinerorden wurde dafür kritisiert, dass der Zugang zu ihm fast ausschließlich als adeliges Privileg galt. Aber eben gerade dies mag auch als Erklärung für die Bevorzugung stiftischer Lebensweise angeführt werden, durch die sich der gehobene Gesellschaftsstand derjenigen manifestierte, die ihr folgten. In Stoff und Dekor ausgesuchte Kleidung, abwechselungsreiche und raffiniert zubereitete Speisen, die Pflege gesellschaftlichen Umgangs nach festgelegten Regeln, die nur dem Adel Zugehörigen vertraut waren – dies waren grundlegende Bestandteile ihrer sie von anderen abgrenzenden adeligen Existenz.

Die stereotyp angeführten Missstände entsprachen nicht unbedingt der Realität, auch nicht durch ihre permanente Wiederholung. Aber sie erreichten, dass man den so diskreditierten Klöstern größere Beachtung schenkte, was einen entsprechenden verstärkten schriftlichen Niederschlag fand als die Geschehnisse in einem gewohnheitsmäßig in üblicher Weise funktionierenden Kloster. Das gilt für die Zeitgenossen ebenso wie für die Geschichtswissenschaft. Reformtraktate, Reformgeschichtsschreibung, einzelne Reformer oder besonders spektakuläre Reformereignisse haben deshalb bislang in der Forschung auch mehr Aufmerksamkeit auf sich gezogen als solche Klöster, die von größeren Veränderungen eher unberührt blieben. Dass man sich denjenigen intensiver zuwendet, bei denen die Quellen reichlicher sprudeln, heißt aber nicht gleichzeitig, dass man sich die Sichtweise und Wertung der Reformparteien zu eigen macht, sondern zunächst einmal nur, das dichtere Quellenmaterial mit unterschiedlichen Fragestellungen zu untersuchen und auf mögliche Aussagen hin auszuwerten.

Reform-Initiativen

Fast alle Orden entwickelten Reformideen und setzten sie in mehr oder weniger vielen Klöstern um. Eine Art ‚konzertierte Aktion' aller Orden oder zumindest aller Klöster eines Ordens gab es jedoch nicht. Der Benediktinerorden blieb sich selbst insofern treu, als er es ermöglichte, gemäß seinem Grundprinzip selbstständig agierender Klöster, dass die einzelnen Gemeinschaften ganz unterschiedliche Wege beschritten – der Akzeptanz wie der Ablehnung von Reformforderungen.

Klosterreform: Das war nicht nur ein theoretisches Ideenkonstrukt, sondern, wenn sie realisiert wurde, betraf sie sowohl ein Kloster als Institution als auch einen Konvent und damit dessen Individuen. Aus dieser Spannung rühren auch die Konflikte, die im Zuge von Klosterreformen entstanden.

Die Initiative, ein Kloster bzw. einen Konvent zu reformieren, konnte von unterschiedlichen Seiten ausgehen: Einzelne Reformer, unterstützt durch die Leitung ihres Ordens, setzten Reformen durch praktisches Handeln um oder beförderten sie durch theologische Schriften und das darin bereit gestellte theoretische Rüstzeug. Viele Bischöfe erachteten die monastischen Reformen als Teil der gesamtkirchlichen Reformen und trieben sie voran, sei es aus wirklicher Überzeugung oder dem Kalkül geschuldet, auf diese Weise auch die episkopale Position zu stärken; etliche Territorialfürsten erhofften sich von einem Zugriff auf die Klöster und die Neustrukturierung insbesondere auch der pfarrkirchlichen Organisation eine Stärkung ihrer landesherrlichen Positionen; und schließlich waren es durchaus auch einzelne Konvente bzw. deren Führungen, die in den Reformen die Chance sahen, ihr Kloster mit neuen spirituellen Inhalten auszustatten und die von ihnen gewählten Lebensweise zu rechtfertigen und sich in ihrem gesellschaftlichen Umfeld als überzeugender geistlicher Stützpunkt darzustellen.

Um es noch einmal zu betonen: Viele Klöster wurden reformiert – freiwillig oder zwangsweise. Aber viele Konvente setzten den für sie vorgesehenen Reformen auch massiven Widerstand entgegen und verblieben in den Formen stiftischer oder halbstiftischer Lebensweise. Einige retteten sich über die Reformation hinaus, andere – reformverbundene ebenso wie reformablehnende Konvente – wurden im 16. Jahrhundert aufgelöst.

Eine Entwicklung, die allen Gemeinschaften im Laufe des 15. Jahrhunderts zu eigen ist, ist der Anstieg der Buchbestände, sowohl der käuflich oder durch Spenden erworbenen als auch der eigenen Produktion in denjenigen Klöstern, in denen es aktive Skriptorien gab. Umstritten in der Forschung ist dabei, ob der enorme Anstieg der Buchproduktion und die Erweiterung der Bibliotheken im zweiten und dritten Drittel des 15. Jahrhunderts den Reformen geschuldet ist oder ob das geistliche Schriftgut des 14. Jahrhunderts zur Reformbewegung beigetragen hat. Einzeluntersuchungen konnten zeigen, dass sich die Bibliotheken zunächst um traditionelle Bestände enzyklopädisch-scholastischer Werke erweiterten und erst ganz allmählich auch volkssprachlich-religiöse Literatur aufnahmen. Ziel von Reformen war in der Regel eine Straffung und Vereinheitlichung der Liturgie in Verbindung mit einer schriftlichen Fixierung der neu gewonnenen Lebensgewohnheiten. Das heißt, es bedurfte einer Neufassung vieler Zeremonialbücher, der Consuetudines, der Nekrologe und Kalendarien. Ihre Produktion und Rezeption trugen sicherlich zur Festigung der Observanz bei, auch wenn man sicherlich nicht jedes neu angeschaffte Buch auf die Reformen zurückführen kann. Zu den liturgischen, theologischen und historiographischen Schriften traten die Erzeugnisse der pragmatischen Schriftlichkeit, die der Straffung der Wirtschaftsorganisation dienten – die Anfertigung neuer Urbare, Kopiare, Einnahmen- und Ausgabebücher.

Theoretiker und Pragmatiker: Einige der Männer, die im 15. Jahrhundert für eine Erneuerung des monastischen Lebens warben, sind bekannt durch ihre zahlreichen Reformschriften, deren weite Verbreitung durch die intensive Rezeption in der Aufnahme in klösterliche Bibliotheken nachweisbar ist. Dazu gehören z.B. aus dem Benediktinerorden die Äbte Johannes Trithemius, Johannes von Kastl oder Nikolaus von Siegen. Ihre Schriften preisen traditionelle monastische Werte und rufen dazu auf, sich ihrer neu zu besinnen. Insgesamt oft weniger bekannt, aber mit großem Einfluss waren diejenigen, die gleichzeitig aktiv als ,Reformer vor Ort' tätig waren. Dazu zählen z.B. mit Blick auf die Bursfelder Kongregation Johannes Rode, der als Abt des Trierer Klosters St. Matthias maßgeblich die Bursfelder Kongregation anregte und mit seiner Rede vor dem Basler Konzil über die Aufgaben eines Abtes möglicherweise viele Äbte erreichte und die erneuerte Lebensweise in mehreren Klöstern vorlebte. Unabdingbar zu nennen ist auch Johannes Busch, der insbesondere in Westfalen großen Einfluss ausübte und durch seine Schrift und sein persönliches Eingreifen die Durchsetzung von Reformen entscheidend prägte. Weniger bekannt, aber deshalb nicht weniger einflussreich war der Abt Adam Meyer von Groß St. Martin in Köln, der sein Kloster und seine Person zu einem zentralen Ort der Bursfelder Kongregation machte, in dem er ein Netzwerk von Verbindungen zu reformorientierten und von seinen ,Anhängern' reformierten Klöstern aufbaute.

Ein Reform-Verlaufsmodell

Eine ohne größeren Widerstand durchgeführte Klosterreform nahm in etwa folgenden Verlauf: Wenn die Reform eines Klosters beschlossen worden war – aufgrund dessen eigener Initiative, der des Bischofs, des

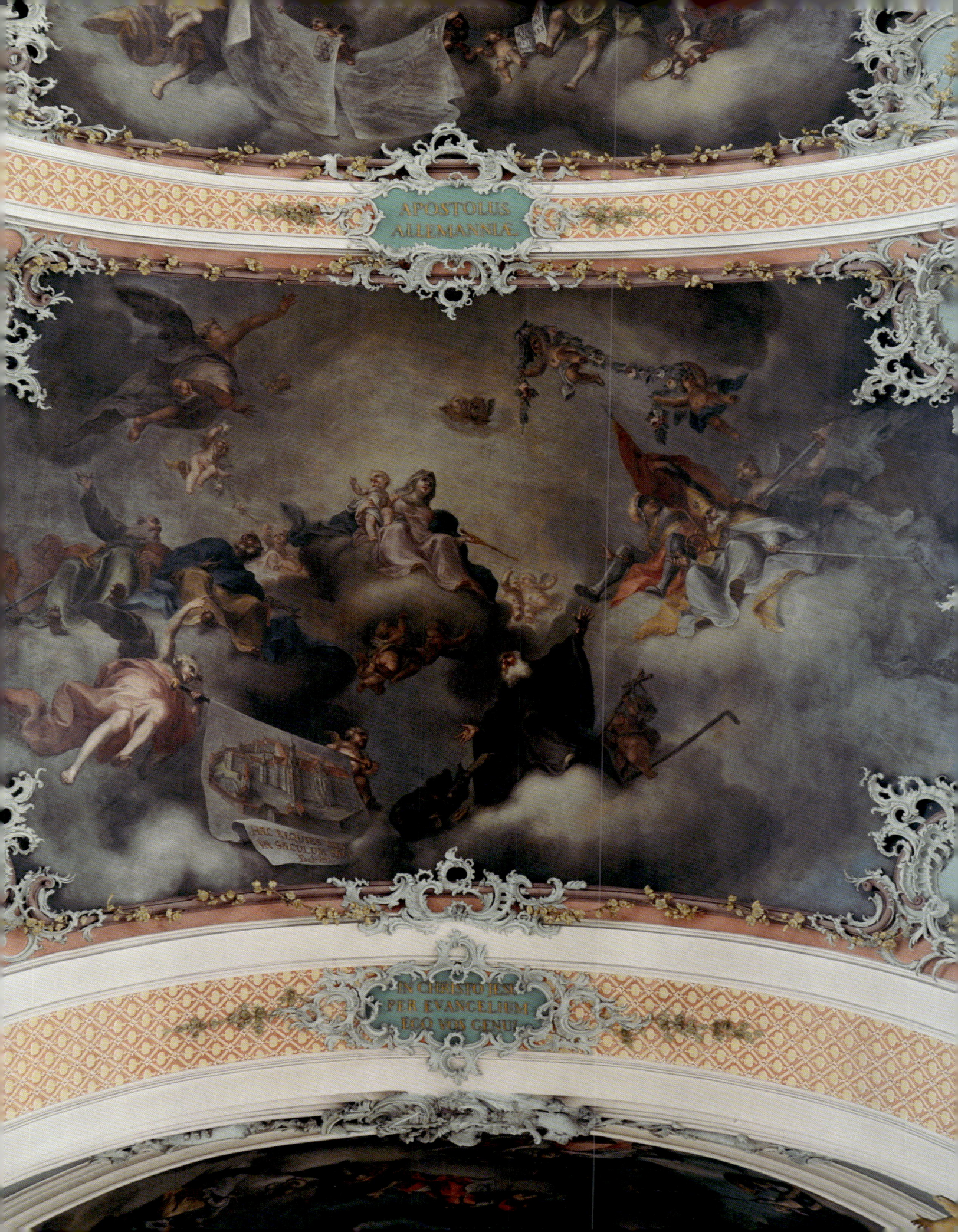

APOSTOLUS
ALLEMANNIÆ.

IN CHRISTO JESU
PER EVANGELIUM
EGO VOS GENU.

Landesherrn oder des Ordens – galt es, dem Konvent eine neue Führung zu geben. Dazu konnte eine Vakanz auf dem Abtsstuhl genutzt werden oder aber der amtierende Abt musste seinem Rücktritt zustimmen. Dann übernahm der zur Reform Beauftragte das Amt des Vorstehers und wurde darin normalerweise durch einen oder mehrere Mönche unterstützt, die man dazu bestimmt hatte. Gemeinsam bildeten sie eine Reformdelegation. Ihre Aufgabe bestand darin, klösterliches Leben gemäß den Consuetudines der jeweiligen Reformrichtung vorzuleben, um durch ihr Beispiel die Konventsangehörigen von deren Richtigkeit zu überzeugen. Wer die neuen Gewohnheiten akzeptierte, blieb Konventsmitglied im Kloster. Wer sie ablehnte, konnte in ein nicht-reformiertes Kloster wechseln oder das Kloster unter Zusage einer jährlichen Abfindung verlassen. Die Reformdelegationen setzten sich zur Aufgabe, die neue Lebensweise dauerhaft zu etablieren und eine erfolgreich durchgeführte Reform nach außen sichtbar zu machen: durch verstärkte Baumaßnahmen, die sich auf die Kirche, die Konvents- und Wirtschaftsgebäude erstreckte, durch Ergänzung der kirchlichen Ausstattung (s. Beitrag Kempkens I; Kat.-Nr. 9.11), durch Erneuerungen des liturgischen wie pragmatischen Schriftgutes (s. Beitrag Rückert). Für ein Kloster, das die Reformen erfolgreich umgesetzt hatte, brach eine neue Zeit an, was eindrücklich in der neuen Zählreihe der Äbte zum Ausdruck gebracht wurde: Man schrieb über den ersten/zweiten/dritten Abt nach der Reform.

Was aber geschah, wenn die Reformaktivitäten als ein Akt der feindlichen Übernahme angesehen wurden, die darauf abzielten, althergebrachte Rechte zu beschneiden, adelige Privilegien aufzuweichen, bestehende Verbindungen zwischen Konventsangehörigen und den umliegenden Adelsfamilien aufzulösen? Es liegen einige Beschreibungen vor, die den heftigen Widerstand einzelner Konvente dokumentieren ebenso wie die Maßnahmen, mit denen dieser Widerstand gebrochen wurde. Manche Reform begann wie die Belagerung einer Burg; Mönche und Nonnen nutzten gewaltsame Mittel ebenso wie alle erdenklichen Verzögerungstaktiken, um die Übernahme eines Klosters durch eine Reformdelegation zu verhindern. Entsprechende Berichte erzählen von verrammelten Klosterpforten, militärischen Interventionen, lautem Gesang als Widerstandsbekundung.

Dauerhaft konnte ein Reformentscheid üblicherweise jedoch nicht rückgängig gemacht werden. Wohl aber konnte es geschehen, dass ein Konvent im Zuge von Reformen personell komplett oder mindestens mehrheitlich ausgetauscht wurde.

Als Instrument zur dauerhaften Sicherung einer erfolgreich durchgeführten Reform wurden regelmäßige Visitationen angesehen, bei denen nach einem detaillierten Fragenkatalog geprüft wurde, ob die Reformanliegen auch weiterhin die gebührende Aufmerksamkeit fanden. Das heißt, die Visitatoren befragten die Konventsmitglieder nach ihrer Einstellung zur Besitzlosigkeit, zur Enthaltsamkeit, zum Fleischgenuss, zum Gehorsam, zum Schweigegebot, zum Gottesdienst und der Einhaltung der kanonischen Tageszeiten und ihren Messen, zur Umsetzung der geistlichen Lesung etc. Aber auch die Wirtschaft eines Klosters – seine Besitzverhältnisse, Einnahmen und Ausgaben – wurden überprüft. Der dann zusammengestellte Visitationsbericht stellte den Abschluss des Verfahrens dar. Wenn Missstände festgestellt worden waren, erhielt das Kloster die Aufforderung, diese zu beseitigen; und nach angemessener Zeit sollte das Kloster erneut visitiert werden.

Es sind die Namen von drei Klöstern, die den drei bedeutenden monastischen Reformrichtungen des 15. Jahrhunderts ihren Namen gegeben haben: Kastl in der Oberpfalz, Melk an der Donau und Bursfelde an der Weser bei Göttingen.

Kastl

statum sanctae religionis in nostro praefato monasterio restaurare, innovare, reformare et ad plenum emendar...: So lautete schon zu Ende des 14. Jahrhunderts die Absicht des Kastler Abtes Otto Nortweiner (1378–1399). Wiederherstellen, erneuern, reformieren und verbessern wollte er den Zustand des Klosters und legte dies seiner Auslegung der Benediktregel zu Grunde, den Kastler Consuetudines. Sie waren der Gebrauchstext für die künftige, in Kastl zu beachtende Lebensnorm und die Unterweisung der Mönche.

Als Ursprungsland der Kastler Reform wird Böhmen angenommen und u.a. wird sie mit Johannes von Kastl verknüpft, der als Prager Universitätsgelehrter und Verfasser mehrerer geistlicher Werke wohl in Kastl gemeinsam mit Franz von Böhmen/Kastl und dem bereits erwähnten Abt Otto Nortweiner erfolgreich für eine Reform wirkte. Unterstützung fanden sie dabei bei Ruprecht von der Pfalz, der als Vogt der Klöster Kastl und Reichenbach agierte, das die Reform ebenfalls annahm. Alle im Zuge der Kastler Reform entstandenen Schriften zeichnen sich durch fundierte

Kenntnisse ihrer Verfasser der biblischen ebenso wie der patristischen und weiterer gelehrten Texte aus und dokumentieren das intensive Studium als wichtigen Bestandteil der Kastler Reform.

Ihre Weitergabe und Verbreitung erfolgte nicht systematisch, eher im Sinne von Angebot und Nachfrage. Kastl und Reichenbach können als die beiden wichtigsten ‚Reformzentren' angesehen werden, die auf andere Klöster ausstrahlten und manche nachweislich direkt beeinflussten. Zu den weiteren Klöstern, die die Ideen der Kastler Reform ihrerseits weitergaben, zählen das Ägidiuskloster in Nürnberg, das Heiligkreuzkloster in Donauwörth und das Johanneskloster Michelfeld. Insgesamt können ca. 25–30 Gemeinschaften als Kastler Reformklöster angesprochen werden, in denen die Konvente die Kastler Consuetudines in der Umsetzung der liturgischen Feierlichkeiten und des geregelten Tagesablaufes befolgten. Ihre Blütezeit erlebte die Kastler Reform in der ersten Hälfte des 15. Jahrhunderts, als die Reformforderungen durch das Konstanzer Konzil allgemeine öffentliche Zustimmung erfuhren.

Die Rückkehr zur Observanz ging oftmals einher mit der Erneuerung der materiellen Substanz. Ein gutes Beispiel bietet das Kloster Reichenbach unter der Führung des reformorientierten Abtes Johannes Strolenfels (1394–1417), der eine überaus rege Bautätigkeit entfaltete, wie es die Reichenbacher Chronik berichtet: Der Abt ließ die Obergeschosse der Gebäude samt Dächern neu errichten, den Boden der Kirche mit Ziegelsteinen pflastern und ein neues Chorgestühl schnitzen, zwei neue Orgeln bauen, zahlreiche liturgische Kleidungsstücke und vergoldete Tafelbilder kaufen, den Kreuzgang komplett neu bauen und einwölben, eine Marienkapelle errichten, erhebliche Baumaßnahmen an Refektorium, Dormitorium, Kapitelsaal und Bibliothek durchführen, Bücher ankaufen, sämtliche Wirtschaftsgebäude wie Mühle, Brauerei, Kornspeicher, Stallungen etc. renovieren und Fischteiche anlegen. Des Weiteren vergrößerte er den Grundbesitz und die Zehntrechte und damit die Einnahmen des Klosters und ließ dies auch in entsprechendem Schriftgut verzeichnen.

Wirtschaftsgeschick und innere Erneuerung gingen Hand in Hand.

Melk

Reformen mit einer Ausrichtung auf Kloster Melk zeichneten sich dadurch aus, dass sie sich an den 1379 in verbindlicher Textform zusammengefassten Consuetudines der Klöster von Subiaco als dem Ursprungsort benediktinischer Observanz orientierten. Im Kloster Melk wurden sie 1418 – nicht zuletzt als Reaktion auf die Reformforderungen des Konstanzer Konzils – und auf Wunsch des Herzogs Albrechts V. (1404–1439) durch Mönche aus Subiaco eingeführt. Der amtierende Abt dankte ab und verließ das Kloster mit einer ihm jährlich gewährten Pension. Auch zahlreiche andere Mönche verließen Melk; nur acht unterwarfen sich der Reform – ein Beispiel für den fast vollständigen Personalaustausch eines Konvents im Zuge von Reformmaßnahmen. Nikolaus Seyringer, der die Lebensweise von Subiaco dort gelebt und studiert hatte, wurde der erste neue Abt (1418–1425). Erst 1460 fasste das *Breviarium caeremoniarum monasterii Mellicensis* die Melker Gewohnheiten zusammen. Vor allem der liturgische Alltag erfuhr eine Umgestaltung, die in den Neufassungen von Kalendarien, Martyrologien, Missalen, Gradualen, Antiphonaren, Lektionaren, Kollektaren, Brevieren usw. fixiert wurde. Ein besonderer Schwerpunkt lag auf den musikalischen Elementen der Liturgie, wie sie auch in der Forschung auf verstärktes Interesse gestoßen sind. Eine weitere Besonderheit war die Abfassung zahlreicher Texte für den Gottesdienst, das Gebet, die geistliche Lesung und die allgemeine religiöse Weiterbildung in deutscher Sprache. Auf diese Weise hatten auch die Konversen und die Donaten Anteil an den Reformen.

Anders als für die Kastler und die spätere Bursfelder Reformbewegung, die ihre Vorstellungen vor allem durch Reformdelegationen in andere Klöster trugen, lässt sich für Melk darüber hinaus nachweisen, dass Mönche aus dem gesamten deutschen Sprachraum als beobachtende Gäste ins Kloster kamen. Sie lernten vor Ort die neuen Lebensweisen kennen, um sie anschließend in ihrem Heimatkonvent vorzustellen. Bestehende Traditionen und die konkreten Situationen der nach Melker Vorbild zu reformierenden Klöster sollten immer Berücksichtigung finden und viele Äbte und Konvente entschieden selbstständig, auch ohne Reformdelegationen, ob und wenn ja in welcher Weise sie sich der Melker Observanz anschlossen. Die Flexibilität der *Regula Benedicti* ließ dies ohne weiteres zu. Melker Mönche reisten aber ihrerseits auch in andere Reformklöster, um dortige Observanzen kennen zu lernen. So informierte sich z.B. Martin von Senging auf einer Reise über die Gewohnheiten im Reformkloster Bursfelde und brachte von diesem Aufenthalt entsprechende Aufzeichnungen zurück nach Melk.

Zentrale Orte der Melker Reformen waren die Schottenabtei in Wien sowie die Klöster St. Peter in Salzburg, Tegernsee, St. Ulrich und Afra in Augsburg. Insgesamt sind es gut 100 Klöster, die im 15. Jahrhundert von der Melker Reform erfasst wurden; die ausführlichsten Berichte dazu liefern die Visitationsprotokolle. Eine weitere Institution, mit der Kloster Melk in enger Verbindung stand, war die Universität von Wien. Einige ihrer Gelehrten wurden Benediktiner in Melk und beeinflussten auch die verstärkt wieder eintretenden Novizen.

Die Bursfelder Kongregation

Im Gegensatz zu den eher losen Verbünden von Melk und Kastl zeichnete sich die Bursfelder Kongregation durch eine feste Organisationsstruktur aus, die auf den regelmäßig stattfindenden Generalkapiteln und Visitationen basierte, so wie es bereits im 14. Jahrhundert päpstliche Überlegungen gefordert hatten.

Ihren Ausgang nahm die Bursfelder Kongregation in Trier. Dort hatte Johannes Rode für das Kloster St. Matthias Reformstatuten ausgearbeitet, die im Folgenden Johannes Dederoth unter Nutzung von Erfahrungen der Kanonikergemeinschaft von Windesheim zunächst 1430 im Kloster Clus bei Gandersheim durchsetzte und im Weiteren auch in Bursfelde (Abb. 3). Schon 1436 bezeichneten sich Abt und Konvent von Bursfelde als *in observantia regulari reformati*. Recht zügig entstand ein zunächst kleiner Verbund mit den Klöstern Reinhausen und Huy. Die gemeinsame Observanz hielt sie ebenso zusammen wie ein personaler Verbund, der durch die Reformdelegationen gegeben war, die von einem Kloster zum anderen wechselten.

1445 bestätigte das Basler Konzil die für die drei Klöster neu ausgearbeitete Gottesdienstordnung und 1446 erkannte der Benediktinerorden die unter der Leitung von Bursfelde zusammengeschlossenen Klöster als eigenständige Kongregation an.

Mit dem *Ordinarius divinorum*, das die Gottesdienstordnung regelte, und dem von dem päpstlichen Legaten Nikolaus von Kues (1401–1464) 1451 approbierten *Liber ordinarius* stand den Reformklöstern ein gemeinsamer Text für die Organisation ihres monastischen, insbesondere ihres liturgischen Lebens zur Verfügung. Solchermaßen gefestigt erlebte die Bursfelder Kongregation in der zweiten Hälfte des 15. Jahrhunderts einen großen Aufschwung, unterstützt durch die Bischöfe von Minden, Münster, Osna-

brück und Paderborn sowie die weltlichen westfälischen Territorialherren.

Nach der Bestätigung als Kongregation ging es um die Durchsetzung der Reformen innerhalb einer straffen Organisation. Die Äbte aller der Kongregation angehörenden Klöster waren zur Teilnahme am jährlichen, dreitägigen Generalkapitel verpflichtet. Nur in Ausnahmefällen sollte ein Stellvertreter entsandt werden können. Die auf den Versammlungen diskutierten und niedergelegten Statuten wurden für alle Klöster rechtsverbindlich, wenn das Generalkapitel sie drei Mal hintereinander angenommen und bestätigt hatte. Dem Generalkapitel saß der Präsident vor – anfänglich automatisch der Abt von Bursfelde, später wechselnd. Ihm oblag die Aufgabe der Einberufung eines jeden neuen Kapitels. Definitoren wachten über den ordnungsgemäßen Ablauf des Kapitels, die Kollektoren regelten die finanziellen Angelegenheiten. Jahr für Jahr bestimmte das Kapitel die Visitatoren für die vorzunehmenden Kontrollbesuche. Neben den bereits genannten Schriften gehörte zur Grundlage Bursfelder Texte auch die Kompilation aus verschiedenen Werken zur Einweisung in korrektes mönchisches Leben *De triplici regione claustralium et spirituali exercitio monachorum*. Auf Bitten des Generalkapitels war es vom Sponheimer Abt Johannes Trithemius und vom Bursfelder Abt Johannes Westphal verfasst worden. Am Ende des 15. Jahrhunderts empfahl es das Generalkapitel als geeignete, ja notwendige Lektüre für die jungen Mönche zur Vorbereitung auf die Profess.

Weniger das intensive Studium gelehrter Texte wie in Kastl oder die musikalisch-liturgische Ausgestaltung des Gottesdienstes wie im Melk als vielmehr gemeinsames Gebet und individuelle Meditation waren dabei für die Klöster der Bursfelder Kongregation die wichtigsten Stützen im Laufe des sich wiederholenden Tagesrhythmus.

Und die Frauenklöster?

Wenn auch die Frauenklöster viel geringere Bindungen an die Ordensorganisation aufwiesen und in den öffentlichen Diskussionen um die Reformen gar nicht in Erscheinung traten, waren sie trotzdem in erheblichem Maße in die Reformprozesse involviert. Landesherren und Bischöfe unterstützten reformwillige Konvente oder zwangen reformunwillige Gemeinschaften zur Akzeptanz der Reform. Wiederherstellung einer strengen Klausur galt für

Benediktinisches Mönchtum in Zeiten des Umbruchs und der Erneuerung

die Frauenkonvente als oberstes Gebot. Weibliche Reformdelegationen übernahmen die Leitung der zu reformierenden Konvente; Mönche aus reformgefestigten Klöstern übernahmen die *cura monialium* und oftmals auch die wirtschaftliche Neuordnung. Auch aus Frauenreformkonventen haben sich chronikalische Aufzeichnungen über die Reformabläufe, neu konzipiertes pragmatisches Schriftgut und Notizen darüber erhalten, in welcher Weise die Reformen, die sich auf die geistige Existenz richteten, auch ihren äußeren Niederschlag in Bautätigkeiten, Ergänzung der Ausstattungsstücke (s. Beitrag Kempkens I) und Erweiterung der Bibliotheksbestände gefunden haben. In die Entscheidungen auf Kongregationsebene waren sie jedoch nicht eingebunden.

Klöster als Partner

Unabhängig davon, ob sie die Reformanstöße des 15. Jahrhunderts aufnahmen oder nicht, waren die Klöster mit der Agrarorganisation und dem Marktgeschehen ihrer jeweiligen Umgebung aufs Engste verflochten. Sie waren Produzenten und Konsumenten; sie benötigten – und bezahlten – auswärtige Hilfskräfte und handwerkliche Spezialisten; sie erwirtschafteten bei guter Betriebsführung landwirtschaftliche Überschüsse, die sie auf lokalen, regionalen und überregionalen Märkten absetzten, und für den Erlös erwarben sie Luxusgüter wie Wein, Gewürze oder Bücher; sie waren über Spenden, Schenkungen, Stiftungen, Käufe und Verkäufe in fein verästelte soziale Netze verwoben.

In vielen Klöstern funktionierte all dies störungsfrei mit und ohne Reformen. In manchen Klöstern waren im 15. Jahrhundert aber auch erhebliche Einbußen zu verzeichnen. Dort half die Akzeptanz der Reform oftmals zu erneutem wirtschaftlichen Aufschwung – zum Nutzen nicht nur eines sich seiner geistigen und sozialen Position neu versichernden Konventes, sondern auch zum Nutzen derjenigen, für die ein Kloster nicht nur eine klausurierte Gebetsgemeinschaft, sondern auch Kunde und Finanzier, Auftrag- und Arbeitgeber war.

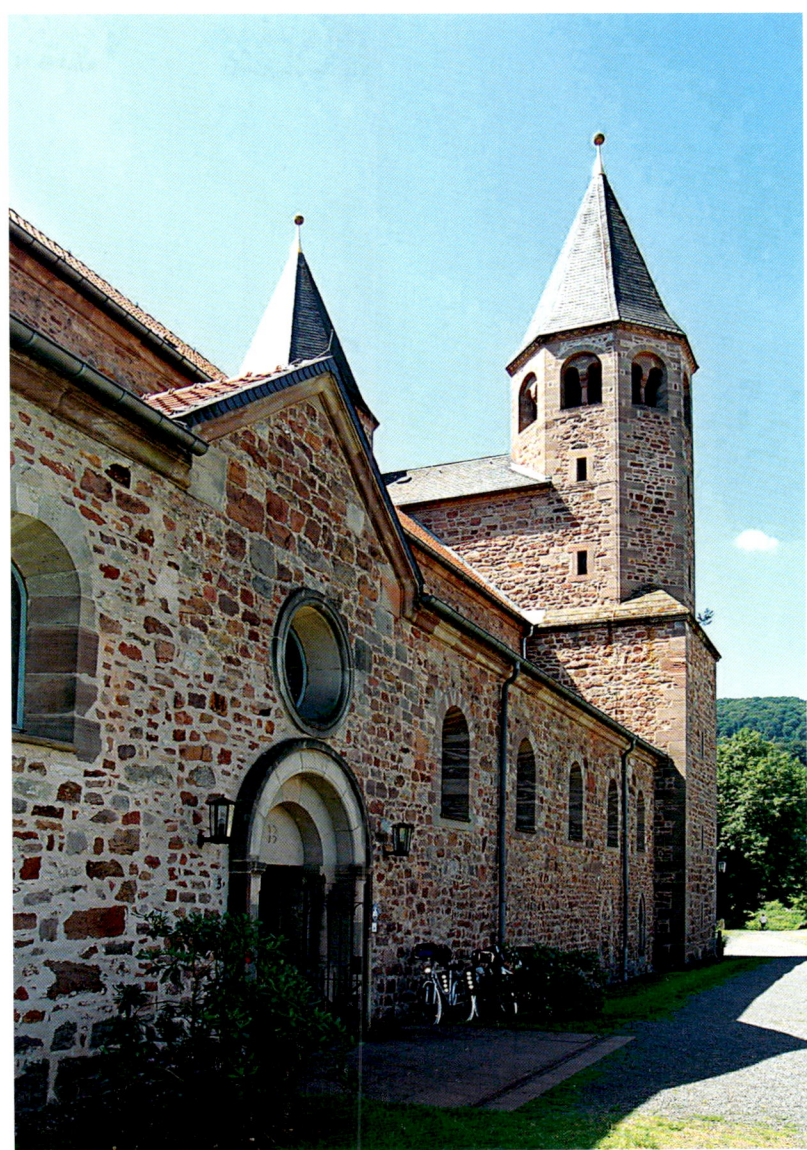

Literatur:

Maier 1991. – Felten 1992. – Rode 1993. – 900 Jahre Bursfelde 1994. – Niederkorn-Bruck 1994. – Albert 1995. – Faust 1999. – Jankowski 1999. – Roth 1999. – Schmiedl 1999. – Gleba 2000. – Staubach 2000. – Ballweg 2001. – Bünz 2001. – Hammer 2001. – Mertens 2001. – Ordini religiosi in Italia 2001. – Willing 2004. – Hammer 2005. – Monasteria semper reformanda 2005. – Posset 2005. – Weigel 2005. – Benediktinische Kunst 2007. – Religiöse Bewegungen 2007. – Rogge 2008. – Sonnenberg 2008.

3 Klosterkirche Bursfelde, nördliches Seitenschiff und Westbau, errichtet in der 1. Hälfte des 12. Jahrhunderts

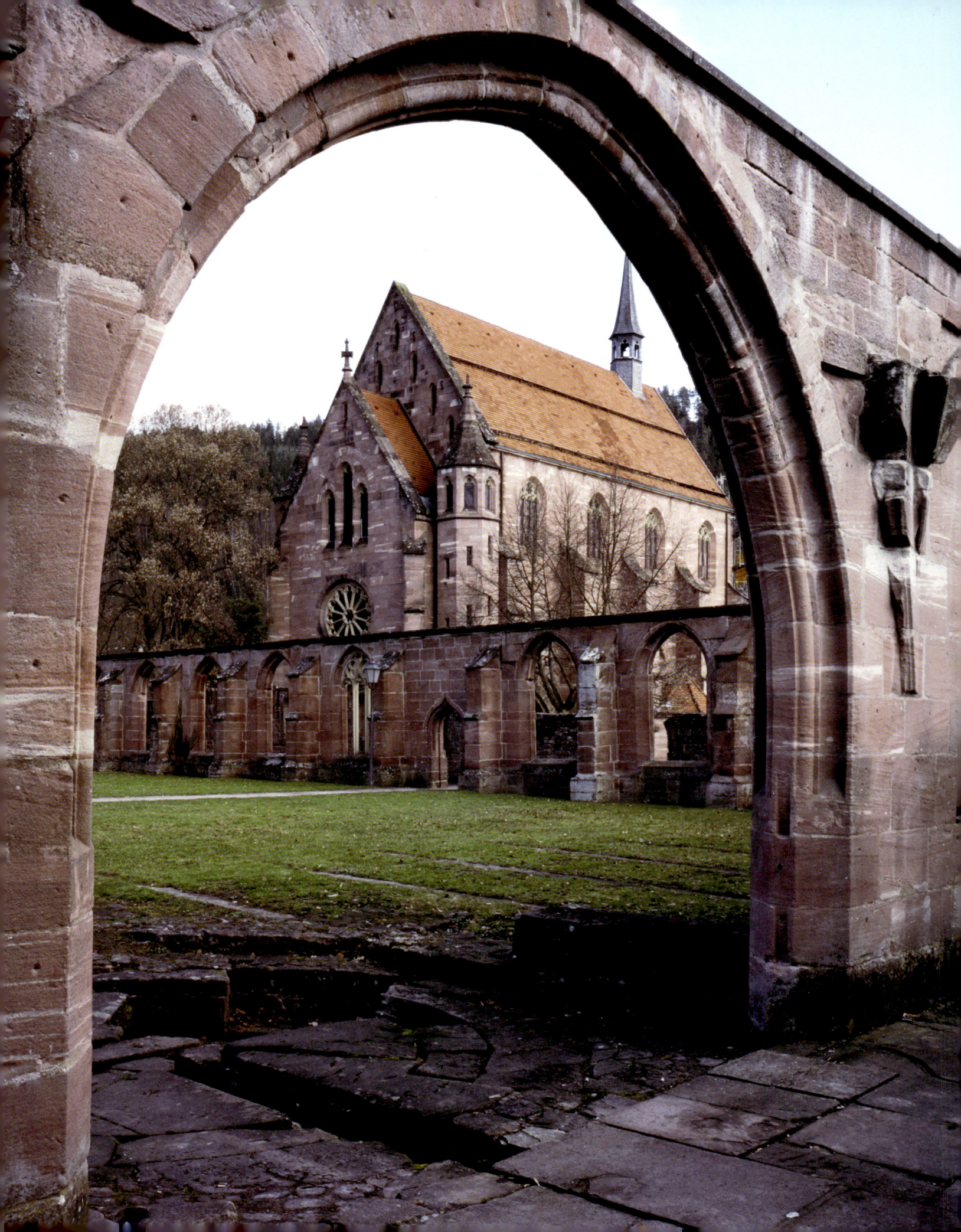

KLOSTERREFORM UND SCHRIFTKULTUR — SÜDDEUTSCHE BENEDIKTINERKONVENTE IM 15. JAHRHUNDERT

Peter Rückert

Einführung

Die Geschichte des benediktinischen Mönchtums ist auch eine Geschichte der Reform: Über das Mittelalter hinweg werden die Zeiten des Umbruchs von Klosterreformen begleitet. So wie die von den Zentren Cluny und Hirsau ausgehenden Reformbewegungen die Entwicklung im 11. und 12. Jahrhundert dominierten (s. Beitrag Neiske/Hillebrandt), sind es im 15. und frühen 16. Jahrhundert die Reformkongregationen von Melk, Kastl und Bursfelde, die diese Geschichte in Mitteleuropa bestimmen. Es geht bei den benediktinischen Reformen immer auch um die Rückkehr zu den Ursprüngen des gemeinsamen Mönchtums, die *Regula Benedicti* wird jeweils zum entscheidenden Maß erhoben, ihre zeitgebundene Auslegung zur Grundlage programmatischer Normierungen.[1]

Die folgenden Ausführungen wollen sich der spätmittelalterlichen Klosterreform annähern und diese vor allem am Beispiel süddeutscher Benediktinerkonvente verfolgen. Dabei soll die Verbindung von Klosterreform und Schriftkultur einen gemeinsamen Leitfaden bilden; deren bekannte Symbiose geht auch im 15. Jahrhundert mit einem enormen Anwachsen der schriftlichen Überlieferung einher, die eine breite Informationsbasis für unsere Fragestellung bietet.

Hierbei wollen wir die benediktinische Schriftkultur ‚ganzheitlich‘ betrachten: Die in den Archiven und Bibliotheken aufbewahrten Dokumente sollen entsprechend ihrer gemeinsamen Herkunft als Zeugnisse benediktinischen Mönchtums behandelt werden, ob sie nun als Instrumente der Wirtschaftsverwaltung oder Rechtssicherung entstanden und damit aus dem Bereich der ‚pragmatischen Schriftlichkeit‘, ob sie der liturgischen Feier dienten oder als literarische Erzeugnisse der geistigen Erbauung galten. Wir bewegen uns immerhin auf eine Zeitspanne zu, die in der Litteratur-

wissenschaft mit dem Etikett des ‚Klosterhumanismus‘ versehen wird, womit zunächst die literarischen und historiographischen Leistungen in monastischen Kontexten des späten 15. und frühen 16. Jahrhunderts angesprochen sind.[2] Der neuere institutionell und regional orientierte Zugang zur literarischen Topographie des deutschen Südwestens[3] hat demgegenüber eine besondere Ausrichtung im Umgang mit der literarischen Produktion herausgearbeitet, die bei den Benediktinerkonventen vornehmlich durch die klösterlichen Traditionen geprägt war. Demnach wurden hier im 15. Jahrhundert vor allem ältere monastische Beziehungen wiederbelebt und über politische Grenzen hinweg erneuert – unabhängig von der zeitgenössischen territorialpolitischen Entwicklung. Es bildete sich eine ‚autarke‘ Reformlandschaft aus der benediktinischen Reformbewegung heraus, die in mehr oder weniger engem Kontakt mit den jeweiligen Landesherren agierte. Auch funktionierten die Reformverbindungen und ‚Netzwerke‘ über die verschiedenen Reformverbände hinweg, oft in deutlicher Abhängigkeit von einzelnen herrschaftlichen oder monastischen Gestaltern.

Gleichzeitig zeigt das benediktinische Reformprogramm eine neuartige Sensibilität für literarische Bildung und Geschichte, welche die zeitgenössischen sozial- und kulturgeschichtlichen Entwicklungen widerspiegelt: Die Lese- und Schreibfähigkeiten gerade der bürgerlichen Bevölkerung hatten sich seit dem 14. Jahrhundert beständig verbessert, und das bürgerliche Element war es dann auch in erster Linie, das bald im Zeichen der Reform in die alten Benediktinerkonvente drängen und gleichzeitig deren adelige Exklusivität vielfach auflösen sollte.[4]

Ansetzend an diese historischen Parameter sollen zunächst der Umgang mit der Schriftkultur und die literarischen Ambitionen der südwestdeutschen Benediktinerkonvente verfolgt werden (Abb. 2). Dabei wer-

1 Die spätgotische Marienkapelle des Klosters Hirsau. Ihr Obergeschoss diente als Bibliothek des Konvents.

den die Klöster der Reformkongregation von Bursfelde im Mittelpunkt stehen, bevor die prominente
Buchkultur der benachbarten süddeutschen Klöster
um Sankt Ulrich und Afra in Augsburg und den Melker Reformkreis näher betrachtet wird. Pragmatische
Schriftlichkeit und Literaturbetrieb, Liturgie und
Buchkunst sollen so einen differenzierten Eindruck benediktinischer Schriftkultur im späten Mittelalter vermitteln. Immer wieder wird dabei der Blick von den
‚Netzwerken' der Reform[5] auf die einzelnen Klöster
und Mönche als zentrale Protagonisten fokussiert, um
nicht zuletzt ein lebensnahes, wenn auch beispielhaftes
Bild benediktinischen Mönchtums im Zeichen der Reform zu profilieren. Mit der Einführung der Reformation und der herrschaftlichen Aufhebung der Klöster
gerade im deutschen Südwesten ist schließlich eine
markante historische Zäsur vorgegeben, die unsere
Darstellung im frühen 16. Jahrhundert auslaufen lässt.

Die spätmittelalterliche Klosterreform im deutschen Südwesten

Die seit der Mitte des 14. Jahrhunderts immer wie-
derkehrende Pest hatte auch im deutschen Südwesten
zahlreiche Benediktinerklöster an den Rand des
Ruins gebracht: Ellwangen, Blaubeuren, Hirsau und
Gottesaue etwa stehen dafür. In Hirsau musste der
Konvent sogar zeitweilig aufgelöst werden, und die
endgültige Auflösung Gottesaues war bereits be-
schlossene Sache.[6] Die sich damals häufenden Vorwürfe sittlichen Verfalls und mangelnder Bildung gerade der Benediktiner sind bekannt, das Drängen
nach Reform wurde ein verbreitetes Anliegen der
weltlichen und geistlichen Obrigkeiten.

Ausgangspunkt für die benediktinische Reform war
dann auch das im Rahmen des Konstanzer Konzils 1417
im Kloster Petershausen tagende Generalkapitel der

2   Die Verbreitung der Reformen des Spätmittelalters in den süddeutschen Benediktinerklöstern

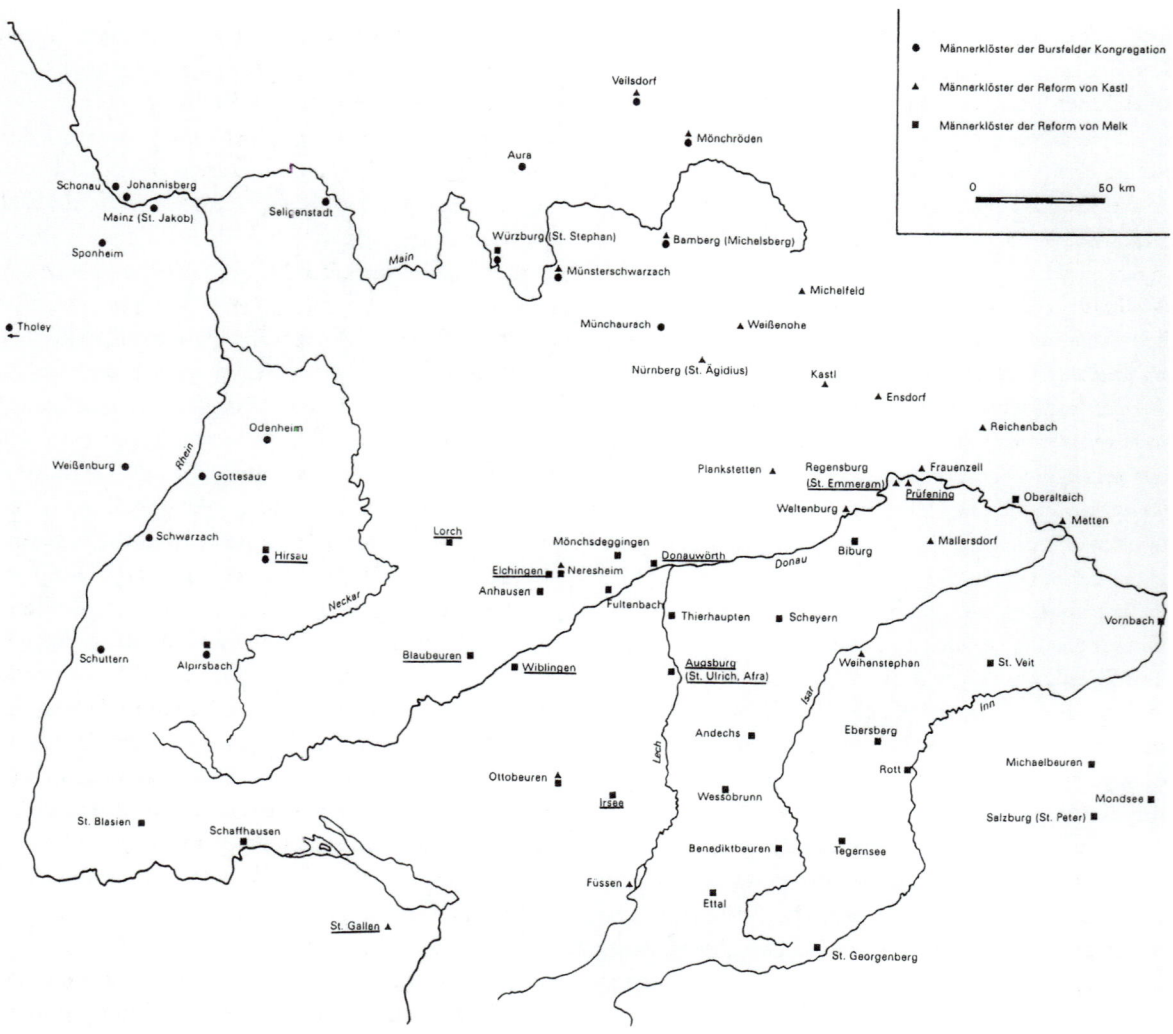

Äbte, wo vor allem die Wiederherstellung der *vita communis* und regelmäßige Visitationen proklamiert wurden. Im Hinblick auf unsere Fragestellung sind hier vor allem die damals verabschiedeten Einzelbestimmungen zur Einrichtung von Klosterschulen in jedem Kloster, zur Förderung der Studien gemäß der *Benedictina* und zur Sorge für liturgische Geräte und Bücher von Interesse.[7] Den Visitatoren wurde auferlegt, in den visitierten Klöstern nach den Büchern zu sehen, die Aufsicht über den *thesaurus librorum* zu erfragen und ebenso, ob man den Mönchen zur Lektüre auch Handschriften aushändige. Im Kapitel *de inventariis* wurden die Klöster verpflichtet, Urbare, Kopialbücher und Zinsregister zur Rechnungslegung und Besitzsicherung anzulegen. Hier ist bereits ein ganzheitlicher Zugriff auf die Schriftlichkeit in den zu reformierenden Benediktinerkonventen normativ festgelegt.

Die Umsetzung dieser Bestimmungen in den einzelnen Klöstern blieb freilich fragwürdig. Immerhin ist das damals ebenfalls geforderte Öffnen der Konvente für nichtadelige Schichten tendenziell zu verfolgen und auch eine universitäre Bildung zumindest der Äbte ist jetzt vermehrt nachzuweisen.[8]

Bleiben wir noch kurz bei den institutionellen Einrichtungen der benediktinischen Reform: Üblicherweise trafen sich die Benediktineräbte in ihren Provinzialkapiteln auf regionaler Ebene, deren Reformprogramm allerdings nur ansatzweise erforscht ist, was wohl an der dürftigen Editionslage der Kapitelrezesse liegt.[9] In der Benediktinerprovinz Mainz-Bamberg fanden die Provinzialkapitel zwischen 1417 und 1524 regelmäßig alle zwei, später alle drei Jahre statt. Hier wurde über die Einhaltung der bis dahin erlassenen Reformgesetze gewacht, eigene Beschlüsse wurden gefasst und Visitationen aller Klöster angeordnet, worin übrigens auch die Benediktinerinnen einbezogen wurden. Die Beschlüsse sollten in jeder Abtei der Provinz in einem speziellen Buch gesammelt und jährlich dem versammelten Konvent vorgelesen werden, doch ließ ihre Verbreitung zu wünschen übrig. Zur Ordensprovinz gehörten ca. 130 selbstständige Männerklöster aus den zwölf Diözesen der Mainzer Kirchenprovinz und dem exemten Bistum Bamberg, wobei uns im Folgenden vorrangig die ca. 30 Klöster der Diözesen Konstanz und Speyer interessieren werden.

Neben den Provinzialkapiteln hatten sich bereits in den 1420er Jahren Melk und ab der Mitte des 15. Jahrhunderts Bursfelde als selbstständige, überregionale Reformzentren mit eigenen *consuetudines* herausgebildet und schon bald auch die südwestdeutschen Benediktinerklöster beeinflusst: Dauerhafte Verbindungen

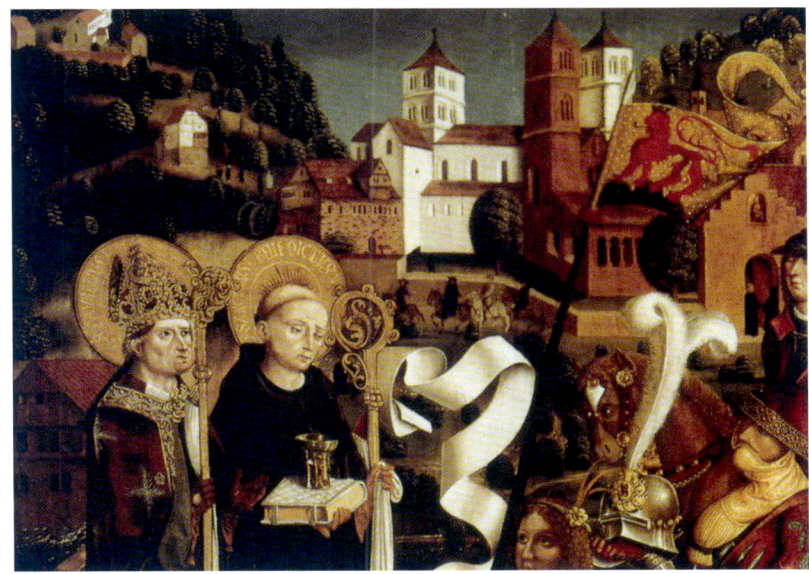

haben sich dann aber erst ab 1458 entwickelt, als zunächst Hirsau und Gottesaue der Bursfelder Union beitraten. Wiblingen und Blaubeuren waren die zeitgleichen frühen Zentren der Melker Observanz im südwestdeutschen Raum, die auch zur Reform weiterer Klöster beitrugen.[10] Dabei sollte sich bald die Bursfelder Richtung als durchsetzungsfähiger erweisen: Kloster Alpirsbach etwa, dessen Reform sich überaus schwierig gestaltete, verließ unter einem aus Wiblingen gekommenen Abt 1482 die Melker Observanz und schloss sich erfolgreich der Bursfelder Union an.[11] Die hier jährlich abgehaltenen Generalkapitel und regelmäßigen Visitationen – die übrigens vielfach auch personell mit denen der Provinzialkapitel abgestimmt waren – boten die bewährten Instrumente zur Durchsetzung des Reformprogramms, das die Herstellung von Gleichförmigkeit in allen klösterlichen Lebensbereichen vorsah, besonders auch die Einheitlichkeit in der Liturgie, der Wirtschaftsverwaltung und im Bildungsstandard. Dabei galt alles, was mit dem Herstellen von Büchern zu tun hatte, bei den Bursfeldern als asketisches Verhalten, das einem *exercitium spirituale* gleichkam, ebenso wie die Lektüre geistlicher Literatur.

Bekanntlich förderten im 14. und 15. Jahrhundert so gut wie alle Reforminitiativen ganz ausdrücklich die Beschäftigung mit der geistlichen Literatur und regten zur Anlage und Vergrößerung von Bibliotheken an.[12] Während die mit der Reform angestoßene Verbreitung der Literatur mittlerweile von germanistischer Seite bereits weitgehend geklärt ist, stellt sich nun die konkrete Frage nach den literarischen Ambitionen und der Literaturproduktion der Benediktiner im südwest-

3 Benediktinerabtei Hirsau. Stifterbild mit dem hl. Aurelius und dem hl. Benedikt, von S. Bopp, im Hintergrund das Aureliuskloster, um 1480

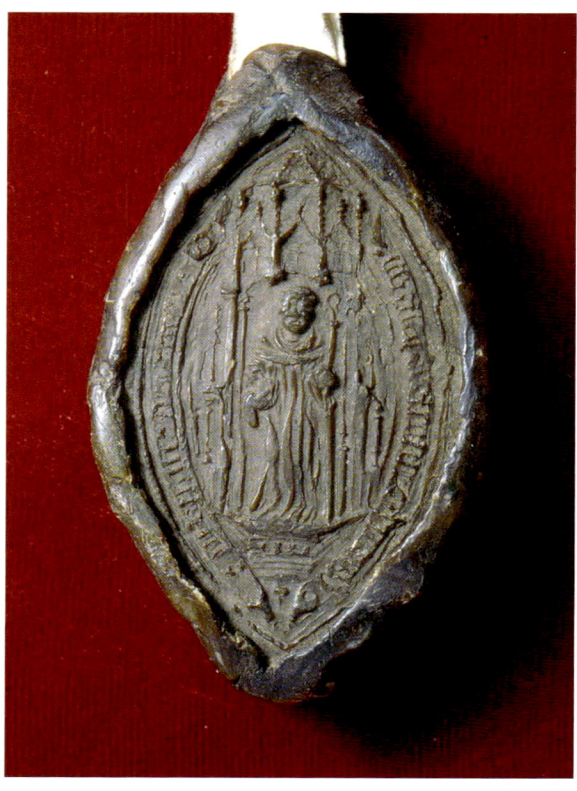

Frauenalbs beauftragt, die aber erst einige Jahre später feste Formen annahm, da sich der Konvent zunächst verweigerte.[22] In erster Linie sind wir anhand der Reste der Frauenalber Bibliothek, genauer gesagt deren Liturgica, darüber informiert, dass die Bursfelder Reform dann im ausgehenden 15. Jahrhundert gerade von Hirsau nach Frauenalb vermittelt wurde.[23] Im frühen 16. Jahrhundert haben die Frauenalber Nonnen selbst eine Reihe handschriftlicher Gebets- und Andachtsbücher, meist in deutscher Sprache, verfasst, die neben der beachtlichen Schreibtätigkeit sicher auch die Hirsauer Impulse noch widerspiegeln. Neben Frauenalb dürfen wir auch die Benediktinerinnen in Urspring dem Hirsauer Reformkreis zurechnen, da zwei Reformstatuten von 1474/75 aufgefunden wurden, die auf Visitationen durch die Äbte von Hirsau, Wiblingen und Blaubeuren zurückgehen[24] (Abb. 4).

Gleichzeitig mit Frauenalb hatten die Hirsauer die Reform von Gottesaue, Schwarzach und Alpirsbach angesetzt,[25] die zunächst allerdings nur in Gottesaue mit dem gemeinsamen Beitritt zur Bursfelder Union 1458 programmatischen Ausdruck fand.[26] Von der Gottesauer Bibliothek bzw. dem geistigen Profil des kleinen, kaum mehr als zwölf Personen umfassenden Konvents, sind allerdings nur kümmerliche Reste überliefert. Über den Bereich der pragmatischen Schriftlich-keit, die Urkunden und Amtsbücher können wir immerhin den mit der Reform einhergehenden professionalisierten Umgang mit der Schriftlichkeit verfolgen: Nach einer Zeit der Verwahrlosung des Klosterarchivs werden die Dokumente im späteren 15. Jahrhundert wieder sorgfältiger gepflegt, die schriftliche Verwaltung wird ausgebaut und differenziert eingesetzt.[27] Auch hier steht das persönliche Interesse des damaligen Abtes Martin († 1488) als Antrieb dahinter: Neufassungen des Nekrologs und der Klosterannalen datieren in seine Zeit, er selbst dokumentiert vielfach eigenhändig und in flüssigem Latein seine Bemühungen um die Schriftführung und Ordnung der Überlieferung auf den Urkunden (Abb. 5).

Auch einen versteckten Hinweis auf die geistige Kreativität der Gottesauer Brüder gibt es: Auf einem wiederverwendeten Homiliarfragment findet sich am Rand neben Einkünftevermerken zum Jahr 1495 eine kleine Notiz, die derselbe Mönch unvermittelt zwischen die profanen Daten fügte: *Salve Mater / Salvatoris*, also eine Variante des „Salve Regina", ein Hymnus, der sich später zu den bekannten Marienliedern entwickelte.[28] Jedenfalls belegt dieser Schreiber in seiner musischen bzw. marianischen Begeisterung eine gewisse Originalität, die leider nur beispielhaft für das eigene geistige Profil seines Klosters um 1500 stehen kann (Abb. 6). Der Bauernkrieg von 1525 führte auch in Gottesaue, wie in den meisten südwestdeutschen Klöstern, zu weitreichenden Zerstörungen von Archiv und Bibliothek, die Reste dürften wie etwa auch in Hirsau von flüchtigen Konventualen weggeführt worden sein und damit auch unsere Kenntnisse von ihren weiteren literarischen Interessen.

Neben den benannten Klöstern war es vor allem Alpirsbach, dessen Reform von Hirsau aus nachhaltig durchgeführt wurde. Gleichzeitig mit Frauenalb war Abt Wolfram 1451 auch mit der Reform dieses Klosters durch das Provinzialkapitel beauftragt worden.[29] Ihm wurde dabei die Vollmacht erteilt, notfalls Mönche aus anderen Klöstern nach Alpirsbach zu versetzen. Doch stieß das Reformvorhaben zunächst noch auf massiven Widerstand, und erst durch den Druck der Landesherrschaft ging es voran: Graf Eberhard von Württemberg übertrug 1470 wegen der katastrophalen Zustände vor Ort die Reform des Konvents Abt Bernhard von Hirsau. Durch den Einsatz von sechs Wiblinger Mönchen sollte der Konvent erneuert und reformiert werden. Dies gelang schließlich vor allem Abt Hieronimus Hulzing (1479–1495), der mit Unterstützung Graf Eberhards 1482 auch den Anschluss an die Bursfelder Kongregation erlangte.

Benediktinisches Mönchtum in Zeiten des Umbruchs und der Erneuerung

Abt Hieronimus kam wie sein Vorgänger Abt Georg Schwarz aus dem Skriptorium des Klosters Wiblingen. Den beiden sind umfangreiche Bücheranschaffungen zu verdanken, die Klaus Schreiner anhand eines Katalogs von 1619 beschreiben konnte.[30] Da aus der einstigen Alpirsbacher Bibliothek darüber hinaus nur einige wenige Bücher, vor allem Inkunabeln, überliefert sind, erscheint eine Neuentdeckung umso wichtiger, die uns ein zeitnahes Bild ihres Profils vermittelt: ein bislang unbekanntes „Inventarium der Bücher zu Alpirsbach", das bereits 1539 niedergeschrieben und 1545 renoviert wurde.[31] Gegenüber dem bekannten Katalog von 1619, der etwa 150 Stücke nennt, umfasst das Inventar fast die doppelte Anzahl an Büchern und lässt damit bereits die mit der Reformation des Klosters nach 1534 einhergehenden Verluste erahnen.

Freilich kann an dieser Stelle nur eine knappe Wertung des Alpirsbacher Buchbestandes erfolgen, wobei uns vor allem wieder die außergewöhnlichen Interessen des Konvents beschäftigen sollen. Neben den Liturgica und der einschlägigen geistlichen Literatur, die hier wiederum das charakteristische Reformprofil zeigt, sind auch in Alpirsbach die kirchen- und staatsrechtliche sowie die philosophisch-rhetorische Ausrichtung zu erkennen. Occam, Scotus und Marsilius sind vertreten, und Aristoteles wurde hier ebenso rezipiert wie in Hirsau. Als ‚Klassiker' wären noch Cicero und Plutarch zu nennen. Daneben findet sich auch historische und naturwissenschaftliche Literatur: die *Legenda aurea* (*Lambartica historia*) war gleich mehrfach vorhanden, ebenso etliche Chroniken (*Chronica Anthonine*, *Justinus historicus*) und der *Liber physicarum*.

An deutschsprachigen Werken ist hingegen kaum etwas in die Bibliothek gelangt: *Ain buch von alten Lantrechten*, eine deutsche Bibel. In dem jüngeren Bibliothekskatalog von 1619 finden sich allerdings neben einigen historiographischen Werken über das ältere Inventar hinaus noch zwei deutschsprachige Handschriften des 15. Jahrhunderts, die aus dem Rahmen fallen: Eine *Lehren an die Minnen der seel*, geschrieben von Michel Schumacher, der bislang allerdings nicht als Alpirsbacher Konventuale nachweisbar ist. Im Katalog heißt es des Weiteren: *Ein uhralt geschriben buch von 24 alten lehrern, geschrieben von Georg Wölfflin von Rötenbach*.[32] Dabei handelt es sich um die Sentenzensammlung Ottos von Passau *Die 24 Alten oder der goldene thron der minnenden Seele*, eine Handschrift, die Felix Heinzer unter den Beständen der Württembergischen Landesbibliothek in Stuttgart nachweisen konnte.[33] Der Schreiber nennt sich hier Jörg Wölfflin von Röttenbach, er schrieb den Text 1477 für seinen Gönner

6 Homiliarfragment (9. Jahrhundert) aus Kloster Gottesaue mit Nachtrag eines Marienhymnus (um 1500)

Peter Rieder von Oberndorf. Bemerkenswerterweise nimmt Wölflin in seinem Nachwort ausführlich Bezug auf aktuelle politische Ereignisse, die Burgunderkriege und den Tod Karls des Kühnen im gleichen Jahr.

Dieser Jörg Wölfflin ist ebenfalls nicht als Alpirsbacher Konventuale nachweisbar, sondern offensichtlich identisch mit dem geistlichen Verwalter Georg Wölfflin, der 1468 als Zinsvogt der Klosterpfarrei im benachbarten Lombach amtierte und noch 1475 in württembergischen Diensten stand.[34] Es ist gut vorstellbar, dass er als Vertreter der Landesherrschaft bei der Alpirsbacher Reform kräftig mitwirkte. Von ihm heißt es damals, dass er gemeinsam mit dem aus Wiblingen gekommenen Prior Victor Niger die Haushaltung des Klosters betreffende *geschriften* hinweggeführt haben soll.[35] Hier findet sich ein weiteres biographisches Beispiel für einen profanen Verwaltungsmann, dessen literarische Interessen ihn auch zum Produzenten geistlicher Literatur machten, die er im klösterlichen Milieu verbreitete; in einem benediktischen Milieu, das zunächst keineswegs typisch für die Rezeption volkssprachlicher Erbauungsliteratur ist; eine Art von Literatur, die hier ein unübliches Laieninteresse widerspiegelt.

Wölfflin steht also gleichzeitig für die landesherrliche Steuerung der Klosterreform, die Wirtschaftsfüh-

7   St. Ulrich und Afra in Augsburg auf dem Stadtplan von Jörg Seld (1521)

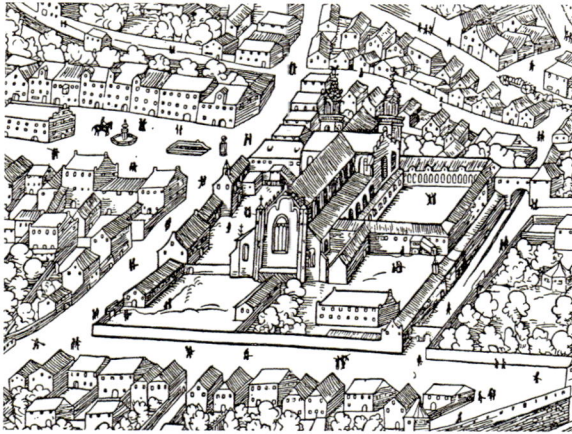

rung und pragmatische Schriftlichkeit, wie auch für chronikalische Notizen und literarische Neigung. Auch wenn er außerhalb des Konvents stand, rezipierten die Alpirsbacher Mönche seine Texte, profitierten von seiner geistigen Leistung und öffneten sich für seine Interessen.

Benediktinische Buchkunst und ihre Verbreitung

Wenden wir uns damit den Klöstern der Melker Observanz näher zu und dabei besonders den Erzeugnissen ihrer Buchkunst. Es waren doch besonders die der Melker Richtung angeschlossenen Klöster, deren Reformstreben nicht nur im formgerechten Vollzug ritueller Gewohnheiten aufging, sondern im gemeinsamen Leben „aus dem Geist einer Tradition, in der Lektüre, Wissenschaft und Frömmigkeit einen unverrückbaren Platz hatten".[36] Freilich war die Melker Observanz zunächst nur ein auf gemeinsamen Interessen und persönlichen Verbindungen aufgebauter Verband autonomer Einzelklöster, dem es – anders als der Bursfelder Union – an festen organisatorischen Strukturen mangelte.

Als Wegbereiter der Melker Reform in Süddeutschland galt zunächst Kloster Wiblingen, von wo aus sowohl das benachbarte Blaubeuren wie anschließend auch das ehemals staufische Hauskloster Lorch der Reform zugeführt wurden (vgl. Abb. 2). Daneben wirkten Melker Konventualen ab 1441 mit Unterstützung des Augsburger Bischofs unmittelbar in der altehrwürdigen Abtei St. Ulrich und Afra in Augsburg, die bald als leuchtendes Zentrum Melker Reformbestrebungen angesehen wurde; dies allerdings sicher nicht wegen der hier besonders streng gehaltenen Klausur und As-

kese, sondern vor allem wegen der großartigen Blüte seiner Buchproduktion und Schreibkunst.

Konnte bis um die Mitte des 15. Jahrhunderts von einem besonders regen geistigen Leben in Sankt Ulrich und Afra nicht die Rede sein, so erlangt hier mit der Einführung der Melker Reform auch die literarische Produktion eine neue Dimension.[37] Auf Veranlassung des nicht eben reformbegeisterten Abtes Johannes Höchensteiner schreibt jetzt der Konventuale Sigismund Meisterlin (1435–1479) seine berühmte *Chronica Augustana*, die den Zusammenhang des sog. ,Klosterhumanismus' mit der reichsstädtischen Geschichtsschreibung bereits deutlich macht.[38] Ausgehend vom eigenen Herkommen und in bewusster Rückwendung zu den monastischen Traditionen werden Kloster- und Stadtgeschichte miteinander verknüpft; den größeren herrschaftlichen Bezugsrahmen bieten dabei das Land bzw. Herzogtum Schwaben und die staufische Dynastie.

Unter dem Abt Melchior von Stammheim (1458–1474) erreichte die Umsetzung der Klosterreform in Sankt Ulrich und Afra bereits einen frühen Höhepunkt. Abt Melchior war aus Melk über Wiblingen nach Augsburg gekommen und ließ hier bemerkenswerterweise 1472 die erste Buchdruckerei der Stadt einrichten. Ihm ging es dabei in erster Linie um die Vermehrung seiner Bibliothek durch das neue Druckverfahren, wohl aber auch um liturgische Vereinheitlichung im Sinne der Reform, die über den Druck ja einfach erzielt werden konnte. Dabei fanden sich im Druckprogramm Melchiors von Stammheim entsprechend auch profane Texte, vor allem Chroniken wie die *Historia Friderici*, die Geschichte Friedrich Barbarossas nach Burchard von Ursberg, zusätzlich geschöpft aus den einschlägigen Quellen des Klosters Lorch. Sie sollte anschließend auch wieder ihren Rückweg in die Lorcher Bibliothek finden – die engen gegenseitigen Beziehungen der beiden Klöster deuten sich hier bereits an. Gleichzeitig verfolgte Abt Melchior mit dem Neubau der Klosterkirche (1467) nicht nur ein umfangreiches Bauprogramm, sondern er ließ auch die große Büchersammlung des Klosters (1471) an einen für die öffentliche Nutzung zugänglichen Anbau verlegen (Abb. 7). Wir haben hier die ,Öffnung' des Klosters als zentrale Bildungsinstitution der Reichsstadt deutlich vor Augen.

Mit dem Tod Melchiors von Stammheim wurde dann die Klosterdruckerei jedoch nicht mehr weiterbetrieben und die Buchproduktion in Sankt Ulrich und Afra ganz auf Kalligraphie und Buchmalerei zugeschnitten – für die an den benediktinischen Traditionen orientierten Mönche sicher angemessenere Ausdrucksformen reformerischer Ambitionen. Wir begegnen damit Leonhard Wagner, dem berühmtesten Schreibmeister seiner Zeit, seinem klösterlichen Umfeld, seinem Werk und dessen Ausstrahlung: Wagner wurde 1453 oder 1454 im nahen Schwabmünchen geboren und war 1472 in Sankt Ulrich und Afra eingetreten. Ab 1500 wirkte er kurzfristig als Subprior in Irsee. Anschließend finden wir ihn wieder in Augsburg und dann zwischen 1508 und 1512 vor allem auf Reisen im deutschen Südwesten, bevor er nach Sankt Ulrich und Afra zurückkehrt, wo er 1522 stirbt (Abb. 8).

Zeitgleich mit Wagner wirkte in der Abtei der Klosterchronist Wilhelm Wittwer, dessen *Catalogus abbatum* von 1497 eine zentrale Quelle für die Klostergeschichte darstellt. Damals soll die Bibliothek des Klosters 1000 Bände umfasst haben, und vor allem das starke Interesse an neuen Quellen für die Ordens- und Klostergeschichte förderte ihren Ausbau. Wittwer selbst begab sich nach Hirsau, an das Grab des berühmten hochmittelalterlichen Reformabts Wilhelm († 1091) – seines Namensvetters und Vorbilds –, um dessen Grabinschrift zu notieren. Über die Klöster Blaubeuren bzw. Wiblingen wurde die *Vita Wilhelmi* gleich mehrfach für die Klosterbibliothek besorgt, und in Lorch ließ sich Wittwer (1489) die Legende der hl. Afra kopieren. Zeitgleich (1487) wurde auch die Gebetsbruderschaft des Augsburger Konvents mit den Hirsauern erneuert, die zwar mittlerweile der Bursfelder Reformkongregation angehörten, aber, wie beschrieben, ihre Verbrüderungen unabhängig davon mit den benachbarten reformorientierten Klöstern wiederzubeleben suchten.

Leonhard Wagner ist zu dieser Zeit gerade mit großen Schreibaufträgen für kostbare Liturgica beschäftigt. Nachdem er zuvor bereits einige kleinere Mess- und Gebetbücher geschrieben hatte, fertigt er in den Jahren 1489/90 im Auftrag seines Abtes Johannes von Gültlingen (1482–1496) ein großes Graduale, das von seinem Mitbruder Conrad Wagner († 1496) prächtig illuminiert wird. Bald darauf arbeitet er an einem großartigen Psalter für den Chor, den jetzt allerdings die Augsburger Werkstatt des Georg Beck ausmalen sollte (Abb. 10). Wagners Schreibkunst ist mittlerweile so bedeutend, dass ihn Abt Johannes wie auch Wilhelm Wittwer (1493/1497) als *optimus [...] scriptor diversarum scripturarum* rühmen. Prominente Aufträge, sogar von König Maximilian, gehen jetzt an ihn.

Für seine Schreibarbeiten an den neuen Chorbüchern wird Leonhard Wagner gemeinsam mit seinem Schüler Balthasar Kramer von allen Arbeiten und vom

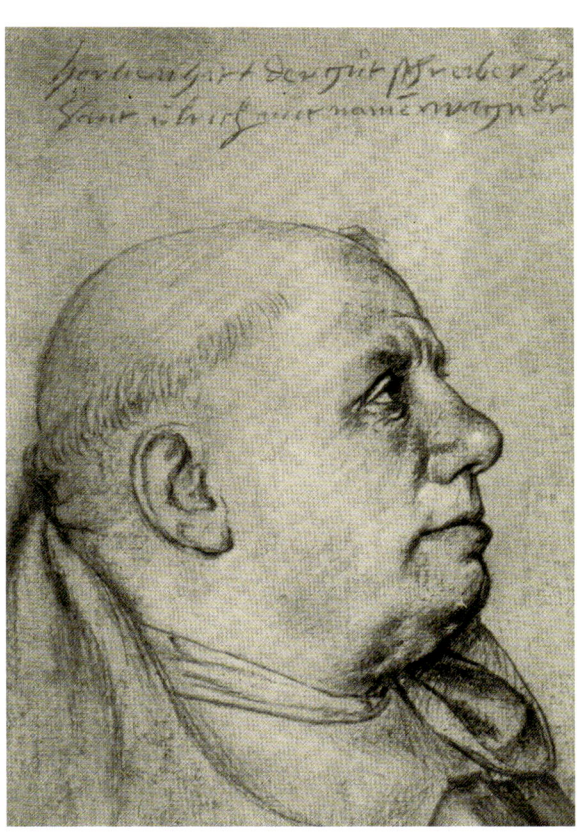

8 Leonhard Wagner († 1522), Silberstiftzeichnung von Hans Holbein d.Ä.

Chordienst befreit. Ihre Schreibkunst gilt ebenso als gottgefälliges Werk wie die Einhaltung der Gebetszeiten. Für Wagner selbst ist sein Schreiben so wichtig, dass er bald ein eigenes Werkverzeichnis anlegt, das von ihm immer wieder aktualisiert wird und schließlich 49 Titel umfassen sollte. Freilich war es damit keineswegs vollständig, geht doch die Forschung mittlerweile von mindestens 65 Codices des Meisters aus.

Verfolgen wir anhand Wagners Vita und Werk im Besonderen seine Kontakte außerhalb der Klostermauern, dann fällt neben den namhaften Auftraggebern und der Zusammenarbeit mit Augsburger Illuminatoren, wie der genannten Beck-Werkstatt, besonders seine Reisetätigkeit ins Gewicht. Seine Zeit als Subprior in Irsee hatten wir bereits angesprochen. Nach seiner Rückkehr 1502 bekleidet Wagner in Sankt Ulrich und Afra verschiedene Ämter, die ihm aber wegen seiner Arbeitsüberlastung schnell wieder abgenommen werden. Nach eigener Aussage beginnt Leonhard Wagner dann 1507 mit seinem berühmtesten Werk, das ihm seine Meisterschaft unter den Kalligraphen seiner Zeit und bleibenden Ruhm sichern sollte: der *Proba centum scripturarum* – dem „Musterbuch mit den hundert Schriften". Dieses einzigartige Werk, das auf 50 Pergamentblättern hundert verschiedene Schriftarten vereinigt und als Geschenk für Kaiser Maximilian gedacht war, zeigt die stolze Meisterschaft des Künstlers, der 100 verschiedene Schriften eigenhändig beherrschte.

Von Mai 1508 bis Juli 1509 finden wir Leonhard Wagner auf einer Rundreise durch den deutschen Südwesten, am Bodensee und in der Schweiz (Abb. 9). Seinen eigenen Reiseaufzeichnungen zufolge war er ins Benediktinerkloster Zwiefalten auf der Schwäbischen Alb gerufen worden, dessen Abt Georg Fischer (1474–1513) sich sehr für die Studien seiner Mönche und die Klosterreform einsetzte. Er hatte gerade einen neuen Bibliotheksbau vollendet, um die großartigen Buchschätze seiner Abtei entsprechend unterzubringen. Seine gelehrten Tischrunden besaßen offenbar besondere Anziehungskraft. Im dortigen Skriptorium unterrichtet nun Leonhard Wagner: *ubi instruxi aliquos fratres et dedi eis modum scribendi et notandi* – „dort habe ich einige Brüder unterrichtet und ihnen die Art des Schreibens und der Notation gezeigt". Nach fünf Monaten schickt ihn der Abt in das benachbarte Benediktinerinnenkloster Mariaberg bei Reutlingen, wo er für vier Wochen neun Nonnen wie in Zwiefalten unterrichten sollte. Dann geht es weiter zum Zisterzienserkloster Salem Richtung Bodensee, wo er fünf Wochen Schreibunterricht erteilt, bevor er nach Zwiefalten zurückkehrt. Nach einem weiteren halben Jahr begibt sich Wagner gemeinsam mit Bruder Benedikt aus

Zwiefalten auf Pilgerfahrt nach Einsiedeln, wieder über Salem und Meersburg, von wo aus man unter großen Gefahren den Bodensee überquert. Weiter geht es über Konstanz dann nach Einsiedeln. Nach vollbrachter Pilgerschaft kommt Wagner nach einigen Tagen über Zürich nach St. Gallen, wo er von Abt Franz von Gaisberg (1504–1529) großartig empfangen wird. Über Konstanz, die Reichenau und Salem kehrt er nach Zwiefalten zurück. Wagner verabschiedet sich noch von den Nonnen in Mariaberg, bevor er den Heimweg nach Augsburg antritt. Doch schon kurz darauf begibt er sich abermals nach St. Gallen, wo er sich nun insgesamt über ein Jahr lang bis zum Januar 1511 aufhalten sollte. Er schreibt hier Prachtcodices zur Seligsprechung des Notker Balbulus und studiert in der großartigen Stiftsbibliothek, wo er Aufzeichnungen zur Geschichte des Ordens, Inschriftentexte zur staufischen Geschichte, wie auch eine Anthologie früh- und hochmittelalterlicher Dichtung zusammenstellt.

Dieser über zweieinhalbjährige Reiseaufenthalt im deutschen Südwesten lässt uns den Wirkungskreis der von Leonhard Wagner repräsentierten Augsburger Buchkunst konkret ansprechen: In erster Linie sind die reformorientierten Benediktinerklöster gemeint: Zwiefalten mit Mariaberg, Einsiedeln, St. Gallen, daneben auch die Zisterze Salem. Die jeweiligen Äbte erscheinen als Initiatoren für die Kontaktaufnahme zu dem berühmten Schreibmeister, der nicht nur die Gelehr-

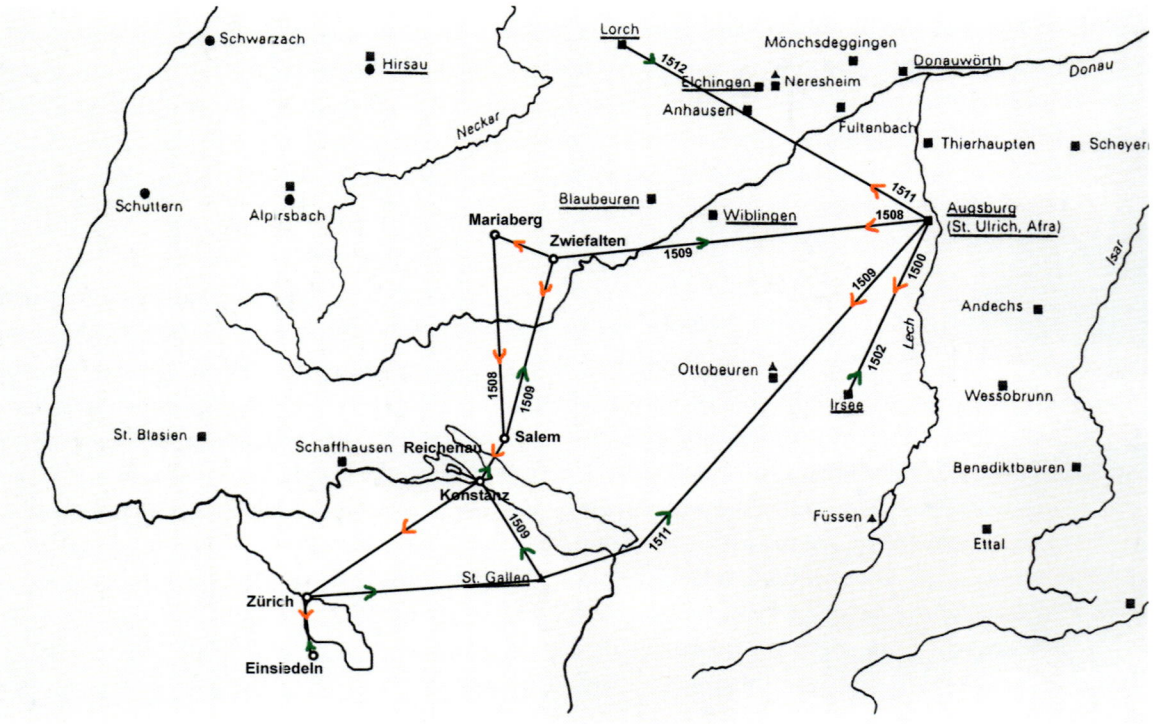

9 Reisewege Leonhard Wagners durch Süddeutschland, 1500–1512.

Benediktinisches Mönchtum in Zeiten des Umbruchs und der Erneuerung

samkeit und Schreibfertigkeit aus einem leuchtenden Zentrum der Reform mitbrachte, sondern vor allem konkrete Nachhilfe im elementaren wie kunstvollen Schreiben bieten konnte. Und zumindest ein Großteil der Mönche und Nonnen ließ sich auch gerne unterrichten, was zumal für die Zisterzienser in Salem, deren Skriptorium nach wie vor einen guten Ruf hatte, durchaus erstaunt. Abt Johannes Scharpfer (1494–1510) scheint den Schreibmeister wohl um Unterstützung zur Vollendung seiner beiden unvollendeten Antiphonarien gebeten zu haben. Aus St. Gallen kennen wir sogar die konkrete Anfrage des Abtes Franz von Gaisberg, einen Schreiber und Illuminator von Sankt Ulrich und Afra in Augsburg zur Vollendung eines Graduale kommen zu lassen, was auf den angesprochenen zweiten Aufenthalt Leonhard Wagners in St. Gallen von 1510/1511 zu beziehen ist. Mit ihm gemeinsam arbeitete damals bereits der Buchmaler Nikolaus Bertschi aus dem St. Gallen benachbarten Rorschach.

Leonhard Wagner scheint seiner Berufung nach Zwiefalten und dann weiter nach St. Gallen und Salem nicht ungern nachgekommen zu sein, seine mehrfachen Aufenthalte dort wie auch in Mariaberg sprechen zunächst für enge persönliche Beziehungen zu den oberschwäbischen Brüdern und Schwestern. Sein Gefährte und Pilgerbruder Benedikt aus Zwiefalten, mit dem er nicht nur nach Einsiedeln pilgerte, sondern auch unter Lebensgefahr den Bodensee überquerte, wird ihm besonders verbunden gewesen sein. Und schließlich gab es in den berühmten Bibliotheken dieser Klöster, allen voran der alten Reichsabtei St. Gallen, die ältesten und bedeutendsten Texte und Schriften zur gemeinsamen Geschichte und Literatur zu finden. Leonhard Wagner studierte, las und schrieb und kehrte mit zahlreichen Abschriften und Informationen nach Augsburg zurück, nicht ohne große Zeugnisse seiner Kunst vor Ort zurückzulassen. Gleichzeitig arbeitete er wohl noch immer an seiner *Proba centum scripturarum*, die jedenfalls vor ihrem Abschluss stand und wofür er die verschiedenen Schriftvorlagen aus den alten Klosterbibliotheken und -archiven gut gebrauchen konnte.

Fragen wir an dieser Stelle nach dem Eindruck und dem Fortwirken der Schreibkunst Leonhard Wagners in seinem südwestdeutschen Schülerkreis, so fallen zunächst die Mönche in St. Gallen und in Salem ins Blickfeld: Bekannt ist ein großartiges Lektionar,[39] das der Mönch Antonius Vogt in einer breiten Rotunda, der Lieblingsschrift seines Meisters Wagner, noch 1527 in St. Gallen schreiben sollte; Nikolaus Bertschi hat auch dieses anschließend ausgemalt. In Salem war es der Mönch Paulus Goldschmidt aus Urach († 1521),

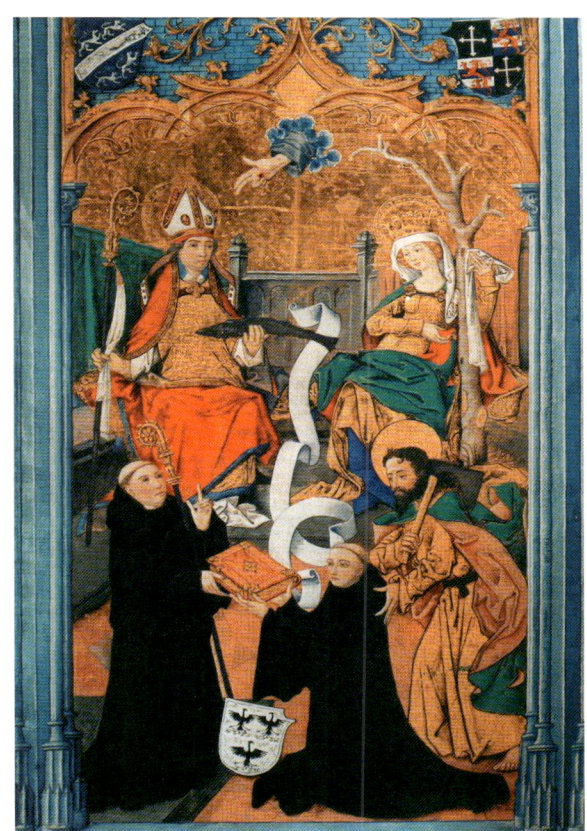

10 Leonhard Wagner überreicht einen Psalter vor den Klosterpatronen von St. Ulrich und Afra in Augsburg an seinen Abt Johannes von Gültlingen. Dedikationsbild, 1495

der für seinen Abt Jodokus Necker (1510–1529) nach 1510 ein großes Graduale anlegte.[40] Goldschmidt hatte zuvor ebenfalls zu den Schülern Leonhard Wagners in Salem gehört und als sein Hauptwerk dieses Graduale hinterlassen. Noch weitere Salemer Mönche lassen sich Wagners Schülerkreis zuordnen, so etwa Jacobus von Lützel († 1512) und Valentin Buscher, deren Signaturen sich in den angesprochenen Antiphonarien von 1509 finden, die damals mit Hilfe Leonhard Wagners vollendet wurden.

Ist mit diesen Beispielen zumindest ansatzweise von einer ‚Leonhard-Wagner-Schule‘ im deutschen Südwesten zu sprechen, so kommen wir abschließend zu Wagners berühmtestem Schüler, Laurentius Autenrieth von Lorch, und mit diesem zu besonders prachtvollen Erzeugnissen der zeitgenössischen Buchkunst, den Lorcher Chorbüchern.[41] Die erhaltenen drei von ehemals fünf mächtigen Bänden, zwei Antiphonarien und ein Graduale, lassen nicht nur die Qualität und Ausstrahlung der Augsburger Buchkunst, sondern vor allem auch die Kontexte ihrer Vermittlung im deutschen Südwesten deutlich fassen.

In Lorch treffen wir zunächst wieder auf Leonhard Wagner und Nikolaus Bertschi. Beide arbeiten in den Jahren 1511/1512 zentral an dem wohl bereits im Herbst

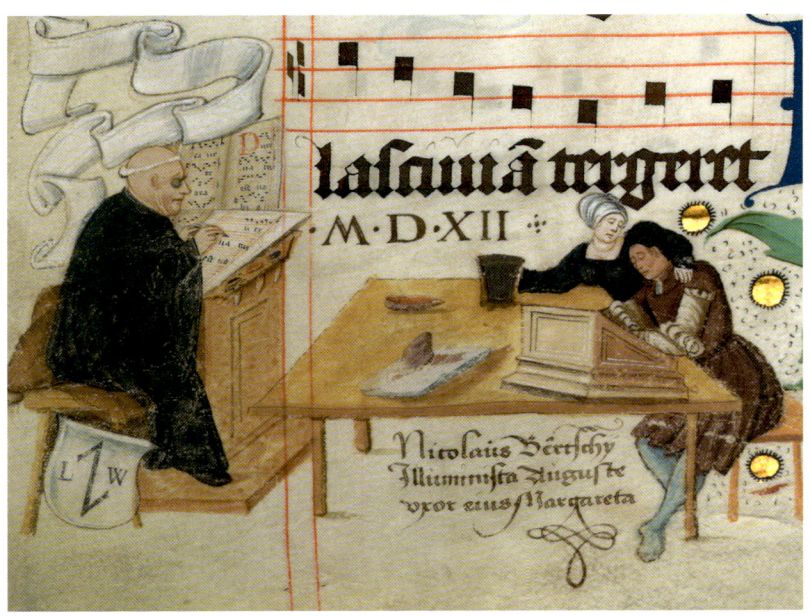

ger Laurentius, kraftvoller Streiter, bete für mich" (Abb. 12). Beide Male wird er durch das beigefügte Wappen mit dem Monogramm *L. V. – Laurentius Vtenriedt* identifiziert. Der Mühlstein im Wappenschild verweist auf seine Herkunft als Müllersohn aus Blaubeuren.

Bald nach Abschluss des Chorbuchprojekts sollte Laurentius Autenrieth in Lorch zum Prior ernannt werden und damit als Stellvertreter des Abts besonders für die Aufsicht über den Konvent und das Klosterleben zuständig sein. Jetzt schreibt er an einem neuen Werk, einer ganz persönlichen Arbeit, die seine kalligraphischen Interessen und Fähigkeiten professionell zum Ausdruck bringen konnte: ein Schriftmusterbüchlein, das auf sechs Blättern verschiedene Schriftarten in vorbildlicher Ausführung zeigt.[43]

Damit treffen wir hier wieder auf den Namen des Mannes, mit welchem Autenrieth bereits an den Lorcher Chorbüchern zusammengearbeitet hatte: Leonhard Wagner, dessen *Proba centum scripturarum* wir als deutliches Vorbild für Autenrieths Schriftmuster erkennen. Auch Laurentius Autenrieth darf man also unter die Schüler dieses großartigen Meisters rechnen: Im Jahr 1520 vollendet er sein – freilich viel bescheideneres – Schreibmusterbüchlein, das er selbst „Formulare" nennt und seinem Benediktinerbruder Blasius in Blaubeuren widmet – nicht dem Kaiser wie Leonhard Wagner. Jedenfalls erreichte Autenrieths Büchlein seinen Adressaten, während es von Kaiser Maximilian heißt, dass er das großartige Geschenk des Schreibmeisters Wagner nicht annehmen wollte.

Kaiser Maximilian starb 1519 und bereits wenig später, am 1. Januar 1522, sollte auch Leonhard Wagner das Zeitliche segnen. Mit der Einführung der Reformation war auch die Zeit der Augsburger Buchkunst, die wir vor allem als repräsentativen Ausdruck der Klosterreform in ihrer Melker Ausrichtung und damit auch als liturgisches Programm kennengelernt haben, vorbei. Der Buchdruck beherrschte jetzt den Markt, die vorgestellte ‚Hochblüte' der Kalligraphie und Buchmalerei sollte bald vergehen. Der spirituelle Gehalt der Buchmalerei mit ihrer eigenen liturgischen Bedeutung in ganzheitlicher Verbindung mit dem Text war auf dem reformierten Buchmarkt nicht mehr gefragt.

Epilog

Am Beispiel der prominenten Schreibmeister und Benediktinermönche Leonhard Wagner und Laurentius Autenrieth haben wir nicht nur qualitätsvolle Buchproduktion mit programmatischem religiösem Anspruch

11 Leonhard Wagner als Notator am Schreibpult und Nikolaus Bertschi mit seiner Frau am Maltisch. Ausschnitt aus dem Lorcher Graduale von 1511/1512

1510 begonnenen Großprojekt der Chorbücher mit. Leonhard Wagner schreibt die Noten für das Graduale und Nikolaus Bertschi hat für die Ausmalung aller fünf Chorbücher zu sorgen. Die berühmten Darstellungen von Leonhard Wagner und Nikolaus Bertschi im Lorcher Graduale zeigen die beiden Protagonisten umgeben vom Netzwerk der Initiatoren und Mäzene des Projekts: links die Repräsentanten der kirchlichen Reform, zunächst die Äbte von Lorch, Sankt Ulrich und Afra sowie der Fürstpropst von Ellwangen, am oberen Rand der württembergische Landesherr mit seinen Teilwappen, die das Reichswappen flankieren. Darunter sieht man die beiden Meister bei der Arbeit (Abb. 11), der Mönch Leonhard Wagner, bezeichnet mit einem Wappenschild, das seine Initialen *LW* sowie die Wolfsangel, sein Hauszeichen, zeigt. Mit dem Hornzwicker auf der Nase sitzt er am Schreibpult, das mit drei Tintenfässern bestückt ist. Er setzt gerade die Notationen in die bereits linierten und beschriebenen Blätter ein, wobei er ein Graduale als Vorlage benutzt.

Hauptschreiber und örtlicher Koordinator des Chorbuchprojekts war Laurentius Autenrieth. Er war hier zumindest mit dem Gesamttext am Graduale und dem Sommerteil eines der beiden Antiphonarien beteiligt. Im Antiphonarium ist er seinem Lorcher Mitbruder, dem Notenschreiber Michael Keuerleber, im Bild gegenübergestellt. Sein Gebet lautet hier: „O Vater der Barmherzigkeit, Gott allen Trostes, erbarme dich meiner als einem Sünder."[42] Im Graduale erscheint er neben der Darstellung des Martyriums seines Namenspatrons, des hl. Laurentius, den er hier als Helfer anruft: „Heili-

Benediktinisches Mönchtum in Zeiten des Umbruchs und der Erneuerung

kennengelernt, ihre Biographien und Werke stehen auch für die speziellen geistigen und ästhetischen Ambitionen und Möglichkeiten des kulturellen Austauschs, von Kommunikation und Mobilität in der süddeutschen Klosterlandschaft vor der Reformation. Als bedeutende Protagonisten der spätmittelalterlichen Klosterreform sind uns Mönche begegnet, deren Karrieren ebenso unmittelbar mit der Schriftlichkeit verbunden waren. Männer aus bürgerlichen Schichten sind es vor allem, die das neue Reformprogramm der alten Konvente repräsentieren, die sich als Fachleute der Klosterverwaltung profilieren und deren literarische Interessen in den Skriptorien und Bibliotheken ihrer Klöster umgesetzt werden. Die Äbte des späteren 15. Jahrhunderts, wie etwa Abt Blasius von Hirsau, Abt Martin von Gottesaue oder Abt Melchior von Sankt Ulrich und Afra in Augsburg, stehen in aller Regel dafür.

Das an den normativen Vorgaben der benediktinischen Reform orientierte Bild der monastischen Schriftkultur vermittelt so den Eindruck einer relativ autarken süddeutschen Klosterlandschaft, deren regionales Profil im 15. Jahrhundert durch die reformorientierten, ineinandergreifenden Netzwerke – von den Landesherrschaften über die benediktinischen Reformkongregationen und die leuchtenden Augsburger Humanistenkreise bis hin zu den klösterlichen ‚Schreibschulen' – eigene Gestalt gewinnt.

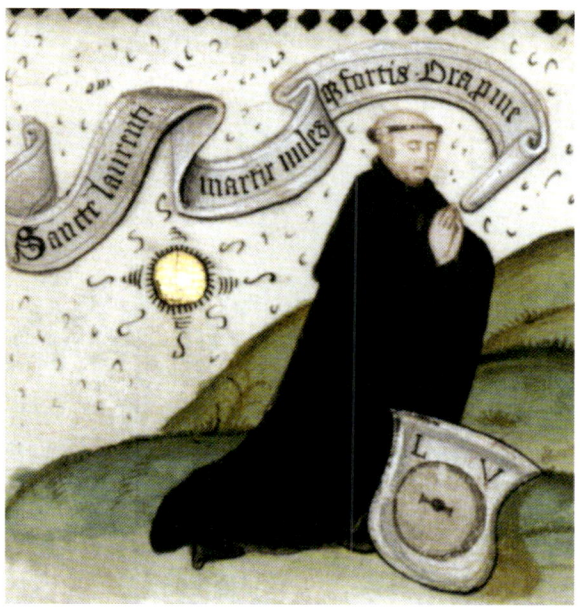

12   Der Lorcher Schreiber Laurentius Autenrieth vor seinem Namenspatron. Ausschnitt aus dem Lorcher Graduale von 1511/1512

1   Grundlegend: Schreiner 1986; Schreiner 1992.
2   Vgl. Schreiner 1988, daneben auch Müller 2006.
3   Vgl. auch Palmer/Schiewer 2003.
4   Vgl. Schreiner 2003; dazu auch Mertens 2001.
5   Dazu zuletzt Rückert 2009.
6   Zum Folgenden: Schreiner 2003, 92ff.; zu Gottesaue Rückert 2000.
7   Die Beschlüsse des Provinzialkapitels sind gedruckt bei Zeller 1922.
8   Vgl. etwa für Alpirsbach Köpf 2001, 610f., ansonsten Schreiner 1964.
9   Zuletzt: Möncke 2003 sowie Studt 2008.
10   Schreiner 2003, 96.
11   Köpf 2001, 611f.
12   Williams 1986/87, 43.
13   Vgl. die Publikation der Bursfelder Rezesse bei Volk 1955 sowie die Präsenz- und Absenzlisten bei Möncke 2003, 41ff.
14   Vgl. den Überblick bei Schreiner 2003.
16   Schreiner 1964, 82f.
16   Ausführlicher dazu: Heinzer 1991, 280ff.
17   Z.B. Hauptstaatsarchiv Stuttgart H 102/34 Bd. 5 von 1482.
18   Schreiner 1964, 323.
19   Heinzer 1991, 291f. Von den gut 30 bekannten Hirsauer Inkunabeln gehört ca. ein Fünftel in diesen Bereich.
20   Vgl. Hauptstaatsarchiv Stuttgart, Bestand A 491.
21   Hauptstaatsarchiv Stuttgart A 491 U 43.

22   Vgl. etwa Hauptstaatsarchiv Stuttgart A 491 U 55 von 1456.
23   Dazu auch Heinzer 2001.
24   Fischer 2001.
25   Hauptstaatsarchiv Stuttgart A 491 U 57.
26   Auch die Frauenalber Nonnen standen mit ihren Gottesauer Brüdern in engem Kontakt; vgl. Rückert 1995, 41.
27   Rückert 2000, 28f.
28   Michels 1995, 21.
29   Köpf 2001, 611ff.
30   Schreiner 1964, 88, Edition: 319ff.
31   Hauptstaatsarchiv Stuttgart A 470 Bü 86.
32   Schreiner 1964, 322.
33   Württembergische Landesbibliothek Stuttgart theol. 2° 63.
34   Hauptstaatsarchiv Stuttgart A 470 U 958.
35   Schreiner 1964, 322; Hauptstaatsarchiv Stuttgart A 470 Bü 4.
36   Schreiner 1986, 135.
37   Vgl. zum Folgenden ausführlicher Rückert 2009 (mit Einzelnachweisen).
38   Vgl. Graf 1995.
39   Stiftsbibliothek St. Gallen L. 540.
40   Universitätsbibliothek Heidelberg Cod. Sal. XI, 3.
41   Ausführlicher dazu Heinzer 2004 und Rückert 2004.
42   Vgl. auch die Abbildung ebd., Tafel 65.
43   Württembergische Landesbibliothek Stuttgart Cod. hist 4° 197.

Literatur:

Zeller 1922. – Volk 1955. – Schreiner 1964. – Schreiner 1975. – Brecht/Ehmer 1984. – Schreiner 1986. – Williams-Krapp 1986/1987. – Schreiner 1988. – Stievermann 1989. – Heinzer 1991. – Schreiner 1992. – Graf 1995. – Mertens 1995. – Michels 1995. – Rückert 1995. – Groiß 1998. – Rückert 2000. – Fischer 2001. – Heinzer 2001. – Köpf 2001. – Mertens 2001. – Rückert 2001. – Heinzer 2002. – Möncke 2003. – Palmer/Schriewer 2003. – Schreiner 2003. – Heinzer 2004. – Rückert 2004. – Müller 2006. – Hammer 2007. – Heinzer 2008. – Studt 2008. – Rückert 2009.

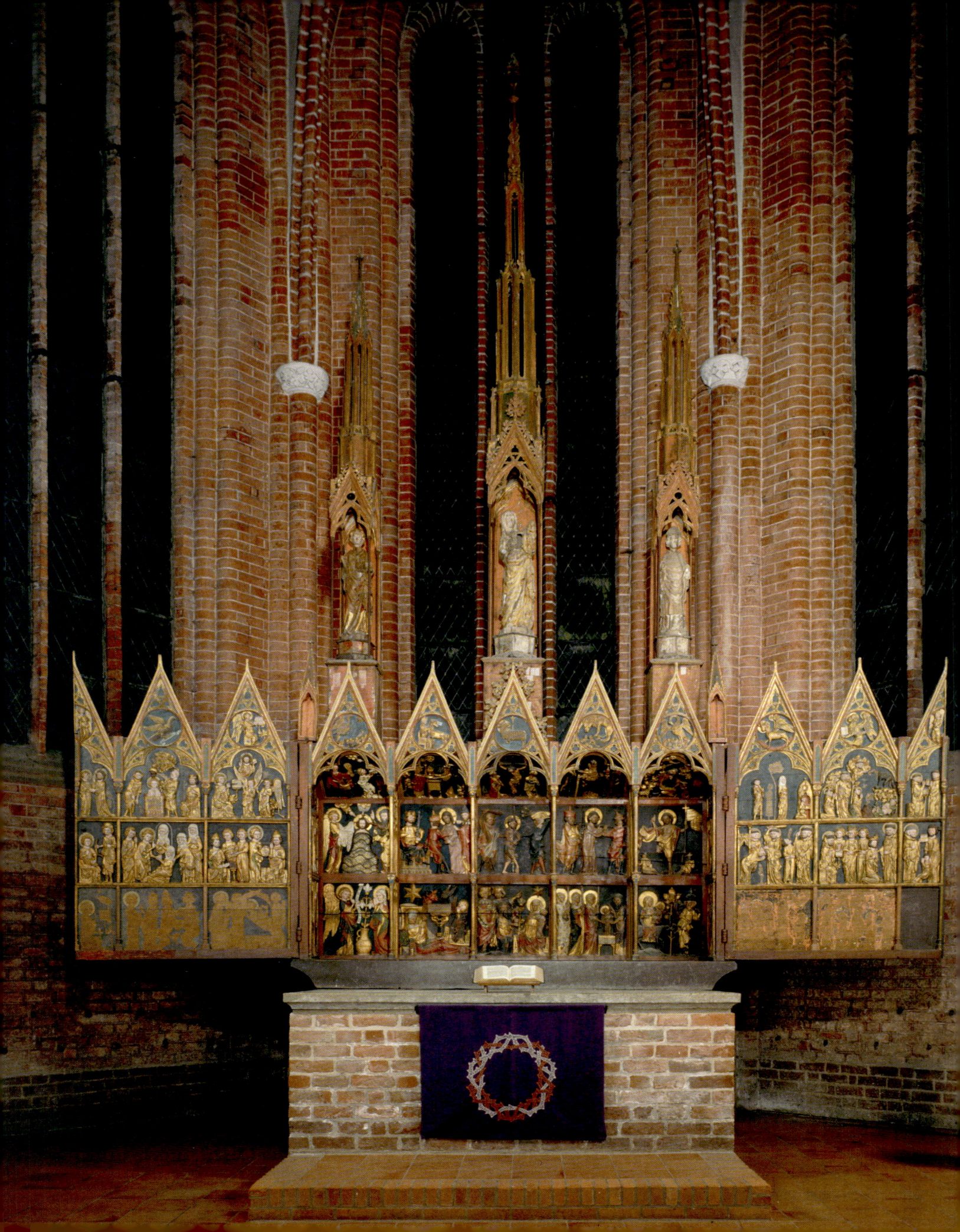

SPÄTMITTELALTERLICHE KIRCHENAUSSTATTUNGEN DES BENEDIKTINERORDENS IM DEUTSCHSPRACHIGEN RAUM

Holger Kempkens

D ie Kirchen des Benediktinerordens erlebten in der Zeit des Spätmittelalters – wie Dom- und Stiftskirchen, Kloster- und Stadtpfarrkirchen – eine Phase der Neuausstattung, insbesondere bei Neubauten.

Folgender Überblick stellt deshalb einige markante Beispiele von Männer- und Frauenklöstern des Benediktinerordens im deutschsprachigen Raum vor und möchte anhand derer einige charakteristische Merkmale und Eigenheiten herausarbeiten und untersuchen, ob es im Spätmittelalter – ähnlich wie im Zisterzienserorden[1] – eine ordenstypische, spezifisch benediktinische Kunstauffassung gibt.

Einen besonderen Höhepunkt unter den überkommenen Kirchenausstattungen des Benediktinerordens bildet dabei die in ihrem Umfang und ihrer Erhaltung einzigartige Chorausstattung der Klosterkirche Blaubeuren.

Das Hochaltarretabel in Cismar – einer der ältesten geschnitzten Flügelaltäre

Zu den einprägsamsten Charakteristika spätmittelalterlicher Kirchenausstattungen gehören zweifellos die Flügelretabel der Altäre, seien es nun Werke, deren Darstellungen rein in Tafelmalerei ausgeführt sind oder solche, die von geschnitzten Figuren oder Reliefs geprägt werden.

Am Beginn dieser Betrachtungen steht eines der ältesten Werke dieser Gattung überhaupt, das um 1310/15 entstandene Retabel in Cismar in Ostholstein, das noch heute den Hochaltar der Klosterkirche ziert (Abb. 1). Das Benediktinerkloster Cismar hatte seinen Ursprung im 1177 vom Kloster St. Ägidien in Braunschweig besiedelten Johanniskloster in Lübeck, doch wurde es auf Druck der Lübecker Bürgerschaft um

1238/45 an die heutige Stelle umgesiedelt, wobei man die alten Klosterpatrone Maria, Johannes Evangelist, Ägidius und Auctor beibehielt. Im 15. Jahrhundert schloss man sich der Bursfelder Reform an, das wieder aufgeblühte Kloster blieb bis zu seiner Aufhebung 1560 eines der bedeutendsten Klöster in Holstein.

Ein ab 1238/45 errichteter spätromanischer Kirchenbau wurde in der zweiten Hälfte des 13. Jahrhunderts nach und nach zur heute noch erhaltenen einschiffigen, turmlosen Klosterkirche ausgebaut. Begonnen wurde ab ca. 1256 mit der Chorerweiterung aus Rechteckjoch und stark durchlichteten Fünfachtelschluss. Jenseits des Lettners schließt sich das erst um 1320 ausgebaute Langhaus aus vier queroblongen Jochen an, das als Laienkirche diente, jedoch 1768–1770 profaniert und zu Amtswohnungen umgebaut wurde.

Den erhaltenen Chorraum dominiert bis heute das an ursprünglicher Stelle verbliebene Hochaltarretabel, das noch seine originale Farbfassung besitzt, die vornehmlich von einer umfangreichen Vergoldung bestimmt wird. Den Kern des Retabels bildet das eigentliche Schreingehäuse, das bei geöffneten Flügeln sichtbar wird. Es besteht aus fünf tiefen Nischen mit genastem Rundbogenabschluss und Wimperg. Die durch Maßwerkgitter separierten Nischen waren ehemals durch eingelegte Bretter in zwei Etagen unterteilt. Dementsprechend ist auch die Schreinrückwand in zwei Zonen mit szenischen Reliefdarstellungen untergliedert, hinzu kommen fünf weitere Reliefs an der Innenschräge des Pultdachs. Die Gliederung des Schreins setzt sich mit wenigen Modifikationen auf den Innenseiten der Flügel fort. Durch die drei großen, turmüberhöhten Figurentabernakel über dem Schreingehäuse erreicht das Retabel eine Gesamthöhe von ca. 6,50 m.

Das Cismarer Hochaltarretabel prägen neben dem architektonischen Aufbau insbesondere die vielfältigen figürlichen Darstellungen: So findet sich an

1 Der Chor der Klosterkirche Cismar/ Holstein mit dem hochgotischen Hochaltarretabel, Lübeck, um 1310/15

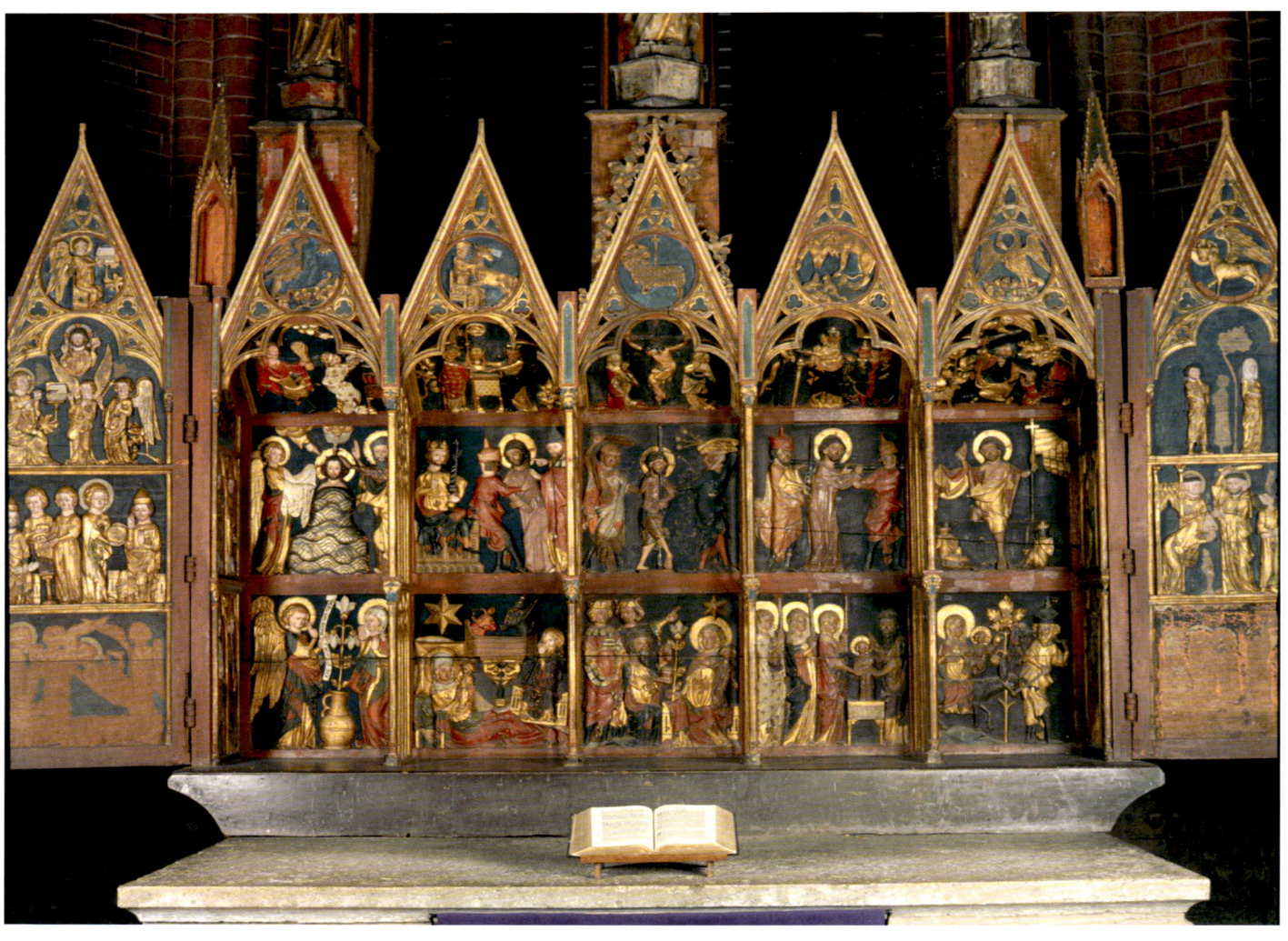

2 Der Schrein des
Hochaltarretabels in
Cismar mit den christo-
logischen Szenen,
Lübeck, um 1310/15

der Schreinrückwand eine christologische Szenen-
folge (Abb. 2), beginnend unten links mit der Verkündigung, es folgen die Geburt Christi, die Anbetung der Hl. Drei Könige, die Darbringung im Tempel und die Flucht nach Ägypten. Im oberen Register
schließen sich die Taufe Christi im Jordan, Christus
vor Pilatus, die Geißelung, die Kreuztragung und die
Auferstehung an. Auf der Schräge erscheint mittig die
Kreuzigung mit Maria und Johannes, auf die sich die
flankierenden alttestamentlichen Szenen als Voraus-
weisung auf den Opfertod Christi und die Eucharistie beziehen: links die Tötung Abels durch Kain, Abraham und Melchisedech, rechts die Erhöhung der
ehernen Schlange sowie die Opferung Isaaks durch
Abraham. Die Seitenwände des Schreingehäuses zeigen jeweils einen weihrauchschwenkenden Engel
sowie in Zweiergruppen angeordnete Heilige: links
Stephanus und Laurentius sowie Georg und Viktor
bzw. Gereon, rechts Katharina und Agnes sowie zwei

weitere weibliche Heilige. Die fünf Medaillons in den
Wimpergen des Schreins zeigen Symboltiere: mittig
das Lamm Gottes mit dem Kreuzstab sowie links den
Adler, der seine Jungen zur Sonne empor trägt, um
sie an deren Strahlkraft zu erproben, und das Ein-
horn mit der Jungfrau, rechts den Löwen, der seine
Jungen nach drei Tagen durch Brüllen zum Leben er-
weckt, sowie den Pelikan, der seine Brut mit seinem
Herzblut ernährt. Sie symbolisieren zentrale heilsge-
schichtliche Begebenheiten. In den Medaillons der
Flügelwimperge finden sich die vier apokalyptischen
Wesen – zugleich die Evangelistensymbole – und zwei
Engel, die weihräuchern bzw. musizieren.

Die Flügelinnenseiten, die nach 1816 in einem Akt
später Bilderstürmerei jeweils die Reliefs ihres unteren Registers einbüßten, zeigen links Szenen aus dem
Leben des Klosterpatrons Johannes Evangelist und
rechts Begebenheiten aus der Vita des Ordensgrün-
ders Benedikt.[2] Die Benedikt-Szenen beginnen links

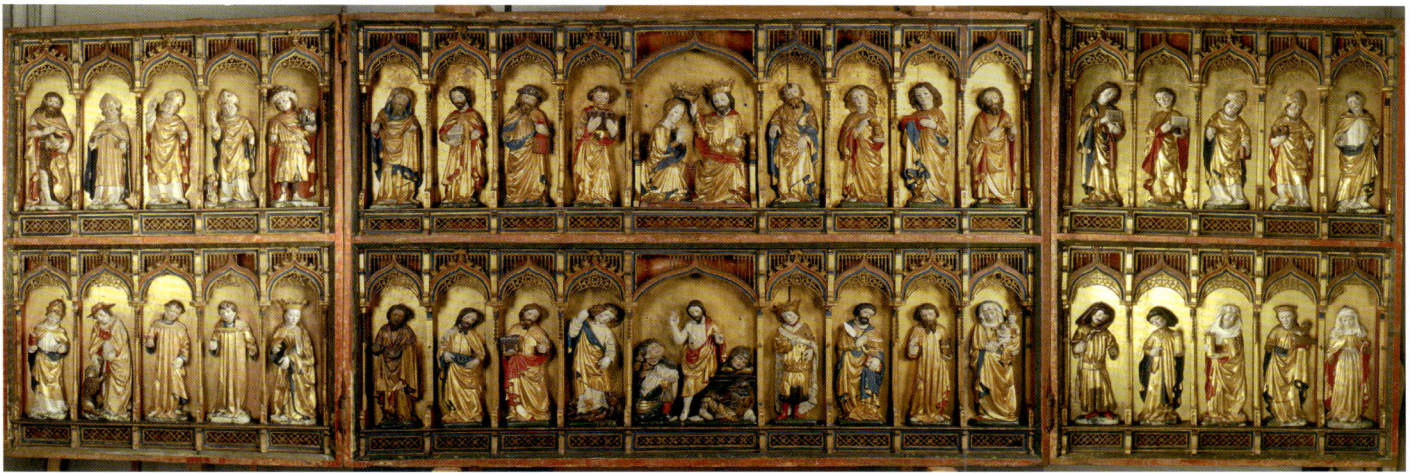

3 Ehemaliges Hoch-
altarretabel der Kloster-
kirche in Preetz/Hol-
stein, Lübeck, um 1430.
Dänisches National-
museum Kopenhagen

oben und zeigen den Abschied von den Eltern und das Sieb-Wunder, Benedikt mit Maurus und Placidus (?) und seinen Kampf mit dem Teufel in Subiaco, den Vergiftungsversuch im Kloster Vicovaro, die Züchtigung eines Mönches und eine Teufelsaustreibung, Benedikt mit den Gesandten des Gotenkönigs Totila und dieser kniend vor ihm, sodann die Erweckung des toten Knaben. Im untersten Register waren einstmals Benedikts Tod in der Kirche und seine Grablegung sowie eine weitere Szene, evtl. das Wunder von Subiaco, dargestellt. Beide Szenenfolgen zeigen ein exemplarisches Heiligenleben in der Nachfolge Christi, bestehend aus Berufung, Bewährungsproben und Anfeindungen, Wundertaten, schließlich einem gnadenreichen Tod und dem Begräbnis am vom Heiligen selbst vorbestimmten Ort.

Die jüngst wieder freigelegten, jedoch nur noch fragmentarisch erhaltenen Malereien auf den Außenseiten der Flügel vergegenwärtigen als zentrale Hauptszene die Marienkrönung, umgeben von den vier Evangelistensymbolen, seitlich flankiert von je sechs sitzenden Aposteln – somit die *unio mystica* zwischen Christus und Maria, mit den Aposteln als Beisitzer bei der Aufnahme Mariens, aber auch beim Jüngsten Gericht.

In den Tabernakeln der Gesprenge-Türme steht mittig die Muttergottes, flankiert von Johannes Evangelist links und – auch durch einen Reliquienfund belegt – Auctor rechts, somit die drei wichtigsten Kirchenpatrone von Cismar. Diese drei vollplastischen Figuren entstanden bereits um 1290/95 und gehörten wohl einst zu einem flügellosen Vorgängerretabel.

Eine zusätzliche Steigerung erfuhr die soteriologisch geprägte (d.h. auf das Erlösungswerk Christi ausgerichtete) Mittelachse offenbar noch durch die Aus-

setzung einer kostbaren Heilig-Blut-Reliquie etwa am Sonntag der Fronleichnamsoktav, die durch eine Türöffnung in der Schreinrückwand ungesehen vor dem Öffnen der Flügel in der Mittelnische platziert werden konnte. Die Reliquie, ein blutgetränktes Seidentuch, war dem Kloster 1283 vom Braunschweiger Mutterkloster St. Ägidien übereignet worden. Hinzu kam eine weitere bedeutende Reliquienschenkung, darunter Christusreliquien wie ein Dorn der Dornenkrone, im Jahre 1296 durch die Landesherren, Graf Gerhard II. von Holstein-Plön (1290–1312) und seine Gemahlin Agnes von Brandenburg (1257–1304), vormals Königin von Dänemark. Dieser Reliquienschatz wurde zwar nicht dauerhaft, aber offenbar doch zeitweise zu bestimmten Anlässen in den Gefachen der fünf Schreinnischen zur Verehrung ausgestellt.[3]

In einem Verzeichnis aus der Zeit um 1500 werden insgesamt 14 Nebenaltäre in der Klosterkirche Cismar genannt. Da ihre Weihetitel weitestgehend mit dem Namen der Heiligen übereinstimmen, deren Reliquien im ebenda belegten Cismarer Heiltumsschatz vorhanden waren, erklärt sich einerseits die Fülle an Altären, andererseits die – abgesehen von der hl. Scholastica – kaum spezifisch benediktinische Ausrichtung der Altartituli. Leider blieben weder diese Altäre samt Reliquienschatz noch die übrige reiche, den Raum bestimmende Ausstattung erhalten – überliefert sind Glasfenster mit Heiligenfiguren, vergoldete Altarretabel und Antependien sowie das Chorgestühl der Benediktinermönche. Erhalten hat sich allein das Triumphkreuz (um 1500) vom Lettner, heute im Turm der St. Katharinenkirche zu Lensahn.

Dennoch zeichnet sich recht deutlich das Bild einer Benediktinerklosterkirche ab, deren Langhaus durch die zahlreichen Nebenaltäre als Laien- und

Wallfahrtskirche gekennzeichnet war, während der Chorraum hinter dem Lettner mit seinem Chorgestühl dem Konvent vorbehalten blieb. Diesem stand im lichtdurchfluteten Chorpolygon das goldglänzende Hochaltarretabel vor Augen. Es diente zeitweilig der Präsentation des wertvollen Reliquienschatzes mit der Heilig-Blut-Reliquie im Zentrum, vergegenwärtigte jedoch vornehmlich – im Mittelteil – eschatologische Themen. Diese wurden ‚flankiert‘ und ergänzt durch die Heiligenviten des Kirchenpatrons Johannes Evangelist und des Ordenspatrons Benedikt, die den Konventmitgliedern als glänzende Beispiele für die *vita contemplativa* als dem heilsbringenden Weg zu Gott dienen sollten. Hinzu kommen als weitere, dauerhaft sichtbare Darstellungen die Figuren der klosterspezifischen Kirchenpatrone. Die geschlossenen Flügel boten als endzeitliche Vision die Schau des Himmlischen Jerusalem.

4 Kloster Lüne/Niedersachsen, Blick in Chorraum nach Osten

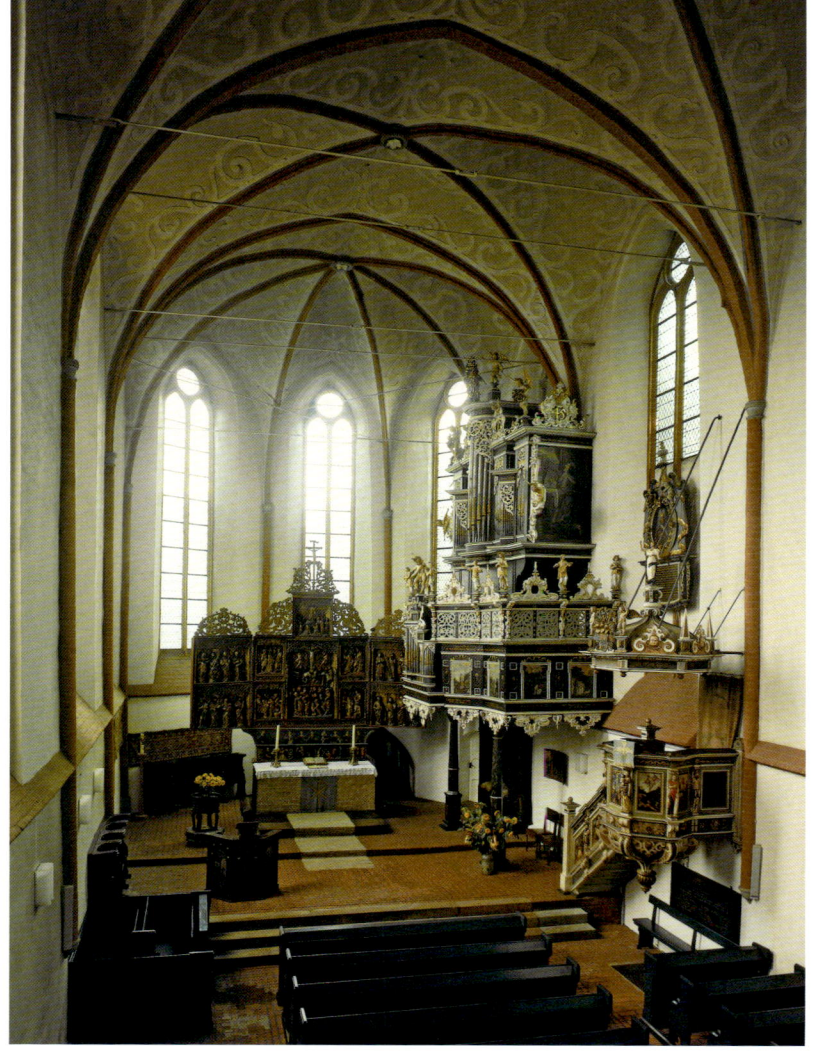

Preetz und Lüne – Beispiele für die Ausstattung von Benediktinerinnenkirchen

Recht frühe Ausstattungsensembles besitzen die ebenfalls im norddeutschen Raum gelegenen ehemaligen Benediktinerinnenkirchen von Preetz und Lüne. Das wie Cismar in Ostholstein unweit von Kiel zu findende ehemalige Benediktinerinnenkloster *Campus Beatae Mariae* und heutige evangelische adelige Damenstift in Preetz wurde um 1215 durch Graf Albrecht von Orlamünde, Statthalter des dänischen Königs Waldemar II., gegründet, 1226 erneuerte der als Graf von Holstein wieder eingesetzte Adolf IV. von Schauenburg die Klosterstiftung, aber erst 1261 siedelte sich die Klostergemeinschaft an der heutigen Stelle an. Preetz galt als das reichste Kloster Holsteins und war für bis zu 70 Nonnen ausgelegt, die der Ritterschaft und dem Lübecker Patriziat entstammten. Das Visitationsrecht übte der Abt von Cismar aus. Seit der Reformation, die ohne Druck eingeführt wurde, ist die Zahl der Konventualinnen auf 40 festgeschrieben.

Die heutige Klosterkirche wurde nach einem Brand des Klosters im Jahre 1307 etwa 1325 bis 1340 in zwei Bauetappen nach einheitlichem Plan aus Backstein errichtet: eine dreischiffige, sechsjochige Pseudobasilika mit zweijochigem Chor, der in einem stark durchfensterten Fünfachtelschluss endet.

Die vier östlichen der sechs Mittelschiffjoche wurden bereits während der Bauzeit durch halbhohe Schrankenmauern abgeteilt, um hier – eher ungewöhnlich – den zum Sanktuarium geöffneten Nonnenchor des zahlenmäßig sehr umfangreichen und bedeutenden Frauenkonventes einzurichten. Die beiden Westjoche und das südliche Seitenschiff dienten als Laienkirche, während das ebenfalls abgeschrankte nördliche Seitenschiff die Funktion des Kreuzgangsüdflügels übernahm.

Wenn auch die Kirche und ihre Ausstattung in späteren Jahrhunderten verschiedene Umgestaltungen erfuhren, so haben sich doch, wenn auch nicht immer am ursprünglichen Ort, bedeutende Reste der spätmittelalterlichen Kirchenausstattung erhalten. Noch aus der Bauzeit der Kirche stammt der älteste Teil des für 70 Nonnen angelegten Chorgestühls, das größte der Gotik in Norddeutschland: Um 1335/40 fertigte der Meister des Gestühls der Lübecker Katharinenkirche die elf Sitze der Westseite, die außer den Stallen auch noch ihre vorkragenden, filigranen Baldachine bewahrt haben. Sowohl Bogenöffnungen als auch Rückwände und Wimperge sind mit feinsten, rot und blau hinterlegten Maßwerkbildungen verziert, auf den Wimpergen finden sich Ranken mit naturalistischen Blattformen. Die Wimperge selbst sind abwechselnd niedrig-spitzbogig und hoch-spitzgiebelig ausgebildet, der mittlere, etwas breitere Spitzgiebelwimperg diente der Auszeichnung des Priörinnensitzes. Ihn ziert eine Mariendarstellung, auf die die Prophetenmedaillons der übrigen spitzgiebeligen Wimperge ausgerichtet sind.

Von den seitlichen Sitzreihen, die um 1360/70 zu datieren sind, blieben nach Umbauten um 1700 außer den Stallen nur die Dorsalien und die östlichen Abschlusswangen mit der Darstellung von Nonnen, eines Priesters sowie vermutlich des Stifterpaares erhalten. Die Dorsalfelder wurden um 1490 unter der Priörin Anna von Buchwald (1484–1508) von einem Meister Peter mit Darstellungen in zwei Reihen bemalt, die im 17. Jahrhundert sehr grob übermalt wurden. Sie zeigen auf der Nordseite Szenen des Alten Bundes von der Sintflut bis zur Salbung Sauls und von David bis zu den Makkabäern. Im Süden sind den oberen Szenen aus dem Leben Jesu in der unteren Reihe typologische Darstellungen aus dem Alten Testament zugeordnet. Die Westseite ziert mittig ein Gnadenstuhl, der von Darstellungen der Propheten innen und den zwölf Aposteln außen begleitet wird.

Den Blickpunkt des Nonnenchors bildete das Hochaltarretabel (Abb. 3), das um 1430 in einer Lübecker Werkstatt gefertigt wurde. Das äußerst qualitätvolle Werk, das noch seine originale, sorgfältig restaurierte Farbfassung bewahrt hat, befindet sich heute im Dänischen Nationalmuseum in Kopenhagen. Bei geöffneten Flügeln zeigt die Feiertagsöffnung im Mittelschrein und auf den Flügelinnenseiten zwei durchlaufende Register mit von Strebepfeilern getrennten, mit Kielbogen abschließenden Nischen über einer Sockelzone mit Maßwerkgittern. Die doppelt so breiten Mittelnischen enthalten unten die Szene der Auferstehung Christi, oben die Krönung Mariens durch Christus. In den benachbarten Einzelnischen des Mittelschreins finden sich Figuren der zwölf Apostel, des Erzengel Michael sowie König Davids und eine Anna Selbdritt. Auf den Flügeln schließen sich ihnen eine Reihe weiterer Heiliger an, darunter die vier Kirchenväter und oben rechts mittig der hl. Benedikt.[4]

Darüber hinaus haben sich drei weitere spätgotische Schnitzretabel aus dem Anfang des 16. Jahrhunderts erhalten, als die Ausstattung der Kirche gemäß den damaligen Gepflogenheiten durch Stiftungen ergänzt und bereichert wurde: Auf dem 1360 geweihten Laienaltar vor der westlichen Schranke des Nonnen-

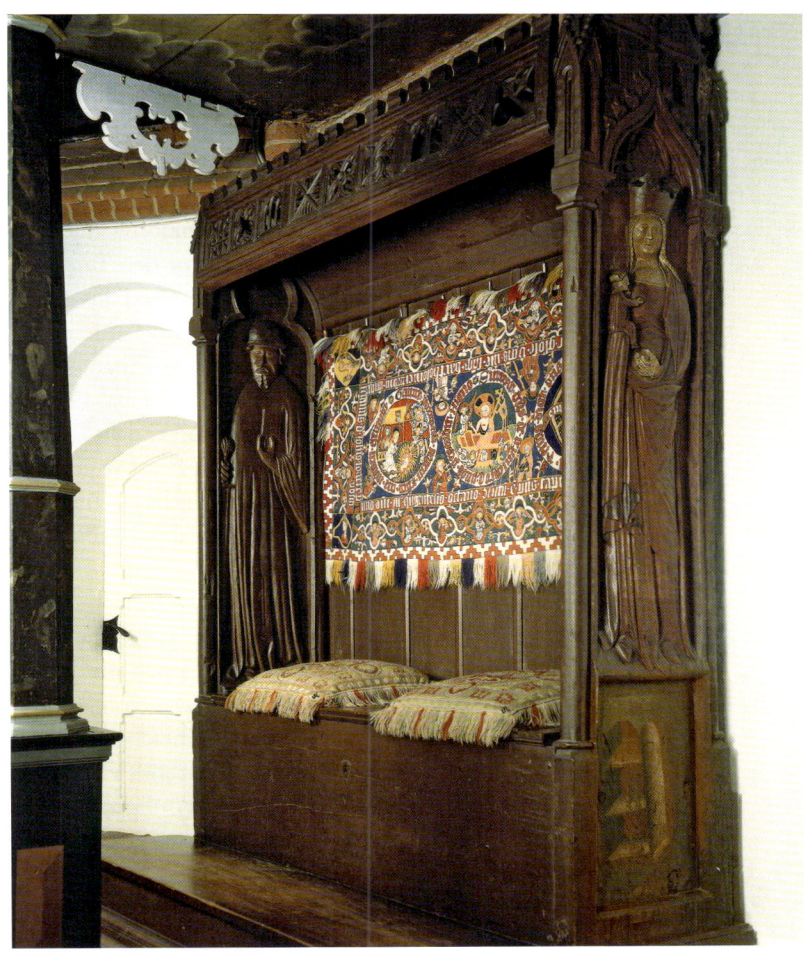

chores befindet sich ein schlecht erhaltenes Flügelretabel mit zwei Reihen von Heiligenfiguren im Mittelschrein und Apostelfiguren auf den Flügeln. Ein weiteres Flügelretabel, ehemals auf einem der zahlreichen Seitenaltäre, nimmt heute die Stelle des Priörinnensitzes ein. Es enthält im geschnitzten Mittelschrein die Hl. Sippe, im Himmel erscheint Gottvater. Die gemalten Flügel zeigen auf der Innenseite die hll. Bartholomäus und Antonius Eremita, auf den Außenseiten die hll. Georg und Christophorus. Das dritte Schnitzretabel befindet sich heute ebenfalls im Nationalmuseum in Kopenhagen, sein Mittelschrein beherbergt eine vollplastische Gruppe der Verkündigung an Maria, die vor Goldgrund mit Brokatmuster erscheinenden Relieffiguren der Flügelinnenseiten stellen links oben die hl. Anna Selbdritt, darunter den hl. Jakobus maior und rechts oben die hl. Katharina und darunter den hl. Christophorus dar.

In der Preetzer Klosterkirche nimmt der Nonnenchor als Raum für den Konvent mit seinem aufwendigen Chorgestühl einen großen Teil des Kirchenrau-

5   Kloster Lüne/Niedersachsen, Propststuhl, um 1410, mit Banklaken von 1508

der Gewölbeschale, hinzu kommt eine Darstellung des hl. Cornelius über der Innenseite des Triumphbogens. Das um 1317 angefertigte, ehemals 42 Sitze umfassende Chorgestühl steht nach der Restaurierung 1997–1999 wieder an seinem ursprünglichen Platz im Chorraum. Das Blendmaßwerk seiner Wangen greift die Formen der umgebenden Architektur auf: Es korrespondiert unmittelbar mit den kölnischen Maßwerkformen der Chorfenster.

Im 2. Viertel des 14. Jahrhunderts wurden das Südseitenschiff und die romanische Pilgerkirche durch einen Neubau mit zwei ungleichbreiten Schiffen ersetzt, aus dieser Zeit erhalten sind die Rundpfeiler und die Malereien auf den Mittelschiffpfeilern, außerdem der Hauptverehrungsgegenstand, die von Abt Johann von Levendael (1355–1381) gestiftete Reliquienbüste für die Hirnschale des hl. Cornelius (vgl. Beitrag Kempkens II). Bereits 100 Jahre später, um 1470, wurden die Südschiffe als gleichmäßige zweischiffige Hallenkirche neu errichtet. Während der Wallfahrten wurden hier die Reliquien auf den Altären vor den Rundpfeilern ausgestellt, der Pilgerstrom zog in einem Schiff verehrend an ihnen vorbei und im anderen zurück. Klar getrennt und weitgehend unbehelligt vom Wallfahrtsgeschehen in der Pilgerkirche vollzog der Konvent im Mittelschiff seine Gottesdienste und Andachten. Dieses, bis dahin flach gedeckt, wurde zur selben Zeit umgebaut und erhielt das heutige Kreuzrippengewölbe. Dort wie in den Gewölben der Südschiffe hat sich noch die einheitliche, zu dieser Bauphase gehörige Ausmalung aus Spiralranken und Blüten erhalten, im Scheitel des äußeren Südchores findet sich eine Mondsichelmadonna mit adorierenden Engeln. Die geschilderten Umbaumaßnahmen geschahen unter Abt Heribert von Lülsdorf (1450–1481), von dem berichtet wird, er habe die Kirche vermehrt und herrlich geschmückt. Erhalten hat sich davon neben seiner Grabplatte aus Messing insbesondere an der Nordseite des Chores das steinerne Standbild des Kirchenpatrons Cornelius in Pontifikalgewändern und ausgestattet mit Tiara, Patriarchenstab und Horn (lat. cornu). Die von einem Baldachin überfangene Figur steht auf einer reich gestalteten Konsole, an der – begleitet von wappenhaltenden Engeln – der Stifter Abt Heribert von Lülsdorf angebracht ist, etwas tiefer knien ein Pilger und eine Pilgerin. Dieses Werk wurde um 1470 von einem kölnischen Bildhauer in der Nachfolge des Kölner Dombaumeisters Konrad Kuyn († 1469) geschaffen, dessen Stil er in etwas verhärteten Formen fortführt.

Unter Abt Heriberts zweitem Nachfolger Heinrich von Binsfeld (1491–1531), der das Kloster 1518 an die Bursfelder Reform anschloss, entfaltete sich abermals eine reiche Bau- und Ausstattungstätigkeit: In Erinnerung an den kurzzeitigen Aufenthalt des Hauptes der hl. Anna in Kornelimünster, das im Jahre 1500 von einem dorther stammenden Steinmetzen in Mainz gestohlen worden war und das bereits 1501 nach Düren gelangte, ließ Abt Heinrich im Chor des inneren Südschiffes einen Annenaltar errichten, dessen Retabel bis heute erhalten ist. Es kann der Werkstatt von Tilman Heysacker, dem damals führenden Kölner Bildschnitzer, zugeschrieben werden. Der von einem geschweiften Kielbogen mit Krabbenbesatz eingerahmte Schrein umschließt in der unteren Etage drei Kapellennischen, darin mittig die Anna Selbdritt, seitlich die sitzenden *virgines capitales*: links Katharina und Barbara, rechts Margaretha und Dorothea. Den schmaleren Auszug flankieren die hll. Christophorus und Andreas. Er enthält eine vielfigurige Kreuzigungsszene, der – empfohlen durch den Kirchenpatron Cornelius – Abt Heinrich von Binsfeld beiwohnt. Dessen Wappenbild fand sich wohl ehemals auf dem mittleren der drei von Ranken umspielten Wappenschilde der Predella wieder, doch wurden diese ebenso wie die Malereien der Flügel im frühen 17. Jahrhundert erneuert.

Ebenfalls als Werk Tilman Heysackers ist das etwa zeitgleich entstandene, als Lebensbaum gestaltete Vortragekreuz mit den Evangelistensymbolen an den Balkenenden anzusehen (heute im äußeren Südschiff).

Bald nach der Stiftung des Annenretabels wurden in mehreren Bauabschnitten der Umbau des Westbaues und die Neuerrichtung der beiden nördlichen Seitenschiffe durchgeführt. Dabei umfasst das äußere Nordschiff nur vier Joche, an die sich östlich eine doppelgeschossige Kapelle anschließt, deren Erdgeschoss als Sakristei diente, während das durch eine Wendeltreppe auf der Nordseite erschlossene Obergeschoss bis heute der Verwahrung der biblischen Heiltümer dient. Ein kleines Fenster in der Westwand der Heiltumskapelle (Abb. 6 ganz links) war als Weisungsöffnung auf die in gleicher Höhe an der Westwand des äußeren Nordschiffes errichtete Loge ausgerichtet. Die auf einem sechsfachen Wulst vorkragende Loge ist über eine eigene Wendeltreppe zugänglich. Hier konnte der Abt von Kornelimünster auch außerhalb des siebenjährigen Turnus die Heiltümer vornehmen Besuchern zeigen. Zu diesem Zweck ist die noch mit der originalen Holzgitterbrüstung versehene Loge mit einer Sitzbank mit Baldachin und Faltwerkfüllungen ausgestattet, Letztere finden sich auch an der benachbarten Logentür. Deren Rahmung ist wiederum mit dem Wappen von Abt Heinrich von Binsfeld versehen, der dieses Nordschiff extra zum Zwecke der privaten Heiltumsweisung errichten ließ. Die erst ein Jahr nach seinem Tod, 1532, geweihten Nordschiffe besitzen ebenfalls noch die reichen, fast vollständig erhaltenen Rankenmalereien in den Gewölbekappen, die von dem Maler Hans von Aachen ausgeführt wurden. Von ihm stammt auch das Wandgemälde mit dem Kalvarienberg im inneren Nordschiff.

Nur wenige Jahre später, um 1535, wurde der Westbau abermals umgestaltet und die angrenzende Mittelschiffpartie mit einem (1895 abgetragenen) Emporeneinbau versehen, um hier ein separates Oratorium für den Mönchskonvent einrichten zu können, auf das offenbar das hochgotische Chorgestühl verlagert wurde. Möglicherweise stehen damit auch indirekt die beiden heute an der Westwand aufgestellten Sitztruhen mit ihren hohen Dorsalen in Zusammenhang.

An dem hier gegebenen Überblick wird deutlich, dass die vornehmlich von den Äbten initiierte Ausstattung der Abteikirche von Kornelimünster zumeist in unmittelbarem Zusammenhang mit den jeweiligen Baumaßnahmen und der dreifachen Funktion der Abteikirche als Konventkirche (Chor, Mittelschiff und Westbau), als Pilgerkirche (Südschiffe) und als Ort für die Verwahrung und Weisung der biblischen Heiltümer (äußeres Nordschiff) steht.

Auch die Abtei Liesborn lässt sich bis in karolingische Zeit zurückführen. Ihre Gründung als Kanonissenstift erfolgte um 800 mit Unterstützung Karls des Großen (768–814), der Partikel des Aachener Reliquienschatzes übereignete. Das Stift wurde schließlich wegen nachlassender Disziplin 1130 von Bischof Egbert von Münster (1127–1132) aufgehoben und in ein Benediktinerkloster umgewandelt. Dieses nutzte zunächst die vorhandenen Klostergebäude und die romanische, 1129 geweihte Abteikirche weiter. Aus den ersten beiden Jahrhunderten des Mönchsklosters haben sich noch das romanische Altarkreuz (Kat.-Nr. 9.7) sowie zwei Statuen der thronenden Muttergottes erhalten, eine eher noch von strenger romanischer Auffassung (um 1240/50), die andere in den verspielteren Formen der frühen Gotik (um 1260/70).

Erst der 10. Abt Florinus Ketelhot (1304–1328) begann 1306 eine Erneuerung der den hll. Cosmas und Damian sowie Simeon geweihten Kirche mit der Errichtung des Chores – dieser Phase gehören noch die

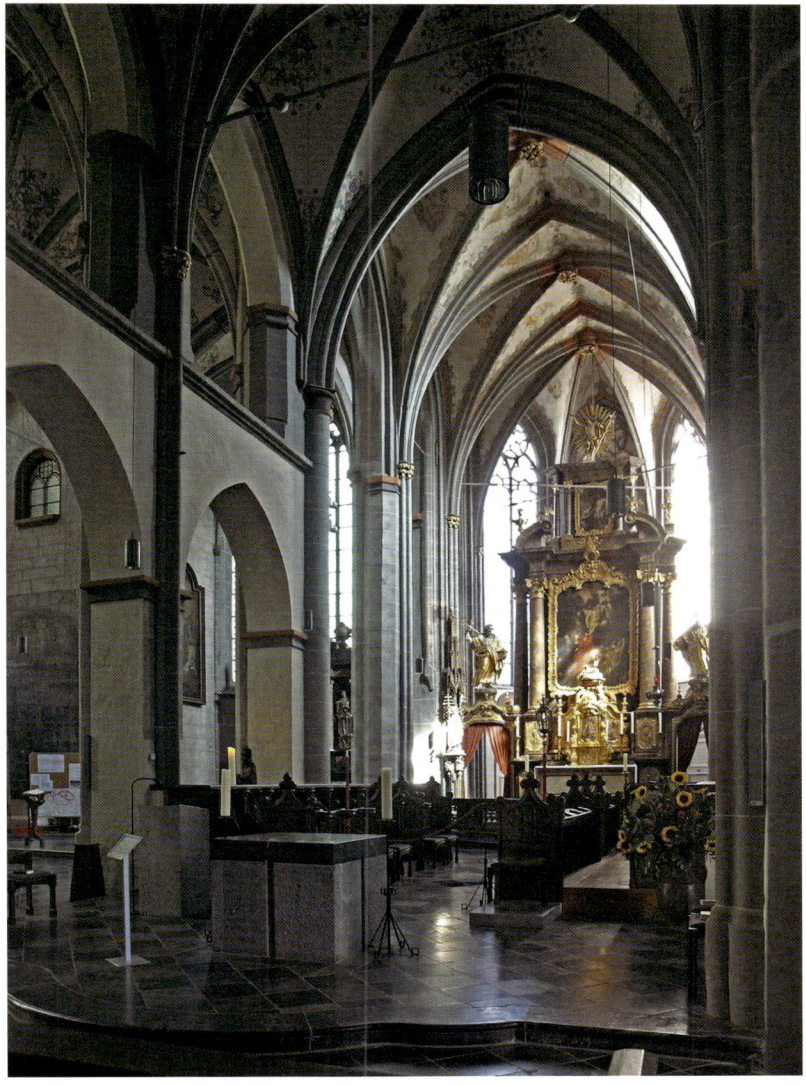

Umfassungswände und die seitlichen Maßwerkfenster an. Eine Vollendung verhinderte jedoch der große Klosterbrand 1353. Erst 1440 wurden die Arbeiten unter Abt Lubbert Oldehoff (1432–1462) wieder aufgenommen: Im Anschluss an den hochromanischen Westturm (um 1100) wurde das Langhaus, bestehend aus Hauptschiff und dem im frühen 19. Jahrhundert abgebrochenen südlichen Seitenschiff, die als ‚Kirchspielskirche‘ (Pfarrkirche) dienten, neu aufgeführt und der Chor vollendet. In die Zeit des Baubeginns gehört ein Vesperbild des Weichen Stils (Museum Abtei Liesborn).

Die Einwölbung des Chores (Abb. 7) erfolgte erst unter Abt Heinrich von Kleve (1464–1490), mit dessen (vom Bischof erzwungenen) Amtsantritt die Bursfelder Reform eingeführt wurde, die dem Kloster eine neue wirtschaftliche und kulturelle Blüte bescherte. An

6 Chorraum der ehem. Abteikirche in Aachen-Kornelimünster mit den Deckenmalereien und dem Chorgestühl aus der Zeit um 1315/20

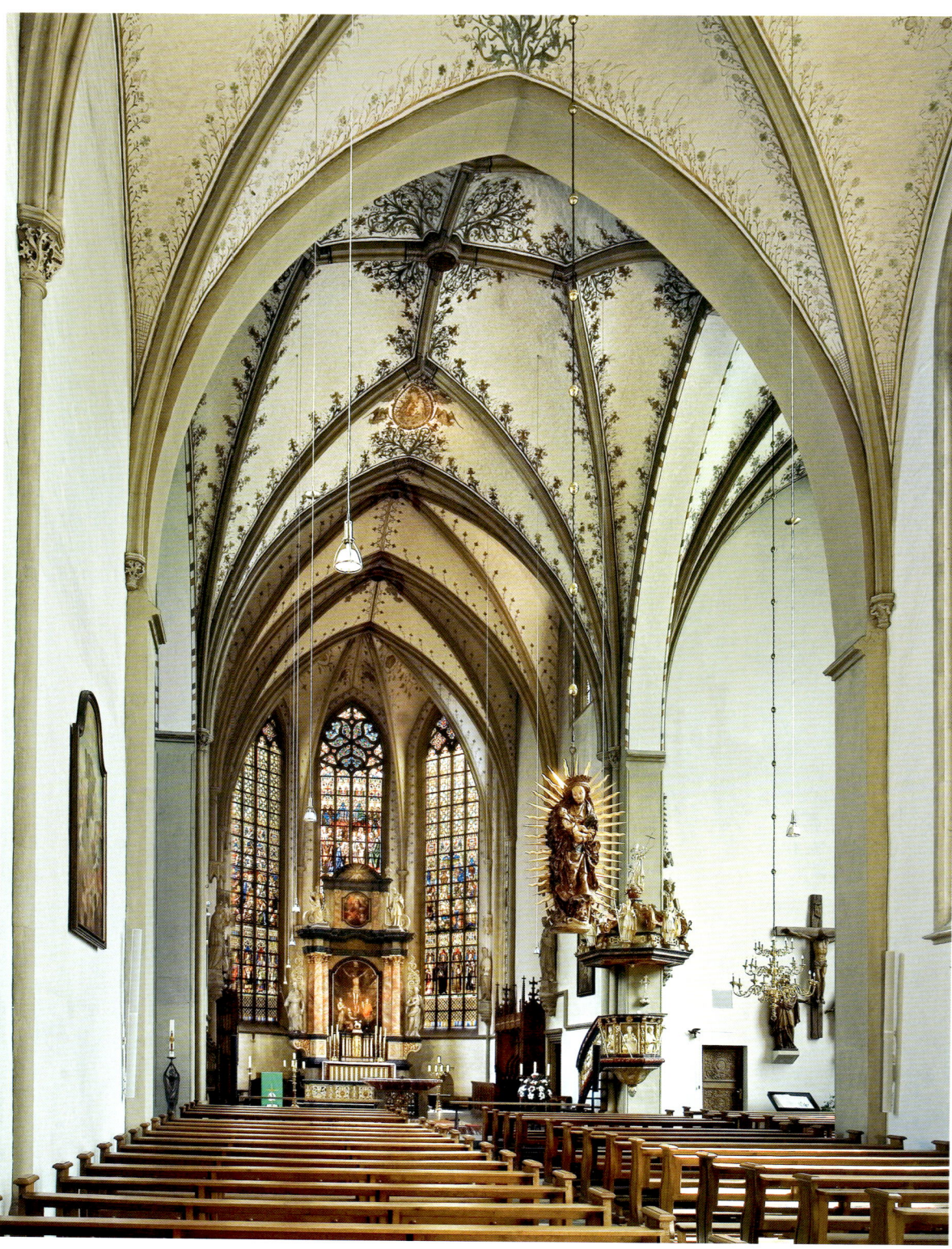

7 Vierung und Chor
der ehem. Abteikirche
Liesborn mit der
Gewölbeausmalung,
1503–1507 von Gert van
Lon, und dem Marianum,
Meister von Osnabrück,
um 1525/30
(Kat.-Nr. 9.9)

Mariä Heimsuchung (2. Juli) 1465 konnten beide Bereiche – Langhaus und Chor – von Abt Heinrich selbst mit ihren insgesamt fünf Altären geweiht werden. Aus dieser Bauzeit hat sich noch die schlichte Gewölbeaus-

malung des Chores mit bogen- und rippenbegleitenden Blütenrispen und Maßwerkzierlinien erhalten, besondere Akzente setzen die großen Blüten im Chorschluss sowie die Schlusssteine, darauf als figürliche

Benediktinisches Mönchtum in Zeiten des Umbruchs und der Erneuerung

Darstellungen das Lamm Gottes sowie der hl. Benedikt. Auch die Blütenrispen des Langhauses dürften noch aus dieser Zeit stammen. Anlässlich der Chorweihe war, so die Chronik von Bernhard Witte († 1521/22), auch das Chorgestühl vollendet. Das Blendmaßwerk seiner mit krabbenbesetzten Kielbögen abschließenden Wangen zeigt Couronnements aus sphärischen Dreiecken, wie sie auch beim damals erneuerten Chorscheitelfenster verwendet wurden.

Offenbar erst einige Zeit nach der Weihe der Altäre ließ Abt Heinrich von Kleve diese mit gemalten Altartafeln zieren. Diese Werke befinden sich heute infolge der Säkularisation in Münster (LWL-Landesmuseum für Kunst und Kulturgeschichte) und London (National Gallery). Die Tafelmalereien wurden von einem Maler und seiner Werkstatt ausgeführt, der nach ihnen den Notnamen 'Meister von Liesborn' erhielt. Dieser ist höchstwahrscheinlich mit dem münsterschen Maler Johann von Soest (bezeugt 1468–1511) zu identifizieren.

Das namengebende Hauptwerk bilden die Fragmente eines Retabels (Kat.-Nr. 9.10) mit einer zentralen Kreuzigungsdarstellung mit Maria und Johannes sowie den Kirchenpatronen Cosmas und Damian und den Ordenspatronen Benedikt und Scholastica. Erhalten haben sich weiterhin – z.T. fragmentarisch – vier Szenen der Kindheitsgeschichte Jesu: Verkündigung, Anbetung des Kindes, Anbetung der Hl. Drei Könige und Darbringung im Tempel. Die ursprüngliche Form und der Aufstellungsort dieses Retabels lassen sich bis heute nicht zweifelsfrei rekonstruieren. Möglicherweise handelte es sich dabei um die Altartafel auf dem Hauptaltar der im Langhaus untergebrachten Pfarrkirche.

Fragmente eines weiteren Retabels lassen sich dagegen zweifelsfrei dem Hl. Kreuz-Altar im Mönchschor der Klosterkirche zuordnen: Die Mitteltafel (Kat.-Nr. 9.11) zeigt vier zentrale Szenen der Kreuzlegende (Kreuzesvision Konstantins, Kreuzauffindung, Kampf zwischen Kaiser Heraclius und Siroe, dem Sohn des Perserkönigs Chosroe, Rückführung nach Jerusalem durch Heraclius). Die geöffneten Flügel stellten gemäß der Weiheurkunde als weitere Altarpatrone die vier Kirchenväter sowie die Thebäerheiligen Mauritius und Exuperius dar. Auf den Außenseiten der Flügel waren die hll. Maria Magdalena, Johannes Evangelist sowie Jakobus maior und eine hl. Äbtissin (Ida?) wiedergegeben, davon erhalten allein Jakobus, vor dem eine Benediktinerin als Stifterin kniet (im Museum Abtei Liesborn), gegenüber eventuell ehemals ein Benediktiner. Nach London gelangte außer-

dem eine bemalte Predella mit Kreuzigung und stehenden Heiligen.

Unter Abt Johann Schmalebecker (1490–1522), aus dessen Amtszeit sämtliche Rechnungen erhalten blieben, gelang die Vollendung der Abteikirche: 1497–1503 erfolgte der noch ausstehende Ausbau des Querhauses. An der Ausführung der Gewölbe 1503 war auch der Steinmetz Heinrich Munt, der nachfolgend 1505–1513 die Architektur des Lettners ausführte. Dieser bildete die westliche Abschlusswand eines kryptenartigen dreischiffigen, fünfjochigen Einbaus in der Vierung, der wohl als Chorbühne diente (vgl. Köln-Deutz, St. Heribert). Der Skulpturenschmuck stammte hingegen von dem bedeutenden münsterschen Bildhauer Evert van Roden: Dieser erhielt 1507 eine Zahlung für die drei Figuren der Triumphkreuzgruppe und 1517 Zahlungen für die zwölf Apostelfiguren der Lettnerbrüstung, den sog. Apostelgang. Leider sind diese Bildhauerarbeiten wie auch der gesamte Vierungseinbau vollständig verloren. Bewahrt blieben hingegen zwei hölzerne, um 1515/20 anzusetzende Anna-Selbdritt-Gruppen aus der Werkstatt Evert van Rodens (Privatbesitz und Museum Abtei Liesborn), die möglicherweise mit der Bezahlung einer Anna-Figur für die Abtkapelle 1517 in Zusammenhang stehen.

Erhalten hat sich zudem die reiche, 1503–1507 von Gert van Lon aus Geseke geschaffene Gewölbeausmalung von Vierung und Querhausarmen mit Diestelrankendekor entlang der Rippen und um die Rippenkreuzungen. Die östliche Kappe der Vierung ist durch eine von Engeln begleitete halbfigurige Mondsichelmadonna im Rosenkranz ausgezeichnet. Auch die Gewölbescheitel des Hauptschiffes wurden damals mit Diestelranken versehen.

Im Anschluss an die Errichtung der Chorbühne in der Vierung wurde auch das Sanktuarium neu gestaltet: 1517–1522 fertigte Jan Baegert (um 1465/70 – um 1530) in Wesel zwei bemalte Flügel für den Hochaltar (Kat.-Nr. 9.12). Die heute auseinandergesägten und in Münster und London verwahrten Tafeln zeigten links die Geißelung, die Dornenkrönung, Christus vor Pilatus und die Kreuztragung, rechts die Auferstehung, Himmelfahrt, Pfingsten und die Marienkrönung. Den Mittelteil bildete vermutlich ein Schreingehäuse mit dem umfangreichen Reliquienschatz des Klosters.

Darüber hinaus wurde damals der Levitensitz angeschafft, den reiche Faltwerk- und Maßwerkfüllungen auszeichnen, darin an der oberen Rückwand fünf Felder mit der Kreuzigung sowie den hll. Benedikt und

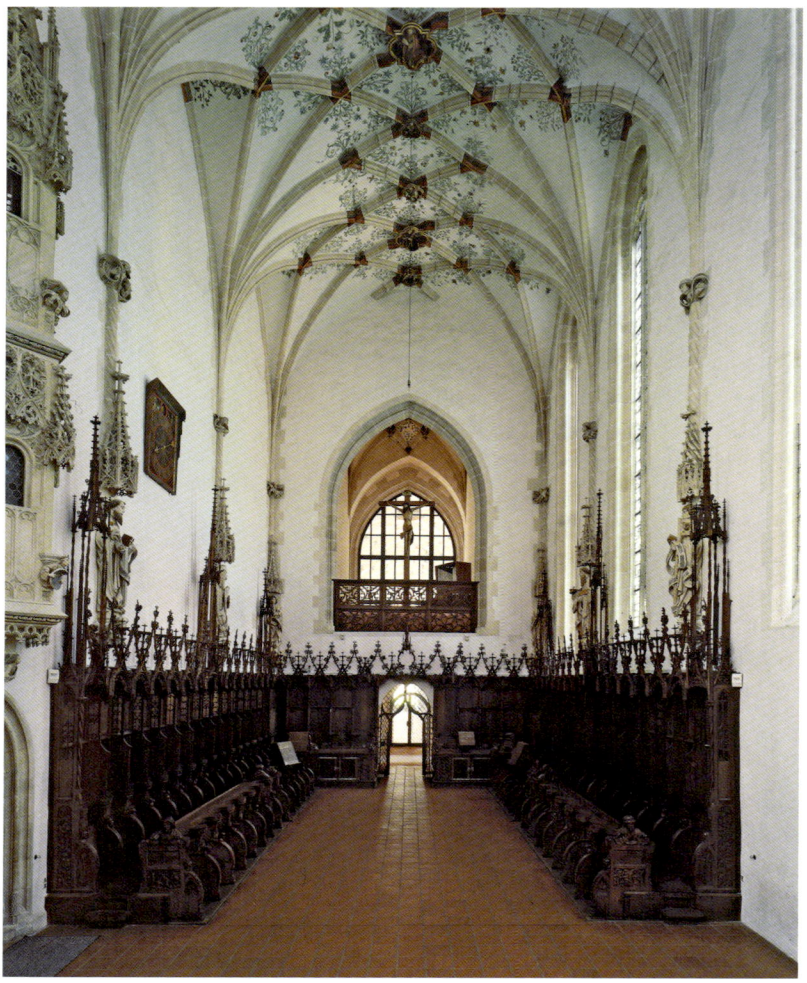

8 Chorraum der ehem. Abteikirche in Blaubeuren nach Westen mit dem Chorgestühl, 1493 von Jörg Sürlin d.J.

stühl der Mönche vorhanden war, in den nachfolgenden Jahren jedoch mindestens zwei gemalte Retabel beim ‚Meister von Liesborn‘ und seiner Werkstatt in Auftrag gegeben wurden. Die Fertigstellung des Querhauses 1503 zog eine weitere Ausstattungskampagne mit Lettner und Chorbühne, neuer Chorausstattung (Dreisitz und Retabelflügel) und den Schnitzwerken des Meisters von Osnabrück nach sich.

Blaubeuren – ein einzigartiges ‚Gesamtkunstwerk‘ der Spätgotik

Das Johannes dem Täufer geweihte Benediktinerkloster Blaubeuren wurde um 1085 durch den Grafen Sigiboto von Ruck mit maßgeblicher Beteiligung der Pfalzgrafen von Tübingen gegründet, die Besiedlung erfolgte durch Mönche aus Kloster Hirsau. Die bedeutende Abtei schloss sich 1452 der Melker Reform an, die zu einer erneuten Blüte führte. Dies veranlasste Abt Ulrich Kundig (1456–1475) ab 1466 zu einem völligen Neubau der gesamten Klosteranlage. Nachdem die Klausurbauten weitgehend fertiggestellt waren, begann man unter Abt Heinrich III. Fabri (1475–1495) um 1482 mit der Errichtung der Klosterkirche, deren Chor mit Hochaltar 1493 geweiht werden konnte; bis 1501 war dann der gesamte Kirchenbau vollendet. Die Bauplanung und -leitung lag bei Peter von Koblenz, Werkmeister in württembergischen Diensten. Es handelt sich um ein Gefüge aus fünf einzelnen Bauteilen: An den Zentralturm schließt sich östlich der Langchor aus vier Jochen und Dreiachtelschluss an, nördlich und südlich begleiten ihn die Clemens- und die Petrikapelle, westlich schließlich das Langhaus, das als fünfjochige Wandpfeilerkirche konzipiert ist. Die vier Haupträume stehen nur über die Türöffnungen zur Erdgeschosshalle des Turms miteinander in Korrespondenz, Langhaus und Chor zudem über die großen Bogenöffnungen der Turmempore, wobei diese Verbindung weniger optisch als vielmehr akustisch zum Tragen kommt. Hier manifestiert sich auch architektonisch eine deutliche Trennung von Mönchen und Laien.

Der höchste gestalterische, künstlerische und somit auch finanzielle Aufwand wurde naturgemäß auf den Chor, den Gebetsraum der Mönche, konzentriert, der in den Jahren 1491–1499 fertiggestellt und ausgestattet wurde. Das bauliche Gehäuse prägen die dreibahnigen Maßwerkfenster im Norden und Osten, die zusammen mit den gedrehten Diensten die Bau-

Scholastica, außerdem Franziskus und Maria Magdalena. Im selben Zuge erhielten die Chorgestühle auch eine neue Baldachinbekrönung in Form eines durchbrochenen Rankenfrieses. Nach der Fertigstellung erfolgte 1522 eine Weihe der neuen Chorgestaltung.

In diese Zeit gehören schließlich auch drei holzgeschnitzte Kunstwerke, die der sehr produktiven Werkstatt des Meisters von Osnabrück zugeschrieben werden können: ein Grablegungsrelief (Privatbesitz), das wohl aus einem Schnitzretabel stammt, ein kleines Kruzifix sowie insbesondere das doppelseitige Marianum (Kat.-Nr. 9.9), d.h. eine Hängemadonna im Strahlenkranz, die vermutlich ehemals in der Vierung, sichtbar für Konvent und Pfarrgemeinde, aufgehängt war.

Die überlieferte Ausstattung der Abteikirche Liesborn, die klar abgeteilte Bereiche von Konvent- und Pfarrkirche aufwies, lässt für die Zeit nach Einführung der Bursfelder Reform erkennen, dass zur Kirchweihe 1465 zunächst nur das unabdingbare Chorge-

struktur widerspiegeln (Abb. 8, 9). Letztere tragen das reiche Netzrippengewölbe, das 1491 fertiggestellt wurde, wie auf dem westlichen Schlussstein mit dem Wappen Abt Heinrich Fabris zu lesen ist. Den folgenden Schlussstein ziert eine Darstellung des hl. Benedikt, passend hinterlegt mit einem Schriftband mit dem Regelzitat zum ‚Oratorium' der Mönche (BR 52), es folgen Johannes Baptist und Maria, die als Fürbitter auf den thronenden Christus im Schlussstein des Chorhauptes bezogen sind, dazwischen jeweils zwei Engel mit den Arma Christi. Auf den Schlusssteinen zu Füßen Christi erscheinen zwei posauneblasende Engel sowie darunter im Chorscheitel das Meisterzeichen des Peter von Koblenz. Die dort über dem Achsfenster zu lesende Datierung 1493 ist wohl auf die Fertigstellung der Gewölbeausmalung zu beziehen. Diese zeigt um die in leuchtenden Farben und Gold gefassten Schlusssteine und um die mit Manschetten versehenen Rippenkreuzungen identifizierbare Pflanzendarstellungen wie Erdbeeren, Löwenzahn, Stiefmütterchen, Lilien sowie Disteln und wurde wohl von Daniel Schüchlin ausgeführt. Im Couronnement der drei Chorschlussfenster erscheinen als ungewöhnliches ‚figürliches Maßwerk' doppelseitig die Muttergottes mit den hll. Johannes Baptist und Benedikt.

In die tordierten Dienste sind unter Baldachinen Figuren der zwölf Apostel eingebunden. Sie erscheinen somit wortwörtlich als Träger der Kirche (gemäß Offb 21,14). Auf ihren Konsolen sind zwölf Propheten dargestellt, die ebenso mit den Aposteln korrespondieren wie die Büsten der zwölf Söhne Jakobs auf den Dienstkapitellen, die zugleich die zwölf Stämme Israels symbolisieren – dabei ergänzen sich die Texte der alt- und neutestamentlichen Figuren und bilden eine inhaltliche Einheit: Die Schriftbänder der Propheten zitieren deren Prophezeiungen, diejenigen der Apostel geben die Sätze des Credo wieder, die Stammväter Israels halten Verse aus dem Segen Jakobs. „Spätestens hier wird deutlich, welche hervorragende Rolle dem Buch resp. dem geschriebenen Wort in der Ausstattung des Blaubeurer Oratoriums zukommt" (Moraht-Fromm 2002, 48). Nicht zuletzt auch in diesem typologischen Bezugssystem kommt der hohe Anspruch der Auftraggeber – Abt und Konvent von Blaubeuren – zum Ausdruck.

In den beiden Westjochen ist das ungefasste Chorgestühl gegen die Wände gerückt (Abb. 8), zudem knickt es um und läuft – nur unterbrochen vom Eingangstor – auch an der Chorwestwand entlang. Es umfasst insgesamt 68 Sitze (für den Konvent und für

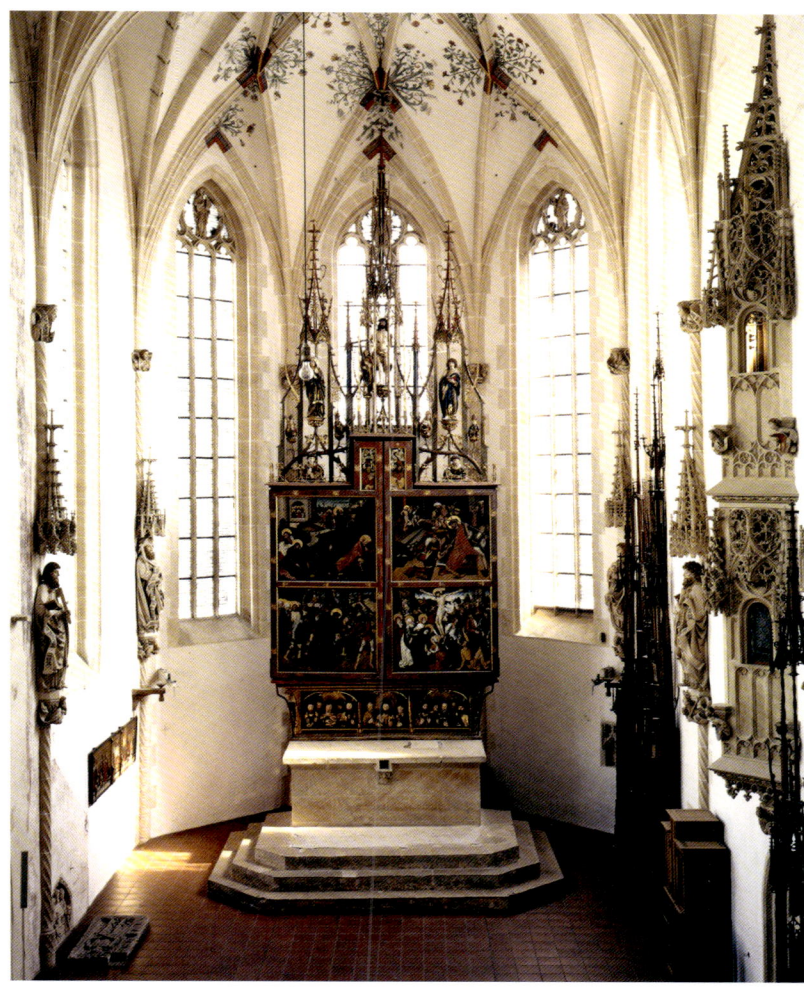

Gastmönche), die an den Längsseiten zweireihig angeordnet sind, im Westen hingegen einreihig mit vorgelagerten Bücherschränken, das ganze überfangen von einer in Astwerk, Fialen und Turmbaldachine aufgelösten Baldachinzone. Eine lateinische Inschrift nennt das Entstehungsjahr 1493 und Abt Heinrich Fabri sowie Jörg Sürlin d.J. (um 1455–1521), Kunsttischler und Entwerfer aus Ulm, als Verfertiger des Gestühls. Das Gestühl besitzt zwei durch sechseckige Baldachine ausgezeichnete Sitze zu Seiten des Chorportals für den Abt und für den Prior. Von dem umfangreichen Figurenprogramm sind noch die Halbfiguren von Propheten auf den niedrigen Wangen erhalten. Es sind dies im Süden: Hiob, Josua und Elias, im Norden: Abdias, Jesaias, Salomo und Amos, im Westen kommen drei Stifter aus der Familie der Grafen von Ruck hinzu, auf den Wangen weitere Stifter aus der pfalzgräflichen Familie. Während Erstere als Verfasser der vom Konvent tagtäglich gesungenen alttestamentlichen Texte diesem ständig vor Augen standen, verwiesen Letztere auf den

9 Chorraum der ehem. Abteikirche in Blaubeuren nach Osten mit geschlossenem Hochaltarretabel, um 1492–1494, mit gemaltem Pasionszyklus

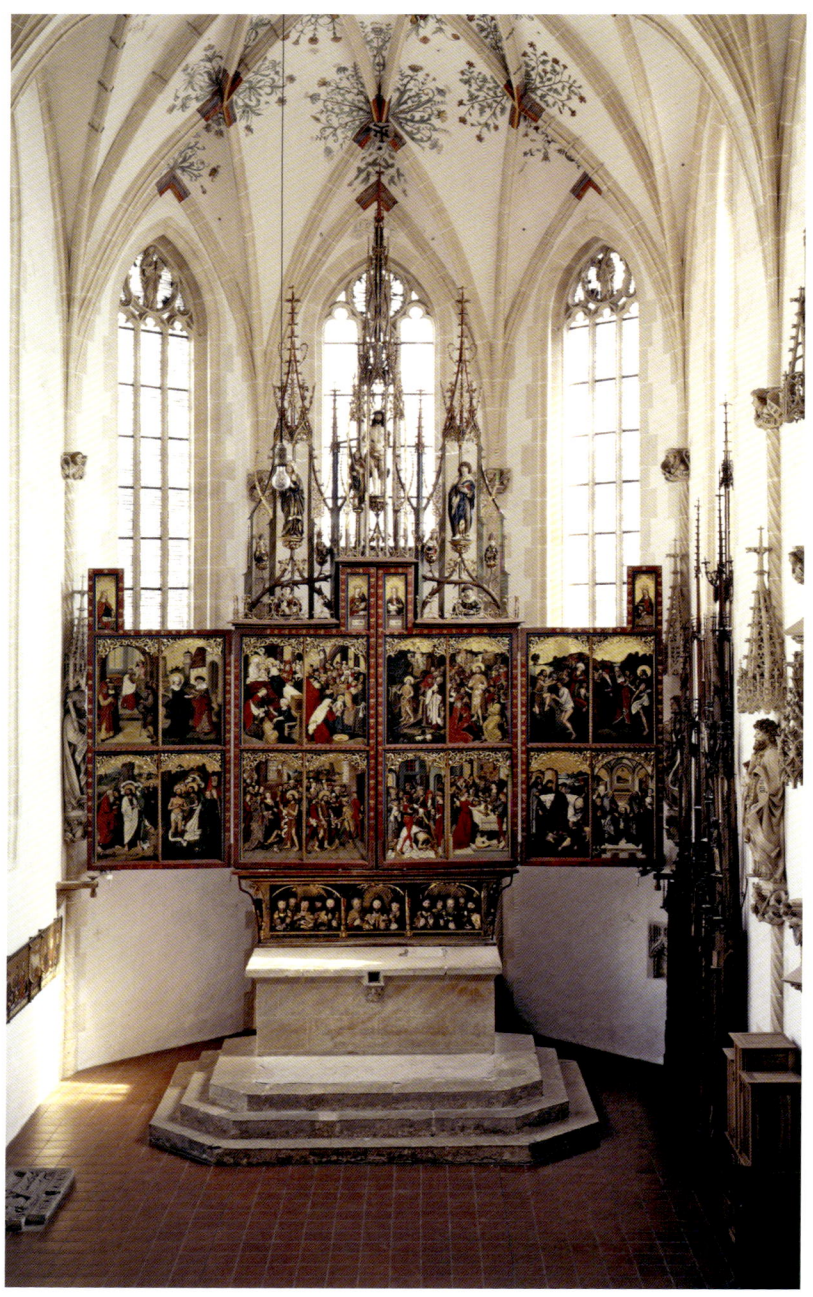

10 Hochaltarretabel in Blaubeuren, um 1492–1494, 1. Öffnung mit Zyklus zum Leben Johannes des Täufers

Baptist) als Endzeitvision. Auf den kleineren Konsolen in den Zwickeln der Baldachine standen wohl Apostel und Heilige.

Im Anschluss an das Chorgestühl springt auf der Südseite über der Sakristeitür (mit neugotischem Veronika-Tympanon) ein zweigeschossiger Erker in den Raum vor. Dieser war mit der Anbetung der Hl. Drei Könige und zwei Figuren der Pfalzgrafen von Tübingen geziert. Entsprechend diente das Obergeschoss deren Nachfahren, dem Klostervogt Graf Eberhard von Württemberg, und anderen hohen Gästen zur Teilnahme am Gottesdienst, das untere Geschoss dem Abt zur privaten Andacht. Dabei hatten sie vornehmlich das einstmals gegenüber gelegene, 1565 abgebrochene Sakramentshaus vor Augen. Letzteres befand sich schon im um zwei Stufen erhöhten Sanktuarium. Davor hat sich die wohl von Abt Heinrich III. Fabri initiierte Grabplatte mit der Darstellung eines von Würmern zerfressenen Leichnams als demütige Kennzeichnung des Bestattungsortes der Äbte erhalten.

Unmittelbar in Zusammenhang mit dem Dienst am Hochaltar stehen die Nische an der Südostwand und der benachbarte Dreisitz: Erstere nahm die bei der Messfeier verwendeten Vasa sacra auf und ist daher mit einem Engel, der ein Ehrentuch ausbreitet, geziert und von einer reichen Maßwerkarchitektur umrahmt. Der Dreisitz oder Levitenstuhl ist ähnlich dem Chorgestühl ein Meisterwerk der Schnitzkunst, eine 1496 datierte Inschrift nennt Abt Heinrich Fabri als Auftraggeber, Abt Gregor Rösch (1495–1522, † 1524) als Vollender sowie wiederum Jörg Sürlin d.J. als ‚Künstler'. Die ehemals 17 Figuren vergegenwärtigten den Stammbaum Christi mit der Muttergottes an der Spitze, davon allein erhalten der schlafende Jesse an der Rückwand des Mittelsitzes und Sadock im westlichen Turmbaldachin. Diese stammen aus der Werkstatt des Niklaus Weckmann, mit dem Sürlin häufiger zusammengearbeitet hat.

Im Chorpolygon bildet der durch ein dreistufiges Podest herausgehobene Hochaltar das liturgische Zentrum des Chorraumes (Abb. 9–11), dessen einzigen Altar er darstellt. Die Altarmensa selbst wurde am 10. November 1493 durch den Konstanzer Weihbischof Konrad Zehender zu Ehren der Jungfrau Maria, Johannes Baptist und Johannes Evangelist sowie der hll. Benedikt und Scholastica geweiht.

Das kostbare Retabel war allerdings erst 1494 vollendet, wie der Datierung auf der Rückseite zu entnehmen ist. Die Arbeiten daran begannen jedoch spätestens im Frühjahr 1492. Darauf deutet die Stifterbüste Abt Heinrich Fabris im Auszug auf der In-

Ursprung und die altehrwürdige Geschichte des Klosters sowie die Verpflichtung zur Fürbitte für die Stifter.

Über dieser irdisch-alttestmentlichen Zone erhob sich die himmlische Zone im Bereich der Baldachine: In den heute leeren Figurentabernakeln standen noch im 17. Jahrhundert folgende Figuren: mittig die Muttergottes mit Kind und Johannes Baptist, östlich die Drachenkämpfer Michael und Georg, westlich die Ordenspatrone Benedikt und Scholastica. Hinzu kam im Westen über dem Chorportal eine dreifigurige Deesisgruppe (Christus, Maria und Johannes

Benediktinisches Mönchtum in Zeiten des Umbruchs und der Erneuerung

nenseite des inneren rechten Flügels: Diese, anfänglich nur mit einem Birett versehen, wurde umgehend aktualisiert und mit einer Mitra ausgestattet, nachdem Abt Heinrich und seine Nachfolger am 13. Mai 1492 infuliert wurden. Das Wappen von Abt Fabri findet sich zudem unter der Gottesmutter. Die gegenüberliegende Portraitbüste zeigt den Klostervogt und maßgeblichen Förderer Graf Eberhard V. im Bart von Württemberg (1471–1496, 1495 Herzog), der möglicherweise auch Geld für das Retabel, das laut Klosterinventar von 1545 1400 Gulden gekostet habe, gestiftet hat.

Leider haben sich sonst keine weiteren archivalischen Quellen zu dem Retabel erhalten, so dass die beteiligten Meister – abgesehen von einer Kryptosignatur – nur auf stilistischem Wege erschlossen werden können: Das Gehäuse und das Gesprenge stammen wie das eng verwandte Chorgestühl wohl aus der Werkstatt von Jörg Sürlin d.J., die Schrein- und Predellenfiguren sowie die Flügelreliefs hingegen von Michel Erhart (1469–1522 in Ulm erwähnt) und seinen Mitarbeitern, darunter zweifellos sein Sohn und Nachfolger Gregor (um 1470–1540).

Die Malereien wurden wegen des großen Umfangs des Auftrages auf mehrere Werkstätten aufgeteilt. Den Hauptteil der Malereien schuf Bartholomäus Zeitblom († um 1520). Er stammte aus Nördlingen, war ab 1482 in Ulm tätig und heiratete eine Tochter von Hans Schüchlin († 1505). Unterstützt wurde er einerseits durch einen Mitarbeiter der Schüchlin-Werkstatt, den sog. Meister der Blaubeurer Kreuzigung, sowie durch Bernhard Strigel aus Memmingen († 1528). Auch die kostbare Fassung der Figuren wurde in der Zeitblom-Werkstatt hergestellt. Die Koordination des Gesamtprojektes lag wohl bei dem Ulmer Altmeister Hans Schüchlin.

Mit seinen drei Öffnungszuständen und der bemalten Rückseite bietet das Hochaltarretabel ein umfassendes, heilsgeschichtliches Bildprogramm. Die im geschlossenen Zustand sichtbare Werktagsseite (Abb. 9) zeigt vier Passionsbilder mit je zwei Simultandarstellungen im Hintergrund, so dass sich insgesamt zwölf Szenen ergeben: Der Zyklus reicht vom Letzten Abendmahl bis zur Auferstehung. Auf die Passion bezogen sind auch die beiden gemalten Büsten der Propheten Jeremias und Isaias auf den aufgesetzten Tafeln zum Verschluss des Auszugs.

Der Predellenverschluss, zwei bemalte Tafeln, die ehedem in einer Nut vor das Gehäuse geschoben werden konnten, zeigt zentral das Lamm Gottes auf dem Buch mit den Sieben Siegeln und mit Siegesfahne

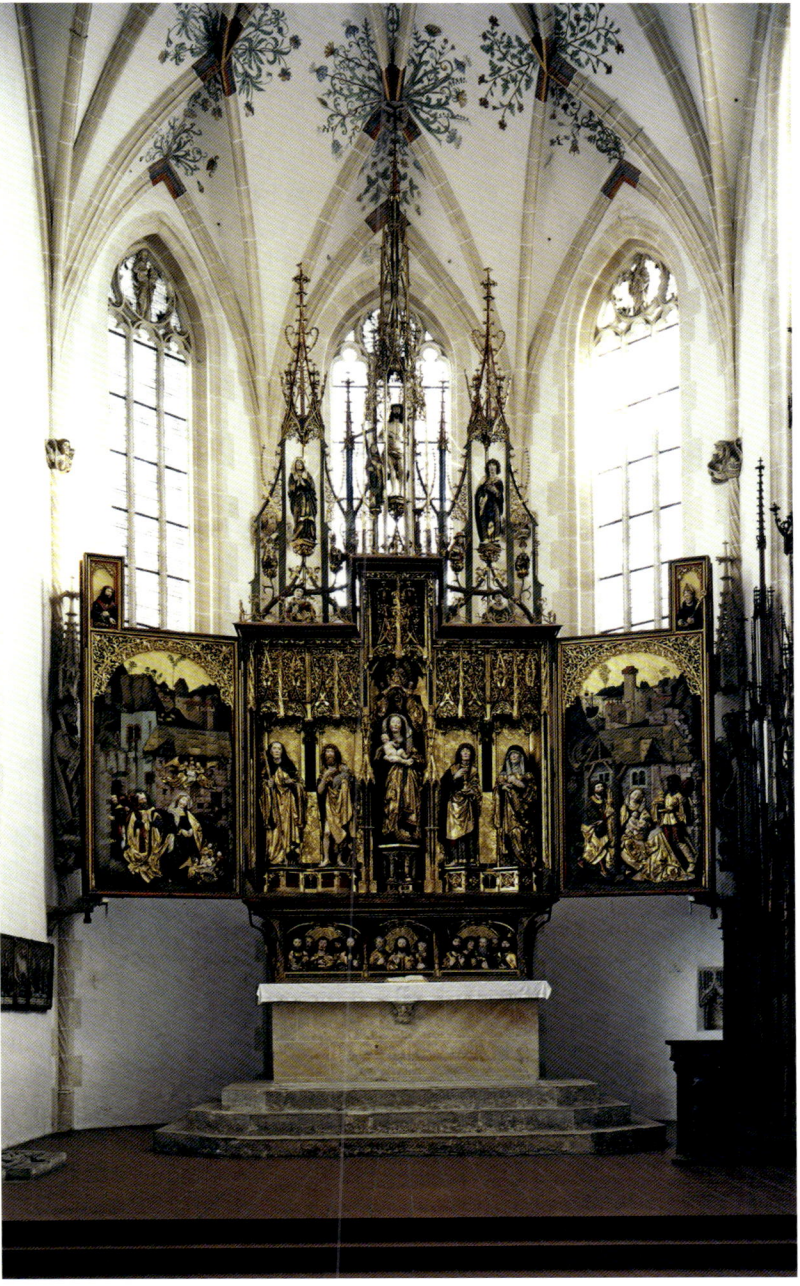

und Kelch – es ist somit sowohl eschatologisch als auch eucharistisch zu deuten. Zudem ist das Lamm mit der Siegesfahne zugleich das Wappen der Abtei Blaubeuren. Es wird hier von den beiden Johannes flankiert, dazu kommen die anderen drei Evangelisten, allesamt begleitet von den Vier Lebenden Wesen der Apokalypse, außerdem rechts der hl. Benedikt als Ordenspatron. Ihre beigegebenen Fürbitt-Texte sind jeweils auf das Lamm bezogen.

Über dem Schreingehäuse wächst das (dauerhaft sichtbare) Gesprenge auf. Es besteht aus drei Balda-

11 Hochaltarretabel in Blaubeuren, um 1492– 1494, 2. Öffnung mit Figurenschrein und Flügelreliefs mit der Geburt Chritsi und der Anbetung der Hll. Drei Könige

mit einem Kruzifix ausgestattet (eines heute ebenfalls im Württembergischen Landesmuseum Stuttgart): Das eine sollte als Triumphkreuz ins Langhaus hineinwirken, das andere vom Chorraum und vornehmlich von der mit eigenem Altar ausgestatteten Turmempore aus wahrgenommen werden – das Doppelkruzifix war somit das einzige inhaltliche Verbindungselement zwischen dem Oratorium der Mönche und der Laienkirche. Beide Kruzifixe sind wohl von einem Mitarbeiter der Ulmer Erhart-Werkstatt geschnitzt worden. Kurz danach, um 1509, wurde schließlich noch im westlichen Turmbogen unter dem Kreuz eine Orgel installiert. Sie war beidseitig mit Malereien versehen und besaß Flügeltüren, die zum Langhaus hin einen ähnlichen Themenkreis wie das Hochaltarretabel präsentierten. Bereits 1502 hatte Jörg Sürlin d.J. eine nicht erhaltene Kanzel für das Langhaus geliefert.[8]

Die klar in die Funktionsbereiche Konvent- und Laienkirche aufgeteilte Klosterkirche Blaubeuren erhielt innerhalb von nur zehn Jahren eine Kirchenausstattung auf höchstem künstlerischem Niveau. Ihr harmonisches Zusammenspiel mit Raum und Bauskulptur folgt einem einheitlichen, von Abt Heinrich Fabri ersonnenen heilsgeschichtlichen Gesamtprogramm, das nach seinem Tode von seinem Nachfolger Gregor Rösch fortentwickelt wurde.

Die Nachfolge von Blaubeuren - Ossiach

Die Werkstatt von Michel Erhart war neben Blaubeuren auch für eine Reihe weiterer südwestdeutscher Benediktinerklöster tätig: So fertigte sie 1485/86 ein Retabel für St. Ulrich und Afra in Augsburg, 1488 und 1490 einen Altar und eine Cäcilienbüste für St. Gallen, 1493 die Altarskulpturen der Marienkapelle in Weingarten und 1495 zwei Kruzifixe für St. Ulrich und Afra in Augsburg. Auch Jörg Sürlin d.J. wurde von zwei Benediktinerabteien beauftragt, wie in Blaubeuren sowohl das Chorgestühl als auch das Schreingehäuse zu liefern: von Ochsenhausen 1496/99 und 1514, von Zwiefalten 1512–1517. Leider haben diese Arbeiten nur teilweise bis heute überdauert.

Die Wirkung der Chorausstattung von Blaubeuren und insbesondere seines Hochaltarretabels strahlte bis in den alpenländischen Raum aus, wie der ehemalige Hochaltaraufsatz der Benediktinerstiftskirche im kärntnerischen Ossiach verdeutlicht (Abb. 12). Er sei hier stellvertretend für die zahlreichen, heute jedoch zumeist nur noch in wenigen Fragmenten überkommenen Kirchenausstattungen des Alpenraumes vorgestellt.

Von der spätgotischen Neuausstattung der Benediktinerstiftskirche Ossiach blieb infolge der weitreichenden Umbauten in der Mitte des 18. Jahrhunderts nur dieses Hochaltarretabel erhalten. Die romanische Stiftskirche des 11. Jahrhunderts war 1484 bei einem Brand stark beschädigt worden. Beim nachfolgenden Wiederaufbau fand eine weitgehende Neugestaltung in spätgotischen Formen statt, am 5. September 1500 erfolgte die Neuweihe von Kirche und fünf Altären durch Bischof Erhard Paumgartner von Lavant (1487–1508) unter dem Titel St. Mariä Himmelfahrt und St. Katharina. Damals stand Abt Erasmus Töttrer (1496–1510) dem Konvent vor. Er ließ offenbar auch – nach der Altarweihe – das Hochaltarretabel anfertigen. Es ist seit Ende des 17. Jahrhunderts in der gotischen Taufkapelle aufgestellt, wobei es bei der Übertragung sein Gesprenge verlor. Im Kasten des Mittelschreines sind bei der Sonntagsöffnung mittig die vollplastischen Figuren der Muttergottes mit Kind auf der Mondsichel, rechts von ihr die hl. Katharina, links der hl. Margareta zu sehen – also die beiden Kirchenpatroninnen und eine weitere heilige Jungfrau. Die einander leicht zugewandten Figuren stehen vor einem Silberbrokatvorhang und werden von einem Rankenwerkbaldachin auf gedrehten Säulchen überfangen. In den Nischen der Flügelinnenseiten finden sich jeweils in zwei Etagen je drei stehende Apostelfiguren in Hochrelief ebenfalls unter Schleierbrettern. Bei geschlossenen Flügeln erschien auf den Flügelaußenseiten und auf den nicht erhaltenen Standflügeln ein vornehmlich mariologisch geprägter Zyklus aus acht gemalten heilsgeschichtlichen Szenen, davon erhalten die Verkündigung, die Geburt Christi, die Auferstehung (mit den drei Marien im Hintergrund) und der Marientod. In der breiten Nische der Predella befanden sich ehemals fünf vollplastische Halbfiguren weiblicher Heiliger, davon vor Ort erhalten die hll. Agatha und Scholastica, außerdem eine hl. Barbara im Kärntner Landesmuseum in Klagenfurt. Scholastica dürfte dabei als Ordenspatronin ehedem die Mittelposition eingenommen haben.

Die Predellenrückseite ist mit einer Darstellung des Schweißtuches der hl. Veronika, das von Engeln präsentiert wird, bemalt, die Schreinrückseite ziert eine Rankenverdüre mit Blüten, Früchten und Vögeln sowie der zentralen Darstellung des Christkindes – offenbar wurde auch hier einstmals hinter dem Hochaltarretabel die Beichte ‚im Angesicht Gottes‘ abgenommen.

Sowohl in der Anordnung der Schreinfiguren als auch in Typus und Gewandung der Mondsichelma-

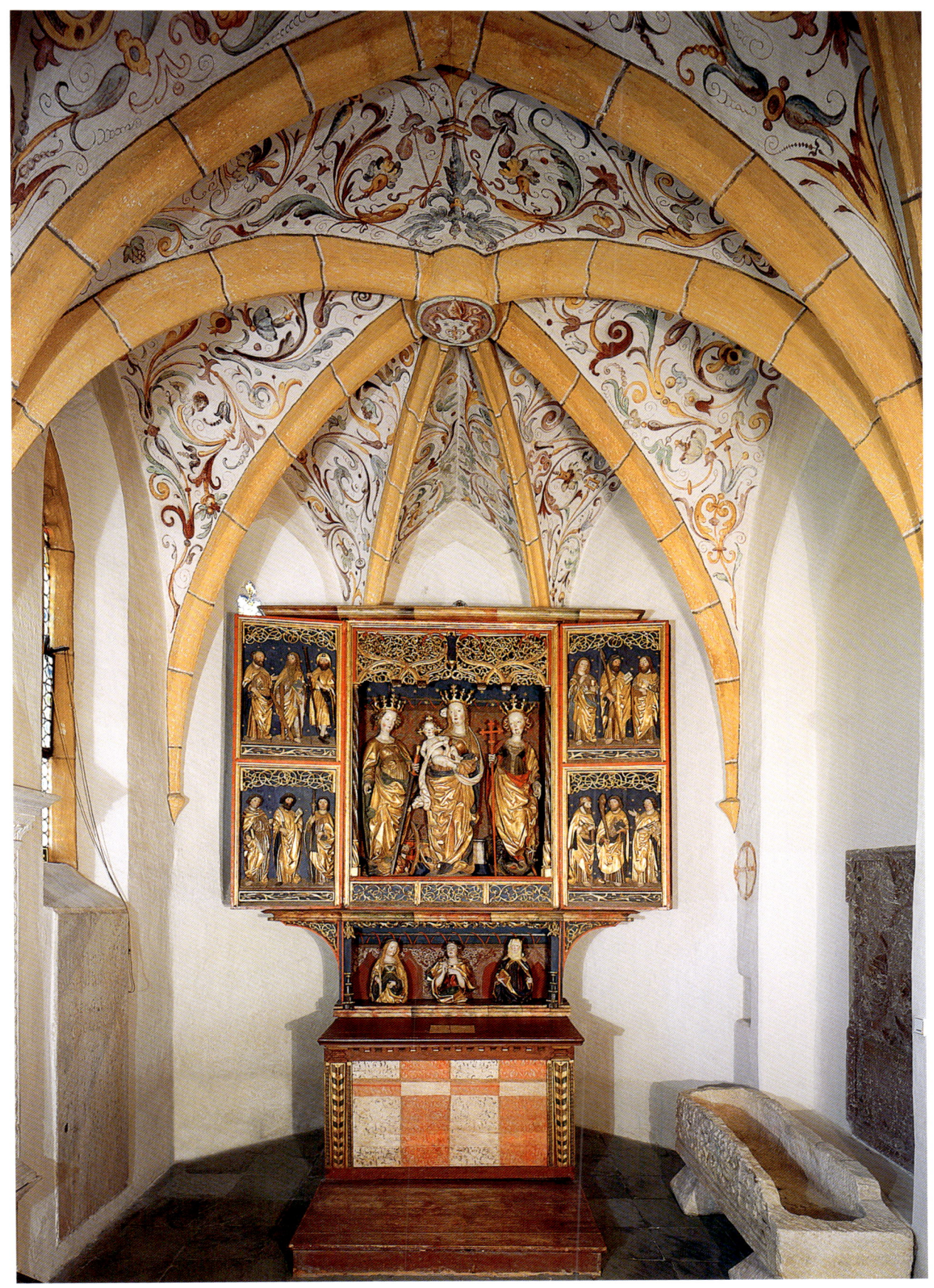

donna zeigen sich Anklänge an das Hochaltarretabel in Blaubeuren (Abb. 11). Bei den drei Schreinfiguren und den Predellenfiguren, die dem Hauptmeister zugeschrieben werden, lässt sich insgesamt eine Rezeption schwäbisch-ulmischer Gestaltungsformen, insbesondere des Draperiestils, ausmachen, bei den Apostelfiguren wie auch bei den Flügelgemälden ist hingegen ein salzburgischer Einschlag zu erkennen. Hier waren also unterschiedlich geschulte Kräfte am Werk. Die Verfertigung des mit einer reichen Vergoldung versehenen Retabels ist in einer der älteren Villacher Werkstätten anzunehmen.

Bei den Darstellungen des Hochaltarretabels, das allein von der spätmittelalterlichen Ausstattung erhalten blieb, handelt es sich insgesamt um ein weit verbreitetes, wenig spezifisches Programm, das dennoch die beiden Kirchenpatroninnen ins Zentrum rückt. Benediktinische Elemente scheinen bei der Darstellung der hl. Scholastica auf – eine Figur ihres Bruders, des Ordensgründer Benedikt, könnte sich womöglich einstmals im Gesprenge befunden haben.

Resümee

Eine Gesamtschau der vorgestellten Beispiele lässt erkennen, dass gerade auch im Spätmittelalter die Innenräume und Ausstattungen der Klosterkirchen bestimmt werden von den liturgischen Dispositionen und der Aufteilung des Kirchenraumes in Funktionsräume: Insbesondere im späten Mittelalter zeichnet sich eine klare, auch baulich deutlich gesetzte Trennung von Konvent- und Laienkirche ab. Dabei übernimmt Letztere gelegentlich, wie in Cismar und Kornelimünster, auch die spezielle Funktion einer Pilgerkirche.

Die Konventkirche nimmt naturgemäß den größten und wichtigsten Teil des Kirchenraumes ein:

Der Platz der Männerkonvente ist durchweg im Chorraum, kann aber durch andere Räume wie Emporen oder Annexkapellen ergänzt werden, Frauenkonvente hingegen sind üblicherweise auf einer abgeschirmten Nonnenempore im Westen platziert, aber auch gelegentlich im östlichen Mittelschiff der Kirche angesiedelt wie etwa in Preetz.

Den (Männer-) Konventen stand im Sanktuarium als liturgischem Zentrum unmittelbar das prachtvoll gestaltete Hochaltarretabel vor Augen, dessen Bildprogramm zumeist die Kirchenpatrone darstellt, aber häufig wird dort auch der Ordenspatron Benedikt gewürdigt.

Darüber hinaus liegt jedoch ein weiterer wichtiger Akzent auch auf den Chorgestühlen, den Versammlungsorten der Konvente beim Stundengebet. Auch diese wurden oft mit umfangreichen Bildprogrammen ausgestattet, die sich an ein theologisch gebildetes Publikum richten.

Weiterhin lässt sich beobachten, dass die Kirchenausstattungen häufig in direktem Anschluss an Baumaßnahmen ausgeführt wurden – bei ,baugebundenen' Ausstattungselementen wie Gewölbeausmalungen mag dies kaum überraschen, aber auch aufwendige Retabel und Chorgestühle etc. wurden trotz der hohen finanziellen Belastung oft unmittelbar nach der Fertigstellung des Bauabschnitts in Auftrag gegeben. Dabei stammen meist mehrere Ausstattungsstücke von demselben Kunsthandwerker oder derselben Werkstatt. Dies zeigt, dass man die Aufträge gerne an bewährte Kooperationspartner vergab, wodurch zugleich auch eine Garantie für die gestalterische Einheitlichkeit des Ausstattungsensembles gegeben war. Als Paradebeispiel kann hier die Chorausstattung von Blaubeuren gelten, doch stellt sie zugleich eine Ausnahmeerscheinung dar, da solche Ensembles selten so konsequent nach einem stringenten Gesamtkonzept umgesetzt wurden wie dort.

Die vorgestellten Beispiele aus der zweiten Hälfte des 15. Jahrhunderts lassen klar erkennen, dass der Anschluss an eine ordensinterne Reformbewegung, sei es die Bursfelder Reform im Norden oder die Melker Reform im Süden, zu einer neuen Blüte des jeweiligen Klosters führte – auch auf wirtschaftlichem und kulturellem Sektor. Dies zeitigte nicht zuletzt Folgen in umfangreichen Neubau- und Neuausstattungskampagnen für die Klosterkirchen. Diese betrafen meist nicht nur die Chorräume, sondern den gesamten Kirchenraum, wo v.a. im 15. und frühen 16. Jahrhundert außer dem Hochaltar oft auch eine große Anzahl von Nebenaltären anzutreffen waren, geziert mit aufwendigen Retabeln. Dies geht überein mit den zeitgenössischen Entwicklungen, die von einer auf die Privatandacht konzentrierten Frömmigkeitspraxis geprägt waren. Und so finden sich auch in den Kirchen des Benediktinerordens neben den großen Altarretabeln auch kleine Gemälde und Figuren für die private Andacht der Konventmitglieder.

Die vielfältigen Ausstattungsstücke unterschiedlichster Funktion und Gestaltung entstammen dabei verschiedenen Gattungen: Heute prägen vornehmlich gefasste Skulpturen aus Stein und gefasste und ungefasste Schnitzwerke aus Holz sowie Tafelmalereien das Bild, die Raumwirkung bestimmten jedoch darüber hinaus auch die heute zumeist verlorenen farbigen Glasmalereien der Fenster sowie textile Arbeiten, oft in leuchtenden Farben gestaltet, wie Fahnen, Teppiche, Banklaken, Velen und Hungertücher, wie sie sich in einzigartiger Fülle in den niedersächsischen Heideklöstern (Lüne, Ebstorf, Walsrode, Wienhausen etc.) bis heute erhalten haben.

Im Idealfall wie in Blaubeuren ergibt sich aus dem gattungsübergreifenden Zusammenspiel der in einem begrenzten Zeitraum entstandenen Ausstattungsstücke und der durchdachten Gesamtkonzeption von Bauplastik und Ausstattung ein einheitliches Raumprogramm, das theologisch fundiert die Heilsgeschichte in ihren wesentlichen Aspekten vergegenwärtigt.

Die eingangs gestellte Frage nach einer spezifisch benediktinischen Kunstauffassung lässt sich nach Betrachtung und Analyse der überkommenen Bestände spätmittelalterlicher Kirchenausstattungen des Benediktinerordens wohl dahingehend beantworten, dass man in jener Zeit nicht im strengeren Sinne von einer ‚benediktinischen Kunst' sprechen kann, so wie es zeitgleich etwa eine spezifisch ‚zisterziensische Kunst' gibt. Es zeichnen sich aber doch immer wieder deutlich ordenstypische, benediktinische Akzente in allen Bereichen der Kirchenausstattungen ab, wo auf vielfältige Weise die Ordenspatrone Benedikt und Scholastica, aber auch andere Benediktinerheilige gewürdigt und so Tradition, Ordensideale und Theologie der Benediktiner zum Ausdruck gebracht werden.

---

1 Grundlegend dazu Laabs 2000; Wipfler 2003.

2 Die Johannes-Szenen umfassen folgende Darstellungen, beginnend links oben: Berufung, Marter im Ölkessel, Niederschreiben der Visionen der Apokalypse auf Patmos, Johannes und das Rebhuhn, Auferweckung der Drusiana und das Kieselsteinwunder, im unteren Register folgten zwei nicht mehr sicher zu deutende Szenen sowie die Grablegung.

3 Gegen eine dauerhafte Präsentation und Verwahrung des Reliquienschatzes im Hochaltarretabel und damit gegen eine vielfach angenommene Tresorfunktion spricht das Fehlen einer unmittelbaren Bezugnahme des ikonographischen Programms auf den Reliquieninhalt wie auch das ungünstige Verdecken der meisten Reliefszenen durch die aufgestellten Reliquienbehälter. Die Schnitzreliefs des Retabels, die sich durch zeittypisch grazile, überlängte Körperproportionen, eine tänzelnde Haltung der Figuren und eine elegante Gewandung auszeichnen, lassen die Be-

teilung mehrer Bildschnitzer erkennen. Diese waren in einer Lübecker Werkstatt tätig, die um 1335 auch das sog. Bocholt-Gestühl im Lübecker Dom schuf und die möglicherweise von dem 1305–1341 archivalisch belegten Hermann Walther von Kolberg geleitet wurde. Ihre Stilformen wurzelten sowohl in der rheinischen Kunst wie auch darüber hinaus im französischen Kunstschaffen jener Zeit, vornehmlich der verfeinerten Elfenbeinschnitzerei.

4 Auf dem linken Flügel Johannes Baptist, Severin, Nikolaus, ein hl. Bischof und Sebaldus sowie die hll. Gregor, Hieronymus, Augustinus, Ambrosius und Katharina. Der rechte Flügel zeigt den hl. Lukas, Markus, Benedikt, Ägidius und Antonius sowie die hll. Cosmas und Damian, Maria Magdalena, Margaretha und Elisabeth.

5 Mittig die hl. Agnes, links die hll. Elisabeth und Euphemia, Barbara und Apollonia, rechts die hll. Ottilia und Katharina, Ursula und Dorothea.

6 Der Zyklus umfasst folgende Szenen: Verkündigung der Geburt des Johannes an Zacharias; Heimsuchung; Geburt mit Vorbereitung seines ersten Bades; Beschneidung durch Mohel; der jugendliche Johannes in der Wüste Bußpredigt des Johannes; Taufe der Büßer; Streitgespräch mit einem der Priester aus Jerusalem; Hinweis auf den nahenden Erlöser und dessen Bezeichnung als Lamm Gottes; Taufe Jesu im Jordan; Johannes äußert Kritik an der Vermählung von König Herodes und Herodias; seine Gefangennahme; seine Enthauptung; Salome bringt sein Haupt auf einer Schüssel zur Festtafel; Beisetzung seines Leichnams durch seine Jünger; Bergung seines Hauptes in einem goldenen Schrein.

7 Der Chronist Knauss nennt zwar 1638 den hl. Martius (ihm folgend Moraht-Fromm 2002, 64), doch dürfte er die Beischrift falsch entziffert haben – es wird sich vielmehr um den Benediktschüler Maurus handeln, der zumeist zusammen mit dem hl. Placidus auftritt.

8 Nur wenige Jahre nach dem Abschluss der umfassenden Neugestaltung des weiterhin von der Klosterreform getragenen Klosters Blaubeuren wurde dieses im Zuge der Reformation im Jahre 1536 durch Herzog Ulrich von Württemberg (1498–1550) aufgehoben. 1548–1563 beherbergte es nochmals den vertriebenen Benediktinerkonvent, seit 1556 existierte dort zudem eine – 1630–1648 nochmals von Benediktinermönchen abgelöste – evangelische Klosterschule, deren Abt den 1565 erteilten herzoglichen Befehl zur Beseitigung der Altäre und „abgöttisch bilder" nur im Langhaus durchführte, so dass die großartige Chorausstattung bis auf das damals zerstörte Sakramentshaus (und die Glasmalereien) bis heute erhalten blieb.

Literatur:

Kat. Liesborn 1965. – Appel 1972. – Knauf 1974. – Niemeyer 1974. – Stocks/Schütz 1975/2001. – Demus 1991, 210-224. – Lorenz-Leber 1991. – Karrenbrock 1992. – Freitag 2001. – Grinder-Hansen 2002, 89 (Abb.), 90, 92. – Wolf 2002, 40-60. – Blaubeuren 2002. – Moraht-Fromm 2002. – Meurer 2002. – Kahsnitz 2005, v.a. 180-207. – Kat. Essen/Bonn 2005. – Jászai 2008.

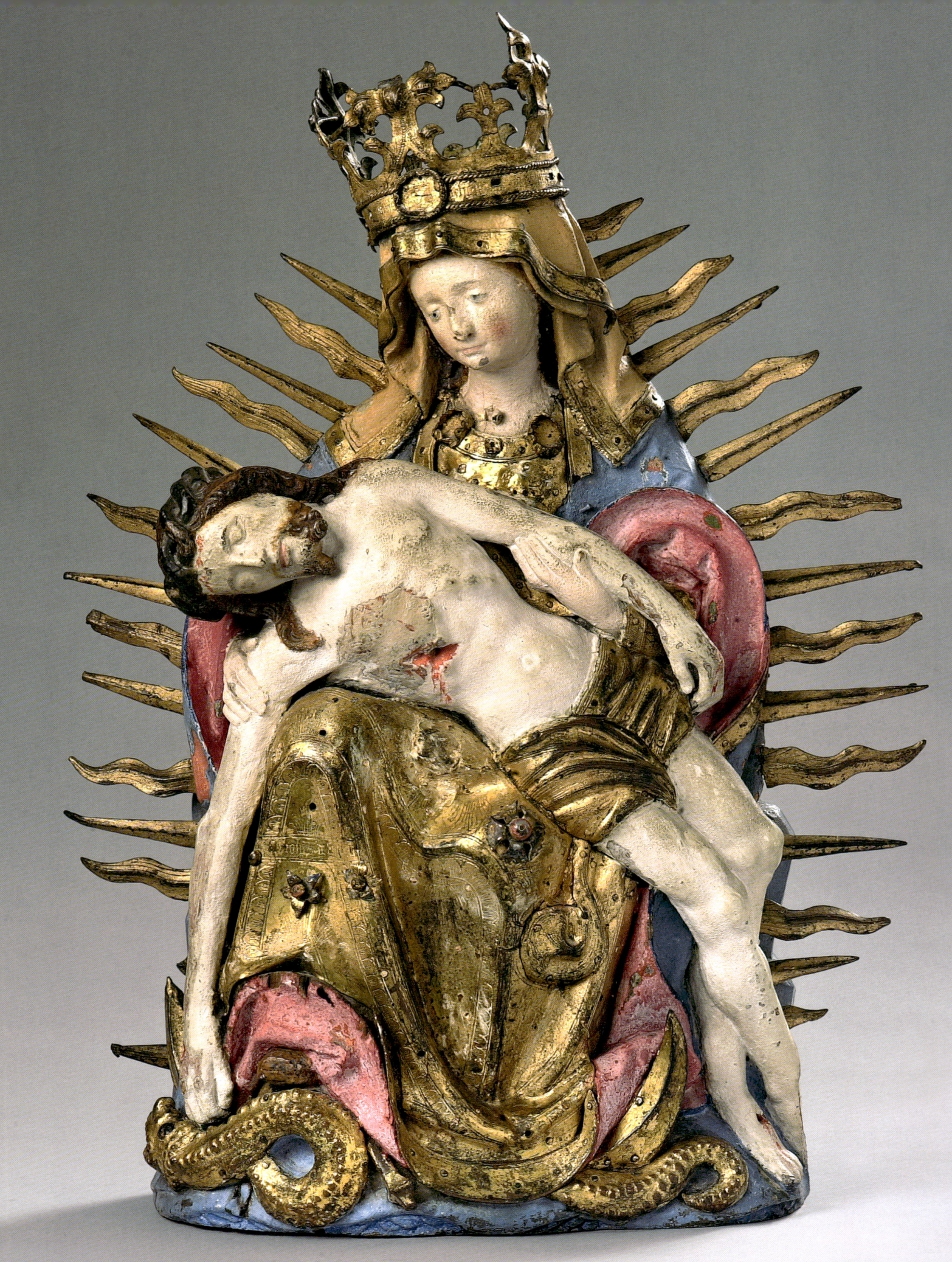

JOHANN VON LANGEN. DER IBURGER BENEDIKTINERMÖNCH ALS GOLDSCHMIED UND RELIQUIENSAMMLER

Reinhard Karrenbrock

Die Benediktinerabtei Iburg, die von dem Osnabrücker Bischof Benno II. (um 1020/25–1088) um 1080 gegründet wurde, besaß einen reichen, vielteiligen Reliquienbestand, von dem sich jedoch nur wenig bis zum heutigen Tage bewahrt hat. So wurden in dem Kloster, das als das bedeutendste Kloster des Fürstbistums Osnabrück angesehen werden kann, 1681 insgesamt 46 Reliquiare verwahrt, wie einem in diesem Jahr aufgestellten, aufwendig gestalteten Heiltumsverzeichnis des Iburger Abtes Maurus Rost (1666–1706) zu entnehmen ist, in dem diese Reliquienbehältnisse in minutiös ausgeführten Federzeichnungen gezeigt werden.[1] Es ist dies eine überaus anschauliche, bislang noch kaum ausgewertete Bestandsaufnahme des Iburger Reliquienschatzes, die bis in die Frühzeit des Klosters zurückreicht.[2]

Erhalten hatten sich diese Reliquiare, die insbesondere in den Wirren des Dreißigjährigen Krieges vielfältigen Gefahren ausgesetzt waren, durch den glücklichen Umstand, dass sie, wie den Iburger Klosterannalen zu entnehmen ist, 1633 in das St. Aegidiikloster nach Münster verbracht worden waren, dessen geistliche Betreuung in nachmittelalterlicher Zeit den Iburger Benediktinern oblag. Weitere kirchliche Geräte waren zudem von den Mönchen 1634 im Stadthof des Iburger Klosters in Osnabrück versteckt worden, wo sie erst 1669 wiederaufgefunden wurden. Auf Veranlassung des Abtes Maurus Rost wurden diese Gerätschaften schließlich 1676, also nur wenige Jahre vor Erstellung des Verzeichnisses, in ihrer Substanz gesichert und wiederhergestellt.[3]

Eingeleitet wird das Iburger Heiltumsverzeichnis (oder „Sacrarium") durch eine (auch in seiner Größe besonders hervorgehobene) Abbildung des Triumphkreuzes der Klosterkirche, dessen Haupt verschiedene Reliquien enthielt, gefolgt von einer Darstellung sämtlicher Reliquienbehältnisse des Klosters Iburg. Den Abschluss dieser Handschrift, in der Text und Bild in gleichgewichtiger Anordnung miteinander verknüpft sind, bildet ein kreuzförmiger, mit einem mächtigen Vierungsturm versehener Zentralbau, der – laut beigefügter Beschriftung – die Iburger Klosterkirche vor dem verheerenden Brand von 1349 darstellen soll.

Ein herausragendes Werk des Reliquienschatzes dürfte demnach, diesem Verzeichnis zufolge, eine von Reliquien eingefasste, vergoldete Kupfertafel gewesen sein, auf der unter gotisierenden Kielbögen nebeneinander stehend der Salvator und vier Heilige – die Apostelfürsten Petrus und Paulus, der hl. Johannes Ev. sowie die hl. Ursula, wie an den beiden Pfeilen zu erkennen ist – dargestellt waren. Neben drei weiteren, turmartigen Reliquiaren und Ostensorien lassen sich in dieser Aufstellung darüber hinaus drei hausförmige Reliquienschreine nachweisen, die, ihren Stilformen zufolge, im späten Mittelalter entstanden sein könnten. Besonders aufwendig gearbeitet erscheint sodann ein hoch aufragender, zweigeschossiger Reliquienschrein, dessen Reliquienbündel an der Frontseite von zehn Heiligenfiguren gerahmt werden.

„Als zentrale Bestandteile des Iburger Reliquienschatzes ist zudem eine Folge von sechs Reliquienbüsten anzusehen, die in dem Verzeichnis jeweils paarweise aufgeführt sind. So finden sich hier zwei prachtvoll verzierte Büsten der Apostelfürsten Petrus und Paulus, die auf hohen, querrechteckigen Sockeln angebracht sind. Sie könnten, ihren Schmuckformen zufolge, aus dem späteren 17. Jahrhundert stammen. Vier weitere, etwas schlichtere Büsten, die die Märtyrerheiligen Stephanus und Laurentius sowie die hl. Barbara und den hl. Bischof Blasius darstellen, werden dagegen noch zum mittelalterlichen Bestand zu rechnen sein."[4]

Von einer ungemeinen Präsenz dürften in der Gesamtschau dieses Reliquienbestandes darüber hinaus jedoch die insgesamt zwölf Schädelreliquiare gewesen

1 Vesperbild aus Kloster Iburg, Bad Iburg, Privatbesitz

363

3 Drei Hl. Häupter, Bad Iburg, Kath. Pfarrkirche St. Clemens (als Leihgaben im Diözesanmueum Osnabrück) (Kat.-Nr. 15.4)

4 Drei Hl. Häupter, Bad Iburg, Kath. Pfarrkirche St. Clemens, Rückseiten

2 Hl. Häupter (Federzeichnung), „Sacrarium" des Klosters Iburg, Bad Iburg, Kath. Pfarrkirche St. Clemens, Pfarrarchiv I,7

sein, die in ganz unterschiedlicher Weise geschmückt und gefasst waren – zwölf sicherlich aus mittelalterlicher Zeit stammende „Heilige Häupter", wie sie sich in den rheinischen Klöstern, aber auch in den benachbarten westfälischen Kloster- und Stiftskirchen, so etwa in Marienfeld, Bentlage und Nottuln, in großer Zahl nachweisen lassen.[5] Besonders hervorgehoben wurden dabei zwei Heilige Häupter, die jeweils auf einem hohen, mit figürlichen Darstellungen versehenen Rechtecksockel angebracht waren. Sechs weitere Reliquienschädel wurden in Iburg dagegen, einem weit verbreiteten Typus folgend, auf Kissen liegend präsentiert (Abb. 2).

Eine sehr viel aufwendigere Einfassung besitzen vier auf hohen, quaderförmigen Sockeln angebrachte und mit vergoldeten Kupferplatten verzierte Schädelreliquiare, die sich als einzige Überreste des einst umfangreichen Iburger Reliquienschatzes bis in unsere Zeit erhalten haben. Drei dieser in ihrer Gestaltung recht ungewöhnlichen Heiligen Häupter (Abb. 3, 4, 6) werden heute als Leihgaben der Iburger Pfarrkirche im Diözesanmuseum in Osnabrück (Inv.-Nr. S 147) ver-

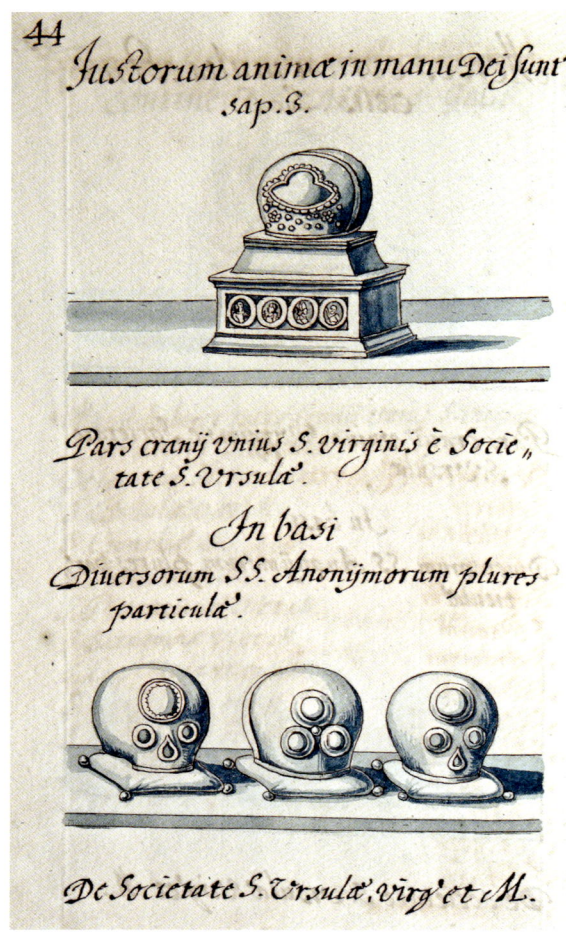

wahrt (Kat.-Nr. 15,4), das vierte Haupt hat sich dagegen nur in Form eines Fotos überliefert (Abb. 5).[6] Ein Vergleich dieser vier Schädel mit den Federzeichnungen von 1681, auf denen die Charakteristika der Häupter recht präzise wiedergegeben sind, lässt zugleich den hohen dokumentarischen Charakter des Iburger „Sacrariums" deutlich werden, was für die Einschätzung und Beurteilung der übrigen Zeichnungen von besonderer Bedeutung erscheint.

Die vier in ihren Maßen geringfügig voneinander abweichenden Häupter sind auf quaderförmigen Sockeln angebracht, deren Vorderseiten mit durchbrochen gearbeiteten, vergoldeten Kupferplatten geschmückt sind, die den Blick auf die dahinter angebrachten Reliquien freigeben. Auf diesen Sockelkästen sind, oberhalb einer abschließenden Inschrift, die im Detail recht unterschiedlich gestalteten Reliquienschädel aufgestellt, die von gebogenen, ebenfalls vergoldeten Kupferplatten eingefasst werden, wobei die Stirnflächen stets sichtbar gelassen sind. Gezielt hervorgehoben werden die Augenpartien der Häupter, die durch Bergkristalle oder unterlegte einfarbige Stoffe besonders betont sind. Als weiterer Schmuck dienen Halbedelsteine, Korallen, weiße Perlen sowie Perlen aus rotem Halbedelstein.

Besonders aufschlussreich erscheinen die an den vier Schädeln angebrachten spätmittelalterlichen Inschriften, deren umfangreiche Texte jeweils auf die in diesen Reliquiaren verehrten Heiligen Bezug nehmen. Drei dieser zum ursprünglichen Bestand zu rechnenden Inschriften nennen zugleich aber auch „Johann von Langen" als Urheber dieser Schädeleinfassungen, bei zwei der Schädel findet sich darüber hinaus auch die Datierung in das Jahr 1507. Zwei besonders aussagekräftige Stellen dieser bislang noch unpublizierten Inschriften seien deshalb im Folgenden zitiert.[7]

So findet sich auf dem kleinsten der drei Schädel, dessen Augenöffnungen mit rotem Stoff unterlegt sind, folgende Inschrift: „fr(ater) ioh(ann)es de la(n)ghen actor haru(m) reliquiaru(m) / et ymaginu(m) cu(m) ceteris ornament(is) a(n)no d(omini) M d° vii°" (Bruder Johannes de Langhen, Vermittler dieser Reliquien und Bildnisse zusammen mit den übrigen Verzierungen, im Jahr des Herrn 1507). Auf dem Schädel mit den drei großen Bergkristallen ist u.a. zu lesen: „p(ro) dem(onst)r(at)io(n)e p(o)p(u)li Anno d(omi)ni M d° vii° ego f(rate)r ioh(annes) i(m)pe(tra)ui o(mn)es istas reliq(ui)as de / diuersis / ecclesiis" (Zur Anschauung des Volkes habe ich, Bruder Johannes, im Jahr des Herrn 1507 alle diese Reliquien aus verschiedenen Kirchen erlangt).

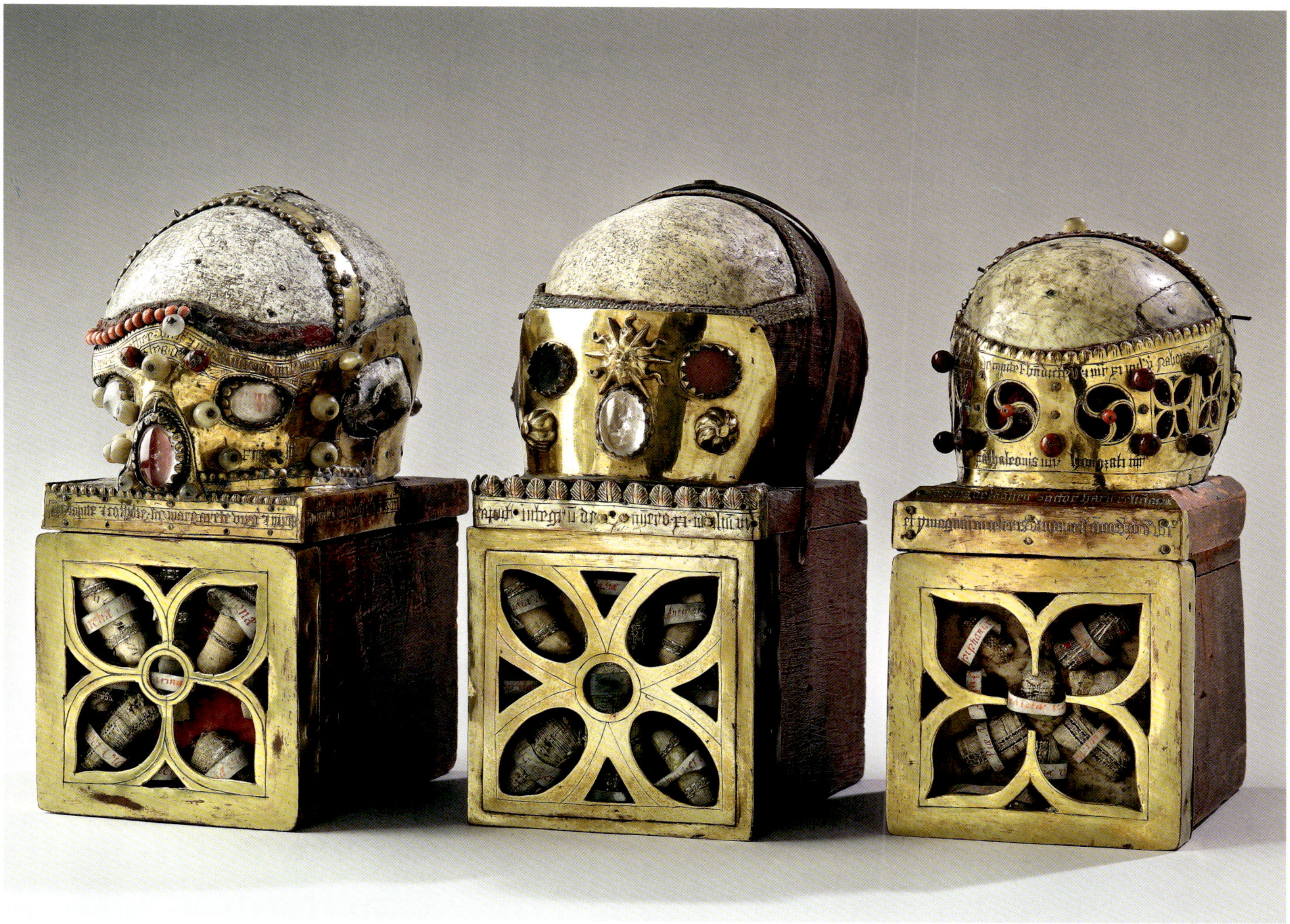

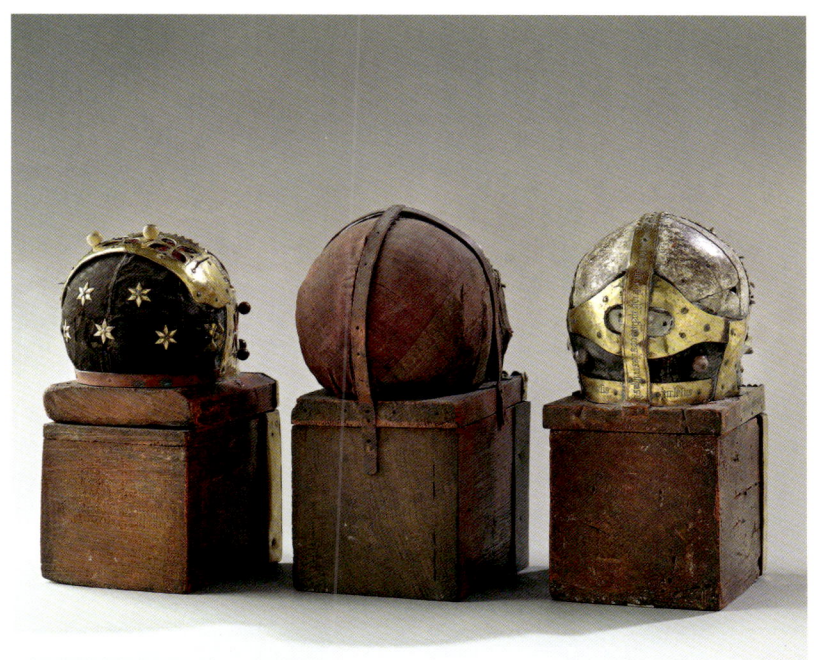

Über den Iburger Benediktinermönch Johann von Langen, auf den der Erwerb und die Einfassungen zurückgehen, ist bislang nur wenig bekannt. In einer Urkunde des Jahres 1489 wird er erstmals genannt, zusammen mit seinem Bruder Herbert, der wie er als Konventuale im Iburger Kloster lebte („Herbert unde Johan ghebroder van Langen, conventuales des closters tho Iborch").[8] Beide Brüder stammten aus einer Ministerialenfamilie, die vom Iburger Abt Requin von Kerssenbrock bereits 1448 mit einem Gut im Kirchspiel Riesenbeck belehnt worden war;[9] die Familie von Langen stand demnach schon seit vielen Jahren in engen Verbindungen zum Iburger Kloster. 1484 wurde dieses Lehnsverhältnis bestätigt, 1495 wurde Lambert van Langen (ein Bruder der beiden Mönche?) vom Iburger Abt mit weiteren Gütern belehnt.[10] „Herbort von Langen", der Bruder Johann von Langens, ist darüber hinaus 1504 und 1506 als Iburger Mönch urkundlich nachweisbar.[11] Als Todesjahr ist für Herbert von Langen, der auch als Beichtvater für die der Abtei Iburg unterstellten Benediktinerinnen des Klosters Oesede fungierte, das Jahr 1515 bezeugt;[12] für Johann von Langen, der in den bekannten Quellen ansonsten nicht genannt wird, ist dagegen kein Todesdatum überliefert.

Weitere Angaben sind den Annalen des Klosters zu entnehmen, die von dem bereits genannten Abt Maurus Rost in der zweiten Hälfte des 17. Jahrhunderts, wohl unter Auswertung zahlreicher heute nicht mehr verfügbarer Quellen, verfasst wurden. Unter dem Jahr 1508 findet sich dort nachfolgender Eintrag, der in der deutschen Übersetzung zitiert sei: „Zu dieser Zeit lebte der Bruder Johann von Langen, ein Sohn Lamberts von Langen, aus ritterlichem Geschlecht, den seine Eltern vor der Reformation unserm Kloster übergeben hatten. Er unterwarf sich zwar endlich der Reformation mit seinem Bruder Heribert, aber, wie er selbst in einer Schrift gesteht, nur wider seinen Willen. Um seine Zeit nützlich zu verwenden, verlegte er sich auf die Goldschmiedekunst und verwendete sein eigenes Vermögen zur Verfertigung kunstvoller Reliquienbehälter aus vergoldetem Kupfer zur Ehre Gottes und der Heiligen. Aber er besorgte uns auch, da er mit Erlaubnis des Abts verschiedene Reisen machte, manche Reliquien aus den Erzstiften Köln, Trier und Mainz, besonders

aus den Klöstern Ebrach, S. Jacob bei Mainz, Brauweiler, Heerse, Abdinghof, Marienmünster, Corvei und andern, darunter auch den Kopf des heiligen Eberhard. Auch aus dem Dom zu Paderborn erhielt er verschiedene Reliquien von Heiligen zum Geschenk, als er ein dieser Kirche gehöriges sehr wertvolles goldenes Kreuz wiederhergestellt hatte. Auch von dem Propst zu Münster, Philipp von Horne, erhielt er mehrere, und unser Osnabrücker Bischof Erich [von Braunschweig-Grubenhagen, 1508–1532] erlangte manche für ihn aus Rom von einem Cardinal, mit dem er gelegentlich seiner Bestätigung eine besondere Freundschaft geschlossen hatte".[13]

Johann von Langen erlangte die von ihm später kunstvoll eingefassten Reliquien demnach aus den Domkirchen der westfälischen Bistümer – aus der Bischofsstadt Osnabrück, dessen Bischöfe ja seit alters her auf der Iburg residierten, sowie aus den benachbarten Bistümern Münster und Paderborn. Weitere Reliquien wurden ihm darüber hinaus jedoch vornehmlich von verschiedenen bedeutenden Benediktinerklöstern überlassen, die er bei seinen Reisen aufsuchte, so von den Abteien in Brauweiler, Corvey und Marienmünster sowie vom Abdinghofkloster in Paderborn und dem St. Jacobskloster bei Mainz. Hinzuweisen ist zudem auf das im Bistum Paderborn gelegene hochadlige Damenstift Neuenheerse, dem das Iburger Kloster, der oben gemachten Aufzählung zufolge, ebenfalls Reliquien verdankte.

Die Einfassungen der Reliquienschädel mit vergoldeten Kupferplatten, Bergkristallen, Korallen und Perlen, die gegen 1507 durch Johann von Langen initiiert und wohl auch ausgeführt wurden, sind in den Federzeichnungen des Iburger „Sacrariums" recht exakt wiedergegeben. Aufgrund der überaus charakteristischen Stilformen, die sich auch in diesen Zeichnungen widerspiegeln, erscheint es deshalb möglich, Johann von Langen auch als Urheber weiterer der dort dargestellten Iburger Reliquienbehältnisse in Betracht zu ziehen, was jedoch an anderer Stelle erfolgen soll. Erweitert werden kann das Œuvre Johann von Langens jedoch durch mehrere aus Holz gefertigte Bildhauerarbeiten, die ebenfalls, wie die von ihm eingefassten Schädel, mit vergleichbaren Metallapplikationen versehen sind – darunter, als herausragendes Werk dieser Gruppe, ein bislang gänzlich unbekanntes, spätmittelalterliches Vesperbild (Abb. 1), das aus dem Besitz der Iburger Abtei stammt und mit dem Namenszug Johann von Langens signiert ist.

Das aus Eichenholz gefertigte Bildwerk, das sich seit der Säkularisation in Iburger Privatbesitz befindet,

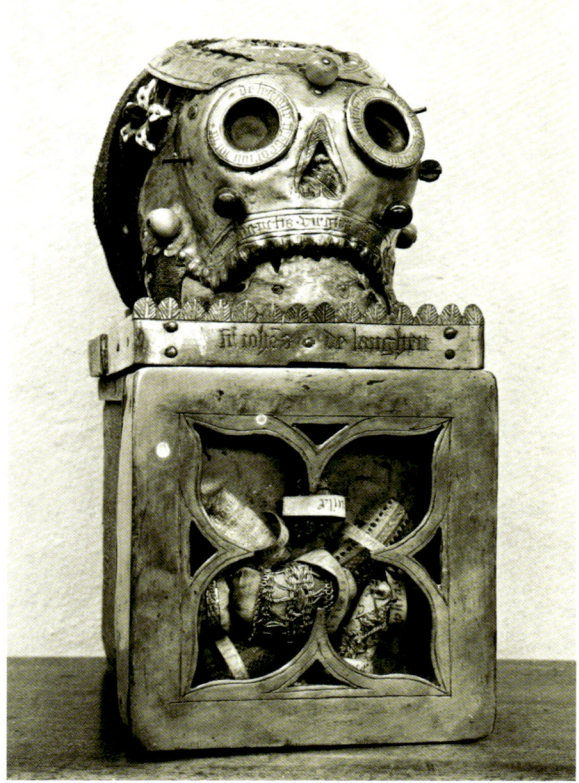

5   Hl. Haupt,
Bad Iburg, Kath.
Pfarrkirche St. Clemens
(verschollen)

stellt Maria, auf einer hohen Rasenbank sitzend, mit ihrem vom Kreuz herabgenommenen Sohn dar, dessen Körper sie mit beiden Händen hält und dem Betrachter präsentiert.[14] Die überaus geschlossene, steile Dreieckskomposition der vollrund ausgearbeiteten Figurengruppe ist ganz auf Vorderansicht hin angelegt; die Seiten erscheinen dagegen vernachlässigt, die Rückseite, die einst der Anbringung der Befestigung der Figur diente, ist nur summarisch angelegt.[15]

Die anrührende, in ihrer Einansichtigkeit beinahe bildhaft aufgefasste Figurengruppe, deren Farbfassung in nachmittelalterlicher Zeit erneuert und verändert wurde, zeigt Maria in einem langen, vollständig mit vergoldeten Kupferplatten bedeckten Gewand, dessen Kostbarkeit so besonders eindringlich unterstrichen wird. Über die Schultern Mariens ist, die gesamte Figurengruppe umfassend, ein weiter, heute blau gefasster Mantel gelegt, der oberhalb des linken Arms der Muttergottes einen großen, radartigen Umschlag ausbildet – ein überaus charakteristisches Stilelement, das sich auch am Kleid Mariens findet, dessen Saum in vergleichbarer Weise hochgeschlagen ist. Besonders akzentuiert wird der Mantel von einer breiten, aus vergoldeten Kupferstreifen gebildeten Borte, die sich jedoch nur teilweise erhalten hat, so etwa beiderseits des Halses, dessen Ausschnitt ebenfalls von einer derartigen Borte eingefasst wird. Besonders augenfällig erscheinen diese Zierstreifen an dem kurzen, locker herabfallenden Schleier, der das kleine, anmutige Gesicht Mariens umfängt. Mit vergoldetem Kupferblech ist darüber hinaus auch das Lendentuch Christi beschlagen, dessen schmaler, zarter Körper, auf den Knien seiner Mutter liegend, zum Betrachter gedreht ist.

Eine inhaltliche Bereicherung erfährt die Vesperbildgruppe aus Iburg zudem durch mehrere ikonographische Besonderheiten, die sämtlich der Geheimen Offenbahrung des Johannes (Offb 12) entlehnt sind, was in diesem Zusammenhang jedoch eher ungewöhnlich erscheint – auch die Applikationen aus vergoldetem Kupfer, wodurch diese spezifischen Merkmale besonders hervorgehoben werden. Vervollständigt wird die Darstellung, ganz offensichtlich auf die Erscheinung des Apokalyptischen Weibes Bezug nehmend, durch eine lange, am Boden kriechende Schlange, hinter der die Sichel des Mondes zu sehen ist. Eingefasst wird die Figurengruppe – „ein Weib, bekleidet mit der Sonne und der Mond zu seinen Füßen" – von einem aus dreißig unterschiedlich langen, kupfervergoldeten Strahlen gebildeten Strahlenkranz, dessen Spitzen einst – kleinen, an der Rückseite angebrachten Ösen zufolge – mit einer Kette mitein-

ander verbunden werden konnten.[16] Befestigt wurden diese Strahlen durch rückseitig angebrachte längliche Hülsen, die auf Stifte geschoben wurden, die zuvor in die Figur getrieben worden waren. Aus vergoldetem Kupfer gefertigt wurde auch die hohe, filigran gearbeitete Krone Mariens, deren Kreuzblumen und Lilien sich jedoch nur teilweise erhalten haben.

Die ursprüngliche Farbigkeit der überaus prachtvoll ausstaffierten Figurengruppe dürfte einst jedoch von dem heutigen Erscheinungsbild deutlich abgewichen sein. Unter der sichtbaren jüngeren Farbfassung scheint an verschiedenen Stellen eine ältere Farbgebung durch, bei der es sich offensichtlich um eine mittelalterliche (möglicherweise die originale?) Farbfassung handelt. Zu dem vergoldeten Gewand gehörte wohl einst ein leuchtend roter Mantel, dessen Umschläge und Futter sich grün abhoben. Das mit feinen roten Blutstropfen versehene Inkarnat Christi war dagegen insgesamt eher rosa, wobei das Gesicht etwas grauer abgetönt war. Der Rasenhügel, auf dem Maria sitzt, präsentierte sich zudem ursprünglich grün (und nicht, wie heute, blau).

Die charakteristischen Stilformen weisen die bislang unpublizierte Figurengruppe als Osnabrücker Bildhauerarbeit der Zeit um 1500 aus, wobei die monumentalen Vesperbilder des Osnabrücker Domes

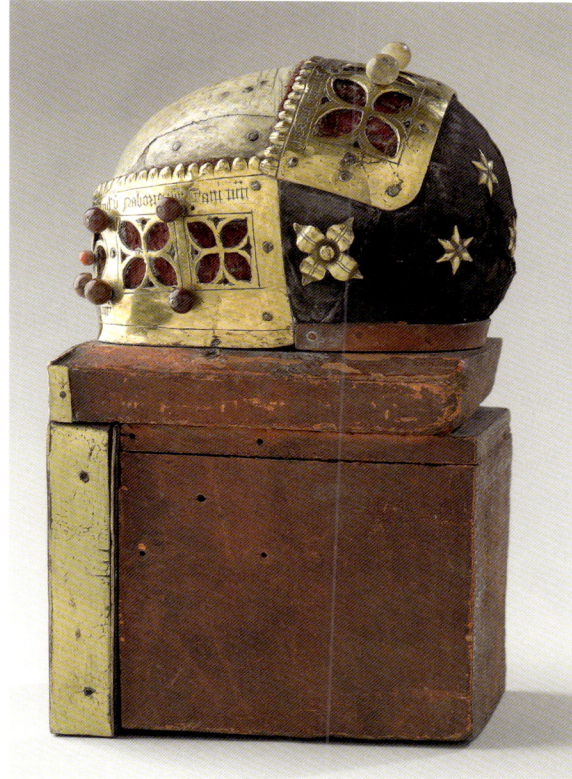

6 Hl. Haupt, Bad Iburg, Kath. Pfarrkirche St. Clemens (als Leihgabe im Diözesanmuseum Osnabrück), Seitenansicht

(um 1478) und der Zisterzienserkirche in Marienfeld (um 1490) in ihrer Komposition mancherlei Anregungen gegeben haben dürften. Der zarte, sanft gerundete Gesichtstypus der Muttergottes und die großen, radförmigen Umschläge des Gewandes lassen darüber hinaus aber auch enge Gemeinsamkeiten mit dem Kreis des Meisters von Osnabrück erkennen, bei dem diese Merkmale gehäuft anzutreffen sind. Direkte Entsprechungen finden sich bei einem Vesperbild der St. Johanneskirche in Herford, das wie die Iburger Figurengruppe zu den frühen Arbeiten dieses umfangreichen Werkkreises zu rechnen ist. Anzuschließen ist zudem das auch im Format vergleichbare, durch großflächige Vergoldungen charakterisierte Vesperbild im Museumsdorf Cloppenburg, das um 1510/15 entstanden sein dürfte. Weitere in ihrem

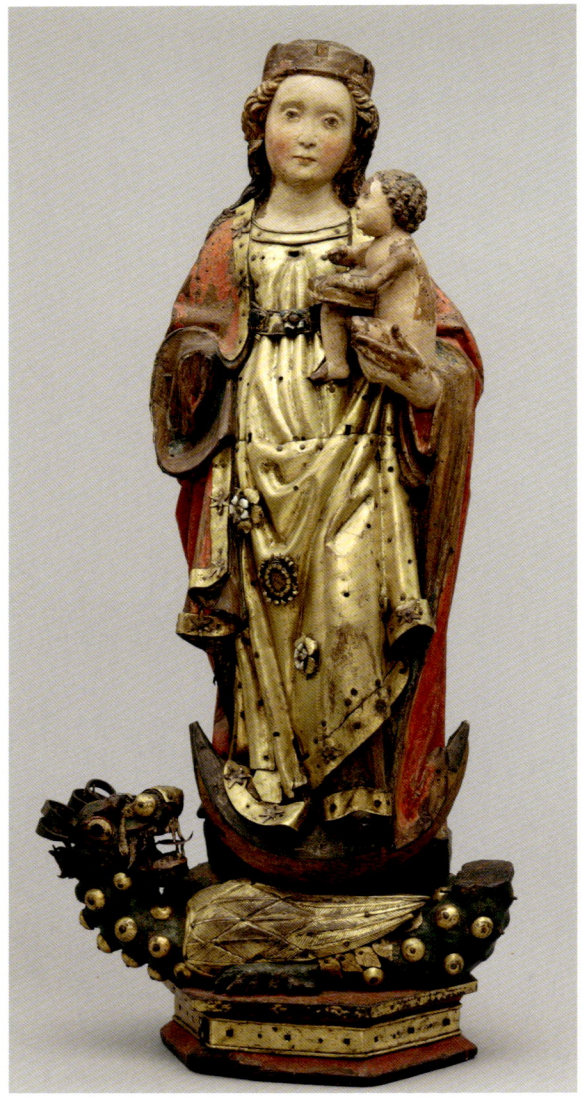

7 Maria mit Kind auf der Mondsichel, LWL-Landesmuseum Münster (Kat.-Nr. 15.5)

Aufbau und in ihrer geschlossenen Komposition vergleichbare Vesperbilder dieses Werkkreises – etwa in der Kirche der Augustinerinnen in Quernheim oder im Museum Schnütgen in Köln, die in ihrem Gewandstil sehr viel unruhiger und kleinteiliger aufgefasst sind – lassen dagegen eine deutlich spätere Entstehung um 1520/25 erkennen, was zugleich eine Datierung der Iburger Figurengruppe um 1500 unterstreicht.[17]

Die großflächigen Metallapplikationen, die das Iburger Vesperbild auszeichnen, wurden der Figurengruppe wohl erst auf der Iburg hinzugefügt, wie mehreren Inschriften am Kleid und an der Krone zu entnehmen ist, die auch hier „Fr Joh(ann)es de Langen" als Urheber nennen. Die kleinteiligen Gravuren und Ziselierungen, die insbesondere im unteren Bereich des Gewandes die großen Faltenzüge rahmen, entsprechen den Schmuckformen, wie sie auch an den Iburger Häuptern zu finden sind. Darüber hinaus war das güldene Gewand der Muttergottes einst mit einer Vielzahl unterschiedlich großer, separat aus Metall gefertigter Blüten übersät, die sich jedoch nur vereinzelt bis zum heutigen Tage bewahrt haben. Besonders hervorgehoben wurde der runde Ausschnitt des Kleides Mariens, der mit großen Edelsteinen geschmückt war, von denen sich jedoch nur die Einfassungen erhalten haben.

Dem Benediktinermönch Johann von Langen, dessen selbstbewusste Signatur sich an den Metallapplikationen mehrfach findet, könnten mehrere bedeutende Bildwerke westfälischer Provenienz, zumeist thronende Madonnen, als Anregung gedient haben, das Iburger Vesperbild derart aufwendig auszustatten und so, einer getriebenen Goldschmiedearbeit nahekommend, als besonders kostbar auszuzeichnen. Eine thronende Madonna aus der Zeit um 1220/30, die ursprünglich aus dem Osnabrücker Dom stammen dürfte, ist in vergleichbarer Weise nahezu vollständig mit Silberblech beschlagen,[18] ebenso wie die nahezu zeitgleich entstandene Darstellung eines thronenden Papstes (wohl der hl. Silvester) in der Stiftskirche St. Johann in Osnabrück, der ebenfalls noch heute diese originale Ausstaffierung zeigt.[19] Auch die thronende Madonna des Domes zu Münster, die in der Mitte des 13. Jahrhunderts entstanden sein wird, ist in ganz vergleichbarer Weise mit vergoldetem Silberblechen umhüllt.[20] Ein hochgotisches Beispiel, das diese Tradition nachdrücklich unterstreicht, bildet ein weiteres Bildwerk aus St. Johann in Osnabrück – eine thronende Madonna, die um 1347 im Zusammenhang mit der Neuweihe des Hochaltars der Osnabrücker Stiftskirche entstanden

Benediktinisches Mönchtum in Zeiten des Umbruchs und der Erneuerung

sein dürfte.[21] Hinzuweisen ist auf die aus vergoldetem Silber gefertigte thronende Madonna aus der Goldenen Tafel des Osnabrücker Domes, die 1483 von dem seit 1476 in Osnabrück ansässigen Goldschmied Engelbert Hofsleger geschaffen wurde, wie einer versteckt angebrachten Inschrift zu entnehmen ist.[22]

Das Vesperbild aus Kloster Iburg, dessen Metallapplikationen auf Johann von Langen hinweisen, ist jedoch nicht das einzige Bildwerk, das von dem Iburger Benediktinermönch in dieser Weise ausgestattet wurde, wenngleich bei den beiden anderen bislang bekannt gewordenen Skulpturen eine Signatur des Mönches fehlt. Ein besonders prachtvolles Beispiel seines Schaffens bildet dabei eine heute im Westfälischen Landesmuseum in Münster verwahrte Madonna aus Kloster Oesede (E 185), das, als letztes der vier Benediktinerinnenklöster im Bistum Osnabrück, 1481 der Iburger Abtei unterstellt wurde.[23] Nur wenige Jahre später dürfte, wie bereits erwähnt, der Iburger Mönch Herbort von Langen, der Bruder Johann von Langens, die geistliche Betreuung des Klosters übernommen haben.

Die aus Lindenholz gefertigte Muttergottesfigur (Abb. 7; Kat.-Nr. 15.5), deren Kleid auch hier vollständig mit feuervergoldetem Kupferblech beschlagen ist, steht auf einem mächtigen, durch fein gravierte Flügel und gewölbte Warzen charakterisierten Drachen, der seinerseits auf einem sechseckigen Sockel angebracht ist, dessen einstmals vorhandene Blütenzier heute jedoch weitgehend fehlt.[24] Vervollständigt wird die Darstellung zudem durch eine Mondsichel, auf der Maria, ihr Kind auf dem linken Arm haltend, steht. Darüber hinaus wurden Maria und das Kind einst von einer Strahlengloriole umhüllt, wie an den dicht nebeneinander gesetzten 33 Befestigungslöchern für diese Strahlen zu erkennen ist, die auch hier aus Metall appliziert gewesen sein dürften – die Darstellung folgt demnach ebenfalls der Vision der Geheimen Offenbahrung, in der Maria als Apokalyptisches Weib in eben dieser Weise charakterisiert wird.

Die recht frontal aufgefasste Marienfigur, die in ihrer Komposition einem niederrheinischen Typus folgt, dürfte gegen Ende des 15. Jahrhunderts in einer Osnabrücker Bildhauerwerkstatt geschaffen worden sein, wohl noch etwas früher als das Iburger Vesperbild, das ja bereits dem Werkkreis um den Meister von Osnabrück zugewiesen werden kann. Die Marienfigur aus Kloster Oesede, bei der die Stilmerkmale dieser überaus charakteristischen Werkstatt fehlen, kann dagegen zusammen mit weiteren Bildwerken einer eigenständigen Osnabrücker Tradition zugeordnet werden, deren Bildhauer unmittelbar vor dem

Meister von Osnabrück in der Stadt und im Bistum Osnabrück tätig waren, wofür auch hier auf die ebenfalls aus Lindenholz gefertigte, monumentale Pietà des Osnabrücker Domes verwiesen sei. Zugleich ist in diesem Zusammenhang aber auch, als weiteres Werk aus dem in dieser Region ansonsten unüblichen Lindenholz, die spätmittelalterliche Marienfigur der St. Marienkirche in Osnabrück zu nennen, die der Muttergottes aus Kloster Oesede in ihrem Kopftypus und in ihrer Komposition folgt, zugleich aber auch bereits eindeutige Merkmale des Meisters von Osnabrück aufweist.[25]

Die feuervergoldeten Metallapplikationen des Mariengewandes lassen dagegen, auch wenn eine Signatur fehlt, die Handschrift Johann von Langens erkennen. Besonders charakteristisch erscheinen dabei,

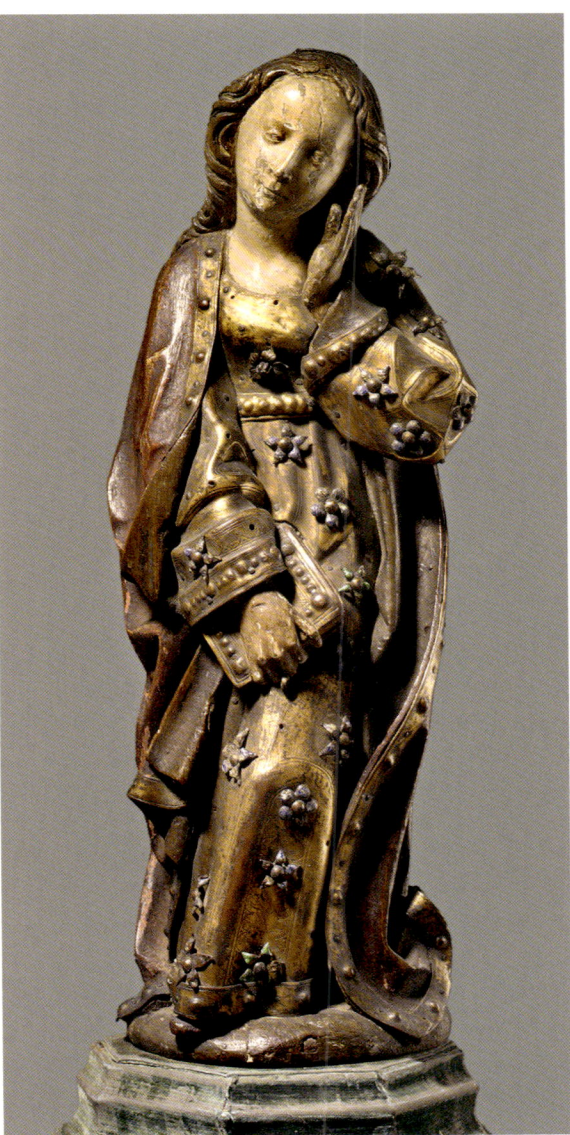

8 Maria der Verkündigung, Unbekannte Privatsammlung

9 und 10 Reliquien-
büsten der Hll. Stepha-
nus und Laurentius
(Federzeichnungen),
„Sacrarium" des Klos-
ters Iburg, Bad Iburg,
Kath. Pfarrkirche
St. Clemens,
Pfarrarchiv I,7

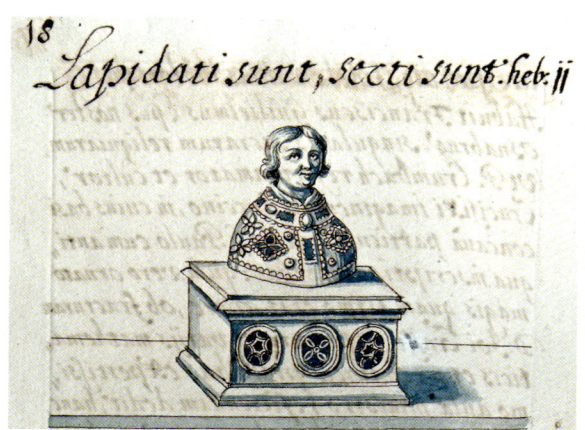
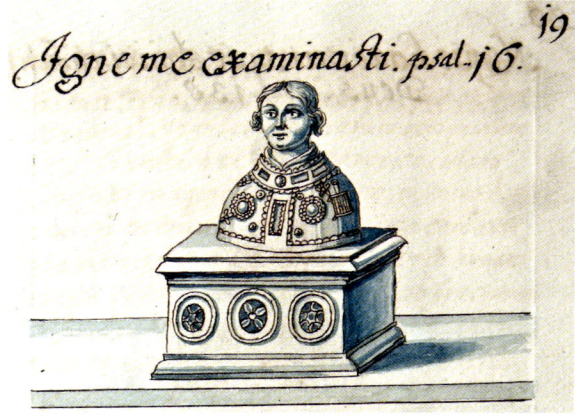

neben den mit Sternen besetzten, goldenen Säumen des leuchtend roten Mantels, die großen Blütenrosetten des Mariengewandes, die den Blüten des Iburger Vesperbildes entsprechen, wobei sich auch hier nur wenige Exemplare dieser Rosetten bewahrt haben. Die bislang recht allgemein als „westfälisch, unter niederrheinischem Einfluß" eingeordnete Madonna aus Kloster Oesede ist demnach ein weiteres Beispiel des Zusammenwirkens eines Osnabrücker Bildhauers mit dem Iburger Mönch Johann von Langen, wobei – solange eine genauere technologische Untersuchung noch aussteht – offen bleiben muss, inwieweit dieses Zusammenspiel von Anbeginn an beabsichtigt war.

Dieselben Wechselwirkungen und Zusammenhänge lässt darüber hinaus eine dritte, wohl gegen 1510 entstandene Skulptur in Privatbesitz erkennen (Abb. 8), die 2006 im niederländischen Kunsthandel zur Versteigerung kam.[26] Die schlanke, vollrund ausgearbeitete und vollständig gefasste Figur, deren Herkunft nicht mehr festzustellen ist, zeigt eine zierliche, stehende Heilige mit Buch, die lauschend ihre linke Hand zum Kopf führt. Man kann demnach davon ausgehen, dass es sich hier um eine Darstellung der Verkündigung an Maria handelt, deren Engel jedoch fehlt. Unterstrichen werden diese Überlegungen durch das lange, hochgegürtete Kleid, das vollständig von vergoldetem Kupferblech bedeckt ist, das zudem über und über mit metallenen Blütenrosetten besetzt ist und so Maria als Jungfrau charakterisiert. Die Vielzahl der jeweils fünfblättrigen Blüten lässt zudem, wie bei genauerer Betrachtung deutlich wird, erkennen, dass der Kern der Rosetten einst abwechselnd in den Farben blau und grün emailliert war, was in vergleichbarer Weise wohl auch für das Iburger Vesperbild angenommen werden kann, bei dem sich exakt

die gleichen Blüten finden. Besonders charakteristisch erscheint darüber hinaus der in langem Schwung zu Boden geführte Mantel, dessen Säume auch hier von Metallborten eingefasst werden. Im Haupt der Marienfigur befindet sich zudem ein – wohl für die Aufnahme von Reliquien bestimmtes – Sepulchrum, das mit einer vergoldeten Kupferplatte abgedeckt und verschlossen ist – auch dies ist mit dem Iburger Vesperbild vergleichbar, bei dem sich jedoch nur die kreisrunden Öffnungen in den Häuptern der beiden Figuren und die Spuren der ehemaligen Verschlussplatten bewahrt haben.

Der charakteristische, betont hochovale Kopftypus und die großzügige Gewanddrapierung weisen die Figur als frühe Arbeit aus dem Kreis des Meisters von Osnabrück aus, was bislang nicht erkannt wurde. Die betont lineare Linienführung des Gewandes, wie sie an dem lang herabschwingenden Mantel deutlich wird, verbinden die Marienfigur mit der Doppelmadonna der katholischen Pfarrkirche in Alfhausen,[27] die auch in der Gestaltung des Kopfes verwandte Züge erkennen lässt. Vergleichbar erscheinen zudem die Figurengruppe der hl. Anna Selbdritt aus der Zisterzienserinnenkirche in Börstel und die monumentale Doppelfigur in den Sammlungen des Roselius-Hauses in Bremen, die aus der Kirche in Wellingholzhausen stammt.[28] Die Marienfigur in Privatbesitz dürfte im Umfeld dieser Bildwerke entstanden sein.

Die metallene Einfassung dieser Figur dürfte jedoch, wie ein Vergleich mit den Bildwerken aus Iburg und Kloster Oesede zeigt, von dem Iburger Mönch Johann von Langen gefertigt worden sein, dessen Person und Schaffen bislang nur mit den Iburger Schädelreliquiaren in Verbindung gebracht werden konnte. Die drei zu Beginn des 16. Jahrhunderts entstandenen und hier vorgestellten Skulpturen, die sämtlich der Frühphase des Meisters von Osnabrück und seines direkten Umfeldes zugeschrieben werden können, machen zugleich aber auch deutlich, dass diese Bildwerke durch Johann von Langen nicht willkürlich, sondern gezielt ausgewählt wurden. Der Iburger Benediktinermönch, der bislang vornehmlich als Reliquiensammler bekannt war, dürfte demnach des öfteren, möglicherweise sogar kontinuierlich, mit einer der Osnabrücker Bildhauerwerkstätten seiner Zeit zusammengearbeitet haben, deren Bildwerke durch ihn in ganz spezifischer Weise ausgestattet wurden.

Betrachtet man daraufhin nun noch mal das Iburger Heiltumsverzeichnis und seine Federzeichnungen, so stellt sich natürlich die Frage, welche der dort abgebildeten Reliquiare ebenfalls Johann von Langen zugeschrieben werden könnten und welche als Schöpfungen des späteren 17. Jahrhunderts anzusehen sind. Die beiden Reliquienbüsten der hl. Märtyrer Stephanus und Laurentius (Abb. 9, 10), deren Stilformen auf eine spätmittelalterliche Entstehung hinweisen, dürften hierfür in Betracht kommen, da sie mancherlei Übereinstimmungen mit den hier vorgestellten Bildwerken erkennen lassen; letztlich dürfte diese Frage, ausgehend von dem gesamten Bestand des Iburger „Sacrariums", jedoch nur innerhalb einer größeren Untersuchung zu beantworten sein.

---

1 Sacrarium Ecclesiae S. Clementis in Iburgh in quo Reliquiae Sanctorum fideliter recensentur Quae in illa religiose assuerantur Anno 1681 (im Archiv der Pfarrkirche St. Clemens in Iburg). – Zu diesem Heiltumsverzeichnis vgl. Meinz 1980; Kat. Osnabrück 1993, 331f., Kat.-Nr. 18.3a (G. Steinwascher); Kat. Dalheim 2007, 100–102, Kat.-Nr. VIII-02 (H. Queckenstedt).

2 Herrn Dr. Hermann Queckenstedt, Bistumsarchiv Osnabrück, sei für die Bereitstellung der Abbildungen herzlich gedankt; eine ausführlichere Einschätzung zu dieser Quelle erstmals bei Klaus Niehr in einem Vortrag der Tagung „Das Heilige sichtbar machen" in Merseburg, September 2008.

3 So die von Maurus Rost verfassten Iburger Klosterannalen; vgl. hierzu Stüve 1895, 111, 138, 149.

4 So heißt es in den Klosterannalen zum Jahr 1666: „Da den heiligen Reliquien die ihnen gebührende Ehre zu Theil werden muß, so ließ der Abt zum Ruhm des Herrn und zur Verehrung der Heiligen die vor Alter schadhaft gewordenen Reliquien herstellen, die einzelnen in neue Behälter legen und sie mit Silber, vergoldetem Kupfer, Krystall und anderen Zierrathen in der Art des Pater Johann von Langen"; vgl. Stüve 1895, 149.

5 Vgl. hierzu Karrenbrock/Peez 2008 und Karrenbrock 2009.

6 Meinz 1980, 278–282; Kat. Braunschweig 1985, Bd. 1, 608–609, Kat.-Nr. 519 (K. B. Heppe); Legner 1986, 258, Abb. 67; Kat. Paderborn 1994, 36, Kat.-Nr. 1.7 und 1.8 (U. Hauser); Legner 1995, 282;

7 Sämtliche Inschriften, die durch Sabine Wehking (Akademie der Wissenschaften zu Göttingen) 2001 transkribiert wurden, wurden dem Verfasser durch Dr. Marie-Luise Schnackenburg zugänglich gemacht, der dafür nochmals herzlich gedankt sei.

8 Urkundenbuch 1985, Urk. 299 vom 1. Oktober 1489.

9 Urkundenbuch 1985, Urk. 254 vom 28. Mai 1448; vgl. auch die Urk. 270 und 273.

10 Urkundenbuch 1985, Urk. 290 vom 18. November 1484; Urk. 308 vom 7. März 1495.

11 Urkundenbuch 1985, Urk. 331 vom 20. Dezember 1504 und Urk. 332 vom 17. Januar 1506.

12 Germania Benedictina 11: Norddeutschland 1984, 469 (unter Kloster Oesede).

13 Stüve 1895, 65.

14 Eiche, farbig gefasst. 51 cm hoch, 32 cm breit, 15,5 cm tief (ohne die Metallkrone, die 9 cm hoch ist).

15 An der Rückseite findet sich eine längliche, hochrechteckige Aussparung, deren Nagel(spuren) auf eine ältere, möglicherweise ursprüngliche Befestigung hinweisen.

16 Diese unterschiedlich langen Strahlen, die sowohl spitz als auch schlängelnd geformt sind, sind an der Rückseite mit römischen und arabischen Ziffern nummeriert, wohl um bei der Fertigung die jeweiligen Längen und die Seiten der Anbringung festlegen zu können.

17 Vgl. hierzu Manske 1978, Karrenbrock 1993, 190–192, Abb. 97 und Karrenbrock 2001, 451–454, Kat.-Nr. 103.

18 Klack-Eitzen 1985, 61, Abb. 9.

19 Karrenbrock 1992, 140–141, Abb. 126–127.

20 Kat. Münster 2005, Bd. II, 122–123 mit Abb. (H. Kempkens).

21 Karrenbrock 1992, 144, Abb. 131 und Farbtafel auf S. 7.

22 Schnackenburg 2005, 359–361, Abb. 32.

23 Im Bistum Osnabrück bestanden vier Benediktinerinnenklöster – Herzebrock, Gertrudenberg, Malgarten und Kloster Oesede –, deren geistliche Betreuung im Verlauf des späteren 15. Jahrhunderts sämtlich der Iburger Abtei übertragen wurde; vgl. hierzu Gleba 2000, insbes. 208–209.

24 Meyer 1915, 71f., Nr. 165; Kat. Münster 1975, 52–53, Kat.-Nr. 28, Abb. 62 (G. Jászai/H. Lambrecht); Manske 1978; 89, 99–100, Abb. 137; Kat. Münster 1982, 578–579, Kat.-Nr. 50.

25 Kat. Osnabrück 1993, 388–389, Kat.-Nr. 20.10 mit Abb. (R. Karrenbrock); Karrenbrock 1999, 75, Fig. 10.

26 Verst. Kat. Sotheby's 2006, 237, Nr. 492.

27 Manske 1978, 164, Kat.-Nr. 4, Abb. 22 und 23.

28 Karrenbrock 1999, 70–73, Kat.-Nr. 17.

Literatur:

Germania Benedictina: Norddeutschland 1984. – Gleba 2000. – Karrenbrock 1992. – Karrenbrock 1993. – Karrenbrock 1999. – Karrenbrock 2001. – Karrenbrock/Peez 2008. – Karrenbrock 2009. – Kat. Braunschweig 1985. – Kat. Dalheim 2007. – Kat. Münster 1975. – Kat. Münster 2005. – Kat. Osnabrück 1993. – Kat. Paderborn 1994. – Klack-Eitzen 1985. – Legner 1986. – Legner 1995. – Legner 2002. – Manske 1978. – Meinz 1980. – Meyer 1914. – Schnackenburg 2005. – Stüve 1895. – Urkundenbuch 1985. – Van Os 2001. – Verst. Kat. Sotheby's 2006.

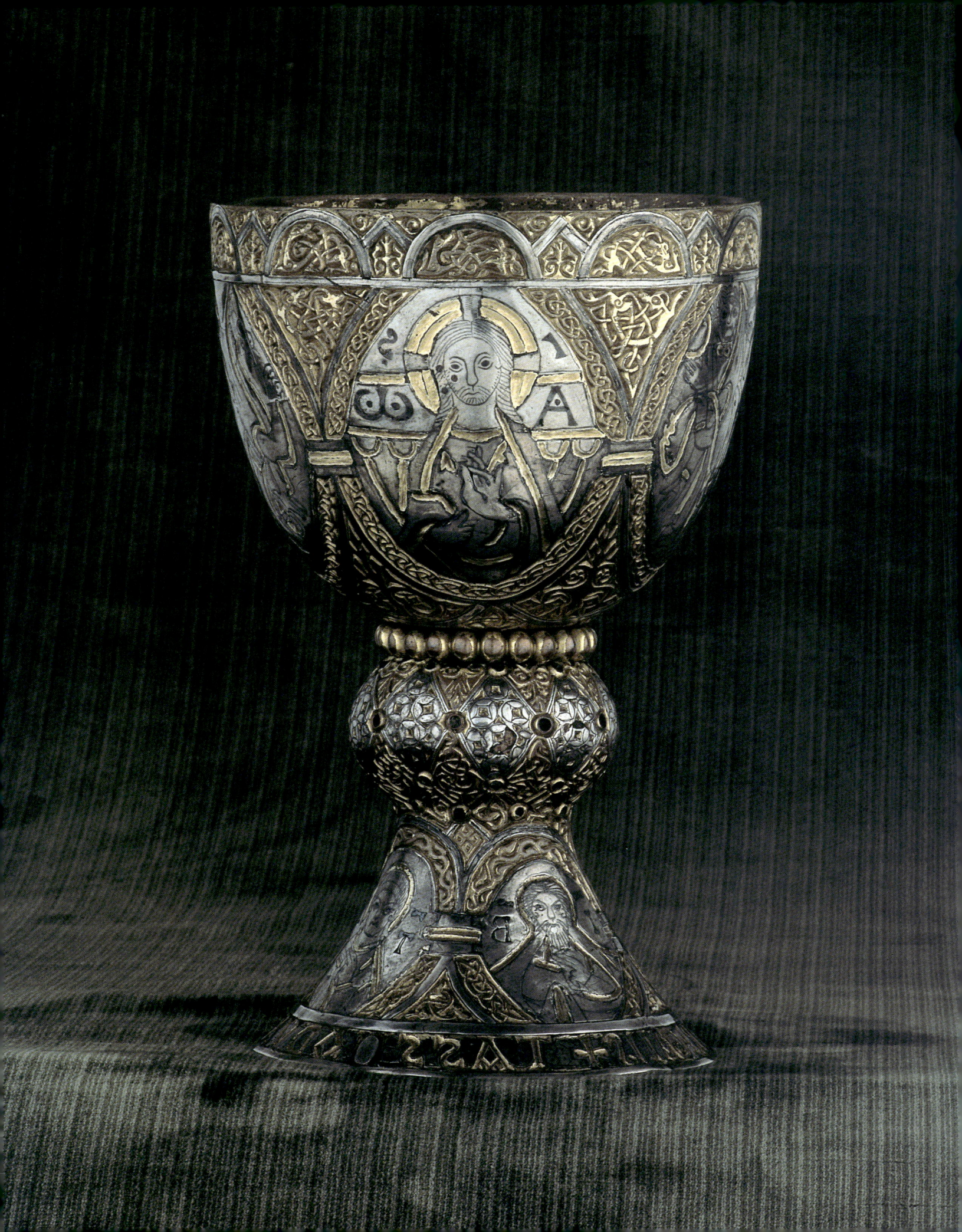

DIE GEISTLICHE SCHATZKAMMER

vorgestellt an Beispielen aus dem deutschsprachigen Raum

Holger Kempkens

Der Ausgangspunkt: die Gefäße für die Liturgie

Der Benediktiner Honorius Augustodunensis († ca. 1151), Schüler des Anselm von Canterbury, gegen Ende seines Lebens Mönch und Scholaster im Schottenkloster St. Jakob zu Regensburg, schreibt in seinem Buch *Gemma animae* über die Weihe der heiligen Gefäße und des Kirchenschmuckes (1. Buch, Cap. CLXV): „Post haec subdiaconi vel acolythi vasa, linteamina, et omnia ornamenta offerunt pontifici benedicenda, sunt hi qui ornatui Ecclesiae eliguntur, et ad servitium Ecclesiae ab episcopo consecrantur, et vasa Dei dicuntur" (Danach bieten die Subdiakone oder die Akolythen die Gefäße, die Leinentücher und alle Zierrate dem Priester zum Segnen dar, es sind dies diejenigen, die zur Ausstattung der Kirche ausgewählt werden und zum Gebrauch in der Kirche vom Bischof geweiht und Gefäße Gottes genannt werden). Die Auffassung, dass die *vasa sacra*, d.h. alle zur Messfeier notwendigen Geräte, die *necessitas* der Liturgie, vor dem Gebrauch konsekriert sein müssen, entspricht althergebrachter Tradition der katholischen Kirche, ebenso der Umstand, dass diese Gefäße aus edlem Material, meist Gold oder Silber, und durch künstlerische Formgebung veredelt sein sollten. Letztlich sind diese Vorstellungen auf das Buch Exodus im Alten Testament zurückzuführen, wo die Anfertigung von Bundeslade, Siebenarmigem Leuchter und Schaubrot-Tisch für das Bundeszelt, darüber hinaus auch der Gewänder der Priester aus edlen Materialien wie purem Gold, Silber und Purpur geschildert wird (Kap. 35–40), womit sie sich von gewöhnlichen, alltäglichen Gegenständen bewusst unterscheiden sollten. Nachdem der lateinische Kirchenvater Hieronymus († 420) sich gegen die Verwendung von Gold in der christlichen Liturgie und im Kirchenbau ausgesprochen hatte, um so diese von den jüdischen Traditionen abzusetzen, wurden jedoch auch im Christentum allmählich Kultgegenstände aus Edelmetall bevorzugt. Zahlreiche Synoden seit dem 9. Jahrhundert suchten den Gebrauch unedler Materialien wie Holz, Horn, Bein, Glas, auch Bronze, Kupfer und Zinn für Kelch und Patene, die während der Eucharistie unmittelbar mit dem gewandelten Leib und Blut Christi in Berührung kommen, zu verbieten.

Aus der vorherigen Zeit haben sich nur wenige Vasa sacra bewahrt, etwa der Tassilokelch (um 780) im Benediktinerstift Kremsmünster (Abb. 1), der aus vergoldetem Kupfer mit Silbertauschierung gefertigt wurde. Er blieb über die Jahrhunderte jedoch nicht nur erhalten, weil er aus diesem weniger edlen und damit für eine Einschmelzung uninteressanten Metall gefertigt wurde, sondern auch, weil es sich um eine namentlich bezeichnete Schenkung des Klosterstifters Herzog Tassilo III. (reg. 748–788, † 796) und seiner Gemahlin Liutberga († 793) handelte – und eben um ein geweihtes Altargerät, wie eingangs geschildert. „In der Regel hat die Bestimmung, daß kein konsekrierter Kelch (oder sonstiges Kultgerät) mehr profaniert werden dürfe, dazu geführt, daß gerade in den Klöstern des Benediktinerordens diese Vasa Sacra auch dann aufbewahrt und geehrt wurden, wenn sie durch Form und Stil längst unmodern, vielleicht sogar als unbrauchbar galten" (Hahnl 1985, 210). So entstanden mehr oder minder zwangsläufig in den Sakristeien im Laufe der Jahrhunderte größere Ansammlungen von Kelchen und Patenen unterschiedlicher Zeiten und Stile. Erst in der Barockzeit wurde es dann zunehmend üblich, altes, unmodernes Kultgerät doch einzuschmelzen und das geweihte Edelmetall zur Herstellung neuer Kelche, Monstranzen etc. zu verwenden, so dass sich dadurch die Bestände deutlich reduzierten. Kriegskontributionen, Plünderungen, Säkularisationen und Diebstähle taten ein Übriges.

1 Tassilokelch, um 780. Benediktinerstift Kremsmünster, Schatzkammer

Diese wie auch die nachfolgenden Bemerkungen gelten für geistliche Schatzkammern sowohl von Klosterkirchen als auch von Dom-, Stifts- und Pfarrkirchen. Eine spezifisch benediktinische Schatzkammer lässt sich nur schwer ausmachen, am ehesten wäre wohl der bewahrende und das Alter ehrende Aspekt zu nennen, der zu einer besonderen Fülle und Reichhaltigkeit der Schatzstücke geführt hat.

Die zweite Gruppe von Objekten für den Altardienst bilden die Vasa non sacra wie Weihrauchfässer, Leuchter, Bucheinbände, Aquamanilien und Antependien, die der *solemnitas*, der feierlichen Ausgestaltung des Gottesdienstes, dienten. Hiervon blieben viele erhalten, da sie häufig aus unedleren Materialien wie Kupfer, Bronze oder Messing, außerdem Email gefertigt wurden, aber auch in dieser Gruppe gibt es exzeptionelle Stücke wie den hochgotischen, unter Abt Arnold II. (1247–1276) angeschafften Buchkastendeckel von St. Blasien (jetzt in St. Paul; Abb. S. 194, 290; Kat.-Nr. 21.3) oder das aus Silber gegossene spätgotische Weihrauchfass im Benediktinerstift Seitenstetten (Abb. 2), das als miniaturhaft kleiner Zentralbau gestaltet ist und damit wie seine romanischen und hochgotischen Vorläufer ein Abbild des himmlischen Jerusalem darstellen will. Dieses Meisterwerk der Goldschmiedekunst wurde wohl um 1520 nach einem Entwurf aus der Wiener Dombauhütte gefertigt.

Reliquienschätze und Reliquiare

Neben den Vasa sacra und den Vasa non sacra machen die Reliquiare die dritte bedeutende Gruppe von Sakralgerät in einer geistlichen Schatzkammer aus. Dabei sind sie nur kostbare Hülle für den eigentlichen Schatz, die Reliquien – in erster Linie die Gebeine und Gebeinfragmente der Heiligen, insbesondere der Märtyrer als Blutzeugen Christi, die schon in frühchristlicher Zeit verehrt wurden und in deren Nähe man bestattet werden wollte. Hinzu kommen aber auch sog. Sekundärreliquien, also Gegenstände aus dem Besitz der Heiligen wie Teile ihrer Gewandung oder Stücke aus ihrem persönlichen Besitz. Eine besondere Stellung nehmen schließlich die Herren- und Marienreliquien ein, die zwar de facto Sekundärreliquien sind, die jedoch aufgrund ihrer Herkunft und ihrer heilsgeschichtlichen Bedeutung in einem Reliquienschatz immer den höchsten Rang einnehmen. Dies gilt für Gewandreliquien Christi und Mariens ebenso wie für Partikel vom Wahren Kreuz, wie sie etwa auch das sog.

Adelheidkreuz (um 1080/90) aus dem Schatz von St. Blasien (jetzt in St. Paul; Abb. 3; Kat.-Nr. 21.1) oder das Kreuzreliquiar in Scheyern (Kern Mitte 12. Jahrhundert, heutige Fassung Augsburg 1738) enthalten.

Wertvolle Herren- und Marienreliquien machen daher auch die besondere Bedeutung der bis heute bewahrten Heiltumsschätze der Benediktinerklöster Kornelimünster und Andechs aus.

Das um 814 im Auftrag von Kaiser Ludwig dem Frommen (814–840) durch Benedikt von Aniane (vor 750–821) vor den Toren des Pfalzortes Aachen gegründete Kloster Inden, heute Kornelimünster genannt, erhielt von seinem kaiserlichen Stifter 817 aus den Beständen des Aachener Heiltumsschatzes Reliquien überwiesen, insbesondere die *drei biblischen Heiltümer*: das Schürztuch, das Grabtuch und das Schweißtuch des Herrn. Ersteres, das sog. Linteum Domini, verwendete Jesus bei der Fußwaschung, während das Grabtuch, gen. Sindon munda, und das Schweißtuch, das Sudarium Domini, bei der Grablegung Verwendung fanden. Diese bis heute wichtigsten Reliquien wurden unter Kaiser Karl dem Kahlen (843–877) 875 durch Reliquien der hll. Cornelius und Cyprianus bereichert – als Gegengabe für abgegebene Partikel der Aachener Heiltümer. Im Zentrum der Verehrung stehen dabei die Cornelius-Reliquien, die auch die Umbenennung des Klosters in Kornelimünster veranlasst haben: Dabei handelt es sich neben einer Armreliquie um die Hirnschale des Märtyrerpapstes, heute geborgen in einem gotischen Büstenreliquiar, silbergetrieben und z.T. vergoldet, mit reichem Edelsteinbesatz, das von Abt Johannes von Levendael (1355–1381) in Auftrag gegeben wurde. Hinzu kommt das Corneliushorn in spätgotischer Fassung, eine Anspielung auf den Namen des Heiligen (*cornu* = lat. Horn). Das silbergetriebene, teilweise vergoldete Büstenreliquiar des hl. Cyprianus, Bischof von Karthago, stammt hingegen erst aus der Zeit des Abtes Hermann von Eynatten (1620–1645). Der im Laufe der Jahrhunderte um weitere Reliquiare und Kelche vermehrte Kirchenschatz wird seit Beginn des 18. Jahrhunderts in der 1706 am Chorscheitel der Klosterkirche angebauten Corneliuskapelle verwahrt, während die Herrenreliquien, die ursprünglich im südlichen Annexraum des Westbaues verschlossen waren, seit 1532 in der eigens zu diesem Zweck errichteten Heiltumskapelle, dem Obergeschoss der doppelgeschossigen Kapelle am Ende des äußeren Nordschiffes, sicher geborgen sind.

Der Kernbestand des Andechser Heiltumsschatzes, neben den Heiligen Drei Hostien insbesondere

Neue Blüte in der Barockzeit

bedeutende Heiliglandreliquien – etwa ein Zweig der Dornenkrone, das Schweißtuch Christi vom Ölberg-Gebet, die Tischtücher Christi und Mariens, eine Partikel vom Hl. Kreuz, der Schleier Mariens – sowie Reliquien von vielen Heiligen, geht auf eine Wiederauffindung in der Andechser Burgkapelle im Jahre 1388 zurück. In der Folge wurden die kostbaren Reliquien zu Ende des 14. und im 15. Jahrhundert – insbesondere im Zusammenhang mit der Gründung des Benediktinerklosters 1455 – in verschiedensten Reliquiaren gefasst. Dieser Bestand wurde 1494 neu geordnet und in einen Reliquienretabel mit verschließbaren Flügeln auf dem Hochaltar verwahrt. Von dieser Aufstellung im Hochaltarretabel, von dem heute nur noch Teile der Flügelmalereien erhalten sind, zeugen noch verschiedene zeitgenössische Darstellungen wie die sog. Blutenburger Heiltumstafel von 1497 (Abb. 6); später dann wurde der Reliquienschatz in die sog. Heilige Kapelle verbracht, wo er den Kirchenbrand von 1669 unbeschadet überstand und auch heute noch verwahrt wird – weitere Teile des Schatzes befinden sich zudem in der angrenzenden Reliquienkapelle. Die wichtigsten Stücke mit der Drei-Hostien-Monstranz im Zentrum wurden 1757 in einem vom bayerischen Kurfürsten Max III. Joseph (1745–1777) gestifteten, verglasten Schreinretabel in Rokokoformen geborgen.

Trotz größerer Verluste durch die Säkularisation (von ehemals 277 Stücken blieben 45 erhalten) zeigt der Andechser Schatz auch heute noch eine besondere Vielfalt an Reliquiaren, insbesondere Ostensorien (Schaugefäße), wie sie gemäß dem vermehrten Schaubedürfnis in der Gotik üblich wurden. Entsprechend sind die verehrten Reliquien vielfach mittels Durchbrüchen oder mit Glas oder Bergkristall verschlossene Öffnungen einsehbar. Durch zahlreiche Schenkungen und Neuerwerbungen in Renaissance, Barock und Rokoko wurde der Schatz kontinuierlich ergänzt und erweitert und gibt so einen Überblick über die Gestaltung von Reliquiaren vom Hochmittelalter bis zum Ende des Ancien Régime.

Auch der umfangreiche Reliquienschatz des um 950 gegründeten, seit Ende des 10. Jahrhunderts mit Benediktinern besetzten Klosters St. Michaelis in Lüneburg, eines der bedeutendsten Ordenshäuser in Norddeutschland, wurde im Mittelschrein eines um 1415/25 geschaffenen Flügelretabels auf dem Hochaltar der Klosterkirche verwahrt. Das Zentrum bildete ein mit figürlichen Reliefs verziertes Antependium, die namengebende Goldene Tafel (Abb. 5). Um dieses gruppierten sich ehedem 88 Gegenstände, insbesondere Re-

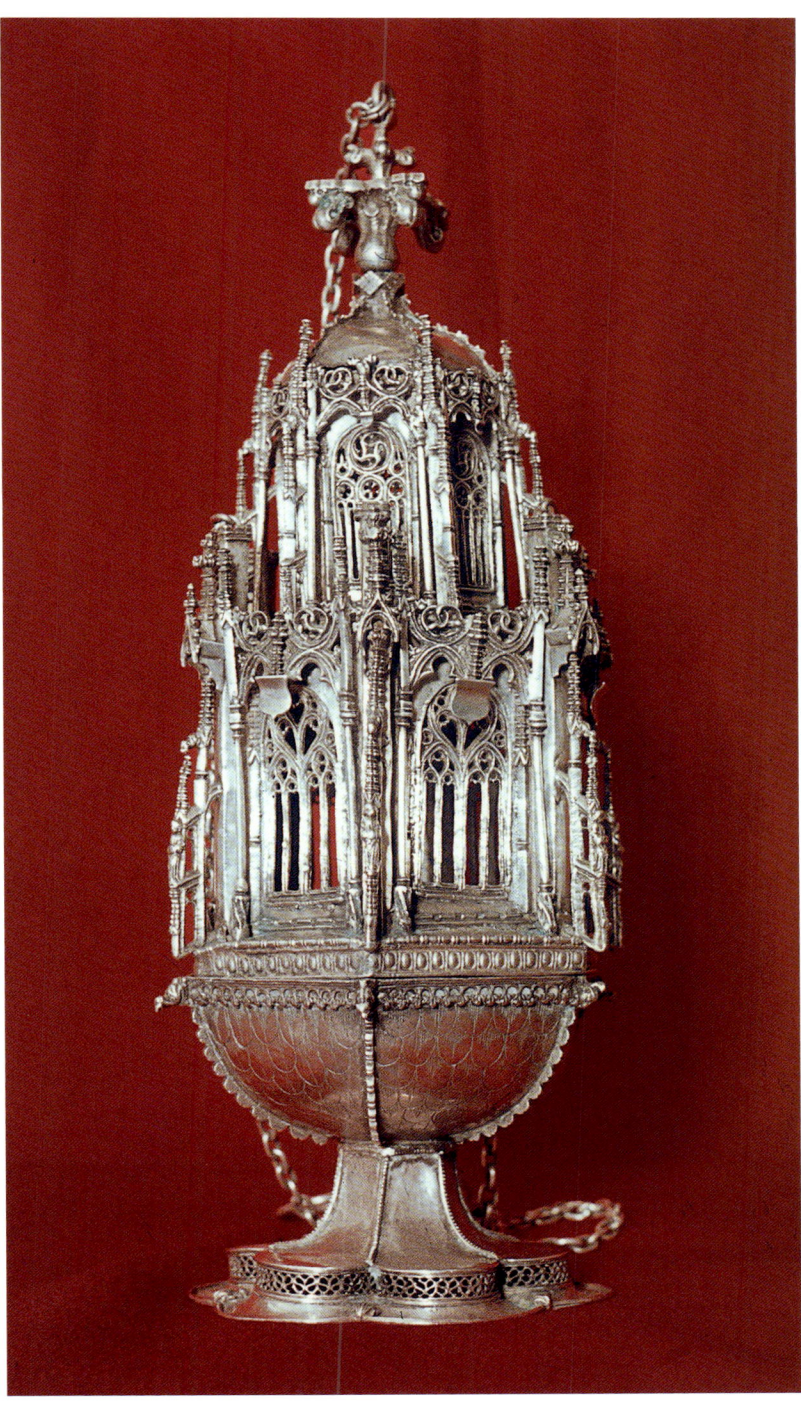

liquiare, Ostensorien und Kreuze, aber auch Handschriften und Elfenbeine – der Schatz der Goldenen Tafel. Davon blieben nach den Plünderungen von 1644 und 1698 sowie weiteren Verlusten bis heute 32 Gegenstände in den Sammlungen des Kestner-Museums in Hannover erhalten, die doppelten Flügelpaare, geziert mit Schnitzwerk und Tafelmalereien, verwahrt das dortige Niedersächsische Landesmuseum.

2 Silbernes Weihrauchfass, Wien um 1520. Benediktinerstift Seitenstetten, Schatzkammer

3 Detail der Vorder-
seite des Adelheid-
Kreuzes, Oberrhein Ende
11. Jahrhundert.
Benediktinerstift St. Paul
(Kat.-Nr. 21.1)

Dienten das Andechser und das Lüneburger Hochaltarretabel der ständigen Verwahrung der Reliquienschätze, so wurde der Schreinaufbau der Benediktinerklosterkirche im ostholsteinischen Cismar, einem der ältesten erhaltenen Altarretabel überhaupt (um 1310/15), nur zeitweilig für die Präsentation der dortigen, 1296 geschenkten Heiltümer genutzt, die bis in die Zeit um 1500 auf 809 Reliquien angewachsen waren und an deren Spitze eine Heilig-Blut-Reliquie stand (s. den Beitrag Kempkens I).

Ähnlich den konsekrierten Vasa sacra sind mittelalterliche Reliquienbehälter vielfach auch deshalb bewahrt geblieben, weil sie durch ihre Funktion selbst zu Berührungsreliquien wurden und ihnen so ein eigener sakralisierter Charakter zukam. Vielfach erhielten sie später sogar eine zusätzliche neue Fassung, wie etwa das Kreuzreliquiar aus der Benediktinerabtei Zwiefalten (Anfang 12. Jh.), das um 1620 unter Abt Michael Müller (1598–1624) mit einem Sockel und einer Bekrönung in den Formen der Spätrenaissance versehen wurde (vgl. Abb. S. 298).

Unter den Reliquiaren bilden die Reliquienschreine, die in der Regel zur Aufnahme vollständiger Heiligenleiber dienten, eine eigene Gattung. Hier sind in erster Linie die hochmittelalterlichen rhein-maasländischen Schreine zu nennen, die sich auch in einer Reihe von Benediktinerklöstern fanden, wie etwa in St. Pantaleon in Köln, Deutz, Siegburg und – leider nicht erhalten – in Stablo (Stavelot). Aber auch noch im 17. und 18. Jahrhundert wurden kostbare Heiligenschreine angefertigt, so 1688 der Altmanni-Schrein im Benediktinerstift Göttweig und 1750 der Bernward-Schrein für St. Michael in Hildesheim (Abb. 4; heute in St. Magdalenen). Ersterer, von Abt Johannes V. Dizent (1672–1689) bei dem Augsburger Unterhändler Johann Jakob Pfalzer († 1706) in Auftrag gegeben, entstand unter Beteiligung mehrer Goldschmiedemeister, die mangels Meistermarken nur stilistisch erschlossen werden können, darunter Elias I Jäger (1654–1709; vgl. Kat.-Nr. 21,12, 25,20); er besteht aus einem silberbeschlagenen, mit Filigran und Edelsteinen gezierten Gehäuse mit großen Sichtfenstern, auf dem Deckel ruht die Liegefigur Bischof Altmanns, umgeben von sechs emaillierten Vitenmedaillons. Der im Jahre 1750 als Auftrag von Abt und Konvent von St. Michael in Hildesheim von dem Augsburger Goldschmied Philipp Jakob VI Drentwett (1686–1754) in den reich bewegten Formen des Rokoko angefertigte neue Silberschrein sollte auch hier die Gebeine des bischöflichen Klostergründers, des hl. Bernward, aufnehmen. Er zeigt den Heiligen auf einem Paradebett liegend, das Totenlager umstehen sechs Engel und Heilige, neben dem Klosterpatron auch die Ordenspatrone Benedikt und Scholastika.

Hochaltar, Sacrarium, Schatzkammer – die Verwahrung

Reliquien wurden anfänglich, ausgehend vom Heiligengrab unter dem Altar, im unmittelbaren Zusammenhang mit dem Hochaltar verwahrt, so etwa in Form der säulengetragenen Reliquienschreine oder im Spätmittelalter, wie dargelegt, ganzer Reliquienschätze in den Retabeln. Möglich ist darüber hinaus auch ein Verschließen in besonderen Reliquienschränken oder Sacrarien in dessen Nähe. Auch die Vasa sacra wurden häufig, gerade im Spätmittelalter, unmittelbar in Gelassen in oder bei den jeweiligen Altären aufbewahrt, daneben gab es aber auch immer die gemeinsame Verwahrung in der Sakristei. Parallel zu den Sacrarien und den Sakristeien entwickelten sich schließlich auch eigenständige Schatzkammerräume, Thesaurarien, zur zentralen Verwahrung des ideell und materiell wertvollen Kirchenschatzes. Diese waren gerade im Hoch- aber auch noch im Spätmittelalter vornehmlich einbruch- und feuersichere Schutzräume, der Sicherheitsaspekt stand also eindeutig im Vordergrund. Aber daneben spielt auch die gesuchte Verbindung zu den Reliquien eine Rolle, deren Heilswirkung mittels kleiner Öffnungen rein ideell, gelegentlich mittels Weisungsfenstern aber auch optisch erfahrbar gemacht wurde. Diesem tendenziell bereits im Hochmittelalter vorhandenen, jedoch im Laufe der Zeit zunehmend verstärkten Schaubedürfnis folgend wurden die Schatzkammern der Klöster in der Zeit des Barock vermehrt zu repräsentativen Schauräumen ausgestaltet. Beispielhaft sei hier der 1673–1677 durchgeführte, von Abt Erenbert II. Schrevogl (1669–1703) initiierte Schatzkammerneubau in Kremsmünster angeführt, durch den ausreichend Platz und eine angemessene Verwahrung für die Paramente und Kirchengeräte des Klosters geschaffen wurde, die bis dato nicht so gut zugänglich im Obergeschoss der alten Marienkapelle, „vast Unter dem Dach in einer Hilzernen wesen, nit ohne grosse gefahr verborgen gelegen" waren (Haupturbar von 1699, zitiert nach ÖKT 43/I, 1977, 280). Die bereits für diesen Raum um 1620 angefertigten, reich geschnitzten und intarsierten Schatzkammerschränke wurden in den Neubau übernommen, einen eindrucksvollen, reich mit Stukkaturen ausgezierten

Saalraum mit Stichkappentonne. Dieser befindet sich in direktem Anschluss an die sog. Sommer- oder Prälatensakristei. Damit war einerseits eine funktionale Anbindung an die liturgischen Räume von Sakristei und Stiftskirche gegeben, andererseits aber auch ein Repräsentationsraum, in dem der Kirchenschatz sicher verwahrt, aber auch eindrucksvoll vorgeführt werden konnte.

Sakrales und Profanes, Kostbares und Kurioses in den geistlichen Schatzkammern

Im Laufe der Jahrhunderte fanden aufgrund von Stiftungen auch immer wieder profane Gegenstände wie Trinkhörner, Becher, Greifenklauen, Minnekästchen (Kat.-Nr. 21.9) und Nautiluspokale (Kat.-Nr. 22.1) Eingang in die Kirchenschätze. Einen gesonderten Fall stellen darüber hinaus die goldenen Rosen dar, die der Papst alljährlich am Fastensonntag Laetare in Rom vom Lateran nach S. Croce trug und anschließend an verdiente Herrscher verschenkte, die sie zuweilen, wie im Falle von Herzog Albrecht III. von Bayern (1438–1460) und seiner Gründung Andechs, einem Kirchenschatz stifteten, wo sie als wertvolles Kuriosum verwahrt wurden. Damit sind die Übergänge zur Kunst- und Wunderkammer, wie sie seit der Renaissance sowohl bei weltlichen Fürsten als auch in Klöstern beliebt wurde (s. den Beitrag Wintz), fließend. Im Unterschied zu dieser steht jedoch nicht die kostbare oder ungewöhnliche Materialität und die Kunstfertigkeit der Herstellung, auch nicht eine kuriose Historie im Vordergrund bei den verwahrten Gegenständen, sondern deren sakraler Wert und – bei den Reliquien – die von ihnen ausgehende Heilswirkung, letztlich die besondere Nähe zu Gott. Dennoch suchte man seit jeher, wie bereits aufgezeigt, den überirdischen Wert dieses Gutes durch kostbare Materialien der heiligen Gefäße zum Ausdruck zu bringen: neben den Edelmetallen Gold und Silber auch Edelsteine aller Art, Perlen sowie Elfenbein, Bergkristall, Jaspis, Achat, Perlmutt, außerdem Exotica wie Straußeneier und Kokosnüsse.

Aber auch Zeugnisse des Kunsthandwerks wie exquisite Goldschmiedearbeiten oder aus vielerlei Materialien gearbeitete Miniaturaltäre, die ursprünglich für die private Andacht gedacht waren, fanden Eingang in die Schatzkammern der Klöster. Angeführt sei hier etwa das um 1600 von Ulrich Ment (1570 – nach 1632) in Augsburg gearbeitete Krippenaltärchen

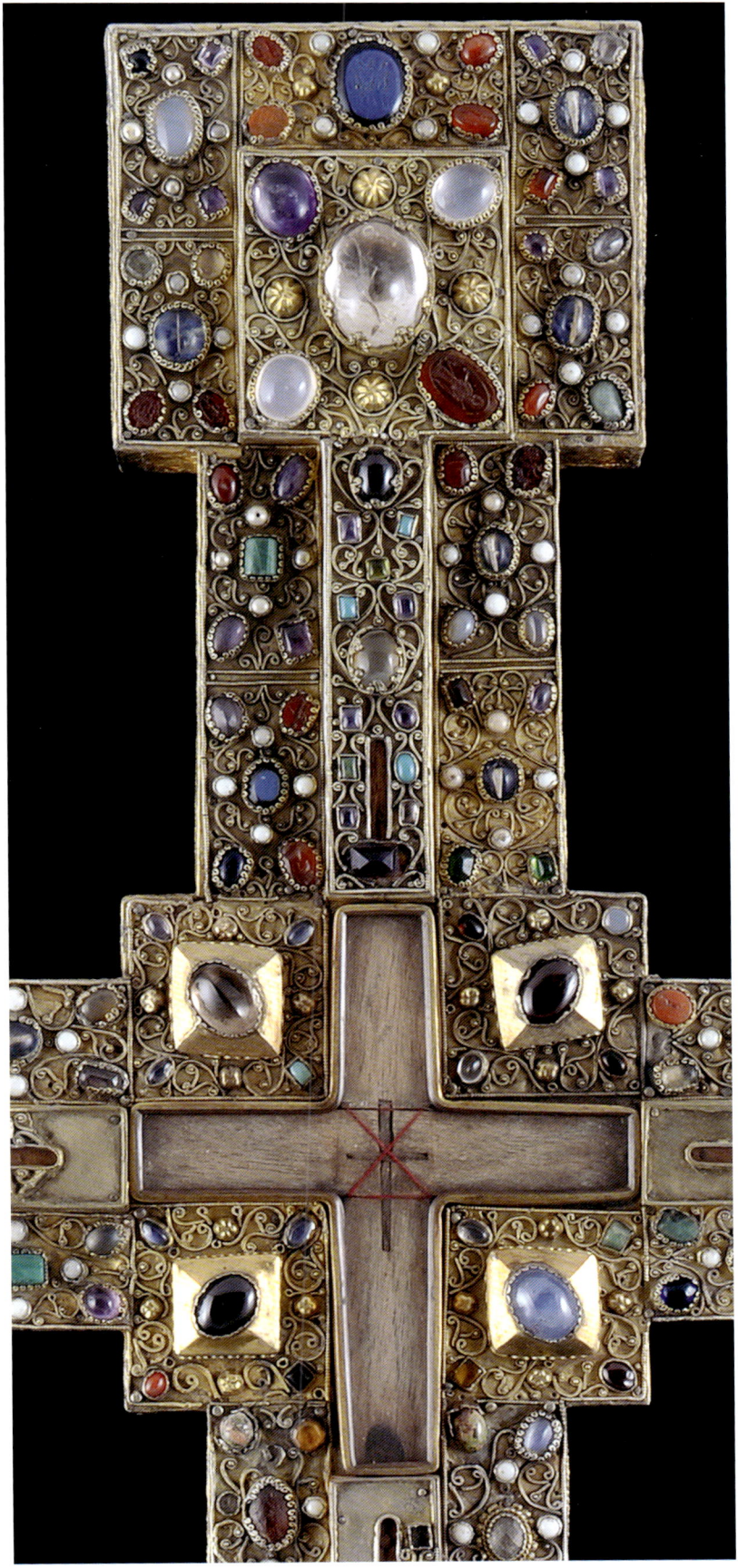

aus Andechs (heute Schatzkammer der Residenz München), das sich durch einen grazilen Aufbau und emaillierte Figuren auszeichnet. Es erfuhr um 1740 eine Neupräsentation in Form eines mit Silberdekor versehenen Baldachingehäuses aus Ebenholz. Aus den zahlreichen Beispielen für Miniaturaltäre sei das um 1630 von dem angesehenen Augsburger Meister Matthias Wallbaum (1554–1632) gefertigte Hausaltärchen in Stift Lambach genannt, das 1659 vom dortigen Abt Placidus Hieber (1640–1678) für das Kloster erworben wurde. Der Altaraufbau aus Ebenholz ist mit Silberranken beschlagen und zeigt um das große zentrale silberne Auferstehungsrelief weitere 16 Silberreliefs mit Darstellungen von der Verkündigung bis Pfingsten. Aus demselben künstlerischen Umkreis stammt auch ein Hausaltärchen mit einer auf Kupfer gemalten Verkündigung, das unter Abt Anton Wolfradt (1613–1639) für das Stift Kremsmünster angeschafft wurde.

Insignien äbtlicher Repräsentation

Die vorgestellten Hausaltärchen der Äbte weisen bereits auf einen weiteren Bereich: die Zeugnisse äbtlicher Repräsentation, die eine eigene Abteilung innerhalb einer geistlichen Schatzkammer bilden. Zu den charakteristischen Insignien zählen dabei zunächst die Abtsstäbe, von denen eine ganze Reihe aus der Zeit des frühen und hohen Mittelalters bewahrt blieben – die meisten, weil ihr Besitzer schon bald als Heiliger verehrt wurde, und die häufig aus Elfenbein, gelegentlich auch aus Metall und Email gefertigten Stäbe so selbst zu Reliquien wurden. Dies gilt etwa für den Stab des sel. Utto in Metten (Kat.-Nr. 5.2), den Godehardstab aus Niederaltaich (Abb. 7; Kat.-Nr. 21.8), den Stab des Abtes Reginhard von St. Matthias in Trier, die Altmanni-Krümme in Göttweig und den Esso-Stab in Mariastein (Kat.-Nr. 7.22). Weiterhin zu nennen sind das Rupertus-Pastorale und der Abtsstab mit Limoges-Email von St. Peter in Salzburg (Kat.-Nr. 7.2), das Hartmann-Pastorale von Fiecht (Kat.-Nr. 21.7), der Gebhard-Stab von Admont, der Erhardi-Stab von Niedermünster in Regensburg sowie der Reginbald-Stab und der Egino-Stab von St. Ulrich und Afra in Augsburg. Aber auch aus späteren Zeiten blieben aufwendig gestaltete Abtsstäbe in den Schatzkammern erhalten, so etwa die spätgotischen Pastorialien von der Reichenau (London Victoria & Albert Museum), aus Kremsmünster, St. Peter in Salzburg, Lambach (Kat.-Nr. 3.8), St. Blasien (heute in St. Paul; Kat.-Nr. 8.10)

und St. Heribert in Köln-Deutz. Im Stift St. Peter in Salzburg finden sich als kuriose Besonderheit zudem zwei barocke Abtstäbe mit Schäften aus Narwalzähnen. Reich mit Edelsteinen gezierte barocke Krümmen werden etwa noch in den Schatzkammern von Kremsmünster, Michaelbeuern und Seitenstetten verwahrt.

Hinzu kommen die mit erlesenen Edelsteinen wie Diamanten, Smaragden, Saphiren, Amethysten, Spinellsteinen, Citrinen und Bergkristallen besetzten Pektoralien (Brustkreuze) und Ringe, wie die erhaltenen Bestände der Klöster Göttweig, Seitenstetten und St. Blasien (jetzt in St. Paul; Kat.-Nr. 21.17–21.21, 25.4) aus dem zweiten und dritten Drittel des 18. Jahrhunderts belegen. Solche Pektoralien wurden auch gerne vom habsburgischen Kaiserhaus als Gunstbeweise an die häufig in kaiserlichen Diensten stehenden Äbte verschenkt, wie die Überlieferung zu den Stücken aus Göttweig und St. Blasien bezeugt.

Die Fertigung der Schatzstücke innerhalb und außerhalb des Klosters – archivalische Quellen

In der Frühzeit der Klöster lag die Anfertigung der für die Liturgie und die Reliquienverehrung benötigten Gegenstände wie Goldschmiedearbeiten und Handschriften bei den Mönchen selbst, die diese in spezialisierten Werkstätten ausführten (s. die Beiträge von Prange und Labusiak). Beide Bereiche finden ihre Würdigung und eine gemeinsame theoretische Grundlage in der um 1100/20 entstandenen Schrift *De diversis artibus* des Theophilus Presbyter. Dieser ist aller Wahrscheinlichkeit nach mit dem Benediktinermönch Roger von Helmarshausen (um 1070 – nach 1125) identisch, der als einer der bedeutendsten Goldschmiede des 12. Jahrhunderts hervorgetreten ist (vgl. den Beitrag Prange und Kat.-Nr. 15.2). Aber auch noch in der Zeit der Gotik wurden die Schatzkammern der Klöster von Arbeiten eigener oder fremder, als Goldschmiede tätiger Mönche bereichert. Einen gewissen Schlusspunkt bildet dabei die Tätigkeit des Iburger Mönches Johann von Langen, der in den Jahrzehnten vor und nach 1500 wirkte und insbesondere den Reliquienschatz des eigenen Klosters mehrte und kostbar fasste (s. den Beitrag Karrenbrock). Nach den Einbrüchen und Verlusten in der Reformationszeit, auf die bereits in der Renaissance gelegentliche ‚Wiederherstellungen‘ folgten, etwa unter Abt Caspar II. Thoma (1571–1596) in St. Blasien, brachte vornehmlich die Barockzeit im Zuge der katholischen Konfessionalisierung ein erneutes Interesse an den Reliquienschätzen mit sich. Diese wurden vielfach neu und kostbar gefasst, darüber hinaus wurde aber auch weiteres Kirchengerät angeschafft, wobei für anspruchsvolle Arbeiten aber nun eine fast ausschließliche Beauftragung von auswärtigen Goldschmieden zu verzeichnen ist; lediglich schlichte Messkelche werden noch von Laienbrüdern in den Klöstern selbst angefertigt. Viele der Klöster Mitteleuropas bestellten ihre Sakralgeräte nun in Augsburg, dem damaligen europäischen Goldschmiedezentrum, darüber hinaus aber auch in der Kaiserstadt Wien und in regionalen Zentren. Dies belegen die für jene Zeit vielfach noch überkommenen Rechnungen und sonstige Archivalien.

So sind beispielsweise für das Kloster Michaelbeuern für die gesamte Epoche des Barock und darüber hinaus, genauer für den Zeitraum 1607–1785, durchgängig Rechnungen und Quittungen für neu angeschaffte Gold- und Silberschmiedearbeiten erhalten. Es wurden kontinuierlich immer wieder neue Vasa sacra wie Kelche, Ziborien und Monstranzen und Vasa non sacra wie Lavabogarnituren, Weihrauchfässer, Altarkreuze und -leuchter sowie Reliquienbüsten, darüber hinaus aber auch Insignien für die Äbte wie Pastorales (Abtsstäbe), Pontifikalringe und Brustkreuze erworben, zudem ältere Stücke erneuert oder

gar zur Materialgewinnung eingeschmolzen. Eine besondere Kumulation von Neuanschaffungen fand anlässlich des 700jährigen Jubiläums der Klostergründung 1772 statt, als zwei silbergetriebene Büsten der hll. Rupert und Ulrich, vier Buschkrüge, eine Monstranz und die Neufassung einer Kreuzpartikel in Auftrag gegeben wurden. Die vom Kloster im 17. und 18. Jahrhundert beauftragten Goldschmiede waren zumeist in Salzburg, darüber hinaus auch in Augsburg, Passau, Burghausen, Tittmoning und Laufen ansässig.

Neben den Rechnungen und Quittungen stellen insbesondere die Inventarverzeichnisse eine weitere wichtige Quelle zur Erschließung historischer Schatzkammerbestände dar. Dies gilt in Sonderheit, wenn diese mit bildlichen Illustrationen versehen sind, wie etwa das im Jahre 1681 von Abt Maurus Rost (1666–1706) erstellte Heiltumsverzeichnis des Benediktinerklosters Iburg bei Osnabrück (s. den Beitrag Karrenbrock). Auch für das Schweizer Kloster St. Gallen liegt aus der Zeit um 1700 ein Schatzverzeichnis vor, das sich durch 60 Deckfarbenbilder mit einer Wiedergabe der wichtigsten Reliquiare des Klosters auszeichnet. Beide Verzeichnisse vermitteln ein anschauliches Bild dieser gewachsenen Kirchenschätze, die bis dato Werke vom Mittelalter bis zum Frühbarock umfassten.

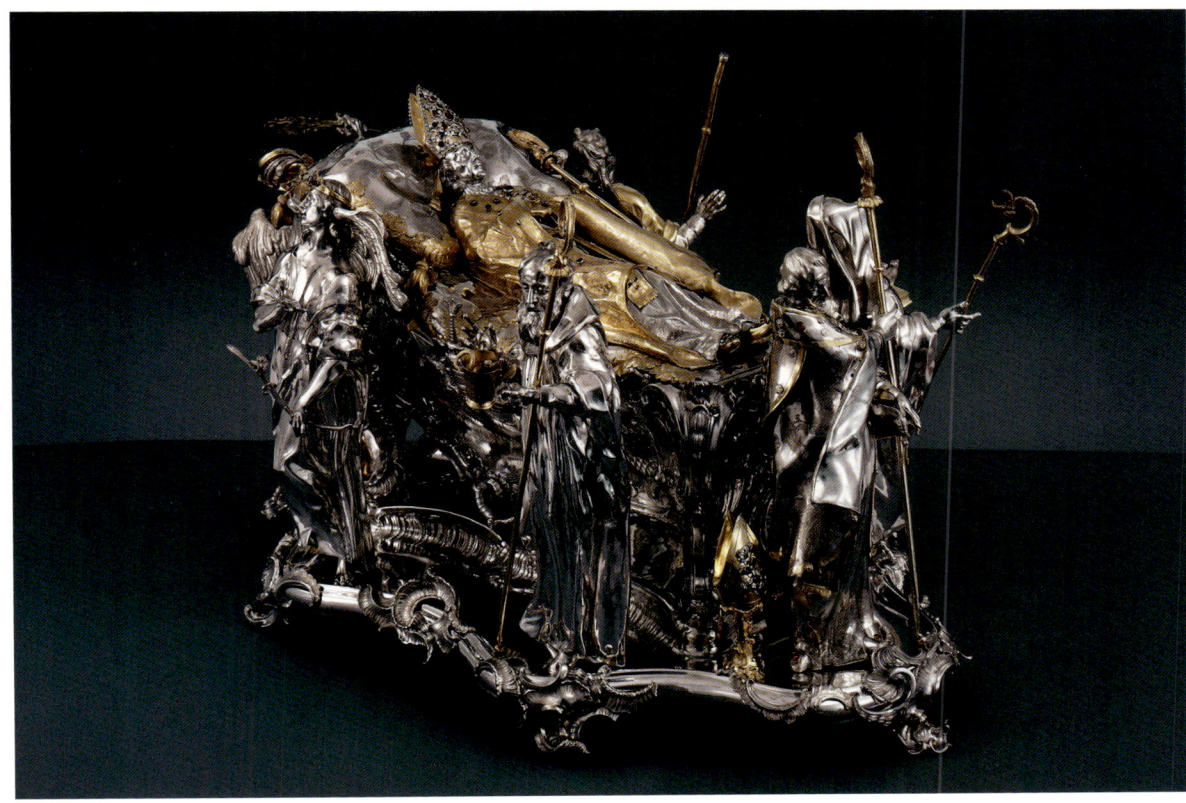

4 Bernward-Schrein, Philipp Jakob VI Drentwett, Augsburg, um 1750. St. Magdalenen in Hildesheim

Beispiele für benediktinische Kirchenschätze

Das Anwachsen einer geistlichen Schatzkammer durch Aufträge, aber auch Schenkungen lässt sich besonders gut anhand des Kirchenschatzes von St. Blasien ablesen, dessen Geschichte durch unterschiedliche Archivalien wie Erwähnungen in den Chroniken, ein Schatzverzeichnis und Rechnungen, aber auch frühe wissenschaftliche Bearbeitungen und nicht zuletzt durch Inschriften auf den überkommenen, heute in St. Paul verwahrten Stücken selbst vielfältig belegt ist. „Erst mit Hilfe der überlieferten Nachrichten, also durch eine Kombination von Quellen und erhaltenen Werken, wird eine zumindest für die Zeit vom 16. bis 18. Jahrhundert einigermaßen vollständige Rekonstruktion möglich, die uns Heutigen einen ungefähr der historischen Wirklichkeit nahekommenden Eindruck vermittelt, was der Kirchenschatz von St. Blasien in den verschiedenen Epochen seiner Geschichte gewesen ist" (Fritz 1983, 234). Neben den bereits erwähnten umfangreichen, aber heute vollständig verlorenen Neuanschaffungen Abt Caspars II. Thoma haben insbesondere die zahlreichen Erwerbungen der Äbte Romanus Vogler (1672–1695), Augustinus Fink (1695–1720) und Blasius III. Bender (1720–1727) das Bild des St. Blasianer Kirchenschatzes maßgeblich geprägt. So ließ ersterer u.a. eine Neufassung für die Kreuzreliquie des Adelheidkreuzes anfertigen (s. Kat.-Nr. 21.2), besorgte zahlreiche Altarleuchter und Kelche, insbesondere einen Prunkkelch (Kat.-Nr. 21.12) des Augsburger Goldschmiedes Elias I Jäger (1654–1709). Bei diesem bestellte er auch ein 30 kg schweres silbernes Antependium für den Hochaltar (Kat.-Nr. 25.4), das jedoch erst im Jahre 1700 unter seinem Nachfolger Augustinus Fink geliefert wurde. Dieser ließ eine reich verzierte Silberstatue des Klosterpatrons Blasius anfertigen, außerdem ebensolche der hll. Benedikt und Scholastika. Zu seiner Zeit wurden dem Kloster zudem eine große Anzahl von Messkelchen gestiftet, von denen die meisten bewahrt blieben, allen voran der Goldkelch Kaiser Karls VI. (Kat.-Nr. 21.11), außerdem die ebenfalls durchweg in Augsburg gearbeiteten Kelche, die dem Schwarzwaldkloster von Bischöfen, Kanonikern und Adeligen gestiftet wurden (Kat.-Nr. 11.3–11.13), während die teilweise zugehörigen Messkännchengarnituren bis auf wenige (Kat.-Nr. 3.7, 11.16) zumeist ver-

5 Goldene Tafel in Lüneburg. Kupferstich um 1700

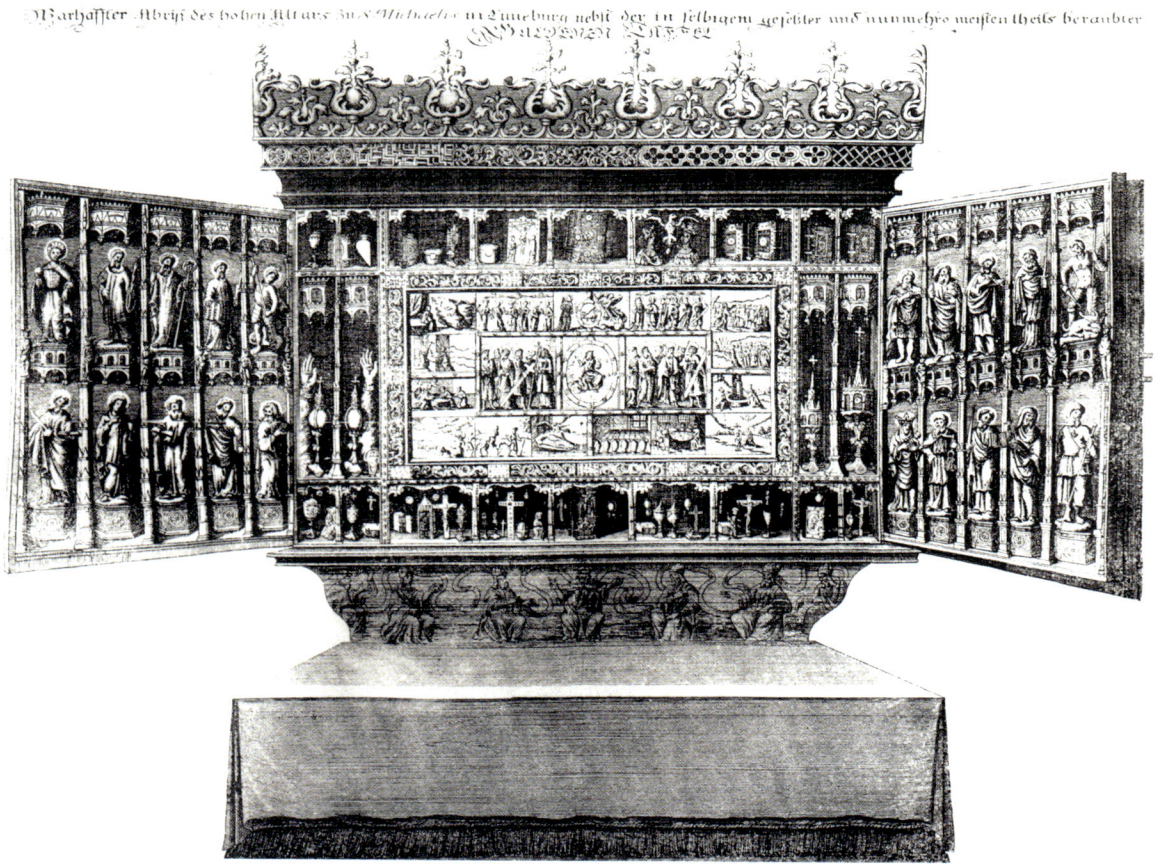

Neue Blüte in der Barockzeit

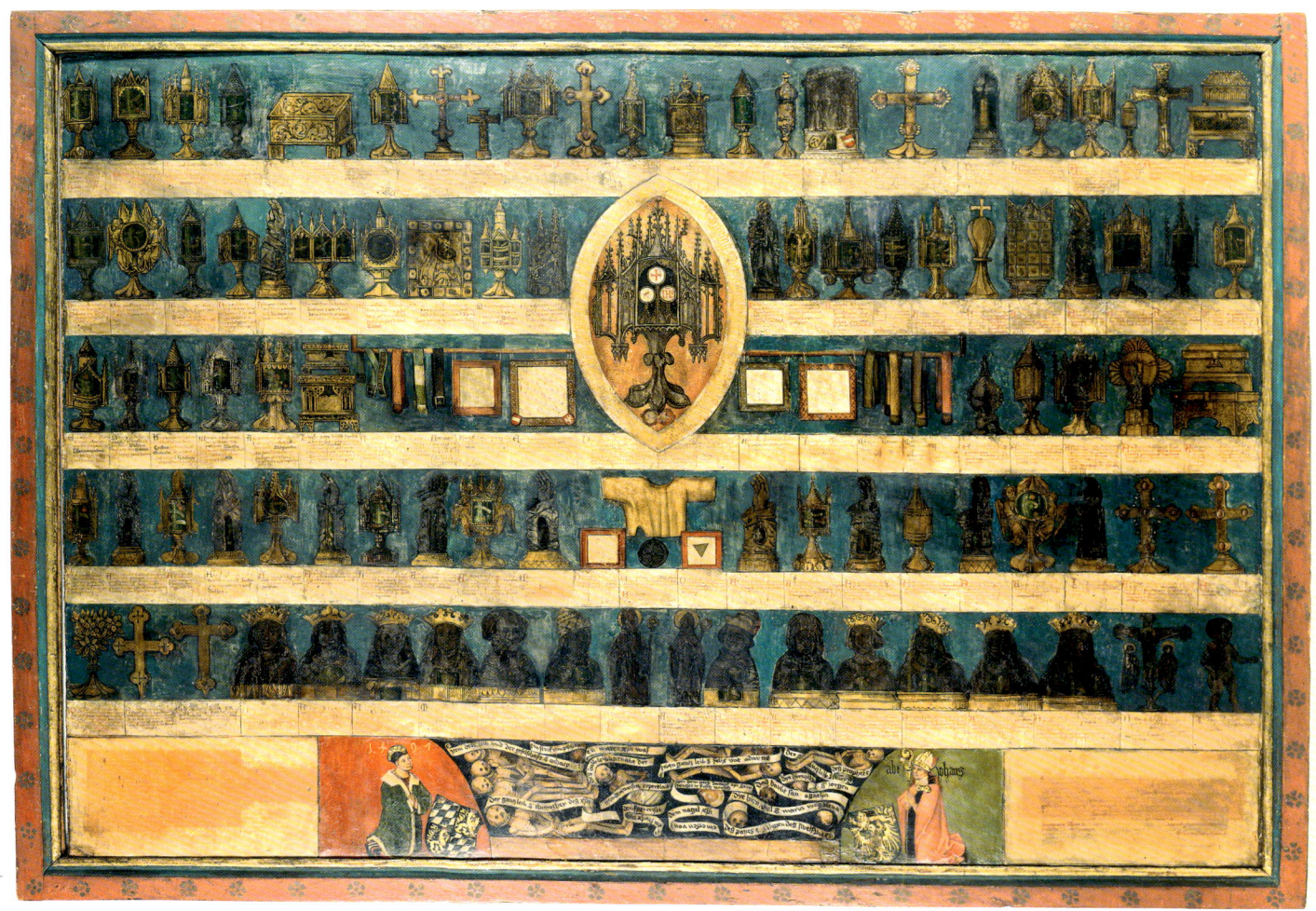

loren sind. Auch unter Abt Martin II. Gerbert (1764–1793) konnte der Kirchenschatz durch kaiserliche Geschenke bereichert werden, so 1771 durch das Leopold-Reliquiar (Kat.-Nr. 25.10) und 1777 durch ein Reliquiar des hl. Pirmin, beides Stiftungen Maria Theresias (1740–1780).

Gerade am Kirchenschatz von St. Blasien lässt sich, angefangen mit dem Adelheidkreuz (Kat.-Nr. 21.1) und bis zu den letztgenannten Schenkungen des 18. Jahrhunderts reichend, die besondere Bedeutung der Stiftungen von Wohltätern und deren maßgebliche Rolle – neben Äbten und Konventmitgliedern – bei der kontinuierlichen Bereicherung und damit dem Wachsen eines Kirchenschatzes aufzeigen. Zugleich belegt er aber auch die wechselvolle Geschichte eines solchen Schatzes, sein ständiges Zu- und Abnehmen im Laufe der Jahrhunderte. Aber trotz der auch hier nicht ganz zu vermeidenden Verluste handelt es sich dabei um den einzigen fast vollständig bewahrten Kirchenschatz der auf heutigem bundes-

deutschem Gebiet gelegenen einstigen Reichsklöster – seit 1809 verwahrt im Benediktinerstift St. Paul im Lavanttal in Kärnten.

Auch der Kirchenschatz des Benediktinerstifts Kremsmünster in Oberösterreich hat sich in einzigartiger Vollständigkeit erhalten. Die ältesten Werke wie der Tassilokelch (Abb. 1) und die sog. Tassiloleuchter (um 1000) stammen noch aus der Gründungs- bzw. Frühzeit des Klosters, andere kamen in der 1200-jährigen Geschichte hinzu, etwa das Scheibenkreuz aus dem späten 12. Jahrhundert, gotische Reliquiare und Ostensorien. Aus der Zeit von Barock und Rokoko sind zwei Monstranzen, eine Messkännchengarnitur sowie nicht weniger als zehn Kelche erhalten, hinzu kommen acht Standkreuze mit Kruzifixen aus Elfenbein und Blei sowie ein silbernes Kreuzabnahmerelief des bereits mehrfach erwähnten Elias I Jäger.

Als typische, im Laufe der Jahrhunderte gewachsene Schatzkammerbestände auf heutigem bundesdeutschem Gebiet seien beispielhaft die noch heute

6   Sog. Blutenburger Heiltumstafel mit Wiedergabe des Andechser Heiltumsschatzes, um 1497. Bayerisches Nationalmuseum München

vor Ort erhaltenen (wenn auch dezimierten) Kirchenschätze der Abteien Essen-Werden und St. Ulrich und Afra in Augsburg angeführt. Beide gruppieren sich um einen Kernbestand aus Reliquien des Titelheiligen. In Werden ist dies der hl. Liudger (um 742–809), ein friesischer Missionar, der seit 805 als erster Bischof von Münster wirkte. Er gründete 799 das Kloster Werden an der Ruhr und wurde hier 809 wunschgemäß bestattet. Liudger selbst hatte aus Rom Salvator-, Marien- und Apostelreliquien mitgebracht, die den Ausgangspunkt des Reliquienschatzes bildeten. Durch die bald nach seinem Tod einsetzende Heiligenverehrung wurden Liudgers persönliche Hinterlassenschaften ebenfalls zu (Sekundär-) Reliquien, darunter eine spätantike Elfenbeinpyxis (östlicher Mittelmeerraum, 5.–6. Jh.), ein mit gravierten Beinplättchen beschlagener fränkischer Reliquienkasten (7.–8. Jh., evtl. um 784), der Liudger als Tragaltar gedient haben soll, weiterhin sein (vermeintlicher) kupferner Kelch (Niedersachsen?, 10. Jh.) und der *Codex Argenteus*, eine aus der Gotenzeit stammende Bibel (Ravenna, Anfang 6. Jh.; heute in Uppsala), sowie Textil-Reliquien aus seinem Grab: Teile der Grabalbe (7.–8. Jh.) und der Grabkasel (de facto Spa-

nien 11. Jh.), schließlich sein Gürtel (9. Jh.?). Der um Erzeugnisse des Werdener Skriptoriums vermehrte Kirchenschatz wurde auch in spätgotischer Zeit weiter ergänzt; davon zeugen neben Paramenten noch das Kapitelskreuz (14. Jh.), eine Taufschale und ein Kreuzreliquiar (beide 15. Jh.). In die Zeit des Barock gehören eine silbervergoldete Strahlenmonstranz (18. Jh.), ein Kelch mit Messkännchen etc. Den Endpunkt bildet der 1787, wenige Jahre vor der Auflösung des Klosters angeschaffte Tragschrein in den Formen des Zopfstils, in dem noch heute bei Prozessionen die Reliquien des Klostergründers durch die Straßen von Werden getragen werden.

Ähnlich wie der Werdener Kirchenschatz, der 1979 in eine neue (jüngst nach einer Brandgefährdung im Februar 2008 einer Neugestaltung unterzogene) Schatzkammer einziehen konnte, wurde auch der Schatz von St. Ulrich und Afra in Augsburg im Jahre 2004 in eine neue ‚Heiltumskammer‘ verbracht. Hier bilden nach wie vor die (Sekundär-) Reliquien des hl. Ulrich (890–973), der seit 923 das Augsburger Bischofsamt innehatte, das Zentrum. Aus seinem Grab stammen die Kasel (Mitte 10. Jh.) und die Dalmatik (9./10. Jh.), beides kostbare mittelbyzantinische Seidengewebe, weiterhin die Stola und das Manipel (beide 3. Viertel 10. Jh.), letzteres eine feine ottonische Brettchenweberei. Eine ältere Elfenbeinarbeit aus dem 6./7. Jh. stellt der sog. Kamm des hl. Ulrich dar, der ebenfalls aus seinem Grab stammen soll. Bei der Graböffnung 1183 wurde zudem auf seiner Brust ein Kelch gefunden, dessen Kuppa bis ca. 1187 in der heutigen Form als Prunkkelch neu gefasst wurde. Ebenfalls aufs Engste mit Ulrich und seinem heldenhaften Einsatz bei der Schlacht auf dem Lechfeld 955 verbunden sind das Banner (Vexillum) der Schlacht und das Ulrichskreuz, das eine Reliquie des Wahren Kreuzes enthält, die der Heilige während der Schlacht von einem Engel empfangen haben soll. 1494 wurde die bereits im 14. Jahrhundert neu gefasste Kreuzreliquie durch die berühmten Augsburger Goldschmiede Jörg (um 1454–1527) und Nikolaus Seld († 1514) in einem kostbaren, mit Astwerk und Edelsteinen gezierten Kreuz (Abb. 8), das zu den bedeutendsten Werken spätgotischer Goldschmiedekunst zählt, eingeschlossen. Im selben Jahr erneuerte Jörg Seld auch die Fassung des elfenbeinernen Reginbald-Stabes (um 1032/39), 1495 die des Egino-Stabes (Limoges, 13. Jh.). Den Abschluss dieser spätgotischen Erneuerungsphase des Kirchenschatzes bildete die ebenfalls von dem ‚Stiftsgoldschmied‘ Jörg Seld gefertigte Neufassung des Vexillum und des Suda-

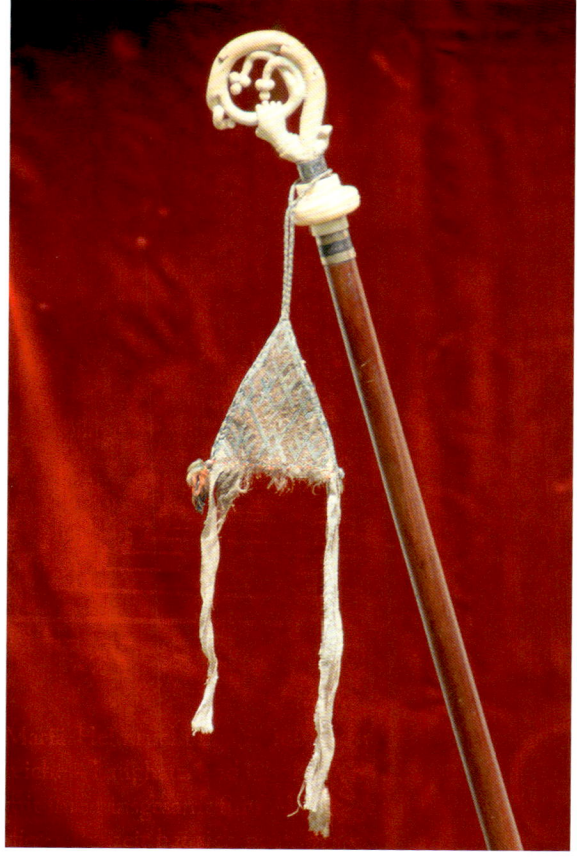

7   Abtstab des hl. Godehard, Hildesheim oder Bamberg, 1. Viertel 11. Jahrhundert, mit zeitgenössischem Panisellus. Benediktinerabtei Niederaltaich (Kat.-Nr. 21.8)

rium (Schweißtuch) des hl. Ulrich in einem silbernen Gehäuse. Aufgrund der Verluste im Zuge der Säkularisation des Reichsklosters 1802 gingen von den späteren Arbeiten viele verloren, erhalten hat sich jedoch ein mit Gravierungen gezierter Elfenbeinkasten (1607), der zeitweise als Behälter für Knochenreliquien diente.

Die Verluste durch die Säkularisation

Auf dem heutigen bundesdeutschen Gebiet waren die Verluste infolge der unterschiedlichen Säkularisationsmaßnahmen der Jahre 1802–1806 gerade im Bereich der Kirchen- und Klosterschätze sehr hoch, bedeuteten oft deren Totalverlust. Selbst Schatzbestände, die vor Ort verblieben und in den Besitz der Pfarrgemeinde übergingen, mussten deutliche Verluste hinnehmen, wie die hier vorgestellten Kirchenschätze der aufgelösten Klöster Andechs, Werden und St. Ulrich und Afra in Augsburg zeigen, die damals einen Großteil ihrer Gold- und Silberarbeiten aufgrund ihres hohen Materialwertes einbüßten.

Aber auch in Österreich, wo eine ganze Reihe der altehrwürdigen Stifte und Klöster fortbestehen durften, mussten diese hinsichtlich ihrer Schatzkammerbestände große Verluste hinnehmen, so etwa auch diejenigen der Benediktinerklöster Göttweig und Melk. Dies hängt mit den von den Habsburger-Kaisern eingeforderten Tributzahlungen zur Finanzierung der Kriege gegen Napoleon Bonaparte zusammen, erstmals verordnet 1793, des Weiteren in den Jahren 1806/07 und 1809. In Melk, wo 1806 die Summe von 555 Gulden zur Rettung von 13 besonders wertvollen und wichtigen Zimelien gezahlt wurden, gingen dadurch neben einer Reihe silberner Altarleuchter und anderer Vasa non sacra auch 22 (!) silbervergoldete Kelche, der silberne Hochaltartabernakel sowie zahlreiche Reliquienbehälter und Reliquienbüsten für immer verloren – in die historisch gewachsenen Bestände wurden somit auch hier große Lücken gerissen. Ein erster Schritt dazu geschah jedoch bereits 1773, als ein größerer, als veraltet empfundener Teil des Kirchensilbers im Auftrag des Klosters nach Wien zum Einschmelzen gebracht wurde. Aus dessen Material wurde insbesondere eine neue, ‚moderne‘ Altarausstattung angefertigt, zumal, wenn es sich um geweihtes Sakralgerät handelte, wie eingangs dargelegt.

Die trotz hoher Verluste bis heute bewahrten Kirchenschätze gerade auch der Klöster des Benedikti-

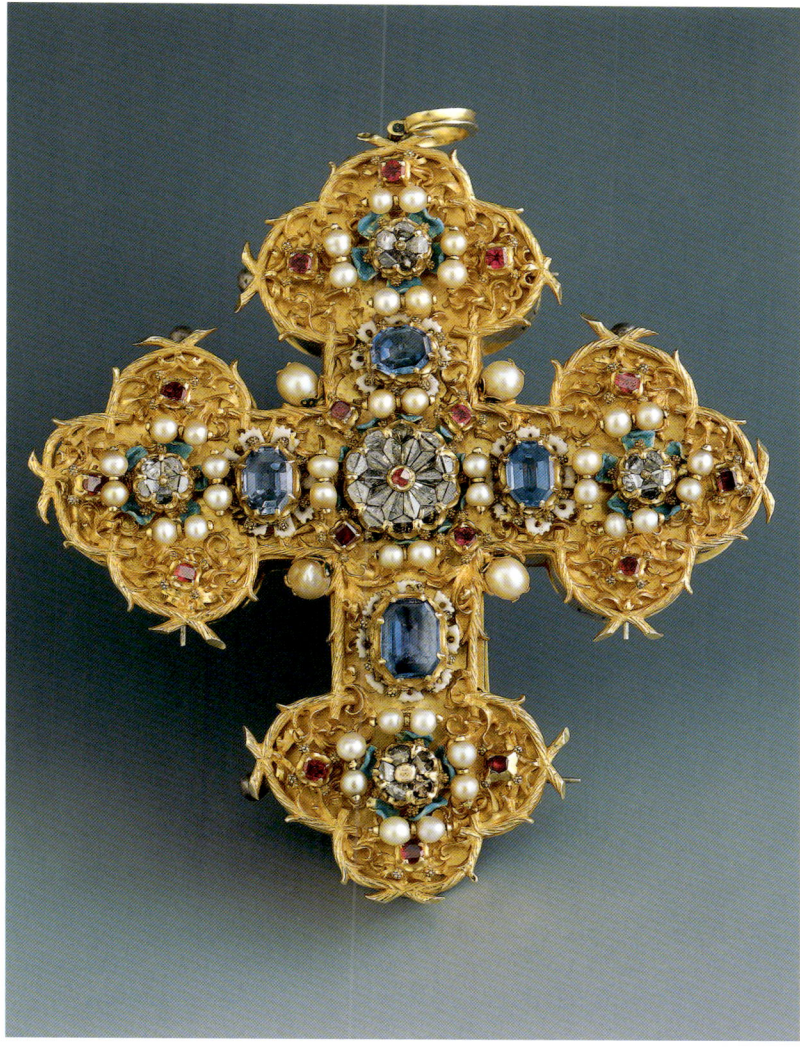

nerordens vermögen aufgrund der ihnen eigenen sakralen Aura, die weit über ihren materiellen und künstlerischen Wert hinausstrahlt, die Besucher bis heute in besonderem Maße zu faszinieren und bezeugen in augenscheinlicher Weise die glanzvolle Messzelebration, die Reliquienverehrung und das Traditionsbewusstsein der Benediktiner.

8 Ulrichskreuz, Jörg und Nikolaus Seld, Augsburg, 1494. St. Ulrich und Afra in Augsburg, Heiltumskammer

Literatur:

Stuttmann 1937. – Kat. München 1967. – ÖKT 43/I, 1977. – Hugot 1979/1990. – Kat. Salzburg 1982. – Kat. Göttweig 1983. – Fritz 1983. – Hahnl 1985. – Kat. Seitenstetten 1988. – Wild 1989. – Kosch 1991. – Schnell 1991. – Hlawitscha 1993. – Kat. Hildesheim 1993. – Bänsch 1995. – Kat. Essen 1999. – Kat. Melk 2000. – Wolf 2002, v.a. 40–60, 220–226. – Gepp/Metzger 2004. – Heiltumskammer 2004. – Klemenz 2005. – Kat. Lambach 2006. – Schatzkunst 2006. – Kat. Paderborn 2006. – Hoernes/Krohm 2007.

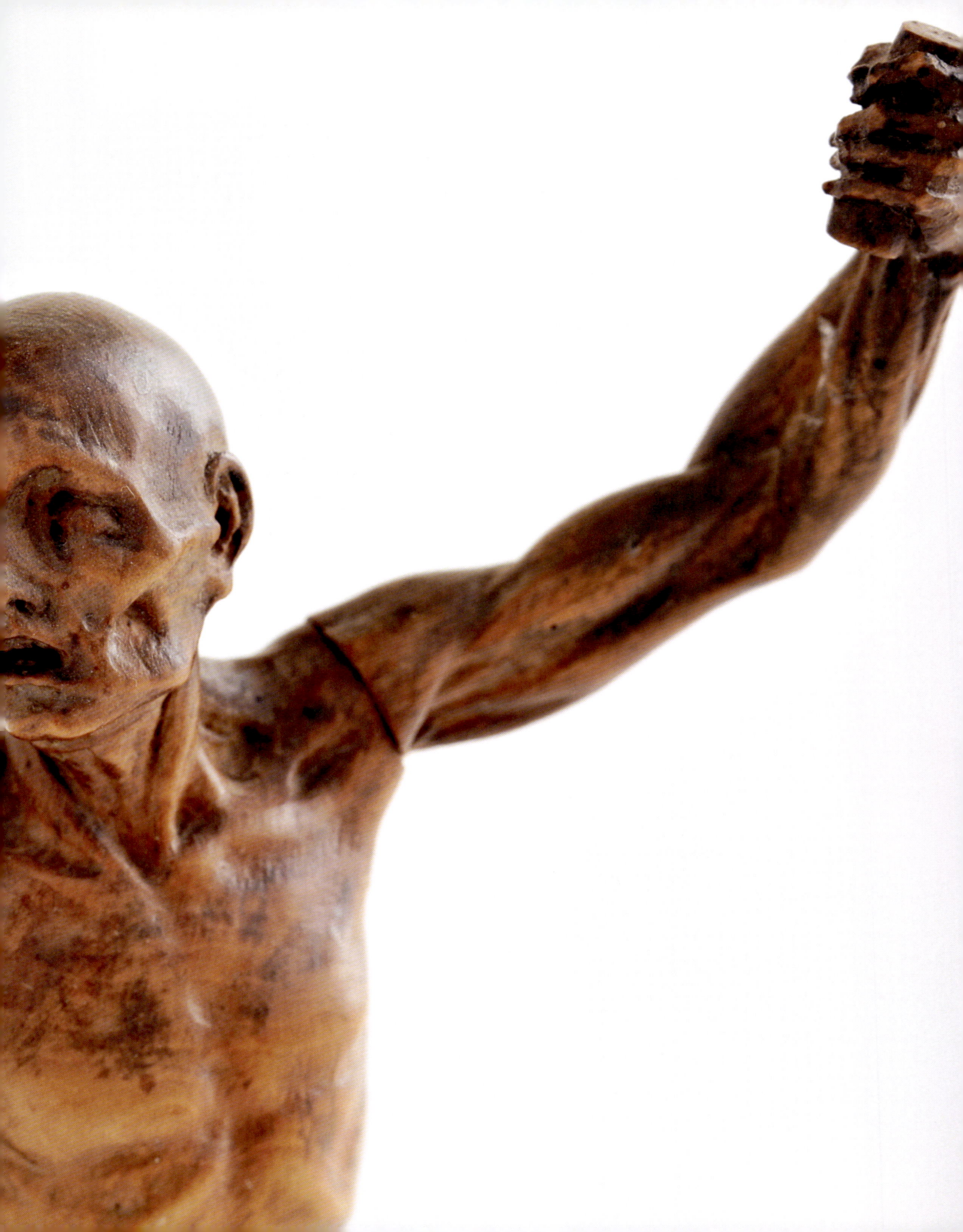

DIE KUNST- UND WUNDERKAMMER

von Klaudius Wintz OSB

Der Welt zu entsagen, wie es der Klostertod bedeutet, scheint nahezulegen, dass alles, was mit dieser gestorbenen Welt zu tun hat, als wertlos abgetan werden kann. Tatsächlich wurde auch historisch gesehen klösterlicher Reichtum immer wieder als dekadent und verkommen gegeißelt und diente nicht nur in der Reformation zum Vorwand der Kritik. Um so erstaunlicher klingt darum die Weisung Benedikts an den Cellerar des Klosters, die Besitztümer des Klosters „wie" heiliges Altargerät zu behandeln. Der Wert der Dinge leitet sich hier in Analogie zum Altargerät ab, dem Zugriff der weltlichen Hand entzogen und für eine heilige Handlung privilegiert. Damit pokert Benedikt ziemlich hoch, bei seiner sonst doch sehr nüchternen Art, mönchisches Leben zu ordnen. Offenbar weiß er darum, dass die Wertschätzung der Dinge bei potentiellen Mönchen problematisch sein muss. Der Verwalter der weltlichen Besitztümer wird vor Gewinnsucht und Stolz gewarnt und dennoch in der Regel durch ausführliche Mahnungen auf seinen Dienst vorbereitet. Die Mönche selbst werden eingeladen, mit Hilfe ihres Abtes Gewissenserforschung im Umgang mit den Dingen zu pflegen, unter den Prämissen von Notwendigkeit und relativiertem Bedürfnisdrang. Der ,Nutzen' der Dinge wird hier nicht auf objektive Gleichheit oder rationales Funktionieren reduziert, Standards werden hingegen nur an der Untergrenze definiert. Die Differenzierung von Alltags- und Reisekleidung, die Bereitstellung von Schreibzeug und Büchern, ja sogar das luxuriöse Einzelbett, das selbst Pauschaltouristen des 21. Jahrhunderts noch separat in Rechnung gestellt wird, lassen erahnen, dass es bei der Besitzlosigkeit des abendländischen Mönchtums um Armut in einem sehr speziellen Sinne geht. Die Freiheit, Dinge zu nutzen, ohne von ihnen benutzt zu werden, markiert nicht nur geistlich sondern immer auch intellektuell eine Differenz zur materiellen Welt, die weit über das Haben hinausgeht. Selbst das Erleben wird hier einer Kritik

unterworfen, gegen die Illusion grenzenloser Freiheit wird die Beschränkung der Klausur als Ideal postuliert, das auf Reisen Erlebte auf seine Nützlichkeit für die Gemeinschaft einer subjektiven Zensur unterworfen. Wie missverständlich eine solche Zensur für die Ohren eines spät-neuzeitlichen Menschen sein muss, hat Umberto Eco in seinem Roman „Der Name der Rose" vorgetragen, wo der „heilige" Aristoteles die Bibliothek nicht verlassen darf, weil ein allzu Frommer die heilende Kraft des Humors für verwerflich hält. In der Tat ist unser abendländisches Denken geprägt von dem Drang, sich äußeren Beschränkungen nicht mehr unterwerfen zu wollen. Der emanzipatorische Drang, selbst Grenzen auszuloten, um selbst wiederum an Grenzen zu stoßen (Ungaretti), markiert aber die Ernüchterung der Moderne, die einen neuen Blick auf die *clausura* zeitgemäß werden lässt, mit ihr auch die Motivationen klösterlichen Sammelns.

Um das Entstehen und die Funktion nicht nur der klösterlichen Wunderkammern im 17. und 18. Jahrhundert verstehen zu können, wird es notwendig sein, die Entwicklung des Sammelns aus seinen mittelalterlichen Ritualen und Wurzeln zu betrachten. Nicht nur die Präsentationsformen, sondern auch Sammlungsgebiete lassen sich ohne diesen ,Reliquienkult' nur schwer erklären. Dazu kommt, wie bei der Betrachtung von Henne und Ei, dass der barocke Kult der Repräsentation in Motiven des mittelalterlichen Reliquienkultes schon vorgezeichnet ist und sich dann – von der alten Religiösität emanzipiert – erst entfalten kann.

Mittelalterliche Ästhetik war zunächst einmal geprägt von der Vorstellung des Plato, dass den Dingen der Glanz des Ewigen innewohne. Darum werden die heiligen Dinge, das „Altargerät", mit Gold und Edelsteinen überzogen, um eben diesen Glanz des Ewigen anschaulich zu machen. Je mehr solchen Glanzes in einer Abtei anwesend war, desto sicherer konnte die Gegenwart Gottes geglaubt werden, desto

1 Anatomische Studie, um 1700. Benediktinerstift St. Paul

begehrlicher waren die Blicke bankrottierender Finanzminister. Mit der Renaissance der Scholastik veränderte sich diese Einstellung in verschiedenen Schüben. Accidenz und Substanz relativierten die Theorie vom Glanz, die ‚arme‘ Reliquie der Eucharistie setzte einen Kontrapunkt zu den trotzdem noch weiter bestehenden Reliquiensammlungen. Gleichzeitig verbrachten die Kreuzfahrer aus dem 1204 eroberten Byzanz Reliquiare nach Westeuropa, die nicht mehr nur fassungsmäßig spektakuläre Reliquien präsentierten, die aus sich selber sprechen sollten: Wie die neuentwickelten eucharistischen Schaugefäße sollten sie den Blick auf die „blanken“ Heiltümer freilegen. Die Präsentationsformen waren damit bereits im Status der Vitrine angelangt, die über viele Jahrhunderte hinweg für eine Sammlung konstitutiv werden sollten. Dabei blieben die Reliquiensammlungen des Mittelalters trotz der neuentwickelten Reliquiarsformen weiterhin ‚klausuriert‘. Zwar boten die Gläser der Reliquiare den Blick auf das Heilige, aber dieser Blick war nicht jederzeit verfügbar. Nur zu bestimmten Festzeiten standen Reliquiare auf den Altären oder wie bei den frühen Retabeln des 14. Jahrhunderts wurde der Innere Schrein mit den Reliquien nur zu bestimmten Zeiten geöffnet (s. Beitrag Kempkens II). Die Form des Flügelretabels selber wird gemeinhin sogar aus der Form des Reliquienkastens abgeleitet. Die frühen Beispiele von Doberan und Halberstadt belegen diese Funktion bis heute auf eindrucksvolle Weise, auch wenn sie längst ihre ursprüngliche Funktion eingebüßt haben, da ihre Inhalte längst schon musealisiert worden sind. Aber diese Musealisierung setzt bereits recht bald ein, wenn dem Bedürfnis, dieser spektakulären Heiltümer auch außerhalb der eingeschränkten Festzeiten ansichtig zu werden, stattgegeben wird. So zeigen die noch mittelalterlichen Flügeltüren des Andechser Heiltumskastens auf den Außenflügeln die im Innern ausgestellten Gefäße als zweidimensionale Malerei und die Transportkiste der großen Heiltumsmonstranz für die apostolische Visitation des Nikolaus von Kues (1401–1464) in München die Engelpieta, die bildhafte Abbreviatur des vorgezeigten Heiltums schlechthin. Die Andechser Sammlung ist aber noch in einer ganz anderen Weise hochmodern und wegweisend für die Entwicklung der späteren Wunderkammern. Zum Schatz gehören „familiäre Reliquien“, die auf die internationalen Beziehungen der Grafen verweisen. Der 1204 verstorbene Berthold IV. verheiratete seine Töchter an die Könige von Ungarn und Frankreich, seine Enkelin war Elisabeth von Thüringen. Devotionalien dieser Verbindungen gingen in die Reliquiensammlung ein, aus Thüringen ein Brautschleier der hl. Witwe, aus der Sainte-Chapelle in Paris wurden Dornen der Krone Christi abgezweigt. Der größte Schatz aber kam aus Bamberg, wo ein Bruder des Grafen als Bischof regierte: die wundertätigen Hostien Papst Gregors des Großen. Die Wichtigkeit der Reliquien definiert sich aus dem Selbstverständnis der Familie, europäische Politik mitgestalten zu können, das eigene Beziehungsgeflecht zu veranschaulichen und sich selbst als Heilsträger vorzustellen. Genau diese Funktionen werden später, wie noch zu zeigen sein wird, eine Säule der klösterlichen Wunderkammern werden, auch wenn es dann mit etwas weniger Pathos geschehen wird.

Aber nicht nur das Pathos, sondern auch die Träger solcher Sammlungen veränderten sich. War Reliquienbesitz ursprünglich an den Begräbnisort eines Heiligen gebunden oder Relikt aus dem Besitzstand eines Heiligen, so wird mit der „Handelsware“ Reliquie die Verfügbarkeit auf sozialen Status und pekuniäre Potenz geweitet. Waren zunächst Institutionen wie das Reich sakral legitimiert, wie es die Versuche Karls des Großen (768–814) und seiner Nachfolger gebrauchten, so sank mit jedem Dynastiewechsel die Hemmschwelle der Selbstaufladung weiter hinab, bis zu den Grafen von Andechs. Im Falle des Adelheidkreuzes aus St. Blasien (Kat.-Nr. 21.1) gehen – so eine der bisherigen Interpretationen – die Propagandisten um Rudolf von Rheinfelden nach 1077 daran, den Gegenkönig (1077–1080) mit einem alternativen Reichskreuz auszustatten. Die eigentliche Reliquie ist Vorwand für ein politisches Projekt der Selbstdarstellung, um so den politischen Anspruch greifbar machen zu können. Kurioserweise hält diese Ambition bis in den inneren Kreis der deutschen Reformation des 16. Jahrhunderts an. Die von Albrecht von Brandenburgs (1513–1545) Vorgänger Ernst II. von Sachsen (1476–1513) begonnene Reliquiensammlung bestand zu ihrer Blütezeit um 1520 aus 42 Körpern von Heiligen und 8133 Partikeln in 3534 künstlerisch und materiell wertvollen Reliquiarien. Der große Reliquiensammler und (in dieser Hinsicht) Nutznießer der Reformation veräußerte noch selbst große Teile seiner Sammlung, die bis heute verstreut ist.

Die Profanierungswelle der Reformation führt aber nicht zum Ende des Sammelns, sondern lädt diese anthropologische Grundhaltung neu auf. Wie alle historischen Brüche transformiert sie vorhandene Tendenzen auf neue Ebenen. Zunächst und in Ignoranz der transalpinen Verwerfungen findet in Italien das statt, was gemeinhin Renaissance genannt wird.

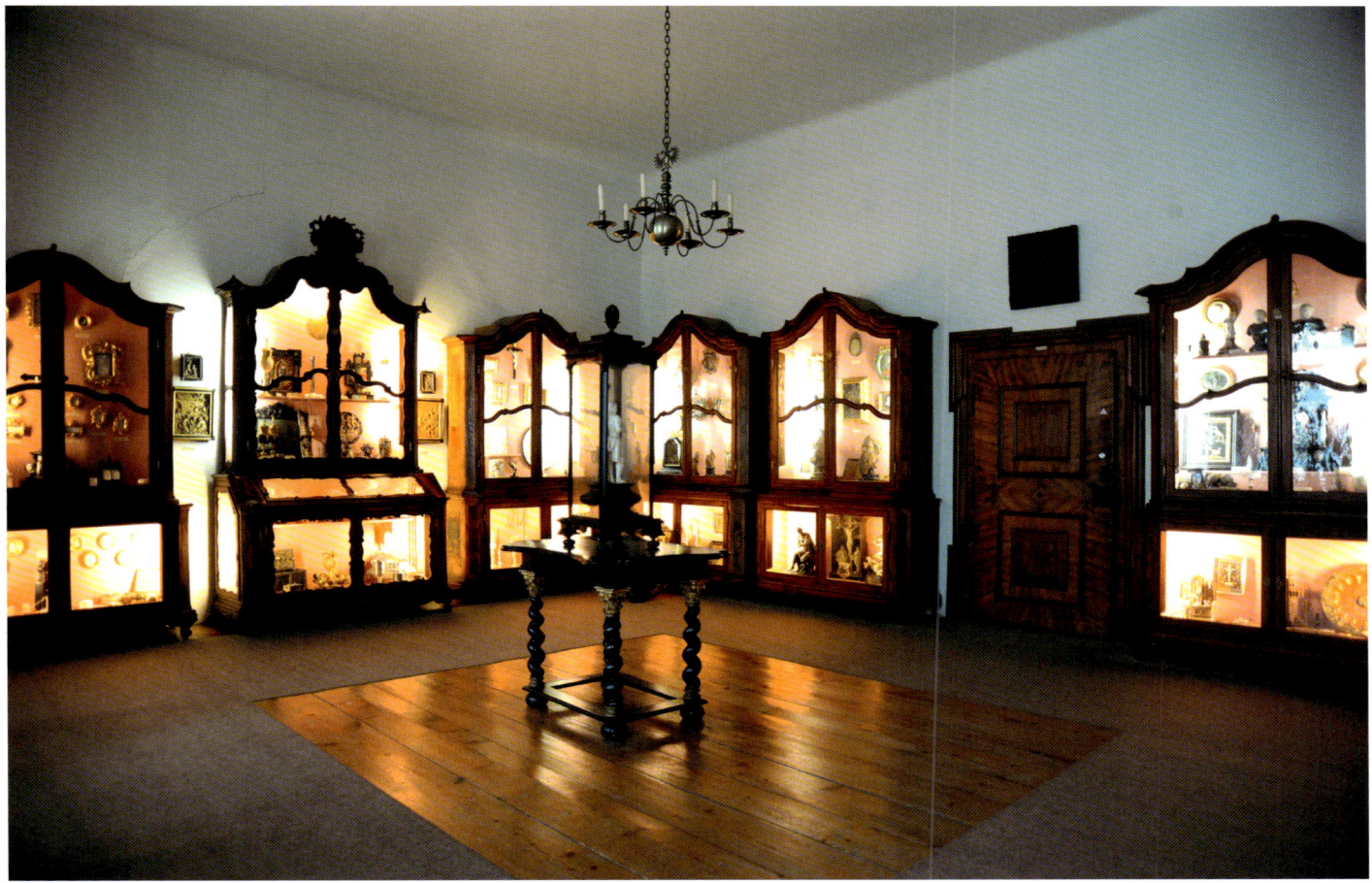

Diese neue Begeisterung für die Antike und ein Menschenbild jenseits christlicher Wertvorstellungen macht das ‚Ergrabene‘, das aus dem Schutt der Jahrhunderte Geborgene, zum Sammelthema. Antike Skulpturen werden nicht nur geborgen, sondern nach eigenen Maßstäben vollendet, wie Michelangelos Arm des Laokoon veranschaulicht. Repliken wichtiger Kunstwerke, wie das Reiterstandbild des Marc Aurel, gelangen schon im 15. Jahrhundert bis nach Dresden, das Antiquarium der Kurfürsten von Bayern in der Münchener Residenz zählt nördlich der Alpen zum Spektakulärsten der Antikensucht, das nur denkbar erscheint. Aber auch Naturalia werden geborgen, Alraunen und Einhörner ebenso wie die begehrten roten Korallen, die nach der antiken Überlieferung aus den Blutstropfen aus dem abgeschlagenen Haupt der Medusa ins Meer geronnen sind.

All dies verlangt nach einer Ordnung, die nirgends sonst so anschaulich geblieben ist wie in der habsburgischen Sammlung von Schloss Ambras. Erzherzog Ferdinand II. (1529–1595) stellt sich und seinen Besuchern dort die Welt vor Augen, wie er selbst sie zu

sehen versucht. Es ist die Ordnung der Materialität, die er vorstellt. Die 18 Kästen der eigentlichen Kunstkammer beginnen beim Metall, den aus Metall gefertigten Instrumenten und Automaten, und schreitet fort über das Elfenbein, Holzdrechselarbeiten, Keramik bis hinab zu den ergrabenen Dingen. Präsentiert werden all‘ diese Objekte in verschließbaren Kästen, deren Türen noch nicht verglast sind, sondern die Schranktüren der mittelalterlichen Reliquienkästen wiederholen, um im Augenblick des Öffnens das Erstaunen des Betrachters noch zu steigern. Es sind Chimären, die dem Betrachter entgegenkommen. Silbergetriebene Muscheln auf dem Deckel eines Kästchens so treu nach der Natur gearbeitet, dass sie ein Werk des Pharrasios sein könnten. Korallen werden auf Gipsbergen montiert, die das Wachsen aus dem Gestein stimulativ werden lassen. Schon in den 50er Jahren desselben Jahrhunderts hat der Wiener Bürgermeister Hutstocker aus den Knochen eines in Wien verblichenen Elefanten einen Sessel fertigen lassen (Abb. 3), der sich heute in den Kunstsammlungen des Stiftes Kremsmünster befindet. Seine gesamte Oberfläche ist mit li-

2   Kunst- und Wunderkammer des Stiftes Kremsmünster

nearen Gravuren überzogen, teils füllende Blattorna-
mentik, teils besitzanzeigende Wappenkartuschen,
aber besonders spektakulär die Abbildung der entfalteten Elefantenhaut, die als Kartusche die Sitzfläche bedeckt. Die eingebrachte Inschrift erzählt die Geschichte des Elefanten, von dem diese Knochen genommen worden sind, er selbst erzählt höchstpersönlich seine eigene Geschichte, königliche Hochzeitsgabe
gewesen zu sein, erzählt von einer Reise, die von Madrid über Mantua, Brixen und Innsbruck nach Wien
führt, schließlich seinem Ende und seiner Verwertung
in dem bleibenden Kunstwerk des Sessels.

Dieses Stück ist idealtypisch für das Projekt der
Wunderkammer, deren Wurzeln und Funktionen. Zunächst einmal spielt der Sessel mit der eigenen Erscheinung. Die Knochen werden durch die überarbei-
tende Gravur dem natürlichen Erscheinungsbild ver-
fremdet, um nur durch die Kritik der Beobachtung
wiederum als Naturalie lesbar zu werden. Die Hinwendung zur Anschaulichkeit wird in ihrer phantasti-
schen Dimension thematisiert. „Phantasmata" lautet
in den Hexenprozessen der Zeit der Vorwurf, Sinnes-
täuschungen hervorzurufen. Die Sicherheit der Wahrnehmung des Zeitlichen ist längst verloren gegangen,
und es ist eine Funktion der Wunderkammern, diese
Wahrnehmung erneut zu schärfen. Noch hundert
Jahre später sollte René Descartes (1596–1650) die
Frage stellen, wie weit sich der Mensch jemals wird
sicher sein können, ob das, was der Mensch wahr-
nimmt, durch Wirklichkeit gedeckt sein kann. Der
melancholische Zweifel nimmt die Dinge zum Anlass,
die Welt zu befragen. Wenn von ‚Wunderkammer' die
Rede ist, dann wird in diesem Sinne nicht das Mirakel
beschworen, sondern reflexiv die Frage aufgeworfen,
was das ‚Sich Wundern' bedeuten soll. Nur wem etwas
zur Frage wird, der ist auch in der Lage, Fragen zu
stellen, und über diese zu neuen Antworten zu gelangen. In der manieristischen Ausprägung dieser Fragestellung ist dies ein Spiel jenseits der künstlerischen
Reproduzierbarkeit der Natur. Das Spiel, die Natur-
formen zu variieren, ihnen kreative Impulse einzuhau-
chen, stellt den Schöpfer und Betrachter auf ein Tur-
nierfeld der Kennerschaft und der Einübung von Ent-
rätselung und Finten. Giuseppe Arcimboldos (um
1526–1593) Stillleben menschlicher Proportion gehören ebenso in diesen fokussierenden Sog wie die Montagen von Naturobjekten zu Schwertern und Sesseln.
Schon die Aufbringung der Inschrift auf der Sitzfläche
des Sessels macht dieses Spiel anschaulich. Dem, der
das Möbel als das benutzt, was es scheint, verpasst das
Beste, was dieser Sessel zu bieten hat.

Auf einer weiteren Ebene steht der Sessel in der
Tradition der mittelalterlichen Familienreliquie. Die
künstliche Montage referiert Familienbezüge von
Spanien, Portugal und Österreich, um auf einer weiteren Ebene es dem Besitzer zu erlauben, seine eigene
Nähe zu diesen Familien vorzutragen, auch wenn dies
im Falle des Elefantensessels lediglich eine zufällige
Erwerbung darstellt. Weniger hochstaplerisch wird
diese Funktion bei den kostbar gefassten Ehrenpfen-
nigen, die wie Orden die Ehrenbezeigung des Herrschers gegenüber seinen Vasallen zum Ausdruck bringen. Das Bild des Herrschers wird regelrecht an die
Brust geheftet, damit sich jemand damit schmücke,
so ausgezeichnet worden zu sein. Es lässt sich lange
darüber streiten, wieweit solche Ehrenpfennige tatsächlich getragen wurden oder wie rasch sie in den
jeweiligen Familienschrein der Kunst- und Wunderkammern gelegt wurden, um nachfolgenden Generationen deren Geschichte und Größe vorführen zu
können. Die älteste profane ‚Reliquie' dieser Art stellt
wiederum in Kremsmünster das Jagdbesteck Kaiser
Maximilians I. dar, das dem Abt Johannes als Dank
für die Testamentsabwicklung des in Wels verstorbenen Kaisers überlassen wurde. Die gebläuten Klingen
selbst referieren die dynastischen Verbindungen von
Tirol und Österreich, um typologisch den verstorbenen Taufpaten des Kaisers rückzubinden an dessen
Namenspatron, den hl. Sigismund. Bei diesem Stück
wird gerade die Provenienz für den Besitzer status-
trächtig. Es weist ihn selber in einer relevanten Funktion als staatstragend aus, das Stück ist für ihn im
Selbstanspruch ‚repräsentativ'.

Auf einer dritten Ebene repräsentiert der hier the-
matisierte Elefantensessel aber auch eine schon in
Ambras vorhandene Tendenz, Exotica als Vervoll-
ständigung einer Welt, die scheinbar immer größer
wird, zu präsentieren. Die Entdeckungsreisen des
16. Jahrhunderts überfluten Europa mit der Kenntnis
immer neuer Kulturen und deren Schätze. Massen-
weise werden Kokosnüsse und Straußeneier importiert, die, in Augsburg und Nürnberg gefasst, in keiner Wunderkammer des 16. und 17. Jahrhunderts
fehlen durften. Die schwer zu konservierende Ananas
hingegen musste künstlerisch nachgebildet werden,
auch diese künstlerischen Repliken durften in den
Kabinetten der gebildeten Sammler der Zeit nicht
fehlen. Wie phantastisch und wundergläubig die
Fülle der einströmenden Objekte gewirkt haben
muss, lässt sich erahnen, wenn man betrachtet, wie
Unbekanntes mit Etiketten versehen wurde. Narwal-
zähne werden zu horrenden Preisen als Horn von

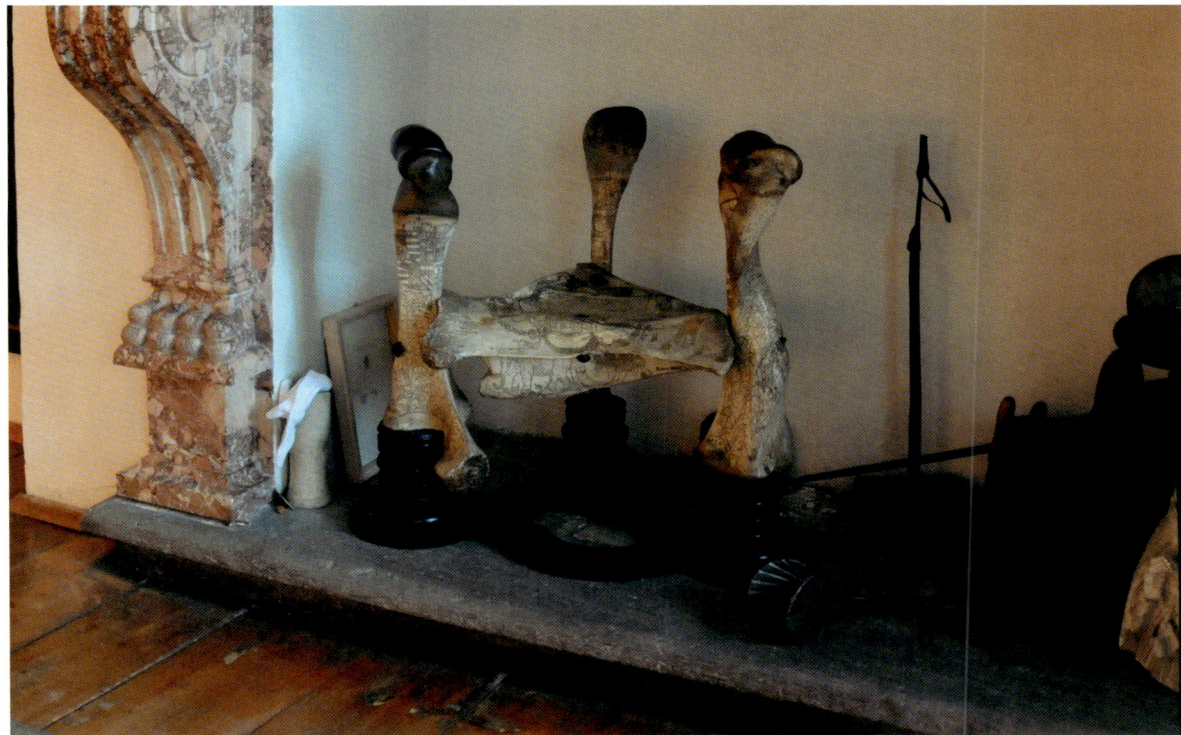

3 Bronzeskulptur des Antinoos, Italienisch (?), Ende 17./Anfang 18. Jahrhundert. Benediktinerstift St. Paul (Kat.-Nr. 22.7)

Einhörnern verkauft und in der wissenschaftlichen Expertise wird verdeutlicht, dass das Objekt aus den Sedimenten der Sintflut ergraben worden sei, weil ja diese noblen Tiere sich geweigert hatten, mit Noah die Arche zu besteigen.

Die Wechselwirkungen mit den fremden Kulturen sind dort besonders reizvoll, wo die Entdecker auf entwickelte Hochkulturen trafen, wie in China und Japan, die beide sehr rasch auf den Markt mit den Europäern reagierten und regelrechte Exportware produzierten. Möbel- und Porzellanformen werden nach Bedarf variiert oder adaptiert, augenscheinliche Missionserfolge in japanischen Hausaltären dokumentiert. Vor allem sind es aber die exotischen Materialien, die das europäische Publikum faszinieren und immer neue Modewellen vom Zaun brechen. Gepresstes Schildpatt wird zu Spazierstöcken und Schalen geformt, Perlmutter und Elfenbein immer neu intarsiert oder zu Bildern kollagiert.

Gerade die Verarbeitung von Elfenbein, das schon im Mittelalter regelmäßig importiert wurde, geht eine ganz neue Symbiose mit den von der Religion befreiten Handwerkskünsten ein. Besonders im Berchdesgadener Land etabliert sich eine eigene Produktionslandschaft, die sich auf die Verarbeitung von Elfenbein spezialisiert. Geschnitzt und gedrechselt entwickeln sich Kunstformen, die bis heute Rätsel

aufgeben und nichts an ihrer Faszination eingebüßt haben. Sog. Konterfettenkugeln (Kat.-Nr. 22.25), auf gedrechselten und durchbrochenen Füßen angebracht, gewähren durch winzige Gucklöcher einer hohlen Elfenbeinkugel den Blick auf zusammengerollte Pergamentbilder, die sich durch Schnursysteme entfalten lassen. Das so enthüllte „Conterfey" gibt der Kugel ihren Namen, ein gigantisches Inszenierungsobjekt, eines simplen Miniaturportraits. Steckobjekte von dreidimensionalen geometrischen Körpern, die augenscheinlich nur aus einem einzigen Stück des kostbaren Elfenbeins gearbeitet worden sein können, treiben die Kunstfertigkeit auf die Spitze. Mikroschnitzereien, die für den Betrachter mit bloßem Auge kaum in ihrer Feinheit zu entziffern sind, versetzen damals wie heute den Betrachter in Erstaunen: Miniaturen von Möbeln, Gefäßen, Handwerks- und anatomischen Modellen entwickeln ein breites Spektrum des handwerklich Möglichen.

Der dahinter stehende Ehrgeiz wird am Beispiel Kaiser Rudolfs II. (1576–1612) deutlich, der an seinem Hof in Prag nicht nur Astronomen und Musiker versammelte, sondern gezielt Werkstätten aufbaute, die die Beherrschbarkeit der Materialität zur Perfektion führen sollten. So werden hier die klassischen Pietra-Dura-Arbeiten Italiens mit teilweise gefärbten Achaten verfeinert, Kunst und Natur begeben sich auf eine symbiotische Reise des noch nicht Gesehenen. Dahinter steht der Wunsch, in Stellvertretung durch den Künstler die eigene Potenz darzustellen. Noch vor der merkantilen Autarkie will man offensichtlich darauf verzichten, ‚nur‘ kaufen zu können. Der ‚Hofstaat‘ veranschaulicht die Potenz des Fürsten in den lebendigen Möglichkeiten der Kunstfertigkeit. So bilden Kunstkammerobjekte und deren Schöpfer zwei Kreise der vollkommenen Harmonie, die in der Addition der Einzelteile jeweils etwas Vollständiges darzustellen vermögen. Dazu ist es notwendig, das gesamte Spektrum der Materialbeherrschung abzudecken, die Fähigkeiten des Regenten selbst als Exempel des Ganzen anschaulich werden zu lassen.

Diese zentrierte Harmonie kommt auch bei dem niederländischen Ziffernblatt aus Elfenbein in den Kunstsammlungen von Kremsmünster zur Anschauung. Tierkreiszeichen, Tugendtriumph nach Petrarca und Musikinstrumente bilden Kreise der Erfahrung, von der Zeit gehetzt zu werden. Jeder Kreis bildet wie bei den Leibniz’schen Monaden eine eigene Harmonie, die im Schöpfer selbst ihr Zentrum besitzt. Es ist dabei für den humanistisch „aufgeklärten“ Gebildeten kein Widerspruch, heidnische Mythologie mit christlichen Themen zu mischen, die Monaden können durchaus noch nebeneinander bestehen: Skulpturen und Reliefs von Heiligen und antiken Göttern, Sybillen und allegorische Figuren werden zu einem Kaleidoskop des Darstellbaren.

Das Ordnungssystem ist nicht der ikonographisch lesbare Unterschied von ‚christlich‘ und ‚profan‘, dargestelltem Objekt und Person, sondern das Material. Dies hat seinen tieferen Grund in der alchemistischen Grundstruktur des Denkens, die vorwissenschaftlich das Denken bis ins 18. Jahrhundert prägt. Vier Elemente bestimmen das Erscheinungsbild der Welt. So lässt sich aus der Zugabe oder dem Entzug eines der Elemente ein neues Material schaffen. Je reiner die Elemente anwesend sind, desto edler das Material, desto reiner sind die Elemente vorstellbar. Genau hieraus entsteht die Ordnung der Wunderkammerkästen, absteigend von den Metallen und Mineralien bis zu den organischen und künstlerischen Formen. Darüber hinaus wird die Beherrschung des Materials als eine Annäherung an sein Wesen und die Handhabung der Elemente selbst gedeutet. Ausdruck dieser Theorie sind nicht zuletzt die Herrengrunder Kupferbecher (Kat.-Nr. 14.19), die einen Restmagnetismus aufweisen, Ergebnis ihrer Herstellung des Grundmaterials Kupfer aus dem unedleren Eisen, das dem Element des Wassers ausgesetzt wurde. Wenn wir in Betracht ziehen,

dass unsere heutigen Konzepte von Elektrolyse erst seit der Mitte des 19. Jahrhunderts wissenschaftlich erforscht wurden, wird deutlich, wie lange das alchemistische Erklärungsmodell nach seiner Blüte um 1600 zumindest noch nachgewirkt haben muss. Als Bindeglied dieses Entwurfs zur wissenschaftlichen Konzeption des enzyklopädischen Museums wird man deshalb im Reflex die Monaden des Leibniz auch noch unter einem anderen Aspekt betrachten müssen. Bezeichnend für die Wunderkammern des 16. und 17. Jahrhunderts ist die Aufstellung in Kästen, die nicht nur eine Abfolge von gereihten Materialien bilden, sondern diese Kästen sind in sich selber als Monaden mit den dazugehörigen Variationen angeordnet. Im Idealfall bildet ein solcher Kasten eine Komposition, die am ehesten den gleichzeitig blühenden Stillleben vergleichbar ist. Für die Sammlung Friedrichs III. von Dänemark (1648–1670) hat sich beispielsweise ein Kupferstich der *Absalon relics* von 1696 erhalten, der in symmetrischer Anordnung die Aufstellung der mittelalterlichen ‚Reliquien‘ wiedergibt. Als Tableau werden Gebeine und Relikte arrangiert, die das erhaltene Erbe als Einheit präsentieren. Es ist heute zumeist sehr schwierig, die ursprünglichen Kompositionen zu rekonstruieren, da die Bestände in der Regel bei Neuordnungen der Sammlungen entweder im 18. oder in einer zweiten Welle des 19. Jahrhunderts auseinandergerissen wurden.

Der Grund dafür liegt in der Ablösung des monadischen Prinzips durch wissenschaftliche Konzepte der frühen Aufklärung in der Nachfolge Denis Diderots (1713–1784) gegen Mitte des 18. Jahrhunderts und dem institutionellen Kahlschlag in der Folge der Französischen Revolution (1789). Erstere betrifft die bisher im Vordergrund gestandenen fürstlichen Sammlungen, zweitere die hier noch wichtigeren klösterlichen Kabinette. Nirgendwo in Europa haben sich in den benediktinischen Abteien so umfangreiche Sammlungen erhalten wie in Österreich. Dies ist zum einen begründet in dem Sonderweg der Josefinischen Reform und den im Vergleich marginalen Auswirkungen der Französischen Revolution. Zum anderen aber haben die österreichischen Abteien besonders im 17. Jahrhundert wichtige Funktionen in der Zeit der katholischen Konfessionalisierung (‚Gegenreformation‘) übernommen, die sonst größtenteils dem Jesuitenorden zugefallen sind. Als Träger der ‚Gegenreformation‘ hatten die Äbte in herausragender Weise staatstragende Funktionen, als Grundherren oblag ihnen der Ausbau und die Kultivierung des Landes und die Ausbildung der ihnen anvertrauten

Untertanen. Diese Funktion greift ihrerseits zurück auf die klösterlichen Schulen, die seit den Gründungstagen der Klöster nicht nur die Funktion hatten, die eigenen Brüder auszubilden, das ererbte Bildungswissen weiterzureichen, sondern damit auch nach außen zu wirken (s. Beitrag Freisitzer). Die ‚klösterliche' Sammlungstätigkeit war hier also immer eine Paarung aus Lehrsammlung und fürstlicher Repräsentation.

In Folge dieser Faktenlage scheint es fast aussichtslos, sich ein genaues Bild der klösterlichen Kunstkammern machen zu wollen, denn in keinem einzigen Kloster hat sich eine Kunstkammer ohne Brüche in die Gegenwart retten können. Allein in Salzburg finden sich noch Kunstkammerkästen des 17. Jahrhunderts, und auch hier sind diese Erwerbungen des 20. Jahrhunderts für das Dommuseum mit einer willkürlichen Sammlung infolge des Wiederaufbaues nach dem 2. Weltkrieg.

Mit Originalkästen eingerichtete Kabinette datieren, wie in Seitenstetten oder St. Florian, in die zweite Hälfte des 18. Jahrhunderts – mit den zeittypischen Organisationsformen der Enzyklopädisten. Allein die Bestände lassen noch erahnen, dass sich diese Sammlungen in ihrer spezifischen Ausprägung schon im 17. Jahrhundert bei aller Ähnlichkeit durchaus von den fürstlichen Kunst- und Wunderkammern abgehoben haben. Die Beschreibungen der Göttweig'schen Sammlungen mit den Kupfern Salomon Kleiners von 1744/45 haben leider nur mehr dokumentarischen Charakter für das Gesamterscheinungsbid der ehemaligen Sammlung.

Am Beispiel Kremsmünsters lässt sich dies jedoch noch exemplarisch veranschaulichen, da eben dort mit dem Museumsneubau von 1748 und der nachfolgenden Beschreibung der Sammlungen durch P. Laurenz Doberschitz der Bestand in seiner Heterogenität augenfällig wird. Ähnlich, wie bei den heute ebenfalls zerstreuten Gelehrtensammlungen des 17. Jahrhunderts ist es auffällig, welch hohen Anteil die Scientifica und Naturalia in den Sammlungen einnehmen, was nicht ausschließlich auf die Funktion der Lehranstalt der Ritterakademie Maria Theresias von 1744 zurückzuführen sein wird. Ausdrücklich wird für Kremsmünster erwähnt, dass nicht nur aus der Abtei, sondern auch aus der sog. Mathematischen Stube Sammlungsgegenstände in den „Mathematischen Turm" (Abb. 4; Kat.Nr. 16.25) am Ostende der Klosteranlage geschafft wurden, um dort im neuen Museum vereinigt zu werden. Die Mathematische Stube, eingerichtet nach 1660 im Bereich des Konventes, be-

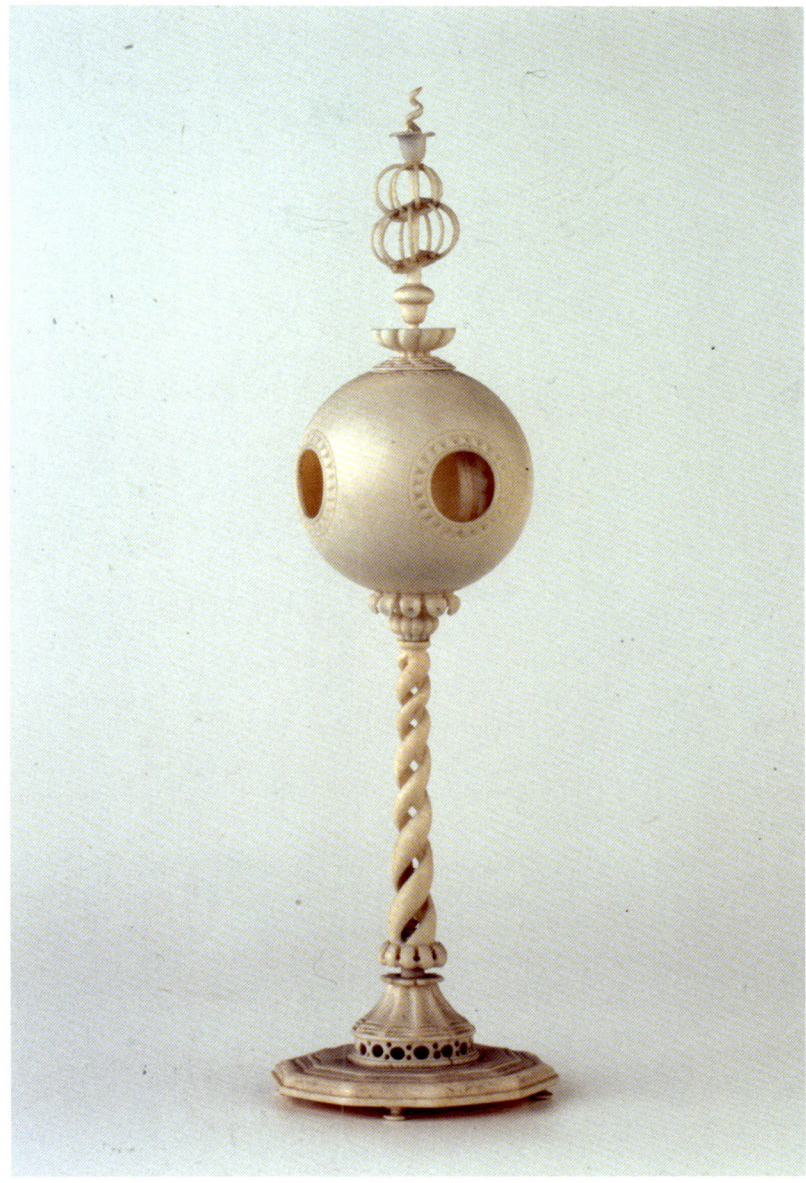

herbergte das *Museum fratrum* also keine äbtliche Repräsentationssammlung. Vielmehr diente diese der Ausbildung der Mönche selbst, war also mit einem primären Forschungs- und Bildungsanspruch verbunden. Andererseits lassen sich über die Kämmereirechnungen Erwebungen für die äbtliche Sammlung vor der Zusammenlegung eindeutig identifizieren. Ebenso aufschlussreich ist die Nichterwähnung von Objekten, die sich Mitte des 18. Jahrhunderts bereits in der Sammlung befunden haben, aber nicht im Katalog des ‚öffentlichen' Museums im Mathematischen Turms Erwähnung finden. Dies lässt nur die Schlussfolgerung zu, dass der Abt nicht seine vollständige Sammlung an die Öffentlichkeit abgegeben

4 Konterfettenkugel, Süddeutsch (Nürnberg), 17. Jahrhundert. Benediktinerstift Kremsmünster (Kat.-Nr. 22.25)

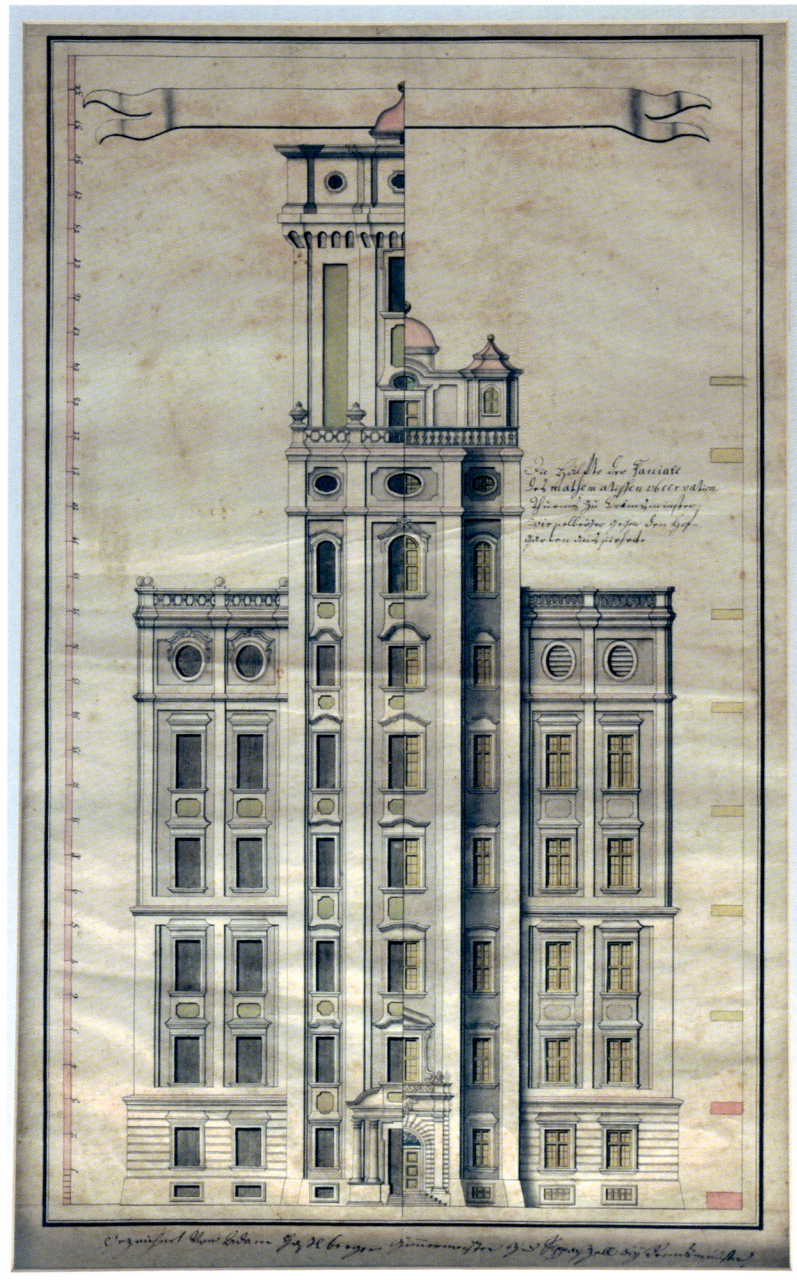

5　Astronomischer Turm in Kremsmünster, Adam Haßlberger nach P. Anselm Desing, um 1760. Benediktinerstift St. Paul (Kat.-Nr. 16.34)

Halböffentlich dazwischen liegt in einer kirchlichen Grauzone das Rektorat der Kirche, bzw. im Falle Kremsmünsters der Arbeits- und Museumsbetrieb der Kaiserlichen Ritterakademie im Mathematischen Turm. Wenn auch diese Grenzen teilweise verschwimmen, indem immer wieder Objekte der Sammlung verschoben werden, ist doch mit dieser Differenzierung möglicherweise eine inhaltlich Akzentuierung verbunden.

Keine Erwähnung in der Doberschitz'schen Beschreibung der Sammlungen in der Sternwarte, wie der Turm später genannt werden wird, finden die beiden Elfenbeindiptychen, deren späterer Erwerb die Chronisten des 19. Jahrhunderts kaum unterschlagen hätten. Als Statussymbole äbtlichen Rangs scheinen sie in der Abtei zu verbleiben, die auch weiterhin einen Sammlungstrakt im Südflügel beherbergt. Für diese Sammlungen werden nach Einrichtung der Sternwarte aber noch im 18. Jahrhundert jene Sammlungskästen geschaffen, die heute die Kunst- und Wunderkammer ausstatten. Ebenfalls wird das Sumersperger'sche Jagdbesteck Kaiser Maximilians (Kat.Nr. 18.7) nicht in die Sternwarte übersiedelt und erst im 19. Jahrhundert der Jagd- und Rüstkammer einverleibt. Als historisches Denkmal äbtlicher Nähe zum Erzhaus scheint dieses Stück intimer Bestand der äbtlichen Repräsentation gewesen zu sein, der nur einem eingeschränkten Kreis von Besuchern der Prälatur zugänglich gewesen sein kann. Rückwirkend werden diese Stücke damit genau an jene Wurzel der Kunst- und Wunderkammer rückgebunden, die sich aus den mittelalterlichen Familienreliquien im Stile der Grafen von Andechs abgezeichnet hat.

Ganz anders verfahren die Äbte offensichtlich mit dem ehemals 400 Objekte umfassenden *Conclave Thurcicum*, der ‚Türkenbeute', das mit Bausch und Bogen ins anthropologische Kabinett der Sternwarte wandert, ohne die spätere Trennung von Waffen, Büchern oder Textilien zu vollziehen, vielmehr bleibt hier, wie bei den ethnologischen Sammlungen der fürstlichen Museen, die monadische Struktur dominant.

Zu den privilegierten Interessen der „Mathematischen Stube", also dem Beitrag des eigentlichen *Museum fratrum*, gehören die mathematischen und astronomischen Instrumente, die bis heute den Kernbestand der Sammlungen nicht nur namensgebend in der Sternwarte bilden. Die Sammlung der Erd- und Himmelsgloben, Sextanten und Quadranten, Sonnenuhren und Kalenderblätter mit den Berechnungsmodellen für Sonnenstände und Wochentagen

haben kann und darüber hinaus andere Stücke, die längst dem liturgischen Gebrauch entzogen waren, entweder noch in der geistlichen Schatzkammer präsentiert wurden oder als historische Cimelien Teil der äbtlichen Sammlung gewesen sein müssen. Damit differenziert sich das Bild klösterlicher Sammlungen in entscheidender Weise.

Juristisch unterschieden die Klöster zwischen Prälatur und Konvent, dem Repräsentationsbereich des Abtes nach außen hin und der Klausur, die den Mönchen nach innen als Wohn- und Arbeitsbereich dient.

mechanischen Divisionsmaschinen und Astrolabien machen die Sternwarte heute zu einem klösterlichen Unicum. Dies muss allerdings als Folge des Kahlschlags in der bayerischen und französischen Klosterlandschaft gesehen und somit relativiert werden, da sich zahlreiche Abteien auch dort bis ins 18. Jahrhundert mit Astronomie beschäftigten. Ähnliches gilt für die Sammlungen im Bereich der Mineralogie, Botanik und Zoologie, wie es die Sammlungen in Seitenstetten und Melk bis heute belegen. Aktiv betrieben Klöster wie Seitenstetten Bergbau, St. Florian bewahrt zumindest ein barockes Modell eines Bergwerkes. Wie die Restbestände an geschnittenen Achaten und Bergkristallen in den Wunderkammern belegen, ja wie es sogar noch die Beschreibung von Doberschitz für Kremsmünster expliziert, waren selbst im 18. Jahrhundert noch die eigentlichen Mineral- und Gesteinsproben mit wunderkammerähnlichen Montagen untermengt, die anhand einer kolorierten, mit Blei ausgegossenen Schweinelunge zwischen den ausgestellten Objekten die Gerinnung der Erze im Erdinneren veranschaulichte. Der pädagogisch motivierte Vermittlungsansatz tradiert hier stärker als in den fürstlichen Sammlungen die Tradition des ‚Schulmuseums‘.

So profan diese Ausführungen auch klingen mögen, so sehr waren dies Bemühungen um die intellektuelle Durchdringung der Wirklichkeit, getragen von dem Glauben an eine Kraft, die Ursprung und Ziel all dieser Einzeltätigkeiten und der mit ihnen verbundenen Objekte war. Wenn die Titelinschrift des mathematischen Turmes beschwört, dieses Gebäude sei zum Lobe des Höchsten errichtet worden, dann wird hier nichts anderes wiederholt, als dass in allem Gott verherrlicht werden könne, wie der hl. Benedikt in seiner Regel schreibt. Dann wird die Wissenschaft, das Durchschreiten ihrer Einzeldisziplinen oder, konservativer formuliert, ihrer Monaden, als „Gottesdienst" gerechtfertigt. Die Behandlung der klösterlichen Besitztümer „wie" heiliges Altargerät, die eingangs zitiert wurde, hat hier in der frühen Neuzeit einen letzten gestalterischen Ausdruck formuliert, der seinen wissenschaftlichen Optimismus aus dem Glauben an die „Urmonade" Gott bezieht.

Zusammenfassend wird man davon ausgehen müssen, dass die klösterlichen Wunderkammern des 16. und 17. Jahrhunderts ganz ähnlich wie die fürstlichen Kunst- und Wunderkammern primär einem repräsentativen Anspruch der Äbte selbst gedient haben. Institutionell zumeist älter als die meisten fürstlichen Familien, hatten sie ein Bedürfnis, ihren

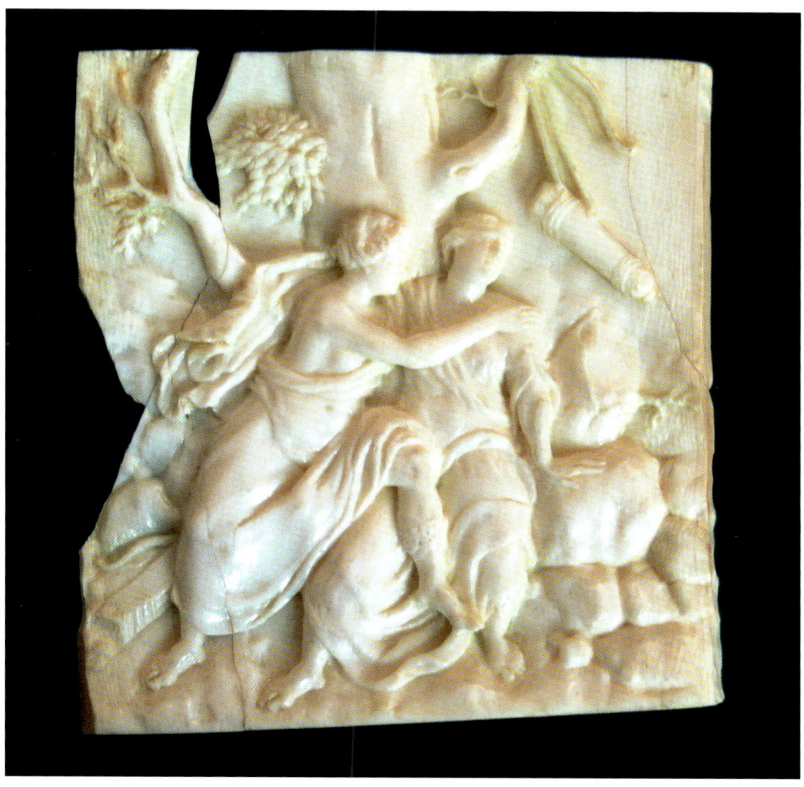

6 Jupiter und Kallisto, Elfenbeinrelief, süddeutsch, spätes 17. Jahrhundert (Kat.-Nr. 22.21)

Rang darzustellen und ihre geistige und geistliche Größe zu präsentieren. Sehr unterschiedlich waren dabei die finanziellen Möglichkeiten der einzelnen Häuser, wie dies auch innerhalb des Adels der Fall war. Sehr häufig wurden sie darum auch Träger erloschener Traditionsreihen, die zumindest im frommen Gedenken lebendig gehalten wurden. Ihnen verdanken sie teilweise ihre kostbarsten Cimelien, die in Gebrauch und Aufbewahrung von den Kunstkammern getrennt blieben.

Wenn das 19. Jahrhundert solche Sammlungen als „Curiositätenkammern" abstempelt, dann ist damit ein ganz neues Misstrauen gegenüber der Lust des Betrachtens erreicht, die dem spätmodernen Vorwurf Ecos entspricht. Das benediktinische „Wie" hatte immer versucht, den Bogen zu spannen zwischen der ernsthaften Frage, der Neugier des hörenden Schülers und dem milden Lächeln des Lehrers, der um die Vorläufigkeit des Erklärens wusste. Kinder der Zeit sind so auch die Mönche und ihre Sammlungen.

Literatur:

Kat. Bonn 1994 (Lit.). – Kat. Berlin 2007 (Lit.). – Kat. Washington 2007 (Lit.). – Lechner 2008 (Lit.).

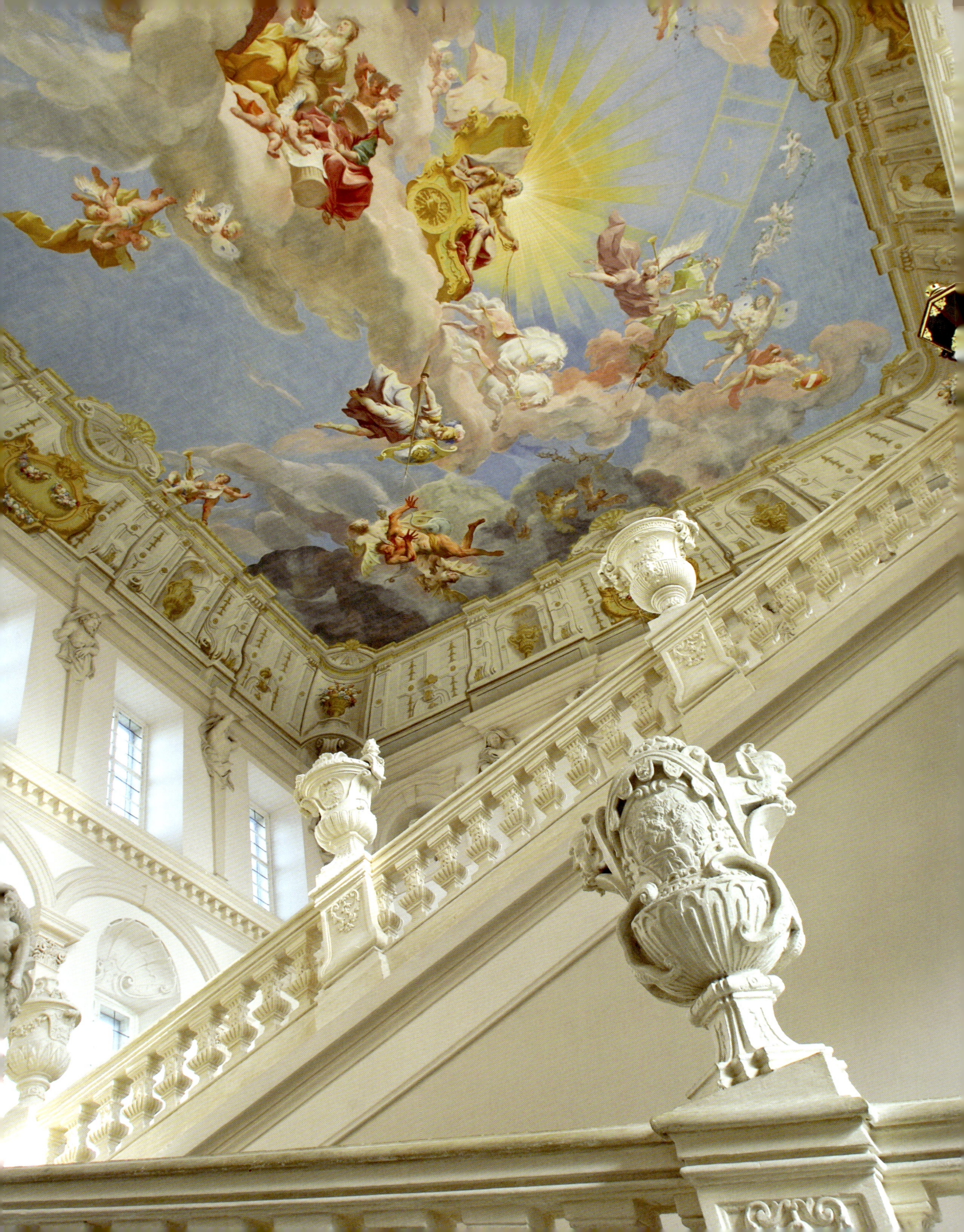

,PALÄSTE' DES GLAUBENS — ZUR REPRÄSENTATION DER BAROCKEN KLOSTERKULTUR

Werner Telesko

Grundlegend für ein tieferes Verständnis der Klosterkultur des Barock ist eine breite Auseinandersetzung mit den unterschiedlichen Formen von Bau und Ausstattung der mitteleuropäischen Klöster.[1] Dabei kann für die Periode des 17. und 18. Jahrhunderts keineswegs von einer historischen oder künstlerischen ,Einheit' gesprochen werden. Im engeren Sinn versteht man unter Klöstern als ,Palästen' des Glaubens nur die prunkvollen barocken Bauten der Ordensniederlassungen in Österreich, Bayern, Schwaben und der Schweiz. Die historische Voraussetzung besteht dabei einerseits in der Funktion dieser Klöster als mächtige Fürst- und Reichsabteien, andererseits besaßen aber auch viele landständische Klöster ein vitales Interesse, ihre vielfach aus dem Mittelalter stammenden Anlagen großzügig zu erneuern. Allein auf der schwäbischen Prälatenbank saßen die Vertreter von nicht weniger als 25 reichsunmittelbaren Klöstern. Innerhalb der geistlichen Auftraggeber ist zwischen den landständischen Stiften, den in den Städten ansässigen Klöstern der Bettel- und Reformorden, dem Weltklerus und den geistlichen Bruderschaften zu unterscheiden.[2] In Österreich waren die Stifte und Klöster bis zur Klosteraufhebung Kaiser Josephs II., der ungefähr 700–800 Niederlassungen zum Opfer fielen, wesentliche Zentren wirtschaftlichen und geistigen Lebens. Das Faktum, dass zwischen 1740 und 1790 im Stadtgebiet von Wien allein 15 neue Kirchen entstanden, zeigt die Verlagerung des Schwerpunkts von der Klosterkultur zum Pfarrkirchenbau sichtbar an.[3]

Bei der Anwendung des Begriffs ,Palast' sollte zugleich immer auch danach gefragt werden, worauf die Opulenz der Bauten und der von den Klostervorstehern geförderte sprichwörtliche ,Bauwurm' zielte. Zum einen waren viele wirtschaftliche Bedürfnisse zu befriedigen, was sich in der Errichtung von Kanzleien, Archiven (z.B. Fischingen, Cava dei Tirreni), Meierhöfen und Getreidekästen manifestierte, zum anderen stand hinter den machtvoll erneuerten Klos-

terkultur immer auch das Bestreben, sichtbare Eckpunkte der katholischen Konfessionalisierung (,Gegenreformation') zu bilden bzw. die Krise der vielfach verfallenen Bauten des 15. und 16. Jahrhunderts in Gestalt von unübersehbaren (architektonischen) Zeichen des Aufbruchs und der Erneuerung zu überwinden. Eine spezielle Ausformung dieses Strebens war die Propagierung der Idee der frühen Kirche, der *ecclesia antiqua*, wie sie als Idealvision seit den unterschiedlichen Reformbewegungen des Mittelalters immer präsent war. Gerade diese Wiederbelebung des Frühchristentums stellte die Basis vieler frühneuzeitlicher Konzeptionen in der Kirchen- und Klosterreform dar.

Zu den ersten Zeichen des neuen Aufbruchs gehörten vor allem Modernisierungen der Kirchen, vor allem des Chorbereichs, sowie Turmerhöhungen (Klosterneuburg 1587, Melk 1598).[4] Neben der Errichtung monumentaler Neuanlagen darf nicht vergessen werden, dass Barockisierungen mittelalterlicher Anlagen den quantitativ weitaus größten Teil des Geschehens ausmachen.[5] Den wesentlichen historischen Rahmen, der diese unvergleichliche ,Konjunktur' des Bauens und der Ausstattung speziell in Österreich ermöglichte, bildeten die Beendigung des Dreißigjährigen Krieges und die Zurückdrängung der Türken nach dem Sieg der Christenheit in der ,Zweiten Türkenbelagerung' Wiens (1683). Melk und Klosterneuburg hatten wesentliche militärische Funktionen in diesem Abwehrkampf. In dieser Blütezeit des nach 1683 erstarkten Absolutismus können der Adel und der geistliche Stand als die wichtigsten Auftraggeber genannt werden.[6] In der Folge ging der Einfluss der oberitalienischen Familien zurück, und einheimische Künstler, die vor allem in Rom ausgebildet worden waren, setzten sich zunehmend durch. Die in den Neuplanungen manifeste landschaftsbestimmende Gestalt dieser Baukörper, die sich zumeist einem strengen architektonischen System unterordnen, führt zur Frage der wirtschaftlichen Grundlagen,

1   Deckenfresko in der Kaiserstiege des Stiftes Göttweig, Paul Troger, 1739

waren doch klösterliche Wirtschaftseinheiten in vielen Regionen maßgebliche Impulsgeber. Aufgrund der Tatsache des Vorhandenseins von billigen Arbeitskräften in Gestalt von Mönchen und Laienbrüdern und der aus dem Mittelalter übernommenen Idee landwirtschaftlicher Musterbetriebe konnten sich die Klöster am raschesten in den durch den Dreißigjährigen Krieg verwüsteten Landstrichen erholen. Bis heute sind viele Regionen in Zentraleuropa durch diese ‚Klosterkultur‘ geprägt. Dies äußert sich auch darin, dass manche Gegenden – vor allem in touristischer Hinsicht – unmittelbar mit den sichtbaren Zeugnissen der Klosterkultur identifiziert werden („Pfaffenwinkel“, „Donauklöster“ etc.).

Die Erneuerung der monastischen Kultur betraf die katholischen Orden in unterschiedlicher Weise. Die ‚alten‘ Orden (Benediktiner, Zisterzienser, Augustiner Chorherren und Prämonstratenser) gerieten dabei in vieler Hinsicht in eine Konkurrenzsituation mit den dynamisch agierenden ‚neuen‘ Reformorden. Ein wichtiger ordensinterner Impuls hinsichtlich der Herausbildung und Vernetzung einer mitteleuropäischen Klosterkultur bestand in der Einführung von Kongregationen im 17. Jahrhundert, welche die verschiedenen Klöster zu Verbänden vereinigten. Als bedeutendste kann jene von Saint-Maur (1618) gelten, welche die Benediktinerklöster Frankreichs unter der Pariser Zentralstelle versammelte. Über die Benediktiner wurden auch die Einflüsse der maurinischen Geschichtsforschung vermittelt, die wesentlich auf einem quellenkritischen und hilfswissenschaftlichen Instrumentarium aufbaute. Andere Kongregationen (z.B. Österreichische Benediktinerkongregation, 1617 gegründet) waren wichtige Motoren spiritueller und kultureller Verbindungen. Dadurch konnten Erfahrungen in Wissenschaft und bildender Kunst leichter ausgetauscht werden und Künstler über entsprechende Kontakte rascher zu neuen Aufträgen gelangen.

Vereinheitlichung ist nicht nur hinsichtlich der geistlichen Organisationsformen, sondern grundsätzlich ein wesentliches Charakteristikum der monastischen Baukultur im Barock: Anhand vieler Stichwerke des 16. und 17. Jahrhunderts lässt sich feststellen, dass sich eine „[...] Umbildung von den vielgliedrigen Klosterkompositionen des Mittelalters zu den einheitlichen des Barock [...]"[7] an vielen Stellen gleichmäßig und gleichzeitig vollzog. Die „[...] unakzentuierte Länge der Trakte [...]"[8] als hervorstechendstes Kennzeichen der (früh-)barocken Architektur des 17. Jahrhunderts (z.B. St. Lambrecht), die vor allem auf die handwerklichen Traditionen der regionalen Zie-

gel-Putz-Bauweise abgestimmt war,[9] wurde nun durch Akzentsetzungen in Gestalt wichtiger Bauteile abgelöst. Im Inneren entspricht diesem formalen Perspektivenwechsel der Architektur die hochbarocke Idee des ‚Gesamtkunstwerkes‘, an dem – wie in Melk – die verschiedensten Gattungen in der Realisierung eines einheitlichen ‚Farbraumes‘ beteiligt waren.[10] Gerade die Konzeption der Klosterkirche Altenburg (NÖ)[11] zeigt, dass die inhaltlichen Bedeutungsebenen nicht nur in einem Medium formuliert, sondern in anderen Gattungen erweitert und zu entsprechenden Synthesen gebracht wurden: So wird hier die Achse, die von der „Assumptio Mariae“ (Hochaltarblatt) über den „Triumph des Glaubens“ (Apsiskalotte) bis zum „Apokalyptischen Weib“ (Kuppelfresko) führt, in der Mittelfigur des Giebels des der Kirche vorangestellten Osttraktes des Prälatenhofes mit der von Engeln verehrten siegreichen „Immaculata“ über dem Drachen am Außenbau der Kirche weitergeführt. Über den Prälatenhof hinweg findet diese Konzeption in der Mittelfigur der drei Theologischen Tugenden mit der über den Unglauben triumphierenden „Fides“ (begleitet von „Spes“ und „Caritas“) am Giebel des Mittelrisalites der Winterprälatur eine schlüssige Fortsetzung im Sinne einer konsequent gedachten Sinnachse der Deutung von Maria- „Apokalyptische Frau“ als personalisiert gesehen vollkommene „Kirche“. Diese Achse führt somit über den Kirchenbau im Zentrum des Stiftes hinaus und verortet dessen grundlegende Aussagen im Gesamtprogramm des Klosters. Sowohl an den Skulpturen des Außenbaues wie in den Stuckemblemen der Pendentifkuppel erfolgt somit eine restlose Überhöhung der in der Hauptkuppel und den Fresken Paul Trogers (1733) in epischer Breite ausgebreiteten apokalyptischen Vision durch einen allegorisch verdichteten Triumph der eschatologischen Ausrichtung der Kirche und des Glaubens.

Im Rahmen der Konstituierung der hochbarocken Klosterkultur sind nicht nur formale, sondern auch wesentliche funktionelle Änderungen zu beachten: Ein wichtiger Gesichtspunkt in dieser Frage war vor allem der rapide Zuwachs an Mönchen und die Ablösung des Dormitoriums durch raumgreifende Trakte mit aneinandergereihten Einzelzellen. Eine wesentliche Anregung für großzügige Vereinheitlichungen stellte das Modell des spanischen El Escorial (1563–1584) bzw. die damit im Zusammenhang stehende Rekonstruktion des Salomonischen Tempels (1604) durch den Jesuiten Juan Bautista Villalpando (1552–1608) dar:[12] Demnach liegt die Kirche zwischen

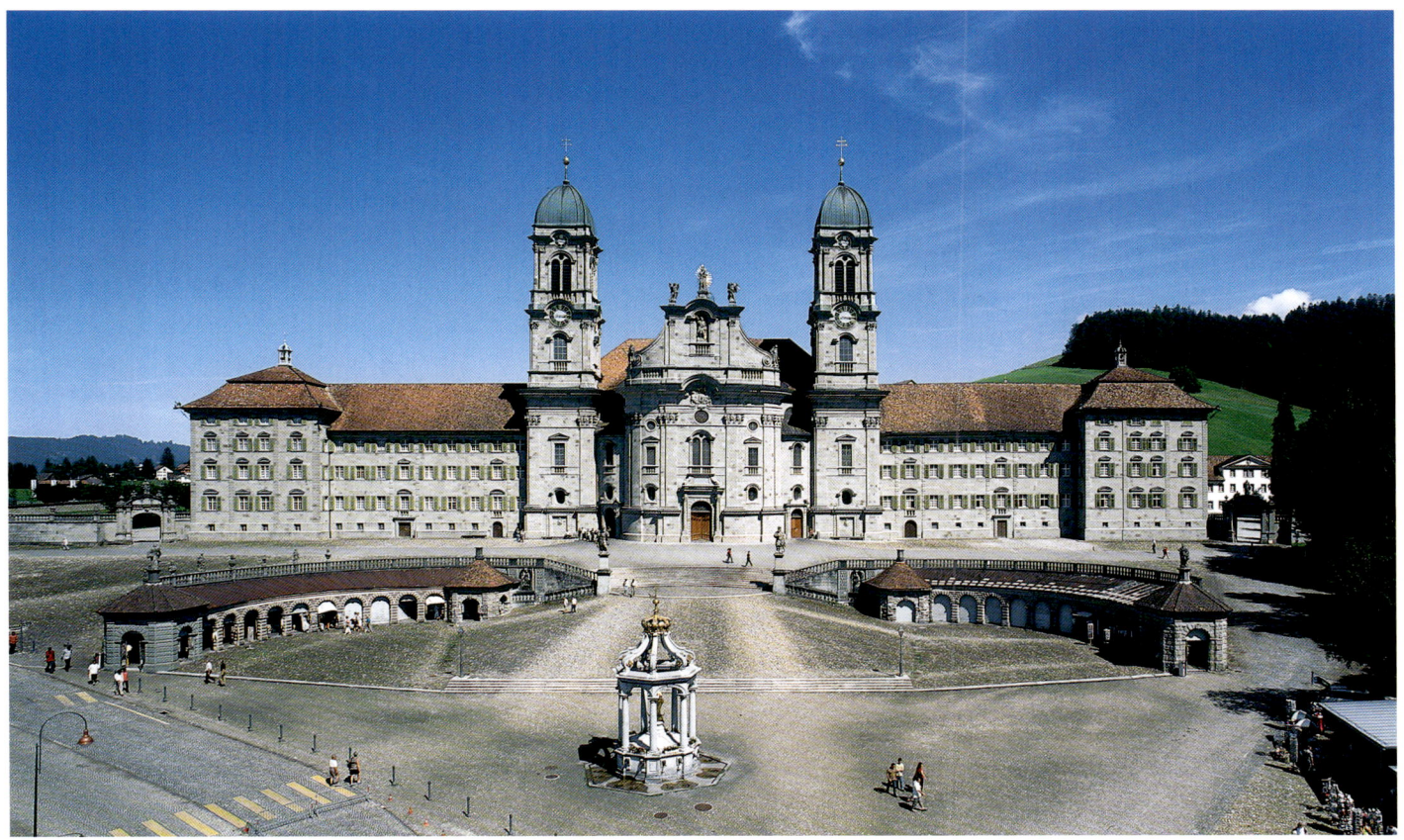

zwei einander entsprechenden Höfen, wobei ein Vorhof den Besucher auf diese Hauptgruppe vorbereitet (z.B. Weingarten, Tegernsee, Klosterneuburg und Ettal). Das dafür maßgebende strenge Grundrissschema ließ sich aber in vielen Fällen nicht bruchlos auf alle Anlagen mit zum Teil komplexer Topographie (z.B. Weltenburg) übertragen. Der Gedanke der Neuorientierung alter Klosterkomplexe nach dem Schema symmetrischer Zweiflügelanlagen konnte deshalb in vielen Fällen nicht funktionieren. In der Regel sind bei den realisierten barocken Bauten grundsätzlich drei Höfe, um die sich die Trakte gruppieren, zu unterscheiden – der Repräsentationshof des Prälaten, der Konventshof und der Wirtschaftshof. Die reale historische Vielfalt ist aber beträchtlich größer: In Kaisheim und Salem durchdringen sich etwa Elemente der mittelalterlichen und der neuzeitlichen Klosterordnung. Nach Vorstufen in Seckau, Admont, St. Paul, Vorau und Lilienfeld, die zum Großteil in Zusammenhang mit der von Graz aus vorangetriebenen Rekatholisierung Innerösterreichs gesehen werden müssen, wurde die Vision von in Hauptachsen um die zentrale Kirche angeordneten Klöstern realiter erst nach 1700 in den großen Anla-

gen von Seitenstetten oder Göttweig erreicht.[13] Ein Kupferstich in Johann Weichard Valvasors *Topographia Archiducatus Carinthiae [...]* (1688) zeigt in einer Idealansicht von St. Paul im Lavanttal einen rechteckigen, durch Ecktürme akzentuierten Klosterkomplex mit der Kirche im Zentrum (Kat.-Nr. 24.2, 24.3).[14] Der Typus der regelmäßigen Anlage erreichte in Klosterneuburg, wo 1730 die Grundsteinlegung erfolgte, mit einer quadratischen Anlage mit zwei in den Hauptachsen kreuzförmig verlaufenden Binnentrakten einen unüberbietbaren Höhepunkt. Im Zuge eines Besuchs Kaiser Karls VI. im gleichen Jahr wurde festgehalten, dass ein Teil des Gebäudekomplexes als kaiserliche Residenz (!) bestimmt werde und deshalb Planänderungen vorzunehmen seien, die sich am deutlichsten in der Auszeichnung der Kuppeln mit sieben Kronen manifestieren.[15] Die Aufgabenstellung eines Klosterneubaus verband sich hier am intensivsten mit den politischen Zielsetzungen des Hofes, die – neben dem Aufgreifen des Escorial-Schemas (Verbindung von Kloster und Residenz) als Verweis auf das (inzwischen verlorene) spanische Erbe der Habsburger – vor allem mit Klosterneuburg als Verwahrungsort des Österreichischen Erzherzoghutes und

2 Kloster Einsiedeln/Schweiz, Hauptfassade von Westen, 1721–1735. Flankiert von den Türmen wölbt sich in der Mitte die Kirchenfassade hervor.

Grablege des hl. Markgrafen Leopold III. zu tun haben dürften. Der Triumph der katholischen Kirche scheint hier vom kaiserlichen Pathos der „Vienna gloriosa" schwer zu differenzieren zu sein.[16] Die dieses Konzept der ‚Systematisierung' einer Klosteranlage am deutlichsten demonstrierende Stichserie des Stiftes Göttweig (von Salomon Kleiner; Kat.-Nr. 24.6–24.7) wurde gar erst zu einem Zeitpunkt (1744/1745) veröffentlicht, als bereits klar gewesen sein dürfte, dass die komplette Realisierung der gewaltigen Bauaufgabe nicht mehr durchführbar war.

Viele Konvente forderten aber, die gegebene Topographie so wenig wie möglich zu verändern – und dies vor allem auch aus dem Grund, dass die Klosterkirche ihren angestammten Platz behalten sollte und in einen entsprechenden Neubau zu integrieren war. In diesem Zusammenhang ist die Tatsache entscheidend, dass im Laufe des 17. oder 18. Jahrhunderts – aus unterschiedlichen Gründen oder aber aus Konkurrenz zu bereits existierenden Anlagen – sich fast jeder Konvent die Frage nach einem Neubau stellte oder stellen musste. Die rigid-regelmäßigen Anlagen im Typus von Johann Lukas von Hildebrandts Göttweiger Konzeption stehen in der historischen Gesamtperspektive verwinkelten Anlagen mit einer konglomeratartigen Vielfalt einzelner Trakte – wie etwa in Altenburg – gegenüber. Auch die Barockisierung des kleinen, im alten Baubestand verwinkelten Klosters Dürnstein in der Wachau wurde unter Beteiligung zahlreicher namhafter Künstler wie Jakob Prandtauer, Matthias Steinl, Antonio Beduzzi und Josef Munggenast fast zwanzig Jahre lang – zwischen 1715 und 1733 – mit hoher Einfühlsamkeit in die schwierigen topographischen Gegebenheiten und unter Einbeziehung einzelner architektonischer „Schmuckstücke" (Torbau, Turm) durchgeführt. Hildebrandt benutzte dagegen die markante Berglage Göttweigs auch, um seine eigenen Talente als Festungsarchitekt unter Beweis zu stellen. Nicht ohne Grund konnten durch großzügige Neuplanungen nicht unbeträchtliche Verzerrungen der traditionellen Abläufe im Klosterleben entstehen, was auch in einem Schreiben Friedrich Carl von Schönborns an Johann Lukas von Hildebrandt deutlich wird, worin dieser den Architekten wegen der zu langen Wege in Göttweig tadelt.[17] Rupert II. Ness von Ottobeuren (1710–1740) setzte sich über bestehende Gegebenheiten in seinem Kloster hinweg und gab sogar die West-Ost-Orientierung der gotischen Kirche auf.

Mit der Bedeutungssteigerung der Klöster im Zeitalter des Absolutismus geht auch der Bedeu-

tungszuwachs der Klostervorsteher und der Prälaten einher, die, wie etwa Gottfried Bessel (1672–1749) in Göttweig oder Berthold Dietmayr in Melk (1670–1739), wichtige Funktionen im diplomatischen und staatlichen (besonders im universitären) Leben innehatten. Dietmayr bekleidete die Würde eines Primas von Niederösterreich in seiner Funktion als „Präses" des Prälatenstandes. Dabei darf aber nicht vergessen werden, dass in fast allen Klöstern im Laufe des 18. Jahrhunderts das bürgerliche Element die Oberhand gewann. Viele der bekannten ‚Kuluräbte' entstammten denn auch bürgerlichen, zum Teil auch bäuerlichen Kreisen und stiegen erst durch ihre steilen geistlichen Karrieren zur Funktion von Standesherren auf. Dies hatte Konsequenzen für die Bedeutung der Prälatur als Bautrakt im Gesamtzusammenhang eines Klosters: Der barocke Umbau des Benediktinerklosters Tegernsee zeigt – wie andere Beispiele –, dass der Prälatenhof den vormals wichtigeren Wirtschaftshof ablöste.[18] Bereits um 1600 lässt sich das Bestreben nachweisen, den vormals bescheidenen Prälaturen die Form von Schlössern zu geben. Die Enfilade der Prälaturzimmer gleicht deshalb nicht ohne Grund in vielen Fällen den Prunkräumen im profanen Bereich. Weltliches und geistliches Zeremoniell besitzen intensive Berührungspunkte. Besonders die Äbte der reichsständischen Klöster und jene der landständischen Institutionen, die viel mit dem hohen Adel verkehrten, glauben sich einem ähnlich anspruchsvollen Lebensstil verpflichtet. Der von Fürstabt Roman Giel von Gielsberg (1639–1673) durchgeführte Neubau der Reichsabtei Kempten im Allgäu zeigt etwa deutlich, dass sich die Fassaden der neu errichteten Höfe bewusst der Stadt und dem Hofgarten zuwenden.[19] Im Fall des Zisterzienserstiftes Zwettl in Niederösterreich steht die Prälatur in deutlichem Kontrast zur mittelalterlichen Stiftskirche. Der Eingang zur Prälatur des ehemaligen Zisterzienserklosters Ebrach (1716) ist architektonisch unmittelbar dem Formenvokabular der Profanarchitektur zuzuordnen.

Im Laufe des 18. Jahrhunderts sind mit Weingarten (1724), Ottobeuren (1766) und Einsiedeln (1735) Lösungen anzutreffen, die in ihrer schlossähnlichen Monumentalität das Bild vom barocken Kloster bis heute prägen. Besonders Einsiedeln ist vielfach als die „klassische Klosteranlage des Barock"[20] bezeichnet worden. Kennzeichnend für solche Baukomplexe sind die Höhenlage auf freiem Platz, eine beherrschende Stellung der Kirche sowie gleichmäßig gebildete schlossähnliche Trakte, welche die Wirtschaftshöfe deutlich in den Hintergrund drängen. Das Jagd-

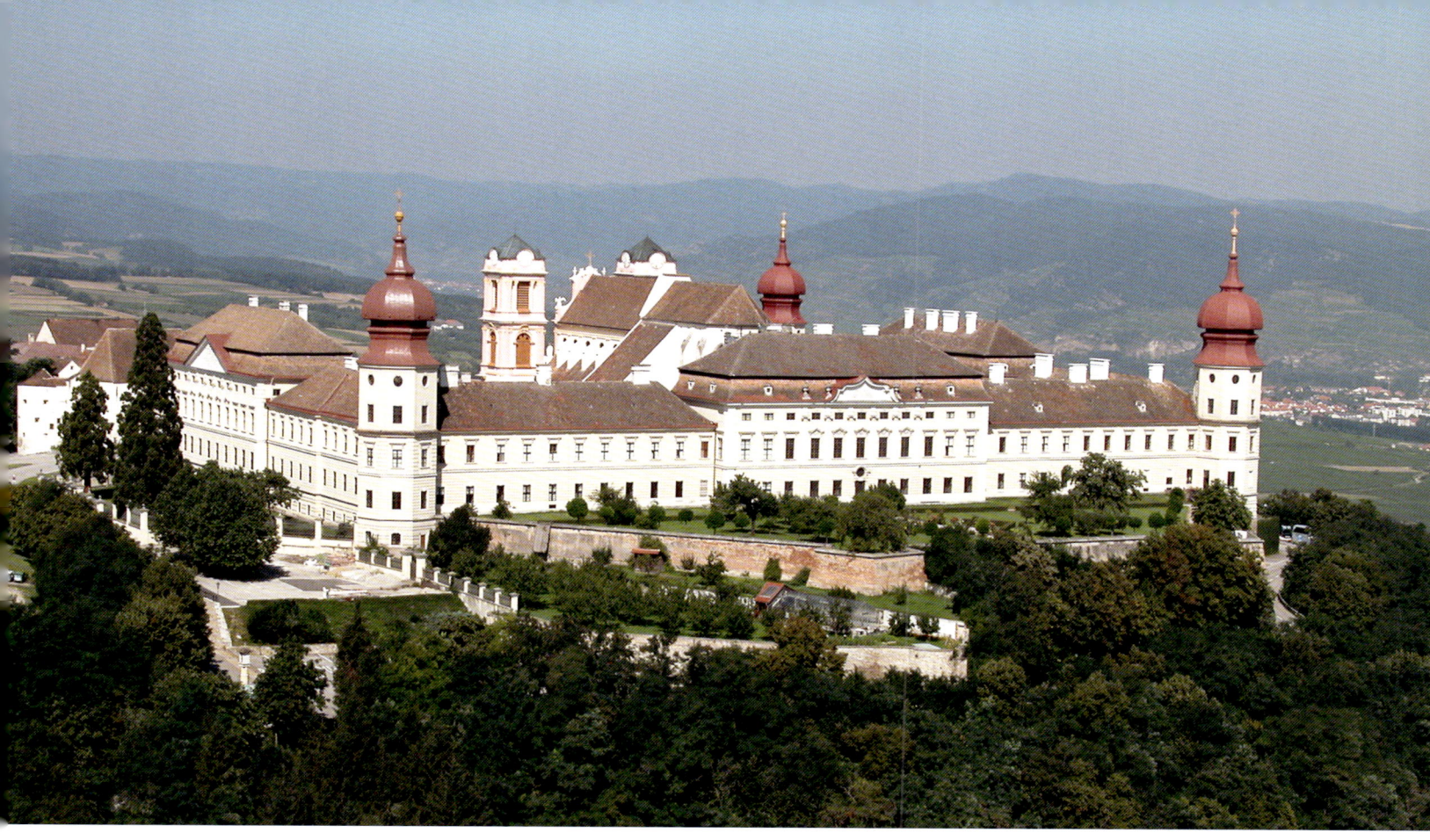

schloss Hohenbrunn (1732) des St. Florianer Prälaten Johann Baptist Födermayr zeigt das Eindringen profaner Bauaufgaben am deutlichsten. Der Idealentwurf für das Kloster Weingarten stellt den Klosterplan, der erst lange nach dem Baubeginn um 1750 entstand, wie einen „[…] geheiligten Gegenstand auf einen Altar und erhebt die Klosteransicht zu einem Altarbild. […]".[21] Nicht selten definierte sich das Kloster über solche Wunschplanungen (z.B. Idealansicht Klosterneuburgs, 1774),[22] die auf der Basis einer solchen Vision den architektonischen Traum nach einer vollendeten und in sich abgeschlossenen Lebensordnung einer *civitas Dei* oder kasernenähnlichen ‚Glaubensfestung' erkennen lassen, welche die biblische Gottesstadt auf Erden realisieren sollte.[23] Dabei darf nicht vergessen werden, dass ein wichtiger Teil dieses Selbstverständnisses monastischer Lebensordnung neben dem eigentlichen Kloster auch – dem Neubau zugeordnete – Wallfahrtskirchen sowie in den Metropolen gelegene Stiftshöfe waren, die sowohl die Funktion einer Stadtresidenz des Prälaten hatten als auch als Miethäuser verwendet werden konnten.

Fixer Bestandteil vieler Neuplanungen waren bestimmte, im Gesamtorganismus eines barocken Klosters besonders ausgezeichnete Bautrakte, die vermehrt

dem Selbstverständnis der historisch gewachsenen Klöster dienen sollten. In der Ausstattung dieser Baukörper kommt vor allem die Notwendigkeit der Spiegelung der ruhmreichen eigenen Vergangenheit in der Gegenwart zum Ausdruck. Zentrale – in der Realität aber jeweils unterschiedlich akzentuierte – Funktionen und Orte dieser Selbstdarstellung des Konvents und des Vorstehers sind in dieser Hinsicht der Kaisersaal, die Kaiserzimmer, das Treppenhaus, die Bibliothek und das Sommerrefektorium. Die Einrichtung eigener ‚Kaisertrakte' für die die Gastfreundschaft der Prälaten in Anspruch nehmenden Mitglieder des Wiener Hofes sind markante Kennzeichen von Lilienfeld, Heiligenkreuz, Melk, St. Florian und Göttweig. Die Manifestation monarchischer Kunstunternehmungen innerhalb eines Klosterbezirks ist in der Ausstattung der ‚Kaiserzimmer' in Klosterneuburg am augenscheinlichsten. In Melk treten in der Realisierung Jakob Prandtauers Bibliothek und Marmorsaal aus den Längstrakten heraus und flankieren die Kirche (Kat.-Nr. 24.9). Eine solche prononcierte Kombination der drei wichtigsten Bauteile als markante Trias an topographisch exponierter Stelle blieb aber die Ausnahme. Melk stellte aufgrund seiner besonderen Lage und der reizvollen Ansichten von Südwesten bzw. Nordwesten bis weit in das 19. Jahrhundert eine besondere Herausforderung

3 Stift Göttweig über der Wachau, Lukas von Hildebrandt, ab 1720.

im Rahmen der Vedutenkunst dar. Wichtig ist in diesem Zusammenhang der erneute Hinweis auf die enorme historische Vielfalt: Kaisersäle konnten in dieser Hinsicht zur monarchischen oder landständischen Propaganda genützt werden (Kremsmünster, ‚Rittersaal' in Ossiach), ebenso wie die von großen Fresken überwölbten Treppenhäuser, die nicht selten Profanes dem Sakralen gegenüberstellen (Zwettl und Göttweig – mit dem ursprünglichen Konzept von Kaiser- und Mönchsstiege). Kaiser-, Landesfürsten- und Habsburgersäle dienten somit sowohl der Manifestation der Loyalität gegenüber den Herrschern als auch der Visualisierung der klostereigenen Machtstellung. Bibliotheken[24] konnten einerseits als in die Mönchsklausur integrierte ‚Studienbibliotheken' mit sparsamer Dekoration (Göttweig), andererseits aber als prächtig und multimedial (Malerei, Stuck und Skulptur) inszenierte ‚Schaubibliotheken' dienen, in denen das überlieferte Buchgut gleichsam als geordneter Gegenstand der Repräsentation nach außen gekehrt wurde (Admont und Altenburg). Die engen, wenig repräsentativen und zudem häufig in der Nähe des Chores oder der Sakristei gelegenen mittelalterlichen Bibliotheken wurden in den meisten Fällen – bedingt durch die von den Jesuiten seit dem 17. Jahrhundert favorisierte Saalbibliothek – immer häufiger durch weitläufige, hellere und feuersichere Räume abgelöst, wobei neben dem traditionellen Saaltypus (Kremsmünster) zunehmend der repräsentative Kuppeltypus (Admont) an Bedeutung gewann. Besonders seit der Zeit um 1700 lässt sich durch monumentale Bibliotheksbauten eine deutlich gesteigerte Wertschätzung wissenschaftlicher Arbeit feststellen. Die Bibliotheksräume, die zunehmend durch das Leitthema der „Vermählung von Tugend und Wissenschaft" (St. Florian) oder die traditionelle Fakultätsthematik (Altenburg) programmatisch ausgezeichnet wurden, sind das wohl berühmteste Beispiel für die multimediale Inszenierung barocker ‚Orte des Wissens'. Die klösterliche Aufklärung fand im Zuge der immer intensiver praktizierten Verwissenschaftlichung des fortgeschrittenen 18. Jahrhunderts für praktisch alle damals relevanten Wissensbereiche entsprechende Räumlichkeiten für die Systematisierung und Präsentation der gesammelten Objekte. Im Zuge dieser Bestrebungen wurden Gemäldegalerien, Graphikkabinette, Münzsammlungen sowie Naturalien- und Physikkabinette wie auch Sternwarten (Kremsmünster) eingerichtet. Für Lambach ist überdies ein Stiftstheater, das einzige in seiner Art, aus dem Jahr 1770 überliefert. Die Autarkie, die das Kloster hinsichtlich der angestrebten wirtschaftlichen Unabhängigkeit seit dem

Mittelalter her auszeichnete, betraf somit ganz wesentlich die Integration aller Wissensbereiche im Kloster, das als *speculum mundi* gelesen, wiederum keinem Selbstzweck dienen, sondern als adäquates Abbild der Schöpfung den Blick auf Gott lenken sollte: „[…] Der wahre entzweckh wohl eingerichteter cabineter ist keineswegs die bloße curiositet des besitzers oder der anschauenden, sondern das lob und die betrachtung der unendlichen allmacht, weißheit und güttigkeit gottes, […]".[25] Sommerrefektorien konnten einerseits mit Dekorationen geschmückt sein, die auf die Mahlzeit und den eucharistischen Zusammenhang Bezug nehmen, andererseits aber auch der klösterlichen Identitätsstiftung dienen wie in Heiligenkreuz, Lambach oder St. Florian, wo in den Gemälden und Fresken Bartolomeo Altomontes (1731) der Ursprung des apostolischen Lebens in der *vita canonica* der Augustiner Chorherren verteidigt wird. Kapitel- oder Konventsäle waren wiederum Räumlichkeiten, deren Dekorationen besonders auf die Anciennität des Klosters bzw. des jeweiligen Ordens verweisen sollten. Sakristeien, Haus- oder Chorkapellen stellten hingegen naturgemäß Kristallisationspunkte der christlichen Ikonographie dar. So sehr also von der baulichen Struktur her die Klosterbauten einer radikalen und zum Teil symmetrisierenden Neuordnung unterworfen wurden, so sehr lebten innerhalb dieser ‚modernen' und zum Teil ‚unifizierten' Strukturen die alten Konstanten und Traditionen weiter. Dies trifft auch auf viele Stiftskirchen zu: Im Gegensatz zur Ausmalung vieler österreichischer, deutscher oder Schweizer Stiftskirchen (z.B. Melk, Garsten, St. Florian, Weingarten und Einsiedeln), bei der eine umfassende gegenreformatorische Ausrichtung wesentlicher Bestandteil der Programmatik ist, kann etwa in der Ausstattung der Stiftskirche Göttweig aus dem späten 17. Jahrhundert kein entsprechender thematischer Einschlag konstatiert werden: Vielmehr werden hier die Themen primär nach hagiographischen Gesichtspunkten geordnet – nach Kategorien also, die hinsichtlich ihrer Konzeption weniger auf eine alles übergreifende Thematik zielen, sondern vielmehr unterschiedliche (und sich ergänzende) Einzelaspekte mit vorwiegend legendarischem Hintergrund präsentieren. Die Auswahl der Patrozinien für die Altäre der Stiftskirche konzentriert hier gleichsam die seit dem Mittelalter (!) über den gesamten Klosterbezirk verstreuten Altarweihetitel im Zentrum, also in der Hauptkirche des Stiftes, und demonstriert damit in anschaulicher Weise sowohl die Kultkontinuität als auch die Anciennität der Klosterstiftung. Diese Art visueller ‚Traditionssicherung' wurde bereits vor der um-

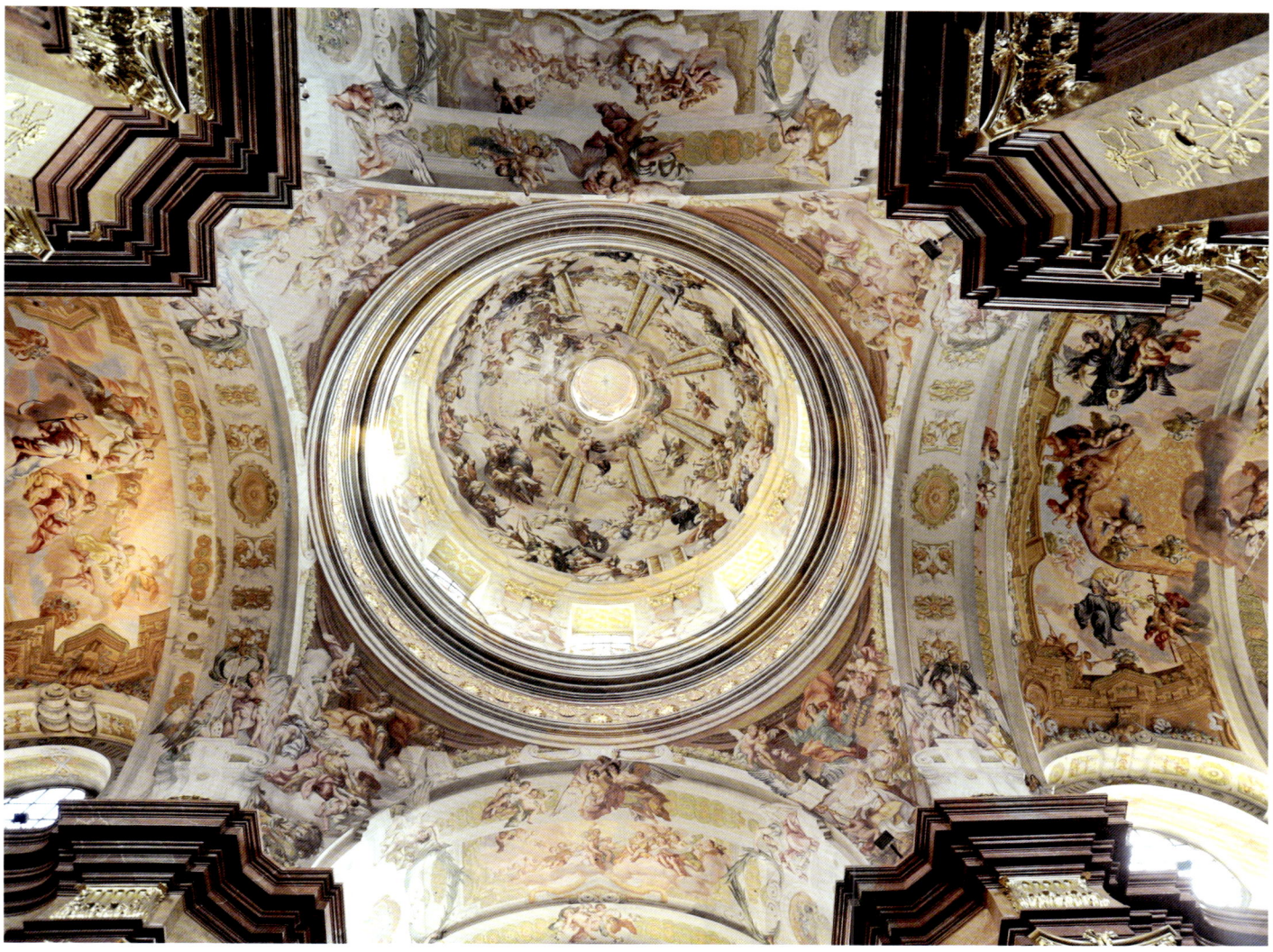

fassenden Neuplanung der Anlage durch Gottfried Bessel vollzogen und durch diese auch nicht abgelöst. Besonders im 18. Jahrhundert durchforschten in einer wahren Geschichtseuphorie die Konvente nicht nur ihre Archive, um strittige Rechtspositionen oder das monastische Prestige der eigenen Institution durch den Nachweis möglichst ranghoher Stifter zu belegen und zu festigen, sie schmückten auch die Fassaden, Wände und Decken ihrer Bauten mit bildlichen Darstellungen der offensichtlich als konstitutiv empfundenen fernen (mittelalterlichen) Vergangenheit. Um das in den Archiven gespeicherte Wissen für den Fall des Verlustes der Originale zu bewahren, erprobte man in Göttweig im 18. Jahrhunderts sogar ein frühes Verfahren zur Faksimilierung von Urkunden mittels Wachsabklatsch. In Tegernsee hingegen wurden die Urkunden auf den Stifterfresken der Klosterkirche dargestellt und somit gleichsam plakativ popularisiert. Die Klos-

ter- und Ordensgeschichte wurde demgemäß im Barock zu quasi-heilsgeschichtlichen Bildprogrammen im Sakralraum aufgewertet, wie dies an der Propagierung des Tausendjahr-Jubiläums in Ottobeuren (1766) am deutlichsten abzulesen ist. Einen Gipfelpunkt erreicht diese Konzeption in den von Johann Michael Rottmayr ausgeführten Langhausfresken der Stiftskirche Melk (1721),[26] in welcher der Triumph des Ordensvaters, die Panegyrik auf Abt Berthold Dietmayr und der (damit implizit gegebene) Hinweis auf die Rolle und die Lebensführung jedes einzelnen Gläubigen zu einer untrennbaren Einheit verschmelzen. Die benediktinische Glorie, die Rangerhöhung des neuen, infulierten Abtes (bzw. dessen „Triumph") Dietmayr und die Zuspitzung auf die *via* (und somit *vita*) jedes Einzelnen gehen hier in einem raffinierten Programm ineinander über. Dietmayrs „Aktualisierung" der Benediktsvision in Johann Michael Rottmayrs Langhaus-

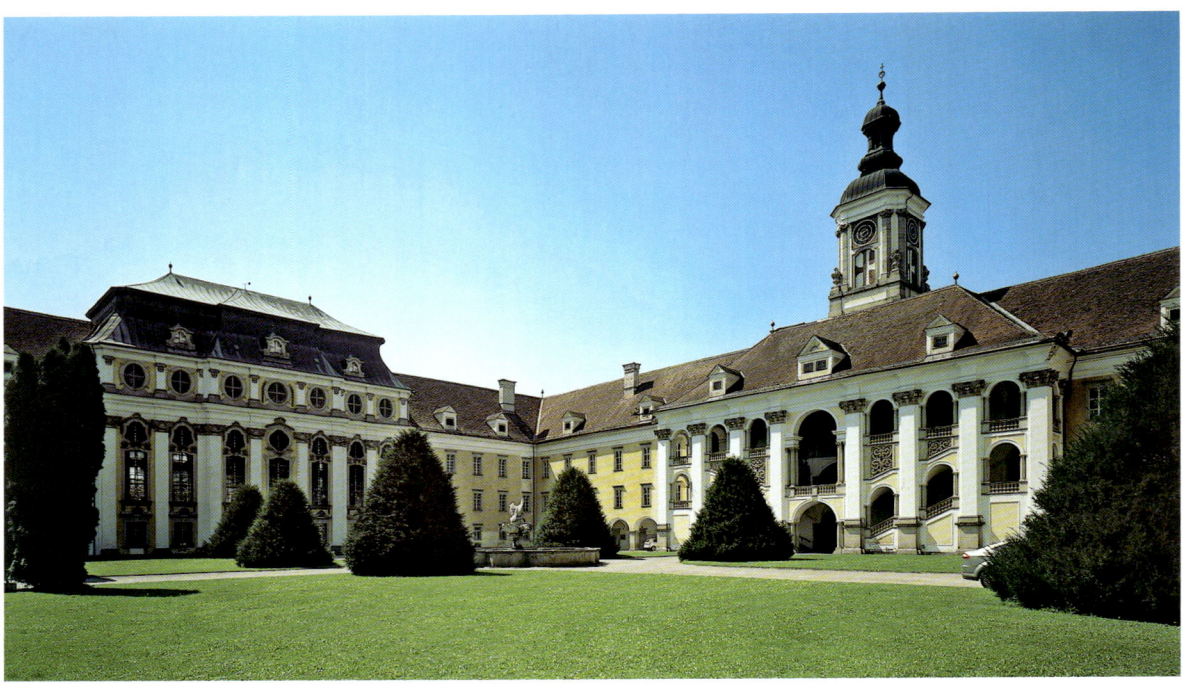

ausmalung bereichert den berühmten Text Gregors des Großen, der den Heimgang des Ordensstifters schildert, wirkt wieder auf ihn zurück und verbindet sich mit ihm zu einer neuen – visuell höchst suggestiv vorgetragenen – Einheit. Der Teppich als das die unterschiedlichen Erzählungsmomente verbindende Element der sich über drei Joche erstreckenden Malereien indiziert dabei nicht ohne Grund eine deutliche Anspielung auf die Tapisserie als Herrschaftszeichen sowie implizit einen Hinweis auf ein traditionelles Medium der Erzählung fürstlicher Ruhmestaten.

Ob ein Kloster im Zuge dieser Bestrebungen zur Umsetzung monumentaler bildlicher Programme eher die Lokal- oder die Ordensgeschichte als Referenzpunkt wählte, dürfte im Zusammenhang mit der jeweils spezifischen kirchenpolitischen Situation zu betrachten sein. Zudem zeigt sich eine erstaunliche methodische Vielfalt im Umgang mit der schriftlich fixierten Tradition: Kritische Quellenforschung im Sinne der Aufklärung löste die ‚naive‘ Wunder- und Gründungslegenden-Gläubigkeit nicht ab, sondern ergänzte diese um einen neuen methodischen Zugang. Die Aufklärung setzte diesem Streben nach Geschichtsbewusstsein kein Ende, sondern förderte entsprechende Intentionen nachdrücklich: Am Beispiel des Augustiner Chorherrenstifts Herzogenburg (NÖ) wird am anschaulichsten klar, wie sich die – scheinbar disparaten – Elemente der Spiritualität und der Geschichtsreflexion sowie deren Visualisierung ab den

fünfziger Jahren des 18. Jahrhunderts zu einer Einheit zusammenfügen.[27] Profan- und Heilsgeschichte wirken hier in einer bisher unbekannten und miteinander verflochtenen Weise als Grundlagen der historischen Selbstreflexion der eigenen Kommunität. Diese wird im Festsaal mit einem Fresko von Bartolomeo Altomonte (1772) im Bild des Gleichnisses der Arbeiter im Weinberg (Mt 20,1–16) in die Perspektive der endzeitlichen *Basileia* dargestellt, besitzt aber in den aktuellen Auseinandersetzungen des Bistums Passau mit den Habsburgern um die möglichst flächendeckende Seelsorge ihre realpolitische Facette. Das neue Bewusstsein in der Durchführung der seelsorglichen Aufträge war ein zentrales Argument zeitgenössischer Reformbewegungen, konnte aber nur mit Hilfe einer neuen Konzentration auf die Grundlagen des Pastorals (Evangelium und Schriften der Kirchenväter) erfolgen, die von den Augustiner-Chorherren als Advokaten der Rechtgläubigkeit gleichsam „rein“ gehalten und entsprechend verteidigt werden (Kuppelfresko der Stiftskirche). In dieser Kuppel, auf die sich die Ikonographie des Festsaales auch bezieht, kulminiert der Missions- und Bekehrungsauftrag in der Visualisierung des apokalyptischen *evangelium aeternum* – vorgetragen als Propagierung der weltumspannenden Verkündigung: Kirchen- und Ordensgeschichte vollenden sich diesem Konzept zufolge *in* der Heilsgeschichte, welche solcherart als die einzige Perspektive der Sinnstiftung ‚irdischer‘ Geschichte angesehen wird.

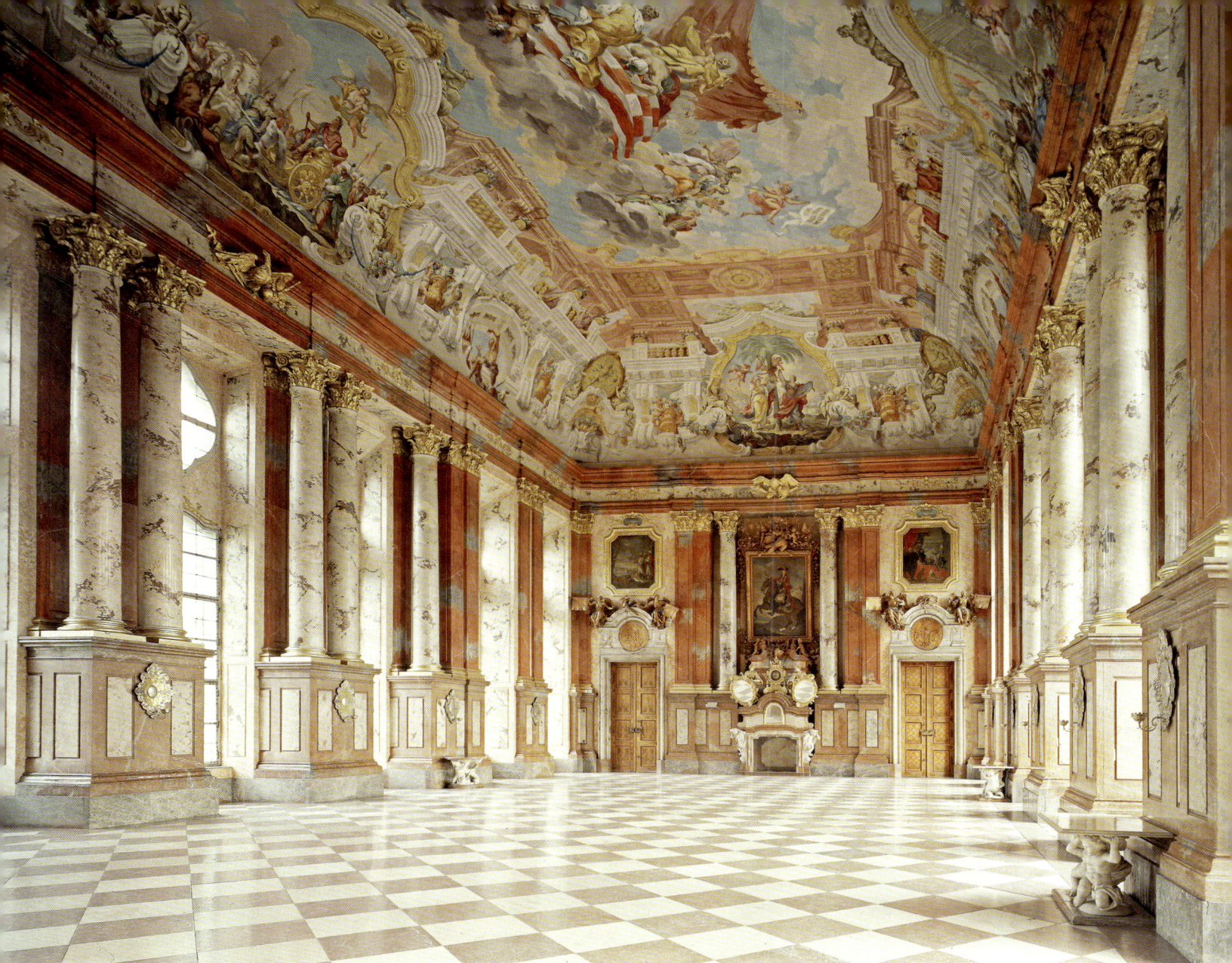

1 Zusammenfassend zu dieser Problematik: Bazin 1980; Lorenz 2000; Beales 2008.
2 Polleross 1999, 26.
3 Vocelka 2001, 207.
4 Polleross 1988, 258.
5 Engelberg 2005.
6 Lorenz 1999, 224.
7 Braunfels 1969, 233.
8 Lorenz 1999, 228.
9 Lorenz 1999, 242, Kat.-Nr. 8.
10 Euler-Rolle 1989; Lorenz 1999, 228.
11 Telesko 2008.
12 Lechner 1977.
13 Polleross 1999, 27.
14 Weigl 1996, 86, 176, Kat.-Nr. 75.
15 Lorenz 1999, 273, Kat.-Nr. 40.
16 Kaufmann 1998, 338.
17 Zitiert nach: Braunfels 1969, 251.
18 Braunfels 1969, 235.

19 Braunfels 1981, 368–373.
20 Braunfels 1969, 238.
21 Braunfels 1969, 239.
22 Weigl 1996, Taf. 88; Lorenz 1999, 273 (Abb.).
23 Polleross 1999, 27.
24 Lehmann 1996.
25 Chrysostomus Hanthaler, der Präfekt des Lilienfelder Museum, im Jahr 1752, zitiert nach: Polleross Polleross 1988, 268; Polleross 1999, 29.
26 Telesko 2006.
27 Oppitz / Telesko 2006.

6 Stift St. Florian, Marmorsaal nach Osten, erbaut von Jakob Prandtauer 1718/19, Innenausstattung 1723–1732, Deckengemälde von Martino und Bartolomeo Altomonte

Literatur:

Braunfels 1969. – Lechner 1977. – Bazin 1980. – Braunfels 1981. – Polleross 1988. – Euler-Rolle 1989. – Lehmann 1996. – Weigl 1996. – Kaufmann 1998. – Lorenz 1999. – Polleross 1999. – Lorenz 2000. – Vocelka 2001. – Engelberg 2005. – Beales 2008. – Telesko 2008.

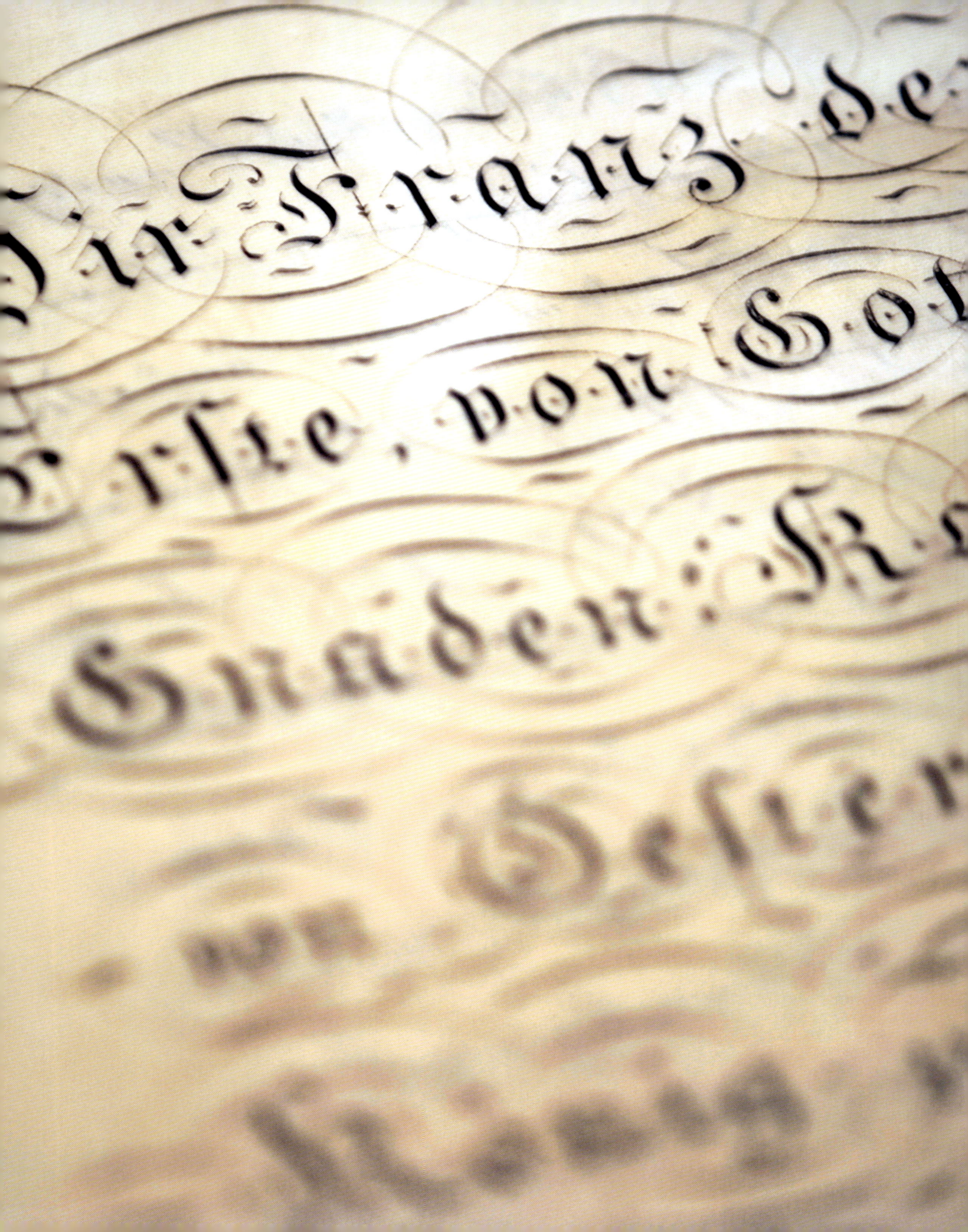

Wir Franz der
Erste, von Got
Gnaden K...
...Oster...
König...

UNTERGANG UND ERBE – SÄKULARISATION UND WIEDERBESIEDLUNG

Gerfried Sitar OSB

Das Nebeneinander von Kirche und Staat erwies sich im Laufe der Geschichte immer wieder als problematisch. Was an Schwierigkeiten dieser Koexistenz im Caesaropapismus der konstantinischen Regentschaft des sich noch einmal aufbäumenden Römischen Reiches grundgelegt war,[1] erlebte in allen Epochen eine ‚Neuauflage‘. Das Tauziehen um die Position des Stärkeren und die Metabasis profaner und sakraler Inhalte sorgten immer wieder für Konflikte zwischen geistlichen und weltlichen Machthabern. Dabei waren Enteignungen des Kirchenguts zur Wahrung politischer Interessen keine Seltenheit. Um die ins Land eindringenden Araber militärisch zurückzudrängen (Schlacht von Tours und Poitiers 732), griff Karl Martell auf Besitzungen und Liegenschaften der Klöster zurück, ebenso zog Herzog Arnulf von Bayern Klostergüter ein, um im frühen 10. Jahrhundert die Ungarn abzuwehren. Im Gefolge der Wirrnisse des Dreißigjährigen Krieges und des darauf folgenden Westfälischen Friedens 1648 kam es immer öfter zur Aufhebung von Klöstern und zur Nutzung von deren Besitzungen für säkulare Zwecke.[2]

Eng verwoben mit dieser Demonstration von Macht und Einfluss war das Ringen um die neuen Machtverhältnisse der Welt im ausgehenden 18. Jahrhundert. Österreich, zu dessen Vorlanden auch Teile Deutschlands[3] gehörten, litt an den Nachwirkungen des Erbfolgekrieges, der viel Elend über die Bevölkerung gebracht hatte. Während das ‚Spiel der Mächtigen‘, der Krieg, ganze Landstriche verwüstete, Dörfer und Städte beinahe entvölkerte, rafften Seuchen und Krankheiten die vom Krieg Verschonten hinweg und dezimierten die Bevölkerung beträchtlich. Die Armut auf dem Land nahm stetig zu, das politische Denken änderte sich, soziale Strukturen wurden verwandelt und neue gültige Rechtsgrundlagen wurden geschaffen. Schon unter Maria Theresia (1740–1780; Kat.-Nr. 25.9) waren die Tendenzen zu Neuerungen und zu einem neuen Selbstbewusstsein des Staates über die

Kirche zu spüren. Mit der Aufhebung des Jesuitenordens am 21. Juli 1773 waren erstmals antiklerikale Strömungen spürbar, die ihre Wurzeln in Frankreich, Spanien und Portugal hatten.[4] Gerade dort wurden im großen Stil Klosteraufhebungen mit und ohne Zustimmung des Papstes schon ab der Mitte des 18. Jahrhunderts vollzogen.[5]

Selbst Maria Theresia distanzierte sich von manchen Ordensgemeinschaften, vor allem von den Jesuiten. Obwohl das Leben der Regentin zutiefst christlich geprägt war, unterschied sie sehr genau zwischen Glaubensleben und Amtskirche. In den schwierigen Zeiten, die sie während ihrer Regentschaft erlebte, zeichnete sie sich durch tiefe Gläubigkeit aus, die immer wieder im allgemeinen Aufruf zum Gebet ihren Ausdruck fand. Nichtsdestotrotz war sie der Amtskirche gegenüber nicht ‚blauäugig‘, sondern forderte die Gläubigen sogar auf, der Kirche keine Geschenke zu machen. Ebenso lag ihr die Ordnung der Klöster sehr am Herzen, denn sie meinte, die Klöster würden von zu vielen Müßiggängern bevölkert.[6]

Maria Theresia nahm ihren Rang als Landesherrin auch dort wahr, wo es darum ging, dass römische Verlautbarungen erst dann an das Kirchenvolk weitergegeben werden durften, wenn sie ihr Placet darauf gegeben hatte. Durch die Auflösung der Jesuiten wurde das Schulwesen den kirchlichen Instituten immer mehr entzogen und unter staatliche Ägide gestellt. Obwohl man Maria Theresia nicht als aufgeklärte Herrscherin bezeichnen kann, gilt sie doch als Wegbereiterin der josephinischen Kirchenreform. Auch die bedeutendsten Ratgeber der Monarchin beschäftigten sich sehr intensiv mit der Frage nach der Obrigkeit des Staates über die Kirche. Staatskanzler Wenzel Anton Fürst Kaunitz-Rietberg (1746–1794) galt als persönlicher Freund Voltaires und trat für den Gallikanismus ein, der sich für die Unabhängigkeit der Kirche Frankreichs von Rom stark machte. Die Wurzeln dieser Strömung reichen bis in die Zeit der Merowinger (8. Jahrhundert) zurück, wo sich die Lei-

1 Titelblatt der zweiten Stiftungsurkunde von St. Paul, 1820

405

tung der Kirche Frankreichs als absolut autonom darstellte. Genauso trat Maria Theresias Leibarzt Gerard van Swieten (1700–1772) als Jansenist für eine neue Form des Kirche-Staat-Verhältnisses auf.[7] Nachdem die Kaiserin am 29. November 1780 gestorben war, übernahm ihr Sohn Joseph II. (1765/80–1790) die Alleinregentschaft.[8] Die Zeit war keine einfache. Europa lag im Aufruhr.

Die Ideen der Aufklärung hatten längst Besitz vom Kaiser ergriffen, als er noch an der Seite seiner Mutter als Mitregent die Geschicke der Habsburgermonarchie mitbestimmte und sich für die ‚revolutionären‘ Gedanken ihrer Berater begeisterte. Zu ihren Lebzeiten bremste Maria Theresia das ungestüme Wesen ihres Sohnes und vermochte so, das Reformbestreben in Grenzen zu halten. Erst mit der Alleinherrschaft konnte Joseph II. seine Vorstellungen konsequent umsetzen und ging gleich nach seiner Machtübernahme daran, mit seinen innenpolitischen Reformen zu beginnen. Er hatte das ungeliebte Korsett der Mitregentschaft abgestreift und wandte sich dem Begriff der Toleranz zu, der vor allem in seiner kirchenpolitischen Tätigkeit den Nukleus darstellt. Damit waren Gedanken der Französischen Revolution vorweggenommen, die das Naturrecht des Menschen in den Vordergrund stellten.[9] In dieses Gedankengut mischten sich sehr kritische Töne, die sich vor allem gegen die Klöster und gegen den Klerus richteten: „[…] jene Orden können Gott nicht gefällig sein, die sich nicht mit Krankenpflege und Jugenderziehung beschäftigen". Schon am 12. Januar 1782 erließ der Kaiser den Aufhebungsbefehl für all‘ jene Klöster, die diesen Tätigkeiten nicht nachkamen. Dass es aber auch andere Abteien betraf, zeigt die Praxis der Säkularisation. Der Verdacht liegt nahe, dass es sich nicht nur um eine religiös-aufklärerisch inspirierte Maßnahme handelte, sondern dass durchaus merkantile Überlegungen diesen Fokus der Regentschaft bestimmten. Von der Aufhebung war mehr als ein Drittel der Klöster in Österreich, Böhmen und Ungarn betroffen. Das Vermögen dieser Gemeinschaften wurde eingezogen und dem Religionsfond zugesprochen, der die Finanzierung von Schulen und die Besoldung der Geistlichen zu übernehmen hatte.

Die Pfarrgrenzen wurden neu festgelegt, um eine seelsorglich einwandfreie Abdeckung zu gewährleisten. Den Klöstern wurden, sofern sie nicht aufgehoben waren, drastische Vorschriften auferlegt, so wurde beispielsweise die Anzahl der Novizen und Ordensmitglieder genau festgelegt und durfte nicht überschritten werden.[10] Schon 1774 hatte Maria The-

resia die allgemeine Schulpflicht ausgesprochen und so die Initialzündung für die Bildungspolitik Josephs II. gegeben. Mit der Schließung zahlreicher Klöster begnügte sich der Kaiser nicht. Er mischte sich in innerkirchliche Angelegenheiten ein und ließ Zentralseminarien errichten, ebenso reformierte er die Diözesanstruktur, indem er neue Bistümer entstehen ließ.[11] Der finanzielle Aufwand dieser Neuerungen wurde aus dem Vermögen der säkularisierten Klöster bestritten. Nicht zuletzt aus dieser Tatsache wird deutlich, dass es nicht mehr um Stifte und Klöster ging, die den sozialen Verpflichtungen nicht nachkamen, sondern dass der gewaltige Aufwand an Kosten, die des Kaisers Reformen verschlang, nur durch Mittel besonders ‚betuchter‘ Abteien abgedeckt werden konnte.

Die Toleranz gegen die Protestanten, Griechisch-Orthodoxen und Juden (1781), die Aufhebung der geistlichen Orden, die sich weder dem Unterricht noch der Krankenpflege widmeten (1782), die Dotierung neuer Diözesen und vieler neuer Pfarren mit Geldern aus dem sog. Religionsfonds[12] und die Verlegung des Schwerpunktes bei den kirchlichen Zeremonien auf eine einfachere Gestaltung der Sonntagsgottesdienste waren schwerwiegende Neuerungen, deren Folgen nicht lange auf sich warten ließen.

Joseph billigte die Kritik und förderte die freie Meinungsäußerung. Die Bischöfe, allen voran der Wiener Erzbischof Christoph Anton Migazzi (1757–1803), wehrten sich gegen die Reformen. Das war auch der Grund, warum der Kaiser die bischöflichen Priesterseminare schloss und die Erziehung des Priesternachwuchses einem staatlichen Generalseminar in jeder Landeshauptstadt (1784) übertrug. Die Hauslehranstalten in den Klöstern wurden geschlossen und stattdessen wurde die theologische und philosophische Ausbildung ausschließlich staatlichen Universitäten und Lyzeen übertragen. Erklärtes Ziel des Kaisers war die möglichst umfassende Unterstellung der Kirche unter den Staat. Bereits zur Zeit Josephs II. (Abb. 2) stand eine Säkularisation der geistlichen Fürstentümer in der Diskussion, die lediglich aus machtpolitischen Gründen vom Hause Habsburg verhindert worden war. Papst Pius VI. (1775–1799) bemühte sich 1782 nach Wien, um den Kaiser zum Einlenken zu bewegen. Doch nichts konnte ihn davon abhalten, seine Reformen fortzusetzen. Während sich der Kaiser eifrig darum bemühte, dass seine Reformideen auf fruchtbaren Boden fielen, wurde das Land von Kriegen geschüttelt. Mit dem Ausbruch der Französischen Revolution hatte der Kaiser

1789 einen wichtigen Bündnispartner, den französischen König, verloren. Der Unwille der Bevölkerung, die Reformen des Kaisers anzunehmen, drückte sich in zahlreichen Aufständen und blutigen Revolten aus. Revolution in Ungarn, ein Aufstand in den Niederlanden und die drohende Gefahr durch die Türken zwangen den Monarchen, viele seiner Erlässe wieder zurückzunehmen. Nach zehn Jahren auf dem Habsburgerthron starb der Kaiser mit den Tröstungen der Kirche. Was zurückblieb, war ein ‚Klösterreich', das aus vielen leeren ‚Schneckenhäusern' bestand. Mehr als 700 Klöster waren durch die Reformen geradezu ausradiert worden, darunter eine ganze Reihe benediktinischer Niederlassungen. Das Kärntner Kloster St. Paul traf das Aufhebungsdekret 1782. Es gelang allerdings der Schwester Kaiser Josephs II., die zum Freundeskreis des St. Pauler Abtes Anselm II. von Edling (1778–1782/87, † 1794) gehörte, diese Aufhebung rückgängig zu machen. Erst 1789 wurde die Aufhebung vollzogen, als der Abt selbst um diese ansuchte.[13]

Der Adel Frankreichs hatte den Bogen überspannt. Die Schere zwischen Arm und Reich hatte sich immer weiter geöffnet und die Geduld des Volkes war bis an den äußersten Rand ausgeschöpft. Gewaltige Teuerungen und Missernten trafen vor allem die Kleinbauern mit voller Wucht und nahmen ihnen jegliche Existenzgrundlage. Seit dem Frühling 1789 tauchten in Frankreich immer wieder plündernde Bauerngruppen auf, die von Hof zu Hof zogen.[14] Mit dem Sturm auf die Bastille am 14. Juli 1789 war der Volksaufruhr am Siedepunkt angelangt und ein Aufhalten der neuen Strömungen unmöglich geworden. Die französische Monarchie war am Ende.[15]

Zunächst hatte sich die katholische Kirche mit der Revolution verbündet. Der Bischof von Autun (1788–1789), Charles Maurice de Talleyrand (1754–1838), schlug die Säkularisation der kirchlichen Institutionen vor, um mit deren Erlös das finanzielle Chaos Frankreichs zu sanieren. Im Gegenzug hatte der Staat allerdings die Sorge für kirchliche Kulturgüter und die Besoldung der Geistlichen zu übernehmen.[16] Kurz darauf wurden alle Orden, die sich nicht einer caritativen Tätigkeit hingaben, aufgelöst. Daraufhin exkommunizierte Papst Pius VI. den Bischof von Autun. Die Situation eskalierte. Der Bruch innerhalb des französischen Klerus war unausweichlich. Priester, die den Eid auf die Konstitution verweigerten, wurden deportiert oder hingerichtet. Über 40 000 Geistliche nahmen die Emigration auf sich – mehr als 200 wurden in den Pariser Gefängnissen hingerichtet. Damit war das Todesurteil der konstitutionellen Kir-

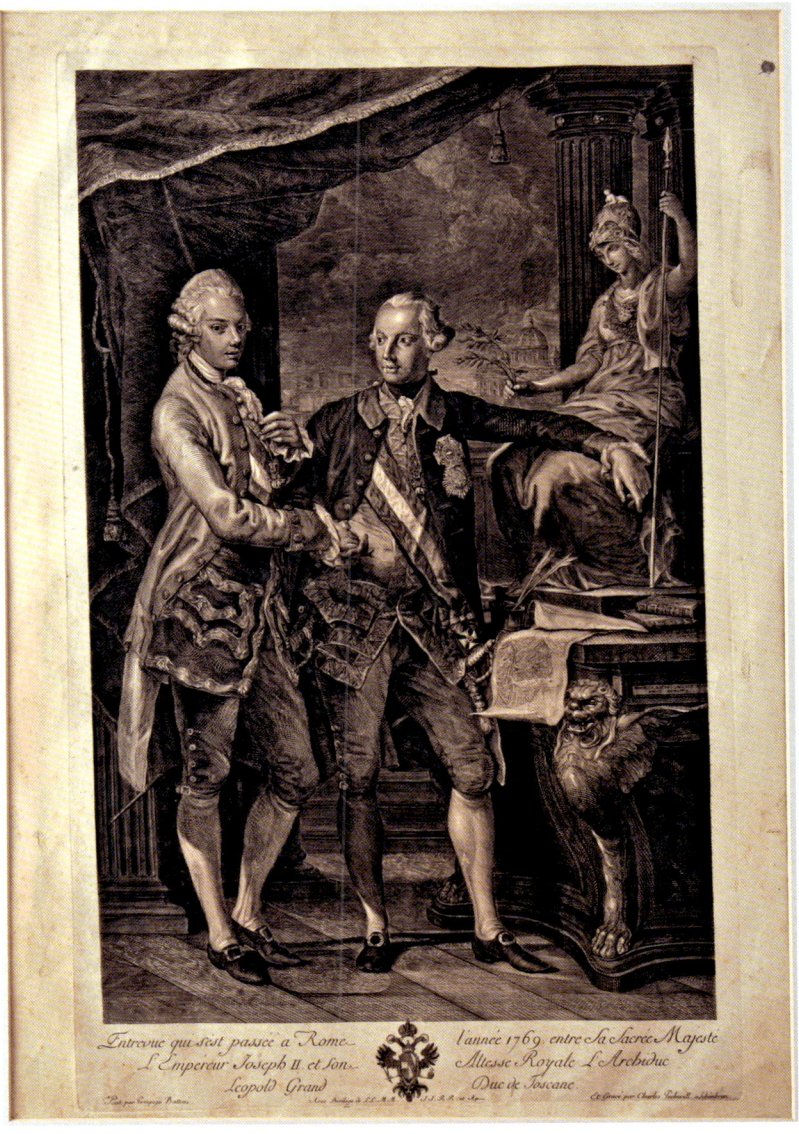

Entrevue qui s'est passée à Rome l'année 1769, entre Sa Sacrée Majesté L'Empereur Joseph II et son Altesse Royale L'Archiduc Leopold Grand Duc de Toscane

che unterschrieben – 24 der 85 Bischöfe gaben ihr Amt auf –, Mönche und Nonnen verließen das Land oder traten in den Weltstand über.[17] 1794 beendete die französische Besetzung des linken Rheinufers die Herrschaft der geistlichen Kurfürsten von Köln, Trier und Mainz und der Fürstbischöfe von Speyer und Worms.

Als im November 1799 Napoleon Bonaparte (1799–1814/15, † 1821) an die Macht kam, war eine Zeit des Krieges und der Eroberungen vorgezeichnet. Frankreich befand sich im Krieg mit Österreich und England; Spannungen innerhalb Frankreichs mussten bewältigt werden, vor allem das Verhältnis Kirche – Staat bedurfte einer Klärung.

Die militärisch-taktisch ausgeklügelten Operationen, die nach dem Zangenprinzip von Italien und

2 Kaiser Joseph II. löste über 200 Klöster auf

Süddeutschland her zu greifen begannen, zwangen Frankreich und Österreich zum Frieden von Lunéville (9. Februar 1801). 13 Monate später schloss Bonaparte mit England den Frieden in Amiens, der sich auf Frankreichs machtpolitische Stellung äußerst vorteilhaft auswirkte (25. bzw. 27. März 1802).

Auch die Verhandlungen mit der katholischen Kirche waren schließlich von Erfolg gekrönt: Am 16. Juli 1801 schloss Napoleon mit der Kurie ein Konkordat. Alle Bischöfe wurden ihrer Ämter enthoben und es hatte eine Neuernennung im Einvernehmen mit ihm zu erfolgen. Die Bistumsgrenzen entsprachen den von Napoleon neu eingerichteten Arrondissements. 1804 erklärte sich Napoleon zum erblichen Kaiser der Franzosen.

Napoleon konnte seine innenpolitische Stellung so festigen, dass es sehr bald möglich wurde, auch außenpolitisch offensiver tätig zu werden. Er ließ sich zum Protektor des Rheinbundes und zum König von Italien ernennen und führte in diesen Ländern moderne, von ihm entworfene Verfassungen ein. Von der Schweiz trennte er das Wallis ab, das er als Verbindungslinie zu Italien brauchte. Den Schweizern gab er eine neue Verfassung, die als Mediationsakte von 1803 in die Geschichte einging. Im März 1805 krönte sich Napoleon in Mailand zum König von Italien.

Der Katholizismus wurde als mehrheitliche Religion der Franzosen anerkannt und die freie Religionsausübung an Sonn- und Feiertagen offiziell wieder erlaubt. Es blieb allerdings bei der Enteignung des Kirchenguts, und ein Großteil der Klöster blieb geschlossen.[18]

Der Friede von Lunéville 1801[19] hatte die Abtretung des linken Rheinufers an Frankreich besiegelt, die vorher Preußen im Frieden von Basel 1795 und Österreich im Frieden von Campo Formio 1797 bereits den Franzosen zugestanden hatten. Die Fürsten, die auf linksrheinischem Gebiet Besitzungen hatten, sollten durch rechtsrheinisches Kirchengut entschädigt werden.

Napoleon erzwang den Rücktritt des österreichischen Staatskanzlers Thugut. Die Folge war das totale Regierungschaos in Wien.

Die deutschen Fürsten bemühten sich um die Gunst des französischen Außenministers Talleyrand und versuchten, möglichst große Teile der ‚Konkursmasse Reich' an sich zu reißen. Dennoch wurden die Vorstellungen Frankreichs verwirklicht, nämlich, dass die kleinen Territorien verschwanden und mittelgroßen Staaten Platz machten. Der Reichsdeputations-hauptschluss vom 15. Februar 1803 gestaltete nach den in Paris ausgearbeiteten Entschädigungen das Reich territorial neu. Die geistlichen Fürsten wurden zum Rückzug gezwungen, und die weltlichen Fürsten durften die nun in ihren Territorien liegenden Klöster und Abteien aufheben. Eine Reihe von Kleinstaaten ereilte das Schicksal der Auflösung, und fast alle großen Reichsstifte wurden säkularisiert (rechtsrheinisch ca. 10 000 km² mit über 3 000 000 Untertanen). 1803 setzte in ganz Deutschland ein Klostersturm ein, im Zuge dessen viele wertvolle Kulturgüter verlorengingen. Während die meisten Stifte bereits 1803 aufgehoben wurden, konnte sich St. Blasien im Schwarzwald bis 1806 halten.

Die staatlichen Bibliotheken und Kunstsammlungen bereicherten sich an den vorzüglich ausgestatteten Klosterbibliotheken und klösterlichen Sammlungen. Vieles, was wertlos schien, wurde verschleudert und in aller Herren Länder veräußert. Durch die Marginalisierung der katholischen Kurfürsten[20] durch protestantische war die künftige Wahl eines katholischen habsburgischen Kaisers mehr als aussichtslos. Dieser Umstand bewog Kaiser Franz II. (1790–1806/1835; Kat.-Nr. 26.7), nach dem Vorbild Napoleons und, um mit diesem gleichzuziehen, den Titel eines erblichen Kaisers von Österreich anzunehmen (11. August 1804).

1805 trat Österreich neuerlich mit Frankreich in den Krieg, aus dem es sich aber nach der vernichtenden Schlacht von Austerlitz (2. Dezember 1805) wieder zurückzog. Im Frieden von Pressburg, am 26. Dezember, verlor Österreich Tirol und Vorarlberg, die an Bayern kamen.

Bayern, Baden, Württemberg und Hessen-Kassel verbündeten sich mit Napoleon. Das Ende des Reiches zeichnete sich unausweichlich ab. Am 12. Juli 1806 fasste Napoleon seine 16 deutschen Verbündeten im Rheinbund zusammen, die geschlossen am 1. August ihren Austritt aus dem Deutschen Reich erklärten.[21]

Am 6. August 1806 legte Kaiser Franz II. die römische Kaiserkrone nieder und erklärte den Reichsverband für aufgelöst und entband seine Mitglieder ihrer Verpflichtungen.[22]

Die Klöster wehrten sich in einem zähen Ringen gegen ihre Aufhebung. Die meisten der großen Stifte waren wirtschaftlich gut bestellt und konnten ein florierendes Klosterleben vorweisen. Neben zahlreichen wirtschaftlichen Aufgaben erfüllten die Abteien vor allem ihren Bildungs- und Wissenschaftsauftrag vorbildlich.

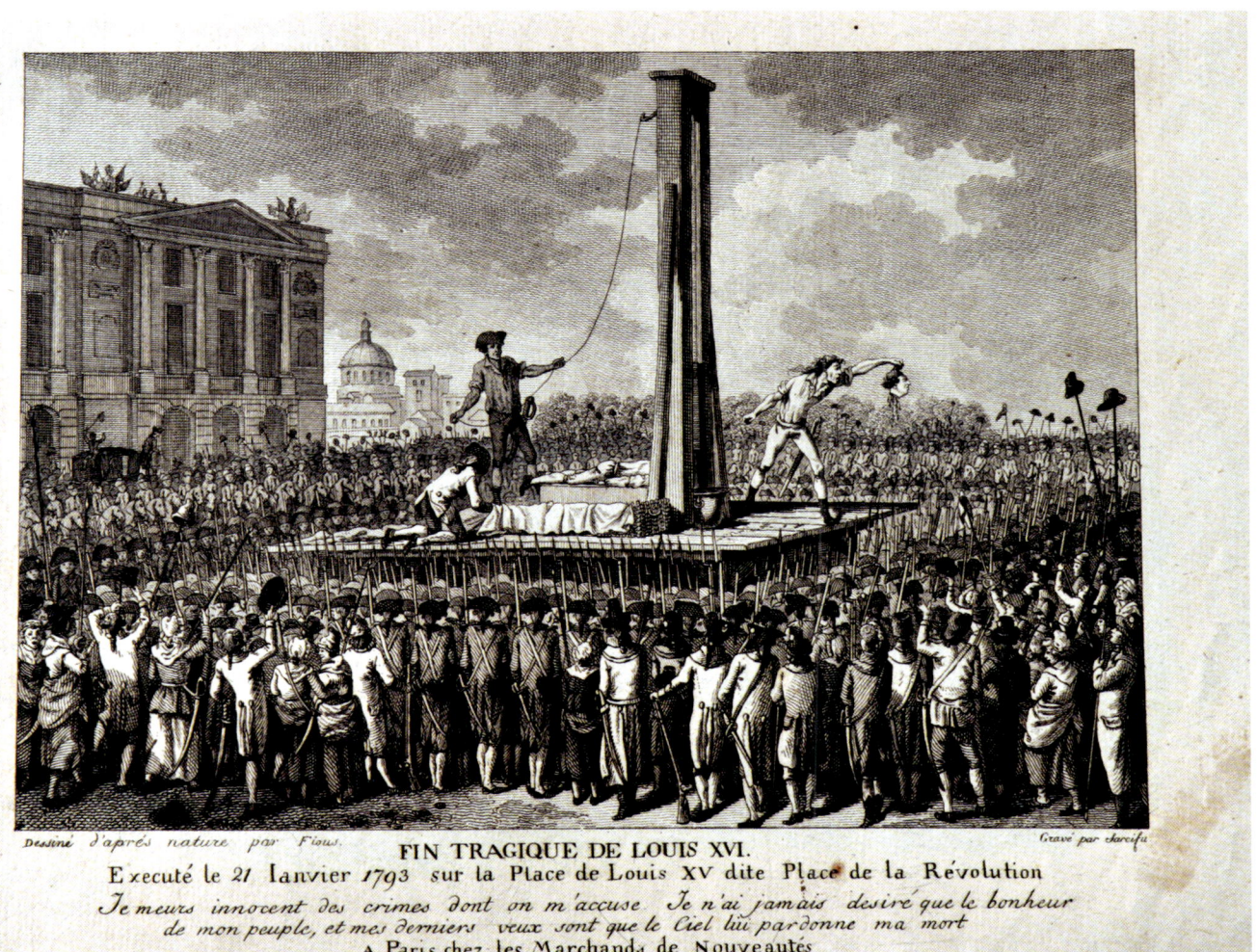

Dessiné d'après nature par Fious.   Gravé par charcife

FIN TRAGIQUE DE LOUIS XVI.
Executé le 21 Ianvier 1793 sur la Place de Louis XV dite Place de la Révolution
Je meurs innocent des crimes dont on m'accuse. Je n'ai jamais desiré que le bonheur
de mon peuple, et mes derniers veux sont que le Ciel lui pardonne ma mort
A Paris chez les Marchands de Nouveautés

Ein seltenes Beispiel für die Restaurierung eines säkularisierten deutschen Klosters unter dem Schutz der Habsburger ist jenes der Abtei St. Blasien im Schwarzwald, die nach ihrer Auflösung 1807 nach Oberösterreich transferiert wurde. Zunächst kamen die Mönche hier (von Spital am Pyhrn aus) dem geforderten Bildungsauftrag in Klagenfurt nach, wechselten aber sehr bald, bereits 1809, neuerlich ihre Heimstatt und übernahmen das 1787 aufgelöste Benediktinerstift St. Paul im Lavanttal. Die Verhandlungen mit dem österreichischen Staat bezüglich der wirtschaftlichen Dotationen erwiesen sich allerdings als sehr schwierig und erstreckten sich von 1807 bis 1824. Bewundernswert war der Einsatz des Fürstabts Dr. Berthold Rottler (Kat.-Nr. 26.9; 26.10), dessen persönlichem Engagement es zu verdanken ist, dass dieser Neubeginn schließlich gelang.[23]

Die Zeit der Klosterfeindlichkeit hatte ihren Höhepunkt überschritten, und es sollten wieder Jahre anbrechen, in denen man sich vor allem der Bildungsstärke der Orden besann. Erst mit der Machtübernahme durch die Nationalsozialisten verfinsterte sich der Horizont der Kirchen- und Klostergeschichte erneut.

Die wirtschaftliche Krise nach dem Zerfall der Donaumonarchie machte vor den Klöstern und vor der Kirche nicht Halt.[24] Die Arbeitslosigkeit nahm überhand, und immer mehr wurden Stimmen laut, die einen Anschluss an Deutschland propagierten. Geschickt nutzten die Nationalsozialisten diese Notsituation, um ihre Propaganda wirksam zu machen. Kirchenfeindliche Tendenzen waren in der nationalsozialistischen Regierung Deutschlands selbst nach dem Reichskonkordat von 1933 nicht mehr aufzuhalten.[25] Immer mehr versuchten die politischen Machthaber, die Freiheit der Kirche zu beschneiden. Die Enzyklika *Mit brennender Sorge* aus der Feder Papst Pius XI. (1922–1939) bezeichnete den Nationalsozialismus als Irrtum.[26] Dieser diplomatische Terminus verharmlost zweifellos die Diskrepanz, die sich zwischen den beiden Weltanschauungen wie ein tiefer Graben auftat, der sich selbst durch den guten Willen eines Nebeneinanders nicht überbrücken ließ.

In der Tagespost vom 29. Mai 1937[27] griff Joseph Goebbels mit scharfen Worten den Klerus an und berief sich auf sittliche Verfehlungen, deren Ausrottung die Pflicht des Staates sei. Wie sich später zeigen sollte, war dies das Hauptargument, das von den Nationalsozialisten als Legitimation zur Schließung der Klöster ins Feld geführt wurde.[28] Devisen- und Sittlichkeitsprozesse standen an der Tagesordnung und waren eines der wichtigsten Instrumente des sog. Kirchenkampfes.[29] Zwischen dem amerikanischen Kardinal Mundelein[30] und Goebbels kam es zur offenen Konfrontation, weil der Kardinal am 18. Mai 1937 Hitler abfällig als „dahergelaufenen österreichischen Tapezierer und einen schlechten noch dazu" sowie Goebbels als „verschrobenen Propagandaminister" tituliert hatte. Letzterer reagierte nach Bekanntwerden der Rede Mundeleins in der Weltpresse am 28. Mai 1937 mit der sog. Brandrede in der Berliner Deutschlandhalle. Auf infame Weise verunglimpfte er den deutschen Klerus. Was bis zu diesem Zeitpunkt nur in Nazikreisen propagiert wurde, hatte nun eine breite Plattform, die über die Presse Millionen erreichte. Antiklerikale Tendenzen waren unter der Bevölkerung weit verbreitet, da man der Kirche und den Klöstern das Vermögen neidete. In seiner Rede verweist Goebbels auf die Hirtenbriefe kirchlicher Vertreter, die sich offen gegen den Nationalsozialismus wenden würden.[31] Schon im Januar 1933 veröffentlichte der Linzer Bischof Johannes Gföllner (1915–1941) einen Hirtenbrief, in dem er deutlich machte, dass es nicht möglich sei, Nationalsozialismus und kirchliche Lehre miteinander zu verbinden.[32] Für den Bischof gab es ausschließlich ein „Entwederoder" und keine Basis für einen Kompromiss, da er die Lehre des Nationalsozialismus als gefährlich und menschenverachtend erkannte. Viele Geistliche ließen sich dennoch von der Ideologie der Nationalsozialisten begeistern und gingen in Konfrontation zu ihren Oberen.[33]

Mit dem Anschluss Österreichs an das Deutsche Reich am 13. März 1938 veränderten sich die Umstände der Katholischen Kirche in allen Bundesländern dramatisch. Da es keine klare und einheitliche Linie des österreichischen Episkopats gab, versuchten die einzelnen Bischöfe, den neuen Machthabern mit zurückhaltender Diplomatie zu begegnen. Zunächst blieb die Hoffnung lebendig, dass es ein friedliches und respektvolles Nebeneinander geben könnte. Diese Hoffnung wurde allerdings jäh zerschlagen. Unter der reißerischen Überschrift „Volks- und Staatsfeindliches Vermögen wird eingezogen" berichtet die „Tagespost" vom 22. November 1938,[34] dass „das Vermögen von Personen und Personenvereinigungen, die Bestrebungen gegen Volk und Staat gefördert haben, weiter Sachen und Rechte, die ohne Rücksicht, ob der Besitzer daran beteiligt war, zur Förderung solcher Bestrebungen gebraucht wurden, bestimmt waren oder noch bestimmt sind, eingezogen werden."[35] In diesem Artikel wird die Willkür des Systems evident. Die Beurteilung, welche Bestrebungen volks- und staatsfeindlich waren, lag im Ermessen des Reichsministers für Inneres.[36] Damit hatte der mächtige Parteiapparat alle Zügel in der Hand. Einem argumentativen Aufeinandertreffen von Meinungen wurde der Boden entzogen und diktatorische Strukturen unabwendbar.

Nach dem Anschluss Österreichs an das Deutsche Reich entschloss sich der Episkopat zwar zu einer Loyalitätserklärung, drückte dadurch allerdings nur das verzweifelte Bemühen um eine möglichst friedliche Koexistenz aus. Dass die Kirche als Störfaktor der Bestrebungen des Dritten Reiches aufgefasst worden ist, wird in einem Schreiben des Chefs der Reichskanzlei, Hans Heinrich Lammers, an den Reichskommissar für die Wiedervereinigung Österreichs mit dem Deutschen Reich, Josef Bürckel, vom 24. Juni 1938 deutlich, in dem das Konkordat zwischen Österreich und dem Heiligen Stuhl für nichtig erklärt wird.[37] Der subtile Kampf gegen die Kirche verlief auf mehreren Ebenen. Der Entzug des Öffentlichkeitsrechtes für katholische Privatschulen bedeutete zunächst das Ende eines kirchlichen Bildungswesens, das die Unverträglichkeit zwischen Nationalsozialismus und katholischer Lehre deutlich machte. Bildungsinhalte wurden somit von höchster politischer Ebene manipuliert und völlig ungefiltert an die Jugend weitergegeben. Eine kritische Weltsicht war damit ausgeschlossen und Ideologien mutierten zu Idealen, die von den Halbwüchsigen aufgesogen wurden. Systematisch wurde per Gesetzgebung ein Kirchenkampf ausgefochten, unter dem vor allem die Klöster sehr zu leiden hatten und der auf eine totale Vernichtung der konfessionellen Kirchen hinzielte. Durch die Einführung des Kirchenbeitrages wurden den Kirchen alle staatlichen Subventionen gestrichen und damit die Möglichkeit autonomen Handelns entzogen. Kirchliche Institutionen mussten ihren Haushaltsplan abliefern, und der Staat hatte zu jeder Zeit Einsicht in die finanziellen Gebarungen aller kirchlicher Bereiche. In fingierten Sittlichkeitsprozessen wurden Ordensleute angeklagt und somit eine breite Propagandafront geschaffen, die den ‚Volkszorn‘ vor allem auf die Ordenshäuser lenken sollte. Kaum ein Kloster blieb von diesen Angriffen verschont. Das war allerdings nur die Spitze eines Eisberges, der den Rumpf des Kirchenschiffes aufreißen sollte.[38] Die Beschlagnahmung von Klosterbesitz und das Liquidieren alter kirchlicher Institutionen begann am 19. Mai 1938 mit der Aufhebung des steirischen Klosters St. Lambrecht.[39] Von den großen Stiften Österreichs blieben nur wenige verschont.[40] Gegen die kleineren Klostergemeinschaften, deren wirtschaftliches Vermögen für das Dritte Reich uninteressant war, ging man durch das sog. Sammelgesetz[41] vor. Betroffen waren vor allem die Bettelorden,[42] denen jegliche Annahme von Spenden und Sachzuwendungen verboten und damit die Existenzmöglichkeit entzogen wurde. In Österreich waren 214 Stifte und Klöster beschlagnahmt worden.[43]

1   Vgl. Römische Kaiser 2005, 293ff.
2   Vgl. Schwaiger 2003, 388f.
3   Breisgau, Oberschwaben.
4   Vgl. Martin 2000, 282.
5   Vgl. Schwaiger 2003, 388f.
6   Vgl. Reifenscheid 2000, 237.
7   Vgl. Lexikon Kirchengeschichte 1998, 287.
8   Vgl. Hamann 1998, 189.
9   Vgl. Thamer 2007, 27.
10   Vgl. Lexikon Kirchengeschichte 1998, 287.
11   Vgl. Martin 2000, 283.
12   Vermögen der aufgehobenen Klöster und Stifte.
13   Vgl. Sitar 2000.
14   Vgl. Lefébvre 1989, 141.
15   Vgl. Weis 1998, 93f.
16   Vgl. Lexikon Kirchengeschichte 1998, 223.
17   Vgl. ebd, 224.
18   Vgl. Kuhn 1999, 152.
19   Vgl. Ploetz 1998, 837.
20   Drei neue protestantische Kurfüsten, von Hessen-Kassel, Baden und Württemberg, denen nur ein katholischer, der von Salzburg, gegenüberstand, brachten nach der Säkularisation von Kurköln und Kurtrier eine protestantische Mehrheit ins Kurkollegium.
21   Vgl. Ploetz 1998, 838.
22   Vgl. Kat. Bad Schussenried 2003, 367f.; Kat. Berlin 2006, 472–478.
23   Vgl. Sitar 1996.
24   Das Stift St. Paul musste beispielsweise in den 30er Jahren eine Reihe von Kunstschätzen veräußern, um überleben zu können.
25   Vgl. Adolph 1974, 23ff.
26   14. März 1937.
27   Vgl. Tagespost, Samstag, 29. Mai 1937, 2.
28   Vgl. Stiftsarchiv (StA) St. Paul, P 567.
29   Vgl. Rapp 1991.
30   George William Kardinal Mundelein (1872–1939), Erzbischof von Chicago .
31   Vgl. Tagespost, Samstag, 29. Mai 1937, 2.
32   Bischof Gföllner wiederholte diese Aussage mehrfach und ließ sie am 6. Dezember 1936 sogar von allen Kanzeln des Landes verlesen.
33   Vgl. StA St. Paul, Tagebuch von P. Hartwig Labi, Transkription, 1, Eintrag vom 10. Januar 1938.
34   Titelseite der Ausgabe (Tagespost) vom Dienstag, dem 22. November 1938.
35   Ebda.
36   Vgl. ebda.
37   Vgl. Adolph 1974, 95.
38   Vgl. Weinzierl 1963, 519f.
39   Vgl. StA St. Paul, P 567, Fasz. 5, Handschriftliche Abschrift der Verfügung zur Aufhebung des Klosters St. Lambrecht, 19. Mai 1938; Tagespost Nr. 143, vom Mittwoch, den 25. Mai 1938, 5.
40   Schottenstift in Wien, Herzogenburg, Geras, Melk, Seitenstetten, Reicherberg, Schlierbach.
41   Sammelgesetz vom 30. Dezember 1943.
42   In erster Linie Franziskaner, Minoriten, Kapuziner, Serviten.
43   Vgl. Fried 1947, 72f.

Quellen:

Siftsarchiv (StA) St. Paul, Tagebuch von P. Hartwig Labi, Transkription, 1. – StA St. Paul, P 567, u.a. Fasz. 5, Handschriftliche Abschrift der Verfügung zur Aufhebung des Klosters St. Lambrecht, 19. Mai 1938. – Tagespost, Samstag, 29. Mai 1937. – Tagespost, Mittwoch, 25. Mai 1938. – Tagespost, Dienstag, 22. November 1938.

Literatur:

Fried 1947. – Weinzierl 1963. – Adolph 1974. – Lefébvre 1989. – Rapp 1991. – Sitar 1996. – Hamann 1998. – Lexikon Kirchengeschichte 1998. – Ploetz 1998. – Weis 1998. – Kuhn 1999. – Martin 2000. – Reifenscheid 2000. – Sitar 2000. – Kat. Bad Schussenried 2003. – Schwaiger 2003. – Römische Kaiser 2005. – Thamer 2007.

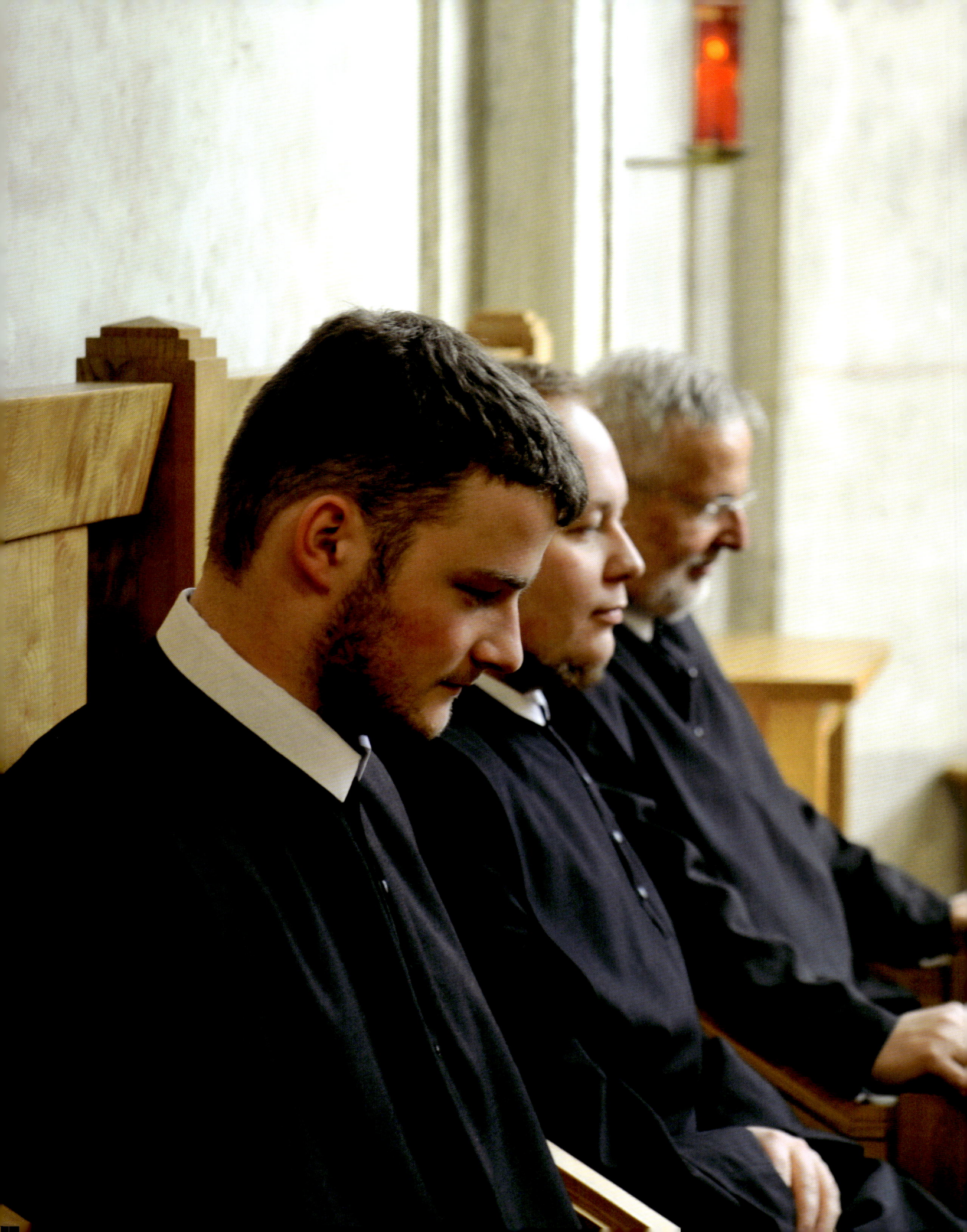

LEBEN IM KLOSTER HEUTE

Maximilian Tuschel OSB

Auch über 1500 Jahre nachdem der hl. Benedikt seine Mönchsregel für das von ihm in Italien gegründete Kloster Montecassino verfasst hat, gibt es zahlreiche Männer, die den von ihm geschilderten Weg der Gottsuche unter Regel und Abt beginnen, ihm konsequent folgen und ihn schließlich auch zu Ende gehen. Die Zahl derer, die sich dazu berufen fühlen bzw. derer, die dieser Berufung auch folgen, mag geringer geworden sein, doch von einem ‚Aussterben‘ der Mönche und Klöster kann man heute nicht sprechen.

Das Klosterleben zieht also auch im 21. Jahrhundert Menschen an: einige, die ihr Leben selbst im Kloster führen wollen, und viele andere mehr, die von Klöstern als touristischen Zielen angezogen werden. Man ist von Architektur, Malerei und den Kunstsammlungen fasziniert und man stößt auf gelebte Geschichte, gelebten Glauben und nicht zuletzt auf gelebte Spiritualität. Deshalb finden sich auch stets viele Gäste ein, die im Kloster nie fehlen, wie der hl. Benedikt in seinem Kapitel über die Aufnahme der Gäste schreibt, und die eine Zeit lang am gemeinsamen Leben und Gebet der Mönche teilnehmen wollen.

Was bringt aber heute Menschen dazu, ihr Leben dauerhaft in einem Kloster verbringen zu wollen, in einer Zeit, die als unbeständig gilt, von der es heißt, die Menschen wollten sich zusehends weniger binden und in der man – zumindest in Europa – in relativ großem materiellem Wohlstand leben kann?

Vielleicht müsste man besser fragen: *Wer* bringt heute Menschen dazu, in ein Kloster einzutreten, eine Lebensform zu wählen, die ja scheinbar das Gegenteil des Zeitgeists fordert, verspricht man als Benediktiner bei der Profess doch Beständigkeit in der Gemeinschaft, klösterliche Lebensführung und Gehorsam nach der Regel des hl. Benedikt?

Die Antwort auf diese zweite Frage ist aus Sicht eines gläubigen Christen leicht zu beantworten: *Christus selbst* ist es, der damals wie heute Menschen ruft ihm nachzufolgen.

Im Prolog der Benediktusregel wird der Leser direkt darauf angesprochen: „[…] gehen wir unter der Führung des Evangeliums seine Wege, damit wir ihn schauen dürfen, der uns in sein Reich gerufen hat" (BR Prolog 21). Dieser Weg zu Gott und diese Gottsuche sind es, die Menschen gerade auch heute dazu bewegen, ein Leben im Kloster führen zu wollen.

Weltflucht im Sinne von „mit der Welt nichts mehr zu tun haben wollen", ist wahrscheinlich das falsche Motiv, und auch der Traum von ‚Klosterromantik‘ wird vermutlich rasch ausgeträumt sein. Mönche sind Menschen ihrer Zeit und die vielfältigen Aufgaben, die ihnen gestellt werden, erfüllen sie in der Welt und für die Welt, in der sie leben. Die Abkehr von der Welt, die Benedikt fordert, meint etwas anderes als sich der Welt gegenüber blind zu stellen. Wenn er fordert, „sich dem Treiben der Welt [zu] entziehen" (BR 4,20) (wörtlich: *se facere alienum*; sich fremd machen), ist damit gemeint, nicht so handeln zu müssen, wie es einem von der Welt vorgelebt wird. Mönche leben eine andere Form, eine alternative christliche Lebensform, wenn man so will. Man muss beispielsweise nicht dem Konsumwahn verfallen, alles sofort und gleichzeitig haben und möglichst ohne Verbindlichkeit nur für sich selbst dahinleben. Die drei Gelübde der Benediktiner können zwar negativ als Verzicht gesehen werden, sie können aber auch positiv verstanden werden. Sie ermöglichen einen Lebenswandel, der frei von vielem macht, was auf dem Weg zur Gottsuche hinderlich ist.

Diese Idee entstammt nicht dem Heute, nicht einer Zeit die etwa besonders schlecht wäre, der man also deshalb den Rücken zukehren müsste. In der von Papst Gregor dem Großen verfassten *Vita des heiligen Benedikt* wird zu Beginn geschildert, dass Benedikt seine Studien in Rom – damals Synonym für Lasterhaftigkeit und Trubel – abbricht und die Stadt verlässt, „um Gott allein zu gefallen" (vgl. Dialoge Vorwort, 1). Dazu zieht er sich, bevor er eine Mönchskolonie gründet und ihr als Abt vorsteht, zunächst in

1 Mönche des Stiftes St. Paul beim Gebet

eine Höhle zurück. Und dort: „Allein, unter den Augen Gottes, der aus der Höhe herniederschaut, wohnte er in sich selbst" (Dial. 3, 5).

Dieses „Wohnen-In-Sich-Selbst" (*habitare secum*) ist auch heute das, wonach Mönche streben. In der Kurzformel *ora et labora et lege*, der man häufig begegnet, auch wenn sie in dieser knappen Form in der Benediktusregel nicht explizit zu finden ist, werden drei wichtige Elemente benediktinischer Spiritualität prägnant zusammengefasst: Gebet, Arbeit und (geistliche) Lesung sollen den Alltag eines Mönchs prägen und ihn auf seinem geistlichen Weg voranschreiten lassen.

Wenn Benedikt in seiner Regel hervorhebt, dass „dem Gottesdienst nichts vorgezogen werden soll" (BR 43,3), wird klar, was die Hauptaufgabe von Klöstern auch heute noch sein muss: Gemeinsamer Gottesdienst, allem voran die Eucharistiefeier, ist die Quelle, aus der im Kloster geschöpft wird, und zugleich Höhepunkt des Klosteralltags. Neben der Messfeier finden sich die Mönche mehrmals täglich zusammen, um im gemeinsamen Chorgebet Gott zu verherrlichen. Dabei werden Psalmen aus dem Alten Testament gesungen oder rezitiert, welche die Mönche bei der gemeinschaftlichen Liturgie auch zu persönlichem Gebet führen sollen.

Gebet des Einzelnen findet auch bei der *lectio divina*, der göttlichen- oder geistlichen Schriftlesung statt, der sich die Mönche, jeder für sich, in Stille zuwenden sollen. Gemeint ist damit mehr als das Studium der Hl. Schrift. Vielmehr soll man sich vom Wort Gottes berühren lassen, sich ihm öffnen, um zu hören, was Gott einem mitteilen will, dann sich selbst im folgenden Gebet an ihn wenden, um schließlich seine Gegenwart wahrzunehmen.

Neben Zeiten des Gebetes und der Stille braucht es auch die Zeit der Arbeit. „Müßiggang ist der Seele Feind" (BR 48,1), weshalb die Mönche einen großen Teil des Tages den ‚beruflichen Aufgaben' nachkommen, die sie im Kloster übernommen haben.

Da Klöster sich nach und nach auch zu Stätten der Wissenschaft und Bildung, Kunst und Kultur entwickelten, sind heute viele Mönche in diesen Bereichen beschäftigt. So unterhalten einige Benediktinerklöster Schulen, an denen Mönche unterrichten, und Museen oder Ausstellungen in Klöstern bringen Besuchern Kloster- und Kunstgeschichte näher.

Österreichs Benediktinerklöstern sind meist zahlreiche Pfarren inkorporiert, in denen viele Priester der Klostergemeinschaften als Seelsorger zum Einsatz kommen.

Land- und Forstwirtschaft sind oft wichtige Einnahmequellen der Klöster, wodurch die Erhaltung der teils sehr großen Klostergebäude und Kirchen ermöglicht wird. Auch hier finden Mönche ihre Beschäftigung.

Die Betätigungsfelder sind also groß und sehr unterschiedlich, sodass für jeden Mönch die seinen Fähigkeiten und Talenten entsprechende Aufgabe gefunden werden kann, mit der er seinen Dienst für die Gemeinschaft leistet.

Dass die Mönche zur Bewältigung ihrer Aufgaben und Dienste im digitalen Zeitalter moderne Technik, Kommunikationsmöglichkeiten und Medien nutzen, ist heute schon fast selbstverständlich. Mittelalterliche Schreibstuben sind daher zeitgemäß eingerichteten Büros und Arbeitsräumen gewichen und auch bei der Freizeitgestaltung und Ausübung von Hobbys stehen andere Möglichkeiten zur Verfügung als zu Zeiten Benedikts. Es gilt das rechte Maß zu finden und unterscheiden zu können, was mit der mönchischen Lebensform gut oder weniger gut vereinbar ist.

Denn dann leben die Mönche auch heute noch so, wie Benedikt es von den Handwerkern im Kloster fordert: „Damit in allem Gott verherrlicht werde" (*ut in omnibus glorificetur deus*) (BR 57,9).

Literatur:

Dialoge Gregors d. Gr. II, 1995. – Benediktusregel 1992.

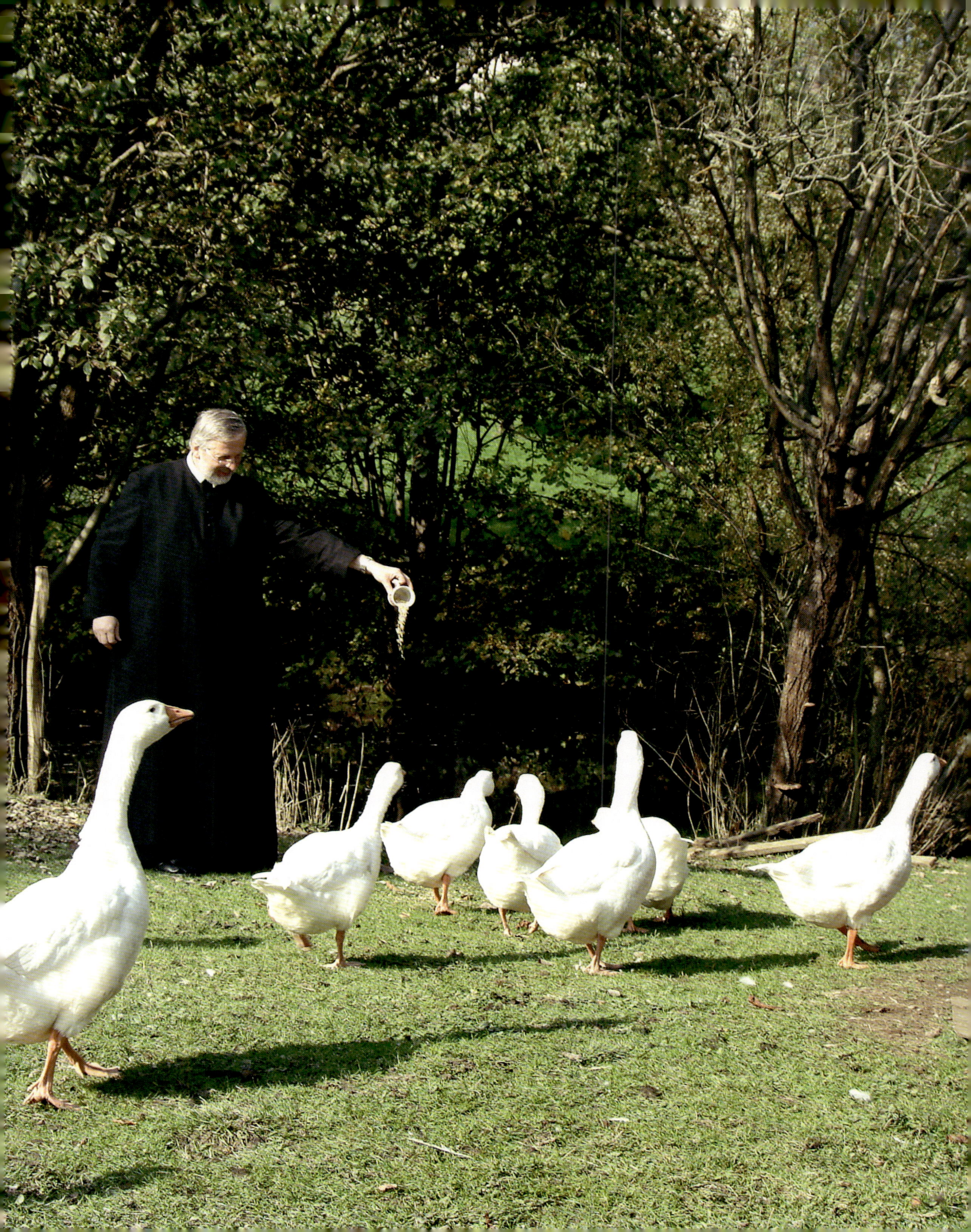

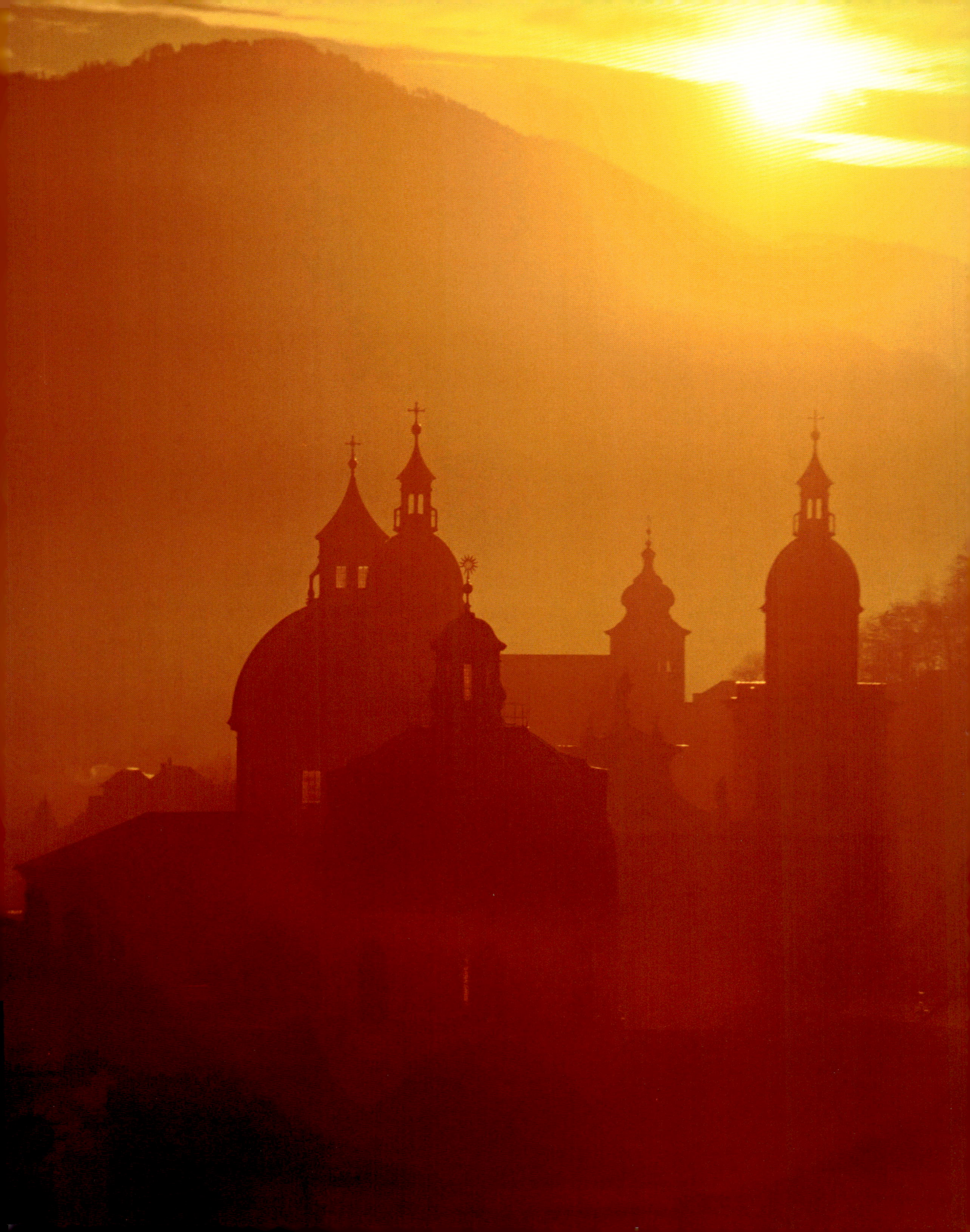

IN DER SPANNUNG VON BESTÄNDIGKEIT UND AUFBRUCH

Benediktinisches Leben im 21. Jahrhundert

Dominicus Meier OSB

Geschichtlicher Rückblick

Benediktinische Stifte, Abteien und Klöster haben das Bild von Kirche in Deutschland und Österreich entscheidend mitgeprägt. Schon die Missionierung vieler Landstriche ging von klösterlichen Zentren aus. Denken wir nur an das Werk der hl. Rupert und Virgil im Salzburger Land, des hl. Bonifatius in Deutschland und an die Mönche und Nonnen, mit denen sie die kirchlichen Strukturen in unseren Ländern aufbauten. Die Benediktiner haben so beim kulturellen und wirtschaftlichen Aufbau des Abendlandes eine entscheidende Rolle gespielt. In ihren Schulen verschmolzen sie die griechisch-römische Tradition mit dem christlichen Glauben und legten die kulturellen Grundlagen Europas in einer Zeit größter Unruhen und Veränderungen. Durch Schulen und Hospize bauten die benediktinischen Klöster entscheidend mit an einer Zivilisation der Bildung und der Barmherzigkeit. Sowohl die den Klöstern angeschlossenen Skriptorien, Bibliotheken, Schulen, wie in St. Paul im Lavanttal, als auch die unterschiedlichen handwerklichen Werkstätten waren die ersten Ausbildungsstätten für viele junge Menschen, die Basis für eine sichere Zukunft.

Vor über 400 Jahren gründeten Benediktiner aus Portugal die ersten außerhalb Europas gelegenen Kommunitäten. Sie taten es nicht, um in Brasilien zu missionieren oder die einheimische Bevölkerung auszubilden, sondern um Schulen für die Einwanderer aus dem eigenen Heimatland zu gründen. Als im 19. Jahrhundert die spanischen Klöster geschlossen wurden und nur mehr Gemeinschaften mit Schulen eine Existenzberechtigung behielten, zogen die ersten Spanier nach Australien und später von dort auf die Philippinen, wo ihnen letztlich die Schulen in Manila das Überleben erlaubten. Seit 1846 zogen Benediktiner aus Bayern nach Nordamerika, um dort Klöster im alten Stil zu gründen, d.h. mit Schulen, Seminarien und Farmen. Sie wollten in erster Linie

für die Emigranten stabile geistliche Zentren nach dem Muster der mittelalterlichen Abteien aufbauen. Schweizer Benediktiner aus Einsiedeln und Engelberg folgten ihnen seit 1853, allerdings auch aus dem Grund, um Ausweichklöster zu haben, falls sie aufgrund der politischen Veränderungen in der Schweiz ihre Heimat verlassen müssten. Die Erziehungsarbeit der Benediktiner und Benediktinerinnen hat für die katholische Kirche in den USA bis in unsere Zeit eine große Bedeutung. Heute sind es vor allem Seminarien und Hochschulen, die von benediktinischen Kommunitäten unterhalten werden.

In der zweiten Hälfte des 19. Jahrhunderts, 50 Jahre nach Auflösung aller Klöster in Deutschland durch die Säkularisation, entstanden neue Ordensgemeinschaften und alte erstanden neu. Dazu gehörte auch die Gründung eines neuen Zweigs der Benediktiner, der nach dem Vorbild der angelsächsischen Missionare Bonifatius, Willibrord, Levin und ihrer Gefährten das benediktinische Mönchtum mit der Missionstätigkeit verbindet. Einer der Initiatoren war P. Andreas Amrhein OSB, der Gründer von St. Ottilien und der gleichnamigen Kongregation von Missionsbenediktinern. Er knüpfte an die missionarische Tradition der ersten Mönche an und verband die benediktinische Beständigkeit mit dem Sendungsauftrag der Kirche zu allen Menschen (1884). So entstanden die Missionen in Afrika und Asien, später auch in Venezuela, Kolumbien und in neuester Zeit in Kasachstan. Immer stand eine Abtei im Mittelpunkt des Wirkens, der dann Schulen, Lehrwerkstätten und Krankenhäusern angeschlossen waren. Nicht selten geschahen diese Gründungen in Verbindung mit den Tutzinger Missionsbenediktinerinnen, die von Anfang an parallel als eigenständiger Zweig entstanden. Schon vor den Ottilianern sind die italienischen Sylvestriner (1845) nach Sri Lanka gegangen und haben dort ebenfalls durch Pfarreien und Schulen gewirkt, später auch in Indien. In Österreich konnten die Benediktinerstifte mit Schulen und Pfarreien die Zeit des Josephinismus überstehen so wie die Benediktiner von Pannonhalma die Zeit des Kommunismus in Ungarn. Nicht vergessen werden darf bei diesem geschichtlichen Rückblick, dass ein Grund für die Wiedererrichtung der bayerischen Benediktiner im 19. Jahrhundert durch König Ludwig I. darin bestand, dass durch die Säkularisation das ganze Schulsystem in Bayern in großen Teilen zusammengebrochen war. Aber auch den Benediktinerinnen widmete der König seine Aufmerksamkeit. St. Walburg in Eichstätt (1835) und Frauenchiemsee (1837) verdanken ihm ihr Wiedererstehen. Als Aufgabengebiet wies der König den beiden Frauenklöstern auch die Unterweisung der Jugend zu.

Die Renaissance des Mönchtums im 19. Jahrhundert und der damit verbundene geistliche Aufbruch für die benediktinische Familie sollten aus Frankreich kommen. Überwältigt von der Einsicht, dass die großen Kulturleistungen des Mittelalters in den Klöstern beheimatet waren, ließ sich der französische Weltpriester D. Prosper Guéranger in der römischen Abtei Sankt Paul vor den Mauern in das Ordensleben einführen, um dann im Jahre 1833 das Kloster Solesmes zu gründen. Solesmes und seine Tochtergründungen legten verstärkt den Akzent auf die kontemplative Seite des Mönchtums, gefolgt von den Brüdern Maurus und Placidus Wolter in Beuron und den von dort entstandenen Klöstern. Die von diesen Zentren aus gegründeten Konvente in Amerika, Afrika und Asien spiegeln sehr stark den geistlichen Ursprung wider.

Neben den deutlichen benediktinischen Akzenten in der spirituellen Formung und in der schulischen Aus- und Weiterbildung junger Menschen waren es im 19. Jahrhundert vor allem die Frauenkongregationen, die hellhörig und engagiert auf die sozialen Nöte der industriellen Revolution antworteten. Krankenhäuser, Kinderheime, Alteneinrichtungen und soziale Zentren wurden errichtet, um Menschen in Not zu helfen und dem Ideal der christlichen Nächstenliebe ein glaubhaftes Gesicht zu geben. Aus den verschiedenen Formen des Ordenslebens ergab sich eine breite Fächerung der Apostolatsaufgaben und -methoden. Der Blick in die Missions- und Glaubensgeschichte Europas belegt, wie selbstverständlich die Institute des geweihten Lebens und ihre Mitglieder zum Bild von Kirche in unseren Ländern gehörten und gehören.

Die deutschen Bischöfe haben in ihrem Wort „Gemeinsam dem Evangelium dienen" vom 1. Februar 2007 an diese gelebte Missionsgeschichte und an das für die Zukunft der Kirche notwendige prophetische Charisma der Orden, Säkularinstitute und Apostolischen Gemeinschaften erinnert und die Bedeutung der Orden in den heutigen kirchlichen Umbrüchen hervorgehoben. Die Orden dokumentieren durch ihre karitativen und kulturellen Zentren, dass Spiritualität und Diakonie, Bildung und Spiritualität zusammengehören. Ihr Wirken lässt sich nicht von ihrer Suche nach Gott in Gebet, Gottesdienst und Meditation trennen. Ihre Schulen, Werke und Einrichtungen sind bis heute zugleich Orte gelebter christlicher Spiritualität.

Klöster: Orte gesellschaftlicher Umbrüche

Dieses bisher vertraute und selbstverständliche Bild erfährt seit einigen Jahren und gegenwärtig mit zunehmender Intensität einschneidende Wandlungen. Ordensleute und ihre Gemeinschaften haben teil an den Umbrüchen und Einschnitten in Kirche und Gesellschaft. Vor genau 40 Jahren diagnostizierte der flämische Dominikaner Edward Schillebeeckx die Situation des Ordenslebens in Westeuropa so: „Wenn ich boshaft sein wollte […] dann würde ich sagen, dass im Augenblick an den Eingangstüren aller Klöster die Mitteilung angebracht ist ‚Wegen Umbau geschlossen'". Die Krisenphänomene, welche die Erneuerungsarbeiten nach dem II. Vatikanischen Konzil notwendig machten, haben sich seither dramatisch verschärft und auch vor den Klöstern der benediktinischen Oboedienz nicht Halt gemacht. Arbeitsmäßig ist die Zeit der großen Organisationen in Erziehung, Bildung, Gesundheit usw., die von einzelnen Stiften, Abteien oder Gemeinschaften getragen, geleitet und geprägt wurden, mehr oder weniger vorbei. Es ist eher der Einzelfall, wenn eine Gemeinschaft noch das eine oder andere solche Werk durchtragen kann. Viel öfter strebt man deren Abwicklung an oder ist bereits dabei, sie durchzuziehen. Die *Confoederatio Benedictina* und ihre Gemeinschaften haben teil an den Umbrüchen und Einschnitten in Kirche und Gesellschaft. Angesichts enger werdender finanzieller Spielräume, des Ausbleibens klösterlichen Nachwuchses und der Überalterung der Konventsmitglieder stellen sich die Verantwortlichen immer häufiger die Frage, wie lange ein Konvent noch bestehen kann und/oder ob es nicht besser ist, eine Niederlassung aufzulösen. Diese Entwicklung hat in den letzten Jahren die verschiedenen benediktinischen Kongregationen in unterschiedlicher Intensität er fasst und die Frage nach dem guten, lebendigen Spannungsbogen von Beständigkeit und Aufbruch herausgefordert. Wird benediktinisches Ordensleben auch im 21. Jahrhundert ein fester Bestandteil der katholischen Kirche Europas sei? Können unsere Stifte, Abteien und Klöster auch in Zukunft Orte einer christlichen Spiritualität sein? Werden unsere Konvente gegenüber einer modernen, unverbindlichen Religiosität die Konkretheit christlicher Spiritualität verdeutlichen können, einer Spiritualität, die ihre Augen nicht vor den Nöten der Zeit verschließt, sondern sich ihnen leibhaftig zuwendet?

Weltweit gibt es heute etwa 8 000 Benediktiner und 16 500 Benediktinerinnen. Die männlichen Benediktinerklöster sind in 21 Kongregationen zusammengefasst, die miteinander die Benediktinerkonföderation bilden. Da die Zahl der Mönche in Europa und Amerika derzeit rückläufig ist, sind die Kongregationen im Wachsen, die eine internationale Verbreitung und Ausprägung haben. An erster Stelle steht die Sublazenser Kongregation mit 1242 Mitgliedern, gefolgt von der Ottilianer Kongregation mit 1058. Daneben stehen die sog. regionalen Kongregationen wie beispielsweise die Cassinesische (110), Österreichische (337), Bayerische (263) oder Schweizerische (231). Die Slawische Kongregation zählt vergleichsweise mit nur 30 Mitgliedern weniger als so manches Einzel-Kloster mit bis zu 200 Mitgliedern.

Die Benediktinerinnen sind zahlenmäßig doppelt so stark wie die Benediktiner. Eine Ursache dafür mag darin liegen, dass Frauen stärker religiös ansprechbar sind als Männer, aber auch in dem simplen Faktum, dass es aufgrund geschichtlicher Entwicklung eine Aufteilung in Nonnen und Schwestern gibt. Während die Schwestern teils in Föderationen und Kongregationen päpstlichen Rechts vereinigt sind, haben wir bei den Nonnen eine große Vielfalt von Einzelklöstern, die jeweils einem Ortsbischof unterstellt oder in männliche Kongregationen mit unterschiedlicher Intensität und Bindung integriert sind. In Kongregationen wie der von Cono Sur, der Annuntiatio oder der Beuroner Kongregation haben die Frauen weitgehend gleiche Rechte wie die Männer, während z.B. die Italienerinnen mit den Föderationen zwar verbunden sind, aber die Verbindung keine großen Rechte nach sich zieht. Insgesamt sind die Benediktinerinnen über die Kongregationen oder direkt mit der Benediktinischen Konföderation konsoziiert, so dass der Abtprimas Notker Wolf OSB in Rom auch für ihre Belange zuständig ist.

Wichtig für das gemeinsame Erbe und die zukünftige Orientierung sind im Laufe der letzten Jahrzehnte nach dem II. Vatikanischen Konzil regionale benediktinische Ordenskonferenzen, die sich gerade deshalb als so fruchtbar herausstellen, weil die Mönche von verschiedenen Kongregationen stammen und nicht selten auch die Benediktinerinnen der Region daran beteiligt sind. Manche Konferenzen werden gemeinsam mit den Zisterziensern und Trappisten abgehalten. Diese Ordenskonferenzen haben deutlich den gegenseitigen Austausch unter den Kongregationen und ihren Abteien, Prioraten und Konventen gefördert, das Interesse füreinander geweckt und die gegenseitige Achtung vermehrt; man wurde sich des gemeinsamen benediktinischen Erbes bewusst. Wir erleben die Einheit untereinander bei gleichzeitiger Achtung der vielfältigen Traditionen als Bereicherung und Inspiration.

Klöster: Orte gelebter Beständigkeit

Benedikt von Nursia hat seine Gemeinschaft in Montecassino nicht so sehr gegründet, damit sie die Welt verändert, sondern damit suchende Menschen in ihr einen Ort finden, an dem christliches Leben sichtbar wird. Er verstand seine Gemeinschaft als eine „Schule für den Herrn" (RB Prolog 45), eine Schule, in und an der der Einzelne lernen und so erste Erfahrungen im Glauben machen durfte. Die benediktinischen Konvente wurden so als „Schulen für den Herrn" in ihrer Umgebung buchstäblich prägend im Blick auf die Beziehung zur Arbeit, zur Zeit, zur Schöpfung. Ihr Einsatz für die Kultur, die Erziehung und das Schulwesen, für die Liturgie und die Kunst ist bis heute erfahrbar und in den Kulturgütern der Stifte und Abteien eindrucksvoll sichtbar.

Viele Menschen sind heute wieder auf der Suche nach solch heiligen und heilenden Lernorten. Sie entdecken für sich die befreienden Rituale heiliger Zeiten und sind dabei für Orientierung und Begleitung dankbar. Hier sehe ich für die Zukunft unserer benediktinischen Gemeinschaften eine wichtige und erstrebenswerte Aufgabe. Benediktiner sind schon oftmals in der Geschichte Kundschafter neuer spiritueller Wege und Lebensformen gewesen. Durch das Verwurzeltsein in ihrer Herkunft, einer gewachsenen und akzeptierten Tradition, einer gelebten Beständigkeit und den gleichzeitigen Mut zu neuartigen Aufbrüchen können sie für suchende Menschen Kompass in einer Zeit des Übergangs sein. Die benediktinischen Gemeinschaften und ihre Mitglieder halten in einer Zeit, in der Werte und

Wertvorstellungen oftmals wie Sand zwischen den Fingern zu zerrinnen scheinen oder auf dem Altar des Profits geopfert werden, das ‚Heilige' durch die Feier der Liturgie und des Stundengebetes präsent. Das eigentliche Ziel benediktinischen Lebens ist die Feier des Gotteslobes. Im 16. Kapitel der *Regula Benedicti* lesen wir: „Es gelte, was der Prophet sagt: ‚Siebenmal am Tag singe ich dein Lob.' Diese geheiligte Siebenzahl wird von uns dann erfüllt, wenn wir unseren schuldigen Dienst zur Zeit von Laudes, Prim, Terz, Sext, Non, Vesper und Komplet leisten; denn von diesen Gebetsstunden am Tag sagt der Prophet: ‚Siebenmal am Tag singe ich dein Lob.' Von den nächtlichen Vigilien sagt derselbe Prophet: ‚Um Mitternacht stehe ich auf, um dich zu preisen.' Zu diesen Zeiten lasst uns also unserem Schöpfer den Lobpreis darbringen wegen seiner gerechten Entscheide, nämlich in Laudes, Prim, Terz, Sext, Non, Vesper und Komplet. Auch in der Nacht lasst uns aufstehen, um ihn zu preisen."

(Bild: Ordensgemeinschaft beim Gebet)

Damit Jesus Christus, als Ursprung und Ziel unseres Glaubens uns nicht aus den Augen, aus dem Sinn gerät, gestalten auch heute Mönche und Nonnen ihre Lebensbezüge aus der Mitte des Evangeliums heraus und bauen so die Kirche von innen auf. Benediktinische Gemeinschaften und ihre Kapellen und Kirchen sind „geistliche Orte der Lebensgestaltung in Gottes Gegenwart". Das ist es, was viele in unserer Kirche vermissen und bei den Stiften und Abteien suchen. Klöster sind Orte, wo selbstverständlich gebetet wird, wo Menschen ein lebendiges geistliches Leben in Gemeinschaft, wo sie eine „Lern- und Lebensgemeinschaft im Glauben" auf Zeit oder auf Dauer erfahren können. In diesem Sinne sind die Abteien und Stifte verlässliche Orts- und Personalgemeinden mit einer geistlichen Lebensgemeinschaft als Kern.

Ein kritischer Blick auf unser gesellschaftliches Miteinander verdeutlicht, dass unser Miteinander von Leistung, Erfolgsquoten, vom ‚Sinn des Habens' und einem immer mehr ansteigenden Tempo geprägt ist. Benediktinerinnen und Benediktiner versuchen in ihrem Lebensentwurf eine ‚Entschleunigung' und demonstrieren damit gleichzeitig eine ‚andersartige' Lebensweise, die in ihren Professgelübden einen Ausdruck findet. In ihnen steckt der doppelte Anspruch:
 - einer *spirituellen Ausrichtung* auf Gott, der der Grund des Lebens ist,
 - aber gleichzeitig auch eines *politischen Auftrags*, einer praktischen Sendung für unsere Zeit und ihre Menschen.

Die Mitglieder der benediktinischen Konvente lassen sich täglich zur Solidarität mit den Menschen in ihren konkreten Nöten und Sorgen neu herausfordern. Der Blick ist dabei heute freilich nicht so sehr auf die Institution oder die soziale Einrichtung gerichtet, sondern auf den konkreten Menschen, auf die Würde der Person, die mir im Gespräch gegenübertritt. Sie sind heute mehr denn je Begleiter von Suchenden. Sie beheimaten Menschen oder sind etappenweise ihre Weggefährten. Sie lassen die Menschen, die auf der Suche nach erfülltem Leben sind, spüren, dass es auch heute möglich ist, sinnerfüllt zu leben und voller Vertrauen in die Zukunft zu gehen. Oder noch einmal anders gesagt: In einer sich umgestaltenden pastoralen Landschaft sind es die erkennbaren Orte von Gemeinschaften, in denen Rat, Hilfe und Einzelseelsorge in verlässlicher Begleitung zur Verfügung gestellt werden. Auf diese Weise bilden die benediktinischen Kommunitäten ein Netzwerk von Beratungsstellen in religiösen und in Lebensfragen. Sie sind für die suchenden Menschen Orte gelebter Beständigkeit. Die Freiheit, die aus den Gelübden der Mönche und Nonnen erwächst, lässt sie Gastfreundschaft üben, zur Mitfeier der Liturgie, dem gemeinsamen Gebet und zum einfachen Mitleben einladen. Diese Orte gelebter Beständigkeit, diese Orte geistlichen Lebens bilden sich aus der Kraft einer diskreten Spiritualität, in der die Schönheit des Glaubens durch die Lebensweise von Ordenschristen, durch eine einladende Feier der Liturgie und des Stundengebetes, durch die Liebe zur Gregorianik und durch eine ansprechende Architektur zur Einladung für Suchende werden kann. Denn leider geht die spirituelle Sehnsucht der Menschen nach Gotteserfahrung und Mystik an unseren Territorialgemeinden oftmals vorbei. Benediktinische Klöster sehen hier aufgrund ihrer Tradition und einer vertrauenerweckenden Identität ihre missionarische Herausforderung und die Möglichkeit, zu einer „Mission der Dichte" in unserer Zeit zu kommen, wie es der Jesuit Medard Kehl formuliert.

Klöster: Orte missionarischer Aufbrüche

Benediktinische Spiritualität ist eine geerdete Spiritualität. Sie drückt sich seit Jahrhunderten aus in einer bestimmten Tagesordnung, in der Art und Weise, wie eine Gemeinschaft das *ora et labora* miteinander lebt, wie sie mit den ihr anvertrauten Dingen umgeht und wie sie ihren kommunitären Lebensraum gestaltet

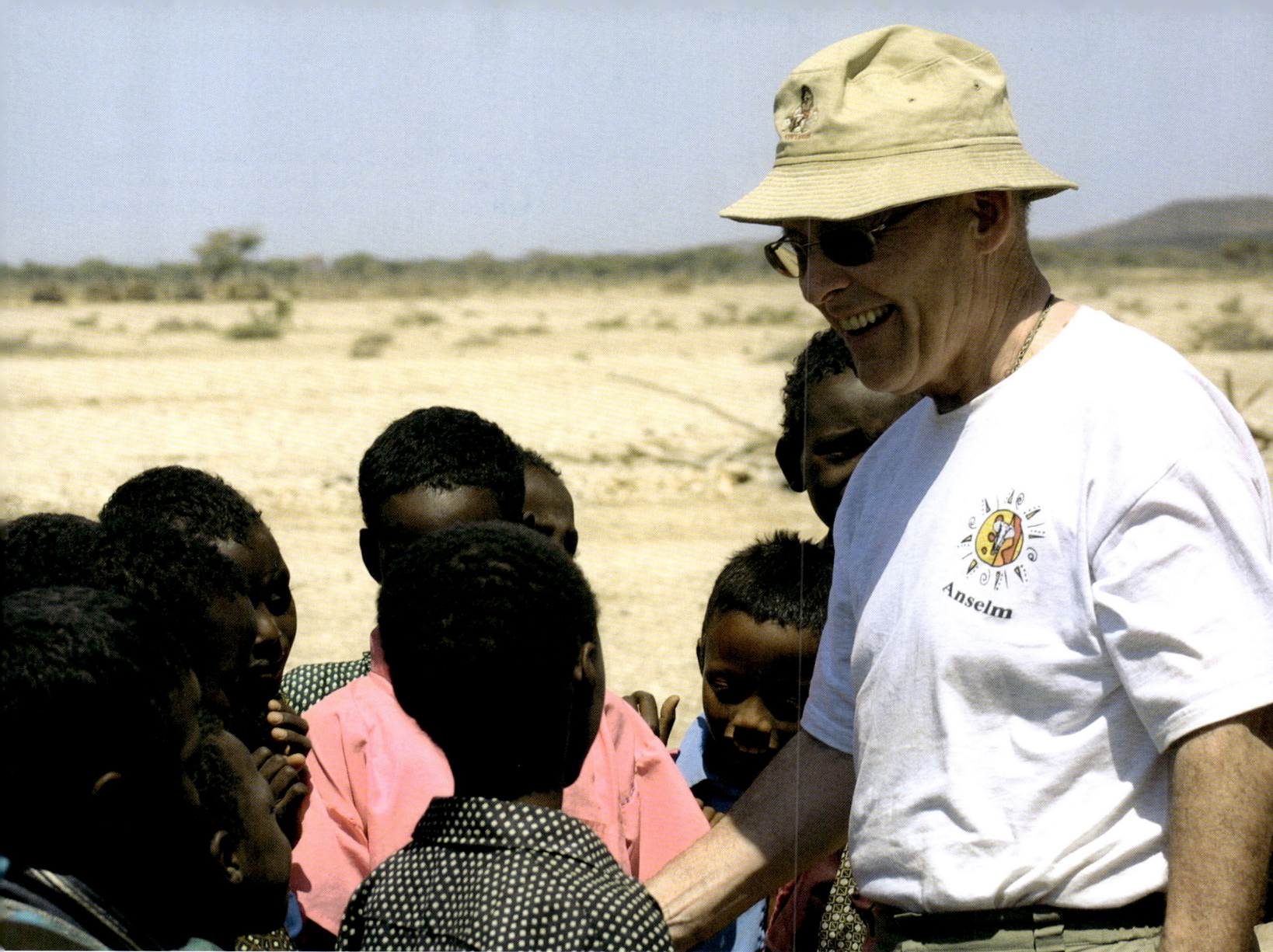

und ausprägt. Doch trotz aller gelebten Beständigkeit und Geprägtheit waren und sind die Gemeinschaften sensibel für die Fragen der Zeit geblieben. Sie geben durch ihr Tun Antwort auf konkrete Fragen. Sie stellen Fragen. Der Gründungszweck eines Stiftes oder einer Abtei wandelt sich in unserer schnelllebigen Zeit und ebenso die Fragen der Menschen. Daher ist es wichtig, dass die Gemeinschaften dem Erstimpuls der benediktinischen Regel treu bleiben: Höre! Sie müssen auf die Sehnsüchte der Menschen hinhorchen, ihre Fragen und Anfragen intensiv hören und eine Antwort aus der benediktinischen Spiritualität wagen. Zu einem lebendigen benediktinischen Kloster gehört m.E. der Mut zu missionarischen Aufbrüchen, sei es am konkreten Ort, in der Verbundenheit einer Diözese oder im Engagement für die Weltkirche. Bei seiner Audienz für die Teilnehmer des internationalen Kongresses der Benediktineräbte am 20.

September 2008 in Rom sagte Papst Benedikt XVI.: „In vielen Teilen der Welt, insbesondere in Asien und in Afrika, besteht ein großes Verlangen nach Räumen für eine lebendige Begegnung mit dem Herrn, wo die Menschen durch Gebet und Kontemplation Gelassenheit und Friede mit sich selbst und mit den anderen wiederfinden. Versäumen Sie es deshalb nicht, mit offenem Herzen den Erwartungen jener zu entsprechen, auch außerhalb Europas, die Ihre Anwesenheit und Ihr Apostolat wünschen, um am Reichtum der benediktinischen Spiritualität Anteil zu erhalten.

Lassen Sie sich vom innersten Wunsch leiten, jedem Menschen mit Liebe zu dienen, ohne Unterschied der Rasse oder der Religion. Stellen Sie sich mit prophetischer Freiheit und weiser Unterscheidung als Zeugen zur Verfügung, wo immer die Vorsehung Sie hinstellt; ein harmonisches Gleichgewicht

2 Abt Anselm Zeller vom Stift Fiecht in Tirol auf Missionsbesuch

von Gebet und Arbeit sei dabei immer das Merkmal Ihres Lebensstils."

In der Linie dieser missionarischen Ermutigung sehe ich die in den vergangenen Jahrzehnten gegründeten Organisationen, die teils auch eine Zusammenarbeit mit den monastischen Orden wie den Zisterziensern und Trappisten aufweisen, beispielsweise:

- die *Alliance for International Monasticism (A.I.M.)*. Sie kümmert sich vornehmlich um die alltäglichen Sorgen und Anliegen der monastischen Gemeinschaften, unterstützt und begleitet die Gemeinschaften in ihrem Entstehen, ihrer Entwicklung und in Bewährungsproben. Sie versteht sich als eine Plattform der Besinnung auf die monastische Identität angesichts der Herausforderungen unserer Welt, besonders in den Fragen der Ausbildung, der Armut, der Umwelt und der Sorge um Frieden und Gerechtigkeit. Das Ziel der A.I.M. ist es, die menschliche, kulturelle und religiöse Entwicklung von Klöstern in der ganzen Welt und der sie umgebenden Bevölkerungen zu fördern. Mit Rat und Tat unterstützt sie die Zusammenarbeit und die Solidarität unter den benediktinischen Klöstern der Welt. Die A.I.M. trägt zur menschlichen, geistigen und geistlichen Bildung der Gemeinschaften bei: durch die Finanzierung von Ausbildungsstipendien und Kursen, von Seminaren und Tagungen und die Einrichtung von Bibliotheken und Computeranlagen, die Unterstützung von Bauvorhaben und Projekten, die einer nachhaltigen Entwicklung der Klöster und deren Umgebung dienen. Sie unterstützt größere Finanzierungsprojekte klösterlicher Gemeinschaften und stellt Verbindungen zu Organisationen her, die sich die Evangelisierung und Entwicklung zur Aufgabe gemacht haben.
- die *Kommissionen für den monastischen interreligiösen Dialog (DIM/MID)*. Ihr erstes Ziel war es, ein besseres gegenseitiges Kennenlernen durch die Begegnung der Mönche der verschiedenen Religionen zu fördern. So haben sie z.B. den „Spirituellen Austausch" organisiert. Seit 1979 halten sich Zen-Mönche in christlichen Klöstern Europas auf oder christliche Mönche in japanischen Klöstern. Die Mönche und Nonnen in den Vereinigten Staaten haben einen entsprechenden Austausch mit den Tibetern. Es hat sich jedoch sehr schnell gezeigt, dass noch andere wichtige Aufgaben auf diesem Gebiet zu verwirklichen waren. Die Nonnen und Mönche, die von der Begegnung der Religionen betroffen sind, haben im Herzen ihrer eigenen religiösen Suche eine Arbeit der spirituellen Unterscheidung begonnen. Die Kommissionen des DIM/MID bemühen sich, eine solche Hilfe entweder individuell zu leisten oder durch Veröffentlichungen und die Organisation von Ausbildungstagungen. Es hat sich außerdem gezeigt, dass die Kommissionen des DIM/MID eine pastorale Verantwortung gegenüber den Klostergästen sowie all denen gegenüber haben, welche die spirituellen Traditionen des Ostens praktizieren und seitens der Mönche eine Hilfe erwarten.

- die *Internationale Kommission für benediktinische Bildung (ICBE)*. In ihr sind über 200 benediktinische Schulen mit 136 000 Schülerinnen und Schülern und 8500 Lehrerinnen und Lehrern in über 30 Ländern zusammengefasst. Auf den Ebenen der Schulleiter, Lehrerkollegien und der Schülerschaft finden jährliche nationale bzw. regionale Treffen statt, in deren Mitte die benediktinische Vision von Erziehung in und für unsere Zeit steht. Der alle drei Jahre stattfindende „International Benedictine Youth Congress" stellt ein gutes Netzwerk für die Verbindung der jungen Menschen benediktinischer Schulen untereinander dar und findet seit 2005 in Verbindung mit dem Weltjugendtag statt.

Ermutigend ist, dass trotz mancher Probleme in den letzten zehn Jahren etwa 100 Neugründungen vorgenommen wurden; darunter befinden sich z.B. die bemerkenswerten Gründungen in Kasachstan und in Kürze auf Kuba. Es besteht eine gewisse Hoffnung, dass sich in Kontinentalchina eine benediktinische Gemeinschaft beheimaten kann. Während einige hier in Westeuropa die Totenglocke für das benediktinische Mönchtum läuten wollen, gibt es bei aller gesellschaftlichen Veränderung Hoffnungszeichen und Ermutigungen. Diese missionarischen Aufbrüche sollten trotz der schmerzlichen Veränderungen und der lebensbedrohlichen Krise einzelner Gemeinschaften nicht übersehen werden.

Im Blick auf die Zukunftsfähigkeit der Stifte und Klöster ist es in diesem Rahmen sicher erwähnenswert, dass benediktinische Gemeinschaften in den letzten Jahren die Möglichkeit der stärkeren Integration von suchenden Menschen in ihre ‚Spiritualitätsfamilie' geschaffen haben, entsprechend den verschiedenen Lebensformen vor Ort (für Eheleute, Familien, Singles). Ob als Mitglied einer Oblatengemeinschaft, als assoziierte Mitglieder oder in Freundeskreisen ist eine spirituelle und strukturelle Vernetzung der Gemeinschaft mit den Lebensformen der Menschen innerhalb einer bestimmten Spiritualität geschaffen worden. Die verschiedenen gestuften Zugehörigkeitsweisen und die unterschiedlichen Anbindungsmöglichkeiten, die füreinander durchlässig sind, führen unterschiedlichste Menschen zu einer Gemeinschaft zusammen, die sich einander bereichern.

Im Blick auf die Jugendlichen und jungen Erwachsenen gehen Stifte und Klöster neue Wege in der Bildungsarbeit. In meinem eigenen Kloster entstanden sowohl eine Oberstufenakademie zur Begleitung von jungen Menschen in der letzten Ausbildungsphase des Gymnasiums und zur Orientierung bei der Ausbildungs- und Berufswahl, als auch eine ‚geistige Internetplattform‘, auf der sie Glaubens- und Lebensfragen mit Mönchen und Gleichaltrigen diskutieren, ihre Fragen stellen oder nur einfach ein persönliches Anliegen den Mönchen zum Gebet anvertrauen können (*www. domino-community.de*).

Benediktinisches Ordensleben im 21. Jahrhundert?

Ich möchte diese Frage, ob es benediktinisches Ordensleben im 21. Jahrhundert noch geben wird, mit einem entschiedenen Ja beantworten. Für mich wird es auch in Zukunft ein lebendiges, wenn auch anders gestaltetes Ordensleben in Österreich und Deutschland geben. Es wird in Zukunft eine lebendige und vielfältige Klosterkultur vorhanden sein, obwohl in Dalheim (Deutschland) bereits schon das erste „Museum für Klosterkultur" in Europa eröffnet wurde. Der Blick in die Zukunft des Ordenslebens ist für mich

nicht museal geprägt, sondern perspektivisch. An einigen Klosterpforten ist m.E. das Schild „Wegen Umbau geschlossen" schon weggeräumt und als Erinnerung an eine Epoche des Übergangs archiviert worden. Viele Gemeinschaften haben in zum Teil sicher schmerzlichen Prozessen die anstehenden Veränderungen als Chance des Neubeginns entdeckt, und ihre Berufung und Sendung als spirituelle Gemeinschaft vertieft. Die Faszination, die von der Erfahrung der „Heiligkeit der Kirche" im ersten Drittel des 20. Jahrhunderts ausging, schwand sicher in der zweiten Hälfte desselben Jahrhunderts im Zuge der geschichtlichen und gesamtgesellschaftlichen Umwälzungen. Zu Beginn des 21. Jahrhunderts können wir jedoch eine neue Hinwendung zum „Heiligen" wahrnehmen.

Die heutige Glaubensverkündigung besteht zum größten Teil einerseits aus Suchen und Ausprobieren von neuen Wegen aufgrund unseres missionarischen Auftrags der Kirche, andererseits aber auch im Bemühen um ein ‚gelebtes Glaubensmilieu‘ mit einer erkennbaren und definierten Form. Benediktiner haben sich seit Jahrhunderten eine integrative Lebensform in der Spannung von Beständigkeit und Aufbruch, Identität und Flexibilität bewahrt und den Menschen vorgelebt. Diese gesunde Spannung wird m.E. auch im 21. Jahrhundert Bestand haben. Die auch weiterhin immer wieder neu zu entwickelnde Vision von Ordensleben im neuen Jahrhundert kann und muss am Status quo ansetzen, darf aber dabei nicht stehen bleiben. Eine Entwicklungsrichtung ist die Modernisierung des eigenen und gemeinschaftlichen Lebens im Dialog mit den Fragen der Zeit und den Erfahrungen der eigenen Geschichte. Für uns Benediktiner bleibt so der lebendige Spannungsbogen zwischen Beständigkeit und Aufbruch eine dauernde Aufgabe und Herausforderung. Diese Spannung ist aber auch ein Garant für Lebendigkeit und eine weiträumige Ausstrahlung des Ordenscharismas in der heutigen Zeit.